242712

Joachim Beckmann

Das Wort Gottes bleibt in Ewigkeit

Erlebte Kirchengeschichte

Neukirchener Verlag

© 1986 Neukirchener Verlag des Erziehungsvereins GmbH,
Neukirchen-Vluyn
Alle Rechte vorbehalten
Umschlag- und Einbandgestaltung: Kurt Wolff, Düsseldorf-Kaiserswerth
Umschlagfoto: Hans Lachmann, Düsseldorf
Gesamtherstellung: Breklumer Druckerei Manfred Siegel KG
Printed in Germany
ISBN 3-7887-1226-0

CIP-Kurztitelaufnahme der Deutschen Bibliothek

Beckmann, Joachim:
Das Wort Gottes bleibt in Ewigkeit: erlebte
Kirchengeschichte / Joachim Beckmann. –
Neukirchen-Vluyn: Neukirchener Verlag, 1986. –
ISBN 3-7887-1226-0

Der Leitung der Evangelischen Kirche im Rheinland
in Dankbarkeit
und im Gedächtnis ihrer Vorgänger seit 1934
gewidmet.

Einleitung

Dieses Buch habe ich niedergeschrieben, weil es seit längerer Zeit der Wunsch meiner rheinischen Kirchenleitung war, daß ich als einer, der vor allem die Jahre des Kirchenkampfes miterlebt hat und in der Bekennenden Kirche ein Mitbegründer und langjähriger mitleitender Theologe gewesen ist, aber auch viele Jahre hindurch Präses der rheinischen Kirche war, meine Erinnerungen und Gedanken niederlege und durch authentische Zeugnisse aus den vergangenen Jahrzehnten anreichere. Nachdem ich in den letzten Jahren schon eine ganze Reihe von Büchern und Artikeln über das Thema des Kirchenkampfes geschrieben hatte, war es mir einerseits möglich, jetzt nochmals am Thema zu bleiben, andererseits geriet ich in die Schwierigkeit, nur einen gewissen Ausschnitt der Geschichte darstellen zu können, weil sonst das Buch noch umfangreicher geworden wäre. Ich muß deshalb auf die vorherigen Bücher, die ich herausgegeben habe, verweisen, in denen viel Stoff zu finden ist, der jetzt nicht mehr so ausführlich geboten werden konnte. Ich nenne nur die größeren Werke:
1. Kirchliches Jahrbuch 1933–1944, Gütersloh ²1976
2. Kirchliches Jahrbuch 1945–1971, Gütersloh 1950ff
3. Rheinische Bekenntnissynoden im Kirchenkampf, Neukirchen-Vluyn 1975
4. Briefe zur Lage (von Heinrich Held), Neukirchen-Vluyn 1977
5. Die Briefe des Coetus reformierter Prediger (von Karl Immer), Neukirchen-Vluyn 1976

Das Problem dieses Buches bestand in folgendem: Ich sollte Kirchenkampfgeschichte, vor allem der rheinischen Kirche, erzählen, die ich selbst erlebt hatte, aber es sollte eigentlich keine »Biographie« werden. Ich mußte die rheinische Kirchengeschichte von 1933 bis 1971 in Verbindung mit der Geschichte des deutschen Kirchenkampfes bringen, da beides untrennbar zusammengehört. Auch über mein eigenes Leben mußte ich einiges erzählen, was zum Verstehen meiner Mitgestaltung in der Bekennenden Kirche und danach nötig war.

Das Buch sollte also weder eine wissenschaftliche Selbstbiographie noch eine wissenschaftliche Kirchengeschichte von 1933 bis 1971 werden. Für letzteres sehe ich andere und Bessere am Werk. Und für eine Selbstbiographie sehe ich zu viele Hindernisse; es gibt dabei Probleme, die mir zu schwer sind. Ich schreibe lieber eine Darstellung, in der ich als Wahrheitszeuge vorkomme, aber nicht mehr. Ein Urteil über mein Leben möchte ich nicht geben, da es mir nicht zukommt. Aber in diesem Buch sollte das Entscheidende durchsichtig werden, daß – bei aller Verborgenheit des göttlichen Geschehens in unserem Leben – für meine Betrachtung des Dienstes am Worte Gottes und der vielfältigen Leitung der Kirche das immer wieder hörbar und verstehbar werdende Wirken Gottes in meinem Leben vernehmbar und in Dankbarkeit empfangen werden konnte. Darum habe ich mich nach längeren Überlegungen entschlossen, dem Buch im Wort der Heiligen Schrift Alten und Neuen Testamentes (Jes 40,8; 1Petr 1,25) eine Überschrift des bekennenden Glaubenszeugnisses zu geben: »Das Wort Gottes bleibt in Ewigkeit.« Ich erinnerte mich dabei an die Zeit der Entstehung der Barmer Erklärung, wo ich Hans Asmussen gegen Ende der Vorberatungen den Vorschlag machte, die Erklärung mit diesem Wort zu beschließen, was dann auch von dem Vorbereitungsausschuß aufgenommen wurde.

Dieser Überschrift entspricht der Abschluß des Buches mit meiner Predigt über die dreifaltige Herrlichkeit des sich uns offenbarenden Gottes.

Schließlich muß hier noch ein Wort des herzlichen Dankes an meine langjährige Mitarbeiterin und Sekretärin seit 1945, Frau Oberverwaltungsrätin i.R. Elfriede Goerisch, folgen, die viel Arbeit mit der Herstellung eines druckfertigen Manuskriptes gehabt hat.

Haan bei Düsseldorf, 1985 Joachim Beckmann

Weitere verwendete Literatur (vgl. auch die Bibliographie Joachim Beckmann am Schluß des Buches)

Gauger, J., Chronik der Kriegswirren (1933–44), o.J.
Jannasch, W., Hat die Kirche geschwiegen?, o.J.
Schmidt, K. D., Die Bekenntnisse und grundsätzlichen Äußerungen zur Kirchenfrage des Jahres 1933. Band 1: Das Jahr 1933; Band 2: Das Jahr 1934; Band 3: Das Jahr 1935, 1934. 1935. 1936
Schmidt, K. D. (Hg.), Dokumente des Kirchenkampfes II. Die Zeit des Reichskirchenausschusses 1935–1937 (AGK Band 13/14), 1964. 1965
Zeugnisse der Bekennenden Kirche, 2. erweiterte Auflage, 1935
Zipfel, F., Kirchenkampf in Deutschland 1933–1945. Religionsverfolgung und Selbstbehauptung der Kirchen in der nationalsozialistischen Zeit (Veröffentlichungen der Historischen Kommission zu Berlin, Band 11), 1965

Inhalt

Einleitung VII

I. Kapitel
Jugendjahre (1901–1933) 1

1. Was meinem Leben Ziel und Richtung gab 1
2. Zwischenbemerkung über meine Herkunft 4
3. Gedichte aus der Primanerzeit 6
4. Mein Lebenslauf, verfaßt zur Meldung zum ersten theologischen Examen 1924 in Münster i.W. 16
5. Von Eickel über Göttingen, Berlin, Wiesbaden, Soest nach Düsseldorf (1924–1933) 22

II. Kapitel
Kirchenkampf (1933–1945) 26

1. Die Machtergreifung der »Deutschen Christen« (1933) 26
2. Der Aufbruch der Bekennenden Gemeinde (1933/34) 33
3. Der Weg zur Bekenntnissynode der Deutschen Evangelischen Kirche in Barmen (1934) 50
4. Der Weg der Bekennenden Kirche Deutschlands von Barmen nach Augsburg (1934/35) 89
   a) Von Barmen nach Dahlem (1934) 89
   b) Von Dahlem nach Augsburg (1935) 102
5. Die Ära der Kirchenausschüsse. Herbst 1935 bis Frühjahr 1937 138
6. Der Kampf des Staates um die Herrschaft über die Evangelische Kirche. 1937 bis 1939 (Beginn des Zweiten Weltkriegs) ... 172
   a) Der Kampf um den Treueid der Pfarrer (1938) 198
   b) Der Streit um die Gebetsliturgie der Bekennenden Kirche (1938) 214
   c) Die Auseinandersetzung um die Godesberger Erklärung der Nationalkirchlichen Einung »Deutsche Christen« (1939) . 223
      (1) Die deutschchristliche Urfassung 224

(2) Die erste Neufassung der deutschchristlichen Kirchenleiter 225
(3) Die Neufassung der Godesberger Erklärung durch den Kirchenminister 228
(4) Versuch einer Neufassung seitens der Kirchenführerkonferenz 230
d) Der rheinische Kampf mit der Finanzabteilung um die Kollekten der Bekennenden Kirche (1939) 236
7. Die evangelische Kirche im Zweiten Weltkrieg (1939–1945) 243
   a) Die Bekennende Kirche 244
   b) Die Stimme des Landesbischofs Wurm 267
   c) Das kirchliche Einigungswerk 277
   d) Das Kirchenexperiment der SS im Warthegau 281
   e) Staat und Partei 284
   f) Die staatsgebundenen Kirchenbehörden 297
   g) Das Ende der nationalkirchlichen Einung »Deutsche Christen« 311
   h) Der Ausgang des Kirchenkampfes in der Sicht der Bekennenden Kirche 322

III. Kapitel
Wiederaufbau (1945–1971) 328

1. Die Wiederherstellung einer bekenntnisgebundenen Leitung und Ordnung der rheinischen Kirche und der Evangelischen Kirche in Deutschland 328
2. Der Neubau der Evangelischen Kirche der altpreußischen Union 443
3. Im Amt des Präses der Evangelischen Kirche im Rheinland 478
4. Die Berichte des Präses zur Lage der Kirche auf den Landessynoden 1958 bis 1971 483
   I   7. Landessynode vom 5. bis 9. Januar 1958 in Rengsdorf   483
   II   8. Landessynode vom 10. bis 15. Mai 1959 in Bad Kreuznach 498
   III 9. Landessynode vom 8. bis 13. Januar 1961 in Bad Godesberg 513
   IV 11. Landessynode vom 13. bis 18. Januar 1963 in Bad Godesberg 527
   V   12. Landessynode vom 13. bis 16. Januar 1964 in Bad Godesberg 544
   VI 13. Landessynode vom 10. bis 15. Januar 1965 in Bad Godesberg 556

VII	14. Landessynode vom 10. bis 14. Januar 1966 in Bad Godesberg	575
VIII	15. Landessynode vom 8. bis 13. Januar 1967 in Bad Godesberg	583
IX	16. Landessynode vom 7. bis 12. Januar 1968 in Bad Godesberg	602
X	17. Landessynode vom 5. bis 10. Januar 1969 in Bad Godesberg	619
XI	18. Landessynode vom 9. bis 13. Januar 1970 in Bad Godesberg	641
XII	19. Landessynode vom 9. bis 17. Juni 1971 in Bad Godesberg	660

IV. Kapitel
Schwerpunkte meiner Wirksamkeit 681

1. Theologie 681
2. Liturgik 694
3. Ökumenische Bewegung 701
4. Evangelisch-katholische Zusammenarbeit 715
5. Kirchenordnung 716
6. Mission 717
Nach der Pensionierung – ein Schlußwort (1971–1984) 739

Bibliographie Joachim Beckmann 745
Abbildungen 759
Namenregister 771
Abkürzungsverzeichnis 777

I. Kapitel
Jugendjahre (1901–1933)

1. Was meinem Leben Ziel und Richtung gab*

Ich wurde im Jahre 1901 in einem evangelischen Pfarrhaus des westfälischen Ruhrgebiets geboren. Meine Kindheit war sehr glücklich, denn meine Eltern begleiteten meinen Weg nicht nur mit Sorgfalt, sondern ließen mir auch Freiheit der Entwicklung eigenen Lebens. So wurde auch nicht über meinen künftigen Beruf entschieden, obwohl es in Pfarrhäusern verbreitet war, die Nachkommen zum Beruf in der Kirche zu veranlassen. Zwar schickte mich mein Vater auf ein humanistisches Gymnasium, aber in der Überzeugung, daß diese Schule die beste Vorbereitung auf jeden akademischen Beruf sei. Und so fiel auch eine Entscheidung darüber, was ich einmal werden wollte, nicht so früh. Es gab bei mir viele Gedanken und Pläne, vom Chemiker bis zum Marineoffizier oder auch zum Studienrat, aber von einem theologischen Beruf war bis in die Obersekunda noch nicht die Rede. Das kam dann aber mit einem Mal sehr kräftig in mein Blickfeld, als auch in Eickel (Kr. Gelsenkirchen) während des Ersten Weltkrieges 1916 ein »Bibelkränzchen« – so hieß dieser Jugendkreis damals zuerst, später nannte er sich »Bibelkreis unter Schülern höherer Lehranstalten« – entstand, in dem sich, zwar unter leitender Mitwirkung eines Pfarrers oder auch Religionslehrers, aber doch in großer Selbständigkeit eine Arbeitsgemeinschaft junger Menschen unter der Bibel entwickelte. Hier wurde die Bibel studiert, und diese »Bibelarbeit« fand unser leidenschaftliches Interesse, mehr als der Religionsunterricht oder die bisherige kirchliche Jugendarbeit. Hier fiel bei mir die erste Entscheidung in Richtung auf den Beruf eines Theologen, noch nicht eines Gemeindepfarrers, sondern eines »Erforschers der Heiligen Schrift und der christlichen Lehre«. Aber der Gehalt dieser Erforschung war weniger eine theoretisch-rationale, sondern eine »existentielle«, das Leben in der wirklichen Welt betreffend, so etwas wie eine Geist und Herz bewegende und erfüllende Angelegenheit, ja eine »geistliche Erweckung«, wie es unsere Väter und Vorfahren seit langem genannt hatten.
Der zweite wesentliche Anstoß auf meinem weiteren Weg geschah zum Ende des Ersten Weltkrieges, im Herbst 1918. Der für uns damals ganz plötzlich und völlig unbegreifliche Zusammenbruch Deutschlands im November 1918 erschreckte und erschütterte uns tief. Alles brach zusammen, was wir für den Ausgang des Krieges mit Gewißheit erwartet hatten. Eine Niederlage Deutschlands konnte bis dahin gar nicht ins Auge gefaßt werden. Auch mein Elternhaus war »deutschnational«, kaisertreu, monarchistisch und von der Unbesiegbarkeit der deutschen

* Zuerst veröffentlicht in der Herderbücherei 1982 und 1985.

Armee überzeugt. Die tiefe Traurigkeit und Verzweiflung über Deutschland bewirkte bei mir eine endgültige Entscheidung für den Beruf eines Pfarrers. Mein Volk bedurfte einer neuen Erweckung zu einem lebendigen Christentum. Nur religiöse Erneuerung durch Verkündigung des Evangeliums und gläubige Bejahung der Führung Gottes in der Tiefe der Not konnte Hilfe und Aufstieg bewirken. Ich war damals in den Primanerjahren im Wattenscheider Gymnasium, wo wir sehr gute Lehrer vor allem in den alten Sprachen hatten. Ich lernte als Wahlfach gleich Hebräisch, was für das Studium der Theologie unentbehrlich war. Die große Lebensentscheidung des Berufes war gefallen, und zwar gerade aufgrund tiefer Erschütterung über das Schicksal meines Volkes, ja ganz Europas und weit darüber hinaus.

Aber es blieb dabei: Mein früher Anstoß im Bibelkreis brachte mich dazu, nicht nur Theologie, sondern auch Philosophie zu studieren. So ging ich nach Marburg und hörte Männer wie Rudolf Otto und Nicolai Hartmann, aber auch Jülicher. Ich wurde von der Philosophie der Neukantianismen begeistert, von der »historisch-kritischen Theologie« natürlich auch, aber diese kritische Wissenschaft stellte mir vieles meiner christlichen Vergangenheit in Frage. Das wurde dann in mancher Hinsicht in Tübingen von Männern wie Adolf Schlatter und Karl Heim wieder ins Lot gebracht. Aber ich ging dann doch nach Münster 1921 mit der Absicht, zu meiner Klärung als Theologe vor allem Philosophie zu studieren und darin auch eine Doktor-Arbeit zu schreiben. So wurden meine letzten Semester Studien Immanuel Kants und der Neukantianer. Hier fand ich auch ein Thema: »Der Begriff der religiösen Erfahrung« in der Philosophie eines zeitgenössischen Theologen (C. Stange in Göttingen), und so promovierte ich 1923 in Religionsphilosophie – im Grunde über die Frage der Wirklichkeit und der Wahrheit der Religion, die mich am stärksten bewegte.

Ich meldete mich bei meiner Kirchenleitung in Münster zum ersten theologischen Examen 1924. Aber vorher war etwas Entscheidendes geschehen. Ich hörte von der Theologie des aus der Schweiz (Safenwiel) nach Deutschland (Göttingen) gekommenen reformierten Theologen Karl Barth, der offensichtlich etwas ganz Neues und Überraschendes zu sagen hatte. Ich las seine ersten Veröffentlichungen, eine Predigtsammlung und eine Auslegung des Römerbriefes, und dies faszinierte mich derartig, daß ich mich entschloß, nach dem ersten theologischen Examen noch einmal zur Universität, und zwar nach Göttingen, zu gehen, um bei diesem Mann Theologie ganz neu zu studieren. Ich ließ mich vom Kirchendienst weiter beurlauben, und es gelang mir auch, in Göttingen eine gute Möglichkeit zur Arbeit zu bekommen, nämlich als theologischer Inspektor des reformierten Studienhauses. Zugleich nahm ich mir vor, zur Vertiefung meiner Studien eine Promotion in historischer Theologie zu schreiben, und wurde dazu von Professor Hirsch angenommen; denn da Karl Barth kein Ordinarius war, konnte ich bei ihm keine Promotionsschrift (zum lic.theol.) schreiben. Jetzt hörte ich Theologie noch einmal ganz neu und mit ganz großer Hingabe und Begeisterung. Barth las damals zum erstenmal seine Dogmatik, die ja dann sein Lebenswerk geworden ist. Was mich in dieser Vorlesung überzeugte, war Karl Barths Verständnis der Bibel, seine Lehre vom Wort Gottes und sein Offenbarungsbegriff. Hier fand ich die Antwort auf meine Frage nach der Wahrheit der christlichen Religion. Unvergeßlich bleibt mir der erste Satz dieser Vorlesung: »Deus dixit – Gott hat geredet« – das ist der Grund unseres Glaubens und unserer Theologie: Weil er geredet hat, können und sollen wir von ihm reden. Und wo hat Gott entscheidend und letztgültig geredet? In Jesus von Nazareth, der deswegen das eine Wort Gottes ist, das wir zu hören, zu predigen und zu glauben haben. Hier wurden wir, die immer größer werdende Hörerschar, auf einen Grund gewiesen und gestellt, der es uns mit neuer Gewißheit und Freudigkeit möglich machte, Zeugen Jesu Christi, Verkündiger des Evangeliums zu werden. Nicht Weitergabe einer christlichen Religion, sondern Übernahme der Offenbarungswahrheit in Christus für die Welt, für die Errettung der Menschheit durch Gottes versöhnendes Handeln in seinem Sohn Jesus Christus, das war der Inhalt des Amtes, das ich zuerst in der Prima meines Gymnasiums begehrt hatte. Nun war es ganz neu und überraschend zu mir gekommen, und ich fand den Mut, ein Prediger und Pastor der Kirche zu werden. Einundeinhalbes Jahr blieb ich bei Karl Barth in Göttingen, schrieb auch meine Arbeit über Calvins Begriff des Sakramentes und fühlte mich theologisch und geistlich gefestigt und im Glauben gestärkt, daß ich mich dem kirchlichen Dienst zuwandte, freilich noch nicht direkt zum Gemeindepfarramt, sondern anderen Diensten, in denen ich weiterarbeiten konnte, zumal ich mich 1926 mit 25 Jahren noch für ein wenig zu jung hielt, schon ein Gemeindepfarramt zu übernehmen.

Erst im Jahre 1933, kurz nach der Machtübernahme Adolf Hitlers in Deutschland, wurde ich Pastor einer Gemeinde aufgrund einer Berufung durch das Presbyterium der Evangelischen Kirchengemeinde Düsseldorf im Herbst 1932, als ich in der kirchlichen Frauenarbeit in Soest stand. Und hier, gerade beim Beginn meiner Wirksamkeit als Pfarrer einer Gemeinde, kam es noch einmal zu einer großen Lebensentscheidung. Seit meinen Jugendzeiten hatte ich sehr entscheidend durch Karl Barths Theologie dazugelernt, wie es mit dem Auftrag der Kirche, mit der Botschaft des Evangeliums im Blick auf Gesellschaft, Volk und Staat bestellt sei. So war es für mich 1933 eine klare und unwiderrufliche Entscheidung, kein Nationalsozialist oder »Deutscher Christ« zu werden, sondern die Christenheit in Deutschland in dieser Stunde der Versuchung zum Abfall von Christus zu warnen, zu Gott zu rufen und über den Weg der Wahrheit zu bezeugen: Daß es keinen andern Herrn der Kirche und der Christen gibt als Jesus, wie er in der Heiligen Schrift bezeugt ist. Ich wurde von der Aufgabe des Kampfes gegen die Deutschen Christen mit ihrem Versuch, die Kirche dem Nationalsozialismus gleichzuschalten, ganz erfüllt und suchte einen Weg, die Kirche vor dem Verderben zu bewahren, das ihr drohte. Alles andere mußte diesem Ziel weichen. Ich war gewiß, es ist Gottes Ruf zum Gehorsam.

So kam es dazu, daß ich zu einem der Mitbegründer der Bekennenden Kirche wurde. Der kleine Kreis im Jahre 1933 schien zwar in einer hoffnungslosen Lage zu sein, da die Begeisterung für Hitler und das Dritte Reich keine Grenzen hatte; aber die von wenigen Pastoren schon im Sommer 1933 in meinem Pfarrhaus in Düsseldorf begründete »rheinische Pfarrerbruderschaft« war dennoch ihres Weges gewiß, daß Gott uns den Widerstand gegen die kirchliche Verwüstung durch eine religionspolitische Revolte aufgetragen hatte und wir gewiß sein durften, daß wir in diesem Kampf nicht untergehen würden, so schwer es auch sein würde.

Wie groß und unglaublich kühn das Wagnis war, das wir in der Gründung und Leitung der Bekennenden Kirche übernommen hatten, kam uns erst viel später zum Bewußtsein. Es war im Dritten Reich eigentlich unmöglich, irgendwie Widerstand zu leisten – gegen eine terroristische Regierung und ein dieser Macht verfallenes Volk. Es ist trotzdem gelungen, wenn auch in schwerer Bedrängnis und

mit vielen Verlusten und Niederlagen. Denn wir waren nicht imstande, den Auftrag Gottes an uns, seiner Kirche, so zu erfüllen, wie es nötig gewesen wäre. Erwähnt sei nur eins, worin wir fast völlig versagten: in der Stellung zu den Verfolgten, insonderheit den Juden. Andererseits ist uns in den Jahren des »Kirchenkampfes« von 1933 bis 1945 so unendlich viel Großes geschenkt worden, daß wir von tiefer Dankbarkeit erfüllt sind, wie wir ja auch in einer erstaunlichen Gewißheit der Notwendigkeit dieses unseres Weges und Kampfes für das Evangelium in Dankbarkeit bei allen Anfechtungen und Ängsten mutig und überzeugt geblieben sind. Der Kampf mit den Mächtigen, vor allem der Gestapo, war erbitternd. Wir waren rechtlos und den Willkürakten des Staates ausgeliefert. So gab es schwere Zeiten – Gefangenschaft, Konzentrationslager, Vertreibung aus Amt und Gemeinde, Redeverbot, Schreibverbot und dergleichen. Ja, die Bekennende Kirche war seit 1938 durch Verordnung Himmlers zu einer verbotenen staatsfeindlichen Organisation abgestempelt. Was brach alles über uns herein! Und trotzdem: Wir waren nie verzweifelt. Wir glaubten nie an die Fortdauer der NS-Herrschaft, wir blieben im Glauben an Gottes Zusage an seine Kirche und an sein Weltregiment auch über unserm armen geplagten und verwüsteten Volk. Das blieb auch im Zweiten Weltkrieg. Ich weiß es von vielen Gesprächen in jenen Zeiten, daß es zahlreiche Christen und Pastoren gab, die ganz gewiß waren, daß das Ende des NS-Reiches unausweichlich vor der Tür stand. Freilich waren wir auch überzeugt, daß die Vernichtung des Dritten Reiches und der Sieg über Hitler und damit das Ende unseres Kampfes und unserer Bedrängnisse nicht der Erfolg unseres Widerstandes war, sondern die Barmherzigkeit und Gerechtigkeit Gottes, dem allein wir unser Vertrauen geschenkt hatten.
Die weiteren Entscheidungen in meinem Leben, deren besondere Wegmarken von den Jugendtagen des Bibelkreises über die Zeiten des Studiums der Theologie bis hin zur Mitbegründung und Mitleitung der Bekennenden Kirche während des NS-Reiches von mir hier in Kürze angezeigt und erinnert worden sind, sind von mir immer gesehen und erkannt worden als Entscheidungen Gottes über mir – und waren nur so möglich und tragfähig. Unsere Lebensgeschichte ist Geschichte Gottes mit uns. Das ist die Erfahrung meines Lebens. Ich bin überzeugt, daß jeder Mensch sie machen kann, wenn er sich im Glauben dem Gott vertraut, der allein unserem Leben Richtung und Ziel geben wird, wenn wir es uns nur von ihm gefallen lassen.

2. Zwischenbemerkung über meine Herkunft

Es erscheint mir angemessen zu sein, in diesem Buch an einer Stelle eine kurze Übersicht über die Familie zu bringen, zu der ich gehöre. Sie ist zwar etwas verstreut, aber doch mit allen Zweigen und Generationen im Land Nordrhein-Westfalen beheimatet, vom Lipperland über das Sauerland und das Ruhrgebiet bis zum Oberbergischen.

Zwischenbemerkung über meine Herkunft　　　　　　　　　　　　　　　　　　　　5

A.　Ich, Wilhelm *Joachim* Beckmann, wurde am 18. Juli 1901 in Eickel (Kreis Gelsenkirchen) geboren als Sohn von *Julius* August Wilhelm Beckmann, Pfarrer der Kirchengemeinde Eickel, geboren in Hagen am 8. 6. 1873, verstorben am 14. 1. 1945 in Bethel, und Frieda Schmidt, geboren in Schwelm-Möllenkotten am 16. 10. 1874, verstorben am 3. 11. 1951 in Bethel, Bekenntnis beider: evangelisch-reformiert, verheiratet am 18. 9. 1900 in der reformierten Kirche zu Hagen. Meine Großeltern waren väterlicherseits: Heinrich *Adolf* Beckmann, Gärtner, geboren am 21. 5. 1829 in Wellentrup (Lippe), gestorben am 16. 1. 1880 in Hagen, Bekenntnis: evangelisch-reformiert, und Marie *Karoline* Wilhelmine Göbel, geboren am 14. 4. 1834 in Hagen-Eilpe, Bekenntnis: evangelisch-lutherisch, gestorben am 19. 5. 1916 in Hagen, verheiratet am 18. 11. 1856 in der reformierten Kirche zu Hagen. Meine Großeltern waren mütterlicherseits: Wilhelm Schmidt, Fabrikant, geboren am 6. 7. 1833 zu Herweg bei Halver i.W., Bekenntnis: evangelisch, gestorben am 19. 11. 1891 in Hagen, und Amalie Breidenbach, geboren am 16. 10. 1836 in Remperg bei Wiehl im Oberbergischen, Bekenntnis: reformiert, gestorben am 19. 2. 1897 in Hagen, verheiratet am 24. 5. 1860 in der evangelischen Kirche zu Remperg bei Wiehl.

B.　Die Familie meiner Frau. Hilde, geb. Hagemann, geboren am 28. 2. 1902 in Oberhausen/Rheinland, verheiratet am 4. 1. 1927, gestorben am 5. 6. 1978 in Düsseldorf, geboren als Tochter von *Friedrich* Wilhelm Hagemann, geboren am 25. 3. 1870 in Dortmund, Betriebsführer, gestorben am 16. 3. 1932 in Baak bei Hattingen, und Johanna *Berta* Möller, geboren am 23. 2. 1877 in Hattingen, gestorben am 6. 12. 1945 in Lübeck bei der Vertreibung aus der damaligen sowjetischen Besatzungszone. Bekenntnis beider: evangelisch. Verheiratet am 13. 4. 1899 in der evangelischen Kirche zu Hattingen. Großeltern väterlicherseits: Friedrich Wilhelm Hagemann, Bergmann, geboren am 3. 11. 1843 in Hattingen, gestorben am 30. 3. 1895 in Dortmund, und Henriette Pütthoff, geboren am 29. 4. 1845 in Lütgendortmund, gestorben am 20. 1. 1917 in Lütgendortmund, Bekenntnis beider: evangelisch, verheiratet am 16. 1. 1864 in Dortmund-Mengede. Großeltern mütterlicherseits: Johann *Heinrich* Möller, Schreinermeister, geboren am 29. 5. 1841 in Hattingen, gestorben am 25. 8. 1900 in Hattingen, und Johanna *Sophie* Kremer, geboren am 30. 9. 1846 in Langenberg (Rheinland), gestorben am 4. 3. 1906 in Hattingen, Bekenntnis beider: reformiert. Verheiratet am 29. 5. 1873 in Langenberg.

C.　Unsere Kinder. 1. *Christa* Wanda, geboren am 9. 11. 1927 in Wiesbaden, verheiratet mit Arnold Falkenroth, Pastor in Wuppertal (6 Kinder). 2. *Ingeborg* Margarete, geboren am 30. 8. 1929 in Soest, verheiratet mit Hartmut Schmidt, Professor, wohnhaft in Haan (2 Kinder). 3. *Klaus Martin*, geboren am 7. 12. 1931 in Soest, verheiratet mit Irmgard von Petz, Oberkirchenrat in Darmstadt (3 Kinder). 4. *Erika* Dorothea, geboren am 20. 1. 1936 in Düsseldorf, verheiratet mit Hans Bachmann, Pastor in Münster/Westfalen (2 Kinder).

3. Gedichte aus der Primanerzeit

Zum Geleit

Meiner lieben Mutter Weihnachten 1921

Schau her in diese Sonnentage,
Schau her in dieses Jugendland,
Woher ich meine Sehnsucht trage
Und wo ich meine Seele fand!

Du findest Schmerzen, Lust und Liebe,
Du findest Streben, Kampf und Not;
Und sprießen siehst Du junge Triebe
Sich ringend sehnsuchtsheiß zu Gott.

Voll Glück und Feuer, Frühling, Leben,
Wie aus dem Meer die Sonne steigt,
So hat mir Gott ein Herz gegeben,
Des Wollen an den Himmel reicht.

Wie jagend sich aus ewgen Fernen
Der Sonnenmorgen aufwärts schwingt,
So stürmt das Herz zu hellen Sternen,
Ein Kämpfer, der um Höhen ringt.

Was ich erkämpft in Jugendtagen,
Was ich erlebt im Heimatland,
Das wollen diese Blätter sagen –
Ein loser Strauß mit buntem Band.

Es sind nur Bilder aus dem Leben,
Das reicher oft und tiefer klang,
Doch mag Dein Geist draus ahnend weben
Des vollsten Lebens Jugendsang.

Schauen

Wenn sich des Abends Schleier stille breiten
Und zarter Nebel auf den Wiesen liegt,
Dann schwingt sich meine Seele in die Weiten,
Ein stolzer Adler, der zur Sonne fliegt.

Und alle Welt um mich liegt tief im Dunkel,
Und alles Leben um mich ist nicht mehr –
Ich dring empor zum lichten Sternenfunkel:
Ein Wonneglanz strahlt aus dem Zukunftsmeer.

Die Glut, die ich erschaut, erloht zu Leben,
Ich gieß' sie brennend in des Herzens Grund.
Mag auch mein Leib in banger Furcht erbeben,
Es siegt der Geist im heil'gen Gottesfund!

Eickel, 17. April 1920
nach Sonnenuntergang

Weihnacht

O Nacht der Weihe,
Du einzige Nacht,
Du hast uns Segen
und Frieden gebracht!

Du gibst uns Ruhe
erquickungssüß –
Du öffnest die Pforten
des Paradies.

Du schenkst eine Gabe
unnennbar groß:
das Kind in der Krippe
aus der Jungfrau Schoß.

Das gab unsrem Leben
Weihe und Sinn.
Die Weihe-Nacht brachte
zu Gott uns hin.

Nun ist unser Leben
dem Höchsten geweiht,
dem Kind der Weihnacht
gehört unsre Zeit.

Schon läuten die Glocken
der heilgen Nacht.
Gott Dank, der so endlos
Segen gebracht.

Eickel, 24. Dezember 1919
Heiligabend

Die Kunst

Wenn aus des Künstlers hoher
allgewaltiger Seele
empor sich drängen
heilige Gedanken,

und ahnend mit Gewalt
die Leidenschaft Gestaltung
ringend fordert,

dann zaubert sie dem
staunend festgebannten
Blick des Menschen
eine neue Welt.

Des Künstlers tiefe,
erdenweite Seele
durchweht des Kunstwerks
prächtige Gestalten,
und überweltlich tönt
des Ausdrucks Harmonie
zu uns.

So leiht der Künstler
eines Augenblicks
empfundenem Gefühl
für Ewigkeiten Dauer
und spendet so dem
heißen Wunsche
seines Ich Erfüllung
Ewig' Leben.

Und auch der Mensch,
der diese Welt bei ihm vergißt,
der in des Kunstwerks
tiefer Flut
vergehen läßt
der Erde Lust und Leid:
Er spürt in seiner Seele
überirdisch Sein.

So ist die Kunst
der Menschheit
höchstes Leben,
daß du ein Mensch bist,
dankst du ihr.

Barmen, 2. November 1919
Onkel August zum Geburtstag

Allein zur Höhe!

Tief umfängt mich Einsamkeit ...
Höhenwege will ich schreiten,
Hoch auf Berge will ich klimmen –
Ach, die Menschen können's nicht!

Laßt mich, Menschen, nur alleine
Meinen Weg zur Höhe ziehen!
Nur im Werke siegt mein Leben.
Nur im Streben ruht mein Glück.

Aufwärts, aufwärts drängt ein Ahnen
Und ein Sehnen hoch hinan.
Nimmer mag ich stehenbleiben,
Nimmer kann mein Wille ruhn.

Ach, kein Freund, der mich verstünde,
Nein, nicht einer folget mir
In des Meeres wilde Stürme,
In des Meeres tiefe Flut.

Nicht auf stilles Meeresleuchten,
Nicht in Sommersonnenschein,
Nein, in Herbstes rasend Brausen
Trägt uns schwankend nur ein Kahn.

Weit und breit nur dunkle Wogen,
Weit und breit kein flackernd' Licht.
Dunkle Wolken hängen drohend,
Fahle Blitze glimmen auf.

Nur hindurch, hindurch, zum Lande,
Wo die kahle Höhe winkt.
Jene Höhe führt nach oben,
Jene Höhe – unser Ziel.

Ich bestieg den kleinen Nachen,
Sonst wagt keiner diese Fahrt – – –
Ihnen fehlt die Glut der Seele,
Das Verlangen, groß zu sein.

Wuchtig stößt mein Schiff vom Strande
In die Brandung wild hinein.
Ich alleine halt' das Ruder,
Fest den Blick und stark das Herz.

Denn ein Glaube reißt mich vorwärts,
Vorwärts drängt ein heißes Ja!
Nicht geschreckt durch Sturm und Tosen,
Unbeirrt den Blick zum Ziel.

Eickel, 30. Oktober 1919

Welt und Ich

Ein weites Meer ...
Endlose Öde gähnt.
Ewig gleiche Fluten
rauschen hin und her
in ewig gleichem Wechsel – – –
Ein dürres Blatt,
verweht im Windesrauschen,
wiegt sich auf langen Wogen
hin und her
in gleichem Takt – – –
und auf und ab
in gleichem Schritt – – –
Unendlich gießt sich hin
die weite Ferne,
wo Woge sich an Woge lehnt
und Welle hinter Welle spült
und Wasser auf- und niedersteigen
und Wasser schlafestrunken schweigen
und Fluten totenstill
– ein riesig weites Grab –
sich träge dehnen – – –
Und Tag um Tag
und Jahr um Jahr
die müden Strahlen der Sonne
und des Mondes Schein
hinkriechend ihre Bahnen ziehen ...
Und trübe Stunden lasten
dumpf mit schweren Schwingen
auf jenen Wassern – – –
– – – – – – – – –

O, wär ich ein Blitz
hineinzufahren mit des Strahles Ungestüm!
Auftosen würden
die trägen Kräfte
im wilden Kampf,
die Elemente
blindwütig rasend
ihres Innern Macht
furchtbar entrollen!

O könnte ich die hellen Gluten
hinschleudern tief in dieser Massen
Abgrund! Ein zischend Feuer
soll sich dann in ungeheurer Flamme
draus erheben

und sprühend Dampf und Funken
himmelhoch entladen!
Ja, triumphierend würd' ich mich
in diese Gluten stürzen – jene trüben Wasser,
die mein Strahl erweckt!

Ein Jubelton entringt
sich meiner Seele:
»Sieh hier das Leben,
das dein Strahl gebar!«

Eickel, den 14. Dezember 1919

Frühling

Frühling ist's in Wald und Feld,
Blüten sprossen, Blumen blühen,
fort sind Winters Sturmwindtage,
Leben wächst aus jedem Halm
und im Herz grünt neues Leben.

Starr und kalt war die Natur,
Totenreigen rauschten Blätter
wirbelnd, raschelnd, windzerzaust.
Kahle Zweige, öde Felder
hemmten frische Lebensfreude,
sehnend sich nach Sonnenschein.

Nun ist alles anders worden –
Vögel singen in den Zweigen,
Fischchen springen in den Wassern,
die Forelle tanzt im Bach.

Helle, heitre Sonnenstrahlen
übergolden Stadt und Land;
Fenster glitzern, Dächer schimmern
aus dem Grün der Wälder auf.

Frühling ist's in allen Landen,
Frühling ward es auch im Herz.
Frühling hat mit leisem Kuß
Herzenstür flink aufgeschlossen:
Bebend dehnt sich nun die Brust,
atmet froh die Frühlingslüfte.

O, wie wächst die Jugendlust!
Wie öffnet sich des Lebens frohe Pforte!
Weit schweift der Blick über die keimende Welt,
beseligt kehrt er zurück in sich.

Vom Winde des Frühlings angefacht,
flammt neu eine heilige Glut
der heißen jungfrisch loh'nden Liebe.
Hatte sie lang nicht gebrannt so stark,
glühte ein Fünkchen allein so zart.
Jetzt fährt der Frühlingssturm hinein,
aufflammt die erlöschende Glut.

Ein neues Leben quillt empor,
ein neues Jahr jetzt bricht sich Bahn –
endlos dehnt sich das Meer,
klein ist der Kahn deines Lebens nur . . .
Wird nicht des Sommers Hitze, des Herbstes Sturm,
auch nicht des Winters Kälte hemmen die Fahrt?
Die du hinaus nun tust in den lachenden sonnigen Frühling?

Noch schweben in blauer Ferne am End,
wo Himmel und Erde sich küssen,
Wolken von Alter, Leid und Not ...
Noch dringen sie nicht empor: Frei ist die Fahrt,
strahlend des Himmels Blau, glitzernd die Flut.
Mild gießt der Sonne Gold sich aus auf dein Haar,
noch fällt es dir vom Scheitel voll auf die Brust,
wenn du niederschaust in die schimmernde Flut,
wenn du dein Antlitz spiegelst im Meer ...

O, lenzessonnige Jugendzeit!
Du holde Zeit, du endlos All!
Wo Wonne sich mit Liebe paart,
wo nicht der Kummer des Bösen herrscht,
wo rein deine Freude ist in der Brust!

Jugend und Lenz – wer kann sie scheiden?
Ist Lenz nicht Jugend,
Jugend nicht Frühling?
O, denke ihn nur, den großen Gedanken,
deine Jugend ist Frühling!
Fühlst du es?

O, sprosse empor wie keimende Saat,
O, dehne dich weit, wie Blätter im Wald.
Du Jugendschar, sprenge des Winters Macht
und lebe – und wachse – und grüne.

Du Blüte, gieße dich blendend weiß
weit über Baum und Strauch
wie Schnee ...
Du Rose, öffne dein Angesicht,
es küßt dich der Sonnenstrahl.

O, öffnet das Herze der Lenzeslust,
daß Einkehr halte der ewige Geist,
der Geist der Jugend, des Frühlings,
der ewig jung ist und ewig neu –
kein Alter droht ihm, nicht Not und Tod.

Er taucht mit jedem kommenden Lenz
in frühlingsahnende junge Herzen. –
Licht werden die Augen, warm der Sinn –
ein leuchtender Blick und ein heißes Gefühl –
ein freudiges »Ja« und ein inniges »Du« –
das ist seine Gabe!

So treten wir hin, eine junge Schar,
ich, ein Frühlingsmensch –
ja, ein Sonnenkind! –

Und unsre Hände breiten sich weit
zum Himmel
und unser Auge hängt entzückt
und hingerissen
von all der Pracht

an Dir,
du allumfassende,
allgewährende,
du alle nährende
Mutter,
du Welt voll Sonne und Lenz!

Eickel, Ostern 1919

4. Mein Lebenslauf, verfaßt zur Meldung zum ersten theologischen Examen 1924 in Münster i.W.

Alle Lebensbeschreibung ist Deutung der dunklen und oft wirren Wege des geschichtlich Gewordenen im Lichte des Erlebnisgehaltes der Gegenwart. So ist auch der nachfolgende Versuch das Bruchstück einer so gestalteten Deutung und sicherlich als solches Dichtung und Wahrheit, jedoch mit der Absicht geschrieben, nur geschichtliche Wahrheit zu bringen. Es sind aber zahlreiche Aufzeichnungen verwertet, die aus dem ursprünglichen Leben der vergangenen Tage stammen und Zeugnisse untrüglicherer Art von ihren Kämpfen und Sorgen, ihren Nöten und Hoffnungen sind.
Meine Knabenzeit stellt sich mir dar als eine bunte Mannigfaltigkeit von vielen Einzelerlebnissen daheim im großen Pfarrhaus und auf den zahlreichen Reisen auf die waldreichen Berge und an die schäumende See. Als Kind des Industriebezirkes hineingeboren in seine beginnende Blütezeit, bin ich dauernd umgeben gewesen von immerwährender Arbeit und aufstrebendem Sinne aller Stände und Berufe. Der Geburtsort Eickel ist inmitten der großen Zechen und Fabriken zwischen Bochum und Gelsenkirchen gelegen. Der Geist unsrer westfälischen Ruhrheimat gab mir schon in früher Jugend viele Gaben mit auf den Weg: Drang zur Arbeit und Unternehmungsgeist, dazu aber Zähigkeit im Ergreifen der Ziele und starken Heimatsinn. Die Spiele der Jugend waren reich und schön. Was uns die Gegend nicht bieten konnte, mußte die Phantasie ersetzen – und es gelang ihr überraschend gut. Der preußisch-deutsche Kriegersinn hatte auch in meinem Herzen unbedingten Vorrang. So war ich als Junge stets und ganz Soldat, Krieger oder Feldherr aus allen Zeiten der Vergangenheit. Viele Reisen führten mich in unsere weitere Heimat mit ihren Bergen und Meeren, und naturgemäß stammen die ersten starken Eindrücke vom Erlebnis des unendlichen Meeres und der großen Berge des Sauerlandes. Die Schule machte mir viel Freude, und ich war ehrgeizig genug, in ihr stets – alle dreizehn Schuljahre – den ersten Platz innezuhaben. Schnell vergingen die vier Jahre Volksschule, und ich kam auf das humanistische Gymnasium zu Wattenscheid, eine prächtige Anstalt, dessen Lehrern ich so unendlich viel verdanke. Die Knabenzeit eilte ihrem Ende zu, ohne daß besondere Zwischenfälle und Störungen der so gefährlichen Flegeljahre zu verzeichnen wären. Am 19. März 1916 wurde ich als Obertertianer von meinem Vater konfirmiert.
Bis dahin hatte der Weltkrieg auf mein knabenhaftes Gemüt mehr anregend und zur jugendlich-kriegerischen Freude gewirkt; aber das änderte sich mit einem Male. Es trat in meinem Leben mit diesem Jahr, wo ich Untersekundaner war, eine erste entscheidende Wendung aus Scherz zum Ernst ein. Der Knabe war Jüngling geworden. Eine plötzliche Bekehrung oder ähnlich kann man die Ereignisse dieses Jahres nicht nennen, zumal ich in einem Pfarrhaus aufgewachsen war, in dem der Geist des reformatorischen Christentums alle Bewohner beherrschte von den ersten Tagen an, wo mich die Mutter beten gelehrt. Dennoch begann ich nach meiner Konfirmation völlig aus der Geschichtslosigkeit der Knabenjahre herauszutreten. Ich wurde meines Lebens bewußt und erschrak darüber unter dem Eindruck des Todesernstes, wie er mir täglich durch die Verlustlisten entgegentrat. Da

fing das Fragen nach dem Sinn des Lebens an, nach dem Geist, der das All im innersten zusammenhält. Ich fing mit Bewußtsein an zu »studieren« – nicht allein den Aufgaben der Schule fleißiger gerecht zu werden, sondern daneben um der Sache selbst willen nach dem Letzten zu fragen und zu forschen: Was weiß und kann ich tun, um echtes, ganzes Lebensglück zu gewinnen? Das war die Lebensfrage ethischer Gestalt, die letzten Endes auf Gott hinwies. So las ich damals besonders Hiltys »Glück« mit großem Sorgen und Suchen; dazu vertiefte ich mich in die stoische Ethik, die klassisch-deutsche Literatur des Idealismus und geriet damals schon zum ersten Male auf die Kantische Philosophie. Nun war es vorbei mit dem einfachen Lebensgenuß des Knaben, ich fühlte mich als werdender Mann und entdeckte im Mädchen das andere Geschlecht; jetzt wurde es bitter ernst mit dem Problem des Lebens: Da gründete ich mit anderen Freunden einen Bibelkreis, nachdem wir diese Einrichtung in Wattenscheid kennengelernt hatten. Dieser »B.K.«-Geist ist für mich bestimmend geworden in meiner ganzen folgenden Schulzeit, ich war ständig Leiter eines Kreises und begeisterter Träger seines Kerngedankens »Deutschlands studierende Jugend für Jesus«. Ich durfte die Blütezeit dieser Jugendbewegung kennenlernen und auf manchen Ferienfahrten und Tagungen mich stets neu von ihr tragen lassen ihren ewigen Zielen zu. Ferienfahrten waren die großen Erlebnisse der letzten Schuljahre.

Im Zusammenhang all dieses Erlebens reifte dann klar und unerschütterlich der Gedanke, den höchsten und schwersten Beruf zu ergreifen, den ich mir denken konnte: Bote der Heilsbotschaft zu werden und mich darauf mit allem Streben zu rüsten; war ich doch damals schon ganz von selbst als B.K.-Obmann seelsorgerlich tätig unter meinen Mit-B.K.lern, und sah ich damals schon die zahlreichen Nöte unsres religiösen und sittlichen Lebens, die Nöte, in denen alle Jugend stand, weil die Mehrzahl der Eltern hier ihren Kindern fremd und fern war. Tätig war ich auch damals schon in der Jungmännerarbeit im Jünglingsverein, den mein Vater ebenso wie den Bibelkreis leitete, und so war ich in ständiger Berührung mit den arbeitenden Ständen, insbesondere den Bergleuten. Überall konnte ich Einblick gewinnen in die Probleme und Fragen des Alltagslebens dieser Menschen, deren Vertrauen ich früh gewann, und damals schon stand es für mich völlig fest, daß all die Fragen sozialer, sittlicher, sexueller und völkischer Art ihre Lösung nur in der einen, der Gottesfrage, finden können und müssen. Dieser Lösung einen Weg bereiten, darauf ging mein Ziel. Dabei war ich unbewußt in die Gedanken und Lebensanschauungen des Pietismus geraten und wurde in der Tat ein eifriger »Pietist«, der schroff ablehnend allem Lebensgenuß und aller Weltlichkeit gegenüberstand. Das charakteristische »Eins ist not« der Gemeinschaftskreise war auch das Zentrale meines Lebens. Jedoch war schon hier die Axt an die Wurzel gelegt, die die zweite Wendung meines Lebens vorbereitete. Die Primanerjahre in den letzten Zeiten des Krieges und den Tagen der Revolution (1918/19) waren auf dem Gymnasium voller Reichtum und Schaffen. Die Klasse war sehr klein und die Lehrer hervorragende Menschen. So erstand dort ein ideales geistiges Leben, und zwar ganz im Geist der idealistisch-humanistischen Philosophie. Plato, Schiller, Goethe und Homer, das waren die Menschen, mit denen wir umgingen und deren Geist ich mich nicht entziehen konnte, da eben vieles ihrer Gedanken und Ideen meinem innersten Wesen entsprach. Die antike Philosophie, die deutsche Literatur von ihrer klassischen Zeit bis zur Gegenwart, die Weltgeschichte der Neuzeit, insbesondere die soziale Bewegung – das waren hauptsächlich die Lebensgebiete, auf de-

nen wir arbeiteten und lernten. So erweiterte sich der Horizont des Geistes über das pietistische Lebensideal hinaus: Das Gesamtleben zeigte sich von ganz neuen Seiten und reizte das Forschen und Suchen der Jugend mit Gewalt. Dadurch vollzog sich schon auf der Prima eine entscheidende Auseinandersetzung mit dem Materialismus jeder Gestalt in Naturwissenschaft und praktischem Leben, teils von seiten des Idealismus, teils von seiten der christlich-kirchlichen Apologetik, die im B.K. lebhaft studiert wurde. In diesen Tagen schlossen Idealismus und Christentum in mir einen geheimen Bund, den ich damals nicht als solchen erkannte, der sich aber in der Wendung zur Jugendbewegung des Wandervogels und der Absage an alles pietistische Christentum nebst der Aneignung der modernen Theologie auswirken mußte.
So wanderte ich als Achtzehnjähriger Ostern 1920 zur Universität Marburg, um Theologie und Philosophie zu studieren, mit dem Bewußtsein, hinlänglich vorbereitet zu sein durch eifriges Selbststudium auf fast allen Gebieten des geistigen Lebens, sei es nun Literatur oder bildende Kunst (besonders Architektur und Malerei), sei es Musik oder Drama und Theater. Der »magister artium« konnte sein Fachstudium antreten, und er tat dies mit Leidenschaft und heißer Liebe zur Forschung in einem faustischen Drange, der keine Grenze an der Schwere der Aufgabe findet. Ich ging damals nicht nur eifrig in die Vorlesungen hinein, die ich belegt hatte, sondern auch sonst suchte ich zu lernen, wo etwas zu lernen war. Ottos Ethik hörte ich sehr oft, zu Hartmann ging ich frech ins philosophische Seminar und referierte über Platos Ideenlehre im Phaidon. Hier und überhaupt in den Vorlesungen von Marburgs Theologen drang ein neuer Geist auf mich ein, der mir sehr entgegenkam und nun voll mein eigen wurde. Das Leben erschien in neuem Lichte als eine geistige Einheit aller Faktoren des Bewußtseins – und damals setzte der Kampf um Sinn und Wert des Lebens in einem neuen Stadium ein, indem eine starke ethisch fundierte Diesseitsgesinnung sich neben der eschatologisch-transzendenten Religiosität der Vergangenheit Bahn brach. Dazu kam noch, daß ich Wingolfit wurde, weil ich durch Vaters, eines alten Wingolfiten, begeisterte Schilderung überzeugt war, daß im Korporationsgedanken des Wingolf das Ideal des Studentenlebens verkörpert sei. Damit aber ward ich in eine neue Tiefe der Problematik des Lebens geworfen, da ich sofort in Opposition zu den üblichen Gesellschaftsformen der Korporation trat, und zwar gerade als idealistischer Christ. Dieser Kampf um Christentum und Gesellschaft zog sich seitdem in teils steigender, teils fallender Schärfe durch alle Semester, am stärksten naturgemäß in den mittleren Semestern 2–5. Verschärft wurde dieser Kampf sehr durch die starken Eindrücke, die auf mich von der idealistischen Jugendbewegung ausgingen, durch die ich besonders in den Ferienlagern 1920 stark in ihren Bann gezogen wurde und von der ich sehr viel inneres Verständnis des Lebens unserer Gegenwart, der Nachkriegszeit, gewann. Ich mußte der freideutschen Jugend in sehr vielen Dingen zustimmen und wehrte mich gegen den hohlen Konventionsstil der bürgerlichen, meist philiströsen und unsozialen Gesellschaft, wie ich sie öfter kennenlernen mußte durch das Verbindungsleben, wie ich sie auch schon auf ihrem Tiefpunkt in den Revolutionstagen 1918 gesehen hatte. So verließ ich Marburg schon im Herbst und wanderte nach dem Süden aus: Tübingen war das Ziel, denn Männer wie Heim und Schlatter lockten meinen Sinn. Da das Leben als Einheit vor dem geistigen Auge lag und kein Teil ohne den andern bestehen konnte, so griffen die Fragen des nun überaus kritischen und »problematischen« Studenten ineinan-

der zu einem großen Komplex: Religiöse und theologische Fragen, sittliche und soziale Probleme, Individuum und Gemeinschaft, sexuelle und Frauenfragen, Jugendbewegung und Jugendpflege, Pazifismus und Nationalismus..., so entstanden lange Abende auf den Tübinger Buden, wo wir in persönlicher wochenlanger Aussprache »Probleme schoben«, wie die Schwaben sagten. Es waren dies reiche und gesegnete Stunden, in denen nicht nur Fragen besprochen wurden, sondern in denen sich die Herzen öffneten in gemeinsamen Nöten und die echte deutsche Jungmannen-Freundschaft entstand, die in den Stürmen des Lebens sich bewähren kann. Ich will aber hier nicht unerwähnt lassen, daß sich auch auf »Fahrten« und »Treffen« hier und dort Jungmädchen fanden, zu denen ich in persönliche geistige Beziehung trat. Manche wertvollen Gedanken und Lebensmächte sind aus solchen Aussprachen herausgewachsen. So verging Winter und Sommer nicht ohne vielerlei wissenschaftliche Arbeit. Allerdings war sie naturgemäß größtenteils rezeptiver Art, insbesondere standen hebräische Sprachstudien im Vordergrund. Das dritte Semester, die Zeit des Jungburschentums, war so echt und recht frische und frohe Studentenzeit mit aller Romantik, wie sie in Tübingen eben unausrottbar lebendig ist und für deutsche Studenten Lebensnotwendigkeit bedeutet.

Und dann brach diese schöne Zeit ab mit festem Entschluß zu ernster wissenschaftlicher Arbeit – damit beginnt die dritte Wende meines Lebens. Ich verließ den sonnigen Süden und kehrte nach Hause zurück, um mich von jetzt an intensiver rein wissenschaftlichen Studien hinzugeben. Ohne Frage hatte ich aus Tübingens Wissenschaft viel Anregung und Vertiefung mitgebracht. Ich denke dabei besonders an die unvergeßlichen Stunden bei Karl Heim und Adolf Schlatter. Beide hatten in ihrer Art meine Welt-, Gottes- und Menschenanschauung stark beeinflußt, Heim von wissenschaftlicher, Schlatter von religiöser Seite. So zog ich denn nach Münster, um auf der Heimatuniversität meine Studien ausreifen zu lassen, um viele Anfänge zu vollenden, mit dem festen Ziel, jetzt eine eigene produktive wissenschaftliche Arbeit in Angriff zu nehmen. Denn Zielsetzung ist das Mark des Fleißes und Fleiß das Rückgrat der Arbeit. Schon in den Ferien fing ich an, größere wissenschaftliche Werke durchzuarbeiten, nachdem ich allerdings vorher manche kleinere Schriften gelesen und aufzunehmen versucht hatte. Jetzt mußte aber System in das mehr oder weniger große Chaos der Einzelerkenntnisse gebracht werden: Methodisch arbeiten ist alles für erfolgreiche Leistung. So zog ich mich aus manchen Problemem des Lebens, soweit möglich, heraus und vergrub mich in die reine Wissenschaft, ohne jedoch den Konnex mit dem Leben ganz zu verlieren. Dafür sorgte schon meine Jungmännerarbeit, die ich wieder aufnahm, zumal da ich mich in Münster nahe der Heimat befand.

Die nun folgenden vier Münsterschen Semester bilden eine sehr geschlossene Einheit, und zwar sowohl nach der theologischen wie nach der philosophischen Seite. Dem Alten und Neuen Testament waren die drei ersten Semester vorwiegend gewidmet gewesen, demgegenüber gehörten die Münsterschen fast ausschließlich der Kirchengeschichte, der Systematik und der praktischen Theologie. Grützmacher, Wehrung und Smend sind hierfür die drei Namen, denen meine Liebe und Dankbarkeit gehört. Ihnen verdanke ich die großen Linien, die Abrundungen der Einzelerkenntnisse zu einem großen Ganzen der theologischen Wissenschaft aufgrund ihrer Vorlesungen und besonders der Seminarübungen. Aber meine unausrottbare Neigung zum philosophischen Nachsinnen über das Gesamtproblem des Lebens kam jetzt neben dem theologischen Fachstudium zu vollster Entfaltung.

Mit Leidenschaft und Gründlichkeit vertiefte ich mich in die Philosophie, und zwar naturgemäß am meisten in die Religionsphilosophie, Erkenntnistheorie und Psychologie. Gerade die neuere und gegenwärtige Philosophie zog mich dabei an: Kant und die verschiedenen Richtungen des Neukritizismus (Volkelt, Natorp, Hartmann, Rickert), auch Eucken, Spengler, Keyserling – und im Rahmen dieser Studien entstand dann langsam und durchaus auf eigensten Forschungswegen die Doktor-Dissertation über den »Begriff der religiösen Erfahrung bei C. Stange«. Im Laufe von zwei Semestern waren die Vorarbeiten erkenntniskritischer und religionsphilosophischer Arbeit soweit abgeschlossen, daß sich daraus ein selbständiges Werk ergeben konnte. Diesem weitverzweigten Suchen und langsamen Finden der eigenen Problemstellung, dem Forschen nach der Methode verdanke ich nach der Breite das, was ich nach der Tiefe aus dem Spezialthema gewonnen habe. Unter dem Gesichtspunkt dieser Arbeit standen die letzten Semester fast vollständig, jedoch brachte es die Arbeit mit sich, daß von ihr auf die gesamte systematische Theologie der Gegenwart neues Licht fallen mußte. Anfang Juli 1923 war der letzte Strich an der Arbeit getan, und am 14. VII. konnte die mündliche Prüfung folgen, in der ich in Philosophie von meinem unermüdlichen Referenten, Professor Kabitz, außerdem in Kirchengeschichte und in der hebräischen Sprache geprüft wurde. Die Arbeit erhielt das Prädikat: »Fleißig, gründlich und in den Ergebnissen wertvoll«, das Examen bestand ich mit »Gut«. Damit war die Frucht zweijähriger zäher Arbeit in die Scheuern geerntet, ein Erfolg, der die Mühe reichlich lohnte. Damit ist meine studentische Laufbahn als solche abgeschlossen, und ich stehe nunmehr an einem neuen Anfang.

Ein Rückblick auf die obigen Ausführungen zeigt mir allzu deutlich, wie schwierig es ist, die Fülle des Lebens rückschauend zu beschreiben; denn es fehlt noch so viel für mein jetziges Leben Hochbedeutsames, daß bis jetzt in der Tat nur ein schlechtes Bruchstück einer Lebensbeschreibung vorliegt. Deshalb seien andeutungsweise einige Nachträge hinzugefügt. Oben ist mein Leben fast ausschließlich unter dem Gesichtspunkt der wissenschaftlichen Entwicklung geschildert, es fehlt fast ganz die soziale, künstlerische, persönliche, religiöse und kirchliche. Ich empfinde diese ganze verschiedenartige Entwicklung meines Lebens durchaus als eine Einheit durch alle Mannigfaltigkeit hindurch, eine Einheit, die die Vielheit begründet und deren antinomischen Widerspruch aufhebt. Gerade die Antinomien des Gesamtlebens empfinde ich sehr stark, und wenn ich zurückschaue, sieht die Gestaltung der Vergangenheit durchaus nicht einheitlich aus. Es streitet da ein starker sozialer Zug mit aristokratisch-ästhetischen Neigungen, ebenso besteht immer erneut Spannung zwischen religiösem Erlebnis und wissenschaftlicher Erkenntnis. Daraus ist zu verstehen, wie Vergangenheit und Gegenwart meines Lebens von einer unendlichen Mannigfaltigkeit einzelner Erlebnisströme durchzogen ist. Neben den religiösen Fragen, die sich besonders auch auf die zentrale Frage religiöser Gemeinschaft erstreckten, blieb stets eine starke kirchliche Position – bei aller Selbstkritik des eigenen kirchlichen Lebens und der eigenen kirchlichen Arbeit –, sie äußert sich in der Überzeugung, daß nur eine Erneuerung der evangelischen Volks- und Missionskirche die Rettung des Vaterlandes aus seinen inneren sittlichen und religiösen Nöten wie von seinen äußeren Wunden möglich macht, ja daß dadurch allein die Lösung der sozialen Frage möglich ist. In diesen religiösen und theologischen Anschauungen bin ich besonders von Heim, Barth, Stange und Wehrung beeinflußt. Daneben bewegt mich immer ein kritischer, abwägend

forschender Sinn, der mit unerbittlicher Strenge um Wissenschaftlichkeit ringt, geschult am Kantschen Kritizismus und der modernen Erkenntniskritik. Und auch darin erschöpft sich die Vergangenheit nicht, denn eine alte heiße Liebe zu aller Art von Kunst, Musik und Poesie ließ mich auch hier untersuchen und forschen, lernen und erleben. So besuchte ich fast alle Gemäldegalerien Deutschlands, studierte Architektur unsrer großen Vergangenheit, indem ich Städte und Dörfer, Kirchen und Museen aufsuchte, da mich ja der Wandertrieb sowieso schon durch unser reiches Vaterland mit seinen herrlichen Naturschönheiten treiben mußte. Ebenso konnten nur wenige Tage vergehen, an denen nicht wenigstens eine Stunde der Musik gewidmet wurde, sei es nur hörend in Konzert und Oper oder ausübend am Flügel und Waldhorn. Besonders auch unsre unvergleichliche deutsche evangelische Kirchenmusik erfuhr reichliche Pflege, wobei allen voraus J. S. Bach verehrt wurde. Stets begleitete mich auch eine tiefe Neigung zur Dichtung – und hier besonders zu Drama und Bühne: Noch voriges Jahr brachte ich ein eigenes religiöses Schauspiel mit evangelischen Jungmannen zur Darstellung. So erwarb ich mir seit frühester Jugend nach und nach alle bedeutenderen und bleibenden Dichtungen der Neuzeit, und von starkem Einfluß auf mich blieben stets Goethe, Keller, Storm, C.F. Meyer und Hebbel. Die eigentümliche Einheit in aller Mannigfaltigkeit kam und kommt darin zum Ausdruck, daß es mir stets Pflicht und Aufgabe scheint, alle Gebiete des geistigen Lebens in unsrer Volkskirche wirksam und lebendig zu machen, denn alles muß dem letzten Ziel dienen, den Menschen auf Erden Strahlen des göttlichen Lebens zu geben, wie sie überall in reicher Fülle erblickt werden können. In diesem Sinne trat ich ein für die echte reformatorische Weltlichkeit des Christentums sub specie aeternitatis – wie ich sie in der ganzen Lebensarbeit von J. Smend am leidenschaftlichsten vertreten gefunden habe. Er hat mich hier manches Wertvolle gelehrt und mich in meinen reformierten Überzeugungen vom echt evangelischen Gemeindeleben gestärkt.
Zum Schluß möchte ich aber noch auf die zentrale persönliche, religiöse Frage eingehen, die mich bewegt und die auch wohl das Zentrum der persönlichen Religiosität genannt werden kann. Die Frage des Berufes als einer Berufung von Gott zu Gott. Auch hier besteht in meinem Leben eine Antinomie von Jugend an; denn schon seit der Sekunda streitet in mir die Neigung für Theorie und Praxis, Wissenschaft und Leben. Im endlichen Dasein des Menschen muß eins von beiden dominieren, also für mich: Entweder muß ich einst Pfarrer oder Dozent werden. Wozu ich von Gott berufen bin, das bleibt heute noch mit dem Schleier der Zukunft bedeckt, ja es muß so sein, denn nur persönliche Entscheidung kann diesen Schleier heben.
In allem Erleben aber, sei es wie es sei und wohin die Wege der wild erregten Gegenwart und der düsteren Zukunft mich tragen mögen, in allem kann ich nur voll Dank und Freude das Walten dessen erkennen, der mein vergangenes Leben mit Reichtum und Segen überschüttet hat, daß ich »Freude die Fülle« durch alle Fragen und Nöte hindurch als Geschenk meines jungen Lebens dankbar bekennen kann. Ich weiß, daß all mein und all unser Sehnen und Suchen, Sorgen und Fragen, unsere Freuden und Nöte, unser Leben und Leiden begründet und aufgehoben ist in dem, zu dem wir hingeschaffen sind, denn ». . . alles Drängen, alles Ringen / Ist ewig Ruh in Gott dem Herrn«.

Eickel i.W. 27. VII. 1923   gez. Dr. phil. Joachim Beckmann, stud. theol.

5. Von Eickel über Göttingen, Berlin, Wiesbaden, Soest nach Düsseldorf (1924–1933)

a) Inspektor am Reformierten Studienhaus Göttingen (1924/25)

Am Ausgang meines Studiums, als das erste theologische Examen vor der Tür stand, stand ich vor der Frage, wo ich nach dem Examen unterkommen sollte. Ich hoffte eine theologische Promotion zu machen und dazu zur Universität zurückzukehren. Hinzu kam, daß ich inzwischen Karl Barths erste Schriften kennengelernt hatte und diese mich mit Begeisterung erfüllten, so daß ich meinen Vater bat, mir zu erlauben, nach Göttingen als cand. theol. zu reisen, um diesen überragenden Theologen aus der Nähe kennenzulernen. Da es sich ergab, daß der Platz des Studieninspektors am Reformierten Studienhaus in Göttingen frei wurde, bewarb ich mich darum und wurde sofort für das Sommersemester 1924 angenommen. So war der Weg offen für ein Studium bei Karl Barth und eine Promotion, die ich freilich bei einem »ordentlichen« Professor zu machen hatte, da Barth damals nur »außerordentlicher« Professor war. Um mein vorgeschriebenes »Lehrvikariat« zu machen, beantragte ich die Zuweisung an den Pfarrer der reformierten Gemeinde Göttingen, Kamlah; das wurde von dem Evangelischen Oberkirchenrat in Berlin genehmigt und von mir durch eine gewisse Mitarbeit an seiner Gemeinde in Predigt und Katechese, aber z.B. auch in der Gründung und Leitung eines Kirchenchors, abgeleistet.

Um eine wichtige und mich reizende Thematik für die Licentiatenarbeit zu finden, studierte ich die Kontroversliteratur des Reformationsjahrhunderts über das Abendmahl. Am Ende stand dann das Thema fest: »Die Sakramentslehre Calvins in ihren Beziehungen zu Augustin«. Professor E. Hirsch übernahm die Aufgabe der Begleitung meiner Arbeit und sorgte auch für ihre Vorlage und Annahme bei der Theologischen Fakultät. Die Prüfung fand am 23. Juni 1925 statt.

Die wichtigste Aufgabe in Göttingen für mich war das Hören und Studieren der Theologie Karl Barths. Er las damals zum erstenmal seine Dogmatik (Band I. Die Lehre vom Worte Gottes). Die Vorlesung gehörte zu dem Schönsten, was ich je auf der Universität erlebt hatte. Hier wurden für mich die wahren Grundlagen für die Verkündigung gelegt. Hier kam es auch zu einer eindringlichen Vertiefung der Erkenntnis der Grundlehren der christlichen Kirche. Für die späteren Jahre des Kirchenkampfes war das eine einzigartige Vorbereitung, und ich verdanke diesen Göttinger Semestern das Entscheidende für die Auseinandersetzung mit den Deutschen Christen wie auch mit der NSDAP.

Das Zusammensein, das Karl Barth mir gewährte, hat mir besonders viel gegeben. Fast täglich kam es zu theologischen Erörterungen, aber auch die politischen Fragen wurden in einer mir bis dahin ungewöhnlichen Weise von ihm mit Leidenschaft diskutiert. Das führte bei mir dazu, daß die ersten Lockerungen der deutsch-nationalen Tradition, wie sie übrigens in der Theologenschaft weithin herrschten, begannen. Aber es stand doch noch eine lange Zeit der inneren Entzweiung im politischen Bereich bei mir bevor. Erst in den dreißiger Jahren drang die theologische Erneuerung der politischen Ethik ganz klar durch. Die Aufgabe des Inspektors am Reformierten Studienhaus war nicht besonders groß. Andachten, Bibelarbeiten, Aussprachen über die Theologie Barths, der großen Neuigkeit jener Jahre, aber auch Pflege der brüderlichen Gemeinschaft drinnen im Haus und draußen auf Wanderwegen gehörten zu den Aufgaben des Inspektors. Es war insgesamt eine schöne Zeit der jugendlichen Arbeit und ihrer mannigfachen Freuden und Freundschaften.

Als sich das Sommersemester 1925 dem Ende näherte, begegnete mir ein Verbindungsbruder aus Berlin, der für seine Weiterarbeit an anderer Stelle einen Nachfolger suchte und mich nach kurzem Kennenlernen davon überzeugte, daß ich seinem Wunsche folgen sollte, in Berlin beim Centralausschuß der Inneren Mission (Abteilung Erziehung) als Assistent tätig zu werden. Anlaß, daß ich es tat, war, daß Karl Barth zum Wintersemester 1925 einen Ruf nach Münster erhielt, dem er natürlich aus verschiedenen Gründen gern folgte. Damit war – auch nach der Promotion – meines weiteren Bleibens in Göttingen nicht mehr, und so ging ich im August 1925 nach Berlin in eine ganz andere Welt als die Theologie in Göttingen.

b) Berlin, Evangelischer Reichs-Erziehungsverband beim Centralausschuß für Innere Mission (1925/26)

Diese Zeit in Berlin war zwar nur kurz, aber doch überaus lehrreich. Man lernte viele interessante Männer und Frauen kennen, z.B. Oberin M. v. Tiling (Abgeordnete der Deutsch-Nationalen Volkspartei), Professor R. Seeberg (den Vorsitzenden des Centralausschusses), Professor Gogarten, Gertrud Bäumer – und durch viele Dienstreisen Kirche, Diakonie und Erziehungseinrichtungen in Deutschland. Um die sozialen und pädagogischen Fragen wurde hart gestritten. Der Kampf um die deutsche Demokratie, die moderne Schule und Pädagogik war heftig im Gange. Berlin war damals eine in vieler Hinsicht außerordentlich lebendige Hauptstadt Deutschlands. In der Kirche gab es einige eindrucksvolle Prediger: Conrad (Vizepräsident des Evangelischen Oberkirchenrats), Doehring (am Dom), Dibelius (Generalsuperintendent), um nur einige zu nennen.

Aber in Berlin ging es mir wie auch in Göttingen. Eines Tages im Frühjahr 1926 wurde ich von einem neuberufenen Direktor des Centralausschusses dringend gebeten, an seine bisherige Stelle in Wiesbaden zu treten, wo er Landespfarrer für Innere Mission war. Da ich sowieso vorhatte, nicht so lange nach meinem zweiten Examen (Ostern 1926) in Berlin zu bleiben, sondern für unsere danach beabsichtigte Ehe an einen schöneren Ort zu ziehen als gerade Deutschlands Hauptstadt, sagte ich zu, fuhr nach Wiesbaden, wurde dort von der Kirchenleitung geprüft, auch in Richtung »Kirchenpolitik«, und in einem Vortrag verhört, danach angenommen, und so verließ ich die an sich schöne Arbeit bei Pastor Beutel in Berlin, machte mein zweites Examen in Münster und war schon im Mai »Landeswohlfahrtspfarrer« in Wiesbaden.

c) Wiesbaden, Landespfarrer für Innere Mission und Wohlfahrtspflege in der Evangelischen Kirche von Nassau

Es ging alles ganz rasch. Ich wurde zum Pfarrer berufen und am 1. August nach Erreichung des »kanonischen Alters« (= 25 Jahre) von meinem Vater in Eickel ordiniert – das war mein Abschied aus meiner Heimatgemeinde. Die Zeit des Wanderns hatte begonnen. Mein Vorgesetzter in Wiesbaden war der Landesbischof der etwas über 200 Pfarrer umfassenden Kirche, die leider kirchenpolitisch gespalten war. Es gab drei Parteien, Orthodoxe, Liberale und »Mitte«. Alle Gruppen waren etwa gleich groß und hatten so miteinander immer zu teilen. Auch die Leitung der Kirche war unter Vertretern der drei Parteien geteilt. Daran fand ich freilich kein Wohlgefallen, da ich Parteiwesen nicht für eine kirchlich hilfreiche Weise der Leitung hielt. In meiner Arbeit der Inneren Mission und Diakonie hatte ich freilich keine derartigen Schwierigkeiten; meine Aufgaben waren ziemlich selbständig und mit der staatlichen Arbeit auf dem sozialen Gebiet in guter Arbeitsgemeinschaft. Meine umfangreichste Tätigkeit wurde die Sorge für die »Nichtseßhaften«, deren Zahl damals wegen der Arbeitslosigkeit ins Ungemessene anstieg. Die Nassauische Kirche hat unter der Leitung ihrer Diakonie damals dafür gesorgt, daß an zahlreichen Stellen durch Errichtung von Baracken den Wanderern wenigstens eine Unterkunft angeboten werden konnte.

Eine bescheidene, aber funktionierende Organisation der Kirche und gemeindlichen Diakonie (damals »Wohlfahrtspflege« genannt) blieb meine Hauptaufgabe, d.h. es ging darum, in allen Kirchenkreisen feste Arbeitsgemeinschaften der Sozialarbeit zu schaffen. Meine Tätigkeit befaßte sich nicht nur mit den Einrichtungen der Inneren Mission, sondern gerade auch mit der diakonischen Arbeit in den Gemeinden und Kirchenkreisen. Danaben gab es aber nun auch theologische Arbeit zu bewältigen, denn die »neue Theologie« verbreitete sich damals auch in den deutschen Kirchen, besonders bei ihrer theologischen Jugend – und das Predigerseminar in Herborn war auch mit zu besorgen.

Erst am 4. Januar 1927 konnten wir Hochzeit halten, da leider früher keine passende Wohnung zu erhalten war. Damit begann für meine junge Frau Hildegard, geb. Hagemann, und mich eine wunderbare Zeit. In Wiesbaden ein erstes Ehejahr – das ist allein schon etwas Besonderes! Wir hatten auch durch meine verschiedenen Dienstreisen in das herrliche Land des Taunus und des Westerwaldes sehr viele schöne Erlebnisse miteinander. Am 9. November 1927 stellte sich unsere erste Tochter Christa ein. Und dies Glück war für uns, die wir uns Kinder wünschten, ein ganz großes Geschenk. Was war das für ein Jahr für die junge Familie!

Aber nicht lange nach Weihnachten 1927 kam dann der entscheidungsvolle Brief des westfälischen Generalsuperintendenten D. Zoellner mit der dringenden Bitte, sobald wie möglich in die Heimatkirche zurückzukehren, und zwar zu der Westfälischen Frauenhilfe in Soest. Er hatte auch an meinen Landesbischof Kortheuer geschrieben und mir damit den Weg zu ihm erleichtert. Denn ich war erst knapp zwei Jahre in Naussau. Aber es ging alles ohne Schwierigkeiten, und Anfang März waren wir schon auf dem Weg nach Soest, eine der schönsten alten Städte Westfalens, in der es allein sieben evangelische Kirchen gab, eine schöner als die andere, herrliche Bauten der romanischen und gotischen Baukunst und darum schon für uns eine Stadt, in der man ein Leben lang wohnen möchte.

d) Soest. Bei der Westfälischen Frauenhilfe (1928–1933)

Ab Frühjahr 1928 wohnten wir zuerst in einem wundervollen alten Barockhaus in der Stadt, bis uns das Pfarrhaus draußen vor den Toren, ganz auf dem Lande neben dem Pfarrhaus des Frauenhilfspfarrers Fr. Johanneswerth, des prachtvollen Bruders, und den Bauten der Frauenhilfe, aufnahm, mit einem großen Garten und zahlreichen Räumen für eine wachsende Pastorenfamilie. Unser zweites und unser drittes Kind wurden uns hier geschenkt (1929 Ingeborg, 1931 Klaus Martin), und für sie war es hier natürlich besonders schön. Ich hatte als Hauptaufgabe die Lehrtätigkeit in der Haushaltungsschule und der Wohlfahrtsschule in Bielefeld, später in Gelsenkirchen*. Dazu kam dann die theologische Lehrarbeit in der Bibelschule Witten, so daß ich mit diesen Aufgaben ganz nach meinen Wünschen ziemlich ausgefüllt war. Das waren die Zeiten der theologischen Fortbildung und des Lernens von Lehre und Unterricht. Die andere Arbeit, Besuche in den Zusammenkünften der Frauenhilfe in Gemeinden und Kirchenkreisen, gab mit die Möglichkeit, eine ganz große Kirche von Minden bis Siegen und Gelsenkirchen kennenzulernen und mich in der Aufgabe zu üben, ein theologischer Lehrer von Nichttheologen zu werden; das war für die Kirche damals, und später erst recht, von besonderer Wichtigkeit.

Die Tätigkeit dieser Jahre war in jeder Hinsicht reich und erfreulich. Die Zusammenarbeit in der westfälischen Kirche machte es darüber hinaus noch schöner, in der stark entwickelten Tätigkeit der westfälischen Frauenhilfe mitzuwirken. Leider wurde es von Jahr zu Jahr schwieriger. Die »goldenen« zwanziger Jahre gingen zu Ende. Jetzt kam die große Not, vor allem im sozialen und politischen Raum. Wir hatten mit den beiden Extremen der Politik schwer zu tun – mit dem damals immer noch wachsenden Kommunismus und seiner Kirchenfeindlichkeit, aber auch mit den nationalistischen Gruppen, besonders der NSDAP. Am schlimmsten war die riesige Arbeitslosigkeit. Immerhin war es erstaunlich, wie sich die Kirche in dem steigenden chaotischen Durcheinander doch einigermaßen behauptete. Dies wurde erst anders, als die NSDAP mit Hitler als Kanzler und Führer an die Macht kam.

Im letzten Jahr vor dem »Dritten Reich« wurde mir noch »kommissarisch« die Stelle eines Provinzialmännerpfarrers übertragen. Diese Arbeit war im Unterschied zu der Frauenarbeit äußerst schwierig, weil hier die politischen und sozialen Gegensätze eine besonders starke Rolle spielten. An dieser Arbeit war ich nur noch ein knappes Jahr beteiligt, dann fragten mich Ende 1932 die Presbyter der Evangelischen Gemeinde Düsseldorf, ob ich wohl Freudigkeit hätte, in ihre Gemeinde, und zwar die Lutherparochie, zu kommen. Damit war die Entscheidung für uns gefallen. Wir sagten ja, und ich hielt am 4. Advent 1932 meine Probepredigt im Lutherhaus zu Düsseldorf. Die Wahl fand schon direkt nach Weihnachten statt.

---

* Sie ist übrigens die Vorstufe der viele Jahre später begründeten »Kirchlichen Fachhochschule« in Bochum, getragen von den Kirchen des Rheinlandes, Westfalens und Lippes.

II. Kapitel
Kirchenkampf (1933–1945)

1. Die Machtergreifung der »Deutschen Christen« (1933)

Als wir, meine Frau und ich mit unseren Kindern, am 20. Februar 1933 in das Pfarrhaus am Lutherhaus (Düsseldorf, Kopernikusstraße 9c) einzogen, war das Dritte Reich noch keinen Monat alt. Es war vor allem in der Kirche noch nichts von einer Änderung der Verhältnisse, geschweige denn von einer bevorstehenden Revolution zu spüren, jedenfalls durch etwa zwei Monate hindurch. Die damalige »Lutherparochie«, wie diese Region der riesigen Gemeinde Düsseldorf (über 100 000 Gemeindeglieder und 22 Pfarrstellen) damals hieß, war trotz ihrer Größe (10 000 Gemeindeglieder) keine selbständige Gemeinde. Sie hatte zwar zwei Pfarrstellen, aber kein eigenes Presbyterium, sondern nur eine »Kirchenkommission«, die jedoch wenig Rechte hatte und darum bedeutungslos war. Andererseits war die Lutherparochie eine »Gemeinde« im besten Sinne des Wortes. Sie war für eine Großstadt außerordentlich kirchlich. Der Gottesdienstbesuch war gut. Daneben gab es den Kindergottesdienst und eine gut besuchte Bibelstunde sowie eine Reihe von Vereinen, die alle sehr kirchlich eingestellt waren, und zahlreiche freiwillige Helferinnen und Helfer, die zusammen mit den Pfarrern in der Gemeinde tätig waren. Insgesamt wird man sagen können, daß die Voraussetzungen für eine rechte Gemeindearbeit durchaus gegeben waren. Die Kirchlichkeit dieser Gemeinde führe ich auch darauf zurück, daß die Pastoren im Lutherhaus, Elbrechtz und Langenohl, durch Jahre hindurch Verkündiger des Evangeliums waren. Ihre Predigt war Auslegung der Heiligen Schrift, geprägt durch das reformierte Bekenntnis wie durch den Pietismus. Die Auswirkungen dieser Predigt haben sich auch im Kirchenkampf als segensreich erwiesen. Es war etwas von lebendiger Gemeinde zu spüren, die das Wort Gottes liebgewonnen hatte und darum auch zum Dienst in der Gemeinde bereit war. Das zeigte sich nicht nur in der regen Teilnahme am Gemeindegottesdienst, sondern auch bei der Mitwirkung der Frauen im Missionsfrauenverein und der Frauenhilfe wie der Männer in der Männervereinigung sowie beider im Helferkreis des Kindergottesdienstes, aber auch in Jugendkreisen und im Kirchenchor. Die Gemeindediakonie durch eine Schwesternstation, zwei Diakonissen, Schwester Maria und Schwester Emmy, und ein Kindergarten, ebenfalls mit zwei Diakonissen, Schwester Erna und Martha, müssen der Vollständigkeit halber noch erwähnt werden.

In einer solchen wachsenden Gemeinde als Pastor wirken zu können war ein Grund zu Freude und Dank. Ganz langsam wurde uns im Frühjahr 1933 deutlich, daß durch die Gründung des »Dritten Reiches« die Kirche in die immer stärker werdende innere Auseinandersetzung in Deutschland hineingezogen wurde, vor allem dadurch beschleunigt, daß es eine 1932 begründete »Kirchenpartei« nationalsozialistischer Prägung gab, die den Namen »Deutsche Christen« trug und de-

ren erklärte Absicht es war, die evangelische Kirche in eine NS-Organisation zu verwandeln, wobei sie die Führung dieser radikalen Veränderung der Kirche in die Hand zu bekommen versuchte.
Hier liegt die wahre und eigentliche Ursache des Kirchenkampfes. Das wurde zum erstenmal im April 1933 offenkundig, als die Deutschen Christen in Berlin ihre »Reichstagung« hielten, wo der Anspruch auf die Übernahme der Macht in der Kirche analog den politischen Ereignissen proklamiert wurde. Da die Deutschen Christen jedoch (trotz der Wahlen von 1932) in den Gemeinden wenig Echo gefunden hatten und es durchweg nur kleine Gruppen waren, die in den kirchlichen Organen eine Rolle zu spielen versuchten, blieb ihnen bei ihrem Versuch, die Kirche zu erobern, nichts anderes übrig, als Staat und Partei zu Hilfe zu rufen und mit diesem Einsatz der politischen Machtmittel die Herrschaft in der Kirche in die Hand zu bekommen. So ist Entstehung und Verlauf des Kirchenkampfes im Jahre 1933 zu verstehen. Die evangelische Kirche in Deutschland war dieser Situation 1933 gar nicht gewachsen. Ihre Organe, ihre Synoden, Kirchenleitungen, Bischöfe, Superintendenten und Presbyterien waren in den Auseinandersetzungen ohnmächtig gegenüber den totalitären Methoden der Deutschen Christen. Die Verwirrung war furchtbar, und alle Bemühungen kirchlicher Kreise und Männer, einen kirchlich und christlich vertretbaren Weg in die Zukunft des »neuen Reiches« zu bahnen, dessen Anbruch man übereilt in den Kirchen eigentlich eher begrüßt als befürchtet hatte, blieben erfolglos.
Ich kann an dieser Stelle nicht die traurige Geschichte vom April 1933 bis zur Kirchenwahl, dem Tag des »Sieges« und der Machtübernahme der Deutschen Christen, beschreiben, sondern nur kurz zeigen, wie es zu dieser Kirchenwahl kam, die zum erstenmal alle evangelischen Gemeinden in die Entscheidung rief. Die Bemühungen der leitenden Kirchenmänner, den Deutschen Christen entgegenzuwirken, z.B. in der Berufung F. v. Bodelschwinghs als Reichsbischof, scheiterten an der Koalition der Deutschen Christen und der inzwischen ganz nationalsozialistisch ausgerichteten Verwaltung des Reiches und der Länder. Auf Verlangen der Deutschen Christen griff der Staat ganz ohne Rechtsgrundlage in die Kirche ein und gab durch Kirchenkommissare den Deutschen Christen die Möglichkeit, die Führung der evangelischen Kirchen zu übernehmen. Der dabei jedoch ausgeübte Terror machte es für den Staat schon bald unmöglich, diesen Weg weiterzugehen. Auch wuchs der Widerstand in der Kirche so sehr, daß man einlenken mußte. Es wurde ein Kompromiß gefunden: Ausarbeitung einer *Verfassung* der Deutschen Evangelischen Kirche (der neuen Reichskirche) vom 11. 7. 1933[1] mit Hilfe der Kirchenleitungen und danach sofort Kirchenwahl in allen evangelischen Kirchen. Zuerst schien für eine solche Lösung Vertrauen zu wachsen, doch dann wurde rasch deutlich, daß diese Kirchenwahl zu einem politisch gelenkten Akt der NSDAP umfunktioniert wurde. Die Partei (schließlich sogar der »Führer« selbst) befahl den Nationalsozialisten die Wahl der Deutschen Christen, sie machte allgemein Propaganda für sie als die allein mögliche Wahl der Kirchenvertreter in der evangelischen Kirche. So wurde die Kirchenwahl vom 23. Juli 1933 für die Deutschen Christen entschieden. Sie war die erste große Schicksalswende des Kirchenkampfes: Die evangelische Kirche wurde dem politischen Willen der nationalsozialistischen Führung unterworfen. So ist es deshalb verständlich, daß in Verbin-

---

1 GBl DEK 1933, S. 2ff.

dung mit dieser Kirchenwahl auch der Widerstand gegen die Deutschen Christen (und ebenso gegen die Kirchenpolitik von Staat und Partei) begann. Dieser Widerstand lief in kurzer Zeit darauf hinaus, daß die »Bekennende Kirche« entstand. Am Ende des Jahres 1933 war sie in Umrissen bereits sichtbar.
Während eine ganze Zeit hindurch der Kirchenkampf in seinem ersten Stadium für die Ortsgemeinde nur eine untergeordnete Bedeutung hatte und so auch in der Lutherkirchengemeinde noch nicht wirksam geworden war, wurde das vom Zeitpunkt der Kirchenwahl an anders. Bis zum Juli wurde in der Gemeinde der kommende Kampf leise und still vorbereitet. Es gab schon die Notwendigkeit von Informationen, je mehr im Reich passierte. Die Verkündigung hatte vor allem die Aufgabe, schriftgemäß zu predigen von Kirche und Staat, von Gemeinde und Volk, von Gehorsam gegen die Obrigkeit und dessen Grenze, aber auch von der Alleinherrschaft Christi über alle Herrschaften. Allein dies geschah in Gottesdiensten und Bibelstunden. Die Gemeinde hielt zusammen. Die Deutschen Christen hatten keinen Einfluß, keine beachtliche Gefolgschaft. Die Gemeinde traute ihnen nicht, denn ihre Reden und Taten sprachen eine allzu unkirchliche Sprache. Eine Politisierung der Kirche, vor allem auch im Sinne des Nationalsozialismus, hielt die Gemeinde für einen Abfall vom Evangelium.
Welche Folgerung zog nun diese Gemeinde angesichts der Anordnung der Kirchenwahl? Es gibt hierfür ein paar Dokumente, die für die Gemeinde Düsseldorf Bedeutung haben, nicht nur für die Lutherparochie. Herausgewachsen aus dem Zusammenschluß von Pastoren und Ältesten vor der Wahl kam es zur Entscheidung: An dieser Wahl kann sich kein Christ beteiligen. Darum erging durch ein Flugblatt die folgende Aufforderung an alle Gemeindeglieder:

An alle Gemeindeglieder!
Wir hatten zu einem Zusammenschluß unter der Liste »Evangelische Kirche« aufgerufen. Unser Aufruf hat in der Gemeinde weithin ein starkes Echo gefunden. Wir hofften in freier Wahl unsere kirchlichen Körperschaften bilden zu können. Denn der Herr Reichskanzler hatte in seinem Telegramm vom 13. Juli an den Herrn Reichspräsidenten gesagt:
»Der innere Ausbau der Landeskirche wird nach kirchlichem Recht durch *freie Wahl des evangelischen Kirchenvolkes* einer baldigen Vollendung entgegengeführt.«
Aus den öffentlichen Bekanntmachungen der letzten Tage ergibt sich für uns, daß die Wahl des kommenden Sonntags nicht mehr unter rein kirchlichen Gesichtspunkten getätigt werden kann und darum keine »freie Wahl des evangelischen Kirchenvolkes« mehr ist:
　Wenn allen Mitgliedern der NSDAP verboten ist, sich auf einer anderen Liste als der der »Deutschen Christen« aufstellen zu lassen, so gerät jede andere Liste in falschen, nämlich politischen Verdacht.
　Das Aufstellen und das Wählen einer anderen Liste als des Wahlvorschlags »Deutsche Christen« ist bereits dementsprechend als Erweis reaktionärer Gesinnung gegen den neuen Staat hingestellt worden.
　Damit geraten alle, die nicht *dieser* Liste zustimmen, in den Verdacht, sich der Mitarbeit am Aufbau des neuen Staates entziehen zu wollen.
　Wir weisen diese Verdächtigung mit Entschlossenheit zurück, stellen aber fest, daß nunmehr ganz andere als kirchliche Gesichtspunkte zur Herrschaft gelangt sind.
　Auch können und wollen wir dem Einsatz politischer Machtmittel für den

Wahlvorschlag »Deutsche Christen« nichts entgegenzusetzen. Es bleibt nur der Einspruch gegen diese Art von kirchlicher Wahl.
Deshalb haben wir uns in Gemeinschaft mit einem aus der Gemeinde für die Liste »Evangelische Kirche« gebildeten Ausschuß entschlossen, keinen Wahlvorschlag einzureichen. Es kommt für uns und alle, die zu uns stehen, eine Beteiligung an *dieser* Wahl nicht mehr in Frage.
In der Verwirrung der Geister tut unserer Kirche nichts so not als Gottes Wort und Gebet.
Laßt uns darin treu zusammenstehen!

Da es nur die Liste der Deutschen Christen gab, fand in der Evangelischen Gemeinde Düsseldorf keine Wahl statt, nur zur Wahl des Presbyteriums (aus den gewählten Gemeindevertretern und den Mitgliedern des bisherigen Presbyteriums) entschied sich ein Kreis, jedoch ohne damit die Rechtmäßigkeit der Wahl anzuerkennen. Dies wurde in einem Schreiben an den Vorsitzenden des Presbyteriums festgelegt, das sowohl nach seinem Inhalt wie nach den Unterschriften verdient, festgehalten zu werden (Originalabschrift):

An den Herrn Präses Presbyterii   Düsseldorf, den 25. Juli 1933
Düsseldorf
Steinstraße 17
Um die zukünftige Arbeit in der Gemeinde nicht zu erschweren, haben die unterzeichneten wahlberechtigten Gemeindeglieder der evangelischen Gemeinde Düsseldorf beschlossen, zwar keinen formellen Einspruch gegen die Wahl vom 23. Juli 1933 zu erheben, wohl aber folgendes zu Protokoll zu geben:
Die in dem Telegramm des Herrn Reichskanzlers an den Herrn Reichspräsidenten vom 12. Juli 1933 zugesagte *freie Wahl* nach kirchlichem Recht ist unmöglich gemacht worden
a) durch den am Dienstag, dem 18. Juli, in der Volksparole mitgeteilten Einsatz des parteipolitischen Apparates der NSDAP zugunsten der kirchlichen Gruppe »Deutsche Christen« in Gestalt der von Herrn Staatsrat und Gauleiter der NSDAP Florian auf Herrn Direktor Höfermann, den Propagandaleiter der »Deutschen Christen«, ausgestellten Vollmacht (Volksparole vom 18. Juli);
b) durch die parteiamtliche Propaganda in der offiziellen Presse der NSDAP (Volksparole Nr. 166, 167, 168);
c) durch den Einsatz der SA und der übrigen Parteiorganisation »im Interesse der Partei für die Kirchenwahlen« (Volksparole Nr. 166, Seite 2);
d) durch die Erklärung, daß jeder Nationalsozialist aus der Partei ausgeschlossen würde, der sich auf einer anderen als der Liste der »Deutschen Christen« aufstellen ließe;
e) durch die Erklärung in der Parteipresse, daß jede andere Liste als die Liste der »Deutschen Christen« verdächtig sei, einen Herd reaktionärer, ja staatsfeindlicher Gesinnung zu bilden (Volksparole Nr. 166 und Anlage). Erschwerend fällt hierbei ins Gewicht, daß sowohl der Führer wie auch andere Parteistellen erklärt haben, die Partei sei mit dem Staat identisch;
f) grundlose Störung der Versammlung im Gemeindehaus der Kreuzkirche am 18. 7. durch geschlossenes Auftreten einer SA-Formation (vgl. Protestschreiben von P. Linz an den Präses Presbyterii);
g) unberechtigtes Ansichnehmen von Anmeldungen zur Wählerliste durch uniformierte SA vor Steinstraße 19b;
h) erzwungene Vorzensur des Sonntagsblattes nach Rückziehung der Kommis-

sare durch den von der Gauleitung bevollmächtigten Propagandaleiter der »Deutschen Christen«.
Dieser Einsatz der NSDAP bedeutet für zahlreiche Gemeindeglieder, die der NSDAP angehören und damit bekunden, wie sehr sie auf dem Boden des neuen Staates stehen, aber aus religiösen und kirchlichen Gründen nicht »Deutsche Christen« sein oder wählen können, einen schweren Gewissenskonflikt.
Diesen und anderen Wählern ist es unmöglich gemacht, gemäß ihrer Versicherung § 18 RWKO (= Rheinisch-Westfälische Kirchenordnung), »ihr Wahlrecht im Sinn und Geist der evangelischen Kirche zu ihrem Wohle ausüben zu wollen«, zu wählen – oder sich gegen die »Deutschen Christen« aus kirchlichen Gründen aufstellen zu lassen. Das Einreichen anderer Listen wurde durch die angeführten Maßnahmen für uns zur Unmöglichkeit. Denn damit war die Freiheit der Wahl *im Keim erstickt.*
Wir sind in der Lage, Einzelheiten hierzu auf Wunsch mündlich darzulegen, falls das zur Erhärtung der Beweisführung erforderlich sein sollte.
Eine solche Wahl ist keine kirchlich freie Wahl, sondern eine politisch beeinflußte Wahl. Das Verhalten der Partei steht im Widerspruch zu der bindenden Erklärung der Reichsregierung, daß niemandem aus seiner Kandidatur oder seiner Teilnahme an der Wahl ein Nachteil erwachsen, jeder vielmehr unter den Schutz der Reichsregierung sich gestellt wissen dürfe (Rundfunk 20. 7., 22 Uhr abends). Hinzu kommt:
i) Viele unserer Gemeindeglieder konnten sich angesichts der ganzen Lage (a–f) aus Furcht vor ernsthafter wirtschaftlicher oder beruflicher Schädigung nicht bereit erklären, ihren Namen als Kandidaten auf dem Wahlvorschlag »Evangelium und Kirche« veröffentlichen zu lassen.
k) Es ist der Gemeinde nicht möglich gewesen, Einblick in den ganzen Ernst der kirchlichen Lage und in die Bedeutung dieser Wahl zu gewinnen, da den Pfarrern seit Ostern durch ihre kirchliche Behörde Schweigen anbefohlen und durch das interimistische Kirchenregiment der Kommissare drei Wochen lang jede kirchenpolitische Betätigung ausdrücklich verboten war. Auch Tagespresse und Rundfunk sind in einseitiger Weise nur für die Belange der Liste »Deutsche Christen« zur Verfügung gestellt gewesen.
Eine Wahl in solcher Lage, unter solchen Begleiterscheinungen und derartiger Vorbereitung und politischer Beeinflussung (a–k) widerspricht dem Bekenntnis, dem Wesen und den Ordnungen der evangelischen Kirche und kann deshalb nicht als gültige kirchliche Wahl anerkannt werden.
Gez.:
L. Ellinghaus, H. Feller, H. Forstmann, A. Giesen, N.O. Gombert, O. Guse, F. Hahn, Frau G. Häusgen, Frau H. Hülsmann, W. Hundhausen, H. Jacobs, E. Kratzsch, H. Küttemeier, W. Lauffs, L. Linder, W. Link, A. Löwe, P. Merg, A. Mitze, W. Mockert, Frau L. Monreal, H. Moritz, O. Müller, G. Nolte, W. vom Rath, H. Rausch, W. Schmid, K. Schneider, H. Schreiner, H. Streblow, F. Theis, Frau L. Trendtel, H. Töllner, K. Wagner, P. Zimmermann.
Sowie die Pfarrer: Beckmann, Elbrechtz, Gravemann, Hafner, Ibeling, Kogge, Küssner, Lahusen, Linz, Schomburg, Schreiner, Ufer.

Kurz vor der Kirchenwahl war aber noch etwas anderes geschehen, das von bleibender Bedeutung war. Im Pfarrhaus Kopernikusstraße 9c wurde von einem kleinen Kreis von Pastoren unter meinem Vorsitz ein Beschluß zur Gründung eines »Rheinischen Bundes um Wort und Kirche« (Rheinische Pfarrerbruderschaft) gefaßt. An die rheinischen Pfarrer, die schon bisher zum Kampf gegen die Deutschen Christen zusammengekommen waren, wurde das folgende Rundschreiben gesandt (Orig.R.):

Rheinischer Bund um Wort und Kirche
Liebe Brüder!
Die Rufe nach einem *Zusammenschluß* aller Kräfte in unserer Kirche, die im Worte Gottes die Substanz der Evangelischen Kirche erkennen und eine Erneuerung nur aus dem Wort heraus wollen, sind in den letzten Tagen so zahlreich an mich gekommen, daß ich mich der Verantwortung nicht länger entziehen darf, die dadurch auf mich gelegt ist.
Daher wende ich mich zunächst an Sie mit der Bitte, in Ihrer Synode einen Bruderkreis zu bilden, und zwar im Sinne der Richtlinien des »Bundes um Wort und Kirche« (siehe Anlage!).
Als Pfarrer wollen und müssen wir zuerst aus unserer Gemeinschaftslosigkeit heraus. Daher suchen wir die Gemeinschaft und Verbundenheit der Brüder, die nicht von außen her, nicht mit fremden Mitteln, sondern allein aus Wort und Bekenntnis eine Erneuerung der Kirche wollen, d.h. die sie im Glauben an den Heiligen Geist von Gott erbitten und erarbeiten wollen.
Wir wollen uns zu einer *Bruderschaft* zusammenfinden von solchen, die allein nach der Wahrheit Gottes fragen und die ihre Bindungen *ausschließlich* vom Worte Gottes Heiliger Schrift und den Bekenntnissen der Evangelischen Kirche her haben.
Jeder, der in unseren Tagen Not und Bedrängnis unserer Evangelischen Kirche mit durchlitten hat, weiß, warum wir in erster Linie diese Bruderschaft der Diener am Wort nötig haben.
Diese Bruderschaft ist das Gerüst des Bundes um Wort und Kirche. Denn jeder Bruder hat die Verpflichtung, in seiner Gemeinde eine Schar von treuen Mitarbeitern, Mitkämpfern und Mitbetern zu sammeln (Kampfbund) und sie zu Trägern kirchlichen Dienstes auszurüsten.
Alle weiteren Regelungen bleiben unserer Vertrauensmänner-Versammlung (s.u.) vorbehalten.
In Westfalen ist dieser Bund bereits gegründet. Wir stehen mit den Westfalen in einer Verbindung.
Ich bitte Sie herzlich,
1. in Ihrer Synode einen Bruderkreis von bekenntnistreuen Brüdern im Sinne der Richtlinien umgehend zu sammeln;
2. das Amt eines Vertrauensmannes zu übernehmen;
3. mir sobald als möglich zu antworten und die Namen der zu diesem Werk bereiten Brüder zu benennen;
4. zur ersten Vertrauensmänner-Konferenz am Montag, dem 17. Juli, 15.30 Uhr, in Düsseldorf, Kopernikusstraße 9 (Straßenbahnlinie 14 bis Kopernikusstraße), zu kommen.
Mit brüderlichem Gruß

Der Beauftragte des
Bundes um Wort und Kirche
Beckmann, Pfarrer

Rheinischer Bund um Wort und Kirche
(Richtlinien der Pfarrerbruderschaft[2])

1. Die Grundlage unserer Bruderschaft ist der gemeinsame Auftrag unseres Amtes nach dem Bekenntnis der Reformation. Wir haben unser Amt von Gott durch die Kirche. Dieses Amt gibt unserem Leben das Gepräge, unserem Weg die

---

2 Die hier vorliegende Fassung wurde im Herbst 1933 durch einige Zusätze verändert und z.T. umformuliert. Die veränderte Fassung ist abgedruckt in: *Beckmann*, Rheinische Bekenntnissynoden im Kirchenkampf, a.a.O., S. 10.

Richtung, unserem Tun Maß und Grenze. Es legt auf uns schwerste menschliche Not und höchste göttliche Verheißung.
Zur Ausrichtung unseres gemeinsamen Auftrages bedürfen wir brüderlicher Gemeinschaft.
2. Bruderschaft bedeutet uns gegenseitige Verpflichtung füreinander. Wir sind einander den Tod schuldig. Wir treten füreinander ein. Die Bruderschaft steht einsatzbereit für jeden Bruder.
3. Unsere Bruderschaft gründet sich auf die Gemeinschaft des Leibes und Blutes Christi. Sie lebt von der Vergebung der Sünden und schließt daher die unbedingte Vergebungsbereitschaft in sich. Hierauf gründet sich unsere Treue und unser Vertrauen zueinander.
4. Unsere Bruderschaft ist Verpflichtung und Bereitschaft zur Seelsorge in Gabe und Empfang.
5. Die Aufgabe der Bruderschaft besteht
in theologischer Arbeit in Arbeitskreisen und auf Freizeiten
in volksmissionarischer Wirksamkeit durch freie gegenseitige brüderliche Hilfe.
6. Die Aufgabe der Brüder besteht in
Ausrichtung ihres kirchlichen Handelns allein von der Verkündigung des Wortes Gottes her
Ordnung ihres Lebens in Arbeit und Gebet sowie in Einübung in Lehre und Zucht der Kirche
Sammlung und Schulung von Gemeindegliedern durch Kampfbünde.
7. Der Aufbau der Bruderschaft geschieht durch Bruderkreise in den Synoden unter Leitung eines Vertrauensmannes.

Dieser Aufruf fand in der Kirche großes Echo. Die sich bildende *Pfarrerbruderschaft* war für die Kampfzeit bis zur Bildung der rheinischen Bekenntnissynode 1934 die entscheidende Widerstandsgruppe. Sie hat die Voraussetzungen für die Entstehung und den Aufbau der Bekennenden Kirche geschaffen. Dasselbe gilt übrigens für den von Martin Niemöller im September 1933 in Berlin begründeten Pfarrernotbund, dem sich die Rheinische Pfarrerbruderschaft kooperativ anschloß.
Nach der Kirchenwahl vom Juli 1933 fanden die Wahlen für die Synoden statt bis zur Nationalsynode. Das Ergebnis war vorauszusehen: Die Deutschen Christen übernahmen die Führung in der Deutschen Evangelischen Kirche und in fast allen Landeskirchen, nur in einigen Kirchen war es ihnen trotz allem nicht gelungen, die Mehrheit zu bekommen. So schien im Herbst 1933 der Kirchenkampf durch den »Sieg« der Deutschen Christen entschieden. Ludwig Müller wurde Reichsbischof, und fast überall traten in die Leitungen der Landeskirchen Deutsche Christen als »Bischöfe«. Die kirchliche Verwaltung wurde weithin gleichgeschaltet. Der einzige Bereich, in dem die Deutschen Christen nicht zum Sieg gekommen waren, war die Pfarrerschaft in ihrer überwältigenden Mehrheit und die kirchentreue Gemeinde. Von hier aus konnte allein widerstanden werden. Das zeigte sich auch in der Lutherkirchenparochie. Trotz der Kirchenwahl vermochten sich die Deutschen Christen hier nicht durchzusetzen. Die sich zum Gottesdienst versammelnde Gemeinde, der große Kreis der Bibelstunde, die Männervereinigung und die Frauenhilfen, überhaupt alle in der Gemeinde Tätigen traten auf die Seite des Widerstandes, der von ihren Pastoren gewagt wurde. Eine kleine Gruppe von Deutschen Christen kam dagegen nicht auf. Es war offenkundig: Die Luthergemeinde war eine bekennende Gemeinde. Das begab sich ohne große Kämpfe gegen die Deutschen Christen. Für die Gemeinde bedeutete diese Gruppe der Deutschen

Christen nichts. Sie war in ihrer Bindung an ihre Bibel, ihren Katechismus und ihr Gesangbuch Gemeinde Jesu Christi, und es war dieser im Lutherhaus sich versammelnden Gemeinde gewiß, was ihnen das verkündigte Evangelium an Gnade und Wahrheit, Kraft und Gemeinschaft gab. Hirten und Herde waren einig und treu verbunden, den Weg in die dunkle Zukunft der Kirche zu gehen.

2. Der Aufbruch der Bekennenden Gemeinde (1933/34)

Im Herbst des Jahres 1933 versuchten die deutsch-christlichen Machthaber, in der Kirche ihr nationalsozialistisch geprägtes Regiment zu entfalten. Anscheinend waren sie am Ziel. Aber es kam schon bald ganz anders. Am 13. November fand unter dem Gauobmann Dr. Krause in Berlin eine Großkundgebung der Glaubensbewegung Deutsche Christen statt, die mit folgender einmütig angenommener Entschließung endete:

Entschließung des Gaues Groß-Berlin der Glaubensbewegung »Deutsche Christen«
vom 13. November 1933[1]

Die am 13. November im Berliner Sportpalast versammelten Mitglieder des Gaues Groß-Berlin der Glaubensbewegung Deutsche Christen haben folgenden Entschluß gefaßt:
1. Wir sind als nationalsozialistische Kämpfer gewohnt, das Ringen um die Gestaltung einer großen Idee nicht mit einem faulen Frieden abzubrechen. Der kirchenpolitische Kampf kann für uns erst dann beendet sein, wenn das an vielen Orten zwischen Geistlichen und Gemeinden bestehende Mißtrauen überall beseitigt worden ist, das durch offenen und heimlichen Widerstand der uns in der Mehrzahl noch feindlich oder verständnislos gegenüberstehenden Pfarrer entstanden ist. Ein dauernder Frieden kann hier nur geschaffen werden durch Versetzung oder Amtsenthebung aller der Pfarrer, die entweder nicht willens oder nicht fähig sind, bei der religiösen Erneuerung unseres Volkes und der Vollendung der deutschen Reformation aus dem Geist des Nationalsozialismus führend mitzuwirken.
2. Wir lassen uns keine Führer aufzwingen, die wir innerlich ablehnen müssen, weil wir weder zu ihrem Nationalsozialismus noch zu ihrem deutschen Glauben das rechte Vertrauen haben. Auf kirchlichem Gebiet können wir das Führerprinzip überhaupt nur hinsichtlich der äußeren Ordnung anerkennen.
3. Wir erwarten von unserer Landeskirche, daß sie den Arier-Paragraphen – entsprechend dem von der Generalsynode beschlossenen Kirchengesetz – schleunigst und ohne Abschwächung durchführt, daß sie darüber hinaus alle fremdblütigen evangelischen Christen in besondere Gemeinden ihrer Art zusammenfaßt und für die Begründung einer judenchristlichen Kirche sorgt.
4. Wir erwarten, daß unsere Landeskirche als eine deutsche Volkskirche sich frei macht von allem Undeutschen in Gottesdienst und Bekenntnis, insbesondere vom Alten Testament und seiner jüdischen Lohnmoral.

1 *Schmidt*, Bekenntnisse I, a.a.O., S. 133

5. Wir fordern, daß eine deutsche Volkskirche Ernst macht mit der Verkündigung der von aller orientalischen Entstellung gereinigten schlichten Frohbotschaft und einer heldischen Jesus-Gestalt als Grundlage eines artgemäßen Christentums, in dem an die Stelle der zerbrochenen Knechtsseele der stolze Mensch tritt, der sich als Gotteskind dem Göttlichen in sich und in seinem Volke verpflichtet fühlt.
6. Wir bekennen, daß der einzige wirkliche Gottesdienst für uns der Dienst an unseren Volksgenossen ist, und fühlen uns als Kampfgemeinschaft von unserem Gott verpflichtet, mitzubauen an einer wehrhaften und wahrhaften völkischen Kirche, in der wir die Vollendung der deutschen Reformation Martin Luthers erblicken und die allein dem Totalitätsanspruch des nationalsozialistischen Staates gerecht wird.

Die Wirkung dieser Kundgebung war in der ganzen Kirche ungeheuer. Die auf der Kundgebung gehaltenen Reden und diese Entschließung öffneten zahllosen evangelischen Pastoren und Gemeindegliedern die Augen für das wahre Gesicht der Deutschen Christen. Es kam zu einem Zerfall der Deutschen Christen in verschiedene Gruppen. Die Deutschen Christen haben sich von diesem Geschehen in der Kirche nicht wieder erholt. Es kam auch zu einer Krise in den Kirchenleitungen der Deutschen Christen, vor allem in der Deutschen Evangelischen Kirche. Es ist Ludwig Müller seitdem nicht wieder gelungen, eine verfassungsmäßige Leitung der Deutschen Evangelischen Kirche zu bewirken. Daß auch die Vertreter der Düsseldorfer Bekennenden Gemeinde sich zu der Sportpalastkundgebung kräftig äußerten, zeigt eine Entschließung vom 25. November 1933.

Entschließung von Pfarrern, Mitgliedern kirchlicher Körperschaften und Männern aus der Kreisgemeinde Düsseldorf
Düsseldorf, den 25. 11. 1933
Am 13. November ist in der Berliner General-Mitgliederversammlung der Deutschen Christen vor vielen Tausenden von Gliedern unserer Kirche ein Vortrag gehalten worden, der uns, die wir zu Bibel und Bekenntnis stehen, zu einer Erklärung nötigt. Es ist gefordert:
Abschaffung des Alten Testamentes als eines sittlich und religiös minderwertigen biblischen Machwerkes.
Säuberung des Neuen Testamentes von angeblich abergläubischen Berichten aus dem Leben Jesu.
Ablehnung der apostolischen Lehre als einer Sünden- und Minderwertigkeitstheologie des Rabbiners Paulus und keine Rede mehr vom »Ärgernis des Kreuzes«, um so den Menschen zu befreien von orientalischem Materialismus, der auf diesem Wege in unser Volk sich einschleiche.
Die Zuhörerschaft hat kräftig dazu Beifall gezollt und ihre Zustimmung zu einer Entschließung desselben Inhalts gegeben. Keiner der anwesenden Inhaber hoher kirchlicher Ämter hat dagegen in der Versammlung den öffentlichen Einspruch erhoben, der auf Grund unseres christlichen Glaubens unerläßliche Pflicht gewesen wäre. Sie sind heute noch in Amt und Würden. Der Erlaß des Herrn Reichsbischofs bestätigt diese Lage deutlich. Aber damit ist die kirchliche Lage keineswegs geklärt, denn dieses Geschehen darf unter keinen Umständen als einmalige Entgleisung einiger Stürmer und Dränger gewertet werden. Vielmehr ist hier schlaglichtartig der Schade deutlich geworden, der das Leben unserer Kirche in der Wurzel zerstören muß. Heidentum ist in den Raum unserer Kirche eingedrungen und

fordert in ihr Daseinsrecht. Viele Christen mußten ihr Gewissen unter menschliche Führer im Widerspruch zum Wesen der Kirche unterordnen. Sie sind dadurch gehemmt, Irrlehren entgegenzutreten und ihren Glauben zu bekennen. Unserem Volk ist aber dadurch die Möglichkeit genommen, das Evangelium, das unsere Reformatoren aufs neue bezeugt haben, zu hören. Wir sind es unseren Gemeinden und unserem Volke schuldig, dieser Verfälschung der Wahrheit entgegenzutreten. Wir bekennen uns darum nachdrücklich zur Heiligen Schrift Alten und Neuen Testamentes als einziger Regel und Richtschnur unseres Glaubens und Lebens und zu den Bekenntnissen der Väter als ihrer reformatorischen Auslegung. Die darauf sich gründende Gemeinde hat allein die Verheißung ihres Herrn, daß die Pforten der Hölle sie nicht überwältigen werden, auch wenn sie vor der Welt die kleine Herde bleibt. Wir geloben aufs neue unentwegte Treue zu Christus, unserm gekreuzigten und auferstandenen Heiland, und rufen unsere Gemeinden auf, nicht zu weichen, sondern festzuhalten am Bekenntnis der Wahrheit. Denn so spricht unser Herr Jesus Christus: »Wer nun mich bekennt vor den Menschen, den will ich bekennen vor meinem himmlischen Vater. Wer mich aber verleugnet vor den Menschen, den will ich auch verleugnen vor meinem himmlischen Vater.« Wir bitten den Herrn Reichsbischof, sein deutliches Eintreten für Bibel und Bekenntnis vor der kirchlichen Öffentlichkeit durch die Gewährung nachfolgender Anliegen zu vollenden.
Wir bitten:
1. Die *Schirmherrschaft der »Glaubensbewegung Deutsche Christen« niederzulegen*, weil diese kirchenpolitische Partei durch ihre zwiespältige Haltung zum Bekenntnis der Kirche die gegenwärtige Zerrüttung unserer Kirche mitverschuldet hat und bis zu dieser Stunde nicht die Kraft fand, sich von ihrer Schuld durch entscheidende Maßnahmen zu reinigen, auch nicht von den 6 Punkten der Berliner Entschließung abgerückt ist.
2. *Alle Inhaber kirchlicher Ämter*, die bei der Sportpalast-Kundgebung in der öffentlichen Verteidigung des Bekenntnisses versagt haben, *aus ihren führenden Ämtern zu entfernen*.
3. *Den Reichsleiter* der »Glaubensbewegung Deutsche Christen« gleichfalls *aus seinen kirchlichen Ämtern zu entlassen*, weil er für die Berliner Kundgebung seiner Bewegung volle Mitverantwortung trägt.
4. Durch das Kirchenregiment jede Verpflichtung evangelischer Christen, die nicht eine Bindung an Bibel und Bekenntnis *allein* darstellt, aufzuheben. Der *Revers* der »Deutschen Christen« ist als *eine ständige Bedrohung* der christlichen Bekenntnispflicht nunmehr erwiesen.
5. *Freiheit und Schutz* jedem Pfarrer und Gemeindeglied feierlich *zu gewähren*, die in dieser Bekenntnisstunde unserer Kirche gegen eine Vernebelung der Lage verantwortlich sich wehren.
Wir geloben, für das Bekenntnis und den Dienst in unserer Kirche mit jeder Kraft einzustehen.

Im Spätherbst meldeten sich die Deutschen Christen des Rheinlands in ihrer Führung unter dem »Bischof« Dr. H. Oberheid mit einer theologischen Thesenreihe gegen ihre Gegner, die Rengsdorfer Thesen genannt, da sie im Haus der rheinischen Provinzialsynode »Hermann von Wied« zu Rengsdorf entstanden waren. Diese Thesen waren für die rheinische Pfarrerbruderschaft Anlaß zu einer ausführlichen Gegenschrift, die von mir geschrieben wurde. Da dieses Dokument an den Anfang der öffentlichen Kampfschriften der rheinischen Bekennenden Kirche gehört, sollen an dieser Stelle wenigstens die »Rengsdorfer Thesen« und unsere Gegenthesen im vollen Wortlaut wiedergegeben werden.

Artgemäßes Christentum oder schriftgemäßer Christusglaube?
Eine Auseinandersetzung mit der Lehre der Glaubensbewegung
»Deutsche Christen«
Die Rengsdorfer Thesen[2]

1. Das Deus dixit gibt der Offenbarung Gottes einen nur formalen, daher nicht zutreffenden Ausdruck. Es verführt die Theologie zu einem »existenziellen Denken«, das der Wirklichkeit nicht entspricht. Die Offenbarung Gottes liegt beschlossen in Deus creavit, salvavit, sanctificavit.
1. Der Begriff der Offenbarung
Das Deus dixit gibt dem reformatorischen Offenbarungsbegriff den wahrhaft sachgemäßen Ausdruck. Es ist streng inhaltlich zu verstehen; denn es bezeichnet nichts anderes als die Fleischwerdung des Wortes.
Das Deus dixit heißt a) Gott ist selbst, ganz und allein der Inhalt seiner Offenbarung. b) Gottes Offenbarung ist Gottes Wort. Er offenbart sich uns in seinem Wort als den Vater, den Sohn und den Heiligen Geist. c) Gottes Wort ist das geschichtliche Perfektum der Offenbarung, das die Bibel urschriftlich bezeugt und die Kirche schriftgemäß zu verkündigen hat.
2. Ein »allgemeines Christentum« gibt es nicht. »Christentum an sich« ist wirklichkeitsferne Abstraktion. Für den deutschen Menschen kann es nur ein im deutschen Volkstum verwurzeltes Christentum geben.
2. Der Begriff des Christentums
Christentum (als geistesgeschichtlicher Begriff natürlich eine Abstraktion) ist nicht Gegenstand theologischer Besinnung. Theologisch verstanden kann es nur die im Glauben an Christus verwirklichte Gliedschaft am Leibe Christi sein. Als solches ist es »allgemein«, sofern überall nur ein und derselbe Glaube an Christus die Zugehörigkeit zur einen heiligen allgemeinen christlichen Kirche gibt.
Ein im deutschen Volkstum verwurzeltes Christentum ist darum, theologisch verstanden, kein Christentum; denn der Nährboden des Christentums ist nicht das Volkstum, sondern allein das Wort Gottes. Da der Heilige Geist allein den Glauben weckt, so gibt es für den deutschen Menschen keine Frage nach einem artgemäßen Christentum.
3. Eine vorbehaltlose Stellung zum Evangelium einerseits und eine ebenso vorbehaltlose Stellung zum deutschen Volkstum andererseits (= nationalsozialistischer Staat) birgt keinen Gegensatz in sich.
3. Evangelium und Volkstum
Vorbehaltlose Stellung zum Evangelium und ebenso vorbehaltlose Stellung zum deutschen Volkstum schließen einander aus, sofern vorbehaltlose Stellung eine Bezeichnung für Glaube und Gehorsam ist. Das Evangelium ist Gottes Wort; Staat und Volkstum nicht. Darum gibt der Christ allein dem Worte Gottes die Ehre einer vorbehaltlosen Stellung. Denn diese beansprucht Gott für sich allein. Alles Irdische steht unter diesem Herrschaftsanspruch Gottes und, weil es sich diesem Anspruch ausnahmslos entzieht, unter dem Gericht.
Die Stellung des Christen zu Staat und Volkstum ordnet sich durch den vorbehaltlosen Gehorsam gegen Gottes Gebot.
4. Uns deutschen Menschen ist das Evangelium durch die Reformation dem deutschen Volkscharakter entsprechend nahegebracht worden. Die Geschichte bestätigt, daß diese Verkündigung des Evangeliums der germanischen Rasse angemessen ist.

---

2 Zeitgen. Dokument, Essen 1933. Es folgt jeweils der DC-These unsere Gegenthese. Neudruck in: *Beckmann,* So schwach waren wir, a.a.O., S. 11ff.

4. Reformation

Uns deutschen Menschen ist das Evangelium durch die Reformation der Wahrheit Gottes gemäß nahegebracht worden, nicht dem deutschen Volkscharakter gemäß. Das »Sola fide« der Reformation ist die Wiederentdeckung der biblischen Wahrheit für die ganze Welt, nicht die der germanischen Art gemäße Verkündigung. Die Geschichte bestätigt nicht, daß die reformatorische Verkündigung dem deutschen Volkscharakter angemessen ist, sie hätte auch nichts für die Wahrheit der reformatorischen Verkündigung zu bestätigen; denn die Annahme der Wahrheit erfolgt in Kraft des Erwählungsratschlusses Gottes.

5. Die nationalsozialistische Revolution hat im deutschen Menschen eine einheitliche Haltung geprägt, die dem Glauben und dem Volkstum in gleicher Weise gerecht wird.

5. Völkischer Idealismus oder christlicher Glaube

Es gibt nach reformatorischer Erkenntnis keine menschliche Haltung, die dem Glauben, der ein Werk des Heiligen Geistes ist, gerecht wird. Das Kreuz Christi ist das Gericht über jedes menschliche Ethos. Es fordert die Neuschöpfung des Menschen in Buße und Glaube durch Gottes Geist. Das reformatorische Verständnis von Sünde und Gnade schließt jedes synergistische Verhältnis von Natur und Gnade aus.

6. Die Volksgemeinschaft gründet sich auf die Güter, für die der deutsche Mensch sein Leben einsetzt. Diese Güter sind ein gesundes Familienleben, Blut und Boden, Treue gegen Volk und Staat und in allem Gehorsamsstellung Gott gegenüber.

6. Gottes Gebot

Die theoretische Frage, worauf sich die Volksgemeinschaft gründet, ist theologisch bedeutungslos gegenüber der praktischen Frage des Christen: Was ist Gottes Gebot? Diese Frage kann nicht durch eine Wert- und Güterethik beantwortet werden, welche immer dem humanistisch-idealistischen Verständnis des Menschen entstammt. Nur die christliche Lehre vom Gebot Gottes gibt die wahrheitsgemäße Antwort auf die Frage: Was sollen wir tun?

7. Staat und Kirche sind beide gottgewollte Ordnungen. Deshalb können sie nicht in einen Widerstreit gegeneinander geraten. Tritt dieser Fall dennoch ein, so liegt ein Übergriff von der einen oder der anderen Seite vor. Die Kirche schuldet dem Staate Gehorsam in allen irdischen Dingen. Der Staat hat der Kirche Raum für die Ausrichtung ihres Auftrages zu gewähren.

7. Staat und Kirche

Der Staat als eine gottgegebene Erhaltungsordnung der gefallenen Welt zur Bändigung der menschlichen Bosheit durch Aufrichtung der Gewalt ist in ganz anderem Sinne »gottgewollt« als die Kirche, der irdische Ort der Offenbarung der Herrschaft Gottes. Sie ist keine Ordnung, sondern der Herrschaftsanspruch Christi inmitten der irdischen Ordnungen, die unter der Herrschaft der Sünde und des Todes stehen.

Deshalb ist es nicht nur in den »Übergriffen« begründet, wenn Staat und Kirche in Widerstreit geraten. Die tiefste Ursache liegt im Widerstreit von Weltreich und Gottesreich.

Die Kirche schuldet dem Staat durchaus nicht Gehorsam in allen irdischen Dingen, ihr ganzer Gehorsam gilt allein dem Gebot und Auftrag Gottes.

Daß der Staat der Kirche Raum geben muß für ihre Verkündigung, ist eine politische Forderung christlicher Staatsbürger. Wenn der Staat es tut, ist es ein Zeichen göttlichen Erbarmens.

Nicht lange danach folgte eine zweite theologische Kampfschrift der Rheinischen Pfarrerbruderschaft. Diesmal an den Reichsbischof, nachdem die Deutschen Christen ihre sogenannten »28 Thesen« veröffentlicht und in mehreren lutherischen Kirchen zur neuen Lehrgrundlage gemacht hatten. Das geschah in Verfolg der Großberliner Tagung vom 13. November 1933. Da auch der Reichsbischof dies geschehen ließ, wandten wir uns mit unserer Gegenerklärung an ihn und forderten von ihm, dafür zu sorgen, daß die neuesten Irrlehren der Deutschen Christen in der Deutschen Evangelischen Kirche abgewiesen würden. Dieses Dokument wurde weit verbreitet als Zeichen der neuen Lage Ende 1933: Es entwickelte sich eine theologisch begründete Gegnerschaft in der Deutschen Evangelischen Kirche. Der Weg zu einer die Bekenntnisgrundlage verteidigenden Gegnerschaft ist bereits beschritten.

Das Flugblatt vom Dezember 1933 hatte folgenden Wortlaut:

Um die Bekenntnisgrundlagen der Deutschen Evangelischen Kirche

Die auf der dritten und vierten Seite[3] wiedergegebenen »*Achtundzwanzig Thesen*« wurden von der Kirche des Freistaates *Sachsen* verkündet und von den Kirchen *Braunschweigs* und *Schleswig-Holsteins* übernommen. *Ebenso* sind diese Thesen am 21. Dezember 1933 von dem neuen *Reichsleiter der Glaubensbewegung »Deutsche Christen«, Dr. Kinder,* für den Restteil der Deutschen Christen, soweit dieser sich seiner Führung unterstellte, als *maßgebende und verpflichtende Leitsätze* zur Ausgestaltung der evangelischen Kirche verkündet worden.

Wegen der in diesen Thesen vertretenen *Irrlehren* hat sich die *Rheinische Pfarrerbruderschaft* an den Herrn Reichsbischof gewandt und *Wiederherstellung der evangelischen Glaubensgrundlagen in den genannten Kirchengebieten gefordert.*

Ihr Schreiben hat folgenden Wortlaut:

An die
Reichskirchenregierung
Berlin

Nach Artikel 1 der Verfassung der Deutschen Evangelischen Kirche ist das Evangelium von Jesus Christus, wie es in der Heiligen Schrift bezeugt und in den Bekenntnissen der Reformation neu ans Licht getreten ist, die *unantastbare Grundlage* der Deutschen Evangelischen Kirche.

Diese Grundlage ist nach unserer Überzeugung in den »*28 Thesen zum inneren Aufbau der Deutschen Evangelischen Kirche*« in mehreren entscheidenden Punkten *angetastet.*

Da diese Thesen bereits von den Kirchenregierungen der Sächsischen, Schleswig-Holsteinischen und Braunschweigischen Landeskirchen anerkannt worden sind, halten wir es für unsere Pflicht, zur *Reinerhaltung der Grundlagen der Deutschen Evangelischen Kirche* für Verkündigung, Lehre und Leben von Schrift und Bekenntnis her *gegen diese Thesen feierlich und öffentlich Einspruch zu erheben,* da sie offensichtlich *Irrlehren* enthalten und den Glauben der evangelischen Christen *verwirren* müssen.

Wir bitten daher die Leitung der Deutschen Evangelischen Kirche, die betreffenden Kirchenregierungen darauf hinzuweisen, daß sie sich durch Zustimmung zu diesen Thesen *außerhalb der Grundlage der Deutschen Evangelischen Kirche gestellt*

---

3 Hier S. 42–44

haben und weiterhin *nur durch Absage* an die in diesen Thesen aufgestellten Irrlehren zur Deutschen Evangelischen Kirche gehören können.
Da die Leitung der Deutschen Evangelischen Kirche nicht das kirchliche Lehramt verwaltet, so kann sie zwar keine verbindliche Lehrentscheidung fällen, wohl aber hat sie kraft der Verfassung der Deutschen Evangelischen Kirche, Artikel IV, Absatz 1 das *Wächteramt* hinsichtlich der Geltung der Heiligen Schrift und der reformatorischen Bekenntnisse in der Deutschen Evangelischen Kirche übernommen. Darum wenden wir uns als verantwortliche Diener am Wort an die Leitung der Deutschen Evangelischen Kirche mit der Bitte, *dieses Wächteramtes über die Grundlage der Deutschen Evangelischen Kirche zu walten.*
Wir fordern gleichzeitig *die theologischen Fakultäten* auf, sich *gutachtlich* zu den von uns beanstandeten Thesen zu äußern, damit die berufenen Lehrer der Kirche in dieser für den Bestand und die Einheit der Deutschen Evangelischen Kirche entscheidenden Frage, *ob die Grundlagen der Deutschen Evangelischen Kirche in der Geltung von Schrift und Bekenntnis unantastbar feststehen,* zu Wort kommen.
Die von uns unter den achtundzwanzig Thesen vor allem als Irrlehren, die von der Heiligen Schrift und den Bekenntnissen der Reformation abweichen, ja wider diese sind, erkannten Sätze sind folgende:

I. Von der Kirche
  1. »*Staat und Kirche gehören als die beiden großen Ordnungskräfte eines Volkes zusammen*« *(in These 2).*
Dieser Satz verstößt gegen das schriftgemäße, reformatorische Verständnis der Kirche. Kirche kann nur von Christus her, von Gottes Offenbarung in seinem Wort her verstanden werden. Darum ist die Kirche nicht als eine der »*beiden Ordnungskräfte*« *eines Volkes* zu bezeichnen, *weil diese Bestimmung am Wesen der Kirche völlig vorbeigeht.* Kirche ist nach der Reformation nie etwas anderes als eine Gemeinschaft von Menschen innerhalb der Völker, die der Heilige Geist durch Gottes Wort unter die Herrschaft Christi beruft, sammelt, erleuchtet, heiliget und bei Jesu Christo erhält im rechten, einigen Glauben.
Wir berufen uns hierfür auf: Apologie der Augustana, Artikel (IV), VII und VIII de ecclesia (vgl. Müller, Symbolische Bücher, Seite 152 und 153). Großer Katechismus II, 3. Artikel (Müller, Seite 457).
  2. »*Kirchenführer kann nur sein, wer das Vertrauen der Staatsführung besitzt*« *(in These 2).*
Dieser Satz verstößt gegen das reformatorische Bekenntnis von Kirche und Kirchenregiment, weil er einen *weltlich-politischen* Gesichtspunkt zum Maßstab der Eignung für ein *kirchliches* Amt macht. In der Kirche können *nur geistliche Grundsätze* Maßstab zur Eignung für ein kirchliches Amt sein. Wer diese geistliche Eignung hat, wird mit Sicherheit die rechte, christliche Gehorsamsstellung zur Obrigkeit haben, durch welche er ihres Vertrauens würdig ist.
Wir verweisen auf: Apologie (IV), VII und VIII de ecclesia (Müller, Seite 156). Apologie XIV de potestate ecclesiae (Müller, Seite 288). Schmalkaldische Artikel, tract. de potest. et jurisd. episc. (Müller, Seite 340–42).
  3. »*Die Volkskirche bekennt sich zu Blut und Rasse, weil das Volk eine Bluts- und Wesensgemeinschaft ist*« *(in These 3).*
Die christliche Kirche hat sich niemals zu etwas anderem bekannt als zur *Offenbarung* des dreieinigen Gottes. Blut und Rasse aber sind nach dem Bekenntnis der Reformation nicht Offenbarung Gottes, *darum kann man unmöglich von einem* »*Bekenntnis der Kirche*« *zu Blut und Rasse reden.* Vielmehr bekennt sich die Kirche zum Glauben an Gott, den *Schöpfer, nicht an die Schöpfung,* und sie begründet die Bejahung der Schöpfung durch ihren Glauben an den *Schöpfer,* aber nicht aus einer *Weltanschauung,* d.h. nicht aus einem Verständnis der Welt aus sich selbst, wie es in dem genannten Satz offenkundig der Fall ist.

Vergleiche: Großer Katechismus II, 1. Artikel (Müller, Seite 450).

    4.   »*Der Christ anderer Rasse ist nicht ein Christ minderen Ranges, sondern ein Christ anderer Art*« *(in These 4).*

Das reformatorische Bekenntnis kennt nicht Christen verschiedener *Art,* sondern nur verschiedenen *Bekenntnisses.* Darin bezeugt es sich als die Lehre der Wahrheit und kann daher auch an alle Christen die *Wahrheitsfrage* stellen. Die in diesem Satz aufgerichtete Lehre vom »artgemäßen Christentum« verdunkelt nicht nur den auf Grund seines Schriftverständnisses mit letztem Ernst behaupteten *Wahrheitsanspruch* des reformatorischen Bekenntnisses, sondern macht die evangelische Kirche *unfähig,* eine Predigerin des reinen, lauteren Evangeliums als der *Wahrheit Gottes* zu sein.

    5.   a) »*Mitglied der Volkskirche kann nur sein, wer nach dem Recht des Staates Volksgenosse ist.*«
        b) »*Amtsträger der Volkskirche kann nur sein, wer nach dem Rechte des Staates Beamter sein kann*« *(Sogenannter Arierparagraph. In These 3).*

a)   Dieser Satz setzt an die Stelle des Sakraments der Taufe und des vom Heiligen Geist gewirkten Glaubens an Jesus Christus *die Zugehörigkeit zu einer Rasse zur Bedingung des Eintritts in die christliche Gemeinde.* Er leugnet damit die Wirksamkeit des Heiligen Geistes und hebt so die Kirche Christi auf. Eine Kirche, die diesen Satz bekennt, *ist keine Kirche Christi mehr,* sondern eine auf dem *Rasseprinzip* fußende *Sekte* in Gestalt einer staatlich gebundenen »Organisation zur Pflege deutscher Volksreligion« (vergleiche These 19), die den *Namen* des Christentums trägt, *in Wahrheit aber Rückfall in das Heidentum ist.*

Die tatsächliche Gebundenheit der Kirche an die Wirklichkeit schöpfungsmäßiger Verschiedenheit der Rassen und Völker darf die Kirche nicht zur Aufrichtung einer *gesetzlichen* Bindung führen. Diese – judaistische! – Irrlehre ist schon im Neuen Testament ausdrücklich abgelehnt (Apostelgeschichte, Kapitel 15, und Galaterbrief). Die rassische Verschiedenheit der Christen kann *weder* zur Norm der *Zugehörigkeit zu einer christlichen Gemeinde* noch zur Norm der *Eignung für ein Amt in der christlichen Gemeinde* gemacht werden. Norm der Zugehörigkeit zu einer christlichen Gemeinde ist das *Bekenntnis.* Eine *Volkskirche,* die nicht *Bekenntnis*kirche ist, ist daher keine *christliche* Kirche mehr.

b)   Die Eignung und Berufung für ein Amt in der christlichen Kirche kann nicht durch das Beamtenrecht des Staates *normiert* werden. Dadurch wird die im Wesen der Kirche begründete notwendige *Freiheit der Kirche* in der Aufrichtung und Besetzung der kirchlichen Ämter *durch ein fremdes Gesetz* beschränkt und zerstört. Die Kirche darf sich aber nach der Schrift nicht unter den Geist dieser Welt, unter die »Elemente dieses Kosmos« (Galater 4,3; Kolosser 2,8) beugen, damit sie nicht *unfähig* wird, ihren Auftrag, *Gottes Botschaft an diese Welt* auszurichten.

Der Arierparagraph in der Kirche ist in jeder Form eine Irrlehre, die die Kirche in ihrer Substanz zerstört. Eine Kirche, die den Arierparagraphen annimmt, ist zu einer *judaistischen, völkischen Sekte* geworden und wird das Schicksal aller judaistischen Sekten teilen: Auflösung und Rückfall in unterchristliche Frömmigkeit, d.h. Heidentum.

II.   *Von der Heiligen Schrift*
    1.   »*Die entscheidende Offenbarung Gottes ist Jesus Christus. Urkunde dieser Offenbarung ist das Neue Testament. Deshalb hat es für alle Verkündigung der Kirche normgebende Bedeutung*« *(in These 11).*

In dieser These wird die Einheit der Heiligen Schrift angetastet und damit die Grundlage der reformatorischen Bekenntnisse verlassen. Urkunde der einen, einzigen und darum »entscheidenden« Offenbarung Gottes in Jesus Christus ist nach Bekenntnis und Lehre der Reformation die *ganze, unteilbare, einheitliche Schrift Alten und Neuen Testaments.*

Wir berufen uns auf: Apologie der Confessio Augustana, Artikel IV, 5 (Müller, Seite 87). Artikel XII, 53 (Müller, Seite 175). Concordienformel, Vorwort (Müller, Seite 517 und 568ff).

2. *»Das Alte Testament hat nicht den gleichen Wert. Die spezifisch jüdische Volkssittlichkeit und Volksreligion ist überwunden. Wichtig bleibt das Alte Testament, weil es die Geschichte und den Verfall eines Volkes überliefert, das trotz Gottes Offenbarung sich immer wieder von ihm trennte. Die gottgebundenen Propheten zeigen an diesem Volk uns allen: Die Stellung einer Nation zu Gott ist entscheidend für ihr Schicksal in der Geschichte«* (These 12).

»Wir erkennen also im Alten Testament: den Abfall der Juden von Gott und darin ihre Sünde. Diese Sünde wird vor aller Welt offenbar in der Kreuzigung Jesu. Von daher lastet der Fluch Gottes auf diesem Volk bis zum heutigen Tag. Wir erkennen aber gleichzeitig im Alten Testament die ersten Strahlen der Gottesliebe, die sich in Jesus Christus endgültig offenbart. Um dieser Erkenntnisse willen kann die Volkskirche das Alte Testament nicht aufgeben« (in These 13).

Die hier vorliegende Abwertung des Alten Testaments *entspricht menschlicher Anmaßung*, die es ablehnt, sich unter das *ganze* Wort Gottes zu beugen. Der alleinige Maßstab zu der Beurteilung und Auslegung der Schrift ist nach reformatorischer Lehre *sie selbst* und nicht ein religionsgeschichtlicher Wertmesser, der seinen Ursprung im humanistischen Denken hat. Diese Lehre vom Sinn und Wert des Alten Testaments ist, trotz gegenteiliger Versicherung, eine *Abschaffung des Alten Testaments als Gottes Wort* im Zeugnis des Mose und der Propheten, von Gesetz und Verheißung. *Mit der Preisgabe der alttestamentlichen Heilsgeschichte fällt auch das Neue Testament,* mit der Preisgabe des Alten Bundes der Neue, mit der Preisgabe der *Verheißung* fällt auch die Erfüllung. Das Alte Testament nur als veranschaulichendes Lehrbeispiel für Gottes Handeln anzuerkennen, heißt, es *rationalistisch* umdeuten und dadurch *abtun.* Das reformatorische Bekenntnis hält an der *Einheit der Schrift* und dem echten *Offenbarungscharakter* des Alten Testaments fest. *Beides ist hier preisgegeben. Darum ist diese Lehre vom Alten Testament zu verwerfen.*

III. Lehre von Jesus Christus

1. *»Jesus Christus aber ist in seiner wunderhaften Person die Erfüllung alles dessen, was in der menschlichen Seele an Sehnsucht, Frage und Ahnung lebendig ist«* (in These 18).

Eine solche Behauptung ist die Leugnung der menschlichen Sünde nach den Aussagen der Heiligen Schrift (Matthäus 15; Johannes 8). Sie steht im Widerspruch zur Lehre von der *Erbsünde,* wie sie in den Bekenntnissen der Reformation vorliegt: Apologie der Augustana. Artikel II. Von der Erbsünde (Müller, Seite 78.79). Schmalkaldische Artikel, 3. Teil, I. Von der Sünde (Müller, Seite 310). Concordienformel, Artikel I. Von der Erbsünde (Müller, Seite 519ff.579ff).

Außerdem ist sie eine Mißdeutung des *Erlösungswerkes* Christi, *eine Verharmlosung der Sündenvergebung,* wie sie der bekenntniswidrigen, liberalen Theologie eigentümlich gewesen ist. *Die reformatorische Rechtfertigungslehre ist auf diese Weise preisgegeben.*

2. *»Der Streit, ob Jesus Jude oder Arier war, erreicht das Wesen Jesu überhaupt nicht«* (in These 18).

Wer meint, an dieser Frage vorbeigehen zu können, steht nicht auf dem Boden der Heiligen Schrift. *Er versucht, dem Ärgernis des Christus auszuweichen, den Anstoß des Evangeliums zu umgehen.*

Denn der Streit, ob Jesus Jude oder Arier war, *ist nach der Schrift eindeutig entschieden.* Es ist daher von einer Kirche, die auf dem Boden der Schrift steht, zu erklären, daß *Jesus als Jude* geboren, nach dem Fleisch ein Sohn Davids (Matthäus 1; Lukas 3; Römer 1) ist. Für eine in der Schrift gegründete Theologie ist die Geburt des

Christus als Glied des auserwählten Volkes *eine heilsgeschichtliche Notwendigkeit.* Sie folgt aus der Treue Gottes zu seinem Verheißungswort.

3. Jesus ist nicht Träger menschlicher Art, sondern enthüllt in seiner Person Gottes Art« (in These 18).

Eine solche Lehre von der Menschheit Christi ist *häretisch* und eine Irrlehre. Es ist die schon in der alten Kirche durch die ökumenischen Bekenntnisse abgelehnte doketische Christologie, *weil sie die Wirklichkeit der Menschwerdung des Sohnes Gottes leugnet.* Wer behauptet: Jesus ist nicht Träger menschlicher Art, der erklärt: Jesus ist nicht »wahrhaftiger Mensch, von der Jungfrau Maria geboren«.

Die Schrift bezeugt eindeutig die *wahre Menschwerdung* Christi in Israel. Er gehört zum jüdischen Volk, so wahr er unser menschliches Fleisch und Blut angenommen hat, welches ja nach Gottes Wollen immer »rassische« Art hat.

Gerade die lutherischen Bekenntnisse haben – um der Lehre vom Abendmahl willen – mit aller Schärfe noch einmal wieder *die wahre Menschwerdung Christi als Heilsnotwendigkeit bekannt:* Concordienformel, Artikel VIII. Von der Person Christi (Müller, Seite 545ff und 674ff).

Wer die wahre Menschwerdung des eingeborenen Sohnes leugnet, steht außerhalb der evangelischen Kirche der Reformation. –

Im Gehorsam gegen Gottes Wort Heiliger Schrift, das aller Lehre Herr und Richter ist, gebunden an die schriftgemäßen Bekenntnisse der Reformation, gefordert zum Zeugnis für die Wahrheit

im Auftrag der Rheinischen Pfarrerbruderschaft:
Liz. Dr. Beckmann, Pfarrer in Düsseldorf.

Achtundzwanzig Thesen der Kirche des Freistaates Sachsen

I. Kirche und Staat

1. Die Deutsche Evangelische Kirche steht *im* Staate. Sie kann nicht *neben* dem Staate ein Winkeldasein führen, wie das christentumsfeindliche Strömungen wollen. Sie kann nicht in neutraler Haltung *gegenüber* dem Staate verharren, wie das die Kreise wollen, die dem nationalsozialistischen Staat mit Mißtrauen begegnen. Sie kann nicht Kirche *über* dem Staate sein, wie es katholischer Haltung entspricht. Sie kann auch nicht Kirche *unter* dem Staate sein, wie es im alten Staatskirchentum war. *Nur als Kirche im Staate ist sie Volkskirche.* So werden Luthers ursprüngliche Gedanken über Staat und Kirche Wirklichkeit.

2. Die lutherische Kirche kann um ihrer Volksverbundenheit willen dem nationalsozialistischen Staat gegenüber keine Konkordatshaltung einnehmen. Als Volkskirche steht sie im Vertrauen zu diesem Staate. Kirchenführer kann nur sein, wer das Vertrauen der Staatsführung besitzt. Der Staat gewährt der Kirche Förderung und freie Betätigung; denn Staat und Kirche gehören als die beiden großen Ordnungskräfte eines Volkes zusammen. Ihr Verhältnis ist das des Vertrauens und nicht des Vertrages.

3. Die Volkskirche bekennt sich zu Blut und Rasse, weil das Volk eine Bluts- und Wesensgemeinschaft ist. Mitglied der Volkskirche kann daher nur sein, wer nach dem Rechte des Staates Volksgenosse ist. Amtsträger der Volkskirche kann nur sein, wer nach dem Rechte des Staates Beamter sein kann (sogenannter Arierparagraph).

4. Volkskirche bedeutet nicht Ausschluß von Christen anderer Rasse von Wort und Sakrament und von der großen christlichen Glaubensgemeinschaft. *Der Christ anderer Rasse* ist nicht ein Christ minderen Ranges, *sondern ein Christ anderer Art.* So macht die Volkskirche Ernst damit, daß die christliche Kirche noch

nicht in der Vollendung göttlicher Ewigkeit lebt, sondern an die Ordnungen gebunden ist, die Gott diesem Leben gegeben hat.
5. Weil die deutsche Volkskirche die Rasse als Schöpfung Gottes achtet, erkennt sie die Forderung, die Rasse rein und gesund zu erhalten, als Gottes Gebot. Sie empfindet die Ehe zwischen Angehörigen verschiedener Rassen als Verstoß gegen Gottes Willen.

II. Verkündigung der Kirche

6. Gott fordert den ganzen Menschen. Die Verkündigung der Kirche hat das Ziel, den Menschen unter den Willen Gottes zu stellen.
7. Als Kirche Jesu Christi hat sie vornehmlich die Aufgabe, dem deutschen Menschen, der von Gott als Deutscher geschaffen ist, das Evangelium von Jesus Christus zu verkündigen.
8. Evangelium von Jesus Christus bedeutet, daß Gott unser Herr und Vater ist, daß dieser Gott in Jesus Christus sich offenbart und daß wir Menschen *allein* durch Jesus Christus den Weg zum Vater finden. An diese Verkündigung ist die Kirche gebunden.
9. Gott stellt den Menschen in die Lebensordnungen von Familie, Volk und Staat. Darum erkennt die Volkskirche im Totalitätsanspruch des nationalsozialistischen Staates den Ruf Gottes zu Familie, Volk und Staat.

III. Die Grundlagen der Kirche

10. Die Grundlagen der Kirche bleiben Bibel und Bekenntnis. *Die Bibel enthält die Christusbotschaft, das Bekenntnis bezeugt die Christusbotschaft.*
11. Die entscheidende Offenbarung Gottes ist Jesus Christus, Urkunde dieser Offenbarung ist das *Neue Testament*. Deshalb hat es für alle Verkündigung der Kirche *normgebende Bedeutung*.
12. Das Alte Testament hat nicht den gleichen Wert. Die spezifisch jüdische Volkssittlichkeit und Volksreligion ist überwunden. Wichtig bleibt das Alte Testament, weil es die Geschichte und den Verfall eines Volkes überliefert, das *trotz Gottes Offenbarung* sich immer wieder von ihm trennte. Die gottgebundenen Propheten zeigen an diesem Volke uns allen: Die Stellung einer Nation zu Gott ist entscheidend für ihr Schicksal in der Geschichte.
13. Wir erkennen also im Alten Testament den Abfall der Juden von Gott und darin ihre Sünde. Diese Sünde wird vor aller Welt offenbar in der Kreuzigung Jesu. Von da her lastet der Fluch Gottes auf diesem Volke bis zum heutigen Tage. Wir erkennen aber gleichzeitig im Alten Testament die ersten Strahlen der Gottesliebe, die sich in Jesus Christus endgültig offenbart. Um dieser Erkenntnisse willen kann die Volkskirche das Alte Testament nicht aufgeben.
14. In der Augsburgischen Konfession und den übrigen Bekenntnisschriften der deutschen Reformation wird der Inhalt der christlichen Verkündigung bezeugt. Wir sind durch diese Bekenntnisse unseren Vätern im Glauben verbunden. Eine bekenntnislose Kirche wäre wie ein Staat ohne Verfassung und Gesetz.
15. Bekenntnis ist immer an eine bestimmte Zeit mit ihren Fragen gebunden. Bestimmte Fragen, auf die die Bekenntnisse der Väter antworten, bestehen für uns heute nicht mehr. Bestimmte Fragen aber, auf die die Bekenntnisse der Väter noch nicht antworten konnten, sind uns heute gestellt. Wir mühen uns deshalb darum, vom Bekenntnis der Väter her eine bekenntnismäßige Antwort der Volkskirche auf die Fragen unserer Zeit zu finden: Nicht zurück zum Glauben der Väter, *sondern vorwärts im Glauben der Väter!*

IV. Der Weg der Kirche

16. Die Volkskirche wendet sich gegen den Liberalismus. Der Liberalismus löst den Glauben an Jesus Christus auf, weil er in ihm nur einen Menschen sieht. Er

kennt Jesus nur als Verkünder einer hohen Sittlichkeit oder als nur heldische Persönlichkeit. Er setzt die menschliche Vernunft über Gott. Uns ist Jesus Christus Gottes Sohn, seine Erscheinung das Wunder der Menschheitsgeschichte.
17. Die Volkskirche wendet sich ebenso gegen eine neue Orthodoxie. Diese Orthodoxie versperrt dem ringenden und suchenden Menschen durch ihre Dogmenstarrheit den Weg zu Christus und verhindert eine lebendige Verkündigung des Evangeliums.
18. Die Volkskirche wendet sich aber auch gegen die Versuche, den Christusglauben durch eine Religion zu ersetzen, die aus dem Rasseerlebnis gestaltet ist. Alle Religion ist als Suchen und Fragen nach Gott rassisch verschieden. Jesus Christus aber ist in seiner wunderhaften Person die Erfüllung alles dessen, was in der menschlichen Seele zu Sehnsucht, Frage und Ahnung lebendig ist. Der Streit, ob Jesus Jude oder Arier war, erreicht das Wesen Jesu überhaupt nicht. Jesus ist nicht Träger menschlicher Art, sondern enthüllt uns in seiner Person Gottes Art.
19. Die deutsche Volksreligion kann deshalb nur eine christliche sein. Das Christentum hat verschiedene Ausprägungen nach Rasse und Volkstum. Deshalb ringen wir um die Verwirklichung eines deutschen Christentums.
20. Dieses deutsche Christentum finden wir in Martin Luther verkörpert. Wir erblicken in Luthers Reformation den Durchbruch eines deutschen Christusglaubens. Deutsches Christentum heißt Luthertum. Als deutsche Lutheraner sind wir ganz Deutsche und ganz Christen.
21. Es werden zur Zeit allerhand Dinge über den Menschen behauptet, die Täuschung sind. Täuschung ist die Behauptung: der Mensch habe keine Verantwortung vor Gott und darum keine Schuld vor ihm. Täuschung ist die Behauptung: der Mensch könne aus eigener Kraft Schicksal und Tod überwinden. Täuschung ist die Behauptung: der Mensch vermöge sich selbst zu erlösen.
22. Sündengebundenheit, Schicksalszwang, Todesmacht werden allein im Glauben an Jesus Christus überwunden. Durch ihn erhalten wir Vergebung der Schuld, Gottverbundenheit, ewiges Leben.
23. Damit ist keine Erniedrigung, sondern eine nüchterne Beurteilung des Menschen ausgesprochen. Sein Adel ist die Gottverbundenheit, die ihm durch Jesus Christus neu geschenkt wird.
24. Das ist die christliche Heilsbotschaft, die der Mensch aller Zeiten und Völker braucht. Das Heil ist in Kreuz und Auferstehung Jesu fest begründet.
25. Diese Verkündigung, die mit dem wirklichen Gott und dem wirklichen Menschen in gleicher Weise Ernst macht, verhindert die Wiederkehr von Materialismus und Liberalismus auf dem Umweg über die Religion.
26. Christusglaube, der nicht zur Tat wird, ist in einer Volkskirche wertlos. Die Tat des Christusglaubens ist entschiedener Kampf gegen alles Böse und mutige Entschlossenheit zu Dienst und Opfer.
27. Darum versteht die Volkskirche unter positivem Christentum (Punkt 24 des Parteiprogramms): Glauben an Christus, Erlösung durch Christus, Handeln aus Christus.
28. Dieses deutsche Christentum bildet die einzige Grundlage, auf der sich deutsche Menschen auch im Glauben einigen können.

Natürlich antwortete der Reichsbischof – wie auch die Deutschen Christen des Rheinlands – nicht auf unsere Vorstöße. Er ging dafür einen ganz überraschenden Weg zur Wiederherstellung seines kirchlich schwer angeschlagenen Ansehens. Er überantwortete die Evangelische Jugendarbeit seinem Führer Adolf Hitler, indem er diese damals noch ziemlich intakte kirchliche Arbeit auflöste und die Jugend von 14 bis 18 Jahren der Hitlerjugend überstellte, die 1933 noch Parteijugend, aber nicht Staatsjugendorganisation war. Diese unglaubliche Auflösung der kirchlichen Jugendarbeit, die von uns als eine Art »Weihnachtsgeschenk« des Reichsbischofs an den Führer verstanden wurde, hatte bei der großen Zahl der Eltern wie auch der Jugendlichen keine Begeisterung hervorgerufen; im Gegenteil – es gab weithin sozusagen einen Sturm des Protestes gegen den Reichsbischof und die Deutschen Christen, so daß er sich zu einem weiteren verhängnisvollen Schritt veranlaßt sah. Er antwortete auf die Vorwürfe und Forderungen aus der Kirche mit einem überraschenden Mittel, mit dem er hoffte, sich gegen die Angriffe behaupten zu können. Er erließ am 4. Januar 1934 eine Verordnung betr. die Wiederherstellung geordneter Zustände in der Deutschen Evangelischen Kirche, in der es heißt[4]:

Die kirchenpolitischen Kämpfe zerstören Frieden und Ordnung in der Kirche; sie zerrütten die notwendige Verbundenheit der Evangelischen Kirche mit dem nationalsozialistischen Staat und gefährden sowohl die Verkündigung des Evangeliums als auch die neu errungene Volkseinheit.
Zur Sicherung der Verfassung der Deutschen Evangelischen Kirche und zur Herstellung geordneter Zustände verordne ich daher unter Vorbehalt weiterer Maßnahmen in verantwortlicher Ausübung des mir verfassungsmäßig zustehenden Führeramtes auf Grund des Artikels 6 Abs. 1 der Verfassung der Deutschen Evangelischen Kirche:
§ 1   Der Gottesdienst dient ausschließlich der Verkündigung des lauteren Evangeliums. Der Mißbrauch des Gottesdienstes zum Zwecke kirchenpolitischer Auseinandersetzungen, gleichviel in welcher Form, hat zu unterbleiben. Freigabe sowie Benutzung der Gotteshäuser und sonstigen kirchlichen Räume zu kirchenpolitischen Kundgebungen jeder Art wird untersagt.
§ 2   Kirchliche Amtsträger, die das Kirchenregiment oder dessen Maßnahmen öffentlich oder durch Verbreitung von Schriften, insbesondere durch Flugblätter oder Rundschreiben, angreifen, machen sich der Verletzung der ihnen obliegenden Amtspflicht schuldig.
Die Eingabe von Vorstellungen auf dem hierzu vorgeschriebenen Wege bleibt unberührt.
§ 3   Gegen kirchliche Amtsträger, die den Vorschriften der §§ 1 und 2 zuwiderhandeln, ist unter sofortiger vorläufiger Enthebung vom Amte unverzüglich das förmliche Disziplinarverfahren mit dem Ziele der Entfernung aus dem Amte einzuleiten. Für die Dauer der vorläufigen Amtsenthebung ist vorbehaltlich weitergehender Bestimmungen der Disziplinargesetze das Einkommen um mindestens ein Drittel zu kürzen.

Der Reichsbischof erhielt hierauf ein gewaltiges Echo der »Notbundpfarrer«, die am 14. Januar eine Kanzelabkündigung verlasen, in der sie der Gemeinde erklärten, daß und warum sie dieser Verordnung nicht gehorchen könnten. Auch die Rheinische Pfarrerbruderschaft empfahl ihren Mitgliedern – es waren damals schon fast 400 Pfarrer, die zu ihr gehörten –, ein klares Zeugnis gegen die Verordnung abzulegen. In Düsseldorf wurde von der Pfarrerbruderschaft der Weg gewählt, in der Luthergemeinde den Protest zu erheben; ich sollte ihn vortragen und dabei alle Pfarrer nennen, die ihn unterschrieben hatten. Am 14. Januar wurde demgemäß folgendes Wort von mir im Gottesdienst der Luthergemeinde verlesen (Orig.-Verv.):

4   GBl DEK 1934, S. 1

Düsseldorf, 12. Januar 1934

Wir Pfarrer haben uns nach ernster Beratung unter Wort und Gebet entschlossen, um unserer Seelen Seligkeit willen unserer Kirchenbehörde und Gemeinde folgendes Bekenntniswort zum Notstand der Kirche zu übergeben:

Unsere Losung!
Mit tiefer Trauer, aber in Gottes Gnade getrost, erklären wir Pfarrer zum Erlaß des Herrn Reichsbischofs vom 4. Januar dieses Jahres vor unserer Gemeinde:
Wir Prediger des Evangeliums sind nicht gewillt, diesem reichsbischöflichen Erlaß zu gehorchen.
> Denn er ist wider die Heilige Schrift,
> er ist wider das Bekenntnis unserer Kirche,
> er ist wider unsere geltende Kirchenordnung,
> er ist wider unser Ordinationsgelübde.

Keine Drohung des Reichsbischofs soll uns davon abhalten, unsere Bekenntnispflicht zu erfüllen und dem Willen unseres Herrn und Heilandes Jesu Christi, der einzigen und wahren Autorität in einer evangelischen Kirche, zu gehorchen.
gez.

Beckmann	Küßner	H. Schomburg
Haarbeck	Bülte	Hötzel
Kuhn	Ibeling	Mockert, Pfr. i.R.
Schreiner	Kogge	Lebeau
Lahusen	Harney	Hafner
Elbrechtz	Homann	Linz
Ufer	Christlieb	Engelbert
Schreiber		

Wir haben dies getan, um dem Worte Jesu zu gehorchen:
Wer mich bekennet vor den Menschen, den will ich auch bekennen vor meinem Vater im Himmel.
Gott, erbarme dich unsrer evangelischen Kirche!

Der offenkundige und umfassende Widerspruch der Pfarrer erschütterte die Stellung des Reichsbischofs in der Öffentlichkeit so sehr, daß er sich veranlaßt sah, seinen obersten Schutzherrn, Adolf Hitler, zur Hilfe zu rufen. Die Kirchenführer wurden zu einem Empfang beim »Führer« auf den 25. Januar geladen. Hier gelang es Hermann Göring durch ein abgehörtes Telefonat, Martin Niemöller zu desavouieren, so daß Hitler und sein Reichsbischof einen großen Sieg errangen. Die Kirchenführer gaben eine Verlautbarung heraus, die für den Widerstand einer Katastrophe gleichkam[5]:

Unter dem Eindruck der großen Stunde, in der die Kirchenführer der Deutschen Evangelischen Kirche mit dem Herrn Reichskanzler versammelt waren, bekräftigen sie einmütig ihre *unbedingte Treue zum Dritten Reich und seinem Führer.* Sie verurteilen aufs schärfste alle Machenschaften der Kritik an Staat, Volk und Bewegung, die geeignet sind, das Dritte Reich zu gefährden. Insbesondere verurteilen sie es, wenn die ausländische Presse dazu benutzt wird, die Auseinandersetzung in der Kirche fälschlich als Kampf gegen den Staat darzustellen. *Die versammelten Kirchenführer stellen sich geschlossen hinter den Reichsbischof* und sind gewillt, seine Maßnahmen und Verordnungen in dem von ihm gewünschten Sinne

---
5 Aus: *Gauger*, Bd. 1, a.a.O., S. 138

durchzuführen, die kirchenpolitische Opposition gegen sie zu verhindern und mit allen ihnen verfassungsmäßig zustehenden Mitteln die Autorität des Reichsbischofs zu festigen.

Es war deshalb kein Wunder, daß der Reichsbischof nun gegen die »Bekenntnispfarrer« disziplinarisch vorging. Eine ganze Reihe von ihnen wurde amtsenthoben. Im Rheinland zuerst die Pfarrer Graeber und Held aus Essen und ich. Wir drei hatten die Aufforderung namens der Pfarrerbruderschaft herausgebracht. Am 8. Februar 1934 wurden wir vom Dienst suspendiert. Wir sollten aus dem Dienst entfernt werden.

Mit diesem Geschehen begann die Arbeit der Bekennenden Gemeinde ganz neu und kraftvoll auch im Lutherhaus. Es bildete sich sofort eine Männerbruderschaft als Leitung der jetzt notwendigen Aktivitäten. Das Düsseldorfer Presbyterium konnte nichts bewirken, da in ihm die Zahl der Deutschen Christen noch zu groß war, wenn auch schon nicht mehr so groß wie im Sommer 1933. Am 9. Februar fand eine leidenschaftliche Sitzung des Presbyteriums im Gemeindehaus an der Steinstraße statt. Ergebnisse zu meinen Gunsten konnten nicht durch einen Beschluß zustande kommen. Die Lutherkirchengemeinde mußte den Kampf gegen den Reichsbischof und seine Untergebenen ohne das Presbyterium allein kämpfen. Die Männerbruderschaft, nachts im Pfarrhaus versammelt, weil man erst auf das Ende der Presbyteriumssitzung warten mußte, beschloß sofort, für den amtsenthobenen Pfarrer außerhalb der Kirche einen Raum zu mieten, damit dadurch seine Verkündigung weiterginge und die Gemeinde Gottesdienst halten könne. Und so begann eine Reihe von Gottesdiensten: im Gasthaus Deutzer Hof, im Planetarium, in der Kapelle des Südfriedhofs. Die Gemeinde folgte diesem Ruf. Das Lutherhaus war an diesen Sonntagen leer. Es wurde aber von der Männerbruderschaft noch mehr unternommen. Einmal eine Unterschriftensammlung an das Konsistorium zugunsten des Pfarrers und mit der Forderung, das Verfahren einzustellen und der Gemeinde ihren Pfarrer zu belassen. Es fanden sich im Pfarrbezirk über 1500 Unterschriften von Gemeindegliedern für ihren Pastor. Außerdem wurden auch die Eltern der Konfirmanden vorstellig wegen der bevorstehenden Konfirmation. Auch hier wurde ein Erfolg erreicht. Das Konsistorium gab die Genehmigung für Prüfung, Konfirmation und Abendmahl der Konfirmanden. Aber die Suspendierung blieb. Das Verfahren in Koblenz endete mit einer Bestrafung des Pfarrers Graeber mit Entfernung aus dem Amt, der Pfarrer Held und Beckmann mit Strafversetzung. Aber zu irgendwelchen Folgen kam es nicht, denn am 29. April 1934 wurde die Amtsenthebung vom Reichsbischof durch Verordnung vom 13. April[6], unter Berufung auf den »Kirchlichen Frieden«, den er damit bewirken wollte, aufgehoben. Damit war die Zeit des Kampfes des Reichsbischofs gegen die Bekenntnispfarrer vorbei.

Was geschah inzwischen in der Luthergemeinde Düsseldorf? Zunächst wird man sagen können, daß sich die Bekennende Gemeinde unter den Eindrücken der Ereignisse vergrößerte und konsolidierte. In der Bekennenden Kirche war man zu der Überzeugung gekommen, es sei gut, durch eine Mitgliedskarte für alle Mitglieder der Bekennenden Kirche eine Hilfe nach innen und außen zu schaffen. Die Mitgliederkarte war nötig wegen der Versammlungen, die je länger, desto mehr in

---

6 GBl DEK 1934, S. 35f.

Schwierigkeiten gerieten, als sie nicht mehr öffentlich sein durften. So konnte man nur Mitgliederversammlungen halten, und dafür brauchte man einen Ausweis gegenüber der Polizei. Andererseits sollte diese Notwendigkeit auch eine geistliche Bedeutung erlangen, indem auf dieser Karte ein Bekenntnis des Inhabers zur Grundlage der Kirche und eine Verpflichtung zum Einsatz und Gebet aufgrund des im Glauben angenommenen Evangeliums ausgesprochen war – gleichsam eine Erinnerung an die Konfirmation.

Bekennende Gemeinde unter dem Wort.

Vor und Zuname: *Friedr. Hase-*
Stand: *Ehefrau*
Wohnort und Straße: *Düsseldorf, auf'm Hennekamp 36*
Gemeinde oder Pfarrbezirk: *L.*

ist Glied der **bekennenden Gemeinde unter dem Wort** auf Grund folgender Erklärung:

Ich weiß mich als Glied unserer evangelischen Kirche allein an die Heilige Schrift und an ihre rechte Auslegung in den Bekenntnissen der Reformation gebunden.

Ich weiß mich zu offenem Bekenntnis wider jede Verfälschung des Evangeliums und wider jede Anwendung von Gewalt und Gewissenszwang in unserer Kirche verpflichtet.

Ich will in Gebet, Fürbitte und Dienst eintreten für eine Erneuerung unserer Kirche aus dem Worte und Geiste Gottes.

Ich will in meiner Gemeinde mich treulich halten zum Gottesdienst, heiligen Abendmahl, zur christlichen Haussitte und will ein dienendes Glied der bekennenden Gemeinde sein.

Solches Bekenntnis schließt ein die Verpflichtung zur Treue und Hingabe an Volk und Vaterland.

mit Gruß d. Herrn Moritz

(Stempel: BEKENNENDE GEMEINDE UNTER DEM WORT. DÜSSELDORF.)

So wurden diese »grünen Karten« von der Bekennenden Kirche im Rheinland an die Gemeinden, die zu ihr gehörten, verteilt, damit diese sie in geeigneter Weise den Mitgliedern überreichten. Im Lutherhaus wurden durch die Helfer der Bekennenden Kirche die Karten den ihnen bekannten Gemeindegliedern zur Unterschrift gegeben, danach wieder eingesammelt, weil sie von der Bekennenden Gemeinde in einem Bekenntnisgottesdienst jedem einzelnen ausgehändigt werden sollten. Dieser Gottesdienst fand im Lutherhaus am 28. September 1934 statt. Es war eine große Zahl versammelt, die sich öffentlich zur Mitgliedschaft in der Bekennenden Kirche bekannte und zum Dienst verpflichtete. Es werden in der gefüllten Kirche damals sicher mehr als 800 Gemeindeglieder gewesen sein. Man erkennt an diesem Datum, daß die Bekennende Kirche lange gezögert hat, ihren Zusammenkünften den Charakter einer geschlossenen Gesellschaft zu geben, aber es war aus Gründen des Fortbestandes – auch was die Einsammlung von Beiträgen anging – nicht länger zu vermeiden.

Außer diesem Ereignis ist noch aus diesem Herbst 1934 ein besonderes Geschehen zu berichten, an dem auch die Luthergemeinde Anteil hatte. Die Bekennende Kirche hatte für den 14. Oktober einen großen »Gemeindetag unter dem Wort« in der alten Maschinenhalle an der Grafenberger Allee einberufen, und es war eine bislang nie dagewesene Schar von ca. 30 000 Menschen versammelt. Die Veranstaltung wurde jedoch, als sie beginnen sollte, plötzlich durch die Staatspolizei verboten. Nun wurde der kühne Schritt gewagt, die Mitglieder in die Kirchen Düsseldorfs umzuleiten und dort (in den Hauptkirchen und Gemeindehäusern der Innenstadt) Versammlungen zu halten, ehe sie von der Staatspolizei verboten werden konnten. Dadurch kam es auch im Lutherhaus zu einer überfüllten Versammlung mit einer Reihe von bedeutenden Rednern, darunter auch Karl Barth. Diese »Großkundgebung« der Bekennenden Kirche, zerstreut in den Kirchen, war die letzte ihrer Art, da der Staat mit immer schärferen Bestimmungen das Zusammenkommen der Bekennenden Kirche verbot.

Ein drittes Ereignis in der gleichen Zeit war der offizielle Beitritt des Presbyteriums der Ev. Gemeinde Düsseldorf zur Bekennenden Kirche durch den Beschluß der Zuordnung zur »Vorläufigen Leitung der Deutschen Evangelischen Kirche« und der Bekenntnissynode der rheinischen Kirche. Langsam war diese Möglichkeit im Laufe des Jahres 1934 herangereift. Das Presbyterium änderte sich durch Austritt einiger Mitglieder, die zu den Deutschen Christen gehört hatten, oder solcher Mitglieder, die sich von den Deutschen Christen trennten, aber im Presbyterium blieben. Die Mehrheit der zur Bekennenden Kirche gehörenden Mitglieder wuchs so, daß man es wagen konnte, dem Antrag einiger zu folgen und sich der Bekennenden Kirche zuzuordnen. Dies geschah am 12. November 1934. Das Konsistorium versuchte zwar, das Presbyterium handlungsunfähig zu machen, indem es einen Kommissar ernannte, der die Gelder der Gemeinde sperrte, aber dieser Versuch mißlang angesichts der inzwischen eingetretenen Wandlung in der Rechtsordnung der Kirche durch die Aufhebung aller Gesetze des Reichsbischofs, wozu dieser sich durch den Sieg seines früheren Mitarbeiters Dr. Werner über ihn im Rechtsstreit um seine Stellung als Präsident des Evangelischen Oberkirchenrates (EOK) gezwungen sah.[7] Seit dieser November-Entscheidung ging in der Ev. Gemeinde Düsseldorf die Mitwirkung der Deutschen Christen zu Ende, wenn es auch noch einige Nachhutkämpfe gab.

Als letztes Ereignis in Düsseldorf aus diesem Zeitabschnitt sei noch berichtet, daß der spätere Pfarrer der Lutherkirchengemeinde Alwin Ahlbory am 23. Dezember 1934 als einer der ersten Kandidaten der Bekennenden Kirche im Rheinland in der Alten Matthäi-Kirche durch den westfälischen Präses D. Koch ordiniert wurde. Die Bekennende Kirche hatte inzwischen in Ausübung ihrer Leitungsfunktionen begonnen, Studenten und Kandidaten der Theologie, die sich bei ihr zum Examen meldeten, zu prüfen, auszubilden und zu ordinieren. Hier fiel eine Entscheidung von großer Tragweite. Zur Bekennenden Kirche fand sich ein immer größerer Kreis des theologischen Nachwuchses, und die Durchführung dieser Aufgabe machte es ihr möglich, an vielen Orten Bekenntnis-Notgemeinden zu gründen und durch Hilfsprediger der Bekennenden Kirche versorgen zu lassen. Allein die rheinische Bekennende Kirche hat Hunderte von Theologen geprüft und ordiniert und als Pastoren eingesetzt. Und die Mitglieder der Bekennenden Kirche haben es

---

7 Näheres s. S. 101f.

geschafft, daß diese große Zahl von jungen Pastoren Gehalt bekommen konnte. Es war eine der wichtigsten finanziellen Sorgen und Aufgaben der Bekennenden Kirche, dieses langdauernde und immer stärker wachsende Problem zu lösen. Es ist begreiflich, daß im Laufe der Zeit der Kampf des Staates gegen die Bekennende Kirche an dieser Stelle besonders einsetzte und er mit allen Mitteln die Arbeit der Bekennenden Kirche am theologischen Nachwuchs zunichte zu machen suchte. Erstaunlich bleibt dabei, wie wenig Erfolg der Staat hier gehabt hat. Die verbotene Arbeit konnte, wenn auch unter großen Schwierigkeiten, durch Jahre hindurch erhalten bleiben.

3. Der Weg zur Bekenntnissynode der Deutschen Evangelischen Kirche in Barmen (1934)

Am Ende des Jahres 1933 hatte der Wille, für die rechte Verkündigung des Evangeliums und ihre Bindung an die reformatorischen Bekenntnisse einzutreten, Pfarrer und Gemeinden an vielen Orten und in allen evangelischen Landeskirchen ergriffen und in Bekenntnisgemeinden, Bruderschaften und »Gemeindetagen unter dem Wort« Gestalt und Ausdruck gefunden. Dazu trug wesentlich die Gründung des Pfarrernotbundes bei, die im September 1933 in Berlin erfolgte. Pfarrer Martin Niemöller richtete einen Aufruf an alle bekenntnistreuen Pfarrer in der Deutschen Evangelischen Kirche, dem Notbund beizutreten und sich zu verpflichten, »sich für ihre Verkündigung nur an die Heilige Schrift und an die Bekenntnisse der Reformation zu binden und sich der Not derjenigen Brüder, die darunter leiden müssen, nach bestem Vermögen anzunehmen«. Bereits nach einer Woche waren 1500 Pfarrer dem Aufruf gefolgt; im Januar 1934 hatte der Notbund über 7000 Mitglieder. Am 20. November 1933 berichteten die Tageszeitungen, daß etwa 3000 evangelische Pfarrer, die dem Pfarrernotbund angehörten, am Tag zuvor von ihren Kanzeln eine Erklärung verlesen hatten, in der sie sich gegen die Vorkommnisse auf der Sportpalastkundgebung der Deutschen Christen am 13. November in Berlin wandten. Seit November traten »Bekennende Gemeinden unter dem Wort« überall in Deutschland in steigendem Maße in Erscheinung. Der Widerstand, wie er zuerst im Pfarrernotbund vor der Welt sichtbar geworden war, wirkte sich in den Gemeinden aus; die Notbundpfarrer wurden die Pastoren der Bekennenden Kirche.
Die bekenntnistreuen Pfarrer sollten mundtot gemacht werden. Dagegen erhob sich ein leidenschaftlicher Protest des Pfarrernotbundes in Gestalt einer Kanzelerklärung vom 7. Januar. Die nun schon so genannten »Bekenntnispfarrer« erklärten dem Reichsbischof ihren grundsätzlichen Ungehorsam und forderten die Wiederherstellung geordneter Zustände in der Deutschen Evangelischen Kirche (DEK) aufgrund von Schrift und Bekenntnis. Es folgte eine Flut von Absetzungen, Disziplinarverfahren und Zurruhesetzungen von Pfarrern der Bekennenden Kirche, die sich in »Bekenntnissynoden« ihre Gestalt, Ordnung und Leitung gab.

Das Signal hatte die Freie reformierte Synode gegeben, die in den ersten Januartagen in Barmen als Vertretung von 167 reformierten Gemeinden in Deutschland zusammentrat. Eine von ihr verabschiedete Resolution (»Erklärung über das rechte Verständnis der reformatorischen Bekenntnisse in der Deutschen Evangelischen Kirche der Gegenwart«) war von Karl Barth entworfen und ein wesentlicher Schritt seiner Einwirkung auf den Kirchenkampf seit der bedeutenden Eröffnung mit seiner Kampfschrift vom Juli 1933 *Theologische Existenz heute*«. Der in Wuppertal während der reformierten Synode gehaltene Vortrag war so etwas wie ein Vorläufer der »Barmer Erklärung«. Darum sei er hier im Wortlaut wiedergegeben.[1]

I. Die Kirche in der Gegenwart

1. Angesichts der kirchlichen Ereignisse des Jahres 1933 gebietet uns das Wort Gottes, Buße zu tun und umzukehren. Denn in diesen Ereignissen ist ein die Evangelische Kirche seit Jahrhunderten verwüstender Irrtum reif und sichtbar geworden. Er besteht in der Meinung, daß neben Gottes Offenbarung, Gottes Gnade und Gottes Ehre auch eine berechtigte Eigenmächtigkeit des Menschen über die Botschaft und die Gestalt der Kirche, das heißt über den zeitlichen Weg zum ewigen Heil, zu bestimmen habe.
Damit ist abgelehnt die Ansicht: Die kirchliche Entwicklung seit der Reformation sei eine normale gewesen und es handle sich in der heutigen Not unserer Kirche nur um eine vorübergehende Störung, nach deren Beseitigung jene Entwicklung gradlinig weitergehen dürfe.
2. Dieser Irrtum ist derselbe wie der Irrtum der Papstkirche und der Schwärmerei, gegen den sich das reformatorische Bekenntnis richtet. Wenn die evangelische Kirche ihm erliegt, so hat sie aufgehört, evangelische Kirche zu sein. Er muß heute, auch in seinen feinsten und reinsten Gestalten, als Irrtum festgestellt und bekämpft – dem alten Irrtum muß das alte Bekenntnis mit neuer Freudigkeit und Bestimmtheit entgegengestellt werden.
Damit ist abgelehnt die Ansicht: Der Irrtum von der Eigenmächtigkeit des Menschen in Sachen der Botschaft und Gestalt der Kirche sei eine Meinung neben anderen, die wenigstens in ihren edleren Formen in der evangelischen Kirche nach wie vor Heimatrecht haben könne.
3. Angesichts der Einheit, in der dieser Irrtum heute in die Erscheinung getreten ist, sind die in der einen Deutschen Evangelischen Kirche zusammengeschlossenen Gemeinden aufgerufen, unbeschadet ihrer lutherischen, reformierten oder unierten Herkunft und Verantwortung, aufs neue die Hoheit des einen Herrn der einen Kirche und darum die wesentliche Einheit ihres Glaubens, ihrer Liebe und ihrer Hoffnung, ihrer Verkündigung durch Predigt und Sakrament, ihres Bekenntnisses und ihrer Aufgabe zu erkennen.
Damit ist abgelehnt die Ansicht: Es dürfe oder müsse die berechtigte Vertretung lutherischer, reformierter oder unierter »Belange« noch immer den Erfordernissen des gemeinsamen evangelischen Bekennens und Handelns gegen den Irrtum und für die Wahrheit übergeordnet werden.

II. Die Kirche unter der Heiligen Schrift

1. Die Kirche hat ihren Ursprung und ihr Dasein ausschließlich aus der Offenbarung, aus der Vollmacht, aus dem Trost und aus der Leitung des Wortes Gottes, das der ewige Vater durch Jesus Christus, seinen ewigen Sohn, in der Kraft des ewigen Geistes, als die Zeit erfüllt war, ein für allemal gesprochen hat.

---

1 *Schmidt*, Bekenntnisse II, a.a.O., S. 22ff.

Damit ist abgelehnt die Ansicht: Die Kirche könne und müsse sich außer auf die Offenbarung des dreieinigen Gottes auch noch auf eine dem Menschen trotz des Sündenfalls zugängliche Gottesoffenbarung in Natur und Geschichte begründen und beziehen.
2. Die Kirche hört das ein für allemal gesprochene Wort Gottes durch die freie Gnade des Heiligen Geistes in dem doppelten, aber einheitlichen und in seinen beiden Bestandteilen sich gegenseitig bedingenden Zeugnis des Alten und des Neuen Testamentes, das heißt in dem Zeugnis des Mose und der Propheten von dem kommenden, und in dem Zeugnis der Evangelisten und Apostel von dem gekommenen Jesus Christus.
Damit ist abgelehnt die Ansicht: Die biblischen Schriften seien zu verstehen als Zeugnisse aus der Geschichte menschlicher Frömmigkeit; maßgebend für die christliche Frömmigkeit sei aber vorwiegend oder ausschließlich das Neue Testament; es könne oder müsse darum das Alte Testament zugunsten des Neuen abgewertet, zurückgedrängt oder gar ausgeschieden werden.
3. Die Kirche lebt durch die freie Gnade des Heiligen Geistes davon und darin, daß sie, indem sie das Zeugnis der Heiligen Schrift im Glauben aufnimmt und im Gehorsam weitergibt, die Strenge und Barmherzigkeit, die Ehre und die Menschenfreundlichkeit des dreieinigen Gottes erkennt und verkündigt.
Damit ist abgelehnt die Ansicht: Die Kirche könne oder müsse neben dem durch die Heilige Schrift bezeugten Handeln Gottes in Jesus Christus auch noch sein Wirken in den Ereignissen der jeweiligen Gegenwart feststellen und bekanntmachen.

III. Die Kirche in der Welt

1. Die Kirche ist in der Welt. Sie bekennt sich in der Nachfolge des fleischgewordenen Wortes Gottes rückhaltlos zu der ganzen Not des von Gott gut geschaffenen, aber in Sünde gefallenen und unter dem göttlichen Fluch stehenden Menschen. Sie vertraut und sie gehorcht allein der eben diesem Menschen in Jesus Christus widerfahrenen Barmherzigkeit. Sie wartet nach Gottes Verheißung auf einen neuen Himmel und eine neue Erde, in welchen Gerechtigkeit wohnt.
Damit ist abgelehnt die Ansicht: Die Kirche könne oder müsse *außer* der Barmherzigkeit Gottes in Christus *auch noch* einer dem Menschen erkennbaren *Güte* dieser Welt *vorbehaltloses Vertrauen* schenken und einer dem Menschen erkennbaren *Eigengesetzlichkeit* dieser Welt *vorbehaltlosen Gehorsam* entgegenbringen.
2. Die Kirche anerkennt nach Weisung des Wortes Gottes dankbar, daß der Wandel der Menschheits- und Völkergeschichte, die politischen, philosophischen und kulturellen Versuche des Menschen unter der Anordnung des göttlichen Befehls und der göttlichen Geduld stehen. Sie begleitet sie darum mit der ernsten Anerkennung ihres zeitlichen, bestimmten und begrenzten Rechtes mit ihrer Fürbitte, aber auch mit der Erinnerung an Gottes Reich, Gesetz und Gericht, mit der Hoffnung auf ihn, der alles lenkt, um alles neu zu machen.
Damit ist abgelehnt die Ansicht: Die Kirche könne oder müsse in der Wirklichkeit dieses oder jenes Versuchs des Menschen nicht sowohl einen Erweis der göttlichen Geduld als vielmehr eine Annäherung an die Wiederherstellung der göttlichen Schöpfungsordnung erblicken.
3. Die Kirche ist in der Welt unter der Heiligen Schrift. Sie dient dem Menschen und dem Volk, dem Staat und der Kultur, indem sie hinsichtlich ihrer Botschaft und ihrer Gestalt dem ihr vorgeschriebenen Worte Gottes und seinem Heiligen Geist gehorsam zu sein bemüht ist.
Damit ist abgelehnt die Ansicht: die Kirche habe dem Menschen damit zu dienen, daß sie, ihm mehr gehorchend als Gott, ihre Botschaft und ihre Gestalt seinen jeweiligen Überzeugungen, Wünschen und Zwecken anpasse und zur Verfügung stelle.

IV. Die Botschaft der Kirche

1. Der Auftrag der Kirche besteht darin, in Auslegung und nach Maßgabe des prophetisch-apostolischen Zeugnisses an Christi Statt und also seinem eigenen Wort und Werk dienend, durch Predigt und Sakrament die Botschaft von Gottes nahe herbeigekommenem Reich auszurichten: Gott der Schöpfer hat sich seiner Geschöpfe, Gott der Versöhner hat sich der Sünder, Gott der Erlöser hat sich seiner geliebten Kinder in freier Gnade angenommen.
Damit ist abgelehnt die Ansicht: Die Kirche könne oder müsse das Wort Gottes des Schöpfers, Versöhners und Erlösers, statt ihm zu dienen, als ihr eigenes Wort aussprechen und also, statt die freie Gnade zu verkündigen, »dynamisch« wirken.
2. Die freie Gnade, in der Gott sich unser annimmt, ist die in der Kraft des Heiligen Geistes sich erfüllende Verheißung der Gegenwart Jesu Christi als des Herrn, der für uns Knecht geworden, um unser altes Leben in den Tod zu geben und unser neues Leben an das Licht zu bringen.
Damit ist abgelehnt die Ansicht: Die Gnade Gottes bestehe in moralischen oder religiösen Vollkommenheiten, deren sich der Mensch nicht nur im Blick auf den, der den Gottlosen gerecht macht, sondern doch auch im Blick auf einen eigenen Besitz rühmen könnte.
3. Die Gabe der Gnade ist unsere Zugehörigkeit zu Jesus Christus: In ihm sind wir gerechtfertigt durch das Wunder des Glaubens, der immer wieder die in ihm geschehene Vergebung unserer Sünde annimmt. Und in ihm sind wir geheiligt durch das Wunder des Gehorsams, der sich immer wieder unter das Gericht und unter die Weisung des von ihm kommenden Gebotes stellt.
Damit ist abgelehnt die Ansicht:
a) Als sei das »Evangelium« und das »Gesetz«, unsere Rechtfertigung und unsere Heiligung, nicht die Offenbarung und das Werk der *einen Gnade Jesu Christi*.
b) Als vollziehe sich unsere Rechtfertigung als Sünder dadurch, daß wir plötzlich oder allmählich bessere Menschen werden.
c) Als sei die Gabe der freien Gnade nicht auch unsere Inanspruchnahme zum Gehorsam gegen Gottes Gebot oder als sei diese unsere Heiligung etwas anderes als eine Gabe der freien Gnade.
4. Unser durch den Heiligen Geist in Jesus Christus begründetes und von ihm jeden Tag neu zu erbittendes Leben im Glauben und im Gehorsam wartet auf seine Erlösung durch den kommenden Herrn: in der Auferstehung der Toten, durch das Gericht und zum ewigen Leben.
Damit ist abgelehnt die Ansicht: Ein Leben im Glauben und im Gehorsam könne in irgendeiner Hinsicht ein in sich abgeschlossenes, sich selbst genügendes, dem Warten auf den kommenden Herrn und also der Hoffnung auf ihn und der Furcht vor ihm entzogenes Leben sein.

V. Die Gestalt der Kirche

1. Die Kirche Jesu Christi ist die sichtbar und zeitlich gestaltete Wirklichkeit der durch den Dienst der Verkündigung vom Herrn selbst berufenen, versammelten und getragenen, getrösteten und regierten *Gemeinde* und die ebenso sichtbar und zeitlich gestaltete Wirklichkeit der *Einheit* solcher *Gemeinden*.
Damit ist abgelehnt die Ansicht: Als empfange die Kirche ihre zeitliche und sichtbare Gestalt kraft ihrer eigenen Willkür oder äußerer Notwendigkeiten wie ein religiöser Verein, dessen Prinzip ebensogut in dieser wie in jener Form verwirklicht werden könne.
2. Die Gestalt der Kirche ist dadurch bestimmt, daß ihre äußere Ordnung ebenso wie ihr inneres Leben unter der Verheißung und unter dem Befehl Jesu Christi als des alleinigen Herrn der Kirche steht. Die Gemeinden tragen einzeln und in ihrer Gesamtheit vor ihm die Verantwortung dafür, daß der Dienst der Ver-

kündigung, der Dienst der Aufsicht und die die Verkündigung begleitenden Dienste der Lehre und der Liebe in ihrer Mitte ihre berufenen Träger finden und von diesen recht ausgeübt werden.
Damit ist abgelehnt die Ansicht: Als könne und dürfe den Gemeinden die Verantwortung für die Bestellung und Verwaltung des kirchlichen Dienstes von einem besonderen kirchlichen Führeramt abgenommen werden.
3. Die Kirche Jesu Christi ist, was ihre Botschaft und ihre Gestalt betrifft, eine und dieselbe in den verschiedenen Zeiten, Rassen, Völkern, Staaten und Kulturen. Das Recht kirchlicher Verschiedenheiten da und dort steht und fällt damit, daß sie mit der Einheit ihrer Botschaft und Gestalt vereinbar sind.
Damit ist abgelehnt die Ansicht:
a) Als sei das Recht zeitlicher, nationaler und lokaler Verschiedenheiten der kirchlichen Formen aus besonderen Offenbarungen Gottes in der Geschichte abzuleiten.
b) Als sei es mit der Einheit der Botschaft und Gestalt der Kirche vereinbar, die Gliedschaft und die Befähigung zum Dienst in ihr auf die Angehörigen einer bestimmten Rasse zu beschränken.
4. Die Kirche erkennt im Staate auf Grund der Weisung des Wortes Gottes die Anordnung des göttlichen Befehls und der göttlichen Geduld, kraft welcher der Mensch es versuchen darf und soll, im Rahmen seines Verständnisses von Vernunft und Geschichte, verantwortlich dem Herrn aller Herren, Recht zu finden und mit Gewalt aufzurichten und aufrechtzuerhalten. Die Kirche kann dem Staat dieses sein besonderes Amt nicht abnehmen. Sie kann sich aber auch ihr eigenes Amt nicht vom Staat abnehmen, sie kann ihre Botschaft und ihre Gestalt nicht vom Staat sich bestimmen lassen. Sie ist, gebunden an ihren Auftrag, grundsätzlich freie Kirche in dem in der Bindung an seinen Auftrag grundsätzlich ebenso freien Staat.
Damit ist abgelehnt die Ansicht: Als sei der Staat die höchste oder gar einzige (»totale«) Form sichtbar-zeitlich gestalteter geschichtlicher Wirklichkeit, der sich darum auch die Kirche mit ihrer Botschaft und Gestalt »gleichzuschalten«, unter- oder gar einzuordnen habe.

Barths Thesen fanden starke Beachtung. Sie wurden von den nachfolgenden Bekenntnissynoden ausdrücklich angenommen, z.B. von der Freien evangelischen Synode im Rheinland (Februar 1934) und der Westfälischen Bekenntnissynode in Dortmund. Auf der Freien evangelischen Synode des Rheinlandes wurde der Anfang einer selbständigen Kirchenleitung durch Synode und Bruderrat gemacht. Hier wurde nicht nur theologisch deutlich protestiert, sondern eine eigene Kirchenorganisation im Gegensatz zur »legalen« deutsch-christlichen Kirche gegründet. Diese Synode war der Anfang für die als Kirche in der Evangelischen Kirche Deutschlands festgefügte eigenständige Bekenntniskirche, wie sie dann in Fortsetzung dieses Anfangs auch in Barmen und Berlin-Dahlem (Oktober 1934) beschlossen wurde.[2]
Am 16. März war die Westfälische Provinzialsynode unter Nichtachtung der Verfassung der Deutschen Evangelischen Kirche und der rheinisch-westfälischen Kirchenordnung aufgrund bekenntnis- und verfassungswidriger Verordnungen durch die Staatspolizei für aufgelöst erklärt worden. Die Mehrheit der Synode erhob durch den Präses der Provinzialsynode D. Koch gegen diese Auflösung Ein-

---

2 Alle Einzelheiten der Synode siehe in *Beckmann*, Rheinische Bekenntnissynoden im Kirchenkampf, a.a.O., S. 59–90.

spruch und konstituierte sich als die kirchlich rechtmäßige Provinzialsynode unter dem Namen Westfälische Bekenntnissynode. Sie ergänzte sich durch Abgeordnete der bekennenden Gemeinden Westfalens.
Die bekennenden Gemeinden von Rheinland und Westfalen sprachen in einer gewaltigen Kundgebung am 18. März 1934 in Dortmund ihr Ja zur Bildung und zur Tat der Westfälischen Bekenntnissynode.
Die Kirchenbehörde antwortete mit zahlreichen rechts- und bekenntniswidrigen Maßnahmen. Unter ihnen steht die Absetzung des Präses der Westfälischen Provinzialsynode, D. Koch, als Präses, Superintendent und Gemeindepfarrer an erster Stelle. Es folgten Strafversetzungen bekenntnistreuer Pfarrer, die sich auf die rechtsungültige Verordnung des Reichsbischofs als Landesbischof der Evangelischen Kirche der altpreußischen Union vom 3. Februar 1934 stützten. Presbyterien, die sich dem Einspruch gegen die verfassungswidrige Auflösung der Provinzialsynode anschlossen, wurden durch die Kirchenbehörde unter erneutem Bruch der gültigen Kirchenordnung für aufgelöst erklärt und auf rechtswidrigem Wege durch Bevollmächtigte ersetzt.
Die Folge dieser Maßnahmen war eine zunehmende Spaltung und Verwüstung zahlreicher Kirchengemeinden beider Provinzen. In allen Gemeinden machte sich die Lähmung des gesamten kirchlichen Lebens erschütternd bemerkbar.
Der Reichsbischof versuchte nichtsdestoweniger, seinen Zugriff auf die evangelischen Landeskirchen zu verstärken und alle Macht in der Deutschen Evangelischen Kirche in seiner Hand zu vereinen. Er hatte mit der Evangelischen Kirche der altpreußischen Union begonnen und am 2. März[3] die landeskirchliche Gesetzgebung auf die Reichskirchenregierung übertragen. Dieser Vorgang löste in verschiedenen altpreußischen Provinzen heftigen Widerspruch der Bekenntnisgemeinden und -synoden aus. Trotzdem setzte Ludwig Müller die Eingliederungsversuche fort, wobei er bei den deutsch-christlich geleiteten Kirchen auf keinen Widerstand stieß, weil diese ja die eine »Reichskirche« wollten. Jedoch gab es bei den anderen Kirchen Proteste, z.B. bei den reformierten Kirchen, aber auch in einigen lutherischen Kirchen, und zwar vor allem in Württemberg, Bayern und Hannover. Die Rechtsgrundlage des Vorgehens Ludwig Müllers wurde mit Erfolg bestritten. So urteilte das Berliner Landgericht, daß das Vorgehen Müllers in Altpreußen unrechtmäßig sei und die erlassenen Gesetze daher ungültig. Dieses Urteil wurde in einem Prozeß erstritten, den Dr. Werner, der Präsident des Evangelischen Oberkirchenrates, dem der Reichsbischof erst ein halbes Jahr zuvor zu dieser Stellung verholfen hatte und der sie durch die Eingliederungsaktion wieder verloren hätte, gegen den Reichsbischof angestrengt hatte. Aber auch die »intakten« lutherischen Landeskirchen setzten sich mit rechtlich begründetem Widerstand zur Wehr. Allerdings ließ sich der Reichsbischof von seinem Ziel der deutsch-christlichen Einheitskirche nicht abbringen. Und dies veranlaßte die beiden süddeutschen Bischöfe zu dem Versuch, mit den inzwischen entstandenen Bekenntnissynoden in den »zerstörten« Kirchen gemeinsame Sache zu machen, um dem Angriff auf die bekenntnisgebundenen lutherischen Kirchen besser widerstehen zu können.
Schon im Februar hatte der »Bruderrat des gesamten Pfarrernotbundes« beschlossen, sich der Freien evangelischen Synode im Rheinland anzuschließen: »Wir hof-

---

[3] GBl DEK 1934, S. 12f.

fen, mit den rheinischen Brüdern und Gemeinden auf diesem Wege in organischer Weiterentwicklung zu einer Freien Evangelischen Synode für den Gesamtbereich der Deutschen Evangelischen Kirche zu kommen.«
Nun nahmen auch die süddeutschen Bischöfe die Fühlung mit den Rheinländern auf. So kam es zu der Einladung der Bischöfe Meiser (Evangelisch-lutherische Kirche in Bayern) und Wurm (Evangelisch-lutherische Kirche in Württemberg) für den 11. April 1934 nach Nürnberg an die Leitungen der in Norddeutschland entstandenen Bekenntnissynoden. Dort fand man sich zur »Bekenntnisgemeinschaft der Deutschen Evangelischen Kirche« zusammen und schuf die Voraussetzungen zu einer in alle Landeskirchen hineinreichenden Organisation. Anwesend waren außer den Bischöfen Meiser und Wurm Präses Koch, Westfalen; Pfarrer Lic. Dr. Beckmann, Rheinland; Pastor Martin Niemöller, Berlin; Pastor Bosse, Hannover; Pastor Immer (ref.), Rheinland, und einige andere. Man war entschlossen, den notwendigen Widerstand von Schrift und Bekenntnis, aber auch von der Rechtsgrundlage der DEK her zu formieren. Eine theologische Erklärung gegen die Deutschen Christen, aber auch eine Rechtserklärung gegen die reichsbischöfliche Zerstörung der Kirchenordnung sollte vorbereitet werden. Präses Koch wurde zum Vorsitzenden gewählt. Ehe sich die Weiterarbeit entwickeln konnte, sah sich die neue Bekenntnisgemeinschaft durch das Vorgehen des Reichsbischofs und seines Rechtswalters Jäger gegen Landesbischof Wurm und die württembergische Kirchenleitung herausgefordert, eine öffentliche Protestkundgebung in Ulm am 22. April 1934 zu veranstalten. Diese erste Erklärung der Bekenntnisgemeinschaft auf ihrem neuen Weg lautete[4]:

Im Namen des Vaters, des Sohnes und des Heiligen Geistes! Wir versammelten Vertreter der württembergischen und bayrischen Landeskirchen, der freien Synoden im Rheinland, in Westfalen und Brandenburg sowie vieler bekennender Gemeinden und Christen in ganz Deutschland erklären als rechtmäßige evangelische Kirche Deutschlands vor dieser Gemeinde und der gesamten Christenheit:
Auf uns lastet die schwere Sorge um die Deutsche Evangelische Kirche. Zwar hat die Reichskirchenregierung in ihren neuesten Verordnungen und Gesetzen vom Frieden geredet. Ihre Taten stehen zu diesen Erklärungen im Widerspruch. Sie offenbaren, daß dieser »Friedenswille« nicht aus Gottes Wort und Geist geboren ist.
Man kann nicht Frieden verkündigen und unmittelbar danach einer bekenntnismäßig gebundenen Landeskirche wie der württembergischen Gewalt antun. Das aber ist geschehen durch das Kirchengesetz des Reichsbischofs, das im Widerspruch zu der Verfassung der Deutschen Evangelischen Kirche den Zusammentritt des württembergischen Landeskirchentages verhindert hat.
Um der dauernden Gefährdung des Bekenntnisses und der Kirche willen, auch um der Wahrhaftigkeit willen stellen wir uns vor der Christenheit und allen, die es hören wollen, dar als eine Einheit, die durch die Kraft Gottes treu zum Bekenntnis zu stehen gedenkt, obschon wir damit rechnen müssen, daß uns dadurch viel Not erwachsen wird. Wir versammelten Kirchenführer, Vertreter freier Synoden und Abgeordnete vieler Gemeinden und Christen in deutschen Gauen sind aber in Gottes Wort getrost und freudig, alles auf uns zu nehmen, was Gott uns auferlegt – komme, was da wolle –, damit das Kreuz Christi wirklich das Leben der Kirche beherrsche. Daran werden wir uns auch nicht hindern lassen, wenn weiterhin die

---

4 Schmidt, Bekenntnisse II, a.a.O., S. 62ff.

ganze deutsche Öffentlichkeit so irregeleitet werden sollte wie neuerdings über die kirchlichen Zustände in Württemberg. Entgegen der Darstellung der Reichskirchenregierung stellen wir fest, daß von einem schweren kirchenpolitischen Zwist in der württembergischen Landeskirche nicht die Rede sein konnte. Auch was sonst über den Besuch des Reichsbischofs in Württemberg gesagt worden ist, entspricht nicht den Tatsachen. Der Reichsbischof hat den württembergischen Landesbischof weder gesehen noch gesprochen. Wir gedenken, mit Gottes Hilfe der Anwendung von Gewalt und übler Nachrede das Wort Gottes und das Bekenntnis unserer Kirche in Wort und Tat entgegenzusetzen, in der gewissen Zuversicht, daß Gott seine Sache nicht verlassen wird.
Die unausgesprochene Absicht der Reichskirchenregierung bei ihrer Verordnung zur Wiederherstellung des kirchlichen Friedens in Württemberg war offenbar nicht die Herbeiführung des wahren Friedens innerhalb der Reichskirche, sondern die gewaltsame Niederkämpfung eines der letzten Bollwerke der Bekenntniskirche in Deutschland. Wir bezeugen: Die Deutsche Evangelische Kirche muß den Segen Gottes verlieren, wenn sie so der Unwahrheit Raum gibt. Sie muß in Unordnung versinken, wenn in dieser Weise die oberste Kirchenleitung selbst die Würde und Autorität des Leiters einer Landeskirche untergräbt und die Gemeinden geistlich und rechtlich entmündigt.
Darum rufen wir auch alle Gemeinden, Ältesten und Kirchengemeinderäte, Kirchenvorsteher und Pfarrer auf, mit uns zusammenzustehen gegen solche Gefährdung der Kirche. Aller Verschleierung zum Trotz bezeugen wir: Das Bekenntnis ist in der Deutschen Evangelischen Kirche in Gefahr! Das geistliche Amt wird seines Ansehens durch die Deutschen Christen und ihre Duldung durch die oberste Kirchenbehörde beraubt. Das Handeln der Reichskirchenregierung hat seit langer Zeit keine Rechtsgrundlage mehr. Es geschieht Gewalt und Unrecht, gegen welche alle wahren Christen beten und das Wort bezeugen müssen. Als eine Gemeinschaft entschlossener, dem Herrn Christus gehorsamer Kämpfer bitten wir Gott, den Allmächtigen, er möge allen Christen die Augen auftun, daß sie die Gefahr sehen, welche unserer teuren Kirche droht. Er möge uns nicht wanken lassen, daß wir zu seiner Ehre und in seinem Dienst fest bleiben, auch alles tun, was er von uns an Treue und Gefolgschaft gegen Volk und Staat verlangt. Pfarrer und Gemeinden der württembergischen Landeskirche, schart euch um euren Landesbischof! Ihr Christen deutscher Zunge, steht mit uns allen zusammen, fest gegründet auf Gottes Wort, unverrückt im Gebet, freudig im Glauben und in der Liebe! Dann wird von diesem Tage Segen kommen auf unsere ganze Kirche und unser ganzes Volk! Das walte Gott!

Am Widerstand der schwäbischen Christen, die aus anderen Landeskirchen Unterstützung fanden, scheiterte der Versuch, Bischof Wurm und seine Kirchenleitung zu beseitigen. Es war dies eine große Ermutigung für die wachsende Bekennende Kirche in Deutschland.
Der Notstand der Kirche veranlaßte die Bruderräte der Freien evangelischen Synode im Rheinland und der Westfälischen Bekenntnissynode, ihre Synoden zu einer gemeinsamen Tagung auf Sonntag, den 29. April 1934, nach Dortmund einzuberufen.[5]
Es war ein Augenblick von kirchengeschichtlicher Bedeutung, als sich die Abgeordneten der beiden Synoden zum gemeinsamen Gottesdienst in der Marienkirche in Dortmund versammelten. Pastor Immer, Barmen, durch Erlaß des Konsi-

---

5 Einzelheiten siehe in *Beckmann*, Rheinische Bekenntnissynoden im Kirchenkampf, a.a.O., S. 124ff.

storiums Koblenz seines Amtes enthoben und trotz der Friedenserlasse des Geistlichen Ministeriums vom 12. und 13. April nicht wieder eingesetzt, hielt die Predigt.

Die Synoden faßten außer einer Verwerfung der Irrlehren der Deutschen Christen einen besonders wichtigen Beschluß zum Notstand der Kirche[6]:

Die Westfälische Bekenntnissynode und die Freie evangelische Synode im Rheinland haben sich zu einer gemeinsamen Tagung in Dortmund am 29. April 1934 versammelt.

Einmütig im Glauben bekennen und erklären die Synoden als die bekenntnis- und verfassungsgemäße Kirche in Westfalen und der Rheinprovinz zum derzeitigen Notstand der Kirche:

A. Vom Bekenntnisstand der Kirche

1. Die evangelische Kirche Westfalens und der Rheinprovinz ist ein Glied der Kirche der altpreußischen Union und damit der Deutschen Evangelischen Kirche. Der Bekenntnisstand der evangelischen Kirche Westfalens und der Rheinprovinz ist durch die §§ I–III der Kirchenordnung für Westfalen und die Rheinprovinz festgelegt. Dieser Bekenntnisstand ist durch die Verfassung der Deutschen Evangelischen Kirche ausdrücklich geschützt (Art. 1 und 2, Abs. 3 und 4 der Verfassung der Deutschen Evangelischen Kirche). Die Vollmacht der Deutschen Evangelischen Kirche, den Landeskirchen Richtlinien für ihre Verfassung zu geben, findet am Bekenntnis der Landeskirchen ihre ausdrückliche Grenze (Art. 2, Abs. 4 der Verfassung).

2. Der Bekenntnisstand der Kirche der altpreußischen Union und damit der unserer westfälischen und rheinischen Kirche ist durch die Gesetzgebung der reichsbischöflichen Kirchenregierung aufs schwerste verletzt worden.

Durch die Erlasse und das Gesetz des Reichsbischofs und des Geistlichen Ministeriums vom 12. und 13. April 1934 soll die Neuordnung der Deutschen Evangelischen Kirche in Fortführung des Verfassungswerkes des Jahres 1933 zu Ende geführt werden. Als notwendige Aufgabe wird erklärt, »unter Vermeidung von Glaubensstreitigkeiten zunächst die äußere Ordnung der Deutschen Evangelischen Kirche zu festigen und auszubauen, ... unter voller Wahrung des Bekenntnisstandes und des Glaubensgutes unserer Kirche, wie es in den einzelnen Gauen Ausprägung gefunden hat, unter Berücksichtigung auch des geschichtlich gewordenen Eigenlebens die angebahnte rechtliche Einheit in der Deutschen Evangelischen Kirche zu vollenden«.

3. In diesen Erlassen wird ein grundlegender Fehler aller reichsbischöflichen Maßnahmen der letzten Zeit erneut zum Grundsatz erhoben: die Ordnung der Kirche wird als eine bloße Verwaltungsangelegenheit erklärt, die mit dem Bekenntnis der Kirche nichts zu tun habe.

Dagegen bekennen wir mit den Reformatoren, daß die Ordnung der Kirche, welche vor allem eine Ordnung der Ämter ist, nur in der Bindung an das Wort Gottes dem Bekenntnis der Kirche gemäß aufgerichtet werden kann.

B. Bekenntnis und Verfassung der Kirche

1. *Wort Gottes und Gemeinde*

Die einzige, unaufgebbare Quelle und Norm der Kirche ist das Wort Gottes in der Heiligen Schrift Alten und Neuen Testamentes. Durch die Verkündigung des göttlichen Wortes entsteht die Kirche (Gemeinde). Zur Verkündigung des Wortes ist

---

[6] Ebd., S. 137ff.

in ihr das Amt gesetzt. Amt und Gemeinde entstehen miteinander und können nicht voneinander getrennt werden. Sie haben ihren Bestand nur durch das Wort und im Gehorsam unter dem Wort.

2. *Amt und Bekenntnis*
Das maßgebende Verständnis der Heiligen Schrift bezeugt die Kirche in ihrem Bekenntnis. Das Bekenntnis ist maßgebend für Lehre, Leben und Ordnung der Kirche. Darum ist das Amt der Kirche im Bekenntnis der Kirche gebunden. Das gilt sowohl vom Amt des Pfarrers wie des Presbyters als auch vom Amt eines lutherischen Bischofs.

3. *Amt und Gemeinde*
Die Kirche hat nur einen Auftrag: die Verkündigung des Evangeliums. Alle Ämter der Gemeinde und der Kirche haben nur der Verkündigung des Evangeliums von Jesus Christus zu dienen.
Es gibt kein Amt, das als solches dem andern übergeordnet wäre. Es gibt in der evangelischen Kirche kein Führeramt, dessen Träger Gehorsam beanspruchen kann. In der Kirche gehorchen beide, Amt und Gemeinde, nur dem Herrn Christus und seinem Wort. Eine andere Autorität kann nicht aufgerichtet werden. Die Leitung der Kirche liegt bei ihr selbst. Sie kann nur ausgeübt werden im Gehorsam gegen Wort und Bekenntnis. Im Gebiet der rheinisch-westfälischen Kirchenordnung üben diese Leitung die Gemeinden aus durch die Synoden ihrer berufenen und dazu abgeordneten Amtsträger (Pfarrer und Älteste).
Zwei Gesichtspunkte sind demgemäß für die Ordnung des Amtes in der evangelischen Kirche maßgebend:
Das Amt darf nur in der Bindung an das geltende Bekenntnis der Kirche bestimmt und geführt werden.
Die Berufung in das geistliche Amt kann in der evangelischen Kirche nur unter verantwortlicher Mitwirkung der an Wort und Bekenntnis gebundenen Gemeinde geschehen.

4. *Die Verderbung von Amt und Gemeinde*
Diese Grundsätze einer bekenntnisgebundenen und dadurch schriftgemäßen Ordnung der Kirche sind von den »Deutschen Christen« und vom Kirchenregiment seit Beginn ihres Regimentes in der Kirche verlassen und verletzt worden.
a) Das Amt der Kirche ist verderbt worden dadurch, daß die Deutschen Christen für die Träger des kirchlichen Amtes neben der Bindung an Gottes Wort und das Bekenntnis die Bindung an die weltlich-politischen Gedanken und weltanschaulichen Ideen der heutigen politischen Bewegung mit gleichverpflichtender Kraft gefordert haben. Dies wirkte sich aus durch die weltliche (kirchenfremde) Wahlparole im Kirchenwahlkampf 1933, in den von den Deutschen Christen beschlossenen Gesetzen der preußischen Generalsynode, in welchen die Bestimmungen über Funktionen der Kirchenämter und über Rechte und Pflichten der Amtsträger ohne weiteres den staatlichen Beamtengesetzen nachgebildet wurden.
Diese Verderbung erfolgte weiter durch die Besetzung der führenden Ämter in der Kirche nach politischen Gesichtspunkten.
Das derzeitige Kirchenregiment nimmt seine Autorität bewußt nicht aus der Heiligen Schrift, sondern aus dem politischen Erlebnis der Zeit und aus der politischen Führerautorität.
b) Die Deutschen Christen haben dadurch das Amt gleichzeitig gelöst von der Gemeinde. Die Berufung in Ämter der Kirche (von den Presbyterien bis zu den leitenden Kirchenämtern) ist nicht unter Mitwirkung der Gemeinde geschehen, in

welcher Gottes Wort die allein bindende Macht für kirchliche Amtsträger ist. Die Heilige Schrift zeigt uns bei der Berufung in die kirchlichen Ämter die verantwortliche Mitwirkung der Gemeinde (siehe Apostelgeschichte 6 und 20 u.a.).
Die Bekenntnisse der Reformation lehren von der Berufungsgewalt, daß das Recht und die Macht, Diener für die Ämter der Kirche zu wählen und zu ordinieren, allein bei der Kirche liegt (Gemeinde und Synode); siehe Schmalk. Art. Ziffer 67–69; Heidelberger Katechismus, Frage 85.
Gegen diese Artikel wird verstoßen, wenn der Reichsbischof Landesbischöfe beruft, wenn der Reichsbischof die Berufungsbefugnis der Kirche selbst übernimmt, indem er als einzelner das Berufungsrecht des preußischen Kirchensenats auf sich selbst als Landesbischof überträgt.
Die wirksame Mitverantwortung der an Gottes Wort gebundenen Gemeinde ist das Grundprinzip der Kirchenordnung für Westfalen und die Rheinprovinz.
Die Berufungsbefugnis einer kirchlichen Körperschaft kann nur durch sie selbst ausgeübt werden. Der Leiter der westfälischen und der rheinischen Provinzialkirche kann nur von dieser selbst, d.h. von der rechtmäßigen Provinzialsynode, berufen werden. Er kann nur von dieser Synode abberufen werden. Amtsenthebungen können nur durch die Instanzen erfolgen, die das Berufungsrecht haben, und nur in einem geordneten Verfahren, das dem Bekenntnis entspricht.
Wo einer Gemeinde oder Kirche gegen ihr Berufungsrecht Träger eines Kirchenamtes gesetzt werden, muß die notwendige Folge Widerstand gegen die betreffenden Instanzen sein. Es kann deshalb nur Frieden in der Kirche werden, wenn das schrift- und bekenntnismäßige Berufungsrecht erhalten bleibt.
Das Lehramt in der evangelischen Kirche kann nur von den ordentlich Berufenen ausgeübt werden. Amtsenthebungen von Geistlichen ohne ein entsprechendes ordentliches Verfahren aus bloßer Willkür des Kirchenregimentes gefährden die Freiheit der Wortverkündigung und *heben die Gemeinde auf.*
Eine bedingungslose Gehorsamspflicht gegenüber dem Kirchenregiment widerspricht den Bekenntnisschriften (Augustana, Art. 28; Heidelberger Katechismus, Frage 5). Es ist bekenntniswidrig, wenn das Kirchenregiment Verordnungen schafft, durch welche Pfarrer in Strafe genommen werden, die in Gehorsam gegen Gottes Wort ihre Stimme erheben. Es führt zur Aufhebung unserer Kirche als einer Kirche Christi, wenn in ihr die Berufung auf das an Gottes Wort und Bekenntnis gebundene Gewissen nicht mehr durchzudringen vermag und als kirchenpolitische oder gar politische Tarnung, als Rebellion und Disziplinlosigkeit diffamiert und bestraft wird. Dies widerspricht Apologie 28, Ziffer 14.

5. *Erneuerung von Amt und Gemeinde*

Das derzeitige Kirchenregiment hat keine Autorität in der Gemeinde, weil es diese grundlegenden, im Bekenntnis der Kirche gegründeten Forderungen in bezug auf Gemeinde und Amt mißachtet und verletzt.
Die kirchliche Autorität in Westfalen und der Rheinprovinz liegt vielmehr bei der Synode, deren Glieder die Bindung an Schrift und Bekenntnis als maßgeblich für ihr Amt betrachten. Die Westfälische Bekenntnissynode und die Freie evangelische Synode im Rheinland wissen sich von der an Gottes Wort gebundenen Gemeinde beauftragt, die Geltung der Bekenntnisse für Lehre und Ordnung der Kirche zu wahren und dem Bekenntnis zur lebendigen, gestaltenden Kraft in der Kirche zu verhelfen. Die Westfälische Bekenntnissynode und die Freie evangelische Synode im Rheinland fordern, daß der Bekenntnisstand ihrer Kirche gesichert bleibe.
Unsere Kirche soll Bekenntniskirche bleiben und in stärkerem Maße werden, als sie es war.
Die Synoden rufen alle Gemeinden auf, die Bedeutung des Bekenntnisses für den

gesamten Aufbau der Gemeinde zu erkennen und ihren Bekenntnisstand festzustellen. Sie rufen die Gemeinden auf, den Kampf um die Kirche mit der Waffe des göttlichen Wortes und des Bekenntnisses der Kirche zu führen.
Die Westfälische Bekenntnissynode und die Freie evangelische Synode im Rheinland stimmen dem Vorschlag, den die Mehrheit der westfälischen Provinzialsynode in ihrer außerordentlichen Tagung im Dezember 1933 einmütig als Grundlage für die Ordnungen der evangelischen Kirche angenommen hat, zu.
Wir fordern demgemäß Neuordnung der Kirche und insbesondere ihrer Ämter durch Gemeindewahl, die unter dem Gesichtspunkt der kirchlichen Bewährung und des Gehorsams unter dem Wort von einer Gemeinde vollzogen werden, die sich denselben Forderungen unterwirft. Dazu bedürfen unsere Kirchengemeinden gründlicher und längerer Zurüstung. Die westfälische Bekenntnissynode und die Freie evangelische Synode im Rheinland erachten die Aufgabe dieser Zurüstung, das ist der Schulung in evangelischer Lehre, als ihre dringendste Aufgabe.

C. *Lage der westfälischen Provinzialkirche und der rheinischen Provinzialkirche und Forderungen zu ihrer Befriedung*

Inzwischen schreitet das bekenntnis- und schriftwidrig handelnde Kirchenregiment auf dem Wege einer unevangelischen Ordnung der Kirche fort.
Die Gemeinden werden durch die bekenntnis- und verfassungswidrige Willkür des derzeitigen Kirchenregiments verderbt. Ihre Zersplitterung wächst unaufhaltsam. Das Vertrauen zum Kirchenregiment und die Achtung vor der Kirche schwinden in weiten Kreisen. Die überwiegende Mehrheit der westfälischen und die Mehrheit der rheinischen Pfarrer kann mit dem derzeitigen Kirchenregiment um des Gewissens willen nicht zusammenarbeiten. Die heranwachsende Theologengeneration kann in überwiegender Zahl dem Kirchenregiment nicht gehorchen. Ihr gewissensmäßiges Handeln wird durch die Forderung einer Erklärung gefährdet, die sie nicht abgeben können und dürfen.
Die drängenden Aufgaben der Volksmission, der Jugendarbeit und des Männerwerkes können nicht in Angriff genommen werden. Die Verbände des Jugendwerkes und des Männerwerkes haben sich außerstande erklärt, unter Leitung des derzeitigen Kirchenregimentes zu arbeiten. Die kirchliche Arbeit ist durch das Kirchenregiment auf allen Gebieten gelähmt oder völlig gehindert.
Wegen dieses Zustandes höchster Gefahr können die Synoden es nicht länger verantworten, die unheilvolle Zerstörung der Gemeinden fortschreiten zu lassen. Die Synoden fordern die sofortige Wiederherstellung des verfassungsmäßigen Zustandes und die unverzügliche Bildung eines Kirchenregimentes, das an Bekenntnis und Verfassung gebunden ist. So allein kann es zu einer wahrhaften Befriedung der Kirche und zur Ausrichtung ihres Dienstes am deutschen Volk kommen.
Die Synoden beauftragen ihre Bruderräte, bei den zuständigen staatlichen Stellen den Notstand der Kirche darzulegen und alle nötigen Schritte zur Wahrung der Kirche als einer Kirche der Reformation unverzüglich in die Wege zu leiten.
Die Synoden ermahnen die Gemeinden, in der Stunde der Not und der Entscheidung auf den Herrn Christus allein zu schauen und nicht zu lassen und zu weichen von seinem Wort und vom Bekenntnis der Väter.

D. *Forderungen zur Wiederherstellung der Rechtsordnung der Kirche*
I
1. Wir erkennen die Verfassung der Deutschen Evangelischen Kirche als geltende Rechtsgrundlage der Evangelischen Kirche an.
Die Verfassung der Deutschen Evangelischen Kirche ist durch Gesetze und Maßnahmen des reichsbischöflichen Kirchenregimentes aufgehoben.

Zur Wiederherstellung des Rechtes und der Ordnung in der Deutschen Evangelischen Kirche ist unerläßliche Forderung, daß die Verfassung als verbindliche Rechtsgrundlage wieder in Kraft gesetzt wird.
Angesichts des Mißbrauches der Verfassung der Deutschen Evangelischen Kirche durch das reichsbischöfliche Kirchenregiment ist eine verbindliche Klarstellung (Interpretation) ihrer Artikel in der Richtung unerläßlich, daß die Ordnung der Kirche kein »weltlich Ding« ist, sondern an das Bekenntnis der Kirche gebunden ist. Eine hierarchische Entartung des Kirchenregimentes muß unmöglich bleiben.
2. Das Kirchengesetz zur Befriedung der kirchlichen Lage vom 13. April 1934 ist weder auf rechtmäßige Weise zustande gekommen noch seinem Inhalte nach geeignet, das begangene Unrecht wiedergutzumachen.
Es überläßt die Mehrzahl der gemaßregelten kirchlichen Amtsträger der Willkür des Kirchenregimentes.
Zur Wiederherstellung des Rechtes ist die Aufhebung aller rechts- und bekenntniswidrigen Gesetze und Verordnungen und die Zurücknahme aller darauf begründeten Anordnungen und Maßnahmen notwendig. Nur eine grundhafte Revision des widerkirchlichen Handelns, das mit den Wahlen des Sommers 1933 seinen Anfang nahm, kann Frieden und Raum zu kirchlicher Arbeit in der Deutschen Evangelischen Kirche schaffen.

II
1. Die Verfassung der Evangelischen Kirche der altpreußischen Union ist die verpflichtende und die Kirche tragende landeskirchliche Rechtsordnung. Diese Verfassung ist durch das Gesetz zur Errichtung von Bistümern vom 6. 9. 1933 von Grund auf verderbt worden. Das Kirchengesetz vom 2. 3. 1934 betreffend die Leitung der Evangelischen Kirche der altpreußischen Union ist rechtsungültig. Es beruht auf der durch Verordnung vom 1. März 1934 erfolgten Übertragung der Befugnisse des preußischen Landesbischofs auf den Reichsbischof. Diese besteht nicht zu Recht, weil sie ihre Grundlage in der rechtlich gleichfalls unhaltbaren Verordnung vom 26. Januar 1934 hat. Der Landesbischof von Preußen hat zudem nicht das Recht, seine Befugnisse als Landesbischof einer Stelle zu übertragen, die nicht Organ der Evangelischen Kirche der altpreußischen Union ist. Die Kirche der altpreußischen Union ist somit ohne Rechtsgrund tatsächlich zerschlagen.
2. Zur Wiederherstellung des Rechtes und der Ordnung unserer preußischen Landeskirche ist die Aufhebung aller Gesetze und Anordnungen des Reichs- bzw. Landesbischofs unerläßlich, durch welche der Reichsbischof Verfassung und Recht dieser Kirche, ihrer Körperschaften und Amtsträger außer Kraft gesetzt hat.

III
1. Die rheinisch-westfälische Kirchenordnung ist bekenntnisgebunden und darum *unaufgebbare* grundlegende Rechtsordnung der evangelischen Kirche in Westfalen und der Rheinprovinz.
Die durch das Gesetz vom 2. 3. 1934 gebildete bischöfliche Provinzialsynode ist bekenntniswidrig und entbehrt der Rechtsgrundlage. Das derzeitige Kirchenregiment in Westfalen und in der Rheinprovinz (Bischof, Landespfarrer, Pröpste, Provinzialkirchenräte) ist kein rechtmäßig berufenes Kirchenregiment im Sinne des Bekenntnisses unserer Kirche. Es ist darum weder berechtigt noch imstande, die Provinzialkirchen in Westfalen und der Rheinprovinz zu leiten.
2. Wir fordern darum die Wiederherstellung unserer rheinisch-westfälischen Kirchenordnung. Die notwendige Reinigung unserer Kirchenordnung von wesensfremden unkirchlichen Bestandteilen ist Aufgabe rechtmäßig zu berufender Synoden.

Die Neugestaltung unserer presbyterial-synodalen Kirchenordnung muß nach drei unerläßlichen Grundgedanken erfolgen:
2 a) Ersatz des demokratisch-parlamentarisch gearteten Wahlrechtes durch ein kirchliches Wahlrecht, welches entsprechend Ziffer 7 der Vorlage des westfälischen Provinzialkirchenrats an die Dezembertagung der Provinzialsynode 1933 zu gestalten ist.
2 b) Berufung der kirchlichen Amtsträger auf allen Stufen durch die Gemeinden und ihre Synoden.
2 c) Einheitliche Leitung der Provinzialkirche durch die von der Synode berufene Kirchenregierung, an deren Spitze der Präses steht.

IV
In solcher Forderung wissen wir uns verbunden mit allen Kirchen und Gemeinden der Deutschen Evangelischen Kirche, die vom Bekenntnis aus um die schriftgemäße Ordnung der Kirche kämpfen.
Dortmund, 29. April 1934   Westfälische Bekenntnissynode
                                  Freie evangelische Synode im Rheinland

Mit diesen Beschlüssen wurde ein Schritt von weittragender Bedeutung getan. Beide Synoden haben ihn in Ausübung der ihnen übertragenen geistlichen Leitung nach wochenlanger, ernster Vorbereitung im Glauben gewagt. Es war kein anderer Weg möglich, wenn dem bekenntnislosen Kirchenregiment in seinem schrift- und verfassungswidrigen Handeln Einhalt geboten werden sollte.
Kurz darauf kam der Nürnberger Ausschuß, der sich inzwischen auch »Bruderrat der Bekenntnisgemeinschaft der DEK« nannte, am 2. Mai 1934 in Berlin zu seiner nächsten Sitzung zusammen. Zum erstenmal wandte sich dieser Bruderrat mit einem Brief an den Reichsinnenminister an den Staat[7]:

»Im Anschluß an die Ulmer Erklärung und in Übereinstimmung mit den Beschlüssen der rheinisch-westfälischen Synoden vom 29. April überreiche ich die anliegende Erklärung der Bekenntnisgemeinschaft der Deutschen Evangelischen Kirche. Mit deutschem Gruß gez. D. Koch.«
Die Erklärung selbst lautete:
I. Der Streit, der seit langem die Deutsche Evangelische Kirche erschüttert, schadet der Volksgemeinschaft. Das Kirchengesetz zur Befriedung der kirchlichen Lage vom 13. April 1934 hat die Spannung nicht beseitigt, sondern verschärft.
II. Ein Ausgleich der Gegensätze zwischen Deutschen Christen und der Bekenntniskirche ist nicht möglich. Es stehen sich hier gegenüber eine in ihrem Denken und Handeln unkirchliche Machtbewegung und der Wille, die Kirche aus ihrem Wesen heraus zu erneuern.
III. Die derzeitige Reichskirchenregierung hindert durch ihr Handeln den Frieden, da sie 1. sich nicht auf Vertrauen, sondern auf Gewalt stützt, 2. an die Stelle von Recht Willkür setzt, 3. das Bekenntnis nicht hütet, sondern verletzt, 4. die bekennende Kirche, nicht die Feinde der Kirche bekämpft.
IV. Zur Herbeiführung des Friedens ist notwendig: 1. Die Verfassung der DEK muß wiederhergestellt werden. Einer Weiterentwicklung der Verfassung auf legalem Wege soll nicht grundsätzlich widerstrebt werden. 2. Die von maßgebender Seite als rechtswidrig festgestellten Verordnungen und Gesetze des Reichsbischofs und der Reichskirchenregierung müssen zurückgenommen werden. 3. Sämtliche Maßregelungen müssen wiedergutgemacht werden. Ob ein »Verfahren mit staats-

---
7 KJB 1933–1945, S. 66

politischem Einschlag« vorliegt, hat der Staat zu entscheiden. 4. Der grundsätzliche Entschluß, daß der Staat und die Partei in die innerkirchliche Auseinandersetzung nicht eingreifen, muß streng durchgeführt werden.

Bereits am 7. Mai 1934 fand in Kassel die dritte Sitzung des Bruderrates statt. Hier wurden die entscheidenden Beschlüsse zur Einberufung einer Bekenntnissynode der Deutschen Evangelischen Kirche gefaßt und die Vorbereitungen für eine theologische und rechtliche Erklärung der Synode getroffen. Von Kassel aus wandte sich der Bruderrat nun zum erstenmal mit einer Erklärung an die evangelischen Christen und Gemeinden[8]:

I. Wir haben wiederholt die derzeitige Reichskirchenregierung zur Abkehr von ihrem bekenntnis- und verfassungswidrigen Wege aufgefordert. Sie hat unseren aus ernster Sorge um Kirche und Volk kommenden Warnungen kein Gehör geschenkt, sondern hat weiterhin die Grundlage, auf der der verfassungsmäßige Zusammenschluß der deutschen evangelischen Landeskirchen erfolgt ist, und damit ihre eigene Autorität völlig zerstört. Deshalb sind wir gezwungen, dem jetzigen Reichskirchenregiment den Charakter einer wahrhaft evangelischen Kirchenleitung abzusprechen.
II. Wir wollen die einige, geistlich geleitete, deutsche evangelische Kirche, klar und fest im Bekenntnis des Evangeliums, gehorsam dem Herrn der Kirche und darum auch treu im Dienst am Volk und Staat.
III. Wir lehnen es ab, uns zu unterwerfen: 1. einem ungesetzlichen Machtregiment, das sich auf Willkür, nicht auf die beschworene Verfassung gründet; 2. einer ungeistlichen Führung, die sich nicht an das Wort Gottes, sondern an menschliche Maßstäbe hält; 3. einer unevangelischen Bedrückung der Gewissen, die die freie Wortverkündigung zu hindern sucht.
IV. Wir wissen uns dafür verantwortlich, das Bekenntnis unserer Väter zu hüten und die Verfassung unserer Deutschen Evangelischen Kirche zu schützen. Dabei sehen wir uns getragen von der Hoffnung und dem Vertrauen aller derer, denen Bestand, Reinheit und Ansehen der Deutschen Evangelischen Kirche innerstes Anliegen ist. Wir wollen und dürfen die Kirche der Reformation nicht denen überlassen, die sie in ihrem Kern und Wesen ändern.
V. Wir erklären feierlich, daß wir bekenntnis- und verfassungswidrigen Anordnungen nicht Folge leisten werden. Wir, als die rechtmäßige Deutsche Evangelische Kirche, können diese Haltung nicht aufgeben, solange nicht Gewähr dafür besteht, daß in der Deutschen Evangelischen Kirche ausschließlich auf der Grundlage der Verfassung und wahrhaft im Geiste des evangelischen Bekenntnisses gehandelt wird.
VI. Wir fordern alle evangelischen Christen und Gemeinden auf, sich in Gebet und Handeln hinter uns zu stellen. Wir bitten und ermahnen alle, die mit uns zu gehen gewillt sind, sich zu örtlichen Bekenntnisgemeinschaften, unter Verbleib in ihrer Kirche, zusammenzuschließen. Wenn uns die Zeit gekommen erscheint, werden wir zu einer gemeinsamen Kundgebung des Bekennens aufrufen. Gott segne unser Werk, das unternommen wird allein um seiner Ehre willen.

Nachdem der Reichsbruderrat die Einberufung der Bekenntnissynode auf die Tage vom 29. bis 31. Mai 1934 nach Barmen beschlossen hatte, wurde zum gleichen Termin durch die Initiative vor allem Martin Niemöllers die erste Bekenntnissynode der Evangelischen Kirche der altpreußischen Union nach Barmen berufen.

---

8 *Schmidt*, Bekenntnisse II, a.a.O., S. 72f.

Diese Synode tagte unmittelbar vor der Synode der Deutschen Evangelischen Kirche am 29. Mai und erhob »vor jedem christlichen Gewissen und vor aller Öffentlichkeit den Anspruch«, allein die rechtmäßige Evangelische Kirche der altpreußischen Union zu sein, »weil nur sie die bekenntnismäßige Grundlage und eine daran zu bindende verfassungsmäßige Ordnung der Kirche festhält«. Sie sah sich »berufen und befugt, im Namen dieser Kirche rechtmäßig zu sprechen und zu handeln«.[9]

Zur Vorbereitung der Bekenntnissynode der DEK hatte der Bruderrat verschiedene Ausschüsse eingesetzt, damit die Beschlußfassung der Synode durch sorgfältige Vorlagen erleichtert würde. Der wichtigste Ausschuß hatte die Aufgabe, eine theologische Erklärung zu erarbeiten. Vorbereitet wurde aber auch eine Erklärung zur Rechtslage und eine Vorlage zur praktischen Arbeit der Bekenntnissynode der DEK, in welcher neben »Aufbau und Sendung der Bekennenden Gemeinde« auch das Thema der geistlichen Erneuerung des Pfarrerstandes behandelt wurde.

Die Synode wurde von Präses Koch einberufen mit der Bitte, »nur solche Männer zu entsenden, die das volle Vertrauen der Bekennenden Gemeinde auch außerhalb ihres Kirchengebietes besitzen«. Das schwierige Problem der Zuteilung der Abgeordneten aus den Landeskirchen wurde glücklich gelöst. Insgesamt kamen aus 25 Landes- und Provinzialkirchen 139 Delegierte. Die gastgebende Barmer reformierte Gemeinde Gemarke sorgte für alles, was für das Gelingen einer Synode auch wichtig ist, nämlich Unterkunft, Verpflegung, Büro, Information usw. Befürchtungen, die Synode könnte von der Geheimen Staatspolizei verboten werden, erfüllten sich nicht; aber auch die andere Befürchtung nicht, daß die Synode nicht in Einmütigkeit beraten und beschließen würde. Bei allen theologischen Problemen und Differenzen zwischen den Synodalen gelang es je länger, desto mehr, eine Übereinstimmung in den großen theologischen, rechtlichen und geistlichen Fragen zu erzielen. Daß dies überhaupt möglich war, hängt gewiß auch damit zusammen, daß der auf allen lastende Druck der damaligen Lage der evangelischen Kirche in Deutschland durch das Regiment der Deutschen Christen und die dahinterstehende herrschende Partei mit ihrer nationalsozialistischen Weltanschauung und Politik so schwer war, daß der Wille zur Einmütigkeit und Gemeinschaft der evangelischen Kirche stärker war als alle trennenden Antworten der an unterschiedliche Bekenntnisse gebundenen reformatorischen Theologien. Zum ersten Male seit der Reformation kamen die Protestanten Deutschlands auf dem Boden ihres gemeinsamen Erbes von »Schrift und Bekenntnis« zusammen und sagten ein bekennendes Wort, von dem sie überzeugt waren, daß Gott es ihnen in den Mund gelegt hatte. Dies bekennende Wort von Barmen war in einer Dreierkommission (Karl Barth, Hans Asmussen, Thomas Breit) vorbereitet worden. Die Vorlage gelang in überaus kurzer Zeit, und man wird sagen können, daß Wesentliches auf der Synode nicht mehr geändert zu werden brauchte. Wie wenig sich die erste Vorlage von der endgültigen unterscheidet, geht aus dem einführenden Vortrag von Hans Asmussen hervor, dessen Wiedergabe auf die erste Vorlage Bezug nimmt. Dieser Vortrag war von besonderer Wichtigkeit, so daß er sogar für die Auslegung der Barmer Erklärung von der Synode zum Beschluß erhoben wurde.[10]

9   Grundsätze der Bekenntnissynode der Ev. Kirche der APU, vgl. KJB 1933–1945, S. 68f.
10 Zum Verhältnis von Stenogramm- und Druckfassung s. jetzt *C. Nicolaisen*, Der Weg nach Barmen, 1985, S. X. 51ff.110ff. Im folg. ist die (mehrfach veröffentlichte) Druckfassung wiedergegeben. Quelle u.a.: *Nicolaisen*, a.a.O., S. 111ff.

Hans Asmussens Vortrag über die Theologische Erklärung zur gegenwärtigen Lage der Deutschen Evangelischen Kirche

»Die Deutsche Evangelische Kirche ist nach den Eingangsworten ihrer Verfassung vom 11. Juli 1933 ein Bund der aus der Reformation erwachsenen, gleichberechtigt nebeneinanderstehenden Bekenntniskirchen. Diese möchten sich durch ihre Vereinigung gemeinsam zu der kommenden Gottesgabe der einen, heiligen, allgemeinen und apostolischen Kirche im Sinn von Eph 4,4–6 bekennen. Die theologische Voraussetzung der Vereinigung dieser Kirchen ist in Art. 1, Art. 2,1 und Art. 4,1 der von der Reichsregierung am 14. Juli 1933 anerkannten Verfassung der Deutschen Evangelischen Kirche angegeben:

Art. 1: Die unantastbare Grundlage der Deutschen Evangelischen Kirche ist das Evangelium von Jesus Christus, wie es uns in der Heiligen Schrift bezeugt und in den Bekenntnissen der Reformation neu ans Licht getreten ist. Hierdurch werden die Vollmachten, deren die Kirche für ihre Sendung bedarf, bestimmt und begrenzt.

Art. 2,1: Die Deutsche Evangelische Kirche gliedert sich in Kirchen (Landeskirchen).

Art. 4,1: Die Deutsche Evangelische Kirche will die in ihr geeinte deutsche evangelische Christenheit für die Erfüllung des göttlichen Auftrages der Kirche rüsten und einsetzen. Sie hat deshalb von der Heiligen Schrift und den reformatorischen Bekenntnissen her sich um eine einheitliche Haltung in der Kirche zu bemühen und der kirchlichen Arbeit Ziel und Richtung zu weisen.«

Mit diesen Worten beginnt die theologische Erklärung zur gegenwärtigen Lage in der Deutschen Evangelischen Kirche. Sie will mit ihnen Nachstehendes zum Ausdruck bringen:

Die Bekenntnissynode der Deutschen Evangelischen Kirche ist nicht gleichbedeutend mit der Gründung einer neuen Kirche. Vielmehr setzt sie sich zusammen aus Vertretern derjenigen Bekenntniskirchen, welche im Jahre 1933 durch die Verfassung der Deutschen Evangelischen Kirche in diese zusammengefaßt wurden. Sie ist also Vertretung in rechtmäßiger Nachfolge der bisherigen Landeskirchen. In der Zusammenfassung durch die Verfassung von 1933 lag nach dem Willen des Gesetzgebers nicht, daß die bestehenden Kirchen aufhören sollten zu sein, was sie sind: Bekenntniskirchen. Darum trug die Zusammenfassung den Charakter eines *Bundes*, in welchem weitergeführt wurde, was im Deutschen Evangelischen Kirchenbund bereits angestrebt worden war. Jede Veränderung dieser Art der Zusammengehörigkeit hätte unabsehbare rechtliche und vor allen Dingen kirchliche Folgen nach sich gezogen.

Die Verfassung bringt zum Ausdruck, daß die Deutsche Evangelische Kirche nur auf bestimmten kirchlichen und theologischen Voraussetzungen aufgebaut werden kann. Darum dürfen ihr auch nur bestimmte *theologische* und *kirchliche* Ziele gesteckt werden. Diese Voraussetzungen und diese Ziele ergeben sich für die Deutsche Evangelische Kirche allein »aus dem Evangelium von Jesus Christus, wie es uns in der Heiligen Schrift bezeugt und in den Bekenntnissen der Reformation neu ans Licht getreten ist«. Damit ist ausgesprochen, daß der Ausgangspunkt der Arbeit und der erwünschten Entwicklung die bestimmte, durch den Charakter der einzelnen Bekenntniskirchen festgelegte Grundlage eben dieser Bekenntniskirchen ist. Diesen Tatbestand hat die Reichsregierung unter dem 14. Juli 1933 gesetzlich anerkannt.

Auf dem Grund dieser theologischen Voraussetzungen und mit gutem Gewissen gegen das Deutsche Reich – auf Grund dieser seiner Gesetzgebung – bestimmt die Bekenntnissynode der Deutschen Evangelischen Kirche ihren Standort so:

»Wir, die zur Bekenntnis-Synode der Deutschen Evangelischen Kirche vereinigten Vertreter lutherischer, reformierter und unierter Kirchen, freier Synoden, Kirchentage und Gemeindekreise erklären, daß wir gemeinsam auf dem Boden der Deutschen Evangelischen Kirche, d.h. dieses Bundes der deutschen Bekenntniskirchen stehen. Uns fügt dabei zusammen das Bekenntnis zu der einen Kirche Jesu Christi, welches bei der Vereinigung der Bekenntniskirchen zur Deutschen Evangelischen Kirche ausgesprochen ist.«
Damit bringt die Bekenntnissynode der Deutschen Evangelischen Kirche zum Ausdruck, daß man ihr nur zu Unrecht ein Verlassen der Bekenntnis-, Verfassungs- und Rechtsgrundlage vorwerfen kann. Wir sind keine Rebellen; aber wir müssen um unserer Verantwortung willen vor Gott und Menschen fordern, daß weder uns noch anderen durch Verrückung der Bekenntnis- und Rechtsgrundlage die Möglichkeit genommen wird, dieser unserer Verantwortung vor Gott und Menschen gerecht zu werden. Wir können nicht mit gutem Gewissen Glieder der Deutschen Evangelischen Kirche sein, wenn sie nicht in Worten und Handlungen dem Tatbestande Rechnung trägt, daß sie in ihrer Verfassung mit ganzem Ernst und ohne Vorbehalt sich auf jene Bekenntnisgrundlage bezieht. Uns wäre es unmöglich gemacht, weiter in der Deutschen Evangelischen Kirche zu verbleiben, wenn die angezogenen Artikel der Verfassung etwa nur den Sinn hätten, hinter ihrem Schutz allmählich eine grundsätzliche Umwandlung des Wesens der Deutschen Evangelischen Kirche zu vollziehen.
Man könnte uns fragen, inwiefern wir zur Bekenntnissynode der Deutschen Evangelischen Kirche gerade in dieser Zusammensetzung uns versammelt haben. Denn wir sind ein Kreis, der sich zusammensetzt aus gesetzlichen Vertretern deutscher Kirchen, aber auch aus freien Vertretern freier Synoden, Kirchentage und Gemeindekreise, denen die gesetzlich anerkannte Berufung noch abgeht. Wir haben aber dabei ein gutes Gewissen. Nicht aus Vorwitz haben wir uns versammelt und nicht in Übereilung, sondern es haben sich hier die Vertreter solcher Kirchenkörper und solcher freien Kreise zusammengefunden, welche überzeugt sind, daß es nunmehr des Einsatzes aller Kräfte, und zwar ohne Verzug, bedarf, weil ein Notstand, nämlich Bekenntnis- und Rechtsnot, eingetreten ist. Aus diesem Notstand, der die Bekenntnis- und Verfassungsgrundlagen der Deutschen Evangelischen Kirche bis aufs äußerste gefährdet, erklärt und rechtfertigt es sich, daß wir hier in dieser Zusammensetzung uns versammelt haben. Dem bestehenden Notstand geben wir mit folgenden Worten Ausdruck:
»Wir erklären aber vor der Öffentlichkeit aller evangelischen Kirchen Deutschlands ebenso gemeinsam, daß die Einheit dieses Bekenntnisses und damit auch die Einheit der Deutschen Evangelischen Kirche aufs schwerste gefährdet ist. Sie ist nämlich bedroht durch die in dem ersten Jahr des Bestehens der Deutschen Evangelischen Kirche mehr und mehr sichtbar gewordene Lehr- und Handlungsweise der herrschenden Kirchenpartei der Deutschen Christen und des von ihr getragenen Kirchenregimentes. Diese Bedrohung besteht darin, daß die theologische Voraussetzung, in der die Deutsche Evangelische Kirche vereinigt ist, sowohl seitens der Führer und Sprecher der Deutschen Christen, als auch seitens der Kirchenregimente dauernd und grundsätzlich durch fremde Voraussetzungen durchkreuzt und unwirksam gemacht wird. Bei deren Geltung hört die Kirche nach allen bei uns in Kraft stehenden Bekenntnissen auf, Kirche zu sein. Bei deren Geltung wird also auch die Deutsche Evangelische Kirche als Bund der Bekenntniskirchen innerlich unmöglich.«
Unsere Bekenntnisgemeinschaft ist also nach der positiven und nach der negativen Seite hin begründet. Uns Vertreter dieser Synode eint das gemeinsame Bekenntnis zu der einen Kirche Jesu Christi; uns eint der verfassungs- und rechtmäßig feststehende Grund der Deutschen Evangelischen Kirche. Uns eint aber eben-

sosehr der unerhörte, Grundlage und Wesen der Deutschen Evangelischen Kirche zerstörende Angriff, welchem die Deutsche Evangelische Kirche seit mehr als einem Jahr ausgesetzt ist. Wir würden uns vor Gott versündigen, wir würden auch die uns gebotene Liebe zu Volk und Vaterland verleugnen, wenn wir diesen Tatbestand nicht mit dem Ausdruck des schärfsten Protestes vor der deutschen Öffentlichkeit darlegen würden. Denn die Einheit des Bekenntnisses zu der einen Kirche Jesu Christi ist in der Deutschen Evangelischen Kirche auf das schwerste gefährdet. Damit droht die Deutsche Evangelische Kirche überhaupt auseinanderzufallen. Denn nur in diesem Bekenntnis gibt es Deutsche Evangelische Kirche. Offenbar geworden ist diese Gefährdung sowohl durch Lehr- und Handlungsweise der herrschenden Kirchenpartei der Deutschen Christen als auch durch die von ihr getragene Reichskirchenregierung. Dabei handelt es sich nicht um gelegentliche Versehen einzelner, denen man auf dem Verwaltungswege begegnen und sie so beseitigen könnte; sondern es handelt sich um falsche Lehre auf der ganzen Front und um ein Verhalten, das nicht nur gelegentlich, sondern grundsätzlich und in seiner ganzen Breite dem Evangelium, den in Kraft bestehenden Bekenntnissen und der Verfassung der Deutschen Evangelischen Kirche widerstreitet. Wir müßten dicke Bände schreiben, um die Unsumme von Gewalttaten, Unrecht, Rechtsbeugung und Rechtsbruch aufzuzählen, in welchen diese Handlungsweise sichtbar geworden ist. Nicht mit Unrecht werden wir den neuesten Annäherungsversuchen der Deutschen Christen an uns (vgl. die Pläne einer Aussprache in Erlangen) so deuten, daß auch ihnen selbst aufzugehen beginnt, welche unabsehbaren Folgen aus der bisher vertretenen falschen Lehre und aus den bisher begangenen unkirchlichen und rechtswidrigen Handlungen sich ergeben werden. Auch sieht jeder Einsichtige, daß die heillose Verwirrung der durch die Reichskirchenregierung geübten Gesetzgebung kaum noch übertroffen werden kann. Wenn man auch hin und wieder den gröbsten Entgleisungen auf dem Gebiet der Lehre widerstand, so sehen wir mit Schrecken, daß dieser Widerstand nur dann erfolgte, wenn taktische Erwägungen ihn erwünscht erscheinen ließen.

Die von uns angefochtenen lehrhaften Äußerungen und die daraus fließenden unchristlichen und widerrechtlichen Handlungen sind aber nicht der tiefste Grund unseres Protestes. Vielmehr geht dieser Protest entscheidend gegen diejenigen der Kirche art- und wesensfremden Voraussetzungen, mit denen die Reichskirchenregierung ebensowohl wie Führer und Sprecher der Deutschen Christen die theologischen Voraussetzungen der Deutschen Evangelischen Kirche dauernd und grundsätzlich durchkreuzt und unwirksam gemacht haben. Unser Protest ist also nicht ein zufälliger und gelegentlicher, sondern ein grundsätzlicher. Er ist nur so verständlich, daß er aus einer anderen Wurzel erwächst wie die grundsätzliche Haltung der Deutschen Christen und der Reichskirchenregierung. In dieser anderen Wurzel liegt viel mehr die drohende Auflösung der Deutschen Evangelischen Kirche schlechthin begründet als in dem vielfach begangenen Unrecht und den häufig geäußerten lehrhaften Ungeheuerlichkeiten. Weil aber die Dinge, um die es geht, so tief greifen, ist auch die Einheit, die uns in unserer Synode zusammenführt, so tief begründet, daß sie nur durch Abfall unserer Glieder vom lauteren Evangelium gefährdet werden könnte. Das möge Gott in Gnaden verhüten!

Wenn nun jemand sagen wollte, daß die Einheit, die uns zusammenführt, eine unredliche Einheit ist oder ein neuer Versuch, die alte Union wieder zu erneuern, so müssen wir dagegen auf das schärfste protestieren, auch dann, wenn uns dieser Einwand nicht aus taktischen und propagandistischen Erwägungen heraus gemacht würde. Wir bestimmen das Verhältnis der in unserer Gemeinschaft vorhandenen Konfessionen wie folgt:

»Wir dürfen aber auch nicht schweigen, da uns in einer Zeit gemeinsamer Not tatsächlich ein gemeinsames Wort des Glaubens in den Mund gelegt ist. Wir

befehlen es Gott, was diese Tatsache für das Verhältnis der Bekenntniskirchen untereinander für die Zukunft bedeuten mag.«
Als Lutheraner, Reformierte und Unierte sind wir heute zusammengekommen. Eine frühere Zeit hat meinen können, daß die zwischen uns noch unerledigten Fragen unwesentlich seien. Wir erachten es als ein Geschenk Gottes, daß wir in den letzten Jahren gelernt haben, wie wesentlich diese Fragen sind. Es seien nur einige dieser Fragen genannt: Wie kann und soll das vor mehr als 300 Jahren abgebrochene Gespräch zwischen Lutheranern und Reformierten über das heilige Abendmahl, über die Lehre von Christus, über die Erwählung wieder aufgenommen werden? – Kann und darf man die Union als Bekenntniskirche parallel den lutherischen und reformierten Kirchen bezeichnen? – Hat die Union überhaupt ein Bekenntnis? – Uns ist bewußt, daß diese und andere Fragen noch ihrer einheitlichen Beantwortung harren, und nichts liegt uns ferner, als sie in irgendeinem Sinne zu verharmlosen. Dabei ist uns bewußt, daß die neuerworbenen Erkenntnisse über den Unterschied des genuin Reformatorischen und der später aufkommenden orthodoxen Theologie erheblicher sind, als man lange Zeit meinte. Uns als Schülern der Reformatoren geht es darum, das Gespräch dort wieder anzuknüpfen, wo es im 16. Jahrhundert abgebrochen worden ist, nicht aber darum, den Ausgangspunkt im 17. Jahrhundert zu wählen. Wird das beachtet, dann wird das Verhältnis der Konfessionen sehr viel echter.
Wir sind der Überzeugung, daß die Erkenntnis von diesem Unterschiede bei uns sehr viel klarer und theologischer ist als bei unseren Gegnern, und verabscheuen es, die konfessionelle Frage mit einer politischen zu verquicken, als ob der Unterschied von Luthertum und Calvinismus durch völkische Verschiedenheiten erklärt werden könnte. Aber bei dieser Erkenntnis können wir nicht umhin, jetzt gemeinsam zu reden und gemeinsam zu kämpfen. Denn der Angriff auf die christliche Substanz, wie er von seiten der deutschen Glaubensbewegung und von seiten der Deutschen Christen erfolgt, liegt restlos außerhalb des Verhältnisses der Konfessionen. Wir vermögen die Deutschen Christen nicht anders zu verstehen denn als die Vorläufer und – gewiß meist ungewollt – Vorkämpfer der Deutschen Glaubensbewegung selbst. Damit wollen wir nicht gesagt haben, daß es unter ihnen nicht Menschen gäbe, die nur aus einem Irrtum heraus sich in der Front der Deutschen Christen befinden; aber so lange sie sich dort befinden, können wir sie nur mit den extremen Gegnern zusammen in einer Front stehend erblicken. Daran ändert auch nichts der kürzlich von den Deutschen Christen eingeschlagene Kurs, solange wir nicht der Überzeugung sind, daß die neuerliche Betonung des lutherischen Bekenntnisses bei den Deutschen Christen aus anderen als aus taktischen Erwägungen erfolgt. Hierfür muß von ihnen der Beweis geliefert werden, indem sie durch sichtbare Zeichen den Willen bekunden, die durch ihre Mitschuld herbeigeführte Zerstörung der Reste evangelischer Kirchen in Deutschland wiedergutmachen zu wollen.
Es erhebt sich die Frage, wie wir uns unsere Bekenntnis- und Arbeitsgemeinschaft in Zukunft denken. Wir können darauf nur antworten, daß wir das nicht wissen und nicht den Mut haben, Gott in sein Weltregiment hineinzupfuschen. Denn wir sehen unsere Bekenntnisgemeinschaft so: Gott hat sie – und nicht wir haben sie herbeigeführt. Denn unsere theologische Entwicklung ging, weit entfernt davon, eine Annäherung der Konfessionen herbeizuführen, vielmehr in der Richtung, daß wir uns unseres Konfessionsstandes von Tag zu Tag mehr bewußt wurden. Darum mag Gott sehen, nachdem er uns diese große und schöne Gemeinschaft gegeben hat, wie es weitergeht. Wir trauen ihm zu, daß er es herrlich hinausführt.
Nachdem es denn vor aller Welt Augen ist, daß Gott uns ein gemeinsames Wort des Glaubens bereits seit langem in den Mund gelegt hat, versuchen wir jetzt auch, diesem gemeinsamen Wort Ausdruck zu verleihen:

»Wir bekennen uns angesichts der die Kirche verwüstenden und damit auch die Einheit der Deutschen Evangelischen Kirche sprengenden Irrtümer der Deutschen Christen und der gegenwärtigen Reichskirchenregierung insbesondere zu folgenden evangelischen Wahrheiten, die auf Grund der theologischen Voraussetzung der Deutschen Evangelischen Kirche notwendig Geltung beanspruchen und deren Leugnung oder Verkehrung gegen die Heilige Schrift und gegen die Bekenntnisse verstößt.«

Die sechs Sätze, die nun folgen, sind nicht zu verstehen als Verhandlungsbasis mit unseren Gegnern, als könnte noch etwas davon abgemarktet werden, als könnten wir uns von diesen Ausgangspunkten aus auf einer gemeinsamen, mittleren Linie mit unseren Gegnern einigen. Sondern sie sind zu verstehen als conditio sine qua non. Das zu bezeugen, ist uns ein sehr ernstes Anliegen; denn der gegenwärtige Kampf in der Kirche ist wahrlich keine Parteiauseinandersetzung im Sinn der letzten 14 Jahre, sondern es geht hier um die letzten Dinge.

1.

»Jesus spricht: ›Ich bin der Weg und die Wahrheit und das Leben; niemand kommt zum Vater denn durch mich«« (Joh 14,6).

»Wahrlich, wahrlich ich sage euch: Wer nicht zur Tür hineingeht in den Schafstall, sondern steigt anderswo hinein, der ist ein Dieb und ein Mörder. Ich bin die Tür; so jemand durch mich eingeht, der wird selig werden« (Joh 10,1.9).

Jeder unserer Sätze beginnt mit einer Schriftstelle, in welcher nach unserer Überzeugung eine ganze Reihe von Schriftstellen zusammengefaßt sind, die Gehorsam heischend vor uns treten und zeigen, daß es uns nicht um programmatische Forderungen geht, über die man allenfalls reden kann, sondern daß wir auf Leben und Seligkeit hin gerufen sind. Wir stehen an einem Ort der Kirchengeschichte, an welchem nach unserer Überzeugung versucht wird, an einer anderen Stelle in den Schafstall einzusteigen als durch die Tür. Wir stehen an einem Punkt der Kirchengeschichte, an dem jedem, dem Gott Glauben gegeben hat, einsichtig geworden sein muß, daß es um die Rettung und das Seligwerden von Sündern geht. Mag die Frage der Art des Einsatzes der Kirche im Dritten Reich eine dringende Frage sein, so wissen wir, daß es für die Kirche noch viel dringender ist, ob ihre Diener wirklich durch die Tür in den Schafstall gehen.

Uns ist für die heutige Zeit dieses Verständnis der Bibelstelle gegeben:

»Jesus Christus, wie er uns in der Heiligen Schrift bezeugt wird, ist das eine Wort Gottes, das wir zu hören, dem wir im Leben und im Sterben zu vertrauen und zu gehorchen haben.«

Dieser Absatz besagt, daß es die Aufgabe ist, und zwar die einzige und vordringliche Aufgabe der Kirche, Jesus Christus zu predigen. Es ist nur durch einen Irrtum möglich, ihn als Idee zu predigen, die in der Geschichte mehr oder weniger verwirklicht wird. Wäre es so, dann wäre die Deutung einer gegenwärtigen Geschichte und die Verkündung von Jesus Christus ein und dasselbe. Vielmehr ist es so, daß Jesus Christus nicht verwirklichte Idee, sondern ins Fleisch gekommener Gott ist, der sich erniedrigt hat, um uns von den Versuchen der Selbsterhöhung und der Selbstüberhöhung zu erlösen, der noch heute zu uns kommt in seinem Wort als der einmal Erniedrigte. Denn er selbst ist das Wort, das von Anfang war, das in der Zeit erschienen ist und das uns offenbar wird bei der Predigt, die in der Gemeinde geschieht. Daraus folgt aber, daß in der Gemeinde nur er gehört werden soll. Alles Vertrauen und aller Gehorsam, der im Leben und Sterben getätigt wird, darf nur Vertrauen und Gehorsam ihm gegenüber sein. Wo er im Leben oder Sterben einen Grund schenkt, ist dieser Grund so viel fester als alle anderen, die man nennen möchte, daß diese anderen Grundlagen im Leben oder Sterben schlechthin nicht wert sind, neben ihm genannt zu werden. Wo ein Anspruch von ihm her uns im

Leben oder Sterben trifft, ist dieser Anspruch so dringlich, daß alle anderen noch so ernsten Ansprüche in diesem Augenblick als Gehorsamsforderung hinfällig sind, wo er Gehorsam von uns erheischt.
Eben dieses wird heute von denen bestritten, die sich fälschlicherweise auch Kirche nennen.

> »Wir verwerfen die falsche Lehre, als könne und müsse die Kirche außer und neben diesem einen Wort Gottes auch noch andere Ereignisse und Mächte, Gestalten und Wahrheiten als Gottes Offenbarung hören, anerkennen und verkündigen.«

Wir dürfen um unseres Herrn Jesu Christi willen nicht müde werden, immer wieder zu betonen, daß es falsche Lehre ist, wenn man neben die Bindungen an das in Christo fleischgewordene Wort und das in ihm gepredigte Wort noch andere Bindungen für die Kirche stellt. Das geschieht heute. Man ist dauernd und nachhaltig an die Kirche und an ihre Glieder mit dem Anspruch herangetreten, die Ereignisse des Jahres 1933 als bindend für Verkündigung und Schriftauslegung, als Gehorsam heischend neben der Heiligen Schrift und über ihren Anspruch hinaus anzuerkennen. Wenn wir dagegen protestieren, dann protestieren wir nicht als Volksglieder gegen die jüngste Geschichte des Volkes, nicht als Staatsbürger gegen den neuen Staat, nicht als Untertanen gegen die Obrigkeit, sondern wir erheben Protest gegen dieselbe Erscheinung, sie seit mehr als 200 Jahren die Verwüstung der Kirche schon langsam vorbereitet hat. Denn es ist nur ein relativer Unterschied, ob man neben der Heiligen Schrift in der Kirche geschichtliche Ereignisse oder aber die Vernunft, die Kultur, das ästhetische Empfinden, den Fortschritt oder andere Mächte und Größen als bindende Ansprüche an die Kirche nennt. Alle diese Größen können die Verkündigung von Christus nicht begrenzen, sie können auch nicht neben Christus als Gegenstände der Verkündigung treten, sie können vielmehr in der Verkündigung keinen anderen Raum haben als diesen: Sie sind verschiedene Malzeichen der einen und im Grunde unveränderten Welt, die in Christus, aber nur in Christus, Erlösung finden kann.

2.

Wir wissen uns gerufen, gerade heute zu sagen, worin das Werk Christi für uns, an uns und in uns besteht. Wir müssen diesem Ruf folgen, damit wir als Lehrer, Diener und Glieder der Kirche die Menschen, soweit möglich, vor einer Verwechselung des Werkes Christi mit anderen Werken bewahren. Das Werk Christi ist zusammenfassend ausgedrückt in den Worten der Schrift:

> »Jesus Christus ist uns gemacht von Gott zur Weisheit und zur Gerechtigkeit und zur Heiligung und zur Erlösung« (1Kor 1,30).

Dieses Bibelwort faßt die Botschaft der Heiligen Schrift so zusammen, daß offenbar wird: Das Werk Christi ist nicht eine Teilerscheinung in einem in sich selbst ablaufenden Erlösungsprozeß der Menschen, es ist auch in keinem Sinne Fundament für ein von Menschen zu leistendes Werk, sondern es ist als sein, und nur als sein Werk umfassend. Es begreift in sich alles, was Gott zur Behebung menschlichen Elends getan hat, tut und tun wird. Es leidet keinerlei Ergänzung und Unterstützung von seiten sündiger, ungläubiger oder gläubiger Menschen. Es ist allgenugsam und erträgt darum auch keinerlei Zerteilung und Zerspaltung.
Wir glauben, diesem Bibelwort heute folgende Auslegung geben zu müssen:

> »Wie Jesus Christus Gottes Zuspruch der Vergebung aller unserer Sünden ist, so und mit gleichem Ernst ist er auch Gottes kräftiger Anspruch auf unser ganzes Leben; durch ihn widerfährt uns frohe Befreiung aus den gottlosen Bindungen dieser Welt zu freiem, dankbarem Dienst an seinen Geschöpfen.«

Wir versuchen also, dem umfassenden Charakter des Werkes Christi dahin Ausdruck zu verleihen, daß er uns nicht nur aus der Sünde in den Stand der Gnade

versetzt, um uns dann uns selbst zu überlassen, sondern daß er vielmehr uns darum aus Gottlosigkeit und Sünde erlöst, damit wir sein eigen seien und *unter* ihm leben, so daß seine Gegenwart in dem von ihm geschenkten Leben als richtender und uns rettender Anspruch dauernd an uns herantritt, aber zugleich uns frohe Befreiung aus den gottlosen Bindungen dieser Welt bedeutet, so daß wir ihm frei und dankbar an seinen Geschöpfen dienen.
Denn nicht darum lehnen wir es ab, daß neben ihn und sein Wort in der Heiligen Schrift noch andere Offenbarungsquellen treten, weil wir uns etwa gerufen wüßten, eine bestimmte theologische Erkenntnistheorie durchzufechten. Vielmehr geschieht unser Protest gegen andere Offenbarungsquellen in der Erkenntnis, daß der Anspruch solcher anderen Quellen ein Anspruch göttlicher Bindung und damit eine Leugnung der in Christo uns widerfahrenen Weisheit, Gerechtigkeit, Heiligung und Erlösung ist.
Wer uns vorwirft, daß unsere Verkündigung kein Verständnis für die göttliche Schöpfung und das göttliche Weltregiment habe, der macht uns diese Vorwürfe aus Unverstand oder aus Böswilligkeit. Wir erfahren die Schönheit der Kreaturen Gottes und ihre Dämonie, wir erfahren Höhepunkte und Tiefstände in der unter Gottes Weltregiment sich vollziehenden Geschichte genau so wie andere Leute. Was wir aber fürchten mehr als den Tod, ist die Tatsache, daß die Kreaturen Gottes und Geschehnisse der Geschichte uns in Versuchung führen, wie sie im Lauf der Geschichte alle Menschen in Versuchung geführt haben. Diese wurden zu Heiden, wenn sie der Versuchung unterlagen, aus ihnen und in ihnen Gott *ohne Christus* zu suchen. Wo immer das geschieht, ob unter heidnischen oder christlichen Bezeichnungen, vollzieht sich eigene Weisheit, eigene Gerechtigkeit, eigene Heiligung, eigene Erlösung. Es gewinnen andere Herren als Jesus Christus, andere Gebote als seine Gebote über uns Gewalt. Sie bieten sich uns an als Erlöser, aber sie erweisen sich als Folterknechte einer unerlösten Welt. Darum ermahnen wir alle Christen, sich mit äußerstem Fleiß vor der Irrlehre zu hüten, als könne man Rechtfertigung und Heiligung auseinanderreißen. Wir warnen alle vor dem Mißbrauch des göttlichen Angebotes, in welchem man Zuspruch der Sündenvergebung will, aber Gottes Anspruch auf Grund der Sündenvergebung verweigert. Diese Erkenntnisse fassen wir so zusammen:
»Wir verwerfen die falsche Lehre, als gäbe es Gebiete unseres Lebens, auf denen wir nicht Jesus Christus, sondern Herren außer ihm gehören, nicht seinem, sondern einem von ihm unabhängigen Gebot verantwortlich wären.«
Nun ist uns sehr wohl bekannt, daß solche Erkenntnis und solcher Glaube nur der christlichen Kirche gegeben ist, und also auch nur von ihr und ihren Gliedern, vor allem von ihren Dienern verlangt werden kann. Darum würden wir auch in einem anderen Ton sprechen und sprechen müssen, wenn wir zu der Welt sprächen, die keinen Wert darauf legt, Kirche zu sein. Wir sprechen aber zu *der* Welt, die den Anspruch erhebt, Kirche zu sein, und *den* Christen, die sich dieser Welt verbündet haben. Um diese zu locken und zurückzurufen, müssen wir sie, in deutlicher Absetzung zu ihnen, bekämpfen. Würden wir zu der Welt reden, die nicht Kirche sein will, so würden wir sie damit, daß wir sie locken, bekämpfen.

3.

Aus diesem Grunde haben wir auch an die Brüder und Schwestern, die mit uns in der Bekenntnisgemeinschaft zusammen sind, keine dringlichere Mahnung als diese, daß sie recht Kirche seien und als Glieder der Kirche in Bewußtheit kämpfen. Wir finden, daß diese biblische Mahnung ihren zusammenfassenden Ausdruck findet in Eph 4,15.16:
»Lasset uns aber rechtschaffen sein in der Liebe und wachsen in **allen** Stücken

an dem, der das Haupt ist, Christus, von welchem aus der ganze Leib zusammengefügt ist« (Eph 4,15–16).
Wenn der Apostel so spricht, so redet er nicht von einer moralischen Rechtschaffenheit oder einer dem Blut entwachsenen Liebe. Täte er das, dann würde er von einer menschlichen Gesellschaftsform, aber nicht von der Kirche reden. Denn die Kirche wird nicht aus bürgerlicher Rechtschaffenheit und blutmäßiger Liebe, sondern sie wird aus Christi Gerechtigkeit und Christi Liebe. So allein kann sie etwas anderes sein als Größe innerhalb der menschlichen Gesellschaft und als soziologische Größe; so allein kann sie in rechtschaffener Liebe zusammengefügter Leib sein, an welchem Christus das Haupt ist. Würden wir von der Kirche nicht glauben, daß sie etwas anderes ist als menschliche Gesellschaftsform, so würden wir den ganzen von uns geführten Kirchenkampf als unberechtigt, ja als verbrecherisch halten. So aber glauben wir von der Kirche dies gemeinsam bekennen zu müssen:
»Die christliche Kirche ist die Gemeinde von Brüdern, in der Jesus Christus als der Herr verkündigt wird. Sie hat mit ihrem Glauben wie mit ihrem Gehorsam, mit ihrer Botschaft wie mit ihrer Ordnung mitten in der Welt der Sünde und selber als die Kirche der Sünder zu bezeugen, daß sie allein sein Eigentum ist, allein von seinem Trost und von seiner Weisung und in Erwartung seiner Erscheinung lebt und leben möchte.«
Wenn in der Gemeinschaft der Brüder, die nicht aus Geburt, sondern aus Wiedergeburt Brüder sind, Jesus Christus als der Herr verkündigt wird, so geschieht etwas grundsätzlich anderes, als wenn eine weltanschauliche oder kulturelle Gemeinschaft sich die Pflege ihrer Überzeugungen angelegen sein läßt. Denn in der Verkündigung Jesu Christi als des Herrn geschieht es, daß die in der Kirche Zusammengefaßten neue Schöpfung werden, wie Christus spricht: »Ihr seid rein um des Wortes willen, das ich zu euch geredet habe.« Darum ist es wesentlich, daß die Kirche mit ihrem Wort bezeuge und durch die Art ihres Daseins ein aufgerichtetes Zeichen sei, daß sie nur Kirche ist als Eigentum Jesu Christi, daß sie nur leben kann von seinem Trost und seiner Weisung. Sie bezeugt, in diesem Trost und in dieser Weisung so reich geworden zu sein, daß sie auch nicht mehr anders leben möchte. In dieser Weise ist die Kirche Missionarin der Welt, indem sie unter allen menschlichen Gesellschaftsformen als besonderes Zeichen in die Augen fällt und in ihrer Verkündigung deutet, warum es so und nicht anders mit ihr bestellt ist. Das gilt von der Kirche unbeschadet der Tatsache, daß sie für die Gemeinschaft der Brüder, die im Worte rein geworden sind, dennoch zugleich eine Gemeinschaft der Sünder ist, aus demselben Blut und von derselben Herkunft wie die Kinder der Welt. Wie könnte sie sonst Mission treiben, wenn sie nicht in Wort und Wandel bezeichnete, daß gerade so unvollkommene, so verlorene, so gottlose Menschen wie die Glieder der Kirche zu dem werden und das sein können, was sie als Glieder der Kirche sind: im Worte durch das Blut Jesu Christi gereinigte Gotteskinder.
Diese Botschaft und diese Existenz werden aber der Kirche unmöglich gemacht in dem Augenblick, wo man die Grenze zwischen ihr und der Welt verwischt. Das geschieht immer dann, wenn das freie Belieben der Sünder und nicht mehr das unwandelbare Wort Gottes von der Vergebung in Christo die Kirche beherrscht. Wir verstehen sehr wohl, daß man die Wünsche unserer Zeitgenossen und den Wechsel ihrer Überzeugung als kirchenbildende Macht in den Raum der Kirche hineinbeziehen möchte. Man möchte der Welt deutlich machen, daß es in ihrem eigenen Interesse liegt, kirchlich und christlich zu sein, um auf diese Weise die Welt zu missionieren. Aber gerade dagegen müssen wir protestieren. Denn so wenig wie die Untertanen sich damit bei der Obrigkeit beliebt machen können und dürfen, daß sie obrigkeitliche Allüren annehmen, so wenig der Lehrer ein guter

Lehrer wird dadurch, daß er mit den Schülern gemeinsame Sache macht, so wenig wird die Kirche dadurch missionstüchtig, daß sie sich mit der Welt, welche durch sie missioniert werden soll, auf eine Ebene stellt. Es muß jeder sich selbst treu bleiben, sonst kann er seinem Nächsten nicht dienen. Es muß die Kirche Kirche bleiben, sonst kann sie nicht missionarisch wirken.

4.

Darum muß auch die Gestaltung der Kirche ihrem innersten Wesen entsprechen. Unser Herr Christus spricht:

»Ihr wisset, daß die weltlichen Fürsten herrschen, und die Oberherren haben Gewalt. So soll es nicht sein unter euch; sondern, so jemand will unter euch gewaltig sein, der sei euer Diener« (Mt 20,25.26).

Christus wendet sich nicht dagegen, daß im Raume der Welt die Fürsten herrschen und die Oberherren Gewalt haben. Auch uns ist es eine ernste Sorge, daß wir diesem Rechte der Welt Rechnung tragen. Aber ebenso ernst möchten wir als Lehrer, Diener und Glieder der Kirche gerade in diesem Punkte uns nach dem Wort des Herrn von den weltlichen Fürsten und Oberherren unterschieden wissen. »So soll es unter euch nicht sein.« Mit diesem Wort zeigt Christus klar und deutlich, daß die christliche Gemeinde nur als Umkehrung der Welt Bestand hat und nur dann ihrer Verpflichtung nachkommt, wenn sie diese Umkehrung des weltlichen Schemas auch zum Ausdruck bringt. Im Blick auf die Gestaltung der Kirche verstehen wir das angezogene Wort des Herrn so:

»Die verschiedenen Ämter in der Kirche begründen keine Herrschaft der einen über die anderen, sondern die Ausübung des der ganzen Gemeinde anvertrauten und befohlenen Dienstes.«

Auch in der Kirche gibt es ein Unten und Oben, ein Geführtwerden und ein Führen. Pfarrer und Gemeinden sind gehalten, ihrer rechtmäßigen kirchlichen Obrigkeit zur rechten Zeit die Kollekten und Steuernachweise einzuliefern, die Statistiken aufzustellen, die Ordnung der Kirche bei Wahlen und im Gottesdienst aufrechtzuerhalten. Aber wehe der Kirche, wenn dieses Obrigkeitsverhältnis zum Wesen der Kirche wird. Schon einmal in der Geschichte der christlichen Kirche ist es dazu geworden: im Papsttum des Mittelalters. Zum zweiten Male wird es heute so. Denn die in der Kirche zur Herrschaft gekommene Führeridee beschränkt sich gerade nicht auf Kollektennachweisung, Steuereintreibung, Statistiken und äußere Ordnung des kirchlichen Lebens, sondern sie bestimmt gewisse inhaltliche Bedingungen, ohne deren Erfüllung es nach ihrer Meinung weder geistliches Amt noch Presbyterium, noch Kirchenvorstand, noch Stimme der Gesamtgemeinde in der Synode geben soll. So wird aus dem anvertrauten und befohlenen Dienst eine selbstgewählte und usurpatorisch an sich gerissene Herrschaft. Aus dem: »So soll es unter euch nicht sein« wird ein: »Noch schlimmer soll es unter euch sein«.

Auf Grund der neutestamentlichen Verkündigung erkennen wir also die Möglichkeit und die Notwendigkeit verschiedener Ämter in der Gemeinde an. Wir wissen auf Grund des Befundes im Neuen Testament, daß für die Art und die Zahl der verschiedenen Ämter keine endgültige und überall einzuführende Ordnung besteht. Wir meinen, daß in der christlichen Gemeinde eine bischöfliche Verfassung und eine presbyteriale Verfassung sein *kann*. Wir sind aber auch überzeugt, daß in der christlichen Gemeinde sowohl unter der bischöflichen Verfassung als auch unter der presbyterialen Verfassung der Teufel zur Herrschaft kommen kann. Keine der möglichen Verfassungen garantiert christlichen Brauch und christliches Leben. Vielmehr sollen Verfassungen der Kirche der Versuch sein, ein Zeichen aufzurichten, welches der Welt deutlich macht, was der Herr sagt: »So soll es unter euch nicht sein«. Präses und Bischof, Bischof und Präses, Pastor und Diakon, Diakon und Pastor sind in umgekehrtem Verhältnis zu ihrem Rang die untersten Diener

der Gemeinde. Die entscheidenden Vorgänge aber vollziehen sich außerhalb dieser Rangordnung überall da und dann, wo und wann Gott durch sein Wort und sein Sakrament Menschen aus dem Tode zum Leben, aus dem Reich der Finsternis in das Reich des lieben Sohnes Gottes durch seine machtvolle Hand versetzt. Damit ist bereits ausgelegt, was wir mit dem zweiten Absatz meinen, der so lautet:
»Wir verwerfen die falsche Lehre, als könne und dürfe sich die Kirche abseits von diesem Dienst besondere, mit Herrrschaftsbefugnissen ausgestattete ›Führer‹ geben oder geben lassen nach dem Vorbild bestimmter Staatsformen.«

5.

Aus dem Gesagten wird aber auch jeder ehrlich denkende Mensch sehen, wie wir zu Staat und Volk stehen. Damit wir aber den Lügnern auch das Maul stopfen, lassen wir noch einmal die Stimme der Heiligen Schrift laut werden, welche spricht:
»Fürchtet Gott, ehret den König!« (1Petr 2,17).
Dazu ist nur zu bemerken: Wenn wir auch aus keiner anderen Erwägung heraus uns mit ganzem Ernst bemühten, gute Staatsbürger zu sein, so soll doch alle Welt wissen, daß uns dieses *eine* Wort der Schrift fester bindet und hält, als tausend Eide und irdische Bindungen uns halten könnten. Oft genug schon haben wir zum Ausdruck gebracht, daß man nur im Unrecht gegen Zeit und Ewigkeit uns als Rebellen verdächtigt, offenbar mit dem stillen Wunsche, uns dadurch auch kirchlich unmöglich zu machen. Um aber noch einmal bindend und eindeutig unsere auf die Schrift gegründete Überzeugung auszusprechen, fassen wir die aus der ganzen Heiligen Schrift gewonnene Auslegung unseres Bibelwortes so zusammen:
»Die Schrift sagt uns, daß der Staat nach göttlicher Ordnung die Aufgabe hat, in der noch nicht erlösten Welt, der auch die Kirche angehört, nach dem Maß menschlicher Einsicht und menschlichen Vermögens unter Androhung und Ausübung von Gewalt für Recht und Sicherheit zu sorgen. Die Kirche, frei in der Bindung an ihren Auftrag, begleitet mit Dank und Ehrfurcht gegen Gott den in der Bindung an seinen Auftrag ebenso freien Staat mit ihrer Fürbitte, aber auch mit der Erinnerung an Gottes ewiges Reich, an Gottes Gebot und Gerechtigkeit.«
Damit ist ausgesprochen, daß wir Glieder der Bekenntnisfront im Gehorsam und in der Treue gegen Volk und Staat durch ein göttliches Gebot gehalten sind. Nur deshalb, weil man nicht mit uns die Heilige Schrift ernst nimmt, kann die ewig neue Verdächtigung gegen uns ausgesprochen werden. Sonst müßte man und würde es uns unterstellen, daß es keine stärkere Bindung für uns geben kann als die, die bei uns mit Gottes Hilfe bereits vorhanden ist. Die ewig neuen Verdächtigungen machen sichtbar, daß die Heilige Schrift bei unseren Gegnern nicht das Ansehen hat wie bei uns und daß man vom Staate mehr erwartet, als ihm die Schrift für seinen Bereich zuschreibt.
Beide, Staat und Kirche, sind Gebundene, diese im Bereich des Evangeliums, jener im Bereich des Gesetzes. Ihre Bindung bezeichnet den Raum ihrer Freiheit. Jede Überschreitung der Bindung führt sowohl die Kirche wie auch den Staat in eine ihrem Wesen fremde Knechtung. Allein aus der jeder der beiden Größen eigenen Bindung erwachsen ihr Dienst und ihre Aufgaben aneinander. Verkündigt der Staat ein ewiges Reich, ein ewiges Gesetz und eine ewige Gerechtigkeit, dann verdirbt er sich selbst und mit sich sein Volk. Verkündigt die Kirche ein staatliches Reich, ein irdisches Gesetz und die Gerechtigkeit einer menschlichen Gesellschaftsform, dann überschreitet sie ihre Grenzen und reißt den Staat in ihre eigene Versumpfung mit sich hinab.
Das meinen wir, wenn wir in Abweisung falscher Lehre sagen:
»Wir verwerfen die falsche Lehre, als könne ein Staat die einzige und ›totale‹ Ordnung menschlichen Lebens werden. Wir verwerfen die falsche Lehre, als

habe sich die Kirche mit ihrer Botschaft oder auch nur mit ihrer Gestalt einer bestimmten Staatsform anzugleichen.«

Wir glauben, nichts zu tun als unsere Pflicht vor Gott, dem allein Weisen und allein Gerechten, wenn wir in Abwehr deutsch-christlicher Irrtümer darauf aufmerksam machen, daß auch die Staatsweisheit in unserer gegenwärtigen Staatsform, über die wir uns sonst kein Urteil erlauben, nicht Gottes Weisheit, daß auch das Maß der Gerechtigkeit, welches in unserem Staatswesen herrscht, nicht das Maß göttlicher Gerechtigkeit ist. Und ein für allemal müssen wir es betonen, daß wir kein irdisches Gesetz kennen, durch welches mit Recht göttliches Gesetz gebrochen werden könnte. »Totaler Staat«, das kann nur heißen: ein Staat, der sich bemüht, *innerhalb* der von Gott gesetzten Grenzen das gesamte Leben des Volkes zu umfassen. Wollen die Deutschen Christen eine Umfassung über diese Grenze hinaus, dann verleugnen sie die Realität und die Aktualität des göttlichen Gebotes.

6.

Wir geben abschließend Zeugnis davon, warum uns die Kirche so groß ist, trotz ihrer vielleicht äußerlich geringen Gestalt, daß wir immer wieder ihre Einzigartigkeit und ihre Uneinholbarkeit betonen. Dieses Zeugnis ist beschlossen in den Worten der Schrift:

»Siehe, ich bin bei euch alle Tage bis an der Welt Ende« (Mt 28,20).
»Gottes Wort ist nicht gebunden« (2Tim 2,9).

Es gibt kein Staatswesen, es gibt auch kein Volk, für welche das Wort Gültigkeit hätte, daß Christus bei ihnen wäre bis an der Welt Ende. Aus diesem Grunde gibt es auch keine Politik, auch keine Kirchenpolitik, die nicht unter das Wort der Schrift fällt: »Alles Fleisch ist wie Gras«. Jede politische Rede ist den Machtmitteln dieser Erde mit Recht ausgesetzt. Das Wort Gottes kann nicht gebunden werden, weil Er bei uns ist bis an der Welt Ende. In dem einen besteht das andere. Daraus und daraus allein ergibt sich das der Kirche Eigentümliche, was wir zur Geltung bringen müssen:

»Der Auftrag der Kirche, in welchem ihre Freiheit gründet, besteht darin, an Christi Statt und also im Dienst seines eigenen Wortes und Werkes durch Predigt und Sakrament die Botschaft von der freien Gnade Gottes auszurichten an alles Volk.«

Wenn wir um die Freiheit des kirchlichen Auftrages kämpfen, dann meinen wir grundsätzlich etwas anderes als das, was die vergangene Zeit meinte, wenn sie von der Freiheit des Menschen sprach. Wenn wir betonen, daß die Gemeinde nicht mundtot gemacht werden könne, dann bringen wir damit kein demokratisches Prinzip zur Geltung. Wenn wir zum Ausdruck bringen, daß der einzige Rahmen, innerhalb dessen zu stehen von dem Verkündiger gefordert werden kann, der Rahmen der Heiligen Schrift in der Gemäßheit des Bekenntnisses dieser Kirche ist, so meinen wir damit nicht, daß dem Verkündiger neben anderen Staatsbürgern ein Sonderrecht zukäme. Alle diese Anliegen sind nichts als der Ausdruck unseres Glaubens, daß in der Gemeinschaft von Brüdern, von der wir oben gesprochen haben, die man Kirche heißt, Christus nicht nur als Idee, sondern als der lebendige Herr, nicht nur in unerreichbarer Ferne, sondern mitten unter uns lebt, wirkt und regiert, wie die Schrift spricht: »Das Wort Gottes ist dir nahe, in deinem Munde und in deinem Herzen«. Und eine andere Schrift spricht: »Sie werden alle von Gott gelehrt sein«. Es ist dringliche Aufgabe der Kirche, durch sichtbare Zeichen zum Ausdruck zu bringen, daß die Belehrung durch den Heiligen Geist und daß die Gegenwart Christi nicht erstrebenswerte Ideale der Kirche, sondern geschenkte *Ausgangspunkte* ihres Handelns sind in Wort und Werk.

So und so allein ist es zu verstehen, wenn wir die falsche Lehre verwerfen, als könne

»die Kirche in menschlicher Selbstherrlichkeit das Wort und Werk des Herrn in den Dienst irgendwelcher eigenmächtig gewählter Wünsche, Zwecke und Pläne stellen.«

Wenn wir im Laufe des letzten Jahres und jetzt erneut immer wieder zum Ausdruck gebracht haben, daß die Verkündigung der Kirche nicht der menschlichen Selbstherrlichkeit zum Dienst bereitgestellt werden dürfte und nicht menschlich gewählten Wünschen, Zwecken und Plänen unterstellt werden kann, so sagen wir nicht, daß diese Wünsche, Zwecke und Pläne nicht innerhalb der menschlichen Einsicht und des menschlichen Vermögens gut und wünschenswert seien; aber wir sind dessen eingedenk, daß dieses Urteil, sie seien gut und wünschenswert, menschliches Urteil ist. Wir überlassen es aber Gott, am Jüngsten Tage darüber zu entscheiden, ob diese Pläne und Wünsche auch göttlich erstrebenswert sind. Aus diesem Grunde können wir es nicht dulden, daß die Verkündigung in ihren Dienst gestellt wird, weil das soviel bedeuten würde, wie wenn die Gegenwart Christi und die Ungebundenheit des Wortes durch den Heiligen Geist in diesen menschlichen Plänen und Wünschen ebenso wirksam wäre wie in dem in der Gemeinde gepredigten Wort und dem in der Gemeinde gespendeten Sakrament.

Zusammenfassend beurteilt die Bekenntnissynode der Deutschen Evangelischen Kirche diese sechs Punkte wie folgt:

»Die Bekenntnis-Synode der Deutschen Evangelischen Kirche erklärt, daß sie in der Anerkennung dieser Wahrheiten und in der Verwerfung dieser Irrtümer die unumgängliche theologische Bedingung der Einheit und damit des Bestehens der Deutschen Evangelischen Kirche sieht. Sie fordert alle, sie sich ihrer Erklärung anschließen können, auf, bei ihren kirchenpolitischen Entscheidungen dieser theologischen Erkenntnisse eingedenk zu sein. Sie bittet alle, die es angeht, in die Einheit des Glaubens, der Liebe und der Hoffnung zurückzukehren.«

Das bedeutet also, wie schon oben erwähnt, daß diese Punkte nicht ein Programm zur Geltung bringen, sondern vielmehr Äußerungen eines von Gott geschenkten Glaubens sind, über den man eben darum nicht verhandeln kann, weil er von Gott geschenkt ist. Es bedeutet, daß die Bekenntnissynode der Deutschen Evangelischen Kirche dieser Sache so gewiß ist, daß sie andere mit in diese Verantwortung hineinzuziehen wagt. Es bedeutet im Hinblick auf die Deutschen Christen, insonderheit auf ihre neuerdings angewendete Taktik, die Notwendigkeit des lutherischen Bekenntnisses zu bezeugen, daß wir um der Wahrheit willen diese Bezeugung nicht als Wiedergutmachung und damit als Erledigung unserer Beschwerdepunkte ansehen können. Nicht aus Hochmut, sondern aus ernsten Bedenken heraus müssen wir bezeugen: Wir wollten gern mit ihnen einig sein, aber der Preis dieser Einigkeit wäre das von den Deutschen Christen deutlich ausgesprochene Bekenntnis, daß sie ihre bisherige Lehre und Praxis als kirchenzerstörend anerkennen und ihre Bereitschaft bekunden, nach anderen Grundsätzen und in anderer Ordnung zukünftig Kirche zu bauen, als sie das bisher versucht haben. Denn wir sind ja nicht frei, zu tun und zu lassen, was wir möchten. Uns liegt Frieden und Gemütlichkeit mehr als Kampf und Risiko. Wir sind aber gebunden durch den unaufhebbaren Tatbestand:

»Verbum Dei manet in aeternum.«

Am Ende der Diskussion und Annahme der theologischen Erklärung wurde auf Antrag eines Synodalen noch beschlossen:

Synode erkennt die Theologische Erklärung zur gegenwärtigen Lage der Deutschen Evangelischen Kirche im Zusammenhang mit dem Vortrag von Pastor Asmussen als christliches, biblisch-reformatorisches Zeugnis an und nimmt sie auf ihre Verantwortung.

Zweimal wurde die Vorlage im Plenum gelesen und dazwischen in Ausschüssen durchgearbeitet, bis in der tiefen Nacht zum 31. Mai 1934 der Text reif war, zum Beschluß erhoben zu werden. Nach der zweiten Vorlage am Vormittag des 31. Mai kam es zur Abstimmung, bei der sich alle anwesenden Synodalen zur Bezeugung ihrer Zustimmung erhoben und anschließend die Strophe sangen: »Lob, Ehr und Preis sei Gott, dem Vater und dem Sohne...« Es war wirklich eine große Stunde der Kirche im 20. Jahrhundert, und wer daran teilgenommen hat, wird dieses überwältigende Geschehen in Barmen nie wieder vergessen.
Ich zitiere jetzt zunächst den ersten einleitenden Abschnitt der *Barmer Theologischen Erklärung* und gebe im Anschluß daran die sechs Thesen mit meinen Erläuterungen aus dem Jahre 1936 wieder.

1. Die Deutsche Evangelische Kirche ist nach den Eingangsworten ihrer Verfassung vom 11. Juli 1933 ein Bund der aus der Reformation erwachsenen, gleichberechtigt nebeneinanderstehenden Bekenntniskirchen. Die theologische Voraussetzung der Vereinigung dieser Kirchen ist in Art. 1 und in Art. 2,1 der von der Reichsregierung am 14. Juli 1933 anerkannten Verfassung der Deutschen Evangelischen Kirche angegeben:
2. Art. 1: Die unantastbare Grundlage der Deutschen Evangelischen Kirche ist das Evangelium von Jesus Christus, wie es uns in der Heiligen Schrift bezeugt und in den Bekenntnissen der Reformation neu ans Licht getreten ist. Hierdurch werden die Vollmachten, deren die Kirche für ihre Sendung bedarf, bestimmt und begrenzt.
Art. 2,1: Die Deutsche Evangelische Kirche gliedert sich in Kirchen (Landeskirchen).
3. Wir, die zur Bekenntnissynode der Deutschen Evangelischen Kirche vereinigten Vertreter lutherischer, reformierter und unierter Kirchen, freier Synoden, Kirchentage und Gemeindekreise erklären, daß wir *gemeinsam* auf dem Boden der Deutschen Evangelischen Kirche als eines Bundes der deutschen Bekenntniskirchen stehen. Uns fügt dabei zusammen *das Bekenntnis zu dem einen Herrn* der einen, heiligen, allgemeinen und apostolischen Kirche.
4. Wir erklären vor der Öffentlichkeit aller evangelischen Kirchen Deutschlands, daß die *Gemeinsamkeit dieses Bekenntnisses und damit auch die Einheit* der Deutschen Evangelischen Kirche aufs schwerste gefährdet ist. Sie ist bedroht durch die in dem ersten Jahr des Bestehens der Deutschen Evangelischen Kirche mehr und mehr sichtbar gewordenen Lehr- und Handlungsweise der herrschenden Kirchenpartei der Deutschen Christen und des von ihr getragenen Kirchenregiments. Diese Bedrohung besteht darin, daß die *theologische Voraussetzung*, in der die Deutsche Evangelische Kirche vereinigt ist, sowohl seitens der Führer und Sprecher der Deutschen Christen als auch seitens des Kirchenregimentes dauernd und grundsätzlich durch *fremde Voraussetzungen* durchkreuzt und unwirksam gemacht wird. Bei deren Geltung hört die Kirche nach allen bei uns in Kraft stehenden Bekenntnissen auf, Kirche zu sein. Bei deren Geltung wird also auch die Deutsche Evangelische Kirche als Bund der Bekenntniskirchen innerlich unmöglich.
5. *Gemeinsam* dürfen und müssen wir als Glieder lutherischer, reformierter und unierter Kirchen heute in dieser Sache reden. Gerade weil wir unseren *verschiedenen* Bekenntnissen treu sein und bleiben wollen, dürfen wir nicht schweigen, da wir glauben, daß uns in einer Zeit gemeinsamer Not und Anfechtung ein *gemein-*

sames Wort in den Mund gelegt ist. Wir befehlen es Gott, was dies für das Verhältnis der Bekenntniskirchen untereinander bedeuten mag.
6. Wir bekennen uns angesichts der die Kirche verwüstenden und damit auch die Einheit der Deutschen Evangelischen Kirche sprengenden Irrtümer der Deutschen Christen und der gegenwärtigen Reichskirchenregierung zu folgenden evangelischen Wahrheiten.

Im folgenden nun die sechs Thesen von Barmen mit meiner Erklärung[11]:

I

Wir glauben, lehren und bekennen mit der Barmer Erklärung:
»*Jesus Christus, wie er uns in der Heiligen Schrift bezeugt wird, ist das eine Wort Gottes, das wir zu hören, dem wir im Leben und im Sterben zu vertrauen und zu gehorchen haben*«.
Wir glauben an *Jesus Christus*, wie ihn die Heilige Schrift bezeugt, wie er von den Aposteln und Propheten als der Sohn Gottes, vom Vater in Ewigkeit geboren und auch von der Jungfrau Maria geboren, im Alten und Neuen Testament gepredigt wird. Jesus von Nazareth, der Christus der Bibel, steht im Mittelpunkt unseres Glaubens, denn in ihm und in ihm allein wohnt die ganze Fülle der Gottheit leibhaftig. Er ist der ins Fleisch gekommene Gott, das menschgewordene Wort Gottes, durch das Gott uns sich selbst allein und ganz offenbart. Darum ist er *das eine Wort Gottes*, vor dem, nach dem und neben dem es kein zweites gibt. Wer dem Zeugnis der Heiligen Schrift von Jesus Christus glaubt, kann kein anderes Wort Gottes anerkennen; denn er weiß aus Gottes eigenem Wort, daß es kein anderes gibt. Zudem ist ihm dieses eine Wort Gottes *allgenugsam für Leben und Sterben*. Es ist sein einiger Trost, dem er von ganzem Herzen traut, dem er in völliger Hingabe gehorcht.

Darum hört er die *Stimme eines Fremden* nicht, die ihm sagt: *Gewiß* ist Jesus Christus Gottes Offenbarung, *gewiß* ist er Gottes Wort, *aber nicht er allein!* Gott redet zu uns *auch* außer Christus. Wir hören seine Stimme *auch* in der Natur, wir hören sie *auch* in den großen Ereignissen der Geschichte, insbesondere redet er zu uns durch das, was heute unter uns geschieht. Gottes Stimme offenbart sich uns im Gewissen, in den Tiefen unserer Seele und im Hochflug unseres Geistes. Weil das so ist, fordert die so redende Stimme, hat die Kirche *auch* diese vielfachen Offenbarungen Gottes als Gottes Wort zu verkündigen.
Die Kirche aber, die sich zu Jesus Christus bekennt, muß sich dieser Forderung versagen, denn sie vertraut *allein* der Offenbarung Gottes in Jesus Christus, ihrem Herrn, und hält sich *allein* an sein Wort. Sie kann darum die menschliche Deutung der Natur oder der Geschichte, der Seele oder des Geistes als einer Offenbarung Gottes, durch die er uns sein Wort oder ein neues Wort außer Christus sage, nicht in ihre Verkündigung aufnehmen. Was der Mensch hier hört, ist immer nur sein eigenes Wort, das er in die Dinge oder Ereignisse zuvor hineingelegt hat. Immer sind es Selbstgespräche des Menschen, durch die zwar menschliche Religion, Philosophie oder Weltanschauung entstehen, die aber nicht mit dem Anspruch auftreten dürfen, Offenbarungen Gottes zu sein. Gott hat uns nicht geboten, daß wir ihn da suchen sollen, wo er sein verborgenes Werk tut. Wir werden ihn da nie finden, sondern immer nur uns selbst. Gott kann nur da gefunden werden, wo er

---

11 Flugschrift aus dem Jahre 1936, mit Veränderungen wiedergegeben in: *J. Beckmann*, Im Kampf für die Kirche des Evangeliums. Eine Auswahl von Reden und Aufsätzen aus drei Jahrzehnten, 1961, S. 247ff. – Wiedergabe der Erläuterungen zu den Barmer Thesen nach dem Original von 1936.

sich in seiner Gnade von uns finden lassen will. Er hat uns geboten, ihn nur da zu suchen, wo er sich selbst uns in seiner ganzen Fülle offenbart und zu erkennen gegeben hat, in Jesus Christus, seinem eingeborenen Sohn. Hier ist die *einzige Quelle der Verkündigung der Kirche.*
Im Gehorsam gegen ihren Herrn hat daher die Kirche Jesu Christi den Anspruch, sein Wort auch anderswo zu hören und auch ein anderes Wort als Gottes Wort zu verkündigen, abgewiesen und zum Troste der Gewissen gesagt:
»*Wir verwerfen die falsche Lehre, als könne und müsse die Kirche als Quelle ihrer Verkündigung außer und neben diesem einen Worte Gottes auch noch andere Ereignisse* (z.B. das Frühjahr 1933) *und Mächte* (z.B. die Natur), *Gestalten* (z.B. andere Menschen) *und Wahrheiten* (z.B. eine Weltanschauung) *als Gottes Offenbarung anerkennen.*«

II

Wir glauben, lehren und bekennen:
»*Wie Jesus Christus Gottes Zuspruch der Vergebung aller unserer Sünden ist, so und mit gleichem Ernst ist er auch Gottes kräftiger Anspruch auf unser ganzes Leben; durch ihn widerfährt uns frohe Befreiung aus den gottlosen Bindungen dieser Welt zu freiem, dankbarem Dienst an seinen Geschöpfen.*«
Die Kirche, die Gottes Wort allein in Jesus Christus hört, glaubt und verkündigt, findet sich in diesem Verhalten *gebunden* durch die Gnade und Herrlichkeit ihres Herrn. Der Herr, das eine Wort, ist das ganze Wort Gottes, das den Menschen »*total*« in Anspruch nimmt. Indem es ihm alle Sünden vergibt und damit den Abgrund schließt, der zwischen Gott und dem Sünder klaffte, stellt es eine neue Verbundenheit, Frieden und Gemeinschaft zwischen Gott und dem gerechtfertigten Sünder her, wodurch er »total«, d.h. mit seinem ganzen Leben in Anspruch genommen ist. Er hat einen Herrn im Vollsinn des Wortes bekommen, denn *sein Herr ist der Schöpfer und der Erlöser*. Ihm gehört er zu eigen mit seinem ganzen Denken, Wollen und Tun. Er ist herausgerissen aus der »Obrigkeit der Finsternis« und hineinversetzt in das »Reich seines lieben Sohnes«, die Herrschaft Jesu Christi. Er ist befreit aus der völligen Gebundenheit des Menschen an die von Gott abgefallene und darum gottlose Welt. Nun aber und erst damit ist er in die Freiheit zum Dienste Gottes an seinen Geschöpfen im ganzen irdischen Leben, in Familie und Beruf, Volk und Staat gestellt. Allein durch die ihm widerfahrende Befreiung wird sein Leben in der Welt ganz neu. »*Ist jemand in Christo, so ist er eine neue Kreatur; das Alte ist vergangen, siehe, es ist alles neu geworden*« (2Kor 5,17). In Christus ist er der neue Mensch, der nach Gott geschaffen ist in rechtschaffener Gerechtigkeit und Heiligkeit, der Mensch des neuen Gehorsams, der den Willen Gottes in der Welt frei und dankbar erfüllt. Denn er lebt nicht mehr als der Mensch, der er war – der alte Mensch ist gestorben und begraben mit Christo –, sondern Christus lebt in ihm, durch ihn und für ihn.
Dieser Glaube läßt es nicht zu, daß irgendein Bereich des menschlichen Lebens von dem »*Totalitätsanspruch*« der Herrschaft Christi nicht betroffen sein könnte. Der Mensch kann kein Gebiet seines Lebens unter Ausnahmerecht stellen. So wenig es irgendein Gebiet des Lebens gibt, in welchem der Mensch nicht unter der Herrschaft der Sünde steht, so wenig es irgendeine Tat des Menschen gibt, die nicht der Vergebung der Sünden bedarf, so wenig kann es eine Arbeit oder einen Gedanken, ein Werk oder einen Dienst des Menschen geben, der dem Herrschaftsanspruch Gottes in Christus entzogen werden könnte oder dürfte.
Das aber ist die heute weitverbreitete Anschauung, die weder die Sünde und Verlorenheit des Menschen ernst nimmt noch die Gnade der Rechtfertigung und Heiligung. Man gibt wohl zu, daß der Mensch nicht ohne Sünde ist, aber nicht, daß er ohne die Rechtfertigung und Heiligung wirklich in seinem ganzen Denken und

Tun *Sünder ist*, d.h. ein Gott ungehorsamer, Gott widerstrebender und widerstehender, unter der Herrschaft des Bösen stehender Mensch. Hier wird die Sünde im Gegensatz zur Schrift verharmlost und dem Menschen die Möglichkeit, auch ohne Christus Gott in seinen guten Werken wohlgefällig zu sein, zugesprochen. Damit ist zugleich dem Erlösungswerk der Gnade und Herrlichkeit Christi die Vollkommenheit genommen. Denn es wird anerkannt, daß es auch noch andere Herrschaftsansprüche außer Christus gebe, denen der Mensch in der Welt nachkommen könne oder dürfe, z.B. der Herrschaftsanspruch einer bestimmten Weltanschauung. Dadurch wird dem Menschen in seiner *Selbstmächtigkeit* ein Recht vor Gott zuerkannt, womit das Alleinherrschaftsrecht Jesu Christi bestritten und verleugnet ist. *Christus kann man nur allein und ganz zu eigen sein*, oder man gehört überhaupt nicht zu den Seinen. Er teilt seine gnadenvolle Herrschaft mit niemand und nichts außer ihm, weil Gott durch ihn seine Herrschaft über alles ausübt. Aus dieser Erkenntnis heraus hat die Kirche im Glauben an die Alleinherrschaft Jesu Christi der Versuchung widerstanden, die menschliche Selbstherrlichkeit vor Gott zu behaupten, und in Barmen bekannt:

»*Wir verwerfen die falsche Lehre, als gebe es Bereiche unseres Lebens, in denen wir nicht Jesus Christus, sondern anderen Herren zu eigen wären (z.B. uns selbst), Bereiche, in denen wir nicht der Rechtfertigung und Heiligung durch ihn bedürften* (weil sie von Gott als gut und seinem Willen gemäß anerkannt werden müßten).«

III

Wir glauben, lehren und bekennen:
»*Die christliche Kirche ist die Gemeinde von Brüdern, in der Jesus Christus in Wort und Sakrament durch den Heiligen Geist als der Herr gegenwärtig handelt. Sie hat mit ihrem Glauben wie mit ihrem Gehorsam, mit ihrer Botschaft wie mit ihrer Ordnung mitten in der Welt der Sünde als die Kirche der begnadigten Sünder zu bezeugen, daß sie allein sein Eigentum ist, allein von seinem Trost und von seiner Weisung in Erwartung seiner Erscheinung lebt und leben möchte.*«
Die Kirche ist die Gemeinde Jesu Christi. Alles, was in der Welt den Namen Kirche trägt oder für sich beansprucht, muß das und nur das sein und sein wollen: Die Schar oder Versammlung von Menschen, die sein eigen sind und sein wollen, unter ihm leben und ihm dienen als dem Herrn, weil er sie in seine Gemeinschaft berufen und dadurch zu seiner Gemeinde gemacht hat. Er ist der Stifter und Schöpfer der Kirche, und sie ist sein Werk. Er ist das Haupt und die Gemeinde sein Leib. Er ist der Herr, und die Seinen sind alle Brüder untereinander. *Er regiert seine Kirche selbst und allein*. Er übt sein Regiment in persönlicher Gegenwart durch sein Wort und Sakrament, durch welche er seinen Heiligen Geist gibt denen, die glauben. An diesen Gnadenmitteln, den Werkzeugen seiner Herrschaft, ist erkennbar, wo und wie sie eine leibhaftige Wirklichkeit in der Welt ist.
Weil die Kirche Gemeinde Jesu Christi ist, hat sie sich als solche in der Welt zu verhalten und zu bewähren in Wort und Wandel. Ihre Existenz muß ein Zeugnis davon sein, daß sie allein sein Eigentum ist, allein unter seiner Herrschaft lebt. Ihr Glaube und ihr Gehorsam gegen ihren Herrn muß sich darin kundtun, daß sie ihre Botschaft *allein an der Heiligen Schrift* ausrichtet, nichts verkündigt, als was geschrieben steht, weil nur das sein Wort ist, nichts hinzutut, nichts davontut, um etwa dadurch ihre Wirkungsmöglichkeit unter den Menschen zu erhöhen, um aus sogenannten volksmissionarischen Gründen Anstöße auszuräumen, »Wege zum Volk« zu bahnen. Sie hat ihren Glauben an den Herrn in all ihrem Wirken dadurch zu bewähren, daß sie ihr Vertrauen allein auf die Zusage und Verheißung des Wortes Gottes stellt und nach nichts fragt und sucht, als allein seiner Weisung gehorsam zu sein in der Überzeugung, daß ihre ganze Wirkungsmöglichkeit daran hängt, daß der Herr sich zu ihr bekennt. So sieht sich die *Kirche ganz an das Wort*

gebunden. Sie hat darum diese Gebundenheit auch in ihrer *irdischen Ordnung* zur Geltung zu bringen, die von ihrem Leben gar nicht getrennt werden kann, soll sie doch die Form ihres Lebens sein. Daraus folgt: *auch die Ordnung der Kirche ist nur um des Wortes, um der Botschaft willen.* Darum hat sie sich allein danach auszurichten, daß sie der Verkündigung des Wortes dient. Der Herr hat seiner Kirche keine Satzung für ihre Ordnung auferlegt, aber, was viel wichtiger ist, seinen Liebeswillen kundgetan, daß man sie an der *brüderlichen Liebe* als seine Gemeinde erkennen soll. Hier ist darum der *Gestaltungsgrundsatz* aller kirchlichen Ordnung gemäß dem Wort des Herrn: »*Einer ist euer Meister, Christus, ihr aber seid alle Brüder*« (Mt 23,8).

Gegenüber diesem Bekenntnis von der Kirche hatte schon lange unter dem Einfluß philosophischer Lehren bei uns die Meinung Platz gegriffen, daß zwar das alles vom »*Wesen*« der Kirche grundsätzlich richtig geurteilt sei, nicht aber auf ihre irdische »*Erscheinung*« Anwendung finden könne. Es gelte zwar von der wahren, »*unsichtbaren*« Kirche, aber nicht von der irdischen, *sichtbaren* Kirche. Diese sei überhaupt nicht Kirche im eigentlichen Sinn; allein schon deswegen, weil in ihr auch viele wären, die nicht zur wahren Kirche gehörten. Da man überhaupt nicht feststellen könne, wer dazu gehöre, könne man auch die wahre Kirche in der Welt nicht »*rein*« darstellen. Daraus wird dann die *Folgerung* gezogen, daß die irdische Gestaltung der Verkündigung und Ordnung einer Kirche nicht *allein* auf dem Grund der Kirche Christi, der in ihr für allemal gelegt ist, erfolgen könne, sondern daneben auch noch irdischen Anforderungen und geschichtlichen Notwendigkeiten Rechnung zu tragen habe. Die irdische Gestalt unterliege ja der Freiheit des Menschen. Er habe sie nur der gegenwärtigen Lage entsprechend zweckmäßig einzurichten, vor allem darauf zu sehen, daß sie sich rechtzeitig anpasse, um einer neuen geschichtlichen Lage gewachsen zu sein. So habe sie gegenwärtig den Anforderungen des neuen völkischen Menschen, der nationalsozialistischen Weltanschauung und dem nationalsozialistischen Staat zu entsprechen und deshalb ein artgemäßes Christentum zu pflegen, die kirchliche Verkündigung dem weltanschaulichen Wollen und Denken des deutschen Menschen anzugleichen, dem deutschen Volkstum entnommenes kirchliches Leben zu formen und eine dem nationalsozialistischen politischen Denken und Gestalten gemäße Ordnung der Kirche zu schaffen. Von daher verstehen sich die *Forderungen: Artgemäßes* Christusbild, Ausschaltung des Alten Testaments, Ausmerzung jüdischer Reste aus der Lehre, der Verkündigung, dem Gottesdienst und dem Lied der Kirche, »Verdeutschung« des gesamten kirchlichen Handelns und Lebens, Übertragung der Grundsätze staatlichen Beamtenrechtes auf die Diener am Wort durch Einführung des Arierparagraphen und der Vereidigung auf das Staatsoberhaupt, ferner Ausscheidung der Judenchristen aus der Deutschen Evangelischen Kirche, Verbot der Judentaufe, also mit einem Wort: *Geistige, personelle und organisatorische Gleichschaltung der Kirche mit dem Dritten Reich!*

Eine Kirche, die ihr Leben unter diese Satzungen neben Christus stellt, indem sie ihre Verkündigung und Ordnung außer der Bindung an Schrift und Bekenntnis auch der herrschenden Weltanschauung unterwirft, hat aufgehört, Kirche Christi zu sein. Sie ist zu einer irdischen Größe weltanschaulich-politischer Art unter Menschenherrschaft und dem »knechtischen Joch« der Menschensatzungen (Gal 5,1) geworden. Sie hat ihren Herrn *verleugnet,* sich seiner Herrschaft entzogen, ist also von ihm *abgefallen.* – Der Weg der Kirche des Abfalls endet in dem Reich des Antichristen!

Darum war es angesichts der hier heute besonders drohenden Gefahren notwendig, daß die Kirche in Mahnung und Warnung aller Christen die falsche Lehre von der Kirche kennzeichnete und verurteilte, indem sie sagte:

»*Wir verwerfen die falsche Lehre, als dürfe die Kirche die Gestalt ihrer Botschaft und ihrer Ordnung ihrem Belieben* (d.h. ihren klugen Zweckmäßigkeitserwägungen!) *oder dem Wechsel der jeweils herrschenden weltanschaulichen und politischen Überzeugungen überlassen* (z.B. der rassisch-völkischen Weltanschauung der Gegenwart)«.

IV

Wir glauben, lehren und bekennen:
»*Die verschiedenen Ämter in der Kirche begründen keine Herrschaft der einen über die anderen, sondern die Ausübung des der ganzen Gemeinde anvertrauten und befohlenen Dienstes.*«
Jesus Christus ist der Herr der Seinen, der Herr der Kirche, er regiert sie selbst durch die Gnadenmittel seiner Herrschaft. Zur Ausübung dieses Dienstes hat er der Gemeinde die *Kirchengewalt* anvertraut und ihr aufgetragen, Menschen in das Amt der Kirche zur Verwaltung der Gnadenmittel zu berufen und ihnen damit die Leitung der Gemeinde zu übertragen, weil Jesus selbst seine Herrschaft in der Gemeinde dadurch ausübt, daß er »in Wort und Sakrament durch den Heiligen Geist als der Herr gegenwärtig handelt«. Das ist das eine und das ganze *Recht der Kirche*, das in dem Auftrag ihres Herrn gründet. Andere Rechte oder Ansprüche der Gemeinde, geschweige denn einzelner Glieder in ihr, gibt es nicht. Werden diese in ein Amt der Kirche berufen, so ist ihnen damit kein anderes Recht zugesprochen, als die Ausübung des der ganzen Gemeinde von Christus befohlenen Dienstes zur Auferbauung der Gemeinde.
Die Kirche ist daher nicht frei, nach ihrem Belieben Ämter zu schaffen und eigenmächtig solche Ämter mit Vollmachten auszustatten, wie sie es für notwendig oder nützlich hält. Da *das Amt der Kirche allein der Dienst am Wort* ist, dürfen Ämter der Kirche nur um dieses einen Amtes willen geschaffen werden. Alle Ämter haben im Dienst dieses Amtes zu stehen. Daher darf es keine kirchliche Hierarchie geben, in welcher ein Amt über dem anderen steht, eins auf dem anderen sich aufbaut. So entsteht eine Herrschaftsordnung der Ämter, deren Spitze das mit den größten Vollmachten ausgestattete Führungsamt bilden muß, von dem dann die untergeordneten Ämter abhängen. Die *Verschiedenheit* der Ämter ist lediglich in der Mannigfaltigkeit der aus dem Dienst am Wort kommenden Aufgaben zur Auferbauung der Gemeinde begründet. Sie stehen darum alle miteinander in gleicher Weise ohne Abstufung im Dienste des Herrn, wie die Schrift sagt: »*Es sind mancherlei Ämter, aber es ist ein Herr*« (1Kor 12,5).
So und nicht anders hat die Kirche den Dienst und die Vollmachten ihrer Ämter zu ordnen. Sie darf nicht weltliche Herrschaftsordnung zum Vorbild nehmen. Wie es in der Welt ist, so soll es nach dem Befehl ihres Herrn in der Kirche gerade *nicht* sein (Mt 20,25f). Es ist Aufhebung der Herrschaft Christi und ein Raub an seinem Eigentum, wenn in der Kirche eine irdische Hoheitsordnung in Befehlsgewalt und Gehorsamsforderung aufgerichtet wird, indem man einzelnen eine *Führungsvollmacht* überträgt und die Gemeinde zu einer *Gefolgschaft* der Kirchenführer machen will. Die Gemeinde und ihre Diener dürfen sich einer solchen Forderung, die wider Christus ist, nicht unterwerfen, sondern haben ihren Gehorsam gegen den Herrn, dem sie allein gehören, dadurch zu bezeugen, daß sie widerstehen und den Menschen hierin nicht gehorchen. Darum hat die Kirche zum Trost der Gewissen in schwerer Bedrängtheit in Barmen diese Herrschaftsansprüche abgewehrt und bekannt:
»*Wir verwerfen die falsche Lehre, als könne und dürfe sich die Kirche abseits von diesem Dienst* (wie er eben gekennzeichnet ist) *besondere, mit Herrschaftsbefugnissen ausgestattete Führer* (zum Beispiel einen Bischof mit unbegrenzten Vollmachten) *geben oder geben lassen.*«

V

Wir glauben, lehren und bekennen:
»Die Schrift sagt uns, daß der Staat nach göttlicher Anordnung die Aufgabe hat, in der noch nicht erlösten Welt, in der auch die Kirche steht, nach dem Maß menschlicher Einsicht und menschlichen Vermögens unter Androhung und Ausübung von Gewalt für Recht und Frieden zu sorgen. Die Kirche erkennt in Dank und Ehrfurcht gegen Gott die Wohltat dieser seiner Anordnung an. Sie erinnert an Gottes Reich, an Gottes Gebot und Gerechtigkeit und damit an die Verantwortung der Regierenden und Regierten. Sie vertraut und gehorcht der Kraft des Wortes, durch das Gott alle Dinge trägt.«
Die Kirche Christi ist eine leibhaftige Wirklichkeit in der Welt. Damit steht sie in der politischen Wirklichkeit, die durch die Existenz des *Staates* bestimmt ist. Sie steht ihm nicht ratlos und ohne klare Erkenntnis gegenüber. Gottes Wort tut ihr kund, was der Staat ist, wozu er notwendig ist, welche Aufgabe er hat. Er ist *Gottes Werk und gute Gabe an die Menschen* in der Welt der Sünde und des Todes, Gottes wohltätige Anordnung für das gemeinschaftliche Leben der Menschen untereinander. Durch ihn ermöglicht Gott den Menschen ein menschenwürdiges Zusammensein trotz der Sünde. Gott hat ihm die Aufgabe gegeben, für das Recht und den Frieden zu sorgen, durch welche einem Volk der Raum zur Lebensentfaltung (Kultur) geschaffen wird. Er hat durch Androhung und Ausübung von Gewalt (Polizei und Militär) nach menschlicher Vernunft und Kraft Sorge zu tragen, daß dem Unrecht gewehrt, dem Übel gesteuert und die ihm anvertrauten Bürger vor Übergriffen von innen und außen geschützt werden. Darum hat er von Gott die Vollmacht, Leib und Leben seiner Bürger für Wohl und Bestand des Volkes zu beanspruchen. *Die Obrigkeit,* sagt die Schrift, ist »*Gottes Dienerin, dir zugut*« (Röm 13,4). Die Kirche erkennt im Staate darum Gottes dankbar und freudig zu ehrende Ordnung eines Volkes und verpflichtet alle ihre Glieder zu willigem *Einsatz, Gehorsam und Opfer für Staat und Volk,* zumal ihr durch Gottes Wort *Fürbitte und Danksagung* für alle Obrigkeit aufgetragen ist. Zugleich aber tut sie Volk und Staat durch die Ausrichtung ihres Auftrages, Gottes Wort als Evangelium und Gesetz zu predigen, den entscheidenden Dienst, indem sie die Regierenden und Regierten, Obrigkeit und Volk unter die gemeinsame gegenseitige *Verantwortung vor Gott* ruft, dessen Gebot und Verheißung allen gilt, weil er der Herr aller Herren und der König aller Könige ist und durch sein Wort alles, das Sichtbare und das Unsichtbare, erhält und trägt, regiert und zu seinem Ziel führt.
In diesem Gehorsam gegen Gottes Wort erkennt die Kirche aber auch die *Grenze,* die Gott dem Staate gesetzt und die er dadurch offenbar gemacht hat, daß er die Kirche mit ihrem Auftrag in die Welt gestellt hat. »*Gebt dem Kaiser, was des Kaisers ist und Gott, was Gottes ist!*« befiehlt der Herr Christus (Mt 22,21). Was des Kaisers ist, was der Staat zu beanspruchen hat, ist oben gesagt. *Was Gottes ist,* – der Glaube, die Liebe und die Furcht »über alle Dinge«, die Erfüllung des »ersten und vornehmsten Gebotes«: die Liebe von ganzem Herzen, von ganzem Gemüte und von allen Kräften, also der bedingungslose Gehorsam, das völlige Vertrauen, *das kommt ihm nicht zu. Darauf hat er keinen Anspruch.*
Gott hat den Menschen in dieser Welt nicht eine einzige, alles umfassende Lebensordnung gegeben, sondern *zwei Gewalten* gesetzt, das *weltliche Schwert* der Obrigkeit und das *geistliche Schwert* des Wortes Gottes. Jede hat ihren göttlichen Auftrag und ihr besonderes Amt. Keine darf der anderen ins Amt greifen und zu tun versuchen, was der anderen ist. Darum dürfen beide Ämter weder vertauscht noch miteinander vermischt werden (Kirchenstaat, Staatskirche) oder in *einem* Amt vereinigt werden (»Cäsaropapismus«, das heißt Kaiser-Papsttum). Wo das geschehen ist, waren die Folgen immer für beide verhängnisvoll. Denn Gottes Ordnungen werden nicht ungestraft verletzt.
Gott gab dem Staate das Schwert, in der noch unerlösten Welt durch äußere Macht

Ordnung zu schaffen und zu erhalten, aber nicht, Glauben zu erzwingen und die Gewissen zu regieren. *Gott gab der Kirche das Wort*, die Menschen zum Glauben zu rufen und in den Gehorsam gegen Gott zu weisen. *Darum ist es dem Staat von Gott verboten, die Menschen total, d.h. auch nach Geist, Herz und Gewissen an sich zu binden. Darum ist es der Kirche von Gott verboten, die Menschen anders als allein durch Gottes Wort zu leiten.* Eine Kirche, die statt dessen unter Einsatz von Polizeigewalt ihr Regiment aufrichtet und in Ausübung staatlicher Autorität und Macht Ordnung und Disziplin zu erzwingen sucht, hat ihren Herrn verleugnet und aufgehört, Kirche Jesu Christi zu sein.

Weil solches unter uns geschehen ist, daß nämlich dem Staate auch die Erfüllung des Auftrages der Kirche zuerkannt und ihm zur Übernahme angeboten wurde, und gleichzeitig in der Kirche so gehandelt und regiert wurde, als ob sie ein Gebiet des Staates sei, hat die Kirche in rechter schriftgemäßer Erkenntnis der Ursache dieser für Staat und Kirche gleich gefährlichen Vermischung und Verwechslung der beiden Ordnungen Gottes in Barmen die Irrlehre abgewehrt und gesagt:

»*Wir verwerfen die falsche Lehre, als solle und könne der Staat über seinen besonderen Auftrag hinaus die einzige und totale Ordnung menschlichen Lebens werden und also auch die Bestimmung der Kirche erfüllen.*

Wir verwerfen die falsche Lehre, als solle und könne sich die Kirche über ihren besonderen Auftrag hinaus staatliche Art, staatliche Aufgaben und staatliche Würde aneignen (zum Beispiel in der Ausübung von Gewalt und obrigkeitlicher Führung der Kirche) *und damit selbst zu einem Organ des Staates werden* (Staatskirche)«.

VI

Wir glauben, lehren und bekennen:

»*Der Auftrag der Kirche, in welchem ihre Freiheit gründet, besteht darin, an Christi Statt, und also im Dienst seines eigenen Wortes und Werkes, durch Predigt und Sakrament die Botschaft von der freien Gnade Gottes auszurichten an alles Volk*«.

Wir haben oben von dem besonderen Auftrag des Staates und der ihm dadurch gesetzten Grenze nach der Schrift geredet, nun sprechen wir von dem einen und einzigartigen *Auftrag der Kirche*, den sie nicht zu überschreiten oder zu mißbrauchen befugt ist. Der Auftrag der Kirche ist die *Verkündigung des Evangeliums*, die Ausrichtung der frohen Botschaft *von der freien Gnade Gottes in Christo*. Einen anderen Auftrag hat sie nicht. Dieser Auftrag ist ihr unmittelbar von ihrem Herrn gegeben. Das ist ihr einziges, sie ganz in Anspruch nehmendes Amt. Es steht ausschließlich im *Dienst des Herrn*, von dem sie es empfangen hat. Weil es das Amt des Herrn ist, das sie ausrichtet, darum ist sie frei und niemand und nichts untertan. Sie darf diese ihre Freiheit mit keiner Bindung an Menschen oder Dinge in der Welt vertauschen oder an eigenmächtig gewählte Wünsche, Zwecke und Pläne preisgeben. Sie wird vergeblich um Freiheit ringen, wenn sie nicht in ihrer alleinigen und vollständigen Gebundenheit an ihren Herrn frei ist. Sie hat keine Freiheit von der Welt zu fordern; denn sie hat Freiheit, wenn sie ihres Amtes waltet und den Auftrag ihres Herrn an seiner Statt, und nicht in eigener Selbstmächtigkeit ausführt.

Sie waltet ihres Amtes nur dann, wenn ihre Wirksamkeit in Predigt und Sakrament *Dienst am Wort* Gottes ist. Dienst am Worte Gottes aber ist nur der Dienst am Erlösungswerk Christi, Wort vom Kreuz, Bezeugung der Gnade und Herrlichkeit Jesu Christi an alles Volk, zur Rettung aller Verlorenen, der Guten und Bösen, Gerechten und Ungerechten, der Hohen und Niedrigen, ohne Rücksicht auf rassische oder nationale Verschiedenheit. Weil Christus der Auftraggeber der Kirche, der alleinige Herr ihres Amtes ist, darf die Kirche es nur in *seinem* Dienst ausüben, sie darf es nicht selbstherrlich ändern und zu anderen Zwecken mißbrauchen. Es darf weder in den Dienst nationaler noch internationaler Ziele gestellt, also weder zum Aufbau eines Volkes noch zur Herstellung eines Völkerbundes eingesetzt, weder zu kulturellen noch zu wirtschaftlichen Zwecken gebraucht werden. Eine Kirche, die das tut oder geschehen läßt, verläßt den Dienst ihres Herrn und wird abtrünnig. Sie verwandelt sich in eine nationale oder kulturelle Vereinigung oder wirtschaftliche Interessengemeinschaft und hat aufgehört, Kirche Jesu Christi zu sein.

In dieser Gefahr stand die Kirche schon seit langem durch den Einbruch der Aufklärung des achtzehnten Jahrhunderts. Diese versuchte schon aus der Kirche eine *moralische Anstalt* oder eine »philanthropische Gesellschaft« zu machen. Die Geschichte der letzten hundert Jahre ist ein dauerndes Ringen mit dieser Gefahr. Sie trat in ein akutes Stadium, als man daran ging, die Deutsche Evangelische Kirche zu einer Kirche auf der Grundlage von »Evangelium *und Volkstum*«, das heißt zu einer völkischen Einrichtung zur seelischen oder religiösen »Untermauerung des Dritten Reiches« zu machen und so ihren Auftrag im »Dienst am Volk« aufgehen zu lassen *(Nationalkirche)*.

In Abwehr dieser, die Alleinherrschaft Christi verleugnenden und damit die Existenz der Kirche Christi zerstörenden Versuche hat die Kirche sich in Barmen erneut zu ihrem einzigen Auftrag im Dienste ihres Herrn bekannt und die Verfälschung ihrer Sendung verworfen, indem sie sagte:

»Wir verwerfen die falsche Lehre, als könne die Kirche in menschlicher Selbstherrlichkeit das Wort und Werk des Herrn in den Dienst irgendwelcher eigenmächtig gewählter Wünsche, Zwecke und Pläne stellen« (zum Beispiel die Idee einer christlichen Nationalkirche, die Aufgabe einer religiösen Volkseinheit).

So hat die Bekennende Kirche in Barmen ihr gegenwärtiges Bekenntnis zu Jesus Christus, dem Herrn der Kirche, bekannt. Sie hat sich damit auf den Boden gestellt, der allein der Baugrund der Kirche ist, die »unantastbare Grundlage«, von der die Verfassung der Deutschen Evangelischen Kirche redet. Sie kann heute nur wiederholen, wozu sie damals aufrief: Prüfet die Worte, ob sie mit der Heiligen Schrift und den Bekenntnissen der Väter übereinstimmen. Wer etwas findet, das wider Gottes Wort ist, soll es aus der Schrift beweisen. Wer erkennt, daß es dem Worte Gottes gemäß ist, was wir bekannt haben, der stelle sich mit uns in die Gemeinschaft des Glaubens der Kirche Christi, die zum *Bekennen* und nicht zum Schweigen berufen ist. In diesem Bekenntnis ist nicht alles gesagt, was die Kirche glaubt, lehrt und bekennt. Wer könnte je den Reichtum des Wortes Gottes erschöpfen! Es ist aber das gesagt, was *heute* zu bekennen *unumgänglich notwendig* ist, wenn heute die Kirche Christi in der Welt ihren Auftrag erfüllen soll. Durch solches Bekennen ist keins der altkirchlichen und reformatorischen Bekenntnisse aufgehoben oder überholt. Im Gegenteil, in ihm ist das *Bekenntnis der Väter neu bekannt und bestätigt*, wiederholt und bekräftigt. Es ist ernst damit gemacht, daß wir zum Bekenntnis der Reformation auch heute ungebrochen stehen wollen, daß es für uns keine geschichtliche Größe der Vergangenheit ist, die man möglichst »unangetastet« stehen läßt, weil man nicht mehr glaubt und nicht mehr weiß, was die Väter bekannt haben. Alles, was wir in Barmen bekannt haben, ist auf Grund der reformatorischen Bekenntnisse bekannt und kann aus einer Fülle von Stellen aus den Bekenntnisschriften nachgewiesen werden.

Wir alle kennen wohl *Luthers Erklärung* zum zweiten Artikel. Was die Kirche der Reformation damit bekannt hat, das und nichts anderes hat die Bekennende Kirche in Barmen bekannt: »Ich glaube, daß *Jesus Christus*, wahrhaftiger Gott, vom Vater in Ewigkeit geboren und auch wahrhaftiger Mensch von der Jungfrau Maria geboren, *sei mein Herr;* der mich verlorenen und verdammten Menschen *erlöst* hat, erworben und gewonnen von allen Sünden, vom Tod und von der Gewalt des Teufels; nicht mit Gold oder Silber, sondern mit seinem heiligen, teuren Blut und mit seinem unschuldigen Leiden und Sterben; *auf daß ich sein eigen sei* und in sei-

nem Reich *unter ihm lebe* und *ihm diene* in ewiger Gerechtigkeit, Unschuld und Seligkeit; gleich wie er ist auferstanden vom Tode, lebet und regieret in Ewigkeit. Das ist gewißlich wahr.«
Dieses Bekenntnis zu Jesus Christus haben wir in der Barmer Erklärung Satz für Satz wiederholt, indem wir das »Ich« in Luthers Erklärung nicht nur als das »Ich« des Christen, sondern auch, wie es sich von selbst ergibt, als das *Ich der Kirche* oder das *Wir der Christenheit* verstanden haben.
Diese Übereinstimmung mit dem reformatorischen Bekenntnis ist uns ein Erweis der Wahrheit und Schriftgemäßheit unseres Bekennens. Darum erklären wir: *In der Anerkennung* der in Barmen bezeugten Wahrheiten und in der *Verwerfung* der in Barmen bezeichneten Irrtümer ist das *rechte biblische und reformatorische Verständnis der unantastbaren Grundlage* der Deutschen Evangelischen Kirche beschlossen. Wo diese Wahrheiten nicht anerkannt und diese Irrtümer nicht verworfen werden, ist darum auch *nicht die rechtmäßige* Deutsche Evangelische Kirche. Denn diese kann nur da sein, wo »das Evangelium von Jesus Christus, wie es uns in der Heiligen Schrift bezeugt und in den Bekenntnissen der Reformation neu ans Licht getreten ist«, die unantastbare und darum *unangetastete,* also durch keine schriftwidrigen Irrtümer zerstörte *Grundlage* der Kirche ist. Macht man Ernst mit der Tatsache, daß die Kirche wirklich *nur* auf der Grundlage von Schrift und Bekenntnis steht, macht man also Ernst mit dem reformatorischen Bekenntnis, daß die *Kirche* nur da ist, *wo das Evangelium lauter und rein gepredigt wird* und die Sakramente schriftgemäß verwaltet werden, so muß man auch anerkennen, daß die rechtmäßige Kirche, d.h. die den Anspruch, Kirche des Evangeliums zu sein, mit Recht erhebt, nur da ist, wo das lautere und reine Evangelium und das durch keine Irrtümer verderbte Bekenntnis geglaubt und bekannt wird.
So erhebt die Bekennende Kirche auf Grund ihres Bekenntnisses den Anspruch, als die Kirche des Wortes Gottes und des reformatorischen Bekenntnisses Kirche Jesu Christi und darum *die rechtmäßige Deutsche Evangelische Kirche* zu sein. Sie kann diesen Anspruch mit keiner Macht oder Klugheit der Welt durchsetzen, sondern ihn nur bekennend zur Geltung bringen, in der gewissen Zuversicht, daß der Herr sich zu seinem Wort bekennen werde. Dieser *Anspruch* wird ihr bestritten. Sie kann denen gegenüber, die ihn bestreiten, immer nur aufs neue die Wahrheit des Wortes Gottes bezeugen und sie dadurch aufrufen, in die Einheit des Glaubens, der Liebe und der Hoffnung zurückzukehren. Die Anerkennung und Durchsetzung ihres Anspruchs wird auf alle Weise gehindert. Sie kann demgegenüber nur beten: »*Rett, o Herr Jesu, rett dein Ehr, das Seufzen deiner Kirche hör*« und »*laß jedermann erkennen frei, daß hier die rechte Kirche sei*«.
Die Bekennende Kirche kann nur einen geistlichen Kampf führen. Sie kann sich nichts nehmen, es werde ihr denn von oben gegeben. Sie lebt allein davon, daß Christus der Herr, zu dem sie sich bekennt, sie regiert, tröstet, weist, ermahnt und führt auf rechter Straße um seines Namens willen. Sie lebt nur solange, als sie sich der Herrschaft ihres Herrn glaubend und bekennend anvertraut und ihm allein gehorsam ist in ihrem Reden und Tun. Darum ist das ihre einzige Sorge, daß sie ihren Herrn nicht verleugne. In aller Bedrängnis und Schwachheit, aller Dunkelheit und Not zieht sie ihre Straße fröhlich im Trauen auf die Verheißungen Gottes; denn eins weiß sie gewiß: »*Gottes Wort bleibt in Ewigkeit*«.

Im Jahre 1947 habe ich dann gefragt:
Worin besteht die *bleibende Bedeutung* dieser Sätze?
1. *Eine bekennende Kirche steht vor der Welt*
Seit Jahrhunderten erscheint zum erstenmal wieder die Kirche des Evangeliums als solche vor der Öffentlichkeit des deutschen Volkes, ja der Welt und bekennt ihren Glauben. Die Kirche wagt es wieder, öffentlich und verbindlich zu sagen, was

sie als Wahrheit des Evangeliums bekennt und welche Irrtümer sie verwirft. Die Kirche der Reformation ist trotz allen Zerfalls in einen »Protestantismus« noch lebendig und fähig, als Kirche zu wirken und zu handeln.

2. *Gemeinsam wird von den verschiedenen reformatorischen Bekenntniskirchen bekannt*

Zum erstenmal treten seit den Tagen der Reformation die lutherischen und reformierten Bekenntniskirchen *gemeinsam* bekennend vor die Welt. Diese Gemeinsamkeit wird nicht erkauft durch eine Preisgabe der Bekenntnisse der Reformation, sondern sie kommt gerade auf dem Grunde einer neuen Erfassung dieser Bekenntnisse zustande. Damit wird ein entscheidender Schritt getan, der sowohl über die Gegensätze des 16. Jahrhunderts wie über die Unionen des 19. Jahrhunderts hinausgeht. Was dieser Schritt als Ereignis für *Auswirkungen* in sich schließt, ist uns heute noch nicht deutlich: »Wir befehlen es Gott« – das ist die demütige Bereitschaft und die Bitte zugleich: »Er wird's wohlmachen«.

3. *Das Evangelium, wie es in der Reformation ans Licht getreten war, wird aufs neue bekannt*

Die Reformation wird nicht »überwunden«. Es geschieht kein »Schritt über die Reformation hinaus«. Im Gegenteil – die Kirche stellt sich entschlossen auf das Bekenntnis der Reformation in *erneuter* Bezeugung seiner Wahrheit. Keine *neue* Wahrheit wird gefunden, sondern die *alte* Wahrheit wird angesichts neuer Anfechtung und neuer Irrtümer *neu* bezeugt.

Die Wahrheit, die allein mit Recht Geltung in der Kirche beanspruchen kann, ist die Wahrheit des Wortes Gottes und des Bekenntnisses der Kirche: »*Daß Jesus Christus der Herr sei!*« (Phil 2,11). Das und nichts anderes hat die Bekennende Kirche in Barmen bekannt, wie es die Apostel und Propheten, wie es mit diesen die Reformatoren und die Bekenntnisse der alten christlichen Kirche bekannt haben. In Barmen ist das *eine Urbekenntnis der Kirche, der Fels, auf dem sie steht, aufs neue bekannt* worden *in Bezeugung der Alleinherrschaft Jesu Christi* und der dadurch geforderten Verwerfung heute geschehender Verleugnung, Verfälschung oder Verdunkelung dieses Bekenntnisses.

Die Kirche Jesu Christi, die Kirche der Reformation, die Deutsche Evangelische Kirche bekennt sich zur Alleinherrschaft Jesu Christi.

Die Bekenntnissynode bestellte aus den Mitgliedern des bisherigen Arbeitsausschusses den Bruderrat und bevollmächtigte ihn, die ihr gestellten Aufgaben durchzuführen. Er bestand aus folgenden Mitgliedern: Präses D. Koch, Bad Oeynhausen; Landesbischof D. Meiser, München; Landesbischof D. Wurm, Stuttgart; Pfarrer Lic. Dr. Beckmann, Düsseldorf; Pastor Bosse, Raddestorf (Hannover); Rechtsanwalt Dr. Fiedler, Leipzig; D. Hesse, Elberfeld, als Moderator des Reformierten Bundes; Pastor Karl Immer, Barmen; Pfarrer Jacobi, Berlin; Kaufmann Link, Düsseldorf; Pfarrer Niemöller, Berlin-Dahlem; Pastor Asmussen, Altona.

Zum Schluß der Synode wurde noch ein besonderer Aufruf an die Gemeinden gerichtet, mit dem diese aufgefordert wurden: »Prüfet die Geister, ob sie von Gott sind! Prüfet auch die Worte der Bekenntnissynode der Deutschen Evangelischen Kirche, ob sie mit der Heiligen Schrift und den Bekenntnisschriften der Väter übereinstimmen.«

Rückblickend wissen wir: Das Wagnis war groß gewesen, einer so großen Schar von einander noch nicht bekannten Menschen aus dem weiten Bereich Deutschlands zuzumuten, Vorlagen wie die große »Theologische Erklärung« zu erarbeiten. Daß es gelang und dieses Ergebnis erzielte, ist uns damals wie ein Wunder Gottes erschienen. Unsere Freude und unser Dank gegen Gott und die Christen der Bekennenden Kirche waren sehr stark. Getröstet und gestärkt gingen die Synodalen in ihre Kirchen zurück. Der Anfang einer »Bekennenden Kirche Deutschlands« war gemacht.

4. Der Weg der Bekennenden Kirche Deutschlands von Barmen nach Augsburg (1934/35)

a) Von Barmen nach Dahlem (1934)

Etwa einen Monat nach der Barmer Synode wurde das deutsche Volk erschreckt durch eine Mordaktion Adolf Hitlers gegen die gesamte Führung der SA. Angeblich sollte dort ein Putsch gegen Hitler geplant sein. In Wirklichkeit aber ging es um die Verhinderung der Planung Röhms in bezug auf die Reichswehr und SA. Offenbar wollte Röhm der kommende Chef der neuen NS-Reichswehr werden. Dies wollte jedoch Hitler verhindern, und so machte er mit Röhm und der SA-Führung kurzen Prozeß, indem er sie mit Hilfe von SS-Führer Himmler (und wohl auch seitens der Reichswehr) umbringen ließ. Der Höhepunkt dieses Geschehens war die Selbsternennung Hitlers zum obersten Richter des Reichs, wozu er sich den Beifall des »Reichstags« besorgte. Wir erkannten in diesem Geschehen damals das Ende des bisherigen Rechtsstaates und seine Verwandlung in den diktatorischen Führerstaat: »Was Recht ist, bestimmt der Führer.« Das deutsche Volk schien sich damals darüber nicht besonders aufzuregen, zumal kurz darauf der alte Reichspräsident von Hindenburg (am 2. August 1934) starb, worauf Hitler sich zum »Führer und Reichskanzler« ernannte und zum Chef der Wehrmacht. Offensichtlich hat das unerhörte Vorgehen Hitlers in Deutschland nach anfänglichem Erschrecken keine negativen Wirkungen für die weitere Unterwerfung unter die absolute Despotie Hitlers gehabt. Was hätte die Kirche damals tun können? Sie war so geschwächt, daß sie, wenn auch nicht begeistert von dem großen Geschehen, so doch weiterhin praktisch widerstandslos »untertan der Obrigkeit« blieb. Nur wurden überall zu Ehren von Hindenburg Gedenkgottesdienste gehalten. Im übrigen kann man nur sagen: Alles, was zu Barmen V über den Staat gesagt worden war, wurde nun praktisch von unserem Volk und seiner Kirche in den Wind geschlagen. Hitlers Alleinherrschaft hatte sich in Deutschland durchgesetzt. Jetzt konnte er machen, was er wollte. Niemand würde ihm widerstehen. So begann auch ein halbes Jahr später die neue Epoche des Kirchenkampfes: der *direkte* Kampf gegen die evangelische Kirche, besonders gegen die Bekennende Kirche nach dem Ende des reichsbischöflichen Regiments.

Trotz des gewaltigen Eindrucks, den die Reichs-Bekenntnissynode in der evangelischen Christenheit Deutschlands und weit darüber hinaus machte, wurde der Kurs des Reichskirchenregiments unverändert fortgesetzt. Es wurde die badische, die braunschweigische, die oldenburgische, die kurhessische Landeskirche (Hessen-Kassel und Waldeck-Pyrmont), die Pfälzer und die mecklenburgische Kirche, zum Teil unter erheblichen Widerständen der in diesen Kirchen lebendigen Bekenntnisgemeinschaften, eingegliedert. Die kleineren Landeskirchen wie Lippe, Birkenfeld und Anhalt wurden durch Eingliederung in die altpreußische Union gleichgeschaltet.

Es waren also nur noch Württemberg und Bayern übriggeblieben. Da man diese Kirchen nicht nach dem bisherigen Verfahren unterwerfen konnte, beschritt man einen anderen Weg, der eine unangreifbare Gesetzmäßigkeit für sich beanspruchen sollte. *Es wurde die Nationalsynode zum 9. August 1934 einberufen.* Freilich wurde vor der Einberufung durch ein besonderes Gesetz die Zusammensetzung der Synode wesentlich geändert, um eine Mehrheit für den Reichsbischof sicherzustellen. Der Hauptzweck der Synode war die »Legalisierung« der Maßnahmen des Reichsbischofs und seines Rechtswalters. Der Rechtswalter Jäger hielt auf der Tagung am 9. August eine *Rede,* die sogar im Gesetzblatt der Deutschen Evangelischen Kirche abgedruckt wurde. Aus ihr sei folgender Abschnitt mitgeteilt[1]:

Wie der Staat nicht mehr über dem Volke als den Untertanen schwebt, vielmehr Volk und Staat eins sind, indem der Staat nichts anderes als die volksbewußte Organisation des Volkes ist, die Organisation Staat also wie das Recht selbst nur durch den Dienst am Volke seine innere Gültigkeit und Rechtfertigung erhält, so muß selbstverständlicherweise auch eine evangelische Kirche ihre vom Volke her gesetzte Aufgabe erfüllen. Denn wie die Kirche einerseits und in erster Linie ihre *geistliche Aufgabe ohne irdische Bindung* zu erfüllen hat, so gewiß ist es, daß sie das im *irdischen Raum nur in vollkommener Volksverbundenheit* tun kann. Denn die Kirche in ihrer irdischen Gestalt ist schon deswegen, weil sie aus Menschen besteht, die zugleich Deutsche und zugleich Christen sind, nichts anderes als ein Glied im Volksganzen, ein zwar eigengesetzlicher Organismus, aber als solcher ein Organ dieses Volkes zur Erfüllung seiner religiös-kirchlichen Aufgabe.

Die Synode stimmte fast einmütig den Vorlagen der Reichskirchenregierung zu. Die Opposition war bis auf einen winzigen Rest beseitigt worden. Es wurden von der Synode folgende Gesetze erlassen, aus denen der jeweilige Hauptartikel folgt.

1. Aus dem Kirchengesetz über die Rechtmäßigkeit von gesetzlichen und Verwaltungsmaßnahmen[2]
§ 1

Die gesetzlichen und Verwaltungsmaßnahmen, die der Reichsbischof oder das Geistliche Ministerium oder der Reichsbischof als Landesbischof der Evangelischen Kirche der altpreußischen Union bisher, insbesondere zur Ordnung der Deutschen Evangelischen Kirche oder einzelner Landeskirchen und zur Regelung des Verhältnisses der Deutschen Evangelischen Kirche zu den Landeskirchen, getroffen haben, werden in ihrer Rechtmäßigkeit bestätigt.

2. Aus dem Kirchengesetz über die Leitung der Deutschen Evangelischen Kirche und der Landeskirchen[3]
§ 1

(1) Die kirchliche Gesetzgebung wird von der Deutschen Evangelischen Kirche allein ausgeübt.

§ 3

(1) Der Reichsbischof kann den Landesbischöfen und den Trägern eines nach der Ordnung der Landeskirche entsprechenden Amtes sowie den weiteren leitenden Organen der Landeskirchen Weisungen erteilen.

Außerdem wurde ein Gesetz verabschiedet über den Diensteid der Geistlichen und Beamten. Damit kam zum zweitenmal die Frage des Eides der Pastoren in die Diskussion. Eine erste Diskussion hatte bereits in Verbindung mit dem von den Professoren geforderten Diensteid stattgefunden, den Karl Barth nicht ohne wei-

1 GBl DEK 1934, S. 125ff.
2 Ebd., S. 123
3 Ebd., S. 121

teres zu leisten bereit war. Auch dieses zweite Mal kam es nicht zur Durchführung. Erst im Jahre 1938 war die Lage für diese Aktion reif. – Schließlich wurde auch die Kirchenflagge abgeschafft und ein Gesetz erlassen, daß die Kirchen und kirchlichen Gebäude nur noch mit den Reichsflaggen beflaggt werden dürften.
Der *Reichsbruderrat* nahm bereits *am 10. August* in einer feierlichen *Erklärung* zur Nationalsynode Stellung[4]:

Am 9. August hat unter dem Namen einer Nationalsynode eine unter Bruch der Kirchenverfassung gebildete Versammlung Beschlüsse gefaßt, Gesetze beschlossen, bislang geübtes Unrecht für Recht erklärt.
Diese sogenannte Nationalsynode, ihre Verhandlungen und Beschlüsse sind nach kirchlichem und nach weltlichem Recht ungültig. Wer sie befolgt, bricht selbst Verfassung und Recht der Kirche. Wir weigern uns dessen und rufen die Gemeinden und Kirchen auf, sich auch ihrerseits nicht des Verfassungs- und Rechtsbruches mitschuldig zu machen.
Verantwortlich dafür, daß es in unserer Deutschen Evangelischen Kirche bis hierher hat kommen können, ist durch ihr fortgesetztes unkirchliches Handeln die Reichskirchenregierung, besonders der zum Schutz der Verfassung der Deutschen Evangelischen Kirche berufene Reichsbischof.
Die Reichskirchenregierung verachtet die einfachsten Grundsätze von Recht und Gerechtigkeit.
Sie unterstellt die Verkündigung des Evangeliums dem Machtwillen fehlsamer Menschen. Sie ist bar der von der Heiligen Schrift geforderten Bruderliebe. Sie verläßt damit die Grundlage der auf dem Evangelium erbauten reformatorischen Kirchen.
Wer Recht und Verfassung, die er schützen soll, immer wieder selber bricht, hat den Anspruch verwirkt, Gehorsam zu fordern.
Wer, zur Leitung der Kirche berufen, immer wieder die Grundlage christlicher Lehre und christlichen Handelns verläßt, stellt sich außerhalb der Kirche.
Darum erklären wir den Kirchen, den Gemeinden und ihren Gliedern in der Verantwortung vor Gott: Gehorsam gegen dieses Kirchenregiment ist Ungehorsam gegen Gott.
»Aber der feste Grund Gottes besteht und hat dieses Siegel: Der Herr kennt die Seinen; und: Es trete ab von Ungerechtigkeit, wer den Namen Christi nennt« (2 Tim 2,19).

Nach der Nationalsynode wurde zunächst die feierliche Einführung des Reichsbischofs Ludwig Müller vorbereitet. Damit sollte seine Stellung vor der ganzen Weltöffentlichkeit eindrücklich gefestigt werden. Der *Reichsbruderrat* erließ unter dem 18. September folgende *Kundgebung* zur bevorstehenden *Einführung des Reichsbischofs*[5]:

Am 23. September soll der Reichsbischof Ludwig Müller feierlich in sein Amt eingeführt werden. – Damit findet eine Entwicklung ihren Abschluß, welche alle evangelischen Christen mit tiefer Scham und Trauer erfüllen muß.
In dieser Stunde sehen wir uns zu folgender Erklärung an die Gemeinden genötigt: Wir verwerfen die Irrlehrer, die über die Bekenntnisse hinweg eine deutsche »Nationalkirche« mit deutschgläubigem Einschlag erstreben. Weil sie das tun, haben sich der Reichsbischof Ludwig Müller und der Rechtswalter Dr. Jäger sowie alle,

---

4 *Schmidt*, Bekenntnisse II, a.a.O., S. 129
5 Zeugnisse der Bekennenden Kirche, a.a.O., S. 43

die ihnen hierin Gefolgschaft leisten, von der christlichen Kirche geschieden. Sie haben den Boden der christlichen Kirche verlassen und sich aller Rechte an ihr begeben. – Diese Scheidung muß die christliche Gemeinde sehen, anerkennen und vollziehen! – Es ist dem Reichskirchenregiment durch seine rechts- und bekenntniswidrigen Eingriffe gelungen, trotz des treuen Widerstandes der Bekennenden Gemeinden alle rechtmäßigen kirchlichen Führer und Bischöfe, abgesehen von Bayern und Hannover, aus ihren Ämtern zu entfernen, die Gemeinden zu entrechten und sein Gewaltregiment aufzurichten. – Man wird jetzt versuchen, dieses Werk zu vollenden und dabei noch stärker als bisher die Predigt des lauteren und unverkürzten Evangeliums zu unterdrücken.

Die Einführung Ludwig Müllers fand in großer Aufmachung unter ausschließlicher Beteiligung deutsch-christlicher Bischöfe und Vertreter im Berliner Dom statt. Bedeutsam war, daß die politischen Stellen hierbei eine merkliche Zurückhaltung übten. – Während dieses Schauspiel abrollte, waren die Vorbereitungen getroffen worden, um die letzten Bastionen des Widerstandes in der DEK zu brechen. Es ging um die Eingliederung der Württembergischen und Bayerischen Landeskirche. Dieser Kampf gehörte zu den dramatischsten Abschnitten des ganzen Kirchenkampfes. Der gewaltsame Eingriff des Rechtswalters in Württemberg und Bayern endete damit, daß die Bischöfe Wurm und Meiser in ihren Wohnungen durch Hausarrest festgehalten wurden. So arbeiteten Kirchenleitung, Staat und Partei wochenlang auf das intensivste zusammen, um den Widerstand zum Einsturz zu bringen. – Der Reichsbruderrat richtete an die Bekennenden Gemeinden Württembergs unter dem 10. Oktober 1934 ein Grußwort, in dem es hieß[6]:

Wisset, daß dieser Kampf Euch von Gott verordnet ist, damit Ihr im Glauben besteht und würdig werdet zum Reiche Gottes.
Darum beten wir auch alle Zeit für Euch, daß Gott Euch würdig mache der Berufung, auf daß an Euch gepriesen werde der Name unseres Herrn Jesu Christi.
Wir ermahnen Euch:
Lasset Euch durch keine Not oder Verfolgung von der lauteren Wahrheit des Evangeliums abdrängen.
Bewahrt Eurer Evangelischen Kirche und Eurem rechtmäßigen Landesbischof D. Wurm die Treue.

Anläßlich des Eingriffs in die Bayerische Landeskirche erließ der Reichsbruderrat am 12. Oktober 1934 folgende Kundgebung[7]:

München, 11. Okt. (Drahtbericht). Aus dem Gebiet der bisherigen lutherischen Landeskirche in Bayern rechts des Rheins wurden zwei neue Reichskirchengebiete gebildet, nämlich Franken und Alt-Bayern, an deren Spitze je ein lutherischer Bischof stehen wird. Die Bischofssitze werden in Nürnberg und München sein (Rheinisch-Westfälische Zeitung Nr. 517 vom 12. Oktober 1934).
Diese Nachricht ergänzen wir:
Das Evangelisch-lutherische Landeskirchenamt in München ist durch Polizei besetzt. Mit ihrer Hilfe hat der Rechtswalter Dr. Jäger dort seinen Einzug gehalten. die rechtmäßigen Mitglieder des Evangelisch-lutherischen Landeskirchenamtes sind beurlaubt worden.

6 Ebd., S. 45f.
7 Ebd., S. 48

Wir klagen an: In der Kirche, die sich nach dem Evangelium nennt, ist das Evangelium außer Kraft gesetzt. Willkür und Verlogenheit sind in ihr zur Herrschaft gelangt.
Die Reichskirchenregierung zerschlägt die durch Geschichte, Bekenntnis und Verfassung geeinte Kirche Bayerns in zwei Teile, aber sie redet von Einheit.
Die Reichskirchenregierung vergewaltigt ein rechtmäßiges Kirchenregiment und eine gläubige Kirche mit allen ihren Gemeinden und braucht hierzu polizeiliche Macht; aber sie redet vom Frieden.
Die Reichskirchenregierung verleugnet die Zehn Gebote, sie kämpft mit Lüge gegen die Wahrheit, mit gewaltsamem Raub gegen das Recht; aber sie redet von Bibel und Bekenntnis.
Verantwortlich für solche Verwüstung der Kirche sind der Reichsbischof Ludwig Müller und sein Rechtswalter Dr. Jäger. Durch sie treibt der Satan sein Werk.
Deshalb klagen wir zu Gott: Herr, unser Gott, es herrschen wohl andere Herren über uns denn Du, doch wir gedenken allein Dein und Deines Namens! Wir bitten ihn: Erlöse uns von dem Bösen!
Im Vertrauen auf seinen Beistand geloben wir:
»Wir sind nicht von denen, die da weichen und verloren gehen, sondern von denen, die da glauben und die Seele erretten.«
Herr, mach uns frei! Amen.

Inzwischen war, besonders auf Drängen der Bekennenden Kirche in Bayern und Württemberg, vom Reichsbruderrat die *Bekenntnissynode der Deutschen Evangelischen Kirche* zu einer neuen Tagung nach *Berlin-Dahlem am 19. bis 20. Oktober 1934* einberufen worden. Auf dieser Tagung wurden unter dem Druck der Lage überraschend schnell und einmütig weittragende Beschlüsse gefaßt.
Ich berichtete über diese Synode durch ein Flugblatt an die Gemeinden, das ich bald nach der Synode niederschrieb, damit es wegen der Bedeutung der Synode von möglichst vielen Gemeindegliedern gelesen wurde.

Ein Wort über die Dahlemer Botschaft der Bekenntnissynode
der Deutschen Evangelischen Kirche[8]

Als Brief zu versenden!
Kein Flugblatt! Öffentliche Verteilung nicht gestattet!

In einer Stunde schwerster Not unserer Kirche rufen wir die Gemeinde zur Entscheidung. Kein evangelischer Christ kann sich ihr entziehen; denn es geht um Sein oder Nichtsein der Kirche, durch deren Verkündigung er zum Glauben an das Evangelium gerufen wurde und deren verantwortliches Glied er ist.
Die evangelische Kirche steht seit langem nicht mehr in der Kraft und Vollmacht der Reformation da. Sie erlag dem Geist dieser Welt und wurde dadurch so geschwächt, daß sie ihren Auftrag, die Verkündigung des Evangeliums, nicht mehr klar und eindeutig nach dem Bekenntnis der Reformation ausrichten konnte. Im Innersten zerrüttet, weil in Unsicherheit über ihre eigene Grundlage, ungewiß in ihrem Glauben und Bekennen, so ging sie in die großen Entscheidungen des 20. Jahrhunderts hinein. Der Umbruch des politischen Geschehens fand sie ungerüstet. Darum erlag sie im Sommer 1933 dem Ansturm der Bewegung »Deutsche Christen«, die sich fast kampflos in den Besitz der Macht über die evangelische

8 Zeitgen. Druckstück

Kirche setzen konnte. Dadurch kam die Krisis der evangelischen Kirche offen zum Ausbruch. *Die evangelische Kirche ist in die Entscheidung gestellt, ob sie noch die Kirche des reformatorischen Bekenntnisses ist oder nicht.*
Hierum ist der Kampf in der evangelischen Kirche entbrannt, hierum geht die Auseinandersetzung zwischen den Deutschen Christen und der bekennenden Gemeinde. Weil um diese Lebensfrage der evangelischen Kirche gerungen wird, darum befindet sie sich in einem Zustande schwerster Erschütterung und Verwirrung. Es sind Gegensätze aufgebrochen, die ihren Ursprung in letzten Tiefen der Glaubensentscheidung haben und die eine kirchliche Gemeinschaft zwischen den Deutschen Christen und der bekennenden Gemeinde unmöglich machen, weil beide einen anderen Glauben, damit eine andere Erkenntnis der Heiligen Schrift und daher ein anderes Bekenntnis haben. So muß ein tiefer Riß durch die evangelische Kirche hindurchgehen – nicht eine Meinungsverschiedenheit über die richtige Verfassung der Kirche, nicht ein »Theologengezänk«, das das »Kirchenvolk« nichts angeht, sondern ein *Glaubenskampf um die Wahrheit des Evangeliums und seine Geltung in der evangelischen Kirche,* in dem jeder evangelische Christ zur Entscheidung gerufen ist.
Darum ruft die bekennende Gemeinde die evangelische Christenheit zum Glauben an das Evangelium, zum Gehorsam gegen das Wort Gottes Heiliger Schrift, zum Bekenntnis der Reformation.
Der Kampf, in dem wir stehen, ist in seinem tiefsten Sinne nichts anderes als der *Kampf um das rechte Verständnis des Wortes Gottes.* Das ist der Gegensatz, der zwischen der bekennenden Gemeinde und den Deutschen Christen aufgebrochen ist und der durch alle Auseinandersetzungen hindurchgeht. Es ist derselbe Gegensatz, der die Reformatoren dazu zwang, sich von der römisch-katholischen Kirche zu trennen. Die evangelische Kirche hat das rechte, für sie maßgebende Verständnis des Wortes Gottes in ihrem Bekenntnis, das heißt in den Bekenntnisschriften der Reformation niedergelegt. Die reformatorischen Bekenntnisse erheben den Anspruch, die Wahrheit der Schrift lauter und rein zu bekennen. Sie stellen uns damit vor die Frage, ob wir diesen Anspruch bejahen oder nicht. Es kann kein Zweifel sein, daß die Kirche der Reformation nur dort ist, wo der Wahrheitsanspruch des reformatorischen Bekenntnisses bejaht wird; denn auf diesem Bekenntnis ist sie gegründet. Durch dieses Bekenntnis hat sie sich von der Kirche Roms und den schwärmerischen Sekten als die rechtmäßige, weil allein in der Heiligen Schrift gegründete Kirche Christi abgegrenzt.
Zeichen für die Echtheit und Größe des Streites in der evangelischen Kirche ist es nun, daß der Inhalt dessen, was in den Bekenntnissen der Reformation gesagt ist, im Mittelpunkt der Auseinandersetzungen steht. Was die Reformatoren gegen Rom und die Schwärmer bekannt haben, ist heute das Panier der bekennenden Gemeinde. Was unsere Väter vor Kaiser und Reich als ihr letztes Wort sagen mußten, dasselbe müssen wir heute bekennen, gegenüber schwärmerischer Besessenheit und der Herrschaft römisch-katholischen Geistes in unserer Kirche. *Um das Panier des reformatorischen Bekenntnisses sammelt sich heute wieder neu die Kirche der Reformation.* Denn sie ist zum Kampf gefordert gegen die Beseitigung des Bekenntnisses als der maßgebenden Richtschnur für Lehre und Leben, Ordnung und Regiment der Kirche. Sie ist gefordert zur Abwehr des tödlichen Einbruches römisch-katholischen Geistes und der verheerenden Auswirkung schwärmerischen Wahnes. Die *evangelische Kirche kämpft um ihre Existenz angesichts ihrer drohenden Vernichtung durch die Zersetzung ihrer Grundlage.*
Aus diesem Kampf heraus ist die Bekenntnissynode der Deutschen Evangelischen Kirche jetzt zum zweitenmal zusammengekommen und hat in Einmütigkeit des Glaubens in ihrer Botschaft vom 20. Oktober die evangelische Christenheit in die Entscheidung gestellt, ob sie auf dem Grund des reformatorischen Bekenntnisses

wahre Kirche Jesu Christi sein und bleiben will. Die Begründung dieser Forderung zur Entscheidung liegt in der Erkenntnis, daß die Grundlage der evangelischen Kirche, das Evangelium der Heiligen Schrift, bezeugt in den Bekenntnissen der Reformation, durch die Lehren, Gesetze und Maßnahmen des deutsch-christlichen Kirchenregimentes aufgehoben ist.

I

Der erste und grundlegende Artikel der Verfassung der Deutschen Evangelischen Kirche vom 11. Juli 1933 lautet:
1. »Die unantastbare Grundlage der Deutschen Evangelischen Kirche ist das Evangelium von Jesus Christus, wie es uns in der Heiligen Schrift bezeugt und in den Bekenntnissen der Reformation neu ans Licht getreten ist. Hierdurch werden die Vollmachten, deren die Kirche für ihre Sendung bedarf, bestimmt und begrenzt.«

Diese Sätze sagen deutlich, daß die *Vollmachten der Kirche* in Lehre, Gesetzgebung, Ordnung und Regiment *durch das Evangelium bestimmt und begrenzt* sind. Die evangelische Kirche hat eine klare Richtschnur, die allem kirchlichen Handeln Ziel und Richtung, Maß und Grenze setzt.

1. »*Dieser Artikel* ist durch die Lehren, Gesetze und Maßnahmen des deutsch-christlichen Kirchenregimentes tatsächlich beseitigt. Damit ist die christliche Grundlage der Deutschen Evangelischen Kirche aufgehoben.«

Diese Behauptung gilt es zu beweisen.

Die *Lehren* des Kirchenregimentes beruhen auf gefährlichen Irrtümern der Bewegung »Deutsche Christen«, wie sie vor allem auch in ihren letzten Richtlinien, den 28 Thesen, zutage getreten sind. Es ist den DC immer aufs neue nachgewiesen worden, daß die Lehren nicht aus Schrift und Bekenntnis stammen, sondern ihren Ursprung in der Forderung eines artgemäßen Christentums, in einer eigenen Schau der Geschichte, in einem Glauben an eine zweite Offenbarung Gottes in der Gegenwart haben. Diese Irrtümer sind von allen maßgebenden Männern des Kirchenregimentes in Reden und Schriften verbreitet worden. Es ist uns nicht möglich, auf die zahlreichen Irrtümer einzugehen. Es ist darüber aus der bekennenden Gemeinde ausführlich geredet und geschrieben worden. Nur auf eine gefährliche Irrlehre des Kirchenregimentes, die sein Handeln maßgebend bestimmt hat, sei hingewiesen. Sie hat allein schon ausgereicht, um die Kirche zu verwüsten. Es ist die *Lehre von der Weltlichkeit der Kirche* und die daraus gezogene Folgerung, daß die Ordnung der Kirche mit dem Bekenntnis nichts zu tun habe. Die Trennung von Bekenntnis und Ordnung der Kirche, wie sie hier gelehrt wird, ist eine Aufhebung der Bekenntnisgrundlage; denn eine Kirchenordnung, die nicht mehr ihre Ausrichtung vom Bekenntnis her erfährt, ist keine *kirchliche* Ordnung mehr. Eine solche Kirche steht nicht mehr auf ihrer eigenen Grundlage, sondern auf einem *fremden* Boden. Sie wird daher mit Notwendigkeit verweltlicht. Diese Verweltlichung der Kirche hat sich in den Gesetzen und Maßnahmen des Kirchenregimentes erwiesen.

Die *Gesetze* des deutsch-christlichen Kirchenregimentes sind nicht bestimmt durch das Evangelium und nehmen ihre Vollmacht nicht aus dem Bekenntnis, sondern aus menschlichen Wunschträumen und dem Herrschaftsanspruch der Bewegung Deutsche Christen. Das hat zur Folge gehabt, daß alle kirchliche Ordnung aufgelöst wurde und in eine Willkürherrschaft des Kirchenregiments verwandelt worden ist. Die Verordnungen des Kirchenregimentes gegen die Pastoren haben das geistliche Amt zerstört, indem sie die Träger dieses Amtes zu Funktionären der deutsch-christlichen Hierarchie machten. Die Eingliederungsgesetzgebung zerstörte nicht nur die Bekenntnisgliederung der Deutschen Evangelischen Kirche, sondern auch die Bekenntnisgrundlage der einzelnen Gliedkirchen, und

zwar dadurch, daß bei all diesen Gesetzen das Bekenntnis »unberührt« blieb, wodurch es tatsächlich in seiner Geltung aufgehoben wurde. Denn in Fragen der Kirchengewalt, des Kirchenregimentes und der kirchlichen Gesetzgebung darf das Bekenntnis nicht unberührt bleiben, sondern hat für die Ordnung und Leitung der Kirche seine richtunggebende Kraft zu entfalten. Die Gesetze der sogenannten Nationalsynode vom 9. August 1934 haben diesem ganzen System die Krone aufgesetzt durch die Herstellung einer absoluten Zentralgewalt in der Kirche, der das Recht gegeben wurde, selbstherrlich alle Ordnung zu ändern und nach eigenem Ermessen neues Recht zu schaffen. Hierdurch ist es in der Deutschen Evangelischen Kirche zu einer Rechtsunsicherheit gekommen, die einer völligen Rechtlosigkeit gleichkommt. *Eine Kirche aber ohne Recht und Ordnung ist keine christliche Kirche mehr.*
Wie die Gesetze, so die *Maßnahmen* des Kirchenregimentes. Sie sind eine völlige Überschreitung der Vollmachten, deren die Kirche für ihre Sendung bedarf; denn Gewalt, Rechtsbruch und Unwahrheit können nicht aus der Bekenntnisgrundlage der Kirche hergeleitet werden. Mit Polizeigewalt hat das Kirchenregiment da, wo es auf Widerstand stieß, zum Beispiel in Kurhessen, Württemberg und Bayern, seinen Willen durchgesetzt. Es hat damit in klarem Widerspruch zu der Forderung des reformatorischen Bekenntnisses gehandelt, daß ein Kirchenregiment nicht mit weltlicher Gewalt, sondern allein mit dem Wort zu regieren habe. Der Weg des Kirchenregimentes war eine Kette von Rechtsbrüchen: die Auflösung und Neubildung der Synoden, die Absetzung von Bischöfen und Pastoren, die Umbildung der Kirchenleitungen in den Landeskirchen, vor allem der Reichskirchenregierung. Das alles geschah im Widerspruch zur Reichskirchenverfassung und zu den bestehenden Ordnungen der einzelnen Kirchen. Und alle diese Maßnahmen wurden vor der evangelischen Christenheit in ihrem wahren Gesicht planmäßig verschleiert. Die Vorgänge wurden in der kirchenamtlichen Berichterstattung entstellt wiedergegeben. Man verstand es, seinem Handeln einen Schein des Rechtes zu geben. Es war eine einzige große Irreführung des evangelischen Deutschland. Wir sagen deswegen nicht zuviel, wenn wir angesichts dieses ungeheuerlichen Vorgehens erklären, daß hier die Zehn Gebote außer Kraft gesetzt sind. Eine Kirche, in der das geschieht, verfällt dem Gericht Gottes. Denn *Gott ist ein Gott des Rechtes,* und *er verwirft eine Kirche, in der das Unrecht Recht genannt wird.*
Die christliche Grundlage der Deutschen Evangelischen Kirche ist zerstört. Dadurch sind die an Schrift und Bekenntnis gebundenen Kirchen, Gemeinden und Träger des geistlichen Amtes in der Deutschen Evangelischen Kirche aufgerufen, die Bekenntnisgrundlage der Deutschen Evangelischen Kirche wiederherzustellen, damit die Deutsche Evangelische Kirche wieder eine Kirche Christi, eine Kirche des Evangeliums, eine Kirche des reformatorischen Bekenntnisses werde.
Die bekenntnistreue evangelische Kirche in Deutschland muß sich von dem deutschchristlichen Kirchenregiment trennen; denn dieses *Kirchenregiment* hat mit der evangelischen Kirche der Reformation *nichts mehr gemein.* Fünf entscheidende Punkte sind es, an denen die Zerstörung der Bekenntnisgrundlage der Deutschen Evangelischen Kirche für jeden evangelischen Christen deutlich werden muß.
2. »Die unter der Parole ›Ein Staat – ein Volk – eine Kirche‹ vom Reichsbischof erstrebte Nationalkirche bedeutet, daß das Evangelium für die Deutsche Evangelische Kirche außer Kraft gesetzt und die Botschaft der Kirche an die Mächte dieser Welt ausgeliefert wird.«
Nach reformatorischer Erkenntnis beruht die Einheit der Kirche allein auf der Einheit im Bekenntnis, auf der Einmütigkeit im Bekennen. Darum ist die Zielsetzung der Kirchenleitung, die die Einheit der Kirche auf die Einheit von Staat und Volk gründet, eine Beseitigung der Bekenntnisgrundlage der Deutschen Evangelischen Kirche; denn hier gründet sich die kirchliche Einheit auf weltliche Größen

und Mächte. Damit ist der Wahrheitsanspruch des Evangeliums, unter dem sich allein Kirche einen kann, preisgegeben und die Botschaft der Kirche den Mächten dieser Welt ausgeliefert.

3. »Die angemaßte Alleinherrschaft des Reichsbischofs und seines Rechtswalters hat ein in der evangelischen Kirche unmögliches Papsttum aufgerichtet.«

Nach reformatorischer Lehre ist *die Kirchengewalt der ganzen Kirche und nicht dem Kirchenregiment gegeben*. Das deutsch-christliche Kirchenregiment dagegen erhebt einen Herrschaftsanspruch über die Kirche. Die gewaltsame Durchsetzung dieses Anspruchs hat zu einer Alleinherrschaft des Reichsbischofs in der Kirche geführt. Er hat die gesamte Macht in der Hand, an seine Weisung sind alle kirchlichen Behörden gebunden. Von ihm werden alle entscheidenden Stellen besetzt; denn er hat die Berufungsbefugnis und die Macht zur Absetzung aller, die ein kirchenregimentliches Amt bekleiden. Bei ihm liegt die Gesetzgebung der Kirche; er steht souverän über der Kirchenverfassung und dem kirchlichen Recht. Ein solches Amt ist in der evangelischen Kirche wider das Bekenntnis; denn es hat eine Gewalt, wie sie nur noch der römische Papst innehat. Die evangelische Kirche kann sich getreu dem reformatorischen Bekenntnis in seiner Ablehnung papistischer Herrschaft über die Kirche unter ein solches Amt niemals beugen. Das Bekenntnis zwingt sie zu klarer und entschlossener Ablehnung.

4. »Getrieben von dem Geist einer falschen, unbiblischen Offenbarung hat das Kirchenregiment den Gehorsam gegen Schrift und Bekenntnis als Disziplinwidrigkeit bestraft.«

Die *Alleingeltung von Schrift und Bekenntnis* zur Beurteilung aller Dinge, die in der evangelischen Kirche geschehen, gehört zum Wesen der evangelischen Kirche. Es ist die Pflicht der Gemeinden und aller ihrer Amtsträger, ihr Lehren und Handeln an Schrift und Bekenntnis zu prüfen und sich deren Urteil zu unterwerfen. Es ist darum in der evangelischen Kirche unmöglich, daß die Berufung auf Schrift und Bekenntnis durch das Kirchenregiment als Disziplinwidrigkeit betrachtet und bestraft wird. Man kann nicht den Widerspruch von vielen tausend Pastoren, die sich genötigt sehen, gegen Lehren, Gesetze und Maßnahmen des Kirchenregimentes unter ausdrücklicher Berufung auf Schrift und Bekenntnis zu protestieren, als Widerstand gegen die äußere Ordnung erklären, um dann sagen zu können, es sei keiner um seines Bekenntnisses willen gemaßregelt, sondern nur wegen Ordnungswidrigkeit. Eine Kirche, die das hingehen läßt, hat aufgehört, eine Kirche des reformatorischen Bekenntnisses zu sein.

5. »Die schriftwidrige Einführung des weltlichen Führerprinzips in die Kirche und die darauf begründete Forderung eines bedingungslosen Gehorsams hat die Amtsträger der Kirche an das Kirchenregiment statt an Christus gebunden.«

Nach reformatorischem Bekenntnis gibt es *keine Überordnung der kirchlichen Ämter übereinander*, da sie alle gemeinsam dem einen Herrn der Kirche dienen. Daher ist eine nach dem Führerprinzip gestaltete kirchliche Ordnung für die evangelische Kirche wider das Bekenntnis, weil mit der Einführung des Führerprinzips zwangsläufig eine Bindung der kirchlichen Amtsträger an kirchliche Obere und letztlich an den obersten Führer der Kirche zwangsläufig gegeben ist, wie es sich heute in der Forderung eines bedingungslosen Gehorsams (Eid, Revers) gegenüber dem Kirchenregiment zeigt. Das widerspricht der in der evangelischen Kirche allein möglichen Bindung der Amtsträger an Christus, wie diese in der Verpflichtung auf Schrift und Bekenntnis allein zum Ausdruck kommt (Ordinationsgelübde).

6. »Die Ausschaltung der Synoden hat die Gemeinden im Widerspruch zur biblischen und reformatorischen Lehre vom Priestertum aller Gläubigen mundtot gemacht und entrechtet.«

Die reformatorische Lehre vom Priestertum aller Gläubigen fordert mit Notwendigkeit die verantwortliche Bindung von Amt und Gemeinde aneinander, wie es in dem Vorhandensein der kirchlichen Körperschaften und in der Bildung von Synoden zum Ausdruck kommt. Ein evangelisches Kirchenregiment steht darum nicht über einer Synode, sondern ist der Synode als der Vertretung der Kirche verantwortlich. Das deutsch-christliche Kirchenregiment hat durch seine Gesetze und Maßnahmen jede Vertretung der Gemeinde ausgeschaltet. Es gibt in der Deutschen Evangelischen Kirche keine wirklichen, das heißt beschlußkräftigen und handlungsfähigen Synoden mehr; denn sie sind in eine völlige Abhängigkeit vom Kirchenregiment geraten. Damit ist die Gemeinde mundtot gemacht und entrechtet. *Die dem deutsch-christlichen Kirchenregiment unterworfene Organisation ist darum nicht mehr die rechtmäßige Deutsche Evangelische Kirche.*

II

Die Durchsetzung der deutsch-christlichen Lehren, Gesetze und Maßnahmen bedeutet für die Deutsche Evangelische Kirche einen *Rückfall in den römischen Katholizismus*. Auf dem Wege über eine schwarmgeistige Bewegung ist der Geist, der die römisch-katholische Kirche geformt hat, in der evangelischen Kirche zur Herrschaft gelangt, so daß sie in der Gefahr ist, hinter die Reformation zurückgeworfen zu werden. Was von den Deutschen Christen und ihrem Kirchenregiment als Vollendung der Reformation hingestellt wird, ist in Wirklichkeit ihre Vernichtung. Dieser fremde Geist hat sich in der Deutschen Evangelischen Kirche durch die gewaltsame Eingliederung der widerstehenden Landeskirchen in dem Maße zerstörend durchgesetzt, daß eine Erneuerung der kirchlichen Ordnung auf Grund der völlig aufgehobenen Verfassung der Deutschen Evangelischen Kirche vom Juli 1933 nicht mehr möglich ist. Deshalb bleibt für die evangelische Kirche, die nicht vom Boden des reformatorischen Bekenntnisses weichen will, nichts anderes übrig, als sich von diesem Kirchenregiment und der es tragenden Bewegung Deutsche Christen zu trennen. Nur so kann sie evangelische Kirche bleiben. Darum sagt die Dahlemer Botschaft:

1. »Alle unsere von Schrift und Bekenntnis her erhobenen Proteste, Warnungen und Mahnungen sind umsonst geblieben. Im Gegenteil, die Reichskirchenregierung hat unter Berufung auf den Führer und unter Heranziehung und Mitwirkung politischer Gewalten rücksichtslos ihr kirchenzerstörendes Werk fortgesetzt.«
2. »Durch die Vergewaltigung der süddeutschen Kirchen ist uns die letzte Möglichkeit einer an den bisherigen Zustand anknüpfenden Erneuerung der kirchlichen Ordnung genommen worden.«
3. »Damit tritt das kirchliche Notrecht ein, zu dessen Verkündung wir heute gezwungen sind.«

Hiermit hat die bekenntnistreue Kirche sich auf Grund des reformatorischen Bekenntnisses von dem deutsch-christlichen Kirchenregiment, weil es wider Gottes Wort regiert, losgesagt. Das reformatorische Bekenntnis fordert von ihr den Ungehorsam gegen Bischöfe, die etwas wider das Evangelium setzen, lehren oder aufrichten. Dadurch ist die bekennende Gemeinde in Deutschland in die Notwendigkeit geführt, das kirchliche Notrecht vom Bekenntnis her zu verkünden und sich selbst ein neues, an Schrift und Bekenntnis gebundenes Kirchenregiment zu geben: »Not bricht alle Gesetze und hat kein Gesetz; so ist die Liebe schuldig zu helfen, so sonst niemand ist, der hilft oder helfen sollte« (Luther 1523). Sie tut damit dasselbe, was die Reformatoren bei ihrer Trennung von der römischen Hierarchie auch tun mußten: »Also schließen wir nun, daß, wo eine christliche Gemeinde ist, die das Evangelium hat, nicht allein Recht und Macht hat, sondern schuldig ist, bei der Seelen Seligkeit, ihrer Pflicht nach, die sie Christo in der Taufe getan hat, zu meiden, zu fliehen, abzusetzen, sich zu entziehen von der Obrigkeit, so die jetzigen Bischöfe, Äbte, Klöster, Stifter und ihresgleichen treiben; weil man öffentlich sieht, daß sie wider Gott und sein Wort lehren und regieren« (Luther 1523). Dieses neue Kirchenregiment ist auf der Bekenntnissynode der Deutschen Evangelischen Kirche in Berlin-Dahlem aufgerichtet worden.

III

Wir stellen fest:
1. »Die Verfassung der Deutschen Evangelischen Kirche ist zerschlagen. Ihre rechtmäßigen Organe bestehen nicht mehr. Die Männer, die sich der Kirchenleitung im Reich und in den Ländern bemächtigten, haben sich durch ihr Handeln von der christlichen Kirche geschieden.«
2. »Auf Grund des kirchlichen Notrechtes der an Schrift und Bekenntnis gebundenen Kirchen, Gemeinden und Träger des geistlichen Amtes schafft die Bekenntnissynode der Deutschen Evangelischen Kirche neue Organe der Leitung. Sie beruft zur Leitung und Vertretung der Deutschen Evangelischen Kirche als eines Bundes bekenntnisbestimmter Kirchen den Bruderrat der Deutschen Evangelischen Kirche und aus seiner Mitte den Rat der Deutschen Evangelischen Kirche zur Führung der Geschäfte. Beide Organe sind den Bekenntnissen entsprechend zusammengesetzt und gegliedert.«

Damit ist *nicht* eine Kirchenspaltung vollzogen, damit ist *nicht* eine Kirche in der Deutschen Evangelischen Kirche aufgerichtet oder eine neue Verfassung der Deutschen Evangelischen Kirche geschaffen, sondern es ist an die Stelle des für die evangelische Kirche untragbaren Kirchenregimentes aus der Verpflichtung und Verantwortung der an Schrift und Bekenntnis gebundenen Kirchen, Gemeinden und Träger des geistlichen Amtes *eine neue Leitung der Deutschen Evangelischen Kirche* gesetzt worden. Da alles Recht, alle Ordnung und Leitung der Kirche aus dem Bekenntnis fließt, so ist und bleibt nur dort evangelische Kirche, wo auf der Grundlage des Bekenntnisses gelehrt, gepredigt, gehandelt und regiert wird. Da ist allein die rechtmäßige Deutsche Evangelische Kirche, nicht aber dort, wo die Macht eines Kirchenregimentes herrscht, das seine Vollmacht nicht aus Schrift und Bekenntnis bestimmt und begrenzt sein läßt, sondern aus menschlicher Eigenmächtigkeit. Solange der bekenntniswidrigen Willkürherrschaft wider die geltende Verfassung in der Deutschen Evangelischen Kirche Raum gelassen wird, so lange muß ein *Notkirchenregiment* zur Erhaltung des evangelischen Charakters der Deutschen Evangelischen Kirche vorhanden sein.

3. »Wir fordern die christlichen Gemeinden, ihre Pfarrer und Ältesten auf, von der bisherigen Reichskirchenregierung und ihren Behörden keine Weisungen entgegenzunehmen und sich von der Zusammenarbeit mit denen zurückzuziehen, die diesem Kirchenregiment weiterhin gehorsam sein wollen. Wir fordern sie auf, sich an die Anordnungen der Bekenntnissynode der Deutschen Evangelischen Kirche und der von ihr anerkannten Organe zu halten.«

Die christliche Liebe zum Nächsten, die niemals ohne die Wahrheit handeln kann, fordert von den Amtsträgern und Gliedern der bekennenden Gemeinde, daß sie um der Glaubwürdigkeit des Evangeliums vor der Welt, um der Reinerhaltung des Evangeliums willen sich einem bekenntniswidrig handelnden und lehrenden Kirchenregiment versagen. Sie fordert in der kirchlichen Gemeinschaft ein klares Wort zur Entscheidung an alle, die auf Grund ihres kirchlichen Amtes verantwortlich zu handeln berufen sind. Um der Wahrheit willen kann mit dem sich Versagenden ein gesegneter Dienst an der Gemeinde nicht länger bestehen. »*Der Liebe Art* ist, alles zu ertragen, allen nachzugeben. Aber *des Glaubens Art* ist, nichts zu ertragen, niemand nachzugeben ... In der Sache des Heils darf wahrlich keine Liebe walten. Denn damit verliert man nicht eine einem Undankbaren erzeigte Wohltat, sondern das Wort, den Glauben, Christum, das ewige Leben« (Luther).

IV

»Wir übergeben diese unsere Erklärung der Reichsregierung, bitten sie, von der damit vollzogenen Entscheidung Kenntnis zu nehmen, und fordern von ihr die Anerkennung, daß in Sachen der Kirche, ihrer Lehre und Ordnung die Kirche, unbeschadet des staatlichen Aufsichtsrechtes, allein zu urteilen und zu entscheiden berufen ist.«

Die bekennende Kirche hat gehandelt. Sie hat eine Entscheidung von schwerstem Gewicht vollzogen. Sie ist gefallen nach langem Warten, nach vielen vergeblichen Bemühungen, einen andern Weg zu finden. Es blieb kein anderer Ausweg aus der verzweifelten Lage, aus der Verwüstung und drohenden Vernichtung der Kirche des reformatorischen Bekenntnisses. Mit dieser entscheidenden Tat wendet sich die bekennende Kirche an die evangelische Christenheit und fordert sie auf, im Glauben an das Evangelium und im Gehorsam gegen Gottes Wort sich miteinzureihen in die bekennende Gemeinde.

Die bekennende Gemeinde bezeugt der evangelischen Christenheit: *Die Kirche der Reformation lebt!* Die Feinde dieser Kirche mögen meinen, daß sie in der gegenwärtigen Zerrüttung untergehe, aber sie irren sich. Sie können nicht verstehen, was in der evangelischen Kirche vor sich geht; denn sie leben nicht von der Kraft, die die evangelische Kirche trägt.

Die Ängstlichen mögen verzagen, die Gleichgültigen mögen sich ärgern. Die glaubende und bekennende Gemeinde ist getrost und geht ihren Weg fröhlich; denn es ist ihr in der Tiefe der Not, in all dem Wirrwarr des kirchlichen Kampfes aufs neue die Gewißheit geschenkt worden:

Die Reformation ist nicht zu Ende, im Gegenteil, sie ist lebendigste Gegenwart! Sie bricht sich aufs neue unter uns Bahn. Was wir erleben, ist nichts Geringeres als der Neubau der reformatorischen Kirche. Die schwere Krise, in der wir stehen, ist Gottes Gericht über die Kirche, die mehr und mehr seinem Wort ungehorsam geworden war. Dieses Kirchentum, von dem wir herkommen, zerbricht und verschmilzt in der Feuerglut Gottes. *Gottes Zorn* stößt uns zu Boden, Gottes Feuer bereitet uns Schmerzen, Gottes Rute trifft uns hart. Darum müssen wir leiden; denn Gottes gewaltige Hand liegt schwer auf uns, aber – *Gottes Barmherzigkeit* hat noch kein Ende! Mitten in unserer menschlichen Verwüstung, mitten in dem Chaos der kirchlichen Wirren schenkt er uns wider alle Vernunft, über Bitten und Verstehen, daß seine Gemeinde aufs neue lebendig wird durch sein Wort. Der Heilige Geist tut unter uns sein Werk mit großer Macht, sein Ruf zwingt uns unter sein Wort. Er sammelt uns neu zur Gemeinde, er erleuchtet uns mit neuer Erkenntnis seiner Wahrheit, er schenkt uns wieder die Einheit im rechten einigen Glauben.

Hier wird die neue einige Deutsche Evangelische Kirche! Nicht durch unsere Neuorganisation, sondern durch die Erneuerung, die Gott uns durch das Gericht unserer Tage hindurch schenkt. Nicht durch menschlich gemachte Vereinheitlichung, sondern durch die wahre Einheit auf dem Grunde der einen Wahrheit, durch die Einmütigkeit im Glauben und Bekennen.

Der Bruderrat der Rheinischen Bekenntnissynode
I.A.: Liz. Dr. Beckmann, Düsseldorf

Kurz nach der Dahlemer Synode wurde der Kampf gegen die Württembergische und Bayerische Kirchenleitung eingestellt, weil man in beiden Kirchen auf einen derartigen Widerstand gestoßen war, daß das Ansehen des Dritten Reiches und die Autorität des Staates durch das Vorgehen der deutsch-christlichen Reichskirchenregierung schwer bedroht erschien. Die Haft der Bischöfe wurde aufgehoben. Sie wurden sogar zu einer Besprechung zum Führer und Reichskanzler geladen.

Dies bedeutete den Sturz des Rechtswalters, der mit einer großen Geste, als habe er seinen Auftrag nun erfüllt, abging. Dr. Werner erschien wieder als Präsident des Evangelischen Oberkirchenrates, nachdem er seinen Prozeß gegen den Reichsbischof gewonnen hatte.
Die Auswirkungen dieser Ereignisse waren außerordentlich. Das ganze Gebäude des Reichsbischofs stürzte in wenigen Wochen zusammen. Die Eingliederungsgesetze wurden überall für nichtig erklärt oder praktisch außer Kraft gesetzt. Der Stand der Dinge geht aus den folgenden interessanten Verordnungen hervor, die am 20. November im Gesetzblatt der Deutschen Evangelischen Kirche erschienen.[9]

Verordnung
zur Sicherung der Verfassung der Deutschen Evangelischen Kirche
Vom 20. November 1934

Auf Grund des Artikels 6 Abs. 1 der Verfassung der Deutschen Evangelischen Kirche verordne ich, um die verfassungsmäßige Bildung des Geistlichen Ministeriums zu ermöglichen, was folgt.

§ 1

Die Verordnung zur Sicherung einheitlicher Führung der Evangelischen Kirche der altpreußischen Union vom 26. Januar 1934 (Gesetzblatt der Deutschen Evangelischen Kirche S. 5), das Kirchengesetz über die Leitung der Evangelischen Kirche der altpreußischen Union vom 2. März 1934 (Gesetzblatt der Deutschen Evangelischen Kirche S. 12) und das Kirchengesetz über die Leitung der Deutschen Evangelischen Kirche und der Landeskirchen vom 9. August 1934 (Gesetzblatt der Deutschen Evangelischen Kirche S. 121) werden für den Bereich der Evangelischen Kirche der altpreußischen Union mit der Wirkung aufgehoben, daß das ältere Recht wieder in Kraft tritt.

§ 2

Diese Verordnung tritt mit der Verkündung in Kraft.
Berlin, den 20. November 1934

Der Reichsbischof
Ludwig Müller

Verordnung
über die Aufhebung von Verordnungen im Bereich
der Evangelischen Kirche der altpreußischen Union
Vom 20. November 1934

Hierdurch verordne ich, was folgt:

§ 1

Die Verordnung zur Sicherung einheitlicher Führung der Evangelischen Kirche der altpreußischen Union vom 26. Januar 1934 (Kirchliches Gesetz- und Verordnungsblatt S. 1), die Verordnung betreffend die Aufhebung des Amtes des Präsidenten, des weltlichen und geistlichen Vizepräsidenten des Evangelischen Oberkirchenrates vom 5. Februar 1934 (Kirchliches Gesetz- und Verordnungsblatt S. 5) und die Verordnung über die Übertragung der Befugnisse des Landesbischofs auf die Deutsche Evangelische Kirche vom 1. März 1934 (Kirchliches Gesetz- und Verordnungsblatt S. 7) werden mit der Wirkung aufgehoben, daß das ältere Recht wieder in Kraft tritt.

[9] GBl DEK 1934, S. 219

§ 2
Diese Verordnung tritt mit der Verkündung in Kraft.
Berlin, den 20. November 1934

Der Landesbischof der
Evang. Kirche der altpreuß. Union
Ludwig Müller

Mit diesen Verordnungen versuchte der Reichsbischof, unter Preisgabe des bisherigen Weges sich zu behaupten. Durch die ganze Evangelische Kirche Deutschlands erhob sich ein Sturm von Forderungen auf Rücktritt des Reichsbischofs. Alle irgendwie kirchlich aktiven und bedeutsamen Kräfte forderten von ihm, daß er den Weg zu einer echten Neuordnung freimache durch Niederlegung seines Amtes. Ludwig Müller sah sich hierzu nicht veranlaßt. Er verteidigte seine Stellung bis zur Einsetzung der Kirchenausschüsse im Herbst 1935. Er trat erst in den Hintergrund, als ihm vom Staate her deutlich gemacht wurde, daß man ihn nicht länger zu stützen gedächte.

b) Von Dahlem nach Augsburg (1935)

Die Bekennende Kirche hatte sich auf der Dahlemer Synode ein Notregiment geschaffen, das in der ursprünglichen Form nur kurze Zeit bestand. Auf Grund der am 20. November 1934 veränderten Lage kam es nach schwierigen Verhandlungen zwischen den beteiligten Vertretern der »zerstörten Kirchen«, d.h. der Kirchen mit deutsch-christlichem Kirchenregiment, und der »intakten Kirchen«, d.h. der Kirchen von Bayern, Württemberg und Hannover, zu einer Abmachung, die den neuen Versuch machte, die »Legalität« dieser Kirchen zum Zuge zu bringen:

Vereinbarung über die Bestellung eines vorläufigen Kirchenregiments
der Deutschen Evangelischen Kirche vom 22. November 1934[10]

Das bisherige Regiment der Deutschen Evangelischen Kirche hat durch Lehren, Gesetze und Maßnahmen die christlichen Grundlagen der Deutschen Evangelischen Kirche, wie sie in Art. I der Verfassung der Deutschen Evangelischen Kirche vom 11. Juli 1933 festgestellt sind, aufgehoben. Die von den Leitern der in ihrem Bekenntnisstand und in ihrer Verfassung unberührten Landeskirchen, von dem Bruderrat der Deutschen Evangelischen Kirche, dem Lutherischen Rat der Deutschen Evangelischen Kirche, der Arbeitsgemeinschaft der missionarischen und diakonischen Verbände, dem Zentralverband des Evangelischen Vereins der Gustav-Adolf-Stiftung, dem Martin-Luther-Bund und 126 theologischen Hochschullehrern an den bisherigen Reichsbischof gerichtete Bitte, für die Wiederherstellung der Bekenntnis- und Verfassungsgrundlagen der Deutschen Evangelischen Kirche durch seinen Rücktritt freie Bahn zu schaffen, wurde mit einer die Sachlage völlig verkennenden Begründung abgeschlagen.
I. Zur Erhaltung der in der Verfassung der Deutschen Evangelischen Kirche vom

---

10 *Schmidt*, Bekenntnisse II, a.a.O., S. 174f.

11. Juli 1933 begründeten Einheit der Deutschen Evangelischen Kirche sind der Bruderrat der Deutschen Evangelischen Kirche und die Leiter der Landeskirchen von Hannover (lutherisch), Württemberg und Bayern übereingekommen, als Vorläufiges Kirchenregiment der Deutschen Evangelischen Kirche einzusetzen die Herren: 1. Landesbischof D. Marahrens, 2. Präses D. Koch, 3. Oberkirchenrat Breit, 4. Pfarrer D. Humburg, 5. Reichsgerichtsrat Flor.
II. Das Vorläufige Kirchenregiment der Deutschen Evangelischen Kirche hat die Aufgabe, gemäß den Botschaften der Bekenntnissynoden der Deutschen Evangelischen Kirche von Barmen und Dahlem auf der Grundlage von Bekenntnis und Verfassung die Deutsche Evangelische Kirche zu ordnen und in wahrer Einigkeit aufzubauen.
III. Das Verhältnis des vorläufigen Kirchenregiments der Deutschen Evangelischen Kirche zu den Kirchen und Landeskirchen ist durch die Verfassung der Deutschen Evangelischen Kirche vom 11. Juli 1933 bestimmt. In den Kirchen, in denen ein bekenntnis- und verfassungswidriges Kirchenregiment besteht, bestätigt das Vorläufige Kirchenregiment die von der Bekenntnissynode der Deutschen Evangelischen Kirche bestellten oder anerkannten Organe der Leitung.
IV. Bis zur Neubildung der Nationalsynode der Deutschen Evangelischen Kirche werden deren verfassungsmäßige Rechte wahrgenommen durch den Bruderrat der Deutschen Evangelischen Kirche. Der Bruderrat der Deutschen Evangelischen Kirche wird auf die Zahl von höchstens 30 Mitgliedern erweitert. Die neu hinzutretenden Mitglieder werden vom vorläufigen Kirchenregiment im Einvernehmen mit dem Bruderrat der Deutschen Evangelischen Kirche berufen.

Es gelang dem Reichsbischof, obwohl er es versuchte, nicht, die Vorläufige Leitung der Evangelischen Kirche zu hindern, vielmehr wurde sie lange Zeit die innerkirchlich anerkannte und aktiv tätige Leitung der Deutschen Evangelischen Kirche.
Der Widerstand der Bekennenden Kirche hatte es vermocht, den Versuch der Deutschen Christen, die Macht in der Deutschen Evangelischen Kirche zu behaupten, zum Scheitern zu bringen. Der Versuch, die Kirche dem Dritten Reich gleichzuschalten, war wiederum abgeschlagen worden. In der Bekennenden Kirche hatte sich im Zusammenhang dieses Kampfes ein immer stärker werdendes Abwehrzentrum gebildet, das nur durch den Staat und die Partei mit äußerer Macht daran gehindert wurde, die Verantwortung für die ganze Deutsche Evangelische Kirche zu übernehmen.
Nach der Gründung der Vorläufigen Leitung wurde in allen Landeskirchen die Organisation der Bekennenden Kirche durchgeführt, so daß in kurzer Zeit ein ziemlich festgefügtes und geordnetes Gebilde der Bekennenden Kirche dastand. Nun setzte, offenbar unter geheimer Inspiration durch die Partei, in der ersten Hälfte des Jahres 1935 ein außerordentlich intensiver Werbefeldzug des Neuheidentums unter dem Sammelbegriff »Deutsche Glaubensbewegung« ein. Während gleichzeitig die kirchliche Öffentlichkeitsarbeit aus nichtigen Gründen immer mehr beschränkt wurde – damals wurde auch Karl Barth als Professor in Bonn abgesetzt und mußte Deutschland verlassen –, fanden überall in Deutschland Kundgebungen und Werbeveranstaltungen statt, in denen das deutsche Volk zur Preisgabe des Christenglaubens und zur Übernahme des uralten germanisch-heidnischen Gottglaubens aufgerufen wurde.
Die Deutschen Christen und ihre Führung, besonders auch der Reichsbischof, hatten ihren Auftrag, die evangelische Kirche gleichzuschalten, nicht erfüllen kön-

nen, sie waren auf der ganzen Linie gescheitert, und die Bekennende Kirche hatte offensichtlich das »Kirchenvolk« ganz anders auf ihrer Seite als die Deutschen Christen. Es erfolgte also nun ein neuer Vorstoß des Nationalsozialismus, den kirchlichen Widerstand zu brechen. Es kam durch die überall auftretende »Deutsche Glaubensbewegung« mit Notwendigkeit zu einer Abwehr der Kirche, nicht nur in der Bekennenden Kirche, doch war die Bekennende Kirche am stärksten und leidenschaftlichsten in ihrer Stellungnahme gegen das »Neuheidentum«. Das bedeutendste Dokument in diesem Zusammenhang war das Wort der Bekenntnissynode der Evangelischen Kirche der altpreußischen Union in Berlin-Dahlem vom 4. bis 5. März 1935[11]:

Die Bekenntnissynode Berlin-Dahlem, den 5. März 1935
der Evangelischen Kirche
der altpreußischen Union

An die Gemeinden
In Übereinstimmung mit der Kundgebung der Vorläufigen Leitung der Deutschen Evangelischen Kirche in Nr. 4 ihrer Mitteilungen vom 21. Februar 1935 hat die Bekenntnissynode der Evangelischen Kirche der altpreußischen Union in ihrer Tagung zu Dahlem am 5. März 1935 folgendes Wort an die Gemeinden gerichtet:
Wir sehen *unser Volk* von einer *tödlichen Gefahr* bedroht. Die Gefahr besteht in einer *neuen Religion.*
Die Kirche hat auf Befehl ihres Herrn darüber zu wachen, daß in unserm Volk Christus die Ehre gegeben wird, die dem Richter der Welt gebührt. Die Kirche weiß, daß sie von Gott zur Rechenschaft gezogen wird, wenn das deutsche Volk ungewarnt sich von Christus abwendet.

I

Das erste Gebot lautet:
Ich bin der Herr, dein Gott. Du sollst nicht andere Götter haben neben mir.
Wir gehorchen diesem Gebot *allein im Glauben an Jesus Christus,* den für uns gekreuzigten und auferstandenen Herrn. Die neue Religion ist *Auflehnung gegen das erste Gebot.*
1. In ihr wird die rassisch-völkische Weltanschauung zum Mythus. In ihr werden Blut und Rasse, Volkstum, Ehre und Freiheit zum Abgott.
2. Der in dieser neuen Religion geforderte Glaube an das »ewige Deutschland« setzt sich an die Stelle des Glaubens an das ewige Reich unseres Herrn und Heilandes Jesus Christus.
3. Dieser Wahnglaube macht sich seinen Gott nach des Menschen Bild und Wesen. In ihm ehrt, rechtfertigt und erlöst der Mensch sich selbst. Solche Abgötterei hat mit positivem Christentum nichts zu tun. Sie ist Antichristentum.

II

Angesichts der Versuchung und Gefahr dieser Religion haben wir, gehorsam unserm kirchlichen Auftrag, vor Staat und Volk zu bezeugen:
1. Der Staat hat seine Hoheit und Gewalt durch das Gebot und die gnädige Anordnung Gottes, der allein alle menschliche Autorität begründet und begrenzt. Wer Blut, Rasse und Volkstum an Stelle Gottes zum Schöpfer und Herrn der staatlichen Autorität macht, untergräbt den Staat.

---

11 *Schmidt,* Bekenntnisse III, a.a.O., S. 70f.

2. Das irdische Recht verkennt seinen himmlischen Richter und Hüter, und der Staat selbst verliert seine Vollmacht, wenn er sich mit der Würde eines ewigen Reiches bekleiden läßt und seine Autorität zu der obersten und letzten auf allen Gebieten des Lebens macht.
3. Gehorsam und dankbar erkennt die Kirche die durch Gottes Wort begründete und begrenzte Autorität des Staates an. Darum darf sie sich nicht dem die Gewissen bindenden Totalitätsanspruch beugen, den die neue Religion dem Staate zuschreibt. Gebunden an Gottes Wort ist sie verpflichtet, vor Staat und Volk die Alleinherrschaft Jesu Christi zu bezeugen, der allein Macht hat, die Gewissen zu binden und zu lösen:
Ihm ist gegeben alle Gewalt im Himmel und auf Erden.

III

Die Kirche hat nach dem Befehl ihres Herrn allem Volk das Evangelium von der Gnade und Herrlichkeit Jesu Christi zu predigen.
1. Darum darf sie sich nicht aus der Öffentlichkeit der Welt in einen Winkel privater Frömmigkeit abdrängen lassen, wo sie in Selbstgenügsamkeit ihrem Auftrag ungehorsam würde.
Auch der Gewalt gegenüber darf sie nicht aufhören, das ihr aufgetragene Wort zu verkündigen.
2. In all ihrem Reden und Tun hat sie Gott allein die Ehre zu geben. Darum muß sie der Verweltlichung ihrer Sitte wehren, der Entheiligung ihres Sonntags, der Entchristlichung ihrer Feste widerstehen.
3. Der Auftrag Jesu Christi verpflichtet die Kirche in der Verantwortung für das gegenwärtige und zukünftige Geschlecht, für eine schriftgemäße Unterweisung und Erziehung der Jugend Sorge zu tragen. Sie muß ihre auf den Namen des dreieinigen Gottes getauften Glieder vor einem Weltanschauungs- und Religionsunterricht bewahren, der unter Verstümmelung und Beiseiteschiebung der Heiligen Schrift Alten und Neuen Testaments zum Glauben an den neuen Mythus erzieht.
4. Die Kirche betet, daß Gottes Name bei uns geheiligt werde, daß sein Reich zu uns komme und daß sein guter, gnädiger Wille auch bei uns in Volk und Staat geschehe. Im Glauben an die Vergebung der Sünden erfleht sie über Volk und Obrigkeit den Segen des Gottes und Vaters Jesu Christi, der sich erbarmt über die, so ihn fürchten. Darum muß die Kirche darüber wachen, daß die ihr durch Gottes Wort befohlene Fürbitte und Danksagung für alle Obrigkeit in der Wahrheit geschehe und nicht zu einer religiösen Verklärung und Weihung irdischer Mächte und Ereignisse werde.
Jeder Eid wird vor Gottes Angesichts geleistet und stellt die in ihm übernommene Verpflichtung unter die Verantwortung vor Gott. Der Eid findet seine Grenze darin, daß allein Gottes Wort uns unbedingt bindet.
An Gottes Wort gebunden ruft die Kirche ihre Glieder auf zu willigem *Gehorsam, Einsatz und Opfer für Staat und Volk*. Sie warnt davor, sich einer *Abgötterei* zu überantworten, durch die wir uns Gottes Zorn und Gericht zuziehen.
»Wir sollen Gott über alle Dinge fürchten, lieben und vertrauen.«

Als dieses Wort zur Kanzelabkündigung bestimmt wurde, kam es zu einer harten Reaktion des Staates – denn er fühlte sich durch dies Wort betroffen, und zwar nicht ohne Grund –, indem er die Pfarrer durch Gefangennahme daran zu hindern suchte, die Abkündigung am vorgesehenen Sonntag, dem 17. März, durchzuführen. So kamen viele Hundert Pfarrer in Altpreußen ins Gefängnis. Der Zorn der Partei war groß, zumal der Widerstand der Pastoren gegen das Verbot der Kundgebung sehr zahlreich und hart war. Da ich am 17. März keine Predigt hatte, habe ich am nächsten Sonntag, dem 24. März, die Abkündigung ganz unbehindert im Lutherhaus verlesen und dazu als Kommentar eine Predigt über das erste Gebot gehalten. Als Dokument dieses grundsätzlichen Protestes der Kirche gegen die neue »Abgötterei« und auch wegen der Folgen dieser Verkündigung möchte ich sie in Gestalt der gedruckten Nachschrift, die eine weite Verbreitung fand, hier einfügen[12]:

Ich bin der Herr, dein Gott. Du sollst nicht andere Götter haben neben mir (2. Mose 20,2.3).
Zwanzig Jahre ist es her, da befanden wir uns in dem großen Krieg, dem größten aller Zeiten. Wir nannten ihn »Weltkrieg«, denn er nahm die ganze Welt in Anspruch und hatte seine Kriegsschauplätze in allen Teilen der Erde. Viel größer und umfassender als dieser Krieg ist ein anderer Weltkrieg. Er wird schon seit Jahrhunderten gekämpft. Es ist der Krieg um den wahren Gott und den er gesandt hat, Jesus Christus. Es ist der die ganze Welt umspannende Krieg zwischen Gott und Abgott, zwischen Glaube und Unglaube, zwischen Christus und dem Widerchristen. Ein Entscheidungskampf zwischen Gott und dem Satan, zwischen Gottesherrschaft und Teufelsknechtschaft, zwischen ewiger Rettung und ewigem Verderben wird ausgetragen. Von ihm wissen wir nur dadurch, daß wir Gottes Wort hören, daß wir die Heilige Schrift kennen. In ihr wird von diesem Kampf, der in Wahrheit »Weltkrieg« ist, gesagt: »Wir haben nicht mit Fleisch und Blut zu kämpfen, sondern mit Fürsten und Gewaltigen, nämlich mit den Herren der Welt, die in der Finsternis dieser Welt herrschen, mit den bösen Geistern unter dem Himmel« (Eph 6,12).
Seit langem wird dieser Kampf mit steigender Heftigkeit auch auf deutschem Boden ausgefochten. Seit Jahrhunderten ist er bereits im Gange. Das 18. und 19. Jahrhundert ist mit dem Durchbruch des Rationalismus das Vorspiel dieses Glaubenskampfes um Christus und seine Herrschaft in unserem Volk. Alle Anzeichen sprechen dafür, daß im 20. Jahrhundert für Deutschland, vielleicht für ganz Europa, vielleicht für die weiße Rasse überhaupt, die Entscheidung fällt, ob der Vater Jesu Christi als der allein wahre Gott auch fernerhin angebetet, ob ihm oder einem anderen Gott Glaube und Vertrauen geschenkt, ob seinem Gebot Gehorsam geleistet, seinem Namen die Ehre gegeben wird oder anderen Göttern.
In dieser Stunde der Versuchung, die für unser Volk eine gefährliche Bedrohung seines Lebens ist – denn wir wissen aus der Heiligen Schrift, was es für ein Volk bedeutet, wenn es sich von Christus abwendet, wenn es dem wahren Gott ungehorsam wird und anderen Göttern dient –, ruft die Kirche ihre Glieder und alle, die Ohren haben, zu hören, das ganze deutsche Volk, zum Glauben und Gehorsam dem Gott, der gesagt hat: Ich bin der Herr, dein Gott, du sollst nicht andere Götter haben neben mir!

I

Ich bin der Herr, dein Gott – das sagt der Gott der Bibel, das sagt er vor Jahrtausenden dort am Sinai dem Mose und dem Volke Israel. Um diesen Gott geht es, nicht um einen Gott überhaupt. Das Wort »Gott« wird überall gebraucht. Auch der falsche Gott, der Abgott, der Götze heißt Gott. Entscheidend ist daher, wer gemeint ist, wenn jemand »Gott« sagt. Die christliche Kirche kennt nur den einen Gott, der sich uns Menschen persönlich kundgetan, offenbart hat, und zwar durch sein eigenes Wort, das er den Propheten und Aposteln des Alten und Neuen Testamentes

---

12 Zeitgen. Druckschrift, Wuppertal 1935

in den Mund legte. Unser Gott, der wahre Gott, ist der Gott Abrahams, Isaaks und Jakobs, der Gott Moses und Jesajas, der Vater Jesu Christi. Dieser Gott ist Gott. Niemand sonst. Dieser Gott ist aus der Verborgenheit herausgetreten und darum nicht mehr der unbekannte Gott. Er hat sich den Menschen selbst zu erkennen gegeben, er hat sich ihnen selbst zu ihrem Gott gegeben, indem er ihnen sein Wort offenbarte: Ich bin der Herr, dein Gott.
Das ist der Anspruch, den der Gott der Bibel erhebt. Und der Gott der Bibel ist der Gott der Christen. Der Gott der Christen aller Zeiten und Völker, der Gott, den die Kirche verkündigt als den allein wahren Gott, neben dem es keinen Gott gibt.
Dieser Gott hat uns gesagt, wer er ist: Ich bin der Herr. Der Herr – das heißt: Ich bin der Einzige, der über allen steht, der alles beherrscht, dem alles gehört. Ihm schuldet alles Gehorsam. Ihm hat sich alles zu beugen. In seiner Hand liegt alles, was ist und war und sein wird. Aus seiner Hand ist alles geworden. Der Herr, das ist der Schöpfer und Regent, nach dessen Befehl Natur und Geschichte ihren Lauf nehmen, ihren Ursprung haben und ihr Ziel empfangen, und unter dessen Urteil und Gerichtsspruch alles beschlossen ist, was Menschen je gedacht und getan haben.
Dieser Herr hat sich uns zu unserem Gott gegeben. Das hat er dir und mir von sich gesagt. Ein solcher Herr ist Gott. Dir gibt er sich zu erkennen, daß er dein Gott ist, daß er für dich Gott ist und sein will. Das ist die unermeßliche Gabe dieses Herrn aller Herren, dieses Ewigen und Allmächtigen: Er gibt sich dir selbst. Er gibt dir nicht nur alles, was du hast und kannst, nicht nur dein Leben und dein täglich Brot, sondern sich selbst. Du hast einen Gott, der sich dir zu eigen gibt, der für dich da ist, dein Helfer und Retter, der Führer deines Lebens und der Geber alles Guten, der dir gut ist, weil er der Gute ist. Das ist der Wille deines Gottes, der gute und gnädige Wille, den er selbst offenbart, damit wir ihm glauben, ihm vertrauen, ihn lieben, ihn ehren als den, der er ist, und durch ihn das Leben haben.
Darum tut er uns seinen Willen kund in seinem Gebot, das uns zugleich die ganze Größe und Herrlichkeit seiner Gottheit zuspricht als für uns gegeben. Darum erkennen wir in dieser Gabe den Anspruch: Ihn allein als unseren Gott zu haben, ihn allein anzubeten, ihm allein zu gehorchen, ihm darin die Ehre zu geben, daß wir ihn allein über alle Dinge fürchten und lieben und ihm allein vertrauen.

II

Diesem Anspruch gerecht zu werden, dieses Gebot zu erfüllen – das vermag kein Mensch. Nie war ein Mensch Gott gehorsam aus eigener Kraft. Keiner hat ihm die Ehre in wahrhafter Furcht und völliger Liebe gegeben. Niemand als der Eine, den wir als seinen eingeborenen Sohn ehren und darum unseren Herrn heißen. Durch ihn werden wir seinem Willen gehorsam, erfüllen wir das Gebot, geben wir Gott die Ehre, denn er tat es für uns. Und weil er es für uns in vollkommener Gerechtigkeit und Heiligkeit getan hat, darum gibt es für uns aus Gottes Barmherzigkeit die unbegreifliche Möglichkeit, Gottes Gebot zu erfüllen, seinem Anspruch gerecht zu werden: Im Glauben an Jesus Christus, den für uns gekreuzigten und auferstandenen Herrn.
Wenn wir glauben, daß »Jesus Christus, wahrhaftiger Gott, vom Vater in Ewigkeit geboren, und auch wahrhaftiger Mensch, von der Jungfrau Maria geboren, sei mein Herr, der mich verlorenen und verdammten Menschen erlöst hat«, dann sind wir Gott recht, denn dann nehmen wir ihn als unseren Gott an und erfüllen seinen Anspruch: Ich bin der Herr, dein Gott.
Aber nur in solchem Glauben an Jesus Christus ist die Erfüllung des Willens Gottes in seinem Gebot. Einen anderen Weg gibt es nicht. Denn nur Jesus Christus ist der Weg: Niemand kommt zum Vater, denn durch mich. Damit ist jeder andere Weg der Gottesverehrung gerichtet. Er ist ein Irrweg, der nicht zu Gott führt. Jeder

andere Gottesglaube ist dadurch als Irrglaube, jede andere Religion als falscher Gottesdienst, und das heißt Götzendienst, erkannt. Jede andere Stellungnahme zu Gott ist eine Übertretung, eine Mißachtung seines Gebotes, denn sie kann nichts anderes mehr sein als Abgötterei.

Das ist die harte Intoleranz des christlichen Glaubens, die echte Intoleranz des Wahrheitsanspruches. Denn: Ist Christus die Wahrheit, so ist aller Gottesglaube ohne Christus unwahr, Lüge, Betrug. Ist Christus der Weg, so ist alle außerchristliche Religion Wahn und Irrtum. Gibt es nur in Christus die Erfüllung des Gebotes Gottes, so ist alle andere Gottesverehrung Abgötterei. Vor diesem Wahrheitsanspruch des Wortes Gottes stellt die Kirche, gehorsam ihrem Auftrag, nach dem Befehl ihres Herrn, alle Völker, jeden Menschen in jedem Volk. Sie tut es als Zeugin Jesu Christi in der Gewißheit, daß an dem Ja oder Nein hierzu sich für jeden und für alle Leben oder Tod, Heil oder Verderben in Zeit und Ewigkeit entscheiden.

III

Ich bin der Herr, dein Gott. Du sollst nicht andere Götter haben neben mir! Weil Gott der Herr ist, darum kann es keinen Herrn neben ihm geben. Weil ihm alle Ehre, seinem Gebot der ganze Gehorsam, seiner Heiligkeit uneingeschränkte Furcht, seiner Verheißung völliges Vertrauen gebührt, darum kann es neben ihm oder an seiner Stelle nichts geben, dem auch Ehre, auch Gehorsam, auch Anbetung geleistet wird. Ein Gott neben Gott – das ist ein Abgott. Das ist die Bestreitung der Gottheit des wahren Gottes, das ist die Verwerfung Gottes, das ist die Anbetung des falschen Gottes anstelle des wahren – also Abgötterei, Götzendienst, Heidentum.

Vor dieser Abgötterei warnt Gottes Gebot. Ist diese Warnung nötig? Für uns heutige Menschen? Wer macht denn Götzenbilder? Wer fällt in das Heidentum zurück? Ist nicht der Gottesglaube im Sinne eines positiven Christentums unbestritten Gemeingut des Volkes? Und doch – selbst wenn es so wäre –, es gibt keine Zeit, die der Warnung vor Abgötterei entbehren könnte. Es gab keine Zeit, die ohne Götzendienst war. Denn das ist die Ursünde des Menschen, die Sünde von Anfang, andere Götter neben Gott zu haben, sich abzusondern von dem wahren Gott, vor ihm zu fliehen und seine Zuflucht nicht zu ihm zu nehmen, sondern Heil und Hilfe anderswo zu suchen. Erbsünde hat es die Kirche genannt, daß der Mensch ohne Vertrauen und ohne Furcht Gottes und zugleich im Aufbegehren gegen Gott sich selbst und seine selbstgesuchten Götter sucht und anbetet. Aus dieser Sünde kommt alles Sündige, alles Verderben, alles Unheil, denn um dieser Sünde willen liegt Gottes Zorn über der Welt.

Ist die Abgötterei des Menschen ihrem Wesen nach auch immer ein und dieselbe, von Anbeginn durch alle Zeiten, so unterscheidet sie sich doch in ihrer geschichtlichen Gestalt je nach ihrem Verhältnis zu Gottes Offenbarung in Christus; denn hier ist die Mitte der Zeit, der Angelpunkt alles Geschehens, und darum ist das Menschenleben aller Zeiten von hier aus bestimmt.

Die erste und ursprüngliche Gestalt der Abgötterei ist der *Götzendienst der Heiden*, die vom Evangelium nichts wissen, zu denen noch keine Kunde von Christus gekommen ist. Dieser vorchristliche Götzendienst ist echte Religion. Das zeigt die Götterfurcht der Heiden und das im ganzen Heidentum verbreitete Opferwesen, in welchem der heiße Wille des Menschen zur Versöhnung der zürnenden Gottheit Ausdruck findet. Dieses Heidentum ist in der ganzen Welt der Botschaft von Christus offen, wie die Mission der christlichen Kirche erwiesen hat. Ihr Götzendienst geschieht in »Unwissenheit«, wie die Schrift sagt, und wird darum von der Wahrheit des Wortes Gottes überwunden. Ein solches Heidentum gibt es in unserm Volk gegenwärtig nicht. Bei uns ist Christus gepredigt, jahrhundertelang

Gottes Gebot und Verheißung offenbar gemacht. Daher haben wir es hier nur mit der zweiten und dritten Gestalt des Götzendienstes zu tun.
Die zweite Gestalt ist die innerkirchliche. Es ist die *Abgötterei der Christenheit*, die falsche Frömmigkeit, die Gott und dem Mammon zu dienen versucht, die Selbstgerechtigkeit, die nicht allein von der Gnade Gottes leben will, sondern auch aus der eigenen Kraft. Es sind die täglichen Sünden der Christen, die aus Unglaube oder Glaubensschwäche in Trotz und Verzagtheit geschehen. Es ist die Selbstsucht des sündigen Herzens, die dem eigenen Ich immer wieder Altäre errichtet, um dort anzubeten. Gegen solche Abgötterei liegt die Gemeinde im steten Kampf, denn sie bleibt in der Welt die vom Teufel angefochtene Schar.Und je mehr Glauben sie hat, desto mehr Anfechtungen und Versuchungen zum Abfall von Gott und zur Abgötterei ist sie ausgesetzt.
Gelingt es der Gewalt des Teufels, die Christenheit mit »groß Macht und viel List« zum Abfall zu bringen, so entsteht die letzte und furchtbarste Form der Abgötterei: das nachchristliche Heidentum. Dieses kommt aus dem Abfall von Gott, aus der Ablehnung der Wahrheit. Darum ist es seinem Wesen nach Antichristentum, sofern Antichristentum die Bestreitung der Wahrheit des christlichen Glaubens, der Angriff auf den Gott der Bibel und den er gesandt hat, Jesus Christus, ist.
Das ungeheuer Gefährliche dieses Antichristentums ist vor allem dies, daß es sich mit christlichen Worten schmückt, daß es von Gott redet – als ob es den Gott der Bibel meine, daß es Christus sagt, vielleicht sogar den Namen Jesu mit Verehrung nennt – als ob es an ihn glaubte, daß es Worte der Bibel, Worte Jesu gebraucht – als ob es sie für Worte Gottes hielte, ja, daß es sich sogar für das wahre und vollendete rechtverstandene, echte Christentum ausgibt und deswegen vielleicht sogar für sich beansprucht, im Gegensatz zu dem negativen Christentum der Kirche ein positives Christentum zu sein.
Hier ist der altböse Feind am Werk, der in der Versuchungsstunde Jesu auch Worte Gottes in den Mund nahm, um Gottes Werk zu zerstören. Er verwirrt die Geister, denn er verschleiert sein wahres Wesen mit viel List, so daß Zahllose an ihn glauben, viele in seine Worte einstimmen, die den Anschein haben, fromm und christlich zu sein, in Wirklichkeit aber unchristlich und antichristlich sind.

IV

Die gegenwärtig in unserem Volk sehr aktive Gestalt dieses antichristlichen Heidentums haben wir in der sogenannten Deutschen Glaubensbewegung und den ihr verwandten Organisationen vor uns. Überall begegnet uns ihre Arbeit. Ihre Propaganda in Wort und Schrift überflutet unser Volk Tag für Tag. Große Bücher und kleine Broschüren, wissenschaftliche Vorträge und Volksreden wechseln sich ab. Hauer, Dinter, Bergmann, Wirth haben hier das meiste geschrieben und gesagt. Aber auch ein Buch wie Rosenbergs »Mythus des 20. Jahrhunderts« ist aus dem gleichen Geist geboren. Es ist wie die übrigen Schriften ein radikaler Angriff gegen die Bibel und das kirchliche Christentum: Gegen den Gott der Bibel – nach Rosenberg ein Wüstendämon, gegen den Christus der Bibel – nach Rosenberg eine jüdische Fälschung der Apostel, gegen das Alte Testament – nach Rosenberg ein Buch jüdischer Viehtreiber- und Zuhältergeschichten, gegen den Apostel Paulus – nach Rosenberg ein Revolutionär gegen das römische Reich, der alle minderwertigen und asozialen Elemente zum Aufstand gegen das Kaiserreich sammeln wollte, gegen die Kirche – nach Rosenberg eine syrisch-asiatische Vergiftungserscheinung. So könnte man noch lange fortfahren. Aber hören wir als geradezu klassisches Zeugnis des neuen Heidentums ein paar Sätze aus dem verbreiteten »Abc des deutschen Heiden«!
»Wir glauben nicht mehr an den Heiligen Geist, wir glauben an das heilige Blut.«

»Der Mythus des jüdischen Christentums lautet: Sünde und Erlösung. Der Mythus des nordischen Heidentums heißt Blut und Ehre.«
»Die deutsche Jugend findet heute ihren sittlichen Halt nicht in der Bibel, sondern in ihrem Wissen um Vererbung und Rasse und in ihrem Glauben an Deutschland.«
»Wir sind ewig, indem jeder von uns ein Teil von Gott selbst ist.«
»Gottes Offenbarung ist nicht zwischen zwei Buchdeckeln eingeschlossen. Gott spricht überall aus der Wirklichkeit zu uns.«
»Wer den Rassegedanken folgerichtig zu Ende denkt und anwendet, muß die Vormachtstellung der jüdischen Fremdreligion in Deutschland in jeder Form, ob katholisch oder evangelisch, deutschkirchlich oder deutschchristlich, ablehnen.«
»Wir deutschen Heiden sind Nationalsozialisten und kämpfen um die geschlossene politische, sozialistische und religiöse Volksgemeinschaft.«
Am Ende dieser Schrift steht das Glaubensbekenntnis des »Deutschen Heiden«. Es lautet:
»Wir glauben an Gott, die ungreifbare, geheimnisvolle Macht des Schicksals, die wir in Blut und Gewissen, Heimat und Weltall erleben. Wir glauben an die deutsche Seele voller Adel, Schöpferkraft und Ewigkeit. Wir glauben an ein einiges, freies, heiliges Deutschland unter dem Hakenkreuz, das uns im ewigen Kampf zwischen Licht und Finsternis hinanführt zum Leben und Sterben in Ehre und Treue.«
Diese Schrift steht unter dem Wort von Nietzsche: »Es wäre immer noch möglich, daß die Deutschen aus ihrem alten Schimpfnamen (Heiden) sich nachträglich einen Ehrennamen machten, indem sie das erste unchristliche Volk Europas würden.«
Der Inhalt dieser neuheidnischen, in allen ihren Schriften und Reden wiederkehrenden Lehre ist offenkundiges Antichristentum. Die ganze Substanz dieses Glaubens ist der Unglaube, das heißt der Angriff auf Bibel und Christentum, der Wille zur Bekämpfung und Ausrottung der christlichen Kirche als einer artfremden Religion. Der positive Glaube ist diesem widerchristlichen gegenüber schwach und fade. Es ist eine platte Diesseitsgläubigkeit, wie wir sie vom alten Freidenkertum her kennen. Es besteht in der Aufrichtung eines Scheingottes, der vom Menschen selbst gemacht ist nach den Idealen und Wünschen seines Herzens, ein Götzenbild also, zwar nicht mit Händen gemacht, sondern ein Gebilde des Menschengeistes, aber darum nicht weniger ein Götze. In ihm macht der Mensch sich selbst groß, ehrt er sich selbst und versucht er sich selbst zu erlösen, und zwar durch die Mythisierung, das heißt Vergottung irdischer Werte, Mächte und Gestalten. Die Vergottung besteht darin, daß dem Blut, der Ehre, der Rasse, dem Volkstum eine normative, höchstverbindliche Bedeutung, eine unbedingt verpflichtende Autorität, also eine göttliche Würde beigelegt wird.
Diese Vergottung irdischer Werte und also Verehrung der Schöpfung anstelle des Schöpfers ist Auflehnung gegen Gottes Gebot, Aufkündigung des Gehorsams, Raub der Ehre Gottes zur Selbsterlösung des Menschen.
Aber Gottes Gebot bleibt, Gottes Macht ist unerschüttert: »Der im Himmel sitzt, lacht ihrer!« Aber müssen wir nicht fortfahren: »Einst wird er mit ihnen reden in seinem Zorn« (Ps 2)? Über solche Sünde der Abgötterei und des Antichristentums muß das Gericht Gottes hereinbrechen. Werden wir, die Kirche, die Jünger Jesu, die Zeugen des Wortes Gottes, schweigen, »so werden die Steine schreien«, wie Jesus beim Einzug in Jerusalem sagt; das heißt, das Gericht Gottes ist unabwendbar, wenn der Gnaden- und Bußruf ungehört verhallt, wenn wir schweigen, weil es vielleicht gefährlich ist zu reden – und es ist, wie die Schrift sagt, gefährlich, ein Zeuge Jesu Christi zu sein –, oder wenn wir zum Schweigen gebracht würden. Darum müssen wir reden, bitten, mahnen, warnen, aufrufen, solange es Tag ist,

solange uns Gott das Wort gibt und läßt. Wir müssen unsere Stimme erheben, ob man uns gerne hört oder nicht, ob man es hören will oder ablehnt, ob man es uns dankt oder uns bekämpft. Nach alledem haben wir nicht zu fragen, wir stehen unter dem Befehl unseres Herrn und haben getreu seinem Auftrag darüber zu wachen, daß Gott in unserem Volk die Ehre gegeben wird, daß der Götzendienst sich nicht hemmungslos ausbreitet und die Abgötterei nicht zu einer alles zerstörenden Macht wird.
Darum haben wir angesichts der Versuchung und Gefahr, die Volk und Staat durch das antichristliche Neuheidentum drohen, auftragsgemäß ein Wort der Warnung, der Abwehr und des Angriffs zu sagen.

V

Zunächst ein Wort der *Warnung*. Die Kirche ist auf Grund der ihr gegebenen Erkenntnis des Gebotes und der Verheißung Gottes verpflichtet, auf die tödliche Gefahr hinzuweisen, die das neue Heidentum für Staat und Volk bedeutet. Das klingt vielen nicht nur unwahrscheinlich, sondern eher unsinnig, ja vielleicht sogar als Angriff auf Staat und Bewegung. Aber kann es mißverstanden werden, wenn wir sagen: Das ist die Gefahr der Stunde für Staat und Bewegung, daß sich die Religion der Deutschen Glaubensbewegung des Staates und der Bewegung zu bemächtigen versucht, daß sie Staat und Volk ihre religiösen Ideen einzugeben sich bemüht, daß sie durch ihren Mythus aus den politischen Grundsätzen und Anschauungen des Nationalsozialismus religiöse Werte und Mächte macht?
Ein Beispiel mag es verdeutlichen. Auf den Dolchen des Jungvolks steht: »Blut und Ehre«. Wenn nun die Vertreter des neuen Heidentums sagen: Das ist der Mythus des nordischen Heidentums, so erklären sie das Leitwort völkisch-politischen Wollens zu einem heidnisch-religiösen Symbol. Wer kann bestreiten, daß hier nicht nur die Gefahr eines verhängnisvollen Mißverständnisses, sondern vielmehr einer Umdeutung des politischen Sinnes in einen religiösen nach der Lehre des neuen Heidentums allzu nahe liegt? Und davor müssen wir warnen, zumal es die Jugend ist, die durch die Taufe in die Gliedschaft und Verantwortung der Kirche gehört. War es nicht der Führer selbst, der vor einer solchen Umdeutung und Verkehrung des politischen Denkens und Wollens im Sinne einer neuen Religion ausdrücklich mit den schärfsten Worten gewarnt hat? Aber die Deutsche Glaubensbewegung und ihre verwandten Organisationen machen aus dem Hakenkreuz, dem politischen Symbol des Dritten Reiches, das religiöse Symbol des nordischen Heidentums, stellen es als solches in Gegensatz zum Christuskreuz und versuchen dadurch, das Dritte Reich als das Reich der Vollendung des uralten nordischen Heidentums für sich in Anspruch zu nehmen, in dem für den artfremden christlichen Glauben kein Raum mehr ist. Wer von uns sieht hier nicht einen Angriff auf die Fundamente unseres deutschen Volkes, die im Glauben an Christus gelegt sind, zumal unser Volk als ein christliches in die Geschichte eingetreten ist? Wer sieht hier nicht die Gefahr der Vergötzung von Staat und Volk durch die Erhöhung und Verklärung des Irdisch-Politischen zum Göttlich-Ewigen?
Daß solche Vergötzung vorliegt, zeigt deutlich die neuheidnische Lehre vom Staat. Seine Hoheit und Gewalt wird im Mythus von Blut und Ehre, im Irdischen, im Menschlichen, begründet. Blut, Rasse und Volkstum werden zum Schöpfer und Herrn der staatlichen Autorität gemacht, indem diese irdischen Werte an die Stelle Gottes gesetzt, selbst zu letzten, das heißt göttlichen Werten erhoben werden, die unbedingten Gehorsam fordern. Es ist klar, daß es von hier aus auch zu einer völlig verkehrten Bestimmung der staatlichen Autorität kommen muß, wenn die Sprecher der Deutschen Glaubensbewegung den Staat zur letzten und obersten Autorität auf allen Gebieten des Lebens machen, dem man deswegen auch einen totalen, das heißt unbegrenzt verpflichtenden Gehorsam schuldet. So muß

das neue Heidentum den Begriff der Totalität, der einen echten politischen Sinn hat, im Sinne eines religiösen Anspruchs verkehren, das heißt eines solchen, der die Ganzheit des Menschen bindet, also ihn auch in seinem Gewissen total verpflichtet.

Auf Grund der uns in der Heiligen Schrift geschenkten, gottgegebenen Erkenntnis vom Wesen und von der Aufgabe des Staates nach Gottes Willen müssen wir diese neuheidnische Staatsauffassung als Irrtum und als Gefährdung der echten Hoheit und der wirklichen Autorität des Staates abwehren. Nirgendwo und von keinem Menschen ist je größer vom Staat geredet und gelehrt worden als in der Bibel. Gott selbst hat es den Menschen gesagt, was der Staat ist: Gottes gute und gnädige Anordnung zur Erhaltung der Menschen trotz ihrer Sünde und Selbstsucht. Durch Gottes Gebot hat die Obrigkeit ihre Hoheit und Gewalt. Gott hat ihr das Schwert gegeben, nicht die Menschen. Gott hat ihr den Auftrag gegeben, das Volk zu regieren und zum Wohle des Volkes zu handeln. Darum hat der Staat von Gott das Recht, dem Volk durch eine Wehrmacht vor Feinden Schutz zu geben, er hat von Gott das Recht, Leib und Leben eines jeden zum Einsatz zur Erhaltung der Nation zu fordern. Er hat von Gott das Recht und die Pflicht, durch Gericht und Polizei Recht und Ordnung aufrechtzuerhalten, durch Schulung und Erziehung die Jugend zu bilden usw. Aber alles von Gott. Und das heißt: Unter Gott, Gott verantwortlich. Ihm ist die Obrigkeit für die Erfüllung ihrer Pflicht Rechenschaft schuldig. Denn Gott allein begründet und begrenzt seine Hoheit und Macht. Sein Recht steht unter Gottes Recht, seinem Gericht ist es unterworfen. Dadurch hat es seine Vollmacht und Kraft gegenüber den Menschen, nicht durch menschliche Verleihung. Hierin liegt die Würde staatlicher Autorität, daß sie von Gott verliehen ist, also auch nicht darin, wie es heute seitens der Deutschen Glaubensbewegung geschieht, daß Menschen ihm die Würde eines ewigen Reiches geben zu müssen meinen. Ewig ist nichts Geschaffenes. Nur Gott ist ewig und sein Reich, das nicht von dieser Welt ist, sondern das himmlische Reich unseres Herrn Jesu Christi. In der zeitlichen Aufgabe liegt kraft des Gebotes und der Anordnung Gottes die wahre Würde und Autorität des Staates, für die wir Gott jeden Tag aufs neue zu danken schuldig sind, so gewiß »gut Regiment« zum täglichen Brot gehört, um das wir Gott bitten. Aber der Staat ist nicht Gott, sondern an Gott gebunden, Gottes Gebot verpflichtet, und deshalb kann alle Bindung des Gewissens auch durch die Obrigkeit, wie zum Beispiel im Eid, nur Gott gegenüber erfolgen. Alle irdische Bindung, aller Gehorsam gegen die Obrigkeit hat seine gottgesetzte Grenze darin, daß allein Gottes Wort den Menschen unbedingt bindet.

Wir können vor all diesen Versuchen des neuen Heidentums, die auf eine Vergottung des Staates, seiner Hoheit und Autorität herauskommen, nur warnen, denn sie sind ein Angriff auf Gottes alleiniges, letztes und oberstes Herrschaftsrecht, auf sein Gebot und seine Anordnung und können daher nur zerstörende und auflösende Wirkung haben. Über den, der Gott die Ehre raubt und sie an sich zu reißen trachtet, kommt Gottes Gericht, so wahr Gott seine Ehre keinem anderen geben kann, weil er der Herr, dein Gott ist.

VI

Zum Worte der Warnung fügen wir das Wort der *Abwehr*. Es ist nötig, denn die neue Religion lebt ja vom Angriff auf Kirche und Christentum. Das neue Heidentum setzt alle Kraft daran, die christliche Kirche aus dem deutschen Volk zu verdrängen. Darum bemüht es sich zunächst darum, die Kirche aus der Öffentlichkeit des deutschen Volkes in einen Winkel privater Frömmigkeit abzudrängen. Sie soll da noch für diejenigen, die bisher noch nicht von ihrem alten Glauben losgekommen sind, eine Stätte zur Befriedigung ihrer überlieferten religiösen Bedürfnisse sein. Aber ihre Vormachtstellung muß aufhören, da sie zu den »untergehen-

den Mächten« gehört, und die »Kämpfer für den neuen Mythus« haben, wie Rosenberg sagt, »das sittliche Recht, das Gegnerische nicht zu schonen«. Vielmehr haben sie »die Pflicht, es geistig zu überwinden, es organisatorisch verkümmern zu lassen und politisch ohnmächtig zu erhalten«. Die christliche Kirche muß gehorsam ihrem Auftrag, das Evangelium allem Volk zu predigen, diesem Angriff entschlossen und unbeirrbar begegnen. Auch der Gewalt gegenüber darf sie nicht aufhören, das ihr aufgetragene Wort zu verkündigen. Sie darf sich nicht zurückziehen, um bessere Zeiten für ihre Botschaft abzuwarten. Sie darf die Gefahr nicht fürchten, die ihr nach dem Worte Jesu von der Welt her droht, weder politische Entehrung noch polizeiliche Maßnahmen (Schutzhaft!). Es muß ihr ja so gehen, wie es Jesus sagt: »Man wird euch vor Fürsten und Könige führen um meinetwillen, zum Zeugnis über sie und über die Heiden. Es wird aber ein Bruder den andern zum Tode überantworten und der Vater den Sohn, und die Kinder werden sich empören wider ihre Eltern und ihnen zum Tode helfen. Und ihr müßt gehaßt werden von jedermann um meines Namens willen« (Mt 10).
Sie hat aber dafür die Verheißung: »Wenn sie euch nun überantworten werden, so sorget nicht, wie oder was ihr reden sollt, denn es soll euch zu der Stunde gegeben werden, was ihr reden sollt. Denn ihr seid es nicht, die da reden, sondern eures Vaters Geist ist es, der durch euch redet« (Mt 10).
Gehorsam ihrem Auftrag muß die Kirche auch die Angriffe der Deutschen Glaubensbewegung auf die christliche Volkssitte, die das deutsche Volksleben maßgebend geprägt hat, abwehren. Es wird ja schon lebhaft versucht, das Kirchenjahr und seine Feste zu entkirchlichen, um ihm den ursprünglichen, heidnischen Sinn, wie es heißt, wiederzugeben. Wir denken dabei an den Deutschen Bauernkalender, in welchem alles Christliche ausgerottet ist und statt dessen ein rein heidnisch gegliedertes Jahr eingesetzt wurde. Darüber hinaus wird eine heidnisch geprägte Sitte für unser Volk aufgerichtet. An Stelle der christlichen Taufe tritt die Namensweihe oder Aufnahme in die Sippe, die Konfirmation wird zur Jugendweihe, die Trauung zur Eheweihe, die Beerdigung zur Totenfeier. Diese neuen Feste und Feiern werden mit Symbolen (Feuer, Blumen), Liedern, Sprechchören und Ansprachen reich ausgestattet. So wird der Anfang einer heidnischen Religionsgemeinschaft gemacht, die für das Leben der Menschen in allen Punkten einen Ersatz der christlichen Handlungen und Sakramente bildet, da ja, wie Rosenberg sagt, »der heute erwachte neue Glaube, der Mythus des Blutes, davon überzeugt ist, daß das nordische Blut jenes Mysterium darstellt, welches die alten Sakramente ersetzt und überwunden hat«.
Die Entheiligung des christlichen Sonntags schreitet fort. Wir brauchen nur an das starke Absinken der Besucher unserer Kindergottesdienste zu denken. Es fehlen da vor allem die 10- bis 13jährigen. Warum? Weil sie immer wieder durch irgendwelche Veranstaltungen dazu verleitet werden, dem Gottesdienst fernzubleiben.
Schließlich wird der Angriff des neuen Heidentums auch auf die christliche Bekenntnisschule geführt. Es ist klar, daß sie radikal abgelehnt wird als ein Joch, das abgeschüttelt werden muß. An ihre Stelle soll eine Schule treten, in der die Jugend nur noch deutsch, aber nicht mehr christlich im Sinne der christlichen Kirchen erzogen und unterwiesen wird. Das völkische Schulprogramm der Deutschen Glaubensbewegung bedeutet eine völlige Entchristlichung der Schule. Statt dessen soll die Erziehung aus dem deutschen Blut, aus dem Geist der Ahnen heraus, erfolgen.
Wir können dieses Wollen nicht unwidersprochen zur Auswirkung gelangen lassen. Wir dürfen hier nicht schweigen, denn der Auftrag Jesu Christi verpflichtet die Kirche, in der Verantwortung für das gegenwärtige und zukünftige Geschlecht für eine schriftgemäße Unterweisung und Erziehung der Jugend Sorge zu tragen. Sie muß ihre auf den Namen des dreieinigen Gottes getauften Glieder vor einem

Weltanschauungs- und Religionsunterricht bewahren, der unter Verstümmelung und Beiseiteschiebung der Heiligen Schrift des Alten und Neuen Testaments zum Glauben an den neuen Mythus erzieht.

VII

Warnung und Abwehr ist nicht alles, was wir angesichts der Versuchung und Gefahr unseres Volkes, sich von Christus abzuwenden, zu sagen haben. Wir haben ein Wort des Aufrufes an die Christenheit in unserem Volk zu richten, einen Aufruf zum *Angriff* aus der Verpflichtung, die der Christ als Zeuge Jesu Christi empfangen hat.

Wir rufen die Christen zum Angriff im Gehorsam gegen das erste Gebot: Wir sollen Gott über alle Dinge fürchten, lieben und vertrauen. Das ist der Kampf, den die Kirche zu führen berufen ist, weil sie das auserwählte Geschlecht, das königliche Priestertum, das heilige Volk, das Volk des Eigentums ist (1Petr 2,9).

Sie führt diesen Kampf zuerst durch ihr Gebet. Das ist ihr priesterliches Amt vor Gott für Staat und Volk. Gebet und Flehen, Bitte und Fürbitte zu Gott – das ist der Angriff der Kirche auf die Welt. Denn Gott ist es, der im Regiment sitzt, und sein Wille herrscht über allem. Darum sind wir alle in dieser Stunde der Gefahr aufgerufen, in der Erfüllung dieser Pflicht nicht müde zu werden, sondern unablässig Gott in den Ohren zu liegen, alle Sorgen auf ihn zu werfen, alle Nöte und Fragen ihm vor die Füße zu legen, Fürbitte zu tun für alles Volk und alle Obrigkeit, so daß Gottes Name auch bei uns geheiligt werde, sein Reich auch zu uns komme und sein guter und gnädiger Wille auch bei uns in Volk und Staat geschehe.

Im Glauben an die Vergebung der Sünden müssen wir alle täglich über Volk und Obrigkeit den Segen unseres Gottes, des Vaters Jesu Christi, erflehen, dessen gewiß, daß er sich erbarmt über die, so ihn fürchten. Nicht Weltverklärung, nicht Weihung irdischer Mächte und Ereignisse ist unseres Amtes – im Gegenteil, vor solcher heimlichen Abgötterei haben wir uns zu hüten –, aber Fürbitte und Danksagung, Gebet und Bitte zu Gott über die irdischen Mächte und angesichts der irdischen Ereignisse, das ist unser heiliges, priesterliches Amt.

Das Zweite, was wir in der Erfüllung des Gebotes Gottes zu tun haben, ist die hingebende, opferwillige Liebe. Die Kirche ruft ihre Glieder auf zu willigem Gehorsam, Einsatz und Opfer für Staat und Volk. Keiner, der zur Gemeinde Christi gehört, darf sich hier versagen. Keiner darf sich in seiner Liebe hindern oder auch nur verärgern lassen. Die Liebe trägt alles! Sie läßt sich nicht erbittern! Hilfe und Dienst in jedem Werk des Aufbaues, in aller Arbeit zum Wohle der Volksgemeinschaft, in Familie und Beruf oder in freier Mitarbeit an gemeinsamen völkischen Aufgaben – überall ist die Bereitschaft des Christen gefordert. Wir denken dabei an das Wort des Johannes: »So jemand sagt, ich liebe Gott, und haßt seinen Bruder, der ist ein Lügner« (1Joh 4,20). Erfüllung des ersten Gebotes gibt es nur da, wo auch das andere, das nach des Herrn Wort diesem gleich ist, erfüllt wird: »Du sollst deinen Nächsten lieben als dich selbst.«

Das Gebet und der Dienst, zu dem wir die Christenheit rufen, ist nicht das Ganze des von uns geforderten Angriffs. Er ist überhaupt nur möglich, wenn er im Gebet und Dienst aus dem Glauben an Jesus Christus geschieht. Nur in diesem Glauben sind wir ja dem Gebot Gottes gehorsam. Dieser Glaube aber fordert von uns in der Erfüllung des Auftrages unseres Herrn Zeugnis und Bekenntnis von ihm vor der Welt. Das ist das Dritte und Wichtigste, das uns zu tun befohlen ist: Verkündigung der Frohen Botschaft von Jesus Christus, dem für uns gekreuzigten und auferstandenen Herrn, Bekenntnis der Wahrheit dieses Evangeliums, Preis und Lob Gottes für seine Gnade und Barmherzigkeit und der Aufruf an die anderen, zurückzukehren von ihren eigensinnigen, gottfernen Wegen, abzulassen von ihrer Abgötterei, wieder neu zu hören auf das Wort von der Gnade und Herrlichkeit Jesu

Christi, damit ihnen durch Gottes Heiligen Geist Glaube und Gehorsam neu geschenkt werde, Glaube an den Gott, der ihr Herr war, ist und sein wird – sei es nun zum Gericht und Verderben oder zur Erlösung und zum ewigen Leben.
Wir alle sind gerufen, unserem Volk diesen wahrhaften Gottesdienst zu tun. Wehe uns, wenn wir uns Gott versagten, indem wir unserem Volk das Wort Gottes vorenthalten wollten. »Predige das Wort«, sagt der Apostel Paulus, »zur Zeit oder zur Unzeit«, warne vor Abgötterei, mahne zur Buße, verkündige, bekenne! Gott zieht dich und mich darüber zur Verantwortung, ob wir den Herrn bekannt, oder ob wir ihn verleugnet haben.
Der Aufbruch des neuen Heidentums führt unser Volk zur Entscheidung über Leben und Tod. Denn die Entscheidung über Deutschlands Sein oder Nichtsein fällt an seiner Stellung zu Christus. So ruft es das neue Heidentum in unser Volk: Deutschland wird leben, wenn es das artfremde Joch des Christus abschüttelt. Nur dann wird Deutschland auferstehen zu ewiger vollendeter Herrlichkeit, wenn es sich lossagt von der jahrtausendealten Seelenverjudung durch die christliche Kirche. Darum los vom christlichen Glauben, los von Jesus Christus! Wir wollen nicht, daß dieser über uns herrsche!
Wir können als Zeugen und Jünger dieses Herrn darauf nur antworten: Deutschland wird sterben, wenn es sich von Christus lossagt. Die Verwerfung des Christus war noch jedes Volkes Untergang, denn sie brachte den Zorn und das Gericht Gottes, der der Herr ist, über alle Völker. Auch Deutschlands Ende ist nahe – schon Luther hat es befürchtet –, wenn es die Herrschaft Christi verachtet und Gott verwirft, um anderen Göttern zu dienen.
Haben wir Grund zu der Hoffnung, daß unser Volk sich noch einmal wieder zu Christus bekehrt? Nur einen Grund kennen wir: Das grundlose Erbarmen Gottes, der will, daß allen Menschen geholfen werde und sie zur Erkenntnis der Wahrheit kommen. Eine andere Hoffnung haben wir nicht. Wir haben uns der unendlich reichen Gaben Gottes, die er unserem Volk durch die Verkündigung seines Evangeliums von Jahrhundert zu Jahrhundert geschenkt hat, nicht wert erwiesen. Wenn Gott selbst dafür Sorge trägt, daß unserem Volk die lautere und reine Predigt seines Wortes erhalten bleibt, so geschieht das wahrlich ohn' unser Verdienst und Würdigkeit, allein aus Gnaden. Darum betet zu Gott, daß er uns seine Gnade nicht entziehe!

Diese Predigt war, wie eindeutig aus einem Schreiben der Geheimen Staatspolizei Düsseldorf vom 16. Juni 1935 an das Konsistorium hervorgeht, der Hauptgrund für meine Verbannung aus Düsseldorf am 15. Mai 1935. Dieses Schreiben ist sehr aufschlußreich und soll deswegen hier wiedergegeben werden[13]:

»In einer Predigt am 24. 3. 1935 in Zusammenhang mit der bekannten Kanzelabkündigung der Bekenntnissynode der Evangelischen Kirche der altpreußischen Union vom 5. 3. 1935 im hiesigen Lutherhaus brachte Pfarrer Lic. Dr. Beckmann nun wiederum Wendungen, die als unverhüllte aggressive Kritik am Staat und seinen Einrichtungen wirkten und damit, ebenso wie seine früheren Äußerungen, geeignet waren, erhebliche Unruhen im Kirchenvolk hervorzurufen und dadurch die öffentliche Sicherheit und Ordnung zu gefährden. Einer Aufforderung, bei dieser Amtsstelle zu erscheinen, leistete Pfarrer Lic. Dr. Beckman zwar Folge, irgendwelche Erklärungen usw. zu seiner Predigt zu geben lehnte er aber rundweg ab. Um weitere unbegründete Ausfälle gegen den Staat durch Pfarrer Lic. Dr. Beckmann und damit eine Störung der öffentlichen Sicherheit und Ordnung zu

13 In: Pers. Akten Beckmann, LKA Düsseldorf (Vb 255)

verhindern, war die Verhängung eines Aufenthaltsverbots für meinen Amtsbereich bis auf weiteres geboten.
Bei dieser Gelegenheit muß ich der vielfach in Bekenntniskreisen vertretenen Ansicht, als ob die Aufenthaltsbeschränkung des Pfarrers Beckmann auf Betreiben der Deutschen Christen erfolgt sei, ganz energisch entgegengetreten. Derartige Maßnahmen werden von mir objektiv und sachlich aus rein staatspolizeilichen Erwägungen getroffen, ohne mich auch nur in etwa von gegnerischen Kreisen beeinflussen zu lassen. gez. Sommer«

Mir wurde ein »Aufenthaltsverbot für den Regierungsbezirk Düsseldorf« erteilt. Ich mußte daraufhin Düsseldorf, meine Familie und Gemeinde, verlassen, denn Nichtbefolgung hätte nur Gefangenschaft zur Folge gehabt. Ich verlegte meinen Wohnsitz nach Bad Godesberg in das Pfarrhaus des Pfarrers K. H. Zunn. In Wirklichkeit war ich jedoch fast immer unterwegs, und zwar bis nach Ostpreußen und Schlesien, aber auch nach Bayern, überall Vorträge haltend und immer von der Gestapo verfolgt, mit Redeverboten belegt, aber meist zu spät, da ich dann wieder in einem anderen Bereich war.
Die Gemeinde nahm die staatspolizeilichen Maßnahmen nicht stillschweigend hin. Schon bei meiner Abreise war eine ganze Schar von Mithelfern der bekennenden Gemeinde auf dem Bahnsteig anwesend, um mir zum Abschied ein Lied zu singen. In der Gemeinde wurde ein regelmäßiger Fürbittegottesdienst eingerichtet, und zwar am Samstagabend; er war der Ursprung für einen bleibenden Wochenschlußgottesdienst für Jahre im Lutherhaus bis zur Zerstörung im Zweiten Weltkrieg. Auch die Evangelische Gemeinde Düsseldorf setzte sich für ihren Pfarrer ein – durch einen Fürbittegottesdienst am 22. 5., in dem die Pfarrer Ufer, Elbrechtz und Schomburg predigten. Pfarrer wie Presbyter der Gemeinde und Gemeindeglieder, vor allem des Lutherhauses, schrieben Briefe an die Gestapo und suchten meine Predigt zu rechtfertigen, forderten meine Rückkehr. Eigenartig ist das Zusammentreffen zweier Eingaben aus Düsseldorf vom selben Tage, dem 6. 6. 1935. Pastor Fritz Linz schrieb als Vorsitzender des Presbyteriums an die Staatspolizei einen Brief mit der Bitte um Aufhebung der Ausweisung. Zur Kennzeichnung der Lage erklärte er[14]:

»Unruhe aber wird gerade in die Evangelische Gemeinde Düsseldorf hineingetragen durch die Ausweisung von Pfarrern, deren nationale Gesinnung nicht in Frage gestellt werden kann. So herrscht in unserer Gemeinde eine tiefgehende Unruhe, ja ratlose Betrübnis über die schon mehrere Wochen andauernde entehrende Fernhaltung ihres tüchtigen und weithin geachteten Pfarrers Beckmann von seinem Amt und von seiner Familie.«

Gleichzeitig wurde seitens einiger Presbyter und Gemeindeverordneter der Lutherparochie an das Konsistorium mit Abschrift an die Staatspolizei folgendes Schreiben gerichtet, in welchem sich die dreizehn Unterzeichner als gesetzlich anerkannte Körperschaft bezeichneten, was jedoch den Tatsachen widersprach. In Wirklichkeit handelte es sich um die Gruppe der Deutschen Christen in der Lutherparochie, deren Mitglieder zum Teil Presbyter oder Gemeindeverordnete der Evangelischen Gemeinde Düsseldorf waren[15]:

14 In: Akten betr. die Pfarrstelle der Kirchengemeinde Düsseldorf, Nr. 124, Bd. IX (Archiv der EKiR).
15 Ebd.

Düsseldorf, den 6. Juni 1935
An das Evangelische Konsistorium der Rheinprovinz, Düsseldorf

Die unterzeichneten Presbyter und Gemeindeverordneten der Lutherparochie Düsseldorf wenden sich an das Evangelische Konsistorium der Rheinprovinz mit der Bitte, die Pfarrstelle des von der Geheimen Staatspolizei aus dem Regierungsbezirk Düsseldorf am 15. 5. 1935 ausgewiesenen Pastor Lic. Dr. Beckmann schnellstens mit einem Pfarrer der Deutschen Christen neu besetzen zu wollen, der treu zum Führer, zum Dritten Reich und zum Reichsbischof steht.
Begründung:
Die Unterzeichneten als gesetzlich anerkannte Körperschaft sind vor Gott und der Gemeinde durch das bei ihrer Einführung abgelegte Gelübde verpflichtet, mit dafür zu sorgen, daß innerhalb der Gemeinde alles rechtens zugeht und der Friede und die Ordnung in keinerlei Weise gestört werden. Dieses gilt selbstverständlich auch für die Pfarrer der Gemeinde, also auch für Pastor Lic. Dr. Beckmann. Leider müssen wir feststellen, daß derselbe sich in keiner Weise als Seelsorger der Gemeinde gewidmet hat, sondern es als seine Aufgabe betrachtete, den Frieden innerhalb der Gemeinde in nicht wiederzugebender Art zu brechen und das Gemeindeleben völlig zu zerstören und zu zerschlagen. Er benutzte dabei jede Gelegenheit in und außerhalb der Gemeinde; sogar die Kanzel wurde von ihm dazu mißbraucht, anstatt das reine Wort Gottes zu predigen, Hetzreden zu halten, die teilweise sich gegen den Staat und die gesetzlich anerkannte Reichskirche richteten. Die von unserem Führer nach langem Kampfe mühsam aufgebaute Volksgemeinschaft ist durch das unselige Wirken Beckmanns innerhalb unserer Gemeinde vollkommen vernichtet. Genügenden Aufschluß hierüber geben die bei der Geheimen Staatspolizei Düsseldorf vorliegenden Akten. Trotzdem Pastor Beckmann ausgewiesen ist, wird die Gemeinde weiterhin Sonntag für Sonntag erneut in Unruhe gebracht durch Briefe, die durch andere Pfarrer von der Kanzel verlesen werden. Dieses zu unterbinden, halten wir für eine unbedingt notwendige Pflicht des Konsistoriums.
Aus allen angeführten Gründen müssen wir als Vertreter der Gemeinde vom Konsistorium verlangen, daß eine Rückkehr von Pastor Beckmann unter keinen Umständen erfolgen darf.
Wir wiederholen daher nochmals die eingangs unseres Schreibens geäußerte dringende Bitte, eine Neubesetzung der freigewordenen Pfarrstelle schnellstens vornehmen zu wollen, um einmal der Gemeinde unnötige Kosten zu ersparen, andererseits aber auch den Frieden wiederherzustellen.
Einer unverzüglichen Antwort entgegensehend, zeichnen
Heil Hitler!
Die Presbyter und Gemeindeverordneten: ... (folgen 13 Unterschriften)

Der radikale Gegensatz in der Beurteilung desselben Tatbestandes ist ein Charakteristikum für die Auseinandersetzungen des Kirchenkampfes. Übrigens war das Konsistorium klug genug, auf die Eingabe der Deutschen Christen hin nichts zu unternehmen. Natürlich halfen die Eingaben und Vorstellungen der vielen Vertreter der Kirche bei der Gestapo vorerst nichts; es war bei Maßnahmen der Gestapo die Regel, daß nichts zurückgenommen wurde. Damit hatte ich auch gerechnet. Ich schrieb für jeden Sonntag, an dem ich zu predigen gehabt hätte, einen kurzen Brief an meine Gemeinde, was natürlich einigen der Gegner der Bekennenden Kirche gar nicht lieb war. Als Beispiel sei hier ein »Brief aus der Verbannung« wiedergegeben. Es ist der sechste Brief von den acht Briefen zwischen Mai und Juli[16]

---

16 Orig.R.

Lic. Dr. Joachim Beckmann Bad Godesberg, 14. 6. 1935
Pfarrer

Briefe an die Gemeinde im Lutherhaus
Nr. 6
Gelobt sei Gott und der Vater unseres Herrn Jesu Christi, der uns gesegnet hat mit allerlei geistlichem Segen in himmlischen Gütern durch Christum (Eph 1,3).
Liebe Gemeinde! Mit diesem Lobpreis des dreieinigen Gottes grüße ich dich zum Fest der Dreifaltigkeit und rufe auf, miteinzustimmen und zu bezeugen, daß Gott uns reichlich und über Erwarten gesegnet hat. Um uns zu segnen, geht er dabei für uns unbegreifliche Wege und bedient sich wunderlicher Dinge – aber alles muß ihm dienen, wenn er uns mit himmlischen Gütern durch seinen Heiligen Geist beschenken will. Ich habe etwas von diesem segnenden Schenken und Reichmachen Gottes auf meinen weiteren Fahrten durch die deutsche evangelische Kirche gesehen und gehört. Ob es nun in Schlesien war oder Oldenburg oder Bayern oder Frankfurt – überall ertönte der Lobpreis und das dankbare Bekenntnis von dem Gott, der uns über Bitten und Verstehen in diesen Monaten geistlich gesegnet hat, indem er sein Evangelium aufs neue lebendig und kräftig in die Herzen seiner Christenheit gab, so daß aus Gleichgültigen und Toten, Kleingläubigen und Schwachen tapfere Bekenner, freudige Zeugen der Gnade und Herrlichkeit Christi wurden. Durch die Austeilung seiner himmlischen Güter wurde und wird überall hin und her in Deutschland neue Kirche. Das ist der Weg Gottes, seine Kirche zu bauen: Der Vater gibt uns seinen Sohn aufs neue zu unserem gegenwärtigen lebendigen Herrn und Heiland durch seinen Heiligen Geist. Weil der dreieinige Gott das unter uns tut, erneuert sich seine Kirche aus aller Verderbnis, Armut und Schwachheit heraus zu neuem Glauben und freudigem Bekennen, zu neuer Kraft und Einmütigkeit.
Darum laßt uns die Herzen erheben und Gott preisen um des Reichtums seiner Segnungen willen.
Rühmet, ihr Menschen, den hohen Namen des, der so große Wunder tut!
Alles, was Odem hat, rufe Amen und bringe Lob mit frohem Mut! Ihr Kinder Gottes, lobt und preist Vater und Sohn und Heiligen Geist! Hallelujah!
Euer Pastor Beckmann

Am 15. Juli 1935 wurde das Aufenthaltsverbot aufgehoben. Ich war mit meiner Frau in Norderney in Ferien. Am nächsten Sonntag (21. Juli) war ich, zum ersten Mal per Flugzeug von Norderney nach Düsseldorf kommend, auf Wunsch der Leitung der Bekennenden Gemeinde wieder auf der Kanzel und predigte vor einer großen, freudigen Gemeinde über Offenbarung 1,17 und 18. Ich hätte es damals nicht für möglich gehalten, daß die Gestapo so rasch nachgegeben hätte. Vielleicht hängt dies Verhalten mit der Änderung der Lage in der Deutschen Evangelischen Kirche zusammen, die inzwischen eingetreten war. Hans Kerrl war zum Kirchenminister ernannt worden, und dieser hatte eine große Aufgabe von seinem Führer übernommen, nämlich Frieden zwischen den »getrennten Gruppen« herzustellen und damit den politisch lästigen Kirchenkampf zu beenden. Um sich hierfür eine bessere Ausgangsposition zu verschaffen, wird er bei der Gestapo darauf gedrängt haben, die zahlreichen Maßnahmen gegen Pfarrer in der Deutschen Evangelischen Kirche so weit irgend möglich aufzuheben. Denn für seine Verhandlungen mit der Kirche brauchte er einen erleichterten Start. Er wollte ja die Ordnung und den Frieden durch »Männer der Kirche« in »Kirchenausschüssen« herstellen lassen. Einzige Bedingung freilich war: Alle Gegnerschaft

zwischen der Bekennenden Kirche und den Deutschen Christen muß aufhören in einer Kirche der Toleranz und der festen äußeren Ordnung. Das fordert der Staat.
Dieser neue Anfang der Kirchenpolitik des Staates mit dem Auftrag des Kirchenministers hatte in der Tat zur Folge, daß der Kampf des Staates, der mit Beginn des Jahres 1935 wieder heftiger geworden war, für eine Zeit etwas zurückgenommen wurde. Im Jahre 1935 waren seit Beginn des Dritten Reiches bis dahin die größten Zahlen von staatspolizeilich gemaßregelten Pfarrern zu verzeichnen. Jetzt begann die Einrichtung der »Fürbittenliste«. Die Synoden befaßten sich mit den Fragen, die durch Ausweisungen, Gefangenschaft und Einlieferung ins Konzentrationslager neu gestellt waren. So auch die dritte Bekenntnissynode der Deutschen Evangelischen Kirche in Augsburg 1935.
Die Einberufung der Bekenntnissynode war auch nötig, um die synodale Bestätigung der »Vorläufigen Leitung« vom November 1934 zu vollziehen. Schließlich stand das Problem der Ausbildung und Prüfung der Kandidaten der Theologie vor der Bekennenden Kirche, zumal sich immer mehr Theologen bei den Leitungen der Bekennenden Kirche zum Examen und zur Aufnahme in die Liste der Prediger der Bekennenden Kirche meldeten. Hier entstand die »Bruderschaft der Hilfsprediger und Vikare der Bekennenden Kirche«, abgekürzt »die jungen Brüder« genannt. Sie erwiesen sich als besonders freudige und tapfere Kämpfer für die Sache der Bekennenden Kirche. Die Bekennende Kirche verdankt ihr Durchhalten und Überleben in den schweren Jahren nach 1937 dem Einsatz dieser starken Gruppe der jungen Pastoren.
Auf der Synode wurde auch ein Wort an die Obrigkeit beschlossen (s.u. S. 134), das ein Sonderausschuß vorlegte. Dieses Wort ist für die damalige Bekennende Kirche sehr charakteristisch. Es gab sicher eine Minderheit, die ihm nicht ohne Bedenken zugestimmt hat. Aber vor der Öffentlichkeit wirkte es stark, daß sich direkt nach der Vorlage des Wortes die Synode – ohne irgendeine Frage nach einer Diskussion – erhob und so ihre Zustimmung mit einer gewissen Feierlichkeit bekundete. Verhandelt wurde auf der Synode noch ein besonders schwieriger theologisch-seelsorgerlicher Punkt: das Verhalten der Pfarrer bei Maßnahmen der Geheimen Staatspolizei. Das Ergebnis war wohl ein Kompromiß, aber über das hinaus, was hier steht, war keine Übereinstimmung zu erzielen. Vielleicht war das Ergebnis sogar richtig auf dem Boden einer evangelischen Kirche.
Zuerst möchte ich das Wort der Synode an die Gemeinden bringen, und zwar in Gestalt der Vorlage vom ersten Tag, die mir vom Ausschuß vorzutragen übertragen war. Sie zeigt etwas von den heraufziehenden Wolken gegen die Bekennende Kirche im Jahre 1935. Die Unwetter folgten von Jahr zu Jahr in immer steigender Heftigkeit bis zum Ausbruch des Zweiten Weltkriegs[17].

Das Wort an die Gemeinden

Liebe Brüder, die Vorlage des Theologischen Ausschusses ist in den letzten Wochen in langer Arbeit zustande gekommen.
Zunächst hat ein vom Reichsbruderrat berufener kleiner Kreis gemeinsame Vorschläge ausgearbeitet. Dann hat gestern ein weiterer Kreis, gleichfalls vom

---

17 Der gesamte Text der Synode ist gedruckt in: *W. Niemöller*, Die dritte Bekenntnissynode der EKD in Augsburg (AGK 20), 1969.

Reichsbruderrat vorläufig gebildet, diese Vorlage von morgens bis spät in die Nacht durchgearbeitet. Er hat mich beauftragt, das Ergebnis, das wir jetzt der Synode zur Besprechung unterbreiten, hier auszulegen, um zu erklären, was der Sinn dieses Schreibens ist, warum wir gemeint haben, das, was hier gesagt ist, so sagen zu müssen, und was für eine Bedeutung die einzelnen Sätze haben.
Es ist ja klar, daß der Synode dieses Sendschreiben nicht deswegen vorgeschlagen wird, weil wir etwa meinten, wir müßten von Zeit zu Zeit zusammenkommen, um irgendwelche Erklärungen herauszubringen und auf diese Art unser Dasein nachzuweisen, sondern wir meinen, daß das, was hier gesagt ist, als ein Wort des Trostes, der Mahnung, der Lehre und der Aufrichtung an die Gemeinden, ihre Prediger, Pfarrer und Ältesten, notwendig ist. Wir meinen die Not zu sehen, die uns dazu zwingt, ein solches Wort auszusprechen. Eine große innere Not ist seit dem Jahre 1933 durch den Aufbruch der Irrlehre in die evangelische Kirche gekommen. Heute morgen hat Herr Landesbischof Marahrens schon ausführlich darüber gesprochen, wie es mit dem Schicksal der evangelischen Kirche in den letzten zwei Jahren gewesen ist. Aber wir haben darüber hinaus auch noch von einer äußeren Not der Kirche zu reden, einer Not, die dadurch kommt, daß der evangelischen Kirche in Deutschland die Möglichkeit des öffentlichen Wortes auf alle Weise untersagt, verboten, eingeschränkt, gehindert wird, daß bis in die letzten Tage vor der Synode eine ganze Menge polizeilicher Maßnahmen gegen eine große Anzahl von Pfarrern immer neu erfolgt sind. Es ist ja fast wie ein Wunder, daß in dem Augenblick, da die Synode in Bayern zusammentritt, nun einige aus dem Lager entlassen worden sind, während anderswo dauernd noch neue Maßnahmen verfügt werden, von denen sich eine an die andere reiht. In einem Gebiet – um mein eigenes Beispiel hier einmal anzuführen – wird man ausgewiesen, und in dem anderen Gebiet bekommt man dafür, daß man ausgewiesen ist, auch noch Redeverbot, damit man auch da spüren soll, unter welchen Aspekten die Bekennende Kirche und ihre Vertreter gesehen werden. Wir können über die Beschränkung der Möglichkeit der evangelischen Kirche, in der Öffentlichkeit zu reden, über die außerordentlich schwerwiegenden Eingriffe in die Lehrfreiheit der evangelischen Theologieprofessoren eine lange Liste von Maßnahmen zusammenstellen, aus denen deutlich wird, in welcher außerordentlich schweren Bedrängnis sich die evangelische Kirche in Deutschland befindet.
Diese Not ist für uns ganz konkret im Augenblick der Anlaß für ein solches Sendschreiben. Darum kam ja auch aus unserem Kreis der Wunsch, daß, nachdem von den Bruderräten, vom Reichsbruderrat und von der Vorläufigen Leitung schon Stellung genommen worden ist, nun auch die Synode ein Wort an die Gemeinden sagen möge, das unüberhörbar ist, das den Gemeinden in der Anfechtung und Bedrohung Trost und Kraft, ein Wort der Mahnung und Aufrichtung sei.
Das Sendschreiben gliedert sich, wie Sie aus der Vorlage sehen, in 6 Punkte. Davor steht ein grundlegender kurzer Abschnitt. Die 6 Punkte haben wir je mit einer Überschrift versehen, um damit deutlich zu machen, was in ihnen gesagt ist. Es ist aber nicht so, als ob hiermit eine Anzahl von neuen oder alten dogmatischen Wahrheiten ausgesprochen werden sollte, sondern die Absicht ist ausgesprochenermaßen die, mit schriftgemäßer, gesunder Lehre ein Wort seelsorgerlichen Charakters zu sprechen, so daß die Menschen beim Lesen und Hören sich getroffen, sich persönlich angesprochen fühlen, dieses Wort als an sie selbst gerichtet vernehmen.
Ich gehe nun daran, die einzelnen Abschnitte kurz auszulegen.
> In Einmütigkeit mit den Bekenntnissen der alten Kirche sowie der lutherischen und reformierten Kirche bekennen wir den dreieinigen Gott: Vater, Sohn und Heiligen Geist.

Wir stehen hier als Bekenntnissynode in einer großen Bekenntnisgemeinschaft, in der Gemeinschaft der Kirche der Jahrtausende. Die rechtgläubige Kirche aller Zeiten hat an dem Bekenntnis zu dem dreieinigen Gott festgehalten, und wenn in der alten Kirche dieses Bekenntnis im Mittelpunkt der großen und schweren kirchlichen Auseinandersetzungen stand, so hatte das dieselben Gründe, aus denen auch wir uns genötigt sehen, heute gerade wieder dieses Bekenntnis zu dem dreieinigen Gott an den Anfang unseres Schreibens zu stellen. Das Bekenntnis zur Trinität ist aus dem Kampfe gegen das Heidentum entstanden, aus dem Kampfe gegen den heidnischen Monotheismus, gegen die heidnische Abgötterei innerhalb und außerhalb der Kirche, und in diesem Augenblick, wo für uns ganz deutlich sichtbar das Heidentum stärker denn je innerhalb und außerhalb der evangelischen Kirche sich erhebt, wo sichtbarer und deutlicher als je an Stelle des dreieinigen Gottes, des allein wahren, ewigen Gottes Götzen angebetet werden, wo Gottes Wahrheit verkehrt wird, wo irdische Gewalten und Mächte mit einer Würde bekleidet werden, wie sie nur Gott zukommt, in diesem Augenblick, da, um im Anschluß an den Römerbrief zu reden, an Stelle des Schöpfers das Geschöpf verehrt wird, ist es Pflicht und Notwendigkeit der Bekennenden Kirche, den Gott zu bekennen, der der Gott der Bibel, der Gott der Offenbarung ist. Das ist der dreieinige Gott, von Anfang an bekannt gegen Heidentum und Abgötterei, damals wie heute.

Aus dem Bekenntnis zu diesem dreieinigen Gott ist nachher alles entwickelt und entfaltet, was in den 6 Punkten gesagt werden mußte. Damit unüberhörbar deutlich wird, daß wir uns und warum wir uns zu dem dreieinigen Gott bekennen, sind drei ganz kurze Sätze als Auslegung dieses Bekenntnisses zur Trinität angefügt. Zuerst:

Er allein ist der Herr der Geschichte und Geber aller Gaben.
»Alle gute Gabe und alle vollkommene Gabe kommt von oben herab, von dem Vater des Lichts, bei welchem ist keine Veränderung noch Wechsel des Lichts und der Finsternis« (Jak 1,17).

Daß dieses Wort gewählt ist, hat seinen besonderen Zusammenhang mit dem, was nachher gesagt wird. Gerade jetzt bekennen wir, daß alle gute Gabe und alle vollkommene Gabe von oben herabkommt, von dem Vater des Lichts. Das bekennt die Kirche gerade in der Bedrängnis; das bekennt die Christenheit da, wo sie angefochten ist, wo sie im Leiden steht und in der Bewährung. Gerade da bekennt sie, daß von Gott, von oben herab, nur Gutes und Vollkommenes gegeben wird.

Er allein ist der Überwinder der Sünde und des Todes.
Gott, das fleischgewordene Wort, der Herr, der Erlöser Jesus Christus spricht: »Fürchte dich nicht! Ich bin der Erste und der Letzte und der Lebendige. Ich war tot, und siehe, ich bin lebendig von Ewigkeit zu Ewigkeit und habe die Schlüssel der Hölle und des Todes« (Offb 1,17.18).

Dieses Wort aus der Offenbarung zu bekennen, scheint uns gerade heute angesichts des neuen Heidentums besonders notwendig. Wenn man von dem Christentum, wie es bei Rosenberg geschieht, als von der Macht einer untergehenden Welt redet, oder wenn, wie zur Zeit allenthalben, gelehrt wird, daß der Christenglaube und Christus selbst etwas sei, was grundsätzlich auf die jüdisch-orientalische Welt beschränkt bleibe und bei steigendem Selbstbewußtsein der arischen Menschen, des neuen Menschentums mehr und mehr von selbst verschwinde, so stellen wir dem den Satz entgegen: »Fürchte dich nicht! Ich bin der Erste und der Letzte und der Lebendige von Ewigkeit zu Ewigkeit.« Vor allem auch deshalb, weil der Christus sich hier als der Gekreuzigte und Auferstandene, als der Sieger über den Teufel und den Tod vor uns hinstellt: »Ich war tot, und siehe, ich bin lebendig von Ewigkeit zu Ewigkeit.« Wir wissen ja, daß innerhalb der neuen heidnischen Bewegung sehr viele zwar auch das Wort »Christus« oder »christlich« in den Mund nehmen, aber gerade an diesem entscheidenden Punkte bestreiten, daß er tot war und lebendig geworden ist und die Schlüssel der Hölle und des Todes hat. Diesen Christus, keinen anderen bekennen wir als unseren Herrn.

Er allein gibt Licht und Weisung und Kraft in aller Finsternis, Bedrängnis und Schwachheit.

»Wenn aber jener, der Geist der Wahrheit, kommen wird, der wird euch in alle Wahrheit leiten. Denn er wird nicht von sich selber reden, sondern was er hören wird, das wird er reden, und was zukünftig ist, wird er verkünden« (Joh 16,13).

Wir bekennen uns zu Gott dem Heiligen Geist, dem Tröster und Anwalt der Kirche, zu dem Parakleten. Wir tun das, weil wir bekennen müssen, daß er allein uns beruft, sammelt, erleuchtet, heiligt und bei Jesu Christo, unserem Herrn, erhält im rechten, einigen Glauben. Er gibt Licht des Lebens in aller Finsternis dieser Welt, Licht zur Erkenntnis des Christus, Licht zur Erkenntnis seines Wortes, Weisung zum Handeln in aller Bedrängnis der Kirche, in aller Not des einzelnen Christenlebens, und er gibt die Kraft, gerade auch die Kraft, in der Schwachheit, in der wir uns befinden, zu tragen, was an Leiden, an Schmerzen, an Bedrängnis über uns kommt.

Das ist in kurzen Sätzen der Sinn der Einleitung. Ohne das zu nennen, was an Widerspruch und Widerstand heute von den verschiedensten Seiten gegen uns heranbraust, mitten hineingestellt, als der Ruf der Bekennenden Kirche an ihre Gemeinden, Prediger und Ältesten, leuchtend herausgestellt die Gabe, die uns gegeben ist in dem dreieinigen Gott, Vater, Sohn und Heiligem Geist.

Von den nun folgenden Abschnitten 1–6 ist der erste überschrieben »Von der Unüberwindlichkeit der Kirche«, der zweite »Von der Bekenntnispflicht der Kirche«, der dritte »Von dem Gehorsam gegen die Obrigkeit und gegen Gott«, der vierte »Von der Bindung der Predigt an die Heilige Schrift«, der fünfte »Von der Sorge der Gemeinde um die Erhaltung der Verkündigung«, der sechste »Vom Kreuz der Kirche und vom Sieg ihres Herrn«. Ich lese die Überschriften im Zusammenhang vor, um kurz zu zeigen, wie der Gedankenaufbau dieses Sendschreibens ist. Das erste Wort ist das Wort des Trostes, geboren aus der Gewißheit: Die Kirche Christi ist unüberwindlich; denn sie hat ein Haupt, das im Himmel ist, Christus, der Auferstandene. Von 2 bis 5 aber ist von dem die Rede, was als Pflicht und Aufgabe dem einzelnen, den Gemeinden und insbesondere den Predigern aufgetragen ist, und zwar der Reihe nach zusammengestellt: in 2 und 3, was alle angeht, was jeden Christen einzeln betrifft, in 4 und 5, was die Verkündigung, das Amt der Wortverkündigung und die Erhaltung dieses Amtes bei Behinderung des Amtsträgers betrifft. Den Schluß des Ganzen bildet dann der heute mehr als je notwendige Ausblick: Schauet auf das Ende!

Jesus spricht von seiner Gemeinde:

»Niemand wird sie mir aus meiner Hand reißen. Der Vater, der sie mir gegeben hat, ist größer denn alles« (Joh 10,28). Und: »Die Pforten der Hölle sollen sie nicht überwältigen« (Mt 16,18).

Jesus Christus, wahrhaftiger Gott und wahrhaftiger Mensch, ist das Haupt seiner Gemeinde, die sein Leib ist. In Kraft seiner Auferstehung gibt er das ewige Leben denen, die an ihn glauben. Darum kann keine bekennende Kirche aufgelöst werden und durch Menschen ihr Ende finden.

So seid in aller Bedrängnis freudig und getrost! Sorget nicht, was die Zukunft bringt! Sorget allein, daß ihr und die Euren in Jesus Christus gegründet seid! Der Sieg ist euer, was auch die Welt wider euch tut.

In jedem einzelnen Abschnitt ist der Aufbau gleichmäßig gehalten. Zuerst das Zeugnis der Schrift, dann das Wort der Lehre, das bekennende Wort der Bekennenden Gemeinde als Auslegung der Schrift, und schließlich die Ermahnung an die Gemeinde.

Die beiden Schriftworte hier sollen zum Ausdruck bringen, wo der Grund der Siegeszuversicht und Gewißheit liegt. Die Verheißung, die der Kirche gegeben ist, ist in dem Worte Jesu enthalten: »Niemand soll sie aus meiner Hand reißen.« Wir wissen, daß die Schrift von der Kirche redet als von der, die von Ewigkeit zu Ewigkeit ist, als von dem großen Heilsplane des Schöpfers von Anfang, vor dem Falle der Welt in Christo beschlossen. Wenn wir nun bei der Auslegung dieses Schriftwortes ausdrücklich hinzufügen, daß Jesus Christus wahrhaftiger Gott und daß Jesus Christus wahrhaftiger Mensch ist, so meinen wir, es sei heute besonders notwendig, auf beides hinzuweisen, weil das Heil eben darin beschlossen ist, daß der wahrhaftige Gott wahrhaftiger Mensch wurde, daß er das fleischgewordene Wort Gottes und als solcher das Haupt der Gemeinde ist.

Das Wort vom Haupt und Leib ist uns eine besonders tröstliches Wort. Es besagt noch etwas Eigenes gegenüber dem vom Herrn der Kirche. Haupt und Leib bedeuten die untrennbare Gemeinschaft der beiden Zusammengehörenden. Hier liegt der besondere Akzent, der auf diesem Bilde vom Haupt und Leib ruht, und gerade das – müssen wir es sagen? – ist ja das Besondere der Kirche, daß im Gegensatz zu dem, was es in der Welt sonst an Gemeinschaften gibt, hier eine Gemeinschaft ist, die ein Haupt hat, ja, ein Haupt im Himmel hat.

Diese Verbundenheit zwischen Haupt und Leib ist in dem zweiten Satz begründet:
    In Kraft seiner Auferstehung gibt er das ewige Leben denen, die an ihn glauben.

Viele von uns werden sich an das Wort des Herrn Landesbischofs Marahrens zu Ostern erinnern von der Kraft der Kirche, der Kraft, die in der Auferstehung des Christus begründet ist. Kraft seiner Auferstehung, weil er der Auferstandene ist, der die Schlüssel der Hölle und des Todes hat, gibt er in voller Wirklichkeit das ewige Leben denen, die an ihn glauben. Daß wir sagen »denen, die an ihn glauben«, ist deswegen nötig, weil heute das Wort »glauben« in aller Welt zu allen möglichen Dingen gebraucht wird. Nur denen, die an *ihn* glauben, an den auferstandenen Herrn glauben, teilt dieser Herr das ewige Leben mit.

Darum heißt es hier ganz einfältig und schlicht, sicherlich so ungesichert wie irgendein menschliches Wort:
    Darum kann keine bekennende Kirche aufgelöst werden und durch Menschen ihr Ende finden.

Es wird für viele überraschend sein, dieses Wort so dahingestellt zu sehen. Die Kirche Christi – das wird in Punkt 2 unseres Sendschreibens deutlich – ist Kirche als Bekennende Kirche. Und damit nicht jemand auf den Gedanken kommen kann, es handele sich bei der Kirche um eine civitas Platonica, um die berühmte unsichtbare Größe, die jenseits dieser Welt ist, so meinen wir gerade durch diese Bezeichnung »keine Bekennende Kirche« darauf hingewiesen zu haben, was in den Bekenntnisschriften der Kirche zum Ausdruck gebracht wird: daß die Kirche wirklich wahrhaftige Kirche in dieser Welt ist. Ich erinnere nur einmal daran, daß in der Apologie folgendes steht in Artikel 7/8 (Die Bekenntnisschriften der evangelisch-lutherischen Kirche, Göttingen 1930, Bd. 1, S. 235, Z. 2f):
    »Wo das Wort Gottes rein gebetet, wo die Sakramente demselbigen gemäß gereicht werden, da ist gewiß die Kirche, da sind Christen, und dieselbige Kirche wird allein genennet in der Schrift ›Christi Leib‹. Denn Christus ist ihr Haupt und heiligt und stärkt sie durch seinen Geist. Wie Paulus zu den Ephesern am 1. sagt: und hat gesetzt zum Haupt der Gemeinde über alles, welche da ist sein Leib, und die Fülle des, der alles in allem erfüllt.«

Oder, um das noch zu verstärken (a.a.O., S. 238, Z. 40f):
    »Wir reden nicht von einer erdichteten Kirche, die nirgends zu finden sei, sondern wir sagen und wissen fürwahr, daß diese Kirche, darinnen Heilige leben, wahrhaftig auf Erden ist und bleibet.«

Das ist der entscheidende Satz in Augustana 7, daß die Kirche »perpetuo mansura sit« (»daß alle Zeit müsse eine heilige christliche Kirche sein«). Dabei ist nicht die

Rede von einer Kirche, die man nirgendwo erkennen, sehen und haben kann, die es nirgendwo gibt, sondern es geht um diese Kirche, die in dieser Welt gestiftet ist, die in dieser Welt von Christus erhalten, geleitet und regiert wird durch den Heiligen Geist! Darum müssen wir denen, die Besorgnisse haben, die Bekennende Kirche könnte aufhören, die Kirche Christi könnte zerstört werden, die Kirche könnte irgendwie verhindert oder vernichtet werden, das tröstliche Wort sagen, daß die Kirche, die sich zu ihrem Herrn und Christus bekennt, nicht aufgelöst werden kann, nicht durch Menschen ihr Ende finden kann; denn sie ist von Ewigkeit zu Ewigkeit.
Weil sie das geschenkt bekommen hat, heißt nun die Folgerung:
So seid in aller Bedrängnis freudig und getrost! Sorget nicht, was die Zukunft bringt! Sorget allein, daß ihr und die Euren in Jesus Christus gegründet seid! Der Sieg ist euer, was auch die Welt wider euch tut.
Die Brüder und Schwestern, die hier in der Bekenntnissynode versammelt sind, wissen alle miteinander, was die Welt zu allen Zeiten wider die Kirche getan hat und auch heute tut. Wir kennen eine Fülle von Beispielen, die wir dafür anführen könnten. Aber das ist das Trostvolle, daß denen, die von der Welt viel Leiden, Not und Schmerz erfahren, der Sieg bereits gehört. Der Sieg ist euer! Das ist der sieghafte Glaube, wie es die Schrift sagt: Unser Glaube ist der Sieg, der die Welt mit aller ihrer Not und Finsternis, ihrem Leid und ihrem Elend überwunden hat.
»Sorget allein, daß ihr und die Euren in Jesus Christus gegründet seid!« Das ist ein notwendiger und wichtiger Ruf, daß über dem Kampf der Bekennenden Kirche nicht das Eine, was allein not tut, vergessen werde. Wir haben es an anderer Stelle, in Punkt 2, noch einmal gesagt: Es gibt so viele, die führen den Kirchenkrieg mit allerlei anderen äußerlichen und sonstigen Dingen und ahnen gar nicht, wissen gar nicht, warum sie zur Bekennenden Gemeinde gehören, daß sie nämlich damit sich nicht nur mit dem Munde zu Jesus Christus bekennen, sondern in ihm begründet sein wollen, daß sie damit bekennen wollen: »Der Grund, da ich mich gründe, ist Jesus und sein Blut!« Nur weil und sofern die Bekennende Kirche auf diesem ewigen Grunde, der gelegt ward, gegründet ist, kann sie sorglos sein und braucht sie um die Zukunft nicht besorgt zu sein.
Von diesem Worte des Trostes »Fürchtet euch nicht! Seid getrost!« gehen wir zu der Verpflichtung der Gemeinden zum Bekennen über. Wir könnten diesen Abschnitt 2 auch überschreiben: »Seid bekennende Gemeinden!«
Jesus Christus spricht:
»Wer nun mich bekennet vor den Menschen, den will ich bekennen vor meinem himmlischen Vater. Wer mich aber verleugnet vor den Menschen, den will ich auch verleugnen vor meinem himmlischen Vater« (Mt 10,32f). Und so spricht der Herr: »Warnst du den Gottlosen nicht, so wird der Gottlose um seiner Sünde willen sterben; aber sein Blut will ich von deiner Hand fordern« (Hes 3,18).
Niemand kann Christ sein, ohne zu bekennen. Der Heilige Geist wirkt das Bekenntnis, daß Jesus Christus unser alleiniger Herr und Heiland ist. In diesem Bekenntnis ist allem ungöttlichen Wesen der Kampf angesagt. Dieses Bekenntnis ist weder auf die gottesdienstlichen Stunden noch auf die Männer des kirchlichen Amtes beschränkt; es ist jedem Christen täglich geboten.
Nicht mit Taktik und Propaganda dient ihr eurem Herrn, sondern mit beharrlicher Bezeugung des empfangenen Evangeliums vor Kindern und Eltern, Freunden und Nachbarn, Untergebenen und Vorgesetzten. Die Vergebung der Sünde sei die Quelle eurer Kraft! Darum tut täglich Buße vor Gott! Dann wird euch das rechte Bekennen geschenkt werden.
Dieses Wort, liebe Brüder und Schwestern, ist das notwendige Bußwort an die Bekennende Gemeinde, an alle, an uns selbst. Das Wort, das wir vorangestellt haben,

ist uns ja im Verlaufe dieses kirchlichen Kampfes wohl manchmal bedeutungsvoll geworden, und wir haben wohl oft auch Gelegenheit gehabt, im schweren Kampf es vor der Gemeinde auszulegen. »Mich bekennen«, da liegt das Entscheidende. Darum stellen wir gerade dieses Wort an den Anfang, und wir müssen auch hinzufügen: »Wer mich verleugnet ...«. Denn gerade die Hervorhebung des Verleugnens ist heute besonders wichtig, wo es soviel Schweigen gibt, wenn bekannt und geredet werden müßte. Und dieses Wort ist auch deshalb besonders wichtig, weil hier steht: »vor den Menschen«. Öffentlich soll bekannt werden; das will Christus. Vor den Menschen! Keiner soll vor den Menschen sich seiner schämen, und auch gegenüber den Menschen soll bekannt werden. Nicht in privaten Gefühlen seelischer Abgrundtiefen soll sich der Glaube erschöpfen, sondern er soll zum Bekennen vor den Menschen werden, offen, deutlich.

Aus diesem besonderen Grund fügen wir das zweite Wort hinzu: Warnst du den Gottlosen nicht, lässest du ihn seiner Wege gehen, sagst du:»Wenn ich ihn nur habe, laß ich still die andern breite, lichte, volle Straßen wandern«, so verleugnest du Christus. Gerade da wird Christus verleugnet, wo man meint, man sei damit ein Bekenner, daß man in seinem Herzen Christus bekennt. Heute ist das Zeugnis der kirchlichen Gemeinde in dieser Welt gegenüber allem Heidentum, gegenüber aller Gottlosigkeit innerhalb und außerhalb der Kirche gefordert, wobei deutlich ist oder deutlich sein sollte, daß es sich dabei nicht um eine moralische Abwertung derer handelt, die hier als Gottlose bezeichnet werden, sondern daß viele von ihnen sich aus, wie sie meinen, tiefer Religiosität, aus innerster Überzeugung von Gott losgesagt haben, daß viele ausgehen, den deutschen Gott zu suchen, die vielleicht in ihrem tiefsten Innern und den Strömen ihres Blutes oder des Blutes ihres Volkes Gott finden wollen. Diesen allen gegenüber und gegenüber allem, was von ihnen an weltanschaulichen oder sonstigen Gedanken ausgeht, gilt die Warnung: »Warnst du den Gottlosen nicht« – das ist entscheidend für vieles, was heute bekannt werden muß –, »so wird der Gottlose um seiner Sünde willen sterben; aber sein Blut will ich von deiner Hand«, von der Kirche »fordern«.

Niemand kann Christ sein, ohne zu bekennen, niemand kann Christ sein ohne den Heiligen Geist. Das ist dasselbe. Denn

> der Heilige Geist wirkt das Bekenntnis, daß Jesus Christus unser einiger Herr und Heiland ist.

Das Urbekenntnis, das der Sinn aller Bekenntnisse ist, lautet: *Christos kyrios.* Alle Bekenntnisse, die bekannt worden sind, wollten Christus als den *kyrios* bekennen. Weil wir aber für dieses Wort »*kyrios*« ein entsprechendes wirklich deutsches Wort nicht haben, das in einem Worte alles sagt, so haben wir gemeint, es sei notwendig, nach zwei Seiten hin von dem *kyrios* zu reden, nämlich: »unser einiger Herr und Heiland«. »Herr und Heiland« versucht das zum Ausdruck zu bringen, was die Urgemeinde sagt, wenn sie sagte »*kyrios Jesus*«. »König«, »Führer«, alle Worte, die man hier finden möchte, können das nicht so sagen, was hier gesagt werden müßte. Darum ist gesagt: »Jesus Christus unser einiger Herr und Heiland«.

Niemand kann Christ sein, ohne zu bekennen. »Diese ist aber eigentlich die christliche Kirche«, heißt es in der Apologie (a.a.O., S. 239, Z. 24f),

> »die den Heiligen Geist hat. Die Wölfe und falschen Lehrer, wiewohl sie in der Kirche wüten und Schaden tun, so sind sie doch nicht die Kirche oder das Reich Christi, wie auch Lyra bezeugt, da er sagt: ›Die rechte Kirche stehet nicht auf Prälaten ihrer Gewalt halben; denn viele hohen Standes, Fürsten und Bischöfe, auch viele niederen Standes sind vom Glauben abgefallen. Darum stehet die Kirche auf denjenigen, in welchen ist ein recht Erkenntnis Christi, eine rechte Konfession und Bekenntnis des Glaubens und der Wahrheit.‹«

In diesem Bekenntnis ist allem ungöttlichen Wesen der Kampf angesagt. Das Bekenntnis zu Christus, zum Herrn, ist ganz und gar nicht ein theoretisches Be-

kenntnis. Das würde ja vielen leicht fallen, und das würde gar keinen Anstoß erregen, wenn es sich nur um diese Aussage handelte. Aber weil das Bekenntnis zu Christus, zu der Herrlichkeit des Christus in dieser Welt vor den Menschen gegen die Gottlosigkeit bekannt werden muß, darum führt es zu dem Widerstand und Angriff, darum führt es zu dem Kriege, von dem Jesus redet, wenn er sagt, daß er nicht gekommen sei, Frieden zu bringen, sondern das Schwert.
Darum haben wir uns bemüht zu sagen: »In diesem Bekenntnis« – dem Bekenntnis zu Jesus Christus als unserem alleinigen Herrn und Heiland – »ist von dem Bekennenden allem ungöttlichen Wesen der Kampf angesagt«.
Er bekennt sich damit zu seiner Sünde und Verlorenheit, er bekennt damit gegen alle Hoheit und Macht, die sich gegen Gott und seinen Gesalbten erhebt, den Kampf und die Verpflichtung des Kampfes gegen die Sünde, in welcher Gestalt und wo sie auch auftreten mag. Wir meinten, daß gerade heute gesagt werden müßte, daß das Bekenntnis zu Christus leer und tot bleibt, wenn nicht die Christengemeinde in diesem Bekenntnis konkret das trifft, wo und wie heute und jetzt gesündigt wird. Die Christengemeinde kann nicht schweigend an dem allen vorübergehen, weil sie meint, die Hoheit ihres Bekenntnisses stünde über der Tiefe der Sündigkeit dieser Welt. Wie kann die Kirche glaubwürdig reden, daß Christus der Herr sei, wenn sie die Herrlichkeit des Christus nicht bezieht auf die Sünde, die zu überwinden dieser Herr gekommen ist? Das ist eine große und schwere Aufgabe, die uns gestellt ist, und wir können alle nur sagen: »Mea culpa, mea maxima culpa!« Die Bekennende Gemeinde muß sich hier dazu bekennen, daß sie dem ungöttlichen Wesen bei sich und in ihrem Volke, in das sie gestellt ist, nicht den Kampf angesagt hat, sondern an vielen Stellen und aus mannigfachen, sehr beachtlichen, aber säkularen Gründen geschwiegen hat. Darum meinten wir dies einmal als einen Stachel aus dem Worte Gottes gegen uns selbst herausstellen zu müssen. Dieses Bekennen, das allem ungöttlichen Wesen den Kampf ansagt, bleibt, und wenn es noch so herrlich einherschreitet, eine Verleugnung, wenn es nicht auf die Bekämpfung der Finsternisse in dieser Welt bezogen ist.

Dieses Bekenntnis ist weder auf die gottesdienstlichen Stunden noch auf die Männer des kirchlichen Amtes beschränkt. Es ist jedem Christen täglich geboten.

Es ist uns völlig deutlich, was damit gemeint ist. Das Bekennen besteht nicht darin, daß man sich in der Kirche versammelt und dort die Herrlichkeit Gottes in Gesang und Lobliedern preist und schöne Predigten hört, sondern es ist der ganzen Christenheit täglich geboten.

Nicht mit Taktik und Propaganda dient ihr eurem Herrn, sondern mit beharrlicher Bezeugung des empfangenen Evangeliums vor Kindern und Eltern, Freunden und Nachbarn, Untergebenen und Vorgesetzten.

Hier wollen wir darauf acht haben, daß dieses Wort sich gerade an unsere Bekennende Gemeinde richtet. Denn es gibt in ihr so viele, die meinen, wir wären eine Propagandabewegung gegen die »Deutschen Christen« oder gegen das deutschchristliche Kirchenregiment oder gegen sonst irgendeine Gruppe. An uns alle richtet sich hier die Frage, ob wir nicht in der Gefahr stehen zu meinen, daß wir dem Herrn mit Taktik dienen könnten. Wenn es so formuliert ist, dann wird auch deutlich, um was es der Bekennenden Gemeinde eigentlich geht, nämlich um den Dienst des Christus. Um nichts weniger und um nichts anderes. Darum die beharrliche Bezeugung des empfangenen Evangeliums täglich vor den Menschen, vor Kindern und Eltern, gerade heute in der Familie und vor Freunden und Nachbarn, da, wohin der Mensch gestellt ist. Ich glaube, so wird es deutlich, was in diesen Sätzen gemeint ist.

Die Vergebung der Sünde sei die Quelle eurer Kraft! Darum tut täglich Buße vor Gott! Dann wird euch das rechte Bekennen geschenkt werden.

Das müssen wir uns sagen lassen und müssen wir allen sagen angesichts der Angriffe, Mißverständnisse und Schwächen der Bekennenden Gemeinden.

Der Apostel Petrus mahnt:

»Seid untertan mit aller Furcht den Herren..., denn das ist Gnade, so jemand um des Gewissens willen zu Gott das Übel verträgt und leidet das Unrecht« (1Petr 2,18.19).

Derselbe Apostel ruft aber auch seiner Obrigkeit zu:

»Richtet ihr selbst, ob es vor Gott recht wäre, daß wir euch mehr gehorchen denn Gott. Denn wir können es ja nicht lassen, daß wir nicht reden sollten, was wir gesehen und gehört haben« (Apg 4,19.20).

Die Obrigkeit hat ihre Gewalt von Gott. Darum ist ihr der Christ untertan. Der Gehorsam gegen die Obrigkeit ist begrenzt durch Gott, dessen Gebot allen Menschen gilt. Wird das der Christenheit aufgetragene Zeugnis gehindert oder verboten, so ist es Pflicht vor Gott, ohne Menschenfurcht handelnd oder leidend die Gnade und Herrlichkeit Jesu Christi jedermann zu bezeugen.

Laßt euch durch keine Verfolgung beirren, dem Staate in Ehrerbietung untertan zu sein. Bleibt im Gehorsam gegenüber den Herren, die euch gesetzt sind! Seid unermüdlich im Dienen! Tut Fürbitte für Volk und Staat! Bittet für die, so euch beleidigen und verfolgen!

In diesem Worte ist ja ohne weiteres deutlich, weswegen am Anfang das Doppelwort aus dem 1. Petrusbrief und aus der Apostelgeschichte steht. Gerade weil beide Worte die Worte desselben Zeugen sind, sind sie für uns um so beachtlicher. Sie zeigen die eigentümliche Haltung des Glaubenden gegenüber Gott und gegenüber der Obrigkeit, die unter Gott steht. Die Glaubenshaltung des Christenmenschen gegenüber der Obrigkeit ist nur aus dem christlichen Bekenntnis zu dem dreieinigen Gott verständlich. Das auszuführen fehlt heute hier leider der Raum und die Zeit. Aber wie sollte sonst die rätselhafte und unaufhebbare Kluft verstanden werden, die zwischen dem, was die Obrigkeit in Wirklichkeit ist, und dem, was im Glauben an Jesus Christus von ihr gesagt wird, besteht? Wie sollte überhaupt die rätselvolle Haltung des Christen, die so ganz und gar unrevolutionär ist, verstanden werden, wenn nicht von dem Glauben an den Vater, den Sohn und den Heiligen Geist? Die Obrigkeit hat ihr Schwert von Gott; das ist die Hoheit und Würde, die allein Gott der Obrigkeit gegeben hat. Darum ist ihr der Christ untertan. Denn er kann nur Gott gehorchen. Ob er den Eltern gehorcht, den Lehrern, der Obrigkeit, immer gehorcht er Gott. Das ist der freimachende Gehorsam der Kinder Gottes im Gegensatz zu dem, was sonst in der Welt unter Gehorsam verstanden wird. Es ist eine Selbstverständlichkeit, daß dieser Gehorsam begrenzt ist durch Gott, dessen Gebot allen Menschen gilt. Damit ist gesagt: Auch die Obrigkeit, auch die Gewalt, der das Schwert gegeben ist, untersteht dem Urteil und dem Gericht, untersteht der Gnade und Verheißung Gottes. Das heißt aber auch, liebe Brüder und Schwestern, daß es niemals und nirgends eine Verpflichtung zum Sündigen gibt.

Wird das der Christenheit aufgetragene Zeugnis gehindert oder verboten, so ist es Pflicht vor Gott, ohne Menschenfurcht handelnd oder leidend die Gnade und Herrlichkeit Jesu Christi jedermann zu bezeugen.

Dabei muß des Verständnisses wegen auf uns hingewiesen werden: Es gibt immer wieder solche, die meinen, alles, was ihnen angetan wird, leidend ertragen zu müssen. Wir meinen dazu sagen zu sollen, daß es beide Möglichkeiten, die Gnade und Herrlichkeit Jesu Christi zu bezeugen, gibt, handelnd oder leidend. Also wenn und wo gelitten wird, darf das kein anderes Leiden sein als nur dieses. Das soll hier deshalb gesagt sein, damit es keiner mißverstehe und sich dahinter verstecke in Menschenfurcht und Menschenschwachheit und meine, er verkündige leidend die Gnade und Herrlichkeit Jesu Christi. An diesem Punkt muß die Kirche unerbitt-

lich sein. Denn »wo die Kirche ist«, heißt es in den Bekenntnisschriften, da ist das »mandatum Christi«, das heißt der Auftrag oder der Befehl Christi, dieses Zeugnis, die Predigt des Evangeliums auszurichten an alles Volk.
Was in dem letzten Satz zum Ausdruck gebracht ist, wird ja ohne weiteres verständlich sein. »Gehorsam als die Freien.« Nicht im knechtischen Gehorsam, sondern im freudigen Gehorsam den Herren, die uns gesetzt sind, gehorsam zu bleiben, dazu rufen wir die Gemeinde auf. Wir rufen sie auf, unermüdlich im Dienen zu sein. Damit ist das zum Ausdruck gebracht, daß wir gerufen sind, unserem Nächsten, und zwar vor allem auch gerade dem Nächsten, der uns in unserem Volksgenossen begegnet, zu dienen. Das Höchste, was als Erweis der Liebe zum Nächsten geschehen kann, ist der Aufruf zur Fürbitte für Volk und Obrigkeit. Darum schließt dieser Absatz mit der Mahnung, in der das Letzte, Weltüberwindende gesagt wird. »Bittet für die, so euch beleidigen und verfolgen!« Alles hat mitten in Bedrängnis, Not und Schwierigkeit unter dem Worte zu stehen: Die Liebe läßt sich nicht erbittern.
Von der Bindung der Predigt an die Heilige Schrift. Hier muß der Aufruf laut werden: Predigt das Wort Gottes lauter und rein!
Der Apostel Paulus sagt:
»So habt nun acht auf euch selbst und auf die ganze Herde, unter welche euch der Heilige Geist gesetzt hat zu Bischöfen, zu weiden die Gemeinde Gottes, welche er durch sein eigenes Blut erworben hat« (Apg 20,28).
»Predige das Wort, halte an, es sei zu rechter Zeit oder zur Unzeit; strafe, drohe, ermahne mit aller Geduld und Lehre!« (2Tim 4,2).
Es ist Gottes Wille, die Menschen durch sein Wort zu retten. Darum hat er das Amt gestiftet, das die Versöhnung predigt. Die Verheißung dieses Amtes ist gebunden an den Gehorsam gegen die Wahrheit der Schrift. Denn nur, wo das Wort Gottes verkündigt wird, ist Christus gegenwärtig, und nur durch das Wort Gottes wird der Heilige Geist zuteil.
Die Diener am Wort ermahnen wir, daß sie auf Grund ihres Ordinationsgelübdes gemäß den Bekenntnissen der Kirche in ihrer Verkündigung allein das Wort der Heiligen Schrift auslegen und so das Wort Gottes den Menschen dieser Zeit bindend und lösend sagen. Dabei sollen die Diener am Wort sich brüderlich Hilfe leisten. Die Kirchenleitungen verpflichten wir, darauf achtzuhaben, daß das Wort Gottes lauter und rein gelehrt wird, damit nicht das Wort der Bekennenden Kirche von ihren eigenen Gliedern verfälscht werde.
Ich will zur Erklärung mich wesentlich auf den Lehrsatz und die Ermahnung beschränken. Botschafter an Christi Statt sind die Prediger des Evangeliums; denn Gott vermahnt durch uns. Das, was hier »sein Wort« heißt, schließt selbstverständlich das Sakrament in sich: »verbum audibile et visibile« (»das vernehmbare und sichtbare Wort«). Darum ist hier immer wieder gesagt: »Wo das Wort Gottes verkündigt wird ...«
Durch das Wort Gottes wird der Heilige Geist zuteil. Gott hat das Amt gestiftet, das die Versöhnung predigt. Damit erinnern wir die Prediger an die Herrlichkeit und Verantwortung des Amtes, das ihnen übertragen ist, das von Gott gestiftet ist und mit dem sie nicht machen können, was sie selber wollen. Die Verheißung des Amtes ist an den Gehorsam gegen die Wahrheit der Schrift gebunden. Woher die Leidenschaft der Reformation um die reine Lehre, um »recte et pure«, um »lauter und rein«? Darum, weil nur da Menschen gerettet werden können, wo das Wort Gottes gepredigt wird. Da, wo das Evangelium verkündet wird, und zwar lauter und rein, da können Menschen selig werden. Weil das Heil der Welt an der christlichen Predigt hängt, darum müssen wir alle miteinander darauf bedacht sein, nichts anderes zu predigen und zu verkündigen als die Wahrheit der Schrift. Nicht menschliche Weisheit, nicht Religion, nicht Religiosität. Denn allein durch die

Wahrheit wird dort das Leben, wo Christus gegenwärtig ist, und er ist nur in dem Worte Gottes gegenwärtig. Da sind auch alle seine Güter und Gaben. Da ist das ganze Heil, die Fülle des Heils. Darum sagen wir in Erinnerung an das Bekenntnis zum dreieinigen Gott: Nur durch das Wort Gottes wird der Heilige Geist zuteil, der uns dieses Wort als Wort Gottes verstehen lehrt, uns erleuchtet, heiligt und bei Jesus Christus erhält im rechten einigen Glauben.
In der Vermahnung werden die Diener am Wort an ihr Ordinationsgelübde erinnert. Wir haben es im Laufe des Kirchenkampfes wieder erkannt, was für einen Sinn es hat, daß wir auf Schrift und Bekenntnis ordiniert sind, welche ungeheure Bedeutung für Gestalt und Bau der Kirche darin liegt, daß in ihr das allein an Schrift und Bekenntnis gebundene Amt ist. Darum erinnern wir die Prediger daran, daß sie allein das Wort der Heiligen Schrift auslegen und darin wahrhaft zeitgemäß predigen sollen, nicht darin, daß sie aus der Zeit, aus den zeitgeschichtlichen Ereignissen, aus der Zeitdeutung das Wort Gottes verständlich zu machen meinen. Denn nur wo das Wort Gottes Heiliger Schrift recht und rein ausgelegt wird, da wird den Menschen dieser Zeit das Wort bindend und lösend gesagt. Alle Diener am Wort werden hier an das der Kirche gegebene Amt der Schlüsselgewalt erinnert. Da wird Vergebung der Sünde glaubwürdig gepredigt, wo auch der Bindeschlüssel gehandhabt wird, wo die Sünde auch wirklich Sünde genannt wird und wo die Predigt des Gesetzes mit der Predigt des Evangeliums verbunden ist.
Brüderliche Hilfe befehlen wir den Brüdern, weil wir ja alle aus einer Zeit der Verwüstung des kirchlichen Amtes, aus einer Zeit der theologischen Geschichte herkommen, wo man von dem Worte Gottes und den Bekenntnissen der Kirche nichts mehr wußte. Darum müssen wir alle brüderlich einander helfen, um weiterzukommen.
Aber alle, denen ein kirchliches Amt der Leitung übertragen ist, seien es Bischöfe, Bruderräte, Presbyterien, Kirchenräte, wer es auch sei und wo es auch geschehen mag, sie sind durch das Wort der Schrift aufgerufen, darauf zu achten, daß unter uns so etwas wie eine neue Zucht der Lehre einsetze. Seelsorgerlich und brüderlich muß hier wieder ein neuer Anfang gewagt werden. Denn nur wo das Wort Gottes lauter und rein gelehrt wird, da wird das Wort der Kirche nicht von ihren eigenen Gliedern, ihren Predigern, ihren Leitern, ihren Ältesten, ihren Gliedern verfälscht, verdunkelt, verraten, verleugnet oder verunreinigt. Hier, liebe Brüder, ist die eigentliche wirkliche Gefahr und Not der Bekennenden Kirche. Hier ist die Gefahr, daß sie unglaubwürdig wird, weil sie nicht allen Fleiß, alle Arbeit, alle Sorge darauf wendet, daß in ihr das Wort Gottes lauter und rein gepredigt wird. Wir werden uns fragen müssen, was für eine Aufgabe wir hier besonders haben, zu tun, was uns befohlen ist, achtzugeben, die Gemeinde Gottes zu weiden, die er als sein Eigentum erworben hat.
Zu dem 5. Punkt sind wir durch die Tatsache genötigt, daß auch heute noch, auch jetzt noch sehr vielen Gemeinden, sehr viel mehr Gemeinden, als man in Deutschland im allgemeinen weiß, der Prediger genommen ist, und daß außerdem darüber hinaus sehr viele Gemeinden keinen Prediger haben, der ihnen das Wort Gottes lauter und rein verkündigt, und infolgedessen auch keine Kirche haben, in der sie sich versammeln können. Darum reden wir neu, wie zur Zeit der Reformation, wie es besonders in den Schmalkaldischen Artikeln und vor allem auch in dem Traktat »De potestate et primatu papae« (Von der Gewalt und Obrigkeit des Papstes) ausgeführt ist, von der Pflicht der Gemeinden, für die Erhaltung der Verkündigung Sorge zu tragen. Wir können auch an jene wundervolle Schrift Martin Luthers aus dem Jahre 1525 denken über Recht und Pflicht der Gemeinden zur Einsetzung des Predigeramtes und Predigerdienstes.
    Der Apostel Paulus sagt:
»So kommt der Glaube aus der Predigt, die Predigt aber durch das Wort Got-

tes« (Röm 10,17). »Lasset das Wort Christi unter euch reichlich wohnen in aller Weisheit; lehret und vermahnet euch selbst mit Psalmen und Lobgesängen und geistlichen lieblichen Liedern, und singet dem Herrn in euren Herzen« (Kol 3,16).

Die Kirche Jesu Christi ist überall da, wo die versammelten Gläubigen das Evangelium hören und die Sakramente empfangen. Keine irdische Macht kann darum die Gemeinde Jesu Christi von der Pflicht entbinden, das ihr anbefohlene Amt der Verkündigung und Sakramentsverwaltung unter allen Umständen und unter Preisgabe aller Rücksichten auszurichten. Schweigt in ihr Gottes Wort, so ist sie nicht mehr Kirche Christi. Die Verkündigung und die Verwaltung der Sakramente darf in keiner Gemeinde aufhören. Wird sie verhindert, so muß sie ersetzt werden.

Werden euch die Pfarrer genommen, so ist es eure Pflicht als Gemeinde, selbst die Weiterführung der Verkündigung in Predigt und Sakramentsverwaltung, Unterricht und Seelsorge in geordneter Weise zu regeln. Könnt ihr nicht in eurer Kirche zusammenkommen, dann sammelt euch in euren Häusern um so treuer um Gottes Wort.

Was hier gesagt ist, dürfte völlig deutlich sein. Warum es gesagt wird, warum es diese Sorge und Verpflichtung der Gemeinde gibt, ist in dem Worte der Lehre zum Ausdruck gebracht.

Die Kirche Christi, das ist so tröstlich und so verantwortungsvoll, ist überall in der ganzen Welt. Wir haben in unseren Bekenntnisschriften eine Menge von herrlichen Stellen, die davon reden, wie die Heiligen versammelt sind, das Evangelium zu hören und die Sakramente zu empfangen. Aber das ist die Verantwortung: Keine irdische Macht kann die Gemeinde Christi von der Pflicht entbinden, das ihr anbefohlene Amt der Verkündigung und Sakramentsverwaltung auszurichten.

»Wo die Kirche Christi ist, da ist je der Befehl, das Evangelium zu predigen«, heißt es in den Schmalkaldischen Artikeln (a.a.O., S. 491, Z. 6f).

»Darum müssen die Kirchen die Gewalt behalten, daß sie Kirchendiener fordern, wählen und ordinieren.

Und solche Gewalt ist ein Geschenk, welches der Kirche eigentlich von Gott gegeben und von keiner menschlichen Gewalt der Kirche kann genommen werden.«

Dieser Satz in den Bekenntnisschriften sagt dasselbe, was wir hier aussprechen, was wir den Gemeinden zum Trost und zur Ermahnung sagen. Diese Gewalt kann den Gemeinden nicht genommen werden. Aber die Gemeinde darf sie sich auch nicht nehmen lassen. Darum heißt es: »unter allen Umständen und unter Preisgabe jeder Rücksicht«. Liebe Brüder, ihr wißt, wie leicht wir eine Menge von Gedanken und Erwägungen finden, um dem Ärgernis und der Gefahr eines solchen Handelns zu begegnen. Ihr wißt, wie leicht wir das alles mit dem schönen Worte der Schrift »um der Liebe willen« umkleiden, um damit unsere fleischlichen Rücksichten vor Gott zu rechtfertigen. Wir müssen so scharf wie möglich sagen: »unter allen Umständen«. Denn wenn Gottes Wort in der Kirche schweigt – das ist der schwere Ernst –, so ist sie nicht mehr Kirche Christi, so ist hier Tod und Verdammnis, so ist hier kein Weg mehr zum Heil!

In keiner Gemeinde, heißt es darum als Forderung und Mahnung an jede Gemeinde, wo es auch sei, darf die Verkündigung des Wortes Gottes und die Verwaltung der Sakramente aufhören. Wird sie verhindert, wodurch auch immer und von wem auch immer, so muß sie ersetzt werden. Werden der Gemeinde die Pfarrer genommen, wie es in zahllosen Fällen geschehen ist und noch heute geschieht, so ist es Pflicht der Gemeinde, selbst die Weiterführung des Amtes in die Hand zu nehmen. Und da ist nun, damit es ganz deutlich wird, nicht nur die sonntägliche Predigt genannt, sondern gerade auch die Sakramentsverwaltung, daß die Kinder

getauft werden, daß das heilige Abendmahl gereicht wird, damit die Gemeinden erbaut werden als der Leib Christi, und vor allen Dingen auch die Unterweisung und die Seelsorge. Diese Dinge müssen weitergehen, damit die Kirche Christi Kirche Christi bleibe, und zwar, fügen wir hinzu, müssen sie in geordneter Weise weitergehen. Es muß von vornherein allen Möglichkeiten eines Rottenwesens, wie unsere reformatorischen Väter sagten, gesteuert werden. Darum muß Vorsorge getroffen werden, daß im Falle der Gefahr und Not die Gemeinden sofort für die Weiterführung des Amtes in dieser oder jener Form eine geregelte Ordnung vorfinden. Über die Maßnahmen, die da im einzelnen in den bedrängten Kirchen zu treffen sind, ist ja noch eine besondere Beratung erforderlich, wie man die Weiterführung der Kirchenleitung, die Weiterführung der Sakramentsverwaltung, der Verkündigung, der Seelsorge in geordneter Weise regeln kann.
Hier ist nur noch hinzugefügt, was geschehen soll, wenn der Gemeinde die Kirchen verschlossen sind. In zahlreichen Gemeinden sind die Kirchen mit Polizeigewalt geschlossen, oder auch die Notkirchen sind verschlossen, oder der Zutritt zur Kirche ist durch Bretterverschläge oder durch Abriegelung, durch Anbringen neuer Schlösser seitens deutsch-christlicher Kirchengemeinderäte unmöglich gemacht, oder auch das Gasthaus ist der Gemeinde für den Gottesdienst verwehrt. Oder es ist auch so, daß in einem Ort einer die Gemeinde verstört, weil er das Wort Gottes nicht lauter und rein verkündigt und darum die Gemeinde notwendig verwirrt. In allen diesen Fällen kann also die Gemeinde nicht zusammenkommen, um das Wort Gottes zu hören. Da müssen andere Mittel und Wege gefunden werden. Gibt es, weil die Kirchen verschlossen sind und die Säle verboten sind, nichts anderes mehr, dann lest Gottes Wort um so treuer in der Familie! Gottes Wort darf in der Gemeinde nicht verstummen, das ist der Vordersatz, an dem alles hängt.
Wir kommen zum letzten Punkt! Wir haben die Bekennende Kirche in Deutschland allenthalben aufgerufen, nicht nur da, wo besondere Not und Bedrängnis ist, sondern dieses Wort soll sich an sämtliche Gemeinden richten. Darum fassen wir alles zusammen unter dem großen Gesichtspunkt, der uns in der Schrift gegeben ist, von den Leiden dieser Zeit, die nicht wert sind der Herrlichkeit, die an uns soll offenbart werden.
Vom Kreuz der Kirche und vom Sieg ihres Herrn.
Der Apostel Paulus sagt:
»Wir haben nicht mit Fleisch und Blut zu kämpfen, sondern mit Fürsten und Gewaltigen, nämlich mit den Herren der Welt, die in der Finsternis dieser Welt herrschen, mit den bösen Geistern unter dem Himmel« (Eph 6,12).
»Er aber muß herrschen, bis daß er alle seine Feinde unter seine Füße lege« (1Kor 15,25).
Der Kirche ist befohlen, das Evangelium allen Völkern zu verkündigen. Zugleich ist ihr gesagt, daß die Welt sich gegen Christus auflehnen und sie selbst verfolgen wird. Der Teufel setzt als Vater der Lüge an die Stelle von Gottes Verheißung trügerische Hoffnungen und Wunschträume, die in dieser Welt niemals Erfüllung finden können. Feindschaft und Verfolgung müssen nach der Schrift überhandnehmen, bis Jesus Christus als Richter der Welt in seiner Herrlichkeit wiederkommt, um sein allein ewiges Reich mit den Seinen zu vollenden.
So wundert euch denn nicht, wenn sich Abgründe der Feindschaft gegen euch auftun! Demütigt euch unter die gewaltige Hand Gottes! Widerstehet fest im Glauben! Bleibet in der Liebe auch gegen die Menschen, die wider Christus und seine Kirche kämpfen. Sie erkennen die Macht des Teufels nicht, der sie zu ihrem eigenen Verderben mißbraucht.
»Erhebet eure Häupter, darum, daß sich eure Erlösung naht« (Lk 21,18). Durch

Leiden führt der Herr seine Kirche dem Tage entgegen, von dem geschrieben steht: »Es sind die Reiche der Welt unseres Herrn und seines Christus geworden, und er wird regieren von Ewigkeit zu Ewigkeit« (Offb 11,15).
Diese Worte und Schriftgedanken sind besonders wichtig angesichts der furchtbaren Härte auch gerade der Auseinandersetzungen, wie sie sich an manchen Stellen in Deutschland zwischen der christlichen Kirche und dem neuen Heidentum anbahnen. Es gibt ja eine Menge von erschütternden Beispielen, wie heute gegen uns ein furchtbarer Kampf im Verborgenen geführt wird, der hier und da einmal zu jäher Flamme aufbricht. Für das Kreuz und das Leiden der Kirche, für den Kampf, der der Gemeinde anbefohlen, in den sie gestellt ist, geben wir ihr das tröstliche Wort: »Wir haben nicht mit Fleisch und Blut zu kämpfen.« Liebe Brüder, das ist ein tröstliches Wort angesichts der furchtbaren Zerspaltungen und Zerreißungen unter den Menschen: wir haben nicht mit diesen Menschen zu kämpfen, sondern in Wirklichkeit kämpft die Gemeinde Christi mit dem Vater der Lüge, mit dem Teufel, der sie anficht, der sie dem Herrn aus der Hand reißen will. Aus dem Grunde kann niemand dieses Wort mißverstehen, als ob mit dem Herrn der Welt jemand anders gemeint wäre als das, was die bösen Geister unter dem Himmel bedeuten, die nach der Schrift das Reich des Teufels in sich beschließen.
In dem zweiten Satz ist zum Ausdruck gebracht, daß nach Gottes Wort dieses alles so sein muß. Das gibt der Kirche Kraft und Gewißheit, daß es »nach der Schrift« geschieht, wie der Apostel Paulus sagt: »auferstanden nach der Schrift«, und wie die Kirche es zu allen Zeiten bekennt, wenn sie sich darauf beruft, wie wir es in dem letzten Satz tun, daß es »geschrieben steht«. Dieses fest machende, Hoffnung weckende »Es steht geschrieben!« gibt uns ein festes Herz und einen gewissen Geist.
Wir sehen unter uns, wie der Teufel die Verheißungen Gottes von dem Frieden und der Brüderlichkeit und der Gerechtigkeit und der Einheit, wie er diese Verheißungen des Wortes Gottes Alten und Neuen Testaments verkehrt und verwandelt in irrlichternde Wunschträume, denen der Mensch nachjagt. Wir sehen es nicht nur, wenn wir in die Zeit des Schwärmertums Thomas Münzers oder der Wiedertäufer zurückschauen, sondern wir sehen es unter uns in Vergangenheit und Gegenwart. Immer und immer wieder, ununterbrochen, wenn Großes und Gewaltiges in der Welt geschieht, kommt die große List des Teufels, die Menschen zu gewinnen für seine Träume, für seine Hoffnungen, die trügerische Träume und unerfüllbare Hoffnungen sind, weil das alles nur von Christus geschenkt werden kann. Die Welt ist gefallen und verloren, und so kann das alles nur durch die Versöhnung und Erlösung geschehen als die Gabe des Christus, nicht aber als die Gerechtigkeit, Macht und Größe des Menschen. Hierin liegt die Bedeutung und Wichtigkeit der Lehre vom Sündenfall und von der Erbsünde. Das macht die Erkenntnis so wichtig, die die Schrift kündet, von dem, der alles neu macht, alles neu. Das ist für uns tröstlich auch angesichts dessen, daß uns der Auftrag gegeben ist, allen Völkern das Evangelium zu predigen. Wir fragen immer wieder: Warum nimmt denn die Welt die Botschaft nicht an? Warum jubelt sie nicht? Warum freut sie sich nicht, dieses frohe Wort zu vernehmen? Warum ist die Mission so oft, ja fast durchweg und weithin in der Welt ohne große, wirklich sichtbare Erfolge? Warum? Weil in der Welt eben diese große Macht des Teufels herrscht und weil deswegen ja gerade durch das Christusamt der Erlösung nun der Angriff des Antichristen immer stärker wird, so daß Feindschaft und Verfolgung in der Welt immer höher werden und, vom Sichtbaren aus gesehen, die Kirche nicht eine via triumphalis geht, nicht immer höher und glänzender emporsteigt in der Welt, sondern nach der Schrift die Feindschaft und die Verfolgung immer mehr überhandnimmt und der Haufe der Gottlosen sich immer stärker vermehrt.
Das hat schon Luther deutlich gesagt, und wie er es ausdrücklich betont hat, so

lassen auch wir uns daran erinnern, daß der Artikel von der ewigen christlichen Kirche, daß sie in Ewigkeit sein wird, so hochnötig und tröstlich ist, »bis Jesus als der Richter der Welt«, der der Retter ist, »in seiner Herrlichkeit wiederkommt, um sein allein ewiges Reich« – ihr wißt, worauf sich das bezieht – »mit den Seinen zu vollenden.« »Mit den Seinen« ist hinzugefügt; denn es ist nicht ein theoretisch sich vollendendes Reich, das in Herrlichkeit erscheint, sondern dieses Reich vollendet er mit denen, die der Vater ihm gegeben hat. Darin besteht nach der Heiligen Schrift die Vollendung, daß die, die ihm gehören, mit ihm auch herrschen werden. So groß ist die Verheißung des Wortes Gottes, daß er uns beruft, in Ewigkeit mitzuherrschen.

»So wundert euch denn nicht!« Erschreckt nicht! Seid nicht besorgt oder erschüttert, »wenn sich Abgründe der Feindschaft gegen euch auftun«. Wir erinnern an die Abgründe der Christusfeindschaft, wie sie sich in manchen Äußerungen und in manchen Handlungen der Deutschen Glaubensbewegung, des neuen Heidentums immer deutlicher vor uns offenbart. »Demütigt euch unter die gewaltige Hand Gottes, der über diesem allen steht, der alles regiert.« Widerstehet fest im Glauben! Bleibet in der Liebe!« Dieses kurze, knappe Wort, in dem die Botschaft des 1. Johannes-Briefes oder die Botschaft des Johannes-Evangeliums in besonderer Weise zusammengefaßt ist – »Bleibet in meiner Liebe!« »Bleibet in der Liebe!« – soll hier dasselbe sagen, was wir schon an anderer Stelle zum Ausdruck bringen wollten: Die Liebe läßt sich durch gar nichts erschüttern, läßt sich durch nichts aus der Bahn treiben. Gerade wenn man den widerstehen muß, der wider Christus und seine Kirche kämpft, bleibt es bei der barmherzigen Liebe. Denn diese Barmherzigkeit kommt aus der Erkenntnis, daß die Menschen, die wider Christus und seine Kirche kämpfen, »die Macht des Teufels nicht erkennen, der sie zu ihrem eigenen Verderben mißbraucht«.

In aller dieser Not rufen wir die Gemeinden auf:

»Erhebet eure Häupter, darum, daß sich eure Erlösung naht!« Durch Leiden führt der Herr seine Kirche dem Tage entgegen, von dem geschrieben steht: »Es sind die Reiche der Welt unseres Herrn und seines Christus geworden, und er wird regieren von Ewigkeit zu Ewigkeit.«

Das wollen wir als Ausklang sagen aus dem prophetischen Worte des Neuen Bundes gerade angesichts der heidnischen säkularen Eschatologie unserer Tage, die allenthalben aufbricht und immer neue Formen annimmt, immer neue Endzeit-Erwartungen schwärmerischer Art zeitigt, wie sie gerade in der nationalkirchlichen Bewegung Deutsche Christen offenbar vor uns liegen. Dem allen gegenüber verweisen wir auf das allein ewige Reich. Und wir erinnern alle, die in Not und Bedrängnis sind, daran, daß das, was geschrieben steht, bereits erfüllt ist, wenn auch noch nicht in Sichtbarkeit offenbar; daß die Reiche der Welt, daß das Reich und alle Macht und alle Gewalt unseres Herrn und seines Christus geworden sind, daß nur er wirklich mit uns, den Seinen, »regieren wird von Ewigkeit zu Ewigkeit«.

Zweites Wort der Synode: Vorbildung und Prüfung der Pfarrer der Bekennenden Kirche

I. Der Kampf der Bekennenden Kirche legt Dozenten und Studenten der Theologie gemäß ihrer besonderen Verpflichtung für den Dienst der Kirche eine besondere Verantwortung auf.

Die gegenwärtige Lage bringt die Lehrenden in die Versuchung, den Gehorsam gegen die Wahrheit des Evangeliums anderen Rücksichten und Bindungen unterzuordnen.

Die Lernenden stehen in der Gefahr, ihre kirchliche Entscheidung aus Gründen menschlicher Bedenklichkeit hinauszuschieben.

Dankbar bezeugt die Synode, daß nicht wenige Männer der Hochschule den Kampf der Gemeinde mitgekämpft haben und daß die junge Theologenschaft in übergroßer Zahl in den Reihen der Bekennenden Kirche steht. In vollem Bewußtsein der außerordentlichen Schwierigkeiten für Dozenten und Studenten bitten wir beide, in dem offenen und entschlossenen Einsatz für die Bekennende Kirche sich nicht beirren zu lassen.

Insbesondere erwartet die Synode von den Trägern des Lehramts, daß sie sich dem Ruf zur Mitwirkung an den theologischen Prüfungen der Bekennenden Kirche nicht entziehen.

Von den Studenten erwartet sie, daß sie bei der Wahl ihrer Lehrer der Zugehörigkeit zur Bekennenden Kirche eingedenk bleiben und sich nur den von ihr anerkannten Prüfungsbehörden stellen.

Ihrerseits weiß sich die Synode allen Dozenten und Studenten verpflichtet, die um des Evangeliums willen leiden müssen.

II. Die Entwicklung der kirchlichen Lage, wie sie seit der Dahlemer Synode vom Oktober 1934 eingetreten ist, hat die Frage des theologischen Prüfungswesens innerhalb der Bekennenden Kirche mit aller Dringlichkeit gestellt. In allen theologischen Prüfungen handelt es sich um den Erweis unerläßlicher Voraussetzungen für die Ausübung des geistlichen Amtes. Demgemäß gehören die theologischen Prüfungen zum Recht und zur Pflicht der Kirche und dürfen keiner anderen Stelle überlassen werden. Von den Prüfenden selbst muß die Kirche fordern, daß sie ihren Dienst in der Verantwortung ihres kirchlichen Auftrags tun.

Die Professoren der Theologie tragen als Lehrer der Kirche eine besondere Verantwortung. Das Recht der Zugehörigkeit zur Bekennenden Kirche und die Mitwirkung bei den von ihr eingerichteten Prüfungen darf nicht beschränkt werden. Falls dies geschieht, würde die Einrichtung der staatlichen theologischen Fakultäten für die Kirche ihre bisherige Bedeutung verlieren.

III. Die Synode macht es den Kirchenleitungen zur Pflicht, überall da, wo die Not es erfordert, für Ersatz solcher Vorlesungen und Übungen Sorge zu tragen, deren Besuch den Studenten um des Gewissens willen nicht zugemutet werden kann.

IV. Die Synode hält es für selbstverständlich, daß die vor den Prüfungsbehörden der Bekennenden Kirche abgelegten Prüfungen bei den Landeskirchen und Kirchenprovinzen, die zur Bekennenden Kirche gehören, dieselbe Anerkennung finden, wie es bei den Prüfungen, die vor 1933 abgehalten wurden, der Fall war.

Drittes Wort der Synode: Wort an die Obrigkeit

Die Reichsregierung hat durch Gesetz vom 14. Juli 1933 die Verfassung der DEK vom 11. Juli 1933 verbürgt. Diese stellt in ihrem ersten Artikel fest: »Die unantastbare Grundlage der DEK ist das Evangelium von Jesus Christus, wie es in der Heiligen Schrift bezeugt und in den Bekenntnissen der Reformation neu ans Licht getreten ist. Hierdurch werden die Vollmachten, deren die Kirche für ihre Sendung bedarf, bestimmt und begrenzt.«

Gottes Wort, wie es in der Heiligen Schrift und in den Bekenntnissen der Reformation bezeugt ist, lehrt uns, daß alle staatliche Obrigkeit von Gott gesetzt ist zu Schutz und Gehorsam. Solchen Gehorsam leisten wir nicht aus Zwang und äußeren Vorteils wegen, sondern voll Willigkeit aus unserem an Gott gebundenen Gewissen.

Darum dürfen wir jeden Vorwurf zurückweisen, daß unser Kampf um die Geltung

von Schrift und Bekenntnis in der Kirche Gleichgültigkeit gegen das Wohl des Volkes und die Ordnung des Staates oder gar einen politischen Widerstand gegen die ihm gesetzte Führung decke. Wir führen den uns aufgenötigten Kampf um die Wahrheit des Bekenntnisses, die Freiheit der Verkündigung und die Würde der Kirche auch um unseres Volkes willen. Unser Gebet für unser Volk und seinen Führer geschieht aus aufrichtigem Herzen.
Wir beklagen es aufs ernsteste, daß trotzdem deutsche Volksgenossen – Pfarrer, Älteste und andere Glieder der Gemeinden – um ihres christlichen Glaubens und Bekennens willen Maßnahmen ausgesetzt sind, wie sie über Feinde des Staates, Verbrecher gegen sein Recht und Störer seiner Ordnung verhängt werden. Wir schützen keinen wirklichen Verstoß gegen die staatliche Ordnung, aber die Gerechtigkeit fordert in jedem Fall ein geordnetes Verfahren. Die Synode richtet daher die Bitte an die Reichsregierung, diese Gerechtigkeit auch den zur Zeit noch in ihrer Ehre und Freiheit beeinträchtigten Gliedern der Kirche zuteil werden zu lassen.
Wiederholt wurde den christlichen Kirchen in feierlicher Weise die Freiheit, ihren Glauben zu bekennen und auszuüben, zugesichert. Diese Freiheit schließt die öffentliche Predigt ein, welche der Kirche durch ihren Herrn befohlen ist. Durch Ausweisungen und Redeverbote, durch Presse- und Versammlungsverbote, die von den verschiedensten Stellen verhängt werden, wird ihr die Erfüllung ihres Auftrages unmöglich gemacht, die Erörterung kirchlicher Fragen ausgeschaltet und dadurch die Verkündigung empfindlich beschränkt.
Gebunden an Gottes Wort dürfen und werden wir uns durch nichts in unserer Verpflichtung für Volk und Staat beirren lassen. Wir nehmen auf uns, was wir um des Bekennens willen zu leiden haben. Wir müssen aber mit ehrerbietigem Ernst darauf hinweisen, daß Gehorsam im Widerspruch zu Gottes Gebot nicht geleistet werden darf. Keine Macht der Welt kann die Kirche von dem Gehorsam gegen den Befehl ihres Herrn entbinden. Wir bitten inständigst, keine Kluft zwischen Christentum und Volksgemeinschaft aufreißen zu lassen, sondern der Evangelischen Kirche freien Raum zu geben für ihren Dienst an unserem Volke, zu dem sie vor Gott verpflichtet und von Herzen bereit ist.

Viertes Wort der Synode: Weisung an die in der Amtsführung
behinderten Pfarrer der Bekennenden Kirche

Im Ringen der Bekennenden Kirche um die Freiheit der Verkündigung des Evangeliums häufen sich die Fälle, in denen den Predigern die öffentliche Ausrichtung ihres Amtes auf mancherlei Weise verwehrt wird. Das bedeutet für sie und für ihre Gemeinden eine Anfechtung, in der sie nach einem wegweisenden Wort der Kirche fragen, weil sie mit uns allen unter dem Befehl des Herrn der Kirche stehen, der uns gebietet, seine Botschaft bis zur letzten Möglichkeit auszurichten. Obwohl die Entscheidungen, die hier gefällt werden müssen, zunächst an die einzelnen herangetreten sind, wird es immer deutlicher, daß in diesen Vorgängen die gesamte Kirche zur Verantwortung aufgerufen ist. Die Synode bekennt sich ausdrücklich zu dieser Verantwortung als ihrer eigenen.
Es ist ihr zur Zeit nicht gegeben, den betroffenen Predigern und Gemeinden eine allgemein gültige bindende Weisung für ihr Verhalten zu geben, weil trotz der großen Zahl gleich und ähnlich gelagerter Vorgänge nicht allgemein gesagt werden kann, wo im einzelnen der Punkt erreicht ist, an dem das Wort in Kraft tritt: »Man muß Gott mehr gehorchen als den Menschen.« Diese Entscheidung zu vollziehen, vermögen wir dem einzelnen Gewissen nicht abzunehmen.
In der gemeinsamen Verantwortung wissen wir uns aber mit den betroffenen Brü-

dern und Gemeinden unter die gleiche Leitung des Wortes und Geistes Gottes gestellt. Darum geben wir ihnen zu bedenken, daß nicht unsere eigenen menschlichen Befürchtungen oder Hoffnungen, auch nicht irgendwelche von außen kommenden Drohungen oder Lockungen für ihre Entscheidung bestimmend sein dürfen, und bitten sie, sich in allen solchen Versuchungen Gott und dem Wort seiner Gnade anzubefehlen.
Gottes Wort ist uns zur Verkündigung aufgetragen; das macht die Verantwortung so groß. Gottes Wort will uns aber auch mit seiner Kraft zugleich selber tragen bis hinein in die Einsamkeit der letzten persönlichen Entscheidung. Im Gehorsam des Glaubens sollen wir der rechtfertigenden Gnade und Führung unseres Herrn gewiß sein. Wer sich in seiner Entscheidung auf sie verläßt, tut recht.
Er soll wissen, daß er damit in der Gemeinschaft der Bekennenden Kirche steht, die ihn als Glied an dem einen Leibe Jesu Christi mit ihrer Fürbitte trägt und ihm mit ihrem brüderlichen Rat dient. Wir verweisen deshalb alle Angefochtenen auf die Glaubensstärkung und Gewissenshilfe, die ihnen aus der seelsorgerlichen Aussprache erwachsen soll. Hierbei haben sich Gemeinde, Bruderrat und kirchliche Führung in ihrem Auftrag zu bewähren und zu bezeugen, daß die Bekennende Kirche ihre Verantwortung zu tragen bereit ist.
»Gott ist getreu, der euch nicht läßt versuchen über euer Vermögen, sondern macht, daß die Versuchung so ein Ende gewinne, daß ihr es könnet ertragen!« (1Kor 10,13).

Bevor der Reichskirchenminister kam, hatte sich im Bereich des kirchlichen Rechts und der kirchlichen Verwaltung, besonders der Finanzverwaltung, ein schwerwiegender Wandel vollzogen. Der Staat hatte seine Hand auf die Unabhängigkeit des kirchlichen Rechts gelegt, um den Rechtsstreit gewaltsam zu beenden, der zwischen der Bekennenden Kirche und ihren Gegnern bestand und bei dem die Bekennende Kirche in der Regel Recht bekommen hatte.
Daß der Staat ein neues Vorgehen plante, war schon im Frühjahr sichtbar geworden, als die sogenannten Finanzabteilungen in der evangelischen Kirche der altpreußischen Union zunächst als kirchliche Einrichtungen, dann aber mit staatlicher Autorisierung gebildet wurden. Der Anfang wurde gemacht mit dem Erlaß des Evangelischen Oberkirchenrats betr. Bildung von Finanzabteilungen im Evangelischen Oberkirchenrat und in den Konsistorien vom 3. Februar 1935. Es folgte kurz darauf schon die entscheidende Wendung durch den Eingriff des Staates mit dem Gesetz über die Vermögensverwaltung in den Evangelischen Landeskirchen vom 11. März 1935. Damit war ein wichtiger Schritt für eine neue Gestalt der kirchlichen Auseinandersetzung gemacht. Der Staat nahm unmittelbar aktiv auf dem Wege über die Finanzen an den innerkirchlichen Auseinandersetzungen teil, um sie gewaltsam zu beenden. Zu diesem Zweck erließ er auch unter dem 26. Juni das Gesetz über das Beschlußverfahren in Rechtsangelegenheiten der Evangelischen Kirche. Mit diesem Gesetz wurde durch staatlichen Machtspruch der Rechtsstreit in der evangelischen Kirche gewaltsam zum Abschluß gebracht. Während sich bisher die Bekennende Kirche auf dem Gebiet des Rechts gegenüber der deutsch-christlichen Kirchengesetzgebung erfolgreich behauptet hatte, wurde ihr auf diese Weise der Weg einer echten objektiven Rechtsentscheidung verbaut. Dies war natürlich für den Fortgang der Auseinandersetzungen von großer Tragweite. Der Kampf um das Recht war, menschlich geredet, verloren.
Der Widerspruch aus der Bekennenden Kirche, der sich gegen dieses Vorgehen regte, war besonders deutlich in der Botschaft der 3. *Bekenntnissynode der Evange-*

lischen Kirche der altpreußischen Union vom 26. September 1935 in *Berlin-Steglitz*, in der es heißt[18]:

Die Bekennende Kirche aber, die in der Erkenntnis der hier drohenden tödlichen Gefahr zum Glaubenswiderstand gerufen hat und ruft, wird geschmäht und verleumdet und in ihren Wirkungsmöglichkeiten durch Einsatz von Machtmitteln behindert und eingeengt.
In diesem Kampf wider die Irrlehren innerhalb und außerhalb der Kirche gibt es keine Neutralität, weil hier jeder Christ zum Bekennen gefordert ist. Der Herr Christus selbst legt uns heute die Frage vor: »Wer sagt denn ihr, daß ich sei?« Wer sich der Entscheidung entziehen zu können meint, bleibt ihm die Antwort schuldig und hat kein Teil an der Verheißung, die er seiner Kirche gibt.
Die Entscheidung, zu der uns Christus ruft, duldet *keinen falschen Frieden. Falsch ist jeder Friede, in dem der Irrlehre neben der Wahrheit des Wortes Gottes ein Daseinsrecht in der Kirche eingeräumt wird.* »Einen anderen Grund kann niemand legen, außer dem, der gelegt ist, welcher ist Jesus Christus!« (1Kor 3,11). Christus, Gottes Sohn, ist selbst der eine Fels, auf dem die Kirche mit ihrem Bekenntnis steht. *Eine Kirche, die meint, mit der Irrlehre Frieden schließen zu können, beraubt sich der Verheißung ihres Herrn und zerstört sich selbst.*
Die Kirche, die sich zu diesem einen Grunde bekennt und deshalb Neutralität und falschen Frieden verwirft, *darf sich nicht zu einer Gruppe oder Partei in der Kirche machen lassen. Sie weiß sich als die rechtmäßige Kirche ihres einen rechtmäßigen Herrn.* Sie weiß darum auch von keinem anderen Frieden als dem Sieg des Wortes Gottes. Diesen Frieden verkündigt die Kirche, indem sie die Botschaft ausrichtet: »Tut Buße und glaubet an das Evangelium!« Wir haben nicht die Freiheit, andere Wege zum Frieden der Kirche zu suchen und zu gehen; wir sind gebundene Leute, gebunden durch den Auftrag, die alleinige Herrschaft Jesu Christi zu bezeugen: *Er allein regiert die Kirche!* ...
Bei der gegenwärtigen Zerstörung der kirchlichen Organe ist eine *rechtliche Hilfe* des Staates erforderlich. Die Kirche darf aber keine Verwaltung ihres Vermögens anerkennen, die die Ausübung ihres Dienstes beeinträchtigt. Sie kann sich von der Verantwortung für die Verwendung der kirchlichen Gelder nicht entbinden lassen. Durch die Umlageordnung vom 17. Juni 1935 und den Ministerialerlaß vom 22. August 1935 ist der Kirche und ihren Gemeinden tatsächlich die Verantwortung für ihr gesamtes Vermögen genommen und auf die Finanzabteilungen übertragen worden. Darüber hinaus stützt die Finanzabteilung beim Evangelischen Oberkirchenrat durch den Erlaß vom 22. Juli 1935 den *Fortbestand eines unchristlichen Kirchenregiments.* Darum darf die Kirche, solange dieser Zustand andauert, durch Mitarbeit bei der Durchführung des Gesetzes vom 11. März 1935 eine Verantwortung nicht übernehmen ...

Der hierdurch eröffnete Kampf der Bekennenden Kirche gegen die Finanzabteilungen war im Grunde ein Kampf gegen den Staat. Der harte und erbitterte Kampf konnte nicht gewonnen werden. Er mußte an der rechtlosen Macht des totalen Staates scheitern.

---

18 Zeitgen. Druckblatt

5. Die Ära der Kirchenausschüsse

Herbst 1935 bis Frühjahr 1937

Die Absicht des Staates, sich mit der Evangelischen Kirche unmittelbar intensiv zu beschäftigen, wurde sichtbar, als im Juli 1935 der folgende Erlaß des Staates erschien:

Erlaß über die Zusammenfassung der Zuständigkeiten
des Reiches und Preußens in Kirchenangelegenheiten
Vom 16. Juli 1935[1]

Auf den Reichsminister ohne Geschäftsbereich Kerrl gehen die bisher im Reichs- und Preußischen Ministerium des Innern sowie im Reichs- und Preußischen Ministerium für Wissenschaft, Erziehung und Volksbildung bearbeiteten kirchlichen Angelegenheiten über.
Wegen der Ausführung dieses Erlasses treffen die beteiligten Reichs- und Preußischen Minister nähere Bestimmungen.
Berlin, den 16. Juli 1935

Der Führer und Reichskanzler
Adolf Hitler

Der Reichsminister des Innern
Frick

Der Reichsminister für Wissenschaft,
Erziehung und Volksbildung
Rust

Der Preußische Ministerpräsident
In Vertretung
Körner

Der als Minister für die kirchlichen Angelegenheiten beauftragte Hanns Kerrl (Kreisleiter der NSDAP und darum in der Partei ohne Ansehen) ging auf Grund des Gesetzes zur Sicherung der Deutschen Evangelischen Kirche vom 24. September 1935 ans Werk:

Reichsgesetz zur Sicherung der Deutschen Evangelischen Kirche
Vom 24. September 1935[2]

Nach dem Willen des evangelischen Kirchenvolkes ist der Zusammenschluß der Landeskirchen zu einer Deutschen Evangelischen Kirche vollzogen und in einer Verfassung verbrieft.
Mit tiefster Besorgnis hat die Reichsregierung jedoch beobachten müssen, wie später durch den Kampf kirchlicher Gruppen untereinander und gegeneinander allgemach ein Zustand hereingebrochen ist, der die Einigkeit des Kirchenvolkes zerreißt, die Glaubens- und Gewissensfreiheit des einzelnen beeinträchtigt, die Volksgemeinschaft schädigt und den Bestand der Evangelischen Kirche selbst schwersten Gefahren aussetzt.

1 GBl DEK 1935, S. 83
2 Ebd., S. 99

Von dem Willen durchdrungen, einer in sich geordneten Kirche möglichst bald die Regelung ihrer Angelegenheiten selbst überlassen zu können, hat die Reichsregierung ihrer Pflicht als Treuhänder gemäß und in der Erkenntnis, daß diese Aufgabe keiner der kämpfenden Gruppen überlassen werden kann,
zur Sicherung des Bestandes der Deutschen Evangelischen Kirche
und zur Herbeiführung einer Ordnung, die der Kirche ermöglicht, in voller Freiheit und Ruhe ihre Glaubens- und Bekenntnisfragen selbst zu regeln,
das nachfolgende Gesetz beschlossen, das hiermit verkündet wird:

Einziger Paragraph
Der Reichsminister für die kirchlichen Angelegenheiten wird zur Wiederherstellung geordneter Zustände in der Deutschen Evangelischen Kirche und in den Evangelischen Landeskirchen ermächtigt, Verordnungen mit rechtsverbindlicher Kraft zu erlassen. Die Verordnungen werden im Reichsgesetzblatt verkündet.

München, den 24. September 1935

Der Führer und Reichskanzler
Adolf Hitler

Der Reichsminister für die kirchlichen Angelegenheiten
Kerrl

Kerrl hatte die Idee, den Kirchenstreit dadurch zu beenden, daß überall da, wo die Rechtslage zweifelhaft erschien, ein von ihm berufenes Kirchenregiment in Gestalt eines *Kirchenausschusses* die Leitung der Kirche übernahm. So erschien am 3. Oktober 1935 die

Erste Verordnung zur Durchführung des Gesetzes
zur Sicherung der Deutschen Evangelischen Kirche[3]

§ 1
(1) Der Reichsminister für die kirchlichen Angelegenheiten bildet aus Männern der Kirche einen Reichskirchenausschuß.
(2) Der Reichskirchenausschuß leitet und vertritt die Deutsche Evangelische Kirche und erläßt Verordnungen in den innerkirchlichen Angelegenheiten. Er bestimmt insbesondere die Grundsätze für die Arbeit der Dienststellen der Deutschen Evangelischen Kirche und gibt sich eine Geschäftsordnung.

§ 2
(1) Der Reichsminister für die kirchlichen Angelegenheiten bildet für die Evangelische Kirche der altpreußischen Union aus Männern der Kirche einen Landeskirchenausschuß und Provinzialkirchenausschüsse.

Hierzu nahm der *Reichsbruderrat* am 9. Oktober folgendermaßen Stellung[4]:

Wie öffentlich bekanntgegeben worden ist, hat der Herr Reichsminister für die kirchlichen Angelegenheiten auf Grund des ihn ermächtigenden Reichsgesetzes vom 24. September 1935 am 3. Oktober 1935 eine Verordnung erlassen, nach welcher der Herr Reichsminister einen Reichskirchenausschuß für die DEK und einen Landeskirchenausschuß sowie Provinzialkirchenausschüsse für die Evangelische

---

3 Ebd., S. 101f.
4 Aus: *Schmidt*, Bekenntnisse III, a.a.O., S. 270

Kirche der altpreußischen Union bilden wird. Diesen Kirchenausschüssen wird die Vertretung und Leitung der DEK bzw. der Evangelischen Kirche der altpreußischen Union übertragen. Die Ernennung und Entlassung von Beamten der Kirche bedarf des Einvernehmens des Herrn Reichsministers, die Befugnisse der Finanzabteilungen bleiben unberührt.
Der Reichsbruderrat der DEK hat in seiner Tagung vom 8. und 9. Oktober die Bedeutung dieser Verordnung für die Lage der DEK eingehend erörtert und ist zu folgenden Entschließungen gelangt:
1. Durch die Verordnung hat der Herr Reichsminister für die kirchlichen Angelegenheiten festgestellt, daß die bisherigen Inhaber des Kirchenregiments in der DEK und in der Evangelischen Kirche der altpreußischen Union zu deren Vertretung und Leitung nicht mehr befugt erscheinen.
2. Wenn der Staat nun selbst seinerseits Kirchenausschüsse bestellt, welche er in wichtigen Personalentscheidungen an seine Zustimmung bindet und durch die Befugnisse der Finanzabteilungen beschränkt, so begrenzen sich Rechte und Vollmachten dieser Kirchenausschüsse nach Maßgabe des unveräußerlichen Grundsatzes, daß die Leitung der Kirche als eine geistliche Angelegenheit an Schrift und Bekenntnis in Lehre und Handeln gebunden ist und der Berufung durch die Kirche bedarf.
3. Daher bleiben die aus dem Bekenntnisrecht der Evangelischen Kirche in der Notzeit bestellten Organe der DEK und der Landeskirchen in ihrem Amt. Sie stellen den staatlichen Kirchenausschüssen gegenüber die Vertretung und Leitung der Evangelischen Kirche dar.
4. Der kirchlich gewiesene Weg für eine rechtliche Hilfe des Staates in der gegenwärtigen Notlage der Kirche besteht darin, daß der Staat eine Leitung bestätigt und bevollmächtigt, die von der Kirche selbst durch ihre Organe vorgeschlagen ist. Demgemäß bittet der Reichsbruderrat die Vorläufige Leitung, Verhandlungen mit dem Herrn Reichsminister für die kirchlichen Angelegenheiten zu führen.
5. Wir können den Mitgliedern der Bekennenden Kirche nicht raten, sich in die vorgesehenen Kirchenausschüsse berufen zu lassen, solange die genannten kirchlichen Anforderungen nicht erfüllt sind.

Die beiden zuerst berufenen Kirchenausschüsse traten am 17. 10. 1935 mit einem »Aufruf« an die Öffentlichkeit, der deutlich machte, auf welchen Grundlagen sie zu stehen und zu bestehen hofften[5]:

Auf Grund des Gesetzes zur Sicherung der Deutschen Evangelischen Kirche vom 24. September 1935 und der Ersten Durchführungsverordnung vom 3. Oktober 1935 hat der Herr Reichs- und Preußische Minister für die kirchlichen Angelegenheiten uns in den Reichskirchenausschuß bzw. in den Landeskirchenausschuß für die Evangelische Kirche der altpreußischen Union berufen. Wir haben damit durch staatlichen Auftrag als Männer der Kirche die Leitung und Vertretung der Deutschen Evangelischen Kirche und der Evangelischen Kirche der altpreußischen Union übernommen. Wir wissen uns als Treuhänder für eine Übergangszeit, an deren Ende eine in sich geordnete selbständige Deutsche Evangelische Kirche stehen soll.
Die unantastbare Grundlage der Deutschen Evangelischen Kirche ist das Evangelium von Jesus Christus, wie es uns in der Heiligen Schrift bezeugt und in den Bekenntnissen der Reformation neu ans Licht getreten ist (Verfassung der Deutschen Evangelischen Kirche Artikel 1). Alle Arbeit der Kirche, auch ihre Theo-

---

[5] GBl DEK 1935, S. 104

logie und ihre Verwaltung, muß der Verkündigung dieses Evangeliums dienen. Aus dieser Glaubensgebundenheit ermahnen und bitten wir die evangelischen Gemeinden, in Fürbitte, Treue und Gehorsam zu Volk, Reich und Führer zu stehen. Wir bejahen die nationalsozialistische Volkwerdung auf der Grundlage von Rasse, Blut und Boden. Wir bejahen den Willen zu Freiheit, nationaler Würde und sozialistischer Opferbereitschaft bis zur Lebenshingabe für die Volksgemeinschaft. Wir erkennen darin die uns von Gott gegebene Wirklichkeit unseres deutschen Volkes.

Diesem deutschen Volke hat die Kirche die Botschaft von Jesus Christus zu verkündigen, dem Gekreuzigten und Auferstandenen, unserem Herrn, dem Heiland und Erlöser aller Völker und Rassen. So rufen wir alle lebendigen Kräfte im evangelischen Deutschland zum Gehorsam des Glaubens und zur Tat der Liebe. Vor allem liegt uns in der gegenwärtigen Stunde daran, die im Kampf der letzten Jahre deutlich gewordenen unaufgebbaren Anliegen zu verstehen und die aufgebrochenen Kräfte zu positivem Einsatz zu führen. Nur auf diese Weise können die zerstörenden Folgen des Kirchenstreites überwunden werden. Nur so kann ein neues Vertrauen im evangelischen Deutschland und darüber hinaus in der ganzen Christenheit wachsen und wird die Kirche der Reformation dem deutschen Volk auch in den religiösen Auseinandersetzungen unserer Tage den schuldigen Dienst leisten können. Spannungen sind unausbleiblich. Sie müssen in Würde, Ehrlichkeit und Wahrhaftigkeit ausgetragen werden. Das gilt für uns und unsere Gegner. So gehen wir ans Werk. Wir stehen unter dem Ernst einer schweren Verantwortung, sind aber getrost in der Gewißheit, daß Gott seine Kirche erneuern kann.

Der Reichskirchenausschuß
Zoellner   Diehl   Eger   Hanemann   Koopmann
Küßner   Mahrenholz   Wilm

Der Landeskirchenausschuß für die Evang. Kirche der altpr. Union
Eger   Kaminski   Küßner   Martin   Schmidt   Zimmermann

Die Herbstmonate hindurch war der Kirchenminister eifrig tätig, unter großen Mühen und Schwierigkeiten in verschiedenen Kirchen Kirchenausschüsse zu bilden, vorerst in all den Kirchen, in denen ein aktiv tätiges Notregiment der Bekennenden Kirche vorhanden war, also außer Altpreußen in Sachsen, Nassau-Hessen, Kurhessen, Schleswig-Holstein. In den deutsch-christlich geleiteten Kirchen, in welchen der Bruderrat keine kirchenregimentlichen Befugnisse ausübte, wurde kein Kirchenausschuß gebildet. Ebenfalls blieben die »intakten Kirchen« in Bayern, Württemberg, Baden und Hannover davon verschont. Auf diese Weise wurde die Bekennende Kirche in eine Lage manövriert, die in ihrer Mitte überaus schwierige Auseinandersetzungen hervorrief. Es ging um die Stellungnahme zu den Kirchenausschüssen, um die Frage der Zusammenarbeit mit ihnen. Diese Frage war um so dringender, als der Kirchenminister dahin drängte, die Kirchenleitungen der Bekennenden Kirche in den Kirchen, die er durch einen Kirchenausschuß neu geordnet hatte, durch Verbot zu beseitigen.

Die Einsetzung der Kirchenausschüsse führte in der Deutschen Evangelischen Kirche weithin zu einer optimistischen Stimmung in bezug auf den Fortgang des Kirchenkampfes. Viele erwarteten nun einen baldigen Schluß der Auseinandersetzungen, weil man von den Kirchenausschüssen die Wiederherstellung der Einheit der evangelischen Kirche und die Überwindung des großen Gegensatzes zwischen der Bekennenden Kirche und den Deutschen Christen erhoffte. Es wäre jedoch zu einem verhängnisvollen Kompromiß gekommen, zumal es mit Sicherheit das Ende der Bekennenden Kirche zur Folge gehabt hätte. Diese Sorge veranlaßte mich dazu, ein Wort der Warnung an die evangelische Christenheit zu schreiben unter dem Titel »Glaubensentscheidung im Kirchenkampf«[6]. Es sollte der Ernst der Entscheidung, um die es zwischen den Deutschen Christen und der Bekennenden Kirche ging, verdeutlicht werden und aufzeigen, warum es zwischen beiden Gegnern in der Kirche auf keinen Fall zu einem »faulen Frieden« kommen durfte. Es wäre dies der Sieg des Nationalsozialismus in der evangelischen Kirche Deutschlands gewesen.

Im Spätherbst machte sich der Kirchenminister daran, auch in den Provinzialkirchen Westfalen und Rheinland Kirchenausschüsse zu berufen. Das hatte eine überaus anstrengende, langwierige und leidvolle Verhandlung vor allem in der Bekennenden Kirche von Preußen (Berlin), Westfalen und Rheinland zur Folge. Der erste Versuch des Ministers schlug fehl. Die Verhandlungen und theologischen Auseinandersetzungen über die Möglichkeit der Beteiligung der Bekennenden Kirche an den Ausschüssen wurden mit Heftigkeit fortgesetzt. Die Einzelheiten dieser Geschichte sind in den »Briefen zur Lage« (49. Brief zur Lage S. 531ff.) sehr ausführlich dargeboten, woraus ersichtlich ist, was hier für die Bekennende Kirche auf dem Spiel stand. In die akute Zuspitzung wurden wir versetzt durch ein direktes Gespräch mit Kirchenminister Kerrl im Hotel Dresen, Bad Godesberg, am 25. Januar 1936. Der Kirchenminister wollte u.a. mich unbedingt als Mitglied des rheinischen Kirchenausschusses haben. Ich stand in der Bekennenden Kirche damals zwischen den Ja- und Neinsagern – es war ganz schwer, in dieser Frage nach den Erörterungen in der Bekennenden Kirche über die Bedingungen einer Mitarbeit (Kirchenausschuß *und* BK-Leitung!) mehr zu tun, als eine Zusage von dem Ausgang der theologischen Verhandlungen in der Bekennenden Kirche abhängig zu machen. Trotzdem erschien mein Name kurz darauf als Mitglied des Provinzialkirchenausschusses in der Presse. Diese Methode führte bei mir vor allem auch dazu, dem Willen des rheinischen Bruderrates zuzustimmen und dem Minister eine endgültige Absage zu erteilen (was übrigens auch die westfälischen Mitbrüder – Superintendent Niemann, Herford und Dr. Wichern, Bethel – taten). Das geschah in Bad Oeynhausen am Anfang der Bekenntnissynode der DEK (18. 2. 1936). Damit war diese Sache ausgestanden.

Inzwischen, am 20. Januar, war noch etwas Schöneres »ausgestanden«: Meine Frau schenkte mir am 20. Januar unser viertes Kind. Was für eine Freude inmitten der kirchenpolitischen Belastungen all dieser Wochen! Ich war froh, daß dieser Weg bestanden war (und dachte an Luther in Worms nach dem Nein: Ich bin hindurch!).

Der Weg des Kirchenministers ging weiter den verhängnisvollen Lauf. Mit ihm zu reden, war verlorene Zeit. Er war von der alleinigen Richtigkeit seiner Idee der Befriedung der Kirche durchdrungen – oder an Weisungen des Führers gebunden, von denen wir nichts wissen konnten.

Am 2. Dezember 1935 war die schlimmste aller seiner Verordnungen erschienen: das Verbot der kirchenleitenden Handlungen der Bekennenden Kirche bei Androhung der Strafe der »Auflösung« der Bekennenden Kirche:

---

6 Nachdruck in: *Beckmann*, So schwach waren wir, a.a.O., S. 61ff.

Aus der fünften Verordnung zur Durchführung des Gesetzes zur Sicherung
der Deutschen Evangelischen Kirche vom 2. Dezember 1935[7]:

§ 1

(1) Soweit auf Grund des Gesetzes zur Sicherung der Deutschen Evangelischen Kirche vom 24. September 1935 (Reichsgesetzblatt I S. 1178) und der Durchführungsverordnung bei der Deutschen Evangelischen Kirche und den Landeskirchen Organe der Kirchenleitung gebildet sind, ist die Ausübung kirchenregimentlicher und kirchenbehördlicher Befugnisse durch kirchliche Vereinigungen oder Gruppen unzulässig.

Die Auseinandersetzung in der Bekennenden Kirche, die seit Oktober im Gang war, führte schließlich am 3. Januar 1936 im Reichsbruderrat zu einer Entscheidung. Hier brachen sowohl die Vorläufige Leitung wie der Reichsbruderrat in ihrer Stellungnahme auseinander, indem die Vertreter der »zerstörten Kirchen« ein klares eindeutiges Nein zu den Ausschüssen, die Vertreter der »intakten Kirchen« ein bedingtes Ja für geboten hielten. Es blieb also nichts anderes übrig als ein Anruf der Reichs-Bekenntnissynode als des obersten Organs der Bekennenden Kirche. Die Vorläufige Leitung bemühte sich, der Lage Rechnung zu tragen sowohl gegenüber der in sich gespaltenen Bekennenden Kirche wie gegenüber dem Reichsminister und dem Reichskirchenausschuß, wie aus den folgenden Dokumenten sichtbar wird.

Die Vorläufige Leitung der DEK an die Kirchenregierungen und Bruderräte
Berlin, 4. Januar 1936[8]

In der Sitzung des Reichsbruderrates zu Berlin am 3. Januar 1936 wurde mit 17 gegen 11 Stimmen folgende Entschließung angenommen:
1. Die VL ist das Organ der Leitung und Verwaltung (Beschluß der Augsburger Bekenntnissynode III, 3).
Die VL ist an die Bekennende Kirche gebunden, deren Weg durch die in den reformatorischen Bekenntnissen bezeugte Heilige Schrift bestimmt und in den Beschlüssen ihrer Bekenntnissynoden klar hervorgetreten ist.
2. Die Arbeitsunfähigkeit der VL ist darin begründet, daß ihre Mitglieder ihre Bindung an die grundlegenden Beschlüsse der Bekenntnissynode nicht gleichmäßig anerkennen.
3. In der gegenwärtigen Zeit bedarf die Bekennende Kirche mehr denn je einer geschlossenen, auf ihren Grundlagen stehenden Leitung.
Darum muß festgestellt werden:
Wer nicht bejahen kann, daß
a) die Kirche im Sinne der Barmer Erklärung die Scheidung von der Irrlehre aussprechen und vollziehen muß,
b) das in den reformatorischen Bekenntnissen bezeugte Wort Gottes alleinige Regel und Richtschnur des Rechts und der Ordnung der Kirche ist,
c) die Bekennende Kirche und ihre Organe infolge der notwendigen Bekenntnis-Kontinuität die rechtmäßige Kirche und deren rechtmäßige Vertretung und Leitung sind,

7 GBl DEK 1935, S. 130
8 Orig.R.

d) die Bindung an die Beschlüsse der Bekenntnissynode von Barmen die Anerkennung der Kirchenausschüsse als Kirchenleitung ausschließt,
ist auch nicht imstande, im Auftrag oder im Namen der Bekenntnissynode zu reden oder zu handeln.
4. Bis zur Einberufung der Bekenntnissynode bestimmt der Reichsbruderrat, soweit er auf den Grundlagen der Bekenntnissynode steht und darum sie allein rechtmäßig vertritt, die neue Leitung der Bekennenden Kirche.
5. Ob und in welcher Form ein Zusammengehen mit den Brüdern, die andere Wege gehen zu müssen meinen, möglich ist, kann erst entschieden werden, nachdem die Neuregelung festere Formen angenommen hat.
Die Vorläufige Leitung hat nach der Abstimmung sogleich beraten und folgende Erklärung abgegeben:
»Die Vorläufige Leitung der DEK sieht sich nicht in der Lage, den heutigen Beschluß der Mehrheit des Reichsbruderrates als zu Recht bestehend anzuerkennen. Die VKL der DEK wird mit möglichster Beschleunigung eine gemäß dem Beschluß der Augsburger Synode (6, IV) zu bildende Bekenntnissynode der DEK einberufen.
Bis zur Entscheidung dieser Synode wird die VKL den ihr erteilten Auftrag wahrnehmen.«
Die Erklärung ist von vier Mitgliedern der Vorläufigen Leitung der DEK unterzeichnet; das fünfte Mitglied, D. Humburg, hat sich in diesem Fall überstimmen lassen und hat sich seine weitere Entschließung vorbehalten.
Für die uns verbundenen Kirchenregierungen und Bruderräte geben wir zu den oben berichteten Vorgängen folgende Erklärungen:
1. Die Vorläufige Leitung wurde im November 1934 auf Grund einer Vereinbarung des Reichsbruderrates und der Landeskirchen von Hannover (luth.), Bayern und Württemberg gebildet; die Bekenntnissynode der Deutschen Evangelischen Kirche in Augsburg hat im Juni 1935 diesen Beschluß des Reichsbruderrates bestätigt. Der Vorläufigen Leitung war die Aufgabe übertragen, »gemäß den Botschaften der Bekenntnissynoden von Barmen und Dahlem auf der Grundlage von Bekenntnis und Verfassung die DEK zu ordnen und in wahrer Einigkeit auszubauen«.
2. Diesen Auftrag zurückzunehmen, sind nur die oben genannten Instanzen berechtigt. Wenn die Augsburger Synode durch Beschluß (6, IV) den Reichsbruderrat mit ihrer Vertretung beauftragt hat, so ist dabei das Recht, die Vorläufige Leitung der DEK zu ersetzen oder neu zu bilden, nach dem Wortlaut und Zusammenhang der angeführten Bestimmung ausdrücklich ausgeschlossen.
3. Durch Reichsgesetz vom 24. September 1935 hat die Reichsregierung den Reichsminister Kerrl zum Reichs- und Preußischen Minister für die kirchlichen Angelegenheiten ernannt, und dieser hat auf Grund der ihm übertragenen Vollmacht für die Deutsche Evangelische Kirche und einzelne Landeskirchen und Kirchenprovinzen der Evangelischen Kirche der altpreußischen Union Kirchenausschüsse bestellt. Dadurch wurde die Bekennende Kirche vor die Frage gestellt, ob und gegebenenfalls unter welchen Bedingungen eine Zusammenarbeit mit diesen Kirchenausschüssen möglich wäre. Innerhalb der Bekennenden Kirche ist es darüber zu erheblichen Meinungsverschiedenheiten gekommen, die in wiederholten Beratungen des Reichsbruderrates auszugleichen nicht gelungen ist. Die Vorläufige Leitung der DEK und die mit der Bildung von Ausschüssen befaßten Landesbruderräte haben daher die nicht aufschiebbaren praktischen Entscheidungen aus eigener Verantwortung treffen müssen.
4. Die Vorläufige Leitung der DEK und diejenigen Mitglieder des Reichsbruderrates, welche gegen den oben mitgeteilten Beschluß gestimmt haben, würdigen voll die echte Sorge, die für diesen Beschluß bestimmend gewesen ist. Sie müssen

sich aber nachdrücklich gegen den Vorwurf verwahren, in den mit den staatlichen Kirchenausschüssen geführten Verhandlungen die Bindung an die Beschlüsse der Bekenntnissynoden preisgegeben und die Grundlagen der Bekennenden Kirche verlassen zu haben. Im Gegenteil muß die Vorläufige Leitung der DEK für sich in Anspruch nehmen, auftragsgemäß gehandelt zu haben, indem sie um eine wirksame Vertretung des Bekenntnisanliegens ständig bemüht gewesen ist. Dieses gebot nach unserer gewissensmäßigen Überzeugung, sich dem Versuch einer Herstellung von Recht und Ordnung in der DEK und einzelnen Landeskirchen durch die Bildung von Kirchenausschüssen aus Männern der Kirche mit staatlichem Auftrag trotz grundsätzlicher Bedenken und praktischer Schwierigkeiten nicht zu versagen, sofern sich irgendeine Aussicht bot, dadurch die notwendigen Voraussetzungen für eine vom Bekenntnis her zu gestaltende Neuordnung der Deutschen Evangelischen Kirche zu schaffen. Die Vorläufige Leitung ist sich der großen Schwierigkeiten und ernsten Gefahren dieses – von ihr nicht empfohlenen – Weges voll bewußt. Sie hat die Vorbehalte, unter denen sie die Ausschüsse und die für die Erfüllung ihres Auftrages notwendigen Befugnisse derselben anerkennt, von vornherein deutlich ausgesprochen (vgl. Rundschreiben vom 16. Oktober 1935) und hat sich ihrer eigenen Verantwortung keineswegs begeben. Sie muß es infolgedessen ablehnen, die Feststellungen von Ziffer 3 des Reichsbruderratsbeschlusses vom 3. Januar d.Js. im Sinne einer theologischen Verurteilung ihres Handelns gelten zu lassen.

Die Vorläufige Leitung der DEK bedauert es, daß der Reichsbruderrat seinen Beschluß gefaßt hat, obwohl die nach dem Erscheinen der Verordnung des Herrn Reichsministers für die kirchlichen Angelegenheiten vom 2. Dezember 1935 eingeleiteten Verhandlungen mit dem Reichskirchenausschuß noch nicht abgeschlossen waren, in denen die unaufgebbaren Voraussetzungen für die weitere Mitarbeit der Vorläufigen Leitung mit den Kirchenausschüssen geltend gemacht sind. Sie wird sich bei der Weiterführung dieser Verhandlungen in der nachdrücklichen Vertretung des unveräußerlichen Anliegens der Bekennenden Kirche nicht beirren lassen. Darin weiß sie sich auf Grund der Gemeinschaft des bisherigen langen und schweren Kampfes mit den andersdenkenden Brüdern in der Bekennenden Kirche in der gleichen Verantwortung unlöslich verbunden.

Zu der nunmehr entstandenen Lage Stellung zu nehmen, ist verfassungsgemäß Aufgabe der Bekenntnissynode der DEK (Augsburg 6, III). Die Vorläufige Leitung der DEK wird alle Bemühungen daran setzen, daß tunlichst bald die Bekenntnissynode berufen werden kann.

Über das Ergebnis wird die Vorläufige Leitung der DEK so bald wie möglich Bericht erstatten.

Die *4. Bekenntnissynode der Deutschen Evangelischen Kirche* wurde nach *Oeynhausen* einberufen und tagte *vom 17. bis 22. Februar 1936.* Ihre Tagung hatte unter außerordentlichen Schwierigkeiten zu leiden, die ihre Ursache in theologischen Gegensätzen, aber auch in der verschiedenartigen Lage der »zerstörten« und der »intakten« Kirchen hatte. Die Synode faßte die folgenden Beschlüsse:

1. Von der Kirchenleitung[9]

A.

1. Die Kirche hat den Auftrag, das Evangelium von Jesus Christus zu bezeugen. Allein diesen Auftrag hat sie in ihrem gesamten Dienst auszurichten.

---

[9] Beschlußbuch der 4. Bekenntnissynode der DEK. Bad Oeynhausen 17.–22. Februar 1936 (als Handschrift gedruckt)

Aufgabe der Leitung einer Kirche ist es, im Gehorsam gegen die Heilige Schrift und in der Bindung an ihr Bekenntnis die reine Verkündigung des Evangeliums zu treiben und für die rechte Verwaltung der Sakramente Sorge zu tragen.

Die Kirchenleitung hat darüber zu wachen, daß die Verkündigung des Evangeliums schrift- und bekenntnisgemäß sei und nicht verkürzt oder verfälscht werde. Diese vornehmste Sorge der Kirchenleitung muß sich besonders in der Ausbildung, in der Prüfung und in der Berufung von rechten Predigern beweisen und bewähren. Sie muß sich jedoch auch auf die rechte Ordnung der Kirche erstrecken, da alle Ordnung der Kirche der rechten Verkündigung des Evangeliums zu dienen hat.

2. Die Kirchenleitung ist Amt der Kirche. Sie kann darum nur von der Kirche berufen und gesetzt werden. Die Träger der Kirchenleitung müssen durch die Kirche zum Gehorsam gegen Gottes Wort unter Bindung an das Bekenntnis der Kirche verpflichtet werden. Glieder der Kirche werden nicht dadurch berufene Kirchenleitung, daß sie sich selbst an Schrift und Bekenntnis gebunden erklären. Nach der Verheißung: »Wer euch hört, der hört mich« (Luk. 10,16) hat die Leitung der Kirche Pfarrer und Gemeinden in die Pflicht des Herrn der Kirche zu nehmen. Die Glieder der Kirche haben die Verantwortung, den Trägern dieses Amtes Gehorsam zu leisten als dem Herrn und nicht den Menschen. Eine Kirchenleitung, die den Gehorsam gegen die Heilige Schrift und die Bindung an die Bekenntnisse der Kirche verleugnet, verwirkt ihren Anspruch auf Leitung und zwingt die Kirche, an ihrer Statt eine andere Leitung zu setzen.

3. Die an Gottes Wort gebundene Kirche ist berufen, in Sachen ihrer Lehre und Ordnung allein zu urteilen und zu entscheiden. Es ist ihr untersagt, dem Staat über sein Aufsichtsrecht hinaus die Mitbestimmung ihrer Verkündigung und der ihr dienenden Ordnung zu überlassen. Das wäre Vermengung der geistlichen und weltlichen Gewalt. Die Ausübung der Kirchenleitung durch den Staat oder auf Grund staatlicher Berufung widerspricht der Lehre der Reformatoren und der reformatorischen Bekenntnisschriften. Weltliche Obrigkeit greift in ein fremdes Amt ein, wenn sie aus eigener Macht der Kirche eine Leitung setzt.

4. Die Deutsche Evangelische Kirche als Bund bekenntnisbestimmter Kirchen gründet sich nach Artikel 1 ihrer Verfassung auf das Evangelium von Jesus Christus, wie es in der Heiligen Schrift bezeugt und in den Bekenntnissen der Reformation neu ans Licht getreten ist.

Dieser Artikel ist aber, wie die Tatsachen erweisen, nicht gegen eine Auslegung und Handhabung geschützt, die seinen bekenntnismäßigen Sinn und Inhalt verkürzt oder verfälscht.

Die Theologische Erklärung der ersten Bekenntnissynode der Deutschen Evangelischen Kirche zu Barmen enthält das gegenüber den Irrlehren der Zeit gebotene Zeugnis. Wenn die Kirchenleitung Jesus Christus als die eine Wahrheit bezeugt, neben ihm keine andere Offenbarung als Quelle der Verkündigung gelten läßt und entsprechend handelt, vollzieht sie dadurch die heute gebotene Scheidung der Lehre von der Irrlehre und erwirbt damit bei Pfarrern und Gemeinden den Anspruch auf Gehorsam.

B.

Die Bekennende Kirche hat des öfteren erklärt, daß sie angesichts der durch Irrlehre und Gewalt in der Kirche entstandenen Rechtsunordnung eine rechtliche Hilfe des Staates für möglich und erwünscht erachtet.

1. Auf Grund des »Gesetzes zur Sicherung der Deutschen Evangelischen Kirche« vom 24. September 1935 sind durch die erste Verordnung zur Durchführung dieses Gesetzes vom 3. Oktober 1935 Kirchenausschüsse eingesetzt worden, denen die Aufgabe gestellt ist, die Kirche zu leiten und zu vertreten und in inner-

kirchlichen Angelegenheiten Verordnungen zu erlassen. Es liegt im Sinne des Gesetzes und der Verordnung, daß die Kirchenausschüsse die Bekennende Kirche und die »Deutschen Christen«, die als »kämpfende Gruppen« bezeichnet werden, miteinander vereinigen und auf diesem Wege die Einheit der Deutschen Evangelischen Kirche herstellen sollen. Dem entspricht auch die Zusammensetzung der Ausschüsse. Ihr Auftrag gibt ihnen nicht die Freiheit, Lehre und Irrlehre kirchlich zu scheiden und öffentlich zu unterscheiden. Das droht die Kirche zu zerstören.
Da es unmöglich ist, Kirchenleitung ohne Bindung an die bekenntnisgemäße Wahrheit und ohne Verwerfung des bekenntniswidrigen Irrtums auszuüben, ist es der Kirche verwehrt, solche Ausschüsse – auch für eine Übergangszeit – als »Leitung und Vertretung der Kirche« anzuerkennen.
2. In der Verordnung vom 2. Dezember 1935 wird die »Ausübung kirchenregimentlicher und kirchenbehördlicher Befugnisse durch kirchliche Vereinigungen oder Gruppen« für unzulässig erklärt. Der Staat kann aber einem auf Grund des Bekenntnisses berufenen Notkirchenregiment die Kirchenleitung ebensowenig absprechen wie irgendeinem vorhandenen bekenntnisgebundenen Kirchenregiment. Sonst würden die Gemeinden ohne rechte bekenntnismäßige Leitung bleiben. Die von der Bekennenden Kirche berufenen Organe der Leitung sind so lange gebunden, ihr Amt wahrzunehmen, bis eine andere Kirchenleitung vorhanden ist, die auf unangefochtener Bekenntnis- und Rechtsgrundlage steht.
Es gehört zu dem Amt der von der Bekennenden Kirche berufenen Organe der Kirchenleitung, daß sie bis dahin die Maßnahmen der Kirchenausschüsse am Bekenntnis prüfen und die Gemeinden und Pfarrer brüderlich beraten, wie sie sich dazu verhalten sollen.
3. Die Bekenntnissynode der Deutschen Evangelischen Kirche kann also in den genannten Gesetzen und Verordnungen, welche die Bekennende Kirche als »Gruppe in der Kirche« ansprechen und den Ausschüssen die Leitung und Vertretung in der Kirche übertragen, nicht den Weg erblicken »zur Herbeiführung einer Ordnung, die der Kirche ermöglicht, in voller Freiheit und Ruhe ihre Glaubens- und Bekenntnisfragen selbst zu regeln«.
Sobald den dargelegten kirchlichen Grundsätzen Rechnung getragen ist, sieht die Bekennende Kirche den Weg zu fruchtbaren Verhandlungen mit dem Staate frei.
4. Wir wollen eine Ordnung der Kirche, die in allen ihren Organen und Funktionen dem Bekenntnis der Kirche entspricht. Für eine solche Ordnung erstreben wir die staatliche Anerkennung. Wir sind bereit, nach Maßgabe der vorstehenden Erklärung an der Schaffung einer solchen Ordnung mitzuwirken.

C.

Die in Bad Oeynhausen versammelte Bekenntnissynode der Deutschen Evangelischen Kirche bittet Gott, er wolle die Bekennende Kirche durch seinen Heiligen Geist in aller Not und Anfechtung, die ihr auferlegt ist, stärken, festigen und gründen.
Neue Anfechtung ist zu der alten Not hinzugetreten. Über der alten und der neuen Not aber bleiben unverrückt Befehl und Verheißung, die Gott der Bekennenden Gemeinde gegeben hat.
Wir ermahnen alle, die in der Bekennenden Kirche zur Leitung berufen sind, den ihnen gewordenen Auftrag der Leitung nicht preiszugeben, sich vielmehr nach wie vor mit ganzer Kraft für den Aufbau Bekennender Gemeinden einzusetzen, auch unbeirrt durch alle Maßnahmen der staatlichen Ausschüsse bei der Erfüllung ihrer rechtmäßigen Aufgaben zu beharren und lieber zu leiden, als die ihnen anvertraute Herde einer nicht an Schrift und Bekenntnis gebundenen Leitung zu überlassen.
Wir ermahnen die Gemeinden mit ihren Ältesten und Pfarrern, sich weder in Ver-

bitterung und unheiliges Eifern abdrängen zu lassen, noch einen vermeintlichen Frieden durch Preisgabe der Wahrheit zu erkaufen. Wir bitten sie, mit neuer Treue sich sammeln zu lassen um Wort und Sakrament als hörende und glaubende und gehorchende Gemeinde. Wir rufen sie auf, mit neuer Verantwortung vor Gott und in neuer Liebe unserem deutschen Volk die frohe Botschaft zu bezeugen, daß in keinem andern Heil ist als in dem Herrn Jesus Christus. Wir legen den Gemeinden auf, in dieser Stunde der Versuchung nur denen zu folgen, die ihnen das Wort Gottes sagen. Wir weisen die Pfarrer an ihre Gemeinden, die Gemeinden an ihre Pfarrer, daß sie sich nicht hin und her treiben lassen, sondern sich allein an den halten, der unser Herr ist.

Darum laßt uns einmütig und ernstlich den Vater unseres Herrn Jesu Christi anrufen:

»Herr, bewahre uns in der Versuchung, daß wir in der Treue gegen den uns befohlenen Dienst nicht nachlassen, und halte uns im Gehorsam gegen Dein Wort, daß wir nicht abweichen, weder zur Rechten noch zur Linken.«

Die Synode von Oeynhausen brachte trotz einheitlicher Stellungnahme im Grundsätzlichen praktisch nicht die erhoffte Lösung. Die Bekennende Kirche fiel in zwei Gruppen auseinander, von denen die eine sich *im Rat der Evangelisch-lutherischen Kirche Deutschlands* eine eigene Leitung gab. Hier fanden sich die intakten lutherischen Kirchen und die Bruderräte der Kirchen zusammen, die den Kirchenausschüssen gegenüber positiv standen, außerdem die Bekennenden Kirchen in den deutsch-christlichen Kirchen von Mecklenburg und Thüringen, die selbst keine kirchenleitenden Funktionen übernommen hatten. Die alte »Vorläufige Leitung« trat zurück. Es wurde eine neue gebildet. Diese übte jedoch praktisch ihre Leitung nur noch über die nicht zum Lutherrat gehörenden Bekennenden Kirchen aus. Ihr entscheidendes Gewicht hatte sie durch die Bekennende Kirche der altpreußischen Union.

Die neue – zweite – *Vorläufige Leitung* erließ anläßlich ihrer *Amtsübernahme* am 18. März 1936 folgendes Wort, dessen wichtigste Abschnitte folgendermaßen lauten[10]:

I.

Die bisherigen Mitglieder der Vorläufigen Leitung der Deutschen Evangelischen Kirche sind zurückgetreten. Die 4. Bekenntnissynode der Deutschen Evangelischen Kirche mußte daher die freigewordenen Ämter wieder besetzen. Die Bekennende Kirche hat auf Grund des Wortes Gottes und der Bekenntnisse den Anspruch geltend gemacht, daß ihre Organe die rechte Leitung und Vertretung der Deutschen Evangelischen Kirche sind. Sie hat weder Recht noch Möglichkeit, davon abzutreten, weil keine anderen Organe der Deutschen Evangelischen Kirche da sind, die sich vor Gottes Wort und den Bekenntnissen als Leitung und Vertretung ausweisen können.

Die Bekenntnissynode der Deutschen Evangelischen Kirche hat den Reichsbruderrat beauftragt, die in der Vorläufigen Leitung freigewordenen Ämter zu besetzen. Der Reichsbruderrat hat am 12. März 1936 den Auftrag der Synode ausgeführt. Er hat die Pfarrer Müller (Dahlem), Dr. Böhm, lic. Albertz, Forck und lic. Fricke berufen. Die Berufung eines Juristen ist in Aussicht genommen. Die Aufgaben der Vorläufigen Leitung bleiben von der Neubesetzung unberührt.

Wir sind mit dem Amt der Vorläufigen Leitung betraut und sind gewillt, den uns erteilten Auftrag mit Gottes Hilfe auszuführen. Wir sind gemäß den Ordnungen

10 Orig.R.

der Bekennenden Kirche, gebunden an die Grundlagen der Bekennenden Kirche, berufen und dürfen glauben, im Auftrag und in der Kraft des Herrn Christus unser Amt zu führen.

An dieser Berufung und an ihrer kirchlichen Wirksamkeit kann die bisher noch nicht erfolgte Anerkennung unseres Dienstes durch den Staat nichts ändern. Eine noch erfolgende Anerkennung könnte der Wirksamkeit unserer Berufung nichts hinzusetzen.

Gegen die Vorläufige Leitung werden Bedenken geltend gemacht. Diese Bedenken sind in Schrift und Bekenntnis nicht begründet. Deshalb können sie uns in unserem Auftrage nicht irre machen...

IV.

Damit die uns aufgetragene Arbeit in einer wahrhaften Bindung an ihre Grundlagen geschehen kann, bedarf es der dauernden Klärung ihrer theologischen Voraussetzungen. Das ist besonders auch deshalb notwendig, weil in der Evangelischen Kirche ein Neues im Werden ist, das wir nicht hindern dürfen, das wir aber auch nicht eigenmächtig vorwärtstreiben oder in seinem Ausgang bestimmen können.

Wir haben Gott für ein neues Verständnis seines Wortes zu danken, das uns über Entscheidungen des einzelnen hinaus zu den Entscheidungen der Kirche selbst zurückgeführt hat. Das ist so geschehen, daß uns Gott damit zugleich ein neues Verständnis des Bekenntnisstandes unserer Kirche gegeben hat, der ein jeder durch die Taufe oder durch persönliche Entscheidungen zugeordnet ist. In diesem Lichte haben wir sehen gelernt, daß die Zersetzung der Konfessionskirchen bereits seit langem eingesetzt hat. Das Verständnis der Bekenntnisschriften, wie es uns die Theologie des letzten Jahrhunderts gelehrt hat, kann uns nicht genügen. Darum haben wir als solche, die zur Schrift zurückgerufen sind, von den Anfängen an die Bekenntnisse unserer Kirche neu zu lernen.

Die Vorläufige Leitung der Deutschen Evangelischen Kirche weiß sich berufen, das neuerwachte Verständnis für die Bekenntnisse und damit für den Konfessionsstand der Kirchen zu fördern und den Versuchen entgegenzutreten, die Bindung an die Bekenntnisse gering zu achten.

Wir warnen davor, daß sich einzelne Gruppen innerhalb desselben Bekenntnisses abkapseln. Dadurch wird keine Einheit errungen, sondern nur Spaltung gefördert. Notwendig ist vielmehr, daß wir alle uns in Beugung unter Gottes Wort gemeinsam auf die Grundlage unseres Bekenntnisses besinnen. Dann wird in unseren Kirchen wieder Raum für die reine Lehre. Das aber ist die Voraussetzung der gemeinsamen Verantwortung für die Gestaltung der Deutschen Evangelischen Kirche als eines Bundes bekenntnisbestimmter Kirchen.

So ist der Bekennenden Kirche die Aufgabe gestellt, alle in ihr vereinigten Konfessionskirchen mit den ihnen eigenen Lehren unablässig vor das Wort Gottes als den einigen Richter über alle Lehren und Bekenntnisse zu rufen. Dabei dankt sie Gott dafür, daß er ihr in Barmen ein gemeinsames Wort in den Mund gelegt hat. Sie darf nicht verleugnen, was ihr Gott hier geschenkt und anbefohlen hat.

V.

Die Vorläufige Leitung ist durchdrungen von der Verantwortung, welche die deutsche Christenheit innerhalb der ökumenischen Bewegung für die ganze Christenheit auf Erden hat. Sonderlich in ihren gegenwärtigen Nöten. Sie weiß, daß der Dienst, den die Bekennende Kirche der Welt schuldet, darin besteht, daß die Bekennende Kirche selbst zu der Quelle des Wortes Gottes zurückkehrt, aus der allein die Kirche als Kirche leben kann. Wir wollen uns mit allen anderen Kirchen zu dieser Quelle zurückrufen lassen, damit wir gemeinsam, mit unserem Glauben wie mit unserem Gehorsam, mit unserer Botschaft wie mit unserer Ordnung, mitten in der Welt der Sünde als die Kirche der begnadigten Sünder bezeugen, daß die Kirche allein Christi Eigentum ist und allein von seinem Trost und seiner Weisung in Erwartung seiner Erscheinung lebt und leben möchte.

Die neue Vorläufige Leitung sah es als ihre Aufgabe an, die Bekennende Kirche gegenüber der starken Einflußnahme, die von den Kirchenausschüssen ausging, zusammenzuhalten, weil sie überzeugt war, daß das Werk der Kirchenausschüsse zum Scheitern verurteilt sei, und zwar deswegen, weil die Absichten des Staates, die er mit dieser Aktion verfolgte, andere waren als die gutgemeinten Absichten der Kirchenausschüsse selbst. Sobald es hierüber zum Konflikt mit dem Staat kommen würde, mußte die Ohnmacht der Kirchenausschüsse offenbar werden. Die Vorläufige Leitung tat ihren Dienst unter schwersten Anfechtungen von draußen und drinnen. Sie bemühte sich, auch öffentlich Stellung zu nehmen bei Angriffen auf das Evangelium und die christliche Kirche, so z.B. in einer *Kundgebung vom 11. Mai 1936.*

Die wichtigsten Dokumente des Kampfes und der Arbeit der Vorläufigen Leitung aus dem Jahre 1936 sind jedoch das Schreiben der Vorläufigen Leitung an den Führer und Reichskanzler und die Kanzelabkündigung der Bekennenden Kirche vom 23. August an die evangelische Christenheit und an die Obrigkeit in Deutschland.

Erklärung der Vorläufigen Leitung an den Führer und Reichskanzler vom Frühjahr 1936[11]

Die Deutsche Evangelische Kirche, vertreten durch die geistlichen Mitglieder ihrer Vorläufigen Leitung und den dieser zur Seite stehenden Rat, entbieten dem Führer und Reichskanzler ehrerbietigen Gruß.

Die Deutsche Evangelische Kirche ist mit dem Führer und seinen Ratgebern eng verbunden durch die Fürbitte, die sie öffentlich wie in der Stille für Volk, Staat und Regierung übt. Darum hat die Vorläufige Leitung der Deutschen Evangelischen Kirche in Verbindung mit dem Rat der Deutschen Evangelischen Kirche es auf sich nehmen dürfen, die Sorgen und Befürchtungen, die viele Christen in Gemeinden, Bruderräten und Kirchenleitungen im Blick auf die Zukunft des evangelischen Glaubens und der Evangelischen Kirche in Deutschland bewegen und die sie lange und ernstlich durchdacht hat, in dem vorliegenden Schreiben zum Ausdruck zu bringen.

Sie übergibt dieses Schreiben im Gehorsam gegen ihren göttlichen Auftrag, vor jedermann – auch vor den Herren und Gebietern der Völker – ungescheut sein Wort und sein Gebot zu bezeugen. Sie vertraut darauf, daß Gott ihr selbst die Weisheit schenkt, ihren Auftrag so klar und eindeutig auszuführen, daß dabei ihre Sorge um das christliche Gewissen und ihre Liebe zum deutschen Volk in gleicher Weise unmißverständlich erkennbar werde.

Wir wissen uns jedenfalls bei unseren Darlegungen, wie unsere Vorgänger in ihrem leider ohne spürbare Wirkung gebliebenen Schreiben vom 11. April 1935, nur von der einen Pflicht getrieben, den leidenden, verwirrten und gefährdeten Gliedern der Evangelischen Kirche durch ihr Wort und ihre Fürsprache zu helfen. Es liegt uns alles daran, daß die Reichsregierung aus ihren Ausführungen diese aus

---

11 *Jannasch*, a.a.O., S. 19

der Sorge um die der Kirche anvertrauten Seelen sprechende Stimme klar und deutlich vernehme.
Der Herr der Kirche sagt: »Was hülfe es dem Menschen, so er die ganze Welt gewönne und nähme doch Schaden an seiner Seele? Oder was kann der Mensch geben, damit er seine Seele wieder löse?« Dieses Wort zeigt die Größe und den Ernst des Dienstes, zu dem die Kirche von Gott berufen ist.
Es erinnert zugleich an die Grenzen, die allen irdischen Mächten und ihrem Streben gesetzt sind. Es weist endlich auf die Gefahr hin, der immer wieder unzählige Menschen, darunter auch Diener der Kirche zu erliegen drohen.

1. *Gefahr der Entchristlichung*

Die Vorläufige Leitung weiß es zu würdigen, was es im Jahre 1933 und späterhin bedeutet hat, daß die Träger der nationalsozialistischen Revolution nachdrücklich erklären konnten: »Wir haben mit unserm Sieg über den Bolschewismus zugleich auch den Feind überwunden, der auch das Christentum und die christlichen Kirchen bekämpfte und zu zerstören drohte.«
Wir erleben aber, daß der Kampf gegen die christliche Kirche wie nie seit 1918 im deutschen Volk wirksam und lebendig ist. Keine Macht der Welt, wie sie auch heiße, vermag die Kirche Gottes wider seinen Willen zu zerstören oder zu schützen; das ist Gottes Sache. Die Kirche aber hat sich der angefochtenen Gewissen ihrer Glieder anzunehmen.
Durch die Not und Verwirrung des heutigen Glaubenskampfes werden viele getaufte Christen mit zeitlichem und ewigem Unheil bedroht. Wenn sogar hohe Stellen in Staat und Partei den Christenglauben öffentlich angreifen, dann werden der Kirche und ihrer Botschaft an sich schon entfremdete Kirchenglieder dadurch immer mehr in ihren Unglauben verstrickt; Wankende und Unsichere vollends unsicher gemacht und zum Abfall getrieben. Ja, es besteht ernstliche Gefahr, daß die evangelische Jugend sich hindern läßt, zu dem zu kommen, der der alleinige Heiland auch deutscher Knaben und Mädchen ist. Dieser Gefährdung der Kirche muß eine verantwortungsvolle Kirchenleitung wehren. Zu solcher Abwehr gehört die klare Frage an den Führer und Reichskanzler, ob der Versuch, das deutsche Volk zu entchristlichen, durch weiteres Mitwirken verantwortlicher Staatsmänner oder auch nur durch Zusehen und Gewährenlassen zum offiziellen Kurs der Regierung werden soll.

2. *Positives Christentum*

Wir vertrauen, daß die Reichsregierung, um die Zuspitzung des Glaubenskampfes zu vermeiden, das Wort der Evangelischen Kirche hören wird. Als die NSDAP in ihrem Programm erklärte, daß sie auf dem Boden eines positiven Christentums stehe, hat die gesamte christliche Bevölkerung das dahin verstehen müssen und auch verstehen sollen, daß im Dritten Reich der christliche Glaube gemäß den Bekenntnissen und der Predigt der Kirche Freiheit und Schutz, ja Hilfe und Förderung erfahren sollte.
Später aber ist es dahin gekommen, daß maßgebende Persönlichkeiten des Staates und der Partei das Wort »Positives Christentum« willkürlich ausgelegt haben. Bald gab der Herr Reichsminister für Propaganda und Volksaufklärung als positives Christentum aus, was lediglich humanitäre Leistung ist, und verband mit dieser Auslegung unter Umständen einen Angriff auf die christlichen Kirchen und ihre angeblich mangelhaften Leistungen auf dem Gebiet der christlichen Liebestätigkeit, das ihnen doch der Staat selbst seit 1933 durch seine Verbote wesentlich eingeengt hatte. Bald verkündete der Herr Reichsschulungsleiter Rosenberg seine Mystik des Blutes als positives Christentum, und Parteistellen diffamierten nach seinem Vorbild das bekenntnis- und offenbarungsgläubige Christentum als negativ.

Im Munde wieder anderer Mitglieder der Reichsregierung werden unter dem Deckmantel des positiven Christentums entscheidende Begriffe des christlichen Glaubens (Glaube, Ewigkeit, Gebet, Auferstehung) ihres offenbarungsmäßigen Gehaltes entkleidet und rein innerweltlich psychologisch umgedeutet, selbst in Äußerungen des Herrn Reichsministers Kerrl.
Der Schaden solcher Äußerungen ist um so größer, als der Kirche niemals die Möglichkeit gegeben wurde, die von hohen Stellen erfolgten Mißdeutungen des christlichen Glaubens unter gleicher Reichweite zu widerlegen.

3. *Zerstörung der kirchlichen Ordnung*

Die Methoden der Entchristlichung des deutschen Volkes werden in ihrem Zusammenhang verständlich, wenn man sich an das Wort des Herrn Reichsschulungsleiters Rosenberg erinnert, man müsse in diesem Kampf um einen deutschen Glauben das Gegnerische nicht schonen, sondern es geistig überwinden, organisatorisch verkümmern lassen und politisch ohnmächtig erhalten (Mythos S. 636). Nach diesem Grundsatz wird verfahren. Es wird zwar amtlich jeder Eingriff in das innere Gefüge und Glaubensleben der Evangelischen Kirche abgeleugnet, tatsächlich aber ist seit den der Kirche aufgezwungenen Wahlen vom Juli 1933 bis heute ein Eingriff an den andern gereiht worden.
Die evangelische Öffentlichkeit, der gerade vor den erzwungenen Wahlen die Freiheit der Kirche vom Führer zugesichert wurde, konnte über den Fortgang des Kirchenkampfes nur unzulänglich unterrichtet werden. Das sogenannte »Befriedungswerk«, das mit der Errichtung des Reichskirchenministeriums und der Einsetzung der Kirchenausschüsse begonnen hatte, hat zwar einige, zuvor unter Duldung des Staates von Staatsbeamten und Parteimitgliedern herbeigeführte Mißstände beseitigt, der evangelische Christ aber, der genauer zusieht, erkennt, daß durch dieses Befriedungswerk die Kirche, verwaltungsmäßig und finanziell in Abhängigkeit vom Staat gehalten, der Freiheit ihrer Verkündigung und Ordnung beraubt und zur Duldung der Irrlehre gezwungen wird.
Für ihn muß es eine schwere Erschütterung sein, daß die Präambel des die Befriedung einleitenden Gesetzes vom 24. 9. 1935 in ihrer Darstellung von der Entstehung der Unruhen in der Deutschen Evangelischen Kirche nicht der Wahrheit entspricht und Eingriffe des Staates in die Kirche als Nichteingriffe hinstellt, ja als Dienste, die der Staat der Kirche leistet.
Den evangelischen Gemeindegliedern, die zum offenbaren Gotteswort stehen und am Bekenntnis der Väter festhalten und die gerade darum wissen, was sie als Christen ihrem Volke und seiner Regierung schuldig sind, ist durch dieses Vorgehen des Staates eine kaum tragbare Last aufgebürdet.

4. *Entkonfessionalisierung*

Unter der Parole der »Entkonfessionalisierung« oder Überwindung der konfessionellen Spaltung hat eine Bewegung eingesetzt, die der Kirche ihre Öffentlichkeitsarbeit unmöglich machen soll.
Längst sind der Evangelischen Kirche durch einen zwischen dem Reichsjugendführer und dem dazu nicht ermächtigten Reichsbischof abgeschlossenen Vertrag ihre eigenen Jugendorganisationen genommen worden. Aber auch die durch jenen Vertrag der Evangelischen Kirche gewährleistete Betreuung der evangelischen Angehörigen der nationalsozialistischen Jugendorganisationen wird vielfach gehindert. Immer wieder wird von den obersten Führern der organisierten Jugend bis hinab zu den untersten Gliederungen der evangelischen Jugend ihre Kirche verächtlich und verdächtig gemacht und versucht, den Glauben an die ihr anvertraute Offenbarung zu untergraben.
Während der heutige Staat offiziell zum positiven Christentum steht, haben seine

neuen Einrichtungen, wie das Landjahr oder der Arbeitsdienst, nicht nur so gut wie gar keine Möglichkeiten seelsorgerlicher Versorgung ihrer Angehörigen, bei ihnen ist sogar die Verbindung des Seelsorgers mit seinen jungen Gemeindegliedern, etwa durch persönliche Besuche oder auch nur durch Zusendung der evangelischen Gemeindeblätter und Schriften, weithin unmöglich gemacht. Daß beispielsweise evangelische Angehörige eines Arbeitsdienstlagers keine Erlaubnis erhielten, am Karfreitag den Gottesdienst zu besuchen, zeigt, wie weit stellenweise die »Entchristlichung« schon vorgeschritten ist. Auch die Bestimmungen über die religiöse Versorgung der Kinder im Landjahr reden eine sehr deutliche Sprache. Die »Entkonfessionalisierung« der Schule wird vom Staat gefördert. Unter Verletzung von Rechten der Kirche wird die Abschaffung der Bekenntnisschulen betrieben. Hierbei werden die Gewissen der Eltern stärkstem Druck der Partei ausgesetzt.

Rechtmäßig bestehende Pläne für den Religionsunterricht werden vielfach mißachtet. So sind schon lange vielerorts wesentliche Stücke biblischer Lehre aus dem Religionsunterricht ausgemerzt (Altes Testament) oder unchristliche Stoffe in ihn hineingekommen (Altgermanisches Heidentum). Schulgottesdienst und Schulandacht werden immer mehr vernachlässigt oder im Sinne einer Entchristlichung auch in der äußeren Form des schulischen Gemeinschaftslebens umgestaltet.

An den Universitäten wird die Ausbildung des theologischen Nachwuchses immer mehr solchen Professoren und Dozenten anvertraut, die als Irrlehrer erwiesen sind; namentlich die Zerstörung der theologischen Fakultäten in Preußen gibt hier ein aufschlußreiches Bild. Auf dem Gebiet des Prüfungswesens hat das Ministerium für Wissenschaft, Erziehung und Volksbildung die Wiederaufnahme der Irrlehrer in die Prüfungskommission gefordert.

Um Entchristlichung handelt es sich in Wirklichkeit bei jener Entkonfessionalisierung des öffentlichen Lebens, die den christlichen Einfluß und die christliche Mitarbeit im Rundfunk, der Tagespresse und dem öffentlichen Vortragswesen mehr und mehr zurückdrängt.

5. *Nationalsozialistische Weltanschauung*

Von den evangelischen Angehörigen der NS-Organisationen wird gefordert, sich uneingeschränkt auf die nationalsozialistische Weltanschauung zu verpflichten. Diese Weltanschauung wird vielfach als ein positiver Ersatz des zu überwindenden Christentums dargestellt und ausgegeben.

Wenn hier Blut, Rasse, Volkstum und Ehre den Rang von Ewigkeitswerten erhalten, so wird der evangelische Christ durch das erste Gebot gezwungen, diese Bewertung abzulehnen. Wenn der arische Mensch verherrlicht wird, so bezeugt Gottes Wort die Sündhaftigkeit aller Menschen.

Wenn den Christen im Rahmen der nationalsozialistischen Weltanschauung ein Antisemitismus aufgedrängt wird, der zum Judenhaß verpflichtet, so steht für ihn dagegen das christliche Gebot der Nächstenliebe. Einen besonders schweren Gewissenskonflikt bedeutet es für unsere evangelischen Gemeindeglieder, wenn sie das Eindringen dieser antichristlichen Gedankenwelt bei ihren Kindern, ihrer christlichen Elternpflicht entsprechend, bekämpfen müssen.

6. *Sittlichkeit und Recht*

Wir sehen mit tiefer Besorgnis, daß eine dem Christentum wesensfremde Sittlichkeit in unser Volk eindringt und es zu zersetzen droht.

Wohl ist uns bekannt, daß der Führer in seiner Rede vom 23. März 1933 die sittliche Bedeutung der christlichen Konfessionen für das Volksleben anerkannt hat. Aber die Macht des neuen sittlichen Denkens ist bisher stärker gewesen als dieses Wort.

Weithin wird heute als gut angesehen, was dem Volke nützt. So konnte mit Wissen des Reichsamtsleiters Derichsweiler erklärt werden, daß der Ausdruck positives Christentum im Artikel 24 des Parteiprogramms nur so gebraucht werde, wie man einem Kranken gegenüber die volle Wahrheit zurückhalte.
Ein solches Verhalten stellt die Zweckmäßigkeitserwägungen über die in Gottes Gebot geforderte Wahrhaftigkeit. An der Art, wie offiziell der Kirchenstreit dargestellt wird, an der Behandlung der evangelischen Presse und des evangelischen Versammlungswesens, an der Verkehrung des Begriffs der Freiwilligkeit in sein Gegenteil anläßlich von Sammlungen und von Werbungen zum Eintritt in Organisationen usw. wird dem evangelischen Christen diese aus dem Geist einer völkischen Nützlichkeitsmoral stammende Mißachtung des Wahrhaftigkeitsgebotes besonders deutlich. Die Evangelische Kirche begrüßt es im Blick auf die Forderungen Christi in der Bergpredigt dankbar, daß die Zahl der Eide im Gerichtssaal unter der Herrschaft des neuen Staates auf einen Bruchteil zusammengeschmolzen ist. Um so mehr muß sie es als einen Sieg des widerchristlichen Geistes beklagen, daß der Eid als Treuschwur und Verpflichtung eine erschreckende Häufung und damit zugleich eine erschreckende Entwertung erfahren hat.
Ist jeder Eid eine unter Gottes Augen gegebene Erklärung oder Versicherung, auch dann, wenn der Name Gottes dabei nicht ausdrücklich genannt wird, dann muß die Tatsache, daß viele Menschen in kurzen Abständen nacheinander zum Schwören veranlaßt werden, dem Eid seine Würde rauben und dazu führen, Gottes Namen zu entheiligen und zu mißbrauchen. Evangelische Eltern empfinden es als besonders unerträglich, daß man ihren Kindern schon in jungen Jahren eidähnliche Verpflichtungen abnimmt.
Schon häufen sich in der Seelsorge die Fälle, daß Menschen erklären, sie fühlen sich durch einen Eid nicht gebunden, dessen Verweigerung ihre Existenz bedroht hätte.
Die Evangelische Kirche würde eine solche, der christlichen Forderung zuwiderlaufende Denkart bei ihren Gliedern leichter bekämpfen können, wenn dem Christen die ihm selbstverständliche Auslegung des Eides gestattet wäre, daß kein Eid Handlungen decken kann, die wider Gottes Gebot gehen. Tatsächlich aber ist es geschehen, daß ernste Christen, die nach Gottes Willen im Gehorsam gegen ihre Obrigkeit zu stehen voll bereit waren, aus ihren Ämtern entfernt wurden, weil sie jene Auslegung für sich in Anspruch nahmen. Damit ist vielen Beamten eine unbedingt wahrhaftige Haltung sehr erschwert.
Die Bewertung der Stimmzettel bei der letzten Reichstagswahl hat viele evangelische Christen in Gewissensnot gebracht. Sie ist darin begründet, daß der Nutzen des Volkes über die Wahrhaftigkeit gestellt worden ist. Evangelische Christen, die sich um der Wahrhaftigkeit willen zu ihrer Entscheidung bekannt haben, sind verhöhnt oder gar mißhandelt worden.
Die evangelischen Christen sind auf Grund der Heiligen Schrift davon überzeugt, daß Gott der Schützer des Rechts und der Rechtlosen ist; darum empfinden wir es als Abkehr von ihm, wenn Willkür in Rechtsdingen einzieht und Dinge geschehen, die nicht recht sind vor dem Herrn.
Hierher gehören nicht nur die vielen Vorgänge im Kirchenkampf, sondern auch die durch die Einrichtung und das Gebaren der kirchlichen Beschlußstelle im Endergebnis gegebene Rechtsverweigerung.
Das evangelische Gewissen, das sich für Volk und Regierung mitverantwortlich weiß, wird aufs härteste belastet durch die Tatsache, daß es in Deutschland, das sich selbst als Rechtsstaat bezeichnet, immer noch Konzentrationslager gibt und daß Maßnahmen der Geheimen Staatspolizei jeder richterlichen Nachprüfung entzogen sind.
Bekenntnistreue erwachsene Christen, einmal in ihrer Ehre angegriffen, finden oft

nicht den Ehrenschutz, der anderen Staatsbürgern zuteil wird.
Die evangelische Christenheit erkennt auch in diesen Dingen die Gefahr, daß in unserem sittlich-rechtlichen Denken ein antichristlicher Geist zur Herrschaft kommt.

7. Der Anspruch Gottes

Wir haben in Offenheit die große Sorge weiter evangelischer Kreise zu begründen versucht, daß maßgebende Kräfte im heutigen Staate eine Unterdrückung der Evangelischen Kirche, eine Zersetzung ihres Glaubens, eine Beseitigung der evangelischen Sittlichkeit, kurz eine Entchristlichung im weitesten Umfang betreiben. Wir können uns in dieser auf Grund sorgsamer Beobachtungen gewonnenen Auffassung dieser Dinge nicht beruhigen lassen damit, daß man auf entgegengesetzte Äußerungen und Tatsachen hinweist. Die Reichsregierung wolle sich, darum bitten wir, die Frage vorlegen, ob es unserem Volke auf die Dauer zuträglich sein kann, wenn der bisherige Weg weiter beschritten wird. Schon jetzt üben der Zwang auf die Gewissen, die Verfolgung evangelischer Überzeugung, das gegenseitige Sichbespitzeln und Aushorchen einen unheilvollen Einfluß aus. Auch eine große Sache muß, wo sie sich gegen den offenbaren Willen Gottes stellt, am Ende das Volk ins Verderben führen. Gottes Kirche wird bestehen, auch wenn unter dem Versuch, das deutsche Volk zu entchristlichen, Millionen evangelischer Christen ihr Heil verlieren müßten. Das deutsche Volk aber hat nicht die Verheißung, daß ihm das Gift eines antichristlichen Geistes nicht schaden werde, auch wenn ihm vielleicht erst nach langer Zeit die Erkenntnis kommt, daß es von denen, die ihm den Herrn Christus nahmen, um sein bestes Erbgut gekommen ist.
Unser Volk droht die ihm von Gott gesetzten Schranken zu zerbrechen: Es will sich selbst zum Maß aller Dinge machen. Das ist menschliche Überheblichkeit, die sich gegen Gott empört.
In diesem Zusammenhang müssen wir dem Führer und Reichskanzler unsere Sorge kundtun, daß ihm vielfach Verehrung in einer Form dargebracht wird, die Gott allein zusteht.
Noch vor wenigen Jahren hat der Führer selbst mißbilligt, daß man sein Bild auf evangelische Altäre stellte. Heute wird immer ungehemmter seine Erkenntnis zur Norm nicht nur der politischen Entscheidungen, sondern auch der Sittlichkeit und des Rechts in unserem Volke gemacht, und er selber mit der religiösen Würde des Volkspriesters, ja des Mittlers zwischen Gott und Volk umkleidet.
Wir bitten aber um die Freiheit für unser Volk, seinen Weg in die Zukunft unter dem Zeichen des Kreuzes Christi gehen zu dürfen, daß nicht einst die Enkel den Vätern fluchen, weil sie ihnen zwar einen Staat auf der Erde bauten und hinterließen, das Reich Gottes aber ihnen verschlossen.
Was wir in diesem Schreiben dem Führer gesagt haben, mußten wir sagen in der Verantwortung unseres Amtes.
Die Kirche steht in der Hand des Herrn.

Dieses Schreiben an Adolf Hitler trug einen streng vertraulichen Charakter und sollte nicht an die Öffentlichkeit dringen. Es ist dies freilich doch geschehen. Alle Sicherungen, die die Vorläufige Leitung eingeschaltet hatte, erwiesen sich als unzureichend. Die Hetze, die infolge der im Ausland geschehenen Veröffentlichung der Erklärung gegen die Bekennende Kirche in Deutschland von der nationalsozialistischen Presse eröffnet wurde, veranlaßte die Vorläufige Leitung zu einer Kanzelabkündigung vom 23. August 1936[12]. Da der Inhalt dieser Kundgebung im

---

12 Ebd., S. 31ff.

wesentlichen mit dem Wort an Hitler übereinstimmt, können wir auf ihre Wiedergabe verzichten, obwohl es damals eine eindrucksvolle Handlung der Bekennenden Kirche war, so zur evangelischen Christenheit in Deutschland zu reden.
Die Kirchenausschüsse machten in den Landeskirchen bzw. in der Deutschen Evangelischen Kirche den Versuch, durch eine Fülle von neuen Gesetzen eine Neuordnung der Evangelischen Kirche vorzubereiten. Dieser Versuch kam jedoch nicht zum Tragen, weil sich auf der einen Seite die Bekennende Kirche grundsätzlich dagegen zur Wehr setzte oder sich mindestens durch passiven Widerstand dieser Arbeit entzog und sie dadurch zum Scheitern verurteilte. Aber auf der anderen Seite war es in steigendem Maße der Staat, der das Wollen der Kirchenausschüsse, die sich bemühten, eine bekenntnisgebundene Neuordnung der Evangelischen Kirche vorzubereiten, kritisch ansah und mehr und mehr ihre Absicht durchkreuzte. Die Kirchenausssschüsse bemühten sich um ein kirchliches bekenntnisgebundenes Handeln gemäß Art. 1 der Verfassung der Deutschen Evangelischen Kirche. Von hier aus ergab sich ihr Versuch, die Thüringer Deutschen Christen nationalkirchlicher Einung auszuschalten, was in folgendem theologischen Gutachten geschah, das der Reichskirchenausschuß veranlaßt hatte:

Theologisches Gutachten über die Thüringer Richtung der Deutschen Christen[13]

Der Reichskirchenausschuß hatte eine Anzahl der führenden Theologie-Professoren zu einer Besprechung über die Frage des Verhältnisses der Thüringer Deutschen Christen zum Art. 1 der Verfassung der Deutschen Evangelischen Kirche eingeladen. Das Ergebnis dieser Besprechung bestand in folgendem Gutachten:
1. Die Forderung, den Christenglauben und die uns Deutschen heute gestellte politische Aufgabe aufeinander zu beziehen, wird von den Thüringer Deutschen Christen in einer Weise verstanden, die sich nicht mit dem Evangelium von Jesus Christus verträgt, wie es in der Heiligen Schrift bezeugt und in den Bekenntnissen der Reformation ausgelegt ist.
2. Das zeigt sich zunächst an einem falschen Verständnis des Wesens der Kirche. Die Kirche darf nie mit dem Volke als einer aus natürlich-geschichtlichen Kräften erwachsenen Gemeinschaft gleichgesetzt werden. Sie geht zwar in jedes Volk in besonderer geschichtlicher Gestalt ein, aber sie bleibt als Kirche Christi von allen Völkern unterschieden und ihnen gegenüber eigenständig. Kein geschichtliches Volk hat, auch nicht als christliches, die Sendung, die der Kirche Christi gegeben ist.
3. Der falschen Gleichsetzung von Volk und Kirche entspricht die falsche Gleichsetzung von Volks- und Heilsgeschichte. Denn die Erkenntnis, daß Gott wie mit allen Völkern so auch mit dem deutschen in seiner Volksgeschichte handelt, wird verfälscht in eine geschichtsphilosophische Schau, welche die deutsche Geschichte zur Heilsgeschichte macht, nämlich zur Geschichte des Heilsvolkes für alle Welt, das gemäß seiner Heilandssendung auch das Schicksal des Heilandes erleidet. Hier wird entgegen dem N.T. und dem Bekenntnis der Kirche in unerträglicher Weise Christi Geschichte und die deutsche Geschichte, Christi Bedeutung als Erlöser und die politische Bedeutung des deutschen Volkes verwirrt. Ein geschichtliches Volk wird an die Stelle der Kirche Christi gesetzt.
4. Damit hängt die falsche Auffassung vom Wesen des christlichen Glaubens

---
13 Mitteilungsblatt der DEK I, 1936, S. 5f.

zusammen. Christlicher Glaube ist nicht Gläubigkeit, welche die durch die geschichtliche Lage gestellte Aufgabe als göttliche Forderung begreift. Er ist auch nicht die seelische Kraft des Einsatzes für solche Aufgabe. Sondern christlicher Glaube hat seinen Gegenstand an Gottes Offenbarung in Jesus Christus.
5. Jesus Christus aber ist mißverstanden, wenn er als »Garant« einer schon ohne ihn vorhandenen Gläubigkeit oder gar nur als Gestaltwerden dieser Gläubigkeit aufgefaßt wird. Das Kreuz Christi wird mißverstanden, wenn nicht sein grundsätzlicher Unterschied von allem menschlichen Leiden und Opfern herausgestellt wird.
6. Auf jenem Mißverständnis des Glaubens als einer seelischen Kraft des Einsatzes für innerweltliche Aufgaben beruht die falsche Entgegensetzung des »Lebens« gegen die Theologie. Ist der christliche Glaube der durch das Wort der Verkündigung geweckte Heilsglaube, so enthält er als solcher ganz bestimmte Erkenntnisse über Gott, Mensch und Welt, die in theologischer Besinnung zu klären und zu begründen sind. Mit der Aufgabe der Verkündigung des Wortes ist der Kirche unausweichlich die Aufgabe gestellt, ständig um die Wahrheit und damit um die Einheit der Lehre zu ringen. Die grundsätzliche Bestreitung der Verbindlichkeit christlicher Lehre hebt die Einheit der Kirche auf, die ihr Wesen im gemeinsamen Bekenntnis hat. Die Verschiedenheit der Lehrformulierungen muß zwar getragen werden, darf aber nicht zur Vergleichgültigung der theologischen Arbeit führen, denn diese Verschiedenheit ist gerade das Zeichen dafür, daß jene Aufgabe des Ringens um die Wahrheit und die Einheit der Lehre wirklich ergriffen ist.
7. Aus dem falschen Ansatz der Thüringer Deutschen Christen folgt schließlich zwangsläufig auch ihr Gedanke der deutschen »Nationalkirche«. Dieser erweist seinen schwärmerischen Charakter darin, daß seine Verwirklichung nicht davon erwartet wird, daß die Wahrheit des Evangeliums von Jesus Christus, wie Luther sie bezeugt hat, in den christlichen Kirchen, vor allem auch in der Römischen, neu durchbreche, sondern davon, daß die Kirchen von ihren sie trennenden Lehren zurückgehen auf die »Gesinnungseinheit im Geist Jesu« (Rundschreiben des Thüringer Landeskirchenrates vom 4. Juni 1936) oder auf Jesu Botschaft vom Reiche Gottes.

Während das Bemühen der Kirchenausschüsse, durch eine Stellung zur Barmer Theologischen Erklärung eine Zusammenarbeit mit der Bekennenden Kirche zu erreichen, scheiterte, schien es ihnen zu gelingen, die Deutschen Christen gemäßigter Observanz zu gewinnen, wozu freilich die Bekennende Kirche scharf ablehnend Stellung nahm.
Die stärkste Position gewannen die Kirchenausschüsse, insbesondere der Reichskirchenausschuß, bei den »intakten Landeskirchen«, die sich im Rat der Ev.-Luth. Kirche Deutschlands zusammengefunden hatten. Allerdings scheiterte der Versuch, sich gegen den bisherigen Auftraggeber, nämlich das Reichskirchenministerium, durch Zusammenarbeit mit den Kirchen des Lutherrates im Streitfall zu behaupten, als es zu einem ernsten Konflikt des Kirchenausschusses mit dem Kirchenministerium kam. Das Bemühen des Reichskirchenausschusses, die von den Thüringer Deutschen Christen beherrschten Kirchenleitungen in Thüringen, Mecklenburg und Lübeck zu beseitigen, wurden vom Kirchenminister nicht unterstützt. So mußte es hierüber eines Tages zum Streit kommen. Es geschah bei dem Versuch des Reichskirchenausschusses, in Lübeck einzugreifen.
Das Bemühen des Reichskirchenausschusses, mit Hilfe der zu ihm stehenden Landeskirchenführer sich zu behaupten, wird durch die folgenden Dokumente deutlich:

Bekanntmachung[14]

Am 19. und 20. November traten in Berlin die Landeskirchenführer bzw. Vorsitzenden der Landeskirchenausschüsse der Landeskirchen von Altpreußen, Sachsen, Hannover lutherisch und reformiert, Württemberg, Nassau-Hessen, Bayern, Schleswig-Holstein, Hamburg, Kurhessen-Waldeck, Baden, Pfalz, Braunschweig, Lippe und Schaumburg-Lippe zusammen und beschlossen die nachfolgend abgedruckten Erklärungen.
Die Anliegen der Entschließungen machen wir uns ausdrücklich zu eigen.
Zur Frage der gegenchristlichen Propaganda haben die Landeskirchenführer uns eine besondere Erklärung vorgelegt. Wir haben diese ernste und bedeutsame Entschließung den verantwortlichen Männern des Staates zur Kenntnis gebracht.

Berlin, den 26. November 1936   Der Reichskirchenausschuß
                                          D. Zoellner

Zur kirchlichen Lage[15]

Die unterzeichneten im leitenden Amt stehenden Landeskirchenführer, mit dem Reichskirchenausschuß zu einer eingehenden Aussprache versammelt, erklären folgendes:
Es ist dringend notwendig, daß dem Reichskirchenausschuß die Möglichkeit gegeben wird, alle dem kirchlichen Aufbau und der kirchlichen Arbeit dienenden Maßnahmen durchzuführen und wirksam zu gestalten. Dazu gehört in erster Linie, daß die Ordnungsmaßnahmen auf Grund des Gesetzes zur Sicherung der Deutschen Evangelischen Kirche vom 24. September 1935, die infolge der Erkrankung des Herrn Reichsministers für die kirchlichen Angelegenheiten unterbrochen werden mußten, in den noch nicht geordneten Landeskirchen unverzüglich weitergeführt und zum Abschluß gebracht werden.
Nicht nur für die Vollendung des kirchlichen Ordnungswerkes, sondern auch im Hinblick auf die gesamte Lage ist es von entscheidender Bedeutung, daß in Erörterungen mit führenden Männern in Staat und Partei die Stellung der Kirche im Volk grundsätzlich geklärt wird.
Wir stehen mit dem Reichskirchenausschuß hinter dem Führer im Lebenskampf des deutschen Volkes gegen den Bolschewismus. Die Kirche setzt in diesem Kampf die Kräfte des christlichen Glaubens ein gegen den Unglauben, der christlichen Sitte gegen die Entsittlichung, der gehorsamen Unterordnung unter Gottes Schöpferwillen gegen die Auflösung aller organischen Bindungen. Wir werden unsere Gemeinden unermüdlich aufrufen zum vollen Einsatz der christlichen Kräfte in diesem Kampf in der Gewißheit, daß damit dem deutschen Volk der wertvollste Dienst geleistet wird.
Wir erwarten aber auch eine durchgreifende Abstellung der gegenchristlichen Propaganda, die in der letzten Zeit in mannigfachen Kundgebungen auch führender Amtsträger, in Zeitschriften, öffentlichen Blättern und Schulungen immer unverhüllter hervortritt und die Kirche und alles, was ihr heilig ist, in unerträglicher Weise herabsetzt. Besonders liegt uns daran, daß die Jugend nicht in einem christentumsfeindlichen Sinne erzogen und geführt und dadurch in einen unheilvollen inneren Zwiespalt gebracht wird, der sich in völliger Autoritätslosigkeit auswirken müßte. Auch in der Frage der Schulform und des Zusammenwirkens von nationalpolitischer und christlicher Erziehung ist eine eindeutige Regelung erforderlich.

14 GBl DEK 1936, S. 117
15 Ebd., S. 117f.

Die Evangelische Kirche, die nichts anderes sein will als christliche Kirche für das deutsche Volk, bedarf zu ihrer Arbeit der inneren Freiheit in der Ausrichtung ihrer Verkündigung. Es muß Sache der Kirche bleiben, zu sagen, was Inhalt der evangelischen Lehre und Predigt ist. Ihre Verkündigung darf nicht auf die Gottesdienststunde des Sonntags oder auf den gottesdienstlichen Raum der Kirche beschränkt werden, sondern muß in der gesamten übrigen Arbeit der Kirche und ihrer Werke wirksam werden. Nur so kann die Evangelische Kirche ihre Aufgabe im deutschen Volk erfüllen.

Wir erklären, daß wir in der Bereitschaft, alle Kräfte der Kirche gegen den Bolschewismus einzusetzen, in dem Anliegen, das innere Verhältnis von Kirche, Volk und Staat zu gestalten, daß jedem wird, was ihm zukommt, und in dem Willen, eine gesunde Neuordnung der Deutschen Evangelischen Kirche zu fördern, mit dem Reichskirchenausschuß übereinstimmen und daß wir bereit sind, alle dahingehenden Maßnahmen des Reichskirchenausschusses zu unterstützen.

Berlin, den 20. November 1936

Generalsuperintendent D. *Eger*, Superintendent *Zimmermann*
für den Landeskirchenausschuß der Evangelischen Kirche
der altpreußischen Union
Superintendent *Ficker*, Oberkirchenrat *Wendelin*
für den Landeskirchenausschuß der
Evangelisch-lutherischen Landeskirche Sachsen
Landesbischof D. *Marahrens*, Hannover
Landesbischof D. *Wurm*, Stuttgart
Oberkirchenrat *Zentgraf*
für den Landeskirchenausschuß der
Evangelischen Landeskirche Nassau-Hessen
Landesbischof D. *Meiser*, München
Senatspräsident *Stutzer*
für den Landeskirchenausschuß der Evangelisch-lutherischen Landeskirche
Schleswig-Holstein
Oberkirchenrat *Drechsler*
für den erkrankten Landesbischof Tügel, Hamburg
Pfarrer D. *Happich*
für den Landeskirchenausschuß der Evangelischen Landeskirche
Kurhessen-Waldeck
Landesbischof D. *Kühlewein*, Karlsruhe
Oberkirchenrat D. *Stichter*
i.V. für die Pfälzische Landeskirche
Landesbischof Dr. *Johnsen*, Braunschweig
Präsident *Koopmann*
für die Evangelisch-reformierte Landeskirche Hannovers
Pastor *Ewerbeck*
für den Landessuperintendenten in Detmold
Landessuperintendent *Henke*, Bückeburg

Entschließung der Landeskirchenführer zur Neuordnung in Mecklenburg und Thüringen[16]

Die vom Reichskirchenausschuß einberufene Versammlung von leitenden landes-

---

[16] Ebd., S. 119

kirchlichen Amtsträgern vom 19. und 20. November 1936 hat folgende *Entschließung* angenommen:
Der Reichskirchenausschuß hat sich im Mitteilungsblatt der Deutschen Evangelischen Kirche Nr. 2 vom 16. Juli 1936 dahin ausgesprochen, »daß eine Richtung, die die Gedanken der Thüringer D.C. vertritt, innerhalb der Deutschen Evangelischen Kirche kein Recht auf Kirchenleitung hat ... Es ist also die Pflicht des Reichskirchenausschusses, von Art. 1 der Verfassung aus festzustellen, daß diese Kreise auf dem Boden der Deutschen Evangelischen Kirche ein Recht auf das Kirchenregiment nicht haben können«.
Der Reichskirchenausschuß hat ferner im gleichen Mitteilungsblatt ausgesprochen: Es gibt »Bruderräte in solchen Landeskirchen, die noch nicht neu geordnet sind (z.B. in Thüringen, Mecklenburg) und in denen z.T. erhebliche kirchliche Notstände noch bestehen. Solange die im Rahmen des Befriedungswerkes notwendige Neuordnung in den betreffenden Landeskirchen noch nicht erfolgt ist, wird man in diesen Kirchen mit zwei Kirchenregimentern rechnen müssen, von denen das eine von dem jeweiligen Bruderrat getragen wird. Der Reichskirchenausschuß wird für die Dauer des Notstandes die kirchenregimentliche Tätigkeit dieser Bruderräte nicht behindern können und wollen. Es kann den dem betreffenden Bruderrat unterstehenden Geistlichen und Gemeinden nicht zugemutet werden, vor Aufhebung des kirchlichen Notstandes sich dem anderen in der Landeskirche herrschenden Kirchenregiment zu unterstellen«.
Die Versammlung nimmt mit Befriedigung Kenntnis von der Erklärung, die der Vorsitzende des Reichskirchenausschusses abgibt, daß der Reichskirchenausschuß nach wie vor im vollen Umfang zu den vorstehenden Ausführungen steht, die nach seiner Rechtsauffassung im Einklang mit der 5. Durchführungsverordnung vom 2. Dezember 1935 sind, und daß daher die diesbezüglichen Verlautbarungen der Kirchenregierungen von Thüringen und Mecklenburg hinfällig sind.
Die Versammlung nimmt weiter dankbar die Erklärung des Vorsitzenden des Reichskirchenausschusses zur Kenntnis, daß die unerläßliche Neuordnung der kirchlichen Verhältnisse in Thüringen und Mecklenburg nunmehr im Zusammenwirken zwischen dem Reichskirchenausschuß und dem Herrn Reichsminister für die kirchlichen Angelegenheiten unverzüglich und mit allem Nachdruck durchgeführt werden müsse.
Die Versammlung erklärt ihrerseits in voller Einmütigkeit, daß die in das Unerträgliche gesteigerte Not in den beiden Landeskirchen ein Zuwarten, wenn auch nur auf kurze Zeit, nicht mehr duldet. Jede Verzögerung der Abhilfe gefährdet auch das Befriedungswerk in den anderen Landeskirchen. Eine Gesamtordnung der Deutschen Evangelischen Kirche ist unmöglich, solange die untragbaren Zustände in Thüringen und Mecklenburg andauern.
Die Versammlung bittet den Reichskirchenausschuß, gemäß dieser Entschließung zu handeln, sie dem Herrn Reichsminister für die kirchlichen Angelegenheiten zur Kenntnis zu bringen und im Mitteilungsblatt der Deutschen Evangelischen Kirche zu veröffentlichen.

Bekanntmachung des Reichskirchenausschusses über die Zusammenarbeit des Reichskirchenausschusses mit den Landeskirchen[17]

Der Reichskirchenausschuß hat am 9. Dezember 1936 folgendes beschlossen:
Der Reichskirchenausschuß wird künftig die leitenden Amtsträger der geordneten Landeskirchen einschließlich der Vertreter der Landeskirchenausschüsse zu

---

17 Ebd., S. 121

regelmäßigen gemeinsamen Beratungen versammeln. Zu diesen Beratungen werden nach Maßgabe näherer Ordnung hinzugezogen die Vertreter der Bruderräte oder entsprechender Ausschüsse (Vertrauensräte) in den nicht geordneten Landeskirchen, deren Kirchenregiment bekenntnismäßigen Bedenken unterliegt.
Der Reichskirchenausschuß wird die Versammlung der im Absatz 1 bezeichneten Vertreter der Kirchen regelmäßig vor dem Erlaß von Kundgebungen und wichtigen Verordnungen hören und sie auch sonst an der Beratung wichtiger Angelegenheiten beteiligen.
Er wird sich angelegen sein lassen, durch die Beratungen mit diesen kirchlichen Vertretern die Zusammenarbeit der Landeskirchen untereinander in den ihnen gemeinsamen Anliegen zu fördern.
Es ist dem Reichskirchenausschuß erwünscht, daß die leitenden Amtsträger, die möglichst einmal im Monat auf Einladung des Reichskirchenausschusses zusammentreten, einige Vertreter bestimmen, mit denen sich der Reichskirchenausschuß zwischen den Konferenzen insbesondere in eiligen Fällen in Fühlung hält.
Hierzu haben die Landeskirchenführer bzw. Vorsitzenden der Landeskirchenausschüsse von Altpreußen, Sachsen, Hannover, luth. und ref., Württemberg, Nassau-Hessen, Bayern, Schleswig-Holstein, Hamburg, Kurhessen-Waldeck, Baden, Pfalz, Braunschweig, Lippe und Schaumburg-Lippe sowie die Vertreter der Bruderräte (Vertrauensräte) von Thüringen, Mecklenburg und Lübeck folgende *Entschließung* gefaßt:
Von der vorstehenden Zusage des Reichskirchenausschusses nimmt die am 10. und 11. Dezember 1936 zusammengetretene Konferenz der leitenden kirchlichen Amtsträger in der Deutschen Evangelischen Kirche zustimmend Kenntnis. Sie bestätigt aus der ihr obliegenden Verantwortung ihre unter dem 20. November 1936 abgegebene Erklärung entschlossener Mitarbeit (Gesetzblatt der DEK Nr. 31) und erwartet, daß sich der Reichskirchenausschuß in der Durchführung aller dem kirchlichen Aufbau und der kirchlichen Arbeit dienenden Maßnahmen durch nichts beirren läßt.

Berlin, den 14. Dezember 1936   Der Reichskirchenausschuß
                                                                            D. *Zoellner*

Über die kirchliche Lage in Lübeck erschien im Mitteilungsblatt, das dem Gesetzblatt der Deutschen Evangelischen Kirche beigegeben wurde, am 7. 1. 1937 folgende Darstellung[18]:

Die kirchliche Lage in Lübeck

Der Kirchenrat der Evangelisch-Lutherischen Kirche der freien und Hansestadt Lübeck unter Leitung des Bischofs Balzer sprach am 5. Dezember 1936 die ruhegehaltlose Entlassung sämtlicher Pastoren der Bekennenden Kirche aus dem lübeckischen Kirchendienst zum 31. Dezember 1936 aus.
Die Konferenz der leitenden Amtsträger in der Deutschen Evangelischen Kirche faßte hierzu einmütig und mit Zustimmung des Reichskirchenausschusses folgenden Beschluß:
»Die am 10. Dezember 1936 mit dem Reichskirchenausschuß versammelten leitenden Amtsträger der Deutschen Evangelischen Kirche nehmen mit Entrüstung davon Kenntnis, daß folgenden neun Pastoren der Evangelisch-Lutherischen Kirche in der freien und Hansestadt Lübeck: Fölsch, Greiffenhagen, Jansen, Jensen,

18 Mitteilungsblatt der DEK 1937, S. 1ff.

Kühl, Bruno Meyer, Pautke, Richter und Schulz ohne stichhaltige Begründung und ohne Verfahren die ruhegehaltlose Entlassung aus dem lübeckischen Kirchendienst zum 31. Dezember 1936 vom Kirchenrat in Lübeck ausgesprochen worden ist. Sie stellen fest, daß damit in unerhörter Weise das Recht in der Kirche verletzt ist. Sie bitten den Reichskirchenausschuß, zur Kenntnis zu nehmen und im Gesetzblatt der Deutschen Evangelischen Kirche zum Ausdruck zu bringen, daß die gesamte Deutsche Evangelische Kirche hinter den betroffenen Geistlichen und ihren Gemeinden steht. Sie fordern ferner den Reichskirchenausschuß auf, mit allem Nachdruck die Sache der betroffenen Geistlichen und Gemeinden zu der seinen zu machen.«
Der Reichskirchenausschuß hatte seinerseits bereits am 7. Dezember d.J. an den Herrn Reichs- und Preußischen Minister für die kirchlichen Angelegenheiten folgendes Schreiben gerichtet:

Der Reichskirchenausschuß Berlin-Charlottenburg, den 7. 12. 1936
K.K. II 3409/36

Betrifft die kirchlichen Verhältnisse in Lübeck
Die dem Rat der Bekennenden Kirche Lübecks unterstehenden Pastoren Jansen, Jensen, Fölsch, Greiffenhagen, Kühl, Br. Meyer, Richter, Pautke, Schulz haben folgenden gleichlautenden Brief erhalten:

»Der Kirchenrat der Evangelisch-lutherischen
Kirche in der freien und Hansestadt Lübeck 5. Dezember 1936
Auf den Antrag vom 14. November 1936 werden Sie gemäß § 10 des Gesetzes über die Anstellungs- und Besoldungsverhältnisse der Geistlichen der Evangelisch-Lutherischen Kirche in der freien und Hansestadt Lübeck in der Fassung vom 20. Juli 1934 zum 31. Dezember aus dem Lübeckischen Kirchendienst entlassen.
  Der Kirchenrat
  Balzer«

Der angezogene Paragraph lautet:
»Der Kirchenrat hat einem Geistlichen auf seinen Antrag die Entlassung aus dem lübeckischen Kirchendienst zu gewähren. Der Antrag muß beim Kirchenrat eingereicht werden, der davon unverzüglich dem Kirchenvorstand Mitteilung macht. Die beantragte Entlassung braucht frühestens zu dem Zeitpunkt gewährt zu werden, der drei Monate nach Einreichung des Antrages liegt. Mit der Entlassung verliert der Geistliche jeden Anspruch auf Gehalt, Ruhegehalt und Hinterbliebenenversorgung.«
Keiner der betroffenen Geistlichen hat einen derartigen Antrag gestellt.
Der 14. November 1936 ist nur das Datum eines Schreibens, das die Juristen des Lübecker Bruderrates in seinem Auftrage an den Kirchenrat gerichtet haben und in dem u.a. folgendes ausgesprochen ist:
»Der Kirchenrat hat uns die Möglichkeit genommen, ihn als rechtmäßige Kirchenleitung anzuerkennen. Wir sind gewillt, dieser Erkenntnis entsprechend ebenso folgerichtig zu handeln, wie es der Reichskirchenausschuß dem Kirchenrat gegenüber in seinem Schreiben vom 3. September 1936 getan hat (K.K. II 2454/36). Wir stehen ehrlich zum Reichskirchenausschuß. Wir tun es, weil der Reichskirchenausschuß sich in 15 Monaten die kirchliche Legitimation bekenntnismäßigen Handelns erworben hat.
Wir möchten weiter den Kirchenrat auch darüber nicht im unklaren lassen, daß er es uns als ehrliebenden Männern unmöglich gemacht hat, mit ihm in dienstli-

chem Verkehr zu stehen. Er hat bewußt kränkende, beleidigende und ehrverletzende Angriffe und Anschuldigungen gegen uns gerichtet. Es wäre weder deutsch noch männlich noch christlich, diese Ehrverletzungen einfach als nicht geschehen zu betrachten und die Beziehungen als ungestört anzusehen.
Unsere Pastoren sind daher nicht in der Lage, für ihr Amt Weisungen oder Schreiben des Kirchenrates zu berücksichtigen oder zu beantworten.
Im Auftrage des Rates der Bekennenden Kirche Lübecks

Heil Hitler! Dr. *Hans Uter Schorer*«

Ein Antrag der neun Pastoren auf Entlassung aus dem lübeckischen Kirchendienst ist mit diesem Schreiben weder beabsichtigt noch ausgesprochen. Vielmehr enthält dieses Schreiben des Lübecker Bruderrates lediglich eine Antwort auf die Bekanntmachung des Lübecker Kirchenrats vom 24. August 1936 in Nr. 18 des Lübecker Kirchlichen Amtsblattes und auf das Rundschreiben des Bischofs Balzer und seines Kirchenrats vom 1. Oktober 1936 sowie auf die Ausführungen, die Bischof Balzer am 12. Oktober 1936 vor dem Lübecker Kirchentag und vor den Spitzen von Staat, Partei und Wehrmacht über den Bruderrat gemacht hat.
Bei der Würdigung des hier in Rede stehenden Schreibens des Lübecker Bruderrats an den Lübecker Kirchenrat vom 14. November 1936 ist vor allem zu berücksichtigen, daß der Bruderrat der Bekennenden Kirche Lübecks auf Grund der Verordnung des Herrn Reichsministers für die kirchlichen Angelegenheiten vom 2. Dezember 1935 ausdrücklich von uns als Kirchenleitung neben dem Lübecker Kirchenrat anerkannt worden ist, und zwar zuletzt mit unserem Schreiben vom 1. Dezember 1936 – K.K. II 3336/36 –, das wir Ihnen, Herr Reichsminister, damals in Abschrift zugeleitet haben und in dem wir ausdrücklich anerkannt haben, daß es den diesem Bruderrat unterstehenden Geistlichen und Gemeinden nicht zugemutet werden kann, vor Aufhebung des kirchlichen Notstandes sich dem Kirchenrat und Landesbischof zu unterstellen.
Bei dieser Sachlage kann in dem Schreiben des Lübecker Bruderrats vom 14. November 1936 keinesfalls ein Antrag der genannten neun Pastoren auf Entlassung aus dem lübeckischen Kirchendienst gesehen werden. Die von dem Lübecker Kirchenrat mit Schreiben vom 5. Dezember 1936 ausgesprochene Gewährung einer angeblich beantragten Dienstentlassung ist daher rechtsunwirksam. – Obwohl diese Dienstentlassung erst zum 31. Dezember ausgesprochen ist, hat der Kirchenrat darüber hinaus auch das zum 1. Dezember 1936 fällige Gehalt den genannten neun Pastoten vorenthalten, und zwar ohne jede Begründung oder Benachrichtigung. Auch dieses Vorgehen des Kirchenrates ist rechtsunwirksam und macht ein sofortiges Eingreifen notwendig.
Wir haben diese unsere Rechtsauffassung dem Bruderrat der Bekennenden Kirche Lübecks bereits mitgeteilt und ihm geraten, sofort die Einleitung eines Rechtsstreites in die Wege zu leiten.
Vor allem aber richten wir an Sie, Herr Reichsminister, die dringende Bitte, den Lübecker Kirchenrat zur sofortigen Zurücknahme seiner rechtsungültigen Anordnung zu veranlassen und notfalls in den anhängig werdenden Prozessen eine beschleunigte Entscheidung der Beschlußstelle in Rechtsangelegenheiten der Evangelischen Kirche herbeizuführen.

Koopmann

Alle Versuche, die Entlassung der Pastoren rückgängig zu machen, blieben ohne Erfolg.
Der Reichskirchenausschuß richtete am 18. Dezember 1936 an den Bruderrat der Bekennenden Kirche Lübecks folgendes Schreiben:

Der Reichskirchenausschuß Berlin-Charlottenburg, den 18. 12. 36
K.K. II 3513/36

Der Ausgang des Jahres 1936 hat über einen großen Teil der Lübecker Pfarrerschaft und ihre Gemeinden schwere Anfechtung und Beunruhigung gebracht. Die neun Pastoren der Bekennenden Kirche sind vom Lübecker Kirchenrat ohne rechtsgültiges Verfahren aus ihrem Amt entlassen. Nach dem Willen des Kirchenrates sollen sie vom ersten Tage des neuen Jahres ab ihren Gemeinden nicht mehr dienen dürfen, wie sie es bisher getan haben. Alle Versuche, den geschehenen Rechtsbruch rückgängig zu machen und die neun Pastoren in ihrer Rechtsstellung und ihrer persönlichen Ehre auch nach außen hin voll wiederherzustellen, haben bisher zu keinem Erfolg geführt.

An der Schwelle zum neuen Jahre ist es uns ein dringendes Anliegen, den Gemeinden zu sagen, daß wir als Leitung der Deutschen Evangelischen Kirche mit der ganzen Deutschen Evangelischen Kirche hinter den betroffenen Pastoren und Gemeinden stehen. Wir wissen, daß Unrecht und Gewalt, auch wenn sie im Augenblick obzusiegen scheinen, keinen Segen mit sich bringen.

Wir erwarten darum von den Pastoren, daß sie an dem ihnen rechtmäßig übertragenen Amt festhalten und ihren Gemeinden mit der Predigt des Wortes und der Austeilung des Heiligen Abendmahls, mit Taufen, Trauungen und Beerdigungen, mit dem Unterricht und der Einsegnung der Konfirmanden und mit seelsorgerlicher Arbeit unbeirrt dienen. Die Pastoren haben kein Recht, das ihnen befohlene Amt aufzugeben.

Desgleichen ermahnen wir die *Gemeinden*, daß sie ihren ordnungsmäßig im Amt befindlichen Pastoren die Treue halten, sie mit ihrer Fürbitte tragen, ihnen helfen und für sie eintreten, nach wie vor ihre Dienste zu kirchlichen Handlungen in Anspruch nehmen und insbesondere sich zu ihren Gottesdiensten versammeln, wo auch immer sie stattfinden. Die Gemeinden haben kein Recht, die ihnen ordnungsmäßig gesetzten Pastoren im Stich zu lassen. Bleiben die Pastoren treu im Amt ihrer Gemeinde und hält die Gemeinde treu zu ihnen, so dürfen wir hoffen, daß die schwere Erschütterung des kirchlichen Lebens in der Stadt Lübeck überwunden und zum Guten gewendet wird. Das übrige stellen wir getrost in Gottes Hand. Herr, wir hoffen auf Dich; unsere Zeit steht in Deinen Händen.

Zoellner

Der Präsident des Landgerichts in Lübeck sprach am 23. Dezember 1936 in öffentlicher Sitzung der 1. Zivilkammer die Meinung des Gerichts dahin aus, daß der Kirchenrat verpflichtet sei, die neun Pastoren in ihrem Amt und im Genuß ihres Gehalts zu belassen, bis in dem vom Gesetz vorgesehenen Verfahren die Beschlußstelle beim Reichskirchenministerium die abschließende Entscheidung getroffen habe. Aus dieser Feststellung und Aufforderung des Landgerichts hat der Kirchenrat keine Folgerungen gezogen.

Das gleiche Landgericht Lübeck erließ dann am 30. Dezember 1936 auf Antrag der neun Pastoren eine einstweilige Verfügung gegen den Lübecker Kirchenrat und verurteilte ihn darin zur Zahlung der beantragten Beträge an die neun Pastoren. Auch diesem Urteil hat der Kirchenrat keine Folge geleistet.

Einen Tag später verhängte die Geheime Staatspolizei – Staatspolizeistelle Lübeck – am 31. Dezember 1936 über die neun Pastoren Hausarrest und Redeverbot sowie das Verbot, mit Dritten über die kirchlichen Auseinandersetzungen zu sprechen. Als Begründung dieser Maßnahme wurde von der Staatspolizei angegeben, die Pastoren hätten sich gegen den derzeitigen Bischof und *damit* gegen den Staat gestellt, weil bekanntlich in *Lübeck* Partei, Staat und Kirche eins seien.

Am 1. Januar 1937 folgte dieser Maßnahme die Landesverweisung von Pastor

A. W. Kühl. Diese Maßnahme wurde begründet mit der Verordnung des Reichspräsidenten zum Schutz von Volk und Staat vom 28. Februar 1933.
Gegen diese offenbar in Verkennung der Rechts- und Sachlage von der Staatspolizeistelle Lübeck getroffenen Maßnahmen hat der Reichskirchenausschuß sofort bei allen für die Wahrung der öffentlichen Rechtsordnung verantwortlichen Stellen entschiedene Vorstellungen erhoben.

Mit diesem Konflikt war das Schicksal des Reichskirchenausschusses besiegelt. Er konnte sich nicht länger halten, da sein Auftraggeber ihm jede Unterstützung, auf die er angewiesen war, versagte. Es blieb ihm nichts anderes übrig, als seinen Rücktritt zu vollziehen. Dies geschah mit folgendem Schreiben[19]:

Der Reichskirchenausschuß   Berlin-Charlottenburg, den 12. 2. 37
RKA. 1966

An den Herrn Reichs- und Preußischen Minister für die kirchl. Angelegenheiten
Berlin

Der Reichskirchenausschuß teilt Ihnen, Herr Reichsminister, zur Begründung seines mit Schreiben vom heutigen Tage vollzogenen Rücktritts folgendes mit:
1. Bei den Verhandlungen, die im Herbst 1935 anläßlich der Einsetzung des Reichskirchenausschusses geführt worden sind, und bei den mannigfachen Besprechungen, die Sie uns in den ersten Monaten unserer Tätigkeit gewährt haben, war über eine Reihe von Punkten zwischen Ihnen und uns ein Einvernehmen hergestellt. So haben Sie, Herr Reichsminister, dem zugestimmt, daß in allen Landeskirchen, in denen im Laufe des Kirchenkampfes zwei verschiedene Kirchenregimente mit beachtlicher Gefolgschaft in der Pfarrerschaft und in den Gemeinden sich gebildet hatten, so daß die betr. Landeskirche hinsichtlich ihrer Leitung völlig aufgespalten war, Kirchenausschüsse eingesetzt werden sollten. Dabei war im Grundsatz festgelegt worden, daß nicht nach dem Gesichtspunkt einer formalen Legalität des bisherigen Kirchenregimentes verfahren werden könne. Diesem Grundsatz entsprechend ist z.B. auch im Falle der Evangelisch-Lutherischen Landeskirche Sachsens verfahren worden.
Zu unserem Bedauern sind seit März 1936, also seit fast einem Jahr, trotz unserer ununterbrochenen Vorstellungen und unserer sorgfältig ausgearbeiteten Vorschläge keine Kirchenausschüsse mehr gebildet worden, obwohl in den Gebieten wie Mecklenburg, Thüringen, Lübeck, Bremen und zum Teil auch in Oldenburg besonders große kirchliche Notstände herrschen. Wir haben unsere Arbeit im Oktober 1935 nur aufnehmen können in der Gewißheit, daß auch in den genannten Kirchengebieten Kirchenregimente geschaffen würden, die gemäß dem von Ihnen, Herr Reichsminister, ständig in den einschlägigen Verordnungen genannten Grundsatz »verpflichtet sind, mit dem Reichskirchenausschuß auf der Grundlage der Verfassung der Deutschen Evangelischen Kirche zusammenzuarbeiten«. Daß diese Zusammenarbeit mit den Landeskirchen im Laufe des letzten Jahres immer enger geworden ist, und daß es uns möglich war, sämtliche deutschen evangelischen Landeskirchen mit Ausnahme der fünf oben genannten und Anhalt in der Kirchenführerkonferenz zu vereinigen, dürfen wir wohl als einen Erfolg unserer Tätigkeit buchen. Dadurch aber, daß einzelne Kirchenleitungen in offene Opposition gegen den Reichskirchenausschuß treten konnten, ohne daß Sie, Herr

---

19 Vervielfältigte Abschrift

Reichsminister, daraufhin die sofortige Einsetzung eines Landeskirchenausschusses verfügten, wurde nicht nur die Durchführung unseres Befriedungswerkes gehindert, sondern auch die uns von Ihnen übertragene und von uns auch in der kirchlichen Öffentlichkeit bekanntgegebene Verpflichtung, bis zum September 1937 eine einheitliche Wahlordnung zur Neubildung der kirchlichen Körperschaften zu schaffen und in der ganzen Deutschen Evangelischen Kirche in die Wirklichkeit umzusetzen, undurchführbar gemacht.
2. In der Verhandlung, die wir mit Ihnen, Herr Reichsminister, Ende Januar 1936 geführt haben, haben Sie uns die Freiheit zugestanden, die Leitung der Deutschen Evangelischen Kirche entsprechend der Verfassung auch in den innerkirchlichen Dingen durch Erklärungen und Kundgebungen theologischer Art auszuüben. Diese uns damals zugesagte Freiheit besteht heute nicht mehr. Auf Veranlassung Ihres Ministeriums ist der Druck und die Verbreitung unseres Mitteilungsblattes wiederholt behindert worden, ja, es ist sogar zur Beschlagnahme des Gesetzblattes der Deutschen Evangelischen Kirche gekommen. Die kirchliche Presse hat mehrfach Anweisungen erhalten, den Inhalt unserer Amtlichen Nachrichten nicht nachzudrucken oder zu kommentieren. Der Nachdruck aus dem Gesetzblatt der Deutschen Evangelischen Kirche ist nicht mehr bzw. nur noch so weit gestattet, als das Deutsche Nachrichtenbüro die Berichte ausgibt. Am schmerzlichsten hat uns das Verbot bewegt, daß unser Wort zum 30. Januar, das ein Treubekenntnis zum Werk des Führers und eine feierliche Bereiterklärung zur Mitarbeit im Kampf gegen den Bolschewismus darstellt, nicht einmal in der kirchlichen Presse veröffentlicht werden durfte.
3. Zu Anfang unserer Tätigkeit haben Sie, Herr Reichsminister, uns versichert, daß Sie bemüht sein würden, die Mitglieder des Reichskirchenausschusses von den Beschränkungen der kirchlichen Versammlungstätigkeit und Redefreiheit auszunehmen.
Wir haben von dieser Zusage keinen oder nur geringen Gebrauch gemacht und haben mit vollem Bewußtsein die Beschränkungen mit auf uns genommen, die für die Amtsträger der Kirche verfügt waren. Wir konnten dies tun, weil Sie, Herr Reichsminister, uns immer von neuem versicherten, daß Sie in innerkirchliche Dinge, insbesondere in die Freiheit der Wortverkündigung, nicht eingreifen würden. Auf Weisung Ihres Ministeriums ist nun aber dem Vorsitzenden des Reichskirchenausschusses das Verbot erteilt, das Gebiet der Stadt Lübeck zu betreten. Dadurch wurde ein Mitglied des Reichskirchenausschusses, das jenseits alles kirchenpolitischen Handelns lediglich in Ausübung seines geistlichen Amtes zur Tröstung und Beruhigung der angefochtenen Gemeinden eine Predigt im Gemeindegottesdienst halten wollte, an diesem Dienst gehindert. Es wurde demnach in dem vorliegenden Falle dem Vorsitzenden des Reichskirchenausschusses als der von Ihnen, Herr Reichsminister, eingesetzten Leitung der Deutschen Evangelischen Kirche nicht mehr erlaubt, das in wiederholten feierlichen Zusagen der Kirche zugesprochene Recht der freien und ungehinderten Verkündigung des Wortes Gottes auf der Grundlage des Art. 1 der Verfassung auszuüben. Wir sehen in diesem Zusammenhang bewußt von der Art, wie die staatlichen Maßnahmen gegen unseren Vorsitzenden in Anwendung gebracht wurden, ab. Das uns besonders Bewegende an diesem Vorfall ist aber, daß die Behinderung nicht auf Weisung der zur Wahrung der äußeren Ordnung berufenen Stellen des Staates ausging, sondern wie es in dem einschlägigen Schreiben ausdrücklich heißt, auf Weisung Ihres Ministeriums.
4. Wiederholt, zum letzten Male im Falle Lübeck, hat der Reichskirchenausschuß angesichts der mancherlei Gefährdungen seines Auftrages versucht, das Ohr des Führers zu erreichen. Wir glaubten, daß der Leitung der Deutschen Evangelischen Kirche als der größten kirchlichen Körperschaft des öffentlichen Rechts

Die Ära der Kirchenausschüsse (1935–1937)

im Mutterlande der Reformation Gelegenheit gegeben würde, dem Führer unseres Volkes unmittelbar sagen zu dürfen, was uns bewegt. Die zuletzt auf unsern Einspruch gegen die im Falle Lübeck getroffenen Maßnahmen vom Chef der Reichskanzlei gegebene Antwort hat uns die schmerzliche Gewißheit gegeben, daß es der Kirchenleitung der Deutschen Evangelischen Kirche nicht gestattet ist, dem Führer unmittelbar ihre Nöte und Sorgen vorzutragen.
5. Besonders erschwert wurde die Stellung des Reichskirchenausschusses dadurch, daß seine innerkirchliche Autorität und Glaubwürdigkeit ernstlich in Frage gestellt wurde durch die uneingeschränkt vorliegende antichristliche und antikirchliche Propaganda (Kirchenaustritte!). Das Vertrauen der Pfarrer und Kirchengemeinden in die Absichten des Kirchenministeriums und in die Möglichkeiten des im Einvernehmen mit diesem arbeitenden Reichskirchenausschusses konnte nicht erhalten werden, wenn das Befriedungswerk in immer steigendem Maße durch eine nicht eingedämmte Bekämpfung des christlichen Glaubens von außen her gestört wurde. Wir haben unablässig gebeten, die fortdauernden Angriffe in der Presse einzuschränken, die Äußerungen von Schulungsleitern in NS-Formationen zu mäßigen, das Auftreten einiger führender Amtsträger in Staat und Partei gegen die Kirche abzustellen. Wir erinnern an unsere Entschließung vom 10. 7. 1936, zuletzt an die gemeinsame Kundgebung mit den Landeskirchenführern am 20. November 1936. Trotz aller Vorstellungen ist uns nicht sichtbar geworden, was veranlaßt wäre, um die von uns für Kirche, Staat und Volk gleich unheilvoll angesehene Entwicklung einzudämmen. Sie werden verstehen, daß dadurch das Vertrauen des Reichskirchenausschusses in das Fortbestehen der vor einem Jahr getroffenen Vereinbarung aufs schwerste erschüttert und seine Glaubwürdigkeit in den kirchlichen Kreisen aufs äußerste gefährdet wurde.
6. Besonders wichtig für unsern Rücktrittsbeschluß sind aber die Mitteilungen gewesen, die Sie, Herr Reichsminister, uns durch unsere Mitglieder Diehl, Eger und Koopmann, denen Sie eine Aussprache gewährt haben, machen ließen. Die von Ihnen in Aussicht genommene Verordnung stellt nicht nur eine völlige Abkehr von dem Einvernehmen dar, das Sie und wir im Herbst 1935 über den Weg und die Durchführung der Neuordnung der Deutschen Evangelischen Kirche erzielt hatten, sondern bedeutet nach unserer Überzeugung eine solche Gefährdung der durch ein vom Führer unterschriebenes Reichsgesetz anerkannten Verfassung der DEK, daß die Auswirkungen dieses Vorgehens für die DEK nach menschlichem Ermessen unabsehbar sind.
Wir haben, Herr Reichsminister, unseren Auftrag nach den Worten Ihrer Verordnung vom 3. Oktober 1935 als Männer der Kirche übernommen. Wir haben auch von vornherein und mit Ihrer Billigung betont, daß damit auch für unsere Tätigkeit im Reichskirchenausschuß die Bedingungen gelten, denen jedes Regiment in der DEK vom Wesen der Kirche her untersteht. Wir können uns in keinem Augenblick aus den Verpflichtungen lösen, die wir in unseren kirchlichen Ämtern durch Eid und Gelübde auf uns genommen haben. Wenn es Ihnen, Herr Reichsminister, aus Ihren Erwägungen heraus unmöglich ist, den im Oktober 1935 gemeinsam vereinbarten und begonnenen Weg weiterzugehen, so können wir unsererseits aus der Verantwortung, die uns als Männern der Kirche obliegt, und aus unserer Verpflichtung gegenüber dem Art. 1 als der unantastbaren und unzerstörbaren Grundlage der DEK nicht länger mehr nach außen hin den Eindruck erwecken, als ob die zwischen Ihnen und uns im Herbst 1935 getroffenen Abmachungen weiterhin beständen. In dem Augenblick, wo die von uns übernommene Verpflichtung und der uns von Ihnen dementsprechend erteilte Auftrag mit Ihrer gegenwärtigen Stellung nicht mehr vereinbar ist, bleibt uns nur übrig, die Folgerungen zu ziehen.
Herr Landesbischof Diehl stimmt, wie wir auf seinen ausdrücklichen Wunsch mit-

teilen, dem Rücktrittsbeschluß des Reichskirchenausschusses zu, hat jedoch an der Beschlußfassung über dies Schreiben nicht teilgenommen.

D. Zoellner

Die tiefgreifende Veränderung der Lage um die Jahreswende 1936/37 gegenüber dem Herbst 1935 mag an zwei Dokumenten deutlich werden. Das eine sind die Beschlüsse der 4. Bekenntnissynode der Evangelischen Kirche der altpreußischen Union von Breslau vom 16. bis 18. Dezember 1936, das andere ist der öffentliche Brief des Generalsuperintendenten D. Dibelius an den Reichskirchenminister von Ende Februar 1937.

Aus den Beschlüssen der 4. Bekenntnissynode der Evangelischen Kirche der altpreußischen Union zu Breslau[20]

Erklärung der Synode zum Eingriff des Staates in die kirchliche Ausbildung der Prediger

1. Synode stellt fest, daß die Kirche in zunehmendem Maße durch staatliche Anordnungen verhindert wird, die wissenschaftlich-theologische Ausbildung ihres Nachwuchses für das geistliche Amt wahrzunehmen. An den theologischen Fakultäten wird die Arbeit in Forschung und Lehre entkirchlicht. Die Teilnahme an theologischen Lehrgängen, die die Bekennende Kirche eingerichtet hat, ist den Studenten durch das Reichserziehungsministerium unter Androhung des Ausschlusses von allen deutschen Universitäten untersagt. *Die theologischen Lehrgänge selbst werden als »Eingriff ... in die Belange des Staates betr. Erziehung des theologischen akademischen Nachwuchses« verboten.* Die Theologische Schule Elberfeld ist ohne Angabe des Grundes staatspolizeilich geschlossen worden. Mit alledem nimmt der Staat die wissenschaftlich-theologische Ausbildung der zukünftigen Träger des geistlichen Amtes als sein alleiniges Recht in Anspruch.
2. Synode sieht darin einen *Eingriff in die Aufgabe der Kirche*, eine Verletzung der ihr vom Staate zugesicherten Selbständigkeit, eine Antastung ihres Bekenntnisses und in alledem einen *Angriff auf die künftige Predigt der Kirche*.
3. Synode erklärt, daß es der Kirche von Schrift und Bekenntnis her verwehrt ist, das theologische Lehramt preiszugeben.
4. Synode nimmt die Wahrnehmung der kirchlich-theologischen Ausbildung durch die bisherigen Maßnahmen und Einrichtungen des Bruderrates auf ihre Verantwortung. Sie beauftragt den Bruderrat, für den *Aufbau wissenschaftlich-theologischer Ausbildungsstätten* und für *eine verantwortliche Beratung der Studenten* hinsichtlich ihres kirchlich-theologischen Studiums an Fakultäten und kirchlichen Ausbildungsstätten Sorge zu tragen.
5. Synode erinnert *die theologischen Lehrer* an ihren kirchlichen Auftrag und erwartet, daß sie ihm unter allen Umständen gerecht werden. Sie erinnert *die Studenten der Theologie* daran, daß sie ein Amt der Kirche begehren, und erwartet, daß sie ihr Studium nach den Weisungen der Kirche durchführen. Sie weist die *Gemeinden* darauf hin,
daß der Angriff auf das Katheder des Lehramtes der Angriff auf die Kanzel des Predigtamtes ist,
und ermahnt sie, nicht nachzulassen in der Fürbitte und dem Opfer für die Arbeit der Kirche an ihren künftigen Predigern.

---

20 Aus: Beschlüsse der 4. Bekenntnissynode der Ev. Kirche der altpreußischen Union zu Breslau vom 16.–18. 12. 1936, hg. vom Bruderrat (Druckschrift)

Die Ära der Kirchenausschüsse (1935–1937)

Der mutige Brief des Generalsuperintendenten Dibelius an den Reichskirchenminister Kerrl ist im Zeitalter der unansprechbaren Hitlerherrschaft ein so einzigartiges Dokument für die Glaubenskraft und Zeugniswilligkeit einiger weniger Christen in Deutschland, daß wir ihn als Beispiel mitten hinein in die Dunkelheiten jener Tage im Wortlaut wiedergeben:

Offener Brief an Herrn Reichsminister Kerrl[21]

Sehr verehrter Herr Reichsminister! Berlin, Ende Februar 1937

Sie haben am 13. Februar vor den Vorsitzenden der von Ihnen eingesetzten Kirchenausschüsse eine Rede gehalten, die jetzt durch die Evangelische Kirche Deutschlands läuft. Diese Rede bedeutet für das Verhältnis zwischen der Evangelischen Kirche und Ihrem Ministerium ungefähr das, was die Sportpalastversammlung vom November 1933 für das Verhältnis zwischen uns und den Deutschen Christen bedeutet: der Schleier ist zerrissen, der die Wirklichkeit vor vieler Augen bisher verhüllte; die Gegensätze sind klar; es ist jetzt deutlich vor jedermann, was das Kirchenministerium mit seinen Maßnahmen bisher beabsichtigt hat und was es für die Zukunft beabsichtigt.
Die Sache, um die es geht, ist eine Sache des Lebens und des Sterbens – nicht nur für die Evangelische Kirche, sondern, wie ich denke, auch für das deutsche Volk. In einer solchen Sache ist jeder Christ verpflichtet, sich zu fragen, ob er etwas tun kann, damit das Schlimmste vielleicht noch verhütet wird. In dem Bewußtsein solcher Verpflichtung schreibe ich an Sie.
Ich kann nicht einen Privatbrief schreiben. Ihr Wort war ja nicht ein privates Wort, sondern es sollte von der Kirche zur Kenntnis genommen werden. So muß die Kirche auch zur Kenntnis nehmen können, was darauf geantwortet wird. Deshalb schreibe ich einen offenen Brief und halte mich dessen versichert, daß Sie als Kirchenminister das verstehen und würdigen werden.
Ich schicke voraus, daß in der Evangelischen Kirche weithin die Überzeugung besteht, daß Sie um ein rechtes Verständnis des christlichen Glaubens ehrlich bemüht sind. Aus solcher Überzeugung heraus sind auch die folgenden Zeilen geschrieben.
Ihre Rede sollte das neue Verordnungswerk für die Evangelische Kirche erläutern. Die Entscheidung des Führers hat dies Verordnungswerk verworfen.
Aber damit ist nur der eine Teil Ihrer Rede erledigt. Es bleibt der andere Teil, in dem Sie die Grundsätze dargelegt haben, nach denen Sie als Kirchenminister glauben handeln zu müssen.
Sie haben nach dem mir vorliegenden Bericht gesagt: Der katholische Bischof Graf Galen und der evangelische Generalsuperintendent Zoellner hätten Ihnen beibringen wollen, was Christentum sei: daß es nämlich um die Anerkennung gehe, daß Jesus Gottes Sohn sei. Das sei lächerlich und nebensächlich. Die Gestalt Jesu auf sich wirken zu lassen und ein Christentum der Tat zu leben – das sei alles. In der Kirchengeschichte sei es zur Konstruktion eines Apostolikums gekommen. Daß die Anerkennung dieses Apostolikums ein Kennzeichen für das Christentum sein solle, sei Unsinn. Pfleiderer habe gesagt: Gott offenbart sich in der Geschichte; Dogmen seien Menschenwerk.
Die evangelische Kirche hat es nie anders gewußt, als daß die Dogmen Menschenwerk sind und daß eine äußerliche, verstandesmäßige Zustimmung zu einem Glaubensbekenntnis wenig dafür besagt, ob jemand mit Ernst Christ sein will oder

21 Flugblatt

nicht. Die Frage ist nur die, ob nicht das, was Menschen zusammengestellt haben und was sich nach evangelischem Grundsatz rechtfertigen muß vor Gottes Wort, ganz einfach die Wahrheit ausspricht. Der Satz vollends, daß Jesus Christus Gottes Sohn ist, ist nicht ein Lehrsatz, von Menschen erdacht, sondern die grundlegende Verkündigung der Heiligen Schrift. An diesem Satz hängt unser Glaube. Aus ihm nehmen wir den Halt für unser Leben und Trost für unser Sterben. In einer Zeit vollends, wie es die gegenwärtige ist, wird dieser Satz zum Inbegriff des Christentums. Denn wenn Jesus von Nazareth ein Mensch gewesen ist wie wir alle, dann kann jeder seine Lehre kritisieren und abändern. Dann haben die Sakramente der Kirche keinen Sinn mehr. Dann hat die Kirche nicht mehr das Recht, dem Mythus Alfred Rosenbergs das Evangelium entgegenzustellen als die ewige, unabänderliche Wahrheit Gottes. Von dem Felsengrund der Offenbarung Gottes sind wir dann in den Flugsand menschlicher Meinungen gestoßen und stehen hilflos in einer Zeit, die uns neue Götter anpreist. Nein: daß Jesus Christus, der Gekreuzigte und Auferstandene, der Sohn des lebendigen Gottes ist, ist der feste Grund für allen unsern Glauben. Was muß die deutsche Christenheit empfinden, wenn der Minister für die kirchlichen Angelegenheiten das als lächerlich bezeichnet! Vielleicht wissen Sie davon, daß heute in zahllosen evangelischen Gottesdiensten die Gemeinde, ganz aus sich heraus, das Apostolikum mitspricht, wenn es der Pfarrer vom Altar verliest. Das gab es früher nicht. Die Gemeinde hat das Bedürfnis, der christusfeindlichen Welt zu bezeugen, daß sie das Bekenntnis der Väter festzuhalten entschlossen ist. Was soll ich dazu sagen, wenn der Kirchenminister, indem er sich gleichzeitig anschickt, neue Zwangsmaßnahmen gegen die Kirche zu ergreifen, eine solche Einstellung zum Apostolikum für einen Unsinn erklärt.
Sie sind noch weiter gegangen. Sie haben die Forderung erhoben, daß die Predigt der Evangelischen Kirche anders werden müsse als bisher. Nicht etwas biblischer, sondern anders in Ihrem Sinne – also, wie die Nennung des Namens Pfleiderer zeigt – im Sinne des Liberalismus des 19. Jahrhunderts. Sie haben das noch weiter erläutert. Sie haben gesagt: der Wille des Vaters, den wir nach den Worten Jesu erfüllen sollen, sei uns ins Blut gegeben.
Das Neue Testament weiß nichts davon, daß uns der Wille Gottes ins Blut gegeben ist. Es weiß nur davon, daß alles, was im Menschen ist, unter dem Fluch der Selbstsucht steht und daß der Wille Gottes dem Menschen verkündigt wird in Jesus Christus, dem lebendigen Wort. Der evangelische Geistliche ist durch sein Ordinationsgelübde verpflichtet, keine andere Lehre zu verkündigen als die, »welche gegründet ist in Gottes lauterem und klarem Wort, verfaßt in der Heiligen Schrift Alten und Neuen Testaments, unsrer alleinigen Glaubensnorm, und bezeugt in den Bekenntnissen der Kirche«. Ein Geistlicher, der predigen würde, daß der Wille Gottes in unserm Blut zu uns redet, hätte sein Ordinationsgelübde gebrochen.
Sie haben weiter gesagt: Die Priester behaupteten, Jesus sei ein Jude; sie redeten von dem Juden Paulus und sagten, das Heil komme von den Juden. Das gehe nicht!
Ich kann mich nicht erinnern, daß in früheren Zeiten die Predigt der Evangelischen Kirche diese Dinge irgendwie betont hätte. Nachdem sich aber jetzt die Angriffe der Gegner fortwährend auf diesen Punkt richten, ist die Kirche allerdings gehalten, zu sagen: Jawohl, Jesus von Nazareth ist nach seiner menschlichen Natur aus dem Geschlechte Davids, also ein Jude! So lehrt es das Neue Testament unmißverständlich und klar. Daß Paulus ein Jude gewesen ist, hat noch niemand bestritten. Von den Briefen dieses Apostels aber zu lassen, ist der Kirche verwehrt, wenn sie nicht aufhören will, Kirche Jesu Christi zu sein. Und daß das Heil von den Juden kommt, steht im 4. Kapitel des Johannesevangeliums geschrieben als ein Wort Jesu zur Samariterin – allerdings in einem andern Sinn, als es die Polemik bibelfremder Kirchenfeinde behauptet. Wenn Sie sagen, es gehe nicht, daß evan-

gelische Pastoren diese Dinge sagen, dann bedeutet das, daß Sie den Pastoren verwehren wollen zu sagen, was im Neuen Testament steht. Darauf können wir nur antworten, daß sich ein evangelischer Geistlicher nur von Gottes Wort, nicht aber von einem Menschen vorschreiben läßt, was er zu predigen hat, und daß er, wenn es hart auf hart geht, Gott mehr gehorchen muß als den Menschen.
Unablässig hat man in den letzten vier Jahren behauptet: die Eingriffe des Staates beträfen nur das äußere Leben der Kirche; niemand denke daran, in die Predigt einzugreifen. Die Bekennende Kirche hat demgegenüber immer behauptet, daß dem nicht so sei, sondern daß die Kirchenpolitik, die unter Herrn Jäger begonnen hat, bis hin zur Einsetzung der staatlichen Kirchenausschüsse einen Eingriff in Lehre und Verkündigung der Kirche bedeute. Eben deshalb hat sie sich geweigert, die staatlichen Kirchenausschüsse als Kirchenleitung anzuerkennen. Ihre Worte vom 13. Februar haben es über allen Zweifel erhoben, daß die Bekennende Kirche richtig gesehen hat. Sie wollen, daß sich die Predigt der Kirche im Sinne des Liberalismus und der Thüringer Deutschen Christen wandle. Sie geben nicht Anregungen oder Ratschläge, sondern Sie erheben Forderungen und kündigen in demselben Atemzuge neue Zwangsmaßnahmen gegen die Kirche an. Wenn das nicht ein Eingriff in die Verkündigung der Kirche ist, dann weiß ich nicht, was man unter einem Eingriff in die Verkündigung überhaupt verstehen soll. Hier ist der Punkt, an dem die Kirche Widerstand leisten muß und Widerstand leisten wird.
Endlich noch eins: Sie haben davon gesprochen, daß von seiten der Kirche immer dieselben Klagen kämen über die Partei und über Äußerungen in Gliederungen der Partei. Sie haben solche Beschwerden für albern erklärt, wenn z.B. gleichzeitig der Papst zu den deutschen Rompilgern eine Rede gegen den Nationalsozialismus halte. Sie haben hinzugefügt: wir müßten dafür sorgen, daß die Partei nicht dadurch vor den Kindern zum Gespött gemacht werde, daß im Religionsunterricht dieses und sonst jenes gesagt werde.
Ich will nicht darauf eingehen, wie einem Evangelischen zumute ist, wenn seine Beschwerden über die unausgesetzten Angriffe gegen das Christentum in Schulungslagern und dergl. deshalb für »albern« erklärt werden, weil – der Papst den Rompilgern eine bestimmte Rede hält! Was aber den Gegensatz zwischen Religionsunterricht und Parteischulung anlangt, so lassen Sie mich eine einzige Frage stellen. Herr Reichsminister: wenn des Morgens im Religionsunterricht den Kindern gesagt wird: die Bibel – das ist das Wort Gottes, das zu uns redet im Alten und im Neuen Testament! – und wenn am Nachmittag den Pimpfen memoriert wird: Welches ist unsere Bibel? Unsere Bibel ist Hitlers »Mein Kampf«! – wer muß hier seine Lehre ändern?
Hier ist der entscheidende Punkt. Wenn Sie fordern, daß die Evangelische Kirche nicht Staat im Staate sein dürfe, so sagt jeder evangelische Christ dazu Ja! Die Kirche soll Kirche sein, nicht Staat im Staate! Die Grundsätze aber, die Sie verkündigen, laufen darauf hinaus, daß der Staat zur Kirche werden soll, indem er über Predigt und Glaubensbekenntnis der Menschen Bestimmungen trifft, gestützt auf seine Mittel der Macht. Hier liegt die Wurzel des ganzen Kampfes zwischen Staat und Evangelischer Kirche. Dieser Kampf wird nie zu Ende kommen, wenn nicht der Staat sich seiner Grenzen bewußt wird. Luther hat uns gelehrt, daß wir, dem Worte Gottes getreu, dem Staat, solange er Staat ist, mit Leib und Leben zu dienen schuldig sind. Auch der Staat Adolf Hitlers kann sich auf die Einsatzbereitschaft der evangelischen Christen Deutschlands verlassen. Es wäre unwürdig, das erst noch feierlich zu versichern. Aber sobald der Staat Kirche sein und die Macht über die Seelen der Menschen und über die Predigt der Kirche an sich nehmen will, sind wir nach Luthers Worten gehalten, Widerstand zu leisten in Gottes Namen. Und wir werden das tun!
Was Sie, Herr Reichsminister, gesagt haben, haben Sie gesagt. Daran ist nichts

mehr zu ändern. Es bleibt jetzt nur noch eine Möglichkeit, aus den Wirren herauszukommen. Die Evangelische Kirche muß die Sicherheit erlangen, daß Ihre Ansichten von Christentum und Kirche wirklich nur private Ansichten sind, die wir als solche zu respektieren bereit sind, daß Sie aber davon Abstand nehmen, Ihre Ansichten der Kirche aufzunötigen und die Kirchenpolitik des Staates von da aus zu bestimmen. Das müssen Sie durch unmißverständliche Taten beweisen. Lassen Sie das Kirchenministerium sich wieder darauf beschränken, die allgemeine Staatsaufsicht auszuüben, die ihm nach dem Staatsvertrag und nach den Verfassungen der Kirchen zusteht. Lassen Sie es sich aller weiterer Eingriffe in das Leben der Kirche grundsätzlich enthalten und die Rechte, die es neu für sich in Anspruch genommen hat und durch die es tief in das innere Leben der Kirche eingreift, wieder abgeben. Lassen Sie die Kirche ihre Angelegenheiten in wirklicher Freiheit und Selbständigkeit ordnen.

Wenn das geschieht, dann kann der Kirchenkampf in drei Monaten zu Ende sein. Daß die Thüringer Deutschen Christen, die nach dem einmütigen Urteil aller Kirchen der Welt den Namen einer christlichen Kirche für sich nicht mehr in Anspruch nehmen können, eine eigene Religionsgemeinschaft bilden müssen, ist klar. Wenn der Staat ihnen dabei hilft, so wird niemand etwas dagegen einwenden. Aber die Evangelische Kirche, die Kirche unserer Väter, soll das bleiben, was sie ist: die Kirche, in der verkündigt wird, daß Jesus Christus Gottes Sohn ist und daß der Wille Gottes zu uns redet in ihm als dem lebendigen Wort; die Kirche, die das Glaubensbekenntnis der Väter in Ehren hält und in ihren Gottesdiensten das Apostolikum bekennt; die Kirche, die die Rechtfertigung aus dem Glauben predigt; die Kirche, die dem Gewissen des einzelnen alle Freiheit läßt, weil man Überzeugung und Gewissen nicht mit Gewalt dringen und zwingen darf, deren Leitung und deren Verkündigung aber klar und bestimmt ausgerichtet ist an Gottes Wort!

Geben Sie diese unsere evangelische Kirche endlich, endlich wieder frei! Deutschland braucht das Evangelium! Es braucht das unverkürzte und unverfälschte Evangelium! Wer dazu hilft, dessen Hand wird gesegnet sein!

D. Otto Dibelius

Als Nachwort noch eine kurze Bemerkung:
Der Reichskirchenminister verklagte den Generalsuperintendenten bei Gericht wegen Beleidigung. Aber – die Klage wurde abgewiesen. Damals wirkte dies bei uns in der Bekennenden Kirche wie ein Wunder. Denn es war alles andere zu erwarten als das, was in unserer Mitte geschah.

6. Der Kampf des Staates um die Herrschaft über die Evangelische Kirche

1937 bis 1939 (Beginn des Zweiten Weltkriegs)

Mit dem Scheitern der Kirchenausschüsse gab sich der Staat nicht zufrieden. Er machte einen neuen Versuch, in der Deutschen Evangelischen Kirche eine ihm genehme Ordnung und Leitung herzustellen. Ganz überraschend folgte unmittelbar nach dem Rücktritt des Reichskirchenausschusses der

> Erlaß des Führers und Reichskanzlers über die Einberufung einer
> verfassunggebenden Generalsynode der Deutschen Evangelischen Kirche
> Vom 15. Februar 1937[1]

Nachdem es dem Reichskirchenausschuß nicht gelungen ist, eine Einigung der kirchlichen Gruppen der Deutschen Evangelischen Kirche herbeizuführen, soll nunmehr die Kirche in voller Freiheit nach eigener Bestimmung des Kirchenvolkes sich selbst die neue Verfassung und damit eine neue Ordnung geben. Ich ermächtige daher den Reichsminister für die kirchlichen Angelegenheiten, zu diesem Zwecke die Wahl einer Generalsynode vorzubereiten und die dazu erforderlichen Maßnahmen zu treffen.

Berchtesgaden, den 15. Februar 1937   Der Führer und Reichskanzler
                                                                                        Adolf Hitler

Dieser Erlaß löste in der Evangelischen Kirche eine außerordentlich starke Reaktion aus, indem man sich allenthalben auf die in dem Erlaß genannte Kirchenwahl vorzubereiten suchte. Wie die *Deutschen Christen* dazu Stellung nahmen, möge ein Dokument zeigen, in dem der Landesbischof der Thüringer Evangelischen Kirche sich hören läßt:

> Der Sinn der Wahl[2]

Der Landesbischof der Thüringer Evangelischen Kirche, Martin Sasse, führt im Februar 1937 vor Kirchenvertretern folgendes aus:
Wir stehen in der ernstesten Stunde.
Das Verordnungswerk, das Minister Kerrl entworfen hat, war zunächst *vom Führer gebilligt und unterzeichnet*. Aber wie immer, die Auslandspresse zog zu Felde gegen den Staat und schrieb von neuer Knebelung der Kirche in Deutschland. Daraufhin hat der Führer das Verordnungswerk überboten durch den Erlaß zur Wahl.
Der Reichskirchenausschuß ist zurückgetreten; er hat nichts geschafft; die Verwirrung ist nur größer geworden. Der Rücktritt des Reichskirchenausschusses ist übrigens in eigenartigen Formen geschehen, darüber will ich schweigen, aus Höflichkeit.
Jetzt kann es nur noch eine Kirche der größten Freiheit und Duldsamkeit und Weite geben.
Nun gilt: Höchstes Verantwortungsbewußtsein.
Der Sinn der Wahl ist der, ob das deutsche evangelische Kirchenvolk hinein will in den neuen Staat.
Männer müssen in diese Generalsynode hinein, die dem Führer eine unbedingte Garantie dafür sind, daß die Kirche kein Störungsherd mehr wird.
Diese Synode hat nur einen Beschluß zu fassen: Generalsynode beschließt: »Die Ordnung und Verwaltung der DEK wird dem deutschen Staat zu treuen Händen übergeben.«

1   GBl DEK 1937, S. 11
2   Flugblatt, Handdruck

Wer anders abstimmt, wählt sich den Kirchenverein. Wir aber wollen mittätig sein am Aufbau der deutschen Volksseele.
Das deutsche Kirchenvolk hat nun die Wahl: Kirche als Verein oder Kirche, die mit frohem Entschluß hineingeht in die Volksgemeinschaft.
Wir werden selbst dann noch mit dem Führer gehen, wenn der Führer die Kirchentüren vor uns zuschließen sollte.
Leben gibt es in Deutschland nur noch mit dem Führer. In der Kirche ist die sterbende Welt, neben der Kirche die Welt, die in das Leben hineinschreitet.
Aufgabe der theologischen Wissenschaft heute: der neuen deutschen Staatsethik die religiöse Grundlage geben.

Die *Bekennende Kirche* redete durch eine feierliche Kundgebung des Reichsbruderrates vom 9. März:

Wort des Reichsbruderrates an die Gemeinden[3]

Die Evangelische Kirche in Deutschland ist zu einer *Entscheidung* von großem Ernst und weittragender Bedeutung gerufen.
In dieser Entscheidung geht es weder um Theologengezänk, noch um bloße Rechtsstreitigkeiten. Es geht vielmehr um die *Wahrheit*, welche die Kirche und das Glaubensleben jedes einzelnen Christen bestimmt. Es geht um den *Glauben* an den in der Bibel bezeugten Heiland Jesus Christus, den Sohn Gottes, den für uns gekreuzigten und auferstandenen Herrn.
Es geht darum, ob in der Evangelischen Kirche unseres Volkes hinfort noch die *ganze Heilige Schrift*, das Wort Gottes im Alten und im Neuen Testament die Grundlage und Richtschnur für Predigt und Glauben sein soll oder ob daneben und an seiner Stelle ein neues, von Menschen gemachtes, verkürztes und verfälschtes Evangelium verkündigt werden soll.
Es geht darum, in welchem Glauben unsere Kinder in *Familie, Schule und Kirche* erzogen werden sollen, und wessen wir alle uns im Leben und im Sterben getrösten können.
Es geht um die Ehre Gottes und um den Gehorsam, den wir unserem Herrn und Heiland Jesus Christus schuldig sind.
Hemmungslos und ohne Ehrfurcht wird das Alte Testament als *Judenbuch* gelästert und die Kirche als *Judenkirche* geschmäht. Dieser Angriff trifft ebenso das Neue Testament. Er richtet sich in Wahrheit gegen die Menschwerdung und Mittlerschaft des Sohnes Gottes, *gegen das Grundbekenntnis der Kirche*, daß Jesus von Nazareth der Heiland ist. Wer hier einen Stein ausbricht, der zerstört das ganze Gebäude.
Die Kirche wird heute aufgefordert, das *Wort Gottes* und *menschliche Weltanschauung nebeneinander* gelten zu lassen und *miteinander* in ihrer Verkündigung zu verbinden. Diese Forderung muß die Kirche zurückweisen. Die Lehre der Kirche ist keine Weltanschauung. Sie ist die Verkündigung, daß *Jesus Christus der Herr* ist, dem allein alle Gewalt gegeben ist im Himmel und auf Erden. Das Evangelium, das sie zu verkünden hat, deckt die Sünde des Menschen auf und weist den Weg der Errettung vor dem Zorne Gottes und aus der ewigen Verdammnis.
Wir warnen unser Volk vor der Schwarmgeisterei der nationalkirchlichen Bewegung der Thüringer »Deutschen Christen«, die von allen »Deutschen Christen« geduldet und darum mitverantwortet wird. Die heillose Verquickung von Politik und Glauben, von Religion und Weltanschauung, wie sie hier getrieben wird, muß Kirche und Staat

---

3 Orig.R.

verderben. Die Herrlichkeit großer nationaler Stunden ist etwas anderes als die Herrlichkeit des Reiches Gottes. Wer die Kirche im Volk aufgehen läßt, der zerstört Kirche und Volk.
Das *Amt der Obrigkeit* und das *Amt der Kirche* dürfen nicht miteinander verwechselt und vermengt werden. Getreu den Bekenntnissen unserer Kirche ordnen wir darum das Verhältnis von Staat und Kirche nach dem Wort unseres Herrn: »*Gebt dem Kaiser, was des Kaisers ist, und Gott, was Gottes ist.*« Nur wenn das beachtet wird, erfüllen Kirche und Staat ihren gottgegebenen Auftrag.
Wir wollen *keine Sekte* und *keine Winkelkirche. Mitten in unserm Volke,* in das uns Gott gestellt hat, und unter der Obrigkeit, welche Gott uns setzt, soll die Kirche *das Evangelium* verkündigen allem Volk und seine Wahrheit bezeugen vor jung und alt, hoch und niedrig, reich und arm.
Die Kirche kann und will *keine öffentliche Macht* sein wie der Staat oder die Partei. Sie muß *aber öffentlich bekennen,* was ihr von Gott gegeben und aufgetragen ist. *Die Freiheit der Kirche besteht darin, daß sie von niemand regiert wird als von Jesus Christus allein.* Eine Kirche, die auf diese Freiheit verzichtet, hat nichts mehr gemein mit der Zeugenschar der Apostel und Märtyrer und mit den Männern, die in Speyer und in Augsburg vor Kaiser und Reich ihren Glauben bekannt haben.
Man preist heute eine neue, angeblich *christliche Frömmigkeit ohne Kirche. Aber der christliche Glaube ist nicht ohne die christliche Kirche.* Das Bekenntnis der Väter bezeugt: Die Kirche ist die Versammlung der Gläubigen, in welcher das Evangelium recht gepredigt und die Sakramente recht verwaltet werden. Der Herr Jesus Christus hat seiner Gemeinde seine Verheißungen gegeben. Darum kann die Kirche nicht davon lassen, ihre Glieder unter dem Worte Gottes und am Tische ihres Herrn zu versammeln. Nur hier kann der Glaube wachsen und bleiben.
Man hat vielfach versucht, die *Einheit der Deutschen Evangelischen Kirche* zu schaffen. Auch wir wollen, daß die Zerrissenheit der Kirche aufhöre. Aber die Einheit kann nicht geschaffen werden *auf Kosten der Wahrheit.* Der Friede der Kirche kann *nicht mit politischen Mitteln hergestellt* werden. *Einheit und Friede der Kirche stehen allein bei ihrem Herrn Jesus Christus.* Das Bekenntnis zu ihm ist der Weg zur Einheit der Kirche.
Diese Erkenntnisse müssen uns leiten bei der *Stellungnahme zu der angekündigten Wahl.*
Wie auch immer diese Wahl gestaltet wird: *Eine Wahl kann niemals die Grundlage der Kirche bestimmen oder ändern.* Diese Grundlage steht vielmehr ein für allemal fest: »Einen andern Grund kann niemand legen außer dem, der gelegt ist, welcher ist Jesus Christus« (1. Kor. 3,11). Darum heißt es auch in der Verfassung der Deutschen Evangelischen Kirche vom 11. Juli 1933:
»Die unantastbare Grundlage der Deutschen Evangelischen Kirche ist das Evangelium von Jesus Christus, wie es in der Heiligen Schrift bezeugt und in den Bekenntnissen der Reformation neu ans Licht getreten ist. Hierdurch werden die Vollmachten, deren die Kirche für ihre Sendung bedarf, bestimmt und begrenzt.«
Die »deutschen Christen« *haben diesen Grund der Kirche verlassen* und dadurch Verwirrung und Zerstörung angerichtet. Sie haben gefordert, daß die Kirche als Quelle ihrer Verkündigung außer und neben dem einen Wort Gottes auch noch andere Ereignisse und Mächte, Gestalten und Wahrheiten als Gottes Offenbarung anerkenne. Sie haben gelehrt, die Kirche dürfe die Gestalt ihrer Botschaft und ihrer Ordnung ihrem Belieben oder dem Wechsel der jeweils herrschenden weltanschaulichen und politischen Überzeugungen überlassen. Alle, die solches tun, geben den Artikel 1 der Verfassung von 1933 preis und können darum über die Kirche unserer Väter nicht mehr mitbestimmen.
Niemand soll im Namen der Kirche reden und handeln, der nicht bereit ist, die fro-

he Botschaft zu bezeugen, daß Jesus von Nazareth das Heil der Welt ist, und die dagegenstehenden Irrtümer und Gewalten zu bekämpfen.

Mit denen, die sich innerlich und äußerlich von der Kirche getrennt haben, ist eine gemeinsame Wahl zu einer Synode nicht möglich. Vielmehr muß gefordert werden, daß diejenigen, die wählen, und erst recht diejenigen, die gewählt werden, sich zum unverkürzten und unverfälschten Evangelium von Jesus Christus bekennen und deshalb gewillt sind, allein danach Leben und Ordnung der Kirche zu bestimmen.

Die Ordnung der Evangelischen Kirche kann nur gelingen, wenn der Aufbau von der Gemeinde ausgeht, die unter dem Worte Gottes steht. In den Synoden der Kirche reden und handeln die unter dem Wort stehenden Gemeinden.

Die Evangelische Kirche steht und fällt mit dem Bekenntnis zu ihrem Herrn Jesus Christus: »Es ist in keinem andern Heil, ist auch kein anderer Name unter dem Himmel den Menschen gegeben, darinnen sie sollen selig werden« (Apg. 4,12).

Berlin, den 9. März 1937   Der Bruderrat der deutschen evangelischen Kirche:
D. *Koch*

Wie die *Bekennende Kirche* diese Situation damals beurteilte, geht aus einer Stellungnahme hervor, die in jenen Tagen in weitesten Kreisen verbreitet wurde[4] und in der ein besonders wichtiger Abschnitt heißt:

Der Weg der Bekennenden Kirche

1. Unser Weg angesichts der Wahl ist grundsätzlich durch die *Unmöglichkeit bestimmt, Kirchengemeinschaft mit den Deutschen Christen* herzustellen, es sei denn, daß sie aufhören, Deutsche Christen zu sein. Denn die Einheit der Kirche ist gegründet in der *Wahrheit.* Nur da gibt es kirchliche Einheit, wo *derselbe Christus* gepredigt und *dasselbe Evangelium* geglaubt wird. Das ist entscheidende reformatorische Erkenntnis. Diese Notwendigkeit steht aber einem harten staatlichen Einheitswillen gegenüber, und darin liegt der eigentliche Konflikt zwischen der Bekennenden Kirche und dem Staat. Nachdem alle Schleier gefallen sind, steht die Kirche hart und klar dem Willen des Staates gegenüber, der von uns erwartet, mit Irrlehrern und Schwärmern zusammen eine Evangelische Kirche zu bilden, diejenigen als gleichberechtigt in einer Kirche anzuerkennen, die im Widerspruch zur Botschaft der Bibel lehren! Die Versuchung ist groß. Um so schärfer muß sie gesehen und bekämpft werden.

2. Die Möglichkeit, daß es zu einer *kirchlichen* Wahlordnung kommt, müssen wir beiseitestellen, da eine solche nach dem bisher Bekanntgewordenen nicht kommen wird. Nur wenn eine kirchliche Wahl käme, könnte die Bekennende Kirche sich an der Wahl beteiligen. Es ist ihr unmöglich, sich an einer *unkirchlichen* Massenwahl zu beteiligen. Wir müssen vor falschen Deutungen dieser Wahl warnen. Wer sich an der Wahl gemeinsam mit allen ohne kirchliche Grenzen beteiligt, erkennt damit an, daß er mit den Thüringer DC in Kirchengemeinschaft steht! Es ist in Beziehung auf die Durchführungsordnung zwar alles noch undurchsichtig, aber nach Andeutungen der DC, die gewöhnlich unterrichtet sind, ist eine *Volksbefragung* mit einem einfachen »Ja« und »Nein« das Wahrscheinliche: *unmöglich* dagegen eine Wahl mit kirchlichen Qualifikationsbestimmungen. Von dem Ziel her werden die Methoden bestimmt, und das Ziel heißt: Kirchliche *Einheit* – aber

---

4 Rundbrief der Ev. Bekenntnissynode im Rheinland vom 15. 6. 1937; vgl. *Beckmann, Briefe zur Lage,* a.a.O., S. 724.

nicht in der *Wahrheit* des Evangeliums. Die Bekennende Kirche darf aber nicht beim bloßen »Nein« bleiben, sondern wird ein *bekennendes kirchliches Handeln* einem unkirchlichen, bekenntniswidrigen Vorgehen entgegenstellen müssen.
3. Die *Aufgabe* der Bekennenden Kirche angesichts dieses überall ihr begegnenden unkirchlichen Einheitswillens bei widerstandsloser Bürokratie kann nur sein: *Festbleiben bei der bezeugten Wahrheit* des Wortes Gottes, und keine Aufhebung der gefällten Entscheidung für eine bestimmte Zeit in der Hoffnung, doch noch etwas zu retten oder gar etwas zu erreichen. Darum ist es nicht möglich, sich in eine allgemeine Wahl oder in eine gemeinsame Synode mit denen zu begeben, die *einen anderen Christus* predigen, als die Kirche Christi nach der Schrift allein zu verkündigen hat.
Aus demselben Grunde muß die Bekennende Kirche festhalten an der ihr im Kampf zugewachsenen *Ordnung und Leitung,* die die einzige *kirchliche* Ordnung ist, die überhaupt noch besteht. Nur dadurch kann sie gemeinsam bei der bezeugten Wahrheit bleiben. Darum bleibt auch die Aufgabe, unaufhörlich an alle, die noch Christen sein wollen, den Ruf ergehen zu lassen:»Her zu uns, wer den Namen des Herrn bekennt!«
Menschlich gesehen hängt die Existenz der Evangelischen Kirche in Deutschland daran, daß die Bekennende Kirche mit ihrer Verkündigung, Ordnung und Leitung durch die versuchungsreiche Bedrohung der kommenden Zeit durchhalten wird. Wir sehen, wie heute wieder Weltmacht und Evangelium einander gegenüber stehen. Auf der einen Seite stehen alle, die der Weltmacht erlauben, über das Evangelium zu herrschen. Auf der anderen Seite stehen die, welche die Alleinherrschaft Christi bekennen und darum aller Verleugnung den wehrlosen Widerstand des Bekennens entgegensetzen. Aber hier ist Glaube und Geduld, Opfer und Leidensbereitschaft der »kleinen Herde« notwendig, die sich jedoch trösten darf mit der Gewißheit, daß der bei seiner Gemeinde ist, dem alle Gewalt gegeben ist im Himmel und auf Erden.

Während sich die kirchliche Öffentlichkeit stark mit der in Aussicht gestellten Wahl beschäftigte, war man im Kirchenministerium zweifellos längst davon überzeugt, daß diese Wahl niemals kommen würde. Deshalb wurde eine neue Serie von Verordnungen erlassen, von denen die 15. Durchführungsverordnung zum Sicherungsgesetz die staatlichen Finanzabteilungen für die gesamte Evangelische Kirche brachte. Sie gehört zu den besonders einschneidenden Verordnungen, da sie praktisch die Finanzhoheit von der Kirche auf den Staat übertrug:

§ 1
(1) Der Reichsminister für die kirchlichen Angelegenheiten bildet bei der Deutschen Evangelischen Kirchenkanzlei und bei den Verwaltungsbehörden der Deutschen Evangelischen Landeskirchen je eine Finanzabteilung.

§ 2
(1) Die Finanzabteilung leitet die Vermögensverwaltung der Kirche, für deren Bezirk sie gebildet ist. Sie vertritt die Kirche.

Die 16. Durchführungsverordnung vom 25. Juni wurde dazu erlassen, um die weitere Durchführung der Wahlvorbereitungen in den Kirchen zu hindern, ja praktisch unmöglich zu machen, indem es in ihr hieß:»Die Benutzung von Kirchen zu Wahlzwecken ist verboten«, andere Gebäude aber von Staats wegen überhaupt nicht zu öffentlichen kirchlichen Versammlungen gebraucht werden durften.
Der *Altpreußische Bruderrat* erließ angesichts dieser Lage die folgende

Erklärung zur Kirchenwahl
Vom 17. 6. 1937[5]

Der Bruderrat der Evangelischen Kirche der altpreußischen Union ordnet an: Am Tage der Kirchenwahl ist die Gemeinde um 8 Uhr vorm. im Gotteshaus zu versammeln, um folgende Erklärung abzugeben: Auf Grund des Erlasses des Führers vom 15. 2. 1937 soll die Deutsche Evangelische Kirche heute die Wahl zu einer Generalsynode vollziehen. Diese Wahl ist vom Staat ohne Mitwirkung der Kirche und ihrer Organe angeordnet und vorbereitet worden. Die kirchlichen Organe sind auch bei der Durchführung der Wahl ausgeschaltet worden. Wir sehen in dieser Wahl nicht die Erfüllung der Zusage des Führers, daß »die Kirche in voller Freiheit nach eigener Bestimmung des Kirchenvolkes sich selbst die neue Verfassung und damit eine neue Ordnung geben« soll.
Vor der Wahl bereits sind durch staatliche Maßnahmen die Organe der Leitung, die die Bekenntnissynoden der Kirche als Notkirchenregierungen gesetzt hatten, lahmgelegt worden. Schon lange ist der Bekennenden Kirche verwehrt worden, die evangelische Gemeinde über das Geschehen in der Kirche ausreichend zu unterrichten und ihren Willen gemäß dem Evangelium auszurichten. Seit vielen Monaten steht die Bekennende Kirche unter der Schmach, daß viele ihrer Glieder offen als Staatsfeinde behandelt werden.
Überzeugt davon, daß eine unter diesen Umständen zustande gebrachte sogenannte Generalsynode zu kirchlichem Handeln unfähig ist, sagt die evangelische Gemeinde zu der Durchführung wie zu der Zielsetzung dieser Wahl: Nein! Sie beteiligt sich nicht daran.
Dagegen erklärt sie, an dem vom Staate festgesetzten Wahltage im Gotteshause zum Gottesdienst versammelt, in der Gemeinschaft des Glaubens der Väter:
1. Was eine sog. Generalsynode, die von unkirchlichen Voraussetzungen her gebildet, auf unkirchliche Weise gewählt, in unkirchlicher Zielsetzung gebunden, beschließt, wird von der evangelischen Gemeinde als Machtvorstoß unkirchlicher Mächte auf Grund der die Kirche bindenden Bekenntnisse als kirchlich belanglos abgelehnt.
2. Wir wollen eine Kirche, die auf keinem anderen Grunde steht als auf Jesus Christus, dem für uns Gekreuzigten und Auferstandenen. An diesem Bekenntnis wollen wir festhalten, weil wir der Verheißung unseres Herrn mehr vertrauen als allen Worten der Menschen.
3. Wir wollen eine Kirche, die dieses Wort des Heiles unserm ganzen Volk und auf der weiten Erde unverfälscht und unverkürzt verkündigt, wenn auch das Wort vom Kreuz der Welt Torheit und Ärgernis ist.
4. Wir wollen eine Kirche, in der der Mund der Gemeinde nicht stumm ist. Weil angesichts der Zerstörung der Kirche und ihrer Ordnungen die an Schrift und Bekenntnis gebundene Gemeinde allein in ihrer Bekenntnissynode reden kann, wollen wir dem von ihr gesetzten Notkirchenregiment der Bruderräte gehorsam sein.

Die Bekenntnissynode der altpreußischen Union von Halle hatte in Fortsetzung der Breslauer Synode die Aufgabe, die im Laufe der Auseinandersetzungen in der Bekennenden Kirche aufgebrochene »*Konfessionelle Frage*« für die Kirche der Union einer Lösung entgegenzuführen. Die Bekennende Kirche sah sich in steigendem Maße einem Angriff auf ihre theologische Existenz als Kirche des Bekenntnisses ausgesetzt, dem sie begegnen mußte. Besonders der Bekennenden Kirche der altpreußischen Union wurde bestritten, Kirche im Sinne des Bekenntnisses zu

---

5 Orig.R.

sein. Das Gewicht dieser Einwände wurde von der Bekennenden Kirche der altpreußischen Union so ernst genommen, daß man inmitten aller äußeren Bedrohung der Kirche sich in einer besonders zu diesem Zwecke berufenen Synode die Zeit nahm, hierzu Stellung zu nehmen. Natürlich wurden bei dieser Gelegenheit auch noch einige andere Fragen zum Gegenstand der Beschlußfassung gemacht.

Aus den Beschlüssen der Bekenntnissynode der Evangelischen Kirche der altpreußischen Union zu Halle
Vom 10.–13. Mai 1937[6]

A. Zur konfessionellen Frage in der Evangelischen Kirche der altpreußischen Union

Die Bekenntnissynode der Deutschen Evangelischen Kirche von Barmen hat in ihrer Theologischen Erklärung die unumgängliche Voraussetzung bezeugt, ohne welche die bei uns geltenden Bekenntnisse nicht recht gelehrt und wahrhaft bekannt werden können. Die Bekenntnissynode der Evangelischen Kirche der altpreußischen Union hat sich diese Erklärung zu eigen gemacht und damit die Voraussetzung geschaffen, unter der allein die Evangelische Kirche der altpreußischen Union in Übereinstimmung mit den in ihr geltenden Bekenntnissen auf dem Grunde der Heiligen Schrift gebaut werden kann.

Als Gemeinde von Brüdern, in der Jesus Christus in Wort und Sakrament durch den Heiligen Geist als der Herr gegenwärtig handelt, weiß sie, daß sie sich im Bekenntnis zu dem einen Herrn der Einen Heiligen Apostolischen Kirche, unter Abwehr aller Irrlehren, als Kirche Jesu Christi erbaut. Als ein Zusammenschluß von Gemeinden mit verschiedenen reformatorischen Bekenntnissen weiß sie, daß sie sich der mit dieser Verschiedenheit gestellten Aufgabe nicht entziehen, noch ihren Gemeinden die damit gegebene Not und Verheißung vorenthalten darf.

Wir bezeugen, daß uns die verschiedenen unter uns in Geltung stehenden reformatorischen Bekenntnisse in dem uns aufgetragenen Kampfe Trost und Weisung gegeben haben, ohne daß über der Verschiedenheit der Bekenntnisse unsere Gemeinschaft zerbrochen wäre. Wir bitten Gott, daß er uns im gemeinsamen Bekennen und Bezeugen wachsen lasse an dem, der das Haupt ist, Christus. Wir fordern die Gemeinden auf, die Gemeinschaft unter dem Wort fest zu behalten.

Die Synode weiß sich verpflichtet, dafür Sorge zu tragen, daß das verantwortliche Gespräch zwischen Lutheranern, Unierten und Reformierten in gemeinsamer Beugung unter die Heilige Schrift und in gemeinsamer Bitte um Erleuchtung durch den Heiligen Geist mit allem Ernst weitergeführt wird.

Die Synode beauftragt die Kirchenleitung, unter Mitwirkung der Konvente der Geltung der Bekenntnisse für Lehre und Ordnung durch Ausführung der nachstehenden Beschlüsse zur Wirksamkeit zu verhelfen...

D. Zur Frage der Abendmahlsgemeinschaft

Angesichts der Not und Frage, ob wir vor der Schrift und den sie bezeugenden Bekenntnissen recht tun, wenn wir Lutheraner, Reformierte und Unierte untereinander das Heilige Abendmahl feiern, stellt sich die Synode unter das Wort der Heiligen Schrift 1. Korinther 10,16.17: »Der gesegnete Kelch, welchen wir segnen, ist der nicht die Gemeinschaft des Blutes Christi? Das Brot, das wir brechen, ist das nicht die Gemeinschaft des Leibes Christi? Denn ein Brot ist's, so sind wir auch viele ein Leib, dieweil wir alle eines Brots teilhaftig sind.«

---

6 Hg. vom Bruderrat, Druckheft

Auf Grund dieses Wortes bezeugt die Synode in Einmütigkeit:
1. Jesus Christus, unser Herr und Heiland, der um unsertwillen in das Fleisch gekommen ist, sich selbst am Kreuz einmal für uns geopfert hat und leiblich auferstanden ist vom Tode, ist selber die Gnadengabe des von ihm eingesetzten Abendmahls seiner Gemeinde.
2. Daraus folgt für die Frage der Abendmahlsgemeinschaft:
Abendmahlsgemeinschaft zwischen Lutheranern, Reformierten und Unierten ist nicht durch den in der Union bestehenden Zustand gerechtfertigt.
Abendmahlstrennung zwischen Lutheranern, Reformierten und Unierten ist nicht durch die Gegensätze des 16. Jahrhunderts gerechtfertigt.
Abendmahlsgemeinschaft hat ihren Grund nicht in unserer Erkenntnis des Abendmahls, sondern in der Gnade dessen, der der Herr des Abendmahls ist.
3. Die unter uns bestehenden Unterschiede in der Lehre vom heiligen Abendmahl betreffen die Art und Weise der Selbstmitteilung des Herrn im Abendmahl. Sie beziehen sich nicht darauf, daß der Herr selbst die Gabe des Abendmahls ist.
4. Darum bildet die Zugehörigkeit zum reformierten Bekenntnis keinen Grund zum Ausschluß von der Abendmahlsfeier einer Gemeinde lutherischen Bekenntnisses.
5. Darum bildet die Zugehörigkeit zum lutherischen Bekenntnis keinen Grund zum Ausschluß von der Abendmahlsfeier einer Gemeinde reformierten Bekenntnisses.
6. Darum stehen gemeinsame Abendmahlsfeiern zwischen uns Lutheranern, Reformierten und Unierten nicht im Widerspruch zu der schriftgemäßen Verwaltung des heiligen Abendmahls.

Die Zeit der Kirchenausschüsse ging mehr und mehr zu Ende. Die Mitglieder des altpreußischen Kirchenausschusses wurden durch einen formellen Erlaß vom 23. August 1937 abberufen. Der einzige Kirchenausschuß, der bis zum Schluß bestanden hat, war der Kirchenausschuß in Kurhessen-Waldeck. Alle übrigen wurden liquidiert.
Das Vorgehen der staatlichen Organe gegen die Evangelische Kirche, insbesondere gegen die Vertreter der Bekennenden Kirche, nahm zusehends schärfere Formen an. Zeichen dafür sind die beiden Ereignisse aus dem Sommer 1937: die Verhaftung des Pfarrers Paul Schneider aus Dickenschied und die Verhaftung des Pfarrers Martin Niemöller. Über die Verhaftung Paul Schneiders wurde von seiten des Presbyteriums der Gemeinde Womrath, des Filials von Dickenschied, folgende Nachricht gegeben[7]:

An die Bruderräte und Presbyterien der Bekennenden Kirche im Rheinland
Liebe Brüder!
Über die Verhaftung unsres Pfarrers Schneider (siehe Fürbittenliste) haben verschiedene Tageszeitungen folgende Notiz gebracht:
»*In Schutzhaft genommen.* Pfarrer Schneider aus Dickenschied (Hunsr.) wurde durch die Geheime Staatspolizei in Schutzhaft genommen, weil er in unverantwortlicher Weise von der Kanzel herab gegen einen Bauern aus nichtigen Gründen zum Boykott aufgefordert hat« (Nationalblatt Nr. 128 vom 5./6. Juni).
Wir haben unsere Abgesandten nach Koblenz zur Geheimen Staatspolizei geschickt, um nach den Gründen für die Verhaftung unseres Pfarrers zu fragen. Sie

---

[7] Anlage zu einem Rundschreiben der Ev. Bekenntnissynode im Rheinland vom 18. 6. 1937 (Orig.R.).

wurden mit dem Hinweis abgefertigt, daß sie die Gründe im Nationalblatt lesen könnten.
Unsres Wissens kann sich die Nachricht in der Zeitung nur auf einen Fall der Kirchenzucht in unsrer Gemeinde beziehen. Drei Männern aus unsrer Gemeinde liegt zur Last, daß sie Gottes Wort und Sakrament in der Gemeinde verachtet haben. Darüber hinaus hat einer von ihnen, der Lehrer unsres Ortes, die Kirchengemeinde aus dem Schulsaale ausgesperrt und am 19. 12. 36 eine Weihnachtsfeier in der Schule gehalten, die lt. Zeitungsmeldung »das Christliche hinter dem Germanischen zurücktreten ließ und das letztere als dasjenige bezeichnete, was uns Weihnachten eigentlich lieb und wert macht«. Ein Landwirt hat seinen Sohn mit Gewalt aus dem Kindergottesdienst ferngehalten, ein anderer hat seinen Sohn nicht zum kirchlichen Unterricht geschickt.
Alle drei Männer sind von Herrn Pfarrer Schneider wegen dieser Vorkommnisse des öfteren besucht worden. Da sie zur Umkehr von ihrem bösen Wege nicht zu bewegen waren, wurden sie zur Sitzung des Presbyteriums am 22. Februar 1937 schriftlich vorgeladen. Als niemand erschien, ja der Lehrer in einem unflätigen Briefe die Vorladung beantwortete, beschloß das Presbyterium über die drei Gemeindeglieder die Verhängung der Kirchenzucht. Der Beschluß ist in der Kirche zweimal abgeküdigt worden.
Das Presbyterium bittet Sie, diesen Sachverhalt zur Steuer der Wahrheit in Ihrer Gemeinde in geeigneter Weise bekannt zu geben.
Womrath über Kirchberg (Hunsr.), den 16. Juni 1937

Schon einige Tage später mußte der Bekennenden Kirche aus Berlin das Folgende mitgeteilt werden[8]:

An die Pfarrer, Ältesten und Gemeindeglieder der Bekennenden Kirche!
Am Mittwoch, den 23. Juni, fand in der Kirche am Friedrich-Werderschen Markt zu Berlin eine *Reichsbruderratssitzung* statt, die ein kirchengeschichtliches Ereignis einzigartiger und trauriger Art geworden ist. Die Sitzung begann unter dem Vorsitz von Präses Koch gegen 1/2 11 Uhr, sie fand statt im Chorraum der von Schinkel erbauten Kirche. Alle Türen waren verschlossen. Nachdem etwa 1 1/2 Stunden lang von den verschiedenen Seiten die bedrängte Lage der Kirche geschildert worden war – die bayerischen und hannoverschen Vertreter fehlten, es stellte sich heraus, daß der Nachrichtendienst der BK schon derart gestört war, daß sehr viele aus den nichtpreußischen Kirchen nicht entfernt im Bilde waren – und man über ein gemeinsames Wort angesichts der kommenden Wahl und der durch sie zweifellos bewirkten völligen Zerschlagung der DEK gesprochen hatte, nahm die Sitzung eine überraschende Wendung. Aus dem Halbdunkel der Kirche tauchte eine Abteilung von Männern auf; sie schritt auf den Chorraum zu, ihr Führer stellte sich als ein Beamter der Geheimen Staatspolizei vor und forderte alle Anwesenden auf, sich zu legitimieren. Die Gruppe bestand aus elf oder zwölf Leuten. Nachdem alle Personalien festgestellt waren, zogen sich die Stapobeamten etwas zurück, verglichen die Namen und schritten nun zur Verhaftung von acht unserer Brüder, unter ihnen: Pfarrer Müller, Dahlem, der Vorsitzende der VL; Pfr. Dr. Böhm, Mitglied der VL; Pfr. Dr. Beckmann, Düsseldorf; Pfr. Dr. von Rabenau, Schöneberg; Assessor Perels, Stettin. Nach der Verhaftung erhoben sich die Glieder des Bruderrates und stimmten an: Dein Wort ist unsers Herzens Trutz und Deiner Kirche wahrer Schutz. Bevor die Verhafteten abgeführt wurden, ging Präses Koch zu ihnen und sprach zu ihnen unter dem Altar die Worte des Segens: Es

---

8 Vervielfältigte Ausfertigung mit Kopf: Ev. Bekenntnissynode im Rheinland, Essen 29. 6. 1937. Überschrift: Brief aus Berlin. Flugblatt, Handdruck

segne und behüte euch der allmächtige und barmherzige Gott, Vater, Sohn und Heiliger Geist. Dann wurden unsere acht Brüder in das Polizeigefängnis am Alexanderplatz gebracht.
Während der Verhaftung hatte sich die Abteilung Stapo daran gemacht, sämtliches Gepäck und alle Mappen der Anwesenden einer gründlichen Durchsicht zu unterziehen. Das wurde auch von einer zurückbleibenden Gruppe fortgesetzt, eine ganze Reihe von Schriftstücken, Akten etc. wurde beschlagnahmt und mitgenommen. Gegen 1 Uhr war die Aktion beendet. Der Rest des Reichsbruderrates konnte weitertagen. Jedoch wurde die Sitzung bald unterbrochen. Nach der Mittagspause tagte man bis zum Abend an einem andern Ort weiter.
Niemand, der diese Sitzung mitgemacht hat, wird sie vergessen. Die Sitzung stand im Zeichen der Losung des Tages: Psalm 33,16: »Einem Könige hilft nicht seine große Macht; ein Riese wird nicht errettet durch seine große Kraft.« Und der Lehrtext: »Jesus zu Petrus: Stecke dein Schwert in die Scheide, denn wer das Schwert nimmt, der wird durchs Schwert umkommen.«
Diese Schriftworte aus dem Losungsbuch der Brüdergemeine, wie sie Präses Koch zu Beginn gelesen hatte, waren in unmittelbarem Sinn die Losung des Tages! Wir haben kein weltliches Schwert. Wir sind froh und dankbar, daß wir keins zu führen brauchen. Wir haben andere Waffen: Das Wort Gottes und das Gebet. In den Tagen, in denen die Welt die ihr zur Verfügung stehende Gewalt wider die Gemeinde Gottes rücksichtslos einsetzt, dürfen wir uns dieser unserer Waffe von ganzem Herzen freuen und trösten, und wir dürfen der Welt bezeugen, daß Königsmacht und Riesenkraft die wehrlose Gemeinde Gottes nicht überwinden können und daß diese Macht und Kraft niemanden erretten, sondern Menschen und Völker zugrunde richten wird.
Der Eindruck gerade auf die Brüder der sogenannten intakten Kirche war besonders stark. Er wird sich, wie wir hoffen dürfen, dahin auswirken, daß man nun auch dort endlich für unsere schon seit langen Wochen und Monaten gefangenen Brüder und Schwestern öffentlich Fürbitte leisten wird. Wenn wir unter dem sichtbaren Eindruck des Leidens unserer Brüder daran denken, daß viele Pfarrer und Gemeinden aus irgendwelchen Gründen sich ihrer Fürbittpflicht im öffentlichen, großen Gemeindegottesdienst entzogen haben, so kann man nur jetzt mit traurigem Herzen bitten, daß dieses Versäumnis nachgeholt wird.
An demselben Tage wurde bekannt, daß die Wahl in Form einer politischen Wahl am Sonntag, dem 27. Juni, durchgeführt werden soll. Man scheint zu hoffen, daß, nachdem die Kirche ihrer Führer beraubt ist, man ein leichtes Spiel haben wird. Wir wissen, daß die Wahl das Ende der organisierten Evangelischen Kirche in Deutschland sein wird. Aber die Bekennende Kirche wird nicht sterben, sondern leben und des Herrn Werke verkündigen. Der Rest des Reichsbruderrates konnte am Abend des denkwürdigen 23. Juni in voller Einmütigkeit mit der ganzen Bekennenden Kirche aller Konfessionen und Richtungen aussprechen:
»Die am 15. Februar 1937 angekündigte Kirchenwahl soll dem Vernehmen nach am Sonntag, dem 27. Juni 1937, stattfinden. Eine solche überraschend angesetzte Wahl würde der Zusage im Erlaß des Führers, daß ›die Kirche in voller Freiheit nach eigener Bestimmung des Kirchenvolkes sich selbst die neue Verfassung und damit eine neue Ordnung geben‹ solle, nicht entsprechen.
Der Reichsbruderrat stellt fest, daß sich die gesamte Bekennende Kirche Deutschlands darin einig ist, daß die Beteiligung an dieser Wahl kirchlich nicht verantwortet werden kann. Er fordert deshalb alle evangelischen Christen auf, dieser Wahl fernzubleiben.«

Die Inhaftierung Martin Niemöllers erfolgte im Zusammenhang mit einer staatspolizeilichen Aktion gegen den Bruderrat der altpreußischen Union, und zwar handelte es sich um einen Beschluß des Bruderrats zu dem jüngst ergangenen Verbot des Staates, Kirchenaustritte von der Kanzel bekanntzugeben. In dieser Sache wurde am 17. Juni vom Bruderrat folgende Erklärung veröffentlicht[9]:

... Wir bezeugen, daß es sich bei der Abkündigung von Kirchenaustritten im Gottesdienst der Gemeinde um ein rein innerkirchliches Anliegen handelt, in das einzugreifen der Staat oder eine andere nichtkirchliche Stelle nicht das Recht hat. Wir bezeugen, daß die christliche Gemeinde sich das Recht der namentlichen Abkündigung von Kirchenaustritten nicht nehmen lassen kann, und daß sich eine christliche Gemeinde die Ausübung ihres von Gott geordneten Wächter- und Seelsorgeamtes durch keine irdische Gewalt verbieten lassen darf.

Martin Niemöller, der bis dahin offenbar unter dem besonderen Schutz des Justizministers Gürtner gestanden hatte, wurde am 1. 7. 1937 verhaftet. Der Bruderrat der altpreußischen Union gab zu der Verhaftung Martin Niemöllers am 2. Juli 1937 folgende Kanzelabkündigung[10]:

Nach der Verhaftung fast sämtlicher Mitglieder des Bruderrates der Evangelischen Kirche der altpreußischen Union und zahlreicher anderer führender Männer der Evangelischen Kirche ist nun auch Pfarrer Martin Niemöller verhaftet und in das Untersuchungsgefängnis Moabit überführt worden. Es wird ihm öffentlich vorgeworfen, seit langer Zeit in Gottesdiensten und Vorträgen Hetzreden geführt, führende Persönlichkeiten des Staates und der Bewegung verunglimpft und unwahre Behauptungen über staatliche Maßnahmen verbreitet zu haben, um die Bevölkerung zu beunruhigen. Desgleichen soll er zur Auflehnung gegen staatliche Gesetze und Verordnungen aufgefordert haben. Wir beklagen aufs tiefste diese öffentliche Begründung der Verhaftung unseres Bruders Martin Niemöller. Wir bezeugen, daß es Pfarrer Niemöller wie allen übrigen um ihres kirchlichen Dienstes willen verhafteten Pfarrern und Gemeindegliedern um die Ehre Gottes in unserem Volk und um den Gehorsam gegen Gottes Wort geht. Wo es darum geht, ist das Gewissen eines Christenmenschen gebunden. Wo es darum geht, muß ein Pfarrer eher leiden als schweigen, wenn er ein rechter Hirte der Gemeinde sein will. Denn es ist nicht geraten, etwas wider das Gewissen zu tun.
Die Verhaftung von Pfarrer Niemöller trifft die ganze evangelische Christenheit in Deutschland. Mit ihm ist die Kirche des Evangeliums in Deutschland vor die Schranken der Gerichte gefordert. Angesichts dieser Entwicklung ist unser Herz von tiefster Sorge um unser Volk erfüllt. Wir beugen uns unter die gewaltige Hand Gottes. Wir beten ihn an und bitten ihn mit den Worten der ersten Christenheit: Gib deinen Knechten mit aller Freudigkeit zu reden dein Wort.

Der Ernst dieser Lage führte zu einer stärkeren Zusammenarbeit der aus Anlaß der Kirchenausschüsse getrennten Gruppen der Bekennenden Kirche. Es entstand das sogenannte »*Kasseler Gremium*«, bestehend aus dem dienstältesten Landesbischof der Deutschen Evangelischen Kirche, Marahrens, dem Vorsitzenden der Vorläufigen Leitung, Müller, Dahlem, und dem Vorsitzenden des Lutherrates, Breit. Diese Vereinigung trat mit folgender Kanzelabkündigung an die Öffentlichkeit:

---

9   Orig.R., Handdruck
10 Orig.R., Handdruck, mit Überschrift: Kanzelabkündigung zur Verhaftung von Pfarrer Niemöller

Abkündigung für Sonntag, den 11. Juli 1937[11]

Die durch die Kirchenführer-Konferenz, die Vorläufige Leitung der DEK und den Lutherischen Rat vertretenen Kirchenregierungen, Gemeinden und Freien kirchlichen Verbände richten folgendes *Wort an die Gemeinden der Deutschen Evangelischen Kirche:*
Gebunden an den Herrn der Kirche und an den Auftrag, den wir erhalten haben, wenden wir uns in dieser Stunde schwerer Not unserer Kirche an alle evangelischen Gemeinden Deutschlands. *Wir haben uns zu gemeinsamem Wort und gemeinsamem Handeln zusammengeschlossen.*
Als Glieder der christlichen Kirche und unseres deutschen Volkes haben wir ein Wort an den Staat gerichtet. Wir mußten darauf hinweisen, daß auf den bisher eingeschlagenen Wegen ein geordnetes Verhältnis zwischen Staat und Kirche nicht zustande kommen kann. Im Blick auf die von uns unternommenen Schritte versagen wir es uns, heute alle die ernsten Anliegen aufzuzählen, die euch und uns bewegen.
Wir bezeugen einmütig und feierlich, daß wir unseren Dienst in Kirchenregiment und Gemeinde nach der Heiligen Schrift und den Bekenntnissen unserer Kirchen weiter ausüben werden. Wir dürfen uns keiner Maßregel unterwerfen, die uns an der Ausübung dieses Dienstes hindert.
Wir nehmen unsere Pfarrer, Ältesten und Gemeindeglieder erneut in die Pflicht des Gelübdes, das sie bei ihrer Konfirmation und bei der Übernahme ihres kirchlichen Amtes abgelegt haben, und fordern sie auf, gemeinsam mit uns in dem Kampf, der uns verordnet ist, dem Herrn Jesus Christus als dem alleinigen Herrn der Kirche die Treue zu halten.
Betet für unsere Regierung, daß sie ihre schwere Aufgabe zum Wohl des deutschen Volkes erfülle und daß sie Gott gebe, was Gottes ist! Betet für die Herstellung eines ehrlichen Friedens zwischen Staat und Kirche! Betet für alle verhafteten Brüder und Schwestern und für die bedrückten und verwaisten Gemeinden! Betet auch für uns, daß wir allezeit die Ehre unseres Herrn Jesu Christi vor Augen haben und daß wir der Obrigkeit geben, was sie nach Gottes Ordnung von uns fordern kann.
Wir bitten die Gemeinden, in besonderen Abendgottesdiensten zur Fürbitte sich zu vereinigen.
Unser Herr Jesus Christus hat uns die Verheißung gegeben: »Ihr seid das Salz der Erde.« Luther hat uns gesagt, daß Gottes Wort und der Christen Gebet die Welt erhält. An der Christenheit, die betet, hängt die Zukunft unseres Volkes.
Wir kämpfen für Christus und seine Herrschaft in unserem Volke. Lasset uns festhalten am Bekenntnis und nicht müde werden! »Unser Glaube ist der Sieg, der die Welt überwunden hat.«

Nachdem schon mannigfache Wege beschritten worden waren, der Bekennenden Kirche dadurch den Garaus zu machen, daß man ihr die Möglichkeit abschnitt, sich finanziell zu behaupten, wurde nunmehr in dem System der Maßnahmen (vgl. auch die Verordnungen über die Finanzabteilungen) die Hand auf das *Kollektenwesen* der Kirche gelegt, weil man vermutete, daß die Bekennende Kirche sich in erster Linie aus Kollektenmitteln finanzierte. Es erschien daher unter dem 9. Juni 1937 der sogenannte Kollekten-Erlaß des Reichs- und Preußischen Ministers des Innern und des Ministers für die kirchlichen Angelegenheiten[12]:

---

11 Aus einem Rundschreiben der Ev. Bekenntnissynode im Rheinland vom 8. 7. 1937. Orig.R., Handdruck
12 GBl DEK 1937, S. 31f.

(1) Aus gegebener Veranlassung weisen wir darauf hin, daß nur diejenigen Kirchenkollekten, die nach Maßgabe der von den ordentlichen vorgeordneten Kirchenbehörden aufgestellten Kollektenpläne in den regelmäßigen Gottesdiensten veranstaltet werden, als genehmigungsfreie Sammlungen im Sinne des § 15 Ziff. 4 des Sammlungsgesetzes anzusehen sind. Die Geistlichen und Kirchengemeinden sind von den vorgeordneten Kirchenbehörden wiederholt darauf hingewiesen worden, daß die Aufstellung von Kollektenplänen durch einzelne kirchliche Gruppen und die Durchführung anderer als der in den amtlichen Kollektenplänen vorgesehenen Kirchenkollekten einen Verstoß gegen die Bestimmungen der 5. und 13. VO. zur Durchführung des Ges. zur Sicherung der Deutschen Evangelischen Kirche v. 2. 12. 1935 (RGBl. I S. 1370) und v. 20. 3. 1937 (RGBl. I S. 333) darstellen. Ebenso fallen unter das Verbot des Sammlungsges. alle Kollekten, die in Sondergottesdiensten veranstaltet werden.
(2) Künftighin werden nach Maßgaben der §§ 13 und 14 des Sammlungsges. nichtrechtmäßige Kirchenkollekten strafrechtlich verfolgt und die Kollektenerträge eingezogen. Die Aufstellung besonderer Kollektenpläne durch einzelne kirchliche Gruppen zieht die Gefahr strafrechtlicher Verfolgung nach Maßgabe des § 110 StGB. in Verbindung mit den Bestimmungen der 5. und 13. VO. zur Durchführung des Ges. zur Sicherung der Deutschen Evangelischen Kirche nach sich.
Zusatz für die Evangelischen Kirchenbehörden: Wir ersuchen, die nachgeordneten Kirchenbehörden, die Geistlichen und die Kirchengemeinden hierauf hinzuweisen, sowie diesen RdErl. in den kirchlichen Amtsblättern zum Abdruck zu bringen.

Mit diesem Erlaß setzte der durch Jahre hindurch gehende Kampf um die Abkündigung, Abführung und Verwendung der kirchlichen Kollekten ein, der mit besonderer Schärfe in der Evangelischen Kirche der altpreußischen Union ausgekämpft wurde. Gerade auch der Kollektenerlaß des Staates gab Veranlassung, daß wieder eine preußische Bekenntnissynode zusammentrat, um hierzu wie zu den übrigen Maßnahmen des Staates Stellung zu nehmen. So kam es zu der *5. Bekenntnissynode der Evangelischen Kirche der altpreußischen Union* von Lippstadt vom 21. bis 27. August 1937, die u.a. folgende Beschlüsse faßte[13]:

1. Wort an die Gemeinden

Die in Lippstadt versammelte Bekenntnissynode der Evangelischen Kirche der altpreußischen Union richtet folgendes Wort an die Gemeinden.
»Ihr aber seid das auserwählte Geschlecht, das königliche Priestertum, das heilige Volk, das Volk des Eigentums, daß ihr verkündigen sollt die Tugenden des, der euch berufen hat von der Finsternis zu seinem wunderbaren Licht« (1. Petr. 2,9).

I.
Die Kirche Jesu Christi ist das Volk des Eigentums, das ihr Herr und Heiland Jesus Christus sich zu eigen erworben hat durch sein Blut. Ihm allein gehört sie, ihm allein hat sie zu dienen und in allem, was sie sagt und tut, sein Heil zu verkündigen.
Weil die Kirche ihrem Herrn Jesus Christus gehört, muß sie der Versuchung widerstehen, Eigentum der Welt zu werden. Die Heimsuchung, die über uns gekommen ist, bekennen wir als Gericht Gottes darüber, daß unsere Kirche sich weithin

---
13 Druckheft

der Verweltlichung schuldig gemacht hat. Weil Gottes Wort uns in die Buße zu neuem Gehorsam ruft, müssen wir aber auch denen widerstehen, die von außen her die Kirche verweltlichen. Die kirchenzerstörenden Gesetze und die Fülle von Verhaftungen und Bedrückungen aller Art, denen die Kirche von neuem ausgesetzt ist, haben uns in große Anfechtung und Gewissensnot gebracht. Denn es ist unsere Obrigkeit, von der uns solches widerfährt. Wir wissen, daß die Obrigkeit aus Gottes Befehl ihr Amt hat, und wollen ihr in Ehrerbietung alles geben, was ihr zukommt. Weil sie nun aber in ein fremdes Amt eingreift und uns zumutet, was mit dem Gehorsam gegen Gottes Wort nicht vereinbar ist, können wir hierin nicht gehorchen. In dieser Anfechtung wissen wir uns wiederum gerufen, das Wort zu hören und zu bekennen, das allein uns rettet, tröstet und regiert.

II.

Es sind staatliche Anordnungen ergangen, denen die Kirche in der Bindung an Gottes Wort nicht Folge leisten kann.

1. Die gesamte *Vermögensverwaltung* der Kirche ist in die Hände der vom Staat eingesetzten Finanzabteilungen gelegt, die mit uneingeschränkten Vollmachten ausgestattet und mit der Vertretung der Kirche beauftragt sind.

Die Gemeinde, die des Herrn Eigentum ist und ihm allein dient, hat verantwortlich dafür Sorge zu tragen, daß ihr Geld und Gut zu nichts anderem verwendet wird als zur rechten Ausrichtung des Auftrages der Kirche. Darum darf sie die Verfügung über das ihr zu ihrem Dienst anvertraute Gut nicht preisgeben. Sie darf nicht zulassen, daß auf dem Verordnungswege die Leitung der Kirche in fremde Hände gerät.

Gegenüber den Versuchen einer staatlichen Zwangsverwaltung der Kirche darf sie kein Opfer scheuen, um in eigener Freiheit und Verantwortung die Mittel aufzubringen, deren sie für ihren Dienst bedarf.

2. Der Kirche wird verboten, in *Ausübung ihres Lehramtes* die künftigen Prediger der Kirche zu unterrichten und für ihr Amt heranzubilden.

Die Gemeinde, die des Herrn Eigentum ist und ihm allein dient, trägt die Verantwortung für die rechte Ausbildung der künftigen Prediger der Kirche. Sie darf nicht untätig zusehen, wie die jungen Theologen an staatlichen Ausbildungsstätten weithin der Irrlehre ausgeliefert werden, und muß selber dafür Sorge tragen, daß sie zu der lauteren und reinen Verkündigung des Evangeliums zugerüstet werden.

3. Der Kirche wird verboten, *Kirchenaustritte* im Gottesdienst der Gemeinde bekanntzugeben.

Die Gemeinde, die des Herrn Eigentum ist und ihm allein dient, darf diejenigen, welche sich von ihr losgesagt haben, weder zum Sakrament noch zu ihren Ämtern und Rechten zulassen. Wenn die Gemeinde ihre Namen unter Mahnung, Warnung und Aufruf zur Fürbitte bekanntgibt, so bezeugt sie ihnen dadurch, daß sie auch durch den Austritt aus der Kirche dem lebendigen Gott nicht entfliehen können.

4. Der Kirche wird verboten, zu der vom Staat angekündigten *Kirchenwahl* bis zur Bekanntgabe des Wahltermins öffentlich Stellung zu nehmen.

Die Gemeinde, die des Herrn Eigentum ist und ihm allein dient, hat jede Entscheidung, vor die sie gestellt ist, zu prüfen an Gottes Wort. Die Kirche kann sich nicht den Mund verbieten lassen für die Zurüstung der Gemeinden auf die kommende Entscheidung.

5. Der Kirche wird verboten, andere *Kollekten* zu sammeln als solche, die von staatlich anerkannten Kirchenbehörden angeordnet sind.

Die Gemeinde, die des Herrn Eigentum ist und ihm allein dient, gibt ihre Kollekte nicht nach der Weise einer weltlichen Sammlung, sondern als ein gottesdienstli-

ches Dankopfer ihrer Liebe, durch das sie die Gnade Gottes preist und die Not der Brüder auf sich nimmt. Über ihre Opfergaben bestimmt nur die an Gottes Wort gebundene Gemeinde und ihre rechtmäßige Leitung.
6. Zu dem allem kommt, daß bereits Brüder zur Rechenschaft gezogen sind, weil sie *für die verfolgten Glieder der Kirche im Gottesdienst* gebetet haben.
Die Gemeinde, die des Herrn Eigentum ist und ihm allein dient, darf es sich aber nicht verwehren lassen, in ihren Gottesdiensten die Namen und die Not der um des Evangeliums willen bedrängten und verfolgten Brüder vor Gott zu bringen und ihnen damit den Dienst der *Fürbitte* zu leisten. Sie muß wissen, für wen sie betet.
In allen diesen Gesetzen und Maßnahmen versucht der Staat, sich nicht nur der äußeren Ordnung der Kirche zu bemächtigen, sondern er greift mitten in den Gottesdienst und die Verkündigung hinein. Wir können darin nichts anderes erblicken als das immer deutlicher zutage tretende Bestreben, die Kirche unter die Gewalt des Staates zu bringen, die Ausrichtung ihres Auftrages zu erschweren, ja zu verhindern und dadurch ihre Stimme in der Öffentlichkeit unseres Volkes zum Schweigen zu bringen. Würde die Kirche sich dem beugen, so würde sie nicht mehr Kirche sein. Die Kirche ist durch Gottes Wort gebunden, im Gehorsam des Glaubens hier nicht zu weichen, sondern Widerstand zu leisten, denn die Gemeinde, die des Herrn Eigentum ist und ihm allein dient, steht unter seinem Befehl, das Wort von Gottes Gnade und Gottes Gericht unserem ganzen Volk zu sagen. Darum ermahnen wir die Gemeinden und rufen den bedrängten Brüdern zu: »Lasset uns laufen durch Geduld in dem Kampf, der uns verordnet ist, und aufsehen auf Jesum, den Anfänger und Vollender des Glaubens; welcher, da er wohl hätte mögen Freude haben, erduldete das Kreuz und achtete der Schande nicht und hat sich gesetzt zur Rechten auf den Stuhl Gottes. Gedenket an den, der ein solches Widersprechen von den Sündern wider sich erduldet hat, daß ihr nicht in eurem Mut matt werdet und ablasset« (Hebr. 12,1–3).
Darum laßt uns nicht Raum geben der Bitterkeit, sondern laßt uns in der Beugung unter Gottes Gericht und getröstet durch Gottes Barmherzigkeit nicht müde werden in der Fürbitte, daß Gott über uns, über unser Volk und über unsere Obrigkeit seine Gnade den Sieg behalten lasse. Er gebe uns Kraft, ihn zu bekennen, ob wir auch darüber leiden müssen.
»*Bekümmert euch nicht, denn die Freude am Herrn ist eure Stärke!*« (Neh. 8,10).

2. Weisung der Bekenntnissynode der Evangelischen Kirche der altpreußischen Union über die Regelung des Kollektenwesens

Da für die Lehre und Ordnung der Kirche das Wort der Heiligen Schrift gemäß den Bekenntnissen unserer Kirche gilt, ist auch das Kollektenwesen der Kirche nach diesem Worte zu ordnen. Es ist eindeutige Lehre der Heiligen Schrift, daß Glaube und Bekenntnis, Gebet und Opfer zusammengehören. Daraus folgt, daß christlicher Gottesdienst ohne das Opfer der christlichen Gemeinde nicht sein soll. Darum spricht sich die Bekenntnissynode der Evangelischen Kirche der altpreußischen Union für das Gebiet ihrer Landeskirche dahin aus:
1. Es ist Pflicht der Gemeinde, in ihren gottesdienstlichen Versammlungen ihr Opfer als Dank für die Gabe des Evangeliums nach dem Befehl des Wortes Gottes und im Vertrauen auf seine Verheißung darzubringen. Sie dient damit der Verkündigung des Evangeliums, nimmt sich des Mangels der Heiligen an (2. Kor. 9,12) und bezeugt darin ihre Gliedschaft an der einen Kirche, deren Haupt der Herr Christus ist.
2. Es ist Pflicht der Pfarrer, in den gottesdienstlichen Versammlungen die Kol-

lekten unter Angabe der Zweckbestimmung abzukündigen. Es ist dafür zu sorgen, daß die Kollekte gewissenhaft eingesammelt, ordnungsgemäß abgeführt und keinem Zweck zugeleitet wird, der der Verkündigung des Evangeliums widerspricht.

3. Es ist Pflicht der Kirchenleitung, durch Aufstellung der Kollektenpläne, durch Überwachung der Kollektenhandhabung, durch sinngemäße Verwendung der Kollekteneingänge der Verkündigung des Wortes Gottes und der Liebestätigkeit der Kirche zu dienen. Die mit der Kirchenleitung betrauten Organe müssen deshalb mit allem Ernst dafür Sorge tragen, daß die Gabe der Gemeinde gesammelt und im Dienst des Herrn verwendet wird.

Im Verlauf der letzten Jahre ist durch die Zerstörung der kirchenregimentlichen Organe ein Notstand eingetreten, der die Kirche gezwungen hat, ein Notrecht zu schaffen, durch das auch das Kollektenwesen dem Auftrag der Kirche gemäß neu geordnet wurde. Wir sind dabei sehr schonend vorgegangen und haben unsere Kollektenpläne mit den sonstigen Kollektenplänen, soweit als irgend möglich, in Übereinstimmung gebracht. Dieses Notrecht der Kirche wird auch durch den ministeriellen Runderlaß vom 9. 6. 1937 nicht außer Kraft gesetzt. Denn der Notstand der Kirche besteht anerkanntermaßen fort.

Die Synode stellt daher für die gegenwärtige Lage Richtlinien auf:

1. Da die Aufstellung der Kollektenpläne verfassungsgemäß den synodalen Organen obliegt, haben nach der Zerstörung und Auflösung der verfassungsmäßigen Synoden die synodalen Organe der Bekennenden Kirche oder notfalls die von ihnen beauftragten Organe die Kollektenpläne aufzustellen.

2. Der Kollektenplan der Bekenntnissynode ist für die Abkündigung der Kollekte im Gottesdienst verbindlich.

3. Die Einsammlung der Kollekten erfolgt im Gottesdienst. Wir ermahnen Gemeinden und Pfarrer, von dieser kirchlichen Pflicht und diesem christlichen Brauch nicht abzugehen. Bei dauernder äußerer Verhinderung der Einsammlung der Kollekte und daraus erwachsender Anfechtung hat die Leitung der Gemeinde den Rat des Provinzialbruderrates einzuholen.

4. Für gewissenhafte Ablieferung der Kollekte ist Sorge zu tragen.

5. Da eine Wesensunterscheidung zwischen regelmäßigen Gottesdiensten und Sondergottesdiensten keine biblische und kirchliche Begründung hat, ist diese Unterscheidung nicht zu beachten.

6. Wir warnen die Brüder, Verpflichtungserklärungen (Reverse), abzugeben, die, wenn auch nur zeitweise, das kirchlich gebotene Handeln in der Kollektenfrage hindern. Solche Reverse belasten die Gewissen und machen unfrei.

Der Herr spricht: »Meine Augen sehen nach den Treuen im Lande, daß sie bei mir wohnen, ich habe gerne fromme Diener« (Ps. 101,6).

Kurze Zeit nach dieser Synode wurde ein weiterer Schlag gegen die Bekennende Kirche geführt. Anfang Oktober wurde der sogenannte Himmler-Erlaß vom 29. August 1937 bekannt, der sich gegen das theologische Ausbildungswesen der Bekennenden Kirche richtete[14]:

Die von den Organen der sogenannten Bekennenden Kirche seit langem gezeigte Haltung, unter Mißachtung der vom Staate geschaffenen Einrichtungen den theologischen Nachwuchs durch eigene Organisationen auszubilden und zu prüfen, enthält eine bewußte Zuwiderhandlung gegen die Fünfte Verordnung zur Durchführung des Gesetzes zur Sicherung der Deutschen Evangelischen Kirche

---

14 Ministerialblatt des Reichs- und Preuß. Ministeriums des Innern, 1937, S. 1571

vom 2. Dezember 1935 und ist geeignet, das Ansehen und Wohl des Staates zu gefährden. Im Einvernehmen mit dem Reichs- und preußischen Minister für Wissenschaft, Erziehung und Volksbildung und dem Reichs- und preußischen Minister für die kirchlichen Angelegenheiten ordne ich daher an:
Auf Grund des Paragraphen 1 der Verordnung des Reichspräsidenten zum Schutze von Volk und Staat vom 28. Februar 1933 werden die von den Organen der sogenannten Bekennenden Kirche errichteten Ersatzhochschulen, Arbeitsgemeinschaften und die Lehr-, Studenten- und Prüfungsämter aufgelöst und sämtliche von ihnen veranstalteten theologischen Kurse und Freizeiten verboten.

Ebenso bedeutsam ist die Stellungnahme der Evangelischen Bekenntnissynode im Rheinland, die auf ihrer 6. Tagung vom 9.–11. November 1937 den folgenden Beschluß zur Frage des theologischen Nachwuchses faßte[15]:

Schon im Jahre 1935 wurde die Eröffnung der von der Bekennenden Kirche in Berlin und Elberfeld errichteten kirchlichen Hochschulen staatspolizeilich verboten. Ende des Jahres 1936 wurden die beiden theologischen Unterrichtsstätten der Bekennenden Kirche von der Geheimen Staatspolizei geschlossen. Im Juni 1937 wurde der »Wuppertaler Kirchliche Lehrgang« verboten. Ferner wurden in diesem Jahre theologische Freizeiten der Bekennenden Kirche aufgelöst.
Jetzt hat der Reichsführer SS und Chef der deutschen Polizei im Reichsinnenministerium unter dem 2. 10. 1937 im Einvernehmen mit dem Reichs- und Preußischen Minister für Wissenschaft, Erziehung und Volksbildung und dem Reichs- und Preußischen Minister für die kirchlichen Angelegenheiten eine Verordnung erlassen, die ein allgemeines Verbot der kirchlichen Lehrtätigkeit der Bekennenden Kirche an den Theologiestudenten darstellt.
Nach diesem Erlaß sind die von den Organen der Bekennenden Kirche errichteten Unterrichtsstätten und die Lehr-, Studenten- und Prüfungsämter der Bekennenden Kirche aufgelöst sowie sämtliche von ihnen veranstalteten Kurse und Freizeiten verboten.
In der Begründung des Erlasses erklärt der Reichsführer SS und Chef der Deutschen Polizei im Reichsinnenministerium, daß »die von den Organen der sogenannten Bekennenden Kirche seit langem gezeigte Haltung, unter Mißachtung der vom Staat geschaffenen Einrichtungen, den theologischen Nachwuchs durch eigene Organisationen auszubilden und zu prüfen«, eine »bewußte Zuwiderhandlung gegen die 5. Verordnung zur Durchführung des Gesetzes zur Sicherung der Deutschen Evangelischen Kirche vom 2. Dezember 1935« enthalte und geeignet sei, »das Ansehen und Wohl des Staates zu gefährden«.
Zu diesem Erlaß des Reichsführers SS und Chefs der Deutschen Polizei im Reichsinnenministerium erklärt die 6. Evangelische Bekenntnissynode im Rheinland folgendes:

I.

Es ist die Aufgabe und das Recht der Kirche, um der reinen Verkündigung des Evangeliums willen für eine rechte Theologie und theologische Unterweisung Sorge zu tragen. Deshalb haben die Organe der Bekennenden Kirche angesichts der weitgehenden Entfremdung der staatlichen Fakultäten von der Kirche und ihrer Lehre eigene Unterrichtsstätten errichtet. Darin lag keine »Mißachtung der vom Staat geschaffenen Einrichtungen« als solcher. Die Bekennende Kirche hat

---

15 Orig.R., Handdruck; vgl. *Beckmann*, Rheinische Bekenntnissynoden im Kirchenkampf, a.a.O., S. 366ff.

ihre Theologiestudenten immer dahin beraten und rät ihnen heute noch, diejenigen theologischen Fakultäten zu besuchen, deren Mitglieder eine schrift- und bekenntnismäßige Ausbildung erwarten lassen. Trotzdem sind die theologischen Unterrichtsstätten der Bekennenden Kirche verboten worden.
Die Organe der Bekennenden Kirche haben die Unterweisung ihrer künftigen Pfarrer durch Kurse, Freizeiten und Arbeitsgemeinschaften unterstützt. Theologische Kurse usw. sind bisher immer Angelegenheiten der *Kirche* allein gewesen. Hier kann selbst der Erlaß des Reichsführers SS und Chefs der Deutschen Polizei im Reichsinnenministerium nicht von einer »Mißachtung der vom *Staat* geschaffenen Einrichtungen« sprechen. Trotzdem werden auch sie der Bekennenden Kirche verboten.
Die Organe der Bekennenden Kirche haben eigene Prüfungen von Theologiestudenten und Kandidaten vorgenommen, um eine sachgemäße Beurteilung der Befähigung zum Pfarramt zu ermöglichen. Nicht nur das zweite, sondern auch das erste theologische Examen ist selbst dort, wo ein sogenanntes Fakultätsexamen vorliegt, eine *kirchliche* Einrichtung. Schon deswegen kann auch diese Maßnahme keine »Mißachtung der vom Staat geschaffenen Einrichtungen« bedeuten. Trotzdem werden die Prüfungsämter der Bekennenden Kirche und die von ihnen abgehaltenen Prüfungen verboten.
In den erwähnten Maßnahmen nehmen die Organe der Bekennenden Kirche lediglich das Amt einer an Schrift und Bekenntnis gebundenen Kirchenleitung wahr. Dieses Amt wird ihnen freilich in der 5. Verordnung zur Durchführung des Gesetzes zur Sicherung der Deutschen Evangelischen Kirche vom 2. Dezember 1935, auf die sich der Reichsführer SS und Chef der Deutschen Polizei im Reichsinnenministerium in seinem Erlaß beruft, bestritten. Die Bekennende Kirche kann aber solcher Bestreitung so lange nicht stattgeben, bis »eine andere Kirchenleitung vorhanden ist, die auf unangefochtener Bekenntnis- und Rechtsgrundlage steht« (s. Bekenntnissynode der Deutschen Evangelischen Kirche, Oeynhausen B 2).
Daß die Durchführung dieses, den Organen der Bekennenden Kirche aufgetragenen Amtes geeignet sei, »das Ansehen und Wohl des Staates zu gefährden«, ist ein ungerechter Vorwurf, den die Bekennende Kirche schmerzlich empfindet. Sie kann ihn aber um so eher zurückweisen, als die treue Fürsorge für den Dienst am Evangelium niemals das Wohl und Ansehen des Staates zu gefährden, sondern stets nur zu mehren imstande ist.

II.

Der Erlaß des Reichsführers SS und Chefs der Deutschen Polizei im Reichsinnenministerium nötigt in seiner Auswirkung die Studenten der Theologie, ihr Studium vorwiegend an Fakultäten durchzuführen, deren Arbeit in Forschung und Lehre weithin entkirchlicht ist. Das gilt z.B. für die rheinischen Theologiestudenten, deren Heimatfakultät heute ausschließlich mit solchen Theologen besetzt ist, die die deutschchristliche Lehre vertreten oder ihr nicht ernstlichen Widerstand entgegensetzen.
Der Erlaß des Reichsführers SS und Chefs der Deutschen Polizei im Reichsinnenministerium setzt die Theologiestudenten aber auch außerhalb ihres regulären Studiums weithin dem deutschchristlichen Einfluß aus. Denn während Kurse, Freizeiten und theologische Arbeitsgemeinschaften, die von den deutschchristlichen Kirchenbehörden und Theologen abgehalten werden, ungehindert stattfinden können, werden die Organe der Bekennenden Kirche und ihre theologischen Lehrer völlig von der Beeinflussung der jungen Theologen ausgeschlossen.
Der Erlaß des Reichsführers SS und Chefs der Deutschen Polizei im Reichsinnenministerium überliefert endlich die Theologiestudenten den Prüfungskommissio-

nen bei den Konsistorien (bzw. der theologischen Fakultäten), deren Mitglieder vielfach der deutschchristlichen Theologie nahestehen, ihr jedenfalls praktisch nicht wehren und so in ihrem Urteil über den Kandidaten im Sinne einer unkirchlichen Theologie befangen sind. Er nötigt auch die Kandidaten der Theologie, sich bei ihrer Examensmeldung einem Kirchenregiment zu unterstellen, das seine Weisungen nicht allein von der Kirche her empfängt, sondern in seinem Handeln von den herrschenden weltanschaulichen und politischen Einflüssen je länger je mehr bestimmt ist.

Aus dem Erlaß wird also deutlich, daß der Staat den Einfluß der deutschchristlichen und ihnen verwandten Lehren bei dem theologischen Nachwuchs durchsetzen will und sich dabei auch polizeilicher Gewalt bedient.

III.

Damit gewinnt der Erlaß des Reichsführers SS und Chefs der Deutschen Polizei im Reichsinnenministerium eine über seinen nächsten Zweck hinausgehende Bedeutung. Er stellt eindeutig ins Licht, daß der Staat auch darüber bestimmen will, welche Theologie in der Deutschen Evangelischen Kirche zur Herrschaft gelangen soll, und daß er damit auch darüber entscheiden will, was künftig von den Kanzeln der Deutschen Evangelischen Kirche verkündigt werden soll. Er erweist also, daß der Staat nicht, wie man häufig noch meint, nur Ordnung und Verwaltung der Kirche in seine Hand bringen, sondern auch auf die Lehre der Kirche unmittelbar Einfluß nehmen will, indem er der Bekennenden Kirche das Lehramt verbietet. Der Staat nimmt jetzt auch einen Teil der geistlichen Leitung an sich, die allein der Kirche zusteht. Es ist offenkundig, daß der Staat mit seiner neuen Verordnung die ihm von Gott gesetzten Befugnisse überschreitet und in ein fremdes Amt eingreift, in das Amt der Kirche. Darum kann die Bekennende Kirche in diesem Erlaß nicht eine obrigkeitliche Anordnung erblicken, der sie nach Gottes Gebot Gehorsam zu leisten schuldig ist.

IV.

In dieser Bedrängnis bekennt die Synode ihre und ihrer Väter Schuld. Die Kirche hat die theologischen Lehrer an den Universitäten weithin ohne geistliche Bindung und Verantwortung gelassen. Sie hat auch versäumt, angesichts mannigfachen Versagens der theologischen Fakultäten, die bekenntnisgemäße Unterweisung der Theologiestudenten an eigenen Ausbildungsstätten zu fördern.

Die Synode preist die Gnade Gottes, der seiner Kirche die lautere Verkündigung des Evangeliums bis auf diesen Tag immer wieder geschenkt hat.

Gerade darum weiß sich die Synode gerufen, für eine rechte theologische Unterweisung der künftigen Pfarrer Sorge zu tragen.

So warnt die Synode die verantwortlichen Männer der in der Deutschen Evangelischen Kirche staatlich bevollmächtigten Kirchenleitungen davor, untätig zuzusehen oder gar dazu mitzuwirken, daß der Staat über die Verkündigung der Kirche verfügt.

Die Synode erinnert die Kirchenleitungen der Bekennenden Kirche daran, daß sie ohne Zögern und in nüchterner Erkenntnis der Lage alle Mittel für eine rechte theologische Unterweisung der künftigen Diener am Wort erwägen und ergreifen möge.

Die Synode dankt dem Preußischen Bruderrat für seine bisherige Sorge für das theologische Ausbildungswesen. Sie dankt auch allen theologischen Lehrern, die sich der kirchlichen Unterweisung unter Mühen angenommen haben. Sie dankt den Theologiestudenten und den Kandidaten sowie deren Eltern, daß sie oft große Opfer auf sich genommen haben um der rechten Erkenntnis des Evangeliums willen. Sie dankt endlich allen Gliedern der Gemeinden, die die theologische Aus-

bildung erhalten und fördern halfen. Sie bittet Gott: »Bewahre ewiglich solchen Sinn und Gedanken im Herzen Deines Volkes und richte ihre Herzen zu Dir« (1. Chron. 29,18b).
Die Synode mahnt alle Glieder der Bekennenden Kirche, jedes an seinem Ort besonnen und entschlossen auch fernerhin Mittel und Wege zu suchen, welche die theologische Unterweisung und Forschung, die dem Evangelium dient, in Deutschland auch heute zu erhalten vermögen.
Die Synode übergibt diese Erklärung an die Gemeinden der Reichsregierung zur Kenntnisnahme.

Inzwischen war als eine weitere Maßnahme des Kampfes gegen die Kirche die Schrift »Protestantische Rompilger« von Alfred Rosenberg erschienen. Dieses Heft war symptomatisch für den in der Partei nunmehr amtlich werdenden Kampf gegen das Christentum. Deswegen sah sich das *Kasseler Gremium* veranlaßt, zum Reformationsfest 1937 eine *Erklärung gegen Rosenberg* zu veröffentlichen, die mit einer außerordentlich großen Anzahl von Unterschriften in der deutschen Öffentlichkeit verbreitet wurde[16].
Noch bevor das Jahr 1937 zu Ende ging, wurde am 10. Dezember vom Kirchenministerium in der 17. Durchführungsverordnung zum Sicherungsgesetz der Schlußstein für den Bau der neuen staatsgebundenen Evangelischen Kirche gelegt. Im Zusammenhang mit der 15. Verordnung bot sie die Handhabe für ein einwandfreies Funktionieren des kirchenbehördlichen Apparates im Sinn der kirchenpolitischen Intentionen des Dritten Reiches. Die wichtigsten Paragraphen sind die folgenden[17]:

§ 1

(1) Die Leitung der Deutschen Evangelischen Kirche liegt bei dem Leiter der Deutschen Evangelischen Kirchenkanzlei.
(2) Dieser ist befugt, nach Anhörung der Kirchenregierungen der Landeskirchen Verordnungen in äußeren Angelegenheiten zu erlassen. Die Fragen von Bekenntnis und Kultus sind von dieser Befugnis ausgeschlossen.

§ 2

(1) Die Leitung der Landeskirchen liegt, soweit nicht im folgenden besondere Bestimmungen getroffen sind, bei den im Amt befindlichen Kirchenregierungen.
(2) In den Landeskirchen:
a) Evangelische Kirche der altpreußischen Union,
b) Evangelisch-lutherische Landeskirche Sachsens,
c) Evangelisch-lutherische Landeskirche Schleswig-Holsteins,
d) Evangelische Landeskirche Nassau-Hessen
liegt die Leitung bei dem im Amt befindlichen Leiter der obersten Verwaltungsbehörde. Dieser trifft seine Entscheidungen nach vorangegangener Beratung mit den Mitgliedern der Behörde.

Gegen diese Verordnung setzte sich naturgemäß die Bekennende Kirche durch das Kasseler Gremium (mit einem Schreiben an den Reichskirchenminister vom 23. Dezember 1937) zur Wehr[18].

16 Vgl. KJB 1933–1945, S. 211ff.
17 GBl DEK 1937, S. 70
18 Vgl. KJB 1933–1945, S. 220ff.

Das *Kasseler Gremium* sah sich ebenfalls veranlaßt, gleichzeitig zu den die 17. Verordnung begleitenden *Reden des Reichskirchenministers* öffentlich Stellung zu nehmen[19]:

Zu den in Fulda und Hagen erfolgten programmatischen Erklärungen des Herrn Reichs- und Preußischen Ministers für die kirchlichen Angelegenheiten nehmen die unterzeichneten Verteter der Deutschen Evangelischen Kirche Stellung.

I.

In seiner Rede in Hagen am 1. 12. 1937 hat der Herr Reichsminister nach DNB-Bericht ausgeführt:
»Dem nationalsozialistischen Staat geht es ausschließlich um die Gewissens- und Glaubensfreiheit des einzelnen. Keiner soll darin beschränkt werden, sich seine Konfession auszusuchen. Ganz allein soll der einzelne entscheiden, welchem religiösen Glauben er angehören wolle. Daraus soll ihm weder ein Vorteil noch ein Nachteil erwachsen.«
Dazu erklären wir:
Daß in Zukunft nach diesen Grundsätzen verfahren wird, ist eine wesentliche Voraussetzung der Befriedung der Verhältnisse in Kirche und Staat.
Wenn der einzelne nicht darin beschränkt werden soll, sich seine Konfession zu wählen, dann muß er das auch in der tätigen Teilnahme an allen Dingen seiner Konfession beweisen dürfen.
Er darf nicht länger der freien öffentlichen Meinungsäußerung in Bezeugung seines Glaubens und in Abwehr öffentlicher Angriffe auf ihn beraubt sein.
Er darf nicht der Verächtlichmachung seines Glaubens wehrlos preisgegeben bleiben, indem sein vom Glauben her bestimmtes Handeln als staatsfeindlich und die Volksgemeinschaft störend mißdeutet wird.
Er muß künftig vor allen politischen oder wirtschaftlichen Zwangsmaßnahmen gesichert sein, die ihn wegen seiner Konfessionszugehörigkeit in seiner bürgerlichen Ehre oder wirtschaftlichen Existenz mindern. Auch die von parteiamtlichen Organisationen, besonders der Jugend, Erfaßten, auch die Staatsbeamten, müssen künftig die Freiheit erhalten, sich ungehindert innerhalb ihrer Kirche (z.B. als Mitglieder kirchlicher Körperschaften, als Mitarbeiter im evang. Männerdienst, der evang. Frauenhilfe, der evangelischen Jugendarbeit, dem Kindergottesdienst usw.) zu betätigen und ihren evangelischen Glauben auch innerhalb ihres bürgerlichen Lebens zu bezeugen.

II.

In der gleichen Rede hat der Herr Kirchenminister hervorgehoben:
»Der nationalsozialistische Staat denkt nicht daran, irgendeine Konfession zu einer Staatskirche zu machen ... Das Ziel der nationalsozialistischen Kirchenpolitik ist die völlige Gleichstellung der verschiedenen Religionsgemeinschaften untereinander.«
Dazu erklären wir:
Die innerhalb der Kirche ausgebrochenen Glaubenskämpfe müssen vom Staat in Zukunft als rein innerkirchliche Angelegenheiten behandelt werden. Freiheit der Konfession schließt ein, daß es der Kirche nicht länger verwehrt werden darf, ihre Lehre und ihre Ordnung gemäß den ihr Wesen begründenden unaufgebbaren Voraussetzungen zu gestalten.
Innerhalb der DEK halten die von uns vertretenen Kirchen an diesen in der Heili-

---

19 Vervielfältigung ohne Kopf und Datum mit Überschrift: Kirchl. Stellungnahme zu den Reden des Reichskirchenministers. Auslassungen nach Vorlage

gen Schrift gegebenen und in ihren Bekenntnissen bezeugten Grundlagen fest. Es muß ihnen daher in Zukunft unverwehrt bleiben, die auf dieser unaufgebbaren Grundlage stehenden Gemeindeglieder in Gemeinden zu sammeln und zu ordnen sowie auf allen Stufen des kirchlichen Aufbaues in synodalen Organen dem von Schrift und Bekenntnis bestimmten Willen der Gemeinde Ausdruck und Wirksamkeit zu verleihen (Neubildung der kirchlichen Organe, Gestaltung der künftigen Verfassung); ihre Ämter zur Ausrichtung der Verkündigung und zur Aufrechterhaltung der Ordnung mit von der Kirche bestimmten und der Kirche verantwortlichen Trägern zu besetzen; die künftigen Diener am Wort in kirchlicher Verantwortung auszubilden und zu prüfen, zu ordinieren und zu bestellen; die freiwilligen Dankopfer der Gemeinde für die Gabe des Wortes Gottes (Kollekte) für die kirchliche Arbeit und für kirchliche Werke in eigener Verantwortung auszuschreiben, zu sammeln und zu verwenden.

Die Freiheit der Konfessionen schließt hinsichtlich der Deutschen Evangelischen Kirche und der Evangelischen Landeskirchen aus, daß die staatliche Kirchenpolitik auch weiterhin kirchliche Instanzen, besonders die Organe der kirchlichen Selbstverwaltung entmächtigt, für nicht bestehend erklärt und durch staatlich bestellte Organe mit unbegrenzten staatlichen Machtbefugnissen ersetzt. Die Berufung auf das staatliche Aufsichtsrecht darf nicht dazu führen, daß der Staat durch das Kirchenministerium oder andere von ihm gesetzte oder ihm allein verantwortliche Organe in die innerkirchlichen Angelegenheiten eingreift.

Wir können es auch nicht unterlassen, darauf hinzuweisen, wie wenig es in allen Kreisen des deutschen Volkes verstanden würde, wenn der Evangelischen Kirche in der Ordnung und Verwaltung ihrer Angelegenheiten stärkere staatliche Bindungen auferlegt würden als der Katholischen Kirche. Es könnten sich hieraus – gerade in überwiegend katholischen Gegenden – Folgerungen ergeben, die vom Standpunkt der deutschen Volksgemeinschaft aus durchaus unerwünscht sein müßten.

III.

Der Herr Kirchenminister hat in seiner Fuldaer Rede ausgeführt:
»Es ist an sich nicht die Aufgabe der nationalsozialistischen Regierung, die Erhaltung von Kirchen durch Zuschüsse und durch Steuern von sich aus zu sichern. Das ist die Aufgabe der Gläubigen, denen es obliegen muß, für die Kirche zu sorgen, zu der sie gehören wollen. Wenn dies auch nicht sofort durchgeführt wird, so steht es doch als Ziel fest.«
Dazu erklären wir:
Die Gläubigen haben stets für die Kirche gesorgt, zu der sie gehören. Das haben sie nicht nur durch Abgaben und Spenden, sondern auch durch Stiftung von Kirchengut getan. Wir setzen, gestützt auf die feierlichen Zusagen des Führers, voraus, daß der Kirche das Kirchengut verbleibt und sie allein über seine Nutzbarmachung für kirchliche Zwecke bestimmt. Im Gebrauch der Kirche befindliche staatseigene Gebäude dürfen ihrer bisherigen kirchlichen Benutzung nicht entzogen werden.
Die bei der Einziehung von Kirchengut übernommenen Verpflichtungen bilden vielfach die Rechtsgrundlage der heutigen Staatsleistungen an die Kirchen. Diese sind im übrigen nur die Gegenleistung für die kulturellen und karitativen Leistungen der Kirche an Volk und Staat. Über eine auf Recht und Billigkeit gestützte Ablösung, die einen angemessenen Ausgleich für die bisherigen Leistungen vorsieht, sind wir zu Verhandlungen bereit. Wir nehmen zur Kenntnis, daß auch der Herr Kirchenminister seine Fuldaer Ausführungen in Hagen dahin ergänzt hat, daß die Zurückführung der Religionsgemeinschaften auf die Opfer ihrer Gläubigen nicht als eine plötzliche Entziehung der Staatszuschüsse zu verstehen sei.

Kirchensteuern, die auch bisher Abgaben der Gläubigen für ihre Kirche darstellen, müssen der Kirche auch fernerhin zur Befriedigung ihrer notwendigen Bedürfnisse verbleiben. Soweit bisher der Staat bei der Erhebung der Kirchensteuern Dienste geleistet hat, sind sie ihm von der Kirche in vollem Umfange vergütet worden. Über eine die Kirche stärker beteiligende Änderung des Kirchensteuerwesens zu verhandeln, sind wir bereit. – Hinsichtlich der freiwilligen Beiträge der Konfessionsangehörigen für kirchliche Zwecke müßten die Hemmungen fortfallen, die durch die Vorschriften des Sammlungsgesetzes bzw. seine Handhabung entstehen.

Die Bedeutung der 17. Verordnung begann sich bereits in den ersten Monaten des Jahres 1938 bemerkbar zu machen. Auf Grund dieser Verordnung wurden in der Deutschen Evangelischen Kirche, insbesondere aber in der Evangelischen Kirche der altpreußischen Union, natürlich auch in den anderen Kirchen, die von der 17. Verordnung unmittelbar betroffen waren, von den Behördenleitern, also in Reich und Preußen von Präsident Dr. Werner, zahlreiche Verordnungen erlassen, unter denen die bedeutsamste die Verordnung über das Prüfungswesen, insbesondere die Übernahme von Kandidaten der Bekennenden Kirche in den amtlichen Kirchendienst, ferner die Verordnung über die Neugestaltung der Rechte der kirchlichen Körperschaften sind. Erwähnenswert ist auch die Einführung des Führerprinzips in der Verordnung über die Leitung der Konsistorien durch die Präsidenten unter Beseitigung des Kollegialprinzips. Am Schluß dieser ganzen Verordnungen kam es auch zur Herausgabe einer neuen gesamtkirchlichen *Disziplinarordnung* vom 13. April 1939, in der es bezeichnenderweise in dem Paragraphen 1 folgendermaßen heißt[20]:

»Geistliche und Kirchenbeamte können disziplinarisch bestraft werden, wenn sie sich eines Dienstvergehens schuldig machen.
Ein Dienstvergehen liegt vor, wenn ein Geistlicher oder ein Kirchenbeamter schuldhaft Pflichten verletzt, die sich aus seiner Amtsstellung ergeben. Solche Pflichten sind die unmittelbaren Dienstpflichten, die Pflicht, sich in und außer dem Dienst des Vertrauens und der Achtung würdig zu zeigen, die seinem Amt entgegengebracht werden, und insbesondere die Treuepflicht gegen Führer, Volk und Reich. Die Stellungnahme zu Fragen des Bekenntnisses und der Lehre ist als solche kein Dienstvergehen.«

Am meisten Kampf entstand um die *Verordnung über den Treueid der Geistlichen* und über die *Kollektenordnung.*
Dadurch, daß die 17. Verordnung die Landeskirchen in Deutschland in ganz verschiedener Weise betraf, wurden bestimmte Kirchen eine Zeitlang aus der unmittelbaren Kampfzone herausgehalten. Es waren dies vor allem die Kirchen, die sich in der »Landeskirchenführerkonferenz« auf der Basis von Artikel 1 der Verfassung der Deutschen Evangelischen Kirche zusammengefunden hatten, das heißt vor allem Bayern, Württemberg, Hannover, Kurhessen und die beiden Reformierten Landeskirchen von Lippe und Hannover. Demgegenüber wurden Altpreußen, Nassau-Hessen, Sachsen, Oldenburg Hauptkampfgebiete. Die in diesen Landeskirchen bestehenden Bekennenden Kirchen schlossen sich in Verbindung mit der

---

20 GBl DEK 1939, S. 27ff.

Vorläufigen Leitung zur *Konferenz der Landesbruderräte* zusammen, da die alten Organe der Bekennenden Kirche, Bekenntnissynode der Deutschen Evangelischen Kirche und Reichsbruderrat, nicht aktionsfähig waren. So ist es zu verstehen, daß die Bekennende Kirche in den »intakten« und »zerstörten Kirchen« einen verschiedenen Weg zu gehen versuchte. Die Bekennende Kirche in den »zerstörten Kirchen« stand in besonders heftigem Kampf, der gegen sie von Staat und Partei geführt wurde, weil sie sich ihrerseits auf das heftigste gegen die Verstaatlichung der Kirche zur Wehr setzte. Dieser Kampf wurde einerseits um den theologischen Nachwuchs, die theologische Ausbildung, die Prüfung und Ordination der Studenten und Kandidaten der Bekennenden Kirche geführt, andererseits um die Kollekten als kirchliche Opfergaben. In allen diesen Kämpfen ging es um die Behauptung des Kirchenregimentes der Bekennenden Kirche gegenüber den staatlich dirigierten Kirchenbehörden.

Die Kirchenbehörden bzw. Kirchenleiter in den Kirchen, die unter deutschchristlichen Einflüssen standen, fanden sich auch ihrerseits zu einer Arbeitsgemeinschaft zusammen, in welcher der Versuch gemacht wurde, die Evangelische Kirche dadurch zu retten, daß man ihr das Gepräge einer deutschen Nationalkirche im Sinn und Geist der Thüringer Deutschen Christen, die sich inzwischen »Nationalkirchliche Einung« nannten, gab. Dieser Zusammenschluß war der letzte Versuch des Kirchenministers Hanns Kerrl, die Kirchenfrage der Evangelischen Kirche im Dritten Reich zu lösen.

Die Bekennende Kirche wurde in dieser Zeit zwangsläufig durch das Verbot ihrer Lebensäußerungen seitens des Staates in die Illegalität gedrängt. Sie konnte, weil sie sich als Kirche behaupten wollte, nur noch im Widerspruch mit den bestehenden staatlichen und staatskirchlichen Verordnungen existieren. Dies führte in den Jahren 1938–39 die Bekennende Kirche in das Stadium der akuten Verfolgung. Die Maßnahmen gegen die Vertreter der Bekennenden Kirche durch die Geheime Staatspolizei stiegen lawinenhaft an. Daneben kam es zu einer Fülle von Verfahren vor den Sondergerichten wegen Verstoßes gegen das Heimtückegesetz, den Himmlererlaß, das Pressegesetz, das Sammlungsgesetz und den Kanzelparagraphen. Die Durchführung des Kirchenregimentes der Bekennenden Kirche in ihren Bruderräten und Synoden war nur noch heimlich möglich. Die Unterrichtung der Gemeinden, die Sammlung der notwendigen Gelder, die Prüfungen und Ordinationen, die Versammlungen der Bekenntnisgemeinden, ja sogar der kleinen Bruderrats-Helferkreise und Pfarrerkonvente konnten nur unter Anwendung besonderer Schutz- und Sicherungsmaßnahmen durchgeführt werden. Aber trotz allem ließ sich die Bekennende Kirche nicht in die völlige Verborgenheit (Ghetto) verdrängen. Sie behauptete trotz aller Angriffe z.B. ihre öffentliche Fürbitte für die gemaßregelten Brüder und Schwestern. Ihre Bruderräte und Synoden verfaßten Eingaben an den Staat und öffentliche Abkündigungen, die von den Bekenntnispfarrern auf den Kanzeln verlesen wurden. In dieser umfassenden, nicht abreißenden Kette von Auseinandersetzungen gab es bestimmte Höhepunkte, von denen in den nachfolgenden Dokumenten Zeugnis gegeben werden soll.

Am 1. Juli 1937 war Martin Niemöller verhaftet worden. Der Prozeß gegen ihn fand im März 1938 statt. Zu dem Ausgang dieses Prozesses erließ die *Vorläufige Leitung* für den 13. März die folgende

Kanzelabkündigung[21]

Mit tiefer Bewegung und in gespannter Erwartung hat die evangelische Christenheit in Deutschland den Ausgang des Prozesses erwartet, in dem ein Sondergericht ein Urteil fällen sollte über die schweren Anklagen, die gegen Pfarrer Martin Niemöller erhoben waren. Das Gericht hat ihn zu 7 Monaten Festungshaft und 2000,– RM Geldstrafe verurteilt und weiter dahin erkannt, daß die 7 Monate Festungshaft und 500,– RM von der Geldstrafe durch die Untersuchungshaft verbüßt sind.

Nach dem Gesetzbuch darf auf Festungshaft nur dann erkannt werden, »wenn die Tat sich nicht gegen das Wohl des Volkes gerichtet und der Täter ausschließlich aus ehrenhaften Beweggründen gehandelt hat«. Durch das Urteil ist also festgestellt, daß Pfarrer Niemöller nicht gegen das Wohl des Volkes verstoßen und ausschließlich aus ehrenhaften Beweggründen gehandelt hat . . .

Martin Niemöller ist *nicht* in Freiheit gesetzt. Er ist in ein Konzentrationslager überführt – für unbestimmte Zeit. Damit ist ihm der Makel eines Volksschädlings angehängt. Diese Maßnahme ist mit dem Urteil des Gerichtes nicht vereinbar. Es steht geschrieben: »Recht muß doch Recht bleiben« und: »Gerechtigkeit erhöhet ein Volk, aber die Sünde ist der Leute Verderben.«

Die Kirche dankt und lobt Gott, daß er ihr in Martin Niemöller einen treuen Prediger des Evangeliums gegeben hat. Seit Beginn des Kirchenkampfes haben wir aus Martin Niemöllers Mund Gottes Wort gehört. Wir kennen ihn als einen treuen Sohn unseres Volkes, den Gott zu einem Diener seiner Kirche gemacht hat. Sein Wort fand Geltung, weil es für Christus brannte und das Zeugnis für seine Wahrheit nicht scheute. Selbstsucht und Sensationslust lagen ihm fern.

Martin Niemöller ist Gemeindepastor. Seiner Gemeinde hat er in Treue gedient. Sein Wirken ging weit über seine Gemeinde hinaus. – Er hat uns Pastoren aufs neue zu Gottes Wort und zu unserem Ordinationsgelübde gerufen. In Schwachheit hat er uns gestärkt und uns in Zaghaftigkeit getröstet. Seine Predigt hat die Gemeinden aufgerufen zum Glauben, zum Bekenntnis und zur Gemeinschaft untereinander. So hat er über seine Gemeinde hinaus das Hirten- und Wächteramt durch Gottes Gnade ausüben dürfen.

Nun will man ihn auf unabsehbare Zeit am Wirken in seiner Gemeinde nicht nur, sondern auch an der Ausübung seines Dienstes in der Deutschen Evangelischen Kirche hindern. Sein Schicksal trifft ihn darum nicht als Einzelperson. Was man gegen ihn unternimmt, geschieht, damit endlich die Stimme der Kirche in Deutschland zum Schweigen kommt und damit endlich der Widerstand gegen die Zerstörung und Auflösung der Kirche erlahmt.

Das wird mit Gottes Hilfe nicht gelingen. Wenn Gott uns jetzt so in die Nachfolge des gekreuzigten Christus stellt, wie er es besonders mit Martin Niemöller und all den andern um des Evangeliums willen leidenden Brüdern tut, so haben wir seine Verheißung, daß seine Kraft in den Schwachen mächtig ist. Wir wissen uns verpflichtet, daß wir nunmehr um so kühner in Gottes Namen sein Wort ohne Scheu reden.

Unseren Bruder Martin Niemöller und alle gefangenen und bedrängten Brüder segne der lebendige Gott! Er bewahre sie an Leib und Seele! Er helfe den Angehörigen! Unsere Zuversicht steht auf Gott. In seiner Hand sind unsere Brüder. Kein Haar fällt von ihrem Haupte ohne Gottes Willen. Darum wollen wir ihm alles anheimstellen und ihm kindlich vertrauen. Er läßt mitten in der Anfechtung sein Wort laufen, er gibt nicht zu, daß es gebunden wird. Sein Name wird unter uns

---

21 Anlage zu einem Rundschreiben der Ev. Bekenntnissynode im Rheinland vom 9. 3. 1938. Vervielf. Ausfertigung. Auslassung nach Vorlage.

herrlich. Die Gemeinde wächst. Und wir werden ihm noch danken, daß er unseres Angesichts Hilfe und unser Gott ist.

Die Vorläufige Leitung der Deutschen Evangelischen Kirche
Albertz   Böhm   Forck   Fricke   Müller

In denselben Tagen wurde von Adolf Hitler der österreichische Staat dem deutschen Reiche einverleibt. Hierzu wurde von der staatsgelenkten Deutschen Evangelischen Kirche folgendermaßen Stellung genommen:

Aufruf zur Volksabstimmung am 10. April 1938[22]

Die weltgeschichtliche Tat des Führers hat Großdeutschland geschaffen. Die uralte Sehnsucht des deutschen Volkes ist damit erfüllt. Die Deutsche Evangelische Kirche dankt Gott für diese Wendung, die ein Wunder ist vor unsern Augen. Sie dankt dem Führer, daß er durch entschlossenes Handeln die Einigung unseres Volkes vollzogen hat. Sie weiß sich freudig verpflichtet, ihren Dank vor Gott und unserm Volk durch die Tat zu beweisen.
Ich stelle mit aufrichtiger Freude fest, daß sämtliche deutschen Evangelischen Landeskirchen und die großen Verbände der kirchlichen Arbeit ohne Unterschied ihrer kirchlichen Einstellung bereits für ihr Gebiet gleichgerichtete Aufrufe erlassen haben oder sich diesem Aufruf anschließen.
Insbesondere begrüße ich das eindringliche Wort, das die Evangelische Kirche Österreichs soeben vor der Öffentlichkeit zum 10. April gesagt hat. In dem Ja zum größeren Deutschland und zu der Tat des Führers ist die Evangelische Kirche einig!
Die Deutsche Evangelische Kirche erwartet, daß am 10. April jeder evangelische Deutsche freudig und dankbar seine Schuldigkeit tut.
Gott segne Großdeutschland! Gott segne unsern Führer!

Der Leiter der Deutschen Evangelischen Kirchenkanzlei
Präsident Dr. Werner

a)   Der Kampf um den Treueid der Pfarrer (1938)

Im Frühjahr und Sommer des Jahres 1938 wurde die Evangelische Kirche Deutschlands von dem *Kampf um den Treueid der Geistlichen* erfüllt. Der Treueid auf Adolf Hitler hatte als Staatseid die Vorläufige Leitung schon im Zusammenhang des Vorgehens gegen Karl Barth im Jahre 1934/1935 beschäftigt. Damals hatte die *Vorläufige Leitung* hierzu unter dem 27. September das Folgende erklärt[23]:

Wir werden von verschiedenen Seiten gebeten, noch einmal zur Frage des Eides Stellung zu nehmen. Hierzu bemerken wir, daß unserer Auffassung schon im De-

---

22   GBl DEK 1938, S. 27
23   Aus: 44. Brief zur Lage der Ev. Bekenntnissynode im Rheinland vom 10. 10. 1935; vgl. *Beckmann*, Briefe zur Lage, a.a.O., S. 432.

zember 1934 Ausdruck gegeben ist. An dieser unserer Stellung zum Eid hat sich seit der Erklärung im Dezember nichts geändert. Sie lautet: »Der unter Anrufung Gottes dem Führer Adolf Hitler geleistete Eid gibt der Treue und Gehorsamsverpflichtung den Ernst der Verantwortung vor Gott und damit ihre rechte Begründung. Er schließt durch die Berufung auf Gott ein Tun aus, das wider das in der Heiligen Schrift bezeugte Gebot Gottes ist. Damit halten wir uns an das Wort des Herrn: »Gebt dem Kaiser, was des Kaisers ist, und Gott, was Gottes ist« und an die apostolische Auslegung: »Man muß Gott mehr gehorchen denn den Menschen« und »Jedermann sei untertan der Obrigkeit, die Gewalt über ihn hat.«
Damit bezeugen wir: Das Wesen des Eides besteht nach christlicher Auffassung darin, daß wir in uns geforderte Verpflichtung vor Gott bekräftigen, Gottes Hilfe für ihre Erfüllung erbitten und den Ernst der göttlichen Strafe im Falle der Nichterfüllung uns vor Augen stellen. Die eidliche Verpflichtung spricht also die tiefste Begründung aus, die eine irdische Bindung überhaupt haben kann. Entscheidend für die Verpflichtung ist dabei für uns Christen die Tatsache, daß wir bei dem Gott schwören, der der Vater unseres Herrn Jesu Christi ist.
Wie bei jeder Anrufung Gottes, so ist auch beim Eid unmittelbar eingeschlossen, daß vor Gott nichts versprochen und bekräftigt und zu nichts seine Hilfe erbeten werden kann, was seinem geoffenbarten Willen widerspricht.
Diese grundsätzliche christliche Auffassung vom Eid erübrigt Zusätze oder Einschränkungen oder Vorbehalte bei der Ablegung des Eides.
Die oben genannte Erklärung vom Dezember 1934 wurde der Staatsbehörde unter dem 12. Dezember 1934 mitgeteilt.

Marahrens

Der Versuch der Nationalsynode von 1934, den Treueid der Geistlichen durchzuführen, war bekanntlich gescheitert. Nun erließ Dr. Werner am 20. April, dem Geburtstag des Führers, die

Verordnung betr. den Treueid der Geistlichen und der Kirchenbeamten der Evangelischen Kirche der altpreußischen Union[24]
Vom 20. April 1938

Das deutsche Beamtengesetz vom 26. Januar 1937 (RGBl. I S. 39) ermächtigt in Artikel 174 die öffentlich-rechtlichen Religionsgesellschaften und ihre Verbände, zur Regelung des Rechts ihrer Beamten und Seelsorger diesem Gesetz entsprechende Vorschriften zu erlassen. Aus der Erkenntnis, daß auch im kirchlichen Dienst Amtsträger nur sein kann, wer in unverbrüchlicher Treue zu Führer, Volk und Reich steht, wird vorbehaltlich der Neuregelung des Rechts der kirchlichen Beamten und Seelsorger auf Grund des § 2 Abs. 2 und des § 3 Abs. 1 der 17. Verordnung zur Durchführung des Gesetzes zur Sicherung der Deutschen Evangelischen Kirche vom 10. Dezember 1937 (RGBl. I S. 1346) folgendes verordnet:

§ 1
Wer in ein geistliches Amt der Evangelischen Kirche der altpreußischen Union oder als Beamter der Landeskirche, einer Kirchengemeinde oder eines kirchlichen Verbandes der Landeskirche berufen wird, hat seine Treupflicht gegenüber Führer, Volk und Reich durch folgenden Eid zu bekräftigen:
»Ich schwöre: Ich werde dem Führer des Deutschen Reichs und Volkes, *Adolf Hit-*

---

24 GBl DEK 1938, S. 41

ler, treu und gehorsam sein, die Gesetze beachten und meine Amtspflichten gewissenhaft erfüllen, so wahr mir Gott helfe« (§ 4 Abs. 1 DBG).

§ 2
Wer vor dem Inkrafttreten dieser Verordnung in ein geistliches Amt oder als Beamter der Landeskirche, einer Kirchengemeinde oder eines kirchlichen Verbandes der Landeskirche berufen worden ist, hat den Treueid nach näherer Anordnung des Evangelischen Oberkirchenrats nachträglich zu leisten.

§ 3
Wer den in § 1 vorgeschriebenen Treueid oder einen inhaltlich gleichen Eid schon im kirchlichen Dienst geleistet hat, braucht ihn nach dem Inkrafttreten dieser Verordnung oder beim Übertritt in den Dienst der Evangelischen Kirche der altpreußischen Union nicht zu wiederholen.

§ 4
Wer sich weigert, den in § 1 vorgeschriebenen Treueid zu leisten, ist zu entlassen (§ 57 DBG).

§ 5
Die Verordnung tritt mit Wirkung vom 20. April 1938 in Kraft.

Berlin, den 20. April 1938
Der Präsident
des Evangelischen Oberkirchenrats
Dr. *Werner*

Der zur Ableistung dieses Treueides erlassenen Anordnung des EOK wurde folgende Ansprache hinzugefügt:

Ansprache des Evangelischen Oberkirchenrats zum Treueid[25]

Nach der zum Geburtstag des Führers erlassenen Verordnung über den Treueid sind die Geistlichen der Evangelischen Kirche der altpreußischen Union verpflichtet, als Träger eines öffentlichen Amtes dem Führer des Deutschen Reiches und Volkes, Adolf Hitler, den Eid der Treue und des Gehorsams zu leisten.
So gewiß das geistliche Amt seinen Auftrag von dem Herrn der Kirche selbst hat, so ist es doch als ein öffentliches Amt innerhalb der Volksgemeinschaft in Treue gegen Führer, Volk und Reich zu führen. Dies wird durch den Treueid der Pfarrer bekundet.
Wenn die Evangelische Kirche den Eid der Treue zum Oberhaupt des Staates wie in vergangenen Zeiten zu einer verbindlichen Ordnung für alle ihre Amtsträger macht, so bedeutet das mehr als nur eine Bestätigung der den Christen durch das Neue Testament eingeschärften Pflicht, sich der Obrigkeit unterzuordnen. Es bedeutet innerste Verbundenheit mit dem Dritten Reich, der neuen Gemeinschaft des deutschen Volkes, in der die Evangelische Kirche leben will, und mit dem Manne, der diese Gemeinschaft geschaffen hat und verkörpert.
Mit gutem Grund wird diese Verbundenheit der Evangelischen Kirche mit dem deutschen Volk durch den Treueid gegenüber dem Führer zum Ausdruck gebracht. Durch die Anerkennung der Evangelischen Kirche als Körperschaft des öffentlichen Rechts will der Staat der Bedeutung der Kirche für das Gesamtleben

---
25 Ebd., S. 49

des Volkes gerecht werden. Von hier aus gesehen, bedeutet der Treueid der kirchlichen Amtsträger, daß die Evangelische Kirche dankbar die aus ihrer öffentlichen Rechtsstellung sich ergebenden Rechte wahrnimmt, aber auch freudig die daraus folgende Pflicht gegen Volk und Reich und gegen den Führer Adolf Hitler auf sich nimmt.
Der Treueid soll in der Form des allgemeingültigen Beamteneides geleistet werden. Das entspricht der Rechtsstellung des Pfarrers im Gesamtbereich des öffentlichen Rechts. Das Deutsche Beamtengesetz vom 26. Januar 1937 ermächtigt die Kirchen, die Rechtsstellung ihrer Amtsträger derjenigen der deutschen öffentlichen Beamten anzupassen. Hiernach können die Kirchen selbst das Recht ihrer Amtsträger der Eigenart des kirchlichen und besonders des geistlichen Amtes entsprechend gestalten. Zugleich aber wird dadurch anerkannt, daß das kirchliche Amt unbeschadet seiner Eigenart dem Amt des öffentlichen Beamten gleichwertig ist. Es ist wie dieses schutzwürdig, gleichzeitig aber auch verpflichtend gegenüber der Gesamtheit des Volkes und seinem Führer.
Wenn der Geistliche im Treueid zum Führer die gewissenhafte Erfüllung seiner Amtspflichten gelobt, so hat man nicht nur an die Pflichten zu denken, die unmittelbar in den öffentlich-rechtlichen Bereich eingreifen und durch die auch heute noch evangelische Geistliche unmittelbar vom Staate in Anspruch genommen werden. Das Pfarramt ist vielmehr ein untrennbares Ganzes. Bekräftigt der Pfarrer die gewissenhafte Erfüllung seiner Amtspflichten, so bezeugt er, daß er den in der Ordination übernommenen Auftrag in seiner Gesamtheit in stetem Bewußtsein um die Verpflichtung gegenüber Führer, Volk und Reich zu erfüllen gewillt ist.
Ein Treueid auf den Führer liegt jenseits aller Verschiedenheit kirchlicher Anschauungen. Er bedeutet die persönliche Bindung an den Führer unter feierlicher Anrufung Gottes.

Ähnliche Verordnungen wurden kurz nacheinander in den meisten Evangelischen Kirchen Deutschlands erlassen. Bedeutsam bleibt, daß die Inaugurierung dieser Verordnungen das Vorgehen der Thüringer deutsch-christlichen Kirchenregierung war. Die Evangelische Kirche war in ihrer Pfarrerschaft zur Stellungnahme gefordert. Wie sie sich in dieser schwierigen Lage zu behaupten versuchte, mögen die nachfolgenden Dokumente verdeutlichen. Der große Teil der Pfarrer der Evangelischen Kirche leistete den Treueid. Widerstand gab es nur in bestimmten Kirchen, vor allem auch in der Evangelischen Kirche der altpreußischen Union, wobei nicht einmal die Bekennende Kirche eindeutig und einheitlich geblieben ist. Nur ein ganz kleiner Kreis von Pfarrern hat bis zuletzt der Vereidigung erfolgreich widerstanden. Die erste synodale Stellungnahme der Bekennenden Kirche geschah auf der 7. Bekenntnissynode im Rheinland vom 30. Mai 1938:

Erklärung der 7. Tagung der Evangelischen Bekenntnissynode
im Rheinland in Sachen des Treucides der Geistlichen[26]

Die Pfarrer der Evangelischen Bekenntnissynode im Rheinland waren gemäß einer Entschließung des Preußischen Bruderrates durch den Rat der Evangelischen Bekenntnissynode im Rheinland angewiesen, folgende Erklärung abzugeben:

---

26 Vervielfältigung. Neudruck in *Beckmann*, Rheinische Bekenntnissynoden im Kirchenkampf, a.a.O., S. 426

»Ich bin bereit, dem Führer einen Treueid zu leisten. Ich erkläre unter Berufung auf mein Ordinationsgelübde, daß ich den Eid nach der ›Anordnung zur Ableistung des Treueides‹ vom 12. Mai 1938 und nach der in der ›Ansprache‹ des Evangelischen Oberkirchenrates ergangenen Eidesbelehrung nicht leisten kann. Zur Begründung verweise ich auf die untenstehende Erklärung des Präses D. Koch – Bad Oeynhausen vom 17. Mai 1938.«
Die Erklärung des Präses D. Koch vom 17. Mai 1938 lautete:
1. Die Heilige Schrift und die ihr entsprechenden Weisungen der reformatorischen Bekenntnisschriften (CA XVI; Heidelbg. Kat. Frage 101) sagen, daß die weltliche Obrigkeit das Recht hat, Eide zu fordern und abzunehmen.
Die Pfarrer der Westfälischen Provinzialkirche, die zu meiner geistlichen Leitung gehören, sind demgemäß bereit, einen von ihnen geforderten staatlichen Treueid zu leisten.
In der Eidesforderung des Herrn Präsidenten Dr. Werner kann ein Verlangen des Staates nach einem solchen Treueid nicht ohne weiteres erkannt werden.
2. Der Staat hat allerdings im Beamtengesetz vom 26. Januar 1937 in § 174 die öffentlich-rechtlichen Religionsgesellschaften und deren Verbände ermächtigt, »zur Regelung des Rechtes ihrer Beamten und Seelsorger diesem Gesetz entsprechende Vorschriften zu erlassen«.
Solche Vorschriften sind bisher nicht erlassen. Da zudem die Evangelische Kirche der altpreußischen Union zum Unterschied von anderen Landeskirchen einer bekenntnismäßigen Ordnung und Leitung im Augenblick entbehrt, besteht die Gefahr, daß der geforderte Treueid Gehorsam gegenüber einem Kirchenregiment zu erzwingen sucht, dem viele Pfarrer wegen der Bindung an ihr Ordinationsgelübde Vollmacht in geistlichen Dingen nicht zugestehen können.
3. Die in der Ansprache des Evangelischen Oberkirchenrates (Gesetzbl. der DEK Seite 49) vorgetragene Auslegung des Eides wird für seine Ablegung verbindlich gemacht. Diese Auslegung geht aber über die »dem Christen durch das Neue Testament eingeschärfte Pflicht, sich der Obrigkeit unterzuordnen« hinaus. Dadurch wird der allein gültigen Autorität der Heiligen Schrift Abbruch getan. Das bringt die Pfarrer in Widerspruch zu ihrem Ordinationsgelübde und macht es ihnen unmöglich, den Eid nach dem angeordneten Verfahren zu leisten.
4. Ich bitte daher, ein Verfahren vorzubereiten, das den Pfarrern der Westfälischen Provinzialkirche die Ableistung des staatlichen Treueides ermöglicht, indem es die staatliche Forderung nach einem solchen Treueid klar erkennen läßt und die Bindung an das Ordinationsgelübde nicht verletzt.
Auf diese dem Präsidenten des Evangelischen Oberkirchenrates eingereichte Erklärung hat der EO unter dem 20. Mai eine Antwort erteilt, die in der Anlage abschriftlich beigefügt ist.
Da die Pfarrer unserer Synode sich zur Begründung ihrer Stellungnahme auf die Erklärung des Präses D. Koch vom 17. Mai bezogen haben und da andererseits die Antwort des EO vom 20. Mai den Konsistorien zur Beratung der Pfarrer zugestellt ist, sieht sich die Synode veranlaßt, folgendes zu erklären:

I.

1. Der EOK hat in seinem Schreiben vom 20. 5. erklärt, in der Anlage A zu dem Erlaß vom 12. Mai 1938 (Gesetzblatt der DEK Seite 48) sei das Wort »Eidesbelehrung« durch ein redaktionelles Versehen stehen geblieben. Dadurch wird eine Abänderung des Textes der Anordnung vom 12. Mai notwendig. Die Abänderung des Textes einer im Gesetzblatt veröffentlichten Anordnung kann aber nur durch eine entsprechende Veröffentlichung im Gesetzblatt gesetzkräftig werden. Es müßte daher die notwendig gewordene Abänderung des Textes der Anordnung vom 12. Mai im Gesetzblatt verkündet werden.

Das Wort »Eidesbelehrung« findet sich ferner in Ziffer 5 der Anordnung vom 12. Mai. Es müßte daher der EOK auch in bezug auf diese Stelle ein redaktionelles Versehen feststellen und die hier notwendig gewordene Abänderung des Textes der Anordnung vom 12. Mai im Gesetzblatt veröffentlichen. Wir weisen darauf hin, daß eine solche Berichtigung im Gesetzblatt der DEK vom 27. 5. 38 nicht erschienen ist.

2. Der EOK erklärt in dem genannten Schreiben, daß die in der Anordnung vom 12. Mai vorgesehene Ansprache keine für die Ablegung des Treueides verbindliche Auslegung sei. Herr Präsident Dr. Werner hat daher am 20. Mai die Konsistorialpräsidenten ersucht, »bei der Eidesableistung, und zwar nach der Feststellung der Erschienenen, unmittelbar vor der Verlesung der Ansprache des Evangelischen Oberkirchenrates folgende Worte zu sprechen: ›Ich habe nunmehr die Ansprache des Evangelischen Oberkirchenrates zum Treueid zu verlesen. Zuvor eine im Auftrage des Evangelischen Oberkirchenrates abzugebende Bemerkung: Die Ansprache des Evangelischen Oberkirchenrates ist eine Ansprache, keine für die Ablegung des Treueides verbindliche Auslegung‹«.

Die Abgabe dieser Bemerkung durch die Konsistorialpräsidenten bei der Eidesableistung bedeutet eine Abänderung des in der Anordnung vom 12. Mai festgelegten Verfahrens. Es müßte daher diese Abänderung, soll sie Gesetzeskraft erlangen, ebenfalls im Gesetzblatt veröffentlicht werden.

3. Wenn die Ansprache nach den Feststellungen und Anweisungen des EOK keine verbindliche Auslegung des Treueides ist, kann sie bei der Eidesableistung auch nicht mehr verlesen werden. Es widerspricht dem heiligen Ernst einer Eidesableistung, daß dabei eine unverbindliche Auslegung vorgetragen wird.

Überdies ist der Inhalt der Ansprache bekenntniswidrig. Er verstößt gegen die allein gültige Autorität der Heiligen Schrift (vgl. Erklärung von Präses D. Koch vom 17. Mai 1938 Ziffer 3). Die evangelischen Pfarrer können nicht darin einwilligen, daß bei der Ableistung des Treueides der Präsident des Konsistoriums eine Ansprache an sie richtet, deren Inhalt gegen Schrift und Bekenntnis verstößt.

Wir fordern daher aus diesen Gründen, daß unter allen Umständen jene Ansprache zurückgezogen und die Anordnung, sie zu verlesen, aufgehoben wird. Da der Fortfall der Ansprache wiederum eine Abänderung des in der Anordnung vom 12. Mai festgelegten Verfahrens ist, müssen wir gleichzeitig fordern, daß die Zurücknahme der Verlesung der Ansprache im Gesetzblatt der DEK veröffentlicht wird.

4. Nach Anlage C zur Anordnung vom 12. Mai (Gesetzblatt der DEK Seite 50) hat der vereidigte Pfarrer zu unterschreiben, daß er »gemäß der Verordnung betr. den Treueid der Geistlichen und der Kirchenbeamten der Evangelischen Kirche der altpreußischen Union vom 20. April 1938 (Gesetzblatt der DEK, Ausgabe B, S. 41) folgenden Eid geleistet« hat: »Ich schwöre, . . .«

Die Verordnung vom 20. April 1938 sieht in § 2 eine Anordnung zur Ableistung des Treueides vor. Diese dort vorgesehene Anordnung ist am 12. Mai erlassen (Gesetzblatt der DEK Nr. 12). Sie enthält jene von uns abgelehnte Ansprache. Wer also unterschreibt, daß er gemäß der Verordnung vom 20. April 1938 vereidigt wurde, unterschreibt damit, daß er auch gemäß der in § 2 der Verordnung, also auch gemäß jener bekenntniswidrigen Ansprache, vereidigt wurde. Diese Unterschrift können die evangelischen Pfarrer unter keinen Umständen leisten.

5. Selbst wenn ein evangelischer Pfarrer von den gewichtigen Gründen, die in II und III noch genannt werden, absehen wollte, könnte er den verlangten Eid nicht leisten, solange die vorstehend genannten Forderungen nicht erfüllt sind.

II.

1. Nach der Erklärung des Präses D. Koch vom 17. Mai 1938, Ziffer 1 und 4, ist es eine wesentliche Voraussetzung für die Ableistung eines staatlichen Treueides,

daß die staatliche Forderung nach einem solchen Treueid klar erkannt werden kann.
Aus dem Schreiben des EOK vom 20. Mai geht eindeutig hervor, daß der Staat die Forderung, den Treueid abzulegen, nicht ausgesprochen hat. Eine Erwartung der Volksgemeinschaft und des Staates, die überdies noch nicht einmal ausgesprochen und außerdem auch nicht eindeutig feststellbar ist, darf um der Heiligkeit des Eides willen nicht als Forderung eines Eides im Sinne von CA 16 und Frage 101 des Heidelberger Katechismus verstanden werden. Denn mit der Forderung des Eides, von der CA 16 und Frage 101 des Heidelbg. Kat. sprechen, ist eine Maßnahme der weltlichen Obrigkeit gemeint, durch die der Eid auferlegt wird.
Es wird außerdem ausdrücklich erklärt, daß das für die Eidesleistung angeordnete Verfahren durch das Schreiben des EOK vom 20. Mai nicht berührt wird. Dem Anliegen der Ziffer 1 und 4 in der Erklärung des Präses D. Koch vom 17. Mai ist also nicht Rechnung getragen.
2. Es ist auf Grund von Schrift und Bekenntnis der Leitung der Kirche verwehrt, aus eigener Entschließung einen staatlichen Treueid anzuordnen und abzunehmen. Die Bekennende Kirche ist in dieser Sache durch ihre auf Grund von Schrift und Bekenntnis gefällten Entschließungen vom Jahre 1934 gebunden. Wir verweisen insbesondere auf den Beschluß des Reichsbruderrates zur Frage des Eides vom 18. Sept. 1934 und auf die Veröffentlichung des Landesbischofs und Landeskirchenrates der Evang.-luth. Kirche in Bayern in ihrem Amtsblatt Nr. 25, 1934. Der Beschluß des Bruderrates der Bekenntnissynode zur Frage des Eides lautet:
»Wir wissen, daß nach evangelischer Lehre nur die weltliche Obrigkeit befugt ist, von ihren Untertanen einen Eid zu fordern. – Dagegen sind wir – ganz abgesehen davon, daß wir zu diesem Kirchenregiment kein Vertrauen haben können – verpflichtet, die Ablegung eines Eides in die Hand des Kirchenregiments grundsätzlich abzulehnen, weil im Raum der Kirche der Eid nach Gottes Wort unzulässig ist, wie unser Herr Christus spricht (Matth. 5,34): ›Ich aber sage euch, daß ihr überhaupt nicht schwören sollt!‹ – Darum raten wir dringend allen Amtsbrüdern und Kirchenbeamten, das Ansinnen der Reichskirchenregierung abzulehnen und jeden von ihr geforderten Eid weder zu leisten noch abzunehmen. gez. D. Koch«

Die Veröffentlichung des Landesbischofs und Landeskirchenrates der Evang.-Luth. Kirche in Bayern lautet:
»I. Die Kirche als Gemeinschaft der Gläubigen kennt nach dem klaren Zeugnis der Heiligen Schrift keinen Eid als christliches Gebot (Matth. 5,34ff., Jak. 5,12). Eingedenk der Worte ihres Herrn hat darum die Evangelische Kirche – im Unterschied zur Römisch-Katholischen Kirche – kein Eidesrecht ausgebildet. Sie hat sich je und je – auch als Volkskirche – gescheut, ihren Gliedern einen Eid aufzuerlegen, obschon sie als eine äußere und rechtlich verfaßte Gemeinschaft das feierliche Gelübde und die ernste Verpflichtung als Hinweise auf bestehende Bindungen kennt und festhält.
Dagegen kann der Staat in seinem Bereich mit Recht von seinen Untertanen einen Eid fordern (Conf. Aug. Art. 16; F. C. Sol. Decl. XII, 20). So verlangt er z.B. den Eid vor Gericht, den Fahneneid auf den obersten Kriegsherrn, den Diensteid seiner Beamten. Der evangelische Christ leistet diesen Eid im Gehorsam gegen die Obrigkeit als die gute Ordnung Gottes (Matth. 22,21; Röm. 13,1ff.). Luther: Wenn er (der Eid) aus Not geschieht, ist er nicht verboten, ist auch nicht unrecht. Dann geschieht er aber aus Not, wenn die Obrigkeit einen Eid erfordert für Gericht usw., wie auch geschieht, wenn man den Fürsten und Herren huldet und schwöret, und ist recht (E. A. 36,88).
Insofern als der Pfarrer im Dienste der Volkskirche Träger allgemeiner oder beson-

derer staatlich anerkannter oder verliehener öffentlicher Funktionen ist, kann der Staat einen Treueid von ihm verlangen.
Wenn aber die Kirche von sich aus einen Treueid auf den Staat fordert, entgeht sie schwer dem Vorwurf, in ein fremdes Amt zu greifen (Conf. Aug. Art. 16 und 28).
II. 1. Das Amt der Verkündigung unterscheidet sich grundsätzlich von allem weltlichen Amt und Dienst dadurch, daß es seinen Auftrag allein von Christus, dem Herrn der Kirche, hat. (›Gleichwie mich der Vater gesandt hat, so sende ich euch!‹ Joh. 20,21.) Deshalb gibt es ›im Amt der Verkündigung für den berufenen Diener‹ keinen anderen Herrn als den Herrn Christus. Aus diesem Grunde bindet das Ordinationsgelübde in der Ausrichtung der kirchlichen Verkündigung weder an einen Menschen noch an eine kirchliche Organisation (Luther zerbrach die päpstliche Hierarchie und wurde zum Reformator, weil er aus der ausschließlichen Bindung an Christus, den Herrn der Kirche, lebte und handelte!), sondern allein an das ewige Wort Gottes, das uns in der Heiligen Schrift gegeben und durch die Bekenntnisse unserer Kirche in seiner Reinheit zu predigen aufgetragen ist. Dadurch, daß der Pfarrer an ›die geoffenbarte Lehre des heiligen Evangeliums‹ gebunden ist, weiß er sich auch der rechtmäßigen Obrigkeit in Gehorsam und Treue verpflichtet. Das Ordinationsgelübde schließt diese Verpflichtung ein (Röm. 13,1ff.; 2. Petr. 2,13f.17; Conf. Aug. Art. 16). Es wird in seinem Ernst mißachtet, wenn ein Kirchenregiment von sich aus neben dem Ordinationsgelübde noch einen besonderen Eid auf die Obrigkeit fordert.«

2. Diese Erklärungen wurden auch damals in einer Lage abgegeben, in der das von der Nationalsynode erlassene Gesetz betr. Diensteid der Geistlichen einer Erwartung der Volksgemeinschaft und des Staates zweifellos entgegenkam. Solange also nicht nachgewiesen wird, daß die angeführten Beschlüsse auf Irrtum beruhen und zu widerrufen sind, muß in der Bekennenden Kirche als gültige und bindende Erkenntnis festgehalten werden, daß eine Kirchenleitung, die als solche von sich aus einer staatlichen Erwartung zur Ableistung des Treueides aus eigener Entschließung durch Erlaß von Kirchengesetzen entgegenkommt, irrt und das Bekenntnis verletzt. Selbst wenn der Staat die ausdrückliche Forderung an die Kirchenleitung richtete, *von sich aus* in eigener Entschließung durch Erlaß von Kirchengesetzen den staatlichen Treueid aufzuerlegen, dürfte die Kirche dennoch dieser Forderung nicht entsprechen. Denn das Amt, das Gott durch seine Anordnung der Obrigkeit gegeben hat, muß klar geschieden bleiben von dem Amt, das Gott durch seine Anordnung der Kirche gegeben hat (CA 28). So wie allein der Obrigkeit von Gott die Vollmacht gegeben ist, in Wahrnehmung ihres Amtes zu töten, so kann auch allein die Obrigkeit in Wahrnehmung ihres Amtes von ihren Untertanen einen Eid fordern. Es ist gerade der Kirche des reformatorischen Bekenntnisses geboten, darüber zu wachen, daß die beiden Ämter und Vollmachten nicht ineinander gemengt werden.
3. Durch die Behauptung, daß Herr Präsident Dr. Werner nur als vom Staat beauftragter Leiter der Evangelischen Kirche der altpreußischen Union als einer Körperschaft öffentlichen Rechts jene Verordnung betr. Treueid erlassen haben könne, wird der Präsident des EOK nicht in eine staatliche Behörde verwandelt, die als weltliche Obrigkeit auf Grund von CA 16 den Christen Eide auferlegen darf. Der Versuch, die Ableistung des Treueides in der Evangelischen Kirche der apU damit zu rechtfertigen, daß man erklärt: in der Evangelischen Kirche der apU ist es nicht das Kirchenregiment, das den Eid fordert, sondern eine staatliche Stelle, ist daher unmöglich.
Für den Staat sind durch staatliche Verordnungen Präsident Dr. Werner und die Konsistorialpräsidenten Kirchenleitung in vollem Sinne des Wortes. Sie üben

auch tatsächlich trotz unseres Einspruchs die zentralen Funktionen des Kirchenregimentes in dem Gebiet der Evangelischen Kirche der apU aus (Prüfungen, Ordinationen, Pfarrstellenbesetzung u.a.). Bei dem Erlaß der Verordnung betr. Treueid hat sich Dr. Werner selbst eindeutig als Kirchenleitung verstanden. Er hat die genannte Verordnung als Präsident des EOK unterzeichnet. Auch nach der Überzeugung des EOK handelt in dieser Anordnung die Kirche selbst aus eigener Entschließung und bringt angeblich den Willen der Evangelischen Kirche der apU zum Ausdruck.

Wenn der § 174 des Beamtengesetzes die öffentlich-rechtlichen Religionsgesellschaften ermächtigt, Vorschriften zu erlassen, die den Bestimmungen des Beamtengesetzes entsprechen, so ist im Blick auf die Landeskirchen der DEK eine solche Ermächtigung doch nur den Kirchenregierungen der einzelnen Landeskirchen erteilt. Auch dies zeigt, daß Dr. Werner nicht als staatliche Stelle, sondern nur als Kirchenleitung von der in § 174 des Beamtengesetzes enthaltenen Ermächtigung Gebrauch gemacht haben kann.

Es widerspricht der christlichen Einfalt und Lauterkeit, vor diesen Tatbeständen die Augen zu schließen und zu erklären, die Ableistung des Eides könne in solchen Landeskirchen, die z.Zt. einer bekenntnismäßigen Leitung und Ordnung entbehren, im Einklang mit dem Bekenntnis abgeleistet werden, weil in diesen Landeskirchen die den Eid fordernde Stelle als eine staatliche Stelle anzusehen sei, während tatsächlich das Volk, der Staat selbst und weite Kreise der Christenheit in unserm Lande und in andern Ländern die Überzeugung gewinnen müssen, daß auch im Gebiete der Evangelischen Kirche der apU die Kirche selbst von sich aus einen staatlichen Treueid anordnet und ableistet.

4. Die in II, 1–3 genannten Gründe gegen die Ableistung des Treueides sind so schwerwiegend, daß es den Pfarrern der Evangelischen Kirche, die sich an das Bekenntnis der Kirche gebunden wissen, verwehrt ist, den von Dr. Werner angeordneten Eid zu leisten.

III.

Wenn der Wortlaut des Beamteneides von einem evangelischen Pfarrer beschworen werden soll, entstehen im Blick auf das Wort »Amtspflichten« in der Eidesformel weitere schwerwiegende Bedenken gegen die Ableistung des Eides.

1. Die Heilige Schrift und die Bekenntnisse der Kirche sowie das Ordinationsformular umschreiben eindeutig das Amt und die Pflichten eines evangelischen Pfarrers. Darum muß ein evangelischer Pfarrer nach dem herkömmlichen Sprachgebrauch unter seinen Amtspflichten die Pflichten verstehen, deren Erfüllung er im Ordinationsgelübde gelobt hat. Die im Ordinationsgelübde eingegangene Bindung würde entkräftet, wenn der evangelische Pfarrer nachträglich die Erfüllung dieser Pflichten noch durch einen ihm auferlegten Eid beschwören soll.

2. In die Hand eines Kirchenregimentes, das keine kirchliche Vollmacht hat und deshalb über die Erfüllung der Amtspflichten nicht zu wachen vermag, können die Diener am Wort die Erfüllung ihrer Amtspflichten nicht einmal geloben.

3. Will man aber den – wie erwiesen – unmöglichen Versuch machen, den Präsidenten des EOK in eine *staatliche* Behörde zu verwandeln, so wäre er erst recht nicht befugt, die im Ordinationsgelübde übernommenen Amtspflichten beschwören zu lassen, denn der Staat hat von Gott weder Auftrag noch Vermögen, über der rechten Ausrichtung des von Gott gestifteten Amtes, das Wort und Sakrament verwaltet, zu wachen. Wer in die Hand des Staates den geforderten Eid schwört, erkennt ihm Recht und Gewalt zu, den Inhalt dieser Amtspflichten zu bestimmen.

4. Sollte unter Amtspflichten lediglich die gewissenhafte Führung des Amtssiegels, das öffentlich-rechtliche Geltung hat, etwa bei den Rechtsakten, die sich auf

die Verwaltung kirchlichen Vermögens erstrecken, oder bei Ausstellung von Abstammungsurkunden und bei Beglaubigungen u.a. gemeint sein, dann muß dieses Verständnis von »Amtspflichten« seitens der eidfordernden Stelle bei der Eidesanordnung klar zum Ausdruck gebracht werden.
5. Solange also den in III Ziffer 1–4 erhobenen Bedenken nicht Rechnung getragen ist, ist es den Pfarrern der Evangelischen Kirche, die sich an das Bekenntnis gebunden wissen, verwehrt, den in Frage stehenden Eid zu schwören.

IV.

Synode richtet an alle Pfarrer der Deutschen Evangelischen Kirche, die bis zur Stunde geglaubt haben, den von ihnen geforderten Eid mit gutem Gewissen leisten zu können, die Mahnung, diese unsere Erklärung an Schrift und Bekenntnis zu prüfen. Wenn sie es nicht vermögen, die vorgelegten Gründe von Schrift und Bekenntnis her zu entkräften, so rufen wir sie auf, den geforderten Eid um seiner dann auch von ihnen zugestandenen Unklarheit und Fragwürdigkeit willen nicht zu leisten. Denn in Sachen des Eides muß um seiner Heiligkeit willen auf alle Fälle Klarheit herrschen.

Es folgte schon bald darauf die 6. Bekenntnissynode der Evangelischen Kirche der altpreußischen Union in Berlin vom 11.–13. Juni 1938, in der auch andere Fragen zur Beratung standen. Die Synode faßte zur Eidesfrage einen Beschluß, in dem es heißt[27]:

II.   Die Synode erklärt zur Frage des Treueides folgendes:
1. Jeder Eid eines Christen ist bestimmt durch den offenbaren Namen unseres Gottes, der bei der Eidesleistung angerufen wird. Es kann und darf eidlich nichts bekräftigt werden, was der Offenbarung des Namens Gottes widerspricht.
An den einen wahren Gott, der sich in Jesus Christus geoffenbart hat, sind alle Christen durch die Taufe gebunden. Jeder Eid, den der Christ schwört, ist daher durch den Gehorsam gegen Gottes Gebot begrenzt. Der Eid ist nie und nimmer ein »Band zur Sünde« (C. A. 27).
Darüber hinaus steht der evangelische Pfarrer hinsichtlich seiner Amtsführung in der besonderen Bindung, die er durch sein Ordinationsgelübde eingegangen ist. Er ist danach gehalten, alle Kräfte Leibes und der Seele dem heiligen Predigtamt aufzuopfern und sein ganzes Leben also einzurichten, wie er sich getrauen darf, es dermaleinst vor dem Richtstuhl Christi zu verantworten. Diese Bindung kann durch keinen Eid aufgelöst oder begrenzt werden. Wir verwerfen die falsche Lehre, als ob durch den Treueid, den der Pfarrer leistet, Inhalt und Umfang seiner in der Ordination übernommenen Amtspflichten irgendwie verändert werden könnte. Ein Pfarrer, der durch die Eidesleistung die Bindung an sein Ordinationsgelübde einschränkt oder aufgibt, bricht dieses Gelübde und verrät sein Amt.
2. Jeder Eid setzt voraus, daß über seinen Inhalt Klarheit besteht. Der durch die Verordnung vom 20. April 1938 (Gesetzblatt der Deutschen Evangelischen Kirche, Seite 41) auferlegte Eid ist in seiner Anwendung auf die evangelischen Pfarrer seinem Inhalt nach nicht klar.
Durch das Vorgehen der Thüringer Deutschen Christen, der sog. Kirchenleitung der Evangelisch-lutherischen Kirche Sachsens sowie durch die Auslegung des Ei-

---

27 Beschlüsse der 6. Bekenntnissynode der altpreußischen Union. Berlin, den 11.–13. Juni 1938. Als Handschrift gedruckt

des durch den Evangelischen Oberkirchenrat steht fest, daß der geforderte Treueid über das Ordinationsgelübde hinausgeht und also über ihm stehen soll. Demgegenüber ist zu erklären, daß von evangelischen Pfarrern der Eid nur dann geleistet werden kann, wenn sein Inhalt durch das Bekenntnis der Kirche und das Ordinationsgelübde der Pfarrer bestimmt ist.
Die Bekenntnissynode beauftragt den Bruderrat, den Pfarrern eine Auslegung des Eides in die Hand zu geben.
3. Jeder mit gesetzlichem Zwang geforderte Eid muß von der weltlichen Obrigkeit auferlegt sein, der Gott Gewalt gegeben hat. Wer einen Eid fordert, ohne weltliche Obrigkeit zu sein und ohne ihren Auftrag zu haben, stellt sich in Widerspruch zu der Lehre der Kirche, die die Scheidung des geistlichen und des obrigkeitlichen Amtes gebietet.
Der Präsident Dr. Werner hat zwar vom Staate die Vollmacht zur Leitung der Evangelischen Kirche der altpreußischen Union erhalten. Damit wird aber Dr. Werner nicht zur weltlichen Obrigkeit, die einen staatlichen Treueid gemäß dem Bekenntnis von den Pfarrern fordern kann. Andererseits erklärt der Evangelische Oberkirchenrat, daß ein ausdrücklicher Auftrag des Staates, den Eid zu fordern, nicht vorliegt. Somit kann Dr. Werner auch nicht im Auftrage des Staates den staatlichen Treueid anordnen. Der Präsident selbst erläßt auf Grund der im Art. 174 DBG ausgesprochenen Ermächtigung an die Religionsgesellschaften, zur Regelung des Rechtes ihrer Beamten und Seelsorger dem DBG entsprechende Vorschriften zu erlassen, die Verordnung zur Ableistung eines staatlichen Treueides der Pfarrer. Diese Ermächtigung kann nicht als eine staatliche Beauftragung zur Forderung des Treueides angesehen werden.
Viele Pfarrer haben den Treueid geleistet, die einen in der Meinung, in der Ermächtigung des Art. 174 DBG eine staatliche Forderung sehen zu können, andere in der Meinung, daß auf Grund der 17. Verordnung zur Durchführung des Gesetzes zur Sicherung der Deutschen Evangelischen Kirche Präsident Dr. Werner zu einem Organ des Staates geworden sei. Die Synode kann sich diese Meinungen auf Grund der obigen Darlegungen nicht zu eigen machen.
Sie ist nach der Heiligen Schrift und dem Bekenntnis der Kirche gebunden, auch in Anbetracht der Forderung des staatlichen Treueides, jedem Übergriff in ein fremdes Amt zu wehren. Aus diesem Grunde besteht sie darauf, daß bei einem staatlichen Treueid die Forderung der weltlichen Obrigkeit klar ausgesprochen wird.
Es wäre Untreue gegen Gottes Führung und Auftrag, wenn die Bruderschaft der Bekennenden Kirche an der Eidesverordnung zerbräche.
III. Die Bekenntnissynode der Evangelischen Kirche der altpreußischen Union fordert:
1. Die staatliche Forderung eines Treueides muß vorliegen.
2. Die eidfordernde Stelle muß von den Pfarrern, die den Eid leisten, die von der Kirchenleitung gegebene Auslegung des Treueides entgegennehmen.
3. Die Bindung des Pfarrers an sein Ordinationsgelübde muß öffentliche Anerkennung finden. Das schließt die Verkoppelung der Eidesforderung mit der Einführung des Deutschen Beamtengesetzes in die Kirche aus.
4. Die von dem Evangelischen Oberkirchenrat gegebene Auslegung des Eides muß öffentlich zurückgenommen werden.

Nach Abschluß dieser Synode gingen die Verhandlungen über den Treueid weiter. Die Bedrängnis der »Eidverweigerer« wurde gesteigert. Es wurde alles getan, um einen Ausweg aus dieser Lage zu suchen. So ist es zu verstehen, daß die 2. Tagung der 6. Bekenntnissynode der Evangelischen Kirche der altpreußischen Union am

31. 7. 1938 eine Stellung einnahm, die einen Weg zur Freigabe des Treueides zu bahnen suchte. Auch sie richtete ein Wort an die Gemeinden:

Wort an die Gemeinden zum Treueid der Pfarrer[28]

Die Frage des staatlichen Treueides hat in den letzten Monaten die Evangelische Kirche stark bewegt und ihre Pfarrer in große Not und Anfechtung geführt.
Die Bekennende Kirche hat von Anfang an erklärt, daß ihre Pfarrer bereit seien, einen Treueid zu leisten, wenn der Staat ihn fordert. Es konnte aber bisher nicht deutlich werden, daß der Staat den Treueid fordert. Es lag nur eine Verordnung zur Ableistung des Treueides vor, die der Präsident des Evangelischen Oberkirchenrates erlassen hatte. Außerdem war nicht eindeutig gesichert, daß die den Pfarrer allein bindende Verpflichtung seines Ordinationsgelübdes durch den Treueid weder erweitert noch beschränkt würde. Vielmehr hatte der Evangelische Oberkirchenrat eine Ansprache zum Treueid erlassen, die dem Treueid eine Auslegung gab, die im Gegensatz zum Worte Gottes stand.
Nunmehr hat die Bekenntnissynode der Evangelischen Kirche der altpreußischen Union festgestellt, daß ein staatliches Verlangen zur Ableistung des Treueides tatsächlich vorliegt. Damit sind die Pfarrer frei, dem Führer den Treueid im Gehorsam gegen Gottes Gebot zu leisten. Außerdem ist die Ansprache des Evangelischen Oberkirchenrates fortgefallen. An ihre Stelle tritt für die Pfarrer der Bekennenden Kirche die vom altpreußischen Bruderrat gegebene Erklärung zum Treueid.
Diese Erklärung bezeugt, daß bei jedem Eid, der unter Anrufung des Namens Gottes geschieht, vor Gott nichts versprochen und bekräftigt und zu nichts seine Hilfe erbeten werden kann, was seinem geoffenbarten Willen widerspricht. Das gilt von jedem Eid, den ein evangelischer Christ leistet. Die Erklärung bringt unmißverständlich zum Ausdruck, daß mit der Leistung des Treueides auf den Führer das gegenwärtige schrift- und bekenntniswidrige Kirchenregiment in keiner Weise anerkannt wird. In der Erklärung ist auch klargestellt, daß der Pfarrer, der den Treueid geleistet hat, in der Ausübung seines Amtes allein an sein Ordinationsgelübde gebunden bleibt.
Wir rufen die Gemeinden auf, gemeinsam mit ihrem Pfarrer um die Gabe des Heiligen Geistes zu bitten, daß in der Kirche auch fernerhin jedem Versuch widerstanden wird, falsche Lehre und unkirchliches Handeln durch Gesetze, Verordnungen und Maßnahmen einzuführen, das unkirchliche Führerprinzip wieder aufzurichten und das staatliche Beamtengesetz auf die Kirche zu übertragen.
Gott wolle uns in Gnaden die Kraft verleihen, daß wir, evangelische Christen und Pfarrer, jeder Behinderung, unser Volk zu dem allein seligmachenden Evangelium zu rufen, entgegentreten und nicht zulassen, daß der Trost des göttlichen Wortes den angefochtenen Gewissen und den unerlösten Seelen vorenthalten wird.
»Dem aber, der überschwenglich tun kann über alles, das wir bitten oder verstehen, nach der Kraft, die da in uns wirkt, dem sei Ehre in der Gemeinde, die in Christo Jesu ist, zu aller Zeit, von Ewigkeit zu Ewigkeit, Amen« (Epheser 3,20–21).

Wie schon der Beschluß der Synode in seinem Schlußabschnitt zeigt, hatte die Synode in dieser Sache kein ganz gutes Gewissen, und sie mußte es sich gefallen

---

28 Vervielfältigung ohne Kopf und Datum mit der Unterschrift: Die Bekenntnissynode der Evangelischen Kirche der altpreußischen Union, gez. Müller, Pfr.

lassen, daß ihr aus der Schweiz von *Karl Barth* der folgende *Offene Brief* geschrieben wurde[29]:

An die Bekenntnissynode der Evangelischen Kirche der altpreußischen Union

Liebe Brüder!
Mir ist Ihr Beschluß zur Ableistung des Treueides durch die Pfarrer zur Kenntnis gekommen, laut dessen Sie die Pfarrer anweisen, bis zum 10. August der eidfordernden Stelle zu erklären, daß Sie nunmehr bereit seien, den Treueid zu leisten, nachdem eine Fristverlängerung zugunsten derjenigen, »die im gegenwärtigen Augenblick die dafür erforderliche Klarheit noch nicht gewonnen haben«, zugestanden sein wird.
Dieser Beschluß ist zu schwerwiegend, als daß ich dazu schweigen könnte, und die Zeiten sind auch zu ernst, als daß Sie mir nicht erlauben müßten, um der Kürze und Klarheit willen in größter Unverhohlenheit zu Ihnen zu reden.
Ich bin über diesen Beschluß und seine Begründung, nachdem ich sie wieder und wieder gelesen habe, aufs tiefste erschrocken. Nach meiner Einsicht in den Sinn und die Entwicklung des deutschen Kirchenkampfes haben Sie jetzt etwas gesagt und getan, was vor Gott und seiner Kirche in Deutschland und in den anderen Ländern so wenig zu verantworten ist wie einst die unseligen Beschlüsse des Novembers 1934. Und es muß Ihnen laut gesagt werden, daß das gute Bekenntnis, in welchem die Bekennende Kirche in Deutschland ihre Substanz hat, heute nur im Streit gegen die von der Bekenntnissynode selbst ausgehende Irreführung und Versuchung und also in der Nichtbeachtung der von ihr ausgegebenen Weisung aufrechterhalten werden kann. Weil es jetzt, wenn nicht – menschlich geredet – alles verloren sein soll, an jedem einzelnen hängt, der der Treue und des Widerstandes immer noch – und diesmal gegen Sie, gegen die Bekenntnissynode! – fähig sein möchte, darum möchte ich Ihnen dies in einem *offenen* Brief mitteilen.
Sie erinnern sich an mein Consilium vom 18. 5. d.J. Sie haben sich dessen Thesen nicht zueigen machen können. Das hat mir leid getan, weil ich – nachdem mir eine Widerlegung meiner Gesichtspunkte nicht bekannt geworden ist – nach wie vor der Überzeugung bin, daß die Bekennende Kirche grundsätzlich und praktisch den besseren Weg gegangen wäre, wenn sie sich auf den damals bezeichneten Boden zu stellen gewagt hätte. Und es hat mir noch mehr leid getan, daß Sie, selbst wenn Sie mir im Ergebnis nicht zustimmen konnten, auch an dem von mir vorgetragenen und entwickelten Problem als solchem offenbar so leicht vorbeikommen zu können meinten.
Aber ich will die damals geltend gemachten Gesichtspunkte zurückstellen und mit Ihnen von der Voraussetzung ausgehen, daß es richtig war – was ich für unrecht halte – dem Präsidenten des EOK die Ableistung des Eides unter der Bedingung der Erfüllung Ihrer vier »Forderungen« anzubieten. Mein tiefes Erschrecken gilt heute den Fiktionen, auf Grund derer Sie erklären zu können meinen, daß die diesen Ihren »Forderungen« zugrunde liegenden Bedenken jetzt von anderer Seite her »ausgeräumt« worden seien. Und es gilt Ihrem Vorgehen den Pfarrern gegenüber, zu dem Sie sich auf Grund dieser Fiktionen entschlossen haben.
Aus Ihren eigenen Darlegungen ergibt sich zunächst unzweideutig, daß die Behauptung, daß Ihre »Bedenken« jetzt »ausgeräumt« seien, objektiv nicht wahr ist:
ad 1)   Sie hatten das Vorliegen einer staatlichen Forderung des Eides verlangt.

---

[29] Vervielfältigte Ausfertigung

Tatsächlich hat keine staatliche Stelle ausdrücklich und verbindlich den Eid gefordert, sondern Ihre Behauptung, daß dies geschehen sei, begründet sich teils auf eine ganz unübersichtliche »Übereinstimmung« des EOK mit dem Kirchenministerium, teils auf die Aussagen eines provinzialen Konsistorialpräsidenten, teils und offenbar vor allem auf die völlig unkontrollierbar gewonnene »Überzeugung« des Herrn Präses D. Koch. Ich frage: War Ihre erste Forderung nicht ernster gemeint, als es nach *dieser* »Ausräumung« Ihres Bedenkens den Anschein hat?
ad 2) Ihre Forderung hatte ausdrücklich von den Pfarrern geredet, von denen die eidfordernde Stelle die von der Kirchenleitung gegebene Auslegung des Treueides entgegennehmen müsse. Ist diese Forderung etwa dadurch sinngemäß erfüllt, daß der Präsident des EOK eine Eideserklärung des Bruderrates »angenommen« hat? War Ihre Forderung nicht ernster gemeint als so?
ad 3) Sie forderten »öffentliche Anerkennung« der Bindung der Pfarrer an ihr Ordinationsgelübde und Sicherung gegen die Verkoppelung der Eidesforderung mit der Einführung des deutschen Beamtengesetzes in die Kirche. Die Erfüllung dieser Forderung besteht in Abmachungen zwischen dem EOK und dem Bruderrat. Wo bleibt da die Öffentlichkeit? Glauben Sie ernstlich, daß sich die staatlichen Stellen, auf deren Auslegung des Eides in der künftigen Praxis den Pfarrern gegenüber alles ankommen wird, an jene Abmachungen halten werden? War Ihre Forderung wirklich nicht ernster gemeint?
ad 4) Sie forderten »öffentliche Zurücknahme« der vom EOK gegebenen Auslegung des Eides. Die Erfüllung besteht in der Streichung des Wortes »Eidesbelehrung« im Gesetzblatt, in der »Anordnung(!)« einer öffentlichen Erklärung und wiederum in der Aussage eines provinzialen Konsistorialpräsidenten. Zweifeln Sie daran, daß jede staatliche Stelle und mit ihr die von der Monopolpresse belehrte öffentliche Meinung in Deutschland den Eid trotzdem jener »Eidesbelehrung« entsprechend auslegen wird? Haben Sie wirklich nichts Ernsthafteres als dies gefordert?
Liebe Brüder: Daß Sie sich mit dieser »Ausräumung« Ihrer Bedenken zufrieden geben konnten, wäre mir auch dann nicht verständlich, wenn ich annehmen müßte, das heißeste Begehren der heute unter Ihnen Führenden in den letzten Monaten sei schließlich das gewesen, den Treueid doch nur ja schwören zu können und zu dürfen und zu diesem Zweck wenigstens ein Minimum von Entgegenkommen auf der anderen Seite zu finden. Ich nehme das nicht an. Ich stelle aber fest, daß Sie auch ein solches Minimum von Entgegenkommen auf der anderen Seite nicht gefunden haben. Man hat sich dort wohl gehütet, Ihnen auch nur das Kleinste ausdrücklich und verbindlich in die Hand zu geben, auf das Sie sich, nachdem der Eid geleistet ist, bei künftigen Konflikten würden berufen können. Sie haben sich auf Grund einiger in allen möglichen Nebeln verborgenen Erklärungen und Zusicherungen bewegen lassen, in eine *Falle* sondergleichen zu gehen.
Auf Grund dieser Fiktionen haben Sie nun die Pfarrer »angewiesen«, sich zur Leistung des Eides zu melden. 2000 Pfarrer in Altpreußen, wenn wir hier recht berichtet sind, waren ordentlich genug, auf Ihre frühere »Anweisung« hin zunächst nicht zu schwören. Wissen Sie, für welche verheißungsvolle Zeichen man diese Tatsache in den Kirchen der ganzen Welt meinte halten zu sollen? Und wissen Sie, was diese Tatsache für Deutschland selbst zu bedeuten schien? Und nun kommt die Bekenntnissynode selbst und ruft ihre 2000 aus dem angetretenen Kampf zurück mit einer Begründung, deren sachliche Nichtigkeit innerhalb und außerhalb Deutschlands jedem Kinde einsichtig sein muß! Es muß Ihnen ganz verborgen sein, welcher furchtbaren Kompromittierung der Sache der Bekennenden Kirche Sie sich damit schuldig gemacht haben, sonst hätten Sie diese Anweisung nicht ausgehen lassen können. Sie haben aber noch mehr getan. Sie reden von den für Ihre Fiktionen noch nicht zugänglichen Pfarrern als von Leuten, die die »hierfür

erforderliche Klarheit« noch nicht, sondern an Stelle dieser Klarheit »ernste, vom Bekenntnis her begründete Bedenken« gegen Ihre Anweisung haben. Sie erachten es als Ihre »kirchenleitende Aufgabe« und brüderliche Pflicht, diese Leute »in ihrem Gewissen zu lösen«. Und zur Erfüllung dieser Pflicht und Aufgabe haben Sie beim Präsidenten des EOK eine Fristverlängerung verlangt und, wie es scheint, unterdessen bereits erwirkt. Ich bitte Sie, liebe Brüder, wohin sind wir eigentlich gekommen? Ernste, vom Bekenntnis her begründete Bedenken müßten offenbar von einer Bekenntnissynode ernst genommen und vom Bekenntnis her beseitigt werden. Sie aber stellen diesen Bedenken eine »Klarheit« gegenüber, in der kein ruhiges Auge etwas anderes als die Dunkelheiten einer grundsatzlosen und darum schlechten Diplomatie erkennen wird. Und mit diesen Dunkelheiten glauben Sie, »die Brüder in ihrem Gewissen lösen« zu sollen und zu können? Hüten Sie sich: Was Sie mit diesem Ihrem Beschluß in der Hand Ihrem Wunsche gemäß ausrichten werden bei den Pfarrern, das wird kein Lösen, sondern ein regelrechtes Binden sein, eine Bestärkung der Menschen in ihrer Schwachheit, eine Vermehrung ihres Mangels an Erkenntnis, eine Bestätigung ihrer Neigung, notwendigsten Entscheidungen auszuweichen und immer wieder auszuweichen. So kann man weder die Kirche leiten noch seine brüderliche Pflicht erfüllen. So handelt keine *Bekenntnis*synode.

Ich kann Ihnen die harte Entgegenstellung nicht ersparen: Die Sache des Bekenntnisses, zu dem wir uns 1934 gemeinsam berufen wußten, wird jetzt nur von denen vertreten werden, die sich Ihrer Anweisung *nicht* fügen werden. Sei es darum, weil sie Ihre eigenen vier Forderungen ernster genommen hatten als Sie selbst, sei es, weil sie darüber hinaus der Meinung sind, daß dieser Eid allerdings nicht geschworen werden dürfte, weil er unter allen Umständen gegen das erste Gebot verstößt. Ich weiß nicht, ob ihrer eine große oder kleine Zahl sein wird. Aber ich freue mich mit jedem und für jeden einzelnen, der es wagen wird, diesen Weg zu gehen. Die Kirche Jesu Christi wird nach meiner Einsicht dort sein, wo diese Einzelnen sind. Und ich weiß Einen, der Ihnen, wenn er könnte, heute dasselbe sagen würde. Er sitzt im Konzentrationslager auf besonderen Befehl des Mannes, dem die preußischen Pfarrer heute auf »Anweisung« ihrer Bekenntnissynode Treue und Gehorsam schwören sollen.

Liebe Brüder, glauben Sie mir, daß es mir unsagbar schwer fällt, Ihnen dies alles zu schreiben. Ich tue es unter dem Eindruck, daß die Ratlosigkeit und Müdigkeit gerade der bisher in der deutschen Bekennenden Kirche selbst Führenden nachgerade so groß geworden ist, daß, weil niemand anderes es tut, Euer, wie ich wohl weiß, nicht immer angenehmer, schweizerischer und demokratischer Freund vergangener Jahre rufen und schreiben muß: *So nicht weiter!* Konnte, durfte, mußte es zu dieser Niederlage kommen? War und ist denn wirklich gar niemand unter Ihnen, um Sie zu der Einfalt des graden Weges zurückzuführen, der sich der Bekennenden Kirche noch immer als verheißungsvoll gezeigt hat, was man von allen anderen versuchten Wegen wirklich nicht sagen kann? Niemand, der Sie anflehte, die künftige Glaubwürdigkeit der Bekennenden Kirche nicht in dieser furchtbaren Weise aufs Spiel zu setzen? Niemand, der mit Ihnen darum betete, daß Gott der Bekennenden Kirche das Denken und die Sprache, mit denen sie geboren wurde, nicht nehmen, sie nicht mit dem Einzug der Argumentationen und der Terminologie der »intakten« Bischöfe und des »Bundes der Mitte« strafen möchte? Oder wenn solche da waren, die alles getan haben, warum ist nicht auf sie gehört worden? Wie ist es möglich, daß ich in einem ebenfalls in der Eidesfrage nach Württemberg gerichteten Brief vom 24. Juni meines alten Freundes Asmussen den gräßlichen Satz lesen muß: »Daß Gott und der Vater unseres Herrn Jesu Christi uns die Klarheit der Antwort versagt hat, die er uns zu anderen Zeiten in der Bekennenden Kirche gab« samt der schwarmgeisterischen Folgerung, daß dies »die

Situation« sei, aus der heraus zu reden heute von jedermann verlangt werden müsse. Barmen I, lieber Bruder Asmussen?! Sehen Sie, liebe Brüder, alle, wenn die Dinge in Deutschland so stehen, dann müssen Sie es mir schon erlauben, daß ich nicht trotz, sondern wegen meines gesicherten Ortes jenseits der deutschen Grenze nicht aufhöre, mich Ihnen vernehmbar zu machen, ob Sie es wünschen oder nicht wünschen. Das wäre noch schöner, wenn ich von meiner Sicherheit nicht wenigstens diesen Gebrauch machen würde, Ihnen von Zeit zu Zeit das zu sagen, was man sich im heutigen Deutschland offenbar selbst nicht mehr sagen kann. Und rechnen Sie bitte auch mit dem Umstand, daß die Sache der Bekennenden Kirche in Deutschland schon lange nicht mehr Ihre, der Deutschen alleinige Sache ist. Rechnen Sie mit der Gemeinschaft der vielen in der ganzen Welt, die diese Sache mit Ihnen auf dem Herzen tragen und denen ein gutes Zeugnis zu geben Sie sich nicht ersparen können. Aus und in dieser Gemeinschaft ist dieser Brief geschrieben. Ich brauche Ihnen also nicht erst zu versichern, daß seine Klagen und Anklagen keine Verurteilungen und keine Scheidungen sind. Sie bedeuten aber die ernstliche Bitte, daß Sie alle durch Gottes Gnade »bleiben« möchten in dem, was wir gelernt haben und in dessen Erkenntnis wir uns allein auch in Zukunft lieben können.

Basel, den 6. August 1938 *Karl Barth*

Es war, darf man es so nennen, ein Glück für die Bekennende Kirche, daß in den Augusttagen durch eine Veröffentlichung in den Führerblättern der Gauleitung Sachsen der NSDAP unter dem 8. August das folgende Rundschreiben bekannt wurde[30]:

Rundschreiben Nr. 87/38
An alle Gauleiter!

Betr. Vereidigung evangelischer Geistlicher!
In der letzten Zeit haben verschiedene Evangelische Landeskirchen von ihren Pfarrern den Treueid auf den Führer verlangt.
Die Kirchen haben diese Anordnung von sich aus erlassen, ohne vorher die Entscheidung des Führers herbeizuführen. Dem Eid auf den Führer kommt deshalb lediglich eine innerkirchliche Bedeutung zu. Partei und Staat nehmen zu dieser Vereidigung als einer rein kirchlichen Angelegenheit keine Stellung. Es darf in der Haltung der Partei den kirchlichen Stellen oder einzelnen Angehörigen des geistlichen Standes gegenüber kein Unterschied gemacht werden, ob ein Geistlicher den Eid auf den Führer geleistet hat oder nicht. Der Herr Reichskirchenminister hat ebenfalls veranlaßt, daß auf Grund einer etwaigen Verweigerung des Eides auf den Führer keine Disziplinarverfahren gegen Geistliche eingeleitet werden sollen.
Die Haltung der Partei diesen kirchlichen Dingen gegenüber ist nach wie vor dieselbe. Die Partei kann nicht Stellung nehmen zu dieser oder jener Richtung innerhalb der einzelnen Evangelischen Kirchen, auch nicht, wenn sich diese Richtungen dadurch voneinander unterscheiden, daß die eine den Eid auf den Führer für zulässig hält, die andere nicht. Für die Partei spielt der Unterschied zwischen den Geistlichen, die den Eid auf den Führer nach fünf Jahren nationalsozialistischer Erhebung geleistet haben, und solchen Pfarrern, die ihn nicht leisten, keine Rolle. Ein Eid auf den Führer hat vielmehr für die Partei und den Staat nur dann Bedeu-

---

30 Vervielfältigung als Abschrift von Abschrift aus den Führerblättern der Gauleitung Sachsen der NSDAP. Folge 8 vom 8. 8. 1938

tung, wenn er auf Anordnung des Führers von der Partei oder von dem Staat dem einzelnen abgenommen wird.

München, den 13. Juli 1938 M. Bormann

Damit war klar, daß sich die Preußische Bekenntnissynode und alle, die derselben Meinung weit und breit gewesen waren oder sich diese Meinung eingeredet hatten, der Staat fordere den Treueid der Geistlichen, im Irrtum befanden. Nun konnte der preußische Bruderrat den Beschluß der 2. Tagung der 6. Bekenntnissynode vom 31. Juli aufheben. Hinterher hat es noch jahrelang Verhandlungen über den Treueid der Geistlichen gegeben, wobei die staatskirchlichen Behörden versuchten, den unvereidigten Rest doch noch zu nötigen, den Treueid zu leisten. Aber der Fortsetzungsausschuß der 7. preußischen Bekenntnissynode beschloß am 21. März 1939[31]:

Die 6. Bekenntnissynode der Evangelischen Kirche der altpreußischen Union hat auf ihrer Tagung vom 12. Juni 1938 erklärt, daß ein evangelischer Pfarrer nach Schrift und Bekenntnis nur dann frei ist, einen staatlichen Treueid zu leisten, wenn der Staat einen solchen Eid fordert.
Der 2. Tagung der 6. Bekenntnissynode vom 31. Juli 1938 lagen alsdann Auskünfte amtlicher Stellen vor, daß eine solche Forderung tatsächlich bestehe. Die Bekenntnissynode hat dementsprechend beschlossen, daß der Eid in einer von ihr näher bestimmten Weise zu leisten sei.
Inzwischen ist das parteiamtliche Rundschreiben Nr. 87/38 des Reichsleiters Bormann an alle Gauleiter bekannt geworden. Danach können jene amtlichen Stellen nicht mehr glaubhaft machen, daß der Staat den Treueid der Geistlichen fordert.
Solange diese Sachlage andauert, können wir es nicht für zulässig halten, daß die Geistlichen den Treueid leisten.

b) Der Streit um die Gebetsliturgie der Bekennenden Kirche (1938)

Kaum war der Kampf der Bekennenden Kirche um den Treueid der Geistlichen abgeklungen, da kam es zu einem neuen, überaus heftigen Konflikt. Die Zuspitzung der politischen Lage um die Einverleibung der Tschechoslowakei veranlaßte die Vorläufige Leitung, einen *Gebetsgottesdienst anläßlich drohender Kriegsgefahr* für den 30. September 1938 anzuordnen. Diese Gebetsliturgie hatte folgenden Wortlaut[32]:

1. *Lied 140:* Aus tiefer Not.
2. Liebe Gemeinde! In den großen Nöten, die uns betroffen haben, wenden wir

---

31 Vervielfältigung
32 Vervielfältigung mit der Überschrift: Ordnung des Bittgottesdienstes am 30. September 1938

uns von Herzen zu Gott, der unsere Zuversicht und Stärke ist, um sein Wort zu hören und zu ihm zu beten. So höret denn Gottes Wort, wie es gechrieben steht im 32. Psalm:
Wohl dem Menschen, dem der Herr die Missetat nicht zurechnet, in des Geist *kein Falsch ist* . . .
3. *Gebet:* Lasset uns Gott unsere Sünde bekennen und im Glauben an unsern Herrn Jesum Christum um Vergebung bitten:
Herr unser Gott, wir armen Sünder bekennen vor Dir die Sünde unserer Kirche, ihrer Leitung, ihrer Gemeinden und ihrer Hirten. Durch Lieblosigkeit haben wir den Lauf Deines Wortes oft gehindert, durch Menschenfurcht Dein Wort oft unglaubwürdig gemacht. Wir haben ein falsches Evangelium nur zu sehr geduldet. Wir haben nicht so gelebt, daß die Leute unsere guten Werke sehen und Dich preisen konnten. Wir bekennen vor Dir die Sünden unseres Volkes. Dein Name ist in ihm verlästert, Dein Wort bekämpft, Deine Wahrheit unterdrückt worden. Öffentlich und im Geheimen ist viel Unrecht geschehen. Eltern und Herren wurden verachtet, das Leben verletzt und zerstört, die Ehe gebrochen, das Eigentum geraubt und die Ehre des Nächsten angetastet. Herr, unser Gott, wir klagen vor Dir diese unsere Sünden und unseres Volkes Sünden. Vergib uns und verschone uns mit Deinen Strafen. Amen.
4. *Lied 34:* O Lamm Gottes.
5. *Schriftverlesung:* In diesen Zeitläufen, da der Kriegslärm die ganze Welt erfüllt, laßt uns auf Gottes Wort hören und zu Herzen nehmen, daß Gott ein Herr über Krieg und Frieden ist. Höret Gottes Wort, wie es geschrieben steht im 85. Psalm:
Herr, der Du bist vormals gnädig gewesen Deinem Lande und hast die Gefangenen Jakobs erlöst . . .
6. *Gebet:* So laßt uns denn Gott darum bitten, daß er uns und unser Land gnädiglich vor Krieg bewahre (vom Krieg erlöse) und uns und unseren Kindern Frieden schenke!
Stille.
Herr, unser Gott, wende den Krieg von uns ab! Lenke Du den Regierenden in allen Völkern das Herz. Gib, o Gott, daß sie ihr Land zum Frieden regieren! Amen.
7. *Lied 92:* Es wolle Gott uns gnädig sein.
8. *Schriftverlesung:* Wenn (Weil) aber Gott in seinem unerforschlichen Rat uns mit Krieg straft, so wollen wir uns seiner Verheißung getrösten. Höret Gottes Wort, wie es geschrieben steht im 91. Psalm:
Wer unter dem Schirm des Höchsten sitzt und unter dem Schatten des Allmächtigen bleibt . . .
9. *Gebet:* Wir gedenken vor Gott aller derer, die zu den Waffen gerufen sind. Gott wolle sie stärken, wenn sie Heimat und Herd, Weib und Kind verlassen müssen, wenn sie unter mancherlei Entbehrungen vor dem Feinde liegen, wenn sie verwundet werden oder erkranken, wenn sie in Gefangenschaft geraten oder wenn der Tod sie ereilt.
Stille (2 Minuten).
Herr, unser Gott, nimm Dich aller unserer Soldaten in Gnaden an. Lenke ihr Geschick. Stärke sie an Leib und Seele. Behüte sie in Gefahr. Gib ihnen gute Kameraden. Verlaß sie nicht mit Deinem Wort. Mache Du selbst unter ihnen Menschen willig und fähig, die von Deinem Worte und Deinem Heil zeugen. Amen.
10. *Lied 305:* Mitten wir im Leben sind . . .
11. *Schriftverlesung:* Wir wissen, daß ein Krieg auch für die ganze Heimat viel Sorgen und Gefahren mit sich bringt. Wir wollen uns dafür trösten lassen mit göttlichem Trost. Höret Gottes Wort, wie es geschrieben steht im Evangelium Matthäus im 6. Kapitel, Vers 25–34:

Darum sage ich euch: Sorget nicht für euer Leben, was ihr essen und trinken werdet . . .
12. *Gebet:* Wir gedenken der Mütter, die um ihre Söhne bangen, der Frauen, die auf ihren Gatten warten, der Kinder, denen der Vater fehlt. Wir bitten für die Arbeiter und Arbeiterinnen in den Kriegsbetrieben, für alle, die für des Volkes täglich Brot sorgen wollen, auch für alle Einsamen, deren Schicksal vergessen wird. Stille (2 Minuten).
Herr, unser Gott, nimm Dich der Heimat gnädig an. Sei Du selbst der Verlassenen Vater und Berater. Erhöre die Gebete derer, die zu Dir schreien. Gib unserem Lande Frieden, o Gott. Amen.
13. Lied 211: Wenn wir in höchsten Nöten sein . . .
14. *Schriftverlesung:* Unser Herz ist voller Sorge, wenn wir der Versuchungen gedenken, welche jeder Krieg mit sich bringt. Wir vernehmen darum mit Ernst die göttlichen Gebote, weil Gott sein Recht nicht mit Füßen treten lassen will. Höret Gottes Wort, wie es geschrieben steht im 94. Psalm, Vers 1–15:
Herr Gott, des die Rache ist, Gott, des die Rache ist, erscheine . . .
15. *Gebet:* Wir gedenken vor Gott der Jungen und Alten, die aus ihrem geordneten Lebensgang gerissen werden. Wir gedenken der einsamen Männer und Frauen, der unbehüteten Knaben und Mädchen. Wir gedenken aller, die in Versuchung stehen, grausame Rache zu üben und vom Haß überwältigt zu werden. Wir gedenken der Menschen, deren Land der Krieg bedroht, und beten für sie alle zu Gott. – *Stille.*
Herr unser Gott, nimm Dich gnädig aller Gefährdeten an. Führe uns nicht in Versuchung und erlöse uns und alle Menschen von allerlei Übel Leibes und der Seele.
16. Lied 520: Es ist gewißlich an der Zeit . . .
17. In diesen Zeitläuften hat Gott der Herr der Kirche besondere Aufgaben gegeben. Wehe jedem Volk, in welchem jetzt die Kirche ihre Pflicht nicht tut. Darum höret Gottes Wort, was es uns vom Ende aller Dinge zu sagen hat. Es steht geschrieben beim Evangelisten Lukas im 21. Kapitel, Vers 25–36:
Und es werden Zeichen geschehen an der Sonne und Mond und Sternen . . .
18. *Gebet:* Wir gedenken der heiligen christlichen Kirche unter allen Völkern. Wir bitten für ihre Ältesten und ihre Hirten, die das Evangelium auch jetzt ohne Scheu zu sagen haben. Wir bitten für die Kirchenleitungen, die darüber wachen sollen, daß die Wahrheit des Wortes Gottes nicht verfälscht wird. Wir bitten für die Gemeinden, daß sie in der Gemeinschaft des Wortes Gottes mit allen Christen fest bleiben. Wir bitten für alle, die um Christi willen verfolgt werden. – *Stille.*
19. *Vater unser* (gemeinsam gesprochen). – Der Herr selbst läßt es uns bezeugen: Offenbarung 21,1.4: »Und ich sah einen neuen Himmel und eine neue Erde. Denn der erste Himmel und die erste Erde verging und das Meer ist nicht mehr. Und ich, Johannes, sah die heilige Stadt, das neue Jerusalem, von Gott aus dem Himmel herabfahren, zubereitet als eine geschmückte Braut ihrem Manne. Und hörete eine große Stimme von dem Stuhl, die sprach: Siehe da, eine Hütte Gottes bei den Menschen: und er wird bei ihnen wohnen und sie werden sein Volk sein, und er selbst, Gott mit ihnen, wird ihr Gott sein. Und Gott wird abwischen alle Tränen von ihren Augen und der Tod wird nicht mehr sein, noch Leid, noch Geschrei, noch Schmerz wird mehr sein. Denn das erste ist vergangen.« Jesus Christus spricht: Solches habe ich mit euch geredet, daß ihr in mir Frieden habt. In der Welt habt ihr Angst, aber seid getrost, ich habe die Welt überwunden.
Die Gnade unseres Herrn Jesu Christi . . .
20. Lied 311: Wachet auf, ruft uns die Stimme . . .
(anschließend Feier des heiligen Abendmahles).

Da die politischen Verwicklungen sich anders lösten, als man befürchten konnte, wurde dieser Gottesdienst in der angegebenen Form wahrscheinlich nirgendwo gehalten. Die Staatspolizei war freilich entschlossen, die Durchführung dieses Gottesdienstes zu hindern. Kurze Zeit nach dem Abklingen der politischen Krise um die Tschechoslowakei wurde vom *Schwarzen Korps* diese Liturgie zum Anlaß eines überaus scharfen Angriffs gegen die Bekennende Kirche genommen. Hinzu kam noch das Bekanntwerden eines Briefes von *Karl Barth* an den tschechischen *Professor Hromadka*. Dies veranlaßte zunächst die *Vorläufige Leitung* zu einem Schreiben an die Landeskirchenregierungen und Landesbruderräte unter dem 28. 10. 1938[33]:

1. Die deutsche Presse veröffentlichte den Auszug eines Briefes von Professor Karl Barth an Professor Hromadka von der Husfakultät in Prag. Dieser Brief schmerzt uns tief. Die Bekennende Kirche kann nicht vergessen, daß es gerade Karl Barth gewesen ist, der das Schwärmertum der Deutschen Christen in ihrer Vermischung von Evangelium, Politik und Weltanschauung aufgedeckt und verurteilt hat. Karl Barth war es, der an der »Theologischen Erklärung« der Bekenntnissynode in Barmen 1934 entscheidend mitgearbeitet hat, in der es u.a. heißt: »Wir verwerfen die falsche Lehre, als könne die Kirche in menschlicher Selbstherrlichkeit das Wort und Werk des Herrn in den Dienst irgendwelcher eigenmächtig gewählter Wünsche, Zwecke und Pläne stellen.«
Nunmehr schreibt Karl Barth an Professor Hromadka: »Ich wage zu hoffen, daß die Söhne der alten Hussiten dem allzu schlaff gewordenen alten Europa dann zeigen werden, daß es auch heute noch Männer gibt. Jeder tschechische Soldat, der dann kämpft und leidet, wird dies auch für uns und – ich sage es jetzt ohne Rückhalt – er wird es auch für die Kirche Jesu Christi tun . . . Eines aber ist sicher: Jeder nur menschenmögliche Widerstand muß jetzt an den Grenzen der Tschechoslowakei geleistet werden.« Mit dieser Erklärung hat Karl Barth den Weg verlassen, den er als Lehrer der Kirche einst gewiesen hat. Aus seinen Worten redet nicht mehr der Lehrer der Theologie, sondern der Politiker. Wir wissen, daß die Freiheit der Kirche Jesu Christi allein in dem Willen des himmlischen Herrn ruht. Darum ist es den Christen verwehrt, irgend jemanden zu den Waffen zu rufen, um die Kirche Jesu Christi zu verteidigen. Die Kirche selbst hat vielmehr in solchen Zeiten zum Gebet zu rufen, daß Gott die Gabe des irdischen Friedens verleihe und Recht und Gerechtigkeit unter den Völkern walten lasse.
Die Bekennende Kirche hält gerade angesichts der für sie untragbaren Äußerungen Karl Barths an ihrem Auftrag fest, zu dem sie sich in Barmen bekannt hat:
»Der Auftrag der Kirche, in welchem ihre Freiheit gründet, besteht darin, an Christi Statt und also im Dienst seines eigenen Wortes und Werkes durch Predigt und Sakrament die Botschaft von der freien Gnade Gottes auszurichten an alles Volk.«
2. Das »Schwarze Korps« bringt in seiner Ausgabe vom 27. Oktober d.J. einen scharfen Artikel gegen die »Vorläufige Leitung der DEK« aus Anlaß des von ihr erbetenen Gebetsgottesdienstes vom 30. September d.J. Wir halten es für unter unserer Würde, uns gegen den vom Schwarzen Korps erhobenen Vorwurf des Landes- und Volksverrates zu verteidigen. Wir möchten bei dieser Gelegenheit aber klarstellen, wie es zu unserer Bitte um Abhaltung eines Gebetsgottesdienstes gekommen ist und wie sie ausgeführt worden ist. Deutschland war vom Krieg bedroht. In allen Reden der für unser Vaterland verantwortlichen Männer trat uns

---

33 Vervielfältigte Abschrift mit der Anweisung: Mit der Bitte um entsprechende Verwendung

eine so ernste Beurteilung der Lage entgegen, daß es kaum noch möglich schien, daß nicht der 1. Oktober 1938 kriegerische Verwicklungen für uns und die Welt bringen müßte. Es war unsere Pflicht, vor dem entscheidenden Tag die Gemeinden zur inneren Sammlung im Gebet aufzurufen. Aus dieser Lage stammt die Ordnung des Gottesdienstes, die wir den Landeskirchenregierungen und Landesbruderräten übersandt haben. Gottes Barmherzigkeit hat im letzten Augenblick den Krieg von uns abgewandt. Durch die Münchener Besprechungen wurde eine friedliche Lösung gefunden. Es war der Vorl. Leitung bei der Kürze der Zeit nicht mehr möglich, eine neue Weisung herauszugeben. Wir hielten es für selbstverständlich, daß die Kirchenleitungen und Pfarrer bei der Gestaltung des Gottesdienstes den veränderten Umständen Rechnung tragen würden. Soweit uns bekannt geworden ist, ist das auch geschehen. Aus den Bittgottesdiensten wurden Dankgottesdienste. In ihnen ist unserer sudetendeutschen Brüder fürbittend ebenso gedacht worden wie der Führung unseres Volkes.
Wir können nicht verschweigen, wie sehr es uns bedrückt, daß so viele Pfarrer in jenen kritischen Tagen es unterlassen haben, die Gemeinde zum öffentlichen Gebet zu rufen. »Des Gerechten Gebet vermag viel, wenn es ernstlich ist« (Jak. 5,16). Wir dürfen nicht ablassen, auch fernerhin um die Gabe des irdischen Friedens zu bitten und daß er Recht und Gerechtigkeit unter den Völkern walten lasse.

Die Vorläufige Leitung der
Deutschen Evangelischen Kirche
Müller, P.

Was inzwischen geschehen war, fand in der deutschen Presse folgende Darstellung:

Einheitsfront gegen Volksschädlinge[34]

Erklärung der Deutschen Kirchenregierung
Die Tage höchster außenpolitischer Spannung haben in der evangelischen Kirche gewisse religiös fanatisierte Kreise benutzt, um unter dem Vorwand von Bittgottesdiensten ihrer staatsfeindlichen Gesinnung Ausdruck zu geben und zu versuchen, die Geschlossenheit der deutschen Volksgemeinschaft zu stören. Die sogenannte Vorläufige Leitung der Deutschen Evangelischen Kirche, eine kirchen- und staatsrechtlich völlig illegale Organisation, hatte zum 30. September eine Bittgottesdienstordnung für alle Kirchenregierungen und »Bruderräte« empfohlen, die allerdings gegenstandslos wurde, weil an diesem Tage die Einigung von München bereits erfolgt war.
In einmütiger Geschlossenheit haben sämtliche evangelischen Kirchenregierungen Deutschlands, von den Deutschen Christen bis zu den Landesbischöfen Marahrens, Meiser, Wurm und Kühlewein dem Reichsminister mit ihrer Unterschrift versichert, daß sie »das Rundschreiben aus religiösen und vaterländischen Gründen mißbilligen, die darin zum Ausdruck gekommene Haltung auf das schärfste verurteilen und daß sie sich von den für diese Kundgebung verantwortlichen Persönlichkeiten trennen«.
Der Reichsminister für die kirchlichen Angelegenheiten hat sofort unter Sperrung des gesamten Gehalts ein Disziplinarverfahren mit dem Ziele der Dienstentlassung gegen die Mitglieder der sogenannten Vorläufigen Leitung der Deutschen Evangelischen Kirche veranlaßt. Diese Maßnahme ist später auf die Personen aus-

---

34 Aus: Lichterfelder Anzeiger vom 11.1. 1938

gedehnt worden, die als verantwortlich für die sogenannten Bruderräte verschiedener Landeskirchen zeichnen und sich in dieser Sache hinter die sogenannte Vorläufige Leitung gestellt hatten.

Die Bekennende Kirche gab hierzu folgenden Bericht[35]:

Sonnabend, den 29. X. 38, wurde über vier Mitglieder der VL, nämlich Albertz, Böhm, Forck und Müller, auf Weisung des RKM die Nichtauszahlung ihres Gehaltes verfügt. Während Pfarrer Böhm und Müller ihr Gehalt trotzdem von der Kirchenkasse bzw. Synode erhielten, ist Sup. Albertz das bereits auf sein Privatkonto überwiesene Gehalt gesperrt worden. (Inzwischen ist auf einen rechtlichen Einspruch des Anwalts hin das Konto wieder freigegeben.) Pastor Forck, dem das Gehalt gar nicht ausgezahlt wurde, erhielt als Begründung folgende Auskunft: Die Maßnahme richte sich gegen die der VL angehörigen Geistlichen im Blick auf die Gebetsanordnung für den 30. IX. 38, worin der Staat eine volks- und staatsverräterische Haltung der VL sehe.
Zum gleichen Tage wurden die vier Bischöfe der intakten Landeskirchen Hannover, Bayern, Württemberg und Baden zu einer Besprechung zum Reichskirchenminister gebeten. Zu Beginn dieser Besprechung forderte der Minister die Bischöfe auf, von den Mitgliedern der VL als von Landesverrätern abzurücken; sonst würden sie als mit ihnen solidarisch angesehen werden. Eine Erklärung in dieser Form lehnten die Bischöfe ab und verlangten, mit den drei Brüdern der VL vorher ihrerseits noch einmal sprechen zu können. Dies verbot ihnen der Minister mit dem Bemerken, daß er die Absicht habe, beim Führer durchzusetzen, daß die Mitglieder der VL ins KZ überführt würden. Er nahm deshalb an, daß die Bischöfe schon technisch gar nicht mehr die Gelegenheit zu einem Gespräch mit den Mitgliedern der VL haben würden. Anstelle der von ihnen verlangten Erklärung unterzeichneten die Bischöfe eine etwas gemilderte folgenden Inhalts: Wir stellen fest, daß das von der VL am 27. IX. herausgegebene Rundschreiben betreffs Abhaltung von Gebetsgottesdiensten von uns aus religiösen und vaterländischen Gründen mißbilligt und für unsere Kirchen abgelehnt worden ist. Wir verurteilen die dadurch zum Ausdruck gekommene Haltung. – Die Bischöfe begründen ihre Handlungsweise damit, daß sie die Gebetsliturgie in der Tat auch schon vor der Ministerbesprechung so beurteilt hätten, wie sie es jetzt beim Minister zum Ausdruck brachten. Zudem sei ihr schriftliches Votum nicht ein Urteil, sondern lediglich eine Feststellung. Nach Kenntnisnahme der Fürbittliturgie sei es ihnen innerlich unmöglich, sich mit den Brüdern der VL noch einmal wieder an einen Tisch zu setzen. Obwohl die Landesbischöfe in ihrer uns gegenüber abgegebenen Begründung davon reden, daß dies ihr Urteil nicht durch die Forderung des Ministers ausgelöst, sondern unabhängig davon schon seit dem 28. September gegeben gewesen sei, haben sie trotzdem am 13. Oktober, also vor der Ministerbesprechung, im Kasseler Gremium sämtlich mit den Brüdern der VL an einem Verhandlungstisch gesessen und kein Wort über die Gebetsliturgie und ihre Mißbilligung derselben geäußert.

Diese Ereignisse veranlaßten die *Konferenz der Landesbruderräte* zu einer Erklärung vom 2. November 1938[36]:

Die Vorläufige Leitung der Deutschen Evangelischen Kirche hat am 27. September d.J. in einem Augenblick, als ein Weltkrieg fast unvermeidlich schien, eine Ord-

---

35 Vervielfältigung ohne Kopf, Datum und Unterschrift
36 Vervielfältigung

nung für einen Gebetsgottesdienst herausgegeben, der am Freitag, 30. September, gehalten werden sollte.
Nachdem uns die Erhaltung des Friedens geschenkt worden ist, hat der Gottesdienst in dieser Form nirgends stattgefunden. Der Entwurf ist nun in der Presse zum Gegenstand von Angriffen gemacht worden, in denen die Verfasser als Landesverräter und Verbrecher, die ausgemerzt werden müßten, hingestellt werden. Man hat ihnen das gesamte Gehalt sperren lassen mit der Begründung, daß in diesem Gottesdienstentwurf eine volks- und staatsverräterische Haltung gesehen werden müsse.
Die Konferenz der Landesbruderräte hat sich in ihrer Sitzung vom 2. November eingehend mit dem Entwurf befaßt. Sie weist den Vorwurf entschieden zurück, als hätten die Männer der Vorläufigen Leitung mit diesem Entwurf eines Gebetsgottesdienstes volks- und staatsverräterisch gehandelt. Sie erklärt, daß die angegriffenen Punkte des Entwurfes unveräußerliches Glaubensgut der christlichen Kirche enthalten. Sie weiß sich mit dem geistlichen Zeugnis der Vorläufigen Leitung und mit ihrer Liebe zum Volke eins.

Die *Kirchlich-Theologische Sozietät in Württemberg* gab eine besondere Erklärung ab; ebenfalls äußerten sich die *Pfarrer der Bekennenden Kirche des Rheinlandes*.

Erklärung der rheinischen Pfarrer[37]

Wir unterzeichneten evangelischen Pfarrer des Rheinlandes erklären zu der Gebetsordnung, die die Vorläufige Leitung der Deutschen Evangelischen Kirche den Landeskirchenregierungen und Bruderräten Ende September d.J. hat zugehen lassen, folgendes:
1. Es ist allgemeine Überzeugung der christlichen Kirche, daß Kriege *Strafgerichte* Gottes sind, auch dann, wenn sie für eine Sache geführt werden, die nach unserem Urteil eine gerechte Sache ist. Die Agenden der Evangelischen Kirche vom sechzehnten bis zum zwanzigsten Jahrhundert nennen den Krieg schlechthin eine Strafe Gottes für unsere Sünden. Die Gebetsordnung tut recht daran, daß sie ebenfalls von dieser Überzeugung ausgeht.
2. Gott erhört nur das Gebet einer *bußfertigen Gemeinde*. Darum ist es das erste Anliegen einer christlichen Gemeinde, die sich bei drohendem Kriegsausbruch zum Gebet versammelt, Gott ihre Sünden zu bekennen und ihn um Vergebung für die Übertretungen seiner Gebote zu bitten. Gottes Gebote werden aber auch in unserem Volke übertreten. Die Kirche darf nicht daran vorbeigehen. Denn sie ist mitschuldig an den Sünden unseres Volkes. Mit solchem Sündenbekenntnis tritt sie in ihrer priesterlichen Verantwortung für das ganze Volk vor Gottes Thron hin und bittet nicht nur für sich, sondern für alle um Gottes Erbarmen.
Ein solches Sündenbekenntnis ist gegen politische Mißdeutungen nicht geschützt. Trotzdem darf es in einer christlichen Gebetsordnung nicht fehlen. Den Vorwurf, als ob das hier vorliegende Sündenbekenntnis in der Gestalt eines Gebetes eine politische Anklage gegen den Staat enthalte, weisen wir als unbegründet zurück. Gegen den Inhalt des Sündenbekenntnisses ist kein berechtigter theologischer Einwand zu erheben.
3. Wenn die Kirche im Vaterunser um das tägliche Brot bittet, so betet sie damit auch immer mit um den Frieden unter den Völkern. Die Bitte um die Gottesgabe des Friedens auf Erden ist der Kirche auch bei einem Kriegsausbruch aufgetragen. Die Gebetsordnung hat daher mit Recht an erster Stelle das Gebet für den Frieden. Die

---
37 Vervielfältigung ohne Kopf, Datum und Unterschrift

christliche Kirche hat in den Tagen jener Krise in vielen Ländern in gleichem Sinne Fürbitte getan. Wir danken es der VKL, daß sie an diesen dringendsten Dienst der Kirche erinnert hat.
4. Wenn die Gebetsordnung ausdrücklich der Versuchungen gedenkt, die der Krieg über die Menschen bringt, so entspricht das den schweren Erfahrungen des Weltkrieges. Darum ist auch die Fürbitte für die, »die in Versuchung stehen, grausame Rache zu üben und vom Haß überwältigt zu werden«, geboten. Aus den Berichten über die Leiden der Sudetendeutschen wissen wir erneut, was es heißt, der Rache und dem Haß ausgeliefert zu sein. Wir erinnern auch daran, daß schwarze Truppen an der deutschen Westgrenze standen. Darum denkt die Ordnung mit Recht an die, die durch den Krieg in solche Versuchungen geführt werden. Die Kirche hat die Pflicht, darum zu beten, daß das Schwert der weltlichen Gewalt auch dann rein und unbefleckt bleibt, wenn es seines Amtes in der Führung eines Krieges walten muß.
5. Alle in der Gebetsordnung zum Ausdruck kommenden Gebetsanliegen sind der Kirche Jesu Christi von ihrem Auftrag her geboten, und sie sind als solche dem ganzen Volk Dienst und Hilfe in Kriegsnot. Der Vorwurf, daß die Anordnung eines solchen Gebetsgottesdienstes ein »Verbrechen« oder »Landes- und Volksverrat« sei, ist unhaltbar. Er kann nur erhoben werden, wo der christliche Glaube verworfen oder verkannt wird.
6. Die Erklärung der Bischöfe, daß die in der Gebetsordnung zum Ausdruck kommende Haltung aus religiösen und vaterländischen Gründen zu verurteilen sei, weisen wir mit allem Ernst als unbegründet zurück. Man kann fragen, ob in der Gebetsordnung alle Gebetsanliegen der Kirche Jesu Christi in unserem Volke zum Ausdruck kommen; man kann auch im Hinblick auf einzelne Formulierungen Wünsche haben. Aber das rechtfertigt nicht die von den Bischöfen ausgesprochene Verurteilung, geschweige denn die Trennung von den Männern der VKL.
7. Die Männer der Vorläufigen Leitung sind nach unserem Urteil der Verantwortung der Kirche Jesu Christi bei Kriegsgefahr eingedenk gewesen und haben sie durch die Herausgabe der Gebetsordnung wahrgenommen. Wir erkennen in dieser Gebetsordnung ein im Worte Gottes begründetes kirchliches Zeugnis.
Vorstehende Erklärung übergeben wir der Vorläufigen Leitung, den Landesbischöfen und Kirchenregierungen, die die in der Presse erschienene Erklärung unterzeichnet haben, sowie dem Herrn Reichsminister für die kirchlichen Angelegenheiten.

Landesbischof Wurm sah sich veranlaßt, unter dem 21. November 1938 seiner Kirche folgende Aufklärung zu geben[38]:

Evangelischer Oberkirchenrat Stuttgart, den 21. November 1938
Nr. A. 10870

An sämtliche Dekanatämter
In der vorletzten Woche hat das DNB eine Mitteilung veröffentlicht, die vielfach so aufgefaßt wurde, als ob die Landesbischöfe von Baden, Bayern, Hannover und Württemberg sich die Beschuldigung einer staatsverräterischen Handlung gegen die bisherigen Mitglieder der VKL zu eigen gemacht und sich in eine kirchliche Einheitsfront mit den Nationalkirchlern begeben hätten.
Demgegenüber haben die genannten vier Landesbischöfe in einem Schreiben an den Herrn Reichsminister für die kirchlichen Angelegenheiten vom 18. d.M. zum Ausdruck gebracht, daß sie zwar nach wie vor die Herausgabe jener liturgischen

38 Vervielfältigte beglaubigte Abschrift

Ordnung für einen schweren Mißgriff halten, den sie nicht mitverantworten können. Dagegen haben sie daran erinnert, daß sie in der Unterredung mit dem Herrn Reichsminister am 29. Oktober die Persönlichkeiten, die für die Herausgabe jener Ordnung verantwortlich sind, gegen den Vorwurf staatsverräterischen Verhaltens ausdrücklich in Schutz genommen haben, besonders auch mit dem Hinweis darauf, daß die VKL schon vor Wochen und dann noch einmal anläßlich des Bekanntwerdens des Briefes von Karl Barth an Professor Hromadka einen klaren Trennungsstrich zwischen sich und diesem ihnen bisher nahe stehenden Theologen gezogen habe. Aus diesem Grunde haben sie es seinerzeit auch abgelehnt, den ihnen vorgelegten Entwurf, der die Beschuldigung einer volks- und staatsverräterischen Haltung enthielt, zu unterzeichnen, und eine Formulierung gewählt, die diese Beschuldigung vermieden habe. Sodann haben die Bischöfe in dem genannten Schreiben an den Herrn Reichsminister festgestellt, daß sie ausdrücklich und absichtlich mehrfach betont haben, daß sie mit den kirchlichen Kreisen, die in der VKL ihre Vertretung sehen, verbunden seien in dem Bestreben, eine Neuordnung der DEK zu erreichen, die ihrer in Art. 1 der Verfassung vom 11. Juli 1933 festgelegten Bekenntnisgrundlage entspricht und eine dem Wesen der Kirche gemäße Verwaltung ermöglicht. Ihre grundsätzlich ablehnende Haltung gegenüber den nationalkirchlichen Zielen bleibe nach wie vor bestehen.
Der Oberkirchenrat gibt den Dekanatämtern anheim, Geistliche und Gemeindeglieder, die durch jene Notiz und durch allerhand umlaufende Gerüchte beunruhigt sind, entsprechend zu informieren.

Wurm

Die Auswirkungen dieses Konfliktes zogen sich noch bis tief in den Krieg hinein, und zwar dadurch, daß gegen die Mitglieder der Vorläufigen Leitung und auch gegen eine Anzahl anderer Vertreter der Bekennenden Kirche kirchliche Disziplinarverfahren eingeleitet und teilweise auch durchgeführt wurden. Superintendent Albertz wurden die Rechte des geistlichen Standes durch oberste Entscheidung des Disziplinarhofs der Deutschen Evangelischen Kirche aberkannt. Bei den meisten Betroffenen verhinderte der Krieg mit seinen Amnestien und sonstigen Sonderverordnungen die endgültige Durchführung der Verfahren.
Die Bekennende Kirche hatte durch die Auseinandersetzungen über den Treueid der Geistlichen und über die Gebetsliturgie schwere Stöße erlitten. Der Härte des Kampfes waren nur wenige gewachsen. Die Resignation gegenüber der Allmacht des Dritten Reiches drohte überhand zu nehmen. Es war daher ein besonders tröstliches Zeichen zum Schluß dieses schweren Jahres, daß zwar keine Bekenntnissynode der Deutschen Evangelischen Kirche, aber an ihrer Stelle doch am 10./11. 12. 1938 ein *Kirchentag* der Bekennenden Kirche in Berlin stattfinden konnte. Der wichtigste Beschluß dieses Kirchentages war derjenige, in dem sich die Bekennende Kirche vor allem an die in ihrer Mitte vorhandenen Judenchristen wandte[39]:

Liebe Brüder und Schwestern in Christo!
Viele unter euch sind durch das Geschick unserer christlichen Glaubensgenossen unter den Juden in ihren Herzen betroffen. Wir bitten euch, euer Denken und Handeln in dieser Not unter die Richtschnur folgender Worte der Heiligen Schrift zu stellen:

---

39 Manuskript nicht mehr vorhanden; Abdruck aus KJB 1933–1945, S. 267f.

»Sie sind alle abgewichen und allesamt untüchtig geworden. Da ist nicht, der Gutes tue, auch nicht einer« (Röm. 3,12).
Vor Gott sind *alle* Menschen Sünder.
»Gott will, daß *allen Menschen* geholfen werde und sie zur Erkenntnis der Wahrheit kommen« (1. Tim. 2,4).
Die Botschaft von der Gnade Gottes richtet sich an alle Menschen. »Jesus Christus ist die Versöhnung für unsere Sünden; nicht allein aber für die unseren, sondern auch für die der ganzen Welt« (1. Joh. 2,2).
Jesus Christus ist auch die Versöhnung für die Sünde des jüdischen Volkes. »Ist jemand in Christo, so ist er eine neue Kreatur. Das Alte ist vergangen, siehe, es ist alles neu geworden« (2. Kor. 5,17).
Wen Gottes Heiliger Geist in die Gemeinde Jesu Christi beruft und im Glauben erhält, den macht er ohne Ansehen der Person und Rasse zu einem neuen Menschen.
»Denn ihr seid alle Gottes Kinder durch den Glauben an Christum Jesum. Denn wieviel euer auf Christum getauft sind, die haben Christum angezogen. Hier ist kein Jude noch Grieche, hier ist kein Knecht noch Freier, hier ist kein Mann noch Weib; denn ihr seid allzumal *einer* in Christo Jesu« (Gal. 3,26–28).
Durch den einen Herrn, den einen Glauben und die eine Taufe sind wir als Brüder verbunden mit allen Christusgläubigen aus den Juden. Wir wollen uns nicht von ihnen trennen und bitten sie, sich auch nicht von uns zu trennen.
»So ein Glied leidet, so leiden alle Glieder mit« (1. Kor. 12,26).
Wir ermahnen unsere Gemeinden und Gemeindeglieder, sich der leiblichen und seelischen Not ihrer christlichen Brüder und Schwestern aus den Juden anzunehmen, auch für sie im Gebet vor Gott einzutreten.
»Denn Gott hat alle beschlossen unter den Unglauben, auf daß er sich aller erbarme« (Röm. 11,32).
Wir warten auf die Wiederkunft unseres Herrn und trauen auf Gottes Verheißung, die dem Volk Israel und allen Völkern gegeben ist.

Die Bekennende Kirche war entschlossen, trotz aller Niederlagen und Rückschläge, trotz aller steigenden Bedrängnisse, ihren Kampf weiterzuführen.

c) Die Auseinandersetzung um die Godesberger Erklärung der Nationalkirchlichen Einung »Deutsche Christen« (1939)

Schon Ende Oktober 1938 war der Reichskirchenminister Kerrl mit Vertretern der Evangelischen Kirche in Besprechungen über eine *Ordnung des Verhältnisses von Kirche und Staat* eingetreten. Mit diesen Verhandlungen wurde der letzte Versuch unternommen, der während des Dritten Reiches von seiten des Staates innerhalb des »Altreiches« zur Ordnung des gegenseitigen Verhältnisses von Staat und Evangelischer Kirche gemacht wurde. Dieser Versuch ist deswegen besonders interessant, weil in ihm mit Hilfe der sogenannten »*Godesberger Erklärung*« eine Art kirchliches Bekenntnis zur Weltanschauung des Dritten Reiches abgelegt werden sollte. Der Kirchenminister versuchte in Verhandlungen mit den Kirchenführern, seine Vorstellungen von der kommenden Evangelischen Kirche deutlich zu machen. In diesen Verhandlungen bemühten sich die Kirchenführer, ihre Bedenken vorzutragen; aber der Kirchenminister ging im Grunde auf alle ihre Vorschläge und Erwägungen nicht ein. Der von der Kirchenführerkonferenz vorgeschlagene Weg wurde, wie nicht anders zu erwarten, trotz des in ihm sichtbaren Bemühens, dem Kirchenminister entgegenzukommen, vom Kirchenminister nicht angenommen. Auch die Zustimmung von ca. zwei Dritteln der evangelischen Pfarrer zu den Vorschlägen der Kirchenführerkonferenz machte hier keinen Eindruck. Vielmehr wurde vom Kirchenministerium der Weg der Verhandlungen auf eine neue Weise fortgesetzt. In den ersten Apriltagen erschien plötzlich die folgende Erklärung, die, weil sie in Godesberg unterschrieben worden ist, unter dem Titel »Die Godesberger Erklärung« in die Geschichte einging:

(1) Die deutschchristliche Urfassung[40]

Mit dem unbeugsamen Willen, den Kirchenstreit einer positiv-christlichen Entscheidung entgegenzuführen, haben sich Vertreter der Nationalkirchlichen Einung Deutsche Christen und Männer aus verschiedenen Kreisen evangelischer Pfarrer und Laien zu Beratungen zusammengefunden. Es wurde beschlossen, eine lose kameradschaftliche Zusammenarbeit aufzunehmen. Als Grundlage gelten folgende Sätze:
1. Mit allen Kräften des Glaubens und des tätigen Lebens dienen wir dem Manne, der unser Volk aus Knechtschaft und Not zu Freiheit und herrlicher Größe geführt hat. Wir bekämpfen unerbittlich alle Elemente, die politische Feindschaft religiös tarnen.
2. Im Kirchenstreit wird sichtbar ein Stück des großen religiösen und religionspolitischen Ringens, das in unserer Zeit durch unser ganzes Volk geht. Die Formen des Kirchenstreites sind unwürdig, die Machtkämpfe verwerflich, das Ringen selbst aber bejahen wir als Zeichen neuwachsenden religiösen Lebens.
3. Die Kernfragen der religiösen Auseinandersetzungen sind folgende:
a) Wie verhalten sich Politik und Religion, wie verhalten sich nationalsozialistische Weltanschauung und christlicher Glaube zueinander?
Auf diese Frage antworten wir:
Indem der Nationalsozialismus jeden politischen Machtanspruch der Kirchen bekämpft und die dem deutschen Volke artgemäße nationalsozialistische Weltanschauung für alle verbindlich macht, führt er das Werk Martin Luthers nach der weltanschaulich-politischen Seite fort und verhilft uns dadurch in religiöser Hinsicht wieder zu einem wahren Verständnis des christlichen Glaubens.
b) Wie ist das Verhältnis von Judentum und Christentum? Ist das Christentum aus dem Judentum hervorgegangen und also seine Weiterführung und Vollendung, oder steht das Christentum im Gegensatz zum Judentum?
Auf diese Frage antworten wir:
Der christliche Glaube ist der unüberbrückbare religiöse Gegensatz zum Judentum.
c) Ist das Christentum wesensmäßig überstaatlich und international?
Auf diese Frage antworten wir:
Überstaatliches und internationales Kirchentum römisch-katholischer oder weltprotestantischer Prägung ist politische Entartung des Christentums. Echter christlicher Glaube entfaltet sich fruchtbar nur innerhalb der gegebenen Schöpfungsordnungen.

40 Aus: Junge Kirche 1939, S. 328f. (nach: Das Deutsche Christentum, vom 9. 4. 1939)

4. Aus unserer Grunderkenntnis vom Sinn der religiösen Auseinandersetzungen ergibt sich von selbst, daß nicht Konstruktionen, Verfassungen oder Gesetzgebungen weiterhelfen. Der Kampf muß vielmehr innerlich ausgetragen werden.
5. Voraussetzung für eine solche religiöse Auseinandersetzung sind Ordnung und Toleranz in der Kirche. Die soeben erschienenen Verordnungen der Evangelischen Kirche der altpreußischen Union begrüßen wir als einen wesentlichen Beitrag dazu.
6. In der durch diese Sätze bestimmten Haltung werden wir eine gemeinsame Arbeit beginnen.

Nationalkirchliche Einung Deutsche Christen
Siegfried Leffler

Ellwein, Berlin; *Deitenbeck*, Frankfurt a.M.; *Grünagel*, Aachen; *Hahn*, Mannheim; *Kittel*[41], Münster; *Klein*, Bad Freienwalde; Frh. v. *Ledebur*, Bohmte; *Müller*, Königsberg; *Neumüller*, Kaiserslautern; *Odenwald*, Heidelberg; *Pauls*, Hirschberg (Schlesien); *Schomerus*, Wittenberg; *Seiler*, Erlangen; *Stapel*[41], Hamburg; *Woermann*, Hamburg; *Fiebig*, Münster; *Horn*, Duisburg; *Bunz*, Berlin; *Göring*, Berlin.

(2) Die erste Neufassung der deutschchristlichen Landeskirchenleiter[42]

Unmittelbar nach Erscheinen der Godesberger Erklärung erschien im Gesetzblatt der DEK die nachfolgende

Bekanntmachung

Wir unterzeichneten Landeskirchenleiter nahmen Kenntnis von der Erklärung, mit der die Nationalkirchliche Einung Deutsche Christen und Männer aus verschiedenen Kreisen evangelischer Pfarrer und Laien zu gemeinsamer Arbeit zusammengetreten sind. In dieser Erklärung werden von kirchlichen Kreisen, die gewillt sind, die kirchlichen Fragen einer positiv-christlichen Entscheidung entgegenzuführen, folgende Grundsätze aufgestellt:
1. Jedes überstaatliche oder internationale Kirchentum römisch-katholischer oder weltprotestantischer Prägung ist politische Entartung des Christentums. Echter christlicher Glaube entfaltet sich fruchtbar nur innerhalb der gegebenen Schöpfungsordnungen.
2. Der christliche Glaube ist der unüberbrückbare religiöse Gegensatz zum Judentum.
3. Der Kampf des Nationalsozialismus gegen jeden politischen Machtanspruch der Kirchen, sein Ringen um eine dem deutschen Volke artgemäße Weltanschauung sind nach der weltanschaulich-politischen Seite hin Fortsetzung und Vollendung des Werkes, das der deutsche Reformator Martin Luther begonnen hat. Mit der in diesem Kampfe neu gewonnenen echten Unterscheidung von Politik, Weltanschauung und Religion wird aber von selbst auch das wahre Verständnis des christlichen Glaubens wieder lebendig.
4. Voraussetzung für ein ehrliches religiöses Ringen, für Wachstum und Aus-

---

41 Nach einer nach Erscheinen der 1. Auflage des Kirchlichen Jahrbuchs 1933–1945 herausgegebenen Erklärung von Prof. Kittel sind (»mindestens«) die beiden Unterschriften Kittel und Stapel Fälschungen der Herausgeber der Godesberger Erklärung.
42 GBl DEK 1939, S. 19

breitung eines wahren christlichen Glaubens im deutschen Volk sind Ordnung und Toleranz innerhalb der bestehenden Kirchen.
Wir Landeskirchenleiter, die wir in unwandelbarer Treue zu Führer und Volk stehen, bejahen diese Sätze, weil nach unserer Überzeugung die hier aufgezeigte Haltung Zukunft in sich trägt. Wir sind entschlossen, bei voller Wahrung religiöser Toleranz unsere gesamte kirchliche Arbeit entsprechend auszurichten. Als gewichtigen Schritt auf diesem Wege begrüßen wir die Verordnungen der Evangelischen Kirche der altpreußischen Union vom 18. und 20. März 1939.
Unsere erste Gemeinschaftsarbeit ist die Durchführung folgender Maßnahmen:
1.   Gründung eines Instituts zur Erforschung und Beseitigung des jüdischen Einflusses auf das kirchliche Leben des deutschen Volkes.
2.   Errichtung einer kirchlichen Zentralstelle zur Bekämpfung des Mißbrauchs der Religion zu politischen Zwecken.
3.   Errichtung eines religionspolitischen Seminars zum Zwecke der Erforschung der Zusammenhänge von Politik, Weltanschauung und Religion.
4.   Herausgabe regelmäßiger monatlicher Nachrichten an Pfarrer und Kirchenälteste der beteiligten Landeskirchen.

Berlin, den 4. April 1939

Evangelische Kirche der altpreußischen Union:
Dr. *Werner*
Präsident des Evangelischen Oberkirchenrats
Evangelisch-lutherische Landeskirche Sachsens:
Klotsche
Präsident des Landeskirchenamts

Evangelische Landeskirche Nassau-Hessen:
Kipper
Präsident des Landeskirchenamts
Evangelisch-lutherische Landeskirche Schleswig-Holsteins:
Dr. *Kinder*
Präsident des Landeskirchenamts
Thüringer Evangelische Kirche
Der Landeskirchenrat
Sasse, Landesbischof
Evangelisch-lutherische Kirche Mecklenburgs:
Schultz, Landesbischof
Vereinigte prot.-evangelisch-christliche Kirche der Pfalz:
Diehl, Landesbischof
Evangelische Landeskirche Anhalts:
Der Evangelische Landeskirchenrat für Anhalt
Lindau, Kirchenrat
Evangelisch-lutherische Kirche Oldenburgs:
Volkers, Landesbischof
Evangelisch-lutherische Kirche in Lübeck:
Balzer, Bischof
Evangelische Kirche in Österreich:
Dr. *Kauer*
komm. Präsident des Oberkirchenrats

Mit dieser Bekanntmachung traten als Gegengründung gegen die Landeskirchenführerkonferenz die deutschchristlichen bzw. nationalkirchlichen Landeskirchenleiter an die Öffentlichkeit. Wie aus der Bekanntmachung hervorgeht, übernahmen sie die entscheidenden Sätze der Godesberger Erklärung, die ihnen offenbar vom Kirchenministerium zur Anerkennung und Proklamation zugeleitet war. Als erste Leistung der hier proklamierten Gemeinschaftsarbeit erschien in demselben Gesetzblatt die nachfolgende

Erklärung[43]

Wie aus Zeitungsmeldungen hervorgeht, hat der Erzbischof von Canterbury sich für ein Zusammengehen Englands mit der Sowjetunion eingesetzt, zugleich aber auch eine gemeinsame Front aller christlichen Kirchen unter Führung des Papstes gegen die »deutsche Drohung« zu bilden gesucht.
Damit ist erwiesen, daß für diesen Kirchenführer Kirche und Christentum nichts anderes sind als politische Faktoren, die er glaubt, für die machtpolitischen Ziele Englands einsetzen zu können, um die Front des Hasses gegen das wieder frei und groß und mächtig gewordene Deutsche Reich zu stärken. Es geht ihm nicht um Freiheit und Gerechtigkeit, denn sonst hätte er gegen das ungeheuerliche Unrecht auftreten müssen, das dem deutschen Volke durch das Versailler Diktat zugefügt worden ist, sonst hätte er die christlichen Mächte aufrufen müssen gegen die entsetzlichen Greuel des Bolschewismus in Sowjetrußland und im ehemaligen Rotspanien, sonst hätte er noch vielerlei Anlaß gehabt, sich gegen Ungerechtigkeit und Unterdrückung zu wehren. Es geht ihm auch nicht um den christlichen Glauben, denn sonst wäre es unmöglich, daß er ein Bündnis mit dem Bolschewismus, dem Todfeind des Christentums und jeder Religion, empfiehlt. Es geht ihm nur darum, in heuchlerischer religiöser Tarnung eine Politik zu unterstützen, die gegen das Lebensrecht und den Lebenswillen des deutschen Volkes gerichtet ist.
Wir nehmen davon Kenntnis, daß der Erzbischof von Canterbury in dieser Einkreisungsfront gegen Deutschland auch die Römisch-Katholische Kirche, die Orthodoxen Kirchen, die Anglikanische und die übrigen weltprotestantischen Kirchen zu sehen hofft. Wir als die verantwortlichen Leiter *deutscher* Kirchen aber erklären, daß wir mit einem Kirchenführer oder einer Kirche oder einem Christentum solcher Art nichts zu schaffen haben. Wir stehen mit dem ganzen deutschen Volke unerschütterlich zum Führer aller Deutschen; wir wissen uns unlösbar und ausschließlich gebunden an die Lebens- und Schicksalsgemeinschaft des deutschen Volkes, wir haben unsern Platz und unsere Aufgabe in diesem Volke, dem wir in Glauben und Gehorsam dienen, weil uns solcher Dienst eine heilige Verpflichtung ist.
Berlin, den 4. April 1939

Ebenso rasch wurde das *Institut zur Erforschung des jüdisches Einflusses auf das deutsche kirchliche Leben* begründet.
Seine Gründung beruhte auf der Überzeugung, daß der jüdische Einfluß auf allen Gebieten des deutschen Lebens, also auch auf dem religiös-kirchlichen, entlarvt und gebrochen werden muß. Daraus folgte für die deutschchristliche Gruppe die große Aufgabe der »Entjudung« von Kirche und Christentum; »sie ist die Voraussetzung für die Zukunft des Christentums«.
Für den Geist dieses Kreises einer nationalkirchlichen Kirchenführung sei folgendes Dokument mitgeteilt. Am 20. April erschien im Gesetzblatt der DEK der nachfolgende Erlaß:

---

43 Ebd., S. 21

Zum fünfzigsten Geburtstag des Führers[44]

Mit dem gesamten deutschen Volke feiert die Evangelische Kirche am 20. April in jubelnder Freude den fünfzigsten Geburtstag unseres Führers.
In ihm hat Gott dem deutschen Volke einen wahren Wundermann geschenkt, wie Martin Luther die Großen nannte, die Gott nach seinem freien Rat und Willen je und dann aussendet, daß sie in die Weite und Tiefe der Geschichte mächtig hineinwirken, daß sie ihrem Volke und der Welt neue Ziele weisen, Bahn brechen in eine lebendige Zukunft und ein neues Zeitalter heraufführen.
In tiefer und dankbarer Ergriffenheit erlebt das deutsche Volk, erlebt in ihm auch die deutsche evangelische Christenheit noch einmal die gewaltige Größe des Geschehens, das die mit Adolf Hitler anbrechende Stunde der Deutschen in sich faßt:
Die Aufrüttelung aller völkischen Kräfte zu kampfes- und todesfreudigem Einsatz für Freiheit, Ehre und Macht des Vaterlandes; die Befreiung von der schmachvollen Knechtschaft eines Gewaltfriedens; das Geschenk von Arbeit und Brot für jeden Volksgenossen; die Rückführung der Brüder aus der West- und Ostmark und aus dem Memelland in die Gemeinschaft des Blutes und tausendjähriger Geschichte.
In alledem ist das deutsche Volk ein anderes geworden, als es vor Adolf Hitler gewesen ist. Der entschlossene und unbeugsame Wille, unseren Führer und die große geschichtliche Stunde, die uns durch ihn von Gott geschenkt ist, nicht zu enttäuschen, das sei der Dank, den das deutsche Volk und in ihm die deutsche evangelische Christenheit dem Führer zu seinem fünfzigsten Geburtstag darbringt.
Daß die Befreiung von den letzten Resten äußerer Knechtschaft bewährt werde in der inneren Freiheit, die sich freudig einordnet in die Gemeinschaft gegenseitigen Dienstes; daß die Ausmerzung alles wesensfremden Einflusses auf die geistige, sittliche und künstlerische Kultur unseres Volkes begleitet sei von einer immer tieferen Erschließung der Quellen, aus denen unser Volk geboren und seine Geschichte gespeist ist; daß wir durch das, was Gott an dieser Wende der Geschichte der Deutschen an uns tut, zu immer festerem Vertrauen auf ihn und zu immer willigerem Gehorsam gegen ihn uns rufen lassen, das sei unser Begehren, unser Wille, unser Gelübde zum fünfzigsten Geburtstag des Führers.
Berlin, den 14. April 1939   Heil Hitler!
                                                   Deutsche Evangelische Kirche
                                                   Dr. *Werner*

Nachdem die nationalkirchlichen »Landeskirchenleiter« die Godesberger Erklärung angenommen hatten, gingen die Verhandlungen des Reichskirchenministers mit den übrigen Landeskirchenführern weiter, um sie möglichst zur Annahme dieser Sätze zu bewegen. Da es offenbar nicht möglich erschien, die ursprüngliche Fassung der Godesberger Erklärung zur Annahme zu bringen, leitete der Reichskirchenminister den Landeskirchenführern schließlich am 26. Mai folgenden Text über die Kirchenkanzlei zur Anerkennung zu:

(3)   Die Neufassung der Godesberger Erklärung durch den Kirchenminister

       Grundsätze für eine den Erfordernissen der Gegenwart
    entsprechende neue Ordnung der Deutschen Evangelischen Kirche[45]

---

44   Ebd., S. 25
45   Anlage zu einem Wort der hannoverschen Kirchenregierung an die Landeskirche vom 23. 6. 1939; zeitgenössisches Druckblatt

Durch den Erlaß des Führers und Reichskanzlers vom 15. Februar 1937 (RGBl I, S. 203) ist angeordnet, daß die Kirche in voller Freiheit nach eigener Bestimmung des Kirchenvolkes sich selbst die neue Verfassung und damit eine neue Ordnung geben solle.
Um die Vorbereitung und Durchführung einer Generalsynode in der Form eines Großdeutschen Evangelischen Kirchentages zu sichern und fruchtbar zu gestalten, bedarf es klarer Grundsätze:
Solche Grundsätze sind:
1. Die Evangelische Kirche hat von Martin Luther gelernt, die Bereiche der Vernunft und des Glaubens, der Politik und der Religion, des Staates und der Kirche scharf zu unterscheiden.
Die nationalsozialistische Weltanschauung ist die völkisch-*politische* Lehre, die den deutschen Menschen bestimmt und gestaltet. Sie ist als solche auch für den christlichen Deutschen verbindlich.
Die Evangelische Kirche ehrt im Staate eine von Gott gesetzte Ordnung und fordert von ihren Gliedern treuen Dienst in dieser Ordnung.
2. Das Evangelium gilt allen Völkern und allen Zeiten. Die Evangelische Kirche hat aber von Martin Luther gelernt, daß wahrer christlicher Glaube sich nur innerhalb des von Gott geschaffenen Volkstums kraftvoll entfalten kann. Wir lehnen daher den politischen Universalismus römischer und weltprotestantischer Prägung entschieden ab.
3. Die nationalsozialistische Weltanschauung bekämpft mit aller Unerbittlichkeit den politischen und geistigen Einfluß der jüdischen Rasse auf unser völkisches Leben. Im Gehorsam gegen die göttliche Schöpfungsordnung bejaht die Evangelische Kirche die Verantwortung für die Reinerhaltung unseres Volkstums.
Darüber hinaus gibt es im Bereich des Glaubens keinen schärferen Gegensatz als den zwischen der Botschaft Jesu Christi und der jüdischen Religion der Gesetzlichkeit und der politischen Messiashoffnung.
4. Die Evangelische Kirche hat die Aufgabe, dem deutschen Menschen die Botschaft von der Offenbarung Gottes in Jesus Christus so zu verkündigen, wie sie uns die Reformatoren, insbesondere Martin Luther, verstehen gelehrt haben.
5. Ob ein einmütiges Verständnis dieser Botschaft möglich ist, wird nur entschieden werden können, wenn die bestehenden Spannungen innerhalb des deutschen Protestantismus in kraftvoller Lebendigkeit getragen und das notwendige Gespräch im Geiste der Wahrhaftigkeit und der Verträglichkeit fortgeführt wird. Daher ist eine klare Ordnung zu schaffen, die die Verkündigung des Evangeliums sichert und eine ausreichende geistliche Versorgung aller Glieder der Kirche gewährleistet.

Die Kirchenführerkonferenz beantwortete dieses Ansinnen mit folgendem Schreiben, in dem die »Grundsätze für eine den Erfordernissen der Gegenwart entsprechende neue Ordnung der Deutschen Evangelische Kirche« des Ministers weitgehend angenommen wurden, wobei der fragwürdige Versuch gemacht wurde, allzu unmögliche Formulierungen durch Abänderungen tragbar zu machen[46].

---

46 Abschrift aus dem Schweizer Ev. Pressedienst, Zürich, 28. 6. 1939: AG KZG (Kirchliche Quellen 1939)

(4) Versuch einer Neufassung seitens der Kirchenführerkonferenz

Die Kirchenführerkonferenz unter Vorsitz Berlin, 31. Mai 1939
des dienstältesten Landesbischofs
An den Herrn Reichsminister für die kirchlichen Angelegenheiten
Herr Reichsminister!
Durch den Erlaß des Führers und Reichskanzlers vom 15. Februar 1937 (RGBl S. 203) ist angeordnet, daß die Kirche in voller Freiheit nach eigener Bestimmung des Kirchenvolkes sich selbst die Verfassung und damit eine neue Ordnung geben solle.
Um die Vorbereitung und Durchführung einer Generalsynode in der Form eines Großdeutschen Evangelischen Kirchentages zu sichern und fruchtbar zu gestalten, bedarf es klarer Grundsätze.
Solche Grundsätze haben wir Ihnen, Herr Reichsminister, in dem am 11. Januar 1939 zugeleiteten, inzwischen von weit über 10 000 Pfarrern gutgeheißenen Wort unterbreitet. Darüber hinaus haben wir zu den von dem Herrn Leiter der Deutschen Evangelischen Kirchenkanzlei mit Ihrem Schreiben vom 24. Mai 1939 uns vorgelegten Grundsätzen folgendermaßen Stellung genommen:
1. Die Evangelische Kirche hat von Martin Luther gelernt, die Bereiche der Vernunft und des Glaubens, der Politik und der Religion, des Staates und der Kirche klar zu unterscheiden.
Die Evangelische Kirche ehrt im Staate eine von Gott gesetzte Ordnung. Sie fordert von ihren Gliedern treuen Dienst in dieser Ordnung und weist sie an, sich in das völkisch-politische Aufbauwerk des Führers mit voller Hingabe einzufügen.
2. Das Evangelium gilt allen Völkern und allen Zeiten, die Evangelische Kirche hat in ihrer Geschichte seit M. Luther gelernt, daß kirchlich-christliches Leben sich innerhalb des von Gott geschaffenen Volkstums besonders kraftvoll entfalten kann. Wir lehnen daher in der ökumenischen Arbeit jede Verfälschung in der Richtung auf einen politischen Universalismus ab.
3. Im Bereich des Glaubens besteht der scharfe Gegensatz zwischen der Botschaft Jesu Christi und seiner Apostel und der jüdischen Religion der Gesetzlichkeit und der politischen Messiashoffnung, die auch schon im Alten Testament mit allem Nachdruck bekämpft ist.
Im Bereich des völkischen Lebens ist eine ernste und verantwortungsbewußte Rassenpolitik zur Reinerhaltung unseres Volkes erforderlich.
4. Die Deutsche Evangelische Kirche hat die Aufgabe, dem deutschen Menschen die Botschaft von der Offenbarung Gottes in Jesus Christus so zu verkündigen, wie sie uns die Reformatoren, insbesondere D. Martin Luther, verstehen gelehrt haben.
5. Ein einmütiges Verständnis dieser Botschaft ist z.Z. nicht vorhanden. Daher ist eine klare Ordnung zu schaffen, die die Verkündigung des Evangeliums sichert, für eine Übergangszeit ein geordnetes Nebeneinander ermöglicht und eine ausreichende geistliche Versorgung der Minderheiten gewährleistet. Inzwischen müssen die bestehenden Gegensätze innerhalb des deutschen Protestantismus getragen und das notwendige Gespräch im Geiste der Wahrhaftigkeit und der Verträglichkeit fortgeführt werden.
Heil Hitler!

*D. Marahrens, D. Wurm, D. Hollweg, D. Happich,
Drechsler, D. Meiser, Kühlewein, Ewerbeck, Henke*

Ein sorgfältiger Vergleich dieser beiden Schreiben zeigt nicht nur die charakteristischen Abweichungen der beiden Lesarten, sondern auch die Ungangbarkeit des Weges der Kirchenführerkonferenz. Der Kirchenminister lehnte die Fassung der

Kirchenführerkonferenz ab und forderte, seine Erklärung anzunehmen, allerdings vergeblich; denn nur der Vorsitzende, Marahrens, und zwei Mitglieder, Johnsen und Happich, unterschrieben. Der Versuch des Kirchenministers, die DEK durch die Godesberger Erklärung zu einer antisemitischen Nationalkirche zu machen, war gescheitert.

Schließlich nahm auch die *Konferenz der Landesbruderräte* Stellung in einer feierlichen

Erklärung zu den nationalkirchlichen Grundsätzen[47]

Durch eine *Bekanntmachung* im Gesetzblatt der DEK vom 6. April 1939 haben sich die elf Kirchenleiter, voran der Präsident des Preußischen Oberkirchenrats, Dr. Werner, der auch Leiter der Deutschen Evangelischen Kirchenkanzlei ist, offen und eindeutig zu den nationalkirchlichen Grundsätzen bekannt und ihren Entschluß ausgesprochen, ihre gesamte kirchliche Arbeit entsprechend auszurichten. *Der Kampf um die Kirche Jesu Christi innerhalb der DEK ist damit in ein neues Stadium getreten.* Wovor ein Ludwig Müller selbst sich damals noch scheute, wird nun gewagt: die Leiter jener Kirchen, die vorbildlich werden sollen für die Neuordnung der gesamten DEK, haben die deutschchristliche Irrlehre *amtlich* zum Programm ihres Handelns gemacht. Sie haben sich zu Grundsätzen bekannt, in denen wir nach allen Zeugnissen der Heiligen Schrift und der Bekenntnisse der christlichen Kirche nur einen Abfall von dem allein seligmachenden Evangelium von Jesus Christus und eine willkürliche Verkehrung der geoffenbarten Wahrheit Gottes in menschliche Weisheit erkennen können.

I.

Die Nationalkirche lehrt:
1. »Jedes überstaatliche oder internationale Kirchentum römisch-katholischer oder weltprotestantischer Prägung ist politische Entartung des Christentums. Echter christlicher Glaube entfaltet sich fruchtbar nur innerhalb der gegebenen Schöpfungsordnungen.«
Dazu bezeugen wir:
Jesus Christus sagt: »*Mir ist gegeben alle Gewalt im Himmel und auf Erden. Darum gehet hin und machet zu Jüngern alle Völker und taufet sie auf den Namen des Vaters und des Sohnes und des Heiligen Geistes*« (Matth. 28,18).
Dazu sagt der Apostel des Herrn: »*Seid fleißig zu halten die Einigkeit im Geist durch das Band des Friedens: ein Leib und ein Geist, wie ihr auch berufen seid auf einerlei Hoffnung eurer Berufung; ein Herr, ein Glaube, eine Taufe, ein Gott und Vater unser aller, der da ist über euch allen*« (Eph. 4,3–6).
Die christliche Kirche ist die Gemeinde der in Christi Tod und Auferstehung Getauften, welche über alle Grenzen der Völker hinweg berufen sind zu Bürgern des Reiches, in dem Christus König ist. Die brüderliche Verbundenheit am Leibe Christi ist gegeben durch die Einheit des Glaubens, die nicht durch die Schranken von Staat und Volk aufgehoben wird. Diese Übernationalität der Kirche leugnen heißt die Einheit des Leibes Christi zerstören. Der Gefahr politischer Entartung in internationaler oder nationaler Form kann die Kirche nur dadurch begegnen, daß sie ihrer Botschaft treu bleibt. Als die »Fremdlinge und Pilgrime« (1. Petr. 2,11), deren »Bürgerrecht im Himmel« ist (Phil. 3,20), dienen die Christen dem Volk, dem sie

---

47 Vervielfältigung ohne Kopf und Datum

nach Gottes Willen angehören, und erinnern dabei auch ihr Volk an das Kommen des Reiches Gottes.

2. *Die Nationalkirche lehrt:*
»Der christliche Glaube ist der unüberbrückbare religiöse Gegensatz zum Judentum.«

Dazu bezeugen wir:
Jesus Christus sagt zur Samariterin: »Ihr wisset nicht, was ihr anbetet; wir wissen aber, was wir anbeten, denn das Heil kommt von den Juden« (Joh. 4,22). Und wiederum sagt er zu den Juden, die ihn verwerfen: »Warum kennet ihr denn meine Sprache nicht? Denn ihr könnet ja mein Wort nicht hören. Ihr seid von dem Vater, dem Teufel, und nach eures Vaters Lust wollt ihr tun. Der ist ein Mörder und ist nicht bestanden in der Wahrheit; denn die Wahrheit ist nicht in ihm« (Joh. 8,43). Der Apostel des Herrn sagt: »Denn ihr seid alle Gottes Kinder durch den Glauben an Christum Jesum. Denn wieviel euer auf Christum getauft sind, die haben Christum angezogen. Hier ist kein Jude noch Grieche, hier ist kein Knecht noch Freier, hier ist kein Mann noch Weib; denn ihr seid allzumal einer in Christo Jesu. Seid ihr aber Christi, so seid ihr ja Abrahams Same und Erben nach der Verheißung« (Gal. 3,26f.).

Weiter sagt der Apostel: »Ich schäme mich des Evangeliums von Christo nicht; denn es ist eine Kraft Gottes, die da selig macht alle, die daran glauben, die Juden vornehmlich und auch die Griechen. Sintemal darin offenbart wird die Gerechtigkeit, die vor Gott gilt, welche kommt aus Glauben in Glauben; wie denn geschrieben steht: Der Gerechte wird seines Glaubens leben« (Röm. 1,16).

Es hat Gott gefallen, Israel zum Träger und Werkzeug der göttlichen Offenbarung zu machen. Das wird dadurch nicht aufgehoben, daß die Juden selbst ihrer göttlichen Bestimmung untreu geworden sind. Die Kirche als das wahre Israel ist Erbe der Verheißung, die dem Volke Israel gegeben wurde (vgl. Gal. 4,28.29). Der christliche Glaube steht in einem unüberbrückbaren religiösen Gegensatz zum Judaismus. Dieser Judaismus lebt aber nicht nur im Judentum, sondern ebenso in allen nationalkirchlichen Bestrebungen. Er ist nichts anderes als der Versuch des natürlichen Menschen, seine religiösen und moralischen Selbstrechtfertigungen durch Vermischung mit einem völkischen Sendungsbewußtsein unangreifbar zu machen und so Jesus als den Christus Gottes abzulehnen.

3. *Die Nationalkirche lehrt:*
»Der Kampf des Nationalsozialismus gegen jeden politischen Machtanspruch der Kirchen, sein Ringen um eine dem deutschen Volke artgemäße Weltanschauung ist nach der weltanschaulich-politischen Seite hin Fortsetzung und Vollendung des Werkes, das der deutsche Reformator Martin Luther begonnen hat. Mit der in diesem Kampfe neu gewonnenen Unterscheidung von Politik, Weltanschauung und Religion wird aber von selbst auch das wahre Verständnis des christlichen Glaubens wieder lebendig.«

Dazu bezeugen wir:
Jesus Christus sagt zu Pilatus: »Mein Reich ist nicht von dieser Welt. Wäre mein Reich von dieser Welt, meine Diener würden kämpfen, daß ich den Juden nicht überantwortet würde; nun aber ist mein Reich nicht von dannen.« Da sprach Pilatus zu ihm: »So bist Du dennoch ein König?« Jesus antwortete: »Du sagst es, ich bin ein König. Ich bin dazu geboren und in die Welt gekommen, daß ich für die Wahrheit zeugen soll. Wer aus der Wahrheit ist, der höret meine Stimme« (Joh. 18,36).

Dazu sagt der Apostel des Herrn: »Die Waffen unserer Ritterschaft sind nicht fleischlich, sondern mächtig vor Gott, zu zerstören Befestigungen; wir zerstören damit die Anschläge und alle Höhe, die sich erhebt wider die Erkenntnis Gottes, und nehmen gefangen alle Vernunft unter den Gehorsam Christi« (2. Kor. 10,4). Es ist der Kirche von ihrem Herrn selbst verboten, politische Machtsprüche zu

erheben und ins Amt der Obrigkeit zu fallen. Sie würde aber der Welt die Wahrheit Gottes vorenthalten, wenn sie sich hindern ließe, Gericht und Gnade im Evangelium Jesu Christi jedermann zu verkündigen. Die Grenze für dieses Reden und Handeln der Kirche wird nicht durch Politik oder Weltanschauung einer irdischen Macht, sondern allein durch das Evangelium selbst bestimmt. So haben es uns die Väter des Glaubens in der Reformationszeit selbst gelehrt.
4. *Die Nationalkirche lehrt:*
»Voraussetzung für ein ehrliches religiöses Ringen, für Wachstum und Ausbreitung eines wahren christlichen Glaubens im deutschen Volke sind Ordnung und Toleranz innerhalb der bestehenden Kirchen.«
Dazu bezeugen wir:
Jesus Christus sagt: »Alle Dinge sind mir übergeben von meinem Vater, und niemand kennt den Sohn, denn nur der Vater; und niemand kennet den Vater, denn nur der Sohn und wem es der Sohn will offenbaren« (Matth. 11,27).
Dazu sagt der Apostel des Herrn: »Mich wundert, daß ihr euch so bald abwenden lasset von dem, der euch berufen hat in die Gnade Christi, zu einem anderen Evangelium, so doch kein anderes ist, außer daß etliche sind, die euch verwirren und wollen das Evangelium Christi verkehren. Aber so auch wir oder ein Engel vom Himmel euch würde Evangelium predigen anders, denn das wir euch gepredigt haben, der sei verflucht« (Gal. 1,6–8).
Voraussetzung für Ausbreitung und Wachstum des wahren christlichen Glaubens in unserem Volk ist allein, daß das Evangelium von Jesus Christus rein verkündigt wird. Die Kirche ist dann geordnet, wenn alle Gesetze und Maßnahmen in ihr ausschließlich der Verkündigung dieses Evangeliums dienen. Ein anderes Evangelium kann in der Kirche Christi nicht geduldet werden, weil es nach Gottes geoffenbartem Willen keinen anderen Weg zum Heil gibt als den durch den Heiligen Geist gewirkten Gehorsam gegen die Botschaft des Sohnes vom Vater. So geduldig die christliche Liebe den im Glauben angefochtenen Bruder trägt, so unduldsam hat sie gegen jeden Anspruch eines falschen Glaubens zu sein. Zu allem religiösen Ringen der Gegenwart kann die Kirche keinen anderen Beitrag leisten, als daß sie zum Glauben an Gottes Wort ruft.

II.

Mit den von ihnen verkündigten Grundsätzen haben sich jene Kirchenleiter als *Feinde der einen heiligen allgemeinen christlichen Kirche* erwiesen. Wie sie auf diesem Wege die Kirche zerstören, zeigen die zahlreichen neuen Verordnungen des Präsidenten Werner, die von ihnen als gewichtiger Schritt zur Durchführung ihres Programms begrüßt werden.
Am 18., 20. und 21. März hat der Präsident Dr. Werner für die Evangelische Kirche der altpreußischen Union fünf Verordnungen erlassen:
1. Jeder Pfarrer kann gegen seinen und der Gemeinde Willen durch behördliche Verfügung versetzt oder abgesetzt werden.
2. Die Besetzung jeder Pfarrstelle kann im Gegensatz zum Wahlrecht der Gemeinde durch die Behörde erfolgen.
3. Den Deutschen Christen wird in jeder Gemeinde das Recht zuerkannt, für ihre Gottesfeiern und sonstigen Veranstaltungen die kirchlichen Räume gegen das Verfügungsrecht der verantwortlichen Gemeindeleitung in Anspruch zu nehmen, ja sogar eine besondere Betreuung durch Pfarrer ihrer Glaubenshaltung zu beanspruchen, während offensichtlich jede entsprechende Möglichkeit für die Bekennende Gemeinde ausgeschlossen wird.
4. Das weltliche Führerprinzip wird in die Verwaltung eingeführt, in der die Konsistorialpräsidenten in alleiniger Verantwortung die Konsistorien leiten.
5. Unter Bruch des verfassungsmäßig geschützten Sonderrechtes der Kirchen-

provinzen Rheinland und Westfalen geht das Recht der Bestellung der Superintendenten auf die Behörde über.

Dazu hat der Präsident Dr. Werner am 13. April für die ganze DEK eine Disziplinarordnung und eine Kirchenbeamtenordnung erlassen, in denen das staatliche Beamtenrecht mit dem Arierparagraphen in die Kirche eingeführt wird und die politische Zuverlässigkeit zum entscheidenden Maßstab für die Erfüllung der kirchlichen Dienstpflicht gemacht wird. Nach diesen Verordnungen kann jeder Pfarrer und Kirchenbeamte in den einzelnen Landeskirchen durch unmittelbares Eingreifen des Leiters der DEK-Kanzlei aus seinem Amte entfernt werden. In diesen Verordnungen wird sichtbar, was diese Kirchenleiter unter »Ordnung« und »Toleranz« in der Kirche verstehen: die »Toleranz« besteht darin, daß jeder Pastor die Freiheit hat, sein Ordinationsgelübde zu brechen und zu lehren, was er will; die »Ordnung« besteht darin, daß jeder gemaßregelt wird, der auf Grund seines Ordinationsgelübdes gegen die Entchristlichung der Kirche und die Gewaltherrschaft der Kirchenleiter seine Stimme erhebt. »Ordnung« und »Toleranz« sollen dazu dienen, das Wort Christi in der Kirche zum Schweigen zu bringen.

Demgegenüber bezeugen wir:
Jesus Christus spricht: »Siehe, ich sende euch wie Schafe mitten unter die Wölfe« (Matth. 10,16). Wiederum spricht er: »Ihr wisset, daß die weltlichen Fürsten herrschen, und die Mächtigen unter ihnen haben Gewalt. Aber so soll es unter euch nicht sein« (Mark. 10,42f.). Der Apostel vermahnt: »Ziehet nicht am fremden Joch mit den Ungläubigen. Denn was hat die Gerechtigkeit zu schaffen mit der Ungerechtigkeit? Was hat das Licht für Gemeinschaft mit der Finsternis? Wie stimmt Christus mit Belial? Oder was für ein Teil hat der Gläubige mit den Ungläubigen?« (2.Kor. 6,14f.).

Christus hat das Amt gestiftet, das die Versöhnung predigt. Wer dieses Amt angreift, greift nicht Menschen, sondern Christus selbst an. Christus hat seiner Kirche verboten, daß in ihr nach weltlich-politischer Weise regiert werde. Wer es tut, ist dem Herrn ungehorsam und zerstört die Gemeinde, die Christi Eigentum ist. *In den genannten Verordnungen wird die Bekenntnisgrundlage der Kirche aufgehoben*, durch die alle Vollmacht bestimmt und begrenzt wird, der Kirche Ordnungen zu geben. Sie sind darum keine kirchliche Ordnung, der ein Christ um der Liebe und des Gehorsams willen nachzukommen hätte. Vielmehr sind wir durch den Befehl des Herrn gerufen, solchen Verordnungen nicht zu gehorchen, sie weder zu beachten noch an ihrer Durchführung mitzuwirken.

Angesichts der neuen Not und Bedrängnis, die durch das Vorgehen der Kirchenleiter über die Kirche kommt, getrösten wir uns des apostolischen Wortes: »Die Augen des Herrn merken auf die Gerechten und seine Ohren auf ihr Gebet; das Angesicht aber des Herrn steht wider die, die Böses tun. Und wer ist, der euch schaden könnte, so ihr dem Guten nachkommt? Und ob ihr auch leidet um Gerechtigkeit willen, so seid ihr doch selig. Fürchtet euch aber vor ihrem Trotzen nicht und erschrecket nicht; heiliget aber Gott den Herren in euren Herzen« (1.Petr. 3,12–15).

Und wir beten mit der ersten Christengemeinde: »Und nun, Herr, siehe an ihr Drohen und gib deinen Knechten, mit aller Freudigkeit zu reden dein Wort« (Apg. 4,29).

Die Konferenz der Landesbruderräte
in der Deutschen Evangelischen Kirche

Wie weite Wellen diese Sache damals schlug, geht auch aus der folgenden Kundgebung hervor, die vom Ökumenischen Rat der Kirchen am 2. 5. 1939 zur Sache abgegeben wurde:

Eine Kundgebung an die christlichen Kirchen[48]

Im Zusammenhang mit der jüngst erfolgten Bekanntmachung von elf Landeskirchenleitern in der Deutschen Evangelischen Kirche (s. ökum. P.D. Nr. 16) fühlen wir uns verpflichtet, an die christlichen Kirchen in allen Ländern die Aufforderung zu richten, die folgende Bezeugung christlicher Wahrheit mit allem Ernst zu erwägen:

1. Wir glauben an die Eine, Heilige, Katholische und Apostolische Kirche. Die nationale Gliederung der christlichen Kirche ist nicht ein notwendiges Element ihres Lebens. Sie hat ihren Segen, aber sie hat auch ihre Gefahr. Anerkennung der geistlichen Einheit aller derer, die in Christus sind, abgesehen von Rasse, Nation und Geschlecht (Gal. 3,28; Kol. 3,11), gehört jedoch zum Wesen der Kirche. Die Kirche ist berufen, dieser Einheit einen klaren, sichtbaren Ausdruck zu verleihen.

2. Der christliche Glaube ist die Bestätigung des Gehorsams gegen Jesus Christus, der der Messias von Israel ist. »Das Heil kommt von den Juden« (Joh. 4,22). Das Evangelium von Jesus Christus ist die Erfüllung der jüdischen Hoffnung. Die christliche Kirche ist es daher dem jüdischen Volke schuldig, ihm die Erfüllung der Verheißungen zu verkündigen, die ihm gegeben worden sind, und sie freut sich der Aufrechterhaltung der Gemeinschaft mit denen aus der jüdischen Rasse, die das Evangelium angenommen haben.

3. Die Kirche Jesu Christi ist allein Jesus Christus Treue schuldig, und die rechte Unterscheidung zwischen Politik und Weltanschauung auf der einen Seite und dem christlichen Glauben auf der anderen Seite ist daher diejenige, die dazu dient klarzumachen, daß Jesus Christus nicht einige, sondern alle Gewalt im Himmel und auf Erden gegeben ist und daß die Kirche seine Herrschaft über alle Gebiete des Lebens einschließlich Politik und Weltanschauung zu verkündigen hat.

4. Die einzige Form von Toleranz, die von der christlichen Kirche angenommen werden kann, muß auf der Anerkennung der einzigartigen Offenbarung begründet sein, die der Welt in Jesus Christus dargeboten ist, und auf der vollen Freiheit, sein Evangelium zu verkündigen.

William Ebor
Vorsitzender des Vorl. Ausschusses
des Oekumen. Rates der Kirchen
W. A. Visser t'Hooft
Generalsekretär
Marc Boegner
Vorsitzender des Administrativen
Komitees
William Paton
Generalsekretär

Bezeichnend ist, daß Bischof Heckel vom Kirchlichen Außenamt am 6. Mai 1939 folgendes Telegramm an die Verfasser nach Genf richtete[49]:

Erwarten sofortige Zurückziehung der Kundgebung an die Kirchen, die Kompetenzen weit überschreitet, von falscher Beurteilung der tatsächlichen gesamtkirchlichen Lage in Deutschland ausgeht und eine unerträgliche Einmischung in innerdeutsche Angelegenheiten darstellt.

48 Vervielfältigung
49 Vervielfältigung mit der Überschrift: Telegram from Bishop Heckel, Berlin, May 6. 1939

d) Der rheinische Kampf mit der Finanzabteilung um die Kollekten zur Bekennenden Kirche (1939)

Ungefähr zur gleichen Zeit flammte *im Rheinland* ein überaus heftiger Kampf zwischen der Finanzabteilung unter der Leitung des »Reichsamtsleiters« Sohns und der Bekennenden Kirche über die Abkündigung, Einsammlung und Abführung der *Kollekten* auf. Die Finanzabteilung wollte mit Gewalt die Ablieferung aller Kollektengelder auf ihr Konto erzwingen. Die Pfarrer, die sich weigerten und für die Aufbringung ihres Gehalts auf gesamtkirchliche Zuschüsse angewiesen waren, sollten durch Sperrung dieser Zuschüsse zum Nachgeben veranlaßt werden. Da erließ die Evangelische Bekenntnissynode im Rheinland unter dem 12. Juni 1939 folgendes Schreiben an die Gemeinden[50]:

Evangelische Bekenntnissynode im Rheinland   Düsseldorf, den 12. Juni 1939

Zur Unterrichtung der Gemeindeglieder!
Ihr alle wißt, wie heute die Kirche des Evangeliums bekämpft wird. In ihr soll nicht mehr Jesus *der alleinige Herr* sein, nach dem sich alles auszurichten hat. Gottes Wort Alten und Neuen Testamentes, das bisher all die Jahrhunderte die Grundlage unserer Kirche war, soll nicht mehr bleiben. An die Stelle des Alten Testamentes soll eine Germanenbibel treten. Aus dem Neuen Testament sollen die Paulusbriefe und der Hebräerbrief ausgeschieden, die vier Evangelien gereinigt und durch ein fünftes mit Worten deutscher Dichter und Denker ergänzt werden. Aus dem Gesangbuch sollen alle Lieder mit alttestamentlichen Namen und klarem biblischem Gehalt durch neue artgemäße Choräle ersetzt werden.
Durch die einschneidenden Verordnungen der letzten Monate sollen diese Pläne schrittweise verwirklicht werden. Dabei sollen auch die Kollekten der Umgestaltung der Kirche des Evangeliums in eine völkische Nationalkirche dienstbar gemacht werden. Das Dankopfer der Gemeinde, ein unlösbarer Bestandteil des Gottesdienstes, allein bestimmt zur Verkündigung des lauteren Evangeliums, wird in den Händen kirchenfremder Stellen zum Kampfmittel gegen die Kirche des Evangeliums.
Ihr erinnert euch, daß vor etwas mehr als einem Jahr in anderen Provinzen Hunderte von Pfarrern ins Gefängnis kamen wegen der Kollekten. Gegen viele Bekenntnispfarrer im Rheinland geht man jetzt in anderer Weise vor: Ungefähr 90 Pfarrern und Gemeinden sind zum 1. Juni die Zuschüsse zur Besoldung der Pfarrer gesperrt worden. Betroffen sind fast nur arme Gemeinden. Das bedeutet, daß Pfarrer mit Frau und mehreren Kindern teilweise ganze 30–40 RM ausgezahlt erhalten.
Daß sich Pfarrer und Presbyterien nicht aus Leichtsinn und ohne zwingende Gründe in diese Lage gebracht haben, wird jeder ohne weiteres verstehen. Warum muß aber widerstanden werden?
Der Vorsitzende der Finanzabteilung beim Düsseldorfer Konsistorium verlangt eine schriftliche Verpflichtung der Pfarrer und Presbyterien, daß sie in Zukunft ausschließlich die Kollekten der Gemeinde empfehlen und an das Konsistorium abführen, die von dort vorgeschrieben werden. Eine solche Verpflichtung hat zur

---

50 Orig. Flugblatt

Folge, daß das christliche Opfer der Gemeinde dem Konsistorium für seine nationalkirchlichen Ziele zur Verfügung steht. So müßte die Gemeinde noch selbst durch ihre Gaben an der Zerstörung der Kirche mitwirken. Für die Evangelische Frauenhilfe dagegen darf nicht mehr gesammelt werden; die Kollekten für den kirchlichen Nachwuchs kämen nicht den Hilfspredigern und Vikaren der Bekennenden Kirche zugut, sondern denjenigen, welche bereit sind, obige Pläne mit auszuführen. Dazu kann kein evangelischer Pfarrer und kein evangelisches Presbyterium die Hand bieten!

Nun stehen die betroffenen Pfarrer und Gemeinden vor der Frage, ob sie um der Gehaltszuschüsse willen den Herren im Konsistorium oder dem einen Herrn der Kirche gehorchen wollen nach dem Wort der Schrift: »Was hülfe es dem Menschen, wenn er die ganze Welt gewönne und nähme doch Schaden an seiner Seele!« Psalm 119,72 heißt es: »Das Gesetz Deines Mundes ist mir lieber denn viele tausend Stück Gold oder Silber.«

Die Gemeinden sind nun vor die Frage gestellt, was ihnen die Verkündigung des Evangeliums durch die Pfarrer wert ist. Wir zweifeln nicht daran, daß die Gemeinde in dieser entscheidungsvollen Stunde durch ihre Opfer zeigen wird, daß sie Prediger haben will, die unter keinen Umständen – auch bei der Bedrohung ihrer wirtschaftlichen Existenz – ihrem Herrn ungehorsam werden.

Im Auftrag
des Konvents der synodalen Vertrauensleute
Beckmann

Die Gemeinden der Bekennenden Kirche, nicht nur im Rheinland, stellten sich hinter die angegriffenen Pastoren, so daß es gelang, durch Monate hindurch die ausfallenden Gehälter aus freiwilligen Gaben aufzubringen. Immerhin wurde die Verantwortung für den Ernst der Lage so schwer empfunden, daß die Einberufung einer *Bekenntnissynode im Rheinland* erforderlich erschien. Sie hielt ihre 8. Tagung am 16./17. Juli 1939 und richtete das folgende

Wort an die Gemeinden[51]

Liebe Gemeindeglieder!
In den letzten Monaten ist über unsere Kirche viel neue Not gekommen. Statt der in Aussicht gestellten und von vielen erhofften Befriedung ist eine Welle neuer schwerer Bedrängnis über sie hereingebrochen. Alle diese Nöte kommen daher, daß man wie zur Zeit Ludwig Müllers auch heute wieder mit allen Mitteln versucht, das Evangelium von Jesus Christus aus unserer Kirche zu verdrängen. An seine Stelle soll eine nationalkirchliche deutsch-christliche Verkündigung treten. Aus der Evangelischen Kirche soll eine deutsch-christliche Nationalkirche werden.

Die Bibel, aus der unsere Väter und wir Kraft geschöpft haben, soll nicht bleiben. Viele Gesangbuchlieder, die uns in guten und bösen Tagen Halt gaben, sollen als nicht zeitgemäß ausgeschieden und durch artgemäße ersetzt werden. Ein neuer Katechismus handelt nicht mehr von den Grundwahrheiten unseres Christenglaubens, von Sünde und Gnade, sondern von Blutsverbundenheit, Volksgesetz und ewigem Reich der Deutschen. Der gegenwärtige Leiter der Evangelischen Kir-

---

51 Beschlußbuch der 8. Bekenntnissynode im Rheinland (als Handschrift für die Gemeindeakten gedruckt), Neudruck in: *Beckmann*, Rheinische Bekenntnissynoden im Kirchenkampf, a.a.O., S. 452

che der altpreußischen Union hat im Gesetzblatt unserer Evangelischen Kirche ausdrücklich erklärt, daß er die gesamte kirchliche Arbeit im Sinne der Nationalkirchler auszurichten entschlossen sei. Entscheidende kirchenbehördliche Verordnungen der letzten Monate sollen helfen, diese nationalkirchlichen Ziele zu verwirklichen. Alle verfassungsmäßigen kirchlichen Ordnungen werden aufgelöst. Pfarrer, Presbyterien und Gemeinden werden völlig entrechtet und einer mehr als päpstlichen Diktatur ausgeliefert.

Das Konsistorium der Rheinprovinz ist vor anderen Kirchenbehörden eifrig im Sinne dieser Grundsätze und Verordnungen tätig. Es hat in einzig dastehender Weise die behördliche Anerkennung der Hilfsprediger und Vikare der Bekennenden Kirche durch untragbare Auflagen verhindert, ja sogar die bisher noch anerkannten Hilfsprediger außer Verwendung gesetzt. Neuerdings wird ein Presbyterium nach dem andern aufgelöst, wenn es sich weigert, seine Räume und Kanzeln den Nationalkirchlern für ihre schriftwidrige Verkündigung zur Verfügung zu stellen. Auch die Versetzung von Pfarrern in ein anderes Pfarramt oder in den Wartestand, diese neueste Form der Absetzung, ist bereits in etwa zehn Fällen in die Wege geleitet. Die Finanzabteilung versucht durch Sperrung der Pfarrbesoldungszuschüsse und andere finanzielle Maßnahmen auf Pfarrer und Presbyterien stärksten finanziellen Druck auszuüben. Pfarrer armer Gemeinden erhalten dadurch von der Landeskirche nur noch einen kleinen Bruchteil des ihnen zustehenden Gehaltes. So sollen sie gegen ihr Gewissen zu einer Unterwerfung, auch zu einer Bindung in der Frage der Kollekten genötigt und zur Anerkennung unerfüllbarer Bedingungen gezwungen werden.

So wird heute unsere Evangelische Kirche in einem Maße zerstört, daß ihre Wiederherstellung unmöglich zu sein scheint. Auch die Versuche, die zur Erhaltung des Bestandes der Evangelischen Kirche von der Kirchenbehörde jetzt unter der Parole »Ordnung und Toleranz« gemacht werden, dienen tatsächlich ihrer Auflösung und Überführung in eine bekenntnislose Nationalkirche.

Angesichts dieser Zertrümmerung unserer Kirche treten die Aufgaben der Bekennenden Gemeinden in ihrer ganzen Schwere und Größe deutlich ans Licht.

Die vornehmste Aufgabe der Kirche ist die Sorge für die Erhaltung des Predigtamtes. Da die Kirche mit dem Amt der Verkündigung steht und fällt, muß es die erste und größte Sorge der Gemeinden sein, Prediger des wahren Evangeliums zum Amt zu verordnen und sie in diesem Amt zu erhalten.

Die Gefahr ist groß, daß viele Prediger des Evangeliums nicht mehr in ein geordnetes Pfarramt kommen, weil sie daran durch die bekenntniswidrigen Bedingungen der Behörden gehindert werden, während andere Prediger, die noch im Pfarramt stehen, durch die Anwendung der neuen Machtmittel dieser Behörden herausgedrängt werden. Zudem ist ein ausreichender studentischer Nachwuchs für das evangelische Predigtamt nicht mehr vorhanden. Den Gemeinden, die beim Evangelium bleiben wollen, fällt dadurch eine neue Aufgabe zu, die sie bisher kaum gesehen haben.

Sie müssen in Verbindung mit der Bekennenden Kirche selbst in die verantwortliche Mitarbeit für die Zurüstung und Einsetzung ihrer Prediger eintreten. Laßt uns darum in unseren eigenen Familien nach geeigneten jungen Männern Umschau halten und sie willig machen, im Vertrauen auf die göttliche Verheißung gerade heute Prediger des Evangeliums zu werden. Was vielen Gemeinden durch Jahrhunderte von anderen Stellen abgenommen war, fällt nun wieder auf sie zurück. Sie haben nun auch selbst für die rechte Wortverkündigung und Sakramentsverwaltung Sorge zu tragen. Wenn sie es nicht tun, werden sie in Kürze aufgehört haben, Gemeinden des Evangeliums zu sein.

Aus dieser Sorge für das Predigtamt erwachsen alle weiteren Aufgaben, an die die Gemeinden gewiesen sind. Der Zusammenbruch der überkommenen kirchlichen

Ordnungen fordert von uns den Aufbau einer neuen Ordnung der Kirche, ihrer Gemeinden und Ämter. Diese Neuordnung ist eine geistliche Aufgabe und muß in jeder einzelnen Gemeinde beginnen. Der Gottesdienst ist die Mitte der Gemeinde; hier werden Wort und Sakrament verwaltet. Darum muß vom Gottesdienst der Gemeinde her die Ordnung ihres Lebens erfolgen, denn hier ist die Kirche, die Gemeinde der Gläubigen, bei welcher das Evangelium rein gepredigt und die Sakramente recht verwaltet werden. Die unter dem Wort sich sammelnde Gemeinde muß neu zusammengefaßt und geordnet werden. Aus ihrer Mitte müssen Älteste zur brüderlichen Leitung bestellt werden, damit der Dienst der Kirche an allen Gliedern recht ausgerichtet werden kann. Die so verfaßten Gemeinden müssen ihre Gemeinschaft in Synoden, in gegenseitiger brüderlicher Hilfe, im gemeinsamen Dienst am Wort und durch Besuche ordnen und hierfür Organe der Leitung bestellen.

Unter den neuen Pflichten ist in unserer Lage vor allem die Neuordnung der kirchlichen Unterweisung der Jugend zu nennen. Die evangelische Schule, die durch Jahrhunderte diesen Dienst mit der Kirche und weithin für die Kirche getan hat, ist nicht mehr. Der evangelische Religionsunterricht der Schule wird immer dürftiger und unzulänglicher, die weltanschauliche Auseinandersetzung immer schärfer. Die Kirche muß mehr als bisher die von ihr getaufte Jugend selbst mit dem Evangelium bekannt machen. Sie muß über den bisherigen Konfirmandenunterricht hinaus eine kirchliche Unterweisung der Jüngsten aufbauen, die ihre Wurzel in der Familie hat und die planmäßig unter Indienststellung geeigneter Männer und Frauen der Gemeinde in Kindergottesdienst und Jugendstunden gestaltet wird.

Alles, was wir genannt haben, ist mitten in der Zerstörung der Kirche zum Teil schon seit Jahren neu im Werden. An vielen Orten ist es schon in verheißungsvoller Entwicklung, aber längst nicht überall. Heute aber muß von allen, die bei der Kirche des Evangeliums bleiben wollen, erkannt werden, daß die Durchführung dieser Aufgaben unumgänglich ist. Sonst wird in absehbarer Zeit das kirchliche und gemeindliche Leben verfallen. Die Väter unserer rheinischen Gemeinden unter dem Kreuz haben diese Notwendigkeiten in ähnlicher Bedrängnis rechtzeitig erkannt, woran uns die vor 350 Jahren am 21. Juni 1589 in Neviges zum ersten Male versammelte Synode der Gemeinden des Herzogtums Berg erinnern mag.

In der gegenwärtigen Stunde müssen wir besonders auf die Verpflichtung der Gemeinden hinweisen, für den wirtschaftlichen Bestand der Kirche selbst zu sorgen. Wir stehen in einem schweren Kampf um die geldlichen Mittel zur Erhaltung des Predigtamtes. Offensichtlich nähern wir uns dem Ende des bisherigen Finanzwesens der Kirche. Wir wollen darüber nicht klagen, sondern es vielmehr bejahen, wenn die Kirche von allen geldlichen Bindungen früherer Zeiten frei wird. Wenn es nach Rosenbergs programmatischer Äußerung geht, wird die Kirche im Dritten Reich gänzlich auf die freiwilligen Opfer der Gläubigen gestellt sein. In dieser Richtung muß, und zwar aus kirchlichen Gründen, auch unser Weg gehen. Die Lasten der Kirche müssen von den freiwilligen Opfern der Gemeindeglieder getragen werden. Wir haben in der Bekennenden Kirche hierin an vielen Orten einen Anfang gemacht, aber noch längst nicht alle Gemeinden haben diese Verpflichtung klar erkannt, da die noch vorhandene alte Ordnung des Geldwesens über die wahre Lage der Kirche auf diesem Gebiet hinwegtäuscht. Die Bedeutung der Tatsache, daß die Finanzabteilung über alles Geld der Kirche verfügt, ist in ihrem Gewicht noch nicht in allen Gemeinden verstanden worden. Die jüngsten Ereignisse in unserer Kirche müßten aber allen die Augen dafür öffnen, in welch unhaltbarer Lage die evangelischen Gemeinden mit ihren Pfarrern und Presbytern im Blick auf die geldlichen Verhältnisse sich befinden. Wir kommen aus diesem verhängnisvollen Zustand der Kirche nur heraus, wenn wir den Geldbedarf der Kirche mehr und mehr auf die gute biblische Grundlage des freiwilligen Opfers stellen. Die Kirche wird durch Gottes Gnade das Opfern lernen müssen. Wir wollen uns und unsere Gemeindeglieder schon heute darin üben.

Die Verwandlung unserer Kirche in eine Nationalkirche, die Auflösung ihrer verfassungsmäßigen Ordnung durch die Verordnungen und Maßnahmen der Behörden, die Zerstörung des Predigtamtes und die Entmündigung der Gemeinden stellen uns vor die Frage, wie lange die Bekennende Kirche mit ihren Predigern und Gemeinden noch in dieser Organisation bleiben kann, die sich zu Unrecht die Evangelische Kirche der altpreußischen Union nennt. Den vielen Gemeindegliedern, die uns fragen: Müssen wir nicht als Christen aus dieser Kirche austreten? antworten wir: Vom ersten Tage an hat die Bekennende Kirche erklärt, daß in der Kirche unserer Väter das Wort Gottes und die Bekenntnisse der Reformation alleinige Geltung haben und daß wir, nachdem durch Gewalttat die Vertreter einer falschen Verkündigung in der Kirche Macht ausüben, uns dafür einsetzen, unsere Kirche zu der rechten Lehre und Ordnung zurückzurufen.

Wenn aber die Kirche, in der wir leben, durch äußere Gewalt in den entscheidenden Punkten, ihrer Lehre, ihrem Leben und ihren Betätigungen, ihrer Ordnung und Liebestätigkeit, durch Zwang so umgestaltet wird, daß sie nicht mehr als die Kirche unserer Väter wiederzuerkennen ist?

Auch in dieser Frage können wir nicht eigenwillig entscheiden, sondern sind auf die Führung des Herrn der Kirche angewiesen. Wie er uns bisher von Schritt zu Schritt geführt hat, so trauen wir ihm auch die rechte Weisung für die von uns zu treffende Entscheidung über den kommenden Weg zu. Wir stehen auf den Trümmern der bisherigen Kirche. Gott zerschlägt und zerbricht, aber er baut und pflanzt auch; beides erfahren wir in unseren Tagen. Wir haben zu beidem in Buße und Glauben Ja zu sagen und seine Barmherzigkeit zu preisen, daß er uns aus lauter Gnade sein Wort und Sakrament gelassen hat. Er gebietet uns: Pflüget ein Neues und säet nicht unter die Hecken (Jer. 4,3) und spricht: Wer seine Hand an den Pflug legt und sieht zurück, der ist nicht geschickt zum Reich Gottes (Luk. 9,62).

Die besondere *Bedrohung des Ausbildungswesens* der Bekennenden Kirche veranlaßte die 8. rheinische Bekenntnissynode zu einem weiteren Beschluß über die Zulassung rechter Prediger zum Amt, der die Grundlage für die *Fortsetzung der theologischen Prüfungen* der Bekenntnissynode war und sein sollte:

Über die Zulassung rechter Prediger zum Amt[52]

I.

Das Prüfungswesen der Bekennenden Kirche ist in zunehmendem Maße in Bedrängnis und Not gekommen. Diese Bedrängnis und Not ist durch die Vernehmungen, Verwarnungen und Verhaftungen gekennzeichnet, die stattgefunden haben. Zum anderen sind alle Bemühungen von seiten der Bekennenden Kirche im Rheinland um die Legalisierung der von ihr abgehaltenen Prüfungen an den Forderungen gescheitert, die vom Rheinischen Konsistorium gestellt worden sind. Die Synode hat darum erneut festzustellen, warum theologische Prüfungen zu den unaufgebbaren Aufgaben der Kirche gehören, und dadurch die Frage zu klären, ob auch angesichts der Not und Bedrängnis Prüfungen weiterhin abgehalten werden sollen.

---

52 Ebd., S. 450

II.

Der Werdegang des Prüfungswesens der Bekennenden Kirche erweist, daß es sich bei den Prüfungen um einen innerkirchlichen Akt handelt, der die *Lehre* betrifft. Das Prüfungswesen der Bekennenden Kirche ist auf Grund der Tatsache entstanden, daß von dem Konsistorium solche Kandidaten, die die »Errichtung von Menschenherrschaft und -gewalt in der Kirche« nicht anerkennen konnten, mit Nichtzulassung zum Examen bestraft wurden (vgl. Bericht der 4. Tagung der Evangelischen Bekenntnis-Synode im Rheinland). Als das Kirchenregiment das Bekenntnis und damit auch die Verfassung der Kirche verließ, übernahm die an das Bekenntnis gebundene Leitung der Kirche (die Bekenntnissynode) die Verpflichtung, über die Zulassung zum Predigtamt zu entscheiden. Aus dieser Verpflichtung heraus, mit der sie auch das verfassungsmäßige Recht der Kirche wahrte, richtete die Bekenntnissynode ein eigenes kirchliches Prüfungswesen ein.

III.

Es wird der Bekennenden Kirche das Recht bestritten, Prüfungen abzuhalten, und zwar von seiten staatlicher Stellen mit dem Hinweis auf den »Himmler-Erlaß«. Wir müssen demgegenüber daran festhalten, daß nach der Präambel dieser Erlaß die »Mißachtung der vom Staat geschaffenen Einrichtungen« verhindern will. Die theologischen Prüfungen sind aber keine Einrichtungen, die vom Staat geschaffen sind. Durch die Schaffung solcher Einrichtungen würde der Staat über die Lehre in der Kirche bestimmen. Nach allen Erklärungen der zuständigen Stellen will aber der Staat über die Lehre und Verkündigung der Kirche nicht bestimmen. Die von der Bekenntnissynode abgehaltenen Prüfungen können somit Einrichtungen, die vom Staat getroffen sind, nicht mißachten. Sie können als rein innerkirchliche Handlungen, die die *Lehre*, das *Bekenntnis* und die *Verkündigung* betreffen, nicht unter den »Himmler-Erlaß« fallen.

IV.

Die rechtlichen Überlegungen entbinden uns angesichts der vorliegenden Not und Bedrängnis nicht von der Verpflichtung, die Frage nach der Notwendigkeit der Prüfungen vom Worte Gottes her zu beantworten. Denn wir werden durch die Not und die Bedrängnis erneut vor die Frage gestellt, *ob wir mit der Abhaltung der Prüfungen nur einer kirchlichen Übung folgen, oder aber in dem vom Worte Gottes geforderten Gehorsam stehen.*
Entscheident ist der Auftrag des Herrn, alle Völker zu lehren und das Evangelium aller Kreatur zu predigen. Das Evangelium als die rechte Lehre ist uns nur in dem Zeugnis der Heiligen Schrift von Jesus Christus gegeben; dies biblische Zeugnis von Jesus Christus hat die Kirche zu verkündigen. Somit hat sie durch ihre Organe darüber zu wachen, daß nicht »lose Lehre« (Ps. 24,4), sondern das »Wort Gottes als die rechte Lehre« (Ps. 93,5) verkündigt wird. Die Heilige Schrift bezeugt selbst den Gegensatz zwischen »der Menschenlehre« (Kol. 2,8) und der »Lehre Gottes« (Tit. 2,10). Wenn darum von dem »Aufseher« der Gemeinde verlangt wird, daß er »lehrhaft« sei (1. Tim. 3,2), so ist das inhaltlich in dem Sinne gemeint, daß er Lehre darbieten soll, »die gemäß ist der Gottseligkeit« (1. Tim. 6,3), damit er »halte ob dem Wort, das gewiß ist, und lehren kann, auf daß er mächtig sei, zu ermahnen durch die heilsame Lehre und zu strafen die Widersprecher« (Tit. 1,9). Es ist also der Kirche aufgetragen, »der Apostel Lehre« (Apg. 2,42) »treuen Menschen zu befehlen, die da tüchtig sind, auch andere zu lehren« (2. Tim. 2,2).
Durch die Prüfungen hat die Kirche darüber zu wachen, daß in der Kirche zum Dienst am Wort nicht Männer zugelassen werden, »die verkehrte Lehren reden« (Apg. 20,30), sondern solche, die da mächtig sind, »zu ermahnen durch die heilsame Lehre« (Tit. 1,9) und »die Lehre Gottes zieren in allen Stücken« (Tit. 2,10).

Auch die Bekenntnisschriften weisen die Kirche an, für die Verkündigung der rechten Lehre zu sorgen und darum zum Dienst am Wort die rechten Prediger zu berufen.
Somit hat die Kirche den göttlichen Auftrag, dafür zu sorgen, daß nur solche Männer in das Predigtamt berufen werden, die keine andere als die rechte schriftgemäße Lehre verkündigen. Zur Erfüllung dieses Auftrages ist sie genötigt, die, die das Amt begehren, daraufhin zu prüfen, ob sie das Predigtamt recht ausrichten können.

V.

Das Wächteramt über die Lehre und darum über die Zulassung zum Dienst am Wort kann nur die Kirche ausüben, die an die rechte Lehre gebunden ist.
Darum war es uns verwehrt, jungen Theologen, die in der Kirche nicht »Menschengebote und -lehren« darbieten, sondern »die das Wort Gottes« (Hebr. 13,7) sagen wollen, an die Prüfungskommission des Konsistoriums zu verweisen, das die Bekenntnisgrundlage der Kirche verlassen hat.
Dies gilt heute erst recht; denn es besteht die Tatsache, daß das neuerdings nach dem Führerprinzip geordnete Konsistorium seine Weisungen von Herrn Dr. Werner empfängt, der als der Präsident des Evangelischen Oberkirchenrats sich mit der Nationalkirchlichen Einung verbunden und sich an der Gründung eines Instituts beteiligt hat, das »die Einheit der Offenbarung Gottes im Alten und Neuen Testament leugnet und aus der Bibel ein willkürlich zurechtgeschnittenes Buch machen will« (Exaudi-Synode). Ein solches Konsistorium kann nicht über die Zulassung zum Dienst am Wort prüfen und urteilen.
Die Gemeinden können aber nicht ohne Prediger bleiben. Darum ist die Bekennende Kirche durch Gottes Befehl berufen und verpflichtet, angesichts des gegenwärtigen Notstandes durch rechte Prüfung und Zurüstung dafür zu sorgen, daß Prediger des Evangeliums berufen und in den Dienst der Kirche gestellt werden.

VI.

Die Ordnung der Prüfungen und die Art ihrer Durchführung unterliegen der Entscheidung der Kirche. Sie hat diese Entscheidung in ihrer nur von dem Auftrag Christi her begründeten und begrenzten Freiheit zu treffen.
Die Synode beschließt, daß entsprechend vorstehender Feststellung verfahren werden soll.

Als wir die Synode verließen, erhielten wir die Nachricht, daß Paul Schneider am 18. Juli in Buchenwald gestorben sei. Die Leiche dürfe in Dickenschied bestattet werden; aber der Sarg müsse streng verschlossen bleiben. Die Beerdigung solle am 22. Juli stattfinden. Die Trauerfeier wurde ein überwältigendes Zeichen der Bruderschaft der Bekennenden Kirche. Über 200 Pfarrer geleiteten ihren ermordeten Bruder, einen wahrhaftigen Zeugen Jesu Christi und seiner Berufung zum Prediger getreu bis zum Tode. Er wurde »der Prediger von Buchenwald« genannt und hoch verehrt auch von KZ-Insassen, die als Kommunisten mit ihm zusammen waren. Sie lobten diesen wahren Pfarrer und echten Christen noch nach 40 Jahren, als wir zur Gedächtnisfeier in Buchenwald waren. Wer seine Lebensgeschichte in dem Buch »Der Prediger von Buchenwald« gelesen hat, wird mit der rheinischen Bekenntniskirche von 1939 der Überzeugung sein: Er war ein Märtyrer Jesu Christi. Wir sind für diese besondere Gabe Gottes an seine Kirche von Herzen dankbar geblieben.
Nicht lange nach diesen Tagen wurde der rheinische Rat von einer Anzahl Staats-

anwälten beim Dortmunder Sondergericht zur Vernehmung in Düsseldorf befohlen. Es war offensichtlich der Anfang eines von der Stapo geforderten Prozesses gegen die Leitung der Bekennenden Kirche im Rheinland, die man für offensichtlich besonders gegnerisch gegen Hitler und die Partei, also als eine echte Widerstandsbewegung ansah, die nun vernichtet werden sollte. Die Vernehmungen waren außerordentlich umfangreich. Ich wurde z.B. einmal gefragt, wie viele Gemeindeglieder bei meiner Verhaftung in den Hungerstreik treten würden. Wir wußten, was auf dem Spiel stand; aber in meiner Erinnerung ist keine Besorgnis über unser Schicksal, vielmehr waren wir alle sehr ruhig und geradezu fröhlich, daß wir gewürdigt werden sollten, Zeugen Jesu Christi vor dem Gericht des NS-Reiches sein zu dürfen. Einen merkwürdigen Vorgang habe ich nicht vergessen. Der mich mehrfach vernehmende Staatsanwalt rief mich am Ende des Tages seiner Arbeit an und fragte mich »privat«, wie er sagte, ob ich ihn wohl trauen würde, denn seine Braut sei Düsseldorferin (sie war aus einem Frauenmodegeschäft, in dem sich meine Frau gelegentlich etwas besorgte – aber ich weiß nicht, ob seine Braut ihn vielleicht dazu bewogen hat). Ich sagte natürlich ja, zumal die Art und Weise der Vernehmung sehr »human« und für unsere Erfahrungen im NS-Staat etwas Ungewöhnliches war.

Das ganze Unternehmen gegen uns verlief im Sande – denn es kam einen Monat später zum Zweiten Weltkrieg, und da wurden offenbar solche Prozesse wegen ihrer innenpolitischen Bedeutung auf spätere Zeit vertagt. So hat uns damals der Ausbruch des Krieges vor dem Prozeß gerettet. Auch in späterer Zeit ist davon nichts wieder aufgetaucht, obwohl es auch im Krieg Stapo und Sondergerichte gab. »So führt Gott auch manchmal wunderlich die Seinen.«

7. Die evangelische Kirche im Zweiten Weltkrieg (1939–1945)

Als der Krieg begann, war ich mit meiner Familie in Heiligenhafen an der Ostsee. Dort hatten wir gerade die nächste Überraschung des Führers erlebt: seinen Pakt mit Stalin. Die Menschen waren weithin verwirrt. Aber es war doch schon so weit mit uns, daß jeder sich damit behalf: »Der Führer hat immer recht, und was er plant, ist richtig für uns, auch wenn wir es nicht immer direkt verstehen.«
Bei meiner Rückkehr nach Düsseldorf (die Familie fuhr erst einmal nach Buchholz, Kreis Minden, wo mein Vater seit 1934 Pfarrer war), am 4. September 1939 traf ich in meiner Studierstube meinen Hilfsprediger Pastor Zentz. Wir sprachen natürlich über den Krieg und seine Folgen auch für die Bekennende Kirche. Da sagte ich ihm in seine Sorge und Verlegenheit hinein als Trost ein merkwürdiges Wort. Ich hatte mich nie für einen Propheten gehalten; wie es plötzlich kam, weiß ich nicht. Das Wort lautete: Dieser Krieg wird von Hitler nicht gewonnen werden. Den Sieg wird ihm Gott nicht geben. Aber für uns Deutsche ist dieser Krieg Hitlers gegen Europa ein Gericht mit einer schweren Strafe dafür, daß wir Hitler als

»Führer« und Reichskanzler getragen haben trotz allem, was uns Anlaß hätte geben müssen, ihn von diesem despotischen, rechtlosen und gewalttätigen Regiment zu entfernen. Aber er wird nicht siegen, sagte ich, denn Gott wird seine Kirche in Deutschland und darüber hinaus nicht im Stich lassen, sondern sie wird erneuert werden und überleben – aus lauter Gnade und Barmherzigkeit. Diese Gewißheit hat mich und sicher auch viele Glieder der Bekennenden Kirche hindurchgetragen, auch durch die furchtbaren Zerstörungen in ganz Europa.

a) Die Bekennende Kirche

Der Beginn des Zweiten Weltkriegs in den Septembertagen 1939 bedeutete einen entscheidenden Einschnitt auch für das Verhältnis bzw. die Auseinandersetzungen zwischen der Evangelischen Kirche und dem Dritten Reich. Mit dem Beginn des Krieges war ein Abflauen der akuten Verfolgung der Bekennenden Kirche festzustellen. Die Inanspruchnahme von Staat und Partei durch die Erfordernisse des Krieges machte sich bemerkbar. Es war natürlich, daß sich auch so etwas wie ein innerdeutscher Burgfriede auswirkte. Aber gewichtiger als dies war die Tatsache, daß in steigendem Maße der Krieg ein Übergewicht über alle anderen Gebiete und Verhältnisse gewann, schon ehe er als totaler Krieg verkündigt wurde. Dies zeigte sich in der Evangelischen Kirche auch darin, daß immer mehr Pastoren zur deutschen Wehrmacht einberufen wurden, vor allem natürlich die jüngere Generation, in welcher sich das Gros der Bekenntnispastoren befand. Damit kam zwangsläufig die bisherige Form des Kirchenkampfes mehr und mehr zum Erliegen. Erwähnenswert ist auch noch, daß aus Kriegsgründen zahllose Verfahren gegen Pastoren und Bruderratsmitglieder der Bekennenden Kirche nicht zur Durchführung kamen oder durch ausdrückliche Amnestien niedergeschlagen wurden. Auf diese Weise wurde ein großer Sektor des Kampfes zwischen Staat und Kirche stillgelegt. Die Bekennende Kirche konnte sich, je weniger sie von Staat und Partei wegen ihrer anscheinenden Geringfügigkeit ernst genommen wurde, durch die immer größer werdenden Kriegsnöte behaupten. Auch ihre Gegner waren durch den Krieg erheblich geschwächt. So tagten die Bruderräte und auch Bekenntnissynoden bis in das letzte Kriegsjahr hinein. Je länger je mehr bestand ihre Arbeit unter der doppelten Frage: 1. Wie kann die Kirche in der Gegenwart durch die Erhaltung der Verkündigung lebendig bleiben? 2. Was muß geschehen, um die Voraussetzungen für einen kirchlichen Neubau nach dem Zusammenbruch des Dritten Reiches zu schaffen?
Die Arbeit der Bekennenden Kirche für die Lebendigerhaltung der Gemeinde bestand vor allem in der planmäßigen Ausbildung von Laienpredigern, Predigthelfer genannt, die überall an die Stelle der einberufenen Pastoren traten.
Es war für die Evangelische Kirche nicht nur ein Schaden, der sie traf, als ihr im Jahre 1941 das Schrifttum genommen wurde, sondern vielleicht eher ein Nutzen. Indem sie hier zum Schweigen verurteilt wurde, blieben ihr viele Worte erspart, derer sie sich vielleicht sonst schämen müßte.
Demgegenüber bleibt es für die Geschichte der Evangelischen Kirche bedeutsam, daß mitten im Kriege der Widerspruch und Widerstand gegen Worte und Taten

des Dritten Reiches nicht verstummten, sondern in Kundgebungen der Bekennenden Kirche, vor allem auch in Reden und Briefen des Landesbischofs Wurm, vernehmlich sichtbar und hörbar wurden. Erwähnt sei noch insbesondere der Widerstand gegen die Forderung und den Versuch zur Tötung des sogenannten lebensunwerten Lebens, wie er in der Inneren Mission geleistet wurde.
Anonym erschien im Auftrag des Rates der Evangelischen Kirche der altpreußischen Union, das heißt der Leitung der Bekennenden Kirche in Preußen, eine Unterweisung der Prediger über die rechte Verkündigung in der Kriegszeit. Sie erschien unter der Überschrift:

Grundlinien unserer gegenwärtigen Verkündigung[1]

Grundlinien unserer gegenwärtigen Predigt und Seelsorge in gemeinsamem Bemühen aufzuweisen, ist nötig aus mancherlei Gründen. Der Rückblick auf die besondere *Problematik der Kriegspredigt* von 1914–18 läßt uns wünschen, daß diesmal der Kirche bessere Erkenntnis geschenkt werde, als es damals weithin der Fall war. Die Einsicht in unsere eigene Ratlosigkeit über unserer Predigt von Sonntag zu Sonntag und die innere und äußere Anfechtung über die »Kriegswichtigkeit« unserer kirchlichen Tätigkeit treiben uns desto stärker zu gemeinsamer Bemühung, die keinen sich selber überläßt und nicht meint, eine bisher einigermaßen gelernte Theologie und Homiletik verbürge automatisch den rechten Weg in den neu entstehenden Fragen. Der unter uns gewordene Aufbruch zu einer rechten Kirche und zu rechter brüderlicher Gemeinschaft in der BK fordert gerade jetzt seine innere und äußere Bewährung, nicht nur weil die zentrifugalen Tendenzen und die technischen Schwierigkeiten des gemeinsamen Weges stark und oft unüberwindlich erscheinen und daher besonders überwunden werden müssen, sondern weil von der Sache der BK ein Moratorium und ein theologisch-kirchlicher Burgfriede kaum zu verantworten wäre.

I.

Was wir zu vermeiden haben, ist von sehr verschiedener Gefährlichkeit für den einzelnen Prediger wie für uns alle: Während wir wohl alle einig sind, daß die typische Entartung der Kriegspredigt vor fünfundzwanzig Jahren, nämlich die Identifizierung der Sache Gottes mit der irdischen Sache eines kämpfenden Volkes, verhältnismäßig leicht zu vermeiden sei – freilich bedeutet diese Erkenntnis eine besonders sorgfältige Auswahl, Auslegung und Verwendung alttestamentlicher Texte (auch vieler Psalmgebete) –, erliegen wir alle viel leichter der Gefahr, in eins der vielen Ausweichgleise mit unserer Predigt einzubiegen, von denen daher einzelne genannt werden müssen:
1. Die Linie der sogenannten rein religiösen Innerlichkeit legt sich uns am nächsten und hat ja auch ihren unverlierbaren Platz innerhalb unserer Verkündigung. Wer sie aber ausschließlich zur Grundlinie seiner Predigt machen wollte, würde der Gemeinde gerade solche Fragen unbeantwortet lassen, auf deren Beantwortung sie vom Evangelium her wartet, weil sie ein Recht darauf hat. Denn Gott ist nicht allein ein Gott der Seele und des Innenlebens, sondern der Herr Himmels und der Erden. Nicht die Not und Sorge des Einzellebens, sondern die Not des Zusammenlebens der Völker steht im Licht des Wortes Gottes.
2. Drängt sich den Gemeinden nicht weniger als uns Predigern eine apokalyptisch-eschatologische Sicht der Dinge notwendig auf, so bedeutete doch eine aus-

1 Vervielfältigung ohne Kopf und Datum

schließliche Anwendung solcher Kategorien eine Lähmung der Verantwortlichkeit und des Verantwortlichkeitsbewußtseins in unseren Gemeinden für die Dinge nicht nur der Kirche, sondern auch des öffentlichen Lebens.

3. Von dem scharfen Grat, dem entlang heute unsere Predigt zu gehen hat, stürzen wir auch dann herab, wenn wir aus der notwendigen und sachgemäßen Allgemeinheit unseres Redens eine verharmlosende und verwischende Verallgemeinerung und eine Entschärfung aller notwendigen konkreten Zuspitzung machen. Ist das Problem der rechten Konkretisierung gewiß das brennendste und am wenigsten mit Rezepten zu lösende Problem unserer Verkündigung, so kann doch so viel allgemein und grundsätzlich gesagt werden, daß es auf die rechte Bewegung unserer Predigt ankommt. Unsere Predigt muß ein klares Woher haben, in allen ihren Detailausführungen, das klare und allenthalben deutliche Woher des Textes, weil ja von der Klarheit dieses Woher allein die rechte Vollmacht und das gute Gewissen des Predigers kommt. Aber diesem Woher muß ein ebenso deutliches, sich bewegendes und ein Ziel treffendes Wohin entsprechen. Der aufgelegte Pfeil des Wortes Gottes darf nicht im Köcher der mechanischen Paraphrase stecken bleiben, noch auf halbem Wege im Nebel der erbaulichen Allgemeinheitsphrase oder im Gestrüpp der herkömmlichen Kirchen- und Predigtsprache niederfallen, sondern muß sein Ziel wirklich treffen, den Hörer, die Gemeinde, da, wo sie wirklich sind, nicht dort, wohin wir sie vielleicht – vielleicht auch nicht – für eine Stunde lang »erheben« möchten. Das ist erst in zweiter Linie eine Frage der rechten Sprache, in erster Linie ist es eine Frage der ständigen Meditation von Text und Lage, des geduldigen Nachdenkens und Nachgehens in das Herz der Gemeinde.

4. Daß es auch ein Predigen ohne Woher und damit ohne Vollmacht gibt, ein Predigen »Aus der Zeit für die Zeit«, das auch ein Ausweichen wäre, ist ebenso klar.

II.

Die Grundlinien unserer positiven Verkündigung lassen sich, nur das Wichtigste andeutend, so entfalten:

1. Die Frage der Deutung des gegenwärtigen Geschehens, die nicht einfach mit der Behauptung abzutun ist, es gebe keine christliche Geschichtsdeutung, muß gesehen werden. Zunächst überrascht die große und scheinbar unüberbrückbare Ferne der biblischen Texte vom Zeitgeschehen. Sie scheinen weithin irgendwie ganz abseits von der Wirklichkeit des Lebens sich abzuspielen. Diese Ferne muß auch der Gemeinde deutlich werden. Denn diese Ferne der biblischen Texte zeigt ja die Ferne des Zeitgeschehens von dem Handeln und den Wegen Gottes, so wie sie in der Bibel bezeugt sind. Solche Erkenntnis der Gottesferne des Zeitgeschehens führt zur Erkenntnis des Gerichts und der Verborgenheit Gottes. Angesichts des Kreuzes Christi aber offenbart sich zugleich in dem, was geschieht, die gnädige und strenge Heimsuchung Gottes, der uns noch einmal, für viele zum letztenmal, zur Buße rufen läßt, noch einmal eine, vielleicht kürzeste, Frist zur Umkehr, Einkehr und Bekehrung uns gibt. Dieser sein Ruf gilt dem Ganzen nicht weniger als dem Einzelnen. Damit ist das Geschehen von Gott her in seinen Grundlinien angedeutet. Die Gemeinde hat es nicht mit einem Naturereignis zu tun, demgegenüber sie lediglich »erschrickt«, wie das Kind beim Gewitter, sondern sie läßt sich durch Gottes heute lebendiges Wort rufen und erkennt die Zeichen der Zeit im Licht des Kreuzes und der Auferstehung Jesu Christi.

2. Die Frage des Glaubens an »einen Gott, der solches zuläßt« oder an seine Allmacht und Barmherzigkeit wird, wie vor fünfundzwanzig Jahren so auch heute, erwachen. Hierfür ist höchst wesentlich und hilfreich die Erkenntnis von der natürlichen Verborgenheit Gottes. Der Himmel ist verschlossen, der Mensch ist sich selbst überlassen. Leid und Tod sind wirklich das logische Ergebnis seiner feinsten

Künste. Nicht darüber soll sich ein Mensch wundern, daß Gott sein Angesicht verborgen hat und daß die Gefäße seines Zornes allenthalben ausgegossen werden, sondern das ist das große Wunder, daß es nun inmitten der Nacht das eine Licht Jesus Christus gibt, das uns dennoch zugewandte Angesicht des Vaters, der nicht will, daß wir verloren gehen. Im Licht des Kreuzes und der Auferstehung wird überhaupt erst die natürliche Verborgenheit Gottes offenbar, wird die Finsternis auf Erden erst als Finsternis erkannt.
Die biblischen Texte aber wollen uns in Bewegung setzen, hinweg von der Finsternis unseres Lebens, hin zum Licht, das in Jesus Christus allein scheint. Daß diese Bewegung geschehe, macht die Predigt zu einem kräftigen, tröstenden und ermahnenden Ding. Wenn das nicht geschieht, ist nichts geschehen. Denn im Licht des Kreuzes und der Auferstehung Jesu Christi allein erkennt die Gemeinde dann auch, daß Gott nicht etwa abgewirtschaftet oder Bankerott gemacht hat, sondern daß ja sein Sieg ein für allemal errungen ist und daß alles Wüten des Teufels doch nur ein Wüten des aus der Festung herausgeschlagenen Feindes bedeutet (Offb. 12,12).
3.   Weil aber Gottes Sieg in Jesus Christus hier auf Erden bezeugt sein will, entsteht die Frage des rechten Gehorsams der Gemeinde, die wir auch als Gewissensfrage bezeichnen und verstehen können. Als Gewissensfrage sind ja Luther alle Fragen erschienen, die sich hier einstellen, und von da aus hat er sie in seinen erneut nachzulesenden Schriften – Vom Gehorsam gegen die Obrigkeit; Vom Kriegsmann im seligen Stande usw. – in Angriff genommen und uns, wenn auch nicht alle, so doch viele Fragen beantwortet. Der Gehorsam bewährt sich zweifach:
a)   In der Gemeinde bedeutet er, daß die Gemeinde nicht gleichgeschaltet ist, sondern nach wie vor unter ihren Regeln steht (Röm. 12,2; Matth. 5,1–10 und 11–16 sind unermüdlich zu erwägen). Das u.a. auch: die ständige Erinnerung an die ökumenische Gestalt und Wirklichkeit der Kirche, wie die ständige Sorge und Verantwortung für das Werk der Weltmission (vgl. Tambaram, dort trafen trotz Krieg Japaner und Chinesen brüderlich zusammen).
b)   In der Welt bedeutet er, daß es kein Moratorium der Gebote Gottes gibt. Liebe und Barmherzigkeit, Verzicht auf Haß, Lüge und Selbstsucht gelten nicht minder wie Freiheit zum Dienst an der Not der Menschen und Freiheit von der verzehrenden Sorge um Erhaltung des Eigenen. Die Lockerung der sittlichen Bindungen, wie sie die Zeit mit sich bringt, kann die Verantwortung der Gemeinde für ihre Häuser und Familien und die draußen nur erhöhen und bestätigen.
4.   Die Frage des rechten Gebets macht besonders Not. Während die Fragen des persönlichen Gebets noch einigermaßen zu lösen sind, von der Frage der Ergebung in Gottes Willen bis hin zur Frage der doch auch verheißenen Gewißheit, daß »uns Gott wolle erhören« – die Schritte, die christliche Erkenntnis gehen muß und kann, dürfen freilich in der Anleitung zum rechten Gebet nicht mit allzu geistlicher Eilfertigkeit gegangen werden. Denn unsere Gemeinden beten weithin »alttestamentlich« in falschem, das heißt heidnischem Verstand.
Vor fast unlösbaren Aufgaben stehen wir aber im Punkt der öffentlichen Kirchengebete. Es ist vor allem die Frage, worum gebetet werden darf und soll, die uns Not macht und auch in den Gemeinden sehr verschieden beantwortet wird. Sodann macht uns aber auch die drückende Zweideutigkeit unserer Gebete Not, die zwar subjektiv behoben, aber durch keine objektiven Urteile der Kirche vorerst aus der Welt geschafft ist. Einen wirklichen Ausweg sehe ich nicht. Auswegmöglichkeiten gibt es manche, aber die machen's nicht besser, auch nicht, wenn gute alte Gebete übernommen werden. Wir können hier nur den Blick auf die Not werfen. So drängt sich die zentrale Bitte, die Bitte um den rechten Glauben und die rechte Erkenntnis auf, in der ja alle anderen Bitten beschlossen sind.

Wie weit wir tatsächlich von einem eindeutigen Beten entfernt sind, mögen die Gebete Luthers zeigen, in denen er – in der Schrift vom Kriegsmann gegen Ende – eine Anleitung gibt.

Wenn wir uns diese Anleitungen Luthers vor Augen halten, die freilich auch bedachtsam gelesen werden wollen, können wir etwas wie einen Richtpunkt bekommen, wohin die Kirche – auch die BK – zurückkehren müßte, wenn sie auch in ihren öffentlichen Gebeten heute wirklich in ganzem Umfang wieder echte Kirche sein wollte!

Die überraschenden Frühjahrs»erfolge« des Jahres 1940 im Westen verursachten im deutschen Volk begreiflicherweise einen Siegesrausch, der die Bekennende Kirche aufs neue vor eine Bewährungsprobe stellte. Die nachfolgenden Dokumente aus dem Jahre 1940 zeigen, wie sie diese Probe bestanden hat.

Zum 1. Juli 1940 erschien ein *Flugblatt zum Gedächtnis* an den im Konzentrationslager festgehaltenen *Pastor Martin Niemöller* [2].

»Der Herr hört die Armen und verachtet seine
Gefangenen nicht« (Ps. 69,34)

Am 1. Juli 1940 sind es drei Jahre, daß Pfarrer M. N. der irdischen Freiheit beraubt worden ist. Er hat wie kein anderer das Ohr der evangelischen Christenheit in Deutschland, aber auch darüber hinaus in der Ökumene gehabt. »Wir rufen Deutschland« heißt ein von ihm mit herausgegebenes Buch. Das Amt des Rufers war ihm in besonderer Weise anvertraut. Von keiner schwärmerischen oder bequemen »Innerlichkeit« angekränkelt, hat er an seinem Teil das prophetische Amt der Kirche ausgeübt. Unüberhörbar hat er gerufen zum Kampf für das Evangelium und wider seine Feinde, zur Sammlung und zum Neubau der Gemeinde. Unermüdlich trug er den »Angriff der Christusbotschaft« vor. »Was ich euch sage in der Finsternis, das redet im Licht; und was ihr hört in das Ohr, das predigt auf den Dächern« (Matth. 10,27). Aus dem Geist solcher Worte verkündigte er den Öffentlichkeitsanspruch des Evangeliums, sah er die ganze Schwere der Verantwortung für das öffentliche Leben in Volk und Staat und Welt, durchschaute er mit strategischem, vom Heiligen Geist erleuchtetem Blick alle Pläne, die die Kirche Jesu Christi mit ihrer Botschaft in ihren Kirchenmauern einfangen und ihr ein Ghettodasein zuweisen wollten.

Mitten aus diesem Ruferdienst wird M. N. am 1. Juli 1937 gerissen. In den acht Monaten seiner Untersuchungshaft versieht er sein Amt durch eine Fülle von Briefen und Karten, in denen er nicht viel von sich schreibt, sondern darum ringt, daß »Linie gehalten« wird. Im Januar 1938 schreibt er: »Irgendwie ist in diesen sechs Monaten das Schiff der Kirche wieder flott geworden. Die Farbe ist lädiert, die Masten sind gebrochen, der ganze Anblick ist nicht schön; aber der Herr Christus sitzt noch am Steuer, und das Schiff schwimmt! Wer hätte das zu hoffen gewagt, als Ludwig Müller eine gute Prise gemacht zu haben glaubte! Es hat nicht länger gedauert als der rote Spuk von 1918 –, und nach solch einem Spuk läuft man nicht mehr vor jedem Gespenst weg, sondern fühlt erst einmal, was unter dem Leintuch steckt. Und ich denke, meine Haft gehört auch zu dem heiligen Gotteshumor. Erst das Hohngelächter: ›Den haben wir jetzt!‹ und dann die Verhaftungen – und der Erfolg? Volle Kirchen, betende Gemeinden: Tobe, Welt, und springe, ich steh hier und singe in gar sichrer Ruh. Gottes Macht nimmt mich in Acht, Erd

---

2 Vervielfältigung ohne Kopf und Datum

und Abgrund muß sich scheuen, ob sie noch so dräuen! Da bitter werden zu wollen, wäre schnöder Undank!«

Am 7. Februar 1938 beginnt endlich der Prozeß vor dem Sondergericht, in dem sich die ganze Bekennende Kirche mit vor Gericht gestellt und zur Verantwortung gezogen weiß. Deshalb wird allenthalben in den Gottesdiensten besondere Fürbitte getan. Das Urteil erkennt auf sieben Monate Festungshaft und 1000,– RM Geldstrafe wegen Übertretung des Kanzelparagraphen. Der ihm ursprünglich zur Last gelegte Verstoß gegen das Heimtückegesetz wird nicht aufrechterhalten. Festungshaft heißt, daß er nichts Unehrenhaftes getan und nichts gegen die Interessen des Reiches unternommen, vielmehr nach bestem Wissen und Gewissen gehandelt hat. Mit der Untersuchungshaft gilt die Strafzeit als verbüßt.

An diesem selben 2. März 1938, der M. N. die Freiheit wiederschenkt, wird er, statt zum Dankgottesdienst in seine Dahlemer Gemeinde zurückkehren zu dürfen, erneut in Haft genommen und am Abend in das Konzentrationslager Sachsenhausen bei Oranienburg gebracht, wo er bis auf diesen Tag sitzt. Alle Eingaben, Proteste und Abordnungen sind erfolglos geblieben. So wird dieser Mund, der unter Beweisung des Geistes und der Kraft Zeugnis abgelegt hat, geschlossen. Aus dem Rufer ist ein Schweiger geworden. Er hat auch aufhören müssen, Gefangenschaftsbriefe, wie in der ersten Zeit, zu schreiben. Das Konsistorium hat im vergangenen Jahr seine Versetzung in den Wartestand verfügt. Dies bedeutet, daß die Gemeinde kein Pfarrhaus mehr haben sollte und daß seine Familie ihr Heim verlassen müsse. Die Ausführung dieser Verfügung ist einstweilen bis zum Kriegsende hinausgeschoben. Der uns seinen Weg »Vom U-Boot zur Kanzel« beschrieb, hat sich freiwillig in diesem Krieg bereit erklärt, den Weg zurück zum U-Boot zu gehen; aber seine militia terrena wurde nicht angenommen, so steht M. N. weiterhin und ausschließlich in der militia Christi.

Der 1. Juli ist kein Heldengedenktag, weil es in der Kirche keine Heldenverehrung gibt. Aber sofern das Geschick M. N.s im Kern das Geschick der Christenheit in Deutschland andeutet, haben wir allen Anlaß, diesen Gedenktag zu halten und ihn als einen Meilenstein auf dem Leidensweg der Gemeinde zu verstehen. Wir werden zunächst daran denken, was wir an ihm verloren haben, was der Kirche in ihrer gegenwärtigen babylonischen Gefangenschaft genommen ist. Wieviel wäre da aufzuzählen! Aber solches Gedenken ist nicht nur einseitig und niederdrückend, sondern auch ungerecht und vor allem auch unbiblisch. Wir wollen uns einmal an das Gute erinnern, was der Herr uns als seiner Gemeinde durch die Not dieser Jahre und insbesondere durch die nun ins vierte Jahr gehende Leidenszeit M. N.s getan hat!:

1. *Es ist uns das Martyrium neu geschenkt worden.* Es darf unter uns wieder um Christi willen gelitten werden. Dabei machen wir keine Rangstufen; wenn M. N.s Name gelegentlich allein oder vor den andern genannt wird, dann nur deshalb, weil damit die Namen der anderen Leidenszeugen mit gemeint sind, weil seine Stimme besonders weit gereicht hat (ohne all sein Verdienst und Würdigkeit, denn es gibt kein sündloses Martyrium, und Leidenmüssen ist im Grunde ein Dürfen, ist Geschenk, ist Gnade), und weil die weltweite Kirche an seinem Schicksal lebendigen Anteil genommen hat. Er darf sich in der Stille und Einsamkeit seiner Haft an die ganze herrliche Verheißung halten. »Ich habe den Eindruck«, heißt es in seinem ersten Gefängnisbrief, »daß die Gemeinde sieht, es geht auch in Zukunft nicht anders als mit der frohen Botschaft von Jesus Christus, daß es mit ihm aber auch wirklich gehen wird. Ich bin zufrieden und dankbar, daß ich mich jetzt tragen lassen darf von dem, den ich gepredigt habe; wie schön, daß man darin nicht umzulernen braucht, daß der Fels steht und unerschüttert bleibt in allem, was uns widerfahren mag!« Daß wir als Bekennende Kirche über dem stillen Zeugendienst unserer Brüder und Schwestern froh werden und danken können und uns selbst

durch ihr Vorbild zum Mitleiden und Opfer verpflichtet wissen, ist für die Zukunft der Kirche und ihren künftigen Weg und Dienst in unserem Reich und im Reich dieser Welt entscheidend, denn nur eine heimgesuchte Kirche kann Menschen und Völker suchen und heimholen in Gottes ewiges Reich.

2. *Es ist durch den Leidenskampf ein Zeichen aufgerichtet worden*, das in aller Unscheinbarkeit dennoch unübersehbar ist und in allem Schweigen dennoch eine unüberhörbare Sprache redet. Man hat dem Wort »Kirchenpolitik« einen abwertenden Sinn beigelegt und den gemaßregelten Brüdern ihren entschiedenen Einsatz als unnötig und übertrieben zum Vorwurf gemacht. Doch die evangeliumswidrige deutsch-christliche oder sonstige Kirchenpolitik in den letzten Jahren darf uns nicht dafür blind machen, daß es eine gottgebotene Kirchenpolitik gibt, für die es auch zu leiden gilt. »Politeuesthe (das heißt treibt eine Kirchenpolitik) würdig dem Evangelium Christi, kämpft einmütig wie ein Mann für den Glauben an die Heilsbotschaft«, heißt es in aller Verbindlichkeit Phil. 1,27. Wenn die erste Christenheit nicht ohne evangeliumsgemäße Kirchenpolitik ausgekommen ist, können wir bestimmt nicht ohne rechtes kirchenpolitisches Handeln auskommen, das freilich nicht aus Taktik, sondern aus Gehorsam und Leidensbereitschaft gehen muß. Es ist ein doppeltes Zeichen aufgepflanzt worden, ein Zeichen zur Errettung und zum Verderben, zum ersten für das Evangelium und die Gemeinde, zum andern für die Welt und vor der Welt und wider die Feinde Christi. »Und euch in keiner Beziehung einschüchtern lasset von den Widersachern; welches ist ein Anzeichen, ihnen der Verdammnis, euch aber der Seligkeit, und das von Gott«, mahnt Paulus (Phil. 1,28). Die Gemeinde darf dies Zeichen nicht aus den Augen verlieren, sondern soll dankbar dazu aufblicken.

3. *Es ist uns der priesterliche Dienst der gefangenen Brüder »im Glutofen des Leidens« (Jes. 48,10) anvertraut.*
Der Herr der Kirche hat einige seiner Diener ganz besonders genommen und in der Unfreiheit frei gemacht für das priesterliche Amt der Fürbitte. Dieser Dienst ist nicht umsonst; er ist vielleicht die lauteste und eindringlichste Predigt, die ihnen je geschenkt worden ist; und dieser Dienst geschieht für uns.

4. *Es ist allenthalben eine fürbittende Gemeinde gesammelt worden.* Die Kraft der Fürbitte wird von denen, die sie tun und für die sie geschieht, immer stärker bezeugt. Diese Schule der Fürbitte bewährt sich auch in der gegenwärtigen Kriegsnot in dem priesterlichen Dienst der Kirche in unserm Volk und unter den Völkern, für die Soldaten, Verwundeten und Sterbenden, für die in der Heimat und die Heimatlosen. Der tägliche Bittgottesdienst in der St. Annenkirche zu Dahlem, die namentliche Fürbitte im Gottesdienst, der sich niemand entziehen darf, der um das Wesen des Gebets und der Bruderschaft weiß, die unermüdliche Fürbitte in den Häusern und im Einzelgebet sind verheißungsvolle Ansätze. Die Namensnennung im Gebet hat nichts mit Menschenverherrlichung oder politischer Demonstration zu tun, sondern ist nach der Heiligen Schrift geboten und wurde in der Kirche zu allen Zeiten geübt. Die Gemeinde muß wissen, für wen sie betet. »Darum, dieweil wir ein solch Amt haben, wie uns denn Barmherzigkeit widerfahren ist, so werden wir nicht müde« (2. Kor. 4,1), der Gebundenen als die Mitgebundenen zu gedenken (Hebr. 13,3).

Am *14. Juli 1940*, als Hitler auf der Höhe seiner Erfolge stand, kam die *Evangelische Bekenntnissynode im Rheinland zu ihrer 9. Synode* zusammen. Sie richtete an die Gemeinden und ihre Leitungen das folgende Wort:

Sammlung und Aufbau der Gemeinde heute[3]

»Mit einer Hand taten sie die Arbeit und mit der andern hielten sie die Waffe. Und ein jeglicher, der da baute, hatte sein Schwert an seine Lenden gegürtet und baute also; und der mit der Posaune blies, war neben mir. Und ich sprach zu den Ratsherren und Ältesten und zum andern Volk:
Das Werk ist groß und weit, und wir sind zerstreut auf der Mauer, ferne voneinander.
An welchem Ort ihr nun die Posaune ertönen hört, dahin versammelt euch zu uns, unser Gott wird für uns streiten!
So arbeiteten wir am Werk, und ihre Hälfte hielt die Spieße von dem Aufgang der Morgenröte, bis die Sterne hervorkamen« (Nehemia 4,11–15).
Die Gemeinden und Prediger rufen wir mit diesem Wort aus der Notzeit der Gemeinde des alten Bundes ans Werk, das uns heute befohlen ist.
Sieben Jahre Kirchenkampf liegen hinter uns. Die Mauern des Bekenntnisses und der kirchlichen Ordnung, in deren Schutz das Leben einer evangelischen Gemeinde allein gedeihen kann, sind zerstört. Der Grund, den Gott in seinem Sohn Jesus Christus zur Auferbauung seiner Kirche gelegt hat, wird verachtet und verlassen. Die Botschaft des lauteren Evangeliums, die allein die Gemeinde des Herrn sammelt, wird verfälscht und verdorben. Fremde Herren halten das Trümmerfeld besetzt und wehren denen, die ans Werk der Erneuerung Hand anlegen. Die Vereinsamung der Gemeinden und ihrer Prediger ist groß und schwer. Müde Hände und lässige Knie gibt es viel. Ein jeglicher sieht auf seinen Weg. Der beständige Kampf gegen die Zerstörer der Kirche scheint ohne Hoffnung. Mancher verbirgt seines Herzens Meinung und sucht einen Frieden, der doch kein Friede ist. Die Gerichte Gottes mit seiner Gemeinde haben noch kein Ende. – »Und wir sind zerstreut auf der Mauer, fern voneinander.«
Sieben Jahre Kirchenkampf sind nicht umsonst gewesen. Gott ruft durch sein Gericht zu seinem Wort. Die Bekennende Kirche hat sich auf ihren Synoden richten lassen unter die alleinige und vollkommene Richtschnur alles kirchlichen Handelns. Gottes Wort und das Bekenntnis der Väter sind uns als gute Wehr und Waffen neu geschenkt worden. Wir wissen es wieder: Gottes Wort allein ist der Grund unseres Glaubens, sonst nichts daneben. Wir haben es wieder erkannt: Die Ordnung der Kirche hat allein dem Evangelium zu dienen und muß durch die Gemeinde geschehen, die vom Evangelium weiß, und sonst durch niemand. In den Beschlüssen der Bekenntnissynoden haben wir die Erkenntnisse, die für einen Neubau unserer Kirche notwendig sind. Der Grundriß ist wieder klar. Wir haben nur festzuhalten in Buße und Glauben, was uns geschenkt ist. Wir haben nur zu gehorchen und Gottes Verheißungen nicht fahren zu lassen. – »Unser Gott wird für uns streiten.«
»Das Werk ist groß und weit.« Der Druck von außen und die Verwirrung drinnen sind groß und mächtig. Die einen müssen sich Tag um Tag wehren und kämpfen einen harten Kampf, der sie ganz in Anspruch nimmt. Die andern wenden sich vom Kampfe ab und sehen nur auf das Werk, so groß und so weit. Der eine erbittert sich gegen den andern, und der Feind allein hat Gewinn davon. Die drinnen stehen müde im Kampf oder hoffnungslos am Werk. Es will ihnen nicht gelingen. Wer aus dem Kampf der Entscheidung in einen Frieden des Werkes flieht, wird keinen Segen haben. Und wer um des Werkes willen nicht kämpfen will, hat keine Verheißung. Gottes Wort ist ein Ja und ein Nein zugleich. Wo immer Christus in Wort und Sakrament gegenwärtig ist, da ist Entscheidung und Scheidung zu-

---

3 Vervielfältigung ohne Kopf und Datum; vgl. *Beckmann*, Rheinische Bekenntnissynoden im Kirchenkampf, a.a.O., S. 461

gleich. »Ein jeglicher, der da baute, hatte sein Schwert an seine Lenden gegürtet und baute also.«
Ans Werk sind wir gerufen! In der Stille ist vieles bedacht und gereift, was jetzt getan sein will. Wir rufen ans Werk des Aufbaues einer christlichen Gemeinde. »An welchem Ort ihr nun die Posaune hört, dahin versammelt euch zu uns.«
Wir rufen zur gottesdienstlichen Sammlung der Gemeinde! Der Gottesdienst ist der Mittelpunkt der Gemeinde. Hier empfängt sie Gottes Gaben, sein Wort und Sakrament. Hier erfährt sie die gnadenreiche Herrschaft ihres Herrn. Hier dient sie Gott mit Gebet und Lobgesang.
Damit dies recht geschehe, rufen wir die Prediger und Gemeinden auf, den Gottesdienst nach einer dem Bekenntnis der Gemeinde entsprechenden Ordnung zu halten und den Dienst am Wort zu alleinigem Hören auf das ganze Schriftwort Alten und Neuen Testamentes auszurichten. Die Prediger ermahnen wir, in regelmäßigen Arbeitsgemeinschaften die Predigten an der Schrift zu prüfen. Wo der Gottesdienst nach der geltenden altpreußischen Agende gehalten wird, empfehlen wir, die liturgischen Handreichungen der Bekennenden Kirche und zur Wortverkündigung die entsprechenden Predigtmeditationen zu benutzen.
Die Glieder der Gemeinden ermahnen wir, sich regelmäßig und treu im Gottesdienst um Wort und Sakrament zu sammeln. In vielen Gemeinden wird das Glaubensbekenntnis und das Gebet des Herrn gemeinsam bekannt und gebetet.
Mit dem Wort sind der Gemeinde die Sakramente gegeben zur Auferbauung ihrer Glieder. Wir warten auf den Tag, da die Freude am Sakrament in unsern Gemeinden ebenso erwacht wie die Freude an dem neu empfangenen und gehörten Wort.
Die heilige Taufe darf nicht »Winkelsache« oder ausschließlich eine Familienfeier sein. Sie ist der Gemeinde gegeben und gehört heute mehr denn je vor die Öffentlichkeit der ganzen zum Gottesdienst versammelten Gemeinde. Taufsonntage einmal im Monat sollten zur Regel werden.
Das heilige Abendmahl ist die Speise der Gemeinde, bis daß der Herr kommt. Es gibt und versiegelt die Gemeinschaft mit dem Herrn und die Gemeinschaft der Christen untereinander. Daher gehört es zum Gemeindegottesdienst. Mindestens einmal im Monat soll die Gemeinde ihre Glieder zum Tisch des Herrn rufen.
Wir rufen zur kirchlichen Unterweisung der ganzen Gemeinde. Die Gemeinde muß über die sonntägliche Predigt hinaus in dem Verständnis der Heiligen Schrift beständig gefördert werden. Dazu dienen die wöchentlichen Gemeindebibelstunden. Sie dürfen in keiner Gemeinde fehlen. Es entspricht der Bedeutung der Bibelstunde, daß an dem Tage, an dem sie stattfindet, keine andere Veranstaltung ihren Besuch beeinträchtigen kann.
Wir rufen zur kirchlichen Unterweisung der getauften Jugend! Die Stunde ist ernst, die Not ist schwer und die Verantwortung auf keine Weise zu umgehen. Jede Gemeinde muß prüfen, ob ihr bisheriger Dienst an der Jugend den neuen Verhältnissen in Elternhaus und Schule gerecht wird. Wir bitten dringend, in jeder Gemeinde ein drittes kirchliches Unterrichtsjahr einzurichten, das die Vorkenntnisse für den Katechumenen- und Konfirmandenunterricht vermittelt. Wo diese Einrichtung noch nicht möglich ist, muß wenigstens die alte Ordnung des wöchentlich zweistündigen Katechumenenunterrichtes wieder hergestellt werden.
Der *Religionsunterricht* der Kinder durch die Schule ist weithin beschränkt und entleert. Die Gemeinde wird mehr und mehr die christliche Unterweisung selbst übernehmen müssen. Schon heute ist die kirchliche Unterweisung der sechs- bis elfjährigen Kinder in wöchentlichen Kinderlehrstunden in allen Gemeinden anzustreben. Mit diesem Dienst betrauen die Gemeinden vor allem dazu befähigte und ausgebildete Helfer. Da der Religionsunterricht in den höheren Schulen von Klasse V ab vollständig fortgefallen ist, sind die Gemeinden gefordert, die christli-

che Unterweisung der vierzehn- bis achtzehnjährigen Schüler selbst zu übernehmen und hierfür willige und fähige Mitarbeiter zu sammeln, vor allem solche, die schon seit Jahren in bekenntnismäßiger Arbeit an der Jugend stehen. Solche Mitarbeiter werden ihren Dienst als einen kirchlichen Auftrag annehmen und recht ausrichten, wenn sie in besonderen Kursen angeleitet und in regelmäßigen Arbeitskreisen hierfür vorbereitet werden.
Wo die Christenlehre von altersher zur Ordnung der Gemeinde gehört, ist sie treulich zu pflegen oder wieder aufzunehmen.
Zur Weckung und Stärkung der Gemeindeglieder, besonders der Eltern, in ihrer persönlichen und christlichen Verantwortung für die kirchliche Unterweisung empfehlen wir die alljährliche Woche für christliche Unterweisung, die in jeder Gemeinde nach einheitlichen Richtlinien gehalten werden soll.
Wir rufen zur Teilnahme am *Kindergottesdienst*! Die Kirche hat das Amt der Wortverkündigung auch an den Kindern! Heute darf keine Gemeinde ohne Kindergottesdienst sein. Jede Gemeinde hat die Verantwortung, jedes getaufte Kind im schulpflichtigen Alter zu Gottes Wort treulich zu rufen. Der Gottesdienst für die Kinder gehört in den Kirchenraum, die Glocken sollen läuten und die Orgel spielen. An kirchlichen Festtagen darf der Kindergottesdienst nicht aufallen, Ferien sollte es nicht geben. Es ist zu wünschen, daß die Kinder aus dem Gemeindegesangbuch singen und beten lernen, das sie ihr Leben lang begleiten soll. Auch die Bibel gehört in die Hand der Kinder zum Gebrauch im Kindergottesdienst. Der Helferkreis muß durch die wöchentliche Vorbereitungsstunde, durch Schriften und synodale Arbeitsgemeinschaften für den Dienst ausgerüstet werden. Mut und Liebe zu Hausbesuchen der Eltern und Kinder sind ein weiteres Mittel zum rechten Dienst, das nicht vergessen werden darf.
Es ist Pflicht jeder Gemeindeleitung, die Arbeit des Kindergottesdienstes zu fördern und die Mittel bereitzustellen.
Wir rufen die Gemeinden auf, sich der *Gemeindejugendarbeit* als eines der wichtigsten Zweige im Gemeindeaufbau beharrlich anzunehmen! Auch der Dienst an der kleinen Schar gefällt Gott wohl und hat seine große Verheißung bleibenden Segens. Die Jugendarbeiter und -arbeiterinnen sind kirchliche Lehrer und bedürfen der freudigen Unterstützung durch Pfarrer und Älteste.
Wir rufen zum *volksmissionarischen Dienst* an jedermann! Jeder Gemeinde ist die Pflicht auferlegt, auch die der Kirche Entfremdeten durch ordentliche und außerordentliche Wortverkündigung zu Jesus Christus, dem Heiland der Sünder, zu rufen. Das wichtigste Mittel hierzu ist der Hausbesuch der Diener am Wort. Dieser Dienst kann heute nicht ernst genug genommen werden. Hierfür müssen die Presbyterien ihre Prediger unter allen Umständen von den Verwaltungsarbeiten entlasten. Die Evangelisation darf in Kriegszeiten nicht unterlassen werden. Zum vertieften Verständnis des Wortes wird die Gemeinde nicht nur durch Predigt und Bibelstunde, sondern auch durch die jährliche Bibelwoche geführt, die jede Gemeinde nach einheitlichem Plan durchführen soll.
Das gesprochene Wort wird durch das gedruckte Wort erläutert und befestigt. Darum darf in keiner Gemeinde ein Schriftenkasten fehlen, den ein Schriftenwart sorgfältig bedient. Die sonntägliche Empfehlung einer bestimmten Schrift von der Kanzel weckt das Bedürfnis. Keine größere Gemeindeveranstaltung sollte ohne Schriftenwerbung vorübergehen.
Im Hause und in der Familie muß Gottes Wort seine Stätte haben, die christliche Sitte der täglichen Hausandacht ist immer wieder zu wecken, ebenso das Tischgebet. Die tägliche Bibellese gehört in die Hand jedes Gemeindegliedes. Der Aufbau und die Förderung der nachbarschaftlichen Bibelkreise sei ständige Bemühung der Gemeinde.
Wir rufen zum kirchlichen *Dienst an den Männern* unserer Gemeinden! Der evan-

gelisch kirchliche Männerdienst will Sammlung von Männern unter dem Wort, Ausrüstung von Männern mit dem Wort und Sendung von Männern durch das Wort. Dementsprechend sammeln wir in jeder Gemeinde die Männer, die dazu willens sind, zu einem Kreise um die geöffnete Bibel. Die Arbeit dieser Kreise geschieht nach dem Plan des rheinisch-westfälischen Männerdienstes. In jedem Kreise soll neben dem Pfarrer ein Gemeindeglied als Obmann stehen, in dessen Händen die Leitung des Gemeindemännerdienstes liegt. Die Sammlung der Männer wird nur fruchtbar, wenn sie zur Sendung der Männer wird, zum Dienst in der Gemeinde, vornehmlich an den der Kirche entfremdeten Männern.
Jährlich hält jeder Kirchenkreis einen Männertag, der vormittags mit dem Gemeindegottesdienst beginnt und nachmittags mit einer Männerversammlung schließt.
Wir rufen zur Sammlung der Frauen in der gemeindlichen Frauenhilfe! Die Frauenhilfe sammelt die *Frauen* der Gemeinde unter dem Wort und zum diakonischen Dienst in der Gemeinde.
Die Bibelarbeit und die Gründung in der Lehre der Kirche nach dem Jahresplan der Reichsfrauenhilfe steht im Mittelpunkt. Besonderer Dienst geschieht durch die Bezirksfrauen. Ihre Aufgabe ist, durch Hausbesuch zur Gemeinde zu rufen, daß »niemand unbekannt, unbesucht, ungeladen, ungepflegt und ungetröstet« sei. In vielen Gemeinden liegt die Leitung und auch Bibelarbeit in den Händen der Pfarrfrau, der Gemeindeschwester oder einer Frau der Gemeinde.
Die Ausrüstung der evangelischen *Mütter* zur Erziehung der kommenden Generation im Glauben ist besonders wichtig. Sie geschieht in besonderen Mütterkreisen, die sich der Anleitung zur häuslichen Unterweisung der Kinder und zur lebendigen christlichen Sitte kräftig annehmen. Auch das Lied der Kirche wird eifrig gepflegt.
Wo es möglich ist, sollten für die gesamte Frauenarbeit der Gemeinden Vikarinnen und Pfarrgehilfinnen eingesetzt werden.
Wir rufen zum *Besuchsdienst* der Evangelischen Bekenntnissynoden im Rheinland! Wie schon die Apostel und ihre Mitarbeiter die Gemeinden hin und her besucht haben, um sie zu stärken und zu ermahnen, so will der Besuchsdienst den Gemeinden Handreichung tun,
daß wir wissen, wie es um uns steht als Glieder des Leibes, dessen Haupt Jesus Christus ist;
daß wir in Fürbitte eintreten für die Kirche und ihre Leitung, für die Gemeinden und ihre Glieder;
daß wir nach dem Gesetz Christi einer des andern Last tragen und in der Gemeinschaft der Heiligen dankbar und demütig teilnehmen an den Gaben, die der Herr auch heute seiner Gemeinde gibt;
daß wir miteinander getröstet werden in der fröhlichen Hoffnung auf den großen Tag unseres Herrn Jesus Christus.
Darum bittet die Synode, daß sich die Presbyterien und Bruderräte, Pastoren und Ältesten oder auch einzelne Gemeindeglieder an den Besuchsdienst wenden, damit er nach dem ihm gewordenen Auftrag dienen kann, die Gemeinden zu beraten, zu stärken und aufzurichten in dem Kampf, der uns verordnet ist.
Das Werk der Auferbauung einer christlichen Gemeinde ist groß und weit. Es wird auf dem Lande anders sein als in der Stadt, in einer geschlossen evangelischen Gegend anders als in der Diaspora. Wenn die verschiedenen Dienste, auf die die Synode mit diesem Wort hinweist, recht ausgerichtet werden, so werden sie zur Sammlung und Festigung der Gemeinden führen. Überall gilt nur ein Auftrag, ein Gehorsam und eine Verheißung. Es gilt nicht vieles, sondern das Eine: »Nehmet immer zu in dem Werk des Herrn.«
»Das Werk ist groß und weit.« Es ist köstlich in der Gewißheit: »Unser Gott wird

für uns streiten.« Er will selbst uns geben, was er von uns fordert. Das Trümmerfeld ist ein Acker, reif zur Ernte, weil Gott will, daß allen Menschen geholfen werde. Darum werden wir nicht müde. Der rechte Kampf der Gemeinde ist der Kampf um die Menschen. Der rechte Kampf um die Menschen fordert den Kampf um die öffentliche Verkündigung des Evangeliums und für eine solcher Verkündigung dienende Ordnung unserer Kirche. Arbeit nicht ohne Kampf, Kampf nicht ohne Arbeit, das eine nur mit dem andern. »Mit einer Hand taten sie die Arbeit, und mit der andern hielten sie die Waffe!« Es fehlt noch viel, daß wir das lernen. Es fehlt noch viel, daß es von uns gilt: »So arbeiteten wir am Werk ... von dem Aufgang der Morgenröte, bis die Sterne hervorkamen.« Gott wird richten einen jeglichen nach seinem Werk: »Es wird eines jeglichen Werk offenbar werden: der Tag wird's klar machen« (1. Kor. 3,13).
»Das Werk ist groß und weit, und wir sind zerstreut auf der Mauer, fern voneinander. An welchem Ort ihr nun die Posaune ertönen hört, dahin versammelt euch zu uns. Unser Gott wird für uns streiten.«

Trotz aller Schwierigkeiten durch die Gestapo tagte die *altpreußische Bekenntnissynode* auch im nächsten Jahr (8./9. Nov. 1941). Diesmal nahm sie ihre Zuflucht in *Hamburg*, wiederum außerhalb Preußens. Sie erließ an die Pfarrer der Kirche das nachfolgende Wort:

An die Brüder[4]

Es geht durch die Gemeinden in diesen Tagen ein großes Fragen: Was wird mit unserer Kirche? Welcher Zukunft geht die Christenheit in Deutschland entgegen? Daß diese Fragen mitten im Krieg lebendig werden, ist nicht Schuld der Christen. Sie werden uns durch die Tatsachen aufgedrängt. Wir brauchen nur an das allgemein bekannte Vorgehen gegenüber den christlichen Kirchen im Warthegau zu erinnern. Das Amt der geistlichen Leitung, das darüber zu allen Gemeinden und für alle sprechen könnte, ist zerstört. So ist es an uns, von der Heiligen Schrift her ein Wort zu sagen, das aufklären und sammeln, helfen und stärken kann.
Die Kirche Jesu Christi lebt von den Verheißungen ihres Herrn und hängt nicht ab von dem, was Menschen tun. Und was der Evangelischen Kirche in deutschen Landen befohlen ist, hängt nicht an der geschichtlich gewordenen landeskirchlichen Form. Sie kann ihren gottgegebenen unveränderlichen Auftrag ausrichten in mancherlei organisatorischer Gestalt. Dabei darf sie folgende Erkenntnisse nicht preisgeben:
1. Die Kirche ist Kirche Jesu Christi, gegründet auf Gottes ewiges Wort, verfaßt in der ganzen Heiligen Schrift Alten und Neuen Testamentes. Wie geschrieben steht: Einen andern Grund kann niemand legen außer dem, der gelegt ist, welcher ist Jesus Christus! Und abermals: Des Herrn Wort bleibt in Ewigkeit!
Darum ist es der Kirche der Reformation nicht gestattet, die Bibel preiszugeben und eine andere fremde Botschaft in ihrer Mitte zu dulden.
2. Der gottgegebene Auftrag der Kirche muß durch Wort und Sakrament öffentlich ausgerichtet werden. Wie geschrieben steht: Was ich euch sage ins Ohr, das predigt auf den Dächern! Und abermals: Gehet in die Welt und predigt das Evangelium aller Kreatur!
Darum kann die Kirche niemals wie ein privater Verein auf die seelische Betreuung seiner Mitglieder sich beschränken lassen.

---

4 Vervielfältigung mit der Überschrift: Die Bekenntnissynode der ev. Kirche der altpreußischen Union

3. Die Aufnahme in die Kirche geschieht durch die heilige Taufe. Wie Paulus an die Korinther schreibt: Wir sind durch einen Geist alle zu einem Leibe getauft! Dieser Leib aber ist die Kirche. Darum wer getauft ist, gehört zur Kirche. Wer getauft ist, gehört zu seiner Ortsgemeinde, ohne daß es einer besondern Aufnahme bedarf.

4. Die getauften Kinder muß die Kirche von frühester Jugend an im christlichen Glauben unterweisen. Wie der Herr Jesus Christus gesagt hat: Lasset die Kindlein zu mir kommen!

Für die kirchliche Unterweisung an allen Getauften durch alle von der Kirche hierfür berufenen Kräfte muß Raum und Zeit gegeben werden.

5. Die Ämter in der Kirche überträgt die Kirche selbst im Namen und Auftrag ihres himmlischen Herrn. Wie geschrieben steht: Gott hat uns durch Jesus Christus das Amt gegeben, das die Versöhnung predigt!

Darum kann auch nur die Kirche das Amt wieder nehmen, wenn es nicht recht ausgerichtet wird.

6. Das Opfer der Liebe und des Dankes gehört zum Gottesdienst der Gemeinde, wie der Apostel mahnt: Wohlzutun und mitzuteilen vergesset nicht, denn solche Opfer gefallen Gott wohl. Kollekte und Dankopfer bringt die Gemeinde als Frucht des Glaubens ihrem Herrn.

7. Zum Dienst der Gemeinde innerhalb und außerhalb des Gottesdienstes sind alle ihre Glieder berufen.

Denn es steht geschrieben: Dient einander ein jeglicher mit der Gabe, die er empfangen hat, als die guten Haushalter der mancherlei Gnade Gottes. Darum hat jedes Glied der Gemeinde die Pflicht, mitzuhelfen am Aufbau der Kirche Jesu Christi durch das Wort und durch die Tat.

Wo Gott gebietet, hat eine christliche Kirche nicht die Freiheit, sich anderen, fremden Weisungen zu unterwerfen. Wird sie gehindert, nach den Weisungen der Heiligen Schrift zu leben, so wird sie diese ihre Gefangenschaft unablässig vor Gott bringen. Vor den Menschen aber wird sie nicht aufhören, die Freiheit zu fordern, die einzige, die es für eine Kirche gibt: die Freiheit, den Geboten Gottes gehorsam sein zu dürfen!

Wo die Gemeinde bei ihrem Herrn bleibt, da werden die großen Verheißungen nicht unerfüllt bleiben, die Gott der Treue gegeben hat. Zeiten kommen und gehen, und Menschenmeinungen wandeln sich. Aber die Kirche bleibt. Und das Evangelium von Jesus Christus wandelt sich nie: Es ist und wird zu allen Zeiten die Rettung der Menschen und der Völker sein!

Im November 1941

Unbeirrt durch die kriegerischen Entwicklungen und die sich steigernden Nöte setzte die Bekennende Kirche in Preußen ihren Kampf um ihre Existenz als Kirche fort. Sie führte hartnäckig ihren *Widerstand gegen die staatsgebundenen Kirchenbehörden* weiter. Das zeigt eine Weisung des Bruderrates der Evangelischen Kirche der altpreußischen Union vom 23. 4. 1942, der sich dann die 11. altpreußische Bekenntnissynode im Oktober 1942 anschloß.

Weisung des Bruderrates der Evangelischen Kirche
der altpreußischen Union
Vom 23. April 1942[5]

Am 20. 10. 1934 hat die Bekenntnissynode von Dahlem die bekenntnistreuen Gemeinden und Pfarrer aufgerufen, sich von dem Kirchenregiment Ludwig Müller

---

5 Vervielfältigung

zu scheiden und sich der Leitung neuer, auf Grund des kirchlichen Notrechtes geschaffener Organe anzuvertrauen.
Das Kirchenregiment Ludwig Müller ist zusammengebrochen, wenn auch der Geist dieses Regiments auch heute noch in der Kirche eine Macht ist. Es taucht die Frage auf, ob die Beschlüsse von 1934 noch heute als Richtlinien für die Gemeinden und Pastoren der Bekennenden Kirche zu betrachten sind. Dabei spricht der ernste Wunsch mit, in einer Zeit, da die Kirche Jesu Christi unerhörten Angriffen ausgesetzt ist, im Inneren zur Geschlossenheit und zum Frieden zu kommen. Dazu erklärt der altpreußische Bruderrat:
Auch wir wollen im Gehorsam gegen die Weisungen der Heiligen Schrift zum Frieden helfen mit jedermann, allermeist aber mit denen, die mit uns eines Glaubens sind. Indem wir den Versuch einer neuen Sammlung, der gegenwärtig unter der Leitung des Landesbischofs D. Wurm gemacht wird, mitangeregt haben und ihn freudig unterstützen, haben wir dies Anliegen erneut zum Ausdruck gebracht.
Wir verkennen auch nicht, daß bei den Kirchenbehörden vielfach die Absicht besteht, das Leben der Kirche auf Schrift und Bekenntnis auszurichten.
Andererseits ist es eine Tatsache, daß diese Kirchenbehörden nach wie vor mit DC durchsetzt sind,
1. daß sie der deutsch-christlichen Irrlehre Raum lassen, ja sie in Ausübung ihrer Besetzungsbefugnis in Gemeinden hineintragen, in denen sie bis dahin keine Stätte hatte;
2. daß sie beharrlich die Gesichtspunkte einer formalen, bürokratischen Ordnung dem überordnen, was von der Heiligen Schrift und dem Bekenntnis der Kirche her gefordert werden muß;
3. daß sie sich durch das Vorgehen deutsch-christlich geleiteter Kirchen zu Maßnahmen bestimmen lassen, die wider die Schrift sind;
4. daß sie sich durch die weitgehende Rücksichtnahme auf außerkirchliche Mächte dauernd zu Maßnahmen drängen lassen, die die Kirche verweltlichen und politisieren.

Solange dem so ist, besteht der Notstand fort, der einst zu den Beschlüssen von Dahlem und zu entsprechenden Beschlüssen späterer Bekenntnissynoden geführt hat. Die altpreußischen Kirchenbehörden, so wie sie heute sind, als rechte Kirchenleitung anzuerkennen, sind wir auch heute außerstande.
Trotzdem ist der altpreußische Bruderrat immer bereit gewesen, sich mit den Kirchenbehörden über Notlösungen zu verständigen, die es den bekenntnistreuen Gemeinden und Pfarrern ermöglichen sollen, sich in eine gemeinsame Ordnung einzufügen, ohne ihr an die Heilige Schrift gebundenes Gewissen zu verletzen. In einigen Fällen ist es gelungen, zu einer solchen Verständigung zu kommen. Zu weiteren Abkommen dieser Art stehen alle Bruderräte bereit, sofern nur das unaufgebbare Anliegen der Bekennenden Kirche dabei gewahrt wird.
Sofern aber nicht solche Abkommen geschlossen werden, ist es z.B. nicht möglich, die in den Gottesdiensten gesammelten und für die Förderung echter kirchlicher Arbeit bestimmten Kollekten den Kirchenbehörden zur Verfügung zu stellen. Ebensowenig ist es unter den jetzigen Umständen angängig, daß die jungen Brüder, die sich auf das Pfarramt rüsten, die Prüfungen bei einem Konsistorium ablegen und sich in ihrer Ausbildung der geistlichen Leitung einer Instanz unterstellen, die nicht echtes Regiment der Kirche Jesu Christi ist, und von dieser dann auch die Ordination empfangen. Der zuständige Bruderrat wird ihnen vielmehr Wege weisen, auf denen sie, ohne ihr Gewissen zu verletzen, das Amt der Predigt erlangen können.
Es bleibt die Forderung der Bekennenden Kirche, daß die Evangelische Kirche sich

aus ihrer Mitte ein Regiment bestelle, das an die Heilige Schrift und das Bekenntnis gebunden ist.

Mit allen aber, die in Gehorsam gegen den Herrn Jesus Christus die Kirche zum lauteren Evangelium zu rufen willens sind, schließt sich der altpreußische Bruderrat zusammen in dem Gebet, daß die jetzige Not von der Kirche genommen und ihr die rechte Einheit des Glaubens und der Liebe geschenkt werde.

Auf der 11. altpreußischen Bekenntnissynode wurde zum erstenmal in der Bekennenden Kirche eine Entscheidung über den *Dienst der Frau in der Kirche* getroffen. Sie war notwendig geworden wegen des immer steigenden Ausfalls der Pastoren durch Kriegseinsatz, der nicht durch männliche »Laienprediger« gedeckt werden konnte. Außerdem forderte das Amt der Vikarin, das seit mehr als 10 Jahren in der evangelischen Kirche bestand, eine theologische Klärung, die bis dahin versäumt war. Die Synode faßte demgemäß zwei Beschlüsse[6]:

I. Der Dienst der Vikarin

1. Der Dienst der theologisch gebildeten Frau (Vikarin) ist Dienst am Wort. Er richtet sich an Frauen, Jugendliche und Kinder.
2. Die Vikarin übt ihren Dienst nicht im Gemeindegottesdienst aus. Auch das Amt der Gemeindeleitung wird von ihr nicht geführt.
3. Ergibt sich im Vollzug ihres Dienstes, daß er sich auch auf Männer erstreckt (in Bibelstunden, Krankenhausdienst, Jugendgottesdienst u. dergl.), so soll dagegen keine gesetzliche Schranke aufgerichtet werden.
4. Der Vikarin wird das Recht übertragen, im Rahmen ihres Dienstes die Vergebung der Sünden zuzusprechen und die Sakramente zu verwalten.
5. Die Vikarin wird im Gemeindegottesdienst unter Handauflegung und Gebet in ihren Dienst eingesetzt (Ordination). Für die Einsetzung der Vikarin in ihren Dienst ist ein Formular einzuführen, das dem Auftrag der Vikarin entsprechend zu gestalten ist.
6. Die Vikarin untersteht, gemeinsam mit allen anderen kirchlichen Amtsträgern, der Kirchenleitung. Tut sie ihren Dienst in einer bestimmten Kirchengemeinde, so untersteht sie dabei der Leitung dieser Gemeinde, d.h. dem Gemeindekirchenrat und seinem Vorsitzenden (dem Presbyterium und seinem Präses). Ist ihr ein übergemeindlicher Dienst aufgetragen, so untersteht sie dem Superintendenten (Kreispfarrer) oder einer von der Kirchenleitung mit der Aufsicht beauftragten Instanz.
7. Einzelheiten des Dienstes der Vikarin und seines Umfanges werden durch Ausführungsbestimmungen der Kirchenleitung geregelt.

II. Die Verkündigung des Evangeliums durch Frauen

In Zeiten der Not, in denen die geordnete Predigt des Evangeliums aus dem Munde des Mannes verstummt, kann die Kirchenleitung gestatten, daß Frauen, die dazu geeignet sind, auch im Gemeindegottesdienst das Evangelium verkündigen. Die Heilige Schrift bezeugt, daß die Gabe der Prophetie auch Frauen verliehen wird (2. Mos. 15,20; Richter 4,4; 2. Kön. 22,14; Joel 3; Apg. 2,17; Luk. 1,46ff.; Apg. 21,9). In der Gemeinde Jesu Christi sind alle Gläubigen zum königlichen Priestertum berufen (Offb. 1,6; 1. Petr. 2,9). Dem steht entgegen, daß das Lehren der Frau in 1. Kor. 14 und 1. Tim. 2 verboten wird.

Es ist demnach mit Martin Luther zu urteilen, daß »um der Ordnung, Zucht und Ehre willen die Weiber schweigen, wenn die Männer reden. Wenn aber kein Mann predigt, so wär's vonnöten, daß die Weiber predigten«. Nicht anders hat Calvin die

6 Orig. V.

Weisung des Apostels 1. Kor. 14 ausgelegt: Sie sei zu verstehen vom ordentlichen Amt oder jedenfalls von geordneten Gemeindeverhältnissen. »Es kann sich da die Notwendigkeit ergeben, daß die Frau redet; dabei soll aber nicht außer acht gelassen werden, was in einer rechten gottesdienstlichen Gemeinde die Schicklichkeit erfordert. Darum allein geht es dem Paulus.«

Je mehr der Krieg die Gemeinden bedrohte, je mehr Pastoren aus den Gemeinden heraus zum Dienst in der Wehrmacht abgerufen wurden, um so mehr nahm die Bekennende Kirche im Rheinland die Aufgabe in die Hand, zur *Sicherung der Wortverkündigung* Gemeindeglieder auszurüsten. Sie erließ hierfür im Jahre 1942 folgende Anweisung:

Ausrüstung von Gemeindegliedern zum Dienst am Wort[7]

I.

Zum Gebot der Heiligung des Feiertages gehört der regelmäßige sonntägliche Gottesdienst der Gemeinde. Gottes Wort spricht: »Gedenke des Sabbattages, daß du ihn heiligest« 2. Mose 20,8. Was ist das? »Wir sollen Gott fürchten und lieben, daß wir die Predigt und sein Wort nicht verachten, sondern dasselbe heilig halten, gerne hören und lernen« (Luthers Katechismus). »Gott will, daß das Predigtamt und Schulen erhalten werden, und ich, sonderlich am Feiertage, zu der Gemeinde Gottes fleißig komme, das Wort Gottes zu lernen, die heiligen Sakramente zu gebrauchen, den Herrn öffentlich anzurufen und das christliche Almosen zu geben« (Heidelberger Katechismus).

II.

Es ist einer der schwersten Notstände der Kirche, daß der Gottesdienst in vielen Gemeinden nicht mehr sonntäglich gehalten wird. Der Grund liegt u.a. in der Einberufung der Prediger. Dieser Notstand wird bis auf weiteres fortdauern, ja, er wird sich insbesondere wegen der geringen Zahl des theologischen Nachwuchses voraussichtlich auf die Dauer, auch für die Zeit nach dem Kriege, noch wesentlich verschärfen, so daß die Gemeinden dann nicht mehr alle von akademisch theologisch vorgebildeten Predigern bedient werden können.

III.

In dieser Notlage müssen die Gemeinden selbst dafür sorgen, daß sich Männer in ihnen finden, die willig und befähigt sind, den Gemeindegottesdienst zu leiten. Es gilt, die biblischen Gaben und Ämter wieder unter uns zu erwecken und zu bewährten kirchlichen Ämtern früherer Zeiten zurückzukehren.
1. Es müssen Gemeindeglieder zu Lektoren/Vorlesern der Heiligen Schrift im Gottesdienst bestellt werden, die das Evangelium oder die Epistel des betr. Sonntags oder einen anderen Schriftabschnitt vor der Gemeinde lesen.
2. Es müssen Gemeindeglieder das Amt des Liturgen/Vorbeters in der Gemeinde übernehmen; das heißt sie müssen den ganzen Gottesdienst mit Ausnahme der Predigt leiten.
3. Es müssen Leseprediger bestellt werden, die geeignete Predigten im Gottesdienst vorlesen und, wenn nötig, auch die Sakramente verwalten.
4. Es können Prediger berufen werden, die im Gottesdienst der Gemeinde eine selbstverfaßte Predigt halten.

[7] Vervielfältigung ohne Kopf und Datum

5. Den unter 2–4 Genannten kann eine angemessene Amtstracht gegeben werden.
6. Diese Maßnahmen dürfen nicht erst dann ergriffen werden, wenn die Gemeinde verwaist ist. Die unter 1 und 2 genannten Dienste sollen gerade im Beisein des Pfarrers mit einer gewissen Regelmäßigkeit ausgeübt werden.

IV.

Voraussetzung für jede tätige Mithilfe im Gottesdienst der Gemeinde oder bei kirchlichen Handlungen ist, daß der Betreffende die Barmer Theologische Erklärung als richtunggebend für den Weg der Kirche anerkennt, daß er die Qualifikation für den Ältestendienst hat und daß er möglichst selbst Mitglied des Presbyteriums bzw. des Bruderrates der Gemeinde ist.

V.

Es liegt die Verantwortung für die Zurüstung zum Dienst
1. des Lektors bei dem Ortspfarrer oder Nachbarpfarrer,
2. des Liturgen und des Lesepredigers bei dem Vertrauensmann der Kreissynode,
3. des Predigers bei der Kirchenleitung.

VI.

Die Vorbildung zu diesen Diensten und Ämtern geschieht in folgender Weise:
1. a) Der Lektor (Vorleser) muß bekanntgemacht werden mit Geschichte und Sinn der Schriftlesung in der christlichen Kirche.
b) Er muß das Sprechen in größerem Raum (Sprechübungen) und das rechte Vorlesen lernen.
c) Er muß angehalten werden zu praktischen Übungen im Vorlesen im gottesdienstlichen Raum bei Abwesenheit der Gemeinde.
d) Es muß ihm die Erlaubnis zum Vorlesen vom Presbyterium oder Bruderrat der Gemeinde erteilt werden, und er muß dann vor der versammelten Gemeinde in das Amt des Lektors (Vorlesers) eingeführt werden.
2. a) Der Liturg (Vorbeter) muß die Kenntnisse und Fähigkeiten eines Lektors haben.
b) Er muß in Geschichte und Wesen des Gottesdienstes der Gemeinde eingeführt werden.
c) Er muß in Kenntnis und rechten Gebrauch des Gesangbuches eingeführt werden.
d) Es müssen ihm Anweisungen für die heutige Form des Gottesdienstes, insbesondere für das Beten in der Gemeinde gegeben werden.
e) Praktische Übungen, Erteilen der Erlaubnis und Einführung vor der Gemeinde wie 1 c) und d).
3. a) Der Leseprediger muß die Kenntnisse und Fähigkeiten eines Liturgen haben.
b) Er muß in Geschichte und Wesen der Predigt eingeführt werden.
c) Er muß zum Studium brauchbarer Predigtbände angeleitet werden. Besonders wird hingewiesen auf die Lesepredigten von Beckmann-Linz: »Meine Worte werden nicht vergehen« (Gütersloh 1941).
d) Er muß mit der rechten Verwaltung der Sakramente vertraut gemacht werden.
e) Praktische Übungen, Erteilung der Erlaubnis und Einführung vor der Gemeinde wie 1 c) und d).
4. A. a) Der Prediger bedarf zur Zurüstung auf seinen Dienst einer längeren

gründlichen Vorbildung in besonderen Kursen, wobei folgende Fächer behandelt werden müssen:
aa) Schriftkunde, Schriftauslegung und Schriftlehre,
bb) Einführung in die Lehre der Bekenntnisschriften, die in der Gemeinde Geltung haben,
cc) Glaubenslehre,
dd) Anleitung zum Gebrauch der Hilfsmittel für die Predigtvorbereitung,
ee) Anleitung zur Ausübung der Dienste des Lektors, Liturgen und Lesepredigers,
b) einer Probezeit im praktischen Dienst nach Anweisung der Kirchenleitung. Die Kirchenleitung setzt den Beginn dieser Probezeit auf Antrag der zurüstenden Stelle fest.
Bei Beginn der Probezeit ist eine Lehrverpflichtung im Sinne des Formulars für die Ordination von Ältesten zum Dienst am Wort durch Unterschrift zu übernehmen.
Die Berufung in das Amt eines Predigers erfolgt nach solcher normalen Vorbildung durch die Kirchenleitung auf Antrag der zurüstenden Stelle unter Beifügung ihrer Beurteilung und mindestens einer Predigt des Bewerbers oder Benannten, sowie nach einer Unterredung mit der Kirchenleitung.
B. In besonderen Fällen kann auf die Ausbildung in Lehrkursen nach A a) verzichtet werden, zumal wenn dringende Not es erfordert. Die Berufung in das Amt eines Predigers setzt aber auch in diesem Falle die Probezeit im praktischen Dienst nach A b) voraus.
Die Erlaubnis zu solcher kirchlichen Betätigung erteilt in diesen Fällen die Kirchenleitung auf Grund eines Votums des Kreisbruderrates nach Einreichung von mindestens einer vom Bewerber oder Benannten selbst ausgearbeiteten Predigt, nach einer Unterredung mit der Kirchenleitung und nach Übernahme einer Lehrverpflichtung im Sinne des Formulars für Ordination von Ältesten zum Dienst am Wort.
Es ist darauf zu achten, daß die in A geforderte Ausbildung alsbald begonnen und beharrlich fortgesetzt wird. Dadurch muß erreicht werden, daß in Zukunft dringende Notfälle mit verkürzter Ausbildung möglichst vermieden werden.

VII.
Die Berufung in diese Dienste und Ämter geschieht nach dem von der 10. Bekenntnissynode der Evangelischen Kirche der altpreußischen Union beschlossenen Formular.
Der Berufene erhält über seine Berufung eine Urkunde.

Am 16./17. Oktober 1943 tagte zum 12. Male die Bekenntnissynode der Evangelischen Kirche der altpreußischen Union in Breslau. Auf dieser Synode wurde zu den Fragen, die infolge des Krieges ganz besonders brennend geworden waren, Stellung genommen. So erließ die Synode ein Wort zur Auslegung des fünften Gebotes und verfaßte eine Kundgebung für den Buß- und Bettag desselben Jahres:

Auslegung des fünften Gebotes[8]

I.
1. Die Größe und Schwere des Kriegsleidens, das über unser Volk hereingebrochen ist, bringt die Gefahr mit sich, daß die Herzen stumpf werden und die Schrek-

8 Orig.V.

ken des Geschehens nur da empfunden werden, wo jemand unmittelbar von ihnen betroffen wird.
2. Christen aber tragen mit an dem Leid der ganzen Welt, sonderlich an dem Leid unseres Volkes, dessen Glieder wir durch Gottes Willen sind. Sie seufzen mit aller Kreatur. Der Geist seufzt und sehnt sich in ihnen nach dem Offenbarwerden der Freiheit der Kinder Gottes von Sünde, Tod und Teufel. Christen beten unablässig: Komm, Herr Jesu! Denn sie wissen, daß aller Not erst bei dem Kommen des Herrn Jesu abgeholfen ist. Solch Gebet hat die Verheißung, in Kürze erhört zu werden (Luk. 18,8), und die köstliche Zusage: Selig sind, die da Leid tragen, denn sie sollen getröstet werden (Matth. 5,4).
3. Das christliche Leidtragen, das wirklich geistliche Tragen des Leides aller Welt erwächst aus der Buße, mit der Anerkennung der eigenen Schuld an diesem Leid. Es beginnt damit, daß wir Gott Recht geben, wenn er uns schlägt, und den selbstsicheren Hochmut ablegen, der sagt: Wie kann Gott solches zulassen? Christen bekennen gerade im Leiden: »An Dir allein habe ich gesündigt und übel vor Dir getan, auf daß Du recht behaltest in Deinen Worten und rein bleibest, wenn Du gerichtet wirst« (Ps. 51,6). Das Lied »Mitten wir im Leben sind mit dem Tod umfangen« kennzeichnet die Lage der Menschen unserer Tage, es fährt mit Recht fort: »uns reuet unsre Missetat, die Dich, Herr, erzürnet hat«. Gottes Zorn entbrennt über unsere Sünde. Um der Sünde willen hat Gott uns in Leid und Tod dahingegeben.
4. Denn »wir sollen ihn über alle Dinge fürchten, lieben und vertrauen«. Gott läßt seiner nicht spotten. Was der Mensch sät, das wird er ernten (Gal. 6,7 u. 8). Wenn wir Gott, die lebendige Quelle des Lebens, verlassen und uns Gruben graben, die doch kein Wasser geben, müssen wir umkommen. Gott allein schenkt und erhält das Leben. Wenn wir uns von ihm abwenden und den Götzen dienen, verlieren wir das Leben hier und in Ewigkeit. Gott schenkt Leben, die Götzen nehmen es uns.
5. Gott und sein Leben will sich von uns in der Predigt seines Wortes finden lassen. »Wer euch hört, der hört mich«, sagt Jesus zu seinen Sendboten, und: »Wer mich siehet, der siehet den Vater.« Wenn wir die Predigt und die Versammlung der Gemeinde unter Gottes Wort meiden, wenn wir aufhören, mit der Gemeinde und allein zu beten, wenn wir uns an eigene eitle Gedanken über Gott verlieren, ja darum uns öffentlich von der Kirche scheiden, scheiden wir uns nicht nur von Menschen, sondern vom Herrn selber und verlieren das Leben. Wird Gottes Gnadenruf von den Menschen beharrlich abgelehnt, dann läßt Gott zu seiner Zeit die Zeichen des Gerichts über sie kommen, über einzelne und über Völker.
6. Was bleibt uns, wenn wir in den Gerichten die Glut des göttlichen Zornes erfahren? Nur die Zuflucht zum Gekreuzigten, der für alle Welt Gottes Zorn getragen hat. »Wo sollen wir denn fliehen hin, da wir mögen bleiben? Zu Dir, Herr Christ, alleine. Vergossen ist Dein teures Blut, das gnug für die Sünde tut.«

II.

7. Gott schenkte das Leben in der Schöpfung und heiligte es sich wiederum in der Erlösung durch Christus. Darum ist er der Herr alles Lebens. Weil Christus für alle Menschen gestorben ist und sie durch sein Blut erworben hat, sind wir nicht Herr über menschliches Leben. Gott beruft uns durch Christus wieder zu Gottesebenbildlichkeit, auf die hin er einst den Menschen schuf. Darum gilt über die Zeiten hin: »Wer Menschenblut vergießt, des Blut soll auch durch Menschen vergossen werden; denn Gott hat den Menschen zu seinem Bilde gemacht« (1. Mose 9,6).
8. Der Umfang, den das Töten im Kriege annimmt, könnte uns leicht stumpf machen gegenüber der Tatsache, daß Gott das Töten untersagt. Das fünfte Gebot

gilt immer. Ein christliches Gewissen kann es nicht überhören. Nie wird ein Christ Freude an Blutvergießen haben. Er wird es verabscheuen, Völker in den Krieg zu treiben. Die schrecklichen Begleiterscheinungen stehen ihm lebendig vor Augen. Zum Töten gehört auch die indirekte Art des Tötens, die dem Nächsten den Raum zum Leben nimmt, so daß er nicht mehr lange leben kann, oder die es unterläßt, ihn aus Todesnot zu retten. Wider Gottes Willen tötet auch, wer keimendes Leben vernichtet. Zum Töten gehört die geistige Verletzung des Nächsten mit Wort und Spott, gehört jegliche Verunglimpfung des Nächsten und Herabsetzung seiner Person. Zum Töten gehört die Hinterziehung von Lebensmitteln und Kleidung, gehört die Verdrängung des Nächsten aus seiner Lebensstellung, gehört Schadenfreude, Haß und Rachedurst. Gott aber will, daß wir das Leben des Nächsten hoch achten. Um Gottes willen gilt es sehr viel, auch wenn es vor Menschen wenig gelten mag.

9. Darum ist uns auch Selbstmord untersagt. Selbstmord ist in aller Verzweiflung Hochmut vor Gott. Der Selbstmörder fällt über sein eigenes Leben ein Urteil, das ihm nicht zusteht. Gott allein hat das Recht, über das Leben des Menschen zu urteilen. Der Herr allein ist Richter. Gott allein gibt und nimmt das Leben.

10. Gott wacht über sein Gebot. Gott hat Menschen den Auftrag gegeben, den Mörder, den Übertreter seines Gebotes zu töten. Er hat die Obrigkeit zu diesem Zweck als Dienerin der Gerechtigkeit eingesetzt. Er hat ihr die Vollmacht gegeben, zum Schutze des Lebens die Tötung von Menschen zu befehlen, nämlich die Hinrichtung des Verbrechers, der Menschenblut vergossen hat, und die Tötung des Feindes im Kriege. Daß solche Befehle zur Erhaltung des Lebens in der Gemeinschaft der Menschen und Völker notwendig sind, offenbart den Fluch der Sünde, unter dem die gefallene Schöpfung steht, und die Gemeinschaft der Schuld, in der Befehlende und Gehorchende, Richtende und Gerichtete sich miteinander befinden.

11. Der Verbrecher muß in einem geordneten Rechtsverfahren schuldig befunden sein. Ist der Verbrecher des Todes für schuldig erklärt, so muß der Kirche Gelegenheit gegeben werden, ihm Gottes Gericht und Gnade im Angesicht des Todes zu bezeugen.

12. Die Obrigkeit ist dem dreieinigen Gott auch, was den Krieg betrifft, dafür verantwortlich, daß sie das Schwert nur zur Eindämmung des Bösen gebraucht. Friedfertig Wehrlose dürfen nicht getötet werden.

13. Im Rahmen der ihr von Gott verliehenen Vollmacht hat die Obrigkeit das Recht, von allen Untertanen Gehorsam in der Vollstreckung ihrer Befehle zu fordern. Solche Befehle soll der Christ in Liebe zu seinem Nächsten und seinem Volke befolgen, ohne Haß gegenüber dem Verbrecher und Kriegsgegner, ohne Freude am Blutvergießen, ohne Rachedurst und Beutegier. Johannes der Täufer sagt den Soldaten: »Tut niemand Gewalt und Unrecht und lasset euch genügen an eurem Solde« (Luk. 3,14). Der Christ wird bei solchem Gehorsam der gemeinsamen Schuld und des gemeinsamen Leidens der Menschheit eingedenk sein. Er weiß um die Vorläufigkeit aller irdischen Gerechtigkeit und hofft auf das Kommen der Herrschaft Gottes.

14. Über die Tötung des Verbrechers und des Feindes im Kriege hinaus ist dem Staat das Schwert nicht zur Handhabung gegeben. Was er dennoch tut, tut er zu seinem eigenen Schaden in Willkür. Wird das Leben aus anderen als den genannten Gründen genommen, so wird das Vertrauen der Menschen zueinander untergraben und damit die Gemeinschaft des Volkes zerstört. Begriffe wie »Ausmerzen«, »Liquidieren« und »unwertes Leben« kennt die göttliche Ordnung nicht. Vernichtung von Menschen, lediglich weil sie Angehörige eines Verbrechers, alt oder geisteskrank sind oder einer anderen Rasse angehören, ist keine Führung des Schwertes, das der Obrigkeit von Gott gegeben ist.

15. Wenn also der Christ in den genannten beiden Fällen Leben vernichten muß, weil er den Befehlen der Obrigkeit gehorcht, so wird er mit Freudigkeit tun, was das Leben seines Nächsten unmittelbar erhält und fördert, Werke der Barmherzigkeit und Liebe, besonders an körperlich und geistig Kranken und Gebrechlichen. Ihr Leben ist dem Herrn besonders teuer, denn es steht geschrieben: »Er hat unsere Schwachheit auf sich genommen und unsere Seuchen hat er getragen« (Matth. 8,17). An ihnen, die im Schatten des Leides und des Todes wohnen, an denen sich die Sünde mächtig auswirkt, offenbarte Jesus in besonderer Weise Gottes Liebe und Lebensmacht. Auch für sie ist er gestorben, auch sie sind zur Ebenbildlichkeit Gottes durch Christus berufen. Daß wir alle das Ebenbild durch unseren Abfall von Gott verloren haben, wird an solchen Kranken und Gebrechlichen besonders deutlich. In der Betreuung solcher Gebrechlicher werden Angehörige und Pfleger reich an selbstloser Liebe und vielen zum Vorbild, die zum Helfen und Heilen berufen sind.

16. Nach solchen Werken der Barmherzigkeit ruft die große und schwere Leidensnot gerade unserer Tage. Wir müssen Gott allezeit um erleuchtete Augen bitten, damit wir sehen, wo es not tut zu helfen. Denn einmal verführt die Arbeitsüberlastung jeden einzelnen dazu, daß er mit sich selbst genug zu tun hat, ferner verleiten zahlreiche Einrichtungen öffentlicher Fürsorge viele dazu, alle Verpflichtungen von sich ab und auf die öffentliche Fürsorge zu wälzen. Auch die christlichen Anstalten und Liebeswerke haben uns allzusehr der eigenen Verantwortung überhoben. Wir müssen lernen, daß unser Nächster unsere ganz persönliche leibliche und seelische Fürsorge erwartet und daß wir sie ihm schuldig sind. Wir müssen wieder neu lernen, daß alles, was wir haben, von Gott uns nur anvertraut ist. »Wir haben nichts in die Welt gebracht, darum auch offenbar ist, wir werden nichts herausbringen. Wenn wir aber Kleidung und Nahrung haben, so lasset uns genügen« (1. Tim. 6,7–8). In Zeiten der Not, wo viele ihre Habe verlieren, sollte der Christ von dem Seinen gern und reichlich verschenken.

17. Besonders sind alte Leute in unseren Tagen mehr als früher auf unsere Hilfe angewiesen. Unserer Hilfe bedürfen auch unheilbar Kranke, Schwachsinnige und Gemütskranke. Wir haben auch ihren Familien zu helfen, die Last zu tragen. Wir dürfen auch die nicht vergessen, denen eine Hilfe aus öffentlichen Mitteln nicht oder so gut wie nicht zuteil wird. Das öffentliche Urteil hierüber kümmert den Christen nicht. Sein Nächster ist allemal der, der hilflos ist und seiner besonders bedarf, und zwar ohne Unterschied der Rassen, Völker und Religionen. Denn das Leben aller Menschen gehört Gott allein. Es ist ihm heilig, auch das Leben des Volkes Israel. Gewiß hat Israel den Christus Gottes verworfen, aber nicht wir Menschen oder gar wir Christen sind gerufen, Israels Unglaube zu strafen.

18. Den nicht-arischen Mitchristen sind wir die Bezeugung der geistlichen Gemeinschaft und der Bruderliebe schuldig. Sie aus der Gemeinde auszuschließen, verstößt gegen den Dritten Artikel des Glaubensbekenntnisses, gegen das rechte Verständnis des Sakramentes der heiligen Taufe, gegen Gal. 3,28 und gegen das, was Röm. 9–11 über das Israel nach dem Fleisch lehrt. Es ist auch kirchenrechtlich unwirksam; denn die Kirche darf als Körperschaft des öffentlichen Rechts nichts tun, was ihrem Wesen als Gemeinschaft der Heiligen widerspricht.

III.

19. Unsere Verantwortung vor Gott in all diesen Entscheidungen können wir uns in keinem Falle von anderen abnehmen lassen. Wohl können wir in manchen Fällen nicht übersehen, ob richterliche Urteile zu Recht oder Unrecht gefällt sind und ob ein Krieg zu Recht oder zu Unrecht geführt wird. Hier tragen die Obrigkeit und ihre Träger die Verantwortung vor Gott. Wo wir aber deutlich erkennen, daß Unrechtes von uns verlangt wird oder daß uns verwehrt wird, das nach Gottes

Willen Rechte zu tun, haben wir in eigener Verantwortung zu tun, was vor Gott recht ist, und haben darin Gott mehr als den Menschen zu gehorchen (Apg. 5,29). Jeder steht und fällt seinem Herrn. Jeder muß vor Christi Richterstuhl offenbar werden (2. Kor. 5,10). Wir können uns nicht von den Vorgesetzten die Verantwortung vor Gott abnehmen lassen. Gott wird die von uns fordern, die wir zu Unrecht töteten, und furchtbar ist die Drohung, die gegen den Mörder ausgesprochen wird (Offb. 21,8; 22,15).

20. Alle Angefochtenen sollen hören, was die Schrift sagt: »Selig ist der Mann, der die Anfechtung erduldet, denn nachdem er bewähret ist, wird er die Krone des Lebens empfangen« (Jak. 1,12). Die Angefochtenen sollen die Schrift befragen, seelsorgerliche Aussprache suchen und sollen die Gemeinde bitten, daß diese für sie Fürbitte tue. Die aber gesündigt haben, sollen es beichten und im Sakrament des Heiligen Abendmahls der Vergebung der Sünden in aufrichtiger Buße sich getrösten. So wird Gottes Heiliger Geist stark in ihnen werden und wird sie zum Gehorsam und tapferen Zeugnis treiben, auch unter Leiden. Die aber leiden, sollen ihre Seelen Gott befehlen (1. Petr. 4,19) und sollen wissen: »Wenn Du mein Herz tröstest, so laufe ich den Weg Deiner Gebote« (Psalm 119,32).

21. Wenn die Kirche Jesu Christi zu solchem Gehorsam gegen das von Christus ausgelegte Gebot ruft, weiß sie, daß in dieser gefallenen Welt die Vernunft den Gehorsam gegen Christi Gebot für ein unmögliches und aussichtsloses Wagnis halten muß. Indem aber die Kirche die Zehn Gebote predigt, ruft sie zugleich die Obrigkeit und alle Menschen zum Glauben an den lebendigen Gott, der in Christus das Unmögliche möglich gemacht hat (Röm. 8,3–4). Sie ruft damit die Christen auf, in solchem Gehorsam die ihnen verheißenen Kräfte der zukünftigen Welt zu ergreifen. Jesus spricht: »Wahrlich, wahrlich ich sage euch: Wer an mich glaubt, der wird die Werke auch tun, die ich tue, und wird größere als diese tun; denn ich gehe zum Vater« (Joh. 14,12).

Wort der 12. Bekenntnissynode der Evangelischen Kirche der altpreußischen Union an die Gemeinden zum Buß- und Bettag 1943[9]

Durch unser Volk und selbst durch unsere evangelischen Gemeinden und christlichen Familien geht eine große, ständig wachsende Unsicherheit darüber, ob die heiligen Zehn Gebote Gottes noch gültig sind. Viele lassen sie nicht mehr in ihrem unerbittlichen Ernst gelten, nicht wenige verwerfen sie offen. Auch wird verschwiegen oder geleugnet, daß Gott mit der Achtung der Zehn Gebote unserem Volk Segen über Segen geschenkt, Zucht und ehrbares Leben gewirkt, die Gewissen geweckt und zur Verantwortung vor ihm gerufen hat.

Solche Verachtung Gottes und seiner heiligen Gebote in unserem Volk und in unserer Kirche ist eine große, erschreckend wachsende Not und Schuld. Denn die Heilige Schrift warnt: »Irret euch nicht, Gott läßt sich nicht spotten. Denn was der Mensch sät, das wird er ernten« (Gal. 6,7).

Wir dürfen Gottes Wort nicht verkehren, das Heilsame nicht unheilvoll, das allein Wahre nicht dumm und falsch nennen lassen. Wir dürfen nicht menschliche Gesetze und Ordnungen verherrlichen, als wären sie Gottes Werk. Die Kirche darf sich das Recht nicht nehmen lassen, Gottes heilige Gebote zu predigen. Nur wo sie die Übertretung der heiligen Gebote Gottes Sünde nennt, kann sie auch die Gnade Gottes und die Vergebung der Sünden, Heil und Seligkeit durch Christus verkündigen.

Denn Gott spricht: »Wehe denen, die Böses gut und Gutes böse heißen, die aus

---

9 Orig. V.

Finsternis Licht und aus Licht Finsternis machen, die aus sauer süß und aus süß sauer machen!« (Jesaja 5,20).

Darum: Wehe uns und unserem Volk, wenn wir, statt dem dreieinigen Gott die Ehre zu geben, menschliche Gedanken über Gott und Mächte dieser Welt zu selbstgewählten Göttern erheben. Denn Gott spricht: »Ich bin der Herr, dein Gott. Du sollst nicht andere Götter haben neben mir.«

Wehe uns und unserem Volk, wenn wir nicht mehr zu Gott beten oder das Beten gar als Kinderei verhöhnt wird, wenn der Name Gottes dazu mißbraucht wird, menschliche Gedanken zu verbrämen oder die Gemeinde des Herrn irre zu führen. Denn Gott spricht: »Du sollst den Namen des Herrn, deines Gottes, nicht unnützlich führen; denn der Herr wird den nicht ungestraft lassen, der seinen Namen mißbraucht.«

Wehe uns und unserem Volk, wenn die Heilige Schrift als Judenbuch verlästert, die Buße als unehrenhaft erklärt und die Vergebung der Sünden nicht gesucht wird, wenn die Gottesdienste gemieden, das heilige Predigtamt verachtet, wenn die Gläubigen gehindert werden, die Versammlung der Gemeinde zu suchen. Denn Gott spricht: »Du sollst den Feiertag heiligen.«

Wehe uns und unserem Volk, wenn die Kinder in Gegensatz zu den Eltern gebracht, die Autorität der Eltern geschmälert und ihre von Gott gesetzte Erziehung untergraben wird, wenn die Alten nicht geachtet werden. Denn Gott spricht: »Du sollst deinen Vater und deine Mutter ehren, auf daß dir's wohl gehe und du lange lebest auf Erden.«

Wehe uns und unserem Volk, wenn das von Gott gegebene Leben für gering geachtet und der Mensch, nach dem Ebenbilde Gottes erschaffen, nur nach seinem Nutzen bewertet wird; wenn es für berechtigt gilt, Menschen zu töten, weil sie für lebensunwert gelten oder einer anderen Rasse angehören, wenn Haß und Unbarmherzigkeit sich breit machen. Denn Gott spricht: »Du sollst nicht töten.«

Wehe uns und unserem Volk, wenn die Ehe, die von Gott gestiftet und von Christus für untrennbar erklärt ist, aus menschlicher Willkür geschieden wird und wenn Gottes Wort »Seid fruchtbar und mehret euch« von der heiligen Ordnung der Ehe getrennt und Zucht und Keuschheit für Muckerei erklärt werden. Denn Gott spricht: »Du sollst nicht ehebrechen.«

Wehe uns und unserem Volk, wenn nach fremdem Eigentum gegriffen wird, wenn heidnische Furcht und Sorge »Was werden wir essen? Was werden wir trinken? Womit werden wir uns kleiden?« die Menschen erfüllt. Denn Gott spricht: »Du sollst nicht stehlen.«

Wehe uns und unserem Volk, wenn die Ehre des Menschen und sein guter Ruf verletzt werden und wenn menschlichen Zwecken auch Unwahrhaftigkeit und Betrug dienen dürfen. Denn Gott spricht: »Du sollst nicht falsch Zeugnis reden wider deinen Nächsten.«

Wehe uns und unserem Volk, wenn Besitzgier und Genußsucht die Herzen bestimmt. Denn Gott spricht: »Du sollst nicht begehren deines Nächsten Haus. Du sollst nicht begehren deines Nächsten Weib, Knecht, Magd, Vieh oder alles, was sein ist.«

Gott warnt alle Menschen und vor allem uns Christen vor solch verderblicher Mißachtung und Verkehrung seiner heiligen Gebote. Er spricht: »Ich, der Herr, dein Gott, bin ein eifriger Gott, der über die, so mich hassen, die Sünde der Väter heimsucht an den Kindern bis ins dritte und vierte Glied.« Wir wollen uns auch an seine Verheißung erinnern lassen, wenn er spricht: »Aber denen, die mich lieben und meine Gebote halten, tue ich wohl bis ins tausendste Glied.«

Laßt uns bußfertig bekennen: Wir Christen sind mitschuldig an der Mißachtung und Verkehrung der heiligen Gebote. Wir haben oft geschwiegen, wir sind zu wenig, zu zaghaft oder gar nicht dafür eingetreten, daß die heiligen Gebote Gottes unbedingt gelten. Wir haben Gottes Drohung nicht ernst genommen. Wir haben aber auch für uns und unser Volk seine Verheißung nicht ernst genommen. Wie drohend ist für uns Gottes Wort über Esau: »Wisset aber, daß er hernach, da er den Segen ererben wollte, verworfen ward; denn er fand keinen Raum zur Buße, wiewohl er sie mit Tränen suchte!« (Hebr. 12,17).

Darum wollen wir Gott um Vergebung bitten für alle unsere Mitschuld und nicht ablassen, Gottes heilige Gebote willig zu hören, ihnen zu gehorchen, sie unsere Jugend freudig zu lehren und sie öffentlich zu bezeugen.

»Gott dräuet zu strafen alle, die diese Gebote übertreten. Darum sollen wir uns fürchten vor seinem Zorn und nicht wider solche Gebote tun. Er verheißet aber Gnade und alles Gute allen, die solche Gebote halten. Darum sollen wir ihn auch lieben und vertrauen und gerne tun nach seinen Geboten.«

b) Die Stimme des Landesbischofs Wurm

Während in Norddeutschland der Kampf der Bekennenden Kirche wesentlich durch die Leitung der Bekennenden Kirche der altpreußischen Union geführt wurde, trat in Süddeutschland mehr und mehr der württembergische Landesbischof D. Wurm an die Öffentlichkeit. Er übernahm gleichsam die besondere Aufgabe, das Wort der Kirche gegenüber den öffentlichen Gewalten des Dritten Reiches zu sprechen. Daß dieses Wort in Deutschland bekannt wurde, dafür hatte die Bekennende Kirche zu sorgen. Im folgenden bringen wir einige der wichtigsten Schreiben und Kundgebungen des Landesbischofs D. Wurm, die seinerzeit in zahllosen Vervielfältigungen, ähnlich wie die Briefe des Bischofs von Münster, durch das deutsche Volk gingen.

Landesbischof Wurm an Reichsminister Frick
Stuttgart, 19. Juli 1940[10]

Sehr geehrter Herr Reichsminister!
Seit einigen Monaten werden auf Anordnung des Reichsverteidigungsrates geisteskranke, schwachsinnige oder epileptische Pfleglinge staatlicher und privater Heilanstalten in eine andere Anstalt verbracht. Die Angehörigen werden, auch wenn die Unterbringung der Pfleglinge auf eigene Kosten erfolgt war, erst nachträglich von der Überführung benachrichtigt. Meist erhalten sie wenige Wochen später die Mitteilung, daß der betreffende Pflegling einer Krankheit erlegen sei und daß aus seuchenpolizeilichen Gründen die Einäscherung hätte stattfinden müssen. Nach oberflächlichen Schätzungen dürften es schon mehrere hundert Anstaltspfleglinge allein aus Württemberg sein, die auf diese Weise den Tod gefunden haben, darunter auch Kriegsverletzte des Weltkrieges.

Durch zahlreiche Anfragen aus Stadt und Land und aus den verschiedenen Kreisen veranlaßt, halte ich es für meine Pflicht, die Reichsregierung darauf aufmerksam zu machen, daß in unserem kleinen Lande diese Sache großes Aufsehen erregt. Zunächst einmal deshalb, weil sich eine der in Betracht kommenden Anstalten, das Schloß Grafeneck, in welches die Pfleglinge eingeliefert werden und wo ein Krematorium und ein Standesamt errichtet worden ist, in Württemberg be-

---

10 Vervielfältigte Abschrift

findet. Grafeneck ist Eigentum einer Anstalt der Inneren Mission, der Samariterstiftung, die an verschiedenen Orten körperlich und geistig Behinderte seit vielen Jahren aufnimmt und verpflegt. Sie wurde bei Kriegsausbruch auf Weisung des Württembergischen Innenministeriums in das Kloster Reutte in Oberschwaben verlegt, Grafeneck wurde für die Aufnahme der aus anderen Anstalten herbeigeschafften Pfleglinge bestimmt. Das Schloß liegt auf einer Anhöhe der schwäbischen Alb inmitten eines spärlich bewohnten Waldgebietes. Um so aufmerksamer verfolgt die Bevölkerung der Umgegend die Vorgänge, die sich dort abspielen. Die Krankentransporte, die auf dem kleinen Bahnhof Marbach a.L. ausgeladen werden, die Autobusse mit undurchsichtigen Fenstern, die die Kranken von entfernteren Bahnhöfen oder unmittelbar von den Anstalten bringen, der aus dem Krematorium aufsteigende Rauch, der auch auf größere Entfernungen wahrgenommen werden kann – dies alles erregt die Gemüter um so mehr, als niemand Zutritt zu dem Schloß bekommt.

Der zweite Grund, warum gerade in Württemberg diese Dinge sehr schwer genommen werden, ist die Tatsache, daß Degenerationserscheinungen auch in geistig und sittlich hochstehenden Familien in unserem kleinen Lande nichts Seltenes sind. Darin machen sich teilweise die Folgen der mit der langen Abgeschlossenheit des Landes zusammenhängenden Verwandtschaftsheiraten bemerkbar. Es ist deshalb eine verhältnismäßig große Zahl auch von Familien aus der Bildungsschicht durch die Maßnahmen zur Lebensvernichtung, die gegen Anstaltspfleglinge ergriffen werden, berührt. In diesen Kreisen wird schon die Art des Vorgehens scharf kritisiert, insbesondere wird auch von dabei vorkommenden Unwahrhaftigkeiten gesprochen. Jedermann ist überzeugt, daß die amtlich angegebenen Todesursachen willkürlich gewählt sind. Wenn vollends in der Todesanzeige bedauert wird, daß alle Bemühungen, das Leben des Patienten zu erhalten, vergeblich gewesen seien, so wird dies als Hohn empfunden. Vor allem aber ist es die Geheimnistuerei, die den Gedanken nahelegt, daß etwas vor sich geht, was mit Recht und Moral im Widerspruch steht und deshalb nicht wie andere notwendige und scharfe Kriegsmaßnahmen von der Staatsführung in voller Öffentlichkeit gedeckt und vertreten werden kann.

In den zahlreichen uns zugehenden schriftlichen und mündlichen Äußerungen wird – auch von sehr einfachen Leuten – immer wieder auf diesen Punkt hingewiesen. Es scheint auch bei der Auswahl der für die Lebensvernichtung bestimmten Pfleglinge jedenfalls im Anfang sehr wenig sorgfältig verfahren worden zu sein. Man hat sich auch nicht auf Verblödete beschränkt, sondern, insbesondere bei Epileptischen, auch arbeitsfähige Personen herausgeholt.

Das Wichtigste scheint mir aber, daß die Reichsregierung die grundsätzlichen Einwendungen, die in unserem Volk vom menschlichen und religiösen Standpunkt aus erhoben werden, würdigt und die vorhandene Mißstimmung nicht als eine Mißachtung nationaler und politischer Notwendigkeiten ansieht. Ich bitte, mir deshalb zu gestatten, etwas eingehender das Problem der Lebensvernichtung zu behandeln. Ich war selbst früher im Nebenamt Seelsorger an einer staatlichen Heil- und Pflegeanstalt und bin deshalb nicht unbekannt mit den Verhältnissen und Problemen, um die es sich in diesem Zusammenhang handelt.

Selbstverständlich tritt jedem, der solche bedauernswerten Menschen vor sich hat, immer wieder der Gedanke nahe: »Wäre es nicht besser, einem solchen Dasein ein Ende zu machen? Es hat für sich selbst keinen Wert mehr und bedeutet eine schwere Belastung für die Angehörigen.« Als im Weltkriege die Folgen der Blockade sich geltend machten und viele Pfleglinge an Tuberkulose oder anderen durch die mangelhafte Ernährung begünstigten Krankheiten starben – die Zahl der von mir zu haltenden Beerdigungen betrug normal etwa 20, stieg aber 1917 auf 70 –, da hat es jedermann als eine natürliche Folge des Krieges und eine Schik-

kung Gottes hingenommen, und in vielen Fällen konnte man dankbar sein, daß das Ende gekommen war. Etwas ganz anderes aber ist es, Maßnahmen zu ergreifen, die dieses Ende durch menschliche Einwirkungen herbeiführen. In viel höherem Maß, als der Gesunde annimmt, sind sich viele Kranke ihres Daseins und ihrer Lage bewußt. Oft, wenn man glaubt, sie hätten Worte, die zu ihnen gesprochen wurden, nicht gehört oder verstanden, stellt sich nachträglich heraus, daß dies doch der Fall war und daß sie nur nicht in der Lage waren, so zu reagieren, wie der Gesunde reagiert hätte. Dafür, ob sie liebevoll oder rauh vom Arzt oder Pfleger angefaßt werden, haben viele ein deutliches Gefühl. Man denke sich nun hinein in die Seelenverfassung eines Kranken, der aus allerlei Anzeichen den Schluß zieht, daß etwas mit ihm geschehen soll, gegen den sogar Gewalt angewendet wird, damit er bei dem Transport mitkommt – und man wird zu der Überzeugung kommen, daß dieses nicht angehe, weil damit in Gottes Willen eingegriffen und die Menschenwürde verletzt wird. Die Entscheidung darüber, wann dem Leben eines leidenden Menschen ein Ende gesetzt wird, steht dem allmächtigen Gott zu, nach dessen unerforschlichem Ratschluß das eine Mal ein völlig gesunder und wertvoller Mensch vor der Zeit hingerafft wird, das andere Mal ein lebensuntüchtiger jahrzehntelang dahinsiecht. Ich kann gut verstehen, daß viele Menschen angesichts dieser und vieler anderer nicht mit der Vernunft zu erklärenden Tatsachen den Glauben an Gott verwerfen und statt seiner ein blindes Schicksal annehmen. Aber das kann ich nicht verstehen, daß von der Seite, die ausdrücklich den Atheismus verwirft und für die außerhalb des Christentums Stehenden die Bezeichnung gottgläubig gewählt und eingeführt hat, eine Mißachtung des göttlichen Majestätsrechts gebilligt und durchgeführt wird, wie sie in dem Vorgehen gegen die Pfleglinge der Anstalten vorliegt. Soeben erst hat der Führer zum Gebet für die kämpfenden Truppen und zum demütigen Dank für den herrlichen Sieg über Frankreich aufgefordert. Dürfen wir diesem Gott nicht auch das Leben unserer leidenden Volksgenossen anempfehlen, und ist es nicht sein Wille, daß wir, solange er sie am Leben läßt, uns ihrer auch annehmen?
Damit komme ich zum zweiten Anstoß, den das Empfinden unseres Volkes an den besprochenen Maßnahmen nimmt. Schon die vorchristliche Antike stellte den Grundsatz auf: res sacra miser, eine heilige Sache ist der Unglückliche. Das Christentum hat es sich von jeher zur Aufgabe gemacht, im Blick auf den, von dem es heißt: Er trug unsere Krankheit und lud auf sich unsere Schmerzen, der Kranken und Elenden sich anzunehmen. Gegenüber der Roheit eines primitiven Heidentums wurde der Mensch als Mensch und nicht als Tier behandelt. Die Fortschritte der Heilkunst wurden in den Anstalten der christlichen Liebestätigkeit auch für die geistig Erkrankten nutzbar gemacht. Wesentliche Fortschritte sind gerade auch von Spezialärzten in Anstalten der Inneren Mission wie von staatlichen Anstalten ausgegangen. Ich habe oft die Gewissenhaftigkeit und Geduld der Anstaltspsychiater bewundert, die ja gegenüber anderen Ärzten einen viel geringeren Prozentsatz als Heilerfolge aufzuweisen haben und doch jeglichen Pflegling als ein ihnen anvertrautes Gut behandeln. Wie schwer muß es diesen Männern werden, entgegen der ganzen Tradition ihres Standes Maßnahmen geschehen zu lassen und zu vertreten, die auf das Gegenteil der menschenfreundlichen Einstellung hinauslaufen, die neben der wissenschaftlichen Akribie die Ehre und Würde des Ärztestandes bildet.
Aber vielleicht erwidert man mir: Die Hunderttausende körperlich und geistig Behinderten sind in volkswirtschaftlicher und finanzieller Hinsicht für das deutsche Volk, das jetzt so große Aufgaben übernommen hat, eine zu große Belastung. Die Angehörigen müssen dieses Opfer bringen, so gut wie die Familien der Gefallenen noch viel schwerere Opfer gebracht haben. Darauf ist zu entgegnen: Daß ein Volk für seine Existenz kämpft und daß keiner zu gut ist, in diesem Existenzkampf sein

Leben einzusetzen, das dürfen wir als Gottes Willen und Gebot ansehen. Daß aber das Leben Schwacher und Wehrloser vernichtet wird, nicht weil sie eine Gefahr für uns sind, sondern weil wir des überdrüssig sind, sie zu ernähren und zu pflegen – das ist gegen Gottes Gebot. Wir loben doch auch unsere Soldaten, daß sie sich, wenn sie ihre Pflicht dem bewaffneten Feind gegenüber getan haben, der Unbewaffneten, vor allem der Frauen, Kinder, Verwundeten, Kranken, barmherzig annehmen und nicht an die Last denken, die sie damit sich und dem Volk auferlegen. Es könnte sich ja auch der Gedankengang geltend machen: Wir haben keinen Grund, ein feindliches Volk, das uns so viel Böses getan hat wie die Franzosen, zu schonen. Aber dieser Gedankengang wäre eines Clémenceau würdig, nicht eines Deutschen.

Es ist gewiß ein großer Schmerz für Eltern, wenn unter ihren Kindern ein nicht vollsinniges ist. Aber sie werden, solange Gott dieses Kind am Leben läßt, es ihre ganze Liebe spüren lassen. Eine gegenteilige Handlungsweise, die natürlich auch vorkommt, wird durch das Volksempfinden verurteilt. Warum? Weil unser Volk in all diesen Fragen durch die christliche Denkweise bestimmt wird. Und da die Partei ausdrücklich auf dem Boden eines »positiven Christentums« steht und unter diesem »positiven Christentum« wiederum ausdrücklich und vor allem die ethische Haltung des Christen, besonders auch die Nächstenliebe, verstanden wissen will, so könnte sie eigentlich die Maßnahme zur Lebensvernichtung nicht billigen. Wir verstehen deshalb gut, daß die Kreise der Partei, deren Stimme hauptsächlich im »Schwarzen Korps« zu hören ist, nicht bloß mit dem kirchlichen Christentum aufräumen wollen, weil es eine Hemmung gegenüber solchen Maßnahmen bedeutet. Sie bestätigen damit also die oft gemachte Erfahrung, daß der Bruch mit dem christlichen Glaubensinhalt auch den Bruch mit der christlichen Ethik nach sich zieht. Aber immerhin – bis heute steht der Führer und die Partei auf dem Boden des positiven Christentums, das die Barmherzigkeit gegen leidende Volksgenossen und ihre menschenwürdige Behandlung als eine Selbstverständlichkeit betrachtet. Wird nun aber eine so ernste Sache wie die Fürsorge für Hunderttausende leidender und pflegebedürftiger Volksgenossen lediglich vom Gesichtspunkt des augenblicklichen Nutzens aus behandelt und im Sinne einer brutalen Ausrottung dieser Volksgenossen entschieden, dann ist damit der Schlußstrich unter eine verhängnisvolle Entwicklung gezogen und dem Christentum als einer das Individuelle und das Gemeinschaftsleben des deutschen Volkes bestimmenden Lebensmacht endgültig der Abschied gegeben. Damit ist aber auch § 24 des Parteiprogramms hinfällig geworden. Die Berufung darauf, daß nur das konfessionelle Christentum, nicht aber das Christentum als solches bekämpft werde, verfängt hier nicht. Denn alle Konfessionen sind darin einig, daß der Mensch oder das Volk die ihm durch das Vorhandensein pflegebedürftiger Menschen auferlegte Last als von Gott auferlegt zu tragen hat und nicht durch Tötung dieser Menschen beseitigen darf.

Ich kann nur mit Grausen daran denken, daß so, wie begonnen wurde, fortgefahren wird. Der etwaige Nutzen dieser Maßregeln wird je länger je mehr aufgewogen werden durch den Schaden, den sie stiften werden. Wenn die Jugend sieht, daß dem Staat das Leben nicht mehr heilig ist, welche Folgerungen wird sie daraus für das Privatleben ziehen? Kann nicht jedes Roheitsverbrechen damit begründet werden, daß für den Betreffenden die Beseitigung eines anderen von Nutzen war? Auf dieser schiefen Ebene gibt es kein Halten mehr. Gott läßt sich nicht spotten. Er kann das, was wir auf der einen Seite als Vorteil begonnen zu haben glauben, auf der anderen Seite zum Schaden und Fluch werden lassen. Entweder erkennt auch der NS-Staat die Grenzen an, die ihm von Gott gesetzt sind, oder er begünstigt einen Sittenverfall, der auch den Verfall des Staates nach sich ziehen müßte.

Ich kann mir denken, Herr Minister, daß dieser Einspruch als unbequem empfun-

den wird. Ich wage auch kaum die Hoffnung auszusprechen, daß meine Stimme gehört werden wird. Wenn ich trotzdem diese Darlegungen gemacht habe, so tat ich es in erster Linie deshalb, weil die Angehörigen der betroffenen Volksgenossen von der Leitung einer Kirche einen solchen Schritt erwarten. Sodann bewegt mich allerdings auch der Gedanke, daß dieser Schritt vielleicht doch zu einer ernsten Nachprüfung und zum Verlassen dieses Weges Anlaß geben könnte.
Dixi et salvavi animam meam.
Heil Hitler *Wurm*

Landesbischof Wurm an Reichsstatthalter Murr
Stuttgart, 25. März 1942[11]

Wie den amtlichen Mitteilungen der Presse zu entnehmen ist, war in diesem Jahr zum erstenmal der Tag der Verpflichtung der Jugend in besonders feierlicher Weise zu begehen. Es ist unverkennbar, daß für die Vorbereitung und Gestaltung dieser Feier die Formen der kirchlichen Konfirmation weithin maßgebend geworden sind.
Selbstverständlich wird dem Staat und der Partei das Recht, die Verpflichtung der Jugend so feierlich wie möglich zu gestalten, von kirchlicher Seite in keiner Weise bestritten. Nach dem Grundsatz: »Gebet dem Kaiser, was des Kaisers ist, und Gott, was Gottes ist«, erkennt die Evangelische Kirche das Recht des Staates, den jugendlichen Volksgenossen ein Gelöbnis der Treue zu Volk und Führer abzunehmen, unumwunden an.
Es ist nun aber leider aus einer uns bekannt gewordenen Anordnung der Parteikanzlei vom 3. Jan. d.Js. und aus zahlreichen Äußerungen in Kreisen der Partei zu schließen, daß die Absicht besteht, die kirchliche Konfirmation durch die neue Gestaltung der Jugendverpflichtung zu ersetzen und zu verdrängen. Es sind Anweisungen gegeben worden, eine »Umgewöhnung der Elternschaft und der Jugend« in die Wege zu leiten, und es besteht die Möglichkeit, daß eines Tages ein Verbot der Konfirmation ausgesprochen wird, da der Partei »das alleinige Recht auf Menschen- und Seelenführung und auf Veranstaltung einer Feier für die Vierzehnjährigen« zustehe.
Ein solches Verbot würde einen Eingriff in Lehre und Kultus der Evangelischen Kirche bedeuten, der allen Zusicherungen der Glaubens- und Gewissensfreiheit aufs schärfste widersprechen würde. Die Konfirmation, in Württemberg seit 1722 eingeführt, bildet einen festen Bestandteil der evangelischen Gottesdienstordnung. Sie steht zwischen den beiden Sakramenten der Taufe und des Abendmahls. Auf die Taufe weist sie zurück, weil sie dem Getauften zum Bewußtsein bringt, was ihm durch die im frühesten Kindesalter vollzogene Taufe geschenkt wurde. Auf das Abendmahl bereitet sie vor, weil der ihr vorangegangene Unterricht die Voraussetzung für die Teilnahme an dieser höchsten Feier der Christenheit geschaffen hat. Die Konfirmation darf also nicht als eine den staatlichen Bemühungen um die Jugend parallele Einrichtung gewertet werden; sie ist nicht bloß Jugendfeier, sondern vor allem Gemeindefeier, Abschluß der im Auftrag der Kirche erteilten Unterweisung und Aufnahme in die volle kirchliche Gemeinschaft.
Eben deshalb ist es meine Pflicht als Landesbischof, die Gemeinden auf die der Konfirmation drohende Gefahr hinzuweisen und sie aufzufordern, sich dieses unentbehrliche Stück evangelischer Gottesdienst- und Lebensordnung nicht nehmen zu lassen. Ich werde auch die Eltern bitten, ihre Kinder auch künftig zum Konfirmandenunterricht anzumelden und nach Beendigung dieses Unterrichts

---

11 Vervielfältigte Abschrift

konfirmieren zu lassen. Diese Bitte wird nicht vergeblich sein; denn wer selbst im Evangelium von Jesus Christus die Quelle der Wahrheit und den Halt für Leben und Sterben gefunden hat, möchte auch seinen Kindern die Unterweisung im christlichen Glauben und die Aufnahme in die volle kirchliche Gemeinschaft nicht entziehen.

In einem offiziellen Plakat, das im Osten angeschlagen ist, wird der russischen Bevölkerung in russischer und deutscher Sprache mitgeteilt, daß Adolf Hitler und das deutsche Heer ihr die Freiheit des christlichen Bekenntnisses, die ihr durch Stalin geraubt wurde, wieder zurückbringe. »Eure Kirchen sind wieder geöffnet, eure Kinder werden wieder getauft, eure Ehen gesegnet. Hinweg mit einem System, das eure Kirchen geschändet hat!« Es müßte eine verheerende Wirkung auf die Stimmung der christlichen Bevölkerung in Deutschland ausüben, wenn gleichzeitig ein solcher Eingriff in die Glaubens- und Gewissensfreiheit und in das innerkirchliche Leben erfolgen würde, wie ihn ein Verbot der Konfirmation darstellen würde.

Wurm

Landesbischof Wurm an Reichsminister Goebbels
Stuttgart, 1. April 1942[12]

»Offene Aussprache«
Offenes Wort an den Herrn Reichsminister Dr. Goebbels

Gestatten Sie, Herr Reichsminister, daß ich unter der Überschrift, die Sie für Ihren Artikel in der neuesten Nummer des »Reich« gewählt haben, Sie selbst anrede. Sie werden sich vielleicht erinnern, daß ich schon einmal, am 8. November vorigen Jahres, unter dem Eindruck eines ernsten Artikels, den Sie im »Reich« erscheinen ließen, versucht habe, die Anliegen der christlichen Deutschen zu Gehör zu bringen, und daß ich auch in einem Schreiben vom 8. Januar in dieser Sache vorstellig geworden bin. Ich würde mich nicht zum drittenmal an Sie wenden, wenn ich nicht inzwischen von weitesten kirchlichen Kreisen gebeten worden wäre, bei gegebenem Anlaß der Wortführer der Evangelischen Kirche dem Staat gegenüber zu sein. Ein solcher Anlaß ist durch Ihren Artikel mit der Überschrift »Offene Aussprache« gegeben.

Schon diese Überschrift muß alle die, denen das Wohl und die Zukunft unseres Volkes am Herzen liegt, sympathisch berühren. Denn alle Beschönigungen einer ernsten Lage können nur schaden, weil sie, wenn sie durch den Gang der Dinge widerlegt werden, das Vertrauen zu den maßgebenden Stellen untergraben. Das ist wohl nicht immer vermieden worden. Und wenn von Vorgängen auf kirchl. Gebiet offen geredet wurde, wie ich es z.B. durch eine Rede im württembergischen Landeskirchentag getan habe, dann bekam man wegen der möglichen oder tatsächlichen Ausnützung durch das feindliche Ausland sofort den Vorwurf des Landesverrats zu hören. Ich habe mich kürzlich in einem Schreiben an den württembergischen Herrn Reichsstatthalter auf ein Wort des Führers in seinem Kampfbuch berufen, wo es S. 399 heißt:

»Ein Mensch, der eine Sache weiß, eine gegebene Gefahr kennt, die Möglichkeit einer Abhilfe mit seinen Augen sieht, hat die verdammte Pflicht und Schuldigkeit, nicht im ›Stillen‹ zu arbeiten, sondern vor aller Öffentlichkeit gegen das Übel auf- und für seine Heilung einzutreten. Tut er das nicht, dann ist er ein pflichtver-

---

12 Vervielfältigte Abschrift

gessener elender Schwächling, der entweder aus Feigheit versagt oder aus Faulheit und Unvermögen.«

Man kann sich nur freuen, wenn ein Reichsminister sich durch die Möglichkeit, daß seine Darlegungen von der feindlichen Propaganda intensiv ausgenützt werden, nicht abhalten läßt, die Dinge so beim Namen zu nennen, wie dies in dem erwähnten Artikel geschehen ist.

Die Bitte, die ich vortragen möchte, ist die: es möchte das, was Sie zur Erhaltung der Widerstandskraft des deutschen Volkes unter den erschwerten Umständen der Lebensmittelknappheit fordern, nämlich gerechte Verteilung der Lasten und Rücksicht auf die Geduld und Anständigkeit unseres Volkes, auch den christlich und kirchlich gesinnten deutschen Volksgenossen gewährt werden.

Was die Verteilung der Lasten betrifft, so erinnere ich daran, daß die Einschränkungen des Papierverbrauchs ganz einseitig die kirchliche Bevölkerung getroffen haben. Jedermann kann eine oder mehrere politische Zeitungen halten; eine kirchliche Gemeindepresse aber gibt es nicht mehr. Die vielen Gemeindeglieder, die durch Alter, Krankheit oder Abgelegenheit ihres Wohnsitzes vom Besuch der Gottesdienste und der Pflege kirchlicher Gemeinschaft ferngehalten sind, hatten früher einen Ersatz in einem kirchlichen Blatt, das ihnen durch Auslegung der Heiligen Schrift und durch Nachrichten aus dem kirchlichen Leben Anregung und Stärkung brachte. Die Maßnahmen der Reichsschrifttumskammer haben ihnen diesen Ersatz genommen. Unsere Bitte, den größeren Landeskirchen ein Blatt zu lassen, ist überhaupt nicht beantwortet worden. Und das mitten im Kriege, wo die Menschen für seelische Stärkung ganz besonders empfänglich sind!

Aber nicht bloß die kirchliche Gemeindepresse ist völlig unterdrückt worden, auch die ganze christliche Literatur ist schweren Hemmungen unterworfen; selbst der Druck der Bibel und der Gesangbücher ist unmöglich gemacht. Dagegen kann antichristliche Literatur in großen Massen auf den Markt geworfen und an die Front geschickt werden. Der große christliche Volksteil fügt sich gerne jeder sachlich notwendigen Einschränkung; aber er verlangt Gerechtigkeit in der Verteilung der Lasten, die Sie, Herr Minister, in Ihrem Artikel fordern und die wir in Ihrem eigenen Ressort in bedauerlichem Umfang vermissen.

Das Zweite, worauf Sie angesichts der heutigen ernsten Lage mit Recht großen Wert legen, ist die Rücksicht auf die Geduld und Anständigkeit unseres Volkes, die nicht mißbraucht werden dürfe. Was während dieses Krieges gegenüber der christlichen Bevölkerung geschehen ist, ist aber nichts anderes als ein fortgesetzter Mißbrauch ihrer Gutmütigkeit. Eine Gewaltmaßnahme gegen kirchliches Eigentum, gegen kirchliche Bildungs-, Erziehungs- und Pflegeanstalten löst die andere ab. Alle Berufungen auf das geltende Recht, sogar wenn es sich um öffentlich-rechtliche Vereinbarungen handelt, werden mißachtet, und es gibt keine Stelle im Staat, die den Notschrei der Unterdrückten hört! Seit Ende Dezember liegt eine Eingabe evangelischer Kirchenführer und des katholischen Episkopats beim Führer; in derselben Sache habe ich noch zwei Schreiben, das eine an den Chef der Reichskanzlei, das andere an den Führer selbst gerichtet – eine Antwort ist mir bis jetzt nicht zugegangen. Inzwischen geht die kirchenfeindliche Agitation der Partei ungehindert fort. Dem russischen Volk wird verkündet, daß ihm Adolf Hitler und das deutsche Heer die christliche Glaubensfreiheit zurückgebracht habe. »Eure Kinder werden wieder getauft, eure Ehen gesegnet! Hinweg mit dem System, das die Kirchen geschändet hat«, heißt es wörtlich auf einem Plakat. Bei uns wird die Bevölkerung dahin bearbeitet, daß sie keine kirchlichen Handlungen mehr vollziehen lassen solle, und der kirchlichen Konfirmation ist schon recht deutlich das Ende angedroht. Ist eine solche Zwiespältigkeit tragbar? Ist der Sieg einer antichristlichen Weltanschauung wichtiger als der Sieg des deutschen Volkes? Ist der heutige Staat ein konfessioneller Staat, der wie die katholischen Staaten der Ge-

genreformation eine einheitliche Konfession aller Untertanen erzwingen will, oder ist er, was er doch sein soll und sein will, ein völkisch-politischer Staat, der sich nicht in Glaubensfragen mischt und jeden nach seiner Fasson selig werden läßt? Das muß man heute allen Ernstes fragen.
Jawohl, »geduldig und brav« nimmt das deutsche Volk alles auf sich, was von ihm gefordert wird. Es wird sich leider an dem, was ihm an wirtschaftlichen Nöten und an schmerzlichsten persönlichen Opfern zugemutet wird, jetzt und auf längere Zeit nichts ändern lassen. Was aber jeden Augenblick geändert werden könnte, ist die unsinnige Weltanschauungshetze gegen den christlichen Glauben, die Mundtotmachung der Kirche, die Gewissensbedrängung vieler Christen, besonders derer, die die Zugehörigkeit zur Partei mit der tätigen Mitgliedschaft in der Kirche vereinigen zu können glaubten auf Grund der Einstellung des Nationalsozialismus zum Christentum, wie sie im Parteiprogramm und in den Erklärungen bei der Machtübernahme festgelegt war. Daß ein Krieg, bei dem es so um das Ganze geht, wie im jetzigen, dazu benützt wird, um ein kämpfendes Volk in religiöser Hinsicht zu spalten und zu bedrücken – das ist in der ganzen Geschichte noch nicht dagewesen, das ist, um einen heute gern gebrauchten Ausdruck zu gebrauchen, »einmalig«. Ich bitte dringend, daß auch der christliche Volksteil, dem die überwiegende Mehrheit der Deutschen angehört, etwas zu verspüren bekommt von der Verbundenheit der Regierung mit dem deutschen Volk, deren Sie uns so nachdrücklich versichern.

D. Wurm

Landesbischof Wurm an Reichsstatthalter Murr
Stuttgart, 8. Februar 1943[13]

Aus einer Sitzung des Kirchengemeinderats einer größeren Stadt wird mir mitgeteilt, daß dort der Wunsch nach einem Wort des Landesbischofs an die Gemeinden laut geworden sei. Es wurde dabei geäußert: Wir sind durchaus bereit dazu, daß die letzten Reserven aus unserm Volk herausgeholt werden; aber unser Volk soll wissen, daß die allerletzte Reserve unser Christenglaube ist, und sie fängt gerade dann an, wenn andere Reserven erschöpft sind.
Ich halte es für meine Pflicht mitzuteilen, daß auch sonst in Stadt und Land eine sehr ernste Stimmung herrscht, die angesichts der großen Enttäuschungen und der furchtbaren Verluste, besonders aber unter dem Eindruck der Tragödie von Stalingrad wohl begreiflich ist. Ich kann mir nur *ein* Mittel denken, um unserem schwer getroffenen und niedergeschlagenen Volk einen neuen Auftrieb zu geben, nämlich die Erklärung, daß die Partei in kulturpolitischer Hinsicht einen anderen Kurs einschlagen, die Agitation gegen Christentum und Kirche einstellen und offenbar rechtswidrige Maßnahmen zurücknehmen werde. Auch mit all den Maßnahmen, durch die Menschen anderer Völker oder Rassen ohne Urteilsspruch eines zivilen oder militärischen Gerichts lediglich wegen ihrer Volks- und Rassenzugehörigkeit zu Tode gebracht werden, müßte Schluß gemacht werden. Solche Maßnahmen sind in steigendem Maße durch Urlauber bekannt geworden und bedrücken alle christlichen Volksgenossen, weil sie dem Gebot Gottes genau so wie die Maßnahmen zur Beseitigung der Geisteskranken direkt widersprechen und sich an unserm Volk furchtbar rächen könnten.
Wir sind in ein Stadium des Krieges eingetreten, in dem nur ganz große und markante Maßnahmen die Lage wiederherstellen können. Es genügt nicht, immer nur

13 Vervielfältigte Abschrift

zu *neuen Opfern* aufzurufen. Unser Volk bedarf gleichzeitig einer inneren *Entlastung*, und dazu würde eine mutige und hochherzige Erklärung in dem erwähnten Sinne wesentlich beitragen. Ich bitte den Herrn Reichsstatthalter, in dieser Richtung bei der Staats- und Parteiführung im Reiche vorstellig zu werden.

D. Wurm

Landesbischof Wurm an Reichsminister Kerrl
Stuttgart, 12. März 1943[14]

Die gegen die Juden ergriffenen Maßnahmen, besonders soweit sie außerhalb der geltenden Gesetze vor sich gehen, bedrücken schon längst viele Kreise in unserm Volk, besonders die christlichen. Bei dem gegenwärtigen schweren Erleben erhebt sich unwillkürlich in vielen Gemütern die Frage, ob unser Volk nicht eine Schuld auf sich geladen hat dadurch, daß Menschen ohne den Spruch eines zivilen oder militärischen Gerichts ihrer Heimat, ihres Berufs, ihres Lebens beraubt worden sind.

Die christlichen Kirchen haben sich im Blick auf die Möglichkeit einer politischen Ausnutzung eines öffentlichen Protestes durch das feindliche Ausland in dieser Hinsicht große Zurückhaltung auferlegt. Sie können aber unmöglich dazu schweigen, daß neuerdings auch die in Mischehen mit christlichen Deutschen lebenden, teilweise selbst einer christlichen Kirche angehörenden Juden aus Haus und Beruf herausgerissen und in den Osten abtransportiert werden. Damit werden Ehen, die durch kirchliche Trauung geschlossen sind, getrennt und die Kinder aus diesen Ehen schwer geschädigt.

Nun höre ich zu meiner großen Freude, daß die in Mischehen lebenden Juden und die aus diesen Ehen hervorgegangenen Kinder neuerdings in Berlin eine freundlichere Behandlung erfahren. Es sei ihnen am 6. 3. durch einen Beamten der Gestapo eröffnet worden, daß sie in die Volksgemeinschaft eingegliedert werden sollen und daß den Mischlingskindern die Möglichkeit der Ehe mit Ariern gegeben werden solle. Es seien Entlassungen von den in Mischehen lebenden Juden vollzogen worden und es seien auch in bezug auf ihre Lebensmittelversorgung Anordnungen ergangen. Meine Bitte geht nun in erster Linie dahin, daß solche Erleichterungen im ganzen Reich durchgeführt werden und eine gesetzliche Grundlage erhalten, so daß eine willkürliche und ungleiche Behandlung künftig ausgeschlossen ist.

In zweiter Linie möchte ich befürworten, daß aus dieser grundsätzlichen Änderung in der Bewertung der Mischlinge Folgerungen auch in bezug auf die Taufe von Angehörigen dieser Kategorien gezogen werden, so daß einem Geistlichen, der nach gewissenhafter Erwägung und Vorbereitung die Aufnahme eines Juden oder jüdischen Mischlings in die christliche Kirche für seine Pflicht hält, keinerlei Nachteile erwachsen.

Endlich wäre es eine Erleichterung für den Dienst der Kirche an den Mischlingen, wenn alle Mischlinge vom Tragen des Sterns befreit würden, so daß ihre Beteiligung an der kirchlichen Unterweisung und der Konfirmation auf keine Schwierigkeiten mehr stoßen würde.

Ich habe im Jahr 1938 aus Anlaß eines mit dem Synagogenbrand zusammenhängenden Falls verschiedene staatliche Stellen auf die verhängnisvolle außenpolitische Auswirkung aller der Menschlichkeit und Gerechtigkeit widersprechenden Maßnahmen aufmerksam gemacht. Der außerordentlich starke Anteil, den das

---

14 Vervielfältigte Abschrift. Das im letzten Abschnitt erwähnte beiliegende Schreiben ist der Brief von Wurm an Murr vom 8. 2. 1943; s.o. S. 274.

Judentum im Ausland an der Kriegsausweitung und Kriegsführung der Feindmächte hat, bestätigt diese Warnungen vollauf.
Wie aus dem beiliegenden Schreiben hervorgeht, habe ich um einer seelischen Entlastung unseres Volkes willen und zur Stärkung des Vertrauens den württembergischen Herrn Reichsstatthalter gebeten, für eine Änderung des kulturpolitischen Kurses, auch in der Behandlung der Juden, sich einzusetzen. Eine Antwort oder Empfangsbescheinigung ist mir nicht zugegangen. Um so mehr hoffe ich, daß der Herr Minister für die kirchlichen Angelegenheiten sich meinen Anliegen, die keineswegs nur kirchliche Bedürfnisse, sondern das Volksganze im Auge haben, nicht verschließen und bei den zuständigen Stellen für ihre Berücksichtigung eintreten wird.

D. *Wurm*

Landesbischof Wurm an Reichsminister Lammers
Stuttgart, 5. März 1943[15]

Sehr verehrter Herr Reichsminister!

Die durch die außerordentliche Lage veranlaßten Maßnahmen in bezug auf Stillegung und Schließung von Betrieben werden auch die *christlichen Verlage* und Buchhandlungen empfindlich treffen. Wenn dabei gerecht und unparteiisch verfahren wird, so daß diese Betriebe in demselben Maße betroffen werden wie die religiös-neutralen, so werden wir das als eine unter den heutigen Umständen unvermeidliche Kriegsmaßnahme hinnehmen.
Wir haben jedoch im Jahre 1941, als wegen Einschränkung des Papierverbrauchs ein großer Teil der periodischen Presse verschwinden mußte, die schmerzliche Erfahrung gemacht, daß die gesamte kirchliche Volks- und Gemeindepresse ihr Erscheinen einstellen mußte. Übrig geblieben sind nur einige theologische Fachblätter und die Amtsblätter der Kirchenbehörden, die weder der Nachrichtenübermittlung noch der geistigen Anregung und Erbauung der Kirchenglieder dienen, sondern lediglich Organe der kirchlichen Verwaltung sind. Die Reichsschrifttumskammer hat sich allen Hinweisen darauf, daß der Kirche die Möglichkeit der schriftlichen Wortverkündigung erhalten bleiben sollte, in einer Zeit, wo mehr als 50% der Geistlichen in der Wehrmacht dienen und infolgedessen eine Menge von Gemeinden ganz ungenügend versorgt sind, völlig verschlossen und nicht einmal die amtliche Vervielfältigung von Nachrichten über das kirchliche Leben und die kirchliche Arbeit für die Geistlichen gestattet. In allen kirchlichen Kreisen wird dieses Verhalten der Reichsschrifttumskammer als unsachlich und ungerecht empfunden. Auf einen offenen Brief an den Herrn Reichsminister für Volksaufklärung und Propaganda vom 1. 4. 42, worin ich auf diese Mißstände hingewiesen und unter Berufung auf einen Artikel des Herrn Ministers im »Reich« eine gerechtere Verteilung der Lasten befürwortet habe, ist keinerlei Antwort erfolgt.
In christlichen Verlegerkreisen befürchtet man, daß bei den nun bevorstehenden Maßnahmen nicht nur sämtliche christliche Verlags- und Buchhandelsunternehmungen stillgelegt, sondern sogar geschlossen werden, so daß dann überhaupt die Produktion christlicher Literatur in Deutschland unterbunden wäre. Solch pessimistische Auffassungen sind verständlich, wenn man weiß, daß vor Weihnachten der Buchhandel durch umfangreiche Papierbewilligungen zur Herausgabe neuer Bücher ermuntert wurde, daß aber kein christlicher Verlag an diesen Papierbewilligungen Anteil hatte. Wenn die Reichsschrifttumskammer den Grundsatz, daß in

15 Vervielfältigung

Deutschland jeder nach seiner Fasson selig werden dürfe, so auslegt, daß die christliche Fasson möglichst unterdrückt werden solle, so ist die Befürchtung nicht unbegründet, daß auch jetzt wieder nach denselben ungerechten Methoden verfahren wird. Deshalb bitte ich den Herrn Reichsminister dringend, auch im Interesse der Reichsverteidigung dafür besorgt zu sein, daß die Reichsschrifttumskammer bei ihren demnächst zu erwartenden Entscheidungen notwendige Kriegsmaßnahmen nicht noch einmal dazu benützt, um dem christlichen Schrifttum eine über das allgemeine Maß hinausgehende Schädigung zuzufügen. Wenn der Herr Reichsminister für Volksaufklärung und Propaganda soeben das Deutsche Volk zur Verteidigung des »ehrwürdigen« europäischen Kontinents und der »Güter des Abendlandes« aufgerufen hat, so sollte nicht vergessen werden, daß die Kulturwerte und die Gesittung des Abendlandes ganz wesentlich mit seiner Christianisierung zusammenhängen. Man kann doch nicht gleichzeitig geistige Werte, für die man nach außen kämpft, im Innern vernichten und dem Volk entziehen!
Als Landesbischof der Württembergischen Kirche habe ich besondere Pflicht, in dieser Sache vorstellig zu werden, weil Stuttgart nach Leipzig der wichtigste Platz des deutschen Buchhandels ist und weil das christliche Schrifttum auf schwäbischem Boden von jeher eine besondere Pflege und Verbreitung weit ins Ausland hinaus gefunden hat, besonders aber liegt es mir am Herzen, daß die seit 1812 bestehende Württembergische Privilegierte Bibelanstalt, die der Herstellung und Verbreitung von Bibeln dient, von diesen Maßnahmen verschont bleibt. Sie ist unter den deutschen Bibelgesellschaften die bedeutendste und leistungsfähigste und hat insbesondere auch durch ihre wissenschaftlichen Ausgaben einen glänzenden Ruf im Ausland. Die Konkurrenz der britischen Bibelgesellschaft hat sie schon in der Friedenszeit mit großem Erfolg zurückgedrängt, ihre Stillegung und vollends ihre Schließung würde der feindlichen Propaganda einen willkommenen Anlaß bieten, sowohl die wirtschaftliche als auch die kulturelle Lage in Deutschland schwarz in schwarz zu malen. Es würde aber auch in allen kirchlichen Kreisen der Eindruck entstehen, daß Anliegen des christlichen Volksteils, über die man so vielfach hinweggeschritten ist, überhaupt keine Beachtung mehr finden. Ich bitte Sie dringend, Herr Reichsminister, dafür besorgt zu sein, daß sie diesmal berücksichtigt werden.
Indem ich mir erlaube, ein vor einiger Zeit an den württembergischen Herrn Reichsstatthalter gerichtetes Schreiben beizulegen, verbleibe ich

mit Heil Hitler!
Ihr ergebener
D. Wurm

c) Das kirchliche Einigungswerk

Neben der Aufgabe, das Wort der Kirche gegenüber den öffentlichen Gewalten zu sprechen, hatte Landesbischof Wurm eine zweite Aufgabe übernommen: Die Einigung der im Laufe des Kirchenkampfes getrennten Brüder der Bekennenden Kirche und darüber hinaus eine Zusammenfassung der Bekennenden Kirche mit allen, die auf dem Boden von Schrift und Bekenntnis zu stehen willens waren. Dieser Entschluß des Landesbischofs kam dem Wunsche der Konferenz der Lan-

desbruderräte entgegen. Es kam zu einer Arbeitsgemeinschaft, aus der heraus das sogenannte Kirchliche Einigungswerk geboren wurde.
Die wichtigsten Veröffentlichungen des Kirchlichen Einigungswerkes sind folgende:

Landesbischof Wurm an die evangelischen Pfarrer in Deutschland
Stuttgart, im Dezember 1941[16]

Verehrte, liebe Brüder im Amt!

In dunkler ernster Zeit darf ich mich im Einverständnis mit vielen, die das Glaubensgut der Reformation unserer Kirche und unserem Volk erhalten wollen, an Sie wenden.
Noch nie war es so notwendig, den Auftrag, den Jesus Christus, unser Herr, seiner Kirche gegeben hat, im deutschen Volk auszurichten wie in diesen Tagen. Woher soll den vielen verwundeten Herzen, den von harten Schlägen betroffenen Menschen Aufrichtung und Erquickung kommen als von einer Botschaft, die ihnen das völlige Ruhen in Gottes heiligem Willen und den Blick auf das Kreuz Jesu Christi als eine Quelle des Friedens und der Freude zeigt? Welch ein Ruf ergeht heute an all die Christen, die an solchem Leid teilhaben, durch ihre Haltung zu bezeugen, daß es wirklich einen Frieden gibt, der höher ist als alle Vernunft, und eine Kraft, die in den Schwachen mächtig wird! Mit besonderer Eindringlichkeit müssen wir es in dieser Stunde unserem Volke ans Herz legen, daß es sich unter *Gottes* Wort stelle, seine Gebote achte und seine Verheißungen annehme.
Es ist uns eine große Freude, aus vielen Zeugnissen entnehmen zu dürfen, daß die Botschaft von dem Heil in Christus von vielen draußen gehört und beherzigt wird; es ist uns ein um so größerer Schmerz wahrzunehmen, daß sie daheim vielfach bekämpft und verächtlich gemacht wird, als lähme sie die Kraft unseres Volkes. Aber auch das darf uns nicht bitter und nicht träge machen; denn unser ganzes Zeugnis wird entwertet, wenn wir nicht auch unter den Heimsuchungen, die der Kirche Jesu Christi auferlegt sind, getrost unsern Dienst tun. Wohl aber nötigt uns die Sorge um die Zukunft von Kirche und Volk zu einer gewissenhaften Prüfung, ob wir alles getan haben, um aus dem Zustand der Zerrissenheit und Ohnmacht, in dem sich unsere Evangelische Kirche seit Jahren befindet, herauszukommen. Gottes Gnade hat uns – das darf ich gewiß im Namen von vielen sagen – die Kraft geschenkt, einer Überfremdung der Botschaft der Kirche zu widerstehen, aber wir vermochten bisher nicht, innere Spannungen auch unter denen, die im Glauben eins sind, zu überwinden; wir sind dadurch an Gott, an uns selbst und den anderen schuldig geworden. Sollten wir nicht inständig darum bitten, daß der Geist, der ein Geist der Kraft, der Liebe und der Zucht ist, uns so zusammenführt, daß wir uns neu verstehen lernen, darum auch gemeinsam handeln und die Anliegen der Kirche auch vor der weltlichen Obrigkeit hörbar machen können?
Ich würde es nicht wagen, mich an die Gesamtheit der auf dem Glaubensgrund der Heiligen Schrift und der Reformation stehenden Amtsbrüder zu wenden, wenn nicht von den verschiedensten kirchlichen Kreisen die Aufforderung an mich ergangen wäre, zur Sammlung aufzurufen. Das Ziel all solchen Bemühens soll Friede sein, nicht ein fauler Friede, sondern ein wahrer, der die Voraussetzung bildet für die Wiederherstellung echten Kirchenregiments und unserem Dienst an unserem Volk neue Kraft und Glaubwürdigkeit gibt.
Gott der Herr schenke uns zu solchem Vorhaben im neuen Jahr das Wollen und das Vollbringen nach seinem Wohlgefallen!

Landesbischof D. *Wurm*

16 Orig. V.

Die 13 Sätze über Auftrag und Dienst der Kirche
(Kirchliches Einigungswerk)
Ostern 1943[17]

An die Pfarrer und Gemeinden in der Deutschen Evangelischen Kirche!

Wir sind es dem Herrn Jesus Christus und seiner Gemeinde schuldig, daß wir uns, ein jeder in Treue gegen das Bekenntnis seiner Landeskirche, auf den Auftrag und Dienst unserer Evangelischen Kirche neu besinnen und uns zur Gemeinsamkeit des Handelns zusammenschließen. Diesem Ziel wollen die nachfolgenden Sätze dienen. Sie sollen dem praktischen kirchlichen Handeln der Kirchenleitungen, der Pfarrer und Gemeinden zugrunde liegen. Sie sollen dazu helfen, alle zusammenzufassen, die dem Herrn Jesus Christus dienen wollen, aber auch klar Grenzen zu ziehen gegenüber aller Verdrehung oder Verkürzung der uns durch Schrift und Reformation aufgetragenen Botschaft. Wir hoffen, daß nun allenthalben die Brüder, die bisher durch mancherlei Unterschiede in der Beurteilung kirchlicher Fragen getrennt waren, sich auf Grund dieser Sätze zusammenfinden, um eine einheitliche geistliche Ausrichtung und Führung des Amtes und der Kirche zu gewinnen. Wir bitten, diese Sätze auch den für die kirchlichen Fragen aufgeschlossenen Gemeindegliedern mitzuteilen und zur Grundlage von Besprechungen in kirchlichen Arbeitskreisen zu machen.

Gott der Herr lasse solches Vorhaben gelingen und lege auf unseren Dienst in dieser für unser Volk so schweren und entscheidungsvollen Zeit seinen Segen!

Landesbischof D. *Wurm*, Stuttgart

Auftrag und Dienst der Kirche

I.

1. Die Kirche Jesu Christi ist von ihrem Herrn und Meister selbst gestiftet. Sie ist nicht eine Vereinigung, von Menschen gebildet, und deshalb auch nicht abhängig vom Willen ihrer Glieder. Sie lebt vom Wort und Geist ihres gekreuzigten und auferstandenen Herrn. Seine Verheißungen sind die Quelle ihrer Kraft. Mit ihm geht sie durch alle Zeiten, immer an ihn gebunden und immer seiner Zusage gewiß: Siehe ich bin bei euch alle Tage, bis an der Welt Ende.

2. Die Kirche ist die Gemeinschaft derer, die der Heilige Geist durch das Evangelium zum Glauben an Jesus Christus und zur Kindschaft Gottes berufen hat. Sie ist dort, wo die Gemeinde sich um die rechte Verkündigung des Wortes Gottes und um die rechte Verwaltung der Sakramente sammelt. Als Glieder am Leibe Christi haben die Gemeinden auch Gemeinschaft untereinander.

3. Die Kirche will nichts anderes als den Auftrag ihres Herrn erfüllen. Dieser Auftrag besteht darin, die frohe Botschaft von Jesus Christus und seinem Heil allen Völkern zu verkündigen. Diese Botschaft ist in der Heiligen Schrift Alten und Neuen Testaments bezeugt und in den Bekenntnissen der Reformation neu ans Licht getreten. Darum kann die Kirche von der Heiligen Schrift niemals lassen; sie hat in ihr die alleinige Richtschnur für ihre Verkündigung. Unabhängig von irdischer Weisheit und menschlichen Weltanschauungen hat sie das Evangelium jeder Zeit als die Wahrheit darzubieten, die unsern Glauben fordert und unser Leben gestaltet.

4. Das Handeln der Kirche muß durch ihren Auftrag bestimmt sein. Weil dieser Auftrag sie an alle Menschen weist, muß sie das Evangelium öffentlich verkündigen. Ihr Dienst gilt vor allem dem Volk, in das sie hineingestellt ist und dessen Bestes sie sucht.

---

17 Orig. V.

II.

Aus der Verpflichtung, unserer Zeit und unserem Volk das Evangelium darzubieten, ergeben sich für die Arbeit der Deutschen Evangelischen Kirche als eines Bundes bekenntnisbestimmter Landeskirchen folgende Richtlinien:

1. Die Aufnahme in die Kirche geschieht durch die Taufe auf den Namen des dreieinigen Gottes. Wer getauft ist, gehört zur Kirche, ohne daß es einer weiteren Erklärung der Aufnahme bedarf. In der Gemeinschaft der Kirche schenkt Gott die Gaben, die er den Seinen verheißen hat. Die Zugehörigkeit zur Kirche erlischt nur, wenn jemand offenkundig sich von Jesus Christus lossagt und von seiner Gemeinde trennt.

2. Wer getauft ist, muß auch im christlichen Glauben unterwiesen werden, so wie Jesus Christus es geboten hat. Die Kirche hat für solche Unterweisung zu sorgen um des Herrn willen, dem die getauften Kinder zu eigen sind. Dabei fällt dem christlichen Hause eine besondere Aufgabe und Verantwortung zu.

3. Das Amt der Predigt überträgt die Kirche an die, die sie für geeignet hält und beruft; sie wacht darüber, daß das Wort Gottes lauter und rein verkündigt wird. Dabei ist sie sich der Pflicht bewußt, die Gottes Wort dem Prediger des Evangeliums gegenüber Volk und Staat auferlegt. Die Vorbereitung der Amtsträger auf ihren Beruf läßt sie sich besonders angelegen sein: auf ihre wissenschaftliche Vorbildung kann sie dabei nicht verzichten.

4. Jedes Glied der Gemeinde ist berufen, ihr mit seinen Gaben und Kräften zu dienen. Dieser Dienst muß seine Freiheit haben innerhalb und außerhalb des Gottesdienstes. Alle Ämter der Kirche dienen der Verkündigung des Evangeliums. Sie können daher nur von der Kirche selbst übertragen werden.

5. Die Kirche bedarf für ihr Leben und für ihre Arbeit einer Ordnung. Diese Ordnung, wie sie auch gestaltet sein mag, muß auf Wesen und Auftrag der Kirche ausgerichtet sein und eine Verpflichtung der Kirchenleitung auf das Bekenntnis enthalten.

6. Die Kirche bedarf für ihre Verkündigung besonderer Räume und gottesdienstlicher Stätten. Ihre Arbeit geschieht im Kirchengebäude, in Gemeinderäumen, in Pfarrwohnungen und wo immer zwei oder drei versammelt sind in Christi Namen.

7. Die Mittel, die die Kirche braucht, erwartet sie von allen ihren Gliedern. Die Opferbereitschaft der Gemeinde muß sich nach dem Vorbild der ersten Christenheit vor allem im regelmäßigen Gottesdienst der Gemeinde als Dankopfer bewähren. Was für die Verkündigung des Evangeliums und für die Arbeit der christlichen Liebe gestiftet wurde, soll diesen Zwecken erhalten bleiben.

8. Weil Gottes barmherzige Liebe Grund und Inhalt aller christlichen Verkündigung ist, bleibt der Dienst der Liebe unabtrennbar vom Leben der Kirche. Er geschieht als brüderlicher Liebesdienst des einzelnen oder in der geordneten Arbeit der Inneren Mission und der Hilfe für die Gemeinden in der Zerstreuung. Für solchen Dienst die freudige Bereitschaft immer aufs neue zu wecken, ist Aufgabe der Kirche.

9. Die Kirche Jesu Christi umspannt viele Völker und hat den Auftrag, das Evangelium allen Menschen zu bringen. Darum gilt auch für die Kirchen der Reformation das Gebot des Herrn, Mission zu treiben und um die wahre Einheit der Kirche Jesu Christi zu ringen im Sinn des hohepriesterlichen Gebets: »Daß sie alle eins seien, gleichwie Du, Vater, in mir und ich in Dir!«

In ihren Mühen, Kämpfen und Leiden wartet die Kirche des Tages, an dem Jesus Christus wiederkommen und seine Herrschaft über alle Welt offenbar machen wird. In solchem Glauben betet sie ohne Unterlaß: Dein Reich komme!

d) Das Kirchenexperiment der SS im Warthegau

Das letzte Fanal des Kirchenkampfes wurde im Reichsgau Warthegau sichtbar. Dieser Reichsgau war eine Art Exerzierplatz für die künftige Gestaltung des »Großdeutschen Reiches«. Hier wurde der SS-Staat vorbereitet. Darum wurde hier zum erstenmal von Staats wegen der Versuch gemacht, den Kirchen die öffentlichen Körperschaftsrechte abzuerkennen und sie zu einer Art privater Vereinigung zu degradieren. Das Programm wurde entworfen, und man ging daran, es durchzuführen. Seine Durchsetzung würde eine völlige Wandlung des Verhältnisses von Staat und Kirche im mitteleuropäischen Raum bedeutet haben. Aber trotz aller Versuche gelang es nicht recht, das Programm zur Durchsetzung zu bringen. Im übrigen sorgten die immer stärker werdenden kriegerischen Verwicklungen dafür, daß zu weiteren kirchenpolitischen Maßnahmen keine Zeit mehr blieb. Die Grundlage der Kirchenpolitik im Warthegau wurde in den sogenannten dreizehn Punkten gelegt, die am 10. 7. 1940 dem Konsistorium in Posen durch einen Vertreter des Reichsstatthalters mündlich bekanntgegeben und von einem Mitglied des Konsistoriums schriftlich festgehalten wurden.

Trennung von Kirche und Staat im Warthegau[18]

Daß der Führer gewillt ist, auch im Kriege das Verhältnis zwischen Staat und Kirche eindeutig zu klären, beweist der Auftrag, den er dem Gauleiter des jüngsten und auch schwierigsten Gaues, Pg. Greiser, gab. Greiser hat dementsprechend am 14. März 1940 folgende Verordnung erlassen:
1. Es gibt keine Kirchen mehr im staatlichen Sinne, sondern es gibt nur noch religiöse Kirchengesellschaften im Sinne von Vereinen.
2. Die Leitung liegt nicht in Händen von Behörden, sondern von Vereinsvorständen.
3. Aus diesem Grunde gibt es auf diesem Gebiete keine Gesetze, Verfügungen und Erlasse mehr.
4. Es bestehen keine Beziehungen mehr zu Gruppen außerhalb des Gaues, auch keine rechtliche, finanzielle oder dienstliche Bindung an die Reichskirche.
5. Mitglieder können nur Volljährige durch eine schriftliche Beitrittserklärung werden. Sie werden also nicht hineingeboren, sondern müssen erst bei Volljährigkeit ihren Beitritt erklären. Es gibt keine Landes-, Volks- oder Territorialkirchen. Wer vom Altreich in den Warthegau zieht, muß sich auch erst schriftlich neu eintragen lassen.
6. Alle konfessionellen Untergruppen, Nebenorganisationen (Jugendgruppen) sind aufgehoben und verboten.
7. Deutsche und Polen dürfen nicht mehr zusammen in einer Kirche sein (Nationalitätenprinzip). Dies tritt für den Nationalsozialismus zum ersten Male in Kraft.
8. In den Schulen darf kein Konfirmandenunterricht abgehalten werden.
9. Es dürfen außer dem Vereinsbeitrag keine finanziellen Zuschüsse geleistet werden.
10. Die Vereine dürfen kein Eigentum wie Gebäude, Häuser, Felder, Friedhöfe außer den Kulträumen besitzen.
11. Alle Stifte und Klöster werden aufgelöst, da diese der deutschen Sittlichkeit und der Bevölkerungspolitik nicht entsprechen.

18 Orig.V., Flugblatt

12. Die Vereine dürfen sich nicht in der Wohlfahrtspflege betätigen, dies steht einzig und allein der NSV zu.
13. In den Vereinen dürfen sich die Geistlichen nur aus dem Warthegau betätigen. Dieselben sind nicht hauptamtlich Geistliche, sondern müssen einen Beruf haben.

Die Vertreter der evangelischen Kirche im Warthegau setzten sich dagegen zur Wehr mit folgendem Brief vom 18. 1. 1941[19]:

An den Herrn Reichsstatthalter in Posen

Nach der Besprechung, die der mitunterzeichnete Generalsuperintendent D. Blau am 4. September v.J. mit dem Reichsstatthalter gehabt hat, haben wir Unterzeichneten uns der Hoffnung hingegeben, daß die weitere Behandlung der kirchlichen Angelegenheiten einen ruhigen, sachlichen Verlauf nehmen werde. Die dreizehn Punkte, mit denen uns der Referent des Herrn Reichsstatthalters bekannt gemacht hat, sind deshalb nur im engen Kreise unserer Mitarbeiter und Pfarrer erörtert worden. Es lag uns daran, die in der Schwebe befindlichen Angelegenheiten vor weiterer Erörterung mit den Organen des Reichsgaues nicht in die Gemeinden zu bringen, wobei wir auf eine gleichartige Behandlung der Sache auf seiten der Regierung rechneten. Heute stehen wir vor einer veränderten Sachlage. Wir beehren uns, auf folgendes hinzuweisen:
In einer großen Reihe von Veranstaltungen – nicht der Kirche – ist über den Inhalt der dreizehn Punkte gesprochen und Mitteilung dahin gemacht worden, daß die Kirche aufhöre zu bestehen. Ja selbst, daß sie nicht mehr bestehe. Kinder sind in das Elternhaus mit solcher Nachricht gekommen. Gemeindeglieder haben sich mit der Bitte um Aufklärung an ihre Geistlichen gewandt. Die Superintendenten und die Mitglieder des Konsistoriums wie auch die unterzeichneten geistlichen Leiter werden gefragt, welcher Tatbestand den Angaben zugrunde liege und warum die Kirchenleitung so lange schweige.
In unserer evangelischen Bevölkerung sind hierdurch starke Besorgnisse hervorgerufen worden, um so mehr, als nicht nur von Kirche und Pfarrerstand, sondern geradezu vom christlichen Glauben und Christus selbst in ablehnender, ja in gehässiger Weise gesprochen worden ist.
Sowohl in der Besprechung vom 4. September wie in dem Schreiben des mitunterzeichneten Generalsuperintendenten D. Blau vom 21. Oktober 1940 ist dargelegt worden, welche Bedeutung die Evangelische Kirche für die deutsche evangelische Bevölkerung im Reichsgau Wartheland gehabt hat und gegenwärtig hat. Was dort gesagt worden ist, gilt sowohl für die aus polnischer Zeit in die deutsche Staatshoheit zurückgekehrte deutsche Bevölkerung wie auch für die rückgeführten Balten und ebenso für die aus Wolhynien, Galizien, dem Generalgouvernement usw. rückgeführten Volksdeutschen. Die durch das Land gehenden Mitteilungen haben bei allen evangelischen Deutschen, die an der Kirche festhalten, Beunruhigung hervorgerufen. Zum ersten Male erfährt die evangelische Bevölkerung, daß ihre kirchentreue Haltung nicht mit Wohlwollen, sondern als unvereinbar mit deutscher Art angesehen wird. Sie hört abfällige Urteile und verletzende Äußerungen. Alles das nicht in vereinzelten Fällen, sondern in häufigen Darlegungen, bei verschiedenen Gelegenheiten und ohne daß ein Anlaß zur Behandlung der Sache gegeben ist. Wir Unterzeichneten stellen dies auf Grund vielfältiger und übereinstimmender Mitteilungen unserer Gemeindeglieder und Geistlichen fest. Unser evangelisches Kirchenvolk erlebt eine schwere Erschütterung. Wir verweisen auf

---

19 Vervielfältigte Abschrift

die Worte, welche der unterzeichnete Generalsuperintendent D. Blau am 21. Oktober geschrieben hat: Es geht um einen ins Innerste der Volksseele greifenden Gegensatz zwischen Staat und Kirche.

Die Kirche Christi hat ihre Verheißung. Sie hat sie allein im Worte Gottes und gründet sich allein darauf. Nicht als Hilfesuchende wenden wir uns an den Staat und seine Organe. Aber wir appellieren an Ihre Verantwortung, Herr Reichsstatthalter, die Sie für Hunderttausende deutscher Männer und Frauen tragen. Diese Männer und Frauen haben unter dem Druck fremdländischer Gewaltherrschaft an ihrer Kirche die treueste Hüterin ihres Volkstums und in ihrem evangelisch-lutherischen Glauben die stärkste Kraft des Widerstandes gehabt. Sie haben gehofft, auf freier deutscher Erde nach alter deutscher Art ihrem Glauben frei leben zu können. Sie verstehen nicht, daß das, was sie unter fremder Herrschaft haben festhalten und hindurchretten können, unter der eigenen deutschen Herrschaft abgelehnt wird. Sie können nicht glauben, daß es der Wille des Führers sein kann, daß ihnen ihr Heiligstes angetastet wird, ihr evangelischer Glaube und ihr treues Halten an der Kirche.

Die Kirche ist kein religiöser Verein, den Menschen schaffen, sondern ein Werk Gottes. Seit mehr als tausend Jahren hat der Gott, der die Völker schuf und die Geschichte lenkt, der sich den Menschen in Christus enthüllt hat, seine Kirche im deutschen Volk geschaffen. Die Zugehörigkeit zur Kirche kann durch keine menschliche Instanz bestimmt werden, sondern ist durch das Handeln Gottes in der Taufe festgelegt. Die Kirche hat den Auftrag, dem Volk den Christusglauben zu bringen und es in diesem Glauben zu erhalten. Sie weiß es, daß jeder Versuch, den Einfluß des Christusglaubens zu unterbinden, auf die Loslösung des Volkes von Gott ausgehen muß. Sie trägt die heilige Verantwortung vor Gott und Volk, daß solches nicht geschehe. Sie ist verpflichtet und entschlossen, aus dieser Verantwortung heraus ihre Entscheidung zu treffen. Zu dieser Kirche bekennt sich die Masse der deutschen Menschen des Warthelandes.

Am Beginn des neuen Jahres beehren wir uns, Ihnen, Herr Reichsstatthalter, im Blick auf die Geschehnisse in den letzten Monaten des vergangenen Jahres unsere Darlegungen zu unterbreiten. Unsere Kirche arbeitet am Aufbau der Volksgemeinschaft. Unsere Gemeindeglieder empfinden, daß die Lage der evangelischen Christen innerhalb der Volksgemeinschaft einem zunehmenden Druck ausgesetzt ist. Man versucht, die Kirche aus dem Leben des Volkes auszuschalten. Dieser Versuch gefährdet die Einheit und Geschlossenheit des Volkes. Daher unsere, der Unterzeichneten, Besorgnisse. Wir sprechen zu Ihnen als Männer, die seit Jahrzehnten mit ihrem Volkstum verbunden sind und die ihr Volk kennen. Wir bitten Sie, unsere Besorgnisse zu bedenken.

Heil Hitler!   D. *Blau*   D. *Kleindienst*   D. *Pölchau*   D. *Zöckler*   *Thomson*

Dieser Brief wurde am 25. Januar 1941 wie folgt beantwortet[20]:

An Herrn Generalsuperintendent D. Blau, Posen

Auf Ihre Eingabe vom 18. Januar teile ich mit, daß der Herr Reichsstatthalter Ihre Ausführungen zur Kenntnis genommen hat, allerdings mit einem gewissen Befremden. Wohl ist es richtig, daß in der Besprechung vom 4. September 1940 der Reichsstatthalter auf eine Entwicklung aufmerksam gemacht hat, die dahin geht, das Verhältnis von Staat und Kirche auf neue Grundlagen zu stellen, die im Endergebnis dazu führen sollen, eine restlose Trennung von Staat und Kirche herbeizuführen. Diese Entwicklung, die gewisse organisatorische Veränderungen im Ge-

---

20 Abschrift mit Kopf: Chef des Führerstabes und persönlicher Referent

folge haben wird, ist noch nicht abgeschlossen. Es ist nicht beabsichtigt, die Dinge zu überstürzen.

Wenn, wie der Herr Reichsstatthalter schon in seiner Besprechung vom 4. September 1940 erwähnte, bei solchen für alle Beteiligten grundlegenden Ereignissen untergeordnete Organe und nicht qualifizierte außerhalb von Partei- und Staatsstellen stehende Personen Äußerungen tun, die bei den Beteiligten vielleicht örtlich eine gewisse Beunruhigung hervorrufen können, so dürfen diese Umstände nicht darüber hinwegtäuschen, daß die Staatsführung unter allen Umständen gewillt ist, der Entwicklung einen ruhigen und würdigen Verlauf zu geben. Ihre Behauptung kann daher nicht unwidersprochen bleiben, daß Gemeindeglieder der Evangelischen Kirchen innerhalb der Volksgemeinschaft einem zunehmenden Druck ausgesetzt sind und daß Gefahr besteht, daß sie auf freier deutscher Erde nicht nach alter deutscher Art ihrem Glauben frei leben können.

Der Herr Reichsstatthalter ist der Auffassung, daß weder aus seinen Unterredungen mit Ihnen noch aus sonstigen Umständen geschlossen werden kann, daß an dem überlieferten Grundsatz der unbedingten Glaubensfreiheit gerüttelt werden soll. Gerade durch die in der Entwicklung begriffene Trennung von Staat und Kirche in unserem Gau wird in vermehrtem Maße jedem Deutschen Gelegenheit gegeben, seiner inneren Überzeugung entsprechend das Verhältnis zur Kirche auszurichten.

Unter diesen Umständen bin ich beauftragt, Ihnen mitzuteilen, daß der Herr Reichsstatthalter auf Grund Ihrer Eingabe vom 18. Januar sich nicht veranlaßt sieht, irgendwelche Folgerungen zu ziehen.

Heil Hitler! *Siegmund*

Die Anstrengungen des Staates, im Wartheland seine Kirchenpolitik nach den dreizehn Punkten durchzusetzen, kamen, wie gesagt, im Blick auf die Kirche nicht zum Ziel, zumal die Mitglieder der Kirche widerstanden. Nur auf dem Gebiet der Schule konnte ihm der Erfolg nicht versagt bleiben, nachdem es auch im Altreich gelungen war, die sogenannte »Deutsche Schule« an die Stelle der bisherigen konfessionellen Schulen zu setzen.

e) Staat und Partei

Es kann nicht überraschen, daß trotz aller Schwierigkeiten, die die steigende Last des Krieges mit sich brachte, auch der Krieg und seine Notwendigkeiten nach Möglichkeit von seiten des Staates und der Partei dazu benutzt wurden, die Kirche zu schwächen, ihren Einfluß zu untergraben und ihre Rechte zu schmälern. Davon zeugen Verordnungen in der Wehrmacht, hinsichtlich der Kinderverschickungen in den sogenannten KLV-Lagern, ferner die Verordnungen zur Erschwerung der konfessionellen Seelsorge in den Kranken- und Pflegeanstalten sowie Luftschutzanordnungen. Schließlich wurde im Jahre 1941 das gesamte kirchliche Schrifttum durch eine generelle Verfügung stillgelegt. Gelegentlich kam es auch noch zu direkten Zusammenstößen zwischen dem Staat und der Bekennenden Kirche. Unter diesen war der bedeutendste der große Sondergerichtsprozeß des Jahres 1941 in Berlin, der auf Drängen der Gestapo gegen die theologischen Prüfungen der Bekennenden Kirche durchgeführt wurde. Dieser **groß** aufgezogene

Prozeß gegen die Mitglieder des Prüfungsamtes der Berlin-Brandenburger Bekenntnissynode, der nach langer Untersuchungshaft mit Gefängnisstrafen bis zu einem Jahr und darüber endete, war in dieser Sache der erste und der letzte, der zustande kam.
An einer Fortsetzung solcher Verfahren wurde der Staat durch die Entwicklung des Kriegs gehindert.
Die folgenden Dokumente mögen in chronologischer Folge ein Bild davon geben, wie seitens des Staates alles getan wurde, um die Kirche an jeder öffentlichen Wirksamkeit zu hindern.

Erlaß des Reichsministers für die kirchlichen Angelegenheiten
Berlin, 12. Juli 1940[21]

An
a) die kirchlichen Behörden
b) den Kommissar der Fuldaer Bischofskonferenzen, Herrn Bischof Wienken in Berlin
c) die Vereinigung Evangelischer Freikirchen in Deutschland e.V., z.Hd. von Herrn Bischof Melle in Berlin-Lichterfelde-West, Paulinenstraße 30
d) den Herrn orthodoxen Bischof von Berlin und Deutschland, Erzbischof Seraphim in Berlin-Charlottenburg, Uhlandstr. 194a
e) den Centralausschuß für Innere Mission der Deutschen Evangelischen Kirche in Berlin-Dahlem, Reichensteiner Weg 24
f) den Vorstand des Caritas-Verbandes, z.Hd. des Herrn Prälaten Kreutz in Freiburg im Breisgau
g) den Zentralvorstand des Evangelischen Vereins der Gustav-Adolf-Stiftung in Leipzig C 1, Hindenburgstr. 4
h) den Evangelischen Bund e.V. in Berlin W 35, Hangemannstr. 6
i) den Evangelischen Preßverband für Deutschland e.V. in Berlin-Steglitz, Beymestr. 8

Betr.: Verteilung religiösen Schrifttums durch zivilkirchliche Stellen
1. Das Oberkommando der Wehrmacht hat erneut darauf hingewiesen, daß für die religiöse Betreuung der Wehrmachtsangehörigen nur die hierfür geschaffene Wehrmachtsseelsorge zuständig ist und daß eine zusätzliche Betreuung durch Zivilgeistliche auf Grund der gemachten Erfahrungen in keiner Form gebilligt werden kann. Es kann infolgedessen auch die Verbreitung religiösen Schrifttums durch zivilkirchliche Stellen an Wehrmachtsangehörige nicht zulassen.
2. In Abänderung meiner Verfügung – I 24190/39 II – vom 27. 10. 1939 wird daher die Ausgabe oder Verbreitung konfessioneller Schriften – auch von überprüften Schriften – an Wehrmachtsangehörige durch Geistliche oder andere Religionsdiener, konfessionelle oder andere kirchliche Organisationen oder deren Beauftragte hiermit untersagt.
3. Unter konfessionellen Schriften sind auch gedruckte oder vervielfältigte Feldpostbriefe oder sonstige vervielfältigte Schriftstücke von Zivilgeistlichen, anderen Religionsdienern, konfessionellen oder kirchlichen Organisationen oder deren Beauftragten zu verstehen.
4. Das Oberkommando der Wehrmacht hat sich vorbehalten, gegen Geistliche

---

21 Abschrift eines Schnellbriefes

oder andere kirchliche Stellen, die diese Anordnung nicht befolgen oder sie zu umgehen versuchen, von sich aus einzuschreiten.
Ich ersuche um Unterrichtung der Geistlichen, insbesondere um Bekanntgabe in den Kirchlichen Amtsblättern und Verbandsorganen.

Kerrl

Die Geistlichen wurden am 17. Oktober 1940 durch ein Schreiben des Ev. Konsistoriums der Rheinprovinz unterrichtet[22]:

Betr.: Religiöser Schriftenversand an Wehrmachtsangehörige
Der Evangelische Oberkirchenrat hat uns durch Erlaß vom 25. 9. 1940 – EO. I. 7473/40 – folgenden (im Auszug wiedergegebenen) Erlaß der Kirchenkanzlei vom 30. 8. 1940 – KK II 693/40 – an die obersten Behörden der deutschen evangelischen Landeskirchen mitgeteilt:
»Wir nehmen Bezug auf den durch Schnellbrief den obersten Behörden unmittelbar mitgeteilten Erlaß des Herrn Reichsministers für die kirchlichen Angelegenheiten vom 12. Juli 1940 – I 21581/40 – betreffend Verteilung religiösen Schrifttums durch zivilkirchliche Stellen und teilen noch mit, daß das Oberkommando des Heeres den Erlaß am 17. Juli 1940 – 31 w 20 AHA/Ag/S (IIa)3640/40 – seinen nachgeordneten Stellen mit dem Zusatz bekannt gegeben hat:
›Zugleich wird darauf hingewiesen, daß *Standortpfarrer i.N.* und *Reservelazarettpfarrer* Zivilgeistliche *sind* und nur im Rahmen ihres Wehrmachtsseelsorgeauftrages innerhalb ihres Zuständigkeitsbereichs genehmigtes religiöses Schrifttum an Wehrmachtsangehörige abgeben dürfen.‹
Wir nehmen an, daß der Erlaß entsprechend der Weisung des Herrn Reichsministers für die kirchlichen Angelegenheiten in den kirchlichen Amtsblättern veröffentlicht worden ist. *Die Geistlichen sind auf geeignete Weise dahingehend zu unterrichten, daß eine Übertretung oder Umgehung des Erlasses auf jeden Fall zu unterbleiben hat,* daß anderseits jedoch die Verantwortung des *Pfarrers und der übrigen kirchlichen Stellen für eine Verbindung zwischen den im Wehrdienst stehenden Gemeindegliedern und ihrer Heimatgemeinde fortbesteht.* Die auf Grund des Erlasses noch bestehenden Möglichkeiten (z.B. durch *persönliche Briefe an einzelne Soldaten; durch Versendung von nicht unter den Begriff ›religiöse Schriften‹ fallenden Bibeln, Bibelteilen und Feldgesangbüchern*) müssen voll ausgenützt werden. Ebenso bleibt die Pflicht des Geistlichen, sich der *Angehörigen der im Felde stehenden Soldaten seelsorgerlich besonders anzunehmen,* durch den Erlaß unberührt. Im übrigen sind wir bemüht, durch *weitere Vorstellungen bei den zuständigen Stellen einen Weg zu finden,* der es dem Pfarramt und der evangelischen Gemeinde ermöglicht, der Verantwortung für ihre an der Front stehenden Gemeindeglieder weiterhin gerecht zu werden.
Die Versorgung der Wehrmachtsangehörigen mit religiösen Schriften kann z.Zt. allein auf dem amtlichen Wege durch die Wehrmachtspfarrer geschehen. Dieser Weg ist schon bisher beschritten worden, bedarf aber nun des weiteren Ausbaus. Nach einer Vereinbarung, die am 27. März 1940 zwischen Vertretern des OKH (Abteilung Seelsorge), des Herrn Feldbischofs, der Deutschen Evangelischen Kirchenkanzlei und des Evangelischen Preßverbandes für Deutschland (als Versandstelle) getroffen wurde, werden von Zeit zu Zeit sämtlichen Wehrmachtspfarrern des Feldheeres (auch Feldlazarettpfarrern) Pakete gleichen Inhalts im Gewicht von je 10 kg kostenfrei zugestellt. Die Auswahl und Zusammenstellung der Schriften

---

22 Vervielfältigte beglaubigte Ausfertigung

erfolgt durch den Feldbischof, die Schrifttumsstelle der Deutschen Evangelischen Kirche und den Evangelischen Preßverband gemeinsam. Versandt werden selbstverständlich nur geprüfte und genehmigte religiöse Schriften. Die erste Sendung ist Anfang April d.J. hinausgegangen. Die Unkosten in einer Gesamthöhe von etwas über zehntausend RM wurden gemeinsam von der Deutschen Evangelischen Kirche, der Evangelischen Kirche der altpreußischen Union und dem OKH (Abteilung Seelsorge) getragen. Wir halten es für eine Ehrenpflicht der Evangelischen Kirche, daß dieser Dienst im Einvernehmen mit der amtlichen Heeresseelsorge fortgesetzt und ausgebaut wird, insbesondere nachdem durch den Erlaß vom 12. Juli dieses der einzige Weg ist, religiöse Schriften an Wehrmachtsangehörige zu verbreiten. In der allernächsten Zeit wird eine zweite Sendung hinausgehen.«
Im Hinblick auf mehrfache Anfragen von Geistlichen und Presbyterien geben wir Ihnen, Herr Pfarrer, vorstehenden Erlaß bekannt mit dem Ersuchen, die darin ausgesprochenen Gesichtspunkte bezüglich der Verteilung religiösen Schrifttums an Wehrmachtsangehörige genau zu beachten. Im einzelnen ist besonders hervorzuheben:
1. Die Versorgung der Wehrmachtsangehörigen mit religiösen Schriften kann zur Zeit nur auf dem amtlichen Wege durch die Wehrmachtspfarrer geschehen. Sie wird in großzügiger Weise gehandhabt und weiter ausgebaut.
2. Die Verantwortung des Pfarrers und der übrigen kirchlichen Stellen für die Verbindung mit ihren Gemeindegliedern bei der Wehrmacht bleibt bestehen und kann auch noch jetzt auf mancherlei Weise getätigt werden (Bibeln, Bibelteile, – aber nicht Bibelauswahlen! – Feldgesangbücher, persönliche Briefe an einzelne Soldaten, nicht religiöses, gutes, erzählendes Schrifttum).
3. Die Aufgabe, sich der Angehörigen der im Felde stehenden Soldaten seelsorgerlich anzunehmen und sich in unverbitterter Liebe und vaterländischer Opferfreudigkeit die Stärkung der inneren Front angelegen sein zu lassen, erwächst der Kirche in erhöhtem Maße.
4. Die Deutsche Evangelische Kirche ist weiterhin bemüht, durch Vorstellungen bei den zuständigen Stellen einen Weg zu finden, der es der Evangelischen Kirche ermöglicht, ihrer Verbundenheit mit ihren Gliedern in der Wehrmacht auch noch in weiterem Umfange Ausdruck zu geben. *Diese Bemühungen dürfen keinesfalls durch Umgehungen der gegenwärtigen Bestimmungen über die Wehrmachtsseelsorge gestört oder gar zum Scheitern gebracht werden.*
Wir erwarten von der vaterländischen Disziplin und Einsicht der Herren Geistlichen, daß sie ihren seelsorgerlichen Pflichten an unserem Volke auch und gerade unter den besonderen Umständen der Kriegszeit weiterhin unermüdlich und freudig nachkommen.

Dr. *Koch*

Erlaß des Reichsministers für Wissenschaft, Erziehung und Volksbildung
an die Regierungspräsidenten in Preußen
Berlin, 17. Januar 1941[23]

Betr.: Berufung von Geistlichen als Schulbeiräte

Nach den Vorschriften des Gesetzes über die Aufhebung der Schuldeputation, Schulvorstände und Schulkommissionen und die Berufung von Schulbeiräten vom März 1939 (Gesetzsammlung S. 45) soll als Schulbeirat auch ein Ortspfarrer

---

23 Orig. V.

der Evangelischen oder Katholischen Kirche oder beider Kirchen berufen werden. Diese Vorschrift, die ihrer Rechtsnatur nach nicht zwingend ist, sondern dem Verwaltungsermessen einen Spielraum gewährt, ist mit meiner Zustimmung von einigen Regierungspräsidenten seit geraumer Zeit praktisch nicht mehr angewandt worden, da nach der Einführung der deutschen Gemeinschaftsschule und der Trennung der dauernd vereinigten Kirchen- und Schulämter für die Berufung eines Geistlichen als Schulbeirat kein Bedürfnis mehr besteht. Im Hinblick auf diese Entwicklung ersuche ich, künftig Geistliche nicht mehr als Schulbeiräte zu berufen und den Auftrag der zur Zeit als Schulbeiräte berufenen Geistlichen für erledigt zu erklären.

Im Auftrage: *Holfelder*

Erlaß des Reichsministers für die kirchlichen Angelegenheiten
an die kirchlichen Behörden
Berlin, 15. März 1941[24]

Betr.: Konfirmation bzw. Firmung von Kindern, die im Rahmen der erweiterten Kinderlandverschickung verschickt sind

Wie mir berichtet wird, haben eine Anzahl von Geistlichen beider Konfessionen die Eltern von verschickten Kindern aufgefordert, dafür Sorge zu tragen, daß die Kinder rechtzeitig zur Vornahme der Konfirmation bzw. Firmung wieder in ihren Heimatort zurückkehren und eine Bescheinigung über den empfangenen Konfirmations- bzw. Firmungs-Unterricht mitbringen. In einigen Fällen haben Geistliche noch besondere Bedingungen gestellt (bei nicht ausreichendem, auswärtigem Unterricht mehrwöchigen Sonderunterricht am Heimatort vor der Konfirmation bzw. Firmung). Dieses Vorgehen der Geistlichen muß von mir ernstlich mißbilligt werden. Die Kriegsnotwendigkeiten müssen auch von den Kirchen uneingeschränkt anerkannt werden, und dazu gehört im vorliegenden Falle, daß die Kirchen weder die Eltern noch die Kinder in irgendeiner Form wegen des Termins der Konfirmation bedrängen. Die Frage des Rücktransports der Kinder kann nicht von der Frage der Konfirmation oder Firmung abhängig gemacht werden, sondern richtet sich allein danach, was für das Wohl der Kinder unter Berücksichtigung der Kriegslage am besten und vorteilhaftesten ist. Ich ersuche daher die kirchlichen Behörden dringend, die Geistlichen und alle nachgeordneten Dienststellen in diesem Sinne zu unterrichten, damit nicht ein sonst unvermeidliches Vorgehen gegen einzelne Geistliche erforderlich wird.
Die religiöse Unterweisung der Kinder an ihrem Unterbringungsort ist durch besonderen Runderlaß des Beauftragten des Führers für die Inspektion der HJ und Reichsleiters für die Jugenderziehung der NSDAP sichergestellt.

Im Auftrage: *Roth*

Abschrift zu I 10746/41 II

Betr.: Religiöse Unterweisung in den Lagern

Im Nachgang zu den Bestimmungen meines Rundschreibens 9/40 wird nochmals darauf hingewiesen, daß den Jungen und Mädchen, die in geschlossenen Lagereinrichtungen untergebracht sind, Gelegenheit gegeben werden soll, im Rahmen der

---

24 Vervielfältigte Abschrift

Freizeit an dem Unterricht zur Vorbereitung der Konfirmation bzw. Firmung, Beichte und Kommunion dann teilzunehmen, wenn dessen Durchführung außerhalb des Lagers in geeigneten Räumen der Kirchengemeinden sichergestellt ist. Die Anmarschwege zu diesen Räumlichkeiten dürfen bei den vielfach herrschenden schlechten Wege- und Witterungsverhältnissen vier km nicht übersteigen und nicht bei Dunkelheit zurückgelegt werden. Eine Rückführung vierzehnjähriger Jugendlicher zum Zwecke der Konfirmation oder Firmung erfolgt nicht. Es bleibt den Eltern (Erziehungsberechtigten) überlassen, ob sie die Konfirmation, Firmung, Erstbeichte und Erstkommunion am Aufnahmeort durchgeführt oder bis zur Rückkehr der Kinder in die Heimat verschoben haben wollen.

Von dem Kampf der *Reichspressekammer gegen den Vertrieb kirchlicher Zeitschriften* gibt der folgende Erlaß ein beispielhaftes Zeugnis:

Erlaß des Evangelischen Konsistoriums der Rheinprovinz
an die Superintendenten
Düsseldorf, 3. April 1941[25]

Betr.: Vertrieb von kirchlichen Presseerzeugnissen

Im Nachgang zu unserer Rundverfügung vom 20. 2. 1941 – Nr. 1695 – über die Anordnungen der Reichspressekammer bezüglich des Vertriebes von kirchlichen Presseerzeugnissen haben wir uns an den Reichsverband der evangelischen Presse mit einer Rückfrage bezüglich einiger offen gebliebener Ausführungsbestimmungen gewandt und darauf unter dem 5. März 1941 von dem Reichsverband eine eingehende Antwort erhalten, der wir für die Pfarrämter folgende Mitteilungen zur Beachtung entnehmen:
»Nach der Bekanntgabe der Anordnung der Reichspressekammer über die Vertriebsumstellung konfessioneller Zeitschriften bis zum 28. 2. 1941 hat sich der Reichsverband der evangelischen Presse alle Mühe gegeben, in wiederholten Verhandlungen mit der Kammer eine Terminverschiebung und eine Abmilderung einiger Bestimmungen der Anordnung zu erreichen. Da aber die Umstellung nach gewerblichen und ständischen Gesichtspunkten in der Tat bereits im Jahre 1938 verfügt und in der weltlichen Presse auch durchgeführt worden ist, glaubte die Reichspressekammer, diese nunmehr auch auf dem bisher unberührt gebliebenen Sektor der konfessionellen Presse zum Abschluß bringen zu müssen. Dabei hat sich die Kammer keineswegs den verschiedenen vielseitigen Schwierigkeiten verschlossen, wie sie der Leiter der Fachschaft nach Kenntnisnahme aus seinem Dienstbereich dort mündlich zum Vortrag brachte.«
Bezüglich des Personenkreises, der für den Vertrieb kirchlicher Presseerzeugnisse zugelassen ist, äußert sich der Reichsverband folgendermaßen:
»Von uns aus wurde ganz eindeutig mitgeteilt, daß nach der Anordnung der Reichspressekammer ab 28. 2. 1941 nur noch diejenigen Personen konfessionelle Zeitschriften als Agenten oder Hauptverteiler von einem Verlag empfangen oder verteilen können, die in der Kirche oder in einer kirchlichen Organisation weder ein Haupt- noch ein Ehrenamt bekleiden. Die Pfarrfrau wurde ausdrücklich und deshalb von den zugelassenen Personen ausgenommen, um von vornherein jeden Verdacht einer Umgehung der Bestimmungen durch das Pfarramt auszuschließen.«
Über das nach der Verordnung der Reichspressekammer den Pfarrämtern aufer-

---

25 Vervielfältigte beglaubigte Ausfertigung

legte *Verbot einer kostenlosen Verteilung* kirchlicher Presseerzeugnisse und diesbezügliche Erleichterungen schreibt der Reichsverband:
»Da der Pfarrer in erster Linie von jeder Vertriebsfunktion eines Blattes entbunden worden ist, darf er auch an die *Konfirmanden* nur solche Blätter bzw. Schriften zur Verteilung bringen, die ausgesprochen der Vertiefung des Unterrichts dienen.
Was die Verteilung von *Krankenblättern* durch den Pfarrer betrifft, so kann dieser bei seinen Hausbesuchen Blätter zur Verteilung bringen, wenn es sich dabei um solche Kranken, Alten und Siechen handelt, die am ordentlichen Gottesdienst der Gemeinde nicht teilnehmen können.
Im *Kindergottesdienst* dürfen weder von dem Pfarrer noch von den Helfern (Helferinnen) Kinderblätter verteilt werden. Indessen wird im Augenblick noch nachgeprüft, ob in jedem Falle unter Helfern und Helferinnen leitende Persönlichkeiten des Kindergottesdienstes zu verstehen sind. Wo dies nicht der Fall ist, hoffen wir, die Möglichkeit schaffen zu können, daß wir die Kindergottesdienstblätter, allerdings außerhalb kirchlicher Räume, unmittelbar zur Verteilung bringen können.
Sonst müßten Kindergottesdienstblätter durch Personen, die kein kirchliches Amt bekleiden, in die Häuser der Eltern der am Kindergottesdienst teilnehmenden Kinder gebracht bzw. von diesen Personen abgeholt werden.«
Bezüglich der auf der zweiten Seite unserer oben angeführten Rundverfügung vom 20. 2. 1941 aufgezählten Einzelentscheidungen der Reichspressekammer hat uns der Reichsverband zu Punkt 2 (Bestellung mehrerer Exemplare einer kirchlichen Zeitschrift durch das Pfarramt) auf Anfrage noch folgende Erleichterung mitgeteilt:
»Es ist richtig, daß kirchliche Amtsträger bis zu drei Exemplaren einer Zeitschrift beziehen können. Unser Vermerk im Rundschreiben 81 über den Bezug von mehreren Exemplaren gilt also erst ab vier Exemplaren.«
Wir ersuchen die Herren Geistlichen, vorstehende Richtlinien bei der Durchführung der Verordnung der Reichspressekammer genau zu beachten.

Dr. *Koch*

Die Behinderung der Seelsorge an Kranken wurde durch einen Erlaß des Reichsinnenministers eingeleitet, den die Kirchenkanzlei der DEK am 3. Juni 1941 weiterreichte[26]:

An die obersten Behörden der Deutschen Evangelischen Landeskirchen

Den obersten Behörden übersenden wir ergebenst in der Anlage den Runderlaß des Reichsministers des Innern vom 9. April 1941 – IV e 6470/41 – 3916 – Betreffend *Betätigung der Glaubensgemeinschaften* in den öffentlichen *Kranken-, Heil- und Pflegeanstalten*.
Wir halten es für erforderlich, daß sämtlichen Pfarrern von diesem Erlaß in geeigneter Weise Kenntnis gegeben wird. Darüber hinaus müssen unserer Ansicht nach die Gemeinden über diese Neuregelung der Seelsorge in den öffentlichen Kranken-, Heil- und Pflegeanstalten unterrichtet werden. Eine wiederholte Kanzelabkündigung durch Verlesen des Erlasses und, soweit möglich, Anschlag des Erlasses in den Kirchen dürfte diesen Zweck am besten erfüllen.

In Vertretung: Dr. *Gisevius*

---

26 RMBliV 1941, S. 647

Runderlaß RMdInnern v. 9. 4. 1941 – IV e 6470/41 – 3916 – betreffend Betätigung der Glaubensgemeinschaften in den öffentlichen Kranken-, Heil- und Pflegeanstalten (RMBliV 1941, S. 647)

Mit Rücksicht auf die Erfordernisse des ärztlichen Dienstes und zur Vermeidung von Behinderungen Andersgläubiger wird im Einvernehmen mit dem RMfdkirchl.A. dem RMfWEuV und dem RAM die Ausübung der Seelsorge durch die Glaubensgemeinschaften und deren Beauftragte in den vorbezeichneten Anstalten wie folgt geregelt:
1. Pfleglinge der Anstalten, die geistlichen Zuspruch wünschen, haben dies dem diensttuenden Pflegepersonal zur Kenntnis zu bringen.
2. Die vorgebrachten Wünsche sind von den Pflegepersonen entgegenzunehmen und unter Angabe des Namens des Patienten, seines Krankenzimmers und der erbetenen geistlichen Funktion an den für die Anstalt örtlich zuständigen Seelsorger bzw. Anstaltsseelsorger weiterzuleiten.
3. Der Zeitpunkt für die Ausübung der seelsorgerlichen Tätigkeit ist von dem ärztlichen Leiter der Anstalt bzw. der Station im Einvernehmen mit dem Orts- bzw. Anstaltsseelsorger zu bestimmen und so festzusetzen, daß eine gegenseitige Behinderung vermieden wird.
4. In besonderen Ausnahmefällen, wie z.B. bei bedenklicher Verschlimmerung des Zustandes des Kranken, der Notwendigkeit zur raschen Vornahme eines operativen Eingriffs, der Einlieferung eines Moribunden, ist von der zeitlichen Bindung nach Ziff. 3 abzusehen. In derartigen Fällen ist jedoch die erbetene Inanspruchnahme des Seelsorgers unverzüglich auch dem diensttuenden Arzt zur Kenntnis zu bringen.
5. Die seelsorgerliche Betreuung erkrankter Jugendlicher unter vierzehn Jahren setzt die vorherige Zustimmung der Eltern bzw. Erziehungsberechtigten voraus. Diese Zustimmung ist in den Ausnahmefällen der Ziff. 4 nicht erforderlich.
6. (1) Jede Beeinflussung der Anstaltspfleglinge durch die Gefolgschaftsmitglieder der Anstalt in seelsorgerlicher Hinsicht ist unstatthaft und den in Frage kommenden Angestellten nachdrücklich zu untersagen.
(2) Eine von den einzelnen Kranken ausdrücklich gewünschte religiöse Betreuung durch Gefolgschaftsmitglieder fällt nicht unter diese Bestimmung.
7. Bei Besuchen und Vorsprachen von Seelsorgern des für die einzelnen Kranken zuständigen Pfarrbezirks darf diesem der Zutritt zum Krankenbett nur dann gestattet werden, wenn der betreffende Kranke es ausdrücklich wünscht. Zu diesem Zweck ist der Besuch der zuständigen Pflegeperson vorher zur Kenntnis zu bringen, die den Kranken zu befragen und den vorsprechenden Seelsorger entsprechend zu verständigen hat.
8. Die Ausübung der seelsorgerlichen Tätigkeit an Sterbenden soll mit Rücksicht auf die übrigen Kranken nicht im gemeinsamen Krankenzimmer, sondern in einzelnen Räumen erfolgen.
9. Auskünfte über die Konfessionszugehörigkeit der Pfleglinge an Glaubensgemeinschaften und deren Beauftragte dürfen nur auf besonderen Wunsch der Pfleglinge erteilt werden. Die Einsichtnahme in die Aufnahmelisten der Anstalt ist unzulässig.
10. Der Gottesdienst ist nur in den hierfür bestimmten Räumen (Anstaltskapellen) abzuhalten. Die Teilnahme am Gottesdienst steht allen Pfleglingen mit Ausnahme jener frei, denen sie vom behandelnden Arzt aus medizinischen Gründen untersagt wird. Eine Lautsprecherübertragung der gottesdienstlichen Feiern im Krankenhaus ist unstatthaft; Kopfhörerübertragung an bettlägerige Kranke ist auf ihren Wunsch statthaft, wenn vom ärztlichen Standpunkt dagegen keine Bedenken bestehen.

11. Mit Ausnahme der Nottaufe sind Taufhandlungen in den Krankenanstalten nicht vorzunehmen. Dem Erziehungsberechtigten bleibt es jedoch überlassen, auch während des Anstaltsaufenthaltes von Mutter und Kind das Kind in einer von ihnen zu bestimmenden Kirche taufen zu lassen.

Die Hilfsprediger der Bekennenden Kirche, soweit nicht zur Wehrmacht eingezogen, sollten durch die Arbeitsämter einer anderen Beschäftigung zwangsweise zugeführt werden:

Anweisung des Reichsarbeitsministers
Berlin, 28. Juni 1941[27]

Mit Runderlaß vom 6. 11. 1940 hatte ich angeordnet, die Arbeitsämter anzuweisen, die ihnen von den Staatspolizeistellen mitgeteilten evangelischen Theologiekandidaten, Vikare, Hilfsprediger usw., die auf den verbotenen Ersatzhochschulen der Bekenntnisfront ausgebildet oder illegal ordiniert worden sind und durch ihre hetzerische Tätigkeit in der Bevölkerung einen zersetzenden Einfluß ausüben, unverzüglich in geeignete Beschäftigung einzuweisen. Zur Ausräumung von bei der Durchführung dieses Verfahrens aufgetretenen Unzuträglichkeiten hat eine Besprechung mit Vertretern des Reichsführers-SS und Chefs der Deutschen Polizei und des Reichsministeriums für die kirchlichen Angelegenheiten stattgefunden. In dieser Besprechung ist Einverständnis darüber erzielt worden, daß künftig von den Dienststellen der Gestapo die Listen mit Geistlichen, deren Unterbringung durch die Arbeitsämter erfolgen soll, bevor sie den örtlichen zuständigen Arbeitsämtern zugehen, dem Reichsführer-SS und Chef der Deutschen Polizei übersandt werden, der sie im Einvernehmen mit dem Reichsministerium für die kirchlichen Angelegenheiten überprüft und alsdann mir zur Weiterleitung an die Arbeitsämter zuleitet. Der Reichsführer-SS und Chef der Deutschen Polizei im RMdI wird die Dienststellen der Gestapo in Kürze entsprechend unterrichten. Den entsprechenden Erlaß werde ich Ihnen übermitteln, sobald er mir vom Reichsführer-SS und Chef der Deutschen Polizei zugegangen ist. Schon jetzt aber bitte ich, die Arbeitsämter unverzüglich anzuweisen, künftig Listen mit Geistlichen, die ihnen von den Dienststellen der Gestapo zum Zwecke der Unterbringung der darin verzeichneten Geistlichen im Sinne meines Runderlasses vom 6. 11. 40 – Va 5552/ 903 – übersandt werden, zunächst sofort mir durch Ihre Hand zuzuleiten. Ich werde diese Listen dem Reichsminister für die kirchlichen Angelegenheiten zuleiten, damit dieser sie entsprechend dem Ergebnis der Besprechung vom 4. 6. 41 im Einvernehmen mit dem Reichsführer-SS und Chef der Deutschen Polizei im RMdI überprüft. Sobald mir die Listen nach dieser Überprüfung zurückgegeben werden, werde ich sie Ihnen wieder zuleiten, damit gegebenenfalls alsdann die Arbeitsämter die Unterbringung der in diesen Listen bezeichneten Geistlichen unverzüglich durchführen können. Den Dienststellen der Gestapo ist die Übersendung der Listen an mich durch die Arbeitsämter sofort mitzuteilen mit dem Hinweis, daß eine Unterbringung der Geistlichen erst erfolgt, sobald diese Listen von mir wieder zurückgegeben worden sind.

In der erwähnten Besprechung vom 4. 6. 41 ist auch Einverständnis darüber erzielt worden, daß die genannten Geistlichen in jedem Falle nur in einer für sie geeigneten Tätigkeit untergebracht werden sollen. Die Zuweisung schwerer körperlicher Arbeit, z.B. von Erd- und Transportarbeiten, kommt keinesfalls in Frage. Sie wird weder vom Reichsminister für die kirchlichen Angelegenheiten noch vom

---

27 Vervielfältigte Abschrift

Reichsführer-SS und Chef der Deutschen Polizei gebilligt. Ich bitte, die Arbeitsämter anzuweisen, entsprechend zu verfahren.
Abdrucke für die Arbeitsämter sind beigefügt.

Die Erörterung religiöser Fragen wurde durch die Parteiführung verboten:

Vertrauliches Rundschreiben des Reichspropagandaleiters der NSDAP
an alle Reichsleiter und Gauleiter
Berlin, 24. August 1941[28]

Im Einvernehmen mit dem Leiter der Partei-Kanzlei teile ich mit: Wie während des Weltkrieges benutzen auch jetzt die Feinde des Reichs wieder jede sich bietende Möglichkeit, um Unruhe und Zwist unter den deutschen Volksgenossen zu säen. Es wäre völlig falsch, wenn wir unseren Feinden hierzu irgendwelche Handhaben bieten würden. Wir müssen vielmehr alles tun, um die deutschen Volksgenossen immer enger zueinanderzubringen, und Maßnahmen, die nur zu Meinungsverschiedenheiten führen, unbedingt unterlassen. Der Krieg erfordert die absolute Konzentration der gesamten materiellen, seelischen und geistigen Kräfte des Volkes auf den Sieg. Fragen, die nicht unmittelbar damit zusammenhängen, und Probleme, deren Lösung nicht für die Erringung des Sieges vordringlich erscheinen, haben deshalb in der öffentlichen Diskussion keinen Platz. Insbesondere ist es verboten, Fragen oder Probleme anzuschneiden, deren öffentliche Behandlung nur unnötigen Ärger verursacht und schädlichen Zündstoff in das Volk hineinträgt. – Es ist z.B. nicht zur Erkämpfung des Sieges unbedingt notwendig, daß ausgerechnet jetzt, wo Millionen Soldaten Raucher sind, die Nikotingefahr in einer vielfach für die Raucher beleidigenden und herabsetzenden Weise dargestellt wird, was auch psychologisch um so unwirksamer ist, wenn Mangel an Rauchwaren besteht. Zu den Themen, die augenblicklich nicht diskutiert werden dürfen, gehört auch die Religions- oder Konfessionsfrage.
Der Führer hat mich beauftragt, dafür Sorge zu tragen, daß solche und ähnliche Themen vollkommen aus der öffentlichen Diskussion verschwinden. Soweit sie Fragen behandeln, die im Rahmen des nationalsozialistischen Programms zur Lösung gebracht werden müssen, wird die zweckmäßigste Lösung nach dem Kriege erfolgen.
Im Einvernehmen mit der Parteikanzlei werde ich in Zukunft strengstens dafür sorgen, daß genannte Debatten schnellstens aus der öffentlichen Diskussion ausgeschieden werden. Ich verweise auf das Beispiel unseres Kampfes vor der Machtübernahme. Damals haben wir auch unsere gesamte Propaganda ausschließlich auf die Errringung der Macht ausgerichtet. Als alte Nationalsozialisten wissen wir, daß das eine der hauptsächlichsten Voraussetzungen der Macht war. Ein Großteil der Fragen, die wir aus psychologischen Gründen vor der Machtübernahme nicht anschnitten, haben wir nach der Machtübernahme gesetzmäßig gelöst. Ähnlich ist es jetzt in bezug auf den Krieg. Wir müssen uns heute wieder einer ausschließlich kämpferisch und zielbewußt bestimmten Propaganda bedienen.
Der Auftrag des Führers an mich geht dahin, in Zukunft mit aller Strenge darüber zu wachen, daß diesen Richtlinien im gesamten öffentlichen Leben Rechnung getragen wird.

Heil Hitler!
Dr. *Goebbels*
Reichspropagandaleiter der NSDAP

28 Abschrift. Überschrift: Persönlich. Streng vertraulich

Die Verbreitung christlichen Schrifttums in der Wehrmacht sollte unmöglich gemacht werden:

Schreiben des Chefs der Heeresrüstung und Befehlshabers des Ersatzheeres
Berlin, 27. April 1942[29]

An Evangelischen Feldbischof der Wehrmacht
Katholischen Feldbischof der Wehrmacht

Betr.: Christliche Schriften für deutsche Soldaten des Heeres

Der Chef des OKW hat mitgeteilt:
»Der Führer hat auf meinen Vortrag, ob Neudruck und weitere Verteilung der von der Wehrmachtsseelsorge (Heer) verfaßten Schriften innerhalb des Heeres erfolgen solle, in seiner Eigenschaft als Ob. d. H. entschieden, daß er die Verbreitung im Heer nicht wünsche. Bei dieser Gelegenheit hat der Führer zum Ausdruck gebracht, daß auch bei den übrigen Wehrmachtteilen eine Verteilung derartiger Schriften nicht erfolgen solle.«
Es wird ersucht, diese Mitteilung den Kriegspfarrern durch die Verordnungsblätter bekanntzugeben.

Im Auftrage
Dr. *Senftleben*

Das Oberkommando der Wehrmacht an das Oberkommando des Heeres
Berlin, 17. Februar 1942

Betr.: Papierzuteilung für religiöse Schriften

Bei einer Rücksprache im Propagandaministerium auf Grund der bisherigen Ablehnung von Papierzuteilungen für religiöse Schriften wurde festgestellt, daß in Anbetracht der Papierlage grundsätzlich keine Papierzuteilung für religiöse Schriften erfolgt. Eine Vorlage des Antrages des Verlages Ferdinand Schöningh beim Propagandaministerium ist daher zwecklos.
Gelegentlich dieser Besprechung wurde aber auch mitgeteilt, daß in gleichem Maße kein Papier mehr für Schriften wie »Gott und Volk« usw. genehmigt würde, so daß in absehbarer Zeit auch diese Schriften nicht mehr in Erscheinung treten werden. Wird zur Zeit noch über die Verteilung derartiger Schriften berichtet, so kann es sich nur um ältere Auflagen handeln.
Durch diese Mitteilung des Propagandaministeriums erledigen sich sämtliche Zuschriften hinsichtlich der Verteilung von antichristlichen Schriften an Wehrmachtsangehörige sowie sämtliche von der Gruppe S oder den Feldbischöfen vorgelegten Anträge auf Papierzuteilung für den Neudruck religiöser Schriften.
In der Anlage werden die Anträge des Verlages F. Schöningh, des Schwabenverlages und des Salvator-Verlages, letztere beide durch den Kath. Feldgeneralvikar vorgelegt, zurückgegeben.

Der Chef des Oberkommandos der Wehrmacht
im Auftrage
Graf *Rotkirch*

29 Abschrift

Zum Abschluß dieses Abschnittes sei das berüchtigte geheime Rundschreiben über das Verhältnis von Nationalsozialismus und Christentum wiedergegeben, das Martin Bormann als Leiter der Parteikanzlei unter dem Datum des 9. Juni 1941 an alle Gauleiter sandte. Das Dokument blieb allerdings nicht geheim; es kam auch der Bekennenden Kirche in die Hand, die ihrerseits für eine möglichst starke Verbreitung Sorge trug. Dies führte natürlich zu heftigen Zusammenstößen mit der Staatspolizei (Haussuchungen, Verhaftungen), der alles daran gelegen war, die Bekanntmachung dieses Dokuments zu verhindern.
Der vollständige Text lautet:

Verhältnis von Nationalsozialismus und Christentum[30]

Aus Kreisen der Deutschen Christen wurde einem Gauleiter ein Schriftwechsel mit dem evangelischen Oberkirchenrat unterbreitet, in dem der Einsender für eine »starke einheitlich geleitete Deutsche Evangelische Kirche im Großdeutschen Reich« eintritt. Der Gauleiter hat mir diesen Schriftwechsel vorgelegt und mich um Bekanntgabe der grundsätzlichen Einstellung dazu gebeten. Nachstehend gebe ich Ihnen streng vertrauliche Kenntnis von meiner Antwort an diesen Gauleiter:
»Nationalsozialistische und christliche Auffassungen sind unvereinbar. Die christlichen Kirchen bauen auf der Unwissenheit der Menschen auf und sind bemüht, die Unwissenheit möglichst weiter Teile der Bevölkerung zu erhalten, denn nur so können die christlichen Kirchen ihre Macht bewahren. Demgegenüber beruht der Nationalsozialismus auf *wissenschaftlichen* Fundamenten. Das Christentum hat unveränderliche Grundsätze, die vor fast 2000 Jahren gesetzt und immer mehr zu wirklichkeitsfremden Dogmen erstarrt sind. Der Nationalsozialismus dagegen muß, wenn er eine Aufgabe auch weiterhin erfüllen soll, *stets nach den neuesten Erkenntnissen der wissenschaftlichen Forschungen ausgerichtet werden.*
Die christlichen Kirchen haben die Gefahren, die ihrem Bestand durch die exakten wissenschaftlichen Erkenntnisse drohen, seit jeher erkannt und sich daher bemüht, durch eine Scheinwissenschaft, wie es die Theologie ist, die wissenschaftliche Forschung durch ihr Dogma zu unterdrücken oder zu verfälschen.
Unser nationalsozialistisches Weltbild steht weit höher als die Auffassungen des Christentums, die in ihren wesentlichen Punkten vom Judentum übernommen worden sind. Auch aus diesem Grunde bedürfen wir des Christentums nicht.
Kein Mensch würde etwas vom Christentum wissen, wenn es ihm nicht in seiner Kindheit von den Pfarrern eingetrichtert worden wäre. Der sogenannte liebe Gott gibt das Wissen von seinem Dasein den jungen Menschen keineswegs von vornherein mit auf den Weg, sondern überläßt dies trotz seiner Allmacht erstaunlicherweise den Bemühungen der Pfarrer. Wenn also unsere Jugend künftig einmal von diesem Christentum, dessen Lehren weit unter den unseren stehen, nichts mehr erfährt, wird das Christentum von selbst verschwinden.
Verwunderlich ist auch, daß den Menschen vor Beginn der heutigen Zeitrechnung nichts von diesem Christengott bekannt war und daß auch seit diesem Zeitpunkt der bei weitem größere Teil der Erdenbewohner nie etwas von diesem Christengott erfahren hat und daher nach der recht anmaßenden, aber christlichen Auffassung von vorneherein verdammt ist.
Wenn wir Nationalsozialisten von einer Gottgläubigkeit sprechen, dann verste-

---

30 Flugblatt der Bekennenden Kirche; Abdruck nach einer Abschrift der Reichsorganisationsleitung bei *Zipfel*, a.a.O., S. 512ff.

hen wir unter Gott nicht, wie die naiven Christen und ihre geistlichen Nutznießer, ein menschenähnliches Wesen, das irgendwo in der Sphäre herumsitzt. Wir müssen vielmehr den Menschen die Augen öffnen, daß es neben unserer kleinen, im großen Weltall höchst unbedeutenden Erde noch eine unvorstellbar große Zahl weiterer Körper im Weltall gibt, noch unzählige Körper, die wie die Sonne von Planeten und diese wieder von kleineren Körpern, den Monden, umgeben werden. Die naturgesetzliche Kraft, mit der sich alle diese unzähligen Planeten im Weltall bewegen, nennen wir die Allmacht oder Gott. Die Behauptung, diese Weltkraft könne sich um das Schicksal jedes einzelnen Wesens, jeder kleinsten Erdenbazille kümmern, könne durch sogenannte Gebete oder andere erstaunliche Dinge beeinflußt werden, beruht auf einer gehörigen Dosis Naivität oder aber auf einer geschäftigen Unverschämtheit.
Demgegenüber stellen wir Nationalsozialisten uns die Forderung, möglichst natürlich, d.h. lebensgesetzlich, zu leben. Je genauer wir die Gesetze der Natur und des Lebens erkennen und beachten, je mehr wir uns an sie halten, desto mehr entsprechen wir dem Willen der Allmacht. Je mehr wir den Willen der Allmacht einsehen, desto größer werden unsere Erfolge sein.
Aus der Unvereinbarkeit nationalsozialistischer und christlicher Auffassungen folgt, daß eine Stärkung bestehender und jede Förderung neu entstehender christlicher Konfessionen von uns abzulehnen ist. Ein Unterschied zwischen den verschiedenen christlichen Konfessionen ist hier nicht zu machen. Aus diesem Grunde ist daher auch der Gedanke auf Errichtung einer evangelischen Reichskirche unter Zusammenschluß der verschiedenen evangelischen Kirchen endgültig aufgegeben worden, weil die evangelische Kirche uns genau so feindlich gegenübersteht, wie die katholische Kirche. Jede Stärkung der evangelischen Kirche würde sich lediglich gegen uns auswirken.
Es ist ein geschichtlicher Fehler der deutschen Kaiser im Mittelalter gewesen, daß sie immer wieder beim Vatikan in Rom Ordnung schufen. Es ist überhaupt ein Fehler, in den wir Deutsche leider allzu oft verfallen, daß wir bestrebt sind, Ordnung zu schaffen, wo wir ein Interesse an der Zersplitterung und Uneinigkeit haben müßten. Die Hohenstaufen hätten das größte Interesse an der Zersplitterung der kirchlichen Machtverhältnisse haben müssen. Vom Standpunkt des Reichs wäre es das günstigste gewesen, wenn nicht ein Papst, sondern mindestens zwei, wenn möglich sogar noch mehr Päpste bestanden und sich gegenseitig bekämpft hätten. Statt dessen haben die deutschen Kaiser und insbesondere auch die Hohenstaufen bei der Kirche immer wieder für Ordnung gesorgt, einem Papst zur Macht über alle übrigen Konkurrenten verholfen, mit dem Erfolg, daß die Kaiser, sobald der Papst wieder stark genug dazu war, von »ihrem« Papst sofort die ersten Nackenschläge erhielten. Die Kirche aber hat zur Stärkung ihrer eigenen Machtposition immer wieder den Partikularismus der Fürsten und später der Parteien ausgenutzt und nach Kräften geschürt.
In früheren Generationen lag die Volksführung ausschließlich in den Händen der Kirche. Der Staat beschränkte sich darauf, Gesetze und Verordnungen zu erlassen und vor allem zu verwalten. Die eigentliche Volksführung aber lag nicht beim Staat, sondern bei den Kirchen. Diese übten über die Pfarrer stärksten Einfluß auf das Leben des einzelnen Menschen, der Familien und auf die Gesamtheit aus. Alles, was den Kirchen nicht paßte, wurde mit beispielloser Rücksichtslosigkeit unterdrückt.
Jahrhundertelang lieh sich der Staat durch die verschiedensten Zuwendungen die kirchliche Einflußmöglichkeit. Es hing von der Kirche ab, ob sie dem Staat helfen oder sich gegen ihn stellen wollte. Der Staat war auf die Hilfe der Kirche angewiesen, er war von ihr abhängig. Der Kampf der deutschen Kaiser gegen den Papst mußte im Mittelalter und in der Neuzeit immer wieder scheitern, weil nicht der

Kaiser, sondern die Kirche die Volksführung in der Hand hatte.
Diese weltanschauliche Abhängigkeit des Staates von der Kirche, die Überlassung der Volksführung an die Kirche, waren zur Selbstverständlichkeit geworden, so daß niemand wagte, ernstlich hiergegen anzugehen. Dies nicht als unumstößliche Tatsache von vorneherein in Rechnung zu ziehen, galt noch bis unmittelbar vor der Machtübernahme als absurde Dummheit.
Zum ersten Male in der deutschen Geschichte hat der Führer bewußt und vollständig die Volksführung selbst in der Hand. Mit der Partei, ihren Gliederungen und angeschlossenen Verbänden hat der Führer sich und damit der deutschen Reichsführung ein Instrument geschaffen, das ihn von der Kirche unabhängig macht. Alle Einflüsse, die die durch den Führer mit Hilfe der NSDAP ausgeübte Volksführung beeinträchtigen oder gar schädigen könnten, müssen ausgeschaltet werden. Immer mehr muß das Volk den Kirchen und ihren Organen, den Pfarrern, entwunden werden. Selbstverständlich werden und müssen, von ihrem Standpunkt betrachtet, die Kirchen sich gegen diese Machteinbuße wehren. Niemals aber darf den Kirchen wieder ein Einfluß auf die Volksführung eingeräumt werden.
Dieser muß restlos und endgültig gebrochen werden. Nur die Reichsführung und in ihrem Auftrage die Partei, ihre Gliederungen und angeschlossenen Verbände haben ein Recht zur Volksführung.
Ebenso wie die schädlichen Einflüsse der Astrologen, Wahrsager und sonstigen Schwindler ausgeschaltet und durch den Staat unterdrückt werden, muß auch die Einflußmöglichkeit der Kirche restlos beseitigt werden. Erst wenn dieses geschehen ist, hat die Staatsführung den vollen Einfluß auf die einzelnen Volksgenossen. Erst dann sind Volk und Reich für alle Zukunft in ihrem Bestande gesichert.
Wir würden die Fehler, die in den vergangenen Jahrhunderten dem Reich zum Verhängnis wurden, wiederholen, wenn wir nach dem Erkennen der weltanschaulichen Gegnerschaft der christlichen Konfessionen jetzt noch irgendwie zur Stärkung einer der verschiedenen Kirchen beitragen würden. Das Interesse des Reiches liegt nicht in der Überwindung, sondern in der Erhaltung und Verstärkung des kirchlichen Partikularismus.«

Heil Hitler!
gez. M. Bormann

f) Die staatsgebundenen Kirchenbehörden

Der Staat führte auch im Kriege, wie wir sahen, seine kirchenfeindliche Politik fort. Das hatte für die Kirche wenigstens das Gute, daß der Staat sie nicht aktiv in den Krieg, insbesondere seine Propaganda, einschaltete. Die Kirche blieb daher vor Forderungen des Staates auf aktiven Kriegseinsatz in ihrer Verkündigung verschont. Wenn trotzdem in der Evangelischen Kirche etwas Derartiges sichtbar wurde, so waren es im wesentlichen die Leitungen der damals deutsch-christlich bestimmten Kirchen, die in dieser Richtung etwas von sich hören ließen.
Zu Beginn des Krieges wurde ein sogenannter »*Geistlicher Vertrauensrat*« für die Deutsche Evangelische Kirche gebildet. Der Leiter der Evangelischen Kirchenkanzlei, Dr. Werner, gab diese Tatsache im Gesetzblatt der Deutschen Evangelischen Kirche folgendermaßen bekannt[31]:

---

31   GBl DEK 1939, S. 97

Im Bewußtsein um die großen und verantwortungsvollen Aufgaben, die der Deutschen Evangelischen Kirche mit der gegenwärtigen ernsten Lage des deutschen Volkes zuwachsen, und deren Gewicht noch schwerer werden wird, wenn es dem Führer nicht gelingen sollte, ohne Einsatz der Waffen Ehre und Lebensrecht der deutschen Nation zu sichern, habe ich der für den 29. August 1939 einberufenen Kirchenführerkonferenz den Vorschlag gemacht, mir einen Geistlichen Vertrauensrat aus führenden Männern der Kirche zuzuordnen, mit dem zusammen ich namens und im Auftrage der Deutschen Evangelischen Kirche diejenigen Entschließungen zu fassen und diejenigen Maßnahmen zu treffen habe, die sich aus der Verpflichtung der Evangelischen Kirche gegen Führer, Volk und Staat ergeben und ihren geordneten und umfassenden Einsatz zu seelsorgerlichem Dienst am deutschen Volke zu fördern geeignet sind.

Die Notwendigkeit der Bildung eines solchen Vertrauensrates wurde allgemein anerkannt.

Entsprechend den mir gemachten Vorschlägen habe ich die Herren
Landesbischof D. Marahrens in Hannover,
Landesbischof Schultz in Schwerin und
den mit der Wahrnehmung der Befugnisse des Geistlichen Vizepräsidenten des Evangelischen Oberkirchenrats-Berlin beauftragten Oberkonsistorialrat D. Hymmen
zu Mitgliedern des Geistlichen Vertrauensrates der Deutschen Evangelischen Kirche berufen. Der Vertrauensrat ist gestern zusammen mit mir von dem Herrn Reichsminister für die kirchlichen Angelegenheiten empfangen worden und hat seine Arbeit aufgenommen.

Der allmächtige Gott gebe seinen Segen dazu, daß auch die Arbeit dieses Geistlichen Vertrauensrates dazu mithelfe, daß die Deutsche Evangelische Kirche in der Kraft des Glaubens und der Liebe in einmütiger Entschlossenheit und Hingabe unserem deutschen Volke in ernster und entscheidungsschwerer Zeit den Dienst tue, der ihr damit befohlen ist, daß ihr das Evangelium anvertraut ist.

Berlin, den 31. August 1939

Der Leiter der Deutschen Evangelischen Kirchenkanzlei
Dr. *Werner*

Dieser Geistliche Vertrauensrat erließ daraufhin zum *Kriegsbeginn* die nachfolgenden *Aufrufe* im Gesetzblatt der DEK[32]:

Seit dem gestrigen Tage steht unser deutsches Volk im Kampf für das Land seiner Väter, damit deutsches Blut zu deutschem Blut heimkehren darf. Die Deutsche Evangelische Kirche stand immer in treuer Verbundenheit zum Schicksal des deutschen Volkes. Zu den Waffen aus Stahl hat sie unüberwindliche Kräfte aus dem Worte Gottes gereiht: die Zuversicht des Glaubens, daß unser Volk und jeder einzelne in Gottes Hand steht, und die Kraft des Gebetes, die uns in guten und bösen Tagen stark macht. So vereinigen wir uns auch in dieser Stunde mit unserem Volk in der Fürbitte für Führer und Reich, für die gesamte Wehrmacht und alle, die in der Heimat ihren Dienst für das Vaterland tun. Gott helfe uns, daß wir treu erfunden werden, und schenke uns einen Frieden der Gerechtigkeit!

Berlin, den 2. September 1939

Der Leiter der
Deutschen Evangelischen Kirchenkanzlei
Dr. *Werner*

Der Geistliche Vertrauensrat
der Deutschen Evangelischen Kirche
D. *Marahrens*, Landesbischof
Schultz, Landesbischof
D. *Hymmen*, komm. Geistl. Vizepräsident

---

32 Ebd., S. 99f.

An die Gemeinden der Deutschen Evangelischen Kirche
2. September 1939[33]

Die Entscheidung, deren Ungewißheit uns alle in den letzten Wochen und Tagen aufs tiefste bewegte, ist gefallen: Unser deutsches Volk ist aufgerufen, für das Land seiner Väter, für seine Freiheit und seine Ehre zu den Waffen zu greifen.
Wir Glieder der Deutschen Evangelischen Kirche wissen uns untereinander verbunden in der Fürbitte für Volk und Vaterland, für den Führer und die gesamte Wehrmacht. So war es immer in der Geschichte unseres Volkes; so wird es auch bleiben, solange evangelische Männer und Frauen aus dem nie versiegenden Quell ihres Glaubens schöpfen.
Wer von der Gewißheit lebt, daß Gott uns in Christus seine Vergebung geschenkt und uns zu seinen Kindern angenommen hat, der wird in guten und schweren Tagen unbeirrt auf den Schutz des himmlischen Vaters vertrauen, der uns gerade in der Not zu sich ruft und uns aus dem Schatz seines ewigen Wortes immer von neuem stärkt. Wer seine Bibel, seinen Katechismus und sein Gesangbuch kennt und aufzuschlagen weiß, wird dort unter allen Erschütterungen der Zeit die Kraft finden zu allem, was uns auferlegt wird. Er kann und wird sich die Freudigkeit schenken lassen zur Hingabe selbst des Letzten für unseres Vaterlandes Leben und Ehre.
Schwere Opfer an Blut und Leben wird dieser Kampf von uns fordern. Auf vieles werden wir verzichten müssen. Viel seelische Not wird unser Volk zu tragen haben. Laßt uns unter dem allem als evangelische Christen mutig und getrost den Weg des Gehorsams gehen, der uns verordnet ist.
Gott sei mit uns, wie er mit unsern Vätern war. Ihm, »der überschwenglich tun kann über alles, das wir bitten oder verstehen, nach der Kraft, die da in uns wirkt, dem sei Ehre in der Gemeinde, die in Christo Jesu ist, zu aller Zeit von Ewigkeit zu Ewigkeit« (Eph. 3,20–21).

Außerdem wurde im Gesetzblatt der Deutschen Evangelischen Kirche ein *Fürbittengebet für den Krieg* veröffentlicht[34]:

Herr, unser Gott! Vater unseres Herrn Jesu Christi!
Mit unserem Volk und für unser Volk kommen wir zu Dir, der Du der Herr bist über allem und der Vater, zu dessen Barmherzigkeit wir alle Zeit unsere Zuflucht nehmen dürfen. Du bist es, der uns aufs neue in eine Stunde der Bewährung hineinstellt. Wieder gehen wir wie schon so oft in unserer Geschichte den Weg ernster Prüfungen. Du warst es, der in den Jahrhunderten unserer Geschichte unserem Volke auch in allen Dunkelheiten das Licht der Hoffnung leuchten ließ und es immer wieder auch aus schweren Notzeiten heraus emporgeführt hat. Noch in jüngster Vergangenheit hast Du uns aufstehen lassen aus Schmach und Not durch die Tat des Führers, den Du uns gabst.
Wir danken Dir, Du treuer Gott, in dieser Stunde dafür, daß wir, komme, was kommen mag, wissen dürfen, daß Du Gedanken des Segens und des Friedens mit allen hast, die sich Deiner Gnade befehlen.
Du hast uns des gewiß gemacht in unserem Heiland Jesus Christus, unter dessen Kreuz wir uns sammeln. Du hast uns in ihm auch das Vorbild gegeben, wie erst in dem Einsatz des Lebens sich die Liebe bewährt und vollendet. Hilf uns, daß wir in der Kraft Christi bereit sind, reinen Herzens letzte Opfer zu bringen.
Wir bitten Dich: Nimm gnädig und freundlich an auch unser Opfer der Liebe und

---

33 Ebd., S. 100
34 Ebd., S. 101

Treue für unser Volk, unsere Hingabe und all unseren Dienst an der Front und daheim. Laß uns alle getragen und umfangen sein von Deinem heiligen und barmherzigen Willen, ob wir nun als Soldaten unsere Pflicht tun oder im Beruf und Haus, in den Werkstätten und auf den Äckern der Heimat. Erhalte und mehre täglich unsere Zuversicht, daß Du es bist, dem wir in diesen entscheidungsvollen Wochen dienen, der Du unser Volk geschaffen hast und uns die Liebe zu ihm ins Herz gabst.
Gib auch, daß wir als Deine Kinder und Nachfolger Deines lieben Sohnes einander in allen Lagen brüderlich zur Seite stehen. Laß unser Herz in der Kraft Deiner Liebe brennen für alle Volksgenossen, die in Not und Leid geraten, damit niemand einsam bleibt. In allem Dienst laß uns treu sein in der Erkenntnis, daß niemand Dir treu sein kann, der nicht seinem Volke bis zum Letzten die Treue zu halten vermag.
Herr, Du willst, daß die Völker in Gerechtigkeit und Freiheit leben nach den ewigen Gesetzen, in die Du alles menschliche Leben eingefügt hast. Segne Du unseren Kampf für die Ehre, für die Freiheit, für den Lebensraum des deutschen Volkes und sein Brot.
Segne Du unsere Wehrmacht auf dem Lande, zu Wasser und in der Luft. Segne allen Einsatz und alle Arbeit im deutschen Land, segne und schütze du unseren Führer, wie Du ihn bisher bewahrt und gesegnet hast, und laß es ihm gelingen, daß er uns einen wahrhaftigen und gerechten Frieden gewinne, uns und den Völkern Europas zum Segen und Dir zur Ehre.
In Deine Hände befehlen wir uns mit Leib und Seele, unser Volk und unser Reich, indem wir miteinander beten: Vater unser ...

Kurz darauf erschien im Gesetzblatt der Deutschen Evangelischen Kirche eine

Kanzelabkündigung zum Erntedankfest 1939[35]

In tiefer Demut und Dankbarkeit beugen wir uns am heutigen Erntedankfest vor der Güte und Freundlichkeit unseres Gottes: Wieder hat er Flur und Feld gesegnet, daß wir eine reiche Ernte in den Scheunen bergen durften; wieder hat er seine Verheißung an uns wahr gemacht, daß er uns Speise geben wird zu seiner Zeit. Aber der Gott, der die Geschicke der Völker lenkt, hat unser deutsches Volk in diesem Jahr noch mit einer anderen, nicht weniger reichen Ernte gesegnet. Der Kampf auf den polnischen Schlachtfeldern ist, wie unsere Heeresberichte in diesen Tagen mit Stolz feststellen konnten, beendet, unsere deutschen Brüder und Schwestern in Polen sind von allen Schrecken und Bedrängnissen des Leibes und der Seele erlöst, die sie lange Jahre hindurch und besonders in den letzten Monaten ertragen mußten. Wie könnten wir Gott dafür genugsam danken!
Wir danken ihm, daß er unsern Waffen einen schnellen Sieg gegeben hat.
Wir danken ihm, daß uralter deutscher Boden zum Vaterland heimkehren durfte und unsere deutschen Brüder nunmehr frei und in ihrer Zunge Gott im Himmel Lieder singen können.
Wir danken ihm, daß jahrzehntealtes Unrecht durch das Geschenk seiner Gnade zerbrochen und die Bahn freigemacht ist für eine neue Ordnung der Völker, für einen Frieden der Ehre und Gerechtigkeit.
Und mit dem Dank gegen Gott verbinden wir den Dank gegen alle, die in wenigen Wochen eine solche gewaltige Wende heraufgeführt haben: gegen den Führer und

---

35 Ebd., S. 109f.

seine Generale, gegen unsere tapferen Soldaten auf dem Lande, zu Wasser und in der Luft, die freudig ihr Leben für das Vaterland eingesetzt haben.
Wir loben Dich droben, Du Lenker der Schlachten, und flehen, mögst stehen uns fernerhin bei.

Der Leiter
der Deutschen Evangelischen Kirchenkanzlei
Dr. *Werner*

Der Geistliche Vertrauensrat
der Deutschen Evangelischen Kirche
D. *Marahrens* *Schultz* D. *Hymmen*

Aus der weiteren Wirksamkeit des Geistlichen Vertrauensrates seien noch aus den Jahren 1940–1943 die folgenden Veröffentlichungen im Gesetzblatt der Deutschen Evangelischen Kirche mitgeteilt:

Aufruf des Geistlichen Vertrauensrats der DEK an die obersten Behörden
der Deutschen Evangelischen Landeskirchen
Charlottenburg, 26. April 1940[36]

Der Beauftragte für den Vierjahresplan, Generalfeldmarschall Göring, hat die Beschlagnahme und Ablieferung sämtlicher Glocken aus Bronze angeordnet, damit unser Volk durch eine genügend große Metallreserve gegen alle Möglichkeiten der weiteren Kriegsentwicklung gewappnet ist. Da die weitaus überwiegende Zahl der Bronzeglocken dem kirchlichen Leben dient, sind es die Kirchenglocken, die zuerst und vor allem von dieser Anordnung betroffen werden.
Wir wissen, daß es unsere Gemeinden mit Stolz erfüllt, dieses Opfer für den Führer und das Vaterland bringen zu dürfen. Niemand wird das Opfer, das von ihnen erwartet wird, gering schätzen. Die Stimme der Glocken hat seit Menschengedenken unser ganzes kirchliches und völkisches Leben begleitet, alle wichtigen Ereignisse im Leben des einzelnen und der Gemeinschaft, der Häuser und Familien in Stadt und Land. Aber vor allem haben die Glocken Sonntag für Sonntag die Gemeinde zur Kirche gerufen und in vielen Gegenden täglich des Morgens und des Abends zum Gebet. Immer wieder haben sie an den erinnert, den es über alle Dinge zu fürchten, zu lieben und zu ehren gilt, haben unüberhörbar gemahnt: O Land, Land, Land, höre des Herrn Wort! Dazu haben unsere Väter sie gestiftet und gegossen.
Darum fällt uns der Abschied von ihnen schwer wie der Abschied von guten Freunden. Aber der wahre Wert eines Opfers besteht in der Freudigkeit, mit der es gebracht wird. Und darin wollen und werden unsere Gemeinden sich von niemand übertreffen lassen. Die Glocken haben schon in so manchem Krieg ihr Leben dahingeben müssen, um nach dem Kriege wieder schön und strahlend aufzuerstehen. Was von dem roten Metall gilt, gilt in viel tieferem Sinne von uns Menschen. Nur wer bereit ist, sein Leben einzusetzen, vermag das Leben zu gewinnen, und nur das Volk, dessen Söhne auch vor dem Opfer des Lebens nicht zurückschrecken, wird von Gott großer Aufgaben gewürdigt. In solchem Geiste wollen wir Führer und Vaterland die Glocken schenken und in dieses Opfer unsere heißen Wünsche und Gebete flechten.
Dann wird es sich aber ganz von selbst verbieten, sang- und klanglos von den Glocken Abschied zu nehmen. Wir rufen darum unsere Gemeinden auf, aus An-

---

36 GBl DEK 1940, S. 29f.

laß der Ablieferung ihrer Glocken eine *Glocken-Opferfeier* zu veranstalten, die unserer freudigen Einsatzbereitschaft für das Vaterland und unserer gläubigen Siegeszuversicht Ausdruck gibt.
Da damit gerechnet werden muß, daß mit dem Ausbau der Glocken schon in allernächster Zeit begonnen wird, und da diese Arbeit schlagartig durchgeführt werden soll, empfiehlt es sich, die Glocken-Opferfeier überall zu dem gleichen Zeitpunkt zu veranstalten. Wir schlagen den obersten Kirchenbehörden dafür den Trinitatissonntag, den 19. Mai 1940, vor.
Wie die Feier im einzelnen gestaltet werden soll, überlassen wir der Erwägung der Kirchenregierungen und Gemeinden. Ausklang der Feier müßte sinnvollerweise ein letztes Geläut der zur Ablieferung bestimmten Glocken sein. Wir haben bei den zuständigen Stellen beantragt, daß auch in den Luftschutzgebieten 1. Ordnung den Gemeinden gestattet wird, dieses Abschiedsgeläut zu halten. Über das Ergebnis unseres Schrittes werden wir rechtzeitig Mitteilung machen.
Gott segne den Führer! Er schütze und schirme unser deutsches Vaterland!

Der Geistliche Vertrauensrat der Deutschen Evangelischen Kirche
D. *Marahrens*   Schultz   D. *Hymmen*

Zum Beginn des Rußlandfeldzuges richtete der Geistliche Vertrauensrat der Deutschen Evangelischen Kirche folgendes Telegramm an den Führer[37]:

Der Geistliche Vertrauensrat der Deutschen Evangelischen Kirche, erstmalig seit Beginn des Entscheidungskampfes im Osten versammelt, versichert Ihnen, mein Führer, in diesen hinreißend bewegten Stunden aufs neue die unwandelbare Treue und Einsatzbereitschaft der gesamten evangelischen Christenheit des Reiches. Sie haben, mein Führer, die bolschewistische Gefahr im eigenen Lande gebannt und rufen nun unser Volk und die Völker Europas zum entscheidenden Waffengang gegen den Todfeind aller Ordnung und aller abendländisch-christlichen Kultur auf. Das deutsche Volk und mit ihm alle seine christlichen Glieder danken Ihnen für diese Ihre Tat. Daß sich die britische Politik nun auch offen des Bolschewismus als Helfershelfer gegen das Reich bedient, macht endgültig klar, daß es ihr nicht um das Christentum, sondern allein um die Vernichtung des deutschen Volkes geht. Der allmächtige Gott wolle Ihnen und unserem Volk beistehen, daß wir gegen den doppelten Feind den Sieg gewinnen, dem all unser Wollen und Handeln gelten muß.
Die Deutsche Evangelische Kirche gedenkt in dieser Stunde der baltischen evangelischen Märtyrer vom Jahre 1918, sie gedenkt des namenlosen Leids, das der Bolschewismus, wie er es den Völkern seines Machtbereichs zugefügt hat, so allen anderen Nationen bereiten wollte, und sie ist mit allen ihren Gebeten bei Ihnen und bei unseren unvergleichlichen Soldaten, die nun mit so gewaltigen Schlägen daran gehen, den Pestherd zu beseitigen, damit in ganz Europa unter Ihrer Führung eine neue Ordnung erstehe und aller inneren Zersetzung, aller Beschmutzung des Heiligsten, aller Schändung der Gewissensfreiheit ein Ende gemacht werde.
Charlottenburg, den 30. Juni 1941

Der Geistliche Vertrauensrat der Deutschen Evangelischen Kirche
D. *Marahrens*   Schultz   D. *Hymmen*

Zu einem besonderen Konflikt in der Evangelischen Kirche während des Krieges kam es durch die Verschärfung der *Maßnahmen gegen die Juden* seitens des Staates.

---
37 GBl DEK 1941, S. 31

Die nationalkirchlichen Kirchenführer erließen am 17.12.1941 folgende Bekanntmachung im Thüringer Kirchenblatt:

> Bekanntmachung über die kirchliche Stellung evangelischer Juden[38]
>
> Die nationalsozialistische deutsche Führung hat mit zahlreichen Dokumenten unwiderleglich bewiesen, daß dieser Krieg in seinen weltweiten Ausmaßen von den Juden angezettelt worden ist. Sie hat deshalb im Inneren wie nach außen die zur Sicherung des deutschen Lebens notwendigen Entscheidungen und Maßnahmen gegen das Judentum getroffen.
> Als Glieder der deutschen Volksgemeinschaft stehen die unterzeichneten deutschen Evangelischen Landeskirchen und Kirchenleiter in der Front dieses historischen Abwehrkampfes, der u.a. die Reichspolizeiverordnung über die Kennzeichnung der Juden als der geborenen Welt- und Reichsfeinde notwendig gemacht hat, wie schon Dr. Martin Luther nach bitteren Erfahrungen die Forderung erhob, schärfste Maßnahmen gegen die Juden zu ergreifen und sie aus deutschen Landen auszuweisen.
> Von der Kreuzigung Christi bis zum heutigen Tage haben die Juden das Christentum bekämpft oder zur Erreichung ihrer eigennützigen Ziele mißbraucht oder verfälscht. Durch die christliche Taufe wird an der rassischen Eigenart eines Juden, seiner Volkszugehörigkeit und seinem biologischen Sein nichts geändert. Eine deutsche Evangelische Kirche hat das religiöse Leben deutscher Volksgenossen zu pflegen und zu fördern. Rassejüdische Christen haben in ihr keinen Raum und kein Recht.
> Die unterzeichneten deutschen Evangelischen Kirchen und Kirchenleiter haben deshalb jegliche Gemeinschaft mit Judenchristen aufgehoben. Sie sind entschlossen, keinerlei Einflüsse jüdischen Geistes auf das deutsche religiöse und kirchliche Leben zu dulden.
> Berlin, den 17. Dezember 1941
> Evangelisch-lutherische Landeskirche Sachsens
> *Klotsche*, Präsident des Landeskirchenamts
> Evangelische Landeskirche Nassau-Hessen
> *Kipper*, Präsident des Landeskirchenamts
> Evangelisch-lutherische Kirche Mecklenburgs
> *Schultz*, Landesbischof
> Evangelisch-lutherische Landeskirche Schleswig-Holstein
> Dr. *Kinder*, Präsident des Landeskirchenamts
> Evangelische Landeskirche Anhalts
> Der evangelische Landeskirchenrat für Anhalt
> *Wilkendorf*, OKR.
> Thüringer Evangelische Kirche, der Landeskirchenrat
> Dr. *Volk*, i.V.
> Der Kirchenrat der Evangelisch-lutherischen Kirche Lübeck, der Vorsitzende
> *Sievers*, OKR.

Dieser Bekanntmachung entsprach das Kirchengesetz der Thüringer Ev. Kirche vom 28. Dezember 1941 über den *Ausschluß rassejüdischer Christen aus der Kirche*[39]:

---

38 Thüringer Kirchenblatt und Kirchlicher Anzeiger 1942, B, S. 2
39 Thüringer Kirchenblatt und Kirchlicher Anzeiger 1942, A, S. 1

Der Landeskirchenrat hat folgendes Gesetz beschlossen:

§ 1 Personen, auf die Bestimmungen der §§ 1 und 2 der Polizeiverordnung über die Kennzeichnung der Juden vom 1. Sept. 1941 – Reichsgesetzblatt I S. 547 – Anwendung findet, sind samt ihren Abkömmlingen im Bereich der Thüringer Evangelischen Kirche von jeder kirchlichen Gemeinschaft ausgeschlossen.

§ 2 Dieses Kirchengesetz tritt mit der Verkündung in Kraft.

Eisenach, den 28. Dez. 1941   Der Landeskirchenrat
Sasse, Landesbischof

Auch die Deutsche Evangelische Kirchenkanzlei hielt es für nötig, sich einzuschalten. Sie richtete unter dem 22. 12. 1941 folgendes Schreiben an die obersten Behörden der deutschen Evangelischen Landeskirchen[40]:

Der Durchbruch des rassischen Bewußtseins in unserem Volk, verstärkt durch die Erfahrungen des Krieges und entsprechende Maßnahmen der politischen Führung, haben die Ausscheidung der Juden aus der Gemeinschaft mit uns Deutschen bewirkt. Dies ist eine unbestreitbare Tatsache, an welcher die deutschen Evangelischen Kirchen, die in ihrem Dienst an dem einen ewigen Evangelium an das deutsche Volk gewiesen sind und im Rechtsbereich dieses Volkes als Körperschaften des öffentlichen Rechts leben, nicht achtlos vorübergehen können. Wir bitten daher im Einvernehmen mit dem Geistlichen Vertrauensrat der Deutschen Evangelischen Kirche die obersten Behörden, geeignete Vorkehrungen zu treffen, daß die getauften Nichtarier dem kirchlichen Leben der deutschen Gemeinde fernbleiben. Die getauften Nichtarier werden selbst Mittel und Wege suchen müssen, sich Einrichtungen zu schaffen, die ihrer gesonderten gottesdienstlichen und seelsorgerlichen Betreuung dienen können. Wir werden bemüht sein, bei den zuständigen Stellen die Zulassung derartiger Einrichtungen zu erwirken.

I.V. Dr. *Fürle*

Gegen dieses Schreiben nahm Landesbischof Wurm in Stuttgart Stellung durch ein Protestschreiben vom 6. Februar 1942, in dem sich leider einige Passagen über die Juden finden, die ich nicht zu billigen vermag[41].

An die
Deutsche Evangelische Kirchenkanzlei
Berlin-Charlottenburg

Mit Schreiben vom 22. Dezember v.J. hat die Deutsche Evangelische Kirchenkanzlei an die obersten Behörden der Landeskirchen die Aufforderung gerichtet, »geeignete Vorkehrungen zu treffen, daß die getauften Nichtarier dem kirchlichen Leben der deutschen Gemeinde fernbleiben«. Die Kirchenkanzlei stellt in Aussicht, daß sie bei den zuständigen Stellen die Zulassung von Einrichtungen für die gesonderte gottesdienstliche und seelsorgerliche Betreuung der getauften Nichtarier zu erwirken bemüht sein werde.

Begründet wird diese Aufforderung damit, daß die deutschen Landeskirchen, die zu ihrem Dienst an dem einen ewigen Evangelium an das deutsche Volk gewiesen seien und im Rechtsbereich des deutschen Volkes als Körperschaften des öffentli-

---

40 Abschrift als Anlage eines Schreibens des Landeskirchenamtes Hannover vom 17. 1. 1942 an die Superintendenten
41 Vervielfältigte Abschrift

chen Rechts leben, an der Tatsache der Ausscheidung der Juden aus der Gemeinschaft mit den Deutschen nicht achtlos vorüber gehen können.
Bei der außerordentlichen Tragweite dieser Aufforderung und ihrer Begründung sind wir genötigt, unsere Stellungnahme zu diesem Schreiben der Kirchenkanzlei eingehend zu begründen:
Gerne erkennen wir an, daß die Kirchenkanzlei sich die Argumente der nationalkirchlichen Kundgebung vom 17. Dezember v.J. nicht zu eigen gemacht hat. Die dort beliebte Zitierung Luthers geht schon deshalb fehl, weil der Reformator sich nie gegen die getauften Nichtarier gewendet hat; sein Zorn gegen die Juden hatte ja darin seinen Grund, daß sie in ihrer überwiegenden Mehrzahl das Evangelium und die Taufe ablehnten. Besonders eigenartig muß die nationalkirchliche Kundgebung dann erscheinen, wenn man sich an den geistesgeschichtlichen Ursprung einer Christus umgehenden und ignorierenden Gottgläubigkeit erinnert, die heute propagiert wird und deren Einfluß auch die Nationalkirchler sich weithin geöffnet haben. Es war niemand anderes als der Jude Moses Mendelssohn, der in seinen philosophischen Schriften einen christuslosen Gottglauben vertrat; seine Verherrlichung in Lessings Nathan hat dem Philosemitismus in der deutschen Oberschicht den Weg gebahnt. Die im 19. Jahrhundert sich vollziehende Überfremdung des deutschen Geisteslebens und des politischen Lebens durch das Judentum hat sich zu allererst in *den* Kreisen der Bevölkerung vollzogen, die sich von der christlichen Kirche abwandten und dem deistischen Vernunftglauben anhingen. Mischehen mit Juden sind in christlich-kirchlichen Kreisen ganz selten gewesen, im freisinnigen Bürgertum immer häufiger geworden. In schroffem Gegensatz zu der These, daß die Bibel zur Verjudung des deutschen Menschen beitrage, ist festzustellen, daß die wirkliche Kenntnis der Bibel vor jüdischem Wesen bewahrt, während der Kampf gegen die Bibel dazu führen kann, daß man in religiöser Hinsicht Testamentsvollstrecker des christusfeindlichen Judentums wird. Das hat der dem Nationalsozialismus im Jahr 1933 sehr aufgeschlossene Adolf Schlatter in seiner Schrift: »Wird der Jude über uns siegen?« mit Klarheit erkannt und dargetan.
In einem sehr wichtigen, ja für die Frage der Stellung zu den getauften Nichtariern sehr entscheidenden Punkt hat aber doch auch das Schreiben der Kirchenkanzlei sich an die nationalkirchlichen Gedankengänge angeschlossen, nämlich in der Frage nach dem *Auftrag* der deutschen evangelischen Kirchen. Sowohl in der nationalkirchlichen Kundgebung wie in dem Schreiben der Kirchenkanzlei wird die Ausscheidung der getauften Nichtarier aus der Kirche damit begründet, daß »die deutschen evangelischen Kirchen an das deutsche Volk gewiesen seien«. Das ist ja nun ein Satz, den bisher niemand bestritten hat; zur Begründung des Ausschlusses der getauften Nichtarier hätte ein »nur« oder ein »lediglich« in den Zusammenhang gehört. Sogar die nationalkirchliche Kundgebung vermeidet dieses »nur«; aber die Folgerung, daß rassejüdische Christen in der evangelischen Kirche keinen Raum und kein Recht hätten, setzt es voraus. Wenn die Kirchenkanzlei schreibt, daß die evangelischen Kirchen in ihrem Dienst an dem einen ewigen Evangelium an das deutsche Volk gewiesen seien – so ist dies eine Formulierung, die angefochten werden kann. Von Schrift und Bekenntnis her hätte gesagt werden müssen, daß die Kirchen in ihrem Dienst an unserem Volk an das eine ewige Evangelium gewiesen seien. Das eine ewige Evangelium – die Kirchenkanzlei will also das Evangelium selbst nicht rassisch teilen, sie hat eine Erinnerung an Galater 3,28: »In Christus ist nicht Grieche noch Jude«; aber sie zieht daraus nicht die Folgerung, daß grundsätzlich die Rasse kein Grund zum Ausschluß aus einer christlichen Kirche sein kann. Vielmehr beruft sie sich auf den »Durchbruch des rassischen Bewußtseins in unserem Volk, verstärkt durch die Erfahrungen des Krieges, und auf die entsprechenden Maßnahmen der politischen Führung«. Daraus will

die Kirchenkanzlei die Folgerung gezogen wissen. Mit dem einen ewigen Evangelium hat diese Folgerung aber nichts zu tun. Dürfen wir, wenn wir diejenigen ausstoßen, die durch die Taufe in unsere Kirche aufgenommen worden sind, mit denen wir kirchliche Gemeinschaft gepflegt haben, die unsere kirchlichen Liebeswerke mitgetragen haben, künftig noch an Weihnachten von der Freude reden, die *allem* Volk widerfahren ist? Haben wir ein Recht, Heidenmission zu treiben, wenn die evangelischen Kirchen in Deutschland keinen Auftrag an andere Völker haben? Die Kirchenkanzlei hat bisher das Werk der Äußeren Mission zur legitimen kirchlichen Arbeit gerechnet; grundsätzlich kann sie daran nicht festhalten, wenn sie den Standpunkt einnimmt, der in ihrem Schreiben vom 22. Dezember bekundet ist!

Vom Evangelium her ist der Ausschluß der getauften Nichtarier nicht zu rechtfertigen. Der Hinweis auf die früher oder jetzt noch bestehenden fremdsprachigen Sondergemeinden verfängt auch nicht; denn die nichtarischen Christen reden dieselbe Sprache wie wir. Aber dürfen die Kirchen an der Tatsache der Ausscheidung der Juden aus der deutschen Volksgemeinschaft achtlos vorübergehen? Sicherlich nicht. An keinem Unglücklichen darf der Christ achtlos vorübergehen. Daß die nichtarischen Christen heute Unglückliche sind, wird niemand bestreiten wollen. Dürfen wir das Unglück der wenigen noch vorhandenen nichtarischen Christen noch steigern, indem wir ihnen die Teilnahme an unseren Gottesdiensten entziehen?

Von keiner evangelischen Kirche ist dem Staat das Recht bestritten worden, zum Zweck der Reinerhaltung des deutschen Volkes eine Rassegesetzgebung durchzuführen. Führende Männer der evangelischen Kirche – ich erinnere an Adolf Stökker und seine Gesinnungsgenossen – haben einst zuerst auf die Gefahren hingewiesen, die dem deutschen Volk aus der jüdischen Überfremdung auf wirtschaftlichem, politischem und kulturellem Gebiet drohen. Aber gerade einem Mann wie Stöcker wäre es nie eingefallen, aus staatlichen Maßnahmen Folgerungen zu ziehen, die den universalen Auftrag der Kirche und die Heilsbedeutung der Taufe verneinen. Wir bedauern außerordentlich, daß das Schreiben der Kirchenkanzlei die Lage der Pfarrer und Gemeinden, die dem Vorgehen nationalkirchlicher Kirchenleitungen in dieser Hinsicht aus Gewissensgründen sich nicht unterwerfen können, erschwert. Nicht bloß aus Glaubensgründen, sondern auch aus vaterländischen Erwägungen müssen wir solchem Widerspruch zustimmen und ihn selbst erheben. Ist es nicht unsere Pflicht, an das Geschick der vielen Deutschen zu denken, die im feindlichen Ausland leben? Haben schon die politischen Maßnahmen gegen die Juden in Deutschland verhängnisvolle Gegenwirkungen gegen das Deutschtum im Ausland ausgelöst, so wollen wir doch nicht dazu beitragen, daß unsere Volks- und Glaubensgenossen draußen auch noch kirchlichen Repressalien ausgesetzt werden!

Wenn eine Erfahrung aus dem Geschehen der letzten neun Jahre zu gewinnen war, so doch ganz gewiß diese, daß Zugeständnisse in Glaubenssachen die Feindschaft gegen Kirche und Christentum nie beseitigen konnten, wohl aber die innere Festigkeit der Kirche erschüttert haben. Vor einigen Jahren konnte man auch in deutschchristlichen Kreisen noch Befürworter des Gebrauchs alttestamentlicher Texte in Predigt und Jugendunterweisung finden; heute wagt kein Nationalkirchler mehr, dem Alten Testament das Wort zu reden. Gerade die Entwicklung der Nationalkirchler zeigt, wohin man kommt, wenn die Nachgiebigkeit auf religiösem und kirchlichem Gebiet gegenüber politischem Druck das einzige Dogma ist, an dem man unverbrüchlich festhält. Wir möchten die Kirchenkanzlei dringend bitten, diesen mit Artikel 1 der Verfassung unvereinbaren Weg nicht zu gehen, sondern ihr Schreiben vom 22. Dezember v.J. zurückzuziehen.

Die evangelische Kirche im Zweiten Weltkrieg (1939–1945)

Die *Bekennende Kirche*, vertreten durch die Vorläufige Leitung und die Konferenz der Landesbruderräte, veröffentlichte dazu das folgende Schreiben an die Kirchenkanzlei der DEK vom 5. 2. 1942[42]:

In einem Schreiben an die obersten Kirchenbehörden vom 22. 12. 1941 hat die Deutsche Evangelische Kirchenkanzlei im Einvernehmen mit dem Geistlichen Vertrauensrat die Kirchenbehörden gebeten, »die geeigneten Vorkehrungen zu treffen, daß die getauften Nichtarier dem kirchlichen Leben der deutschen Gemeinde fernbleiben«.
Dieser Maßnahme, die den Ausschluß der nichtarischen Christen aus der Gemeinschaft der DEK bezweckt, wird von der Kirchenkanzlei folgende Begründung gegeben: »Der Durchbruch des rassischen Bewußtseins in unserem Volk, verstärkt durch die Erfahrungen des Krieges und entsprechende Maßnahmen der politischen Führung, haben ein Ausscheiden der Juden aus der Gemeinschaft mit uns Deutschen bewirkt. Dies ist eine unbestreitbare Tatsache, an welcher die Deutschen Evangelischen Kirchen, die in ihrem Dienst an dem einen ewigen Evangelium an das deutsche Volk gewiesen sind und im Rechtsbereich dieses Volkes als Körperschaft des öffentlichen Rechts leben, nicht achtlos vorübergehen können.«
Mit allen auf dem Boden von Schrift und Bekenntnis stehenden Christen Deutschlands sehen wir uns zu der Feststellung genötigt, daß dieses Ansuchen der Kirchenkanzlei mit dem Bekenntnis der Kirche unvereinbar ist.
Die Tatsache, daß der Staat sich zu bestimmten Maßnahmen gegen die Juden veranlaßt gesehen hat, gibt der Kirche Jesu Christi kein Recht, die Folgerungen daraus zu ziehen, die die Kirchenkanzlei glaubt daraus ziehen zu müssen. Diese Folgerungen verkennen das Wesen der Kirche und sind geeignet, ihre Grundlage zu zerstören.
Die Kirche Jesu Christi ist gebunden an den Befehl ihres Herrn: »Gehet hin in alle Welt und lehret alle Völker und taufet sie im Namen des Vaters, des Sohnes und des Heiligen Geistes.« Dieser Befehl kennt keine Schranken der Rasse. Er legt den Gliedern der Kirche gleicherweise die Pflicht der Mission an den Heiden wie an den Juden auf.
Auch Martin Luther hat sich, bei allem berechtigten Zorn gegen die Juden, die die christliche Kirche schmähen und christliche Volkssitte untergraben, noch in seiner letzten Predigt vom 15. 2. 1546 ausdrücklich zu dieser Pflicht bekannt: »Das sollt ihr ihnen ernstlich anbieten, daß sie sich zu dem Messias bekehren wollen und taufen lassen, daß man sehe, daß es ihnen ein Ernst sei . . ., wenn sie sich aber bekehren, ihren Wucher lassen und Christum annehmen, so wollen wir sie gern als unsere Brüder halten.« Wir halten an diesem Grundsatz Luthers fest, daß wir den Juden die Botschaft Jesu Christi schuldig sind und daß wir die getauften Nichtarier als unsere Brüder in Christo zu behandeln haben.
»Der Durchbruch des rassischen Bewußtseins in unserm Volk« hindert uns nicht, fremdrassigen Menschen, etwa Japanern oder Chinesen, soweit sie Christen sind, die Teilnahme an unseren Gottesdiensten zu gestatten, wie auch wir in ihren Landen ihre christlichen Gottesdienste besuchen dürfen. Mit welchem Recht wollen wir aus rassischen Gründen die christlichen Nichtarier von unseren Gottesdiensten ausschließen? Wollen wir den Pharisäern gleichen, die »Zöllnern und Sündern« die Gottesdienstgemeinschaft aufsagten und Christi Strafgericht dafür ernteten?
Wollten wir mit der Forderung der Kirchenkanzlei und des Geistlichen Vertrauensrates wirklich ernst machen und die christlichen Nichtarier aus der Gemeinschaft der Deutschen Evangelischen Kirche ausschließen, so würde sich dar-

---

42 Abschrift ohne Kopf und Datum

aus die Nötigung ergeben, sämtliche Apostel, und nicht zuletzt Jesus Christus selbst, den Herrn der Kirche, wegen ihrer rassischen Zugehörigkeit zum jüdischen Volk aus unserer Kirche zu verweisen. Es wird niemand leugnen können, daß die Thüringer Deutschen Christen auf dem besten Wege dazu sind. Will die Kirchenkanzlei und der Geistliche Vertrauensrat, die für sich in Anspruch nehmen, auf dem Boden des Art. 1 der Verfassung der DEK zu stehen, ihnen auf diesem Wege folgen? So gewiß es ist, daß die Evangelische Kirche Deutschlands unserm deutschen Volk zu dienen hat, so gewiß ist es auch, daß sie sich aus der Einheit des Leibes Christi, der alle Völker und Rassen umfaßt, nicht lösen kann, ohne den Anspruch zu verlieren, noch Kirche des Evangeliums zu sein.
Wir bitten daher die Kirchenkanzlei, in Übereinstimmung mit dem Schreiben des Herrn Landesbischofs D. Wurm vom 6. Februar 1942, das verhängnisvolle Schriftstück vom 22. 12. 1941 zurückzunehmen.

Die Konferenz der Landesbruderräte Die Vorläufige Leitung der DEK
    Kloppenburg   *Böhm*

Irgendeine Auswirkung haben die nationalkirchlichen Vorstöße zur Ausscheidung der Judenchristen in der Evangelischen Kirche nicht gehabt, zumal durch das Vorgehen des Staates auch die Judenchristen der Judenverfolgung zum Opfer fielen. Im Sommer des Jahres 1942 sahen sich die Kirchenführer, die in der sogenannten *Kirchenführerkonferenz* zusammengeschlossen waren, veranlaßt, noch einmal das Wort zu nehmen zu einer Mitteilung an die Pfarrer und kirchlichen Vertretungen. Bezeichnend für die Lage ist, daß dieses Wort nicht öffentlich bekanntgegeben werden sollte, sondern nur mündlich in Pfarrerkreisen und kirchlichen Vertretungen:

Mitteilung der Kirchenführerkonferenz an die Pfarrer
und kirchlichen Vertretungen[43]

Die ernste Lage, in der sich Christentum und Kirche zur Zeit in Deutschland befinden, nötigt uns zu folgenden Mitteilungen:
Im Laufe des letzten Jahres hat die Zurückdrängung der kirchlichen Arbeit, die sofort nach Kriegsbeginn mit dem Verbot des Verkehrs der Pfarrämter mit ihren zur Wehrmacht einberufenen Gemeindegliedern begonnen hatte, besonders durch die Stillegung der gesamten kirchlichen Volkspresse ein solches Maß erreicht, daß die Kirchenführerkonferenz dazu nicht schweigen konnte.
Im Dezember ist dem Führer und Reichskanzler durch persönliche Übergabe an Unterstaatssekretär Kritzinger in der Reichskanzlei eine Eingabe zugeleitet worden, die mit Nachdruck eine andere Behandlung der Kirche und ihrer Anliegen von seiten des Staates und der Partei forderte. Am Schlusse dieser Eingabe heißt es: »Geben Sie uns die Gewähr, daß wir mit der gleichen Treue und der gleichen Einsatzbereitschaft gute Deutsche und gute evangelische Christen sein dürfen. Wir lassen uns nicht irremachen in der Treue zu unserem Volk, in das wir hineingeboren sind und dem wir uns im Leben und im Sterben verbunden wissen, aber auch nicht in der Treue zu dem Herrn, dessen Auftrag die Kirche in jeder Zeit und an jedem Volke auszurichten hat.«
Als Anfang Februar durch eine Mitteilung des Herrn Unterstaatssekretärs Kritzinger festgestellt wurde, daß der Führer zu dieser Eingabe noch keine Stellung ge-

---

43 Vervielfältigung ohne Kopf und Datum

nommen hatte, wandte sich Landesbischof D. Wurm, der von der Kirchenführerkonferenz mit diesen Verhandlungen beauftragt war, an den Chef der Reichskanzlei, Herrn Reichsminister Dr. Lammers, mit der Bitte, eine solche Stellungnahme so bald als möglich herbeizuführen, um weiten Kreisen des Volkes, die unter dem Drucke des Krieges leiden, eine seelische Entlastung zu verschaffen. Anfang März richtete Landesbischof D. Wurm noch einmal ein Schreiben an den Führer selbst, worin er darauf hinwies, daß der russischen Bevölkerung in einem Plakat die Wiedergewinnung ihrer christlichen Glaubensfreiheit durch das deutsche Heer verkündet werde, während in Deutschland ein Druck zum Austritt aus der christlichen Kirche und zur Unterlassung kirchlicher Handlungen ausgeübt werde.
Nachdem nun vier Monate verflossen sind, ohne daß eine Stellungnahme erfolgt ist, fühlen wir uns verpflichtet, den Amtsbrüdern und durch sie in geeigneter Weise den kirchlichen Vertretungen mitzuteilen, daß die eben erwähnten Schritte geschehen sind, daß sie aber bis heute keine Wirkung gehabt haben. Unsere Amtsbrüder und ihre Mitarbeiter sollen wissen, daß wir nichts unversucht gelassen haben, um den höchsten Stellen die Anliegen der christlichen Bevölkerung nahezubringen. Im Hinblick auf die Möglichkeit einer Ausnutzung durch das feindliche Ausland sehen wir von einer öffentlichen Kundgebung ab. Wir bitten aber Pfarrer und Gemeinden, ebenso fortzufahren in treuer Pflichterfüllung gegen Volk und Vaterland wie in dem unerschrockenen Bekenntnis zu dem Evangelium von Jesus Christus.
Der Herr der Kirche wolle diese Zeit schwerer Prüfung und Heimsuchung dazu dienen lassen, daß die Wahrheit und Kraft seiner Heilsbotschaft sich an vielen bezeuge.

Marahrens Wurm Meiser Tügel Happich Kühlewein Röpke
Hollweg Neuser Henke

Es ist überaus aufschlußreich, mit diesem Dokument der Kirchenführer die Kundgebung eines Mannes, des Superintendenten Horn in Duisburg, zu vergleichen, die er als der Vorsitzende des »Provinzialsynodalrates« der Rheinprovinz[44] im August 1942 an die Evangelischen Gemeinden der Rheinprovinz richtete:

An die Evangelischen Gemeinden der Rheinprovinz[45]

Ein besonderes Erleben vereinte zu Kriegsbeginn unsere rheinischen Gemeinden in der Teilnahme an dem Geschick unserer Brüder an der Saar, die der Krieg vertrieb. Mit gleichem Ernst beansprucht heute die planvolle, mörderische Verwüstung rheinischer Städte und Dörfer das Mitempfinden und die Hilfsbereitschaft weit über das Rheinland hinaus. Und hier ist als eine etwas schmerzliche Erfahrung festzustellen, daß ein Verständnis für das, was hier geschieht, nur gewonnen werden kann, wenn jemand längere Zeit es miterlebt. Hieran erkennt man, daß hier wirklich Krieg ist; keiner unserer Urlauber, der aus der Winterschlacht oder von Sewastopol nach Hause kommt, kann erwarten, daß irgend jemand ein Verständnis dafür hat, wie es draußen zugeht.
Der Verantwortliche für diesen Krieg, Churchill, hat erklärt, daß er die Bombenabwürfe aus sehr großer Höhe und darum ohne Zielsicherheit durchführe, um die Verluste seiner Flieger zu verringern. Außerdem sei die starke Heimsuchung der

---

44 Dieser »Provinzialsynodalrat« war eine Institution, die von dem Präsidenten des EOK, Dr. Werner, im Jahre 1938 ohne Rechtsgrundlage geschaffen wurde.
45 Zeitgenössisches Druckblatt

Zivilbevölkerung durchaus geeignet, mitzuwirken zur Zermürbung des Gegners. Jedenfalls ist dennoch eine merkwürdige Sicherheit festzustellen bei Tagesangriffen auf volkreiche Straßen, auf Friedhöfe mit Trauerkundgebungen und nachts auf Krankenhäuser und Kirchen. Außerdem ist es schwer, an einer Großstadt, die hundert qkm bedeckt, vorbeizuwerfen. Die Zahl der auf dem Lande abgeworfenen Bomben ist immerhin so groß, daß am Niederrhein zahlreiche Bauernhöfe schwer beschädigt oder gar vernichtet sind. Die Wahllosigkeit, mit der es trifft, die Schwierigkeiten, mit denen der Selbstschutz zu kämpfen hat, stellen eine hohe Anforderung. Die Leistungsfähigkeit und Entschlußfreudigkeit, die Tapferkeit und Seelenruhe der in Aktion tretenden Bevölkerung haben mich in sehr schwierigen Lagen in Erstaunen gesetzt. Sie sind eines hohen Lobes wert.
Diese außerordentlichen Anforderungen an die körperliche und seelische Standfestigkeit kommen nun für große Teile des Rheinlandes zu den allgemeinen Lasten des Krieges hinzu. Sie sind nicht leicht zu tragen, zumal sie sich auf Schultern legen, die eigentlich nicht dazu da sind; vielfach auf Frauen und Kinder und Alte. Sie werden auch nicht nur mit Enthusiasmus und großer Begeisterung überwunden, sondern gelegentlich auch mit Knurren und Schimpfen, oft genug in der falschen Richtung. Es ist ein ergötzlicher Anblick, wie nun die Engländer mit ihrer Propaganda, die oft auf unsichtbaren Wegen geht, dieselben Mittel brauchen, die 1918 zum Erfolge führten. Und einige Dumme würden sich finden, die in jede Falle gehen. Bei allen Denkenden aber sind die Erfahrungen von 1918 unvergessen. Und stärker als die nervenzertrümmernden Wirkungen eines ruhelosen Lebens ist der tiefglühende Haß gegen die scheinheiligen Mächte, die uns den Mördern ausliefern wollen. Ein Gutes haben solche Zeiten: Es kommt heraus, was im Menschen steckt; der einzelne wird gewogen. Und wie überall in der großen Probe des Krieges hängt das Schicksal der eingesetzten Verbände immer an der Führung durch einzelne, die das verwirklichen, was der Feldherr will und verlangen muß. Dieses willensmäßige und körperliche Durchhalten ist bei kriegerischen Entscheidungen niemals selbstverständlich gewesen, außerdem ist die Lage einer Bevölkerung, die der sportmäßigen und für ihn selbst nicht übermäßig gefährlichen Betätigung eines Gegners ausgesetzt ist, der an Lazarettflugzeugen, an Schiffbrüchigen und anderen Nichtkämpfenden immer wieder seine kalte Verachtung anderer Menschen unter Beweis stellt, besonders schwierig. Wer den Weltkrieg miterlebt hat, weiß, daß damals trotz der schon im dritten Kriegsjahre ungleich schwierigeren Ernährungslage die seelische Spannkraft nicht so auf die Probe gestellt wurde wie heute. Aber damals war immer fühlbar und wirkte sich zuletzt geradezu tragisch aus der Gegensatz zwischen der politischen und militärischen Führung. Heute werden alle jeden Tag mit hingerissen von dem einmaligen, in herrlicher Flamme lodernden Heldentum des Heeres unter der Führung des Mannes, der alles vereint, was je die Deutschen von ihren Heerkönigen hofften und träumten. Und dazu kommt, daß von seiner Person eine politische Führung ausgeht, in der nicht nur alle freudig mitgehen, die in der deutschen Volksgemeinschaft stehen, sondern auch fraglos und ohne Aufgabe der eigenen Selbständigkeit die Bundesgenossen. Der gottgewollte Lebensraum ist für sie alle ein beglaubigtes Ziel, die Lebenskraft einer ganzen Generation dafür einzusetzen.
Ich spreche hier für die Gemeinden, die Kriegsgebiet geworden sind durch die englischen Angriffe, und zu denen, die es nicht sind, die räumlich aber oft gar nicht weit von uns getrennt sind. Ich spreche wiederum auch zu beiden. Den einen möchte ich zurufen: »Herberget gerne – es haben etliche, ohne es zu wissen, Engel beherbergt!« Den anderen: »Wer nicht arbeiten will, soll auch nicht essen.« Verdient euch euren Platz am fremden Feuer. Der Platz ist schon verdient, wenn man sieht, daß, der ihn einnimmt, nicht müßig trotzt auf ein Recht, sondern daß ihn hingetragen hat die Not.

Ich würde das Mitempfinden unserer rheinischen Gemeinden für die vom Kriege verheerten Gebiete nicht mit meiner ganzen Freudigkeit in Anspruch nehmen, wenn ich nicht wüßte, daß aller Liebe wert sind, für die ich diesmal spreche. Ich brauche euch nicht aufzurufen, unser im Gebet zu gedenken. Das tut ihr schon, und Gott hört auch das wortlose Seufzen. Von unserem Herrn bezeugt seine Gemeinde:
»Er kann, er will, er wird in Not
vom Tode selbst und durch den Tod
uns zu dem Leben führen.«
Wir verlangen auch nicht, daß ihr euch in unsere Lage versetzt, denn wir freuen uns, daß nicht alle darin sind. Mit leeren Worten der Ermunterung ist uns nicht gedient. Aber glaubt uns, daß es keine Feigheit ist, wenn manche, die hier nicht durch eine Lebensaufgabe gebunden sind, in ungefährdetes Gebiet gehen möchten. Gott wird es unseren Frauen lohnen, daß sie fast alle ihre Männer, die hier berufstätig sind, nicht im Stiche lassen wollen. Daß die Hochbezahlten nicht die in Sicherheit liegenden Kurorte überschwemmen, dafür hat schon der Staat gesorgt. Aber unsere Brüder, die vor dem Feinde stehen, sollen auch wissen, daß für ihre schwangere Frau und ihre zarten Kinder Möglichkeiten geboten werden, den beständigen Nervenproben enthoben, das kommende Geschlecht einer freudigeren Zukunft entgegenzuführen, für die wir alle kämpfen und dulden. Uns sind schon viele Fälle bekannt geworden, so tatbereites Mitempfinden unvergeßlichen Dank erwarb. Ich denke keineswegs an eine besondere Aktion der Evangelischen Kirche, sondern ich habe volles Zutrauen zu der rechtzeitigen Erkenntnis der zur Wahrnehmung der Volksbelange berufenen Stellen, in die keine Unordnung hineingebracht werden darf. Es handelt sich um das tatkräftige und freudige Mitgehen. Die evangelischen Gemeinden werden gewiß nicht zurückstehen, in dem Werke des Führers mitzuarbeiten dadurch, daß sie bereit sind, auch Unbequemlichkeiten auf sich zu nehmen, um Raum zu schaffen für die, welche wir so gern der ständigen Bedrohung entheben möchten. Hier wird wirklich eine stark umbrandete Front gehalten. Es wäre nicht evangelisch und nicht deutsch, sie sich selbst zu überlassen. Alle werden helfen, sie zu stärken. Gott wird geben, daß sie nicht überwältigt werde.

Horn

g) Das Ende der Nationalkirchlichen Einung »Deutsche Christen«

Von der Bewegung Deutsche Christen waren im Laufe der Zeit fast nur noch die radikalen Thüringer Deutschen Christen übriggeblieben, die sich den Namen »Nationalkirchliche Einung« beigelegt hatten. Sie waren auch die einzigen, die während des Krieges unentwegt an der Durchführung ihres Programms festhielten. Sie waren weder durch die äußeren noch durch die inneren Wandlungen dieser Jahre in ihren Anschauungen zu erschüttern. Allerdings wurde das, was sie vertraten, nicht irgendwie wirksam, da sich der Staat für ihre Absichten schon lange nicht mehr interessierte und in der Kirche selbst kein Widerhall zu finden war. Die im folgenden gebrachten Zeugnisse dieser Nationalkirchlichen Einung zeigen das Ende der Deutschen Christen in einer allgemeinen völkischen Religiosität.

Als Beispiel des nationalkirchlichen Kultus im Kriege sei eine *Dankgottesfeier* gebracht, die nach dem Siege über Frankreich am 30. Juni 1940 in der St. Wolfgangskirche zu Schneeberg (Sachsen) gehalten wurde[46].

Spiel von Geige und Orgel:
Gesang der Gemeinde: Wir treten zum Beten vor Gott, den Gerechten. Er haltet und waltet ein strenges Gericht. Er läßt von den Schlechten die Guten nicht knechten. Sein Name sei gelobt! Er vergißt unser nicht.
Vorspruch des Pfarrers.
Gesang der Gemeinde: Im Streite zur Seite ist Gott uns gestanden. Er wollte, es sollte das Recht siegreich sein. Da ward, kaum begonnen, die Schlacht schon gewonnen. Du, Gott, warst ja mit uns, der Sieg, er war Dein (niederländ. Dankgebet).
Die Gemeinde erhebt sich.
Kurrende: Vater, wir rufen unverwandt, mit Dir die Wege zu wagen.
Pfarrer: Als frech der Feind uns in den Krieg gezwungen, bist Du, Herr Gott, in unsere deutsche Front gesprungen.
Gemeinde: Herrgott, wir danken Dir!
Kurrende: Gott, Du bist über alles groß. Du kannst das Letzte uns sagen.
Pfarrer: Wer je zu Gottes Legion gehörte, sein ist die Zukunft, wenn sich auch die Welt empörte.
Gemeinde: Herrgott, wir danken Dir!
Kurrende: Vater, wir fassen Deine Hand. Wie Deine Hände uns tragen!
Pfarrer: Ob Tod und Teufel ihre Hörner mächtig blasen, der Mensch mit Gott zieht ewig Gottes Straßen.
Chor: Herr, unser Gott, wir danken Dir! . . . (G. A. Homilius).
Der Pfarrer spricht ein Glaubenswort des Führers.
Die Gemeinde antwortet mit dem Lied des Glaubens: Wir glauben und wir trauen dem Herrn und Helfer, Gott, der uns die Sonn' läßt schauen, hilft uns aus Nacht und Not. Wir stehen festgegründet auf dieser Gotteserd'. Der uns die Sterne zündet, hält unser Leben wert.
Wir glauben und wir wagen. Wir halten's mit dem Christ, der bei des Kreuzes Ragen im Vater blieben ist, der ihn so fest umfangen. Das hat ihn stark gemacht, vertreibt auch unser Bangen. Auch mein Werk wird vollbracht (H. Ohland, J. Leyn).
Der Pfarrer spricht Worte ewiger Wahrheit.
Die Gemeinde nimmt Platz, wenn der Pfarrer den Altar verläßt.
Gesang des Chores: Gott gab uns den Führer, Gott wollen wir loben (H. Weyrauch).
Gesang der Gemeinde: Nun danket alle Gott mit Herzen, Mund und Händen, der große Dinge tut an uns und allen Enden, der uns von Mutterleib und Kindesbeinen an, unzählig viel zugut und noch jetzund getan.
Nun danket alle Gott, der unser Volk geführet aus Nacht und Not zum Licht, wie wir es jüngst verspüret! Wann sprang das Joch entzwei? Wann gab es hellen Klang? Als Gott den Mann gesandt, der sich sein Volk errang.
Nun danket alle Gott! Nun danket allen Helden, die sich dem einen kühn zu treuen Diensten stelltent! Wann sprang das Joch entzwei? Als einer ging voran und manches junge Blut in fremde Erde rann.
Der ewig reiche Gott sei gnädig unsern Toten, die für ein köstlich Gut ihr frisches Leben boten. Er mache sie zum Bild und präge fest uns ein: So bist du nichts. Doch soll dein Volk dir alles sein (M. Rinckart, L. Leyn).
Ansprache.
Gesang der Gemeinde: Herr, das ist alles Deine Huld, daß wir als Brüder uns fan-

---

46 Vervielfältigte Abschrift

Die evangelische Kirche im Zweiten Weltkrieg (1939–1945)

den, daß aus dem Tod wir erstanden, daß wir in Treue entbrannten, Freiheit uns ward von den Banden, Liebe uns löste von Schuld! Herr, das ist alles Deine Huld!
Der Pfarrer bittet die Gemeinde: Richtet euch auf zur Ehrung der Gefallenen!
Die Kurrende singt Hermann Ohlands Lied:
Viel Kreuze stehn. Die Stürme weh'n viel tausend zu den Toten. Zu dem Streit, o Herre Christ, sind wir aufgeboten.
Du dunkle Not, du Kreuz und Tod! Warum soll ich verzagen! Unterm Kreuz, o Herre Christ, gilt kein feiges Fragen.
Der Tapfere stirbt. Sein Blut erwirbt uns Freiheit, Freud' und Leben. Sieh', Dein Tod, o Herre Christ, hat uns Macht gegeben.
Du dunkle Not, du Kreuz und Tod! Mein Gott steht mir zur Seiten. Bis zum Sieg, o Herre Christ, hilf uns tapfer streiten.
Der Pfarrer tritt zum Leuchter der Gefallenen, nennt die Namen der zwei seit der letzten Ehrung auf dem Felde des Sieges Gebliebenen und entzündet zwei Kerzen zu ihrem Gedächtnis. Pfarrer und Gemeinde grüßen mit erhobener Rechten. Darauf singt die Kurrende verhalten den ersten und den dritten Vers des Frankreichliedes.
Spiel der Geige – Pfarrer betet im Namen der Gemeinde – Glockenläuten.
Nach dem Vaterunser Gesang der Gemeinde:
Vater, wir lassen nicht von Dir! Du bist uns Heimat und Frieden. Ewiges Leben hienieden! Hort, wenn uns alle verrieten! Königlich soll man dich bitten! Für Deutschlands Heil bitten wir! Vater, wir lassen nicht von Dir! (F. Veigel).
Der Pfarrer segnet die Gemeinde.
Gesang der Gemeinde: Wir loben Dich oben, Du Lenker der Schlachten, und flehen, mögst stehen uns fernerhin bei, daß Deine Gemeinde nicht Opfer der Feinde. Dein Name sei gelobt! O Herr, mach uns frei!

Als die vielleicht bedeutungsvollste Äußerung zur Religions- und Kirchenpolitik der Nationalkirchlichen Einung »Deutsche Christen« kann der Vortrag gelten, der auf der ersten Sitzung der Fachabteilung Kirchenpolitik am 22./23. 7. 41 in Eisenach von Pfarrer Karl Dungs, Essen-Kupferdreh, gehalten wurde[47]:

Auftrag der Deutschen Christen

Wir haben ein Interesse an religiösen und kirchenpolitischen Fragen, an der Lösung der religiösen Frage in Deutschland nicht aus konfessionspolitischem oder auch nur religiösem Eigeninteresse. *Wir sind niemals »Männer der Kirche« gewesen und wollen es auch in Zukunft nicht sein,* werden uns auch durch keine kirchenpolitische Entwicklung jemals dazu stempeln lassen.
Wir wissen uns vielmehr als deutsche Männer, Nationalsozialisten und Gefolgsleute des Führers, die durch Beruf und Lebensstand *Fachleute, Arbeitsbeauftragte des Volkes auf dem Gebiete des Religiösen* sind. Als solche sind wir dem Führer verantwortlich dafür, daß auch das religiöse Leben im deutschen Volke heute sich nach den inneren Gesetzen des nationalsozialistischen Dritten Reiches gestaltet. Die nationalsozialistische Bewegung war in ihrem politischen Kampfe durch den Führer von Anfang an in dem Glauben gegründet. Daher kommt es für die Zukunft entscheidend darauf an, daß in dem Maße, als unser Volk nationalsozialistisch wird, sein religiöses Leben durch diesen den politischen Kampf des Führers tragenden Glauben geformt werde. Wie Ärzte, Juristen, Geschichts- und Geistes-

---

47 Vervielfältigte Abschrift mit der Überschrift: Zur Religions- und Kirchenpolitik der Nationalkirchlichen Einung Deutsche Christen

wissenschaftler, Schulmänner ihre Arbeitsgebiete, also z.B. das Schulwesen, nach den Gesetzen der nationalsozialistischen Weltanschauung neu zu gestalten haben, so *sind wir als »Fachleute« auf dem religiösen Gebiet verantwortlich dafür, daß auch das Kirchenwesen in Deutschland aus Geist und Art der nationalsozialistischen Weltanschauung, dem Wesen des den politischen Kampf des Führers tragenden Glaubens entsprechend, neu gestaltet werde*, damit die im Führer gesetzte innere Einheit von Glauben und politischem Tun für alle deutschen Menschen durch Neuformung ihrer frommen Gemeinschaft gesichert wird. Damit nicht durch Zwiespältigkeit der Deutschen an diesem innersten Punkte, wie schon so oft in der Vergangenheit, oder auch nur durch Neutralisierung oder Zersetzung der dem Nationalsozialismus eingeborenen Kraft gläubigen Willens unserem nationalsozialistischen Volke seine Vollmacht wieder genommen werde, damit nicht alles, was politisch und wirtschaftlich den Deutschen heute geschenkt und anvertraut ist, in kürzester oder weiterer Zukunft wieder zersetzt werde, ist die Lösung der religiösen Frage unumgänglich und sind wir als »Fachleute« zur Arbeit gerufen.

Wir sind uns dabei durchaus bewußt, daß die Krise des religiösen Lebens, genauer die Krise des Christentums, heute durchaus nicht beschränkt ist auf den deutschen Raum und auf das deutsche Volk. Das vergangene Jahrhundert hat vielmehr eine Veränderung im religiösen Öffentlichkeitsbewußtsein aller Völker der Welt gebracht und durch das Bekanntwerden der großen Weltreligionen mit- und nebeneinander und durch das Werden eines neuen Volks- und Volkstumsbegriffes eine Relativierung aller Religionen bewirkt. Die Lage Deutschlands ist dabei nur insofern eine besondere, als es alle mit dieser Krise aller Religionen gesetzten Spannungen drängender und fordernder erfährt als die anderen Völker, weil es seit der Reformation die Mitte der Weltgeschichte ist. Nicht umsonst *sind wir Deutschen heute das Führervolk der Erde*, das von den und für die anderen eine neue Ordnung völkischen Selberseins und Zusammenlebens der Völker untereinander in Europa und der Welt zu gestalten im Begriff ist.

Es ist daher notwendig, daß die in Deutschland wachsende Lösung der religiösen Frage auf die anderen Völker, die in den Neubau Europas hineingezogen werden, zurückwirken wird. Das muß so sein, weil Deutschland als das einzige größere Volk mit Doppelkonfessionalität im Spannungszentrum zwischen katholischen und irgendwie protestantischen Völkern und dem Raum der organisierten Gottlosigkeit liegt.

*Das religionspolitische Kernproblem: Das Verhältnis
von Deutschtum und Christentum*

Unbeschadet dieser weiteren internationalen Zusammenhänge kann die Lösung der religiösen Frage in Deutschland nur aus der durch die Geschichte gesetzten Art des deutschen Volkes erwachsen. Sie setzt voraus die Anerkenntnis der Zueinandergehörigkeit von Deutschtum und Christentum.

Das deutsche Volk von heute ist geworden durch die Einwirkung des Christentums auf die Art unserer germanischen Väter. Geschichte, ob man sie mag oder nicht, ist Schicksal. Sie läßt sich nicht als vergangen, wenn man sie für irrtümlich hält, aus der verständigen Erkenntnis des Heute zurückdrehen, ungeschehen machen, sondern nur in ihrem weiteren Gange in die Zukunft aus der Erkenntnis der in ihr waltenden Gesetzmäßigkeiten mitbestimmend formen. Es ist daher nicht möglich, im heute lebenden deutschen Volke germanische Werte und christliche Inhalte zur Ausscheidung der christlichen Inhalte auseinanderzuklauben, ohne das lebendige Wesen dieses Volkes zu zerschneiden und in seiner Lebensfähigkeit zu gefährden. Auch in der Zukunft wird deutsche Art, durch christliche Inhalte mitbestimmt, anders sein als die unserer germanischen Väter. Sie ist bedingt durch den Eingang des Christentums in das Deutschtum. Das deutsche Volk von heute ist geworden durch den Eingang des Christentums in Wesen und Art unserer germanischen Väter.

Umgekehrt ist die Art des Christentums in Deutschland geworden unter der Einwirkung spezifisch germanischer Kräfte. Der Katholizismus in Deutschland ist anders als in Belgien, Spanien, Italien, in unserem deutschen Sinne christlicher, frommer, eben aus deutscher Art beeinflußt. Der deutsche Protestantismus, wenn er wirklich um sein Wesen wußte, hat die evangelischen Kirchen in Amerika und England niemals als wirklich protestantisch angesehen. Er ist ein deutsches Gewächs und als solches weniger Kirche und Konfession als Kulturgesinnung, der schöpferische Mutterboden für die ganze neuere deutsche Geschichte. Das Christentum im deutschen Volk ist ein anderes als in anderen Völkern, weil es gewachsen ist aus der Art unserer germanischen Väter. Es wird auch für die Zukunft durch sie bestimmt sein.

Von den ersten Anfängen der deutschen Volkwerdung im frühen Mittelalter sind Deutschtum und Christentum schicksalhaft miteinander verbunden. Der Eingang des Christentums in das Deutschtum ist das Kernproblem aller deutschen Geschichte. Das Christentum gibt den ersten germanischen Königen das weltanschaulich-religiöse und moralische Fundament, die Vielfalt germanischer Stämme zur ersten deutschen Staatsbildung zusammenzuzwingen. Aber überall, wo das Christentum zu den Germanen kommt, macht ihr völkisches Wesen, ihre rassische Art ein anderes aus ihm, als es vorher war. Christianisierung der Germanen bedeutet zugleich Germanisierung des Christentums. Sie geschieht in unaufhörlichem Ringen um die Ausscheidung jener fremdvölkischen Elemente, jüdischen Rechnens, griechischer Spekulation, römischen Rechtsdenkens, die in den christlichen Glauben in seiner früheren Geschichte eingewachsen sind und nun dem werdenden deutschen Volke seine völkische Eigenart, seine deutsche Sitte, sein germanisches Recht schon bei seinem Eintritt in die Geschichte zu zerbrechen drohen. Stationen in diesem geschichtlichen Prozeß sind das arianische Christentum der Goten, das Eigenkirchenwesen der fränkischen Könige, die Christusdarstellung des Heliand, der Kampf des sächsischen Edelings und ersten deutschen Theologen Gottschalk gegen griechisch-jüdisches Dogma und römisches Recht, das benediktinische Christentum, die Gemeinschaft der mittelalterlichen Ketzerbruderschaften, die Gottschau der mittelalterlichen Mystiker, das Reichsdenken der deutschen Kaiser. Epochemachende neue Gestalt christlichen Glaubens und Lebens formt in diesem Prozeß die Reformation Luthers mit ihrem Nachkömmling, dem Deutschen Idealismus. Das mit § 24 des Parteiprogramms aus deutschem nationalsozialistischem weltanschaulichem Lebensgefühl gesetzte Verständnis des Christentums bahnt die Vollendung dieses Prozesses an.

Der neue DC-Glaube

Es gibt nicht ein Christentum überhaupt, sondern nur durch Zeit und Volkstum bedingte Christentümer, voneinander sehr verschiedene, sich widersprechende und teilweise aufhebende Geschichtsgestalten christlichen Glaubens und Lebens, die nur insofern und nur so weit ein Gemeinsames haben, als die Wirkkraft des geschichtlichen Lebens Christi aus Volkstum und rassischer Art vorgegebene schöpferische Gestaltungskräfte treibt und formt. Gewiß wird jedes Volk und jede Generation unter der Wirkung Christi das Bestreben haben müssen, sein wirkliches Bild möglichst rein und unverfälscht zu schauen, was sie aber immer jeweils nur von ihren eigenen Blickmöglichkeiten aus können. Niemals aber kann der vergleichende Rückgang auf ein sogenanntes Urchristentum oder das Evangelium den Wertmaßstab für die fromme Reinheit und gemeinschaftbildende Kraft gegenwärtigen christlichen Glaubens geben. Das war trotz aller theologischen Behauptungen auch bei Luther nicht so. Der selbstkritische Gestaltungswille gegenwärtigen Christentums gewinnt vielmehr seine Richtung und Kraft aus dem Mitleben und -denken der in der Volksgeschichte wirksamen inneren Gesetzmäßigkeit. Weil alle bisherige Theologie aus dem (metaphysisch-logisch bestimmten, magischen) weltanschaulichen Lebensgefühl des Altertums gewachsen war, das erstmalig unter Luther wirksam durchbrochen wurde und heute endgültig in Vollendung des in Luther begonnenen Aufbruchs der Deutschen durch die (sich biologisch-geschichtlich verstehende) nationalsozialistische Weltanschauung, unser deutsches Lebensgefühl, abgelöst wird, *müssen alle theologischen Gedanken, Begriffe und Bilder aus dem weltanschaulichen Lebensgefühl des nationalsozialistischen deutschen Menschen der Gegenwart neu geformt werden.* Was von den ersten Tagen der Christianisierung der Deutschen an immer latent der eigentliche Motor unserer deutschen Geistesgeschichte auch schon vor Luther war, wird heute durch das Neuwerden unseres Volkes, das erstmalig in seiner Geschichte wirklich zu sich selbst kommt, Volk wird, zur akuten schöpferischen Krisis deutschen Geistes und stellt der Theologie die Aufgabe der Überwindung aller fremdvölkischen, griechischen, römischen, insbesondere jüdischen Elemente in den die deutsche Geschichte bestimmenden Gestalten christlichen Glaubens.

Das *christliche Dogma* (Trinitäts- und Zweinaturenlehre), das auch im Protestantismus im Grundsatz praktisch noch galt, weil es von Luther, obwohl er es durch seinen Satz von der Freiheit eines Christenmenschen, der im Glauben ein freier Herr aller Dinge und in der Liebe jedermann untertan ist, von innen heraus zersprengt hatte, aber trotzdem noch festgehalten wurde und bei seinen Epigonen wieder die Mächtigkeit starrer Gesetzlichkeit gewann, *löst sich heute endgültig auf.*

Die *Schrift*, die Luther aus der Freiheit seines in Gott gebundenen vernünftigen Gewissens braucht und die unter seinen Epigonen wieder das magische Zaubermittel logischer Begriffsakrobatik, Dialektik wurde (Verbalinspiration und Losungen), *behält nur so weit Wirkung,* als bestimmte ihrer Gedanken inhaltlich frommes Leben wirkende Kraft in die deutsche Geschichte hineingegeben haben und noch geben.

Der Grundsatz der Reformation, die Rechtfertigungslehre, mußte trotz des in sie eingebetteten frommen deutschen Geistes, weil sie das Geheimnis Gottes und des Jenseits in jüdisch-rechnerische Bilder kleidete, *notwendig ihre Vollmacht für uns verlieren.* Die Wirkkraft der deutschen Geschichte hat längst auf den Begriff Schuld den einmal mit dem Begriff Sünde verbundenen Erlebnisinhalt verlagert. Alle bisherigen *kultischen Formen* sind nach den Gesetzen des deutschen Geschichtsvollzuges aus dem Willen des heutigen deutschen Menschen zu feiernder Gemeinschaft *neu zu formen.* Denn sie haben, weil Luthers Formkraft durch das Versagen der damaligen politischen Führung der Deutschen in den Anfängen gestoppt wurde, auch im Protestantismus von der jüdischen Verfälschung der christlichen Gottesfeier in katholische Mittelalterlichkeit sich nicht zu lösen vermocht und jede Beziehung zur Lebensordnung unseres Volkes verloren. *Kirchenbegriff und Kirchenordnung,* die heute auch selbst bei den durch den Reichsminister für die kirchlichen Angelegenheiten garantierten evangelischen Kirchenbehörden in der geistigen Gefolgschaft der Bekennenden Kirche unlutherisch konfessionalistisch die Kirchenordnung über die Volksordnung stellen, obwohl doch die Kirchenordnung nur aus der Volksordnung Lebenskraft gewinnt, *sind aus unserem deutschen Lebensgefühl und Rechts- und Ordnungsdenken neu zu formen;* wie sich auch das theologische durch die Idee der Heilsgeschichte bedingte Fach *Kirchengeschichte* in Zukunft nur noch als ein Stück der Volksgeschichte verstehen kann. Entscheidend für die die neue Geschichtsgestalt des Christentums schaffende Lösung dieser Probleme ist die durch den Wandel unseres Verhältnisses zu Christus erforderte *Neuformung unseres Christusverständnisses,* die ihrerseits bedingt ist in

dem durch die Schicksalsmächtigkeit der uns widerfahrenen Geschichte bewirkten Wandel der Gottesanschauung. *Christus ist Mensch, weswegen allein die Frage, ob er Jude war oder nicht, für uns wichtig sein kann.* Wir haben zu ihm kein direktes Personenverhältnis, sondern stehen unter seiner Wirkung, weil er den Bluts-, Geschichts-, Lebensstrom bestimmt, der uns trägt. Wir heißen ihn Christus, weil die Werthaftigkeit dieses Menschen, sein Gottes- und Weltverhältnis, durch die er auch heute noch geschichtsmächtige Wirkung übt, geschichtlich in diesen Namen gefaßt ist. Und wir können uns Christen nennen, soweit die Werthaftigkeit Christi unser Handeln und Denken im konkreten Akt formt. *Gott,* dessen Transzendenz der deutsche Mensch in der Immanenz schaut, ist uns ins Verborgene zurückgewichen. Jede Aussage über ihn ist Gleichnis. Unter den Bildern, in denen wir ihn fassen, ist der Vater zurückgetreten hinter dem Schicksal, der Vorsehung. Echte Gottesbeziehung geschieht nicht in der Gottesfeier, sondern im Akt der Lebenserfüllung; wobei aber diese Begriffe Schicksal und Vorsehung, ebenso wie der Begriff Ehre, aus dem Gottesverhältnis Christi für den heute lebenden Deutschen einen besonderen, eben christlich bestimmten Inhalt haben, den sie im Altertum und bei den germanischen Vätern nicht hatten.
Substanz unseres Denkens und Handelns, um das Wort der alten *Kirche aufzunehmen, ist in all diesen Fragen nicht die Kirche, sondern allein das Volk.*
Diese theologischen Sätze wollen nicht neues Dogma, fertige deutschchristliche Lehre sein. Sie sollen nur die mit der durch das Werden der nationalsozialistischen Weltanschauung sich vollendenden Auflösung des alten Dogmas gesetzte Problematik andeuten, damit die Grundbedingung alles religions- und kirchenpolitischen Handelns der Einung endlich ganz klar wird: Daß nämlich die kirchenpolitische Wirkung der Einung entscheidend hängt an der Radikalität, der wurzelhaften Tiefe unserer Arbeit zur Lösung dieser theologischen Probleme, an der Innerlichkeit und dem leidenschaftlichen Willen zur schöpferischen Neuformung allen religiösen Denkens und Handelns.

Staat und Kirche

Luther kannte noch nicht Staat und Volk in unserem heutigen Sinne und unterstellt daher, als der Kaiser versagte, sein neues Kirchenwesen der Obrigkeit, den Landesherren. *In seinem Sinne kann deutscher Art gemäß, nachdem in der nationalsozialistischen Revolution der Deutschen Obrigkeit und Staat durch das Volk und seinen Führer abgelöst sind, Religion und Kirche nur noch als Funktion des Volkes verstanden werden wie Partei, Staat, Wehrmacht, Wirtschaft. Als Funktion des Volkes aber ist sie zu lenken durch jene Stellen, die das Volk in seiner geschichtlichen Bewegung führen.* In Luthers Geist ist nach dem inneren Sinn der deutschen Geschichte Reform der Kirche, ist die Lösung der Kirchenfrage nur möglich aus politischer Mächtigkeit, aus der Vollmacht des Führers, *ist alle kirchliche Organisation Sache des Staates, ist der Pfarrer nicht »Mann der Kirche«, sondern Arbeitsbeauftragter des Volkes,* ist die Partei als der Garant des Führers für die weltanschauliche Durchdringung des deutschen Volkes mit nationalsozialistischem Geist, für die Durchführung des Parteiprogramms auch gegenüber dem Staat durch ihre Glieder in der Kirche, auch verantwortlich für die Gestaltung des Kirchenwesens in Deutschland. Das Eingreifen der Partei in der Kirchenfrage 1933 ist daher unbeschadet der Feststellung, daß sie es im ganzen und in vielem einzelnen falsch gemacht haben mag, als solches keineswegs irrtümlich gewesen; und der Auftrag, den der Führer im Juni 1933 den Deutschen Christen gab, ist unbeschadet aller Erschwernis, die die Zeitläufe aus mancherlei Gründen und von den verschiedensten Seiten aus dawider gestellt haben, auch heute noch nicht von der Nationalkirchlichen Einung Deutsche Christen genommen.
Die aus dieser Lage sich ergebende *Frage, ob nicht die religiöse Funktion des Volkes*

auch auf die Partei übertragen werden müsse, wie sie die weltanschauliche schon trage, wird dabei allerdings durch die deutsche Geschichte dahin beantwortet, *daß der religiöse Künder zu den Urberufenen eines geordneten völkischen Organismus gehört wie der Bauer, Soldat, politische Führer, Arzt;* so daß die Organisation der frommen Gemeinschaft des Volkes selbsttätig wie seine anderen Grundorganisationen sein muß. Die vorchristliche Geschichte der germanischen Väter kannte Priesterhäuptlinge neben Königshäuptlingen, Geweihte (Goden), heilige weise Frauen (Godinnen). Das Godentum der isländischen Sagas, in dem der Gode zugleich politischer Führer, Priester und Besitzer der heiligen Stätte ist, bedeutet dann aber schon eine Verquickung materieller und politischer Eigeninteressen im engeren Sinne mit verantwortlicher Menschenführung. Die Übertragung der religiösen Funktion auf den politischen Soldaten des Führers würde der Grunderkenntnis, die der Nationalsozialismus im Kampfe um die Macht bitter genug erleiden mußte, widersprechen, daß der Seelsorger nicht Politik und der Politiker nicht Seelsorge treiben soll; sie würde sowohl den politischen Kämpfer wie den Seelsorger an der Erfüllung ihres eigentlichen eigenen Volksauftrages hindern.
Grundsätzliches Ziel aller Religions- und Kirchenpolitik der Einung muß also die Zuordnung der fünften Säule Kirche, gleich wie man sie nennen mag, zu den vier Säulen Partei, Staat, Wehrmacht, Wirtschaft bleiben. Sie sind allesamt nur Funktion des Volkes. Von ihm haben sie ihr Recht; in ihrem geordneten Funktionieren vollzieht sich das Leben des Volkes. Diese Zuordnung der Grundfunktion Kirche zu den übrigen Grundordnungen unseres deutschen Volkslebens *wird nach dem Kriege zu erringen sein* in der innerhalb der Partei sich vollziehenden Auseinandersetzung um den Sinn des § 24 des Parteiprogramms, genauer gesagt im Ringen um das Wort des Führers über den Sinn dieses § 24.
Diese Entscheidung kann dem ganzen Sinn der deutschen Geschichte entsprechend nur errungen werden von Nationalsozialisten, die in der Verbindung des Dritten Reiches mit einer ihm gemäßen Gestalt christlichen Glaubens, der *Dritten Kirche,* die Sinnerfüllung der deutschen Geschichte sehen, weil sie allein den das politische Tun des Führers tragenden Glauben als Glauben aller Deutschen zeigen und pflegen kann. Die theologischen Sätze vorne haben gezeigt, inwiefern dieser sich nicht christlich ausdrückende Glaube des Führers in deutschem Sinne christlich ist. Diese Verbindung des Dritten Reiches mit der ihm gemäßen Gestalt christlichen Glaubens ist der Sinn des geschichtlichen Auftrages, den der Führer im Juni 1933 an das Sammelsurium von Menschen gab, die sich aus sehr verschiedenen Motiven Deutsche Christen nannten. Jene wenigen nationalsozialistischen Pfarrer und sonstigen Glieder zunächst der Evangelischen Kirche, die den Mut hatten und haben, die darin gesetzten Folgerungen äußerlicher und innerlicher Art auch wirklich zu ziehen, tragen diesen Auftrag durch das religiöse Chaos des Heute in die Zukunft. Die Nationalkirchliche Einung Deutsche Christen ist für sie inzwischen mehr und mehr Sammelbecken und Kraftmittelpunkt geworden.
Dem Gange der deutschen Geschichte gemäß konnte dieser Mittelpunkt sich zunächst nur im Raume der Evangelischen Kirche bilden, soweit noch im ursprünglichen Sinn Luthers protestantische Kräfte in ihr wirken. Ihr Ziel kann selbstverständlich nur die eine deutsche Kirche sein, die Kirche des Dritten Reiches, die in der Inhaltlichkeit ihres gläubigen Lebens durch die Wirkung Christi bestimmt sein wird und dennoch alle deutschen Menschen frommen Willens umfassen kann, weil aller fromme Wille heute in Deutschland, auch wenn er es nicht wissen oder wahrhaben will, irgendwie unter der Wirkkraft Christi steht; weswegen schon heute die Einung auf katholische Priester und Nichttheologen und manchen frommen deutschen Menschen, der sich um der Verkehrtheit der bestehenden christlichen Kirche willen heute gottgläubig heißt, zu wirken begonnen hat.

Praktisches

Alles, was die Einung heute kirchenpolitisch praktisch tut, muß dieses Grundsätzliche vorbereiten. Unbeschadet des Rechts taktischer Augenblicksentscheidungen ist jede nur für den Augenblick bestimmte taktische religions- und kirchenpolitische Maßnahme, die die Erreichung dieses Endzieles stört, falsch. Wir dürfen z.B. nicht, wie das mancherorts gerade geschieht, unter der Konkurrenzwirkung der Bekennenden Kirche auch unsererseits einen unzureichenden Ersatz für den vom deutschen Lehrer in der deutschen Schule zu erteilenden deutschen Religionsunterricht durch ein *kirchliches Vorkatechumenat* schaffen. Wir würden uns damit einfügen in die Front des gegen das Dritte Reich stehenden alten Kirchentums. Wir würden zugleich, wie das alle das alte Kirchentum durch seine Haltung grundsätzlich und im einzelnen dauernd tut, indem wir den Staat von seiner ihm durch die Deutsche Geschichte auferlegten Pflicht auch religiöser Erziehung der deutschen Jugend entbinden, die aus Grundsatz alles Christliche und erst recht die alles Religiöse negierenden Kräfte stärken.

Es ist aber die Aufgabe der Nationalkirchlichen Einung Deutsche Christen, weil sie aus nationalsozialistischer völkischer Verantwortlichkeit auf deutsche Art christlich sein will, *die Gegensätzlichkeit der beiden Fronten im religiösen Kampf, des altkirchlichen Bekenntnischristentums und der christlichen Gottgläubigkeit,* aus dem Willen zur deutschen Volksgemeinschaft ihrer zersetzenden Schärfe zu entkleiden. Nur wenn sie das jedem gesunden deutschen Menschen heute natürliche Anliegen der Gottgläubigkeit gegen die altkirchliche Form religiösen Seins, die praktisch als politischen Mißbrauch des Christentums wirkt, aufnimmt und erfüllt, kann sie die gegenwärtige religiöse Bewegung zur Neubildung frommer Gemeinschaft führen. *Deswegen nahm sie nach dem vorläufigen Ende des nationalsozialistischen Durchbruchkampfes in der Machtübernahme als ein Teilstück der sich zur Evolution wandelnden nationalsozialistischen Revolution den Kampf um die Kirche auf, um diese, die bis dahin von der nationalsozialistischen Bewegung im ganzen unberührt geblieben war, unter das nationalsozialistische Bewegungsgesetz zu stellen.*

Sie konnte das nur, indem sie als Kirchenbewegung innerhalb dieses alten Kirchentums wirksam zu werden versuchte. Die mit solcher Mittlerstellung gegebene Lage zwischen den beiden Fronten mußte sie nach beiden Seiten mißverständlich und unlieb machen; weswegen die Bekenntnisfront uns aus der Kirche herausdrängen, die gegenchristliche Front uns in die alte Kirche unter möglichster Abspaltung von zu uns gehörenden Menschen hineinbinden möchte. Wir haben beiden Seiten dieses Spiel in den vergangenen Jahren leicht gemacht durch mancherlei gefährliche Unklarheit des Denkens und Sprechens über unsere Sache und des Handelns zu unserem Ziele hin. *Das alte Kirchentum kann uns dabei von seinen nicht mehr protestantischen Voraussetzungen aus mit Recht als nicht mehr zu ihm gehörig ansehen.* Aber das in der Partei vorhandene Mißverständnis, daß wir im Grunde noch zur alten, dem katholischen Kirchenideal anhängigen Kirchlichkeit gehören, ist weithin erst bedingt in der durch den Staat wohl aus vordringlichen staatspolitischen Gründen eingenommenen Haltung, die durch Sicherung des alten Kirchentums vorläufig eine gewisse Ordnung im Kirchenwesen zu garantieren sucht unter möglichster Beschränkung der öffentlichen Äußerungsmöglichkeit für die die Kirche revolutionierenden Kräfte. *Wobei es dann gelegentlich scheinen kann, als wenn bei den heute sich mit der Kirchenfrage befassenden Parteistellen, um von den verantwortlichen Staatsstellen ganz abzusehen, die deutsch-christlichen Kräfte als ganz besonders lästig empfunden würden.*

Aus dieser Situation heraus hat sich in der Einung die doppelte Frage gestellt, *ob wir nicht, um uns von dem Anschein zu befreien, als seien auch wir alte Kirche, und zu wirksamer Arbeit wieder Freiheit zu bekommen, aus dieser alten Kirche als Einung austreten und, soweit geschlossene deutsch-christliche Kirchengebiete vorhanden sind,*

diese nicht schon jetzt dem Staat zu treuen Händen übergeben müßten.
Beide Fragen lassen sich nicht aus grundsätzlichen Erwägungen, sondern nur realpolitisch von Fall zu Fall entscheiden. Grundsätzlich sind sie im Urteil unseres Glaubens an den Führer und durch unser Verständnis der nationalsozialistischen deutschen Volkwerdung in unseren bisherigen Überlegungen schon beantwortet. In ihnen *behaupten wir, die echte zugleich deutsche und christliche Kirche zu sein*, von welchem Anspruch wir weder gegen die altkirchlichen Behörden noch vor dem im Augenblick anders laufenden Willen mancher Parteikreise lassen können. *Die Verwirklichung dieses Anspruches hängt allerdings an der inneren Mächtigkeit der durch uns vertretenen Sache.* Das würde also in die Richtung des In-der-Kirche-Verbleibens deuten. Praktisch kommt es bei dieser Frage allein auf das Wort des Führers, sein Urteil über sie und seinen Auftrag in der einen oder anderen Richtung an. Nicht was gelegentlich irgendeine Staats- oder Parteistelle in dieser Frage verlautbart, kann wesentlich sein, sondern allein das Urteil des Führers selbst. Alle beteiligten Partei- und Staatsstellen können nach den Vorgängen der letzten Jahre nicht mehr ohne weiteres als kompetent zur Lösung dieser Frage erscheinen. Bei keiner Verlautbarung oder Maßnahme irgendeiner Staats- und Parteistelle, auch nicht bei den vielberufenen Vorgängen im Warthegau, wo man der Kirche den Charakter einer öffentlich-rechtlichen Körperschaft nimmt und sie unter Vereinsrecht stellt, oder bei den Erlassen einiger Ministerien über die Förderung der Übernahme von Pfarrern in den Staatsdienst, denen gewisse Anweisungen der altkirchlichen Behörden entsprechen, weiß irgend jemand, ob und wieweit der Führer sie autorisiert hat oder ob er diese Dinge sich alle nur ausschwären läßt, damit das Geschwür zur endlichen Operation reif werde. *Solange aber der Führer nicht sein Wort erkennbar sagt, ist die allgemeine Parole Kirchenaustritt höchst bedenklich, weil sie uns zur Sekte, zum religiösen Verein machen kann, den eine ministerielle Stelle mit einem Federstrich auflösen könnte. Der generelle Austritt ohne das Wort des Führers kann uns innerlich und äußerlich die Möglichkeiten unserer Arbeit überhaupt nehmen.* Es wäre durchaus möglich, daß in manchen augenblicklichen Maßnahmen staatlicher oder parteiamtlicher Stellen auf religiösem Gebiet sich Kräfte auswirken, die wirklichem nationalsozialistischem Wollen entgegengerichtet sind.
Der Austritt der Einung mag in Gebieten mit einem Bekenntnisfrontkirchenregiment die Wirkung unserer Arbeit stärken, auch rückwirkend auf andere Kirchengebiete unser Gesicht vor der Öffentlichkeit der Partei klarer erkenntlich machen. Im ganzen aber erscheint mir die Zeit für den allgemeinen Austritt aus der Landeskirche im ganzen Reich noch keineswegs gekommen. Ich kann auch nicht wünschen, daß sie vom Führer aus schon käme, da sich leicht etwas zerschlagen, aber nur langsam wieder bauen läßt.
Das gilt in ähnlicher Weise für die andere *Frage nach der Möglichkeit der Übergabe der geschlossenen deutsch-christlichen Kirchengebiete an den Staat*. Auch hier ist irgendeine wirksame Handlung nur möglich, wenn sie den Führer selbst erreicht. Darum ist wohl auch diese Frage mindestens jetzt noch nicht akut.
Wichtig ist gegenwärtig vielmehr nur, daß wir, da dieser Zeitpunkt aber jederzeit eintreten kann, uns mit beiden Fragen vertraut machen, sie nach allen ihren Möglichkeiten hin genauestens zu Ende denken und durchrechnen, uns zur Handlung für die reife Stunde vorbereiten und zu dem Zweck auf Kirche, Staat und Partei so Einfluß zu nehmen beginnen, daß wir selbst aus unserer der Volksgemeinschaft verantwortlichen Schau den religions- und kirchenpolitischen Entwicklungsgang bestimmen, statt wie bislang meistens die Parole von dem einen oder anderen Gegner anzunehmen.
Dazu müssen wir uns innerhalb der bestehenden Kirche so klar von ihrer Haltung absetzen, daß wir vor der nichtkirchlichen Öffentlichkeit als die echte Kirche, die

den inneren Gesetzen des Dritten Reiches entsprechende, Luthers Ansatz erfüllende fromme Gemeinschaft der Deutschen von heute sichtbar und die alten Kirchen als unchristlicher Mißbrauch des Christentums gekennzeichnet werden.
Den staatlichen Stellen ist immer wieder klarzumachen, daß, wie man den politischen Kampf nicht mit der bürgerlichen Mitte gewinnen konnte, man in der Kirche die Zukunft nicht mit den altkirchlichen Behörden bauen kann, weil sie nur noch politische Konservierung der bürgerlichen Mitte sind. Alle staatlichen mit der Behandlung der Kirchenfrage beauftragten Stellen wie auch die Kirchenbehörden selbst haben ihrem staatlichen Auftrage entsprechend die altkirchlichen Kräfte als gegen das Dritte Reich stehend mit den Mitteln der Verwaltung so zu begrenzen, daß den nationalsozialistischen Kräften innerhalb der Kirche Freiheit der Handlung möglich wird.
Wir müssen mehr als bislang gegen alle Partei- und Staatsstellen, die im allgemeinen von uns nichts oder nur Falsches wissen, unsere eigene Haltung vertreten. Ohne ein wirksames Sachgespräch mit dem Beauftragten des Führers für die gesamte geistige und weltanschauliche Erziehung der Partei und seinen Dienststellen wird das Ohr des Führers nicht zu erreichen sein.
Wir müssen innerhalb der Einung selbst alle mit Kirchenpolitik befaßten Stellen und die Kameraden im Lande überhaupt durch Denkschriften, Schulung, Vorträge, Behandlung von Einzelfällen zu einheitlichem religions- und kirchenpolitischem Handeln formen.
Das alles verlangt schärfste Konzentration unserer Arbeit und setzt voraus die Sturheit eines fanatischen Glaubens, der sein Handlungsgesetz allein aus der Verantwortung vor dem Führer und der Liebe zum deutschen Volksgenossen empfängt.

Überaus charakteristisch ist auch die Kundgebung, die am Beginn des Rußlandfeldzuges seitens des *Thüringer Landeskirchenrates* erlassen wurde[48]:

Unter dem Eindruck der Sondermeldungen von den überwältigenden Erfolgen unserer deutschen Wehrmacht im Kampf gegen den Bolschewismus ordnen wir hiermit an, in den Gottesdiensten des kommenden Sonntags, des 10. August, folgende Kundgebung zu verlesen:

Kundgebung

Unser Volk steht in einem beispiellosen Kampf um die Ordnung Europas und der Welt.
Der Kampf, den wir heute ausfechten, ist im tiefsten Sinne ein Kampf zwischen den göttlichen und den satanischen Mächten der Welt, zwischen Christus und dem Antichrist, zwischen Licht und Finsternis, zwischen Liebe und Haß, zwischen Ordnung und Chaos, zwischen dem ewigen Deutschen und dem ewigen Juden.
In diesem Kampfe haben sich englische und amerikanische Priester, die Vertreter eines internationalen Weltkirchentums, mit dem Satan verbrüdert. Sie haben durch den Bruderkuß, den sie dem bolschewistischen Judas gaben, Christus abermals verraten und erneut ans Kreuz geschlagen.
Dieses internationale Weltkirchentum spricht noch immer von den Juden als von einem »auserwählten Volk«, und das in einem Augenblick, in dem Gottes Hand ausholt, eben dieses Volk zu vernichten. Das internationale Weltkirchentum schweigt gegenüber dem unerhörten Attentat des Bolschewismus auf alle Religion, Kultur und Gesittung.

48 Thüringer Kirchenblatt und Kirchlicher Anzeiger Nr. 15a vom 9. 4. 1941 (Sonderausgabe), S. 114f.

Auch in manchen deutschen Kirchen wird leider nur das Wort gehört, das Gott in der *Vergangenheit* sprach. Das Wort aber, das er heute durch den Führer spricht: »Es werde Ordnung!« wird nicht gehört.
Neun Jahre hindurch ist dieses Wort erklungen. Aber neun Jahre lang hat man es in vielen Kirchen weder gehört noch gepredigt. Diese Prediger sind auf der Stelle getreten und haben nach rückwärts geschaut, während der Sturmschritt der deutschen Bataillone und der deutschen Jugend die Zukunft eroberte.
Diese Art von *Kirchen* hat *gegen Gott* gestanden und ist damit *gerichtet!*
Wir erklären namens der Thüringer Evangelischen Kirche vor Adolf Hitler und Deutschland, vor Gott und der Welt:
Wir stehen gegen ein Christentum, das sich mit dem Bolschewismus verbündet, in den Juden das auserwählte Volk sieht und unser Volk und unsere Rasse als Gottesgaben leugnet.
Wir haben mit dem internationalen Weltkirchentum in jeder Form nichts zu tun.
Wir gehören einzig und allein unserem deutschen Volk und seiner Sendung.
Wir bekennen uns bedingungslos zum Führer und zu Deutschland.
Wir bekennen uns zu einem artgemäßen deutschen Glauben.
Wir bekennen uns zu Gott, dem Allmächtigen, dem Schöpfer Himmels und der Erde, und geloben, seine Mitschöpfer und Mitarbeiter zu werden.
Wir bekennen uns zu Christus und zu seiner Botschaft, daß Gott der Vater ist, und geloben, mit ihm gläubig und tapfer wie der Ritter zwischen Tod und Teufel durch alle Dunkelheiten zu schreiten wie in ein großes Licht.
Wir bekennen uns zu dem allwaltenden Gottesgeist, der heute unser Volk besonders berufen hat, und geloben, nicht zu rasten und zu ruhen, bis es wirklich ein einig Volk von Brüdern werde: Volk vor Gott.
Wir gedenken in Ehrfurcht der Männer die für Führer und Reich das letzte Opfer brachten, und geloben, uns durch ihr Opfer bis zum letzten Atemzug für Deutschland verpflichten zu lassen.
Wir gedenken in Ehrfurcht aller, die um sie trauern.
Wir gedenken dankbar unserer gesamten Wehrmacht und ihres Führers und bitten den Allmächtigen, daß er sie bald mit dem Endsieg kröne.
Uns alle eint die feste Zuversicht:
>Und wenn die Welt voll Teufel wär
>und wollt uns gar verschlingen,
>so fürchten wir uns nicht so sehr,
>es soll uns doch gelingen!

Das Reich muß uns doch bleiben!

Eisenach, den 6. August 1941   Der Landeskirchenrat
                                                 der Thüringer Evangelischen Kirche
                                                           Stüber i.V.

h) Der Ausgang des Kirchenkampfes in der Sicht der Bekennenden Kirche[49]

Der Kirchenkampf war in vielen Gemeinden in gewisser Weise seit dem Herbst 1935 zu einem Ende gekommen. In ihrem Bereich war der Friede, die kirchliche Gemeinschaft auf dem Boden der Bibel, des Evangeliums und Bekenntnisses der

---

49 Aus: Lutherkirchengemeinde Düsseldorf 1927–1977, Köln 1977

Kirche wiederhergestellt. Und dabei blieb es. Das Gemeindeleben konnte sich ungestört entfalten. So war es auch in meiner Gemeinde. Seitdem wir im Lutherhaus unsere BK-Hilfsprediger hatten, wurde die Zahl der Gottesdienste noch vermehrt. Es gab Sonntag morgens vor dem »Haupt«-Gottesdienst einen »Früh«-Gottesdienst um 8 Uhr. Die einzige Gefahr für eine solche Gemeinde bestand darin, daß sie sich aus dem Kampf in die »Etappe« zurückzog. Aber das geschah nicht.
Die Luthergemeinde schied jedoch keineswegs aus dem Kirchenkampf aus, im Gegenteil, sie nahm auch weiterhin kräftig Anteil an dem in ganz Deutschland weitergehenden und immer schwieriger werdenden Kampf, der immer mehr ein Kampf des Staates und der ihn tragenden Partei um die völlige Beherrschung der Kirche und damit zu ihrer Zerstörung wurde. Die Tätigkeit der Staatspolizei wurde immer stärker, und es begann die Zeit, wo der Kirchenkampf geradezu ein Kampf zwischen den Pfarrern der Bekennenden Kirche und der Stapo wurde. Das kam in den Jahren der Kirchenausschüsse noch nicht so oft vor wie seit ihrem Scheitern.
Mit Beginn des Jahres 1937 waren die Hemmungen der Kirchenausschüsse vorbei, und der Angriff der Staatspolizei gegen die Existenz der Bekennenden Kirche wurde immer eindeutiger. Die äußeren Erschwerungen der Zusammenkünfte von Gruppen der Bekennenden Kirche durch Verbote oder auch nur Überwachungen waren ein Mittel des Kampfes, dazu kam die Beschlagnahme von Schriften und Flugblättern, von Informationsbriefen und Akten der Bekennenden Kirche durch die Stapo. Die Haussuchungen mehrten sich, so daß man Gegenmaßnahmen ergreifen mußte. Das ging bei dem schriftlichen und gedruckten Material dadurch, daß sich Gemeindeglieder bereit erklärten, das gefährdete Material in guten Verstecken unterzubringen. Und es wurde zum Beispiel möglich, daß das große Material an Akten und Schriften, Briefen und Informationen aus meinem Haus entfernt und in Häusern von Mitgliedern der Bekennenden Kirche vor dem Zugriff der Stapo geschützt wurde, so daß ich nach dem Ende des Dritten Reiches fast alles gerettet wiederbekam. Die Verbreitung der grünen »Briefe zur Lage«, die von der Bekennenden Kirche des Rheinlandes in großer Auflage herausgegeben wurden, mußte mit Geschick und etwas Vorsicht erfolgen, denn die Gemeindeglieder brauchten Informationen, um so mehr, als in der öffentlichen und kirchlichen Presse über die wahre Lage der Kirche im Kampf nichts zu finden war. Auch hier waren es wieder einige Männer und Frauen der Gemeinde, die es riskierten, das »gefährliche« Schrifttum der Bekennenden Kirche in die Familien zu bringen. Ferner mußte auch dauernd und planmäßig Geld gesammelt werden. Öffentliche Sammlungen waren überhaupt verboten, aber auch in den Gottesdiensten der Bekennenden Kirche konnte für die Arbeit der Bekennenden Kirche nicht offen gesammelt werden, da die Stapo alles Geld der Bekennenden Kirche, das ihr erreichbar war, beschlagnahmte. Jahrelang haben die Bezirkshelfer und vor allem auch die Bezirksfrauen der Luthergemeinde ihre Wege zu den Gemeindegliedern in den Häusern gemacht und dort die Mittel erbeten, die für die Bekennende Kirche immer dringender erforderlich wurden; vor allem das Wachsen der Zahl der Vikare und Hilfsprediger der Bekennenden Kirche erforderte immer größere Summen, um ihr Gehalt sicherzustellen. Dieser Einsatz der Gemeindeglieder der Bekennenden Kirche war überall in Deutschland zu spüren. Aber auch gerade im Lutherhaus haben die Mitarbeiter und Mitglieder der Bekennenden Kirche einen großartigen und vielleicht in der Geschichte der evangelischen Landeskirchen so noch

nicht dagewesenen Einsatz durch eine lange Zeit hindurch gewagt. Gerade dieser vielen treuen, namenlosen, verborgenen Helfer der Bekennenden Kirche sollte auch heute noch in Dankbarkeit gedacht werden. Der Grund für diesen Einsatz war ohne Zweifel die Überzeugung der hier Tätigen, daß es ums Ganze der Existenz der Kirche als Botin des Evangeliums ging. Nur ein großer Einsatz des Gehorsams aus dem Glauben an die Botschaft Gottes und die Gewißheit, Botschafter sein zu müssen, konnte hier die zahlreichen Schwierigkeiten und hohen Risiken durchhalten. An dieser Stelle ist vielleicht die beste Gelegenheit, die Mithelfer der Bekennenden Gemeinde, die die meiste Last der Arbeit getragen haben, auch mit Namen zu nennen. In der Männerbruderschaft waren es die Herren Otto Müller, Hundhausen, Hartung, Becker, Kraatsch, Haase und aus dem Bezirk der Friedenskirche Theiss und W. Link (der auch Mitglied des Reichsbruderrates war). In der Frauenarbeit (Frauenmissionsverein) waren es die Frauen A. Müller, Hundhausen, Schönheiter, Hülsmann, Nichelmann, Pallapies, Wirth – und auch Schwester Maria, die Gemeindeschwester meines Pfarrbezirks.

Eine wichtige Aufgabe war die Pflege der Gemeinschaft der Mitglieder und besonders der Helfer der Bekennenden Kirche. So wurde auch in der Luthergemeinde eine planmäßige Unterrichtung der Männer der Bruderschaft durchgeführt. Im Anschluß an den Wochenschlußgottesdienst am Samstag fand eine Zusammenkunft dieses Kreises statt, bei dem ich in der Regel die Berichte gab, die nun weitergegeben werden konnten, sofern dies nur mündlich möglich war. Größere Versammlungen konnten nicht gehalten werden, aber in den kleinen Kreisen wurde ausführlich über den Kampf und seine Aufgaben, über den Auftrag der Kirche in der gegenwärtigen Lage gesprochen. Dies geschah in den besonderen Zusammenkünften der Bezirksfrauen, aber auch bei anderen Gelegenheiten, wo man ungestört vor ungebetenen Fremden miteinander sprechen konnte. Niemals ist hier ein Unglück passiert in all den Jahren. Die Verbundenheit und gegenseitige Kenntnis sowie das Vertrauen aufeinander machte es möglich, daß die Bekennende Kirche fast wie im »Untergrund« bestehen konnte. So konnten auch jahrelang in den Häusern von Familien der Bekennenden Kirche die verbotenen Prüfungen gehalten werden. Die Stapo hat bei uns niemals eine solche geheime Prüfung der BK-Theologen aufspüren können.

Aber all diese treue Arbeit der Bekennenden Kirche konnte nicht verhindern, daß, wie überall sonst, auch im Lutherhaus die Zahl der Getreuen etwas zusammenschmolz. Der geheime Terror der Partei schaffte eine Atmosphäre der Angst und bewirkte, daß sich viele aus der Gefahrenzone der Bekennenden Kirche in die Verborgenheit ihres Hauses zurückzogen. Die in den Jahren seit 1937 stark anwachsende Austrittsbewegung aus der Kirche, die von der Partei zwar meist verborgen, aber oft auch offen gefördert wurde, war ein besonderes Symptom der immer schwerer werdenden Lage der Christenheit im Dritten Reich. Die Verkündigung des Rosenbergschen Mythos wurde in steigendem Maße zu einem bis dahin nicht versuchten Angriff auf das Christentum, die Lehre und Tradition der Kirche, bei dem Rosenbergs Ziel erreicht werden sollte: die neue radikal unchristliche Welt des NS-Reiches, der Untergang des Christentums und sein Ersatz durch den Glauben an den Nationalsozialismus und vor allem an den Führer als den deutschen Heiland und Herren. So wurden 1938 die Bekenntnisschulen durch die »deutsche Schule« ersetzt. Es wurde der Religionsunterricht gehindert, unterbunden oder überhaupt abgeschafft.

Es blieb der Kirche nichts als ihr Konfirmandenunterricht, und auch hier gab es viele Absagen aus der Jugend durch ihre Einbindung in die Hitlerjugend.
Die Schriften und Versammlungen der Partei und ihrer Organe sowie die Schulungsarbeit für Beamte, Lehrer, Angestellte usw. wurden immer mehr von dem »Mythus des 20. Jahrhunderts« geprägt, gegen Kirche und Christentum wurde allenthalben – besonders in der Hitlerjugend – Propaganda gemacht. Dabei trat vor allem auch die SS mit ihrer Zeitung »Das schwarze Korps« immer mehr hervor im Kampf gegen das Christentum und die Bekennende Kirche besonders. Die Verhaftungen, Ausweisungen und Redeverbote von Pastoren der Bekennenden Kirche breiteten sich aus, und auch mir wurde am 6. 2. 1939 ein Reichs-Redeverbot auferlegt, das mich bis zum Ende des Reiches an irgendwelcher rednerischen Tätigkeit außerhalb der Luthergemeinde hinderte. Nachdem ich in den Jahren 1936 bis 1938 eine wahrlich umfangreiche Vortrags- und Predigttätigkeit im Dienst der Bekennenden Kirche in ganz Deutschland tun konnte, wurde es der Stapo durch die Berichte ihrer Polizisten über den Inhalt meiner offenen und klaren Worte der christlichen Botschaft, der Verteidigung der Kirche und des Angriffs auf Staatskirchentum und den NS-Mythos zuviel, und sie verschlossen mir wie vielen anderen Männern der Bekennenden Kirche den Mund in der Öffentlichkeit. Sehr große Bedeutung hat dies Verbot bei mir insofern nicht gehabt, als sich schon bald die Lage durch den Krieg völlig veränderte. Die Zeit des offenen Kampfes zwischen Partei und Staatsführung und der Kirche ging in dem totalen Krieg, der alles verschlang, langsam zu Ende. Bis dahin jedoch war die Zahl der vertriebenen, mit Redeverbot belegten und gefangen genommenen Pfarrer immer größer geworden. Ein Signal war die Verhaftung Pastor Niemöllers und seine Einweisung in das Konzentrationslager, ein anderes Zeichen in unserem Land die Verfolgung des Pastors Schneider, Dickenschied, der nach langer Haft am 18. Juli 1939 im Konzentrationslager Buchenwald ermordet wurde.
Die Fürbittenlisten brachten immer neue Namen, die alle ein Hinweis auf die inzwischen sich ausbreitende Christenverfolgung in Deutschland waren. Eine Katastrophe geradezu war der Versuch der Leitung der Bekennenden Kirche, angesichts des schon 1938 drohenden Krieges, bei der sogenannten Tschechen-Krise, der bekennenden Gemeinde eine Gottesdienstordnung für einen Fürbittegottesdienst anläßlich drohender Kriegsgefahr zu geben. Die Empörung der Partei und des Staates war angesichts des geistlichen Gehalts dieser Ordnung fast unbegreiflich, aber sie offenbarte den wachsenden Haß gegen das Christentum. Man hoffte, damit der Bekennenden Kirche ein Ende zu bereiten, wenn man sie des »Volksverrates« beschuldigte. Erstaunlich bleibt, daß die Bekennende Kirche dies alles überstand. Im Jahre 1939 wurde die Gesamtlage der Bekennenden Kirche noch bedrängender. Man hatte den Eindruck, es sollte ein umfassender Schlag gegen die immer noch Widerstand leistenden Bruderräte und Pastoren durch Prozesse geführt werden. Material lag für diesen Vorstoß genug vor. Im Grunde war die Bekennende Kirche die einzige offene Gegnerin der Religions- und Kulturpolitik des NS-Staates. Alle anderen Gruppen waren entweder gleichgeschaltet oder aufgelöst worden.
Aber der im Herbst 1939 ziemlich überraschend entbrennende Krieg ließ es zu diesem Vorgehen nicht mehr kommen. Die Notwendigkeit großer Amnestien im Blick auf den Krieg befreite uns von der Gefahr, als Rechtsbrecher auf Jahre eingesperrt zu werden.

Der Fortgang des Kirchenkampfes im Zweiten Weltkrieg wurde schon berichtet; zum Schluß sei nur noch über den Ausgang der Geschichte der Luthergemeinde, in der ja der direkte Kirchenkampf schon seit Jahren beendet war, erzählt. Zunächst beendete der Luftschutz den Teil der Gemeindearbeit, der abends üblich war. Alle Tätigkeit mußte auf die Nachmittagsstunden verlegt werden. Damit kam es natürlich zu Konflikten mit der Arbeitszeit der Berufstätigen. Einschränkung der kirchlichen Arbeit war die Folge. Im Laufe der Zeit wurde es immer weniger möglich, eine normale Gemeindearbeit aufrechtzuerhalten. Als 1940 der Luftkrieg auch über Düsseldorf begann, konnte es nicht ausbleiben, daß die Bombenschäden auch das Lutherhaus trafen. Der kirchliche Unterricht wurde immer schwieriger, schließlich wurden ganze Klassen, ja Schulen evakuiert, da auch die Schulen zerstört wurden. Der Schichtunterricht in den Schulen nötigte zur Teilung des kirchlichen Unterrichts. Am besten hielt sich die Vereinsarbeit (Frauenhilfe, Männerkreis), aber auch Bibelstunden wie Gottesdienste wurden durchgehalten. Nach mehreren Großangriffen auf Düsseldorf traf der Nachtangriff vom 11. Juni 1943 das Lutherhaus sehr schwer. Es wurden alle Gebäudeteile zerstört; nur das Pfarrhaus Copernikusstraße 9c blieb zum Teil erhalten sowie ein Raum, der bisher für den Unterricht bestimmt war. Alle mußten ausziehen: Pfarrer, Schwestern, Küster. Gottesdienst konnte nur in dem kleinen Raum oder auch in der Kapelle der Städtischen Krankenanstalten gehalten werden. Ich mußte nach Oberkassel umziehen, um an der Auferstehungskirche die beiden verwaisten Pfarrstellen zusätzlich zu übernehmen. Pastor Elbrechtz ging nach Ratingen. Die Schwestern zogen in das Haus Copernikusstraße 18. Während die Gemeindearbeit bis 1942 einigermaßen durchgehalten werden konnte, blieb von 1943 bis zum Kriegsende 1945 immer weniger übrig. Die Zahl der Gemeindeglieder wurde durch Evakuierung und Flucht aufs Land immer kleiner. Auch die Zahl der Pfarrer war auf über die Hälfte herabgesunken, und dadurch, daß die jungen Pastoren fast ohne Ausnahme eingezogen wurden, verschwand die große Schar der Pastoren, Hilfsprediger, Vikare und Studenten der Bekennenden Kirche in der Riesenarmee der deutschen Wehrmacht. Es war überaus schwierig, auch nur die Reste der Gemeindearbeit – Gottesdienste, Unterricht, Amtshandlungen (Beerdigungen vor allem), Besuche der Kranken – aufrecht zu erhalten, da schon die Verbindung durch Bahn oder Telefon immer wieder unterbrochen wurde. So ging auch die Bekennende Gemeinde und ihre Arbeit im Lutherhaus in diesen letzten Kriegsjahren zu Ende. Aber das war ja das Schicksal der Gemeinden in weiten Bereichen Deutschlands. Die Bekennende Kirche Ostdeutschlands ging dabei schließlich völlig zugrunde im Jahre 1945, während unsere westlichen Gemeinden aus den Trümmern wieder neu anfangen konnten. So war es im Lutherhaus: Nachdem die Amerikaner am 17. April Düsseldorf eingenommen hatten, konnte schon am Pfingstfest 1945 wieder der Gottesdienst der Luthergemeinde im Trümmerhaufen des Lutherhauses stattfinden, wo ein Kreis von Männern geräumt hatte. Es war der stehengebliebene Flur vor dem ausgebrannten Kirchenraum, und dieser blieb unser Gottesdienstraum, bis die Lutherkirche wieder aufgebaut wurde. Darüber aber vergingen noch einige Jahre.
Wenn man sich aus den Erinnerungen an die Zeit zwischen 1933 und 1945 ein Bild zu machen versucht, was damals in der Luthergemeinde wie in vielen Gemeinden geschah, was Gott geschenkt und was er auferlegt hat, wie sie durch die Bedrängnis der Verfolgung im nationalsozialistischen Reich und durch die Zerstörungen

des Zweiten Weltkrieges durchgekommen sind, dann wird man dankbar Gottes unverdiente Gnade und Barmherzigkeit preisen, der solche Taten und Wunder inmitten der Seinen getan hat. Und wir dürfen es ihm zutrauen, daß er der treue Gott bleibt, der er war, und seine Gemeinde leitet, bewahrt und auf seiner rechten Straße führt, so gewiß er der gute Hirte der Seinen ist und bleiben wird.

III. Kapitel
Wiederaufbau (1945–1971)

1. Die Wiederherstellung einer bekenntnisgebundenen Leitung und Ordnung der rheinischen Kirche und der Evangelischen Kirche in Deutschland

Am 3. März 1945 wurden die Düsseldorfer Rheinbrücken gesprengt, um den Vormarsch der westlichen Streitkräfte aufzuhalten. Es war umsonst. In Kürze wurde das Ruhrgebiet ringsum eingeschlossen, und die Hauptmacht rückte ins Innere Deutschlands vor. Am 17. April marschierten die Amerikaner in die nicht mehr verteidigte Stadt Düsseldorf ein. Für uns war dieser Tag der Beginn des Friedens, das lang erwartete Ende des längst verlorenen Krieges. Ich erinnere mich noch daran, wie ursprünglich die Freude war, daß die Kirche auch diese Schrecken des Krieges einigermaßen überlebt hatte. Hitler beging Selbstmord, und seine Wehrmacht konnte nur noch kapitulieren – »unconditional surrender«, wie die verbündeten Großmächte forderten. Nun kam der langerwartete Augenblick, den Kirchenkampf mit einem Frieden in der Kirche und einer Überwindung der falschen Ideen der Deutschen Christen, einer Reinigung des verwüsteten Geistes und einer Beseitigung des ordnungslosen Chaos in der Kirche zu beenden. In Düsseldorf, Inselstraße 10, stand das Evangelische Konsistorium der Rheinprovinz. Was dort noch war an Kirchenleitung und Verwaltung, wußten wir nicht genau. Aber es war unser Wille, diese Institution baldigst außer Wirksamkeit zu setzen, und zwar natürlich ohne Gewalt, aber auch ohne die Inanspruchnahme der Besatzungsmacht, die übrigens schon bald den Engländern übergeben wurde, die im Nordwesten ihr Besatzungsgebiet erhielten und zuerst bei uns eine sogenannte »Nordrheinprovinz« organisierten. Während Westfalen geschlossene Einheit blieb, wurde im Rheinland der Süden (vom Regierungsbezirk Koblenz bis zum Saarland) der französischen Besatzungszone zuerkannt. Somit war der rheinische Kirchenbereich getrennt; zu ihm gehörte auch noch das Gebiet um Wetzlar (amerikanisch besetzt), so daß es drei verschiedene politische Größen waren, zwischen denen in den Jahren 1945 bis 1948 der Verkehr nur mit Pässen der Besatzungsmacht möglich war. Immerhin hat dieses Werk der Zerstückelung nicht zur Trennung der rheinischen Kirche in drei oder vier Teile geführt. Überhaupt waren die Besatzungsmächte den Kirchen gegenüber erstaunlich gewogen. Besonders die Engländer hatten einen ursprünglichen Respekt vor der Kirche und haben uns nicht nur keine Schwierigkeiten gemacht, sondern nach Kräften geholfen, unsere unendlichen Probleme (Kirchenzerstörungen, Flüchtlingsfragen, Transporthilfe/Fahrzeuge, Lebensmittel) zu lösen. In die inneren Angelegenheiten der Kirche haben sie

sich gar nicht eingeschaltet. Sie haben uns sogar beauftragt, die »Entnazifizierung« als Selbstreinigung der Kirche in eigener Verantwortung durchzuführen.
Nun zurück zu den Anfängen von März bis Mai 1945. Wir hatten sozusagen überhaupt keine Beziehungen zum Konsistorium. Aber von dort gingen zu unserer Überraschung Anfragen und Bitten aus, mit der Bekennenden Kirche zu sprechen. Natürlich gingen wir darauf ein. Zuerst war ich der einzige im »Ruhrkessel«, da es keinerlei Verbindungen zu den andern mehr gab. Erst langsam wurde es wieder möglich, zwischen Düsseldorf – Essen – Wuppertal die Kontakte aufzunehmen. Zunächst war ich für die Bekennende Kirche allein verantwortlich. Am 6. März begannen die ersten Besprechungen mit Konsistorialrat Rößler, dann wurden auch Synodalassessor Harney als der stellvertretende Präses aus der Zeit der Provinzialsynode vor 1933 und Generalsuperintendent D. Stoltenhoff zugezogen. In diesen recht guten Konferenzen wurde deutlich, daß die Möglichkeit einer »Vereinbarung« zwischen der Bekennenden Kirche und den ihr nahestehenden Amtsträgern denkbar war. Auf die Frage an mich, was die Bekennende Kirche von der Zukunft der Kirche denke, antwortete ich: Wir allein sind imstande, die neue Leitung zu übernehmen; aber wir wollen dabei nicht allein bleiben, sondern die Brüder hereinnehmen, die in der Sache der Bekennenden Kirche zu uns gehören. Klar ist, daß die Deutschen Christen aller Art für uns undiskutabel sind. Für diese Antwort fand ich volles Verständnis, so daß ich diese Lage den Mitbrüdern in der Bekennenden Kirche sofort weitergab und darum bat, bald zu einer entscheidenden Sitzung zusammenzukommen. Ich entwarf inzwischen ein Dokument der »Vereinbarung über die Bildung einer bekenntnisgebundenen Leitung und Ordnung«. Die erste Besprechung über diese Vereinbarung fand am 1. Mai 1945 statt. Es folgten in den nächsten Tagen unter Beteiligung von Held, Schlingensiepen u.a. weitere Aussprachen, wobei Held ein größeres Memorandum zur Lage der rheinischen Kirche vorlegte.
Nachzutragen ist noch, daß Konsistorialrat Rößler sich seinerseits zu diesen Verhandlungen ermächtigt sah, da ihm mündlich schon 1944 der Auftrag aus dem Evangelischen Oberkirchenrat in Berlin für den Fall der »Abtrennung des Rheinlands von Berlin« gegeben worden war. Die Niederschrift von Rößler (vom 26. 4. 1945) als Aktenvermerk sollte als ein interessanter Einblick in die damalige Lage der Kirche beigefügt werden. Wenn sie auch für die Bekennende Kirche eigentlich bedeutungslos war – vielleicht gab es manche Amtsträger in der rheinischen Kirche, die darin so etwas wie eine bedeutsame »legale Anknüpfung« sahen.
Am 15. Mai 1945 schließlich kam die Mühe und Arbeit zu einem tragbaren Ergebnis. Die neue Leitung der rheinischen Kirche wurde aufgrund der Vereinbarung begründet. Die auf diesem Wege wichtigen Dokumente seien hier beigefügt[1].

Evangelisches Konsistorium
    der Rheinprovinz
Betrifft: Bildung einer Kirchenleitung

Niederschrift über die erste Besprechung

Am Dienstag, dem 1. Mai 1945, nachmittags um 3 Uhr, fand im Konsistorium eine Besprechung zwischen den Herren Generalsuperintendent D. Stoltenhoff,

---

[1] Die hier auf den Seiten 329–352 abgedruckten Dokumente sind den Protokollen der Kirchenleitungssitzungen entnommen, die sich im Archiv der EKiR befinden.

Konsistorialrat Rößler, Pfarrer Harney und Pfarrer Lic. Dr. Beckmann statt. Konsistorialrat Rößler teilte die Entwürfe der amtlichen Schreiben an den ehemaligen Konsistorialpräsidenten Dr. Koch sowie an die Mitglieder der Ausweichstelle des Konsistoriums in Lennep mit, durch welche diesen von der Übernahme der Leitung des Konsistoriums durch ihn selbst auf Grund einer ihm erteilten mündlichen Vollmacht des Evangelischen Oberkirchenrats Kenntnis gegeben wurde. Ferner wurde ein Aktenvermerk über die Überbringung dieser Vollmacht durch die Herren Oberkonsistorialräte Bender und Benn am 10. September 1944 verlesen. Nach eingehender Besprechung dieser Entwürfe und einigen leichten Änderungen wurden dieselben von den übrigen Herren gebilligt. Es wurde vereinbart, jedem der Anwesenden einen Durchschlag dieser Schreiben sowie des Aktenvermerks zur Verfügung zu stellen.

Der zweite Punkt der Besprechung betraf die weitere Mitarbeit des Oberkonsistorialrats D. Euler im Konsistorium. Derselbe hat Rößler gegenüber sich vorläufig zur Mitarbeit bereit erklärt und die Übernahme des Vorsitzes durch ihn anerkannt. Pfarrer Harney erklärte ein weiteres Verbleiben von Oberkonsistorialrat D. Euler im Konsistorium für untragbar, und auch Generalsuperintendent D. Stoltenhoff und Pfarrer Dr. Beckmann erklärten auf Grund der Stellungnahme D. Eulers in den kirchenpolitischen Auseinandersetzungen der Jahre 1934–35 ein auch nur vorläufiges Verbleiben D. Eulers für die Weiterarbeit des Konsistoriums unter Rößlers Leitung für eine schwere Belastung, die von vornherein besser vermieden werden sollte. Nach einer längeren Aussprache erklärte sich Rößler bereit, D. Euler den Antritt eines längeren Urlaubs, den er schon im Januar ds. Js. nachgesucht hatte, nahezulegen, da sein Gesundheitszustand durch die Ereignisse der letzten Wochen schwer angegriffen ist, wie er selbst zugibt. Rößler bat die übrigen Herren, D. Euler ihrerseits ihre Auffassung über seine weitere Mitarbeit bei nächster Gelegenheit darzulegen, da er selbst über die diesbezüglichen Vorgänge aus eigener Anschauung nicht unterrichtet sei. Dieser Bitte wurde zugestimmt und zunächst einmal eine Unterredung zwischen D. Euler und Pfarrer Beckmann ins Auge gefaßt.

Sodann wurde die Frage des Zusammenwirkens der durch die anwesenden Besprechungsteilnehmer vertretenen kirchlichen Instanzen erörtert. Pfarrer Beckmann machte den Vorschlag, entsprechend dem Vorgang des Provinzialkirchenrats vom 11. 2. 1935[2] eine Vereinbarung zu treffen, welche Grundlage und Ausgangspunkt des gemeinsamen kirchlichen Handelns der für eine vorläufige Kirchenleitung der Rheinprovinz in Frage kommenden Instanzen bilden könnte. Diese Vereinbarung müßte die Bekenntnisgrundlage und die Rechtsgrundlage, auf der eine solche vorläufige Kirchenleitung handeln könnte, zum Ausdruck bringen und den Weg eröffnen zu einem gemeinsamen Aufruf an die rheinischen Synoden und Gemeinden unter Beteiligung weiterer in der rheinischen Kirche führender Persönlichkeiten. Er hätte vor allen Dingen auch die Grundlage für eine Zusammenarbeit zwischen Generalsuperintendent, Konsistorium, Provinzialkirchenrat und Bekenntnissynode zu bilden. Konsistorialrat Rößler und Pfarrer Beckmann erklärten sich bereit, zur nächsten Besprechung den Entwurf einer solchen Vereinbarung vorzulegen.

Zum Schluß wurde die Frage der Erweiterung des Konsistoriums durch rechtskundige Berater und theologische Hilfsarbeiter erörtert, wobei u.a. Namen wie Rechtsanwalt Dr. Mensing, Wuppertal, und Rechtsanwalt Schütz, Düsseldorf, ge-

---

2 In dieser Vereinbarung wurde der Versuch unternommen, einen neuen Ansatz kirchlichen Handelns auf synodaler Basis (Provinzialkirchenrat von 1932 und Generalsuperintendent) zu begründen (vgl. *Beckmann*, Rheinische Bekenntnissynoden, a.a.O., S. 153).

nannt wurden. Als Termin der nächsten Besprechung wurde Freitag, der 4. 5. 1945, 10 Uhr vormittags, festgesetzt. Die Sitzung wurde um 5 Uhr nachmittags mit Gebet von Generalsuperintendent D. Stoltenhoff beendet.

Düsseldorf, den 1. Mai 1945

(D. Stoltenhoff)   (Rößler)   (Beckmann)   (Harney)

E.K.   Düsseldorf, den 8. Mai 1945

Protokoll über eine zweite Besprechung

Betrifft: Bildung einer Kirchenleitung
Am Freitag, dem 4. 5. 1945, vormittags 11 Uhr, fand im Konsistorium eine weitere Besprechung zwischen den Herren Generalsuperintendent D. Stoltenhoff, Pfarrer Harney, Pfarrer Lic. Dr. Beckmann und Konsistorialrat Rößler statt. Als juristischer Berater war zu dieser Besprechung von Pfarrer Harney hinzugezogen worden: Rechtsanwalt Dr. Schütz.
Zunächst wurde das Protokoll der bisherigen Besprechung von Dienstag, dem 1. 5., verlesen und genehmigt. Sodann gab Konsistorialrat Rößler dem Rechtsanwalt Dr. Schütz in kurzen Zügen von der Veränderung in der Leitung des Konsistoriums auf Grund der Bevollmächtigung des E.Os. Kenntnis. Auf Befragen gab Dr. Schütz an, daß es zur Zeit nach seiner Meinung weniger auf juristisch fundierte Vollmachten ankäme als auf ein einheitliches Handeln der maßgeblichen kirchlichen Stellen nach außen hin, insbesondere gegenüber der Militärregierung. Nach seinen bisherigen Erfahrungen interessiere sich diese weniger für interne Auseinandersetzungen oder gar Einzelheiten kirchlicher Differenzen als vielmehr für die Benennung geeigneter Persönlichkeiten, die für das in Frage kommende Sachgebiet zuständig und verantwortlich seien. Wenn die Evangelische Kirche im Rheinland sich zu einer allseits anerkannten vorläufigen Kirchenleitung zusammenfände, so sei am ehesten damit zu rechnen, daß eine solche auch nach außen hin Anerkennung finden würde. Unter allen Umständen sei ein In-die-Erscheinungtreten verschiedener Richtungen oder Gruppenbildungen und ein Herausstellen entgegengesetzter Ansprüche auf Führung in kirchlichen Angelegenheiten zu vermeiden. Das würde nach seiner festen Überzeugung lediglich den Anlaß zu einem Eingriff personeller und sachlicher Art in die kirchlichen Angelegenheiten führen. Nach seiner Überzeugung sei die Stunde gekommen, wo sich die rheinische Kirche unter führender Beteiligung der BK zu einem einheitlichen Handeln zur Neuordnung ihrer Verhältnisse zusammenfinden müsse.
Nach eingehender, im wesentlichen zustimmender Erörterung seiner Ausführungen wurde Dr. Schütz von den Besprechungen zur Bildung einer vorläufigen Kirchenleitung im einzelnen in Kenntnis gesetzt.
Sodann trug Pfarrer Dr. Beckmann den vorgesehenen von ihm erbetenen Entwurf einer gemeinsamen Vereinbarung als Grundlage und Ausgangspunkt der für eine vorläufige Kirchenleitung der Rheinprovinz in Frage kommenden kirchlichen Instanzen in zwölf Punkten vor. Ein Abzug dieses Entwurfs liegt dem Protokoll bei. Es fand sodann eine eingehende Besprechung des Entwurfs statt, an welcher sich alle Anwesenden beteiligten, insonderheit auch Rechtsanwalt Dr. Schütz mit juristischen Ausführungen über die Gültigkeit der seit 1933 erlassenen kirchlichen Gesetze, Verordnungen und Verfügungen. Er warnte vor allem vor der Schaffung eines rechtlichen Vakuums. Man wurde sich darüber klar, daß dieselben trotz ihrer angefochtenen Rechtmäßigkeit nicht ohne weiteres außer Kraft gesetzt werden könnten, wohl aber alle unter den ausdrücklichen Vorbehalt der Prüfung ihres Übereinstimmens mit Bekenntnis und Kirchenordnung der rheinischen Kirche gestellt werden müßten. Als weiterer Punkt, besonders die Frage des Vorsitzes in

der zu bildenden vorläufigen Kirchenleitung hier, wurde von D. Stoltenhoff und Konsistorialrat Rößler an Stelle des im Entwurf vorgesehenen Dauervorsitzes durch einen Vertreter des Bruderrats ein Alternieren im Vorsitz zur Erwägung gestellt, während Dr. Schütz anregte, Einzelheiten der kommenden brüderlichen Regelung zu überlassen und nicht im Texte aufzunehmen, während Pfarrer Beckmann entscheidenden Wert auf die Regelung des Vorsitzes im Sinne des Entwurfes legte und dieses auch eingehend begründete. Nachdem die wesentlichen Punkte im Entwurf von Pfarrer Dr. Beckmann durchgesprochen und zum größten Teil die Zustimmung der übrigen Teilnehmer gefunden hatten, beschloß man, bei der nächsten Besprechung einen revidierten Entwurf von Pfarrer Dr. Beckmann zugrunde zu legen. Es besteht die Aussicht, daß an der nächsten Besprechung Pfarrer Held aus Essen als Mitglied des Bruderrates der Rheinischen Bekenntnissynode teilnehmen kann, was allseits begrüßt wurde. Als Termin zur Besprechung wurde Montag, der 7. 5., in Aussicht genommen.

Pfarrer Beckmann berichtete dann noch kurz von dem Ergebnis seiner Unterredung mit Oberkonsistorialrat D. Euler über dessen weiteres Verbleiben im Amte. D. Euler habe ihm erklärt, daß er die Absicht habe, aus Gesundheitsrücksichten und aus anderen Gründen sein Amt niederzulegen, sobald der auch von ihm ins Auge gefaßte Ausschuß für eine vorläufige Kirchenleitung ins Leben getreten sei und die Geschäfte übernommen habe. Bis dahin betrachte er sich noch als Mitglied der Behörde zur Abwicklung der Geschäfte. Die Besprechung wurde um 1 Uhr geschlossen.

Düsseldorf, den 4. 5. 1945

(Rößler)   (Stoltenhoff)   (Harney)   (Beckmann)

Niederschrift über die dritte Besprechung im Dienstgebäude des Konsistoriums am Montag, dem 7. Mai 1945

Anwesend: Generalsuperintendent D. Stoltenhoff, Konsistorialrat Rößler, Pfarrer Harney, Held, Beckmann, Böttcher.

Betrifft: Bildung einer Kirchenleitung

Zur Eröffnung der Besprechung wird von Pfarrer Held eine von ihm verfaßte und mit Pfarrer Beckmann vorher durchgearbeitete Denkschrift zur Lage der rheinischen Kirche vorgelesen (im Wortlaut dem Protokoll beiliegend).

Zunächst fand eine Aussprache über den I. und II. Teil statt, bei welcher gewisse Abweichungen in der Beurteilung der Entwicklung von seiten des Generalsuperintendenten und Konsistorialrats Rößler zum Ausdruck gebracht wurden, die jedoch für die Beurteilung der gegenwärtigen Lage und ihrer Aufgaben nicht von wesentlicher Bedeutung waren. Vielmehr wurde bei der Erörterung des Teils III der Denkschrift eine weitgehende Übereinstimmung mit den Gedanken festgestellt, die bisher schon im Kreis der Beteiligten zur Aussprache gekommen waren. So konnte von Konsistorialrat Rößler mit Dankbarkeit zum Ausdruck gebracht werden, daß der bei der vorigen Besprechung vorgelegte Entwurf einer Vereinbarung mit den hier dargelegten Gedanken weithin übereinstimmte. Das Ergebnis der Aussprache war eine grundsätzliche Einmütigkeit über die Bildung einer Übergangskirchenleitung. Für die praktische Durchführung wurde vor allem in folgenden Punkten Übereinstimmung hergestellt:

1. Die Zahl der Mitglieder soll sieben betragen, und zwar drei von der Bekenntnissynode, zwei vom P.K.R., der Bevollmächtigte des Konsistoriums und der Generalsuperintendent.
2. Auf die Beteiligung von Dr. Mensing (Mitglied des P.K.R.) wird allseitig großer Wert gelegt.
3. Der geschäftsführende Vorsitz soll einem Vertreter der Bekenntnissynode

übertragen werden. Ihm fällt die Aufgabe zu, die Sitzungen vorzubereiten und zu leiten, das Protokoll zu führen und die Ausführung der Beschlüsse sicherzustellen. Schließlich wurde beschlossen, den Text einer ausführlichen Vereinbarung für die nächste Besprechung am Freitag, dem 11. Mai, durch Pfarrer Beckmann herstellen zu lassen.
Bei den letzten Erörterungen der Punkte 1–3 konnte Konsistorialrat Rößler nicht anwesend sein.

(D. Stoltenhoff)   (Harney)   (Beckmann)   (Rößler)

Zur Lage der Rheinischen Kirche
Eine Denkschrift

I.

1. Die Rheinische Kirche war durch die Verordnungen und Maßnahmen der nationalsozialistischen Kirchenpolitik, die in der Tätigkeit des Reichskirchenministeriums gipfelten und von den damit eingesetzten staatlichen Kirchenbehörden und den von ihnen geleiteten Amtsträgern durchgeführt wurden, besonders schwer in ihrem Wesen und Leben getroffen.
Unsere Rheinische Kirche ist ihrem Wesen nach mit der Nachbarkirche in Westfalen im Bereich der Deutschen Evangelischen Kirche eine ausgesprochen presbyterial-synodal geordnete Kirche, unbeschadet der ihr durch die Geschichte des 19. Jahrhunderts aufgenötigten Zweiteilung der Kirchenleitung in Provinzialsynode und Konsistorium. Die Umbildung, Zerstörung und endlich Aufhebung der presbyterial-synodalen Organe auf allen Stufen des kirchlichen Aufbaues vom Presbyterium über Kreissynode und Provinzialsynode bis zur Generalsynode und dem Kirchensenat zeigte als Ergebnis die Kirchenleitung durch die obersten Juristen der staatsgebundenen kirchlichen Bürokratie, mithin die Durchsetzung des politischen Führerprinzips im Raum der Kirche! Dies geschah in der deutlich ausgesprochenen Absicht, die bekenntnismäßige Grundlage der Kirche zu zersetzen und in ihr die nationalsozialistische Weltanschauung in der vorläufigen Tarnung der nationalkirchlichen Idee durchzusetzen. Nach dem siegreichen Kriege war die Auflösung der Kirche in den weltanschaulichen Einheitsstaat und die Ablösung der ihr noch belassenen Seelsorge-Funktion im Volk durch die Hoheitsträger der Partei geplant. Diese nationalsozialistische Kirchenpolitik hat die evangelische Kirche tödlich bedroht.
2. Weder das Konsistorium noch der sogenannte Präses des synodalen Beirats noch die Superintendenten in ihrer Gesamtheit haben, unbeschadet der verschiedenen persönlichen Einstellung und Haltung Einzelner, dieses Verderben erkannt oder sehen wollen oder gar einen bekenntnismäßigen Widerstand gegen diese widerchristliche Verkehrung unserer Heimatkirche bis zum Einsatz ihres Amts und ihrer Person vor der Öffentlichkeit sichtbar gemacht oder trotz aller Bedrohung durchgehalten.
3. Die Pfarrer, Hilfsprediger, Vikare und Ältesten der Bekennenden Kirche haben mit ihren Gemeinden diesen vom Bekenntnis geforderten Widerstand nach der ihnen gegebenen Kraft – oft in viel Furcht und Schwachheit – unter Einsatz ihres Amtes, ihres Berufes, ihrer bürgerlichen Ehre, ihrer persönlichen Sicherheit und oft ihres Lebens vor der Öffentlichkeit sichtbar zu bezeugen versucht. Sie haben durch zwölf lange Jahre auf Berufung in Pfarrstellen mit größerem Wirkungskreis, auf Anstellung im kirchlichen Dienst, auf Beförderung in ihrem Beruf weithin verzichten müssen, weil sie aktiv zur Bekennenden Kirche gehörten.
Die kirchlichen Behörden haben diese Zurücksetzung und Unterdrückung durch-

geführt. Sie haben die ihnen gegebenen Berufungs- und Bestätigungsvollmachten von der Unterwerfung unter ihre nichtkirchliche Autorität, von der Anerkennung und dem Gehorsamsversprechen gegenüber der staatskirchlichen Gesetzgebung, von der Leistung des Treueides gegenüber dem Führer und nicht zuletzt von der politischen Zuverlässigkeitserklärung der Gestapo für jeden Pfarrer und Hilfsprediger, für jedes Mitglied der Gemeindekirchenausschüsse abhängig gemacht. Sie haben dadurch einen unerhörten Gewissenszwang ausgeübt und vielen ein schlechtes Gewissen gemacht. Sie haben dadurch viele innerlich gebrochen und der Verkündigung vieler die Vollmacht genommen. Diese Bedingungen waren für Amtsträger und Älteste der Bekennenden Kirche untragbar, so mannigfach auch einzelne in Gewissensnot und Existenznot diesem oder jenem Zwang sich beugten.

4. Über diesen Widerstand hinaus hat die Bekennende Kirche im Rheinland für die Dauer des aufgezeigten Notstandes den Aufbau einer bekenntnismäßigen Kirchenleitung auf allen synodalen Stufen durchgeführt. Sie hat damit öffentlich den Anspruch erhoben, in ihren Notorganen rechte Kirchenleitung zu sein. Da die Reichsregierung die rechtliche Anerkennung dieser Notorgane versagte, haben dementsprechend sämtliche Kirchenbehörden bis zuletzt, z.T. wider die eigene Erkenntnis, diese Anerkennung gleichfalls versagt und einen beständigen Kampf wider diese Organe geführt. Aber weder dieser Kampf der Kirchenbehörden noch das Existenzverbot des Reichskirchenministers noch die Drohungen, Eingriffe und Verbote der Gestapo haben die Notorgane der Bekennenden Kirche und ihr Handeln beseitigt. In diesem schweren und gefahrenreichen Kampf haben diese Organe ihre Kirchenleitung nur für diejenigen Pfarrer und Gemeinden durchführen können, die sich ihr zuordneten. Sie haben dabei niemals den Anspruch, rechte Kirchenleitung zu sein, d.h. die Verantwortung für die gesamte Rheinische Kirche wahrzunehmen, aufgegeben. Sie haben bekenntnismäßig und kirchlich legitim gehandelt und gelitten, während die kirchlichen und staatlichen Instanzen sie bewußt in ein illegales Dasein hineindrängten.

5. In diesem Kampf um die bekenntnismäßige Reinheit und kirchliche Rechtmäßigkeit einer von den Gemeinden selbst bestellten Kirchenleitung, wie sie der presbyterial-synodalen Ordnung der Rheinischen Kirche entspricht, haben die Notorgane der Bekennenden Kirche allein gegenüber den »Deutschen Christen« der verschiedenen Richtungen die Notwendigkeit der kirchlichen Trennung ausgesprochen und aufrechterhalten. Dies ist auch um den hohen Preis geschehen, wenn dadurch Pfarrer diszipliniert und Presbyterien aufgelöst wurden.

Andererseits haben die Notorgane der Bekennenden Kirche jede Gelegenheit wahrgenommen, mit den ihnen feindlich gegenüberstehenden Kirchenbehörden in strittigen Fragen ein Übereinkommen zu finden, wo dies ohne Verleugnung der bekenntnismäßigen Grundlage der Kirche möglich schien. So wurde der Kampf um die bekenntnisgemäße Aufstellung und Abführung der Kollekten, der vom Konsistorium mit Gehaltsentzug für die widerstrebenden Pfarrer und Gemeinden durchgeführt wurde, durch ein schriftliches Abkommen[3] beendet. Ebenso wurde der Kampf um die Legalisierung der von der Bekennenden Kirche geprüften Kandidaten, der vom Reichskirchenminister mit Verhaftung der Prüfungskommissionen und Prozessen vor Gericht durchgeführt wurde, im Rheinland durch eine schriftliche Vereinbarung[4] geregelt.

---

3 Dieses Abkommen zwischen dem rheinischen Konsistorium und dem Rat der Bekenntnissynode im Rheinland gestattete den Bekennenden Gemeinden die Abführung der Kollekten auf ein Sonderkonto.
4 Vereinbarung vom 11. 6. 1941. Einzelheiten über die Legalisierungsverhandlungen seit 1938 in Akten B VII a 1 des Evangelischen Konsistoriums im Archiv der EKiR, Bd. IV.

Dabei hat die Bekennende Kirche die Erfahrung machen müssen, daß diese schriftlichen Abkommen nicht gehalten wurden. Sie waren für den einen Partner nur Waffenstillstände, die die Daseinsberechtigung der Bekennenden Kirche erschüttern sollten. Die Bekennende Kirche hat nie gezögert, ein solches Abkommen aufzugeben, wo ihm wider den festgelegten Text eine neue Auslegung und eine neue Handhabung gegeben wurde, wie das bei dem Abkommen über die Legalisierung geschah. Daß das Rheinische Konsistorium in letzter Stunde die von der Bekennenden Kirche geforderte bedingungslose Totalbereinigung einräumte, ändert seine Gesamthaltung nicht. Dieses allerletzte Handeln hat Gründe, die in die neue Lage der Rheinischen Kirche hinüberdeuten.
Mit dieser Totalbereinigung ist die Anerkennung der Rechtmäßigkeit der von den Notorganen der Bekennenden Kirche gehaltenen Prüfungen ebenso ausgesprochen wie die kirchliche Rechtmäßigkeit dieser Notorgane selbst; denn nur *kirchlich rechtmäßige Organe können kirchlich rechtmäßige Prüfungen halten.*
Aber wohlgemerkt, diese Rechtmäßigkeit der Prüfungen ist in allerletzter Stunde ausgesprochen. Die damit gegebene *Rechtmäßigkeit der Notorgane* deutet gleichfalls in die neue Lage der Rheinischen Kirche hinein. Daß diese Rechtmäßigkeit jetzt in Erscheinung tritt, nachdem der äußere Zwang ihrer Bestreitung durch den Untergang des nationalsozialistischen Staates fortgefallen ist, ändert die Verantwortung des Konsistoriums für sein Handeln vordem in keiner Weise.
6. Neben dem bekenntnismäßigen Widerstand gegen die Entchristlichung der Kirche und dem kirchenleitenden Handeln ihrer Notorgane hat die Bekennende Kirche auf ihren Synoden für die Lehre der Kirche und ihre Ordnung, für den pfarramtlichen Dienst in Predigt, Unterricht und Seelsorge, für die Ordnung des christlichen Lebens, für die Zurüstung von Predigthelfern und Katecheten, für die Ordnung brüderlicher Zucht, für die Ausbildung und Fortbildung im geistlichen Amt in jahrelanger Arbeit theologische Erklärungen und kirchliche Ordnungen vorbereitet, beschlossen und eingeführt, die nicht zurückgenommen werden können. Sie sind die gottgegebene Frucht ihres harten Kampfes, erwachsen aus der Erkenntnis der Not und Schwäche unserer Kirche, aus einer neuen Erfassung der reformatorischen Bekenntnisse und aus einer Vertiefung in Gottes Wort. Sie sind eine Gabe Gottes an eine bußfertige Kirche, die vor einem neuen Anfang steht.

II.

1. Die Entwicklung unserer Rheinischen Kirche in den letzten zwölf Jahren zeigt folgendes Ergebnis:
A. Die allein rechtmäßige K.O. ist außer Kraft gesetzt. Die presbyterial-synodale Ordnung ist auf allen Stufen beseitigt.
a) Die Gemeinden haben seit 1934 überständige und damit rechtsungültige Presbyterien.
b) Die Kreisgemeinden haben seit 1934 überständige und damit rechtsungültige Kreissynoden, die zudem suspendiert sind.
c) Die Kreisgemeinden haben seit 1934 überständige Superintendenten, bzw. Assessoren, die z.T. die Bezeichnung »Superintendent« tragen, die es als Titel nicht gibt.
d) Die Kreissynoden haben seit 1934 überständige und damit rechtsungültige Synodalvorstände.
e) Die Provinzialgemeinde besitzt keine Provinzialsynode und keinen Präses, sondern nur den Rest des überständigen Provinzialkirchenrates der Synode von 1932.
f) Die noch vorhandenen presbyterial-synodalen Organe sind außerdem weithin deutsch-christlich durchsetzt und zersetzt und damit bekenntniswidrig.
B. Das Konsistorium ist nicht rechtmäßiges Kirchenregiment.

a) Die Berufung seiner Mitglieder steht nicht im Einklang mit der Verfassungsurkunde.
b) In der Führung der Geschäfte erkannte das Konsistorium den Treueid gegenüber dem Führer als verbindlich an, nicht aber die Bindung an die Bekenntnisgrundlage der Kirche (vgl. K.O. §§ I–III).
c) Die Geschäftsordnung der Beratung und Beschlußfassung war durch die Übertragung aller Vollmachten an den juristischen Präsidenten rechtswidrig und hob den rechtmäßigen Kollegialcharakter der Behörde auf.
d) Die Tatsache, daß der Präsident des Konsistoriums beim Anmarsch der Alliierten seinen Posten verließ und seine Vollmachten einem anderen Mitglied übertrug, bekräftigt abschließend noch einmal den politischen, illegitimen, illegalen und damit bekenntniswidrigen Charakter dieser Behörde. Jeder Pfarrer war zuvor an seine Residenzpflicht erinnert worden; sein sogenannter Kirchenleiter weicht im Bewußtsein seiner Nichtigkeit, nachdem die ihn tragende Macht des nationalsozialistischen Staates fortgefallen ist.
C. Das Amt des Generalsuperintendenten hat keine selbständige kirchenamtliche Funktion.
a) Der Generalsuperintendent hat nach der V.U. keine Kirchenleitung, sondern die geistliche Leitung. Er übt sie aus mit den Funktionen des Predigtamtes in der gesamten Provinz. Ferner wirkt er als Mitglied des Konsistoriums bei dessen kirchenleitenden Handlungen mit bzw. bereitet sie vor. Sein Amt ist hineingeordnet in den gesamten kirchlichen Organismus der Synoden und gesamtkirchlichen Behörden. Da diese Organe und Behörden zerstört sind, kann das Amt des Generalsuperintendenten nicht in alter Weise ausgeübt werden.
b) Die wiederholten Versuche der Bekennenden Kirche, das Amt des Generalsuperintendenten in ihrer synodalen Notordnung zur Geltung zu bringen, sind gescheitert. Der Generalsuperintendent hat sich an der Kirchenleitung der Bekennenden Kirche nicht beteiligt. Er ist von dem Versuch des Jahres 1935, die Rheinische Kirche in Anknüpfung an die synodalen Restbestände wieder zu ordnen, zurückgetreten, weil er für seine Amtsausübung die Ermächtigung des Reichskirchenministers für erforderlich halten mußte. Er hat sich der gemeinsamen Bitte des abgehenden Provinzialkirchenausschusses, des gesamten damaligen Konsistoriums und des rheinischen Bruderrates versagt, sein Amt voll auszuüben.
c) Das Amt des Generalsuperintendenten ist neben dem Konsistorium ein Rest landesherrlichen Kirchenregiments in der presbyterial-synodalen Ordnung unserer Kirche. Auch in der V.U. von 1922 ist es nicht gelungen, dem Amt des Generalsuperintendenten eine organische Struktur zu geben.
D. Eine bekenntnisgebundene Leitung der Rheinischen Kirche, die dem presbyterial-synodalen Charakter der K.O. gemäß ist, ist nur in den leitenden Organen der Bekennenden Kirche:
der Evangelischen Bekenntnissynode im Rheinland,
dem Bruderrat und dem Rat
vorhanden gewesen und jetzt vorhanden.
2. Die Gefahren, die sich aus den Ergebnissen der aufgezeigten Entwicklung gegenwärtig ergeben, sind folgende:
a) Es kann die Meinung aufkommen, als müsse eine Notlösung der gegenwärtigen Krise der Rheinischen Kirche auf dem Wege der Verhandlung von sogenannten Bevollmächtigten bisheriger Behörden und Gruppen in einem Kompromiß gesucht werden. Da die Bekennende Kirche keine Gruppe ist, sind ihr solche Kompromißversuche verwehrt.
b) Es kann die Meinung aufkommen, daß die sogenannten Neutralen, die so oder so mit den bisherigen Zuständen ihren Frieden gemacht hatten, jetzt als eine einheitliche Größe gegen die Bekennende Kirche ins Feld geführt werden könn-

ten. Jedermann im Rheinland weiß, daß die sogenannten Neutralen niemals eine einheitliche Größe gewesen sind. Sie sind es auch jetzt nicht. Da ihre Haltung wesentlich durch die Rücksicht auf die staatliche Autorität bestimmt war, wird dies auch so bleiben. Da aber über die Haltung der neuen Obrigkeit zur Bekennenden Kirche kein Zweifel besteht, wird hierin für die sogenannten Neutralen kein Hindernis mehr gegenüber der Bekennenden Kirche bestehen. Es ist nicht zu erwarten, daß gerade jetzt ein bekenntnismäßiger Widerstand in Erscheinung tritt, da die große Mehrheit von ihnen immer behauptet hat, innerlich auf dem Boden der Bekennenden Kirche zu stehen. Ein Widerstand der Neutralen gegen die Bekennende Kirche ist u.U. zu erwarten, wenn diese »non verbo, sed vi«, nach der Weise der Deutschen Christen die Kirche zu leiten versuchte. Dies ist aber unter keinen Umständen zu erwarten, da die Bekennende Kirche an sich selbst die Ohmacht dieser Zwangsmethode erfahren hat.
c) Es besteht die Gefahr, daß unsere Kirche wiederum unter eine staatlich-politische Führung gerät, die ihrem Wesen nicht gemäß ist, ihre Verbundenheit mit unserem Volk gefährdet und ihren freien Dienst an unserem Volk bedroht. Alle Einsichtigen werden ihre ernste Sorge darauf richten, diese Gefahr zu bannen.
d) Es besteht die Gefahr, daß die Bekennende Kirche ihren bisherigen Weg allein weitergehen muß. Dadurch droht die Gefahr einer Kirchenspaltung im vollen Sinne, die unsere evangelische Kirche im katholischen Rheinland entwürdigt und schwächt. Diese Spaltung würde nicht aus Gründen des Bekenntnisses, sondern aus Ressentiment geschehen, was Gott verhüten möge. Die Bekennende Kirche denkt nicht daran, eine andere Grenze der Kirche zu setzen, als die durch das gemeinsame Bekenntnis gegeben ist. Gegenüber den »Deutschen Christen« muß sie bei der getroffenen Entscheidung bleiben, daß sie jenseits dieser Grenze stehen.
e) Eine Gefahr darf nicht anerkannt werden, daß durch Eingreifen Einzelner, die für sich Gehör und Anerkennung fordern, der Gang der notwendigen Entwicklung verkrümmt oder aufgehalten wird.

III.

Es ist notwendig, aus den Ergebnissen der Vergangenheit, aus dem Zwang der Lage und ihren Gefahren, entschlossen und unverzüglich die Folgerungen zu ziehen.
1. Die Rheinische Kirche muß sich selbst reinigen.
a) Die Gesetze und Verordnungen des Reichskirchenministers und die daraus gewonnenen Anordnungen der ihm unterstehenden Kirchenbehörden treten außer Kraft. Die auf Grund dieser Gesetze, Verordnungen und Anordnungen geschaffenen Tatsachen unterliegen grundsätzlich der Nachprüfung.
b) Die »Kirchenordnung für Westfalen und die Rheinprovinz« tritt wieder in Kraft.
c) Die deutsch-christlichen Pfarrer und Diakone stellen ihre Verkündigung ein. Die deutsch-christlichen Mitglieder kirchlicher Körperschaften legen ihr Amt nieder.
d) Die deutsch-christlichen Beamten und Angestellten der Gemeindeämter und kirchlichen Verwaltungen üben bis auf weiteres ihren Dienst nicht aus.
e) Diejenigen Pfarrer, Beamten und Angestellten der Rheinischen Kirche, die als Mitglieder der Partei ein Parteiamt öffentlich ausgeübt haben, scheiden aus ihrer Stellung aus.
f) Die deutsch-christlichen Ortsgruppen, der Frauendienst und noch bestehende andere deutsch-christliche Organisationen stellen ihre Arbeit ein.
g) Die Reinigung der kirchlichen Verbände und Werke wird von der Kirchenleitung im Einvernehmen mit den hierfür zuständigen Stellen geregelt.
2. Die Rheinische Kirche muß sich selbst ordnen.
a) Das Rheinische Konsistorium überträgt seine kirchenleitenden Zuständig-

keiten an die vorläufige Leitung der Rheinischen Kirche und übt seine verwaltungsmäßige Funktion im Einvernehmen mit der vorläufigen Leitung der Kirche aus.
b) Die vorläufige Leitung der Rheinischen Kirche wird gebildet von der Evangelischen Bekenntnissynode im Rheinland im Einvernehmen mit dem Provinzialkirchenrat von 1932, dem Bevollmächtigten des Konsistoriums und dem Generalsuperintendenten.
c) Die vorläufige Leitung des Provinzialverbandes wird zwischen der vorläufigen Leitung der Kirche und den noch vorhandenen Mitgliedern des Provinzialkirchenrates von 1932 geregelt.
d) Dem Generalsuperintendenten steht es frei, bis zu einer Provinzialsynode sein Amt der geistlichen Leitung gemäß Art. 100–102 V.U. auszuüben. Die Frage der Ausbildung und Prüfung des theologischen Nachwuchses wird besonders geregelt.
e) Die vordringlichsten Aufgaben der vorläufigen Leitung der Kirche sind:
1. Die Führung und Vertretung der Rheinischen Kirche und die Leitung der laufenden Geschäfte.
2. Die mündliche und schriftliche Anrede der Gemeinden, Presbyterien und Pfarrer.
3. Die Ingangsetzung und Prüfung der Durchführung der Maßnahmen unter III.1.
4. Die Einberufung der Kreissynoden mit dem Auftrag der Neubildung der Kreissynodalvorstände und der Wahl der Abgeordneten zur Provinzialsynode.
5. Die Erarbeitung einer Vorlage an die Provinzialsynode über die presbyterialsynodale Neuordnung der K.O. in Zusammenarbeit mit der Kirche in Westfalen.
6. Die Vorbereitung der Provinzialsynode.
7. Die Neuordnung des kirchlichen Dienstes an der getauften Jugend und die Anmeldung und Vertretung der kirchlichen Belange für die Neubildung des gesamten Schulwesens bei den zuständigen Stellen.
Das Ergebnis dieser vorläufigen Entwicklung soll eine Rheinische Kirche sein, die sich bekenntnismäßig gereinigt und bekenntnismäßig geordnet hat, die die Bekennende Kirche als Trägerin der neuen Entwicklung in sich aufgenommen hat, die »Deutschen Christen« und die nationalsozialistische Weltanschauung ausgeschieden hat, und damit, wenn Gott Gnade gibt, willig und bereitet ist, den teuren Dienst des Evangeliums als ein bußfertiges und gehorsames Werkzeug ihres Herrn an unserem Volk auszurichten.
Zur Buße und zum Gehorsam ist die *ganze* Kirche gerufen. Gerechtigkeit und Gericht, Überwindung und Sieg stehen allein beim Herrn. Glaube und Geduld, Liebe und Zucht kommen allein vom Herrn. Dies zu bekennen mit der Tat und in der Wahrheit, kommt allen Dienern und Gliedern der Kirche zu. Der Herr wende uns alle von uns selbst ab und bekehre uns zu sich hin.

Veni, creator spiritus!

Heinrich Held, Pfarrer
Essen, 5. Mai 1945

Vorstehendes Memorandum wurde am 6. und 7. Mai 1945 von den in Düsseldorf anwesenden Mitgliedern des Rheinischen Rates einmütig gebilligt, am 7. Mai 1945 im Konsistorium vorgetragen und in seinem praktischen Teil III als Richtschnur für die zu treffende Vereinbarung angenommen.

Evangelisches Konsistorium　　　　　　　　　　Düsseldorf, den 15. Mai 1945
　der Rheinprovinz

Niederschrift über die vierte Besprechung im Dienstgebäude des Konsistoriums am Freitag, dem 11. Mai 1945
Betrifft: Bildung einer Kirchenleitung
Anwesend: Generalsuperintendent D. Stoltenhoff, die Pfarrer Lic. Dr. Beckmann, Held, Schlingensiepen, Konsistorialrat Rößler
Beginn der Besprechung: 10 Uhr
Zu Beginn wurde die Niederschrift über die zweite Besprechung vom 4. Mai im Entwurf verlesen, an einigen Punkten ergänzt und genehmigt. Pfarrer Dr. Beckmann wurde gebeten, eine Niederschrift über die dritte Besprechung vom 7. Mai anzufertigen, da Konsistorialrat Rößler an dieser Besprechung nicht bis zu Ende hatte teilnehmen können.
Sodann berichtete Konsistorialrat Rößler über seine und Pfarrer Harneys Besprechungen mit dem ehemaligen Konsistorialpräsidenten Dr. Koch, bei welchen dieser seine Stellungnahme zu der Umbildung des Konsistoriums und der Bildung einer neuen Kirchenleitung nach eingehender Darlegung der gegenwärtigen Lage dahin zusammengefaßt hatte, daß er freiwillig auf die Ausübung seiner Funktionen als Konsistorialpräsident verzichten und sich wie als beurlaubt betrachten wolle. Das Nähere dieser Besprechungen ist in einem besonderen Aktenvermerk vom 12. Mai niedergelegt. Konsistorialrat Rößler teilte sodann noch mit, daß Dr. Koch trotz anfänglicher Bedenken ausdrücklich auch seine Befugnisse als stellvertretender Leiter der Finanzabteilung niedergelegt und darüber ebenfalls eine schriftliche Bescheinigung in Aussicht gestellt habe. Es bestand die einmütige Auffassung, daß die Finanzabteilung als Einrichtung des Reichskirchenministeriums seit dessen Fortfall als nicht mehr bestehend anzusehen sei, selbst dann, wenn dieses Nichtmehrbestehen noch nicht ausdrücklich von seiten der Militärregierung ausgesprochen worden sei, da eine irgendwie geartete Finanzaufsicht des nationalsozialistischen Staates selbstverständlich nicht mehr in Frage komme. Konsistorialrat Rößler berichtete in diesem Zusammenhang von dem Antrag des Konsistoriums bei der Reichsbankdirektion, betr. die Aufhebung der durch die Militärregierung ausgesprochenen Sperrung des Girokontos der Konsistorialkasse, sowie der gleichzeitig ergangenen Mitteilung an die Reichsbank, daß er fortan allein zeichnungsberechtigt über das Konto dieser Kasse zusammen mit dem Konsistorialamtmann sei.
Sodann legte Pfarrer Held gemäß dem Beschluß der vorigen Besprechung den Text einer ausführlichen Vereinbarung über die Bildung einer neuen Kirchenleitung auf Grund der von Pfarrer Dr. Beckmann und ihm erarbeiteten Entwürfe als vorläufiges Ergebnis der gemeinsamen Stellungnahme von den Pfarrern Beckmann, Held und Schlingensiepen vor. Dieser Entwurf einer Vereinbarung zur Wiederherstellung einer bekenntnisgebundenen Ordnung und Leitung der Evangelischen Kirche der Rheinprovinz wurde sodann eingehend durchgesprochen und Punkt für Punkt geändert, ergänzt bzw. verbessert sowie in Zweifelsfällen authentisch erläutert. Ein Durchschlag dieses Entwurfes wird vorliegender Niederschrift zu den Akten beigefügt. Er trägt die Veränderungsvermerke bzw. Interpretationsrandbemerkungen von der Hand des Konsistorialrats Rößler. Nach einer gründlichen Durcharbeitung dieses Entwurfs, die in allem Wesentlichen eine Übereinstimmung aller Anwesenden zum Ergebnis hatte, erklärten die drei Vertreter des Bruderrates, den Entwurf bis zur nächsten Besprechung dem Bruderrat der Bekenntnissynode im Rheinland zur formellen Genehmigung vorlegen zu wollen. Die endgültige Unterzeichnung der Vereinbarung wurde dann für diese nächste Besprechung vorgesehen. Pfarrer Beckmann regte zum Schluß noch an, daß in dieser Besprechung die neue Kirchenleitung die Sonderaufgaben unter ihre Mitglieder verteilen möchte unter Zugrundelegung einer Übersicht über die bisherige allgemeine Geschäftsführung des Konsistoriums. Die Aufgaben des ge-

schäftsführenden Vorsitzenden der Kirchenleitung selbst wurden vor allem in folgenden Punkten gesehen: Er hat die Sitzungen der Kirchenleitung vorzubereiten, zu leiten, für das Protokoll zu sorgen und die Ausführung der Beschlüsse sicherzustellen. Dazu bedarf es der Errichtung eines Büros, das am zweckmäßigsten im Dienstgebäude des Konsistoriums eingerichtet wird. Die Bearbeitung der Frage der Geschäftsordnungsverteilung im Konsistorium, einschließlich der Heranziehung besonderer Sachbearbeiter von außen als Referenten, soll insbesondere dem Leiter des Konsistoriums, Konsistorialrat Rößler, obliegen.

Zum Schluß fand noch eine Erörterung der Weiterbeschäftigung der bisherigen Mitglieder des Kollegiums des Konsistoriums unter der neuen Kirchenleitung statt. Dabei ergab sich, daß die Konsistorialräte Lic. Sinning und Aldag als untragbar bezeichnet und abgelehnt wurden, und zwar der erstere wegen seiner Behandlung der illegalen rheinischen Kandidaten der Bekennenden Kirche und der letztere wegen seiner dienstlichen Beziehungen zur Gestapo und der Bearbeitung des Referates für den Schutz der deutschchristlichen Minderheiten im Rheinland. Pfarrer Held und Beckmann erklärten sich bereit, dem Konsistorialrat Lic. Sinning in Wuppertal das Nötige zu eröffnen, während Konsistorialrat Rößler gebeten wurde, Konsistorialrat Aldag, der bisher die Leitung des Konsistoriums durch ihn anzuerkennen sich vorbehalten hatte, im Sinne der Besprechung das Nötige zu eröffnen.

Die Besprechung wurde um 13.30 Uhr beendet. Pfarrer Schlingensiepen hatte sie schon etwa eine Stunde früher verlassen müssen.

(D. Stoltenhoff)   (Harney)   (Schlingensiepen)   (Beckmann)   (Rößler)

Evangelisches Konsistorium   Düsseldorf, den 16. Mai 1945
  der Rheinprovinz

Niederschrift über die fünfte Besprechung im Dienstgebäude des Konsistoriums am Dienstag, dem 15. Mai 1945, vormittags 10 Uhr

Betrifft: Bildung einer Kirchenleitung
Anwesend: Generalsuperintendent D. Stoltenhoff, die Pfarrer Lic. Dr. Beckmann, Harney, Held und Schlingensiepen und Konsistorialrat Rößler

Zu Beginn wurden die Niederschriften der zweiten und dritten Besprechung vom 4. bzw. 7. Mai durch Konsistorialrat Rößler bzw. Pfarrer Beckmann verlesen, genehmigt und unterschrieben.

Sodann berichtete Konsistorialrat Rößler von einer Besprechung mit Konsitorialrat Aldag, die am 14. Mai stattgefunden habe. In dieser Besprechung habe Aldag, vorbehaltlich seiner juristischen Bedenken gegen die Vollmacht des Evangelischen Oberkirchenrats, die Leitung des Konsistoriums durch Konsistorialrat Rößler anerkannt und sich zur weiteren Mitarbeit zur Verfügung gestellt. Zu den ihm zu Ohren gekommenen Vorwürfen wegen seiner dienstlichen Beziehungen zur Gestapo habe er eine dienstliche Äußerung unter dem 10. Mai 1945 ausgearbeitet, die von Konsistorialrat Rößler den Anwesenden vorgelegt wurde. Er erwähnte dabei, daß er Konsistorialrat Aldag zugesagt habe, die endgültige Entscheidung der sich bildenden Kirchenleitung über die Möglichkeit seiner Weiterverwendung im Dienste des Konsistoriums bis zur Kenntnisnahme dieser Äußerung zurückzustellen. Er habe ihm aber wenig Hoffnung gemacht, daß sich an der geäußerten Untragbarkeit dieser Weiterverwendung durch diese Äußerung etwas ändern würde, und ihn gebeten, seine derzeitige Behinderung an der Ausübung seiner Dienstgeschäfte im Konsistorium infolge der Verkehrsverhältnisse und seiner Gehbehinderung als vorläufige Beurlaubung unter Weiterbezug seines Diensteinkommens bis zur endgültigen Entscheidung über seine Weiterverwendung zu betrachten.

Aldag habe sich bereit erklärt, auf Befragen jederzeit sachdienliche Auskunft über seine Tätigkeit im Konsistorium und auch für die Weiterarbeit des Konsistoriums zu geben, da ihm als Kirchenbeamten das Wohl der Kirche letzter Maßstab seines Handelns gewesen sei und noch sei.

Sodann machte Pfarrer Held Mitteilung über die Besprechung des Entwurfs der Vereinbarung in einer Sitzung des Bruderrates der Bekenntnissynode vom 14. 5. 45 in Wuppertal. Der Bruderrat habe nach ernster eingehender Beratung trotz geäußerter Bedenken und Sorgen gegen eine restaurierende Tendenz der vorgesehenen Kirchenleitung im ganzen seine Zustimmung zu dem vorgesehenen Entwurf der Vereinbarung gegeben.

Auf Veranlassung von Konsistorialrat Rößler fand sodann nochmals eine Erörterung über die vorgesehene Zusammensetzung der Kirchenleitung statt, da er an der diesbezüglichen Erörterung bei der dritten Besprechung vom 7. Mai nicht hatte zugegen sein können. Die Zusammensetzung der Kirchenleitung könnte bei der kirchenpolitischen Mentalität vieler rheinischer Pfarrer bzw. Gemeinden zu dem Mißverständnis führen, als ob in ihr eine Vorherrschaft des Bruderrates gesichert werden sollte. Es wäre die Frage, ob diese Kirchenleitung nicht leichteren Eingang in die rheinische Kirche finden würde, wenn sie sich nach der Seite eines Vertreters der bekenntnisgebundenen, jedoch bisher nicht dem Bruderrat unterstehenden Pfarrerschaft und Gemeinden ergänzen würde. Dabei wurde von ihm Bezug genommen auf eine am 14. 5. 1945 stattgehabte eingehende Erörterung dieser Fragen mit Pfarrer Lic. Dr. Beckmann und einige Namen vorschlagsweise genannt. Zum mindesten solle sich die Kirchenleitung die Möglichkeit offen halten, falls eine Vergrößerung z.Z. nicht tunlich erscheine, zu einer späteren Ergänzung und Erweiterung, falls sich dazu ein wirkliches echtes Bedürfnis herausstelle. In der Erörterung wurde die Notwendigkeit einer offenen Tür zur Provinzialkirche hin allseits anerkannt, ebenso aber auch die Wichtigkeit, echte Kirchenleitung zu bilden, d.h. bei ihrer Bildung kirchenpolitische Erwägungen alten Stils und vergangener kirchlicher Gruppenbildung auszuscheiden. Eine Vergrößerung der Kirchenleitung über die Zahl sieben hinaus wurde allgemein als Erschwerung ihrer Handlungsfähigkeit angesehen, aber grundsätzlich nicht für unmöglich erachtet. Die Aufgabe der brüderlichen Einmütigkeit unter Ausschaltung vergangener Belastungen innerhalb der neuen Kirchenleitung den Gemeinden nahe zu bringen, werde vor allem dem Wort an die Gemeinden selbst zufallen. Nach weiterer Erörterung wurde einmütig beschlossen, an dem Text der Vereinbarung selber in dieser Hinsicht keine Änderungen mehr vorzunehmen; jedoch wurde die spätere Ergänzung der Kirchenleitung durch Hinzuziehung von beratenden Sachverständigen, etwa der Inneren Mission oder anderer kirchlicher Arbeitszweige, ins Auge gefaßt.

Es fand sodann eine Erörterung der Geschäftsverteilung des Konsistoriums auf Grund des vorliegenden Geschäftsverteilungsplanes statt. Man war sich darüber einig, daß zur Bearbeitung der juristischen Dezernate die Beteiligung Dr. Mensings und anderer Juristen erforderlich sein würde. Ins Auge gefaßt wurden für die Verteilung der theologischen Dezernate vorläufig Pfarrer Held für die Personalien der Pfarrer, als sein Vertreter Pfarrer Lic. Dr. Beckmann; Pfarrer Schlingensiepen für die Personalien der Kandidaten und Hilfsprediger, Konsistorialrat Rößler für die allgemeine Geschäftsführung und Pfarrer Harney für die Finanzen und das Kirchensteuerwesen der Gemeinden, letzterer in Zusammenarbeit mit einem rechtskundigen Dezernenten.

An diese Besprechung der Geschäftsverteilung schloß sich noch eine Erörterung über die voraussichtliche Finanzlage der rheinischen Kirche, ihre Schwierigkeiten und Nöte an. Als besondere Schwierigkeit wurde die Ablösung des Einbaus der Finanzverwaltung der Rheinischen Provinzialkirche in die Finanzverwaltung der

Landeskirche[5] angesehen, da die finanziellen Verpflichtungen der Landeskirche bei der vorauszusehenden großen Verarmung der Provinzialkirche von dieser nicht ohne weiteres würden anerkannt und übernommen werden können. Eine Verminderung des Einkommens der Geistlichen, Kirchenbeamten und -angestellten sowie der Bezüge der Ruheständler wurde als unvermeidbar angesehen, wie sie übrigens auch von seiten der Militärregierung für alle anderen öffentlichen Betriebe vorgesehen zu sein scheint.

Es folgte die abschließende Redaktion der Vereinbarung zur Wiederherstellung einer bekenntnisgebundenen Ordnung und Leitung der Evangelischen Kirche der Rheinprovinz. Dieselbe wurde um 13.30 Uhr in vierfacher Ausfertigung von den Anwesenden unterzeichnet. Pfarrer Held nahm hiernach Bezug auf ein Gemälde von Hans Thoma vom Siege St. Michaels über den Drachen, und Generalsuperintendent D. Stoltenhoff sprach auf Bitte des geschäftsführenden Vorsitzenden, Pfarrer Lic. Dr. Beckmann, ein Gebet. Damit hat sich die Leitung der Evangelischen Kirche der Rheinprovinz konstituiert.

Die Unterschrift des fehlenden siebten Mitgliedes der Kirchenleitung, Rechtsanwalt Dr. Mensing, soll bei der nächsten Sitzung nachgeholt werden. Diese Sitzung wurde für Freitag, den 25. Mai 1945, vormittags 9 Uhr, im Konsistorium anberaumt. Es wurde beschlossen, fürs erste wöchentlich je einen Sitzungstag und je einen Sprechtag der Kirchenleitung einzurichten. Hierfür wurden die Tage Dienstag und Freitag in Aussicht genommen. Die Veröffentlichung der Vereinbarung soll in einem neuen Kirchlichen Amtsblatt sobald wie möglich erfolgen. Konsistorialrat Rößler wurde gebeten, zu I,1 der Vereinbarung eine Mitteilung für das Amtsblatt über die am 5. April[6] erfolgte Verständigung zwischen dem damaligen Konsistorium und dem Bruderrat betr. Generallegalisierung der Kandidaten der Bekenntnissynode im Entwurf auszuarbeiten und vorzulegen. Hauptgegenstand der nächsten Sitzung der Kirchenleitung soll die Ansprache der Kirchenleitung an die Gemeinden bilden. Hierzu wird jedes Mitglied der Kirchenleitung einen Entwurf vorbereiten. Aus diesen Entwürfen als Bausteinen soll dann das Wort an die Gemeinden erwachsen. Des weiteren werden Konsistorialrat Rößler und Pfarrer Lic. Dr. Beckmann bis dahin den genauen Plan einer Geschäftsverteilung im neuen Konsistorium miteinander ausarbeiten und vorlegen.

Die konstituierende Sitzung der Kirchenleitung wurde um 14 Uhr geschlossen.

Düsseldorf, den 15. Mai 1945

(D. Stoltenhoff)   (Harney)   (Schlingensiepen)   (Rößler)   (Beckmann)

Vereinbarung zur Wiederherstellung einer bekenntnisgebundenen Ordnung und Leitung der Evangelischen Kirche der Rheinprovinz

I.

Die Evangelische Kirche der Rheinprovinz ist nach dem Fortfall der nationalsozialistischen Führung der Kirche durch das Reichskirchenministerium, seiner Gesetze und Verordnungen und der dadurch geschaffenen und gebundenen Organe (der juristische Präsident mit alleiniger Führungsvollmacht, die Finanzabteilung, der synodale Beirat), ohne bekenntnismäßig und rechtlich geordnete Organe und daher handlungsunfähig. Den Gefahren dieser Lage kann bis zum Zusammentritt

---

5 D.h. der Evangelischen Kirche der altpreußischen Union.
6 Im November 1944 waren die Verhandlungen über die 1942 abgebrochenen Legalisierungen wiederaufgenommen worden. Sie führten dazu, daß das Konsistorium mit Zustimmung des Evangelischen Oberkirchenrats in Berlin am 4.4.1945 der generellen Übernahme aller von der Bekennenden Kirche geprüften Kandidaten zustimmte (Aktenvermerk vom 23.6.1945 in Akten B VIIa 1, Bd. V).

der Provinzialsynode allein durch eine Notstandsordnung unter Wahrung der Rechtsbeständigkeit begegnet werden.
Die nachstehend Genannten sind als Bevollmächtigte zusammengetreten, um unter Wahrung ihrer Zuständigkeit und Verantwortung der Evangelischen Kirche der Rheinprovinz eine bekenntnismäßig und rechtlich geordnete Leitung zu geben, die, soweit der Notstand es zuläßt, mit der Kirchenordnung (KO) und der Verfassungsurkunde (VU) im Einklang steht:
Für die Evangelische Bekenntnissynode im Rheinland: Die Pfarrer Lic. Dr. Beckmann, Schlingensiepen, Held.
Für den Provinzialkirchenrat von 1932: Pfarrer Harney.
Für das Konsistorium: Konsistorialrat Rößler.
Für das Amt des Generalsuperintendenten: D. Stoltenhoff.
1. Die Evangelische Bekenntnissynode im Rheinland ist in den Jahren der Zerstörung von Bekenntnis und Recht in der Evangelischen Kirche der Rheinprovinz als Notorgan von der Gemeinde her zur Leitung der Kirche berufen worden und hat sie durch ihre Organe des Bruderrates und des Rates ausgeübt. Der staatliche Zwang zur Versagung der Anerkennung dieser Notorgane ist fortgefallen, während der Notstand voll ausgereift ist. In der Anerkennung der von der Evangelischen Bekenntnissynode im Rheinland gehaltenen Prüfungen des theologischen Nachwuchses durch das Konsistorium ist die tatsächliche Anerkennung der Evangelischen Bekenntnissynode im Rheinland enthalten.
2. Der Provinzialkirchenrat von 1932 mit seinen noch vorhandenen Mitgliedern ist nach dem Fortfall des synodalen Beirates der einzige Träger der Rechtsbeständigkeit auf der provinzsynodalen Seite und nach der KO solange im Amt, bis der neue Provinzialkirchenrat (PKR) gebildet ist.
3. Das Evangelische Konsistorium der Rheinprovinz wird allein vertreten durch Konsistorialrat Rößler. Der Evangelische Oberkirchenrat (EOK) hat diesen für die jetzt eingetretene Lage allein beauftragt, ihm alle konsistorialen Vollmachten übertragen und aufgegeben, im Einvernehmen mit den vorhandenen kirchlichen Instanzen, insonderheit mit der Evangelischen Bekenntnissynode im Rheinland, die Leitung der Rheinischen Kirche zu bilden.
4. Der Generalsuperintendent erkennt die Vollmacht der Evangelischen Bekenntnissynode im Rheinland, des PKR von 1932 und des Konsistorialrates Rößler an und nimmt in Ausübung seines Amtes kraft eigener Entscheidung an dieser Vereinbarung teil.

II.
1. Die für alles kirchliche Handeln maßgebende und verbindliche Bekenntnisgrundlage der Evangelischen Kirche der Rheinprovinz ist in §§ I–III KO enthalten. Diese Bekenntnisgrundlage ist gegenüber den in die Kirche eingedrungenen Irrlehren aufs neue als bindend bekannt worden in der Theologischen Erklärung von Barmen.
2. Die Evangelische Kirche der Rheinprovinz ist daher von einer bekenntniswidrigen Verkündigung (z.B. deutschchristlicher Art) und einer entsprechenden Betätigung in den Gemeinden, den kirchlichen Körperschaften und Einrichtungen zu reinigen.
3. Von rechtlicher Gültigkeit für die Evangelische Kirche der Rheinprovinz sind lediglich die KO und VU sowie alle ordnungsmäßig beschlossenen Kirchengesetze vor 1933. Ihre Auslegung und Anwendung ist gebunden an die Bekenntnisgrundlage der Kirche (vgl. II,1).
4. Alle kirchlichen Gesetze und Verordnungen seit dem 30. 1. 1933 werden künftig nicht mehr angewandt, sofern sie nach Prüfung im Widerspruch zur Bekenntnisgrundlage der Kirche oder zur KO bzw. VU stehen.

5. Alle auf Grund der in 4 genannten Gesetze und Verordnungen getroffenen Maßnahmen unterliegen grundsätzlich der Nachprüfung und werden, soweit erforderlich, gemäß dem allein gültigen Recht der Kirche rückgängig gemacht.
6. Zur Wiederherstellung einer kirchlichen Ordnung und Leitung, die auf klarer Bekenntnis- und Rechtsgrundlage steht, ist eine ordnungsmäßige Provinzialsynode zu bilden, der die Aufgabe zufällt, der Evangelischen Kirche der Rheinprovinz eine erneuerte presbyterial-synodale Ordnung und eine eindeutig bekenntnisgebundene Leitung zu geben.
7. Die zur Berufung der Provinzialsynode erforderliche Neubildung der kirchlichen Körperschaften ist sobald als möglich in die Wege zu leiten.
8. Im gegenwärtigen Notstand bedarf die Evangelische Kirche der Rheinprovinz einer Leitung, die bis zur Bildung einer neuen Kirchenleitung durch die Provinzialsynode die notwendigen kirchenregimentlichen Maßnahmen trifft.
9. Es wird daher von der Bekenntnissynode im Rheinland, dem PKR von 1932, dem Bevollmächtigten des Konsistoriums und dem Generalsuperintendenten eine »Leitung der Evangelischen Kirche der Rheinprovinz« gebildet, die aus drei Vertretern der Bekenntnissynode (den Pfarrern Lic. Dr. Beckmann, Schlingensiepen, Held), zwei Mitgliedern des PKR (Pfarrer Harney, Dr. Mensing), dem Bevollmächtigten des Konsistoriums (Konsistorialrat Rößler) und dem Generalsuperintendenten (D. Stoltenhoff) besteht.
10. Die »Leitung der Evangelischen Kirche der Rheinprovinz« beschließt die erforderlichen kirchenregimentlichen Maßnahmen in brüderlicher Beratung ihrer Mitglieder. Zum geschäftsführenden Vorsitzenden wird der in Düsseldorf wohnhafte Vertreter der Bekenntnissynode bestellt.
11. Die kirchenleitenden Zuständigkeiten des Konsistoriums werden von der »Leitung der Evangelischen Kirche der Rheinprovinz« wahrgenommen (z.B. Pfarrstellenbesetzung, Ausbildungs- und Prüfungswesen, Kollekten, Ernennung von Sachbearbeitern usw.). Seine verwaltungsmäßigen Funktionen übt das Konsistorium nach den Richtlinien der »Leitung der Evangelischen Kirche der Rheinprovinz« in Anwendung seiner rechtlichen Zuständigkeit aus.
12. Der PKR führt im Einvernehmen mit der »Leitung der Evangelischen Kirche der Rheinprovinz« die Geschäfte des Provinzialsynodalverbandes, wozu insbesondere die Vorbereitung und Einberufung der Provinzialsynode gehören.
13. Der Bruderrat der Evangelischen Bekenntnissynode im Rheinland übergibt seine kirchenregimentlichen Funktionen, soweit zu dieser Vereinbarung erforderlich, der »Leitung der Evangelischen Kirche der Rheinprovinz« und stellt sich ihr zur Durchführung des kirchlichen Wiederaufbaus mit seinen Arbeitszweigen zur Verfügung.
14. Die wesentlichen Aufgaben der »Leitung der Evangelischen Kirche der Rheinprovinz« sind:
a) Die Vertretung der Evangelischen Kirche der Rheinprovinz und die Leitung der laufenden Geschäfte;
b) die Ansprache an die Gemeinden und die Unterrichtung der Gemeinden, ihrer Pfarrer und der kirchlichen Körperschaften;
c) die Überprüfung der kirchlichen Gesetze und Verordnungen seit dem 30. 1. 1933 sowie der auf ihnen beruhenden Maßnahmen und gegebenenfalls ihre Revision;
d) die Durchführung der in II, 2 bezeichneten Aufgaben;
e) die Neubildung der kirchlichen Körperschaften;
f) die Erarbeitung einer Vorlage an die Provinzialsynode über die presbyterial-synodale Erneuerung der KO;
g) die Vorbereitung der Provinzialsynode;
h) die Ordnung des theologischen Ausbildungs- und Prüfungswesens;

i) die Neuordnung des Dienstes der Kirche an der Jugend und die Wahrung der kirchlichen Belange bei der Neugestaltung des öffentlichen Schul- und Hochschulwesens.

15. Die »Leitung der Evangelischen Kirche der Rheinprovinz« arbeitet in ständiger Verbindung mit der Evangelischen Kirche in Westfalen.

16. Die Evangelische Bekenntnissynode im Rheinland, der PKR, das Konsistorium und der Generalsuperintendent werden ihre Ämter und Vollmachten der Provinzialsynode übergeben, um damit den Weg für eine einheitlich presbyterialsynodal geordnete Kirche freizumachen.

Die vorstehenden Beschlüsse treten mit dem 15. Mai 1945 in Kraft.

Düsseldorf, den 15. Mai 1945

>Der Bruderrat der Evangelischen Bekenntnissynode im Rheinland:
>Lic. Dr. Beckmann   Schlingensiepen   Held
>Der Provinzialkirchenrat der Rheinprovinz:
>Harney   Dr. Mensing
>Der Generalsuperintendent der Rheinprovinz:
>D. Stoltenhoff
>Das Evangelische Konsistorium der Rheinprovinz:
>Rößler

Evangelisches Konsistorium   Düsseldorf, den 26. 4. 1945
der Rheinprovinz

Vermerk zu den Akten
Betrifft: Bevollmächtigung des Konsistorialrats *Rößler* durch den Evangelischen Oberkirchenrat
Am 10. September 1944 erschienen die Herren Oberkonsistorialräte Bender und Benn vom Evangelischen Oberkirchenrat in Berlin anläßlich einer Dienstreise nach Düsseldorf nachmittags um 3 Uhr in meiner Dienstwohnung im Predigerseminar zu Düsseldorf, Tersteegenstr. 80, und eröffneten mir im Auftrage des Herrn Präsidenten Evers vom Evangelischen Oberkirchenrat folgendes:
Für den Fall einer Besetzung des Rheinlandes durch die alliierten Truppen und des Aufhörens jeglicher Verbindung zwischen dem Evangelischen Oberkirchenrat und dem Evangelischen Konsistorium der Rheinprovinz habe der Präsident des Evangelischen Oberkirchenrats mich, den Konsistorialrat Rößler, bevollmächtigt, den Vorsitz im Konsistorium zu übernehmen und als Treuhänder der Evangelischen Kirche der altpreußischen Union die Geschäfte des Konsistoriums im Interesse der rheinischen Kirche wahrzunehmen und die Behörde nach innen und außen kommissarisch zu vertreten. Es käme dem Evangelischen Oberkirchenrat dabei vor allen Dingen darauf an, die kirchliche Kontinuität der altpreußischen Landeskirche und ihres Dienstes innerhalb der Rheinprovinz zu wahren und ihre Belange in der Übergangszeit bis zur Neuordnung der kirchlichen Verhältnisse, einschließlich einer neuen kirchlichen Rechtsordnung, zu vertreten. Die Herren ließen keinen Zweifel darüber, daß mit dem Eintritt der Besatzung die Funktionen des bisherigen Konsistorialpräsidenten aufhören müßten. Der Evangelische Oberkirchenrat betrachte mich als den Mann seines Vertrauens, von dem er erwarte, daß er am besten geeignet sei, die Behörde in der schwierigen Übergangszeit zu leiten und nach außen wie innen in rechter und würdiger Weise zu vertreten. Eine schriftliche Vollmacht, nach der von mir gefragt wurde, konnten mir die Herren Bender und Benn nicht überreichen. Der Evangelische Oberkirchenrat stünde auf dem Standpunkt, daß nach Lage der Dinge eine solche Vollmacht im damaligen Zeitpunkt schriftlich noch nicht erteilt werden könnte, da die staatsaufsichtliche

Genehmigung hierzu nicht in Frage käme und andererseits der Fall des Fortfalls dieser Aufsicht noch nicht eingetreten sei. Sollte sich, was vom vaterländischen Standpunkt aus zu erhoffen wäre, durch eine Wendung des Kriegsgeschehens der Eintritt dieser Vollmacht erübrigen, so bliebe die Besprechung dieser Regelung auf den Kreis der unmittelbar Beteiligten beschränkt. Ich ließ darüber keinen Zweifel, daß mir die Erteilung einer schriftlichen Vollmacht beim Eintritt des vorgesehenen Falles die Übernahme der zugedachten Aufgabe erheblich erleichtern würde. Ihre Durchführung hinge jedoch wesentlich von dem mir innerhalb der rheinischen Kirche entgegengebrachten Vertrauen ab. Auf dieses gestützt, glaubte ich, die mir zugedachte Aufgabe in ernster Verantwortung vor Gott und der Kirche übernehmen zu sollen. Ich ließ darüber keinen Zweifel, daß ich bis dahin mich als loyales Mitglied des Konsistoriums unter seiner bisherigen Leitung, des Präsidenten Dr. Koch, betrachten würde. Diese Auffassung fand die Zustimmung der beiden Herren. Die Besprechung schloß mit der Feststellung strengster Vertraulichkeit etwa um 4 Uhr nachmittags.

Düsseldorf, den 26. April 1945

gez. Rößler
Konsistorialrat

Nach diesem Neuanfang wurde sobald, wie es damals möglich war (am 1. Juni 1945), ein Wort an die Gemeinden zur Abkündigung im Gottesdienst gerichtet:

Ansprache der Leitung der Evangelischen Kirche der Rheinprovinz an die Gemeinden[7]

»Gnade sei mit euch und Friede von Gott, unserem Vater, und dem Herrn Jesus Christus.«

»Wir haben nur *einen* Gott, den Vater, von welchem alle Dinge sind und wir zu ihm; und *einen* Herrn, Jesus Christus, durch welchen alle Dinge sind und wir durch ihn.«

Gott hat unsere evangelische Kirche in den hinter uns liegenden Jahren einen schweren Weg der Demütigung geführt. Eine schon vor 1933 ihrem Bekenntnis untreue Kirche wollte der Staat ganz unter seine Autorität zwingen. Eine schon damals verweltlichte Kirche wollte die Welt ganz als ihr Eigentum gestalten und gebrauchen. Eine schon damals sich selbst den Mächten der Zeit preisgebende Kirche gab Gott seinem rettenden Gericht dahin.

Durch die nationalsozialistische Kirchenpolitik und das ihr dienende Handeln der Deutschen Christen sollte das Ziel erreicht werden, die Evangelische Kirche in Deutschland »geistig zu überwinden, organisatorisch verkümmern zu lassen und politisch ohnmächtig zu erhalten«. Darum wurde das Bekenntnis zum Herrn der Kirche ersetzt durch das Bekenntnis zum Führer des Staates, die Rechtsordnung der Kirche wurde zersetzt und durch staatliche Zwangsmaßnahmen aufgehoben. Darum wurde die Kirche von Jahr zu Jahr vollständiger vom Leben unseres Volkes getrennt und ihr Wirken aus der Öffentlichkeit entfernt. Der Religionsunterricht wurde aus den Schulen verdrängt, die Zugehörigkeit zur Kirche mehr und mehr erschwert. Die Jugend wurde dem Evangelium entfremdet, der theologische Nachwuchs sollte der Kirche genommen werden. Bibeln, Gesangbücher und Katechismen durften nicht mehr gedruckt werden. So sollte Gottes Gebot und sein Evangelium in unserem Volke zum Schweigen gebracht und schließlich ganz beseitigt werden.

Es ist das Wunder der Barmherzigkeit und Treue unseres Gottes, daß Er seine Kir-

---

7 KABl 1946, S. 2

che in Deutschland trotz großer Macht und vieler List ihrer Widersacher erhalten hat. Vielen Christen tat Gott die Augen auf, öffnete ihnen sein ewiges Wort, legte ihnen das Bekenntnis der Väter aus und gab ihnen Kraft und Geduld zum Bekennen seiner alleinigen Herrschaft in seiner Kirche. In vielen Gemeinden erwachte unter mancherlei Not und Bedrängnis, trotz viel Schwachheit und Versagen ein beharrlicher Widerstand gegen das Vorhaben, die Evangelische Kirche dem Dritten Reich gleichzuschalten und dadurch zu vernichten. Die Wahrheit des Wortes Gottes und seine unverbrüchliche Geltung wurde gegen den Geist der Zeit bezeugt, und das Bekenntnis erwies wie zur Zeit der Väter seine Kraft gegen Gewalt und Unrecht. Der Herr gab seiner Kirche Geduld und Gewißheit im Leiden, rechnete ihr die Sünde der vielen Schwachheit und des vielen Schweigens nicht zu und handelte an ihr nach der Verheißung: »Das zerstoßene Rohr wird er nicht zerbrechen und den glimmenden Docht wird er nicht auslöschen. Er wird das Recht wahrhaftig halten lehren.«
Mitten im Gericht, das im Aufstieg und Niederbruch des nationalsozialistischen Staates über uns ergangen ist, schenkt Gott unserer Kirche eine Stunde der Umkehr und Erneuerung. Wir sind in ihr gerufen, unserem schwer geschlagenen Volke das Evangelium von Jesus Christus als den einigen Trost im Leben und im Sterben neu zu verkündigen. Wir sind frei, über die Ordnung unserer Kirche selbst zu entscheiden und ihre Leitung selbst zu berufen. Damit legt Gott uns die Verantwortung auf, mit allem Ernst darüber zu wachen, daß die Folgen der deutschchristlichen Wirksamkeit und der nationalsozialistischen Kirchenpolitik ebenso beseitigt werden wie die Ursachen, aus denen ihre zersetzende Macht in der Kirche erwachsen ist. Durch solche Reinigung bekennt die Kirche: »Ehe ich gedemütigt ward, irrte ich; nun aber halte ich dein Wort. Es ist mir lieb, daß du mich gedemütigt hast, daß ich deine Rechte lerne.«
Die Heilige Schrift muß die alleinige Richtschnur für Verkündigung und Ordnung, Lehre und Leben der Kirche sein. Die Bekenntnisse der Kirche müssen wieder gelten. Das Recht muß in der Kirche wieder aufgerichtet werden. Die Rechtmäßigkeit alles kirchlichen Handelns muß im Bekenntnis der Kirche gegründet sein. Die Kirche muß sich selbst eine Leitung geben, die sich in ihrer Amtsführung allein an die Heilige Schrift und die Bekenntnisse gebunden weiß. Damit bezeugt die Kirche, daß sie im Gericht die prophetische Mahnung vernommen hat: »Sehet zu, tut rechtschaffene Frucht der Buße.«
Unsere rheinische Kirche verlor durch die nationalsozialistische Kirchenpolitik die ordnungsmäßigen Organe ihrer Leitung. Durch den Untergang des nationalsozialistischen Staates sind auch die vom Kirchenminister gesetzten Organe der Leitung, der juristische Konsistorialpräsident und die Finanzabteilung, weggefallen.
Darum sind die Vertreter der Bekenntnissynode im Rheinland, des Provinzialkirchenrates, des Konsistoriums sowie der Generalsuperintendent in Wahrnehmung ihrer kirchlichen Verantwortung und Zuständigkeit zusammengetreten, für unsere Kirche in diesem Notstand eine vorläufige Ordnung aufzurichten. Sie haben die »Leitung der Evangelischen Kirche der Rheinprovinz« gebildet, die sich in ihrem Handeln gebunden weiß an die Heilige Schrift Alten und Neuen Testamentes und an die Bekenntnisse der Väter, wie es in der Kirchenordnung ausgesprochen ist. Sie erkennt an, daß diese Bekenntnisgrundlage gegenüber den in die Kirche eingedrungenen Irrlehren aufs neue als bindend bekannt worden ist in der Theologischen Erklärung von Barmen. Die Kirchenleitung besteht aus den Pfarrern Lic. Dr. Beckmann, Düsseldorf, Held, Essen, Schlingensiepen, Wuppertal, und Harney, Düsseldorf; Dr. jur. Mensing, Wuppertal, Konsistorialrat Rößler, Düsseldorf, Generalsuperintendent D. Stoltenhoff, Düsseldorf.
Sie hat das Ziel, eine Ordnung und Leitung in den Gemeinden und Synoden der

Evangelischen Kirche der Rheinprovinz herzustellen, die auf klarer Bekenntnis- und Rechtsgrundlage steht. Hierfür müssen die Presbyterien und Kreissynoden und die rheinische Provinzialsynode frei von unkirchlichen Bindungen neu gebildet werden. Alsdann hat die Provinzialsynode die Aufgabe, der Kirche eine von fremden Bestandteilen gereinigte presbyterial-synodale Ordnung und bekenntnisgebundene Leitung zu geben.
Bis zur Berufung der Provinzialsynode wird es vor allem Aufgabe der Kirchenleitung sein, die Evangelische Kirche im Rheinland zu leiten und zu vertreten, sie von bekenntniswidriger Verkündigung und Betätigung zu reinigen, die Verordnungen und Maßnahmen der vergangenen Jahre zu überprüfen und das kirchliche Recht wiederherzustellen. Sie wird den Gemeinden nach Kräften bei ihrem Wiederaufbau helfen und Wege suchen, wie dies vor allem in gegenseitiger Handreichung der Gemeinden geschehen kann.
Wie wir selbst unsere Arbeit in brüderlicher Gemeinschaft zu tun willens sind, so bitten wir die Gemeinden, sie als einen Dienst am Auftrag und Aufbau der Kirche anzunehmen und zu fördern. Wir rufen die Gemeinden auf, die Leitung der Evangelischen Kirche der Rheinprovinz mit ihrem gottesdienstlichen Gebet zu tragen und durch die Ausführung ihrer Weisungen einmütig mitzuarbeiten an der Wiederaufrichtung unserer Kirche.
Zur Buße und zum Gehorsam ist die ganze Kirche gerufen. Gerechtigkeit und Gericht, Erneuerung und Vollendung stehen allein beim Herrn. Glaube und Geduld, Liebe und Zucht kommen allein vom Herrn. Dies zu bekennen mit der Tat und der Wahrheit kommt allen Dienern und Gliedern der Kirche zu. Unser Herr Jesus Christus wolle seine Gnade geben, daß unsere Heimatkirche durch allen Dienst, der in seinem Namen geschieht, willig und bereitet werde, den teuren Dienst des Evangeliums als ein bußfertiges und gehorsames Werkzeug seines Heilandswillens an unserem Volke auszurichten. Er wende unsere Herzen von uns selbst und bekehre uns zu sich. »Komm, heiliger Geist, erfülle die Herzen deiner Gläubigen und entzünde in ihnen das Feuer deiner göttlichen Liebe.«
Düsseldorf, den 1. Juni 1945
Lic. Dr. Beckmann, Harney, Held, Dr. Mensing, Rößler, Schlingensiepen, D. Stoltenhoff

Außer dieser Ansprache gingen offizielle Benachrichtigungen an die in Frage kommenden Stellen in und außerhalb der Kirche heraus, vor allem an alle Superintendenten. Die Antwort aus der rheinischen Kirche war überwältigend positiv. Nur ganz vereinzelt regte sich so etwas wie Widerstand. Aber die Arbeit der neuen Kirchenleitung an der »Reinigung« der Kirche vom Nationalsozialismus und von den Deutschen Christen war nicht ohne Schwierigkeiten. Es bedurfte hierzu auch einer gesetzlichen Grundlage, die gemeinsam mit der westfälischen Kirche herausgegeben wurde. Leider würde es zu weit führen, hierzu eine ausführliche Darstellung zu bringen. Glücklicherweise war die Zahl der Deutschen Christen nicht mehr sehr groß. Auch in der Entnazifizierung wurde deutlich, daß es unter den Pastoren nur wenige Parteimitglieder gegeben hatte. Natürlich ging es nicht ohne einige notwendige Maßnahmen ab (Versetzung in ein anderes Amt, auch einer anderen Kirche, Pensionierung, Durchführung eines einige Semester langen theologischen Studiums an der Kirchlichen Hochschule). Jedoch zu einer Erschütterung der Kirche kam es nicht. Die Einsicht war überall verbreitet, daß die Vertreter, Freunde oder Mitglieder der deutsch-christlichen Bewegung oder auch der NSDAP nicht so einfach, als ob nichts geschehen wäre, weitermachen konnten. Es waren nur wenige, die meinten, ihre Zustimmung zum Nationalsozialismus sei ein verzeihlicher Irrtum gewesen.

Die andere große Aufgabe des Jahres 1945 war natürlich die Unterbringung der vertriebenen »Ostpfarrer« in unserer Kirche und die damit verbundenen Probleme (z.B. der Konfessionsverschiedenheit besonders angesichts der Mehrheit von lutherischen Pastoren im Blick auf die zahlreichen reformierten Gemeinden). Auch das Eingewöhnen der Vertriebenen in unsere rheinischen Gemeinden war nicht überall einfach. Aber es bleibt ein »Wunder«, daß es trotzdem gelang, etwa zwei Millionen unterzubringen, so daß wir auf über vier Millionen Gemeindeglieder kamen. So groß war die rheinische Kirche noch nie gewesen.

Es wird verständlich sein, daß diese riesengroße Aufgabe der Eingliederung der unzähligen Gemeindeglieder mit ihren Pastoren uns so stark überforderte (z.B. Hilfswerk), daß unsere Gedanken aus der Kriegszeit im Blick auf die Erneuerung der evangelischen Kirche hinter der Beanspruchung durch die unerwarteten menschlichen Probleme der Vertreibung zurückblieben.

Trotzdem mußte an der Wiederherstellung einer nahezu völlig zerstörten Kirche gearbeitet werden. Zu diesen Aufgaben, aufgestellt in der Vereinbarung vom 15. Mai 1945, gehörte an erster Stelle eine ausführliche Anweisung zur Wiederherstellung der Presbyterien sowie zur Neuwahl der Abgeordneten zur Kreissynode, der Superintendenten und der Kreissynodalvorstände. Sie erschien unter dem 22. Juni 1945 als Beschluß der Kirchenleitung. Dieser Text ist so wichtig als Beginn der vorläufigen Wiederherstellung der rheinischen Kirchenordnung, daß er im vollen Wortlaut hier folgen soll:

Anweisung
zur Wiederherstellung der Presbyterien sowie zur Neuwahl der Abgeordneten zur Kreissynode, der Superintendenten und der Kreissynodalvorstände nach dem Beschluß der Leitung der Evangelischen Kirche der Rheinprovinz vom 22. Juni 1945[8]

I.
Begründung
1. Sämtliche Presbyterien, Kreissynoden, Superintendenten und Kreissynodalvorstände, die von den aus den Kirchenwahlen von 1933 hervorgegangenen größeren Gemeindevertretungen bzw. den Kreissynoden berufen worden sind, besitzen keine kirchliche Rechtmäßigkeit. Die Kirchenwahlen von 1933 waren hinsichtlich ihres Urhebers wie in ihrer Durchführung kirchlich unrechtmäßig. Den zahllosen damals vergeblich dagegen vorgebrachten Einsprüchen von Pfarrern und Gemeindegliedern muß nunmehr stattgegeben werden, nachdem die Kirche die Freiheit des Handelns wiedererlangt hat. Damit leistet auch die Kirche ihren notwendigen Beitrag zur Wiederherstellung des Rechtes in unserem Volke.

Die aus den Kirchenwahlen von 1933 hervorgegangenen Organe der Gemeinden und Kreissynoden waren zudem fast ausnahmslos bekenntniswidrig, da ein Teil ihrer Mitglieder der deutsch-christlichen Irrlehre anhing oder an die Leitung der Bewegung »Deutsche Christen« durch Übernahme einer besonderen Verpflichtung gebunden war.

2. Die Gemeindekirchen- und Bevollmächtigtenausschüsse, Finanzkommissare und Superintendenturverwalter, die eingesetzt wurden auf Grund der Verordnun-

---

8 Ebd., S. 4

gen, die auf dem Gesetz zur Sicherung der Deutschen Evangelischen Kirche vom 24. 9. 1935 beruhten, sind ebenfalls sämtlich kirchlich unrechtmäßig.
3. Kirchlich rechtmäßig sind nur die im Jahre 1932 auf die Dauer von vier Jahren gewählten Presbyterien und die damals für acht Jahre gewählten Superintendenten und Kreissynodalvorstände. Aber diese sind sämtlich überständig.
4. Der außergewöhnliche Notstand, in den die Evangelische Kirche der Rheinprovinz versetzt worden ist, macht die volle Anwendung der Bestimmungen der Kirchenordnung zur Zeit unmöglich. Zur Wiederherstellung rechtmäßiger Organe der Gemeinden und Kreissynoden ist eine Rechtshilfe notwendig, die von der Leitung der Evangelischen Kirche der Rheinprovinz gegeben wird. Diese Leitung vereinigt in ihrer Zusammensetzung die gesetzgebende Vollmacht der Provinzialsynode wie die anordnende Vollmacht des Konsistoriums. Sie vertritt die entsprechenden Vollmachten der Generalsynode, des Kirchensenats und des Evangelischen Oberkirchenrats, weil diese Organe für das rheinische Kirchengebiet nicht wirksam werden können.
5. Die notwendige Rechtshilfe wird mit der nachfolgenden Anweisung gegeben. Nach ihr ist in allen Gemeinden sofort zu verfahren. Sie unterliegt der Anerkennung durch die neu zu bildende Provinzialsynode.

II.
Anweisung zur Wiederherstellung der Presbyterien
1. Die Presbyterien, die im Jahre 1932 durch ordnungsmäßige kirchliche Wahlen berufen waren, sind die rechtmäßige Gemeindeleitung und daher nunmehr einzuberufen. Es sind jedoch nur solche noch im Bezirk der Gemeinde wohnende Presbyter von 1932 einzuberufen, die in der Sichtungszeit der Kirche seit 1933 ihre Eignung zum Ältestenamt durch treue Teilnahme am Gottesdienst und am Heiligen Abendmahl sowie durch offenes Eintreten für die Freiheit der Kirche von deutsch-christlichen und nationalsozialistischen Bindungen bewiesen haben.
Zu diesen Presbyterien gehören auch die erst von 1933 ab in die Gemeinde gekommenen Pfarrer und Pfarrverweser (§ 8 Ziff. 1 u. 3 KO), soweit nicht gegen sie aus Gründen des Bekenntnisses Einspruch erhoben worden ist. Ausgeschlossen sind in jedem Falle Pfarrer, die auf dem Boden der nationalkirchlichen Einung Deutsche Christen gestanden haben.
2. Sind auf die Einladung zu einer Sitzung des Presbyteriums von 1932, die unter Verwendung des in der Anlage mitgeteilten Schreibens zu geschehen hat, mindestens ein Pfarrer bzw. Pfarrverweser und ein Ältester erschienen, so haben die Erschienenen gemäß § 9 Ziff. 4 der Kirchenordnung so viele Älteste zu den zu der Sitzung Eingeladenen hinzuzuwählen, daß der ordnungsmäßige Bestand des Presbyteriums an Ältesten wiederhergestellt wird.
Ergibt sich, daß die Wiederherstellung der vollen Zahl nicht möglich oder wegen des Rückgangs der Gemeinde zur Zeit nicht zweckmäßig ist, so ist an die Kirchenleitung zu berichten. Diese behält sich das Recht vor, eine geringere Zahl zu genehmigen. Ist schon vor Durchführung der Zuwahl nach den örtlichen Verhältnissen mit Sicherheit zu erwarten, daß es nicht möglich oder zweckmäßig sein wird, die volle Zahl des ordentlichen Mitgliederbestandes wiederherzustellen, so kann die Kirchenleitung auf erstatteten Bericht schon vorher einer Herabsetzung der Mitgliederzahl zustimmen.
3. Bei der Zuwahl ist sorgfältig darauf zu achten, daß nur solche Gemeindeglieder als Presbyter berufen werden dürfen, die den Anforderungen des § 11 der Kirchenordnung genügen. Dies trifft aber in jedem Fall nur für solche Gemeindeglieder zu, die den unter Ziffer II/1 genannten Anforderungen an die Mitglieder des Presbyteriums von 1932 entsprechen.
4. Besteht in einer Gemeinde ein besonderer Gemeindebruderrat, so ist die Er-

gänzung des Presbyteriums von 1932 in brüderlichem Zusammenwirken mit dem Gemeindebruderrat mit dem Ziel der Wiederherstellung einer einheitlichen Gemeindeleitung vorzunehmen. Für den Fall, daß dies unterblieben sein sollte, behält sich die Kirchenleitung ihre Entscheidung vor. Es ist deshalb sofort zu berichten, ob nach dieser Anordnung verfahren ist.

5. Die Zusammensetzung des neu gebildeten Presbyteriums einschließlich der Pfarrer ist der Gemeinde an zwei aufeinanderfolgenden Sonntagen durch Abkündigung von der Kanzel und durch Anschlag an der Kirchentür unter Hinweis darauf bekanntzugeben, daß die Neubildung auf Anweisung der Kirchenleitung erfolgt ist und daß die Gemeindeglieder binnen einer Frist von zwei Wochen schriftlich begründete Einsprüche zu Händen des mit Namen und Anschrift bekanntzugebenden Superintendenten erheben können. Über die Einsprüche entscheidet die Kirchenleitung.

Wenn keine Einsprüche eingehen, hat der Superintendent sofort nach Ablauf der Einspruchsfrist die Einführung der Presbyter in ihr Amt anzuordnen. Sind Einsprüche eingegangen, so hat die Einführung sämtlicher Presbyter erst nach Erledigung aller Einsprüche zu erfolgen. Über das Geschehene ist an die Kirchenleitung zu berichten.

6. Nach geschehener Ergänzung des Presbyteriums steht es den 1932 gewählten Mitgliedern frei, ihr Amt niederzulegen, um für die Berufung jüngerer Gemeindeglieder Raum zu geben. Anstelle der Ausgeschiedenen sind dann Ersatzmänner gemäß § 9 Ziff. 4 der Kirchenordnung zu wählen. Die Bestimmungen unter Ziffer II/2 dieser Anweisung über die Herabsetzung des Mitgliederbestandes sind entsprechend anzuwenden. Zu dem neuen Presbyterium gehören auch die von 1933 an in die Gemeinde gekommenen Pfarrer, jedoch – mag gegen ihre Berufung Einspruch erhoben sein oder nicht – nur vorbehaltlich der allgemeinen Nachprüfung sämtlicher von 1933 an erfolgten Pfarrstellenbesetzungen.

III.

Die überprüften und ergänzten Presbyterien von 1932 wählen in sinngemäßer Anwendung des § 38 der Kirchenordnung Abgeordnete zur Kreissynode. Die Kreissynoden sind alsdann zur Neuwahl der Superintendenten und Kreissynodalvorstände einzuberufen. Der Termin für die Tagung der Kreissynoden ist mit der Kirchenleitung zu vereinbaren. Die Einberufung geschieht durch den Superintendenten (bzw. den Synodalassessor oder den stellvertretenden Synodalassessor), der vor den Kirchenwahlen vom 23. 7. 1933 rechtmäßig im Amt war und noch in der Synode ein Pfarramt innehat. Notfalls bestimmt die Kirchenleitung den Einberufer.

IV.

Ergeben sich bei der Durchführung dieser Anweisung Schwierigkeiten oder Zweifelsfragen, so ist die Entscheidung der Kirchenleitung herbeizuführen.

V.

Die vorstehende Anweisung hat nur das Ziel, die Folgen der unrechtmäßigen Kirchenwahlen von 1933 soweit wie möglich zu beseitigen. Die wiederhergestellten Organe bleiben nur solange im Amt, bis die endgültige Wahl neuer Körperschaften auf Grund einer kirchlichen Wahlordnung erfolgen kann.

VI.

Die vorstehende Anweisung ist in allen Einzelheiten von den zuständigen Stellen (dem derzeitigen Vorsitzenden des Presbyteriums, Gemeindekirchenausschusses, Bevollmächtigtenausschusses bzw. ihrer Stellvertreter oder, wenn solche nicht vorhanden sind oder nach der vorstehenden Anweisung auszuscheiden haben, von dem Superintendenten bzw. seinem Stellvertreter) sorgfältig und gewissenhaft zu handhaben. Alle Beteiligten aber müssen so handeln, daß sie jede Entscheidung vor jeder Instanz verantworten und vertreten können.

Die Wiederherstellung einer Ordnung und Leitung in der Evangelischen Kirche der altpreußischen Union wie in der zertrümmerten Deutschen Evangelischen Kirche konnte erst später nach und nach in Angriff genommen werden. Diese umfassenden Aufgaben haben zu ihrer endgültigen Lösung von 1945 bis 1949 (EKD) bzw. 1952 (APU/EKU) und 1953 (Kirchenordnung der Evangelischen Kirche im Rheinland) gebraucht.

Die wichtigsten Stationen dieser »Wiederaufbau«-Geschichte seien in aller Kürze zur Darstellung gebracht. Daß diese Aufgabe damals so rasch gelang, setzte voraus, daß nicht nur viel Fleiß am Werke war, sondern auch eine weitgehende Übereinstimmung, die sich trotz vieler Probleme im einzelnen behauptete. Schwierigkeiten hierbei kamen offensichtlich stärker von der »Politik«, von den Nachkriegsproblemen in Europa, ja in weiten Teilen der Welt. Nach dem Waffenstillstand vom 8. Mai 1945 kam es zwischen den Gegnern des Zweiten Weltkriegs nicht zum Frieden, sondern zu lauter vorläufigen Regelungen des Miteinanderlebens. Vor allem folgte in den verschiedensten Regionen der Welt ein Krieg dem andern. Ist es überraschend, daß sogar in unserm Land zum erstenmal in seiner Geschichte die Friedensfrage ganz lebendig wurde, sogar in der evangelischen Kirche, die das seit der Reformation noch nicht erlebt hatte. Leider jedoch wurde der Aufruf der sich erneuernden evangelischen Kirche nicht so gehört, wie wir erhofft hatten. Aber Versäumnisse von Jahrhunderten lassen sich eben nicht in Jahren oder gar Monaten überwinden.

In den Anfängen der Wiederherstellung der evangelischen Landeskirchen im Sommer 1945 kam der Aufruf und die Einladung des Landesbischofs Wurm zu einer Kirchenkonferenz der Vertreter der evangelischen Kirchen, um die Fragen der Evangelischen Kirche in Deutschland gemeinsam zu lösen. In den Anstalten Hephata, Treysa (Bezirk Kassel), kam man Ende August zusammen. Die seit Oeynhausen 1936 getrennten Brüder der Bekennenden Kirche, aber auch eine Reihe von Vertretern der Sammlung zur Einheit, die Bischof Wurm im Zweiten Weltkrieg geschaffen hatte, fanden sich hier zusammen, um bei diesem Neuanfang mitzuwirken. Die beiden großen Gruppen von einst erschienen als Vertreter der lutherischen Kirchen und als Mitglieder der Bekennenden Kirche (Reichsbruderrat). Damit zeigte sich der alte Gegensatz über das Wesen der Deutschen Evangelischen Kirche (Kirche oder nur Bund von Kirchen? Abendmahlsgemeinschaft oder nicht?). Der Reichsbruderrat beriet vorher in Frankfurt, um seine Linie zu stärken, andererseits erklärte Bischof Meiser im Namen des Rates der Evangelisch-lutherischen Kirchen Deutschlands seine Absicht, bei der Neuordnung der Deutschen Evangelischen Kirche seine Grundsätze zur Darstellung zu bringen. Hiermit war der jahrelang lebendige Gegensatz in der Evangelischen Kirche in Deutschland gekennzeichnet, der weit über die Gründung der Evangelischen Kirche in Deutschland in Eisenach 1948 hinaus wirksam war. Trotz aller starken Gegensätze in Treysa, die gleich zu Beginn von Martin Niemöller angezeigt wurden, gelang es, die »Vorläufige Ordnung der Evangelischen Kirche in Deutschland« zu beschließen:

Vorläufige Ordnung der Evangelischen Kirche in Deutschland
(Beschluß der Kirchenversammlung in Treysa vom 31. August 1945)[9]

I. Die Evangelische Kirche in Deutschland (EKD) ist in Abwehr der Irrlehren der Zeit und im Kampf gegen einen staatskirchlichen Zentralismus zu einer kirchlich gegründeten inneren Einheit geführt worden, die über den deutschen Evangelischen Kirchenbund von 1922 hinausreicht. Diese Einheit ist zuerst auf den Bekenntnissynoden in Barmen, Dahlem und Augsburg sichtbar geworden. Ihr diente die Arbeit des kirchlichen Einigungswerkes und der Landeskirchenführerkonferenz.
Heute dürfen wir dieser Einheit in einer vorläufigen Ordnung der EKD Gestalt geben.
II. Bestrebt, den Zusammenhang mit bestehenden Rechtsformen der EKD in Deutschland zu wahren, haben wir folgende Möglichkeiten erwogen:
a) den Aufbau der »Verfassung der Deutschen Evangelischen Kirche« vom 11. Juli 1933 wiederherzustellen,
b) auf die Verfassung des Deutschen Evangelischen Kirchenbundes von 1922 zurückzugehen,
c) die Notorgane der Bekennenden Kirche zu bestätigen.
Zu a) Die Wiederherstellung des Aufbaues der Verfassung von 1933 ist unmöglich, weil, abgesehen von allem Grundsätzlichen, die Ämter dieser Verfassung unheilbar diskreditiert sind.
Zu b) Auf die Verfassung des Kirchenbundes von 1922 zurückzugehen ist schon deshalb unmöglich, weil arbeitsfähige Organe des Bundes angesichts der veränderten staatsrechtlichen Verhältnisse und der noch unabgeschlossenen Neuordnung der Landeskirchen nicht gebildet werden könnten.
Zu c) Die Notorgane der Bekennenden Kirche einfach zu bestätigen geht nicht angesichts der zwischen der Bekennenden Kirche und den im Amt befindlichen Kirchenleitungen wachsenden Gemeinsamkeit.
III. Durch diese Gemeinsamkeit verpflichtet und im Bewußtsein ihrer Verantwortung gegenüber den heute so dringenden Aufgaben muß die Kirche jetzt handeln. Eine vorläufige Leitung muß die tragenden Kräfte der Kirche vereinigen und zur Auswirkung bringen.
Zu diesem Zweck beschließen wir, was folgt:
Die Kirchenversammlung in Treysa, zu der die Landeskirchenführerkonferenz, der Beirat des Einigungswerks und eine Abordnung des Bruderrates der Bekennenden Kirche in Deutschland zusammengetreten sind, beruft einen »*Rat der Evangelischen Kirche in Deutschland*«.
Er besteht aus zwölf Mitgliedern, davon sechs aus lutherischen, vier aus unierten und zwei aus reformierten Kirchengebieten.
Zu Mitgliedern wurden bestellt:
1. Landesbischof D. Theophil *Wurm*, Stuttgart, Stafflenbergstraße 51, als Vorsitzender,
2. P. Martin *Niemöller*, D.D., Schloß Büdingen b. Gelnhausen (Hessen), als stellvertretender Vorsitzender,
3. Landesbischof D. Hans *Meiser*, München-Solln, Paulastraße 1,
4. Bischof D. Otto *Dibelius*, Berlin-Lichterfelde, Brüderstraße 5,
5. Oberkirchenrat Dr. Hanns *Lilje*, Hannover, Ebhardtstraße 3,
6. Superintendent Heinrich *Held*, Essen-Rüttenscheid, Reginenstraße 47,
7. P. Lic. Wilhelm *Niesel*, Reelkirchen über Blomberg,

---

9 Verordnungs- und Nachrichtenblatt der EKD 1946, Nr. 9

8. P. Hans *Asmussen*, D.D., Schwäbisch Gmünd, Oberbettringer Straße 19,
9. Superintendent Hugo *Hahn*, Stuttgart-Hedelfingen, Eßlinger Straße 23,
10. Prof. Dr. Rudolf *Smend*, Göttingen, Am Goldgraben 13,
11. Rechtsanwalt Dr.Dr. *Heinemann*, Essen, Schinkelstraße 34,
12. Oberstudiendirektor *Meier*, Hamburg-Altona, Moltkestraße 3.

Mit der Vertretung des Rates werden Wurm, Niemöller, Meiser, Dibelius, Lilje, Held und Niesel beauftragt.

Besondere Aufgaben des Rates der Evangelischen Kirche in Deutschland sind:
a) Die Vertretung der Evangelischen Kirche in Deutschland in ihren gemeinsamen Anliegen. Dabei bleibt die Selbständigkeit der Landeskirchen unberührt,
b) die Mitarbeit der EKD in der Ökumene,
c) die Wahrnehmung der Belange der EKD nach außen,
d) die Durchführung kirchlicher Hilfswerke,
e) die Beratung und Unterstützung von Landeskirchen bei der Wiederherstellung bekenntnismäßiger Ordnungen,
f) die Vorbereitung einer endgültigen Ordnung der EKD.

Erläuterungen zu der Vorläufigen Ordnung der EKD[10]

1. Die Bestellung eines Rates der EKD durch die Kirchenversammlung in Treysa bedeutet, daß der Bruderrat der Bekennenden Kirche in Deutschland seine kirchenregimentlichen Funktionen diesem Rat als vorläufiger Leitung der EKD für die Zeit des Bestehens dieser vorläufigen Leitung überträgt.
2. Der Hinweis auf die Wahrung des rechtlichen Zusammenhangs bedeutet nicht, daß der Wegfall der Verfassungseinrichtung der DEK von 1933 auch den Wegfall von Landeskirchenrecht zur Folge hat. Ebensowenig bedeutet es, daß damit die Rechtsnormen ungültig sind, die seit 1933 für den Bereich der DEK gesetzt wurden.
Bei der vorläufigen Leitung ist aber alsbald ein Sachverständigenausschuß zu bilden, der zu prüfen und zu entscheiden hat, welche Rechtsnormen eine bekenntnismäßig geordnete EKD nicht anzuerkennen vermag.
3. Die vorläufige Ordnung bedeutet nicht eine Vorwegnahme der endgültigen Gestalt der EKD. Die Nennung besonderer Aufgaben bedeutet keine erschöpfende Aufzählung.
4. Die Bezeichnung der Vertretung der EKD als »vorläufige Leitung« (III. Satz 2) bedeutet nicht, daß das von dieser Vertretung gesetzte Recht den Charakter endgültiger Ordnungen trägt; sie enthält auch keine Befugnis, den Landeskirchen bindende Weisungen zu erteilen.

Damit war der entscheidende Schritt in die Zukunft der EKD getan. Auch ein erstes gemeinsames »Wort an die Gemeinden« konnte in Treysa angenommen werden:

Wort an die Gemeinden[11]

Gottes Zorngericht ist über uns hereingebrochen. Gottes Hand liegt schwer auf uns. Gottes Güte ist es, daß wir nicht gar aus sind. Die Gottes Wort kannten, haben seinen Zorn gefürchtet und kommen sehen und haben schwer daran getragen.
Heute bekennen wir: Längst ehe Gott im Zorn sprach, hat er uns gesucht mit dem Wort seiner Liebe, und wir haben es überhört. Längst ehe Kirchen in Schutt san-

---

10 Ebd.
11 KABl 1946, S. 12f.

ken, waren Kanzeln entweiht und Gebete verstummt. Hirten ließen die Gemeinden verschmachten, Gemeinden ließen ihre Pfarrer allein.
Längst ehe die Scheinordnung des Reiches zerbrach, war das Recht verfälscht. Längst ehe man Menschen mordete, waren Menschen zu bloßen Nummern und daher nichtig geworden. Wessen Leben selbst nichtig ist, dem fällt es nicht schwer, Leben zu vernichten. Wer die Liebe verachtet, kämpft nicht für das Recht des andern. Er kümmert sich nicht um Verführung von Menschen und hört nicht die Stimmen ihrer Qual. Er lebt und redet, wie es wenn dergleichen nicht geschähe. Er scheut die Verantwortung, wie es Christen und Nichtchristen getan haben. Er versteckt sich hinter Befehlen von Menschen, um Gottes Gebot zu entgehen. Diese Lüge ist unser Tod geworden. Scheu vor dem Leiden hat das maßlose Leid über uns gebracht.
Aber mitten in den Versäumnissen der Kirche und des Volkes gab Gott Männern und Frauen aus allen Bekenntnissen, Schichten und Parteien Kraft, aufzustehen wider Unrecht und Willkür, zu leiden und zu sterben. Wo die Kirche ihre Verantwortung ernst nahm, rief sie zu den Geboten Gottes, nannte bei Namen Rechtsbruch und Frevel, die Schuld in den Konzentrationslagern, die Mißhandlung und Ermordung von Juden und Kranken und suchte der Verführung der Jugend zu wehren. Aber man drängte sie in die Kirchenräume zurück, wie in ein Gefängnis. Man trennte unser Volk von der Kirche. Die Öffentlichkeit durfte ihr Wort nicht mehr hören; was sie verkündigte, erfuhr niemand. Und dann kam der Zorn Gottes. Er hat uns genommen, was Menschen retten wollten.
Nun ist die Tür wieder aufgegangen. Was hinter Mauern und in der Stille gebetet und geplant ist, kommt an den Tag. Viele Fromme haben im Dunkel der Haft und erzwungener Untätigkeit die Neuordnung von Kirche und Volk bedacht. Wer nun als Christ öffentliche Verantwortung übernimmt, will Dienst und nicht Macht. Es gehört viel Glaube dazu, in der Tiefe der Not ein Amt anzutreten.
Auch von der Kirche sind drückende Fesseln gefallen. Sie erhofft ein Neues für ihre Verkündigung und ihre Ordnung. Die bisherige Gefangenschaft hat geendet. Des sind wir fröhlich. So treten wir vor die evangelische Christenheit und rufen Pastoren und Gemeinden zur Erneuerung der Kirche. Wir rufen unser Volk: Wendet euch wieder zu Gott!
In Gott haben die ungezählten Männer und Frauen nicht umsonst gelitten. Wir segnen, die gelitten haben. Wir segnen, die lieber sterben wollten, als ehrlos leben und sinnlos vernichten, alle, die die Wohlfahrt ihres Volkes in der Wahrheit gesucht haben. Wir danken Gott, daß er Menschen in unserm Vaterland erhalten hat, die nach seinen Wegen fragten. Wir danken ihm, daß er Gewissen reinigt und Sünder selig macht durch seinen Sohn. Die ihn fürchten, hat er geschreckt mit seinem Zorn, getröstet mit seinem Frieden.
Der Friede Gottes ist auch die Kraft der Trauernden, der Gefangenen und Wartenden, der Hungernden und Frierenden, der Heimatlosen und an Leib und Seele Verletzten. Der Friede Gottes ist euer Trost! Besteht Jammer und Elend in Geduld! Seid barmherzig! Mehrt nicht durch Lieblosigkeit das ungerechte Wesen in der Welt! Enthaltet euch der Rache und der bösen Nachrede! Laßt uns fragen nach Gottes Willen in jedem Stand und Beruf! Flieht nicht vor Leid und Hunger in den Tod! »Wer glaubt, flieht nicht!« Christus will die Mühseligen und Beladenen erquicken. Er bleibt unser Heiland. Keine Hölle ist so tief, daß Gottes Hand nicht hinabreicht.

»Fürchtet euch nicht!«

Die Arbeit des neuen Rates der Evangelischen Kirche in Deutschland begann, um die große Aufgabe der endgültigen Ordnung der EKD in einer Kirchenversammlung zu lösen. Aber dafür brauchte es noch einige Jahre Zeit. Nicht lange nach

Treysa wurde die kirchliche und die politische Öffentlichkeit Deutschlands und darüber hinaus der westlichen Welt überrascht von einer »Schulderklärung« des Rates der Evangelischen Kirche in Deutschland gegenüber Vertretern der Ökumene, die in Stuttgart am 18./19. Oktober 1945 zusammengekommen waren. Diese Schulderklärung war eine bedeutende geistliche Handlung. Sie hat folgenden Wortlaut:

Erklärung des Rates der Evangelischen Kirche in Deutschland gegenüber den Vertretern des Ökumenischen Rates der Kirchen[12]
Der Rat der Evangelischen Kirche in Deutschland begrüßt bei seiner Sitzung am 18. und 19. Oktober 1945 in Stuttgart Vertreter des Ökumenischen Rates der Kirchen.
Wir sind für diesen Besuch um so dankbarer, als wir uns mit unserem Volk nicht nur in einer großen Gemeinschaft der Leiden wissen, sondern auch in einer Solidarität der Schuld. Mit großem Schmerz sagen wir: Durch uns ist unendliches Leid über viele Völker und Länder gebracht worden. Was wir unseren Gemeinden oft bezeugt haben, das sprechen wir jetzt im Namen der ganzen Kirche aus: Wohl haben wir lange Jahre hindurch im Namen Jesu Christi gegen den Geist gekämpft, der im nationalsozialistischen Gewaltregiment seinen furchtbaren Ausdruck gefunden hat; aber wir klagen uns an, daß wir nicht mutiger bekannt, nicht treuer gebetet, nicht fröhlicher geglaubt und nicht brennender geliebt haben.
Nun soll in unseren Kirchen ein neuer Anfang gemacht werden. Gegründet auf die Heilige Schrift, mit ganzem Ernst ausgerichtet auf den alleinigen Herrn der Kirche, gehen sie daran, sich von glaubensfremden Einflüssen zu reinigen und sich selber zu ordnen. Wir hoffen zu dem Gott der Gnade und Barmherzigkeit, daß Er unsere Kirchen als Sein Werkzeug brauchen und ihnen Vollmacht geben wird, Sein Wort zu verkündigen und Seinem Willen Gehorsam zu schaffen bei uns selbst und bei unserem ganzen Volk.
Daß wir uns bei diesem neuen Anfang mit den anderen Kirchen der ökumenischen Gemeinschaft herzlich verbunden wissen dürfen, erfüllt uns mit tiefer Freude.
Wir hoffen zu Gott, daß durch den gemeinsamen Dienst der Kirchen, dem Geist der Macht und der Vergeltung, der heute von neuem mächtig werden will, in aller Welt gesteuert werde und der Geist des Friedens und der Liebe zur Herrschaft komme, in dem allein die gequälte Menschheit Genesung finden kann.
So bitten wir in einer Stunde, in der die ganze Welt einen neuen Anfang braucht: Veni creator spiritus!

Stuttgart, den 19. Oktober 1945

gez. Landesbischof D. Wurm, Pastor Niemöller D.D., Landesbischof D. Meiser, Landesoberkirchenrat Dr. Lilje, Bischof D.Dr. Dibelius, Superintendent Held, Superintendent Hahn, Pastor Lic. Niesel, Pastor Asmussen D.D., Dr.Dr. Heinemann

Es kann nicht wundernehmen, daß dieses Wort in Deutschland und darüber hinaus in der weiten Welt einen ungeheuren Widerhall fand. Nicht allein die Kirchen und die Christen, auch die breite Öffentlichkeit sah sich diesem Wort gegenüber zur Stellungnahme aufgefordert. Es wurde begreiflicherweise von vielen mißverstanden, von den einen falsch bejaht, von den andern falsch verneint. Naturgemäß kam in Deutschland eine heftige Auseinandersetzung über »die Schuldfrage« in

---

12 Verordnungs- und Nachrichtenblatt der EKD, Nr. 1

Gang. Daß sie entbrannte und unter der Initiative der evangelischen Kirche entbrannte, das war das Heilsame und Segensreiche inmitten all des Unheilvollen der Gegensätze in der Stellungnahme des deutschen Volkes zu seiner jüngsten Vergangenheit. Das Wort der evangelischen Kirche in diesen stürmischen Monaten wurde vor allem von Martin Niemöller in das deutsche Volk hineingetragen, und was er in jenen Zeiten in zahllosen Versammlungen sagte, war überaus bedeutungsvoll. Viele Amtsträger der Kirche folgten ihr und versuchten, dieser Schulderklärung Nachdruck zu verleihen und Zustimmung zu gewinnen.[13]
Für die rheinische Kirche jedoch scheint es mir notwendig zu sein, das Wort der a.o. Provinzialsynode vom 20. September 1946 an die Gemeinden in vollem Wortlaut anzufügen[14]:

Die Schulderklärung der rheinischen Provinzialsynode

Die Rheinische Provinzialsynode, seit vierzehn Jahren zum erstenmal wieder versammelt und durch Gottes Gnade wieder geeint in dem Willen, allein auf Gottes Wort zu hören, grüßt aus Velbert alle Gemeinden der Evangelischen Kirche der Rheinprovinz mit dem apostolischen Gruß: »Gnade, Barmherzigkeit, Friede von Gott, unserem Vater, und unserem Herrn Jesus Christus!«
So spricht der Herr durch den Propheten Hosea: »Ich, ich zerreiße sie und gehe davon; ich führe sie weg, und niemand kann sie retten. Ich will wiederum an meinen Ort gehen, bis sie ihre Schuld erkennen und mein Angesicht suchen; wenn's ihnen übel geht, so werden sie mich suchen und sagen: Kommt, wir wollen wieder zum Herrn; denn er hat uns zerrissen, er wird uns auch heilen; er hat uns geschlagen, er wird uns auch verbinden« (Hosea 5,14–6,1).
Gottes Zorn liegt schwer auf uns. Gott hat uns zerrissen. Gott hat uns geschlagen. Wenn auch Menschen über uns gekommen sind, so sind sie doch nur Werkzeuge seiner strafenden Hand.
Hat Gott uns wirklich verlassen und ist davongegangen? Ja, er hat uns zerrissen und hat sich vor uns verborgen, bis wir unsere Schuld erkennen und sein Angesicht suchen. Warum schlägt er uns so, daß wir darunter fast vergehen? Hat das Leben noch einen Sinn, wenn wir nicht einmal mehr arbeiten und satt werden und wohnen können? Wo bleibt der Gott der Liebe bei all dem Grauen unseres Lebens? So fragen wir, so murren wir, so klagen wir Gott an.
Aber Gott klagt uns an: »Du sollst lieben Gott, deinen Herrn, von ganzem Herzen, von ganzer Seele, von ganzem Gemüte, und deinen Nächsten wie dich selbst.«
Gott klagt uns an, daß wir ihn nicht über alle Dinge fürchten, lieben und vertrauen.
Gott klagt uns an, daß wir unseren Nächsten nicht lieben wie uns selbst, sondern geneigt sind, ihn zu hassen.
Gott klagt uns an, weil wir in Volk und Kirche in einer erschreckenden Lieblosigkeit leben. Unser Volk droht in einem allgemeinen Abfall von Gott und in einem Sumpf von Laster und Schande zu versinken. Die Kirche stellt sich mit unserem Volk und für unser Volk unter den Anspruch Gottes auf unser ganzes Leben und unter sein Gericht über unsere Schuld. Sie bekennt:
Wir sind abgefallen von Gott. Wir haben andere Götter neben ihm. Wir haben sei-

---

13 Eine ausführliche Darstellung dieses Vorgangs habe ich im Kirchlichen Jahrbuch 1945–1948, S. 19–66 gegeben.
14 Prot. Prov.-Synode 1946, S. 109

ne heiligen Gebote mit Füßen getreten. Wir haben den Reichtum des Evangeliums, den wir vor anderen Völkern in der Reformation empfangen haben, mehr als andere Völker verachtet. Wir hören auch heute nicht auf Gottes Wort, sondern halten Fleisch für unseren Arm; Aberglauben und Wahrsagerei treiben in unserer Mitte ihr Unwesen.

Wir sind abgefallen von Gott: Wir haben uns selbst vor aller Welt einen Namen gemacht und einen Turm gebaut, dessen Spitze bis in den Himmel reichen sollte. Wir mißbrauchen auch heute noch den Namen Gottes für unsere Zwecke.

Wir sind abgefallen von Gott: Wir entheiligen den Feiertag. Wir versäumen den Gottesdienst und verachten damit Gottes Wort und Sakrament. Wir beginnen schon wieder, in einen Taumel von Vergnügen und Sportbetrieb zu flüchten.

Wir sind lieblos gegen unsern Nächsten: Wir lassen unsere Jugend verwahrlosen, daß sie ihre Eltern und Herren verachtet und erzürnt. Wir ehren nicht mehr die Alten.

Wir sind lieblos gegen unsern Nächsten: Haben wir laut und vernehmlich genug gerufen, als Juden, Geisteskranke und Wehrlose ihren Henkern übergeben wurden? Sind wir frei von Haß und Rachsucht gegen die Gewalttätigen von gestern und die mancherlei Bedränger von heute? Wir gehen vorüber an der Not der Obdachlosen, der Hungernden, der Kranken.

Wir sind lieblos gegen unsern Nächsten: Scham und Zucht, Reinheit und eheliche Treue werden bei uns zertreten. Wir sind nicht bereit, den Ehegatten anzuhören, ihm zu vergeben und seine Not mit ihm zu tragen. Wie vielen sind Kinder nicht mehr Gabe Gottes, sondern Last und Plage! Ja, man scheut sich nicht, das keimende Leben zu töten.

Wir sind lieblos gegen unsern Nächsten: Wir verwischen die Grenze zwischen Dein und Mein. Wir stehlen und nennen es »Organisieren, Sicherstellen und Enteignen«. Wir reißen das Wenige, was zum Leben da ist, an uns, ob auch der Nächste darüber zugrunde geht. Was wir aber haben, halten wir krampfhaft fest.

Wir sind lieblos gegen unsern Nächsten: Wir vergiften das Zusammenleben auf engem Raum mit Neid und übler Nachrede. Wir verleumden und denunzieren unsern Nächsten, um uns an ihm zu rächen oder ihn zu verdrängen.

Wir sind lieblos gegen unsern Nächsten: Wir mißgönnen ihm in unserer Armut, was ihm geblieben ist. Wir begehren unseres Nächsten Wohnung, Kleidung, Nahrung, Heizung und alles, was unser Nächster hat. Jeder ist sich selbst der Nächste. Wir sind wie ein Haufe von Menschen an der Haltestelle der Bahn, die einander stoßen, schlagen und beschimpfen.

Gott klagt uns an, und wir können ihm auf Tausend nicht Eins antworten. Darum sprechen wir:

Das ist unsere Schuld, unsere große Schuld!

Wir alle sind in sie hinein verstrickt. »Da ist nicht, der Gutes tue, auch nicht einer.« Darum bekennen wir vor Gott: »Wir haben gesündigt und sind ungehorsam gewesen, darum hast du billig noch nicht verschont.« Wo wir aber an Menschen gesündigt haben, müssen wir unsere Schuld auch vor den Menschen bekennen, an denen wir schuldig geworden sind. Denn Christus spricht: »Wenn du deine Gabe auf dem Altar opferst und wirst allda eingedenk, daß dein Bruder etwas wider dich habe, so gehe zuvor hin und versöhne dich mit deinem Bruder, und alsdann komm und opfere deine Gabe.« Um dieses Gebotes Christi willen stellen wir uns auch an die Seite der Brüder, die in Stuttgart vor den Brüdern des Ökumenischen Rates unsere Schuld bekannt haben.

Er erwecke unsere Herzen zu treuer Fürbitte. Er schenke uns Beter, die die Not der Kirche und den Jammer der Welt ohne Unterlaß vor ihn bringen.

Er erwecke uns, daß wir den Namen Christi unerschrocken vor den Menschen bekennen, auch wenn wir leiden müssen.

Er erwecke in unseren Gemeinden Männer, die ihm dienen wollen als Prediger und Seelsorger, als Presbyter und Diakone, als Hausväter und Lehrer.
Wir wenden uns auch an die, die bisher nur zornig wurden, wenn die Kirche von ihrer und des deutschen Volkes Schuld vor Gott und Menschen sprach. Auch denen, in deren Gewalt uns Gott gegeben hat, müssen wir freilich bezeugen, daß unser Schuldbekenntnis ihnen nicht das Recht gibt zu unbarmherziger Vergeltung. Sie stehen wie wir in der Hand Gottes. Er wird auch sie richten. Aber die Tatsache, daß sich andere an uns versündigen und vielleicht selbst nicht zur Buße bereit sind, entbindet uns nicht von dem Bekenntnis unserer Schuld.
Kommt, wir wollen wieder zum Herrn! Laßt allen falschen Stolz und alle Selbstrechtfertigung fahren und beugt euch mit uns vor Gott.
Kommt, wir wollen wieder zum Herrn! Wir haben Gott nicht geliebt, aber er hat uns geliebt und seinen Sohn gesandt zur Vergebung für unsere Sünden. Er liebt uns auch jetzt noch und hat uns heimgesucht, daß wir zu ihm heimkehren.
Kommt, wir wollen wieder zum Herrn! Wir haben unsern Nächsten nicht geliebt, aber Jesus ist unser Bruder geworden und hat sich für unsere Sünden geopfert am Kreuz.
Kommt, wir wollen wieder zum Herrn! Wir sind an ihm zerbrochen, wir können nur durch ihn heil werden. Denn er ist der Heiland der Welt. Wir bezeugen als tausendfältige Erfahrung der Kirche in großen Notzeiten: Jesus Christus ist unsere Freude in allem Leid, unser Friede in der Unruhe und Angst der Welt, unser Reichtum in bitterer Armut, unser Lebensbrot in der Zeit des Hungers. Das bezeugen wir dem ganzen hochbetrübten Heer unserer Tage: den Vertriebenen und Heimatlosen, den an Leib und Seele Geschädigten und Geschändeten, den um ihre Gefangenen und Vermißten Bangenden, den Kriegsversehrten in ihrem schweren Lebenskampf, den Alten und Einsamen, der Jugend, für die der Weg in die Zukunft so dunkel ist, allen, denen aus politischen Gründen heute Unrecht und Gewalt angetan wird, und denen, die über dem allem in Gefahr sind, ihren Glauben zu verlieren und ihr Leben wegzuwerfen.
Kommt, wir wollen wieder zum Herrn! Denn bei dem Herrn ist die Gnade und viel Erlösung. Glaubt an das Evangelium! Haben wir Frieden mit Gott durch Jesus Christus, so ist uns geholfen für Zeit und Ewigkeit. Oft genug nimmt Gott uns, wenn wir zu ihm heimgekehrt sind, auch unsere Lasten ab. Sollen wir aber nach seinem väterlichen Willen durch viel Trübsal ins Reich Gottes eingehen, so wird er uns die Kraft geben, die Last zu tragen und sie uns zum Segen wenden. Jesus Christus steht mitten unter uns und spricht: »Kommet her zu mir alle, die ihr mühselig und beladen seid; ich will euch erquicken.«
Kommt, wir wollen wieder zum Herrn; denn er hat uns zerrissen, er wird uns auch heilen. Er heilt uns, indem er uns durch seinen Heiligen Geist zu neuem Leben erweckt. Er erwecke uns dazu, daß wir unser Leben in seinem Dienst und im Dienst an den Brüdern verzehren. Er erwecke uns, daß wir mit der Gemeinde vor Gott und mit Gott leben, kein Tag ohne Gebet und Gottes Wort, keine Familie ohne tägliche Andacht und Tischgebet, kein Sonntag ohne Gottesdienst!
Er erwecke uns Männer und Frauen in allen Parteien, die in echter Verantwortung vor Gott mit wachem Gewissen am sozialen Wiederaufbau unseres Volkes mitarbeiten.
Er erwecke in unseren Gemeinden Frauen, die als treue Jüngerinnen Christi in ihrem Beruf stehen, Frauen und Mädchen, die ihr Leben ihm weihen zum Dienst in den Werken der barmherzigen Liebe, als Diakonissen und Schwestern, als Pflegerinnen von Kranken, Kindern und Heimatlosen.
Er erwecke uns Eheleute, die von ihm die Liebe lernen, die nicht das Ihre sucht; die ihre Kinder aufziehen in der Zucht und Vermahnung zum Herrn.
Er erwecke unsere Gewissen, daß wir die Not erkennen und in Liebe lindern hel-

fen. Vor unserer Tür liegt Lazarus, unser Bruder, arm und elend, heimatlos und krank. In ihm besucht uns Christus selbst. »Was ihr nicht getan habt einem unter diesen Geringsten, das habt ihr mir auch nicht getan.« Daß uns nur unsere Versäumnisse am Jüngsten Tage nicht ins ewige Verderben bringen!
Kommt, wir wollen wieder zum Herrn; denn er hat uns zerrissen, er wird uns auch heilen; er hat uns geschlagen, er wird uns auch verbinden.
Amen.

Es bleibt mein Schmerz in dieser so wichtigen Sache, daß offenbar die große Überzahl der Deutschen die Schulderklärung abgelehnt hat. Ob daran auch die Kirche in der großen Zahl ihrer Prediger mitschuldig ist, die es nicht vermocht haben, die Schulderklärung auch nur anzunehmen, geschweige denn zu predigen, wie das Martin Niemöller vorbildlich getan hat? Muß man nicht sagen, daß die Schuldfrage in unserem Land wie in unserer Kirche eine bis heute nicht angenommene geistliche Aufgabe geblieben ist?
Es dauerte länger, als wir erwartet hatten, bis es endlich dazu kommen konnte, die erste Provinzialsynode seit 1933 einzuberufen. Aber wir mußten dazu ja eine echte kirchliche Ordnung für die »Übertragung des Presbyteramtes« gemeinsam mit Westfalen vorlegen. Am 24. Oktober 1946 wurde diese kirchliche Wahlordnung beschlossen, gemeinsam von Rheinland und Westfalen. Damit konnten nun die ersten Neuwahlen der kirchlichen Körperschaften erstmals seit Jahren wieder stattfinden. Aus diesem Dokument seien einige charakteristische Absätze vorgelegt[15].

Einleitung
I. Begründung des kirchlichen Dienstes
1. *Jesus Christus baut und erhält seine Kirche durch den Heiligen Geist in Wort und Sakrament.*
Der Herr hat seiner Kirche die Fülle seiner Gnadengaben gegeben und in ihr mancherlei Dienste gesetzt, die der Verkündigung seines Wortes und der Erbauung seiner Gemeinde dienen.
Der Dienst des Predigtamtes an Wort und Sakrament und der Dienst der Leitung und Ordnung der Gemeinde haben ihren Auftrag und ihre Verheißung von dem Herrn der Kirche.
2. In der Evangelischen Kirche von Westfalen und in der Evangelischen Kirche der Rheinprovinz wird der Dienst der Leitung und der Ordnung der Gemeinde durch die im Presbyterium vereinigten Pfarrer und Presbyter in brüderlicher Gemeinschaft ausgeübt.

II. Die Aufgabe des Presbyteriums
Das Presbyterium hat die Aufgabe:
1. über der rechten Verkündigung des Wortes Gottes und der rechten Verwaltung der Sakramente in der Gemeinde zu wachen;
2. auf das Bekenntnis und die Ordnung der Gemeinde acht zu haben;
3. die Gemeindeglieder zu ermahnen, zu warnen, zu trösten und sich der Armen anzunehmen;
4. die kirchliche Zucht zu üben;
5. für die christliche Erziehung und Unterweisung der Jugend Sorge zu tragen;
6. kirchliche Sitte zu pflegen;

---

15 Ebd., S. 160ff.

7. als rechter Haushalter die Verwaltung der Gemeinde wahrzunehmen.
Die Mitglieder des Presbyteriums sollen durch Bekenntnis und Wandel Zeugnis ablegen von der erlösenden Macht der Gnade Christi und darauf achten, daß der Name Christi nicht gelästert, sondern geehrt und gepriesen werde.
Das Presbyterium wirkt an der Leitung der Kirche durch Entsendung von derzeitigen oder früheren Presbytern in die Kreissynode mit.

III. Die Übertragung des Presbyteramtes

Jeder Christ ist durch seine Taufe berufen, Dienst in der Kirche auszuüben. Zu solchem Dienst gehört auch die Mitwirkung bei der Bestellung zu kirchlichen Ämtern.
Da aber der Herr der Kirche seinen Heiligen Geist und die zum Dienst nötigen Gnadengaben nur durch Wort und Sakrament schenkt, kann nur die um Wort und Sakrament gesammelte Gemeinde ein kirchliches Amt übertragen.
Aus demselben Grunde kann ein kirchliches Amt nur solchen Gemeindegliedern übertragen werden, die sich zu der um Wort und Sakrament gesammelten Gemeinde halten und bereit sind, der Gemeinde zu dienen.
Die Übertragung des Presbyteramtes regelt sich nach folgender

Ordnung:
§ 1 Allgemeine Bestimmungen

1. An der Übertragung des Presbyteramtes nehmen diejenigen Gemeindeglieder teil, welche
a) zum heiligen Abendmahl zugelassen sind;
b) sich treu am gottesdienstlichen Leben der Gemeinde beteiligen;
c) bereit sind, das in § 2, Ziffer 4, vorgesehene Versprechen zu geben;
d) am Tage der Übertragung des Presbyteramtes mindestens 24 Jahre alt, mindestens ein Jahr Glied der evangelischen Kirche sind und wenigstens sechs Monate in der Gemeinde oder in demselben Gemeindeverband oder, falls mehrere Gemeinden am Ort sind, in demselben Orte wohnen;
e) zu den kirchlichen Lasten, soweit sie dazu verpflichtet sind, beitragen.
2. An der Übertragung des Presbyteramtes dürfen nicht teilnehmen Gemeindeglieder, welche
a) entmündigt sind oder unter vorläufiger Vormundschaft stehen;
b) trotz Aufforderung durch das Presbyterium ihre kirchliche Trauung oder die Taufe oder die Konfirmation ihrer Kinder verweigern oder ihren Kindern die Erziehung im evangelischen Bekenntnis vorenthalten;
c) durch Verächtlichmachung des göttlichen Wortes oder durch unehrbaren Lebenswandel ein öffentliches, noch nicht behobenes Ärgernis gegeben haben;
d) in einem Kirchenzuchtverfahren stehen;
e) wegen Verletzung besonderer kirchlicher Pflichten nach Vorschrift eines Kirchengesetzes des Wahlrechtes für verlustig erklärt worden sind.

Auf dieser Synode, die in Velbert stattfand, weil dort die Möglichkeit der Unterbringung der Synodalen gegeben war, wurde zum erstenmal von der neugebildeten Kirchenleitung Rechenschaft für ihr Wirken abgelegt. Ich hatte als Vorsitzender den Bericht über die Arbeit seit Mai 1945 vorzutragen[16]:

Hochwürdige Synode, liebe Brüder und Schwestern!
Die Leitung der Evangelischen Kirche der Rheinprovinz hat mich beauftragt, auf dieser Synode einen Bericht über die Tätigkeit der Kirchenleitung seit ihrem Zu-

---
16 Ebd., S. 3ff.

standekommen im Mai 1945 zu geben. Es soll also hier kein Bericht über die Entwicklung der Rheinischen Kirche seit dem Zusammenbruch des Dritten Reiches erstattet werden, sondern nur ein Rechenschaftsbericht über das, was wir im Amt der Kirchenleitung im Dienst der Rheinischen Kirche getan haben, damit die Synode als das dazu berufene Organ der Kirche einen Einblick gewinnt in die Arbeit der Leitung, ihre Grundlagen und Gedanken, wie ihre Handhabung und Durchführung in ihren Maßnahmen. Sie soll dadurch instand gesetzt werden, sich ein rechtes Urteil über unsere Wirksamkeit zu bilden. In unserer Gebundenheit an den Herrn der Kirche und seinen Auftrag wissen wir uns für unser Handeln der Synode verantwortlich, denn wir stehen unter dem Wort des Herrn: Einer ist euer Meister, ihr aber seid alle Brüder. Um diese brüderliche Verantwortung unter der alleinigen Meisterschaft des Herrn geht es uns wie in all unserem Dienst, so auch in dieser Rechenschaft, die wir den Brüdern schuldig zu sein überzeugt sind. Dieser Bericht kann nicht beginnen ohne die Bezeugung des Dankes und Lobpreises Gottes und seiner Barmherzigkeit, dessen Gnade uns in seinen Dienst gerufen und uns die Kraft Leibes und der Seele gegeben hat, daß wir immer wieder fähig wurden, in der Arbeit zu stehen.
Aber wenn wir darauf blicken, daß wir im Ordinationsgelübde gelobt haben, alle Kräfte Leibes und der Seele dem teuren Predigtamt aufzuopfern, dann müssen wir uns vor ihm tief demütigen, daß wir oft aus Schwachheit und menschlicher Eigensucht im Dienst versagt und vieles versäumt oder falsch gemacht haben. Unser Trost ist es, daß der Herr es ist, der uns richtet, der Herr, von dessen vergebender Gnade wir auch als Kirchenleitung allein leben. Das Gewicht der schweren Verantwortung, die eine Kirchenleitung, sonderlich in unserer Lage zu tragen hat, ist uns immer neu als eine von uns gar nicht zu tragende Last bewußt geworden. Wir haben sie in unseren Gebeten auf ihn geworfen, haben uns auch von den Gebeten vieler Brüder und Schwestern getragen wissen dürfen. Unsere geistliche Armut und Schwäche ist uns offenbar und hat uns immer wieder in das Gebet um die Gabe des Geistes und Bevollmächtigung durch den Geist zu unserem Amt getrieben. Allein im Trauen darauf, daß Gott seine Verheißung wahrmacht und unsere Gebete erhört, haben wir in aller Anfechtung und Bedrängnis den Mut gefunden, Kirche zu leiten, Entscheidungen zu fällen, Anordnungen zu treffen, brüderlichen Rat zu erteilen und es also zu wagen, den Wiederaufbau unserer schwer zerstörten Kirche in Angriff zu nehmen.
Von hier aus will der Bericht verstanden sein. Er kann nur dann recht erstattet und gehört werden, wenn über allem das Wort steht: Soli deo gloria.

I.

Als der Krieg sich seinem Ende zuneigte und das Ende des Dritten Reiches vor der Türe stand, begannen im März 1945 Verhandlungen im Konsistorium zu Düsseldorf über die Bildung einer Kirchenleitung nach der zu erwartenden Besetzung Deutschlands durch die Alliierten. An diesen Verhandlungen waren zuerst beteiligt: Oberkonsistorialrat D. *Euler*, Generalsuperintendent D. *Stoltenhoff*, Konsistorialrat *Rößler*, Pfarrer *Harney* und Pfarrer Lic. Dr. *Beckmann* vom Rat der Rheinischen Bekenntnissynode. Nach der Einstellung der Kriegshandlungen und der Besetzung des Rheinlandes wurden die Verhandlungen unter Hinzuziehung der Pfarrer *Held* und *Schlingensiepen* als der beiden anderen Mitglieder des Rates der Bekenntnissynode zum Abschluß gebracht. Am 15. Mai 1945 wurde die »*Vereinbarung zur Wiederherstellung einer bekenntnisgebundenen Ordnung und Leitung der Evangelischen Kirche der Rheinprovinz*« nach eingehenden Beratungen aller Einzelheiten von allen Beteiligten angenommen und unterschrieben. Diese Vereinbarung lautet folgendermaßen[17]:

17 Text siehe oben S. 342–345.

Als erste gemeinsame Arbeit der Kirchenleitung wurde ein *Wort an die Gemeinden* verfaßt und, so gut es damals ging, den Gemeinden zur Kenntnis gebracht. Dies Wort sollte den Gemeinden bezeugen, auf welchem Grund und in welchem Geist die neugebildete Kirchenleitung ihren Dienst in der Kirche zu tun willens war. Die bisher im Konsistorium leitend tätigen Männer (Konsistorialpräsident Dr. *Koch*, Oberkonsistorialrat *Euler*, Konsistorialrat *Aldag*, Konsistorialrat *Sinning*) wurden beurlaubt, die von ihnen im Konsistorium innegehabten Dezernate verteilte die Kirchenleitung auf ihre Mitglieder unter Hinzuziehung der Rechtsanwälte *Schütz* und Dr. *Wenderoth*. Die Letztgenannten schieden nach einiger Zeit wieder aus, da inzwischen mehrere Kirchenbeamte (Konsistorialräte) aus dem Kriege zurückkehrten. Es wurden von der Kirchenleitung vorläufig in den Dienst des Konsistoriums hereingenommen die Konsistorialräte *Ulrich*, *Quenstedt* und Dr. *Löhr*, während Oberkonsistorialrat D. *Euler* zunächst weiter beurlaubt und dann im Oktober wegen Erreichung der Altersgrenze in den Ruhestand versetzt wurde. Später wurden mit Beschäftigungsaufträgen versehen Oberkonsistorialrat Dr. *Dalhoff* vom Evangelischen Oberkirchenrat in Berlin und der rheinische Konsistorialrat Dr. *Glaser*, während der kommissarische Beschäftigungsauftrag für Oberkonsistorialrat Dr. *Wollermann* vom Evangelischen Oberkirchenrat in Berlin von der Kirchenleitung nicht erneuert wurde. Ebenfalls wurde der rheinische Konsistorialrat Dr. *Becker* nicht wieder beschäftigt. Zahlreiche Anträge von Konsistorialräten aus anderen Kirchenprovinzen wurden abgelehnt. Konsistorialrat Ulrich wurde am 1. 12. 1945 die im Konsistorium vorhandene Planstelle eines Oberkonsistorialrats übertragen.
Von Anfang an wurde für jede Woche der Dienstag als *Sprechtag* und der Freitag als *Sitzungstag* der Kirchenleitung festgelegt, was sich bewährt hat und bis heute unverändert durchgeführt worden ist.
Die beiden während des Krieges errichteten *Außenstellen* des Konsistoriums in Kaiserswerth und Lennep wurden aufgehoben und die *Finanzabteilung* beim Evangelischen Konsistorium für erloschen erklärt. Damit wurde eine Einrichtung der Kirchenpolitik des Dritten Reiches beseitigt, deren kirchenzerstörende Wirksamkeit gerade auch in unsrer Kirche besonders sichtbar gewesen ist.
Nach und nach wurden die postalischen Schwierigkeiten im Verkehr mit den Gemeinden überwunden und ein normaler Dienstverkehr mit den Superintendenten, Pfarrern und Presbytern wiederhergestellt.
Die *Arbeit der Kirchenleitung* entwickelte sich in kurzer Zeit weit über den bisherigen Rahmen eines Provinzialkonsistoriums hinaus, da alle Entscheidungen für die Rheinische Kirche selbständig getroffen werden mußten und eine ganze Fülle von dringenden Arbeiten vorlag, die gleichzeitig in Angriff genommen werden mußten. Während die äußeren Schwierigkeiten oft unüberwindlich waren, da zuerst weder Pässe noch Verkehrsmittel zur Verfügung standen und eine persönliche Verbindung mit den Gemeinden – vor allem in der französischen Zone – kaum herzustellen war, kam es glücklicherweise im Innern der Kirche zu keinerlei irgendwie beachtlichen Hemmnissen. Die Kirchenleitung fand überall bei den Pfarrern, Presbyterien und Gemeinden Eingang, Anerkennung, Zustimmung und Förderung ihrer Arbeit, und sie selbst blieb in allen wesentlichen Stücken einmütig über den jeweils einzuschlagenden Weg und die zu treffenden Entscheidungen.
In dem nun folgenden Bericht über die Tätigkeit der Kirchenleitung vom 15. 5. 1945 bis 1. 9. 1946 wird statt einer chronologischen Darstellung eine Zusammenfassung nach den hauptsächlichen Sachgebieten erfolgen, da es weniger auf die zeitliche Folge als auf die Darstellung der Arbeitsgebiete ankommt, auf denen die Kirchenleitung ihre Aufgabe gemäß ihrer grundlegenden Vereinbarung zu erfüllen versucht hat.

II.
1. Die Reinigung der Kirche

Eine der ersten Aufgaben, vor die sich die Kirchenleitung gestellt sah, war die Reinigung der Kirche von allem evangeliumswidrigen und unkirchlichen Geist der vergangenen Jahre durch Ausscheidung der Amtsträger – Pfarrer, Presbyter und Kirchenbeamte –, die nicht auf der Bekenntnisgrundlage der Kirche gestanden hatten oder deren unkirchliches Verhalten in den letzten Jahren zu erheblichen Beanstandungen Anlaß gegeben hatte.

a) Zuerst wurde die *Reinigung des Pfarrerstandes* in Angriff genommen, und zwar durch Feststellung aller Mitglieder der nationalkirchlichen Einung »Deutsche Christen«. Die Kirchenleitung gab ihrer Überzeugung in einer besonderen Deklaration Ausdruck, daß niemand, der auf dem Boden dieser Bewegung gestanden hat, ein Amt in der Kirche bekleiden kann (Kirchl. Amtsbl. 1946, Nr. 1, S. 8). Als Notmaßnahme wurde die vorläufige Amtsenthebung aller nationalkirchlichen Pastoren angeordnet. Während die Rheinische Kirchenleitung in Überlegung stand, ob das alte Disziplinarrecht zur Durchführung von Verfahren gegen diese Pfarrer angewandt werden sollte, wurde von der Westfälischen Kirchenleitung eine besondere Ordnung zur Wiederherstellung eines bekenntnisgebundenen Pfarrerstandes ausgearbeitet. Die Rheinische Kirchenleitung stimmte dem Wunsch der Westfälischen zu, möglichst für beide Provinzen eine gemeinsame Verfahrensordnung anzuwenden. So wurde unter dem 1. 9. 1945 von beiden Kirchenleitungen gemeinsam die »*Ordnung für das Verfahren bei Verletzung von Amtspflichten der Geistlichen*« veröffentlicht (Kirchl. Amtsbl. 1946, Nr. 1, S. 6 u. 7).

Im Laufe der Durchführung der Verfahren hat es sich als notwendig erwiesen, bei Pfarrern über 50 Jahre unter gewissen Voraussetzungen durch eine vorzeitige Versetzung in den Ruhestand das Verfahren abzuschließen, falls die Spruchkammer einstimmig der Meinung ist, daß nach ihren bisherigen Ermittlungen nur Versetzung in eine andere Stelle oder höchstens Amtsenthebung in Frage kommt. Auch mußten, nachdem die Disziplinarordnung neu festgestaltet war (s.u.), die Rechtsfolgen der Amtsenthebung und Dienstentlassung nach der Disziplinarordnung und nach der Ordnung vom 1. 9. 1945 gleichgestaltet werden, was durch die »*Notverordnung zur Änderung der Ordnung für das Verfahren bei Verletzung von Amtspflichten der Geistlichen*« vom 1. 9. 1945, die unter dem 7. 8. 1946 von der Rheinischen und Westfälischen Kirche erlassen wurde, geschehen ist (Kirchl. Amtsbl. 1946, Nr. 11/12, S. 63). Durch die gleiche Notverordnung wurde die Zuständigkeit bei Beschwerden gegen die Entscheidungen des Rechtsausschusses auf den durch Notverordnung vom 18. 6. 1946 neu gebildeten gemeinsamen Rechtsausschuß der Evangelischen Kirche von Westfalen und der Evangelischen Kirche der Rheinprovinz übertragen.

Insgesamt wurde gegen 47 Pfarrer Anklage wegen Verletzung von Amtspflichten erhoben. Gegen 27 Pfarrer wurde das Verfahren nach der Ordnung vom 1. 9. 1945 eröffnet, während 8 Verfahren ausgesetzt werden mußten, weil die angeklagten Pfarrer gefangen, vermißt oder zivilinterniert sind. Ohne Durchführung eines Verfahrens konnten 12 Fälle erledigt werden, und zwar infolge Verzichtleistung der Pfarrer 5, Versetzung in den Wartestand 2, Versetzung in den Ruhestand 3 und Zurückziehung der Anklage 2. Vor den sechs Spruchkammern der Rheinischen Kirche sind bisher 21 Fälle – davon 14 rechtskräftig – entschieden, 6 Verfahren sind noch anhängig vor der Spruchkammer. Durch rechtskräftiges Urteil wurden bisher zwei Pfarrer aus dem Amt entfernt, gegen drei wurde auf Versetzung in ein anderes Amt erkannt, fünf Pfarrer wurden in den Ruhestand versetzt und in vier Fällen wurde festgestellt, daß Maßnahmen nach § 1 Abs. 1 der Verfahrensordnung nicht für erforderlich erachtet wurden.

b) Gleichzeitig mußte die *Reinigung der Presbyterien* von solchen Mitgliedern durchgeführt werden, die als »Deutsche Christen« oder wegen ihrer Betätigung als Nationalsozialisten ihre kirchlichen Pflichten verletzt hatten. Die Inangriffnahme dieser Reinigung erfolgte durch die *»Anweisung zur Wiederherstellung der Presbyterien sowie zur Neuwahl der Abgeordneten zur Kreissynode, der Superintendenten und der Kreissynodalvorstände«* vom 22. 6. 1945 (Kirchl. Amtsbl. 1946, Nr. 1, S. 4 u. 5), in welcher die Forderung aufgestellt wurde, daß nur diejenigen Mitglieder der Presbyterien sein könnten, die in der Sichtungszeit der Kirche seit 1933 ihre Eignung zum Ältestenamt durch treue Teilnahme am Gottesdienst und am heiligen Abendmahl sowie durch offenes Eintreten für die Freiheit der Kirche von deutsch-christlichen und nationalsozialistischen Bindungen bewiesen haben.

c) Schließlich mußte auch die Möglichkeit geschaffen werden, ungeeignete Kirchen- und Kirchengemeindebeamte aus ihrer Stelle zu entfernen. Das geschah durch die *»Notverordnung zur Beschränkung und Sichtung des Personalbestandes der kirchlichen Verwaltung«* vom 18. 1. 1946 (Kirchl. Amtsbl. 1946, Nr. 2, S. 20 u. 21). Auf Grund dieser Notverordnung wurden von den Kirchenleitungen von Westfalen und der Rheinprovinz gemeinsam in den Ruhestand versetzt: Konsistorialpräsident Dr. *Koch* und die Konsistorialräte *Aldag* und Dr. *Becker.* Gegen eine Anzahl von Kirchen- und Kirchengemeindebeamte sind die Verfahren noch im Gange.

2. *Wiederaufbau der presbyterial-synodalen Ordnung*

Die weitgehende Zerstörung gerade des presbyterial-synodalen Aufbaus unserer Kirche machte es erforderlich, einen Weg zu finden, wie dieses wichtige Stück unseres kirchlichen Lebens wieder aufgebaut werden könnte. Auch mußte das Problem der in vielen Gemeinden durch den Kirchenkampf entstandenen selbständigen Bekenntnisgemeinden gelöst werden. Nach eingehenden Beratungen entschloß sich die Kirchenleitung, auf die letzten kirchenordnungsmäßig zustande gekommenen Presbyterien von 1932 zurückzugreifen und von dorther den Aufbau zu erneuern. Es kam zu der obenerwähnten »Anweisung zur Wiederherstellung der Presbyterien sowie zur Neuwahl der Abgeordneten zur Kreissynode, der Superintendenten und der Kreissynodalvorstände« vom 22. 6. 1945.

Auf Grund dieser Anweisung wurden in allen Gemeinden der Evangelischen Kirche der Rheinprovinz unter Beteiligung der Bruderräte der Bekenntnisgemeinden nach und nach die Presbyterien erneuert mit dem Erfolg, daß überall die zwischen der Bekenntnis- und Ortsgemeinde bestehende Trennung aufgehoben wurde. Sodann wurden von diesen Presbyterien die Abgeordneten zu den Kreissynoden gewählt und dadurch zum erstenmal nach mehr als zehn Jahren wieder Kreissynoden gebildet. Diese Kreissynoden fanden im Herbst und Winter 1945/46 statt; nur die Synoden Kleve und Trier konnten wegen der besonderen durch den Krieg hervorgerufenen Notstände erst später zusammenkommen. Auf allen Synoden wurden die Superintendenten und Kreissynodalvorstände neu gewählt. Die Kirchenleitung bemühte sich, auf möglichst vielen Synoden durch einige ihrer Mitglieder persönlich vertreten zu sein. Mit diesen Kreissynoden hat das synodale Leben der Evangelischen Kirche der Rheinprovinz einen Neuanfang gemacht, und man darf, aufs Ganze gesehen, feststellen, daß dieser Anfang durchaus erfreulich gewesen ist. Aus den Wahlen dieser Synoden ist dann die gegenwärtige Provinzialsynode berufen worden. Die Kirchenleitung hat es für ihre Pflicht gehalten, die Hauptvorlage dieser Provinzialsynode über die Übertragung des Ältestenamtes den Kreissynoden zur Beratung vorzulegen. Alle Synoden haben sich dieser Aufgabe unterzogen und sich großenteils mit Eifer und Hingabe der Beratung der geplanten Wahlordnung unterzogen. Ihre Ergebnisse werden in dieser Provinzialsynode zur Auswertung kommen.

Im Zuge des Wiederaufbaus der presbyterial-synodalen Ordnung hat die Kirchenleitung es im Saargebiet für erforderlich gehalten, aus den bisher zwei großen

Synoden Saarbrücken und St. Johann drei zu machen: Saarbrücken, Völklingen und Ottweiler. Hierdurch sind im Saargebiet drei Synoden mit rund 20 Pfarrstellen entstanden, die eine bessere synodale Arbeit ermöglichen, vor allem ist auch hierdurch erreicht worden, daß die Stadt Saarbrücken nun nicht mehr zu zwei Synoden gehört.

3. Kirchenregimentliche Ordnungen

Nach und nach erwies es sich als nötig, zu den kirchenregimentlichen Verordnungen der vergangenen Epoche Stellung zu nehmen hinsichtlich ihrer Weitergeltung. Die Nachprüfung ergab, daß einige der Verordnungen in einer neuen Fassung auch heute notwendig seien, während eine ganze Anzahl von vornherein als überholt auszuscheiden hatte:

a) An Stelle der *Verordnung über das theologische Prüfungswesen* vom 21. 2. 1938 trat auf Beschluß der Leitung der Evangelischen Kirche der altpreußischen Union für die Westprovinzen vom 7. 2. 1946 wieder das »*Kirchengesetz betr. Vorbildung und Anstellungsfähigkeit der Geistlichen*« vom 5. Mai 1927 in Geltung.

b) Die *Verordnung über die Versetzung von Geistlichen aus dienstlichen Gründen* vom 18. 3. 1939 (Gesetzbl. der DEK, S. 13) wurde durch die Notverordnung vom 18. 1. 1946 (Kirchl. Amtsbl. 1946, S. 17–19) mit einigen Abänderungen erneut in Kraft gesetzt, da sie bekenntnismäßig nicht zu beanstanden ist und dem betroffenen Pfarrer größeren Schutz gewährt als das Gesetz von 1930, indem sie eine Anfechtung der ergangenen Entscheidung zuläßt.

c) Um auch die Möglichkeit zu haben, die durch Verfahren frei werdenden Pfarrstellen durch die Kirchenleitung wieder zu besetzen, wurde unter Aufhebung der *Verordnung über die Besetzung von Pfarrstellen durch die Kirchenbehörden* vom 18. März 1939 (Gesetzbl. der DEK, S. 15) die *Notverordnung betr. die Besetzung von Pfarrstellen durch die Kirchenleitung* vom 18. 1. 1946 (Kirchl. Amtsbl. 1946, S. 29) erlassen.

d) Die Kriegsverordnungen über die Beschlußfähigkeit der Presbyterien vom 13. 10. 1939 (Gesetzbl. der DEK, S. 115) und vom 16. 2. 1942 (Gesetzbl. der DEK, S. 6) wurden durch die *Notverordnung über die Beschlußfähigkeit der Presbyterien im Bereich der Kirchenordnung für Westfalen und die Rheinprovinz* vom 18. 1. 1946 (Kirchl. Amtsbl. 1946, S. 35) aufgehoben und das alte Recht wieder an deren Stelle gesetzt.

e) Die Disziplinarordnung der DEK vom 13. 4. 1939 (Gesetzbl. der DEK, S. 27ff.) erschien in vielen Punkten besser als die Disziplinarordnung von 1886, war aber einer eingehenden Umarbeitung in materieller und formeller Hinsicht bedürftig. Ihre Anwendung (in der umgeänderten Fassung) wurde nach Vorschlag des Rates der EKD und unter Anwendung der württembergischen Neufassung gemeinsam mit Westfalen durch die *Notverordnung über die Disziplinarordnung der Evangelischen Kirche von Westfalen und der Evangelischen Kirche der Rheinprovinz* vom 19. 6. 1946 (Kirchl. Amtsbl. 1946, S. 52–58) beschlossen.

f) Im Zusammenhang damit mußte eine Verordnung erscheinen über die Rechtsausschüsse und über deren Geschäftsordnung. Durch die *Notverordnung vom 3. 11. 1945 über die Bildung eines Rechtsausschusses für die evangelischen Kirchen von Westfalen und der Rheinprovinz* (Kirchl. Amtsbl. 1946, S. 7) war bereits unter Neufassung des Art. 137 VU die Wiederherstellung des durch die Verordnung vom 17. 5. 1939 (Gesetzbl. der DEK, S. 64) aufgehobenen Rechtsausschusses festgelegt. Diese Notverordnung wurde durch die *Notverordnung über die Rechtsausschüsse in der Evangelischen Kirche von Westfalen und der Evangelischen Kirche der Rheinprovinz* vom 18. 6. 1946 (Kirchl. Amtsbl. 1946, S. 51) ersetzt, in der die Art. 136–139 und 157–159, Abs. 2 VU, eine neue Fassung erhalten haben.

g) In Abänderung der Regelung, wie sie in den Art. 113 und 127, Abs. 2 VU, getroffen ist, werden gemäß *Notverordnung* vom 25. April 1946 (Kirchl. Amtsbl. 1946, S. 42) kirchliche Gesetze und Verordnungen der Leitung der Evangelischen Kirche der altpreußischen Union für die Westprovinzen in den Amtsblättern der Evangelischen Kirche von Westfalen und der Evangelischen Kirche der Rheinprovinz veröffentlicht.

Damit ist ein wesentlicher Teil des unumgänglich notwendig gewordenen Verordnungswerkes der Kirchenleitung zur Darstellung gebracht. Wir haben uns bemüht, so wenig wie irgend möglich zu der Maßnahme einer Verordnung zu greifen, da nach unserer Überzeugung die kirchliche Gesetzgebung der Synode zusteht. Aber wir waren durch die rechtliche und tatsächliche Lage der Kirche genötigt, bestehende Verordnungen aufzuheben oder abzuändern sowie in ganz wenigen Fällen neue zu erlassen, um damit den Weg zu einer Neuordnung der Kirche zu bahnen.

4. *Pfarrstellenbesetzung*

Da die Sorge für die Ausrichtung des Dienstes am Wort zu den vornehmsten Aufgaben einer Kirchenleitung gehört, nahm die Beschäftigung mit Fragen der Pfarrstellenbesetzung einen großen Raum der Tätigkeit der Kirchenleitung ein.

Es mußten zur rechten Durchführung der Stellenbesetzung im einzelnen einige generelle Beschlüsse gefaßt und Anweisungen getroffen werden. So wurde ausdrücklich beschlossen, daß bei der Ernennung und Bestätigung der Pfarrer in jedem Fall auf den *Bekenntnisstand der Gemeinde* Rücksicht zu nehmen sei, – an sich eine Selbstverständlichkeit, aber gegenüber der bisherigen Praxis eine wesentliche Änderung, geboten durch die Geltung der Bekenntnisartikel unserer Kirchenordnung.

Die besondere Schwierigkeit, vor die sich die Kirchenleitung gestellt sah, bestand darin, daß auf der einen Seite zwar eine große Zahl von Kandidaten des Pfarramts vorhanden waren, diese jedoch durch Kriegsgefangenschaft nicht zum Einsatz in den Kirchendienst gelangen konnten. Durch den Krieg waren auch viele Pfarrstellen von Pfarrern über 70 Jahre besetzt. Gleichzeitig strömten vom Osten her zahlreiche Pfarrer als Flüchtlinge ins Rheinland und suchten hier eine neue pfarramtliche Tätigkeit. Die Gemeinden mit ihrem Gemeindewahlrecht waren ihrerseits kaum in der Lage, eine rechte Auswahl zu treffen, und die Pfarrer und Kandidaten, die eine Pfarrstelle suchten, konnten wegen Mangels an Veröffentlichkeitsmöglichkeiten eine solche nicht finden. Allen diesen durch die Lage bedingten Schwierigkeiten suchte die Kirchenleitung durch eine Anzahl von Maßnahmen zu begegnen:

a) Es wurde die Wahlfähigkeit der Hilfsprediger auf 35 Jahre heraufgesetzt, einmal um damit die Gemeinden zu veranlassen, die älteren Kandidaten zu wählen, sodann um damit für die noch in Kriegsgefangenschaft befindlichen über 35 Jahre alten Hilfsprediger genügend Stellen offenzuhalten (Kirchl. Amtsbl. 1946, S. 20). Da sich die Verhältnisse inzwischen etwas günstiger gestaltet haben, hat die Kirchenleitung beschlossen, daß ab 1. Oktober 1946 nun auch die verheirateten Kandidaten der Jahrgänge 1912 und 1913 wahlfähig werden.

b) Die Pensionierung aller 70jährigen und älteren Pfarrer wurde generell angeordnet.

c) Alle rheinischen Pfarrstellen wurden für außerrheinische Pfarrer gesperrt.

d) Alle Gemeinden wurden veranlaßt, Vorschläge der Kirchenleitung bei ihrer Wahl zu berücksichtigen. Die Kirchenleitung hat dadurch vielen Gemeinden helfen können, wenn es auch nicht immer möglich war, einen geeigneten (Dreier-)Vorschlag den Gemeinden zu unterbreiten.

e) Schließlich wurde auch allgemein beschlossen, die stillgelegten Pfarrstellen wieder zur Besetzung freizugeben, ferner die bisher bestehenden Hilfspredigerstellen möglichst alle in Pfarrstellen zu verwandeln sowie überhaupt darauf bedacht zu sein, *neue* Pfarrstellen zu errichten. Denn im Unterschied etwa von den süddeutschen Kirchen ist der Einsatz der geistlichen Kräfte auch im Rheinland, auf die Zahl der Gemeindeglieder gerechnet, bedeutend geringer. Die Kirchenleitung hielt es für ihre Pflicht, alles zu tun, um möglichst viele geistliche Kräfte den Gemeinden zuzuführen, zumal, einschließlich der noch in Kriegsgefangenschaft befindlichen Hilfsprediger, ein ausreichend großes Angebot an geistlichen Kräften vorhanden ist. Die Kirchenleitung hat im Laufe des vergangenen Jahres insgesamt 35 Pfarrstellen errichtet, so daß nunmehr 915 Gemeindepfarrstellen vorhanden sind, von denen 188 zur Zeit unbesetzt sind. Davon können 39 Pfarrstellen einstweilen unbesetzt bleiben. Bis zum 1. September 1946 wurden 55 Pfarrer in den Ruhestand, 9 in den Wartestand versetzt. Es wurden bis zu diesem Zeitpunkt 107 Ernennungen und Bestätigungen ausgesprochen, darunter befinden sich 29 Pfarrer, die bereits eine Pfarrstelle in der Rheinischen Kirche innehatten und nur ihre Stelle gewechselt haben. Zur Zeit sind in der Rheinischen Kirche (*außer* den Anstalts- und Vereinsgeistlichen) 730 Pfarrer in den Pfarrstellen der Gemeinden tätig.

Bei den Pfarrstellenbesetzungen hat die Kirchenleitung sich des öfteren mit der Frage beschäftigt, ob es auf die Dauer verantwortet werden könnte, daß ein derartig verschiedenes Pfarrstellenbesetzungsrecht in unserer Kirche gehandhabt wird, wie es tatsächlich heute noch der Fall ist. Es wird nötig sein, daß man den beiden Anliegen in einer neuen Pfarrstellenbesetzungsordnung Rechnung trägt: das Recht der Gemeinde, verantwortlich an der Berufung ihres Pfarrers mitzuwirken, und die Notwendigkeit für die Kirchenleitung, die vorhandenen geistlichen Kräfte in der rechten Weise anzusetzen.

5. *Einsatz der Ostpfarrer*

Zu einem besonderen Arbeitsgebiet hat sich im Laufe des vergangenen Jahres der Einsatz der sogenannten »Ostpfarrer« in unserer Kirche entwickelt, und zwar sowohl der eigentlichen Ostpfarrer, d.h. der Pfarrer aus den Ostgebieten jenseits der Oder-Neiße-Linie, als auch der Pfarrer aus den russisch-besetzten Gebieten. In steigendem Maße ergingen an die Kirchenleitung Anfragen wegen der Unterbringung und Beschäftigung von Ostpfarrern, teils aus allen Gegenden Deutschlands, teils aus dem Rheinland selbst, wohin diese Pfarrer geflüchtet waren. Bisher sind 186 Bewerbungen von Ostpfarrern bei der Kirchenleitung eingegangen.

Die Rheinische Kirchenleitung hat es in Übereinstimmung mit den übrigen Kirchenleitungen für ihre Pflicht gehalten, alles zu tun, um diesen besonders schwer betroffenen Pastoren Unterhalt und vor allem Arbeit in ihrem pfarramtlichen Dienst zu geben.

Auf Grund einer mit Westfalen, später auch mit anderen Kirchen beschlossenen gemeinsamen Ordnung wurden die Ostpfarrer durch einen Unterhaltsbeitrag versorgt und möglichst mit einem Beschäftigungsauftrag versehen. Insgesamt wurden bisher im Rheinland 90 Pfarrer und Kandidaten aus dem Osten in den verschiedenen Gemeinden untergebracht, 179 kirchliche Amtsträger aus dem Osten einschließlich deren Frauen, Kinder und Hinterbliebenen wurden durch die sogenannte Osthilfe betreut. Der Stand vom 1. September 1946 ist 150 Betreuungsfälle durch die Osthilfe, 57 Beschäftigungsaufträge für Ostpfarrer.

Wir werden damit zu rechnen haben, daß noch mehr Ostpfarrer zum Einsatz gebracht werden müssen. Bisher ist noch kein aktiver Pfarrer, der im Rheinland wohnt, ohne Beschäftigung geblieben.

Nachdem der Rat der Evangelischen Kirche in Deutschland gemeinsame Richtlinien für den Einsatz der Ostpfarrer herausgebracht hat, hat die Kirchenleitung beschlossen, Ostpfarrer, die geeignet sind und von den Gemeinden begehrt werden, in den rheinischen Kirchendienst endgültig zu übernehmen. So wurde ab 1. Juli 1946 in sechs Fällen die Genehmigung zur Wahl eines Ostpfarrers erteilt, nachdem schon vorher einige Pfarrer aus dem Osten, die aus dem Rheinland stammen und zum Teil hier schon früher einmal fest angestellt waren, übernommen worden sind.

6. *Rehabilitierung und Legalisierung von Pfarrern und Kandidaten*

Von vornherein hatte es sich die Kirchenleitung zum Ziel gesetzt, die Maßnahmen außer Kraft zu setzen, durch die Pfarrer und Kandidaten in ihrer Amtsführung während der Herrschaft des Nationalsozialismus behindert worden waren. Es handelt sich hierbei einerseits besonders um die sogenannte *Legalisierung* der Kandidaten und Pastoren der Evangelischen Bekenntnissynode im Rheinland, andererseits um eine Anzahl von Pfarrern, die zumeist aus kirchenpolitischen Gründen in den Warte- bzw. Ruhestand versetzt worden waren. Die Kirchenleitung traf die generelle Feststellung, daß sämtliche Kandidaten, die sich der Leitung der Evangelischen Bekenntnissynode im Rheinland unterstellt hatten, Kandidaten der Rheinischen Kirche sind. Es handelte sich hierbei um 118 ordinierte Hilfsprediger und 49 nichtordinierte Hilfsprediger und Vikare. Für die gefallenen Hilfsprediger und Vikare der Bekenntniskirche wurde im Blick auf deren Hinterbliebenen dieselbe Feststellung getroffen. Damit wurde ein entscheidender Abschnitt des Kirchenkampfes zum Abschluß gebracht.

Hinsichtlich der gemaßregelten Pfarrer wurde jeder einzelne Fall nachgeprüft, die Maßnahmen rückgängig gemacht und so in 15 Fällen eine Rehabilitierung durchgeführt. Nach Möglichkeit wurden die Betreffenden wieder in ihr früheres Amt eingesetzt. Erlittene finanzielle Einbußen wurden möglichst ausgeglichen.

7. *Der theologische Nachwuchs*

Dem theologischen Nachwuchs und seiner Ausbildung hat die Kirchenleitung ihre ernste Sorge zugewandt.

Die Lücken, die der Krieg in die Reihen der Jungtheologen gerissen hat, sind besonders groß und schmerzlich. Von den Studenten, die während des Krieges die Verbindung mit dem Referenten der Kirchenleitung aufrechterhalten haben, sind etwa 60 Prozent gefallen. An ordinierten Hilfspredigern hat die Rheinische Kirche 50, an nichtordinierten Hilfspredigern und Vikaren 29 durch den Krieg verloren.

Während die Theologische Schule in Wuppertal ihre Arbeit nach dem Waffenstillstand verhältnismäßig früh wieder beginnen konnte, zumal ihr eine zunächst ausreichende Zahl von Dozenten zur Verfügung stand, ging der Aufbau der Bonner Fakultät nur langsam vonstatten. In den Verhandlungen, die der Rektor der Universität mit der Kirchenleitung aufnahm, hat diese von Anfang an den Standpunkt vertreten, daß für die Rheinische Kirche nur eine Wiederherstellung der 1934 vom nationalsozialistischen Staat zerschlagenen Fakultät in Frage komme, und fand dafür bei Rektor und Regierung volles Verständnis. Es gelang, die Professoren D. Hans Emil Weber und D. Goeters an die Fakultät zurückzuberufen, während aus ungeklärten Umständen Prof. D. Ernst Wolf der Ruf erst erreichte, als er – vergeblich auf eine Nachricht von Bonn wartend – bereits eine Zusage für Göttingen gegeben hatte. Trotzdem haben wir die Hoffnung noch nicht aufgegeben, ihn, den wir sehr vermissen, im Laufe der Zeit doch noch wiederzugewinnen. Prof. D. Karl Barth konnte sich im Blick auf die Arbeit an seiner Dogmatik nicht entschließen, ganz nach Bonn zurückzukehren, wir hoffen aber, daß er jeweils im Sommersemester in Bonn lesen wird, wie er es in diesem Jahr zu unserer großen Freude bereits getan hat. Auch Prof. Lic. Dr. Horst wurde als a.o. Professor wieder

in die Fakultät berufen, sieht sich aber leider aus verkehrstechnischen und gesundheitlichen Gründen noch nicht in der Lage, mit der Vorlesungsarbeit zu beginnen. Während Prof. D. Stauffer als einziger der Professoren, die nach 1934 in die Fakultät berufen wurden, seine Dozentur behalten hat, wurden auf Veranlassung der Kirchenleitung Prof. Lic. Schlier für NT und, als besonderer Verbindungsmann zur Theologischen Schule, Prof. D. Noth für AT sowie die Professoren D. Dehn und Lic. Schlingensiepen für praktische Theologie neu berufen. Die Neueinrichtung eines zweiten Lehrstuhles für praktische Theologie geschah im Blick auf die Notwendigkeit einer engeren Verbindung der Fakultät mit den Konferenzen und der wissenschaftlichen Arbeit der rheinischen Pfarrer- und Kandidatenschaft. Wir sind der guten Zuversicht, daß die Bonner Fakultät in ihrer heutigen Zusammensetzung ihren hervorragenden Ruf, den sie zu Beginn des Kirchenkampfes weit über die Grenzen der Provinz hinaus hatte, wiedergewinnen wird und sich mit der Rheinischen Kirche und ihrer Leitung ebenso eng verbunden weiß wie die Theologische Schule, und wir hoffen, daß es zu einer fruchtbaren Zusammenarbeit und gegenseitigen Ergänzung der beiden Ausbildungsstätten für unseren theologischen Nachwuchs kommen wird.
Zur Zeit studieren in Bonn und Wuppertal 218 Theologiestudenten, von denen eine namhafte Zahl aus den Ostgebieten stammt, die wohl nicht alle in den rheinischen Kirchendienst treten werden. Dieser Ausfall wird aber dadurch ausgeglichen, daß eine Reihe rheinischer Theologiestudenten, die noch nicht alle erfaßt sind, auch auf anderen Universitäten bzw. theologischen Schulen studiert. Wir dürfen also mit einem rheinischen Nachwuchs von etwa 200 Studenten rechnen, die bereits aus dem Kriege zurückgekehrt sind. Den Bedarf haben wir mit 300 berechnet, so daß wir es unseren Gemeinden nur dringend ans Herz legen können, den Herrn zu bitten, daß er junge Menschen fähig und willig mache, sich zum Dienst am Wort zurüsten zu lassen.
Die Erfahrungen der letzten Jahre haben es uns immer deutlicher gezeigt, daß es ein großer Gewinn für die Kirche und ihren Nachwuchs ist, wenn die Studenten vom Beginn ihres Studiums an sich in enge Verbindung mit der Kirche und ihrer Leitung gestellt wissen. Die Kirchenleitung hat deshalb nach dem Vorbild anderer Landeskirchen eine Verfügung erlassen, der zufolge nur solche Studenten eine Anwartschaft auf Übernahme in den kirchlichen Dienst gewinnen, die auf Grund ihrer Meldung und der erforderlichen Gutachten eine *kirchliche Zulassung zum Studium* erhalten haben. Auch wird die Errichtung eines pflichtmäßigen kirchlichen Vorsemesters für alle Theologiestudenten der EKD zur Zeit ernsthaft erwogen. Obligatorische Studentenfreizeiten sollen, sobald die Ernährungslage dies erlaubt, es den Studenten erleichtern, eine kirchliche Ausrichtung ihrer Zurüstung zu gewinnen.
Ein Bindeglied zwischen den Theologiestudenten und der Leitung der Kirche zu sein, wird zu den Hauptaufgaben des *Studentenpfarrers* gehören. Leider war es im vergangenen Semester noch nicht möglich, die Stelle des Studentenpfarrers in Bonn wieder hauptamtlich zu besetzen. Nunmehr hat aber Pastor Dr. Krämer aus Königsberg zum 1. Oktober den Ruf in die Arbeit eines hauptamtlichen Studentenpfarrers angenommen. An der Theologischen Schule in Wuppertal hat Pastor Calaminus den Dienst als Studentenpfarrer stellvertretend versehen. Auch hier soll zu Beginn des Semesters eine endgültige Lösung herbeigeführt werden.
Infolge der Auflösung der meisten Gymnasien während des Dritten Reiches ist die Zahl der Sprachstudenten sehr hoch. Auf Antrag der Theologischen Schule hat die Kirchenleitung eine eigene *Prüfungskommission* für die Abnahme des *hebräischen* Examens berufen. Die Ergebnisse waren sehr erfreulich. Von den 52 Prüflingen, die sich bisher dem Examen unterzogen, bestanden bei hohen Anforderungen die Prüfung 49, wogegen nur drei Prüflinge das Examen nicht bestanden haben.

Der Lerneifer der Studenten ist erstaunlich groß, während der Weg ins eigentliche Studium infolge mangelnder Vorbildung und der Entwöhnung von geistiger Arbeit während der Kriegszeit von vielen nur langsam gewonnen wird.
Mit Ausnahme weniger Nachprüfungen und Kolloquien haben theologische Examen nach dem Kriege noch nicht stattfinden können.
Zum Herbsttermin liegen zwei Meldungen zum ersten und zwei Meldungen zum zweiten Examen vor.
Da die im Kriege zugelassene Verkürzung des Studiums sich im Blick auf einen verantwortlichen Dienst der werdenden Pfarrer in der Gemeinde nicht bewährt hat, sind die Kriegsbestimmungen von der Kirchenleitung außer Kraft gesetzt worden. Die Kirchenleitung ist jedoch bestrebt, persönliche Härten im Bedarfsfalle durch Stipendien soweit wie möglich auszugleichen. Seit dem Waffenstillstand kamen 7500 RM an Stipendien für Theologiestudenten durch die Kirchenleitung zur Auszahlung.
Die Zahl der rheinischen *Vikare* und nichtordinierten Hilfsprediger beträgt am 1. September 64. Davon befinden sich in der Heimat 38, gefangen sind 16, vermißt 10. Die Zahl der ordinierten Hilfsprediger beträgt 204. Davon befinden sich in der Heimat 131, in Gefangenschaft sind noch 36, vermißt 37.
Der außerordentlich hohe Bedarf an Hilfspredigern und Schulpastoren kann zur Zeit bei weitem nicht gedeckt werden, so daß selbst dringlichste Anforderungen aus den Gemeinden oft leider unerfüllt bleiben müssen.
Noch schwerwiegender aber ist die Tatsache, daß infolge der Überbeanspruchung unserer Kandidaten ihre geistliche und wissenschaftliche Förderung nicht in dem notwendigen Umfang erfolgen kann. Wir hoffen, daß die Bezirkskonvente im Herbst in allen Synoden wieder mit ihrer monatlich ganztägigen Arbeit beginnen können. Die Konventsleiter sind zum größten Teil schon gewonnen.
Mit der Kirche in Westfalen hat die Kirchenleitung ein Abkommen getroffen, demzufolge jeweils acht Hilfsprediger zu den fortlaufend stattfindenden Dreiwochenkursen für Kriegsteilnehmer ins Predigerseminar Kupferhammer bei Bielefeld entsandt werden. Vielleicht können wir bald auch mit eigenen Kursen auf der Hohengrete beginnen.
Das Elberfelder reformierte Predigerseminar wird in Verbindung mit der Westfälischen Kirche und den reformierten Kirchen in Hannover und Lippe voraussichtlich noch in diesem Jahr in Dalbke in Lippe wieder eröffnet.
Das Gebäude des Rheinischen Predigerseminars ist stark beschädigt und anderweitig belegt. Leider war bisher die Genehmigung zur Instandsetzung nicht zu erlangen. Die Gefahr weiterer schwerer Schäden ist groß.
Angesichts der geringen Zahl von Vikaren und Theologiestudenten in höheren Semestern wird die Rheinische Kirche neben Dalbke und Kupferhammer in den nächsten drei bis vier Jahren nicht an die Eröffnung eines eigenen Predigerseminars denken können, wohl aber muß sie dahin kommen, daß trotz des Mangels an geistlichen Hilfskräften alle rheinische Vikare nach einem Jahr praktischen Dienstes mindestens für ein halbes Jahr in ein Predigerseminar eingewiesen werden. Aber selbst wenn wir an Jahreskurse denken dürften, würden für die nächsten Jahre auch hierfür die Plätze in Kupferhammer und Dalbke gut ausreichen.
Allen entgegenstehenden Schwierigkeiten zum Trotz ist die Kirchenleitung bemüht, den Kandidaten der Rheinischen Kirche die geistliche Förderung und Ausbildung zuteil werden zu lassen, deren sie für ihren Dienst in den Gemeinden bedürfen.

8. *Sorge für Kriegsgefangene*

Gleich in der ersten Zeit unserer Arbeit sahen wir uns genötigt, unsere Aufmerksamkeit den Kriegsgefangenenlagern im Rheinland zuzuwenden, zumal diese sich

in einer außerordentlich schlimmen Verfassung befanden. Glücklicherweise hat die Zeit dieser Gefangenenlager nicht allzulange gedauert. Es fanden Besuche in den Lagern statt, Bemühungen um eine Besserung der Unterbringung und Ernährung bei den zuständigen Stellen und um möglichste Freilassung der Gefangenen.
Die Bemühungen um Freilassung von Kriegsgefangenen haben die Kirchenleitung in dem ganzen vergangenen Jahr fast ununterbrochen beschäftigt. Freilich war diesen wohl nicht oft ein Erfolg beschieden. Wir haben uns besonders um die Freilassung von Pastoren bemüht, obwohl unser Interesse andererseits dahin gerichtet war, daß in den Kriegsgefangenenlagern eine geistliche Versorgung sichergestellt blieb. Trotzdem schon sehr viele Pfarrer und Hilfsprediger aus der Kriegsgefangenschaft zurückgekehrt sind, ist die Lage immer noch so, daß

von 757 Pfarrern   59 noch nicht zurückgekehrt sind,
 „   204 ord. Hp.   73   „   „   „   „
 „   64 n.o. Hp.   26   „   „   „   „
 „ 1025 Geistl.   158   „   „   „   „
von diesen befinden sich in Gefangenschaft:
im Westen 13 Pfarrer, im Osten 21, vermißt sind 25
 „   „   14 ord. Hp. „   „ 22,   „   „ 37
 „   „   8 n.o. Hp. „   „   8,   „   „ 10
           35   51   72

Bei einer Anzahl von diesen ist es fraglich, ob sie nicht schon lange gestorben sind, da keinerlei Nachricht von ihnen vorliegt. Es wird deswegen eines Tages die Frage gelöst werden müssen, wie die Besetzung der Pfarrstellen gehandhabt werden soll, deren Inhaber verschollen sind.
Zur geistigen und geistlichen Versorgung der Kriegsgefangenen trug eine *Büchersammlung* bei, die gegenwärtig aufs neue begonnen hat. Ferner sahen wir uns veranlaßt, einen besonderen *Kriegsgefangenen-Pfarrerdienst* der Kirchenleitung einzurichten, der in ähnlicher Weise wie der Pfarrerdienst im Kriege den in der Kriegsgefangenschaft befindlichen Pastoren für ihren geistlichen Dienst im Lager Handreichung geben soll. Mit der Durchführung hat die Kirchenleitung Pastor Hans Meyer aus Düsseldorf-Oberkassel beauftragt.
Schließlich haben wir angefangen, auf Anregung der Kanzlei der Evangelischen Kirche in Deutschland einen Einsatz von Freiwilligen zu organisieren, die als Pfarrer sich bereit erklären, den Dienst in den Kriegsgefangenenlagern zu übernehmen, teilweise um die dort tätigen Pfarrer abzulösen, teilweise um überhaupt einen pfarramtlichen Dienst einzurichten.

9. Finanzfragen

Auf dem Gebiet der kirchlichen Finanzen sah sich die Kirchenleitung vor eine überaus undurchsichtige Lage gestellt, da die finanzielle Entwicklung völlig dunkel war. Aus Anlaß einer vom Oberpräsidenten der Nordrheinprovinz angeordneten *Gehaltskürzung* wurden ab 1. Juni 1945 die Gehälter der Pfarrer und Kirchenbeamten gekürzt, indem beträchtliche Gehaltsteile zunächst einbehalten und später in Kürzungen verwandelt wurden. Diese Gehaltskürzungen sind aufrechterhalten geblieben bis zum Inkrafttreten der neuen Steuergesetze. Bei den kirchlichen Angestellten war eine Kürzung nicht durchzuführen, da das Landesarbeitsamt die Genehmigung dazu versagte.
Die Gehaltsfrage der Vikare, Hilfsprediger und Vikarinnen, ferner die Frage der Unterhaltsbeiträge an Frauen, deren Männer in Kriegsgefangenschaft oder vermißt sind, die Pensionen – vor allem die Pensionszahlungen an Kriegerwitwen –

hat die Kirchenleitung immer wieder beschäftigen müssen. Es mußte eine Anzahl von generellen Regelungen getroffen werden. Das geschah durch folgende Verordnungen:
a) Notverordnung über Zahlung an kirchliche Amtsträger, die aus kriegsbedingten Gründen nicht in der Lage sind, ihr Amt auszuüben, und an deren Angehörige vom 21. September 1945 (Kirchl. Amtsbl. 1946, S. 11).
b) Verordnung über die Besoldung von Vikarinnen vom 8. Februar 1946 (Kirchl. Amtsbl. 1946, S. 35).
c) Notverordnung über die Versorgung der Hinterbliebenen von gefallenen Pfarrern, Hilfspredigern und Kirchenbeamten vom 7. August 1946 (Kirchl. Amtsbl. 1946, S. 63).
d) Beschluß über die Gehaltszahlung an Hilfsprediger, die krank aus der Gefangenschaft oder aus dem Konzentrationslager zurückkehren und nirgends eingewiesen sind.
e) Verordnung über die Bildung einer gemeinsamen Kirchengemeindebeamten-Versorgungskasse für Westfalen und die Rheinprovinz (Beschluß der Kirchenleitung vom 24. Mai 1946).
f) Beschluß über die Gehaltszahlungen an Vikare und Prädikanten, deren Lebensalter infolge des Krieges in keinem Verhältnis zu ihrem Ausbildungsgrad steht, vom 21. September 1945.
g) Beschluß über die Zahlung von Unterhaltsbeihilfen an Frauen verhafteter suspendierter Pfarrer vom 16. November 1945.
h) Beschluß über die Gewährung von Sozialzulagen an Hilfsprediger vom 27. Juli 1945.

Weiter befaßte sich die Kirchenleitung mit der Frage der *Dienstwohnungen* der Pfarrer. Hinsichtlich der Mietfestsetzung bzw. der Zahlung des Wohnungsgeldes war eine generelle Entscheidung notwendig. So wurde unter dem 13. Oktober 1945 die Verordnung über die *Zahlung des Wohnungsgeldes im Falle der Beschädigung oder Zerstörung des Pfarrhauses* erlassen (Kirchl. Amtsbl. 1946, S. 22), die durch die Verordnungen der Kirchenleitung vom 7. Juni 1946 betreffend Zahlung von Wohnungsgeld an Pfarrer und Teilung von Pfarrwohnungen (Kirchl. Amtsbl. 1946, S. 47) ergänzt wurden.

Durch die Lage gezwungen, mußte das gesamte Finanzwesen der Rheinischen Kirche auf eine neue Grundlage gestellt werden. Es wurden darum der Pfarrbesoldungspflichtbeitrag und die Landeskirchliche Umlage auf die Provinzialkirche verlagert. Es wurde eine neue Versorgungskasse errichtet. Es wurden sämtliche Pensionszahlungen an die Pfarrer der Rheinischen Kirche und an deren Hinterbliebenen auf die Rheinische Kirche übernommen. Auf diese Weise bemüht sich die Kirchenleitung, allen Gehalts- und Versorgungsansprüchen vorläufig wenigstens nach Kräften gerecht zu werden. Eine endgültige Lösung kann erst nach einer Neugestaltung der inneren und äußeren Verhältnisse, einschließlich der Geldverhältnisse, ins Auge gefaßt werden.

Zu erwähnen bleibt noch, daß die durch die Kriegshandlungen besonders mitgenommenen Synoden Aachen, Jülich, Kleve und Wesel zu *Notstandsgebieten* erklärt wurden und ihnen auf finanziellem Gebiet besondere Erleichterungen gewährt wurden, da es in den dortigen Gemeinden unmöglich war, überhaupt Kirchensteuern zu erheben. Es wird erst allmählich wieder eine Möglichkeit gegeben sein, in diesen Gebieten ein einigermaßen geordnetes Finanzwesen aufzurichten.

10. Kollekten

Gleich zu Beginn ihrer Tätigkeit setzte die Kirchenleitung im Mai 1945 an Stelle der landeskirchlichen Kollekten in der zweiten Jahreshälfte 1945 provinzialkirchliche Kollekten ein, weil es nicht mehr zu übersehen war, ob landeskirchliche Kollekten überhaupt noch ihrem Zwecke zugeführt werden konnten und weil die Zweckbestimmung einiger Kollekten vom Bekenntnis her ernsten Bedenken unterlag. Dafür wurden diese Kollekten ausschließlich für die Zwecke der Evangelischen Kirche der Rheinprovinz bestimmt (Männerarbeit, Frauenhilfe, theologischer Nachwuchs, kirchliche Unterweisung, Volksmission). Natürlich nahmen einen besonderen Raum die Kollekten für den Wiederaufbau der zerstörten rheinischen Kirchen und Gemeinden ein. Der Ertrag der Kollekten war trotz der besonders schweren Monate der zweiten Hälfte des Jahres 1945 durchschnittlich ein sehr erfreulicher und lag über dem Betrag der entsprechenden Kollekten der letzten Kriegsjahre, und dies, obwohl eine ganze Anzahl von Gemeinden in den Monaten des Zusammenbruchs ihre Kollekten begreiflicherweise für eigene Notstände behielten.

Einige Beispiele mögen das Gesagte illustrieren:
Die Liebesgabe am Opfertag der Inneren Mission erreichte die Rekordhöhe von fast 200 000 RM, die Erntedankfestkollekte für außerordentliche Aufgaben der Rheinischen Kirche 108 000 RM. Der Gustav-Adolf-Verein erhielt am Reformationssonntag 75 000 RM, die schwer zerstörte Anstalt Hephata in München-Gladbach am Totensonntag 70 000 RM. Für dringende Notstände der Rheinischen Kirche kamen zu Silvester 80 000 RM zusammen. Für die Kirchliche Osthilfe wurden im Januar 1946 erstmalig 101 000 RM gegeben. Die Diakonissenanstalt Kaiserswerth erhielt am Karfreitag 94 000 RM. Für die zerstörten rheinischen Gemeinden wurden zu Ostern 90 000 RM geopfert. Der Durchschnittsertrag der Kollekten lag schon an gewöhnlichen Sonntagen um 40 000 RM.

Der Gesamtertrag der provinzial- bzw. überprovinzialkirchlichen Kollekten vom Mai 1945 bis Mai 1946 betrug (ohne die 15 Sonntage für gemeindeeigene Zwecke) 2 621 000 RM. Vergleichsweise betrug derselbe Ertrag in der Zeit vom Mai 1944 bis Mai 1945 1 509 453 RM, in der Zeit vom Mai 1941 bis Mai 1942 615 178 RM. In dieser beachtlichen Steigerung wirkt sich zweifellos zunächst einmal die große Geldflüssigkeit aus; aber es ist doch nicht zu verkennen, daß ebenso die gesteigerte Zahl der Gottesdienstbesucher seit Kriegsende und die vermehrte Opferwilligkeit der Gemeindeglieder für alle die großen Nöte, die uns betroffen haben, darin zum Ausdruck kommt.

Die Aufstellung des neuen Kollektenplanes für 1946 ist nach folgenden Gesichtspunkten erfolgt: Für die umfassenden Aufgaben der EKD (gesamtkirchliche Notstände und Evangelisches Hilfswerk) wurden zwei Sonntage bestimmt (darunter die Erntedankfestkollekte). Für die großen Nöte der östlichen Provinzen der altpreußischen Union wurden auf Grund des Treysaer Abkommens, Ziffer 7, in brüderlicher Notverbundenheit vier Kollekten unter dem Stichwort »für gesamtkirchliche Notstände« eingesetzt. Ein fünfter Sonntag kam mit Rücksicht auf die in der zweiten Hälfte 1945 fortgefallenen gesamtkirchlichen Kollekten hinzu. Für die Finanzierung der kirchlichen Osthilfe an alle aus dem Osten verdrängten Pfarrer, Gemeindebeamten und ihre Angehörigen in der westlichen Zone Deutschlands wurden vier Kollekten unter dem Stichwort »Kirchliche Osthilfe« bestimmt. Die Innere Mission mit ihren Anstalten in der Rheinprovinz erhielt 19 Kollekten. Provinzialkirchlichen Zwecken sind 13 Kollekten vorbehalten. Die Gemeinden haben 15 Sonntage für ihre eigenen Zwecke erhalten. Dazu kommen Äußere Mission, Bibelgesellschaften und Gustav-Adolf-Verein mit je einer Kollekte. Eine begrenzte Anzahl besonders heimgesuchter Gemeinden in den westlichen Grenzsynoden unserer Kirche, die wegen ihrer Zerstörung überhaupt keine Kirchensteuer ausschreiben konnten, erhielten die Sondergenehmigung, 50 Prozent aller eingehenden Kollekten für sich zu behalten. Diese Notstandsgebiete der westlichen Grenzsynoden bedürfen für ihren Wiederaufbau der besonderen Hilfe der Gesamtkirche.

Von den gesamtkirchlichen Kollekten der Jahre 1944/45, soweit sie noch vor Kriegsende eingesammelt, zweckgebunden und noch nicht abgeführt waren, hat die Rheinische Kirche in Übereinstimmung mit Westfalen ein Viertel für ihre entsprechenden Einrichtungen anteilmäßig behalten. Die übrigen drei Viertel wurden in Höhe von 321 000 RM der Leitung der Evangelischen Kirche der altpreußischen Union für die Ostprovinzen bzw. den gesamtkirchlichen Empfängern wie Burckhardt-Haus und Preußische Hauptbibelgesellschaft zur Verfügung gestellt. Weitere 110 000 RM sind der Leitung der Evangelischen Kirche der altpreußischen Union für die Ostprovinzen als Anzahlung auf die in diesem Jahr laufenden Notstandskollekten für den Osten zugeleitet worden.
So spiegeln sich in dem Kollektenplan und -ergebnis die Nöte und Aufgaben der Kirche von der Einzelgemeinde bis zur EKD mit allen ihren Einrichtungen wider.

11. Innerkirchlicher Wiederaufbau

Auf allen Gebieten des kirchlichen Lebens war in den vergangenen Jahren ein ununterbrochener Abbau erfolgt. Der Krieg hatte diese Entwicklung noch beschleunigt und vervollständigt. Neben den Ruinen und Trümmerhaufen draußen standen die kümmerlichen Reste ehemals großer kirchlicher Arbeiten.
Die Kirchenleitung bemühte sich, das Ihre zu einem bescheidenen Neuanfang beizutragen.
a) So wurde als Zusammenfassung und Leitung der Jugendarbeit die *Kirchliche Jugendkammer* unter dem Vorsitz von Pfarrer Bopp, Unterbarmen, errichtet. In ihr ist alle Art kirchlicher Jugendarbeit vertreten, die Jugendverbände und die Gemeindejugendarbeit. Die Stelle eines Provinzialjugendpfarrers wird nach den Erfahrungen der Vergangenheit nicht wieder hauptamtlich besetzt.
b) Die Kirchliche *Männerarbeit* im Rheinland war durch viele Jahre hindurch in zwei Organisationen: Männerdienst und Männerwerk gespalten und dadurch mannigfach gehemmt. Es gelang ziemlich rasch, die beiden bisherigen Organisationen zusammenzufassen und aus ihnen eine einheitliche kirchliche Männerarbeit der Evangelischen Kirche zu schaffen, die ihrerseits inzwischen den Zusammenschluß über die gesamte Evangelische Kirche in Deutschland gefunden hat.
c) Zur Förderung der volksmissionarischen Arbeit wurde das *Volksmissionarische Amt* der Evangelischen Kirche unter Leitung von Pfarrer Dr. Linz, Düsseldorf, ins Leben gerufen, das sich die innerkirchliche Mission durch Evangelisation und Bibelwochen zur Aufgabe gestellt hat.
d) Der Wiederaufbau der kirchlichen *Presse* begegnete außerordentlich großen Schwierigkeiten. Es war lange Zeit hindurch nicht einmal möglich, ein kirchliches Amtsblatt erscheinen zu lassen. An ein Sonntagsblatt war trotz aller Bemühungen nicht zu denken. Die der evangelischen Kirche nahestehenden Verlage und Druckereien konnten keine Lizenz erhalten. Der Papiermangel machte sich bis hin zu den Vervielfältigungen bemerkbar. Nur ganz allmählich konnte hier ein Fortschritt erzielt werden. Zuerst in der französischen Zone, später auch in der britischen. Vorerst wurde eine *kirchliche Pressestelle* an Stelle des nicht mehr arbeitsfähigen Preßverbandes errichtet, der es gelang, ein umfangreiches Nachrichtenblatt herauszubringen. Endlich fand auch der seit Herbst 1945 laufende Antrag auf ein Sonntagsblatt für die britische Zone Genehmigung, und zum Juli 1946 erschien unter der Schriftleitung von Pfarrer Herkenrath »Der Weg« in etwa 200 000 Exemplaren. Daneben waren in der französischen Zone bereits wieder mehrere Sonntagsblätter erschienen: »Glaube und Heimat« für Hunsrück und Nahe, der »Sonntagsgruß« für die Saargemeinden, »Die Botschaft« in der Synode Koblenz, der Neuwieder »Sonntagsbote« und in der Synode Altenkirchen »Der Ruf«.
Die große Not der Kirche, daß ihr *Bibeln* und *Gesangbücher* fehlen, konnte bis heute wegen des Papiermangels noch nicht behoben werden, während Katechis-

men inzwischen schon wieder in größerer Zahl gedruckt werden konnten. Um so dankbarer sind wir, daß wir in jüngster Zeit eine erste Spende der Amerikanischen Bibelgesellschaft von Bibeln und Testamenten erhielten.
e) Auf den verschiedenen Gebieten des öffentlichen Lebens, Presse, Rundfunk, Film, Volksbildung, Buch konnte erst ein kleiner Anfang gemacht werden. Kirchliche Nachrichten und Artikel konnten wieder in den Zeitungen erscheinen. Im *Rundfunk* begann wieder evangelischer Gottesdienst. Ein kirchlicher Beauftragter für dieses Gebiet (Pfarrer Praetorius, Düsseldorf) konnte seine Arbeit beginnen.
f) Während die Vorbereitung zur Neugründung eines *Katechetischen Amtes* der Kirche noch nicht abgeschlossen werden konnte, da die hierfür notwendige, hauptamtliche Kraft noch nicht gefunden wurde, konnte das *Liturgische Amt* seine Arbeit bereits beginnen, das sich vor allem der Pflege der Kirchenmusik (Singearbeit) und der Förderung der Kirchenmusiker widmet. Kirchenmusikdirektor Ferdinand Schmidt wurde hauptamtlich zum Landeskirchlichen *Singewart* berufen.
g) An die Wiederaufnahme der kirchlichen *Freizeitarbeit*, insbesondere zur Fortbildung der kirchlichen Amtsträger, wurde viel Überlegung und Arbeit gesetzt, leider konnte sie bisher wegen Mangel an Raum noch nicht in die Tat umgesetzt werden. Die kirchlichen Freizeithäuser sind sämtlich besetzt bzw. beschlagnahmt, in Anstalten der Inneren Mission war nicht genügend Raum zu bekommen. Erst in jüngster Zeit ist es durch ein Abkommen mit der Evangelischen Gesellschaft gelungen, in dem Heim *Hohegrete* für eine größere kirchliche Freizeitarbeit Raum zu erhalten. Pastor Kunze (bisher Frauenhilfe) ist als Leiter dieser Arbeit, die im Oktober beginnen soll, für das kommende Halbjahr gewonnen worden.
h) Zum Abschluß dieses Arbeitsgebietes ist noch zu erwähnen, daß die Kirchenleitung angesichts des großen Rückstromes der Ausgetretenen eine besondere *Ausführungsanweisung zur Lebensordnung* über den *Wiedereintritt* in die Kirche erlassen hat, um eine einheitliche kirchlich verantwortbare Behandlung dieser schwierigen Frage nach Möglichkeit zu gewährleisten (Kirchl. Amtsbl. 1946, S. 8–10). Die beiden wesentlichen Punkte dieser Anweisung sind die Festsetzung einer Wartezeit mit kirchlicher Unterweisung und die gottesdienstliche Gestaltung der Wiederaufnahme in die Gemeinde.

12. Die Schule

Der völlige Zusammenbruch des nationalsozialistischen Erziehungssystems und seiner Schulpolitik stellte die KL vor die Aufgabe, alle geeigneten Maßnahmen zu treffen, um auf dem Gebiet der Schule die christliche Unterweisung tatsächlich zu ermöglichen, nach den gewonnenen Einsichten und Erfahrungen sachgemäß zu ordnen und in Verhandlungen mit Behörden rechtlich zu sichern.
Zur Erfüllung dieser grundlegenden und umfassenden Aufgaben bestellte die KL eines ihrer Mitglieder zum Schulreferenten[18], der einige Mitglieder der Schulkammer der Evangelischen Bekenntnissynode im Rheinland zur Mitarbeit heranzog. In dieser Zusammenarbeit entstand der Ansatz zu einer *Schulkammer*, deren weiterer Ausbau bevorsteht.
Um die Erziehungsverantwortung der Kirche in dem großen Kirchengebiet mit seinen mancherlei kirchlichen, kulturellen, sozialen und rechtlichen Unterschieden in den einzelnen Kreissynoden zu erkennen und den besonderen Verhältnissen entsprechend und doch in der Sache so einheitlich wie möglich wahrzunehmen, bestellte die KL in den einzelnen Kreissynoden *Schulreferenten*, die sich als Ohr, Mund und Hand der KL auf dem Gebiet des Unterrichtswesens so bewährt haben, wie das bei der Neuheit der Sache unter den gegebenen, z.T. beinah unvor-

---

[18] Superintendent Heinrich Held

stellbaren Schwierigkeiten überhaupt möglich war. Die Schulreferenten der Nordrheinprovinz wurden im November zu einer zweitägigen Arbeitstagung auf dem Tannenhof, die Referenten der drei Besatzungszonen der Südrheinprovinz im März für zwei Tage in Meisenheim versammelt. Die brüderliche Zusammenarbeit zwischen dem Schulreferenten der KL und den kreissynodalen Schulreferenten ebenso frei in der Form wie gebunden in der Sache zu gestalten, die gegenseitige Unterrichtung und den persönlichen Zusammenhang zu fördern, kreissynodale Selbständigkeit und provinzialkirchliche Einheitlichkeit in eine rechte kirchliche Ordnung zu bringen, wird eins der vornehmsten Anliegen der KL bleiben.

Der Schulreferent der KL und seine engeren Mitarbeiter haben zunächst grundsätzlich die tatsächliche Lage und das gültige Recht auf dem Gesamtgebiet der Erziehung, der Schule und des Religionsunterrichts festzustellen versucht und auf Grund des vorgefundenen Tat- und Rechtsbestandes vornehmlich mit dem Oberpräsidium und seiner Kulturabteilung enge Fühlung aufgenommen und in fruchtbarer Zusammenarbeit Verhandlungen gepflogen, um die Rechtsverhältnisse, entsprechend der neuen staatlichen und kirchlichen Lage und den neuen Erkenntnissen auf theologischem und katechetischem Gebiet zu klären, neu zu ordnen und sachliche und personelle Mißstände zu beseitigen. Soweit es notwendig war, wurde auch mit den alliierten Behörden Fühlung genommen und mit den einzelnen bischöflichen Schulreferenten und dem erzbischöflichen Generalvikariat eine gegenseitige Verständigung auf schulpolitischem Gebiet herbeigeführt. Alle diese Verhandlungen bewegten sich stets auf einer Basis gegenseitigen offenen Vertrauens.

Die Verhandlungen mit den einzelnen Bezirksregierungen der Nordrheinprovinz wurden durch besondere Beauftragte der KL geführt, in der Südrheinprovinz durch die Kirchenräte. Die Verhandlungen mit den Landräten und Kommunalbehörden waren in die Hände der kreissynodalen Schulreferenten gelegt.

Kirchlich gesehen am wichtigsten waren die Verhandlungen über die rechtliche Anerkennung des Religionsunterrichts als kirchlicher Verkündigung im Raum der Schule, zu welcher die Kirche dem Lehrer eine ausdrückliche Berufung (Vocation) erteilen muß. Die sehr ausgedehnten Verhandlungen begannen bereits am 3. 8. 45 und sind grundsätzlich im Sinn der kirchlichen Notwendigkeiten abgeschlossen. Der Staat erwartet vor der Unterzeichnung der entsprechenden Verordnung, welche das gesamte Recht des Religionsunterrichts an allen Schulen einheitlich regeln soll, eine kirchenrechtsetzende Erklärung der Provinzialsynode, daß die von der KL vertretene Notwendigkeit der kirchlichen Vocation der Religionslehrer der Lehre und Ordnung der evangelischen Kirche entspricht.

Erst in zweiter Linie stand die Frage der *Bekenntnisschule*, welche die kirchliche Öffentlichkeit aufs stärkste bewegt hat. In ebenso nüchterner Sicht der tatsächlichen Verhältnisse in Elternhäusern und Lehrerschaft, wie in der grundsätzlichen Anerkennung der notwendigen Aufgaben einer wahrhaft evangelischen Erziehung gab die KL zuerst die Losung heraus: »Christliche Simultanschule, soweit und solange als notwendig, evangelische Konfessionsschule, soweit und sobald als möglich.« Ohne Betreiben der KL und der evangelischen Gemeinden kam es zu der Elternabstimmung, nach unserer Sicht der Dinge *vor* der Zeit. Da eine ausgesprochen christliche Simultanschule, wie sie in einigen süddeutschen Ländern seit längerem grundsätzlich besteht, hier in der Nordrheinprovinz nicht zur Erörterung stand, sondern nach der Formulierung der Erziehungsordnung Nr. 1 der Alliierten Militärregierung wie auch nach den Erklärungen deutscher Behörden und Parteien nur die Wahl zwischen einer tatsächlich weltanschaulich neutralen, also nichtchristlichen Gemeinschaftsschule mit bloß angehängtem, von den übrigen Unterrichtsfächern isoliertem Religionsunterricht einerseits und andererseits einer wenigstens grundsätzlich den gesamten Unterricht und die ganze Erziehung auf

evangelischer Glaubensgrundlage gewährleistenden Schule ließ, war keine andere Entscheidung möglich, als die Elternschaft zur Entscheidung für die Konfessionsschule aufzurufen. Eine echte Bekenntnisschule wird allerdings erst dann Wirklichkeit werden, wenn eine auf evangelischer Grundlage aufbauende Lehrerbildung vorhanden sein wird, wenn die Arbeitsgemeinschaften zwischen Lehrern und Pfarrern Frucht getragen haben und wenn eine umfassende und tiefe Elternarbeit der Kirche die Voraussetzungen für eine wahrhaft evangelische Erziehung in Haus und Schule geschaffen haben wird.
Andere Hauptgegenstände der Verhandlungen waren die Errichtung der pädagogischen Akademien und ihre Besetzung mit geeigneten Dozenten, ferner das Recht der konfessionellen Minderheiten, Beschäftigung dissidentischer Lehrkräfte an öffentlichen Schulen, die Erteilung des Religionsunterrichts durch freikirchliche Lehrkräfte, das Recht, der Einsatz und die Finanzierung katechetischer Hilfskräfte und Religionsunterricht erteilender Pastoren, das Recht der religionspädagogischen Ausbildung der Junglehrer und Schulhelfer und die Weiterbildung der Religionslehrer in Lehrer- und Pfarrerarbeitsgemeinschaften, das Recht des Schulgottesdienstes usw.
Weitere Aufgaben des Schulreferenten der KL und der Schulkammer lagen auf dem Gebiet der *Lehrpläne* für den Religionsunterricht aller Schulgattungen, der Lehrbücher, der Unterrichtshilfen und einheitlicher Richtlinien für die Arbeitsgemeinschaften zwischen Lehrern und Pfarrern und für die religionspädagogischen Kurse für Junglehrer und Schulhelfer.
Für die in den einzelnen Synoden geleistete Arbeit in den langsam anlaufenden Arbeitsgemeinschaften der Lehrer und Pfarrer und Katecheten ist die KL sehr dankbar. Sie befiehlt sie der stetigen Förderung der Synoden und Gemeinden. Hier ist wirklich fruchtbares kirchliches Neuland unter dem Pflug.

13. *Das Verhältnis zu den anderen Kirchen in Deutschland*

a) Es ist klar, daß die Kirchenleitung von Anfang an um eine Zusammenarbeit mit der Westfälischen Kirchenleitung besorgt war. Freilich kam wegen der außerordentlich großen Verkehrsschwierigkeiten erst nach und nach ein engeres Arbeitsverhältnis zustande. Feste Formen nahm es an seit der Treysaer Kirchenkonferenz. Auf dieser Konferenz wurde bekanntlich nicht nur die vorläufige Neuordnung der Evangelischen Kirche in Deutschland beschlossen, sondern auch die notwendige Neugestaltung der altpreußischen Union. Angesichts der Trennung dieser Kirche in ein westliches und ein östliches Gebiet und der damit verbundenen Unmöglichkeit, das bisherige Kirchenwesen aufrechtzuerhalten, wurde in Treysa von den dort anwesenden Vertretern aus der Evangelischen Kirche der altpreußischen Union eine *Abmachung über die Leitung der Evangelischen Kirche der altpreußischen Union* beschlossen (Kirchl. Amtsbl. 1946, S. 14). Die wichtigste Bestimmung dieser Erklärung ist die starke Verselbständigung der bisherigen Kirchenprovinzen. Andererseits existiert die Evangelische Kirche der altpreußischen Union in zwei größeren Gruppen, einer westlichen und einer östlichen weiter. So kam es zu der Konstituierung einer »Leitung der Evangelischen Kirche der altpreußischen Union für die Westprovinzen«. Sie besteht aus den beiden Kirchenleitungen von Rheinland und Westfalen. Wir haben diese Leitung so geordnet, daß aus beiden Kirchen je drei Vertreter zu den gemeinsamen Sitzungen entsandt werden. Die hier vollzogene kirchenleitende Arbeitsgemeinschaft hat sich sehr bewährt. Sie hat eine ganze Anzahl von kirchlichen Notverordnungen an Stelle des früheren Kirchensenats erlassen. Auf diese Weise wurde der Rechtszustand in den beiden Kirchen von Rheinland und Westfalen einheitlich fortgeführt. Die Tagungen der Kirchenleitung der altpreußischen Union für die Westprovinzen finden mindestens alle zwei Monate statt. Die Geschäftsführung liegt z.Z. bei der Westfäli-

schen Kirchenleitung. Sie soll in regelmäßigen Abständen zwischen den beiden Leitungen wechseln.
b) Außer der engen Zusammenarbeit mit der Westfälischen Kirche fand sich eine Arbeitsgemeinschaft der *Kirchen der britischen Zone* zu regelmäßigen Konferenzen zusammen unter Leitung von Präses D. Koch. In diesen Konferenzen findet ein intensiver Austausch über alle akuten Fragen statt. Man bemüht sich um ein möglichst einheitliches Vorgehen, besonders in allen Angelegenheiten, die das Verhältnis zu den Staatsbehörden und der Militärregierung betreffen. In diesem Zusammenschluß wurde auch die zuerst von Rheinland und Westfalen gebildete Nothilfe (Osthilfe) als eine gemeinsame Einrichtung der beteiligten Kirchen beschlossen, um dadurch einerseits die Versorgung und Beschäftigung der Ostpfarrer in allen Kirchen gemeinsam zu regeln, andererseits einen Finanzausgleich zwischen den Kirchen herbeizuführen, um auf diese Weise einige mit Flüchtlingen überlastete Kirchen zu unterstützen.
c) Schon ein Vierteljahr nach Einstellung der Feindseligkeiten rief Landesbischof D. Wurm die Leitungen der Evangelischen Kirchen Deutschlands mit der Bekennenden Kirche und dem Kirchlichen Einigungswerk nach Treysa zu einer Kirchenkonferenz zusammen, um an die Stelle der Deutschen Evangelischen Kirche (DEK) einen einheitlichen Zusammenschluß und eine neue Zusammenarbeit der beteiligten Kirchen herbeizuführen[19]. Das Ergebnis der Treysaer Konferenz vom 31. 8. 1945 war die »*Vorläufige Ordnung der Evangelischen Kirche in Deutschland*« und die Bestellung eines Rates zur vorläufigen Leitung der EKD. Die Vertreter der Rheinischen Kirchenleitung haben sich nach Kräften für die Bildung und die Einheit der Evangelischen Kirche in Deutschland eingesetzt. Sie nahmen auch an der zweiten Treysaer Konferenz teil, auf der besonders die Fragen, die sich aus der Entnazifizierung ergaben, zum Gegenstand der Beratungen und Beschlüsse gemacht wurden. Dadurch, daß ein Mitglied der Rheinischen Kirchenleitung im Rat der EKD ist, ist naturgemäß die Verbindung zwischen der Evangelischen Kirche in Deutschland und der Rheinischen Kirchenleitung besonders eng gewesen. Wir haben es angesichts der Gefahren, die der Einheit der evangelischen Kirche durch die Bildung einer ev.-luth. Kirche Deutschlands drohten, für unsere Aufgabe gehalten, uns bei jeder Gelegenheit nach Kräften für die Erhaltung und Festigung der uns gerade auch im Kirchenkampf neu geschenkten Einheit der EKD einzusetzen, und hoffen, daß diesen Bemühungen der Erfolg nicht versagt bleibt.
Mit der Errichtung der Kanzlei der EKD ist für die Evangelische Kirche Deutschlands wieder der Anfang einer alle umfassenden und alle angehenden Leitung gemacht, die der Gemeinschaft und der Einheit des kirchlichen Dienstes in Deutschland einen wesentlichen Dienst tut.
d) Im Zusammenhang dieses Abschnittes unseres Berichtes müssen wir noch erwähnen, daß die Kirchenleitung beschlossen hat, die in *Hohenzollern* gelegenen evangelischen Gemeinden der Dienstaufsicht des Württembergischen Oberkirchenrats zu unterstellen. Es erschien uns weder geboten noch auch durchführbar, die Leitung dieser Gemeinden weiter beizubehalten. Die Verhandlungen über die endgültige Abtrennung der Kreisgemeinde Hohenzollern an die Württembergische Kirche stehen vor dem Abschluß. Für alle Hilfe und alles Entgegenkommen (z.B. bei der Pfarrstellenbesetzung), das wir beim Evangelischen Oberkirchenrat in Stuttgart erfahren haben, sind wir dankbar.

14. Die Stellung zu den politischen Gewalten

a) Seit dem Zusammenbruch des Dritten Reiches liegen die obrigkeitlichen Befugnisse in Deutschland bei der Militärregierung. Die Kirchenleitung mußte dem-

---

19 Vgl. S. 353f.

gemäß als Vertretung der evangelischen Kirche die Verbindung mit den zuständigen Militärregierungen aufnehmen. Das geschah vor allem mit der Militärregierung der Nordrheinprovinz und den beiden französischen Militärregierungen in Bad Ems und Saarbrücken und schließlich mit der amerikanischen Militärregierung im Kreise Wetzlar. Unser Verhältnis zur Militärregierung ist durch keinerlei Spannung getrübt gewesen. Wir haben überall für die kirchlichen Erfordernisse Verständnis gefunden, und nirgendwo sind an uns kirchlich unmögliche Forderungen gestellt worden. Die Militärregierungen waren bemüht, unseren Anliegen Rechnung zu tragen, soweit sie dazu irgend imstande waren, z.B. bei der Wiedereröffnung der von der Staatspolizei geschlossenen Theologischen Schule in Wuppertal, bei der Anerkennung der kirchlichen Feiertage, bei der Bewilligung von Abendmahlswein, beim Wiederaufbau kirchlicher Gebäude, der Genehmigung kirchlicher Kindergärten.

Die Kirchenleitung sah sich veranlaßt, für die in der französischen Zone gelegenen Regierungsbezirke Koblenz und Trier und für das Saargebiet sowie für den amerikanisch besetzten Kreis Wetzlar je einen Bevollmächtigten zu ernennen, und zwar den Kirchenrat Lic. Sachsse für Koblenz-Trier, Kirchenrat Wehr für das Saargebiet und Superintendent Läufer für die amerikanische Zone, um eine Zusammenarbeit und Vertretung der Kirchenleitung gegenüber der Militärregierung wie auch gegenüber den deutschen Behörden sicherzustellen.

b) Im Zuge der vom Kontrollrat allgemein angeordneten *Entnazifizierung* Deutschlands war es natürlich unumgänglich, das Problem der Entnazifizierung der Pfarrerschaft sowie der übrigen kirchlichen Amtsträger zu lösen. Der Rat der EKD sah sich veranlaßt, zu diesem Zweck die Vertreter der Kirchenleitungen zu einer besonderen Konferenz zusammenzurufen.

Wir haben bei den Militärregierungen, und zwar sowohl bei der britischen als auch bei der französischen, ein großes Verständnis für eine kirchliche Erledigung dieser Frage gefunden. Während im ersten Stadium der Entnazifizierung die Beanstandungen durch unmittelbare Eingaben der Kirchenleitung ausgeräumt wurden, ist schließlich auf Anforderung der Militärregierung für das Saargebiet, für die Regierungsbezirke Koblenz-Trier und für die britische Zone je ein kirchlicher Entnazifizierungsausschuß bestellt worden, und zwar durch Berufung seitens der Kirchenleitung mit Zustimmung der Militärregierungen. Durch diesen Ausschuß ist die Entnazifizierung der Geistlichen im Saargebiet bereits abgeschlossen, in den übrigen Gebieten hat sie begonnen, da diese Ausschüsse erst später gebildet worden sind. Wir dürfen hoffen, daß auf diese Weise wie bereits im Saargebiet auch in den übrigen Teilen der Rheinischen Kirche die so äußerst schwierige Frage gelöst werden wird, zumal auch in der britischen Zone die Überprüfung der Pfarrer bereits insoweit abgeschlossen ist, als nur die bis zur Bildung des Ausschusses noch nicht erledigten Fälle vor den Ausschuß kommen sollen. Es muß allerdings darauf hingewiesen werden, daß die Überprüfung der übrigen kirchlichen Amtsträger noch keine Lösung gefunden hat.

Es wird von Interesse sein, aus der bisherigen Überprüfung folgende Zahlen zu erfahren: Von dem deutschen Säuberungsausschuß im Saargebiet wurden zirka 50 Fälle behandelt, davon wurden vier beanstandet. Das Urteil in allen vier Fällen lautet auf Versetzung in eine andere Stelle. Von den Pfarrern der britischen Zone sind 32 auf Grund der Fragebogenaktion von der Militärregierung beanstandet worden. 12 Fälle haben durch Befürwortung der Kirchenleitung ihre Erledigung gefunden. Die Pfarrer sind wieder im Amt. 16 Beanstandungen sind noch in Bearbeitung und werden vor dem deutschen kirchlichen Entnazifizierungsausschuß behandelt. Eine Suspendierung dieser Pfarrer durch uns hat nicht stattgefunden. Vier Fälle konnte die Kirchenleitung nicht befürworten, da es sich um nationalkirchliche Geistliche handelt. In der amerikanischen Zone sind acht Pfarrer durch die Militärregierung beanstandet worden, davon wurden vier Beanstandungen zurückgezogen, vier Fälle sind noch in Bearbeitung.

c) Auch bei den deutschen Behörden, den Oberpräsidien und Regierungen vornehmlich, fand die Kirchenleitung weitgehendes Entgegenkommen. Es bahnte sich mit den neuen Männern ein durchaus gutes, z.T. sogar enges Verhältnis der Zusammenarbeit an. Die Kirche wurde wieder in ganz anderer Weise geachtet als in der jüngsten Vergangenheit. Das Hauptgebiet, auf dem eine neue Zusammenarbeit wieder zustande gekommen, ist das Schulwesen, worüber schon in dem entsprechenden Abschnitt berichtet worden ist. Besondere Erwähnung fand auch schon die Restituierung der Evangelisch-theologischen Fakultät in Bonn.

Auf finanziellem Gebiet erkannte die neue Staatsbehörde das Fortbestehen der alten finanziellen Verpflichtung des preußischen Staates gegenüber der evangelischen Kirche an. Es wurden die Staatszuschüsse (Dotationsbeträge), die Zuschüsse zur Pfarrbesoldung sowie die sog. linksrheinischen Staatsgehälter der Pfarrer bereits in erheblichem Umfang an die Kirche gezahlt. Hinsichtlich der rechtlichen Grundlage von Staat und Kirche stellte sich die Kirchenleitung bisher auf den Standpunkt, daß der Staatsvertrag zwischen der evangelischen Kirche und dem Freistaat Preußen nicht aufgehoben sei. Wir haben uns darum unsererseits an die Bestimmungen des Vertrages gehalten. Was nun nach der Bildung der neuen Länder für Folgerungen sich ergeben werden, ist noch nicht zu erkennen.

d) Die Wiederbelebung der *politischen Betätigung* im deutschen Volk stellt auch die Kirche vor eine neue Aufgabe, vor allem im Blick auf die sich bildenden neuen politischen *Parteien*. Wir waren uns darüber klar, daß die politische Aufgabe der Christen in unserem Volk zwar unbedingt zu bejahen sei, daß aber die Kirche als solche keinerlei parteipolitische Bindungen eingehen dürfe, ohne jedoch dabei in eine falsche Neutralität zu verfallen. Eine Stellungnahme der Kirche und ihrer Leitung zu den großen politischen Fragen und Aufgaben unserer Zeit ist vom Gebote Gottes her gefordert. So gewiß der Christ nicht nur auf seine politische Verantwortung angesprochen werden muß, sondern sich auch etwa parteipolitisch zu betätigen hat, so gewiß schien es uns geboten, die Pfarrer vor jedem Einsatz im parteipolitischen Leben um ihres Amtes willen zu warnen. Wir halten es nicht für tragbar, wenn die Diener der Kirche sich als Abgeordnete von Parteien oder als Parteiredner betätigen. Die Kirche muß mit den Abgeordneten und Führern aller Parteien als Trägern ihres geltenden göttlichen Auftrages über die politische Arbeit sprechen. Sie wird das nur können, wenn sie in ihrer alleinigen Bindung an ihren Auftrag den politischen Mächten gegenüber frei ist.

III.

Der Tätigkeitsbericht der Kirchenleitung ist damit zu Ende. Es mußte in ihm von sehr vielen Dingen geredet werden, und von den meisten konnte nur in aller Kürze die Rede sein. Aber wenn wir auch beim Rückblick auf das Ganze vielleicht den Eindruck gewinnen könnten, es sei bereits einiges in dem vergangenen Jahr geschehen, so muß doch um so eindringlicher darauf hingewiesen werden, wie wenig es ist, was bisher erst getan werden konnte, und wie groß die Fülle der Aufgaben ist, die noch zu bewältigen ist. Es ist nicht mehr geschehen als ein erster bescheidener Anfang, die ersten Schritte zu einem Wiederaufbau haben getan werden können. Wir in der Kirchenleitung sind tief davon durchdrungen, wie klein diese ersten Schritte gewesen sind. Vieles, das wir für dringend nötig gehalten haben, hat sich nicht verwirklichen lassen. Vieles, das wir uns vorgenommen hatten, konnte nicht durchgeführt werden, sei es aus äußeren Hemmungen, aus Mangel an Zeit, sei es aus innerer Kraftlosigkeit. Das zu nennen, was noch an unerledigten großen Aufgaben vor uns liegt, würde zu weit führen und den Rahmen eines Tätigkeitsberichtes überschreiten.

Aber in Erinnerung an das, was am Anfang gesagt wurde, sei zum Schluß nur noch das eine bezeugt:
Was wir getan haben, sollte ein Dienst sein im Auftrag des Herrn zum Bau seiner Gemeinde, wozu er uns gerufen hat.
Was wir dabei versäumt haben, ist unsere Schuld, für die wir Gott und die Brüder um Vergebung bitten.
Wenn es aber etwas war zur Erbauung seiner Gemeinde, so preisen wir Gott, der das Vollbringen gab, rühmen seine Gnade, die es gelingen ließ.
»Dem aber, der überschwenglich tun kann über alles, was wir bitten oder verstehen, nach der Kraft, die da in uns wirkt, dem sei Ehre in der Gemeinde, die in Christo Jesu ist, zu aller Zeit, von Ewigkeit zu Ewigkeit. Amen.«

Die Synode als die oberste Instanz der rheinischen Kirche gab zu der vorläufigen Kirchenleitung ihre Zustimmung und ebenso zu ihrer kirchlichen Wirksamkeit. Charakteristisch für die rheinische Kirche war ein Wort der Synode zur Frage der Einheit der Kirche. Es hat folgenden Wortlaut[20]:

Von der Einheit der Kirche
Indem die Synode die Aufgabe ergreift, für die Evangelische Kirche der Rheinprovinz eine neue Ordnung vorzubereiten, hält sie sich die vom Neuen Testament bezeugte Wirklichkeit und Einheit der Kirche Christi vor Augen:

I.
Die Kirche ist die Kirche Gottes als die Kirche Jesu Christi, unseres Herrn, durch den und zu dem alles geschaffen ist. Er ist der Herr seiner Kirche, und die Kirche ist sein Leib. Er ist in Wort und Sakrament durch seinen Geist in seiner Kirche gegenwärtig. Er ist für sie der Weg, die Wahrheit und das Leben.

II.
Als die Kirche Jesu Christi ist die Kirche die Eine. Christus ist ihre Einheit über alle Unterschiede und Gegensätze der Konfessionen, Völker und Rassen hinaus. Gerade heute bei ihrer Neuordnung bekennt die Evangelische Kirche der Rheinprovinz die Einheit der Kirche Christi.

III.
Die Wirklichkeit und die Einheit der Kirche sind nur im Glauben an Jesus Christus zu erfassen. Aber wir bezeugen mit tiefem Dank gegen Gott, daß die Einheit der Kirche im Kampf um ihre Wahrheit unserem Glauben gewisser geworden ist, als sie es weithin in der Vergangenheit war.
Dieses Geschenk Gottes können wir nicht hinnehmen, ohne uns unserer Verantwortung und unserer Schuld im Blick auf die Zerrissenheit der Kirche bewußt zu werden.

IV.
Seit der Reformation steht über der evangelischen Kirche die Frage der Union. Politischer Wille hat die Aufgabe an sich gezogen, die Verkümmerung des Verständnisses für die Wahrheit in der Kirche hat es ihm leicht gemacht. Die Geschichte hat die Fragwürdigkeit solcher Unionsbemühungen enthüllt. Aber seit langem wächst aus der Gemeinschaft des Glaubens eine weiterdrängende Verbundenheit. Im Kampf der Kirche um die Wahrheit hat uns Gott in dem Bekenntnis zu dem einen Herrn der einen, heiligen, allgemeinen apostolischen Kirche zusammenge-

---

20 Prot. Prov.-Synode 1946, S. 118

führt. Wir dürfen dieses Geschenk Gottes nicht wieder verleugnen. Eine Auflösung oder auch nur Aufgliederung der unierten Gemeinden würde in der Evangelischen Kirche der Rheinprovinz Unwahrhaftigkeit und Ungerechtigkeit mit sich bringen, ja sich als unmöglich erweisen. In der Gemeinschaft des Glaubens sind die lutherischen und reformierten Gemeinden gehalten, ihren Bekenntnisstand ernst zu nehmen.
In ihrer besonderen geschichtlichen Lage erkennt die Evangelische Kirche der Rheinprovinz den ihr vom Herrn der Kirche zugewiesenen Auftrag, um eine echte Einheit der Evangelischen Kirche in Deutschland zu beten und zu ringen; diese Aufgabe gewinnt durch den Zustrom von Flüchtlingen aus anderen Kirchengebieten in unsere Gemeinden besondere Dringlichkeit. Die alten Fragen um die Wahrheit sind noch nicht erledigt, aber das bedeutet nicht, daß sie kirchentrennend sein müssen. In der Einheit, die uns durch Christus in seinem Wort geschenkt ist, können die Unterschiede zur Entfaltung des Reichtums dienen in der Gemeinschaft der Heiligen, die ein Anteilgeben und Anteilnehmen an den besonderen Gaben ist.

V.

Indem die evangelische Kirche aus dem reformatorischen Verständnis das Evangelium von Jesus Christus in seiner Fülle und Tiefe sich in Buße und Glauben neu aneignet, richtet sie an die Freikirchen die Frage, ob nicht alte Gegensätze in der schon begonnenen Verständigung noch weiter überwunden werden können.

VI.

Die Evangelische Kirche der Rheinprovinz dankt Gott, daß er uns die Verbundenheit mit den christlichen Kirchen der Welt erhalten hat. Er hat uns aufs neue die Erkenntnis der gemeinsamen Glaubensgrundlage geschenkt und uns die Kirche als Gemeinschaft der Liebe Christi erfahren lassen. Wir wissen, welche Hoffnung solche christliche Bruderschaft für eine zerquälte Menschheit ist. Wir ergreifen mit Freudigkeit die Aufgabe, die uns durch unsere besondere Not und unser besonderes Erbe in der Ökumene gestellt ist.
Wir danken Gott, dem Herrn, der in aller Welt die Verantwortung dafür geweckt hat, daß die Kirchen aller Völker im Gehorsam gegen den Willen unseres Herrn ihren Missionsauftrag an der Welt zu erfüllen und die Botschaft vom Heil Gottes in alles Unheil dieser Weltzeit hinein zu verkündigen haben.

VII.

Mit Dankbarkeit gegen Gott sprechen wir aus: Die Gemeinschaft der Not und des Kampfes gegen den zerstörenden antichristlichen Geist hat Glieder der evangelischen und römisch-katholischen Kirche als Christen zusammengeführt. Darin erkennen wir die Führung des Herrn der Kirche, dessen Wille es ist, daß sie alle eines seien. Darüber vergessen wir nicht die Verantwortung für die Reinheit der schriftgemäßen Lehre, die uns durch die Reformation aufs Gewissen gelegt ist. Wir können die Schwierigkeiten nicht übersehen, die aus der gegenreformatorischen Entwicklung des römischen Katholizismus entstanden sind. So müssen wir vor allen schwärmerischen Erwartungen warnen. Aber wir hören, jeder in seiner Kirche, miteinander den Ruf des Herrn, uns in das uns geschenkte Zeugnis der Heiligen Schrift von Christus zu vertiefen, und ergreifen in betendem Aufblick zu ihm die Hoffnung, daß uns so eine neue Gemeinschaft in Christus geschenkt wird.

VIII.

Die Kirche harrt der Offenbarung ihrer noch verborgenen Einheit am Tage Jesu Christi. Aus aller Zerrissenheit der Kirchen richtet sich unsere Hoffnung auf die

Erlösung von Schuld und Versagen. Darum preist die Kirche Gott, daß sie ihr Leben führen darf im Ausblick auf die Zukunft Gottes, da eine Herde und ein Hirte sein wird, mit dem ständigen Gebet: Dein Reich komme! Ja, komm, Herr Jesu! »Dem aber, der überschwenglich tun kann über alles, das wir bitten oder verstehen nach der Kraft, die da in uns wirkt, dem sei Ehre in der Gemeinde, die in Christo Jesu ist, zu aller Zeit, von Ewigkeit zu Ewigkeit. Amen.« (Eph. 3,20)

Schließlich wurde noch ein beachtenswertes Wort der Synode »Zum Dienst am Volk« beschlossen, in dem sich schon sehr früh die Inangriffnahme sozialethischer, besonders politischer Aufgaben der Kirche zeigt[21]. Dies Thema geht nicht wieder verloren in der EKD.

Wort der Rheinischen Provinzialsynode zum Dienst am Volk
Nach vielen Jahren der Behinderung kann die Provinzialsynode der Rheinischen Kirche *ein öffentliches Wort zu den Dingen des Volkslebens* sagen, die uns alle bedrücken. Sie tut es in Dankbarkeit gegen Gott. Denn die Güte des Herrn ist's, daß wir nicht gar aus sind.
Die Kirche weiß sich mit der ihr anvertrauten Botschaft von Jesus Christus, ihrem Herrn, berufen zum Dienst am Volk. Ausgerichtet auf das kommende Reich Gottes darf sie in dieser vergehenden Welt nicht schweigen, wo Unrecht geschieht. Denn des Herrn Wort ist Richter unseres Lebens. Sie darf auch nicht schweigen, wo Menschen um Rat fragen und nach Wegweisung verlangen. Denn des Herrn Wort ist unseres Fußes Leuchte und ein Licht auf unserem Wege.
Wir wissen, daß wir nicht ohne schwere eigene Schuld am Rande der Verzweiflung leben. Es ist unsere besondere Not, daß wir alle gegenüber der Vergottung des Staates und des Staatsoberhauptes mit unserem Zeugnis weithin versagt haben. Die Hoffnungslosigkeit unserer Lage ist ein Teil des Gerichtes, das über uns ergeht. Wir beugen uns darunter; denn Gottes Hand ist es, die uns in solchem Gericht zur Buße leiten will. Wir bitten Gott, daß er uns die Kraft gibt, zu heilen und zu helfen. Er schenke uns die Einsicht, zu mahnen und Wege zu weisen, die uns aus der schweren Not Leibes und der Seele hinausführen.

Von der helfenden Liebe
Die Evangelische Kirche steht mitleidend, betend und helfend mitten im abermaligen politischen und wirtschaftlichen Umbruch des Volkes und der Völker. Im Gericht sucht uns der barmherzige Gott. Wenn die Kirche mit dieser Botschaft zu unserem Volk in seiner Not und Hoffnungslosigkeit kommt, muß sichtbar werden, daß unsere Gemeinschaft in Christus eine Gemeinschaft nicht nur des Glaubens, sondern auch der Liebe ist, der Liebe, die hilft und trägt und nimmer ein Ende hat.
Solchem Gebot zu dienen, stehen in Kirche und Gemeinde die Werke der helfenden Liebe, wie Diakonie und Innere Mission, Gemeindehilfe und Hilfswerk, im Kampf wider die tausendfältige Not: *Die Not der Kranken und Alten*, deren Pflegestätten weithin in Trümmern liegen, die daheim oder in Bunkern und Kellern ohne sachgemäße Pflege sind; *die Not der Kinder und Jugendlichen*, die unter der Auflösung und dem Fehlen äußerer und innerer Ordnung und Sauberkeit der Verwahrlosung zu verfallen drohen; *die Not der Ausgebombten*, denen unter dem Mangel an Hausrat, Kleidung und Wäsche und ausreichendem Wohnraum die äußere und innere Gemeinschaft der Ehe und Familie zu zerbrechen droht; *die Not der Frauen und Mädchen*, die geschändet wurden; *die Not der Vertriebenen*, die die

---

21 Ebd., S. 169ff.

Heimat verloren, von Haus und Hof verjagt, ihre Habe eingebüßt haben und nun neue Heimat finden sollen und trotz Überfüllung der Aufnahmebezirke, trotz Mangel an Wohnraum, Nahrung, Verdienst- und Arbeitsmöglichkeit in unseren Gemeinden Heimat und Gemeinschaft finden müssen; *die Not der Gefangenen und Internierten*, ihre Sehnsucht nach Heimat und Familie, das Bangen ihrer Angehörigen um Leben und Gesundheit ihrer Väter, Gatten und Söhne, *die Not der Erwerbslosen*, die Arbeit und Amt verloren und mit wachsender Sorge der Zukunft entgegensehen.

Wir werden die Fülle dieser Not nicht aufheben und beseitigen können. Wir werden noch Jahre unter ihr dahingehen. Aber wir können ihr viel von ihrer Bitterkeit nehmen, wenn wir sie gemeinsam tragen als die Glieder der Gemeinde, als die, die dem Wort gehorsam sind: »Seid barmherzig, wie auch euer Vater barmherzig ist« und als die Jünger des Meisters, der gesagt hat: »Was ihr getan habt einem unter diesen meinen geringsten Brüdern, das habt ihr mir getan« und »was ihr nicht getan habt einem unter diesen Geringsten, das habt ihr mir auch nicht getan«. Dieser Ruf ergeht in erster Linie an die Kirche selbst. Sie hat Vorbild zu sein. Wo die christliche Gemeinde im Dienst der Liebe versagt, verleugnet sie den Glauben, ist sie tot. Sie darf sich nicht darauf verlassen, daß der Staat oder die Behörde diese Aufgabe in Angriff nimmt. Sie darf auch nicht erschrecken vor der Fülle der Aufgaben. Weil sie um die Kraft Christi weiß und die Liebe Christi sie dringt, packt sie die Aufgaben an und sorgt, ohne zu ermüden, für die Ärmsten unter ihren Brüdern.

Vom Wächteramt der Kirche

Wir wissen aber auch, das Maß an menschlichem Elend ist so groß, daß ihm mit den Mitteln der helfenden und heilenden Liebe allein nicht zu steuern ist. In Ausübung ihres Wächteramtes wendet sich die Kirche mit einem mahnenden und bittenden Wort an alle, die berufen sind, aus dieser Not Wege zu suchen. Sie ruft alle, die es angeht, dessen eingedenk zu sein, was sie nach einem kurzen Leben vor Gott dem Herrn zu verantworten haben.

1. Die Kirche fordert die verantwortlichen Personen und Mächte auf, alles zu tun, daß das deutsche Volk wieder einer *geregelten und ausreichenden Arbeit* nachgehen kann. Die Zerstörungen durch den Krieg, die völlig unzureichende Rohstoffversorgung, die Zerreißung des Wirtschaftsraumes in mehrere Zonen, die Unsicherheit im Blick auf die deutsche Währung, auf den weiteren Abbau der deutschen Wirtschaft und auf die endgültige Belastung durch den Friedensvertrag sowie vieles andere machen jeden Ansatz zu einem sinnvollen wirtschaftlichen Wiederaufbau, sie machen den Erwerb der notwendigen Güter im In- und Ausland unmöglich. Auf diese Weise werden nicht nur die einzelnen, sondern ganze Bevölkerungsschichten dahin geführt, den Weg von Recht und Ordnung zu verlassen und damit ihr eigenes Gewissen und das des Nächsten zu belasten. Der Sinn für ehrliche Arbeit, für den Wert von Gut und Geld und für Vertragstreue wird untergraben. Die durch diesen Zustand verursachten materiellen und seelischen Schäden sind so ungeheuer, daß wir dazu nicht schweigen können. Von der Rückkehr zu geregelter und ausreichender Arbeit hängt entscheidend ab: die Ergiebigkeit des Steuerwesens mit all ihren Folgen, die dringend notwendige Neuordnung der Währung, die Funktionsfähigkeit der Regierungen und Verwaltungen, der Aufbau unserer Städte und Fabriken und eines geordneten Marktwesens, der Abbau der Notrechte und Zwangsmaßnahmen, der Erfolg notwendiger Maßnahmen der Bodenreform, die Hilfe für Kriegsbeschädigte und Kriegsgeschädigte, Ausgebombte, Vertriebene und Heimkehrer – und nicht zuletzt die Wiedergutmachung geschehenen Unrechts im Innern wie dem Ausland gegenüber. Die Kirche warnt vor der Fortdauer dieses Zustandes sowie vor Anordnungen, die den Menschen

die Freudigkeit zur Arbeit endgültig zerstören. Sie bittet, bei allen Maßnahmen nicht schematisch zu verfahren und des notwendigen Schutzes der wirtschaftlich Schwachen zu gedenken.

2. Die Kirche bittet die Beteiligten und Verantwortlichen, der Unsicherheit über die deutschen Grenzen bald ein Ende zu machen und bei der *künftigen Grenzziehung* nicht nur die Notwendigkeit der deutschen Ostgebiete für die deutsche Ernährung zu berücksichtigen, sondern auch den Gedanken an Heimat und Land der Väter nicht außer acht zu lassen. Volk ist keine Größe, die menschlicher Tat entsprungen ist. Die Kirche bittet, dafür Sorge zu tragen, daß Deutschland nicht endgültig in zwei große Teile auseinanderbricht. Auf Entscheidungen bloßer Gewalt kann für die Dauer kein Segen ruhen. Sie bittet alle Beteiligten, einen baldigen Friedensschluß herbeizuführen und die Freilassung der deutschen *Kriegsgefangenen* nicht ins Unbestimmte zu verzieren, sondern ihre beschleunigte Rückkehr zu ermöglichen; zum mindesten sollte ihnen überall regelmäßiger Briefverkehr gewährleistet werden, damit der furchtbare seelische Druck von ihnen und ihren Angehörigen genommen wird.

3. Wir stehen vor der Tatsache der Zersetzung und Auflösung von *Recht und Gerechtigkeit*, von *Gesetz und Ordnung* und der damit verbundenen Verwirrung der Gewissen. Die Kirche ruft allen Verantwortlichen zu: Der hat größere Schuld, der durch Schaffung und Duldung unklarer Rechtsverhältnisse die Gewissen verwirrt! Sie hat in der Vergangenheit den Grundsatz verworfen: Recht ist, was dem Volke nützt. Was damals galt, gilt heute ebenso. Recht entsteht nicht schon dadurch, daß eine Mehrheit es beschließt. Unrecht wird nicht dadurch Recht, daß andere auch Unrecht getan haben. Vergeltung ist nicht Recht.

Der Herr, unser Gott, widersteht allen eigenmächtigen Übergriffen auf das *Eigentum* mit dem Gebot: »Du sollst nicht stehlen.« Damit ist aber die gegenwärtige Besitzverteilung keineswegs gerechtfertigt. Der Zustand, daß viele Menschen durch Bomben und Vertreibung alles verloren, andere aber alles behalten haben, ist nicht »gottgewollte Ordnung«. Ein gesetzlich geordneter Ausgleich unter dem Gesichtspunkt sozialer Gerechtigkeit ist unabdingbar.

Die Kirche warnt vor der Fortdauer eines Zustandes der *Rechtsunsicherheit* auch *auf politischem Gebiet*. »Entnazifizierung« und »Kriegsverbrecherprozesse« dürfen sich auf keinen Fall noch über Jahre erstrecken. Die Kirche mahnt alle Beteiligten, nicht ihrerseits neue Schuld und neuen Haß zu häufen. Eine einseitige Handhabung des Rechtes macht die Anklage gegen die vorigen Machthaber unglaubwürdig. Die Welt kann keine neue Ära des Hasses gebrauchen; sie braucht Frieden und redliche Arbeit.

Wir bitten alle Beteiligten, im Strafvollzug und in der Behandlung der Gefangenen und Internierten zu humanen Formen zurückzukehren, damit nicht die im Kriege entstandene Verrohung weiter um sich greift.

4. Der Prozeß der *Bürokratisierung* des öffentlichen Lebens hat eine Fülle von Vorschriften gebracht, die nicht mehr alle befolgt werden können, die auch vielfach nur mit einer unvollständigen Erfüllung rechnen. Dadurch wird der Auflösung der öffentlichen und privaten Umgangsformen und der Unwahrhaftigkeit in beängstigender Weise Vorschub geleistet. Für die Wiederherstellung des Rechtes, das seinen Anspruch auf Vollgültigkeit nicht preisgeben kann, ist es aber erforderlich, daß den Menschen klare und erfüllbare Verhaltungsmaßregeln gegeben werden. Friede und Eintracht werden freilich nicht allein mit den Mitteln äußeren Rechtes gesichert; sie hängen auch davon ab, daß das Recht ergänzt wird durch Billigkeit, Gnade und Barmherzigkeit.

5. Die Kirche enthält sich der Entscheidung über die Einzelheiten einer *künftigen Rechts- und Sozialordnung*, weil diese Fragen nicht allein unter sozialethischen Gesichtspunkten betrachtet werden können, vielmehr von vielen Umständen ab-

hängen, die außerhalb ihres Urteiles liegen. Kirche ist nicht Obrigkeit und soll nicht in ein anderes Amt eingreifen. Aber die Kirche hat von ihrem Herrn den Auftrag, vom Worte Gottes her den Willen Gottes mit seinen Forderungen für das Gemeinschaftsleben der Öffentlichkeit zu bezeugen.
Mit diesem Auftrag hat die Kirche volle Selbständigkeit gegenüber allen *politischen Parteien*. Sie bedauert, daß das nicht immer erkennbar war, und sieht darin ihre Schuld. Unsere Kirche ist seit der Zeit, als die Industrialisierung die Struktur der Völker zu wandeln begann, in ihrer staatlichen und gesellschaftlichen Bindung, trotz mahnender Stimmen in ihren eigenen Reihen, zu einseitig für den bestehenden Zustand und damit für die Interessen des Bürgertums eingetreten. Durch die Kirchenfeindschaft der sozialistischen Parteien und unter dem Eindruck des Gegensatzes zwischen dem Evangelium und dem marxistischen Welt- und Menschenverständnis hat sich die Kirche in eine einseitige politische und soziale Stellungnahme zugunsten derjenigen Parteien drängen lassen, die sich für die Erhaltung der wirtschaftlichen und gesellschaftlichen Verhältnisse einsetzen. Es ist keine Frage, daß Bürgertum und Marxismus in der Verfestigung und Verabsolutierung der gegenseitigen Standpunkte in einer die Gemeinschaft des Volkes und der Völker geradezu sprengenden Weise aneinander schuldig geworden sind. Das muß anders werden. Deshalb bittet die Kirche alle Schichten und Stände um vertrauensvolle Zusammenarbeit ohne Rücksicht auf vorgefaßte Meinungen und Doktrinen, ohne Haß und gegenseitige Verdächtigung. Die Kirche erwartet ganz besonders, daß verantwortungsbewußte christliche Staatsbürger aktiv am politischen Leben teilnehmen. Sie dürfen ihre Arbeit nicht als Einsame tun, sondern müssen sich getragen und unterstützt wissen von der Fürbitte und Mitarbeit der Gemeindeglieder. Die Kirche ermahnt die evangelischen Christen, sich die Männer ihrer Wahl auf ihre persönliche und fachliche Eignung genau anzusehen. Politischer Gehorsam darf nicht blindes Vertrauen auf die Obrigkeit sein. Auch die politischen Entscheidungen sind in der Verantwortung vor Gott zu treffen. Die Abwälzung der eigenen Entscheidung auf andere ist verantwortungslos.
6.   Wir Christen sind durch die unheimliche Steigerung und Verselbständigung der *Technik* tief beunruhigt. Wir haben den Eindruck, daß die Technik praktisch von keinem einzelnen und von keinem Staat mehr beherrscht wird. Weit entfernt von der Begeisterung der letzten Generation für den »technischen Fortschritt« sehen wir mit Erschrecken, wie nahezu alles, was Generationen geschaffen haben, ja die Menschheit selbst, durch technische Mittel vernichtet werden kann. Die in dieser Entwicklung aufgebrochene Dämonie kann nur gebannt werden, wenn der Mensch sich unter den Gehorsam Gottes stellt.
7.   Mit großer Sorge steht die Kirche vor dem Problem der *Vermassung*, der Nichtachtung und Entleerung der Persönlichkeit. Wie sie mit ihrer Botschaft dieser Entwicklung widersteht, muß sie auch darauf dringen, daß alle Verantwortlichen diesen Vorgängen ihre besondere Aufmerksamkeit zuwenden. Gottes Gerechtigkeit ist wider die, die Menschenleben mißachten und Zustände herbeiführen oder dulden, in denen Menschenwürde zertreten wird. Ohne sich bei den Zuständen, die solches Massenelend herbeiführen, zu beruhigen, sucht die Kirche das Ohr der so furchtbar Betroffenen für die Botschaft, daß Gott jeden einzelnen kennt und mit ihm den Weg gehen will, der ihn zu der Freude führt, die mitten in allem Elend eines Menschen Herz erfüllen kann.
8.   Die Kirche sieht die Würde des Menschen in furchtbarer Weise bedroht durch die *geschlechtliche Verwilderung* im Gefolge der Entwurzelung großer Volksteile, des Wohnelends und der wirtschaftlichen Unsicherheit. Sie weiß, daß die jungen Menschen heute sehr oft ohne die Obhut und Beratung ihrer Familien den Weg zueinander finden. Um so mehr muß sie das unaufhebbare göttliche Gebot zu Gehör bringen: »Du sollst nicht ehebrechen«. Die Kirche bejaht deshalb alle Bestre-

bungen, die eine frühzeitige Eheschließung mit der Aussicht auf ein, wenn auch wirtschaftlich bescheidenes, so doch geregeltes Familienleben zum Ziel haben. Sie warnt die Verantwortlichen vor den Folgen wirtschaftlicher Unsicherheit und Verelendung, die sich auf dem Gebiet des geschlechtlichen Lebens verhängnisvoll auswirken und ein ganzes Volk verderben können. Als christliche Kirche tritt sie aber dieser Not nicht lediglich mit Reformvorschlägen und Mahnungen entgegen, sondern mit dem Zeugnis von der Kraft, Liebe und Zucht des Heiligen Geistes.
Die Kirche freut sich über jedes Zeichen, daß in unserem Volk und zwischen den Völkern der Geist des Hasses und der Vergeltung überwunden wird. Sie bittet alle, in dem Werk der Versöhnung und Befriedung in Gedanken, Worten und Werken fortzufahren zum Wohl der Menschen und zum Lobpreis Gottes. Nur wo das geschieht, wird es gelingen, das Leben unseres Volkes und der Völker zu entgiften. Das erfüllt sich nur da, wo Menschen nicht das Ihre suchen, sondern das Wohl des Nächsten und damit Gott die Ehre geben.
»Mag sein, daß der Jüngste Tag morgen anbricht, dann wollen wir gern die Arbeit für eine bessere Zukunft aus der Hand legen; vorher aber nicht« (Dietrich Bonhoeffer).

Ehe wir den nächsten Schritt der rheinischen Kirche in der Synode von 1948 betrachten, haben wir unsern Blick auf die Zeit von 1946–1948 in der EKD zu richten. Hier begegnen wir dem leidenschaftlichen Kampf um die endgültige Neuordnung der EKD zwischen den Vertretern der Bekennenden Kirche (Reichsbruderrat) und des Rates der lutherischen Kirche. Die grundsätzliche und praktische Stellung der Bekennenden Kirche ist in einer Erklärung des Reichsbruderrats vom 20. März 1946 niedergelegt. Daraus bringen wir einige der wichtigsten Abschnitte[22]:

I.

Die Bekennende Kirche ist entstanden als eine Bußbewegung von Pfarrern, Ältesten und Gemeindegliedern, die sich durch den Herrn der Kirche haben rufen lassen zur Anerkennung seiner alleinigen Herrschaft in Verkündigung und Ordnung der Kirche. Diese Bußbewegung wurde stark im Kampf gegen die deutschchristliche und nationalsozialistische Bedrohung einer an Schrift und Bekenntnis gebundenen Kirche . . .

II.

Die Theologische Erklärung von Barmen ist durch Landesbischof D. Wurm als dem Leiter der Kirchenversammlung von Treysa als verbindliche Grundlage der Arbeit der EKD anerkannt worden.
Es ist aber bisher noch nicht ausgesprochen, was es angesichts der neuen Lage der evangelischen Christenheit in Deutschland bedeutet: daß wir auch jetzt auf Jesus Christus als das *eine* Wort Gottes zu hören haben;
daß auch und gerade jetzt Jesus Christus Gottes Zuspruch der Vergebung aller unserer Sünden und Gottes Anspruch auf unser ganzes Leben ist;
daß Jesus Christus heute in der EKD als einer christlichen Kirche als der Herr gegenwärtig handelt;
daß die verschiedenen Ämter in der EKD und in ihren Gliedkirchen nicht Ausdruck der Herrschaft, sondern des Dienstes sind, welcher der ganzen Gemeinde übertragen ist;

22 Verordnungs- und Nachrichtenblatt der EKD 1946, Nr. 13

daß die EKD und ihre Gliedkirchen die Besatzungsmacht und die deutschen Behörden an die Verantwortung vor Gott zu erinnern haben;
daß auch heute die Arbeit der Kirche nicht im Dienste irgendwelcher eigenmächtig gewählter Wünsche, Zwecke und Pläne stehen darf.
Der Bekennenden Kirche ist es vordringliche Aufgabe und Gebetsanliegen, dies alles als bindendes und lösendes Wort angesichts der neuen Lage auszusprechen.

IV.
Die Bekennende Kirche wünscht, daß alle Gliedkirchen der EKD sich die Stuttgarter Erklärung zu eigen machen. Sie weiß, daß wir ohne Buße leiblich und geistlich ungesegnet bleiben.
Sie wird nicht aufhören, durch Predigt der Buße zur Vergebung der Sünden die politische Selbstgerechtigkeit in aller Welt zu bekämpfen.

V.
Entsprechend der Theologischen Erklärung von Barmen behält es die Bekennende Kirche im Gedächtnis, daß wir alle vereint sind im Evangelium, das uns die Bekenntnisse der alten Kirche und der Reformation bezeugen, daß aber eine Unterschiedlichkeit zwischen uns aufgerichtet ist durch die Bekenntnisse der Reformation.
Wir haben nicht die Freiheit, an der Unterschiedlichkeit der reformatorischen Bekenntnisse vorüberzugehen, noch bisher die Vollmacht, diese Unterschiedlichkeit so zu überwinden, daß die Gewissen dadurch gelöst werden. Die Bekennende Kirche hofft zuversichtlich, daß der Weg der Synode von Halle die Gemeinschaft der evangelischen Christen im heiligen Abendmahl möglich macht.
Die Bekennende Kirche glaubt darum, daß es recht ist, wenn jeder die Treue zu seinem Bekenntnis ernst nimmt; aber sie widersteht jedem, der unter Berufung auf seine Konfession die allen gemeinsame Gabe und Aufgabe Jesu Christi verleugnet und so die Möglichkeit gemeinsamen Bekennens und Handelns bestreitet.

VI.
Die Bekennende Kirche achtet das Recht jeder Gliedkirche der EKD. Sie lehnt es ab, die christliche Freiheit der Gliedkirchen zu brechen.
Sie kann aber nicht vergessen, daß keine dieser Gliedkirchen aus geistlichen Notwendigkeiten allein entstanden ist, sondern weithin politischen Erfordernissen ihre Grenzen und auch ihren Charakter verdankt.
Die Bekennende Kirche unterscheidet darum zwischen den Verpflichtungen, welche aus der besonderen Konfession erwachsen, und den Bindungen, wie sie von der einzelnen Landeskirche herkommen. Diese Unterscheidung gibt von Fall zu Fall die Freiheit, auf geschichtlich gewordene Eigenarten der Gliedkirchen zu verzichten, wo um der Liebe willen eine größere Vereinheitlichung oder Vereinigung gefordert ist.

In einer späteren, am 20. Januar 1947 veröffentlichten Darbietung des Reichsbruderrates zur Ordnung der EKD heißt es an einer entscheidenden Stelle[23]:

Die Neuordnung der Evangelischen Kirche in Deutschland kann nur gelingen, wenn sie der doppelten Bewegung Raum gibt, in der sich die Erneuerung im Kirchenkampf vollzog:
Einerseits wurden wir wieder neu Schüler der reformatorischen Bekenntnisschrif-

---

23 KJB 1945–1948, S. 76–77

ten und begannen von hier aus, die Folgerungen für die Ordnung der Kirche zu ziehen. In dieser Bewegung müssen wir fortfahren, auch wenn die Unterschiede zwischen lutherischer und reformierter Kirchenordnung dadurch wieder stärker hervortreten sollten. Denn ohne daß eine jede evangelische Kirche wieder neu Schüler wird bei der Schriftauslegung ihrer Reformatoren, werden wir den Neuprotestantismus nicht überwinden.

Andererseits begannen wir neu, über die Grenzen der evangelischen Einzelkonfession hinaus aufeinander zu hören, und haben gegenüber der antichristlichen Bedrohung in gemeinsamer Beugung unter Gottes Wort bekannt und gelehrt. Auch in dieser Belehrung haben wir in Bereitschaft zu weiterem gemeinsamem Lehren und Handeln fortzufahren. Es gilt nicht nur, die gemeinsame Entscheidung der Barmer Bekenntnissynode nicht zu vergessen, sondern auf dem Wege jenes gemeinsamen Bekennens fortzuschreiten. Nur so werden wir den Gefahren einer selbstgenügsamen konfessionalistischen Verhärtung im Sinn einer scheinorthodoxen Repristination entgehen.

Beide Ausrichtungen gehören notwendig zusammen. Es wäre ein großer Schaden, wenn sie auseinanderfallen würden . . .

c) Die so zu ordnende Evangelische Kirche in Deutschland ist ein Bund von bekenntnisbestimmten evangelischen Kirchen. Diese Definition ist gewiß dogmatisch unbefriedigend und ihre Problematik wird sogleich deutlich, wenn man vom Bekenntnis her nach dem hier vorliegenden Kirchenbegriff fragt und Einheit der Kirche und Gemeinschaft eines Bundes in einer sich gegenseitig ausschließenden Beziehung sieht. Trotzdem werden wir weder auf die Bezeichnung der »Evangelischen Kirche in Deutschland« noch auf den »Bund bekenntnisbestimmter Kirchen« verzichten können, denn nur beides zusammen bezeichnet die Wirklichkeit dessen, was unser Herr in der Zeit der Not den evangelischen Kirchen in Deutschland geschenkt hat. Nur beides zusammen nimmt die Verheißung ernst, die den zerstreuten Begnadigten gegeben ist.

Nachdem es in diesen notvollen Jahren wohl allgemein üblich geworden ist, Glieder reformierter und unierter Gemeinden zu dem nach der Ordnung der lutherischen Kirche gefeierten Abendmahl zuzulassen, sollte dies durch eine grundsätzliche Erklärung bekräftigt werden, wonach innerhalb der Evangelischen Kirche in Deutschland die Abendmahlsgemeinschaft dort gewährt wird, wo Reformierte oder Unierte die Teilnahme am Abendmahl nach lutherischer Ordnung sowie umgekehrt begehren. Damit wird nicht die Regel aufgehoben, nach der sich die lutherischen Christen in Abendmahlsgottesdiensten lutherischer Ordnung und reformierte Christen in Abendmahlsgottesdiensten nach reformierter Ordnung versammeln.

Da sich allmählich eine Annäherung zwischen den Positionen von Bekennender Kirche und Lutherischen Kirchen anzubahnen schien, wagte es der Rat der EKD, am 24. 1. 1947 eine Kirchenversammlung der EKD einzuberufen. Hier sollte die Entscheidung fallen, ob man eine »verfassunggebende« Kirchenversammlung vorsehen könne. Am 5. und 6. Juni 1947 fand das »konfessionelle Gespräch« einen offiziellen Austrag. Dabei wurde übrigens auch die theologische Diskussion über die Abendmahlsfrage auf den Weg gebracht. Sie endete mit den »Arnoldshainer Abendmahlsthesen«. Leider war das noch nicht der Abschluß. Erst nach der Beschlußfassung über die »Leuenberger Konkordie« in den 70er Jahren wurde für die Kirchen der EKD die Kirchen- und Abendmahlsgemeinschaft vollzogen.

Die Kirchenkonferenz von 1947 endete in einem Beschluß über die »Übereinstimmungen« und der Bitte an den Rat, die Folgerungen in der Berufung der beschlußfassenden Kirchenversammlung zu ziehen. Die Evangelische Kirche in Deutsch-

land sollte ein »Bund bekenntnisbestimmter Kirchen« werden. So weit war man also gekommen. Am 14. Januar 1948 wurde das Gesetz über die Einberufung einer Kirchenversammlung zur Beschließung einer Grundordnung der Evangelischen Kirche in Deutschland vom Rat erlassen. Die Kirchenversammlung fand vom 10.–13. Juli 1948 in Eisenach statt.
Vorher jedoch wurde durch den Beschluß des Reichsbruderrats im Sommer 1947 ein lebhafter Streit hervorgerufen. Der Reichsbruderrat verfaßte ein »Wort zum politischen Weg unseres Volkes« (Darmstädter Wort)[24]:

1. Uns ist das Wort von der Versöhnung der Welt mit Gott in Christus gesagt. Dies Wort sollen wir hören, annehmen, tun und ausrichten. Dies Wort wird nicht gehört, nicht angenommen, nicht getan und nicht ausgerichtet, wenn wir uns nicht freisprechen lassen von unserer gesamten Schuld, von der Schuld der Väter wie von unserer eigenen, und wenn wir uns nicht durch Jesus Christus, den guten Hirten, heimrufen lassen auch von allen falschen und bösen Wegen, auf welchen wir als Deutsche in unserem politischen Wollen und Handeln in die Irre gegangen sind.
2. Wir sind in die Irre gegangen, als wir begannen, den Traum einer besonderen deutschen Sendung zu träumen, als ob am deutschen Wesen die Welt genesen könne. Dadurch haben wir dem schrankenlosen Gebrauch der politischen Macht den Weg bereitet und unsere Nation auf den Thron Gottes gesetzt. – Es war verhängnisvoll, daß wir begannen, unseren Staat nach innen allein auf eine starke Regierung, nach außen allein auf militärische Machtentfaltung zu begründen. Damit haben wir unsere Berufung verleugnet, mit den uns Deutschen verliehenen Gaben mitzuarbeiten im Dienst an den gemeinsamen Aufgaben der Völker.
3. Wir sind in die Irre gegangen, als wir begannen, eine »christliche Front« aufzurichten gegenüber notwendig gewordenen Neuordnungen im gesellschaftlichen Leben der Menschen. Das Bündnis der Kirche mit den das Alte und Herkömmliche konservierenden Mächten hat sich schwer an uns gerächt. Wir haben die christliche Freiheit verraten, die uns erlaubt und gebietet, Lebensformen abzuändern, wo das Zusammenleben der Menschen solche Wandlungen erfordert. Wir haben das Recht zur Revolution verneint, aber die Entwicklung zur absoluten Diktatur geduldet und gutgeheißen.
4. Wir sind in die Irre gegangen, als wir meinten, eine Front der Guten gegen die Bösen, des Lichtes gegen die Finsternis, der Gerechten gegen die Ungerechten im politischen Leben und mit politischen Mitteln bilden zu müssen. Damit haben wir das freie Angebot der Gnade Gottes an alle durch eine politische, soziale und weltanschauliche Frontenbildung verfälscht und die Welt ihrer Selbstrechtfertigung überlassen.
5. Wir sind in die Irre gegangen, als wir übersahen, daß der ökonomische Materialismus der marxistischen Lehre die Kirche an den Auftrag und die Verheißung der Gemeinde für das Leben und Zusammenleben der Menschen im Diesseits hätte gemahnen müssen. Wir haben es unterlassen, die Sache der Armen und Entrechteten gemäß dem Evangelium von Gottes kommendem Reich zur Sache der Christenheit zu machen.
6. Indem wir das erkennen und bekennen, wissen wir uns als Gemeinde Jesu Christi freigesprochen zu einem neuen, besseren Dienst zur Ehre Gottes und zum

---

24 Flugblätter der Bekennenden Kirche Nr. 9/10 (Febr. 1948). Da ich damals Vorsitzender des Reichsbruderrates war, wurde mir der Auftrag zuteil, unter Beteiligung einiger Brüder einen ausführlichen Kommentar zu diesem Wort zu verfassen. Das Original befindet sich in meinen Handakten (B 23) im Archiv der EKiR. Zur Auslegung vgl. *Beckmann*, Hoffnung für die Kirche, a.a.O., S. 110.

ewigen und zeitlichen Heil der Menschen. Nicht die Parole: Christentum und abendländische Kultur, sondern Umkehr zu Gott und Hinkehr zum Nächsten in der Kraft des Todes und der Auferstehung Jesu Christi ist das, was unserem Volk und inmitten unseres Volkes vor allem uns Christen selbst nottut.
7. Wir haben es bezeugt und bezeugen es heute aufs neue:
»Durch Jesus Christus widerfährt uns frohe Befreiung aus den gottlosen Bindungen dieser Welt zu freiem, dankbarem Dienst an seinen Geschöpfen.« Darum bitten wir inständig: Laßt die Verzweiflung nicht über euch Herr werden, denn Christus ist der Herr. Gebt aller glaubenslosen Gleichgültigkeit den Abschied, laßt euch nicht verführen durch Träume von einer besseren Vergangenheit oder durch Spekulationen um einen kommenden Krieg, sondern werdet euch in dieser Freiheit und in großer Nüchternheit der Verantwortung bewußt, die alle und jeder einzelne von uns für den Aufbau eines besseren deutschen Staatswesens tragen, das dem Recht, der Wohlfahrt und dem inneren Frieden und der Versöhnung der Völker dient.

Darmstadt, den 8. August 1947

Der Bruderrat der Evangelischen Kirche in Deutschland

Der Streit um dieses Wort zeigte aufs neue, daß die Schulderklärung von 1945 nicht angenommen war; denn in dem Darmstädter Wort wird doch nur eine Auslegung und Fortsetzung von Stuttgart vollzogen.
In Eisenach gelang im Juli 1948 trotz einzelner Probleme, die nicht recht gelöst werden konnten, die Beschlußfassung über die Grundordnung. Die beiden Artikel, über die es nicht zur Einheit kommen konnte, waren die Artikel 1 und 4:

Artikel 1

1. Die Evangelische Kirche in Deutschland ist ein Bund lutherischer, reformierter und unierter Kirchen. Sie achtet die Bekenntnisgrundlage der Gliedkirchen und Gemeinden und setzt voraus, daß sie ihr Bekenntnis in Lehre, Leben und Ordnung der Kirche wirksam werden lassen.
2. In der Evangelischen Kirche in Deutschland wird die bestehende Gemeinschaft der deutschen evangelischen Christenheit sichtbar. Mit ihren Gliedkirchen bejaht die Evangelische Kirche in Deutschland die von der ersten Bekenntnissynode in Barmen getroffenen Entscheidungen. Sie weiß sich verpflichtet, als bekennende Kirche die Erkenntnisse des Kirchenkampfes über Wesen, Auftrag und Ordnung der Kirche zur Auswirkung zu bringen. Sie ruft die Gliedkirchen zum Hören auf das Zeugnis der Brüder. Sie hilft ihnen, wo es gefordert wird, zur gemeinsamen Abwehr kirchenzerstörender Irrlehre.

Artikel 4

1. Der Dienst am Wort und die Verwaltung der Sakramente geschieht in den Gliedkirchen und Gemeinden nach der Ordnung ihres Bekenntnisses. Vereinbarungen über Kanzel- und Abendmahlsgemeinschaft bleiben Aufgabe der Gliedkirchen.
2. Berufenen Dienern am Wort wird der Dienst der Verkündigung auch in Gemeinden eines anderen Bekenntnisses im Rahmen der geltenden Bestimmungen der Gliedkirchen nicht verwehrt.
3. Der ordnungsmäßige Vollzug der Heiligen Taufe wird in allen Gliedkirchen anerkannt; dasselbe gilt für alle Amtshandlungen.

4. Über die Zulassung zum Heiligen Abendmahl besteht innerhalb der Evangelischen Kirche in Deutschland keine volle Übereinstimmung. In vielen Gliedkirchen werden Angehörige eines anderen in der Evangelischen Kirche in Deutschland geltenden Bekenntnisses ohne Einschränkung zugelassen. In keiner Gliedkirche wird einem Angehörigen eines in der Evangelischen Kirche in Deutschland geltenden Bekenntnisses der Zugang zum Tisch des Herrn verwehrt, wo seelsorgerliche Verantwortung oder gemeindliche Verhältnisse die Zulassung gebieten. Die rechtliche Kirchenzugehörigkeit und die Bestimmung über die allgemeine Kirchenzucht bleiben in jedem Falle unberührt.

Bemerkenswert ist, daß diese Grundordnung trotz mancher Versuche, sie abzuändern, ihren ursprünglichen Text bewahrt hat, jedenfalls bis in die 70er Jahre. Dann kam das Problem der Anerkennung der Leuenberger Erklärung[25] durch die Landeskirchen und die Evangelische Kirche in Deutschland.
Der Reichsbruderrat stimmte der Grundordnung am 15. Juli 1948 zu[26]. Er gehörte neben den Landeskirchen als der Reichsbruderrat der Bekennenden Kirche seit 1934 zu den Organen der Deutschen Evangelischen Kirche, die dazu berechtigt waren. Die Entschließung des Reichsbruderrates lautet folgendermaßen:

Der Bruderrat der Evangelischen Kirche in Deutschland hat mit Dank gegen Gott und den Vater unseres Herrn Jesus Christus von der in Eisenach am 13. Juli 1948 bezeugten Einigung der evangelischen Christenheit in Deutschland Kenntnis genommen und nimmt die dort beschlossene Grundordnung der Evangelischen Kirche in Deutschland mit der Unterzeichnung auf seine Verantwortung.
Die Bekennende Kirche sieht sich mit dem Inkrafttreten dieser Grundordnung von ihrem Auftrag entbunden, den die Bekenntnissynode zu Oeynhausen am 22. Februar 1936 folgendermaßen festgestellt hatte: »Die Bekenntnissynode der Deutschen Evangelischen Kirche stellt um ihres Auftrages willen fest, daß sie das rechtmäßige Organ der Deutschen Evangelischen Kirche ist.«
Die Grundordnung gibt uns wieder ein rechtmäßiges synodales Organ der Evangelischen Kirche in Deutschland als der jetzigen Rechtsgestalt der Deutschen Evangelischen Kirche. – Mit dem Inkrafttreten dieser Ordnung erklärt deshalb der Bruderrat der Evangelischen Kirche in Deutschland den auf der Bekenntnissynode zu Dahlem am 20. Oktober 1934 mit der Verkündung des kirchlichen Notrechtes beschrittenen Weg für beendet und zugleich seine kirchenleitenden Funktionen für erloschen, die er am 31. August 1945 in Treysa dem Rat der Evangelischen Kirche in Deutschland »für die Zeit des Bestehens dieser vorläufigen Leitung« übertragen hatte.
Die Bekennende Kirche wird künftig in der zu Barmen 1934 bezeugten Verantwortung ihre Aufgabe darin sehen und ihre Bemühungen darauf richten, die EKD und ihre Leitung bei der Erfüllung ihrer Aufgaben zu unterstützen und vor allem darauf bedacht zu sein, daß gemäß Art. 1, 2 der Grundordnung die ihr geschenkten »Erkenntnisse des Kirchenkampfes über Wesen, Auftrag und Ordnung der Kirche zur Auswirkung« gebracht werden.
Wir wissen, daß wir diese Erkenntnisse nicht verfügbar haben, daß wir sie nur im brüderlichen Hören aufeinander und treuer Arbeit gewinnen können; aber wir haben auch das Vertrauen, daß hier noch ein Segen des Herrn Christus auf uns wartet, den wir empfangen und fruchtbar werden lassen wollen.

25 Konkordie reformatorischer Kirchen in Europa: Zustimmungsbeschluß der Landessynode der EKiR vom 10. 1. 1974; Prot. der Landessynode 1974, S. 88. Text der Leuenberger Konkordie: Lutherische Monatshefte 1973, S. 271ff.
26 Original in Handakten Beckmann (B 25, S. 310) im Archiv der EKiR

Nicht vergessen werden sollte auch das Wort der Kirchenversammlung »Ruf an den Menschen unserer Tage« vom 13. Juli 1948[27]:

Die Evangelische Kirche in Deutschland, die zu Eisenach in ihren berufenen Vertretern versammelt ist, ruft den Menschen unserer Tage unter das Kreuz Christi:
Sehet, welch ein Mensch!
Seht den verhöhnten und gefolterten, den erniedrigten und beleidigten Menschen, dem die Menschenrechte abgesprochen sind!
Seht das überströmte Angesicht des Menschen, der die Dornenkrone trägt! Seht ihn, der dem Fluch der Unmenschlichkeit und der Gottlosigkeit dieser unserer Welt preisgegeben ist!
Seht ihn, der in der Gottverlassenheit des Kreuzes hängt!
Er heißt Jesus Christus.
In ihm ward Gott Mensch und unser Bruder. Er ist der Herr, er allein der Retter der verlorenen Welt.
Seht den Menschen, um dessen willen er sein heiliges, teures Blut vergossen hat und den er seinen Bruder nennt!
Seht den Menschen, den Gott richtet und dem Gott vergibt!
Seht den geringsten seiner Brüder als den Menschen Gottes an, nach Gottes Bild geschaffen und durch Gottes Erbarmen erlöst!
Achtet die zertretene und geschändete Würde des Menschen von neuem um Gottes willen!
Opfert den Menschen nicht länger den Götzen der Macht und des Geldes!
Laßt um Gottes willen davon ab, den Menschen für eure Zwecke zu erniedrigen!
Seht ihn, welcher Rasse oder welchem Volk, welcher Klasse oder Partei er auch angehören mag, zuallererst als Gottes Menschen!
Erbarmt euch über sein Elend, seine Not und seine Schuld!
Bestehlt und betrügt ihn nicht! Plündert ihn nicht aus!
Erbarmt euch des Verschleppten, Heimatlosen, Gefangenen, des Entrechteten und Geknechteten in aller Welt!
Gebt ihm das Recht, das der Gott der Gerechtigkeit ihm zuspricht!
Gebt ihm die Freiheit, ohne die er nicht Mensch sein kann!
Gebt ihm das Brot, das Gottes Güte ihm gönnt!
Gebt ihm die Arbeitsmöglichkeit, ohne die er an Leib und Seele verkommt!
Trennt ihn nicht von den Menschen, zu denen er gehört als Glied seiner Familie, als Glied seines Volkes!
Hört auf mit dem Vergelten und Richten, mit dem Haß und der Rache!
Besudelt eure Hände nicht von neuem mit Menschenblut, mit Bruderblut!
Zertretet den Funken des Krieges, ehe er zum neuen Weltbrand wird!
Rottet jeden Gedanken an den Krieg als euren Retter in euch aus!
Sucht vielmehr miteinander Frieden in dem Gott, der ein Gott des Friedens ist!
Seid Menschen, die Gott loben und sich seiner Gnade freuen dürfen!
Seid Menschen, die wieder hoffen dürfen!
Wir bezeugen und verkündigen euch, daß der Mensch noch eine große Zukunft hat, die offenbar werden wird, wenn unser Bruder und Heiland an seinem Tage in seiner Herrlichkeit erscheint!
Um dieser Zukunft willen rufen wir euch alle:
Seht den Menschen!

---

[27] ABl EKD 1948, S. 114

Am Ende des Jahres 1948 fand in Velbert die zweite Synode der rheinischen Kirche statt, nun »Landessynode der Evangelischen Kirche im Rheinland« genannt. Mir war wieder die Aufgabe zugefallen, den Bericht der Kirchenleitung von 1946–1948 zu erstatten. Er zeigt den Fortgang in der kirchlichen Aufbauarbeit in den Anfangszeiten nach dem Zweiten Weltkrieg. Nach dem Termin der Beseitigung der Inflation im Juni 1948 durch eine neue Geldschöpfung war deutlich zu sehen, welche Veränderungen dieser »Geldwechsel« für uns alle, auch für die kirchliche Finanzwirtschaft, hatte. Nahezu alles war wieder da, was es vorher lange Zeit hindurch nicht gegeben hatte.

Kommen wir nun zur zweiten rheinischen Synode nach der Wiederherstellung der rheinischen synodalen Überlieferung. Ich beginne mit meinem Bericht der Kirchenleitung[28]:

Meine Aufgabe ist es, der Synode Rechenschaft zu geben über die Arbeit der Kirchenleitung. Die Synode von 1946 gab der Kirchenleitung ihre synodale Grundlage, indem sie sich auf den Boden der Vereinbarung vom 15. Mai 1945 stellte. Sie gab ihr die *Richtlinie ihrer Arbeit* und stellte ihr die Aufgabe, mit deren Lösung wir seitdem befaßt sind – die Wiederherstellung einer presbyterial-synodal geordneten Evangelischen Kirche im Rheinland.

Die Synode bejahte den Neuanfang von 1945 und legte einen wesentlichen Grundstein der Neuordnung, indem sie sich zum Dienst der Bekennenden Kirche bekannte, insbesondere die Theologische Erklärung von Barmen als schriftgemäßes Zeugnis auf ihre Verantwortung nahm. In ihrem Hauptgegenstand, dem Gesetz zur Übertragung des Presbyteramtes, schuf sie die rechtliche Voraussetzung des Neuaufbaus der rheinischen Kirche, zu dessen Weiterbau wir heute versammelt sind.

1. Neubildung der kirchlichen Körperschaften

Der Erlaß der »*Ordnung für die Übertragung des Presbyteramtes*« legte – nachdem sie den Staatsregierungen nach dem Staatsvertrag vorgelegt war – der Kirchenleitung die Aufgabe auf, für den Vollzug dieses Gesetzes zu sorgen. Dazu mußten zunächst *Ausführungsbestimmungen* entworfen und gemeinsam mit der westfälischen Kirchenleitung erlassen werden. Die nicht ganz einfache Aufgabe wurde in mühevoller Gemeinschaftsarbeit erfüllt; galt es doch, für die verschiedensten Verhältnisse klare und eindeutige Bestimmungen zu treffen (KABl 1947 Nr. 12/13). Nun mußte das Gesetz formell in Kraft gesetzt werden und die Anordnung zur Durchführung ergehen (KABl 1947 Nr. 10/11). Dazu gehörte die Ausarbeitung eines Terminkalenders, einer Ansprache an die Gemeinden und eine Zurüstung von Referenten, die in den Gemeinden den Sinn des Gesetzes verdeutlichen sollten. Wir hielten das für besonders wichtig.

Die Provinzialsynode hatte im Unterschied von Westfalen ein Sondergesetz über das *Kooptationsverfahren* erlassen und der Kirchenleitung die Ermächtigung erteilt, wenn gewichtige Gründe vorgebracht würden, die Anwendung dieses Verfahrens zu gestatten. Dieses Gesetz hat der Kirchenleitung manche Schwierigkeit bereitet. Einmal erwies es sich als notwendig, hierfür besondere Ausführungsanweisungen zu erlassen; auch um es auf das andere Gesetz abzustimmen (KABl 1947 Nr. 17/18). Ferner mußten die Anträge der Presbyterien bearbeitet und entschieden werden, wobei sich der Begriff des Gesetzes »gewichtige Gründe« als sehr problematisch erwies. Insgesamt 84 Anträge wurden gestellt. Von diesen waren mehr als die Hälfte gar nicht begründet. Die von den andern vorgebrachten Grün-

---

[28] Prot. Landessynode 1948, S. 22ff.

de waren recht verschieden. Teils beriefen sich die Presbyterien auf frühere *Übung,* teils auf die besondere *Lage* der Gemeinde, teils auf das reformierte *Bekenntnis.* Wir haben uns bemüht, allgemein gültige sachliche Gesichtspunkte für die Gewährung der Kooptation herauszuarbeiten, durch die dem Gewicht der vorgebrachten Gründe Rechnung getragen werden sollte.
Bei den Berufungen auf das reformierte Bekenntnis haben wir uns genötigt gesehen, das Wahlverfahren auszusetzen und der Synode die Entscheidung vorzulegen[29]. Inzwischen hat der reformierte Bund sich gutachtlich geäußert, dadurch wird es der Synode erleichtert sein, hierüber zu entscheiden.
Der Synodalbeschluß über das passive Frauenwahlrecht gab der Kirchenleitung das Recht der Genehmigung von Anträgen der Presbyter, in ihren Gemeinden Frauen die Befähigung zum Presbyteramt nicht zuzuerkennen. Wir haben nur einige wenige Anträge erhalten, die genehmigt wurden.
Die Durchführung des Gesetzes stellte aber die Kirchenleitung noch vor eine besonders schwierige Aufgabe. Es zeigte sich, daß die Lage in ein paar Gemeinden infolge des Kirchenkampfes so verfahren war, daß eine gesetzmäßige Durchführung der Ordnung nicht möglich schien. Der Kirchenleitung war nach dem Gesetz die Aufgabe zugewiesen, über der gesetzmäßigen Durchführung zu wachen. Wir haben daraus die Berechtigung hergeleitet, in solchen Gemeinden die Durchführung der Ordnung überhaupt auszusetzen. Es ist uns dieser Entschluß nicht leicht gefallen. Aber wir sahen im Blick auf die geistliche Lage der Gemeinden vorerst keine andere Möglichkeit, sollte nicht die Durchführung des Gesetzes seinen Sinn ins Gegenteil verkehren. Auch hier legen wir die Sache der Synode zur Entscheidung vor[30]. Sie möge prüfen, ob die Kirchenleitung zu solcher Entscheidung nach dem Sinn des Gesetzes berechtigt war.
Schließlich bleibt noch zu erwähnen, daß die Kirchenleitung in einigen Fällen als Beschwerdeinstanz angerufen wurde, wo die Durchführung der Ordnung zu Auseinandersetzungen geführt hatte. Es zeigte sich meist, daß die Presbyterien die Bestimmungen der Ordnung nicht genau innegehalten hatten.
Ein Urteil über das Gesetz abzugeben, erscheint uns nach der *erstmaligen* Anwendung verfrüht. Es wäre falsch, aus der Art und Weise *der ersten* Durchführung in vielen Gemeinden Folgerungen zu ziehen, die sich auf die Richtigkeit der Ordnung erstrecken. Schon jetzt wieder Änderungen vorzunehmen, wäre jedenfalls untunlich. Erst sollten wir über eine längere Erfahrung verfügen.
Inzwischen sind nach den Gesetzen die neuen Presbyterien gebildet worden, und damit ist in der rheinischen Kirche nach vielen Jahren endlich wieder ein rechtlich einwandfreier Stand erreicht worden. Die neuen Presbyterien haben die Kreissynoden gewählt und diese haben die synodalen Organe neu bestellt – meist sind die 1946 gewählten wieder gewählt worden, ein ganz erfreuliches Zeichen – und aus diesen Kreissynoden ist nun die Provinzialsynode neu gebildet worden, die berufen ist, die Neuordnung der rheinischen Kirche durch ihre Kirchenordnungsarbeit einen entscheidenden Schritt weiterzuführen.

2. *Pfarrer*

a) Da die Sorge für die Verkündigung des Evangeliums eine Hauptaufgabe jeder Kirchenleitung ist, kann es nicht wunder nehmen, daß ein großer Teil der Tätigkeit der Kirchenleitung – zumal auch in ihren 91 Sitzungen – mit Pfarrer- und Pfarrstellenfragen erfüllt war.
Es wurden 224 Ernennungen und Pfarrwahlbestätigungen ausgesprochen. Auch

---

29 Vgl. hierzu Prot. Landessynode 1948, S. 90f.
30 Es handelte sich um die Gemeinden Luth. Elberfeld, Mülheim/Ruhr und Lennep. Vgl. Prot. Landessynode 1948, S. 91.

die Neugründung von Pfarrstellen mußte trotz mancher Sorgen und Bedenken weitergeführt werden. Wir haben auf Antrag der Presbyterien insgesamt 40 Pfarrstellen errichtet, so daß in der Evangelischen Kirche im Rheinland nun 950 Gemeindepfarrstellen vorhanden sind. Die Zahl ist immer noch nicht so groß, wie sie sein müßte (man vergleiche z.B. Bayern und Württemberg). Wir müssen Mittel und Wege finden, die finanziellen Schwierigkeiten zu überwinden, denn die Notwendigkeit der Versorgung der Gemeinden mit dem Evangelium durch Pfarrer steht außer allem Zweifel.

b) Die erforderliche Versorgung der Gemeinden wurde uns durch das Angebot an Ostpfarrern wesentlich erleichtert. Wir haben im Laufe der Zeit für die Übernahme und Beschäftigung der Ostpfarrer eine bestimmte Ordnung geschaffen, auch ihre finanzielle Versorgung nach Kräften gebessert. Zuerst erhalten sie einen Beschäftigungsauftrag, dann können sie für wahlfähig erklärt werden (nach Erprobung in der Gemeinde, Gutachten des Superintendenten, theologischem Gespräch bzw. Kolloquium mit der Kirchenleitung) und schließlich durch Wahl oder Ernennung in den Dienst der rheinischen Kirche endgültig übernommen werden. Seit dem 1. 10. 1946 wurden 50 Ostpfarrer endgültig übernommen, weitere 55 Ostpfarrer haben z.Z. einen Beschäftigungsauftrag. Neben 11 Ruheständlern leben nur 10 Ostpfarrer ohne Beschäftigungsauftrag im Bereich unserer Kirche. Insgesamt werden 174 kirchliche Amtsträger aus dem Osten einschl. deren Frauen, Kinder und Hinterbliebenen durch die Osthilfe betreut.

c) Noch immer – 3 1/2 Jahre nach Ende der Kampfhandlungen – müssen wir von den *kriegsgefangenen* Pfarrern reden. Viele sind freilich zurückgekehrt; aber immer noch warten wir auf die Rückkehr aus Rußland, Frankreich und dem Südosten. Vermißt sind 21 Pfarrer.

Um der Gemeinden willen hielten wir es für nötig, eine besondere Notverordnung zu schaffen, damit die Pfarrstellen Vermißter nicht dauernd verwaist bleiben. In 16 Fällen haben wir diese Notverordnung vom 18. 3. 1947 angewandt.

Erwähnt sei bei dieser Gelegenheit, daß wir einige Pfarrer in die Kriegsgefangenschaft zurückgesandt haben, um ihre Brüder im Seelsorgedienst abzulösen. Wir danken diesen Brüdern für ihren Dienst.

d) Die uns von der Besatzungsmacht auferlegte, aber selbständig durchgeführte *Entnazifizierung* der Pastoren ist in den vergangenen Jahren ohne Schwierigkeiten abgeschlossen worden. Nur durch Rückkehr aus Kriegsgefangenschaft kommen noch einige Nachzügler. Drei Ausschüsse der Kirche haben reibungslos gearbeitet, und deren Entscheidungen sind von den Besatzungsbehörden restlos anerkannt worden.

e) Auch die notwendige Überprüfung der Pfarrerschaft hinsichtlich ihres Verhaltens in den Jahren des Nationalsozialismus, d.h. die Ausscheidung der nationalkirchlichen Pastoren, ist im wesentlichen zu Ende geführt worden. Es sind nur noch einige Fälle unerledigt, da die Rückkehr der Pastoren aus der Kriegsgefangenschaft abgewartet werden muß. Wir hoffen, unter dies traurige Kapitel der Kirchengeschichte bald den Schlußstrich machen zu können. Seit dem 1. 10. 1946 wurden gegen acht weitere Pfarrer Verfahren nach der Ordnung vom 1. 9. 1945 eröffnet, von denen fünf erledigt werden konnten. Im Zeitraum der Berichterstattung wurden 15 Urteile rechtskräftig, z.T. nach Berufungsverfahren vor dem Rechtsausschuß und dem Gemeinsamen Rechtsausschuß, die schon vor dem 1. 10. 1946 liefen.

Vier Pfarrer wurden aus dem Dienst entlassen, fünf Pfarrer wurden aus dem Amt entfernt, in vier Fällen wurde auf Versetzung in ein anderes Amt erkannt, in zwei Fällen wurden Maßnahmen nicht für erforderlich erachtet. Außerdem wurden durch die Kirchenleitung zwei Verfahren eingestellt.

f) Zu den schmerzlichsten Aufgaben der Kirchenleitung gehört es, *Dienststraf-*

verfahren einleiten zu müssen. Von den neun seit dem 1. 10. 1946 eingeleiteten Verfahren sind bisher drei durch rechtskräftiges Urteil abgeschlossen (ein Verweis, eine Amtsenthebung, eine Dienstentlassung); ein Verfahren ist auf zwei Jahre ausgesetzt und dem Pfarrer eine Bewährungsfrist gegeben worden. Außerdem sind noch fünf Verfahren auf Versetzung im Interesse des Dienstes gemäß der Notverordnung vom 18. 1. 1946 eingeleitet worden, auf Grund deren drei Pfarrer in den Wartestand versetzt wurden. Zwei Verfahren laufen noch.
Jeder Fall hat uns und den Rechtsausschüssen viel innere Not bereitet. Nicht immer waren die Betroffenen allein schuldig. Wie manches wäre vermieden worden, wenn es echte brüderliche Zucht in der Kirche gegeben hätte. Hier liegt eine Aufgabe der Kirche.
g) Ich möchte diesen Abschnitt nicht abschließen, ohne auf die Bemühungen der Kirchenleitung hinzuweisen, Hilfen für den Dienst der Pfarrer zu bieten. Einen wesentlichen Dienst hoffen wir in den *Pfarrerrüstzeiten* auf der Hohen Grete getan zu haben. Zahlreiche Dankesbezeugungen von Teilnehmern geben uns die Gewißheit, daß der hier begonnene Weg richtig ist.
Außerdem haben wir auf Wunsch vieler den Versuch gemacht, durch »*Predigthilfen*« den Pastoren unserer Kirche eine Wegweisung für ihre Verkündigung zu geben. Auch hier dürfen wir hoffen, manchem eine Hilfe gegeben zu haben. Ob wir diesen Versuch weiter fortführen sollen, möge die Synode entscheiden.
Schließlich sei noch darauf hingewiesen, daß die Kirchenleitung der Überzeugung war, auch durch die Errichtung eines *Pfarrfrauenrüstdienstes* den Pfarrern in ihrem Amt und ihrer Gemeindearbeit eine nicht unwichtige Stärkung und Hilfe zu schaffen.

3. *Theologischer Nachwuchs*

a) Studenten/Hochschulen:
Der Zustrom zum theologischen Studium, der nach dem Kriegsende wieder stark angeschwollen war, hat in den vergangenen Jahren nicht nachgelassen. Dennoch ist es bloß eine kriegsbedingte *Stauungs*erscheinung, die diese Zahl im Augenblick bestimmt, *nicht* ein aus geistlichen Gründen erfolgter erhöhter Zugang. Zur Zeit haben sich bei der Kirchenleitung gemeldet: 251 Studenten und 36 Studentinnen evangelischer Theologie. Im Herbst dieses Jahres beginnt die Hochflut der neu hinzukommenden Theologiestudenten zu sinken. Freilich steht dem langsameren Zustrom noch kein entsprechender Abgang gegenüber, während in den Jahren 1950/51 über 150 Studierende zur ersten theologischen Prüfung kommen werden.
Wir haben die kirchliche Arbeit für und an Theologiestudenten durch den Aufbau des *Theologiestudentenamtes* zu ordnen und zu vertiefen versucht. Die *Freizeiten* dieses Amtes in den Ferien gehören zu einem festen und wesentlichen Bestandteil seines Dienstes, eine rechtzeitige, echte Begegnung von Student und Kirchenleitung zu vermitteln. Die Kirchenleitung hat es auf Grund ihrer Erfahrungen mit Studenten und Kandidaten für erforderlich gehalten, durch eine besondere Verordnung (KA 1948 Nr. 2/3) die kirchliche Zulassung zum Studium zu regeln. Auf diese Weise sollen kirchlich geeignete Studenten besonders gefördert und ungeeignete Studenten möglichst frühzeitig ausgeschieden werden. Die Kirche kann gewiß nicht an Gottes Statt entscheiden, wer einmal ein rechter Pastor werden wird, aber sie hat nach den ihr gegebenen Möglichkeiten alles zu tun, um sich ein rechtes *Urteil* über ihren Nachwuchs zu bilden, damit die Gemeinden so weit wie irgend möglich vor den schweren Schäden durch innerlich nicht berufene Prediger bewahrt bleiben.
Die zum Teil große Notlage besonders der Studenten aus den deutschen Ostgebieten nötigte zu einer weitgehenden Unterstützung in Form von Stipendien. Das

Stipendienwesen wurde in steigendem Maße straffer geordnet, um den Mißbrauch der Mittel unmöglich zu machen. Nach der Währungsreform stehen wir vor einer neuen, noch in keiner Weise bewältigten Lage hinsichtlich der Finanzierung des Studiums, die ohne wahrhafte Opfer der Gemeinden unmöglich sein wird.
Mit den theologischen Lehrern verschiedener Universitäten und Kirchlicher Hochschulen verbindet uns ein enges sachliches und persönliches Verhältnis. Wir sind dankbar, daß wir, auf der gemeinsamen Grundlage stehend, uns im gemeinsamen Dienst der Kirche erkennen dürfen. Wie sehr sich das früher oft so spannungsvolle Verhältnis gewandelt hat, zeigt z.B. die *Vereinbarung über die Berufung von Hochschullehrern der Theologischen Fakultät Mainz*, die zwischen der Universität und den beteiligten Landeskirchen am 22. April 1947 abgeschlossen wurde:

»§ 3
Die Besetzung der theologischen Lehrstühle erfolgt gemäß dem allgemeinen Universitätsstatut. Die von der Evangelisch-Theologischen Fakultät eingereichte Vorschlagsliste bedarf jedoch der Genehmigung durch die vier Landeskirchen. Sollte eine Berufung ausnahmsweise ohne Berücksichtigung der Vorschlagsliste erfolgen, so geschieht dies im Einvernehmen mit den vier Landeskirchen.

§ 4
Sollte ein Hochschullehrer der Evangelisch-Theologischen Fakultät nach der gemeinsamen Entscheidung der vier Landeskirchen wegen seiner Lehre oder seines Wandels beanstandet werden, so wird die Universität im Einvernehmen mit den vier Landeskirchen die notwendigen Folgerungen in bezug auf seine weitere Tätigkeit ziehen.«

Mit der Theologischen Fakultät Bonn besteht zwar ein derartiges Abkommen noch nicht, aber immerhin hat sich die Gepflogenheit herausgebildet, daß vor den Berufungen eine unmittelbare vertrauliche Fühlungnahme zwischen der Fakultät und der Kirchenleitung erfolgt. Dies Verfahren ist z.Z. sachlich befriedigend, aber es würde von der Kirchenleitung begrüßt werden, wenn es darüber auch eine rechtlich gültige Vereinbarung gäbe.
Die Theologische Schule in Wuppertal hat sich inzwischen mit Zustimmung und unter Beteiligung der Kirchenleitung zur *Kirchlichen Hochschule e.V.* entwickelt. Nach ihren neuen Satzungen liegt die Verantwortung bei dem Kuratorium, das im Benehmen mit der Dozentenschaft die theologischen Lehrer der Hochschule beruft sowie alle Ordnungen für die Hochschule in Kraft setzt. Im Kuratorium ist die rheinische Kirchenleitung ausreichend vertreten.
Die Provinzialsynode von 1946 hatte über die Anrechnung der Semester auf den Kirchlichen Hochschulen einen Beschluß gefaßt, der bis zum 31. 12. 1948 befristet war. Daher muß die jetzige Synode hierüber einen Beschluß fassen.

b) *Kandidaten*
Die theologischen Prüfungen, besonders die ersten Examina, wiesen eine abnorm kleine Kandidatenzahl auf. Insgesamt sind seit der letzten Synode nur 11 Kandidaten im ersten Examen und 35 im zweiten Examen geprüft worden, von denen 10 bzw. 32 (z.T. mit Nachprüfungen!) bestanden. Die Zahl unserer im Dienst befindlichen Vikare beträgt nur 15, und der Pfarramtskandidaten »Hilfsprediger« 69. Diese Zahl ist durch die Heimkehrer wesentlich mitbestimmt. Noch immer sind krank oder in Gefangenschaft 21 Hilfsprediger und acht Vikare, und vermißt geblieben sind 29 Hilfsprediger und sieben Vikare.

Unsere Erfahrungen bei den Nachkriegsexamina haben uns veranlaßt, den *Stoffplan* für die Prüfungen, der 1939 von der Bekennenden Kirche herausgegeben war, erneut zu drucken. Wir hoffen, daß diese Übersicht über die Anforderungen dazu helfen wird, daß die Leistungen im Examen ein besseres Niveau zeigen werden. Außerdem hat die Kirchenleitung die *Bezirkskonvente* für Kandidaten neu geordnet. Durch diese Arbeit soll die praktische Ausbildung eine dauernde wissenschaftliche Unterbauung erfahren. Wir sind über die fruchtbare Arbeit mancher Bezirkskonvente erfreut. Ihr Dienst steht übrigens grundsätzlich allen Pastoren offen, die ihn begehren.
Eine gewisse Sorge macht uns das *Predigerseminar* in Düsseldorf. Es war unbenutzbar und drohte völlig zu verfallen. Ein Aufbau unsererseits erwies sich sowohl praktisch wie finanziell unmöglich. Wir nahmen daher das Angebot der Stadt Düsseldorf an, ihr gegen den vollständigen Wiederaufbau das Haus für fünf Jahre als Gästehaus zu verpachten. Angesichts der Tatsache, daß wir erst in zwei bis drei Jahren Kandidaten genug haben werden, um ein eigenes Predigerseminar zu füllen, haben wir es für richtig gehalten, diesen Weg zu beschreiten. Zunächst dient uns der zur Verfügung gestellte Platz im westfälischen Predigerseminar Kupferhammer, in dem bis jetzt schon laufend vierwöchige Heimkehrer-Lehrgänge stattfanden, das aber in diesen Tagen wieder mit Halbjahrskursen beginnt. Außerdem entsandten wir Kandidaten in die Lehrgänge in Borkum. Schließlich ist auch das reformierte Predigerseminar in Elberfeld kürzlich wieder ins Leben getreten, nachdem das Schweizer Hilfswerk ihm eine Wohnbaracke gestiftet hatte. Wir sind der Überzeugung, daß zur rechten pfarramtlichen Ausbildung ein Predigerseminar überaus wichtig ist und daß die Generation der Nachkriegsstudenten wieder ihr Studienhalbjahr im Predigerseminar haben muß. In einigen wenigen Jahren wird demnach die Eröffnung eines eigenen rheinischen Predigerseminars wieder zur Notwendigkeit werden.

c) *Hilfsprediger:*
Infolge Einrückens in Pfarrstellen wird die Zahl der Hilfsprediger von Monat zu Monat geringer, so daß wir schon vor längerer Zeit die Mitteilung ergehen lassen mußten, es sei in den nächsten Jahren mit der Zuweisung von Hilfspredigern nicht zu rechnen. Z.Z. sind es nur noch 69, und von diesen sind die meisten praktisch nicht versetzbar, da sie sich in Stellen befinden, die sie behalten müssen. Manche verwalten z.B. Pfarrstellen gefangener oder vermißter Pfarrer und haben sich verpflichtet, vorerst dort zu bleiben. Wir haben sie durch eine besondere Besoldungsordnung vom 1. 11. 1946 praktisch einem Pfarrer gleichgestellt. Im Dienst der Kirche entbehren wir – vor allem angesichts der Anforderungen dieser Zeit in den Großstädten und Industriegemeinden – überaus notvoll eine einsatzfähige Schar von jungen Predigern. Und es wird noch Jahre dauern, bis diese durch das vergangene Jahrzehnt gerissene Lücke wieder ausgefüllt sein wird.

4. *Besondere Aufgaben innerkirchlichen Dienstes*

a) Nächst der Sorge für den theologischen Nachwuchs hat die Kirchenleitung es für ihre Verpflichtung gehalten, die kirchlichen Belange der Hochschuljugend überhaupt sicherzustellen, zumal die Entwicklung der Evangelischen Studentengemeinden eine erfreuliche Aufgeschlossenheit der akademischen Jugend für das Evangelium und die Kirche zeigte. So wurden in Bonn, Köln, Aachen, Wuppertal für die verschiedenen Universitäten und Hochschulen und ihre Studentengemeinden Studentenpfarrämter geschaffen und Pfarrer berufen. Der Fortschritt der Studentenarbeit beweist die Bedeutung dieses kirchlichen Dienstes für die christliche und kirchliche Ausrichtung der kommenden Führungsschicht.
b) Aber die Kirche ist über diese Gestalt »akademischer« kirchlicher Arbeit hin-

ausgeführt worden. Schon die Evangelischen Akademien Bad Boll und Hermannsburg des Jahres 1945/46 zeigten die Richtung eines neuen kirchlichen Dienstes an. Der Westen nahm eine andere Entwicklung. Es ging nicht darum, daß wir auch unsere Akademie haben wollten. Wir sahen unsere Aufgabe anders gestellt, nämlich von der Frage der neuen Begegnung der christlichen Wahrheit und wissenschaftlichen Forschung angesichts der Erschütterung der Grundlagen der Wissenschaft. So ist die *Evangelische Akademie Christophorusstift* als Forschungsakademie in Hemer entstanden. Begründet von den Kirchen der britischen Zone (ohne Hannover und Hamburg), wird sie im wesentlichen getragen von der rheinischen und westfälischen Kirche. Sie hat unter denkbar schwierigen Bedingungen ihre Arbeit begonnen, hervorragend geleitet von Prof. D. Schumann. Es ist bisher keine Breitenarbeit, sondern ausgesprochen Tiefenarbeit im Kreise wissenschaftlich sachkundiger evangelischer Männer, die den Keim einer evangelischen Universität darstellt. Die äußeren Hemmnisse lassen das Werk nur allmählich zur Entfaltung kommen. Immerhin ist in diesem Jahr ein erster Schritt zur Verwirklichung des Programms getan worden. Wir glauben, daß die Akademie für die Verkündigung der Kirche, überhaupt für die kirchlichen Dienste in der Gemeinde auf die Dauer von großer Bedeutung sein wird.

c) Äußere Hemmnisse sind es nicht nur in Hemer, sondern in der ganzen Kirche, die Fortschritt und Wiederaufbau der kirchlichen Dienste aufs schwerste hindern. Das Ausmaß der Zerstörung ist so groß, daß in den vergangenen zwei Jahren nur ein Geringes an Wiederherstellung getan werden konnte. Trotz aller Anstrengungen in den Gemeinden – wo mancherorts Hervorragendes geleistet worden ist – liegt der Großteil der zerstörten Kirchen, Gemeinde- und Pfarrhäuser noch darnieder. Wir haben uns bemüht, den Gemeinden auf alle erdenkliche Weise zu helfen durch Geld, Beratung, Material, Verhandlungen mit staatlichen Stellen. Aber wir sind uns bewußt, daß es nur ein Tropfen auf einen heißen Stein war. Ohne einen kirchlichen Lastenausgleich ist das Problem *nicht* zu bewältigen.

Nach der Währungsreform hat sich die Notlage von den *Baustoffen* auf die *Finanzierung* verlagert. Die Kirchengemeinden haben aber, teils in mühsamer Sammlung von kleinen Beträgen, bereits Erhebliches zur Finanzierung ihrer Bauvorhaben geleistet. An Baugeldern sind rd. 6 Mill. RM aufgebracht worden. Von der Kirchenleitung wurden *vor* der Währungsreform 885 000,– RM, *nach* der Währungsreform 10 000,– DM an Beihilfen ausgeschüttet.

Das Land Nordrhein-Westfalen hat *vor* der Währungsreform 760 000,– RM, *nach* der Währungsreform bereits 60 000,– DM an Beihilfen gegeben, in der Hauptsache für Kirchen, die unter Denkmalschutz stehen, aber auch für neuere Kirchen in leistungsschwachen Gemeinden.

Von Oktober 1946 bis Oktober 1948 sind in der Nordrheinprovinz 83 Kirchen soweit wiederhergestellt worden, daß sie dem Gottesdienst wieder dienen können. 117 Notkirchenräume sind in Gemeindehäusern, Pfarrhäusern, in öffentlichen oder privaten Gebäuden eingerichtet worden. 135 Pfarrhäuser und 163 sonstige kirchliche Gebäude, wie Gemeindehäuser, Jugendheime, Kindergärten usw., wurden ganz oder teilweise wieder in Benutzung genommen.

Für die Zukunft ist zur Förderung des kirchlichen Bauwesens
1. die Erschließung neuer Finanzierungsmöglichkeiten erforderlich, damit möglichst innerhalb der Kirche ein Kapitalfonds zur Ausschüttung von Darlehen und Beihilfen sich bildet,
2. eine zentrale Zusammenfassung aller Bauangelegenheiten beim Landeskirchenamt und die Verlegung des Provinzial-kirchlichen Bauamts von Koblenz nach Düsseldorf.

d) Der rheinischen Kirche und ihrer Leitung ist durch die Lage ihrer Gemeinden im *Saarland* eine ganz besondere Aufgabe gestellt. Seit der letzten Synode ist im

Saarland der entscheidende Schritt einer Eingliederung in das französische Wirtschaftsgebiet unter Beibehaltung politischer Autonomie erfolgt. Dadurch ist Saarland de facto »Ausland« und die saarländischen Gemeinden hätten gegenüber der EKD die Stelle von »Auslandsgemeinden«. Aber diese Abtrennung hat kirchlich bisher noch keine Folgen gehabt, da auf beiden Seiten, hier wie im Saarland, der Wille zum Festhalten der kirchlichen Gemeinschaft lebendig ist. Es besteht Einmütigkeit darüber, daß eine selbständige Saarkirche viel zu klein wäre, um auf die Dauer existieren zu können. Wir haben es darum für unsere Aufgabe angesehen, den evangelischen Saargemeinden unsere ganz besondere Sorge zuzuwenden. Viel Mühe hat die wirtschaftliche Erhaltung der Gemeinden im *Saarland* bereitet angesichts der Verschiedenheit der Währung und Wirtschaft diesseits und jenseits der Zollgrenze und der Unmöglichkeit eines Ausgleichs der Zahlungen zwischen uns und dem Saarland und schließlich der Inflation im französischen Wirtschaftsgebiet. Bisher ist es immer noch gelungen, aller Nöte einigermaßen Herr zu werden, obwohl gesagt werden muß, daß die im Saarland gezahlten Pfarrgehälter den dortigen Preisen *noch* weniger entsprechen, als es z.Z. in Deutschland der Fall ist.
e) Nicht nur im Saarland, sondern in der ganzen rheinischen Kirche spielten in den letzten beiden Jahren die *Wirtschaftsfragen* eine übermäßige Rolle. Dabei handelte es sich nicht einfach um Finanzfragen, – das ist erst seit der Währungsreform der Fall –, sondern um »Material« – Papier, Glühbirnen, Holz, Zement, Steine, Dachpappe, Abendmahlsbrot und -wein, Kerzen, Bibeln, Gesangbücher, Katechismen und nicht zuletzt um *Wohnraum in* und *außerhalb* von Pfarrhäusern. Unendlich viel Zeit ist darauf verwandt worden. Sonderdezernate wurden geschaffen – für Beschaffungs- und Wohnungsfragen –, um den Gemeinden nur die notwendigste Hilfe zu leisten. Einiges konnte geschehen: Papier, Birnen, Wein. *Vieles* scheiterte aus Mangel an Waren – und an der Unmöglichkeit, die Preise des schwarzen Marktes zu bezahlen. Manches wurde durch Spenden der ausländischen Kirchen möglich, z.B. Bibeln und Gesangbücher. Aber erst seit der Währungsreform scheint die Mangelfrage zu einer reinen Geldfrage geworden zu sein. Damit ist die Krise nicht überwunden, vielmehr beschäftigt sie immerdar die Beteiligten in der Kirchenleitung und in den Gemeinden fast mehr als zuvor. Vor allem ist die furchtbare *Raumnot* (Kirchen, Gemeindehäuser, Pfarrwohnungen usw.) noch keineswegs behoben. Wieviel Gemeindearbeit im Industriegebiet und in den Großstädten bleibt ungetan, weil der Raum fehlt. Ohne kirchlichen Lastenausgleich besteht *keine* Aussicht, diese Nöte in absehbarer Zeit zu überwinden.
f) Als letzte in der Reihe der besonderen Aufgaben innerkirchlichen Dienstes möchte ich die Herausgabe von *Ordnungen* zur Berufung in kirchliche Dienste nennen. Durch den Beschluß der Provinzialsynode über die Theologische Erklärung von Barmen sahen wir uns veranlaßt, ihre ausdrückliche Erwähnung im Ordinationsformular anzuordnen. Das Gesetz über die Presbyterberufung gab uns den Auftrag, die Einführung der Presbyter in ihr Amt neu zu ordnen. Die Beibehaltung und Fortsetzung des im Kriege begonnenen Dienstes der Predigthelfer in den Gemeinden machte es notwendig, die Einsetzung von Predigthelfern in ihren Dienst durch eine eigene Ordnung zu regeln. Die infolge der steigenden Ausdehnung der Arbeit erforderliche Berufung neuer juristischer Räte in das Konsistorium gab der Kirchenleitung Anlaß, zum erstenmal die bisherige Übung des kirchlichen Beamteneides zu durchbrechen und durch eine kirchliche Ordnung – Einführung vor der Gemeinde und Amtsgelübde – zu ersetzen.

5. *Die kirchlichen Finanzen*

Eine besondere Berücksichtigung bei der Berichterstattung erfordern dieses Mal die kirchlichen Finanzen. Bei der gesamtkirchlichen Finanzverwaltung war der wichtigste Ausgabeposten die Pfarrbesoldung. Hierbei wurde bisher an der überkommenen Regelung wenig geändert. Die Besoldungshöhe blieb vor und nach der Währungsreform bisher noch die alte. Hoffentlich kommen wir ohne eine Kürzung durch die Krise hindurch. Die Folge der alten Praxis, daß zur Deckung des Besoldungsbedarfs die Kirchengemeinden einen gleichmäßigen Hundertsatz des Einkommens- und Grundsteuersolls ihrer Gemeindeglieder aufzubringen haben, ist bekanntlich, daß für den weitaus größten Teil der kleineren Gemeinden zentrale Zuschüsse in erheblicher Höhe gezahlt werden müssen. Ob sich dies auf die Dauer rechtfertigen läßt, wird je länger desto mehr bezweifelt. Wenn für kleine Gemeinden ein eigener Pfarrer zugelassen werden soll, so wird sich dies nur rechtfertigen lassen, falls diese Gemeinde in ganz anderer Weise als bisher geldliche Opfer zugunsten der Besoldung ihres Pfarrers bringt.

Es muß hervorgehoben werden, daß der größte Teil der zentralen Zuschüsse zur Besoldung der aktiven Pfarrer aus Mitteln fließt, die vom Staat dargeboten werden. Alle Nachfolgeländer des früheren Landes Preußen haben ihre anteiligen Zahlungsverpflichtungen ohne weitere Einwendungen anerkannt. Dankbar ist hervorzuheben, daß auch nach der Währungsreform die vier für die Rheinische Kirche in Betracht kommenden Länderregierungen ausnahmslos die Staatszuschüsse in alter Höhe weitergezahlt haben; nur das Land Hessen hat soeben wegen seiner schlechten Kassenlage die Zahlungen auch für unsere Kreisgemeinden Wetzlar und Braunfels zu kürzen begonnen. Der durch die Staatsleistungen nicht gedeckte Rest bei den Pfarrbesoldungszuschüssen fließt aus den Überschüssen, welche die wohlhabenderen Gemeinden nach dem Maße ihrer Steuerkraft aus ihrem Pfarrbesoldungspflichtbeitrag an die Gesamtkirche abzuführen haben. Leider sind diese Überschüsse sehr unpünktlich gezahlt worden, so daß auch die Gesamtkirche ihre Verpflichtungen nicht immer glatt erfüllen konnte; in den ersten Monaten nach der Währungsreform konnten an die bedürftigen Gemeinden nur 70% der früheren Zuschüsse ausbezahlt werden.

Auch für die großen Summen, welche die Landeskirche für die Versorgung der Ruheständler und Hinterbliebenen aufzuwenden hat, galt dasselbe Deckungssystem: Zum größeren Teil stammen die Mittel aus Staatszuschüssen, zum restlichen Teil aus dem Pfarrbesoldungspflichtbeitrag der Überschußgemeinden.

Ebenso wie die Pfarrbesoldungszuschüsse, so sind vom Staat auch die Dotationszuschüsse für die kirchliche Verwaltung nach wie vor in der alten Höhe gezahlt worden.

Ein besonderes Wort soll über die *Osthilfe* gesagt werden: Schon im September 1945 hatten die Kirchen von Westfalen und der Rheinprovinz eine einschlägige Notordnung getroffen. Dieser haben sich im Laufe der Zeit sämtliche evangelische Kirchen der Westzone angeschlossen. Der Rat der EKD hat alsdann allgemeine Richtlinien darüber erlassen. Die Unterstützungsbeträge konnten neuerdings ein wenig über die ursprünglichen Sätze hinaus erhöht werden. Heute erhalten Ostpfarrer mit einem Beschäftigungsauftrag das Pfarreranfangsgehalt, für viele von ihnen immer noch eine schmerzliche Verringerung gegenüber dem Gehalt, das ihnen zustand. Die Ruheständler und Witwen, die früher nur Beträge bis zu 150,– RM bekommen konnten, erhalten heute wenigstens die Hälfte ihrer gesetzlichen Bezüge. Für die Rheinische Kirche handelt es sich nicht nur darum, die in ihr Gebiet hineingeströmten Pfarrer und deren Angehörige aus dem Osten zu unterstützen, sondern sie erkannte es auch als brüderliche Verpflichtung an, denjenigen Kirchen zu helfen, die in einem erheblich größeren Maße die Einwanderung solcher kirchlichen Amtsträger erlebt hatten und aus eigener Kraft nicht imstande waren, diesen ebenfalls in angemessener Höhe Unterstützungen zu gewähren. Es war eine Ausgleichskasse aller Evangelischen Kirchen der Westzone entstanden, zu der wir beträchtliche Summen beisteuern mußten. Gedeckt werden konnten diese Beträge nicht aus Haushaltmitteln. Es hätte dies eine fühlbare Erhöhung der gesamtkirchlichen Umlage zur Folge gehabt. Deshalb war von vorneherein festgelegt, daß die Finanzierung durch freiwillige Gaben erfolgen sollte. Hierbei ist sehr Beachtliches geleistet worden: Vom 1. 7. 1945 bis zum 31. 3. 1948 wurden innerhalb der Rheinischen Kirche an die aus dem Osten verdrängten Pfarrer und Kirchenbeamten und ihre Angehörigen über 845 000,– RM gezahlt. In dem gleichen Zeitraum wurden *an die Ausgleichkasse über 1,9 Mill. Reichsmark abgeführt*. Als Deckungsleistungen kamen im gleichen Zeitraum ein: 1 052 000,– RM durch Opfer der aktiven Pfarrer und Kirchenbeamten, 668 000,– RM aus Kollekten und der Rest aus sonstigen Quellen. Entsprechend der Praxis in anderen Kirchen wollen wir jetzt auch die Ruheständler um eine bescheidene Beteiligung an diesem Opfer zugunsten ihrer Standesgenossen bitten.

Die übrigen Bedürfnisse der Kirche wurden, soweit für sie nicht Kollekten erhoben worden sind, durch die gesamtkirchliche *Umlage* gedeckt. Bedauerlicherweise mußte sehr viele Mühe daran gewandt werden, die Umlage hereinzubekommen. Es war durchaus nicht immer ein Zwang unverschuldeter Verhältnisse, der die mangelhafte oder unpünktliche Zahlung dieser Umlage erklärte. Im Vergleich zu anderen evangelischen Kirchen ist die in unserer Rheinischen Kirche erhobene Umlage gering.

Das *Kirchensteuerwesen* machte zahlreiche Verhandlungen mit den zentralen und den nachgeordneten Staatsbehörden erforderlich. Die Sicherstellung von Kirchensteuerunterlagen durch die Finanzämter und die Gewinnung angemessener Hebesätze bereiteten Schwierigkeiten besonderer Art, die nicht in dem mangelnden Verständnis der beteiligten Kultus- und Finanzminister, sondern in der steuerlichen Nachkriegslage begründet sind. *Vor* der Währungsreform galt es, die Steuerüberhöhung der Kontrollratsgesetzgebung für die Kirchengemeinden und ihre Glieder auszuschalten. *Nach* der Währungsreform brachte die Veränderung des Einkommensteuertarifes Unruhe und damit Unsicherheit in die Kirchensteuererhebung. Viele Einzeleingaben von Gemeindegliedern, die Ratlosigkeit mancher Presbyterien und der staatliche Druck auf Steuersenkung bestärkten uns in den vorbereitenden Arbeiten für eine Kirchensteuerreform. Die Einführung der Kirchensteuererhebung durch die Finanzämter (Lohnabzugsverfahren) – von uns mit Zurückhaltung und nur probeweise auf Wunsch der Presbyterien bei einem Gesamtverband zugelassen – bietet sich mit Nachdruck als Lösung einer Kirchensteuerreform an, und zwar besonders in der französischen und amerikanischen Zone unserer Kirche durch katholische Befürwortung und Unterstützung der anderen evangelischen Landeskirchen. Vom Staat und der Öffentlichkeit überhaupt wird immer wieder die Unausgeglichenheit der jetzigen Kirchensteuererhebung bemängelt (die Steuersätze schwanken zwischen 3 und 12%). Kritisch ist insbesondere das geringe Steueraufkommen der Landgemeinden. Es gilt, unabhängig von der so oft wechselnden Einkommensteuer, eine Kirchensteuererhebung zu entwickeln, die einen Finanzausgleich ermöglicht, ohne die finanzielle Selbständigkeit der Kirchengemeinden zu gefährden.

Die Ausarbeitung finanzwirtschaftlicher Richtlinien für die Kirchengemeinden und die Gesamtkirche wird erschwert durch den Mangel an Bereitwilligkeit vieler Kirchengemeinden, die notwendigen Unterlagen zu beschaffen. Abweichend von der katholischen Kirche und von anderen evangelischen Landeskirchen beschränkten wir uns bisher auf die Anforderung der unumgänglich notwendigen Meldungen, was zu einer gründlichen und vollständigen Beurteilung und Lösung nicht ausreicht. Aufgenommen wurde wieder die Kassen- und Wirtschaftsprüfung in den Kirchengemeinden durch Beamte des Konsistoriums, was angesichts bedrohlicher Fälle von Nachlässigkeit, Unbeholfenheit und Unwissenheit dringend geboten ist.

Begreiflicherweise wirkte sich die *Währungsreform*, wie für unsere ganze Volks-

wirtschaft, so auch für das ganze äußere Leben der Kirche sehr einschneidend aus. Es war vorauszusehen, daß die Fonds der Kirche große Verluste erleiden würden und daß die Haushaltsführung der Gemeinden wie der Gesamtkirche sehr erschwert werden würde. Darum wurden im letzten Jahre nicht nur Ratschläge dahin gegeben, wie man sich auf die Währungsreform vorbereiten und bei ihrem Eintreten verhalten solle, sondern die kirchlichen Zentralbehörden sind schon seit Anfang 1947 an die leitenden staatlichen Stellen und an die Militärregierung mit Anträgen darüber herangetreten, wie die Kirchen bei der Gestaltung der Währungsreform billigerweise und sachgemäß berücksichtigt werden müßten. Wie bekannt, haben die maßgeblichen Stellen von solcher Rücksichtnahme in den Gesetzen selber völlig abgesehen. Die Finanzministerien haben den Kirchen angeboten, zur Überbrückung der Schwierigkeiten eine Gegenwartsbesteuerung bei der Kirchensteuer einzuführen. Die Rheinische Kirchenleitung hat sich jedoch nicht entschließen können, dies Angebot allgemein an die Gemeinden weiterzuleiten. Eine Erstausstattung aus Staatsmitteln, wie sie den Bürgergemeinden zuteil geworden ist, hat das Währungsgesetz für die Kirche und ihre Gemeinden nicht vorgesehen. Die Gemeinden haben sich dann zunächst mit Hilfe ihrer freigegebenen Neugeldguthaben wirtschaftlich über die ersten Wochen nach der Währungsreform hinweggeholfen. Die Notwendigkeit, alsdann auf jede Weise Kirchensteuern hereinzuholen, wurde weitgehend erkannt, und in vielen Gemeinden, in denen man mit Tatkraft und Erfindungsgabe ans Werk gegangen ist, sind auch rechtzeitig die erforderlichen Steuermittel eingegangen. Weit schlechter noch als die Gemeinden stand jedoch die Gesamtkirche da. Sie mußte in den ersten beiden Monaten nach der Währungsreform sowohl auf die Umlagen wie auf die Überschüsse des Pfarrbesoldungspflichtbeitrages zunächst verzichten, da die Gemeinden die bei ihnen einlaufenden Gelder zunächst für eigene Zwecke benötigten. Das Finanzministerium in Düsseldorf hat diese Notlage dankenswerterweise anerkannt und der Kirchenleitung gering verzinsliche Darlehen im Gesamtbetrage von 590 000,– DM zur Verfügung gestellt. Die Rückzahlung dieser Summen, die ausschließlich zu Gehaltszuschüssen und Versorgungszahlungen an den Pfarrerstand verwendet worden sind, soll aber schon Ende November ds. Js. beginnen und stellt die Kirchenleitung vor eine ganz schwere Aufgabe. Sie muß die Gemeinden dringend bitten, jetzt ihre Zahlungsverpflichtungen gegenüber der Gesamtkirche auch unter Zurückstellung ihrer eigenen Bedürfnisse pünktlich und vollständig zu erfüllen. Neben dem Verlust der Kapitalien droht den Kirchengemeinden nunmehr auch eine Schmälerung ihres fundierten Besitzes, und zwar durch die *Bodenreform*. So sehr die Kirche die Notwendigkeit erkennt und selbst betont, daß weitere Volkskreise, insbesondere auch die Flüchtlinge, wieder eine feste Verbindung mit dem Boden gewinnen, und so gern sie deshalb auch sich für Siedlungsunternehmen einsetzt, so muß sie doch bei der Hergabe ihres geringen Grundbesitzes starke Zurückhaltung üben. Da dieser ihr größtenteils einstmals von den Stiftern zu dem Zwecke anvertraut worden ist, mit ihrem Ertrage die kirchliche Verkündigung, sei es die Besoldung des Predigers, sei es die Unterhaltung des Gotteshauses, sicherzustellen, so haben unsere Gemeinden als Treuhänder nicht das Recht, sich dieser Vermögenswerte, die sich im Laufe der Wirtschaftskatastrophen als allein wertbeständig erwiesen haben, zu entledigen.
Um die in sechs rheinischen Großstädten bestehenden Parochialverbände bei ihrer Verwaltung wieder in die notwendige Vertrauensverbindung zu den angeschlossenen Gemeinden zu bringen, haben die Kirchenleitungen von Westfalen und der Rheinprovinz eine Notverordnung erlassen, welche die Wiedereinführung der z.Z. des Dritten Reiches abgeschafften Verbandsvertretungen bezweckt. Eine Schaffung neuer Parochialverbände ist nicht beabsichtigt. Wohl aber wäre es sehr erwünscht, wenn, wie es schon seit längerer Zeit innerhalb der Kreisgemein-

de Lennep geschieht und jetzt in einigen anderen Kreisgemeinden geplant ist, von den Kirchengemeinden eine Kirchensteuerausgleichstelle eingerichtet wird, so daß innerhalb eines größeren Umkreises von Gemeinden die Kirchensteuer zu gleichen Hundertsätzen erhoben werden kann. Ferner drängt in bestimmten ländlichen Gebieten, wo sich keine geeigneten Kirchenrechner finden und auch die Pfarrer eine den Vorschriften entsprechende saubere äußere Geschäftsverbindung nicht beherrschen, die Entwicklung dahin, eine *synodale Kirchenrechnungsstelle* zu schaffen. Unter voller Aufrechterhaltung der Finanz- und Verwaltungshoheit der Gemeinden soll dort ein erfahrener Rechner für jede angeschlossene Kirchengemeinde selbständig gemäß den Anweisungen der einzelnen Presbyterien das Haushalts- und Kassenwesen sachverständig bearbeiten.

Die Erschwerung der Verwaltungsarbeit in unserem sich über vier Länder erstreckenden Kirchengebiet wird besonders anschaulich an den Bemühungen für unsere saarländischen Gemeinden. Zu Anfang waren es lediglich die postalischen und Paß-Schwierigkeiten, die sich hindernd in den Weg stellten. Dazu kamen die Hemmungen bei den Pfarrstellenbesetzungen und Einweisungen von Hilfspredigern. Aber vor die schwierigsten Fragen wurden wir und unsere saarländischen Gemeinden gestellt durch die Einführung der Saarmark und im November 1947 der französischen Währung im Saarland. Damit war zunächst jeder finanzielle Zusammenhang zwischen den saarländischen Gemeinden und der Gesamtkirche gestört. Auch heute kann noch nicht gesagt werden, daß eine befriedigende Regelung für das kirchliche Finanzwesen gefunden ist.

Das Mißverhältnis zwischen dem amtlichen Umwechslungskurs bei der Frankeneinführung zu den Preisen und die fortdauernden Preiserhöhungen brachten allgemeine Besoldungserhöhungen in schneller Folge mit sich, die hoffentlich für die Pfarrbesoldung mit der am 24. September 1948 erlassenen Notverordnung über die vorläufige Ordnung der Dienstbezüge der Pfarrer im Saarland (KA 1948, S. 45) zu einem gewissen Abschluß gekommen ist.

Die wirtschaftliche Angliederung an Frankreich hatte zur Folge, daß die Pfarrerkrankenkasse (VaG) ihre Versicherungstätigkeit im Saarland nicht mehr ausüben durfte, da sie als eigene Rechtspersönlichkeit außerhalb der landeskirchlichen Organisation ausgestattet ist. Die Kirchenleitung hat es für ihre Pflicht gehalten, hier helfend einzugreifen. Sie hat *außerhalb eines Versicherungssystems* einen im wesentlichen durch Beitragszahlungen der Beteiligten gespeisten kirchlichen Fonds gegründet, der diesen Hilfe in Krankheitsfällen im gleichen Maße gewährt, wie sie bisher durch die Krankenkasse zuteil wurde.

6. Die Kirchenkollekten

Die Kirchenleitung hat gemäß der ihr von der letzten Provinzialsynode gegebenen Vollmacht für die Jahre 1947 und 1948 die Kollektenpläne aufgestellt und im Kirchlichen Amtsblatt veröffentlicht.

Die Kirchenleitung konnte sich trotz allem Verständnis für die Notlage der Gemeinden nicht entschließen, den Anträgen einiger Gemeinden auf Zubilligung ausschließlich gemeindeeigener Sonntagskollekten zu entsprechen. Das hätte zu einer Erschütterung des Kollektenwesens für die Gesamtkirche, die landeskirchlichen Einrichtungen und die Innere Mission geführt und die Gemeinden entwöhnt, im Sonntagsopfer der Gesamtkirche zu gedenken. Die betreffenden Gemeinden wurden auf die Einführung einer zweiten Sonntagskollekte verwiesen, im übrigen aber allgemein zur vollständigen Abführung der landeskirchlich ausgeschriebenen Kollekten angehalten. Nach der Währungsreform wurden den Gemeinden einige Sonntage zusätzlich freigegeben, und zwar durch Zusammenlegung und in einem Falle durch Streichung vorgesehener Kollekten. Dabei hat es sich als nützlich erwiesen, daß im diesjährigen Kollektenplan vorsorglich einige

Sonntage für plötzlich auftauchende Bedürfnisse frei zur Verfügung der Kirchenleitung geblieben waren. So konnten die notleidende Kirchliche Hochschule in Wuppertal und das neuerrichtete Paul-Schneider-Gymnasium in Meisenheim mit je einer Kollekte bedacht und ein Teil zweier weiterer Kollekten nach der Währungsreform für dringendste vom Stillstand bedrohte Bauvorhaben rheinischer Gemeinden verwandt werden, wobei allerdings den eingegangenen etwa 10000,- DM nicht weniger als 42 Anträge gegenüber standen.
Im übrigen werden die Kollekten im großen und ganzen nach dem schon geübten Schlüssel verteilt: 16 Sonntage blieben frei für die Gemeinde, 14 galten Liebeswerken der Inneren Mission, acht wurden für landeskirchliche Arbeiten an der Jugend, an den Studenten, an Männern, an Frauen usw. bestimmt, sechs waren für die kirchliche Osthilfe, vier für besondere Notstände in der altpreußischen Union auf Grund der Vereinbarungen in Treysa und wiederholte dringende Bitte der Kirchenleitung in Berlin bestimmt, vier Kollekten galten dem Wiederaufbau zerstörter Gemeinden, je eine der rheinischen Mission, den Bibelgesellschaften, dem Gustav-Adolf-Verein, dem Hilfswerk und der EKD. Bei den starken Anforderungen vieler Verbände und Anstalten an den Kollektenplan hat sich eine Auswahl und eine stärkere Aufgliederung der einzelnen Zwecke nicht vermeiden lassen. Die Nichtberücksichtigung eines Antrages bedeutet aber nicht seine Absetzung für immer. Der Entwurf des neuen Kollektenplanes für 1949 wird dem zu bildenden Kollektenausschuß der Synode vorgelegt werden.
Einen starken Einschnitt in das Kollektenwesen bildete natürlich die Währungsreform. Nicht nur durch den Rückgang der Erträge, sondern auch durch den Verlust der vor der Währungsreform bedachten Dienste und Werke der Kirche in Folge der Geldentwertung. Im ganzen kann aber die Entwicklung der Kollektenerträge damals als erfreulich bezeichnet werden. Die Gemeinden haben durch die Jahre der Not mehr opfern gelernt. Die Erträge haben sich vor der Währungsreform durchschnittlich auf einer beachtlichen Höhe gehalten, ja im ganzen noch etwas gesteigert. Einige Ziffern mögen das veranschaulichen: Gesamtertrag von Oktober 1946 bis September 1947 ohne die 16 für die Gemeinde freien Sonntage: 2,8 Mill. RM gegenüber 2,6 Mill. RM im Vorjahr (und 1,7 Mill. RM im Jahre 1944/45). Von Oktober 1947 bis Juni 1948 kamen 2,2 Mill. RM ein. Vom 20. Juni bis Ende September 1948, also in einem Zeitraum von etwa einem Vierteljahr nach der Währungsreform, waren es 117000,- DM. Der durchschnittliche Ertrag der Sonntagskollekten *vor* der Währungsreform lag etwas über 40000,- RM, im ersten Vierteljahr nachher auf 13-14000,- DM, also im Durchschnitt etwa 33-35% der in RM erzielten Kollektenerträge. Das ist angesichts der Höhe der Geldentwertung auf 6 1/2% der Altbestände und der verringerten Finanzkraft der großen Mehrzahl der opfernden Gemeindeglieder als ein recht erfreuliches Ergebnis zu bezeichnen, für das wir dankbar sein dürfen. Andererseits hängt aber auch seit der Währungsreform der Weiterbestand der von den Kollekten betreuten Dienste und Werke der Kirche in ganz anderem Maße als vorher von der Höhe der Gaben ab. Im einzelnen liegen einige der Spitzenkollekten der letzten zwei Jahre auf folgender Höhe:

	1946/1947	1947/1948
Für das Hilfswerk	111 000 RM	133 000 RM
Für die Diakonissenanstalt Kaiserswerth	119 000 RM	131 000 RM
Für die Osthilfe insgesamt (sechs Kollekten)	333 700 RM	323 500 RM
Für notleidende Studenten der Theologie	94 600 RM	*13 600 DM*
Für die Innere Mission	179 400 RM rd.	*15 000 DM*

Die Kirchenkollekten können und dürfen nicht die einzige Einnahmequelle für diese kirchlichen Dienste und Werke bilden. Hier müssen die einzelnen Einrichtungen auch andere Wege finden, um die erforderlichen Geldmittel zu erhalten. Um nur den *dringendsten* Nöten gesamtkirchlicher Einrichtungen abzuhelfen, werden wir unsere Aufgabe im kommenden Jahre darin sehen müssen, die Gemeinden in steigendem Maße zur Opferwilligkeit in den Gottesdiensten aufzurufen. Dabei muß dafür Sorge getragen werden, daß die Sammlungen für die dringenden eigenen Bedürfnisse der Gemeinden den Kollekten für die gesamtkirchlichen Zwecke keinen Eintrag tun.

7. Die Schule

Besondere Aufmerksamkeit und Mitarbeit der Kirchenleitung erforderten die überaus mannigfaltigen Zustände, Vorgänge und Bewegungen auf dem pädagogischen Gebiet. Das Maß der für die Bewältigung dieser Aufgaben zur Verfügung stehenden Kräfte entspricht bisher bei weitem nicht den gestellten Aufgaben. Die Arbeiten auf diesem Gebiet sind dadurch überaus verwickelt, daß das rheinische Kirchengebiet sich auf vier Länder erstreckt und daß in allen diesen Ländern noch andere Landeskirchen mitsprechen. Alle Vereinbarungen grundsätzlicher Art über schulische Dinge machen deshalb ebenso Verhandlungen mit den verschiedenen Kultusministerien von Nordrhein-Westfalen, von Rheinland-Pfalz, von Saarland und von Hessen wie mit den verschiedenen Kirchenleitungen von Westfalen und Lippe, von der Pfalz, von Nassau und von Hessen notwendig. Alle Regelungen sollen möglichst einheitlich und doch auf die politisch und kirchlich verschiedenen Verhältnisse abgestimmt sein. Daß das nicht immer einfach ist und nicht schnell zustandekommen kann, dürfte ohne weiteres einleuchten.
Die Beziehungen zu den *Ministerien* der vier Länder und zu den Schulabteilungen der Bezirksregierungen sind alle freundlich; besonders lebhaft und fruchtbar waren sie mit dem Kultusministerium von Nordrhein-Westfalen. Die Beziehungen zu den anderen Kirchenleitungen sind demgegenüber lockerer. Mit Westfalen, das zugleich die Lippische Kirche vertritt, fand allerdings regelmäßig alle zwei Monate ein umfassender Meinungsaustausch zwischen Mitgliedern der rheinischen Schulkammer und des Katechetischen Amtes von Westfalen statt. Eine Verständigung über gemeinsame Lehrpläne und Lehrbücher, mit denen Westfalen schneller herauskam als das Rheinland, war im Anfang nicht zu erreichen, rückt aber allmählich in greifbare Nähe.
Die Verhandlungen über das *Recht des Religionsunterrichts* im Lande Nordrhein-Westfalen haben fast auf allen Gebieten zu einer gemeinsamen Stellungnahme beider Kirchenleitungen geführt.
Die Zusammenarbeit mit den Kirchen von Rheinland-Pfalz führte zu einer Vereinbarung über ein Wort zur Volksabstimmung über die Schulbestimmungen der Landesverfassung, das aber von den anderen Kirchenleitungen im letzten Augenblick zurückgezogen wurde.
Zu den regelmäßig berufenen Konferenzen der Kirchen des Hessischen Staatsgebietes werden regelmäßig Vertreter der Rheinischen Kirche aus den Synoden Wetzlar und Braunfels herangezogen. Eine gegenseitige Verständigung mit den Schulreferenten und Mitgliedern der Schulkammern aller Gliedkirchen der EKD wurde angestrebt und erreicht auf der ersten Tagung der (unter der Leitung von Prof. Dr. Hammelsbeck stehenden) gesamtkirchlichen Kammer für Erziehung und Unterweisung. Daß das Büro dieser Kammer innerhalb der Rheinischen Kirche arbeitet und daß der Leiter der gesamtkirchlichen Kammer zugleich Mitglied der rheinischen Schulkammer ist, gewährleistet eine fruchtbare Arbeit und eine gesamtkirchliche Ausrichtung des gesamten pädagogischen Dienstes der rheinischen Kirche.
Die größte Sorge machte der Kirchenleitung die *staatsrechtliche Anerkennung der kirchlichen Vokation*, um die seit August 1945 gerungen wird. Die vom Staat gefor-

derte dogmatische und rechtliche Entscheidung der evangelischen Kirche über die Vokation als kirchliche Ordnung bzw. als Grundsatz der evangelischen Kirche ist durch Beschluß der 44. rheinischen Provinzialsynode vom Oktober 1946 getroffen worden. Die staatsrechtliche Anerkennung dieses kirchlichen Grundsatzes beabsichtigte das Kultusministerium innerhalb eines Erlasses zur Regelung des gesamten Rechtes des Religionsunterrichtes beider Konfessionen an den Schulen zu bringen, in welchem Erlaß in einer Bestimmung anerkannt wird, daß zur Erteilung des Religionsunterrichtes eine kirchliche Vollmacht (missio canonica bzw. vocatio) erforderlich ist.

Über diesen geplanten Erlaß in seinen verschiedenen Fassungen haben im Juli 1947 und im März, April und Juli 1948 Verhandlungen zwischen den berufenen staatlichen und kirchlichen Vertretern stattgefunden, in denen in allen wesentlichen Dingen ein sachlich vollständiges Übereinkommen zwischen Staat und evangelischer Kirche erzielt worden ist. Das Ministerium hat sich aber anscheinend vor dem teils vermuteten, teils offenbar gewordenen Widerstand aus Lehrerkreisen, besonders aus dem allgemeinen deutschen Lehrerverein und aus der Lehrergewerkschaft, und einzelner politischer Parteien gescheut, obwohl auch in diesen Kreisen weitgehendes Verständnis für die Notwendigkeit paritätischer Behandlung beider Konfessionen vorhanden ist. Eine gewisse Verzögerung ist auch aus dem zurückhaltenden Verhalten der katholischen Kirche gekommen, die an sich die staatliche Anerkennung der evangelischen Vokation unterstützt, die aber sich nicht eigentlich um die staatliche Anerkennung der von ihr seit langem in allen Schulen geübten missio canonica zu sorgen braucht, sondern statt dessen die Ausdehnung des geplanten ministeriellen Erlasses auf sämtliche Schularten zugunsten des Religionsunterrichtes als ordentlichen Lehrfachs an den Berufsschulen erstrebt.

Die Kirchenleitung ist im Einklang mit den Weisungen der letzten Provinzialsynode vor allem darum bemüht, in einer echten Begegnung mit den Lehrern ihr Vertrauen und ihr Verständnis für Wesen und Notwendigkeit der Vokation zu gewinnen. Die erforderliche rechtliche Regelung darf aber gleichviel nicht länger aufgeschoben werden, wenn das langsam wachsende, aber noch sehr zarte Vertrauensverhältnis zwischen Kirche und Schule nicht gleich in seinen ersten Anfängen durch die ungeklärte Rechtslage allerhand Gefahren ausgesetzt werden soll.

Auch in der Personalpolitik der Ministerien der Bezirksregierungen und Kommunalverwaltungen sind wir nicht zufrieden gestellt worden, wiewohl einige Wünsche berücksichtigt worden sind. Freilich muß nüchtern gesehen werden, daß für leitende Stellen in Schule und Unterrichtsverwaltung nur wenige evangelische Persönlichkeiten zur Verfügung stehen, die in gleicher Weise persönlich und fachlich, kirchlich und politisch voll geeignet erscheinen. Es könnte manches anders werden, wenn das Kultusministerium mit der leidigen Praxis brechen würde, die leitenden Posten nach der politischen Schlüsselzahl statt nach der fachlichen Eignung zu besetzen. Es kann uns nicht genügen, wenn parteipolitisch ausgesuchte Persönlichkeiten nur soweit als evangelisch zu bezeichnen sind, als sie ihr Kirchensteuerverhältnis zur evangelischen Kirche noch nicht gelöst haben.

Zufrieden können wir dagegen sein mit der Aufnahme unserer *Lehrpläne* für den Religionsunterricht. Die Pläne für die Volksschule sind gedruckt und werden verbreitet, die Pläne für die Mittelschulen und höheren Schulen sind eingereicht, ebenso Pläne für die Hilfsschulen. Allgemein gültige Pläne für den Religionsunterricht an den Berufsschulen konnten noch nicht festgestellt werden; über allgemeine Richtlinien soll eine Konferenz von erfahrenen Berufsschullehrern entscheiden. In allen Ländern haben die Regierungen wenigstens bisher durch ihre Praxis anerkannt, daß allein die Kirche in der Lage ist, Lehrpläne für den Religionsunterricht aufzustellen.

Einen entsprechenden Standpunkt hat das Kultusministerium von Nordrhein-Westfalen gegenüber den Lehrbüchern für die evangelische Unterweisung eingenommen. Es hat im Verein mit den Kirchen leidenschaftliche Angriffe auf alttestamentliche Geschichten, die aus Lehrerkreisen kamen, erfolgreich abgewehrt. Für die Volksschulen sind biblische Geschichten herausgekommen, die für eine neue Auflage überprüft und durch ein kirchengeschichtliches Buch ergänzt werden sollen. Für den Religionsunterricht an den höheren Schulen ist die Lehrbucharbeit über erste Ansätze noch nicht hinweggekommen. Ein wertvolles Lesebuch für evangelische Schulen ist im Erscheinen begriffen.
Gutes Verständnis haben wir bei den Regierungen auch für die Notwendigkeit kirchlicher Ergänzungslehrgänge gefunden, in denen solche Lehrer, die bisher noch gar keine oder keine ausreichende religionspädagogische Ausbildung erfahren haben, die fachlichen Voraussetzungen für die Erteilung des Religionsunterrichts erhalten. Eine den kirchlichen und staatlichen Bedürfnissen in gleicher Weise Rechnung tragende Gesamtregelung dieser oder ähnlicher Fortbildungskurse und Freizeiten steht in Aussicht.
Die freiwilligen Arbeitsgemeinschaften zwischen Lehrern, Pfarrern und Katecheten, in denen sich alle für die christliche Unterweisung verantwortlichen Kräfte in der Beugung unter Gottes Wort im gegenseitigen Geben und Nehmen in brüderlicher Gemeinschaft begegnen sollen, sind immer noch ein Gegenstand unserer Sorge. Die Kirchenleitung muß eine weit stärkere Beteiligung der Pfarrer an diesen Arbeitsgemeinschaften erwarten. Ohne eine Einstellung von mindestens zwei hauptamtlichen Kräften wird die Abhaltung von Lehrgängen und Freizeiten für Lehrer und eine einheitliche Ausrichtung der Arbeitsgemeinschaften nicht möglich sein.
Daß Katecheten notwendig sind und für ihre rechte Ausbildung und ihren sachgemäßen Einsatz Sorge getragen werden muß, ist übereinstimmende Erkenntnis aller Gliedkirchen der EKD. Die Kirchenleitung hielt es für erforderlich, noch weitere Erfahrungen auf dem Gebiet der Ausbildung und des Einsatzes von Katecheten zu machen, ehe sie selbst an die Errichtung einer eigenen katechetischen Schule herangeht und ehe sie das von der vorigen Provinzialsynode gewünschte Gesetz über das Amt des kirchlichen Katecheten vorlegt. Fest steht bereits schon jetzt, daß der Katechet nicht ausschließlich in der evangelischen Unterweisung eingesetzt werden kann, sondern daneben einen weiteren Dienst als Organist, Gemeindehelfer, Rendant usw. zum Ausgleich übernehmen muß.
Die von der letzten Synode geforderte kirchliche *Elternarbeit* beginnt langsam, ihre Konturen abzuzeichnen, nachdem verschiedene restaurative Versuche der Erneuerung der alten Elternbünde oder Schulgemeinden abgewehrt werden konnten. Die Richtlinien des Arbeitskreises »Elternhaus und Schule« scheinen die Möglichkeit einer fruchtbaren Elternarbeit auf gemeindlicher Basis zu geben.
Auch in der notwendigen Sammlung der evangelischen *Erzieher* kann es sich nicht um die Wiederbelebung alter Vereinsformen handeln. Es ist kirchlicherseits alles getan worden, um die Bildung falscher Fronten zu vermeiden, statt dessen die Lehrer willig zu machen, in allgemeinen Lehrervereinen bzw. der Lehrergewerkschaft mitzuarbeiten. Es hat sich aber herausgestellt, daß die programmatisch geforderte weltanschauliche Neutralität in Wirklichkeit oft nicht vorhanden ist, bzw. daß sich die Neutralität als Gegenkonfession auswirkt. Von der Erkenntnis der Notwendigkeit einheitlicher Erziehung aus müssen die evangelischen Lehrer auch als Stand auf dem Fundament evangelischen Glaubens in ganz neuen Formen gesammelt werden. Dies Werk muß aber der evangelischen Erzieherschaft selbst zur Ausgestaltung überlassen bleiben.
In der Behandlung aller dieser und mancher anderer pädagogischer Aufgaben wird die Kirchenleitung beraten und unterstützt von der *Schulkammer* der Evan-

gelischen Kirche der Rheinprovinz, deren Plenum zwar aus Raum- und Zeitgründen erst zweimal zu je zweitägigen Arbeitstagungen zusammentreten konnte, deren einzelne Glieder aber in der Zwischenzeit für die mannigfachsten Aufgaben, insbesondere auch zu zahlreichen fachlichen und vor allem persönlichen Einzelberatungen zur Verfügung standen.

Zur praktischen Durchführung ihrer pädagogischen Aufgaben ist die Kirchenleitung angewiesen auf die tatkräftige Mitarbeit der kreissynodalen Schulreferenten, die alljährlich zu zweitägigen Arbeitstagungen zusammentreten.

Neben den staatlichen Schulen ist auf evangelischer Seite das Privatschulwesen immer schwach entwickelt gewesen. Aber auch diese vereinzelten privaten evangelischen Schulen sind im Dritten Reich verlorengegangen. Bei den weltanschaulichen und politischen Gegensätzen in unserem Volk sind die öffentlichen Schulen schon immer ein ernster Gegenstand des Kampfes gewesen, der weithin mit Kompromissen geendet hat, die einen einheitlichen evangelischen und kirchlichen Geist der Höheren Schulen nicht garantieren. Zum andern folgt aus dem Diasporacharakter weiter Gebiete der Rheinischen Kirche, daß evangelische Eltern ihre Kinder nicht in evangelische höhere Schulen schicken können. Besonders im oberrheinischen und Nahegebiet war bisher für die Landgemeinden eine evangelische höhere Schule nicht vorhanden. Dem hier vorliegenden Bedürfnis der Heranbildung bewußt evangelischer Akademiker als Theologen, Studienräte und Juristen ist nunmehr Erfüllung geschenkt in der Errichtung des Paul-Schneider-Gymnasiums in Meisenheim a. Glan. Die dortige Stadtverwaltung hat die von ihr vor Jahrzehnten übernommene evangelische Lateinschule aus finanziellen Gründen der Rheinischen Kirche angeboten. Mit Befürwortung des Kultusministeriums des Landes Rheinland-Pfalz hat die französische Militärregierung die Errichtung eines kirchlichen Gymnasiums als Vollanstalt mit einer neusprachlichen Abteilung genehmigt, und die Kirchenleitung hat die ehemalige Lateinschule mit dem April 1948 als erste kirchliche höhere Schule am Oberrhein übernommen. In einem Vertrag mit der Stadt Meisenheim wurde die Überlassung in entgegenkommender Weise geregelt. Das Schulgebäude wurde wiederaufgebaut, ein Direktor in der Person des bisherigen Akademiedirektor Dr. Heß gewonnen, ein vollständiges Lehrerkollegium berufen und mit dem Herbst 1948 der volle Schulbetrieb eröffnet. Das für die Landschüler so dringend notwendige Internat wurde für etwa 30 Schüler vorläufig im Herzog-Wolfgang-Haus der Rheinischen Kirche untergebracht. In ihrer letzten Sitzung hat die Kirchenleitung den Ankauf der Spiesburg in Meisenheim beschlossen. Der günstige Kaufvertrag wird in diesen Tagen mit der Stadtverwaltung abgeschlossen werden. Damit erhält das Paul-Schneider-Gymnasium ein Internat für etwa 80 Schüler. Daneben kann vorläufig das Herzog-Wolfgang-Haus als Internat für Schülerinnen weiterbestehen. Die Einweihung der Schule wird im Dezember stattfinden. Die Finanzierung dieses großen Unternehmens wird maßgeblich aus Gaben bestehen, die regelmäßig von den Synoden des Schulerfassungsgebietes nach einem festgelegten Schlüssel aufzubringen sind. Daneben wird die ganze Rheinische Kirche durch Kollekten ihren Anteil mitübernehmen.

Neben dem Paul-Schneider-Gymnasium ist die früher der Kirchengemeinde Dierdorf gehörende Rektoratsschule wieder in den Besitz der Gemeinde übergegangen. Damit ist auch für die Landgemeinden des Kirchenkreises Wied eine evangelische höhere Schule gewonnen worden. Schüler der Dierdorfer Schule können jetzt die Oberstufe in Meisenheim durchlaufen. Diese Ergänzung der beiden Schulen ist sehr erfreulich. Auch an dem Ausbau der Julius-Stursberg-Schule im Kirchenkreis Moers zur Vollanstalt haben sich Kirchengemeinden und die Kirchenleitung beteiligt. Es ist begründete Hoffnung gegeben, daß diese Schule mit Internat in ihrem Bereich ihre alte Bedeutung als evangelische Anstalt wiedergewinnt.

8. Verhältnis zu anderen Kirchen

a) Es wird in Deutschland wenig Kirchen geben, die in einem so engen Kontakt miteinander stehen, wie die rheinische und westfälische Kirche. Die Leitungen beider Kirchen haben die nach 1945 begonnene Zusammenarbeit kräftig fortgesetzt. Die regelmäßigen Zusammenkünfte dieser Kirchenleitung der altpreußischen Union für die Westprovinzen führten in vielen Fällen zu gemeinsamen Notverordnungen für beide Kirchen, die der Synode zur Bestätigung vorgelegt wurden. Dadurch ist auch die Rechtsgestaltung beider Kirchen gleich geblieben. Der »Gemeinsame Rechtsausschuß« der Kirchen hatte in zahlreichen Fällen als letzte Instanz rheinische oder westfälische Fälle zu entscheiden. Darüber hinaus wurde der gegenseitige Austausch von geistlichen Kräften gepflegt und vor allem die Verbindung bei der Arbeit an der Neugestaltung der rheinisch-westfälischen Kirchenordnung aufrecht erhalten. Dadurch ist es gelungen, auch die heutige Vorlage eines Kirchengesetzes über die Leitung der Kirche beiden Synoden gemeinsam zu machen. Es könnte an dem Zusammengehen von Rheinland und Westfalen für die EKD etwas Beispielhaftes sein, wie Kirchen ohne Zwang in Freiheit miteinander ihre Ordnung übereinstimmend gestalten und überhaupt eine dauernde brüderliche Verbundenheit betätigen.

b) Die seit 1945 eingerichtete Konferenz der Kirchen der britischen Zone hat ihre Arbeit fortgesetzt, und wir haben uns ständig an den Beratungen in Bethel beteiligt. Es sind von dieser Konferenz gelegentlich auch gemeinsame Eingaben an die öffentlichen politischen Gewalten gemacht worden, z.B. in Sachen der Entnazifizierung.

c) Die rheinische Kirche ist gemäß der Eisenacher Grundordnung eine *selbständige Gliedkirche* der EKD. Aber sie ist immer noch im Verband der Evangelischen Kirche der altpreußischen Union. Wir haben diesen Verband nicht aufgelöst, wenn er auch durch die Treysaer Artikel von 1945, die von der vorigen Provinzialsynode anerkannt wurden, eine neue Form erhalten hat[31]. Es hat sich in den vergangenen Jahren gezeigt, daß die Treysaer Artikel den wirklichen Tatbeständen und Notwendigkeiten der neuen Lage entsprachen. Die östlichen und westlichen Provinzialkirchen haben ein immer stärker werdendes Einzelleben entwickelt und werden nicht mehr zentral von Berlin geleitet und verwaltet. Die noch vorhandene Kirchenleitung der altpreußischen Union in Berlin ist für die östlichen Kirchen das Leitungsorgan einer Bundeskirche, für die Gesamtheit der altpreußischen Kirche ist es mehr ein Bundesrat von brüderlich frei verbundenen Landeskirchen gemeinsamer Herkunft und Verantwortung. Daneben haben die Kirchenleitungen von Rheinland und Westfalen eine westliche Kirchenleitung der altpreußischen Union gebildet, die aber sich in keiner Weise als den beiden Kirchen übergeordnetes Organ verstand, sondern zu brüderlicher Beratung zusammenkam, um in allen notwendigen und geeigneten Angelegenheiten für beide Kirchen ein gemeinsames Vorgehen zu beschließen. De facto sind die früheren altpreußischen Provinzialkirchen in diesen Jahren selbständige Landeskirchen geworden, die östlichen zum Teil etwas weniger als die westlichen. Damit ist die Frage des Fortbestehens der Evangelischen Kirche der altpreußischen Union noch nicht erledigt, vielmehr liegen Vorschläge zur völligen Neugestaltung bereits vor, die auch eines Tages vor die beteiligten Kirchen zur Beratung und Beschlußfassung kommen müssen. Eine endgültige Lösung zu suchen, wäre im Augenblick verfrüht. Zur Zeit sind alle Provinzialkirchen im Osten nicht weniger als im Westen damit beschäftigt, sich selbst eine neue Ordnung zu geben, in denen überall der selbständige landeskirchliche Charakter deutlich wird. Erst nach Abschluß dieser Neuordnung wird man an die Frage herangehen können, in welcher Weise die Kirchengemeinschaft der altpreu-

---

31 Siehe unten S. 444ff.

ßischen Kirchengebiete innerhalb der EKD noch eine besondere Gestalt haben wird. Die Lösung dieser Frage hat jedenfalls nichts zu tun mit unserer Verbundenheit und Verantwortung, die wir allen Kirchen und Christen in der Ostzone Deutschlands schulden und nach Kräften zu betätigen willens sind.
d) In der EKD ist seit der letzten Provinzialsynode ein entscheidender Schritt vorwärts getan worden. Nach vielen, z.T. schweren und mühevollen Verhandlungen und Arbeiten ist es allen Schwierigkeiten zum Trotz im vergangenen Sommer zu der neuen Grundordnung der EKD gekommen. Die rheinische Kirchenleitung ist von Anfang an aufs stärkste für die EKD eingetreten und hat das Ihre getan, daß dieser neue Zusammenschluß der evangelischen Kirchen in Deutschland zur Evangelischen Kirche in Deutschland zustande kam, wobei für uns der Akzent begreiflicherweise darauf liegt, daß die EKD *Kirche* sei und sein möge. Die Kirchenleitung hat vorläufig der Grundordnung zugestimmt. Wir bitten die Synode, diesen Beschluß zu bestätigen und sodann die Abgeordneten zur ersten ordentlichen Synode der EKD in Bethel am 9. Januar 1949 zu wählen.
e) Auf Eisenach folgte *Amsterdam*. Wir stehen nicht nur in der Evangelischen Kirche in Deutschland, sondern auch in der Ökumene, in einem Maße, wie man das noch vor ein paar Jahren nicht für möglich gehalten hätte. Die rheinische Kirchenleitung hat in diesen Jahren eine immer ausgedehntere ökumenische Verbindung geschenkt bekommen und ihrerseits festgehalten. Wir standen mit Genf, Zürich (Schweizer Hilfswerk), England, Schottland, Holland, USA (Evangelical and Reformed Church) in lebhaftem Austausch. Unzählige Besuche haben wir empfangen, und die ersten dürfen jetzt erwidert werden. Aber wir haben auch mannigfache große Hilfe erfahren, worüber das Hilfswerk berichten kann. Die hier sich knüpfenden Bande dürfen nicht wieder zerreißen, im Gegenteil, sie müssen kräftiger als bisher gepflegt werden. Es kann heute keine Kirchenleitung in Deutschland mehr ohne ein ökumenisches Referat sein!

9. *Verhältnis zu den öffentlichen Gewalten (Staat)*

a) Es ergibt sich aus der Lage der Kirche in der Welt, daß eine Kirchenleitung mit den Vertretern der öffentlichen Gewalt in Beziehung treten muß. So hat die Kirchenleitung in den beiden Jahren zu den Inhabern der obersten Gewalt in Deutschland, den Besatzungsmächten, ihrer politischen Führung (z.B. Lord Pakenham) und Sachbearbeitern in einer dauernden einwandfreien Verbindung gestanden. Wir haben insbesondere bei den Vertretern von Religious Affairs Branch in Bünde (Wilson und Kingdon) ein echtes kirchlich-christliches Verständnis gefunden. Ebenso war es in Koblenz und Baden-Baden bei den entsprechenden Abteilungen der französischen Militärregierung. Hier sei besonders des französischen Feldbischofs und Bruders Sturm in Dankbarkeit gedacht.
Nicht ganz so leicht war es, den Kontakt im *Saarland* zu finden. Wir konnten den dort geäußerten Gedanken, im Saarland eine selbständige evangelische Kirche zu bilden, nicht entgegenkommen. Wir haben in zahlreichen Verhandlungen die unteilbare Einheit und Gemeinschaft der rheinischen evangelischen Kirche als einen *kirchlichen*, nicht politischen, sondern christlichen Tatbestand mit Erfolg vertreten. Diese Linie werden wir auch künftig einhalten, und, solange die evangelischen Gemeinden im Saarland daran festhalten, dürfen wir hoffen, daß den politischen Grenzen keine kirchlichen folgen werden.
b) Nachdem die Militärregierungen in Deutschland Länder und Staaten gebildet haben, ist das bisherige staatliche Gefüge der Rheinprovinz hingefallen. Die rheinische Kirche steht dadurch in der in Deutschland wohl einzigartigen Lage, daß sie sich über *vier* Länder erstreckt, von denen eins sogar zum französischen Wirtschaftsgebiet gehört. Wir haben mit drei Besatzungsmächten und vier verschiedenen Länder-Regierungen zu tun, was die Arbeit überaus vermehrt und

kompliziert. Die Einsetzung der drei Bevollmächtigten hat sich dabei sehr bewährt. Wir können auch innerhalb der Trizone noch nicht darauf verzichten, geschweige denn im Saarland.
Bei allen äußeren Verschiedenheiten und Schwierigkeiten kann gesagt werden, daß die Beziehungen der Kirchenleitung zu den Regierungen durchweg gut geblieben sind. Wir können uns im allgemeinen nicht beklagen, daß wir kein Verständnis für die kirchliche Arbeit gefunden hätten, obwohl es hier und da zu langwierigen Verhandlungen kam. Der preußische Staatsvertrag von 1930 gilt weiterhin als die Rechtsgrundlage des Verhältnisses von Kirche und Staat, vor allem in Nordrhein-Westfalen.
Als erfreuliches Zeichen eines vertrauensvollen Verhältnisses zwischen den Staatsregierungen und der evangelischen Kirche kann es gewertet werden, daß bei den *Verfassungsarbeiten* in Rheinland-Pfalz und Nordrhein-Westfalen die Kirche ausdrücklich zur Mitarbeit für die sie angehenden Gebiete herangezogen worden ist. Die Frucht dieser Arbeit ist z.B. für die Verfassung des Landes Rheinland-Pfalz sichtbar geworden. Auch bei dem z.Z. geplanten Gesetz zum Schutz der Feiertage wurden die evangelischen Kirchen in Nordrhein um ihre Stellungnahme und etwaigen Wünsche gefragt.
c) Das Verhältnis der Kirche zu den öffentlichen Gewalten ist nicht nur unmittelbar durch den Weg der Besprechungen und Verhandlungen bestimmt, sondern auch mittelbar durch das öffentliche Wort der Kirchenleitung in bestimmten Fragen des menschlichen Lebens. In diesem Wort wird der Dienst der Verkündigung seitens der Kirchenleitung in besonderer Weise wahrgenommen. Wir haben nicht so oft, als es von uns von verschiedenen Seiten gewünscht wurde, das Wort genommen, denn wir waren der Überzeugung, daß ein zu häufiges Reden, obendrein bei vielleicht zweitrangigen Anlässen, das Gewicht des Wortes entwerte. Getan haben wir es aber z.B. zur Moskauer Friedenskonferenz, zu § 218 (in Übereinstimmung mit der westfälischen Kirchenleitung) und zu Währungsreform und Lastenausgleich, jeweils unterstützt von der Arbeit des Sozialethischen Ausschusses der Synode, die hier einmal rühmend erwähnt sein soll, denn sie verdient Dank und Anerkennung.

10. *Vorbereitung zur Erneuerung der Kirchenordnung*

Die Kirchenleitung hatte von der vorigen Synode den Auftrag empfangen, die notwendige Erneuerung der rheinisch-westfälischen Kirchenordnung aus dem Geist des presbyterial-synodalen Denkens in Angriff zu nehmen. Wir haben es für sachgemäß gehalten, die Kreissynoden und Presbyterien der rheinischen Kirche zur Mitarbeit aufzurufen und ihre Stellungnahme zu den entscheidenden Fragen zu erbitten. Dem diente das Proponendum an die Kreissynoden von 1947 über die Ordnung und Leitung der rheinischen Kirche. Das Ergebnis dieser Befragung der Synoden war ein überraschend einhelliges Votum zu den vorgelegten Fragen, wobei sich manche Synoden durch eine wirklich gründliche Arbeit ausgezeichnet haben. Dieses Ergebnis ermutigte uns zu einem Entwurf der Kirchenordnung, der im wesentlichen die Abschnitte Gemeinde, Kreis- und Provinzialsynode umfaßte. Wir hielten einen solchen Entwurf für möglich, ja erforderlich, zumal der westfälische Kirchenordnungs-Ausschuß über bestimmte Fragen nicht weiterkam und wir dem von der rheinischen Synode bestellten Ausschuß eine Vorlage machen wollten, damit seine Arbeit dadurch erleichtert war. Der Ausschuß erhielt den Entwurf und wurde dann zu einer zweitägigen Konferenz berufen. Das Ergebnis dieser Beratung wurde in Druck gegeben und den Kreissynoden 1948 vorgelegt. Gleichzeitig wurde eine gemeinsame zweitägige Konferenz der rheinischen und westfälischen Ausschüsse gehalten, nachdem schon vorher eine Fühlungnahme der Vertreter beider Kirchenleitungen über den Entwurf stattgefunden hatte. Das

Ergebnis dieser gemeinsamen Beratung in Bethel war einerseits der Wille, die Erneuerung der rheinisch-westfälischen Kirchenordnung übereinstimmend weiterzuführen, andererseits die Beschränkung der Vorlage zur Provinzialsynode auf ein Kirchengesetz über die Leitung der Evangelischen Kirche in Rheinland und Westfalen. Der Gesamtentwurf der Kirchenordnung sollte erst zur nächsten Synode vorbereitet und durchgearbeitet werden.
Die rheinischen Kreissynoden wurden entsprechend unterrichtet und haben auf ihren Tagungen anhand der Vorlage Abschnitt V und VI über ein Kirchengesetz betr. die Leitung beraten. Die Ergebnisse dieser Kreissynoden wurden durchgearbeitet und lagen der letzten gemeinsamen Konferenz von Vertretern der rheinischen und westfälischen Kirchenleitung am 11. und 12. Oktober vor. Dort wurde dann die gemeinsame Vorlage für die beiden jetzt gleichzeitig tagenden Provinzialsynoden fertiggestellt. Wir hoffen, daß es gelingen möge, in beiden Synoden zu den gleichen Beschlüssen zu kommen, damit die Verbundenheit der beiden Kirchen auch im neuen Abschnitt ihrer langen gemeinsamen Geschichte sich bewährt. Bleiben wir in dieser Sache jetzt beieinander, haben wir die Zuversicht, daß wir auch bei der gesamten Neuordnung der rheinisch-westfälischen Kirchenordnung zu gemeinsamen Ergebnissen kommen werden. Und wir sind der Überzeugung, daß diese Gemeinsamkeit, die in voller Freiheit ohne Zwang geschieht, nicht nur für unsere Kirchen fruchtbar sein wird, sondern auch in der EKD ein beachtliches Zeichen aufrichten wird, wie sich große evangelische Kirchen um Einheit und Gemeinschaft in Freiheit und Brüderlichkeit erfolgreich bemüht haben. Wir glauben, daß wir dies unserer Geschichte und der Bedeutung der rheinisch-westfälischen Kirchenordnung für die Evangelische Kirche in Deutschland schuldig sind.
Nachdem in Rheinland und Westfalen die kirchlichen Körperschaften neu gebildet worden sind, haben es die Kirchenleitungen für ihre Pflicht gehalten, die Provinzialsynoden so bald wie möglich einzuberufen, damit diese nunmehr die Leitungen ihrer Kirchen gemäß ihrer Vollmacht und Verantwortung ordneten. Es gilt, die uns noch gegebene Zeit recht zu nutzen und rechtlich klare Verhältnisse zu schaffen, insbesondere echte synodale Organe der Leitung und Verwaltung zu bestellen, die dem Wiederaufbau der rheinischen und westfälischen Kirche kraftvoll dienen können.
Damit ist mein Bericht unmittelbar bis zur Aufgabe dieser Synode vorgedrungen. Gott wolle uns in seiner Gnade geben, daß wir diese Aufgabe recht erfüllen und wir unserer Kirche den Dienst erweisen, der zu ihrer rechten Auferbauung Frucht bringt.

In dieser Synode wurde der erste Bestandteil der neuen Kirchenordnung beschlossen: das Kirchengesetz über die Leitung der Evangelischen Kirche im Rheinland, gleichzeitig auch in Bielefeld-Bethel das entsprechende Gesetz der westfälischen Landessynode. Beide Kirchen hörten damit auf, »Provinzialkirchen der Evangelischen Kirche der altpreußischen Union« zu sein. Das entscheidende an dem Gesetz war die Beseitigung der dreifach gegliederten Leitung (Synode, Konsistorium, Generalsuperintendent) durch die Rückkehr zur alten Synodalverfassung. Der Synodalpräses ist die geistliche Spitze der Landeskirche. Er faßt das Leitungsamt von Synode, Kirchenleitung und Landeskirchenamt in seiner Person zusammen. Der grundlegende Satz lautet: Die Evangelische Kirche im Rheinland wird von der Landessynode geleitet. Und: Das Präsidium der Landessynode ist die Kirchenleitung. Ihr ist das Landeskirchenamt dienstlich unterstellt.
Nach Verabschiedung des Gesetzes wurde die erste synodale Kirchenleitung ge-

wählt. Superintendent Heinrich Held wurde Präses, ich sein Stellvertreter und zugleich Theologischer Dirigent des Landeskirchenamtes.
Jetzt begann im Synodalausschuß für Kirchenordnung die Arbeit an der neuen Kirchenordnung. An ihr wurde bis 1952 gearbeitet. Sie trat zum 1. Januar 1953 in Kraft. Sie war nie »endgültig«; vielmehr wurde an ihr in Einzelheiten – nicht in der Hauptsache der presbyterial-synodalen Ordnung – durch die Jahre von 1953 bis heute immer wieder geändert.
Wegen der theologischen Bedeutung der Kernprobleme der presbyterial-synodalen rheinischen Kirchenordnung einschließlich ihrer Unionsprobleme seit 1852 lasse ich hier meine Einführung zur zweiten Lesung der Kirchenordnung folgen[32]; sie war die abschließende Ausführung seit 1946 zum Thema Kirchenordnung:

I.

Lassen Sie mich nun zu der Materie selbst übergehen, und zwar zunächst Stellung nehmen zu der Frage des *Grundartikels*. Es wird den meisten in unserer Mitte bekannt sein, daß gegen die Formulierung unserer ersten Lesung allerlei Angriffe in der Öffentlichkeit vorgebracht worden sind. Es hat ein offener Brief in der Lutherischen Kirchenzeitung gestanden[33], und es hat darüber hinaus allerlei Dokumente gegeben, aus denen ersichtlich war, daß man gegenüber den Formulierungen des Grundartikels Bedenken geltend zu machen hatte. Diese Bedenken haben auch dazu geführt, daß sich der lutherische Konvent im Rheinland an eine größere Anzahl von theologischen Fakultäten gewandt hat, um sie um ein Gutachten über die Grundartikel der Evangelischen Kirche im Rheinland zu bitten. Einige von diesen Fakultäten haben, wie wir festgestellt haben, teils insgesamt, teils durch Beauftragung eines oder einzelner Mitglieder darauf geantwortet. Leider sind wir nicht in den Besitz aller Gutachten gekommen. Von den Fakultätsgutachten ist uns nur eins übersandt worden, nämlich dasjenige, das aus dem Kreise der Theologischen Fakultät Münster verfaßt worden ist. Ein zweites Gutachten soll Professor Gollwitzer gemacht haben. Wir haben es nicht bekommen und konnten uns deswegen nicht damit beschäftigen. Ferner ist ein Gutachten von Heidelberg erbeten worden. Aber die Fakultät als solche hat dazu nicht Stellung genommen. Dagegen hat Professor Brunner ein größeres Werk geschrieben, das mehr als ein Gutachten ist, nämlich ein 76 Seiten umfassendes Werk über die Frage »Union und Lutherisches Bekenntnis«. Man sieht daraus, wie stark offenbar die Bedenken gewesen sind, die gegen unsere Formulierungen vorlagen. Auch unsere westfälischen Brüder haben sich mit dem, was wir beschlossen haben, nicht ohne weiteres einverstanden erklären können. Sie haben uns deswegen ja auch gebeten, mit ihnen zusammen noch einmal zu versuchen, eine gemeinsame Formulierung zu finden. Diese gemeinsame Formulierung, die wir in der Kirchlichen Hochschule Anfang April gefunden haben, ist Ihnen zugegangen. Sie ist eine Abänderung gegenüber dem bisherigen Vorschlag, wobei in Artikel I eine gewisse Umstellung vorgenommen ist. Hier sind keine wesentlichen Änderungen vollzogen worden. In Artikel II ist der besonders umstrittene Satz: »Im Glauben an das Evangelium, wie es in den reformatorischen Bekenntnissen übereinstimmend bezeugt ist, haben alle Gemeinden der Evangelischen Kirche im Rheinland untereinander Gemeinschaft am Gottesdienst und an den heiligen Sakramenten und sind in einer Kirche verbunden« geändert worden. Dieser Satz hat zu der längsten, umfassendsten und ausgiebigsten Diskussion geführt, und Sie sehen, in welcher Weise wir versucht

---

32 Prot. Landessynode 1952, S. 57ff.
33 Ev.-Luth. Kirchenzeitung 1951, S. 11 – Brief von Pfarrer Lic. Mundle an mich

haben, mit Westfalen zusammen diesen II. Teil zu formulieren. Und schließlich ist auch, was den III. Teil des Grundartikels angeht, eine gewisse Umformulierung, aber nicht von grundsätzlicher Bedeutung, mit den westfälischen Brüdern versucht worden. Wir haben uns mit ihnen darauf geeinigt, und wir wollten damit zum Ausdruck bringen, daß uns in der Tat viel daran liegt, daß dieser Grundartikel nach Möglichkeit auch im Wortlaut übereinstimmend formuliert werde. Zwischen den westfälischen und den rheinischen Vertretern, die in Wuppertal zusammen waren, bestanden eigentlich keine sachlichen Differenzen, sondern mehr Differenzen in der Ausdrucksweise, wie man diese oder jene Sache in der Formulierung am besten zum Ausdruck bringen möchte.

Es ist uns von verschiedenen Seiten vorgehalten worden, daß die rheinische Kirche mit dem ersten Entwurf, den sie hier aufgestellt habe, eine Konsensusunion eingeführt hätte oder einführen wolle. Ein ordentliches Durcharbeiten des Textes muß dazu führen, daß man erkennt, daß das nicht der Fall ist. Es ist auch behauptet worden, es wäre darin eine Veränderung des Bekenntnisstandes vollzogen worden. Auch dieses kann im Ernst nicht behauptet werden. Im übrigen muß natürlich die Möglichkeit bestehen, daß eine Kirche ihren Bekenntnisstand ändert, genau so, wie er einmal so gestaltet worden ist. Es wäre eine merkwürdige theologische Überzeugung, der Kirche überhaupt eine Änderung des Bekenntnisstandes zu versagen. Ich glaube, daß es übereinstimmende Meinung unter uns sein müßte, daß es tatsächlich in der Kirche die Möglichkeit einer solchen Änderung gibt. Man kann also *grundsätzlich* eine solche Möglichkeit nicht bestreiten. Aber wir können doch auf der anderen Seite versichern, es ist uns nicht darum gegangen, den Bekenntnisstand zu ändern. Es ist uns nur darum gegangen, das auszusprechen, worin wir miteinander als Kirche verbunden sind. Nun kann jemand behaupten: Das ist nicht wahr, was ihr sagt. Nun, über den Tatbestand, daß wir so verbunden sind, läßt sich nicht streiten. Denn das müssen wir verantworten, die wir uns als so verbunden bekennen und das bekennend aussagen. Ich glaube, das muß ganz deutlich gesagt werden. Aber auf der anderen Seite muß auch ausgesprochen werden: Eine Konsensusunion als Grundartikel müßte anders aussehen als unsere Formulierungen, die hier stehen. Da würde nichts mehr gesagt werden dürfen von unter uns bestehenden Lehrunterschieden. Da würde nichts mehr gesagt werden können, daß wir Gemeinden verschiedenen Bekenntnisses unter uns haben und daß in der einen Gemeinde die Confessio Augustana, in der anderen der Heidelberger Katechismus gilt, sondern es müßte irgendwie zum Ausdruck gebracht werden, daß das alles überholt ist, und zwar durch ein neues Bekenntnis. Heute morgen ist davon geredet worden, daß wir in der Evangelischen Kirche im Rheinland in dieser Wirklichkeit stehen, nämlich daß wir einen *Konsensus* haben und daß ein *Dissensus* vorhanden ist und daß eben – wie in der APU und doch wohl auch in der EKD – der unter uns vorhandene Konsensus den unter uns vorhandenen Dissensus umgreift und umschließt. Das Verhältnis dieses Konsensus und Dissensus zueinander recht auszusprechen, ist das Problem, das uns in unserer Vorlage beschäftigt hat.

Ich habe eben von den Gutachten gesprochen, die angefordert worden sind. Ich möchte nicht auf andere Veröffentlichungen eingehen, die in letzter Zeit geschehen sind, sondern ganz kurz davon sprechen, in welcher Weise unsere Arbeit zum Gegenstand einer theologischen Kritik gemacht worden ist. Von den lutherischen Mitgliedern der theologischen Fakultät in Münster ist in einem Gutachten im ersten Abschnitt am Schluß etwa folgendes gesagt: »Die rheinische Kirche stellt sich also als Bund bekenntnisbestimmter Gemeinden dar, die unter gemeinsamer Verwaltung und unter Wahrung der Kanzel- und Abendmahlsgemeinschaft zusammengeschlossen sind. Die fortdauernde Geltung des Bekenntnisstandes der Gemeinden ist für die Landeskirche konstitutiv. Die Landeskirche selbst hat kein Bekenntnis. Sie beschränkt sich darauf, die höhere kirchliche Verwaltung wahrzunehmen.«

Sie sehen daraus: dies ist eine Behauptung, die der Wirklichkeit, in der wir leben, nicht entspricht. Sie mag sich theoretisch so darstellen. Aber in Wirklichkeit gibt es nicht bloß bekenntnisbestimmte Gemeinden, die unter einer gemeinsamen Verwaltung stehen. Sie sind in den Kreissynoden verbunden, die nicht nur verwalten. Sie sind vertreten in einer gemeinsamen Landessynode, in der nicht nur verwaltet, in der fast überhaupt nicht verwaltet wird, sondern in der viel wesentlichere Dinge getrieben werden. Und die Behauptung, daß die Landeskirche kein Bekenntnis habe, ist reichlich kühn. Ich meine, das könnte man im Ernste nicht sagen.

Sie sehen hieraus schon, daß man nicht einfach von einer bestimmten Formulierung aus dem vorigen Jahrhundert her Feststellungen treffen kann, die heute gelten sollen. Ebenfalls gilt das von dem zweiten Punkt, der in diesem Gutachten ausgesprochen ist: »Nicht die evangelische Kirche im Rheinland kann für sich in Anspruch nehmen, Kirche im Sinne von CA VII zu sein, sondern lediglich ihre Gemeinden, die sich ihrem Bekenntnis unterstellt wissen.«

Ich verstehe hierin das lutherische Gutachten nicht. Es hätte nach meiner Ansicht heißen müssen: »sondern lediglich die lutherischen Gemeinden, die sich ihrem Bekenntnis unterstellt wissen«. Ich glaube nicht, daß das auch für die reformierten Gemeinden gelten dürfte, man müßte sonst der merkwürdigen Meinung sein, die ja heute öfter ausgesprochen wird, daß die Kirche in jedem Fall ein Bekenntnis haben muß, unbeschadet der Frage, ob das mehr oder weniger richtig ist. Wenn sie aber kein so oder so formuliertes Bekenntnis hat, dann ist sie auf jeden Fall keine Kirche. Das ist ja der Vorwurf, der gegen die APU gemacht wird, während man von anderen bekenntnisbestimmten Kirchen, wie den reformierten, sagt: sie sind jedenfalls eine Kirche, weil sie ein bestimmtes Bekenntnis haben. Aber die Unionskirchen, weil sie kein bestimmtes Bekenntnis haben, sind keine Kirchen!

Ich glaube, so geht es wirklich nicht. Ferner können wir uns in dieser Sache auf gar keinen Fall in der Richtung festlegen lassen, daß es zwischen lutherischen und reformierten Gemeinden nur eine *Verwaltungs*union geben könne. Denn in Wirklichkeit ist dieser Status, der vielleicht einmal bestanden hat vor vielen Jahren, Jahrzehnten, vielleicht vor 1835, völlig überwunden.

Auf die anderen Fragen brauche ich hier nicht einzugehen. Ich glaubte, das kurz andeuten zu müssen, weil es mir wichtig erscheint, auf den Hauptpunkt hingewiesen zu haben, daß alle Argumentationen letzten Endes von dem ausgehen müssen, was unter uns als gemeinsames Bekenntnis miteinander bekannt wird und uns in unserem kirchlichen Handeln miteinander verbindet.

In ganz anderer Weise hat sich in der Sache unser früherer Synodaler Peter *Brunner* in Heidelberg geäußert, von dem wir hoffen, daß das ganze Buch, das er über Union und lutherisches Bekenntnis geschrieben hat, einmal gedruckt veröffentlicht werden kann.[34] Hier scheint es mir wichtig zu sein, daß er in den Kapiteln über die grundsätzliche Beurteilung der Union einige Dinge sagt, die ich doch einmal vorgelesen haben möchte, damit die Synode sieht, in welcher Weise auch von einer betont lutherischen Stellung die Wirklichkeit, in der wir uns befinden, beurteilt und dargestellt werden kann.

Ein rechtlich feststellbarer Bekenntnisstand gehört nicht zu den Kennzeichen der einen heiligen apostolischen Kirche. Diese Kirche lebt aus der lebendigen Stimme des gegenwärtig verkündigten apostolischen Wortes und aus den von Christi Stiftung herkommenden und

---

34 Das Lutherische Bekenntnis in der Union. Ein grundsätzliches Wort zur Besinnung, zur Warnung und zur Geduld, Gütersloh 1952

in diesem Stiftungszusammenhang gespendeten Sakramenten. Für den an das lutherische Bekenntnis gebundenen Christen muß eine Frage allen anderen Fragen übergeordnet bleiben, nämlich: Wo höre ich diese lebendige Stimme der apostolischen Zeugen heute? Wo werden heute die von Christus gestifteten Sakramente gemäß der Stiftung Christi gespendet? Diese beiden Fragen können offenbar nicht voneinander abgetrennt werden, so wenig wie das Wort und Sakrament voneinander geschieden werden können.
Diese für meine Kirchenzugehörigkeit dringlichste Frage kann offenbar nicht in erster Linie durch den Hinweis auf einen bestimmten feststellbaren Bekenntnisstand einer Gemeinde oder einer Kirche beantwortet werden. Wir wissen aus Erfahrung, zumal aus der Zeit der Herrschaft der deutsch-christlichen Irrlehre, welcher Gegensatz zwischen dem kirchenrechtlich-eindeutigen Bekenntnisstand und der gegenwärtigen Verkündigung in einer Gemeinde oder auch in einer Kirche bestehen kann. Der Hinweis darauf, daß dies ein anormaler Zustand sei, der auf ein Versäumnis der Kirchenleitung zurückgehe, hilft nicht weiter. Ich bin jetzt und hier, für den kommenden Sonntag, auf die Verkündigung des apostolischen Evangeliums und die stiftungsgemäße Feier des heiligen Abendmahls angewiesen. Ich kann daher die Frage, wo die Kirche Jesu Christi jetzt und hier die Zeichen ihrer Gegenwart aufrichtet, letzten Endes nur dadurch beantworten, daß ich in die im Namen Jesu versammelte Gemeinde hineingehe und ihrem Gottesdienst beiwohne. Hier wird es sich entscheiden, ob ich die Stimme des apostolischen Evangeliums höre und die von Christus gestifteten Sakramente finde.
Wählen wir diesen Ausgangspunkt für unsere Überlegungen, dann werden wir befreit werden von einem falschen abstrakten Operieren mit einem abstrakten Bekenntnisbegriff. Wir werden zunächst in dem von der Schrift selbst gebotenen Abstand gegenüber der Bekenntnisstandfrage gestellt. Dieser Abstand läßt sich etwa so ausdrücken:
Entscheidend für die Entdeckung der einen apostolischen Kirche in meiner Umgebung ist nicht die Feststellung eines kirchenrechtlich einwandfreien Bekenntnisstandes, sondern die Feststellung: Hier höre ich die lautere apostolische Stimme, hier finde ich die von Christus eingesetzten Sakramente. Aber diese Erkenntnis stellt uns gleichzeitig in eine große Not. Zwar ist unsere gottesdienstliche Erfahrung beschränkt. Aber sie reicht doch aus, um uns in Unruhe zu versetzen über die Frage: Ist die Stimme der Apostel in den Gottesdiensten unserer Gemeinden tatsächlich in ungetrübter Klarheit auf dem Plan? Was in unseren Kirchen gepredigt wird, steht bald mehr, bald weniger unter den Auswirkungen der neueren Theologie- und Geistesgeschichte. Die Frage, was zum Inhalt einer Verkündigung gehört, die als Weitergabe der apostolischen Stimme angesehen werden darf, ist unter den Theologen und Pfarrern bekanntlich in einem erschreckenden Maße kontrovers geworden. Es ist richtig, daß die damit verbundene Auflösung und Zersetzung der kirchlichen Verkündigung als eine ernste Gefahr quer durch alle Landeskirchen »unbeschadet« ihres Bekenntnisstandes hindurchgeht. In derselben Gemeinde kann u.U. so verschieden gepredigt werden, daß man Mühe hat, in der einen Predigt überhaupt noch eine Erinnerung an die apostolische Stimme zu hören, während die andere als ein deutliches Echo dieser Stimme dankbar aufgenommen werden darf. Niemand von uns kann gleichzeitig die Verkündigung in einer Landeskirche oder in mehreren Landeskirchen hören und beurteilen. Gott hört sie gleichzeitig. Vor Gott ergeht auch ein Urteil über diese auf allen Kanzeln gleichzeitig erschallende Stimme. Wir kennen Gottes Urteil nicht. Wir sollen *sein* Urteil nicht vorausnehmen. Aber Gottes Urteil ergeht sicher nicht in erster Linie über den rechtlichen Bekenntnisstand dieser Kirchen, sondern über das, was in ihnen tatsächlich gepredigt wird. Könnte es nicht sein, daß nach Gottes Urteil die Stimme seiner apostolischen Zeugen heute in einer Kirche mit einem dogmatisch sehr problematischen Bekenntnisstand klarer, eindeutiger erschallt als in einer Kirche, deren Bekenntnisstand zwar einwandfrei zu sein scheint, deren Predigt aber von der apostostolischen Klarheit und Fülle nach Gottes Urteil weit, weit entfernt ist? Wo erscheint in diesem Falle die Kirche Jesu Christi?
Man wendet freilich ein, daß der eindeutige Bekenntnisstand das Mittel sei, um der drohenden Zersetzung der apostolischen Stimme in unserer Kirche zu wehren. Dieser Einwand enthält eine Wahrheit, auf die wir zurückgreifen werden. Aber dieser Einwand überzeugt zunächst nicht. Wo ist in dem Umkreis der EKD eine Kirche, die imstande wäre, ihren Bekenntnisstand in der gegenwärtigen Predigt so zu aktualisieren, daß der Inhalt der in ihr geltenden Bekenntnisse sich in dem Inhalt ihrer sonntäglichen Predigt eindeutig und unverkürzt widerspiegelt? Richten wir unser Augenmerk auf die altkirchlichen Glaubensbekenntnisse, die in allen unseren Kirchen gemeinsam gelten. Inwiefern bestimmt ihr konkre-

ter Inhalt die Predigten in unseren Kirchen? Nehmen wir an, ein Ordinator führt ein verantwortliches Ordinationsgespräch mit einem Ordinanden. Der Ordinand erklärt, daß er die Trinitätslehre des Athanasianums nicht in ihrem eigentlichen Sinne, sondern nur als Ausdruck einer heilsökonomischen Entfaltung des göttlichen Heilshandelns verstehen könne. Welcher Ordinator hätte die innere Vollmacht, dem Ordinanden zu erklären, daß er unter diesen Umständen nicht ordiniert werden könne? Vielleicht wendet sich das Ordinationsgespräch zur jungfräulichen Geburt Jesu. Der Ordinand erklärt, daß die betreffenden Worte in den Bekenntnissen für ihn nur insofern eine verbindliche Auslegung der Heiligen Schrift darstellen, als die Aussage von der jungfräulichen Geburt Jesu versuche, die Einzigartigkeit der Person Jesu »symbolisch« zum Ausdruck zu bringen. Die Aussage von der jungfräulichen Geburt Jesu sei als eine mythologische Redeweise zu verstehen, in der »die kerygmatische Bedeutung« der Person Jesu zum Ausdruck komme. Tatsächlich aber habe Jesus wie alle anderen Menschen einen leiblichen Vater gehabt. – Ist es auch nur denkbar, daß es einen Ordinator geben könne, der in unserer gegenwärtigen theologischen Lage einen solchen Ordinanden wegen einer solchen Stellungnahme von der Ordination zurückweisen würde? Wenn das Ordinationsgespräch sich zur Auferstehung, Himmelfahrt und Wiederkunft Christi wendet, wird es gewiß in ein entscheidendes Stadium eintreten. Aber auch hier tauchen für beide Beteiligten unter Umständen eine Fülle von ähnlichen Schwierigkeiten auf. Wie das Gespräch hier auch enden mag – es dürfte deutlich sein, daß die mit der Ordination verbundene Verpflichtung bereits in den grundlegendsten gemeinchristlichen Bekenntnisaussagen einer verantwortlichen Kirchenleitung und einem seiner theologischen Überzeugung gegenüber sich verantwortlich wissenden aufrichtigen Ordinanden eine Fülle von bedrückenden, schier unlösbaren Nöten bereitet, die noch diesseits von der Frage nach der dogmatischen und ekklesiologischen Bedeutung des Dissensus zwischen lutherischem und reformiertem Bekenntnis liegen. Trifft es nicht zu, daß der Dissensus zwischen dem lutherischen und dem reformierten Bekenntnis verschwindend klein ist, verglichen mit dem Dissensus zwischen der in der Schule Bultmanns sich abzeichnenden dogmatischen Christologie einerseits und der trinitarischen und chalcedonensischen Christologie der reformatorischen Bekenntnisse andererseits, um von dem Dissensus zwischen der Lehre von der Autorität des Kanons, die diese Schule zu entwickeln beginnt, und der Schriftgebundenheit der reformatorischen Bekenntnisse ganz zu schweigen? Dazu kommt, daß die Frage nach der dogmatischen und ekklesiologischen Bedeutung des Dissensus zwischen den reformatorischen Bekenntnissen überhaupt erst dann als eine Entscheidungsfrage erkannt werden kann, wenn diese Frage im Zusammenhang mit den Artikeln von der hohen Majestät Gottes (Schmalk. Art. Teil I) aufgeworfen wird. Es ist sinnlos, über die Frage zu diskutieren, ob die Tauflehre des Heidelberger oder des Lutherischen Katechismus die Substanz des Evangeliums berührt, wenn die Frage nach der Gottmenschheit Jesu Christi und unserer leiblichen Auferstehung von den Toten am Jüngsten Tag in der Schwebe bleibt.
Es trifft daher zu, daß die Not der Evangelischen Kirche in Deutschland – und gewiß auch anderswo – viel tiefer liegt als in der mangelnden Lösung des sogenannten konfessionellen Problems im engeren Sinn des Wortes. Es trifft auch zu, daß diese der Kirche an die Wurzel greifende Not mit einer rechtlichen Regelung des Bekenntnisstandes nicht behoben werden kann. Wer wollte leugnen, daß ein Prediger, der sich an das lutherische Bekenntnis gebunden weiß, beispielsweise aus der Lehre und Verkündigung eines Kohlbrügge die apostolische Stimme des Evangeliums wesentlich reiner und ungebrochener vernimmt als aus der Lehre und Predigt mancher für »lutherisch« geltender Theologen? Es trifft zu, daß im Blick auf die Wiederherstellung der Apostolizität der Verkündigung der *entscheidende* Schritt die Aktualisierung dessen wäre, was die lutherischen Bekenntnisse und der Heidelberger Katechismus zusammen mit den altkirchlichen Glaubensbekenntnissen als Inhalt des apostolischen Evangeliums gemeinsam bezeugen. Wenn heute Lutheraner und Reformierte das Evangelium so predigen könnten, wie es auf Grund des gemeinsamen Inhaltes ihrer Bekenntnisse gepredigt werden müßte, wenn sie durch eine solche Predigt die Gefahr einer tiefgreifenden Zersetzung der apostolischen Verkündigung überwinden könnten, dann wäre zweifellos der *größere*, ja der *entscheidende* Schritt zur Wiederherstellung der Apostolizität der Verkündigung unserer Kirche getan.
Es soll nicht bestritten werden, daß an der tiefgreifenden Bedrohung der Apostolizität unserer Kirche auch die Einführung der Union und die damit notwendig verbundene Lockerung der Bekenntnisbindung wesentlich beigetragen hat. »Ganz abgesehen von der Freizügigkeit, müssen wir uns klarmachen, daß wir in der vierten Generation seit der Union leben

und daß die ehemals festgefügten Sonderbekenntnisse sich schon in der zweiten Generation zu verwischen begonnen haben. Die übermäßige Betonung des Unionsgedankens durch das Kirchenregiment hat eben jene Überzeugung großgezogen, es gäbe nur ein einheitliches evangelisches Bekenntnis; das ist heute erreicht. Wer aber glaubt, daß damit der evangelischen Sache gedient worden sei, der dürfte sich in einem großen Irrtum befinden. Erreicht worden ist lediglich eine Verflachung der Anschauungen und nicht mehr.« Das ist nicht das Urteil eines »konfessionalistischen« Theologen, sondern des Professors des Staats- und Kirchenrechts Joh. V. Bredt (Kirchenrecht, Bd. II, S. 674). Die Unionsurkunden des zweiten und dritten Jahrzehntes des 19. Jahrhunderts sprechen im Blick auf die damals bereits eingetretene Auflösung des dogmatischen Bewußtseins eine deutliche Sprache. Die rückläufige Bewegung in der Unionstendenz, die im Zusammenhang der Erweckungsbewegung und der konfessionellen theologischen Besinnung sich auch in Preußen bemerkbar gemacht hat, hat die von Bredt geschilderte Wirkung der Union nicht verhindern können. Es wäre aber ungerecht und den geschichtlichen Tatsachen widersprechend, die Union *in erster Linie* für die Gefährdung der Apostolizität der kirchlichen Verkündigung verantwortlich zu machen. Manche unierte Gemeinden im Westen haben das apostolische Wort im vorigen Jahrhundert gewiß reiner bewahrt als viele Gemeinden in lutherischen Landeskirchen. Wenn die Geschichte des Widerstandes der evangelischen Kirche gegen die Verkündigung der Deutschen Christen und ihr Kirchenregiment geschrieben wird, wird sich zeigen, daß der rechtliche Bekenntnisstand der Kirchen und Gemeinden nicht der Grund dafür gewesen ist, weshalb in dem einen Kirchengebiet die Irrlehre verheerender ausbrach als in dem anderen, oder in dem einen Kirchengebiet die Abweichung schärfer erfolgte als in einem anderen. Auch diese Überlegung bestätigt, daß die Existenz der Kirche gewiß nicht an einer korrekten Lösung des Unionsproblems hängt. Dennoch darf die Bedeutung dieses Problems nicht unterschätzt werden, wenn es uns ernstlich um die Wiederherstellung der apostolischen Botschaft in ihrer Reinheit und Fülle geht.
Bekenntnisschriften sind keine Kennzeichen der Kirche, aber Bekenntnisschriften stehen im Dienste der Erhaltung dieser Kennzeichen. Die lutherischen Bekenntnisschriften stehen zu der Erhaltung dieser Kennzeichen in einem besonders engen Dienstverhältnis. Sie sind der Überzeugung, daß eine Predigt, die durch das in ihnen ausgesprochene Verständnis des Evangeliums inhaltlich bestimmt wird, in sachlicher Kontinuität mit der Predigt der Apostel steht. Gegenwärtige bekennende Bezeugung dieses in den lutherischen Bekenntnisschriften ausgesprochenen Verständnisses des Evangeliums – nicht eine bloße kirchenrechtliche Geltung dieser Schriften – würde tatsächlich die apostolische Stimme des Evangeliums in ihrer Reinheit und in ihrer Fülle unter uns zur Geltung bringen. Wer lediglich das den reformatorischen Bekenntnissen Gemeinsame gegenwärtig bekennend bezeugt, wird wahrhaftig durch diese Verkündigung den Menschen das rettende Heil bezeugen. Das kann und soll nicht bestritten werden. Rettung vom ewigen Tod geschieht gewiß in der ganzen Christenheit, auch außerhalb des Geltungsbereiches der reformatorischen Bekenntnisse. Aber durch Verdunkelung und Verkürzung des apostolischen Evangeliums und durch seine Vermengung mit fremden Zusätzen wird das Heil eines Menschen ernstlich gefährdet. Das hat Luther erlitten. Die Frucht seines Leidens ist das unaufgebbare Verlangen und Drängen der evangelischen Kirche nach dem hellen, unverkürzten und von allen fremden Zutaten befreiten apostolischen Wort in seiner kanonischen Mitte, Ganzheit und Fülle. Wir leugnen nicht, daß in einer Kirche oder in einer Gemeinde, deren Pfarrer nur die Bibel haben und keinerlei Bekenntnisverpflichtung eingehen, dennoch Gottes Wort in seiner kanonischen Mitte, Ganzheit und Fülle aufbrechen kann. Wir bestreiten nicht, daß die Kirche, die ihre Pfarrer auf bestimmte Bekenntnisse verpflichtet, in der gegenwärtigen Lage der Christenheit durch eine solche Verpflichtung verhältnismäßig wenig für die Hervorbringung und Erhaltung der apostolischen Verkündigung in der Predigt dieser Pfarrer tun kann, solange sie nicht imstande ist, über die Geltung dieser Bekenntnisse Klarheit zu schaffen und die eingegangene Lehrverpflichtung tatsächlich durchzusetzen. Aber wir behaupten, daß die Kirche kein Mittel beiseite legen darf, das ihr bei der Gefährdung ihrer Verkündigung helfen kann, die Auflösung ihrer Substanz und damit ihre eigene Auflösung abzuwehren. Darum darf die Kirche nicht darauf verzichten, ihre Prediger auf diejenigen Bekenntnisse in einer konkreten Weise zu verpflichten, die, wenn sie wirklich aktuell bekannt und der Verkündigung als bestimmende Erkenntnisse zugrunde liegen, das apostolische Evangelium in seiner kanonischen Mitte, Ganzheit und Fülle an den Tag bringen. Es ist die seelsorgerliche Verantwortung der Kirche für das Heil der Seelen, die sie in dieser Sache wach und empfindsam

hält. Es ist diese seelsorgerliche Verantwortung – und nicht nur ein kirchenrechtlicher Traditionalismus –, die sie nötigt, auch zwischen den reformatorischen Bekenntnissen unter diesem Aspekt einen Unterschied zu machen.

Ich habe auf Grund des Gutachtens eine Fahrt nach Heidelberg gemacht, um mit Peter Brunner über die ganze Sache noch einmal zu sprechen, und auf Grund dieses Gespräches haben wir dann versucht, das auszuformulieren – nach einem von ihm gemachten Vorschlag –, was man vielleicht hier noch klarer, noch präziser sagen könnte. Das Ergebnis dieser Beratung ist heute morgen hier verteilt worden. Die Formulierung sollte deutlich machen, in welcher Richtung unsere gemeinsame Überzeugung gehen könnte, wobei man sieht, daß hinsichtlich des Artikels I eine wesentliche Übereinstimmung besteht. Und auch die Formulierung unter III: »In der Evangelischen Kirche im Rheinland stehen alle Gemeinden auf Grund des Gemeinsamen, das die genannten Bekenntnisse als Inhalt des Evangeliums bezeugen, in einer brüderlichen kirchlichen Gemeinschaft und sind durch eine gemeinsame Ordnung in *einer* evangelischen Kirche verbunden« stimmt im wesentlichen mit dem überein, was wir vorher gesagt haben. Denn das wollten wir auch sagen mit dem »Im Glauben an das Evangelium, wie es in den reformatorischen Bekenntnissen übereinstimmend bezeugt ist, haben alle Gemeinden untereinander Gemeinschaft ... und sind in einer Kirche verbunden«. Hier ist es etwas präziser formuliert. Aber immerhin, mir ist es wichtig und bedeutsam, daß ein Theologe, der zu den wesentlichen Beratern der VELKD gehört, nun selbst eine Formulierung vorgeschlagen hat, die nach seiner Überzeugung mit dem, was das lutherische Bekenntnis bekennt, nicht im Gegensatz steht, nämlich *von dem Gemeinsamen zu reden*, das die genannten Bekenntnisse als Inhalt des Evangeliums bezeugen. Das war abgekürzt bei uns formuliert: »Im Glauben an das Evangelium, wie es in den reformatorischen Bekenntnissen übereinstimmend bezeugt ist.« Und in der Tat ist das fast noch besser formuliert als das, was wir mit Westfalen versucht haben: »In Anerkennung dieser grundlegenden Sätze einig.« Das klingt leicht etwas formalistisch, und Brunner sagte, wir könnten eigentlich *mehr* sagen, als was wir dort gemeinsam gesagt haben; denn er glaube, daß das Gemeinsame mehr ist als das, was in den grundlegenden Sätzen unter I ausgesprochen ist. Ich habe dies mit großer Dankbarkeit aufgenommen und hoffe, daß wir in unseren Beratungen in rechter Weise den Weg finden, auszusprechen, was uns wirklich miteinander verbindet.

In dem letzten Teil von III sind einige kleine Verbesserungen, denen Mißverständnisse entgegenstanden, gemacht worden. Es könnte nämlich nach der bisherigen Formulierung, die wir mit Westfalen vereinbart hatten, so ausgelegt werden, als ob der Dienst am Wort in jedem Fall, auch wenn man einen Pfarrer auf Lebenszeit berufen wollte, deswegen nicht verwehrt werden dürfe, weil er einem anderen Bekenntnis angehört. Es sollte aber hier ausgesprochen werden, daß in unseren verschiedenen Gemeinden der *Predigtdienst* eines Pastors, der von einem anderen reformatorischen Bekenntnis herkommt, nicht verwehrt werden darf. Darum ist hier versucht worden, einen Satz davor zu setzen: »Der in eine Gemeinde berufene Diener am Wort muß den Bekenntnisstand dieser Gemeinde anerkennen. Doch darf der gelegentliche Dienst nicht deshalb zurückgewiesen werden, weil ...« Das ist nur eine Verdeutlichung dessen, was wir damals bei unserer Formulierung gemeint hatten.

Die andere Verbesserung muß auch noch hervorgehoben werden. Bei der Formulierung »die Last der bestehenden Lehrunterschiede« darf nicht der Eindruck entstehen, als wollten wir sozusagen eine »Kirche der Toleranz« darstellen, als wollten wir also sagen: Hier kann jeder lehren, was er will. Sondern gemeint war: die Lehrunterschiede, die in Kraft der bei uns geltenden reformatorischen Bekenntnisse bestehen. Sonst könnte man sagen: hier kann anscheinend alles gelehrt werden, denn die Last der Lehrunterschiede muß ja eben getragen werden. Darum meinten wir, man müßte es präziser ausdrücken, damit niemand sich in falscher Weise darauf berufe, als ob in der rheinischen Kirche Lehrzucht überhaupt nicht möglich wäre. Das wäre grundfalsch. Denn in Wirklichkeit muß eine Lehrzucht möglich sein. Ich glaube sogar, daß das, was Brunner bezweifelt, in strengerem Sinne, als er es für möglich hält, bei uns an Lehrzucht geschieht, obwohl wir eine unierte Kirche sind.

II.

Nun zur Ordnung selbst. Ich mußte über den Grundartikel ausführlicher sprechen, weil er ja im Mittelpunkt der Diskussion gestanden hat und weil wir der Überzeugung sind, daß hier weittragende Entscheidungen fallen – auch für die Evangelische Kirche in Deutschland. Was die Ordnung selbst angeht, möchte ich nur auf die Artikel eingehen, bei denen Änderungen vorgenommen worden sind. In den meisten Artikeln sind, wenn überhaupt, nur redaktionelle Änderungen vorgenommen worden oder solche, die auf Grund der Koordination mit Westfalen dazu geführt haben, entweder die bisherige Formulierung abzuwandeln oder die westfälische Formulierung zu übernehmen.

1. Eine kleine Änderung ist darin eingetreten, daß in Artikel 4 auf Wunsch der westfälischen Brüder ein Satz eingefügt worden ist, der darauf hinweist, daß ja doch unsere Gemeinden auch hinsichtlich ihres Bekenntnisstandes Verpflichtungen haben: »Sie soll Sorge tragen, daß das Evangelium gemäß dem in der Gemeinde geltenden Bekenntnis in Lehre, Leben und Dienst wirksam wird.« Im übrigen ist in den einleitenden Bestimmungen nur in Artikel 1 die ursprüngliche Fassung, die wir schon mit Westfalen vor unserer Synode vereinbart hatten, nach langem Hin und Her wiederhergestellt worden.

Auf der anderen Seite haben uns die westfälischen Brüder überzeugt, daß zwischen dem Grundartikel und der Kirchenordnung eine explizite Verbindung hergestellt werden sollte: In dieser Bindung an Schrift und Bekenntnis, die auch für die Setzung und Anwendung ihres gesamten Rechtes grundlegend ist, gibt sich die Evangelische Kirche im Rheinland die folgende Ordnung: Wir hatten das in der altpreußischen Grundordnung genau so gemacht, damit von vornherein deutlich ist: der Grundartikel steht nicht »unbeschadet« der weiteren Kirchenordnung davor, sondern der Grundartikel ist in echter Weise maßgebend für die Anwendung und Auslegung des gesamten kirchlichen Rechtes.

2. Was den Abschnitt »*Kirchengemeinde*« (Artikel 4–12) angeht, so habe ich über Artikel 4 bereits gesprochen. Ich muß erwähnen, daß bei Artikel 11 eine Durcharbeitung erfolgen muß. Es ist eine eigentümliche Sache, daß nichts schwieriger ist, als den Tatbestand rechtlich einwandfrei zu formulieren, wer Glied einer Kirchengemeinde ist. Und zwar nicht nur deswegen, weil es an gleichen Orten verschiedene Kirchengemeinden verschiedenen Bekenntnisses geben kann, sondern auch, weil es andere evangelische Kirchen gibt, denen gegenüber man sich abgrenzen muß. Im Ausschuß hat uns die Frage noch einmal beschäftigt, ob hinzugefügt werden muß: »oder einer anderen evangelischen Kirchengemeinschaft«. Warum dies so ist, muß im Ausschuß noch einmal durchgeprüft werden.

3. Im Abschnitt »Die *Ordnungen des Lebens* in der Kirchengemeinde« hat der Ausschuß beschlossen, unter der Überschrift »das heilige *Abendmahl*« alle Artikel zusammenzufassen, die bisher in erster Lesung getrennt waren: also die Artikel 21–22 mit den Artikeln über den Ausschuß vom heiligen Abendmahl (40–47). Eins ist zu Artikel 22 noch zu erwähnen. Sie werden sich entsinnen, daß bei der ersten Lesung eine Diskussion ziemlich schwieriger Art über den damals eingefügten zweiten Absatz entstand: »Eine Feier des heiligen Abendmahls soll von der

Gemeinde außerhalb des Gemeindegottesdienstes nur in *Ausnahmefällen* gehalten werden. Besondere Abendmahlsfeiern einzelner Gemeindekreise sind dadurch nicht behindert.« Wir haben uns nach nochmaliger Durcharbeitung der Sache entschlossen, der Synode vorzuschlagen, diesen ganzen Satz zu streichen, damit nicht überflüssigerweise das Problem der Abendmahlsfeiern außerhalb der Gemeindegottesdienste aufgerollt wird. Wenn man diesen Absatz bei Licht besieht, dann hat er praktisch keine Bedeutung, denn es heißt hier eben nur »soll«. Dann ist es schon besser, man sagt darüber gar nichts.

4. In dem Abschnitt von der *Taufe* hat uns in der Hauptsache noch einmal der Artikel 29 beschäftigt. Dieser Artikel ist für uns inzwischen durch die drei vorhandenen Gutachten der Professoren Brunner, Gollwitzer und Weber[35] noch einmal einer gründlichen Erwägung zugänglich gemacht worden. In unserem Ausschuß haben wir uns auch bei nochmaliger Überprüfung nicht entschließen können, dem Wunsch, wie er bei der ersten Lesung zum Ausdruck kam, nachzugeben und eine Bestimmung aufzunehmen: »Gegen Eltern, die aus Gewissensgründen die Taufe ihrer Kinder verschieben, ohne die Gültigkeit der Kindertaufe leugnen zu wollen, sind Kirchenzuchtsmaßnahmen nicht anzuwenden.« Wir meinen, daß folgendes aus unserem Text deutlich ist: In der Ordnung unserer Kirche wird auf Kirchenzuchtsandrohungen bei Unterlassung der Kindertaufe, aus welchen Gründen auch immer sie erfolgt, verzichtet. Dies ist nicht ohne große Bedeutung. Die VELKD hat in ihrer Lebensordnung den Satz stehen: »Eltern, die ihr Kind nicht innerhalb eines Jahres nach der Geburt taufen lassen und dadurch kundtun, daß sie den Segen der Taufe verschmähen, verletzen die kirchliche Ordnung und verlieren das Wahlrecht, das Recht zur Patenschaft und die Fähigkeit zur Bekleidung von kirchlichen Ämtern.« Damit ist offenbar ein Versuch gemacht worden, die Taufverschmähung als solche mit einer ganz bestimmten Kirchenzuchtsmaßnahme, mit einer Kirchenstrafe, zu bedenken. Wir haben uns auch damals schon entschlossen, dieses nicht zu tun. Denn im Zusammenhang einer Besinnung über die Kirchenzucht könnte man fragen, was mit den Eltern geschehen soll, die zehn Jahre und mehr nicht in die Kirche gehen; ob da nicht andere Maßnahmen erforderlich sein möchten als dann, wenn Eltern – wenn auch aus irrendem Glauben – ihre Kinder nicht zur Taufe bringen. Nun hat uns das Tübinger Fakultätsgutachten, das schon vor unserer Synode vorlag, auch in der Richtung davon überzeugt, daß es unmöglich ist, etwa zu sagen: wer sein Kind nicht taufen läßt aus Verschmähung der Taufe, kommt in Kirchenzucht. Wer aber aus frommen Erwägungen handelt, der tut recht. Diese Unterscheidung der Gesichtspunkte ist kirchenordnungsmäßig überaus schwierig, eigentlich unmöglich. Darum könnte man nur sagen: Jeder kann sein Kind taufen lassen, wann er will. Dies würde aber praktisch die Auflösung jeder kirchlichen Ordnung zur Folge haben. Wir haben deswegen gesagt:

(1) Es ist daran festzuhalten, daß die Kirche ihre Glieder auffordert, die Kinder bald nach der Geburt taufen zu lassen. Aber die Unterlassung der Kindertaufe ist kein Anlaß, den Verlust des Wahlrechts anzudrohen oder sonstige Kirchenzuchtsmaßnahmen auszusprechen.

(2) Daraus folgt, daß es nach der Kirchenordnung möglich ist, daß ein Gemeindeglied aus Gründen seines Schriftverständnisses die Taufe seines Kindes verschiebt, ohne daß es deswegen in Kirchenzucht genommen wird. Aber – und darauf liegt nun allerdings ein wesentlicher Nachdruck – die Berechtigung dieser Gründe dürfen wir uns nicht zu eigen machen. Wir müssen vielmehr an der in den Bekenntnissen begründeten Übung der Kindertaufe als einer der Heiligen Schrift

---

35 Prot. Landessynode 1952, Anhang S. 155ff.

gemäßen und nicht grundsätzlich fragwürdigen Taufpraxis festhalten. Darum können wir in unserer Kirche den Taufaufschub zwar im Einzelfalle tragen, ihn aber nicht durch Kirchenordnung legitimieren.
(3) Wir waren uns auch darüber einig, daß es nicht möglich ist, eine derartige Formulierung in die Ordnung hineinzubringen, weil damit das Problem auftritt, ob jemand Presbyter oder Pfarrer sein kann, der die Kindertaufordnung zwar grundsätzlich nicht bestreitet, aber für sich selbst nicht praktiziert. Alle Diener der Kirche, die die Kindertaufpraxis der Kirche in ihrem Amt mit zu verantworten haben, d.h. vor allem die Diener am Wort und die Ältesten, müssen diese auch für sich bejahen. Ihr Amtsgelübde schließt die Anerkennung der Schrift- und Bekenntnisgemäßheit der Kindertaufe als einer rechten kirchlichen Taufordnung in sich und fordert daher von ihnen, daß sie diese auch für ihre eigenen Kinder anwenden. Denn es kann von einem einfältigen Christen nicht eingesehen werden, daß ein Pfarrer zwar an jedem Sonntag die Kinder tauft, die ihm gebracht werden, aber die eigenen Kinder nicht tauft, oder daß jemand als Presbyter eine Ordnung verantwortet, an die er sich selbst nicht gebunden weiß. Es ist nicht möglich zu unterscheiden zwischen dem, was jemand für sich persönlich verantwortlich tut, und dem, was er von Amts wegen tut.
Die Gutachten haben ja auch deutlich gezeigt, wie über die ganze Sache zu urteilen ist. Ich meine also, wir sollten es bei Artikel 29 in der vorliegenden Form bewenden lassen und nichts hinzufügen über die sog. Freigabe der Erwachsenentaufe, zumal da es ja nach dieser Ordnung möglich ist, daß jemand diese kirchliche Ordnung überschreitet, ohne daß ihm daraus Folgerungen erwachsen. Einzig bei der Presbyterwahlordnung muß das Problem gelöst werden, weil dort in § 1 der Satz steht, daß Gemeindeglieder, die trotz Aufforderung durch das Presbyterium die Taufe ihrer Kinder verweigern, an der Übertragung des Presbyteramtes nicht teilnehmen können. Wir werden wohl hier eine Neufassung der Presbyterwahlordnung vornehmen müssen.
5. *Betr. Konfirmation.* In Artikel 34 haben wir einen Zusatz für notwendig gehalten (jetziger Absatz 3), weil nämlich die Möglichkeit besteht, zwei *oder* drei Jahre zu unterrichten. Es muß klar sein, wer darüber bestimmt. Deshalb haben wir gesagt: »Ob der Unterricht zwei oder drei Jahre dauert, unterliegt der Beschlußfassung des Presbyteriums. Die Kreissynode kann die Dauer des Unterrichts für alle Gemeinden des Kirchenkreises einheitlich festsetzen.« Und bei Artikel 35 haben wir etwas hinzugefügt, was wir bisher vergessen hatten, nämlich daß der Ausschluß eines Kindes vom Unterricht nicht allein der Disziplinargewalt des Pfarrers unterliegt, sondern eines Beschlusses des Presbyteriums bedarf.
Die Artikel 38 und 39 haben wir zunächst stehengelassen, wie sie hier in erster Lesung beschlossen waren. Wir sind uns aber klar darüber, daß dabei noch eine kleine Abänderung vollzogen werden muß. Ich glaube, daß es möglich sein wird, in Übereinstimmung mit dem, was die Westfalen im vorigen Jahr fast gleichzeitig mit uns beschlossen haben, eine gemeinsame Überzeugung über die Konfirmation zum Ausdruck zu bringen. Es wird nur notwendig sein, Artikel 39,3 noch einmal unter die Lupe zu nehmen und bei Artikel 38 die Frage des Glaubensbekenntnisses noch einmal zu prüfen. Inzwischen hat ja auch die VELKD etwas über die Konfirmation gesagt, was mit dem, was hier in Artikel 38,1 steht, grundsätzlich verwandt ist. Es wäre gut, wenn wir darauf hörten, was die Brüder in anderen Kirchen in dieser Sache mit uns gemeinsam aussprechen. Auch die übrigen verschiedenen Lebensordnungen und Vorschläge haben alle eins im Zentrum, nämlich das Glaubensbekenntnis der Kinder, das Bekenntnis des Glaubens, in dem sie unterwiesen sind. Und ich glaube, daß um dieses Zentrum herum auch das gemeinsame Verständnis der Konfirmation ausgesprochen werden kann.
6. Sodann haben wir für die Frage der *Aufnahme und Wiederaufnahme* einen

neuen Abschnitt gebildet, in dem die Bestimmungen zusammengefaßt sind, die bisher in Artikel 41,37, Abs. 2 und 48 standen. Änderungen des Textes haben wir dabei nicht vorgenommen.

7. *Betr. Trauung:* Geändert ist, was zu Artikel 52–53 formuliert war, und zwar so, daß zunächst einmal der Schluß von Art. 52 hinter Art. 53 gestellt ist, weil das hier Gesagte für beide Fälle gelten sollte. Wir haben Ihnen Material gegeben über die Wiedertrauung Geschiedener. Aus diesem Material geht m.E. klar hervor, (1) daß innerhalb der Theologie nicht die Überzeugung herrscht, die stringent und exklusiv vertreten wird, daß eine Wiedertrauung Geschiedener unmöglich ist. (2) Es gibt keine evangelische Kirche in Deutschland, in der durch Gesetz bestimmt wird, daß eine Wiedertrauung Geschiedener völlig ausgeschlossen ist. Diese zwei Tatbestände sind für uns aus dem Material hervorgegangen. (3) Die Bestimmungen darüber, in welcher Weise diese Fälle behandelt werden sollen, weichen voneinander relativ ab. Eine Bestimmung, wie wir sie haben, daß eine Trauung nicht gewährt werden darf, wenn Ehebruch eines der Eheschließenden erwiesen ist, gibt es nirgendwo, wohl aber verschiedene Bestimmungen über die Art und Weise, wie man die Wiedertrauung Geschiedener behandelt. Äußerste Freiheit wird da gewährt, wo man sagt: eine Bestimmung darüber gehört zur Zuständigkeit des Seelsorgers. In anderen Ordnungen wird die Zustimmung des Superintendenten gefordert. Größere Einschränkungen werden da gemacht, wo diese Fälle durch den Landeskirchenrat, d.h. zentral durch die Kirchenleitung, entschieden werden, wie dies z.B. in Bayern und Lippe der Fall ist. Wir haben uns darum bemüht, uns in unserer Formulierung in der Mitte zu halten, d.h. daß bei einer Entscheidung für oder wider die Trauung eines Geschiedenen entweder der Betroffene bei Ablehnung eine Entscheidung des Presbyteriums anrufen kann oder daß der Pfarrer, wenn er seinerseits die Wiedertrauung gewähren möchte, die Zustimmung des Superintendenten einholen muß.

Wir haben dann noch etwas hineingebracht, was uns allerdings nicht so leidenschaftlich beschäftigt wie die Brüder in Westfalen, nämlich die Frage der Trauung an Samstagen. In Artikel 56 haben wir zum Ausdruck gebracht, daß das Presbyterium bestimmen kann, ob an Samstagen und Sonntagen getraut wird. Die gleiche Bestimmung kann die Kreissynode für den Bereich des Kirchenkreises treffen. Wir haben uns nicht dazu entschließen können zu sagen, daß die Landessynode eine Bestimmung für alle Gemeinden treffen soll.

8. *Zur Bestattung:* In unserer Formulierung des Artikels 58, die wir das letzte Mal beschlossen haben, fehlt etwas Wesentliches. Wenn man nämlich den Text so läßt, ist nicht einzusehen, warum die Kirche nicht *jeden* Toten bestattet. Wenn nämlich die Bestattung nichts anderes ist als ein Akt, in dem die Kirche ihren Glauben bezeugt, ist nicht einzusehen, warum nicht auch ein Chinese kirchlich bestattet werden soll. Wir meinten aber, daß die Kirche sogar etwas mit dem Toten zu tun hat, nämlich damit, daß sie ihn zur letzten Ruhe begleitet. Ich glaube nicht, daß man, wenn man das sagt, gegen ein Bekenntnis verstößt: die kirchliche Bestattung ist eine gottesdienstliche Handlung, bei der die Kirche das Evangelium verkündigt *und ihre verstorbenen Glieder zur letzten Ruhe geleitet.*

Sodann haben wir einen Artikel 59A hinzugefügt: »Das Presbyterium kann beschließen, daß an Sonn- und Feiertagen Beerdigungen nicht stattfinden.« Wir halten das für wichtig, weil sich nämlich in gewissen Gebieten Schwierigkeiten herausgestellt haben bis dahin, daß man gemeint hat, wenn an einem Sonntag eine Beerdigung ist, kann der Gottesdienst ausfallen.

9. Nun noch ein paar kurze Bemerkungen zu dem dritten Abschnitt: In Artikel 63 ist der Satz beanstandet worden »hier können die Bekenntnisschriften genannt werden«. Wir sind gefragt worden, ob wir damit meinten, daß der Ordinand sagen kann: ich weiß mich gebunden an sämtliche Bekenntnisschriften. Gemeint war

natürlich etwas anderes: hier sind die Bekenntnisschriften zu nennen, *auf die der Ordinand, seinem Bekenntnis entsprechend, verpflichtet wird.*
Bei Artikel 71 haben wir einen Satz hinzugefügt: »Ein turnusmäßiger Wechsel der Pfarrbezirke ist nicht gestattet.« Ich bin gespannt, ob er die Zustimmung derer findet, die es wesentlich angeht.

10. Bei den Bestimmungen über das *Presbyteramt* haben wir auf Wunsch der westfälischen Brüder den Artikel 84 gänzlich gestrichen und nur den ersten Satz als Artikel 81,4 aufgenommen. Ebenfalls hat Westfalen uns veranlaßt, den Artikel 81,2 zu streichen. Man hielt es nicht der Kirchenordnung für angemessen, die Bestimmung über die Verpflichtung der evangelischen Kindererziehung und die Möglichkeit der Ausnahmegenehmigungen aufzuführen.
Gestrichen worden ist aus dem bisherigen Text auch der Artikel 89,3. Wir haben uns überzeugt, daß hierher keine Bestimmung gehört über die Vokation der Lehrer, weil der Artikel 89 zum Ausdruck bringt, welche Mitarbeiter durch die Kirchengemeinde berufen werden. Die Vokation der Lehrer erfolgt aber nicht durch die Gemeinden, sondern durch die Kirchenleitung.

11. Ferner ist aus dem Abschnitt »*Das Presbyterium*« der Artikel 115,2 (und entsprechend auch Art. 144 und 181) gestrichen worden. Wir hielten es nicht für angemessen, daß ein Presbyterium, das sich als beschlußunfähig erweist, eingeladen werden soll mit dem Hinweis darauf, daß es bei erneuter Einladung mit der gleichen Tagesordnung auf jeden Fall beschlußfähig sei. Wenn ein Presbyterium sich als dauernd beschlußunfähig erweist, dann müssen eben Bevollmächtigte bestellt werden.

12. Bei dem Abschnitt »*Der Kirchenkreis*« haben wir einen Artikel 136A hinzugefügt. An sich steht darin nichts Neues und Besonderes. Wir haben den Artikel aus dem westfälischen Entwurf übernommen, wie überhaupt bei dem Abschnitt Kirchenkreis manches mit Westfalen beraten und von dort übernommen worden ist. Irgendwelche wesentliche und beachtliche Änderungen sind nur an folgenden Punkten sichtbar:
a) Artikel 139,3: »Legt ein Presbyter sein Amt nieder, so kann er nur mit Genehmigung des Kreissynodalvorstandes Mitglied der Kreissynode und des Kreissynodalvorstandes bleiben.«
b) Artikel 146: Sie werden sich erinnern, daß auf der letzten Synode besonders im Ausschuß lange diskutiert worden ist über den Satz, den wir hier aufgestellt haben: »Soweit solche Beschlüsse die notwendige Einheitlichkeit der inneren oder äußeren Ordnung innerhalb der Landeskirche gefährden, können sie von der Kirchenleitung außer Kraft gesetzt werden.« Wir haben uns gesagt, ein solcher Satz gehört nicht in die Kirchenordnung. Die Kirchenleitung *muß* Beschlüsse, die die notwendige Einheitlichkeit der inneren und äußeren Ordnung gefährden, außer Kraft setzen. Damit sie das aber kann, muß sie von den Beschlüssen rechtzeitig Kenntnis erhalten. Darum haben wir folgenden Satz neu hinzugefügt: »Sie sind spätestens vier Wochen nach der Tagung der Kirchenleitung zur Kenntnis zu bringen.«

13. Im dritten Teil haben wir aus dem westfälischen Kirchenleitungsgesetz eingefügt Artikel 165,2 und 166,7. Was die Bestimmungen über die *Kirchenleitung* angeht, so haben wir vorgeschlagen, bei dem Artikel 189,1 das zu streichen, was über die faktischen Rechtsbestimmungen hinausgeht. Es steht nämlich im Kirchenleitungsgesetz der Satz: »Das Präsidium ist berufen, die Aufgaben der Landessynode wahrzunehmen, wenn diese nicht versammelt ist. Das wäre, wenn man es ernst nimmt, ein Pleinpouvoir für die Kirchenleitung. Bei Artikel 197,2 ist hinzugefügt worden »Kirchen und andere gottesdienstliche Gebäude einzuweihen«, und bei 201,4: »Die Rechtsverhältnisse der Mitglieder und Mitarbeiter des Landeskirchenamtes werden durch Kirchengesetz geregelt.« Das versteht sich ei-

gentlich von selbst, es sollte aber doch ausgesprochen werden.
14. Zum Schluß möchte ich noch kurz auf die Neufassung der *Artikel 207–213* hinweisen. Der ständige Kirchenordnungsausschuß hat sich damit nicht zu beschäftigen gewagt. Der Ausschuß ist deshalb für den Abänderungsvorschlag, der als Sonderdruck Ihnen vorgelegt ist, nicht verantwortlich. Er ist verfaßt von einem Kreis aus den verantwortlichen Mitarbeitern der einzelnen Werke.
15. Bei *Schlußbestimmungen* haben wir uns veranlaßt gesehen, die bisherige Fassung durch eine präzisere zu ersetzen. Es müssen noch einige wenige Paragraphen der bisherigen Kirchenordnung so lange in Kraft bleiben, bis die entsprechenden Gesetze erlassen sind.

Ein halbes Jahr nach Eisenach fand schon die Erste Synode der Evangelischen Kirche in Deutschland in Bethel vom 9.–13. Januar 1949 statt. Sie war in Schwierigkeiten wegen der ersten Wahl des Rates der EKD. Bischof Wurm war erkrankt und starb auch nicht lange nach der Synode. Wer sollte nun sein Nachfolger werden? Niemöller? Dibelius? Lilje? Ich habe im Nominierungsausschuß die Probleme durchlitten. Die Gegensätze kamen ja aus dem jahrzehntelangen Streit über das Verständnis der Evangelischen Kirche in Deutschland und dem, was damit zusammenhing. Am Ende mußte also durch Abstimmung entschieden werden. Dibelius wurde Vorsitzender, Lilje sein Stellvertreter, Niemöller kam nicht durch. Aber seine Freunde hatten das Gefühl, es ginge dabei nicht um eine konfessionelle Frage, sondern um ein heimliches Nein gegen die Bekennende Kirche. Die anderen Tagesordnungspunkte waren dagegen ohne Gegensätze. Es wurde vor allem die Ordnung des Hilfswerks beschlossen, nicht ganz ohne Kritik an Gerstenmaier. Aber es gab keinen Streit. Man ging von dieser Synode (trotz ihres Diakoniethemas) mit Unbehagen nach Hause. Der Professor und Dichter Heinrich Vogel schrieb etwas Besonderes nach dieser Synode. Ich meine, es wäre nützlich, es zu lesen:

Versuch eines Berichtes über die 1. Synode der Evangelischen Kirche in Deutschland[36]

»Was ist passiert?« – das ist ja wohl die schlichteste Frage, die aus den Gemeinden an alle die gerichtet wird, die diese fünf Tage in Bethel vom 9.–13. Januar als Synodale die 1. Synode der Evangelischen Kirche in Deutschland mitgemacht haben. Die ganze Fragwürdigkeit dieser Synode und dessen, was da geschehen ist, möchte sich sofort darin dokumentieren, daß einem – mir jedenfalls! – diese schlichte Frage die Rede verschlägt und daß ich es der unbegreiflichen Barmherzigkeit, Geduld und Weisheit des Herrn der Kirche gänzlich überlassen muß, die eigentliche Antwort auf diese Frage zu wissen und zu geben. Er allein weiß, ob auf dieser Synode trotz allem – vielleicht doch in dieser oder jener Rede, vielleicht doch in irgendeinem Gespräch am Rande! – etwas »passiert« ist, etwas, was für das Reich Gottes Bedeutung hätte! Er allein wird wissen, ob während des chaotischen Redegewirrs und trotz der Schande dieser mit so viel Menschenklugheit und Menschenfrömmigkeit operierenden Synode vielleicht doch bei den Engeln im Himmel etwas von der Freude war, die dort oben ist, wenn hier unten einer, nur einer sich nicht mehr selbst rechtfertigt, sondern Buße tut.
Ja, was ist passiert? Man kann die Frage ja auch äußerlich und mit einem andern Gewicht stellen; da wäre dann zu berichten, daß nach unsäglichem Wirrwarr und durch Wahlen, bei denen man an das Wahlverfahren der neutestamentlichen Gemeinde nur mit einiger Scham denken konnte, schließlich ein 1. und 2. Vorsitzen-

---

36 Vgl. KJB 1949, S. 20ff.

der gewählt wurden, nachdem vorher, ebenfalls durch geheime Zettelwahl, der aus elf Männern bestehende Rat der Evangelischen Kirche neu bestellt worden war. Und es wäre als ein positives greifbares, weiteres Ergebnis zu nennen, daß einige notwendige Gesetze: Kirchengesetz zur vorläufigen Ordnung der Evangelischen Kirche in Deutschland, Kirchengesetz über die Schiedsgerichtsbarkeit der Evangelischen Kirche in Deutschland, Kirchengesetz über den Haushaltsplan der Evangelischen Kirche in Deutschland, Kirchengesetz über den Vertrag mit der Evangelischen Brüderunität, von der Synode verabschiedet worden sind; außerdem wurden noch einige Ausschüsse und Kammern gebildet, u.a. für Erziehung und Unterweisung, für soziale Fragen, für die Frage Kirche und Öffentlichkeit usw. Wenn die Beratung dieser Gesetze für die Synode keine geistliche Entscheidung bedeutete, so standen die Personalentscheidungen nun doch im Zeichen einer vom Herrn der Kirche an uns gestellten Frage! Aber was sage ich!? Standen sie wirklich, so wie diese Synode sie in qualvollen Berechnungskünsten erörterte, im Zeichen *Seiner* Frage?

Da mußten konfessionelle Gruppen, landschaftliche Gliederungen, Ost und West und ja auch noch die Zuordnung von geistlichem und Laienelement bedacht werden! Das alles hat ja seine Berechtigung und hätte wohl seinen guten Sinn haben können, so aber, wie es geschah, mochte man versucht sein, mit ebenso grimmigem wie betrübtem Spott zu fragen, ob es hier wirklich um die Wahl geht, die der Heilige Geist, der die Gnadengaben gibt, durch uns Menschen vollziehen will, oder um arithmetische Kunststücke, – wobei denn die Synode sich tagelang bemühte zu beweisen, daß 2 doch gleich 3 ist, bzw. sich an der berühmten Quadratur des Zirkels versuchte. Was mögen die Journalisten und die zahlreichen Zuhörer auf den dicht besetzten Tribünen angesichts dieses Haufens mit all seinen Titeln und Würden gedacht haben?!

Nun, ich bin der Letzte, der das letzte Wort hier einen Spott sein lassen wollte, der den Schaden Israels, wie er auf dieser Synode allerdings nackt in aller Öffentlichkeit aufbrach, ja auch gewiß nicht heilen könnte. Aber wie die Sünde und Not dieser Synode sich vor aller Augen (und das war wohl trotz allem not und gut) abspielte, davon darf auch dieser Bericht nicht schweigen! Mit Retouschierungskünsten und fromm-freundlichen nachträglichen Interpretationen würde der besagte Schade Israels jedenfalls auch nicht geheilet werden. Nicht was diese oder jene Synodalen etwa angesichts der (nicht einstimmig erfolgten) Wahl der beiden Bischöfe Dibelius und Lilje an Fragen und Sorgen bewegt, meine ich hier in erster Linie. So, wie die Dinge lagen, war es in der Tat sehr schwer, wenn nicht schier unmöglich, eine alle befriedigende Lösung in dieser Personalfrage zu finden. Nein, die Personen, also diese beiden nun gewählten Brüder, sollen in ihrem Amt gesegnet, d.h. von der Fürbitte der Gemeinde, die sie sehr not haben werden, getragen sein, ebenso wie die Brüder des Rates, bei dem ja die eigentliche Leitung der Evangelischen Kirche Deutschlands liegt. Die Versuchung, von der diese Synode umklammert war, lag vielmehr darin, die Namen, die *Menschennamen* mit einem Gewicht zu werten, das ihnen in der Kirche Jesu Christi nie und nimmer zukommen darf und kann! »Ist denn Dibelius für euch gekreuzigt oder seid ihr auf Niemöllers Namen getauft?« (1.Kor. 1,13). Steht und fällt denn das Geschick der Evangelischen Kirche in Deutschland damit, daß dieser oder jener Mensch an die leitende Stelle gesetzt wird? Nicht als ob das gleichgültig wäre! Der Heilige Geist wirkt ja wirklich durch Menschen, und eine Synode, die nicht zuerst nach den Charismen, auf deutsch Gnadengaben, sondern nach politischen, konfessionellen oder was weiß ich welchen Gesichtspunkten fragt und wählt, versündigt sich an der Wahl des Heiligen Geistes. Gott sei Dank, daß der Herr Christus trotz, über und in allem der Herr bleibt und – wie wir es in der Schlußpredigt der Synode noch hören durften – die Freiheit seines Erbarmens behält auch und gerade über den Dienern, die er gebraucht. Gott sei Dank, daß er größer ist als diese unsre Synode, angesichts derer man in wirkliche Anfechtungen stürzen und versucht sein konnte, an ihr zu verzweifeln.

Wenn wir an dieser entscheidenden Stelle einig wären, in dem Bekenntnis unserer Ratlosigkeit und Not, die in unserer Selbstrechtfertigung, unserer frommen Klugheit gründet, ja viel mehr: wenn wir als die so Gedemütigten einig wären in dem Glauben, daß Er das Haupt des Leibes, wirklich auch der Heiland seines Leibes, der Kirche, der einzige Arzt ihrer schwärenden Wunde ist – dann könnte alles gut werden, dann könnte auch diese Wahl trotz ihrer Methodik der Kirche zum Segen gereichen. Dann täten die, die angesichts dessen, was bei der Synode herausgekommen ist, ins Hintertreffen geraten zu sein scheinen, also doch wohl die Bekennende Kirche, nicht gut daran, sich an irgendeiner Klagemauer in einer frommen Absonderung zum kirchenpolitischen Gegenangriff zu sammeln. Wohl aber täten sie, sie alle und in einer besonderen uns unabnehmbaren Verantwortung wir Brüder und Schwestern der Bekennenden Kirche gut, miteinander und füreinander durch die ganze Kirche hindurch das eine zu bedenken, was not tut: uns selbst zu der allein tragenden und rettenden Verheißung rufen zu lassen und jedermann dazu zu rufen, ob er es hören will und kann oder noch nicht. Was nicht nur die Welt, sondern auch die Kirche, ja sie insbesondere, in Grund und Boden verdirbt, das ist die Selbstrechtfertigung; und es dürfte wohl Zeit sein, daß sich die Evangelische Kirche in Deutschland in allen ihren Gliedern auf diesen *articulus stantis et cadentis ecclesiae* (auf den Artikel, mit dem die Kirche steht und fällt) wieder besinnt, das ist auf den Artikel von der Rechtfertigung des Gottlosen allein in dem für uns gekreuzigten und auferstandenen Jesus Christus, unserm Heiland und Herrn!

Und damit sind wir denn bereits zu der Frage vorgestoßen, die der Synode im Zentrum ihrer Beratungen gestellt war. (Ach, hätte gestellt sein sollen!) Die Frage nach der *Gerechtigkeit*, und zwar die angesichts der Rechtsnot des Menschen der Gegenwart der Kirche hier und heute gestellte Frage nach dem *Recht*, war ja auf die Tagesordnung der Synode gesetzt durch den Vortrag, mit dem Prof. D. Delekat, Mainz, beauftragt war und den er dann unter dem Thema: »Kirche, Recht und Rechtsbewußtsein« hielt. Diesem Vortrag stand dann, und zwar aus meinem Munde, ein zweites Wort zu dieser Sache gegenüber, das in fundamentalem Gegensatz zu dem von Delekat Gesagten die Frage nach dem Recht bis in die letzte Wirklichkeitsnot des entrechteten Menschen hinein durch das *Gnadenrecht Gottes* in dem für uns entrechteten und von Gott in sein Recht gesetzten *Jesus Christus* verantwortet sein lassen wollte. Es ist innerhalb dieses Berichtes nicht der genügende Raum dafür gegeben und würde sich im Munde eines der beiden Partner dieses Gespräches auch mißlich machen, wenn ich hier das, was ich in dieser Sache im Zeichen der Frage: Wie kommt *Gott* zu seinem Recht? (nicht zuerst wir Menschen, auch nicht wir deutschen Menschen!) wider alle Selbstrechtfertigung und für alle Entrechteten (in Deutschland, China und anderswo!) glaubte sagen zu müssen, ausführlich darlegte, ohne daß die Darlegungen Bruder Delekats zu gleicher Zeit zu Worte kämen. Es möchte sehr lehrreich sein, nicht nur für die Theologen, sondern für jedermann, diese Frage im Studium unserer beiden so gegeneinander stehenden Reden zu bedenken. Das, was die Synode aber in dieser Sache so in Frage stellt, ist einfach die Tatsache, daß es (aus Zeitmangel . . .!) zu einer wirklichen Erörterung dieser Frage auf der Synode, geschweige denn zu einem öffentlichen, einmütigen Zeugnis der Synode in dieser durch den Notschrei der Rechtsnot unserer Welt gestellten Frage nicht gekommen ist! Gerade so, wie die Frage im Zeichen des Gegensatzes zwischen den beiden Vorträgen von Delekat und mir in der Synode gestellt wurde, wartete sie am Schluß der Synode auf Antwort, und obschon diese unsere Vorträge als solche gut und gern unbeantwortet

bleiben können, *so wartet doch gewiß noch die Frage*, die Gott der Kirche durch die *Rechtsnot* der Menschen uns als Frage vor die Füße gelegt hat. Vielleicht wäre die Synode viel getrösteter und gewisser nach Hause gegangen, wenn sie sich *diese* Frage wirklich als die zentrale Frage hätte gestellt sein lassen! Sie wäre dann wahrscheinlich noch in ganz andere Not geraten, aber in eine Not, hinter der gewiß eine Verheißung wartet. Vielleicht hätte sie dann auch jene anderen Fragen, vor die wir gestellt waren, in ihrer rechten, untergeordneten Sicht in aller Sachlichkeit und Ruhe behandelt! Ja, die *Frage Gottes*, des Gottes, der als ein entrechteter Mensch und als der Bruder der Entrechteten an die Stelle der weltlichen und frommen Rechtsbrecher trat, die wir alle vor seinem Angesichte sind – *sie wartet noch auf uns!* Gott wartet noch darauf, wer unter uns *die Antwort* heute und hier hört, die er gegeben hat *in Jesus Christus*, die er uns gibt, damit wir sie weitergeben und *den Menschen in seiner Rechtsnot mit dem Gnadenrechte Gottes verteidigen*. Wer wird sie hören? Werden wir, die wir uns Bekennende Kirche nennen, sie hören? Gott bewahre uns vor dem Sicherheitswahn, mit dem wir meinten, daß wir dazu sozusagen von unserer Vergangenheit her besonders geeignet und tüchtig wären! Dieser Wahn wäre das Dokument unserer Taubheit und würde unseren Mund für das Wort, was hier not täte, gewiß nicht öffnen. Gott kann und wird ganz anderen Leuten, als wir es sind, da und dort in der größten Anfechtung das Ohr für die Frage und die Antwort in Jesus Christus öffnen!
Aber freilich – wenn man einer fragt, was die Bekennende Kirche heute zu tun hat und wo ihre Verantwortung ist, dann antworte ich: Im Hören, im glaubenden und gehorsamen Hören und je und wieder in der Tat, die davon nicht abtrennbar ist! So gerade könnte sie der Gesamtkirche einen ganz schlichten brüderlichen Dienst leisten, wie ja denn das Wort, in dem diese Synode für die Not der Flüchtlinge eintrat, vom Reichsbruderrat erarbeitet und der Synode zur Verfügung gestellt wurde[37]. Wenn die Bekennende Kirche und ihr in der Neukonstituierung begriffener Reichsbruderrat (der unter dem Vorsitz unseres Bruders *Martin Niemöller* stehen wird) durch den Gang der Dinge auf dieser Synode von gewissen Belastungen kirchenpolitischer »Belange« frei gemacht sein sollte, dann könnte das Negativum, das in dem Verlust von Einfluß und dergleichen mehr liegt, ein unerhörtes Positivum werden, unter der einen Voraussetzung, daß wir uns nicht selbst rechtfertigen, sondern hören und, wenn Gott Gnade gibt, zur Zeit oder auch zur Unzeit reden. Wenn es wahrlich kein gutes Wort war, das einen der leitenden Brüder der VELKD auf dieser Synode in einem entscheidenden Augenblick davon reden ließ, daß er für die »Interessen und Belange« seiner lutherischen Kirche einzustehen hätte, dann sind wir selbst vor die entscheidende Frage gestellt, ob wir in Sachen der Bekennenden Kirche es etwa doch auch mit der defensiven und offensiven Wahrnehmung von »Belangen und Interessen«, oder wirklich allein mit der Herrschaft der freien Gnade Gottes in Jesus Christus halten und es gerade auch in den konkreten Entscheidungssituationen *Ihm* überlassen, auf welche Weise Er die »Interessen und Belange« seiner Kirche verteidigt! Mitten in der verworrenen Not und Schuld der Synode hörten wir das Gleichnis des Herrn von dem unfruchtbaren Feigenbaum (Luk. 13,6–9). Es ist manchem unter uns in die Knochen und in das Gewissen gefahren, was da von den »drei Jahren« (...!) steht! Es steht wahrhaftig nicht nur für die Vereinigte Evangelisch-Lutherische Kirche da, sondern auch und gerade für die Bekennende Kirche, der unsere Liebe gehört – für die ganze Evangelische Kirche in Deutschland, deren Einheit wir suchen und erbitten. Was bleibt uns allen miteinander anderes übrig, als in dem Glauben an den, der da *für uns bittet:* »Laß ihn noch dies Jahr« – zu beten: Herr, vergib uns allen alle unsere Sünden und laß uns und aller Welt noch dies Jahr!

---

37 ABl EKD 1949, S. 2f.

Das folgende Jahr (1950) war kirchlich sehr ereignisreich: der erste Deutsche Evangelische Kirchentag in Essen, eine eindrucksvolle Kirchenversammlung nach all den Jahren der Bedrängnis. Hier gab es auch ein Wort des Rates zur politischen Hauptfrage der Zeit, der Wiederbewaffnung Deutschlands:

Der Rat der EKD zur Frage der Wiederaufrüstung[38]
Der Rat der Evangelischen Kirche in Deutschland, während des Deutschen Evangelischen Kirchentages in Essen zur Beratung versammelt, hat folgende Erklärung beschlossen:
1. Jesus Christus spricht: Mir ist gegeben alle Gewalt im Himmel und auf Erden! Das Wort gilt heute, wie es immer gegolten hat. Er hat seine Gewalt an niemanden abgetreten, weder an sogenannte unentrinnbare Entwicklungen noch an die »stärkeren Bataillone«. Er sitzt im Regiment. Darum sind wir auch in diesen ernsten und bewegten Tagen ruhig und getrost. Angst ist Unglaube und bringt die Gefahr des Krieges näher. Christliche Glaubenszuversicht ist eine reale Macht des Friedens!
2. Die Vorgänge im fernen Osten haben gezeigt, daß der Friede durch nichts so sehr bedroht wird, als wenn man ein Land durch willkürliche Grenzziehung in zwei Teile aufgespaltet hält. Es ist die entscheidende Probe darauf, ob die Friedensbeteuerungen politischer Mächte ehrlich gemeint sind oder nicht, daß sie sich bereit finden, diesen gewaltsamen Aufspaltungen überall ein Ende zu machen, auch in Deutschland. Wir halten es für eine Pflicht der Vereinten Nationen, darauf unablässig hinzuwirken und praktische Hilfeleistung dafür anzubieten. Hier darf es keinen Aufschub geben. Es darf nicht zum zweiten Male heißen: *Zu spät!*
3. Jedes geordnete Staatswesen bedarf eines ausreichenden Polizeischutzes gegen die, die Ordnung und Frieden zu untergraben versuchen, und wer sich als Christ in seiner Verantwortung vor Gott gedrungen weiß, in den Dienst dieser Aufgabe zu treten, darf sich dabei eines guten Gewissens trösten.
Einer Remilitarisierung Deutschlands können wir das Wort nicht reden, weder was den Westen noch was den Osten anlangt. Die Pflicht der Kirche kann es immer nur sein, die schwergerüsteten Mächte der Welt wieder und wieder zu bitten, dem heillosen Wettrüsten ein Ende zu machen und friedliche Wege zur Lösung der politischen Probleme zu suchen. In jedem Fall aber muß derjenige, der um seines christlichen Gewissens willen den Dienst mit der Waffe verweigert, die Freiheit haben, sein Gewissen unverletzt zu erhalten.
4. Die Kirche Jesu Christi steht für den Frieden, und sie ist gewiß, daß jedes Glied der christlichen Gemeinde dazu helfen kann und helfen soll, daß der Friede bewahrt bleibt. Keine Macht der Welt wird leichthin wagen, den Frieden zu brechen, wenn sie einer entschlossenen, inneren Abwehr im eigenen Volk begegnet. Es kommt alles darauf an, daß wir uns nicht durch eine verlogene Propaganda beirren lassen, daß wir allen Versuchen, uns und unsere Kinder in eine Gesinnung des Hasses hineinzutreiben, ein entschlossenes Nein entgegensetzen und uns weder an Kriegshetzerei noch an Angstpsychosen mitschuldig machen.
Dies alles gilt insbesondere von einem gewaltsam zerspaltenen Volk. Deutsche Brüder und Schwestern: Redet Gutes voneinander, auch über den Eisernen Vorhang hinweg! Vertraut einander und haltet Gemeinschaft miteinander! Daß Deutsche jemals auf Deutsche schießen, muß undenkbar bleiben.
Wo Christen ehrlich den Frieden suchen, wird Gott seinen Segen nicht versagen. Zu ihm erheben wir Herz und Hände. Herr Gott, gib Frieden unserem Lande! Gib Frieden dieser ganzen bedrängten Welt!

---

38 KjZ 1950, S. 208

Vorher aber hatte die Synode der EKD auf ihrer Tagung vom 23.–27. April 1950 in Berlin als ihr Hauptthema die Frage zu beantworten unternommen (wahrscheinlich auf Anregung von Otto Dibelius): »Was kann die Kirche für den Frieden tun?« Zum erstenmal sprach eine deutsche Synode zu diesem Thema – und zwar gut. Es gelang, diese Frage theologisch und ethisch sachgemäß zu beantworten. Das große Wort hatte folgenden Wortlaut:

Was kann die Kirche für den Frieden tun?[39]
In Berlin, wo der Krieg begann und wo es erschütternd vor Augen steht, daß Gottes Gericht über uns noch nicht zu Ende ist, sind wir als Synode der Evangelischen Kirche in Deutschland versammelt und von Gott und Menschen vor die Frage gestellt, was die Kirche für den Frieden tun kann.
Ungezählte geängstete Menschen in der ganzen Welt schreien heute nach Frieden. Sie leben in der ständigen Angst und Sorge, es möchte abermals zum Kriege kommen. Noch ist der letzte Krieg nicht beendet, und schon wird wieder zum Krieg gerüstet. Unser eigenes Volk ist wehrlos in die Hände der Mächte gegeben, die sich voll Mißtrauen gegenüberstehen. Der Eiserne Vorhang zerschneidet den Leib unseres Volkes, und jeden Augenblick können hier Konflikte größten Ausmaßes entstehen. Dabei weiß niemand, was mit der Menschheit wird, wenn die modernen Vernichtungswaffen zur Anwendung kommen in einem Kriege, den niemand mehr in der Hand hat.
In all diesem Geschehen trifft uns das Gericht Gottes. Denn Kriege entstehen nicht von selbst. Menschen sind es, die den Krieg beginnen, weil sie nicht Gott die Ehre geben und weil sie sich gegen seine Gebote auflehnen. Gott aber läßt seiner nicht spotten. Wo man ihm die Türe schließt, brechen die Dämonen ein, die Geister der gnadenlosen Macht, der Verhetzung und des Hasses, der Ratlosigkeit und der Angst. Die Völker sind im Aufruhr gegen Gott und haben die Ordnungen zerrissen, die Gott für ihr Zusammenleben gesetzt hat.
Wir bezeugen hiermit jedermann: Es gibt einen Weg zum Frieden. Wohl steht es nicht in unserer Hand, die Sünde, den Krieg und den Tod von der Erde zu verbannen. Aber mitten in dieser Welt hat Gott *seinen* Weg des Friedens erschlossen. Durch Jesus Christus, den Gekreuzigten und Auferstandenen, hat er den Frieden gemacht mit der Welt. Christus ist unser Friede. Es ist niemand, dem diese Botschaft nicht gilt.
Wie gebannt schauen wir auf die Mächte, die unumschränkte Gewalt zu haben scheinen, aber in dem Auferstandenen Jesus Christus hat die Welt ihren Herrn, und nichts mehr kann ihm den Sieg nehmen. Wir schauen auf die schweren Kämpfe und die zahllosen Schrecken in der Welt. Aber in diesem allem geht es auf die Vollendung der Herrschaft Jesu Christi zu. An seinem Tage wird er eine neue Erde schaffen, in der Gerechtigkeit wohnt. Wir hören viele Versprechungen, die ein Reich des Friedens verheißen, aber das Reich des Friedens, das Gott liebt, ist bereits angebrochen, und der Zugang zu ihm steht allen offen, die an Jesus Christus glauben. Jeder Tag mit seiner Last ist ein Tag Jesu Christi, und auch die Zukunft hält er in seiner Hand. Wir haben Angst vor dem Krieg, aber Jesus Christus hat die Welt mit ihrer Angst überwunden. Wir leben aneinander vorbei mit der Frage: Soll ich meines Bruders Hüter sein? Aber Jesus Christus bringt uns als seine Brüder zusammen. Wir wissen es nicht anders, als daß wir dahinsterben, aber Jesus Christus hat dem Tode die Macht genommen. Das ist der Friedensbund, den Gott mit uns geschlossen hat.

---

39 ABl EKD 1950, S. 101

Diesen Frieden Gottes auszurufen, ist der Dienst, den die Kirche in der Welt zu tun hat. Auch sie lebt in Streit, und viel Streit ist in ihr entstanden. Aber in seiner Barmherzigkeit hat Gott sie noch in der Welt gelassen mit seinem Wort und Sakrament, mit dem Gebet und mit der Gemeinschaft. Darum, weil Jesus Christus der Herr ist, ist sie die Stätte des Friedens. Es ist ein Zeichen dieses seines Friedens, daß er im Kriege und nach dem Kriege die Christen der Welt unter seiner Vergebung zusammengebracht hat. In allen Völkern wird heute die ökumenische Gemeinschaft der Christenheit sichtbar. Auf beiden Seiten verfeindeter Völker stehen Christen, die ihrem Herrn gehören. In Deutschland selber hält die Christenheit in Ost und West der Gemeinschaft des Glaubens, der Liebe und des Gebetes fest. Keine Macht der Welt ist stärker, die Abgründe des Hasses und des Neides zu überwinden, als die Vergebung Jesu Christi. Darum haben wir uns schuldig gemacht, weil wir dem entrechteten Bruder, dem Heimatlosen, dem Menschen des anderen Volkes, die Liebe nicht gaben, die ihm gehörte. Wir machen uns von neuem schuldig, wenn wir nicht bereit sind, für diese Botschaft des Friedens auch zu leiden und Opfer zu bringen. Im Gebet hat Gott selber uns Macht geschenkt, seinen Frieden allen Menschen zu erbitten. So können alle Glieder der Gemeinde, auch die Kranken und die Leidenden, auch die Kinder und die Alten, etwas für den Frieden tun. Jedes Wort der Vergebung, das wir mit dem Hausgenossen oder dem Nachbarn tauschen, jedes unterdrückte Wort der Mißgunst, jeder Verzicht auf Selbstrechtfertigung und Rache, alle Nachfolge Jesu Christi in der Wahrheit und in der Geduld ist eine Tat des Friedens.
Was kann die Kirche für den Frieden tun?
Unser Herr Jesus Christus sagt: »Selig sind, die Frieden stiften, denn sie sollen Gottes Kinder heißen.« Als solche, die an den Friedensbund Gottes mit der Welt glauben, wissen wir uns berufen, Frieden zu suchen mit allen Menschen und für den Frieden der Völker zu wirken gemeinsam mit allen, die ihn ernstlich und ehrlich wollen.
Wir bitten deshalb alle Glieder unseres Volkes, wie wir es schon in unserer Botschaft von Eisenach im Jahre 1948 getan haben: Haltet euch fern dem Geist des Hasses und der Feindseligkeit. Laßt euch nicht zum Werkzeug einer Propaganda machen, durch die Feindschaft zwischen den Völkern gefördert und der Krieg vorbereitet wird. Auch nicht zum Werkzeug irgendeiner Friedenspropaganda, die in Wirklichkeit Haß sät und den Krieg betreibt! Verfallt nicht dem Wahn, es könne unserer Not durch einen neuen Krieg abgeholfen werden. Wir rufen allen Gliedern unseres Volkes im Westen und im Osten zu: Werdet eindringlich und unermüdlich vorstellig bei allen, die in politischer Verantwortung stehen, daß sie nicht in einen Krieg willigen, in dem Deutsche gegen Deutsche kämpfen. Wir legen es jedem auf das Gewissen, zu prüfen, ob er im Falle eines solchen Krieges eine Waffe in die Hand nehmen darf.
Wir wenden uns an die Regierungen unseres Volkes: Achtet das Recht, dessen Ursprung und Hüter Gott ist, auch in eurer eigenen Rechtsetzung. Übet Gerechtigkeit! Es gibt keinen Frieden ohne Gerechtigkeit. Es gibt keine Gerechtigkeit ohne Anerkennung des Rechtes, das Gott am Menschen hat. Gott ist der Herr. Er allein hat das Recht über das Leben und das ganze Sein des Menschen. Nur wenn der Staat dieses heilige Recht Gottes achtet, wahrt er die Würde und die Freiheit des Menschen.
Dazu gehört, daß kein Mensch seiner Freiheit beraubt wird, ohne daß er einem gerechten Gerichtsverfahren zugeführt wird. Dazu gehört, daß in Glaubens- und Gewissensfragen kein Zwang und Terror geübt wird, daß niemand wegen seines Glaubens, seiner Weltanschauung oder seiner Rasse verfolgt oder benachteiligt wird, daß niemand zu Handlungen genötigt wird, die gegen sein Gewissen sind.
Wir mahnen die Regierungen in unserem Volke, dieses heilige Recht des Men-

schen, das er als Geschöpf Gottes hat, nicht zu verletzen. Solche Verletzung zerstört alle Ordnung und den Frieden im Volke.
Wir bitten alle, die Verantwortung tragen, mit allen ihnen zu Gebote stehenden Mitteln soziale Gerechtigkeit zu wirken, allen Unterdrückten und Entrechteten, Heimatlosgewordenen, Ausgebombten und Kriegsopfern zu ihrem Recht zu verhelfen und ihnen den notwendigen Raum zum Leben zu gewähren.
Wir beschwören die Regierungen und Vertretungen unseres Volkes, sich durch keine Macht der Welt in den Wahn treiben zu lassen, als ob ein Krieg eine Lösung und Wende unserer Not bringen könnte. Wir begrüßen es dankbar und voller Hoffnung, daß Regierungen durch ihre Verfassung denjenigen schützen, der um seines Gewissens willen den Kriegsdienst verweigert. Wir bitten alle Regierungen der Welt, diesen Schutz zu gewähren. Wer um des Gewissens willen den Kriegsdienst verweigert, soll der Fürsprache und der Fürbitte der Kirche gewiß sein.
Wir wenden uns an die Mächte, die unser Land besetzt halten, und an alle Machthaber der Welt, die es angeht:
Gebt endlich die Gefangenen, Verschleppten und Internierten frei, die durch den Krieg in eure Hände gefallen sind! Laßt Barmherzigkeit walten gegen alle, die in eurer Gewalt sind.
Beendigt durch gerechte Friedensverträge endlich den Krieg, der die Völker zerschlagen hat!
Beseitigt endlich die Zonengrenze zwischen Ost und West, die unser Volk zerreißt und den Frieden der Welt gefährdet!
Gebt dem deutschen Volk die Möglichkeit, sich in Freiheit eine neue Rechtsordnung zu schaffen, in der Osten und Westen wieder zu einer Einheit kommen können!
Sorgt dafür, daß die Grenzen der Staaten nicht länger Mauern bleiben zwischen nationalen und ideologischen Machtsphären!
Wir wenden uns mit unserem Wort an die Regierungen aller Welt, sich zusammenzuschließen in einer neuen Gemeinschaft des Rechtes, in welcher der Friede mit allen erdenklichen Mitteln gesucht und gewahrt wird. Der Preis, den jede Nation in dieser Gemeinschaft zu zahlen hat, mag hoch sein; aber er ist niemals zu hoch, wenn dadurch der Friede der Welt gewonnen und erhalten wird.
Wir bitten alle Kirchen der Welt, mit uns in diesem Ruf an die Völker zusammenzustehen und nicht müde zu werden, ihn an die Regierungen ihres Landes zu richten.
Was kann die Kirche für den Frieden tun?
Noch ist Gottes Zorneshand über uns ausgereckt. Wo Er sich nicht erbarmt, sind alle unsere Bemühungen umsonst. Aber Er ist ein Gott des Friedens und verheißt uns Seine Gnade. Darum müssen wir anhalten am Gebet für den Frieden.
Wir bitten die Christen in aller Welt um dieses Gebet.
Wir rufen die evangelischen Kirchen in Deutschland auf, in ihren Gottesdiensten regelmäßig den Frieden der Welt zu bitten, sich an bestimmten Tagen zu gemeinsamer Fürbitte für den Frieden zu vereinigen und in solches Gebet vor allem die Regierungen einzuschließen, auf denen die besondere Verantwortung für Krieg und Frieden liegt.

Damit begann eine Thematik in der Synode der Evangelischen Kirche in Deutschland, die sich bis zum Jahre 1958/59 hinzog. Leider hat nach meiner Überzeugung damals die evangelische Christenheit, noch weniger das deutsche Volk, wirklich darauf gehört oder nur davon Kenntnis genommen.
Die Politiker in West und Ost entschieden sich für Deutschlands Wiederbewaffnung. Danach brach die Frage auf, wie es nun mit der im Grundgesetz der Bundes-

republik geschaffenen *Kriegsdienstverweigerung* aus Gewissensgründen bestellt sein würde. Der Streit hierüber war nicht so heftig, aber es zeigte sich doch, daß die kühne Anerkennung des Rechts auf Kriegsdienstverweigerung auch die Kirche vor Probleme stellt, wie man das praktisch bewältigen könne. Immerhin blieb es dabei: Die evangelische Kirche bejahte das Recht auf Verweigerung des Kriegsdienstes auch aus biblischen, christlichen Gründen, nicht jedoch als christliche Verpflichtung. Dann folgte der Streit um die *Militärseelsorge*. Auch diese Frage führte zu heftigen Auseinandersetzungen. Aber hier gelang eine Einigung leichter als bei den anderen Punkten.

Eine sehr heiße und leidenschaftliche Auseinandersetzung ergab sich in der Zeit von 1954 bis 1959 über die *Atombombe*. Es kam immer neu zu tiefen Auseinandersetzungen, bei denen sich immer wieder der merkwürdige Tatbestand ergab, daß man grundsätzlich im Verwerfen der atomaren Rüstung (mit der Ökumene) einig war und blieb, jedoch gleichzeitig die Möglichkeit nicht ganz ausschließen mochte, sie aus einem moralischen Grund der Verteidigung gegenüber atomaren Angriffen trotzdem zu gebrauchen, wogegen eine große Gruppe in den Synoden Einspruch erhob, was aber leider nicht zu einer klaren kirchlichen Einigung führte, sondern bis heute offensichtlich umstritten geblieben ist.

An dieser Stelle möchte ich den eindrucksvollen Diskussionsbeitrag der Auseinandersetzung (auf der EKD-Synode 1958), geboten von Heinrich Vogel, im Wortlaut festhalten, weil er in besonders klarer Weise die Position der Bekennenden Kirche vertrat. Es war freilich nur noch eine Minderheit, die damals so dachte. Aber man sollte nicht überhören, was Vogel damals ausführte[40]:

Hochwürdige Synode! Liebe Brüder und Schwestern!
In der Vorlage des Ausschusses steht folgender Satz, den ich zunächst noch einmal wiederhole: »Die unter uns bestehenden Gegensätze in der Beurteilung der atomaren Waffen sind tief; sie reichen von der Überzeugung, daß schon die Herstellung und Bereithaltung von Massenvernichtungsmitteln aller Art Sünde vor Gott ist, bis zu der Überzeugung, daß Situationen denkbar sind, in denen in der Pflicht zur Verteidigung der Widerstand mit gleichwertigen Waffen vor Gott verantwortet werden kann.« Nicht nur ich, sondern wir alle sind der Überzeugung: die Synode ist es nicht nur sich selber, sogar nicht nur der Kirche, die wir hier in allen ihren Gemeinden vertreten, sondern der Öffentlichkeit im weitesten Sinne des Wortes schuldig, diese Gegensätze auf der Synode offen und öffentlich klar in Erscheinung treten zu lassen; und zwar nun gerade hinsichtlich der Begründungen, die zu einer verschiedenen Erkenntnis bzw. Entscheidung führten. Und so lassen Sie mich denn den Versuch machen, zu sagen, um welche Erkenntnis und Entscheidung es uns – oder in aller Bescheidung zunächst gesagt –: es mir geht. Und zwar zum vornherein so, daß es gilt, die Frage zu hören coram Deo (auf deutsch: vor Gott) und Antwort zu suchen im Gehorsam gegen das Wort der Heiligen Schrift.
Es ist ein ganzer Sturm, ja ein Orkan von Fragen auf uns gerichtet – nicht nur in all den Delegationen! Ich möchte es noch einmal sagen: Selbst wenn die Formen gelegentlich tumultarisch sind, sollten wir hindurchhören auf den Grund der Sorge, der Angst, der Unruhe. Wir sollten uns gefragt sein lassen nicht nur von solchen Delegationen, sondern von Ungezählten, die sich überhaupt nicht geäußert ha-

---

40 Bericht über die dritte Tagung der zweiten Synode der EKD vom 26.–30. 4. 1958, S. 225ff.

ben, die aber – das darf man doch sagen – in Millionen und aber Millionen ihre Erwartung bis in diesen Raum hineintragen. Wir sind wirklich so gefragt – ich sage jetzt zunächst: *von Menschen*, und zwar in einer geradezu ungeheuerlichen Menschheitssituation, wie kaum eine Synode je gefragt worden ist. Wir sind aber wiederum gefragt *durch Gott selbst*, durch sein Wort. Das ist die eigentliche Tiefendimension der Entscheidung, vor der wir stehen. Wenn es so ist, daß Gott uns fragt, gerade indem ein solcher Ansturm von Fragen, menschlichen Fragen, auf uns eindringt – ins Reine oder ins Unreine geredet, aus welchen Motiven nur immer im Vordergrunde oder auch im Hintergrunde bestimmt –, wenn es so ist, dann stehen wir in der Tat vor einer letzten Frage, die zu letzter Entscheidung ruft. Und nun, sehen Sie, geht es eben darum, daß eine Synode, die ja wahrhaftig kein politisches Parlament ist, versuchte so zu antworten, daß sie sich getraute, darüber zu schreiben: Gottes Wort sagt es uns; wenn wir auf Gottes Wort hören, dann müssen wir das sagen. Ich will jetzt nicht auf die Vorlage eingehen, die wir noch im Gehör haben. Damit das, was weiter zu sagen ist, nicht etwa mißverständlich ist, will ich Ihnen in aller Offenheit verraten: ich werde trotz allem für diese Vorlage mitstimmen. Aber das meine ich nun freilich, daß in dieser Vorlage auch noch nicht von ferne die Entscheidung zum Ausdruck kommt, zu der wir gefordert sind, und daß wir nun also doch vor der Frage stehen, was wir im Hören auf die Schrift zu antworten hätten.

Man kann die Frage, die uns gestellt ist – also: wie denn ein Christenmensch sich zu den Atomwaffen zu stellen hätte bzw. was die Kirche Jesu Christi mitten im Atomzeitalter zu den Massenvernichtungsmitteln und dann also zu einem mit solchen Mitteln etwa geführten Krieg zu sagen hat –, man kann sie beantworten mit Gründen der Vernunft, der moralischen, der politischen Vernunft. Und in dieser Richtung wäre dann zu sagen: es ist Verbrechen, es ist Wahnsinn. Man kann insbesondere, wenn man Bürger dieses unseres gespaltenen Vaterlandes ist, die Landkarte zur Hilfe nehmen und noch einmal sagen: atomare Bewaffnung deutscher Streitkräfte – ich rede offen –: Verbrechen, Wahnsinn. Aber nicht darum geht es bloß, sondern jetzt geht es doch eigentlich um ein Einziges, um das, was uns, die wir im Ausschuß doch in der Ablehnung des atomaren Krieges alle einig waren, so unsagbar Not gemacht hat: Wo der eigentliche Dissens unter uns aufbrach, das war die Frage, ob es so ist, wie wir sagen – nicht nur ich, sondern viele in dieser Synode, ich denke an die Bruderschaften, deren Frage hier mitten in unseren Raum hineinreicht – also: ob es so ist, wie wir sagen: *es ist Sünde*, die ganze Sache mit den Massenvernichtungsmitteln. *Es ist Sünde*, sich überhaupt darauf einzulassen. Nicht erst ihre Anwendung, sondern schon ihre Herstellung, ihre Bereitstellung ist Sünde. Darum geht es.

Ich bin gefragt worden: wie kommt ihr zu einem solchen absoluten Urteil? Wie könnt ihr in einem Stadium, wo die Forschungen in dieser Frage noch nicht von ferne abgeschlossen sind, wo auch neue Erfindungen mannigfache Veränderungen bringen, wo es eine ganze gleitende Skala gibt von ganz kleinen Atomwaffen zu kleinen über größere bis zu den grauenhaften nuklearen hin – wie könnt ihr in diesem Stadium zu einem solchen absoluten Urteil kommen?! Verwechselt ihr da nicht eure Meinung, eure vielleicht wirklich mit letztem Ernst gespeiste Meinung mit Gottes Wort? Es ist ein furchtbar Ding, liebe Brüder und Schwestern, wenn man seine eigene Meinung mit Gottes Wort gleichsetzt! Und das ist der Ernst der Frage, die auf uns selber gerichtet ist. Aber nun frage ich Sie und lassen Sie mich das, was mir in meinem Hören auf die Heilige Schrift im Ohr ist, in der Gestalt solcher *Fragen* an Sie bringen. Ich darf es tun mit Worten, die die Dekane der Theologischen Fakultäten in der Deutschen Demokratischen Republik damals auf ihre Verantwortung genommen haben. Sie haben mich ausdrücklich gebeten, diese Sache noch einmal an diese Synode zu bringen. Was haben wir damals gesagt?

»In den atomaren Waffen werden Gottes Gaben mißbraucht, sowohl die Kräfte der Natur wie der menschliche Verstand. In den atomaren Waffen wird der Mensch, der Gott zum Ebenbild geschaffen worden ist, für den Christus gestorben und auferstanden ist, verraten. Und in diesen Waffen wird Gottes Güte gelästert.« Wenn ich das auf einen einzigen Satz bringen sollte – und es ist gut, in einer ganz ernsten Frage alles auf ein einziges zu konzentrieren –, dann lassen sie es mich heute noch einmal so sagen: *Den Menschen, den Gott so geliebt hat, wie es das Evangelium von Jesus Christus uns sagt, zum Gegenstand von Massenvernichtungsmitteln auch nur in Gedanken machen zu wollen, ist Sünde, ist Sünde!* Sünde ist noch mehr als Verbrechen und Wahnsinn. Wer nur in moralischen und rationalen Kategorien denken kann, wird's nicht verstehen, zumal ein Wort wie Sünde dem kirchlich-frommen Vokabular anheimgefallen ist. Aber Sünde, das wiegt schwerer als Himmel und Erde. Sünde, das wiegt schwerer als jeder erdenkliche Zweck, den einer nennen könnte, und wäre es die Rettung der ganzen Welt – schwerer als die Rettung der östlichen Welt, wie sie dort sagen: des Friedens inklusive aller Errungenschaften der Oktoberrevolution, wiegt schwerer als die Rettung des ganzen sogenannten christlichen Abendlandes mit allem, was einer nennen könnte an Kulturwerten, die dort mit Dank gegen Gott gewahrt werden können und sollen. *Sünde*, wenn man's in seiner Qualität wirklich hört, das setzt eine letzte Entscheidung. Und es ist nicht Hochmut, es ist nicht Anmaßung, ist auch nicht Unbarmherzigkeit gegen die anderen, Intoleranz oder dergleichen mehr, wenn die Erkenntnis, liebe Brüder: das ist Sünde! – wenn sie in jener Letztlichkeit geltend gemacht wird, die dann freilich in eine Entscheidung fordert. So habe ich auch das Wort der Bruderschaften gehört. Also: Diese Synode hat es doch im Jahre 1956 selber einstimmig ohne Stimmenthaltung gesagt – ich zitiere aus dem damaligen Beschluß: »Es gibt keinen Zweck, durch den die Massenvernichtungsmittel, ihre Herstellung und Anwendung gerechtfertigt (oder heißt es da: geheiligt) werden können.« Es gibt wirklich *keinen* Zweck. Und nun fragen wir: folgt daraus nicht etwas ganz Einfaches – ich drücke es jetzt grob aus –, also: jedem zugerufen, den es angeht: Hände weg davon! Wenn es wirklich so ist, daß dieser Abgrund – ihn noch einmal zu schildern ist unnötig – von Hiroshima angefangen bis zu dem hin, was die nuklearen Bomben bedeuten würden, ist es uns doch wohl bewußt –, also: wenn dieser Abgrund wirklich eine ganze Menschheit bedroht, und wenn es nicht nur der Abgrund des eigenen Todes ist, sondern wenn es der Abgrund der Mordschuld, der Massenmordschuld ist – ja, liebe Brüder und Schwestern, wenn wir zu diesem Abgrund nein sagen, dann gilt doch: keinen einzigen Schritt in dieser Richtung! Dann gilt doch hier ein Nein, wie es eben zur Sünde gesprochen werden muß. Sind wir damit wirklich Häretiker, wie man mir heute noch gesagt hat? Ist's wirklich so, wie ich mit Trauer und mit Zorn gelesen habe in dem Aufruf der Bundesregierung, von allen ihren Mitgliedern nach der Zeitung unterzeichnet – da heißt es: »Bis dahin müssen wir die Politik der Sicherheit für das deutsche Volk fortsetzen; wir dürfen uns nicht durch falsche Propheten irremachen lassen.« Wer ist gemeint? Wir sind ja doch wohl gemeint! Und nun – Vater Luther hat gesagt: daß Hurerei und Raubmord und was einer nennen kann, eine Bagatelle wäre (ich gebe es frei wieder) gegenüber dem, daß jemand der Häresie sich schuldig machte, daß er zum Häretiker, zum falschen Propheten würde. Denn wenn ich einen Raubmord begehe, dann begehe ich ihn an diesem einzelnen Menschen, und das ist freilich als Sünde vor Gott von unendlichem Gewicht; aber nicht wahr, was die Wirkung betrifft, so kann ich als falscher Prophet Völker und Zeitalter verführen. Also, wie kann man so etwas sagen? Und wenn man denn so etwas sagt, dann antworten wir, und zwar mit Worten der Heiligen Schrift – jetzt sage ich's so: wir – ob die andern es im Ohr haben, das weiß ich nicht – aber wir haben im Ohr zum Beispiel, was im Jesaja-Buch im 28. Kapitel steht im 15. Vers: »Ihr sprecht« – also hören Sie's recht: *wir* haben das im Ohr! – »Ihr sprecht: wir haben mit dem Tod einen Bund und mit der Hölle einen Vertrag gemacht; wenn eine Flut dahergeht, wird sie uns nicht treffen!« – Ja, liebe Brüder und Schwestern, ist es nicht doch wirklich die Frage, die von *daher* auf uns eindringt? Denken Sie – ich zitiere wieder die Schrift – an das Gegenüber von Jeremia und Hananja, wie Hananja das hölzerne Joch, das Gott auf den Nacken des Propheten gelegt hatte, herunterriß, und dann das eiserne Joch an die Stelle trat –. Also, es könnte doch sein, daß dies doch *diese* Situation ist, daß es sich nicht nur um SOS-Rufe angesichts eines drohenden Untergangs der Kultur oder meinethalben sogar des Bestandes der Menschheit handelt, sondern eben um das, was *Sünde* und *Gottes Zorn* hier in sich beschließt. Also, wenn wir sagen: es handelt sich hier nicht um Meinungen, sondern das hören wir in der Schrift, von da her denken wir, von da her sprechen wir unser Nein und abermals nein, auch schon im Anfang nein – dann sagen Sie bitte uns nicht, wir wären – was denn? – Pharisäer, erbarmungslos, intolerant, wir wollten andere Leute vergewaltigen und anderes mehr. – Sehen Sie, wenn wir auf den Antrag, den ich hier auf die Synode gebracht habe – Sie haben das im Anfang in der ersten Plenarsitzung gehört –, verzichtet haben, nämlich darauf verzichtet haben, ihn hier zur Abstimmung zu stellen, dann eben darum, damit *keinem Gewalt* geschieht. Parlamente mögen sich ihrer Majoritätsbeschlüsse getrösten; eine kirchliche Synode kann und will das nicht tun. Sie kann sich dann so auf den Mund geschlagen sein lassen. Aber, nicht wahr, das kann und darf ja nicht bedeuten, daß geschwiegen würde und daß die Sache nicht mit dem Ernst gesagt würde, den sie faktisch hat. Sehen Sie, nun sagt Sie: ja, darin sind wir ja einig. Und in dem Beschluß, der vor Ihnen liegt, steht Gott sei Dank das einmütige Zeugnis: wir verwerfen den mit Massenvernichtungsmitteln geführten totalen Krieg. Und ich bitte auch, es nicht ganz zu überhören: der Bericht bittet darum, es eben nicht, *nicht* dahin kommen zu lassen, daß es zu einer atomaren Bewaffnung einer deutschen Armee kommt. Ja, das steht da, und wir wollen's nicht überhören. Dennoch muß klar sein, daß, wenn man wirklich sagt: das ist Sünde!, und wenn man sich da nicht verwirren läßt und eine gleitende Skala vom Kleinen bis schließlich zu dem unannehmbar Großen hin, wenn man also Sünde eben wirklich so behandelt, wie Sünde behandelt sein will – dann darf man doch nicht meinen, man könnte mit Abschreckung und Drohung dieser Sünde begegnen – dann nämlich nicht, wenn das Abschreckungsmittel *selber* im Zeichen dieser *Sünde* steht. Meinen Sie – ich darf einmal so fragen –, meinen Sie, daß es dem Teufel imponiert, wenn man sagt: Warte mal, gegebenenfalls werde ich dir mit einer Teufelei antworten!? Meinen Sie, daß man die Sünde wirklich mit Sünde bekämpfen kann? Das heißt Öl ins Feuer gießen, und ich sage das jetzt im *geistlichen* Sinn.

Ich weiß auch, daß die Politiker in der Würde ihrer Verantwortung Mittel und Wege zu suchen haben, auf denen es dann also zu einer konkreten Gestalt des Neins käme, zur totalen Ächtung und Abschaffung aller atomaren Waffen. Und ich weiß, daß man ihnen diese Arbeit nicht einfach als Theologe abnehmen kann. Sie haben ihr Amt, und das hat seine Würde und will von ihnen in der Tat im Gebrauch politischer Vernunft wahrgenommen sein. Aber das, was der Theologe – was sage ich –, das, was *die christliche Gemeinde* im Hören auf Gottes Wort zu tun hat, ja, das sollten wir tun, nämlich sagen – ich wiederhole den Satz von vorhin –: der Mensch, der von Gott so geliebt wurde, wie es uns das Evangelium von Jesus Christus sagt, und nicht nur geliebt *wurde*, sondern geliebt *wird*, und zwar jeder Mensch, in Moskau und New York, in Berlin und Paris oder was Sie hier nennen wollen, dieser Mensch darf nicht einmal als Objekt der Massenvernichtungsmittel *gedacht* werden, geschweige denn mit den Teufelsdingern *behandelt* werden. Es ist grauenhaft, auch nur zu denken, daß dieser Mensch en masse, ob Säugling oder noch nicht geboren, ob schuldig oder unschuldig, ausgerottet werden sollte wie ein Schwarm giftiger Fliegen. Das ist es, was uns – jetzt denke ich auch an das Wort der Bruderschaften – sagen läßt: das ist *Sünde gegen den dreieinigen Gott*, gegen den Schöpfer, gegen den Versöhner, gegen den Erlöser. Vielleicht könnten wir damit in der Tat den Staatsmännern einen unerhörten Dienst leisten für ihre verantwortliche Beratung und Entscheidung, wenn dieser Ruf der christlichen Kirche, wollte Gott, über eine ganze Welt hin in ihren Ohren wäre und immer von neuem in Ohren, Herz und Gewissen gebracht würde. Wir leben im circulus vitiosus, in dem furchtbaren fehlerhaften Kreislauf der Angst. Die Angst richtet das Furchtbare unter uns an, und zwar die Angst des Menschen vor dem Menschen. Viel ärger als alle zerstörenden Faktoren in der Weltpolitik scheint heute die Angst zu sein, ärger als etwa die Machtsucht, mit dem Fremdwort gesagt, der Imperialismus. Die Angst ist es, die uns wie in einem dämonischen Bann im Kreis herumlaufen läßt, nach der Weise: ja aber der andere, ja aber der andere! Nun käme doch alles darauf an – lassen Sie mich das Bild noch ein wenig konkretisieren –, daß der elektrische Stromkreis der Angst an einer Stelle unterbrochen würde, daß da sozusagen ein Kurzschluß einträte im Teufelskreis. Diesen Kurzschluß zu vollziehen, das ist die Sache der *christlichen Gemeinde*, und das ist denn die Sache der Gemeinde, die als *Synodos* versammelt ist. Ich will nicht im einzelnen davon reden, was im Teufelskreis der Angst alles zum Teufel geht! Da geht zum Teufel Recht und Würde des Staates. Der Staat – ich denke an Barmen – hat zwar gegebenenfalls mit den Mitteln der Gewalt für Recht und Frieden zu sorgen, dafür, daß die menschliche Existenz in Gemeinschaft ermöglicht wird und erhalten bleibt. Wenn er aber zu solchen Mitteln, wie es die Massenvernichtungsmittel sind, greift, zerstört er sich selber in seinem Wesen. Des zum Zeichen wird die Demokratie im Zeichen dieser Mittel an der entscheidenden Stelle mit Notwendigkeit hineingerissen in die Diktatur ganz weniger Männer, die im Ernstfall über Anwendung oder Nichtanwendung solcher Mittel zu bestimmen haben. Also: Recht und Würde des Staates wird hier von innen heraus zerstört und die Verteidigungspflicht dazu. Ich rede jetzt gar nicht lange davon, daß es mir ein völliger Nonsens zu sein scheint, mit einer Bumerangwaffe – wenn man das überhaupt Waffe nennen dürfte, was keine Waffe, sondern ein Massenvernichtungsmittel ist – sich verteidigen zu wollen. Die Waffe schlägt ja zurück, der Mord wird zum Selbstmord. Aber davon will ich nicht weiter reden, sondern nur dieses eine sagen: Es ist einfach ein *Teufelsbund*, wenn Sie es modern ausdrücken wollen: ein Bund mit dem *Nihilismus*! Die Sache mit der Wasserstoffbombe ist durch und durch nihilistisch. Ihr Abwurf ist ein nihilistischer Akt, darum kann man nichts, gar nichts damit retten. Man wird vielmehr alles, was man retten wollte, sei es Recht, sei es Freiheit, sei es Friede oder auch nur das menschliche Leben, in actu eo ipso, eben damit, daß man das tut, schon zerstört haben. Darin setzt sich bloß die dämonische Konsequenz fort, die der Sache innewohnt. Ich könnte fortfahren in dieser Richtung, was das eigentlich für den Menschen heraufführt. In eins mit dem Nihilismus führt das eine tiefe Hoffnungslosigkeit herauf, eine Sinnlosigkeit auf dem Grunde des Lebensgefühls. Man redet im allgemeinen nicht davon, aber sie denken es alle, unsere *jungen Menschen*, die nach Leben und Zukunft hungern, sie denken im stillen: wenn das geschehen *kann*, was hat's dann überhaupt für Sinn, zu leben und zu wirken. Die meisten fragen nur nach der Wirklichkeit, also ob das Schreckliche wirklich passiert, und man tröstet sich damit, daß man ihnen sagt: wahrscheinlich, höchstwahrscheinlich wird in absehbarer Zeit der große Krieg, der nukleare Krieg, nicht ausbrechen. Gott gebe es, liebe Brüder und Schwestern, daß er nicht, daß er nie ausbricht! Aber jetzt sage ich: die *Möglichkeit*, das ist eine komische Kategorie, sie ist nämlich die Kategorie der *Angst*, und zwar so, daß, wenn das möglich ist, daß der Mensch das mit dem Menschen tut, die Frage nach uns greift: wo bleibt Menschenwürde, Menschenbestimmung, Menschen-

Die Wiederherstellung der rheinischen Kirche und der EKD

freiheit, und was Sie nennen wollen?! Nur eine einzige Kraft gibt es, die den Kampf mit dem Dämon dieser Möglichkeit aufnimmt, das ist *Jesus Christus*, der für uns Gekreuzigte und Auferstandene. Ich bestreite, daß in dieser Sache mit Humanismus, östlichem oder westlichem, letztlich etwas auszurichten ist. Ich bestreite, daß die Waffen der ratio, der Vernunft, werden sie noch so gut angewandt, die Schlacht gewinnen können. Nicht mehr und nicht weniger tut hier not, als der Satz, den wir in den russischen Kathedralen als einen unsäglichen Triumphgesang jetzt gerade vor wenigen Wochen immer von neuem gehört haben, »Christus ist auferstanden. Er ist wahrhaftig auferstanden!« Sie, liebe Brüder und Schwestern, und Sie da oben auf der Tribüne, Sie alle, liebe Brüder und Schwestern, hätten das hören müssen, diese Antwort: Er ist wahrhaftig auferstanden! Ich bitte Sie, wenn man *das* hört, und wenn man *so* antwortet, ist dann wirklich noch Raum für dieses Teufelszeug?! Dann darf man doch *getrost nein sagen*, und darf die Sache wirklich dem überlassen, der der Pantokrator ist, der Herr der Herrscher, der König der Könige, der Herr über alle Gewalten und Mächte, sichtbare und unsichtbare. Das war es, was ich mit dem Versuch, Ihnen darzulegen, worum es nach unserer Erkenntnis der Schrift geht, Ihnen hier zu sagen hatte. Mögen Sie es gehört haben als die Frage und den Ruf *von der Heiligen Schrift her*! Wenn Sie uns von der Schrift her nicht widerlegen können, dann, liebe Brüder und Schwestern, dann dringt die Frage eben einfach durch und *dringt auf Entscheidung!*

Die letzte Entscheidung der Synode der Evangelischen Kirche in Deutschland fiel 1958. In ihr kam es zur »Ohnmachtsformel« der evangelischen Kirche in dieser Frage[41]:

Die Synode der EKD grüßt die Gemeinden in Ost und West. Wir danken Gott, daß wir durch seine Gnade zusammengehalten werden. In dieser Gemeinschaft treten wir für den Frieden ein.
In Übereinstimmung mit den Beschlüssen, die vom Ökumenischen Rat in New Haven im Sommer 1957 gefaßt wurden, verwirft die Synode den mit Massenvernichtungsmitteln geführten totalen Krieg als unvereinbar mit dem Gewissen der Menschheit vor Gott.
Sie bittet alle verantwortlichen Politiker, alles zu tun, was zu einer allgemeinen Abrüstung, nicht nur der Atomwaffen, sondern auch der sogenannten konventionellen Waffen führen kann.
Sie bittet die Weltmächte, die Atombombenversuche einzustellen und nicht wieder aufzunehmen.
Sie bittet in unserem gespaltenen Vaterland die beiden Regierungen, alles zu tun, um die Glaubens- und Gewissensfreiheit zu sichern, dem Frieden zu dienen und eine atomare Bewaffnung deutscher Streitkräfte zu vermeiden.
Die unter uns bestehenden Gegensätze in der Beurteilung der atomaren Waffen sind tief. Sie reichen von der Überzeugung, daß schon die Herstellung und Bereithaltung von Massenvernichtungsmitteln aller Art Sünde vor Gott ist, bis zu der Überzeugung, daß Situationen denkbar sind, in denen in der Pflicht zur Verteidigung der Widerstand mit gleichwertigen Waffen vor Gott verantwortet werden kann.
Wir bleiben unter dem Evangelium zusammen und mühen uns um die Überwindung dieser Gegensätze. Wir bitten Gott, er wolle uns durch sein Wort zu gemeinsamer Erkenntnis und Entscheidung führen.

---

41 Ebd., S. 455f.

Etwas später als die Synode von 1958 erschienen die *Heidelberger Thesen*[42]. Sie stehen auf der Linie, die wohl auch auf der Synode mehrheitlich vertreten wurde. In der Friedensdenkschrift von 1981 werden sie ausführlich gewürdigt und bejaht. Der wichtigste Satz ist die These VIII: »Die Kirche muß die Beteiligung an dem Versuch, durch das Dasein von Atomwaffen einen Frieden in Freiheit zu sichern, als eine heute noch mögliche christliche Handlungsweise anerkennen.«
Es hat sich also am Ergebnis von 1958/1959 bis heute, wie die Denkschrift zeigt, nichts geändert. Woran liegt das?
Schon im Jahre 1950 zeichneten sich immer deutlicher bestimmte Fronten innerhalb der evangelischen Kirche ab. Die Dokumente der verschiedenen Stellungnahmen von Kirchenleitungen, Synoden, kirchlichen Arbeitskreisen aller Art, die im Kirchlichen Jahrbuch 1950 wiedergegeben sind, zeigen, aufs Ganze gesehen, zwei theologisch begründete gegensätzliche Standpunkte. Dabei geht es, wenn ich recht sehe, um ein verschiedenes Verständnis der Theologie Luthers in seiner Lehre von den beiden Regimenten. Die eine Seite argumentiert entscheidend von der strengen Unterschiedenheit des weltlichen und geistlichen Regiments, die andere Seite von der unlöslichen Zusammengehörigkeit beider Regimente her. Darum werfen die Erstgenannten den anderen vor, sie vermischten beide »Reiche«, und die Letztgenannten beschuldigen die andern der unerlaubten Trennung beider Reiche. Bemerkenswert ist, daß bei der Auseinandersetzung hierüber theologische Gegensätze wieder ans Licht traten, die auch im Kirchenkampf innerhalb der Bekennenden Kirche bestanden hatten und damals (1936) zu jenem Bruch anläßlich der Stellungnahme der Bekennenden Kirche zu den Kirchenausschüssen führten.
Die konkrete Gegensätzlichkeit der theologischen Positionen läßt sich kurz so beschreiben: Die einen halten es für geboten, eine politische Entscheidung wie die der Wiederaufrüstung aus christlicher, theologischer Begründung zu treffen. Die andern halten es theologisch für unerlaubt, für eine politische Frage eine unmittelbare christlich begründete Entscheidung zu vollziehen oder gar eine dahingehende Weisung zu geben. Demgemäß führen die einen den Kampf um die Wiederaufrüstung mit theologischen Argumenten, weil sie der Überzeugung sind, daß es bei dem Für und Wider in dieser Frage um eine Entscheidung geht, die der Christ als solcher im Gehorsam des Wortes Gottes zu treffen hat. Die andern dagegen streiten gegen diese »Vermischung« der beiden Reiche und stellen den Unterschied zwischen dem Auftrag der Kirche mit ihrer Predigt des Gesetzes und einer rein nach politischen Einsichten zu treffenden Entscheidung über die Wiederaufrüstung als den Weg zur Sicherung des Friedens heraus. Sie sagen: die Kirche kann nur gewissenschärfend mahnen, bei den politischen Entscheidungen in Verantwortung vor Gottes Gebot zu handeln, und also etwa den Politiker daran erinnern, daß er für Recht und Frieden zu sorgen hat. Sie kann ihm aber nicht im Namen Gottes gebieten, nicht wieder aufzurüsten, da sie das nicht zu entscheiden hat und aus Gottes Wort nicht entscheiden kann. Den anderen geht es demgegenüber um die Frage, ob das Wort Gottes nicht konkret »unseres Fußes Leuchte und ein Licht auf unserem Wege« ist und ob wir nicht deswegen ganz anders als bisher um den konkreten christlichen Gehorsam in einer politischen Frage zu ringen ha-

---

42 Vgl. KJB 1959, S. 100ff.

ben, statt die »Welt« mit ihren Entscheidungen im »politischen Raum« sich selbst zu überlassen.

Das schwerste Thema der Synode war der Streit um die atomare Rüstung. Die Synode sandte einmal sogar eine Delegation zu dem damaligen Bundeskanzler Adenauer, um ihn zu bitten, keine neue Militärmacht, vor allem keine atomare Bewaffnung aufzubauen. Leider war alles vergeblich. Die heftigen Auseinandersetzungen endeten damit, daß alle Beteiligten den Mut verloren, weiterzukämpfen. So war das Thema am Ende der fünfziger Jahre erschöpft und tauchte erst wieder viel später, nach der Mitte der siebziger Jahre, auf, als es zur »Friedensbewegung« kam und das Nein zur atomaren Kriegsrüstung gegenüber der Vergangenheit laut und leidenschaftlich wurde.
Die weitere Geschichte der Synode der Evangelischen Kirche in Deutschland zu berichten würde zu weit führen. Zu erwähnen ist jedenfalls die Annäherung nach 1970 zwischen der Vereinigten Evangelisch-Lutherischen Kirche und der Arnoldshainer Konferenz über die Kanzel- und Abendmahlsgemeinschaft. Dazu trug die Leuenberger Konkordie[43] bei, die 1973 beschlossen wurde und für die Verbundenheit von lutherischen, reformierten und unierten Kirchen in Europa weithin wirkte – und so auch für die Lösung des alten EKD-Problems über die Abendmahlsgemeinschaft in Deutschland seine Auswirkungen hatte.

2. Der Neubau der Evangelischen Kirche der altpreußischen Union

Einst war die Evangelische Kirche der altpreußischen Union die größte und sicher auch eine bedeutende Kirche in Deutschland. Diese Kirche wurde 1933 von den Deutschen Christen mit Hilfe der NSDAP erobert und schwer angeschlagen. Andererseits entstand in dieser Kirche schon 1933 eine Bekennende Kirche, die in heftigen Streit mit den Deutschen Christen geriet und für den Kirchenkampf ein besonders starkes Bollwerk gegen Partei, Staat und Deutsche Christen wurde. Nicht ohne Grund fanden die ersten Bekenntnissynoden im Bereich dieser Kirche statt: Rheinland, Westfalen, Berlin-Brandenburg. Die Barmer Synode war schon die dritte Synode 1934. Die Altpreußen hielten auch im Streit mit den Kirchenausschüssen 1935–1937 durch. Die Zahl der altpreußischen Bekenntnissynoden überstieg die aller anderen Kirchen. Die erste fand 1934, die letzte 1943 in Breslau statt. Dann kam die Zerstörung mit dem Winter 1944/45. Die Menschen aus dem Osten flüchteten, und sie waren größtenteils Mitglieder der altpreußischen Kirche. Am Ende des Schicksals der Vertreibung hatte diese Kirche Ostpreußen, Grenzmark, Schlesien und Ostpommern an die Macht des Ostens verloren. Wer nicht geflüchtet war, wurde vertrieben. Was blieb im Osten hinter dem »Eisernen

---

43 Vgl. Anm. 25 auf S. 393.

Vorhang«, der immer unüberwindlicher wurde? Berlin-Brandenburg, Westpommern, Provinz Sachsen, Rest-Schlesien. Es war unvermeidlich, daß die Vertreter der altpreußischen Kirche, die sich im August 1945 in Treysa trafen, die Probleme der altpreußischen Kirche irgendwie lösen mußten. Die alte Kirche war zerstört. Vielleicht konnte man noch einiges davon retten. Aber jetzt blieb nur übrig, die Provinzialkirchen, die im Westen lagen, selbständig zu machen, anstelle der bisherigen Landeskirche einen Kirchenbund zu schaffen, dessen Glieder als Landeskirchen selbständig werden mußten. Mitten durch das altpreußische Gebiet ging »die Mauer« (1961), und die Aufgabe, trotzdem beieinander zu bleiben, war nahezu unlösbar.

In Treysa (1945) wurde zwischen den dort anwesenden Vertretern der Evangelischen Kirche der altpreußischen Union folgende Vereinbarung getroffen[1]:

In der Evangelischen Kirche der altpreußischen Union ist durch die kirchenfeindliche Politik der nationalsozialistischen Staatsführung der Kirchensenat als verfassungsmäßiges Organ der Leitung zuerst in seiner Zusammensetzung so verändert worden, daß er zur Leitung der Kirche im Sinne des Vorspruchs der Verfassung untauglich wurde. Danach haben seine Funktionen überhaupt aufgehört. Er kann sie heute ebensowenig wie die Generalsynode wieder aufnehmen. Die verfassungsmäßige Bindung des Evangelischen Oberkirchenrates an diese Organe läßt nach deren Fortfall die Übernahme der alleinigen Kirchenleitung durch ihn nicht zu. Angesichts dieses Notstandes der Evangelischen Kirche der altpreußischen Union sind in Treysa zusammengetreten:
1. Vertreter des Bruderrates der Evangelischen Kirche der altpreußischen Union als desjenigen Organs der Leitung, das, berufen von der Bekenntnissynode der altpreußischen Union, in deren Auftrag bekenntnisgebundene Kirchenleitung ausgeübt hat.
2. Vertreter derjenigen Kirchenleitungen von Kirchenprovinzen der altpreußischen Union, die sich im Notstande der Kirche inzwischen auf bekenntnismäßiger Grundlage gebildet haben.
Es traten zusammen:
1. Vom Bruderrat der Evangelischen Kirche der altpreußischen Union die Mitglieder: Pfarrer Niemöller D.D., Pfarrer Lic. Niesel, Superintendent Held, Pfarrer Lücking, Pfarrer Hildebrandt, Dr. Ehlers.
2. Von den neugebildeten Kirchenleitungen der Kirchenprovinzen
a) der Evangelischen Kirche der Rheinprovinz: Generalsuperintendent D. Stoltenhoff, Pfarrer Lic. Dr. Beckmann, Pfarrer Harney, Dr. Mensing,
b) der Evangelischen Kirche von Westfalen: Präses D. Koch, Konsistorialrat Hardt, Pfarrer Dr. Kleßmann, Pfarrer Lic. Dr. Schlink,
c) der Evangelischen Kirche von Berlin-Brandenburg: Generalsuperintendent D.Dr. Dibelius, Propst Dr. Böhm,
d) der Evangelischen Kirche von Schlesien: Stadtdekan Lic. Dr. Konrad, Ingenieur Milde.
Diese erklären einmütig:
Im Notstand der Evangelischen Kirche der altpreußischen Union nehmen wir die kirchenleitenden Befugnisse der Generalsynode und des Kirchensenats stellvertretend wahr und bestimmen über die Leitung der Evangelischen Kirche der altpreußischen Union, was folgt:

---

1 KABl 1946, S. 14f.

Artikel I
Die Kirchenleitung in den Provinzen durch die bisherigen Konsistorien hat aufgehört. Wo Konsistorien noch bestehen, arbeiten sie als Verwaltungsstelle der Kirchenleitung. Als Kirchenleitung sind an die Stelle der Konsistorien in den Kirchenprovinzen Rheinland, Westfalen, Berlin-Brandenburg und Schlesien neue bekenntnisgebundene Leitungen getreten. In den übrigen Provinzen sind solche Leitungen zu bilden.

Artikel II
Die Kirchenleitungen der Provinzen, in denen bekenntnisgebundene Leitungen bereits bestehen, üben das Kirchenregiment für ihren Bereich selbständig auf der Grundlage der Verfassungsurkunde der Evangelischen Kirche der altpreußischen Union, bzw. der Kirchenordnung für Westfalen und die Rheinprovinz, und, soweit erforderlich, im Wege neuer Rechtsgestaltung aus. Die kirchenleitenden Funktionen, die nach der Verfassungsurkunde dem Kirchensenat und dem Evangelischen Oberkirchenrat zustehen, werden für ihren Bereich von den Kirchenleitungen der Provinzen wahrgenommen.
Insbesondere üben die Kirchenleitungen selbständig aus: das Notverordnungsrecht, das Recht der Errichtung, Besetzung und Einziehung von Pfarrstellen, das Recht der Berufung und Abberufung der Beamten für die Leitung der Provinzialkirchen, des Direktors des Predigerseminars, sowie die Bestätigung der Superintendenten und Synodalassessoren.

Artikel III
Jede Kirche einer Provinz entsendet in die »Leitung der Evangelischen Kirche der altpreußischen Union« Vertreter, und zwar:
a) Berlin-Brandenburg vier,
b) Schlesien einen,
c) die Rheinprovinz zwei,
d) Westfalen zwei.
Nach Bildung bekenntnisgebundener Kirchenleitungen entsendet die Kirchenprovinz Sachsen zwei, die übrigen Kirchenprovinzen je einen Vertreter in die Kirchenleitung.
Zu der Leitung der Evangelischen Kirche der altpreußischen Union gehören ferner
a) zwei von ihr zu berufende Vertreter des Evangelischen Oberkirchenrats,
b) zwei Vertreter des Bruderrates der Bekennenden Kirche der altpreußischen Union.

Artikel IV
Die Leitung der Evangelischen Kirche der altpreußischen Union faßt ihre Beschlüsse in brüderlicher Beratung. Der Vorsitz wechselt alljährlich.
Solange die Schwierigkeiten des Verkehrs zwischen den östlichen und westlichen Provinzen bestehen, üben die Mitglieder der Leitung, die in den östlichen Provinzen wohnen, die Funktionen der Leitung für dieses Gebiet selbständig aus. In den westlichen Provinzen geschieht dies gemeinsam durch die Kirchenleitungen von Westfalen und der Rheinprovinz.

Artikel V
Der Evangelische Oberkirchenrat bleibt bis auf weiteres Verwaltungsstelle der Kirchenleitung und arbeitet nach deren Weisung. Ihm liegt insbesondere die Vertretung der Kirche im rechtsgeschäftlichen Verkehr sowie vor Gerichten und Behörden und die Geltendmachung der Rechte der Kirche gegenüber dem Staate ob. Er hat diejenigen Aufgaben auf dem Gebiete der Verwaltung und der Finanzen zu

erledigen, die von den Kirchen der Provinzen nach übereinstimmender Feststellung dieser Kirchen und der Leitung der Gesamtkirche nicht selbständig erledigt werden können.
Die Kirchenleitung bestimmt diejenigen Beamten des Evangelischen Oberkirchenrates, die zur Erfüllung dieser Aufgaben bis auf weiteres im Amte bleiben.

Artikel VI
Die Kirche jeder Provinz hat für ihren finanziellen Bedarf selbst zu sorgen. Sie erhebt die bisherige landeskirchliche Umlage als Umlage der Kirche der Provinz und führt nach einem noch festzusetzenden Schlüssel an die Kirchenleitung der Gesamtkirche denjenigen Teil ab, der zur Deckung der Kosten der Gesamtkirchenleitung und des Evangelischen Oberkirchenrats sowie zur Erfüllung der der Gesamtkirche obliegenden Verpflichtungen erforderlich ist.

Artikel VII
Das Kollektenrecht liegt bei den Kirchen der Provinzen. Diese halten viermal im Jahr eine Kollekte für Notstände der Gesamtkirche.

Artikel VIII
Der Kirchenleitung der altpreußischen Union bleiben vorbehalten:
a) die Vertretung der Gesamtkirche nach außen,
b) die Regelung derjenigen finanziellen und verwaltungsmäßigen Angelegenheiten, welche die Kirchen der Provinzen für sich allein nicht ordnen können, insbesondere auf dem Gebiet einer einheitlichen Regelung der Besoldung der Geistlichen und der Kirchenbeamten sowie der Versorgung der Ruheständler und der Hinterbliebenen,
c) die Ausübung der kirchenleitenden Funktionen des Kirchensenats und des Evangelischen Oberkirchenrats für diejenigen Kirchenprovinzen, in denen bekenntnisgebundene Leitungen noch nicht bestehen,
d) der Erlaß von Notverordnungen auf den der Gesamtkirche vorbehaltenen Gebieten.
Die Kirchenleitung kann den Kirchen der Provinzen Vorschläge für einheitliche Ordnungen auf innerkirchlichem Gebiet machen.

Artikel IX
Der Bruderrat der Evangelischen Kirche der altpreußischen Union überträgt seine kirchenleitenden Funktionen der Leitung der Evangelischen Kirche der altpreußischen Union.

Artikel X
Die vorliegende Regelung gilt, bis eine Synode der Evangelischen Kirche der altpreußischen Union eine andere beschließt.

Treysa, den 31. August 1945

Koch, Kleßmann, Mensing, Schlink, Beckmann, Dibelius, Milde, Niemöller, Lükking, Harney, Stoltenhoff, Konrad, Niesel, Ehlers, Hardt, Held, Hildebrandt, Böhm.

Was hier vereinbart wurde, hat sich ein paar Jahre gehalten. Dann aber wurde die Leitung der Evangelischen Kirche der altpreußischen Union in Berlin 1949 einig, einen Neubau zu versuchen und eine außerordentliche Synode zu berufen. Hier sollten die Entscheidungen für die Zukunft fallen.

Die Evangelische Kirche der Union sollte Kirche bleiben, doch in Form eines Kirchenbundes. Neu gestaltet werden mußte eine Bekenntnisurkunde und eine Ordnung für den Kirchenbund. Auf zwei Synoden (1950 und 1951) gelang es, die Unionskirche trotz allem, was dagegen sprach – vor allem von lutherischen Theologen und Kirchen –, neu zu ordnen. Viele hätten gerne die Auflösung der altpreußischen Kirche gesehen, um vor allem die Union des 19. Jahrhunderts zugunsten der Konfessionen aufzuheben. Aber das gerade gelang um so weniger, als die Vertreter der altpreußischen Union die Evangelische Kirche in Deutschland als »Kirche« wünschten und Kanzel- und Abendmahlsgemeinschaft für sie haben wollten, wie sie in der Evangelischen Kirche der altpreußischen Union vorhanden war. Es gab also kein Zurück, sondern nur ein Vorwärts zur Kirchengemeinschaft in Deutschland. Zwei Synoden hat die Evangelische Kirche der altpreußischen Union abgehalten, um die Grundartikel zu schaffen. Ich habe auf diesen Synoden 1950/51 die Hauptreferate gehalten. Es war für mich eine theologische Grundentscheidung, mich für das »Kirche-Sein« (im theologischen Sinne) der Evangelischen Kirche der altpreußischen Union auszusprechen. Darum sollen die vier Vorträge über dieses große Thema folgen: Haben wir theologisch recht, wenn wir die Evangelische Kirche der Union wirklich als Kirche verstehen und dabei bleiben, daß sie es ist, auch wenn so viele sich dagegen entschieden haben?

I

Einleitendes Referat von Oberkirchenrat Lic. Dr. Beckmann, Düsseldorf, über das Thema: »Vom Wesen der Evangelischen Kirche der altpreußischen Union«[2]
Hochwürdige Synode! Liebe Brüder und Schwestern!
Es ist mir vor kurzem von seiten der Leitung der Evangelischen Kirche der altpreußischen Union die Anfrage zugegangen, ob ich bereit wäre, zu Beginn der Verhandlungen über den Entwurf einer Ordnung der Evangelischen Kirche der altpreußischen Union etwas zu sagen unter dem Thema: »Vom Wesen der Evangelischen Kirche der altpreußischen Union«. Sie können sich denken, daß es für jeden, dem eine solche Frage vorgelegt wird, überaus schwierig ist, hierüber in der gebotenen Kürze etwas zu sagen. Es muß und soll darum von vornherein auf eine Betrachtung der Geschichte – und sei es auch nur in aller Kürze – völlig verzichtet werden. Denn es könnte sein, daß sich das Wesen der Evangelischen Kirche der altpreußischen Union seit ihren Anfängen nicht unwesentlich gewandelt hätte. Ich möchte versuchen, eine theologische Besinnung darüber einzuleiten, wie wir uns selbst als Evangelische Kirche der altpreußischen Union verstehen – verstehen können und verstehen dürfen. Das heißt also: Ist das gegenwärtig noch vorhandene Faktum der Evangelischen Kirche der altpreußischen Union irgendwie theologisch zu rechtfertigen oder nicht? Sie wissen ja, daß bis zum heutigen Tage eine grundsätzliche Bestreitung dieser Möglichkeit, daß die Evangelische Kirche der altpreußischen Union in irgendeinem Sinne Kirche ist, vorhanden ist. Es wird von einer Dauerkrise der Unionskirche gesprochen. Es wird von einer bestimmten konfessionellen theologischen Position aus behauptet, eigentlich sei diese Kirche eine theologische Unmöglichkeit. Auf der anderen Seite wissen wir, daß versucht wird, die Evangelische Kirche der altpreußischen Union aus nichttheologischen Betrachtungen und Motiven zu rechtfertigen. Ich möchte meinen, daß uns das

---

2 Auszug aus den stenographischen Niederschriften über die Verhandlungen der a.o. Generalsynode der Evangelischen Kirche der altpreußischen Union – Vervielfältigung –, S. 18ff.

nicht genügen könnte, sondern daß wir in der Tat vor eine theologische Frage gestellt sind.
Gestatten Sie mir, daß ich diese Frage an dem Entwurf einer Ordnung Artikel 1 erörtere. Ich habe selbst an den Formulierungen dieses Artikels in keiner Weise persönlich mitgearbeitet. Ich habe mich freilich mit den Vorstadien dieses jetzt nun vorgelegten Entwurfs beschäftigt, wie auch mit vielen anderen Grundartikeln, und meine, es wäre nützlich, wenn wir uns mit diesem Artikel befaßten und von hier aus unserer Frage beizukommen versuchten. Denn dieser Artikel 1 enthält ja ein theologisch begründetes Selbstverständnis der Evangelischen Kirche der altpreußischen Union.
Erstens. Die Evangelische Kirche der altpreußischen Union versteht sich als Kirche. Sie drückt das in Artikel 1 Absatz 1 nicht nur dadurch aus, daß sie das Wort »Kirche« gebraucht, sondern dadurch, daß sie sich in diesem Satze auf die eine heilige, allgemeine christliche Kirche bezieht. Sie sagt das mit der Formulierung »sie steht in«. Wir wissen alle, daß dies ein Versuch ist, das, was hier theologisch gemeint ist, auszusprechen. Dieses »Stehen in« will ja auf der einen Seite ein Bekenntnis zur una sancta catholica et apostolica ecclesia sein. Es will aussprechen: credo ecclesiam. Wenn wir überhaupt von einer Evangelischen Kirche der altpreußischen Union reden, dann reden wir deswegen von ihr, weil wir die eine, heilige christliche Kirche glauben und weil wir in ihr glauben.
Freilich wird dann sofort das charakteristische reformatorische Verständnis der Kirche sichtbar, indem nämlich fortgefahren wird, daß diese eine, heilige christliche Kirche »überall da ist, wo«. Es wird nichts anderes gesagt, als auf die beiden in der reformatorischen Theologie und seither immer wieder erwähnten Kennzeichen verwiesen, die beiden sicheren Kennzeichen, »dabei man die Kirche erkennet«, nämlich an der lauteren Verkündigung des Wortes Gottes und an der rechten Verwaltung der Sakramente. Damit ist das reformatorische Verständnis der Kirche zugrunde gelegt. Es ist behauptet, es wird gleichsam bekannt, daß diese evangelische Kirche sich so verstehen will als eine, die sich mit Recht Kirche nennt, weil sie überzeugt ist, daß in ihr die Kennzeichen der Kirche Christi sichtbar werden. Sie weiß sich der una sancta catholica et apostolica ecclesia zugehörig.
Zweitens. Diese Überzeugung drückt der Artikel 1 in drei bekennenden Sätzen aus, von denen jeder Satz natürlich wieder in sich eine Anzahl Untersätze enthält. Diese drei bekennenden Sätze sind in der Ziffer 2, in der Ziffer 3 und in der Ziffer 4 enthalten. In der Ziffer 2 ist davon geredet, worauf sie sich begründet weiß, in der Ziffer 3 ist ein Wort über ihr Glaubenszeugnis im Blick auf die altkirchlichen Symbole und in Ziffer 4: »Sie bekennt mit den Vätern der Reformation.« Ganz deutlich sind diese drei Sätze die bekennenden Sätze, in denen das ausgeführt wird, was in dem Satz 1 ausgesprochen ist.
Der erste bekennende Satz ist das Christusbekenntnis. Das Christusbekenntnis betont ausdrücklich in den Ausführungen die Fleischwerdung des ewigen Wortes, also die Inkarnation. Er betont Kreuz und Auferstehung, er betont die Hauptschaft des gegenwärtigen Herrn in der Gemeinde, und er betont und unterstreicht den Artikel von der Wiederkunft Christi. Mit diesem Christusbekenntnis soll nichts anderes gesagt werden, als was in dieser Kirche von Jesus Christus bekannt wird – was das ist, daß wir von Jesus Christus reden, daß wir ihn und wie wir ihn als den Kyrios bezeugen. Mit diesem Christusbekenntnis verbindet der Artikel das Bekenntnis ihrer Einigkeit. Er sagt damit, was das heißt, in der einen, heiligen christlichen Kirche zu leben. Das heißt nämlich: unter dem Haupte Jesus Christus leben. Der Artikel bezeugt, daß alle ihre Glieder miteinander unter diesem Haupte leben und leben wollen, in eins unter ihrem Haupte.
Der Grund ihrer Einigkeit wird nun in dem Satz ausgesprochen, daß sie gegründet

ist auf das prophetische und apostolische Zeugnis der Heiligen Schrift Alten und Neuen Testaments. Damit erklärt dieser Artikel, was für die Evangelische Kirche der altpreußischen Union das Wort Gottes ist. Das Wort Gottes ist das prophetische und apostolische Zeugnis der Heiligen Schrift Alten und Neuen Testaments. Und das heißt doch, dieses Wort will sagen: Das biblische Evangelium, das Wort Gottes Heiliger Schrift selbst ist der tragende Grund ihrer Existenz. Sie unterwirft sich damit, indem sie das Wort von der Gründung ausspricht, diesem Zeugnis der Schrift. Indem dieses Zeugnis in ihrer Mitte laut wird, erweist sie sich, ereignet sich in ihr die Kirche Christi.

Drittens. Der zweite bekennende Satz ist das Bekenntnis zu den altkirchlichen Symbolen. Die Evangelische Kirche der altpreußischen Union bezeugt als Kirche der Reformation ihren Glauben in Gemeinschaft mit der alten Kirche durch die altkirchlichen Symbole: das Apostolicum, das Nicaenum und das Athanasianum.

Meine Brüder! Ich halte dafür, daß diese Sätze von ungeheurer Tragweite sind. Denn ich möchte nicht, daß jemand da wäre, der unter uns dies als eine Formel verstände, daß man natürlich aus Ordentlichkeit und Anständigkeit einer Kirche irgendeinen Bezug auf die altkirchlichen Symbole zur Geltung bringen müßte, ohne zu wissen, was damit geschehen ist. Die Evangelische Kirche der altpreußischen Union weiß um die Geschichtlichkeit der Kirche. Sie weiß, daß die Kirche in der Zeit eine Kirche ist, die die Kirche der Jahrhunderte, der Jahrtausende ist. Sie will also mit den Vätern in einer und derselben Kirche Christi sein und bleiben, ebenso wie die Männer der Reformation, wie die reformatorischen Kirchen sich zu den Vätern, zu dem Glauben der Väter der alten Kirche bekannt haben.

Damit soll gesagt werden und wird mit Recht unterstrichen, daß die evangelische, die Kirche des Evangeliums, die Kirche Christi keineswegs mit dem Jahre 1530 begonnen hat, sondern daß sie die Kirche ist von den Aposteln und Propheten über die Väter der griechischen und lateinischen Kirche bis heute. Daher kann sie sagen: »Sie bezeugt als Kirche der Reformation ihren Glauben in Gemeinschaft mit der alten Kirche durch die altkirchlichen Symbole. Sie will also das Credo der Väter ausdrücklich aufnehmen. Sie will ihren Glauben mit dem Credo der Väter, wie es in den altkirchlichen Symbolen ausgesprochen ist, identifiziert wissen. Das heißt, sie bekennt sich zu dem dreieinigen Gott. Insbesondere bekennt sie sich zu der Homousie des Vaters und des Sohnes, zu dem, was in dem nicaenischen Glaubensbekenntnis eindrücklich und in aller Breite ausgeführt ist. Sie bekennt sich damit auch zu der wahren Gottheit des wahren Menschen Jesus Christus. Sie bekennt dies dadurch, daß sie diese Symbole in ihren Gottesdiensten gebraucht und damit also mit ihnen vor der Welt bekennt und Gott gegenüber anbetend redet.

Ich meine, nach dem, was in den letzten 150 Jahren hinter uns liegt, was auch mit den Anfängen der altpreußischen Union und mit ihrer Geschichte verbunden gewesen ist, sollte man heute um so deutlicher unterstreichen: Wenn man es – und wie ich meine, mit Recht – für recht und notwendig hält, von den altkirchlichen Symbolen zu sprechen, dann soll man auch wissen, was man damit getan haben will: die Identifizierung des Glaubens mit dem Credo der Väter in der Überzeugung seiner Schriftgemäßheit.

Viertens. Die Evangelische Kirche der altpreußischen Union versteht sich als Kirche der Reformation. Es ist im Satz 3 unseres Artikels 1 schon die Rede von »Sie bezeugt als Kirche der Reformation« und in Satz 4 nun ausführlich: »Sie bekennt mit den Vätern der Reformation, daß die Heilige Schrift« usw. Das heißt also: Die Evangelische Kirche der altpreußischen Union versteht sich als eine Kirche, die aus der Reformation hervorgegangen ist und die sich dieser Reformation zugehörig weiß, die sich dieser Reformation verpflichtet weiß. Sie weiß also, daß sie nur dadurch evangelische Kirche, **Kirche** der Reformation ist, daß die Reformation nicht als ein historisches Faktum an ihrem Wege hinter ihr gelassen wird, sondern daß hiermit etwas gegenwärtig für ihre Existenz Bedeutsames und Grundlegendes ausgesprochen wird. Darum der dritte bekennende Satz, der sich ausdrücklich zu dem Doppelten bekennt, zu dem, was wir gewöhnlich genannt haben »sola scriptura« und »sola fide«. Der Satz bekennt, daß die Heilige Schrift Alten und Neuen Testaments die alleinige Quelle und Richtschnur unseres Glaubens ist und daß das Heil allein im Glauben empfangen wird. Es soll mit diesem Satze ohne Zweifel das Entscheidende ausgesprochen werden, in dem alles andere beschlossen ist.

Sola scriptura: Die Kirche weiß sich an die Schrift gewiesen und weiß sich ihr allein unterworfen. Dadurch will sie sich grundsätzlich geschieden wissen von aller römisch-katholischen Theologie, von allem römisch-katholischen Schriftverständnis, wie es bis in unsere Tage hinein in einer geradezu klassischen Deutlichkeit in der letzten Enzyklika Humani generis von dem obersten Lehrer der römisch-katholischen Kirche mit aller nur wünschenswerten Deutlichkeit ausgesprochen worden ist, in der nämlich gesagt wird, daß die Schrift grundsätzlich der Kirche unterworfen ist. Um so notwendiger, um so wesentlicher wird es für uns sein, wenn wir also wissen, was wir damit tun, daß wir uns an die Schrift gewiesen wissen und ihr allein unterworfen.

Dasselbe gilt natürlich gegenüber allem Spiritualismus der Vergangenheit unserer eigenen Kirche und der Gegenwart. Indem die beiden Worte ausgesprochen werden: alleinige Quelle und alleinige Richtschnur unseres Glaubens, ist ja wohl ausgesprochen, daß die Schrift verstanden wird als der Kanon, als die Quelle des Glaubens, weil sie das Zeugnis der Offenbarung ist, weil in ihr das bezeugt wird, von dem die Kirche allein lebt, nämlich das Verbum Dei, das allein die articulos fidei konstituiert, und außer ihm nichts. Die Schrift bestimmt, was als Wort Gottes in der Kirche gehört und verkündigt werden soll. Nur die Schrift bestimmt, und nicht die Kirche, was Wort Gottes ist.

Hiermit ist, meine ich, ausgesprochen, was in dem zweiten Satz mit dem Wort gesagt wurde: sie ist gegründet auf das prophetische und apostolische Zeugnis der Heiligen Schrift. Ich möchte ausdrücklich vermieden haben, daß mit diesem Satze so etwas wie ein sogenanntes protestantisches Formalprinzip wieder aufgenommen worden sein könnte. Denn es könnte sein, daß darunter etwas sehr Falsches verstanden würde. Ich meine, entscheidend ist für das Verständnis evangelischer Kirche, daß sie sich der Schrift, dem Zeugnis der Schrift so unterworfen weiß, daß sie es der Schrift überläßt und in ihrer Unterworfenheit unter die Schrift sich gegründet weiß auf das prophetische und apostolische Zeugnis dieser Schrift, so wie es die Väter der Reformation ja ausdrücklich noch einmal in der Formula Concordiae im Anfang ausgesprochen haben.

Es wird nun aber ausdrücklich und wesentlicherweise zu diesem Bekenntnis zur Schrift ein zweites Wort hinzugefügt, nämlich: daß das Heil allein im Glauben empfangen wird. Das Heil wird allein im Glauben empfangen: dem sola fide entspricht das sola gratia. Gemeint ist also hier offenbar, was Luther in den Schmalkaldischen Artikeln[3] den fundamentalen Artikel der Reformation genannt hat, ja den articulus stantis et cadentis ecclesiae. Hierin liegt ja, meine ich, das eigentliche Wesen der Reformation beschlossen. Reformation ist Wiederentdeckung des Evangeliums im Unterschied vom Gesetz. Lautere und reine Verkündigung heißt nach meiner Überzeugung im Sinne der Reformation eine Evangeliumsverkündigung, die das Evangelium nicht zum Gesetz macht, und eine Gesetzespredigt, die das Gesetz nicht zum Evangelium macht, sondern die von dieser Verschiedenheit von Gesetz und Evangelium weiß und die das ausspricht in der Lehre von der

---

3 In: Bekenntnisschriften der Evangelisch-Lutherischen Kirche, Bd. 2, Berlin 1930, S. 769

Rechtfertigung des Sünders allein durch die Gnade, einer Rechtfertigung, die allein im Glauben empfangen wird.
Es würde zu weit führen, hier eine Ausführung darüber zu machen, was der Sinn der Fundamentalität dieses Artikels für die Kirche Christi sein möchte. In der Tat, wenn schon in den reformatorischen Bekenntnissen ausgesprochen wird, daß der Schlüssel zur Heiligen Schrift das Verständnis der Rechtfertigung ist, dann ist es ganz klar, daß es sich bei diesem Bekenntnis zu den Vätern der Reformation nicht um eine Art von Biblizismus handeln kann, sondern eben um das reformatorische Schriftverständnis, das untrennbar mit der Wiederentdeckung des Evangeliums in der Schrift durch die Lehre von der Rechtfertigung geschehen ist. Mit diesem Bekenntnis zur Reformation soll bezeugt werden, warum die evangelische Kirche evangelische Kirche ist und was das heißt, wenn sich hier der Name Evangelische Kirche der altpreußischen Union befindet. Denn offenkundig liegt doch in diesen Worten, in diesen drei Sätzen die theologische Rechtfertigung der Evangelischen Kirche der altpreußischen Union.
Wir stehen, meine Brüder und Schwestern, vor der Kernfrage der Existenz dieser Kirche, ob dies, was in diesen Sätzen ausgesprochen ist, dem entspricht, was etwa in Confessio Augustana VII[4] über das satis est gesagt wird, was darin gesagt ist über das consentire de doctrina Evangelii et de administratione sacramentorum. Ich meine, daß das so verstanden werden dürfte: Entscheidend und ausschlaggebend für unsere Einigkeit, für unsere Übereinstimmung, also für unser Kircheseinkönnen, für unsere Kirchengemeinschaft ist allein die gemeinsame Verkündigung des Evangeliums von Jesus Christus in dem Verständnis, wie es in den hier vorliegenden bekennenden Sätzen angezeigt ist, und also auch die diesem Evangelium entsprechende Verwaltung der Sakramente. Ich meine, man dürfte das consentire de doctrina Evangelii nicht verwechseln mit einem Consensus in einer theologischen Lehre, in einer theologischen Lehrformulierung. Ich glaube, daß gemeint ist und daß daran festzuhalten sei, daß doctrina Evangelii das ist, was in der Sprache unserer Tage das Kerygma genannt wird, die Botschaft von Jesus Christus und das Verständnis dieser Botschaft, was das heißt: Evangelium von Jesus Christus.
Das ist nun in den vorliegenden bekennenden Sätzen ausgesprochen. Hierin könnte allein die Rechtfertigung, die theologische Möglichkeit einer Kirchenunion, welcher Art im einzelnen auch immer, liegen. Denn da, wo ein gemeinsames Verständnis des Evangeliums nicht vorläge, könnte es auch keine kirchliche Konföderation geben. Die Evangelische Kirche der altpreußischen Union ist zwischen evangelisch-lutherischen, evangelisch-reformierten und evangelischen Christen in einer Kirche möglich, wenn diese der Überzeugung sind, daß sie eins sind im Evangelium von Jesus Christus, in dem Fundamentum, in dem articulus stantis et cadentis ecclesiae, in dem die Kirche, mit Luther zu reden, steht, also Existenz hat oder nicht hat, wenn er in ihr nicht gilt, d.h. also, wenn in dieser Kirche auf den Kanzeln dasselbe Kerygma gepredigt, in der Gemeinde dieselbe Botschaft geglaubt wird, wenn also in der Kirche dieselbe Taufe und dasselbe Sakrament, das Abendmahl, ausgeteilt und empfangen wird.
Solange die Überzeugung bestand, daß man in diesem Fundamentum, nämlich im Verständnis des Evangeliums von Jesus Christus nicht übereinstimmte, war eine Kirchengemeinschaft nicht möglich. Sofern auch heute noch und wenn heute noch diese Überzeugung besteht, dann ist in der Tat eine solche Kirchengemeinschaft, welche Gestalt sie auch immer annehmen möchte, nicht theologisch zu rechtfertigen, also nicht möglich. Wir sind heute vor diese Frage gestellt, und wir

4 Ebd., Bd. 1, S. 59

können sie meiner Überzeugung nach nicht im Sinne des 16. oder 17. Jahrhunderts beantwortet sein lassen.

Inzwischen ist unter den protestantischen Kirchen, die aus der Reformation in ihrer Verschiedenheit hervorgegangen sind, etwas geschehen, von dem man sagen darf, daß es heute keine protestantische Kirche gibt, die sich einfach mit der theologischen Arbeit des 17. Jahrhunderts identifizieren könnte. Es geht in der Tat um die Frage, ob es ein neues Verständnis dessen gibt, was in der Reformation, durch die Reformation in der Kirche Christi geschehen ist und welche Folgerungen wir daraus für unsere Kirchengemeinschaft zu ziehen haben.

Fünftens. Die Evangelische Kirche der altpreußischen Union ist nicht eine Konfessionskirche, sondern sie ist eine Kirche der Union, sie ist eine evangelische Kirche der Union. Das heißt, für sie hat nicht ein bestimmtes konkretes reformatorisches Bekenntnis konstitutive Bedeutung. Sie ist überzeugt, evangelische Kirche zu sein und sein zu können, auch ohne Konfessionskirche im Sinne einer bestimmten reformatorischen Konfession sein zu müssen. Wir sehen heute deutlicher als vielleicht vor Jahren oder Jahrzehnten, daß der Satz, daß die Kirche sich auf das Bekenntnis gründet, nicht damit identifiziert werden kann, daß die Kirche ein bestimmtes geschriebenes Bekenntnis, ein bestimmtes Bekenntnisbuch haben muß. Wir haben erkannt, daß die Kirche in der Welt Kirche Christi war durch Jahrhunderte hindurch und daß es heute christliche Kirchen gibt, die als Kirche Christi sich verstehen und verstehen dürfen, ohne daß sie ein solches Bekenntnisbuch haben, das für sie eine exklusive konstitutive Bedeutung hat. Gemäß dem, was im Artikel 1 gesagt ist und gesagt sein soll, genügt zur kirchlichen Existenz als Kirche Christi, was in den drei bekennenden Worten über ihr Verständnis des Evangeliums, worauf sie sich gegründet weiß, wovon sie lebt, was sie zu verkündigen hat, was in ihr geglaubt werden soll, ausgesprochen ist.

Aber diese Evangelische Kirche der altpreußischen Union, die nicht Konfessionskirche, sondern Kirche der Union ist, ist keine konsensusunierte Kirche, so, wie es unter uns evangelische Kirchen einer Konsensusunion gibt, d.h. unter Aufhebung der reformatorischen Bekenntnisse in einer irgendwie gearteten ferneren Gültigkeit – das können Sie am deutlichsten an der pfälzischen Unionsurkunde[5] sehen – und ihrer Beseitigung durch eine ausgesprochene, formulierte, theologisch begründete Konsensusformel.

Die Evangelische Kirche der altpreußischen Union verzichtet darauf grundsätzlich. Sie hält in der Einigkeit ihres Kircheseins an der Verschiedenheit ihrer in ihrer Mitte geltenden reformatorischen Bekenntnisse fest. Das ist in der Tat für viele in der Vergangenheit und Gegenwart der Stein des Anstoßes. Das ist für viele, die theologisch von einem bestimmten Bekenntnis her denken, in der Tat eine Unmöglichkeit. Die Gemeinden aber, aus denen diese evangelische Kirche besteht, sind lutherische Gemeinden, sind reformierte Gemeinden, sind unierte oder einfach evangelische Gemeinden. Der Bekenntnisstand der Kirche und der Bekenntnisstand der Gemeinden ist nicht identisch. In ihr sind Konfessionsgemeinden und Unionsgemeinden zur Kirchengemeinschaft verbunden unter ausdrücklicher Betonung der Verschiedenheit, unter ausdrücklicher Betonung der Anerkennung und Gewährung dieser Verschiedenheit. Sie ist davon überzeugt, daß diese Verschiedenheit die Einigkeit in dieser Kirchengemeinschaft nicht unmöglich macht, trotzdem sie weiß, daß in den reformatorischen Bekenntnissen wichtige theologische Fragen verschieden, ja zum Teil gegensätzlich beantwortet worden sind.

Darum wird in dem fünften Satz des Artikels ausgesprochen, daß die Geltung der reformatorischen Bekenntnisse, d.h. die maßgebende Bedeutung der Bekenntnis-

---

5 Originaltext der von der Generalsynode Kaiserslautern erarbeiteten Unionsurkunde von 1818 in: *J. Müller*, Die Vorgeschichte der Pfälzischen Union, Witten 1967, S. 148*

se über die Auslegung der Heiligen Schrift in Predigt, Unterweisung, Unterricht in den Gemeinden besteht, und zwar doch offenbar aus der Überzeugung und nur auf Grund der Überzeugung – worüber wir einig sein müßten –, daß die einen wie die anderen Bekenntnisse substantiell schriftgemäß sind, bei aller Unterschiedlichkeit in der Erfassung der Schriftwahrheit im einzelnen. Wir stehen heute in anderer Weise als unsere Väter vor dem Problem der Schriftgemäßheit der in der Schrift enthaltenen Dokumente, eine Frage, die ja bekanntlich schon durch Luther aufgeworfen wurde. Wir stehen vor der Frage in einem ganz anderen Maße, als es auch Luther und andere in der Vergangenheit empfunden haben. Wir erkennen und sehen, daß zwischen der Theologie des Paulus, der Theologie des Matthäus und der Theologie des Johannes Unterschiedlichkeiten bestehen, tiefgreifende Unterschiedlichkeiten, viel stärker, als man früher gesehen hat, die aber trotzdem miteinander als apostolisches Zeugnis von Jesus Christus in einem Neuen Testament stehen. Ich erwähne das, weil und sofern betont und behauptet wird, daß gewisse Gegensätzlichkeiten zwischen reformatorischen Bekenntnissen angeblich eine Kirchengemeinschaft ausschließen. Nur auf Grund der Überzeugung, daß wir gegenseitig davon durchdrungen sind, daß die reformatorischen Bekenntnisse in dem Entscheidenden, in dem Glaubenszeugnis von Jesus Christus, in dem, was das Kerygma der Kirche betrifft, substantiell identisch sind, kann es diese Möglichkeit geben. Teilen wir diese Überzeugung nicht, gibt es zwischen uns keine Möglichkeit einer Kirchengemeinschaft.

Aus diesem Grunde, weil das hier die Voraussetzung des Satzes 5 für dessen Verständnis ist, lassen Sie mich nun erst zu den Sätzen 7, 8 und 9 übergehen, weil ich zum Schluß von der Barmer Erklärung etwas sagen möchte. Denn ich bin der Meinung, daß dieses auch an einer anderen Stelle stehen könnte. Alles das, was nun in 7, 8 und bis in 9 hineinkommt, sind Folgerungen, die sich aus dem eigentümlichen Verständnis ergeben, daß es ein Miteinander von Verschiedenen in einer Kirchengemeinschaft geben soll.

In dem Satze 7 ist das ausgesprochen. Wir rufen uns einander auf, auf das Zeugnis der Brüder zu hören. Das heißt doch offensichtlich auch, auf das Zeugnis der von einem anderen Verständnis der Reformation in ihrem Bekenntnis ausgesprochenen, untergelegten Bekenntnis miteinander zu hören, und auf der anderen Seite in dem gemeinsamen Bekennen des Evangeliums, das uns gegeben worden ist, von dem wir herkommen, zu beharren und darin zu wachsen. Dieses gemeinsame Bekennen des Evangeliums ist offenbar das Ereignis, das in der Bekennenden Kirche der Jahre 1933 bis 1945 gerade auch in der Evangelischen Kirche der altpreußischen Union geschehen ist: daß hier über das hinaus, was bisher gewesen ist, ein neues gemeinsames Bekennen, ein neues gemeinsames Geworfensein auf das Evangelium sich ereignet hat. Wir rufen uns dazu auf, daß wir darin beharren und darin wachsen möchten.

Der zweite Punkt ist die Feststellung der uns geschenkten Kirchengemeinschaft in dem Satze 8. Es gibt unter uns eine Kirchengemeinschaft – eine Kirchengemeinschaft zwischen und in den Gemeinden. Diese Kirchengemeinschaft ist hier auf zwei Dinge ausgesprochen, nämlich einerseits auf die Gemeinschaft in der Verkündigung des Wortes Gottes. Indem das gesagt ist, indem dies ausgesprochen ist, ist ja das vollzogen, was ich als die eigentliche Voraussetzung einer Kirchengemeinschaft ausgesprochen wissen möchte: daß wir überzeugt sind, daß auf unseren Kanzeln, ob es sich also um evangelische Gemeinden, um lutherische, um reformierte Gemeinden handelt, dasselbe Evangelium, derselbe Herr verkündigt wird. Denn nur dann, wenn wir davon durchdrungen sind, können wir sagen: wir haben volle Gemeinschaft in der Verkündigung des Wortes Gottes. Denn nur dann haben wir sie, wenn es dasselbe Wort Gottes ist, was in unseren Gemeinden verkündigt wird.

Das andere ist die Frage der sogenannten Abendmahlsgemeinschaft. Hier ist der Satz aufgenommen, der im Zusammenhang mit der Abendmahlsgemeinschaftsformulierung in der Grundordnung der Evangelischen Kirche in Deutschland steht. Hier ist das ausgesprochen, was inzwischen auch unter uns verschiedene Gliedkirchen meines Wissens – die westfälische und die rheinische Kirche jedenfalls – ausdrücklich auf ihren Synoden beschlossen haben: daß in ihrer Mitte die Angehörigen aller in der Evangelischen Kirche in Deutschland geltenden Bekenntnisse unbeschadet der allgemeinen Kirchenzucht ohne Einschränkung zum heiligen Abendmahl zugelassen werden. Hierhinter steht für uns, meine ich, auch das, was in der Bekenntnissynode von Halle[6] ausgesprochen wurde. Denn es gehört m.E. zu dem Bedeutsamen, daß inmitten des Kirchenkampfes, inmitten der tiefgreifendsten Auseinandersetzungen mit dem totalen Staat, mit der Lehre der Deutschen Christen und mit den Kirchenausschüssen von damals in diesen ganzen Fragen die Bekenntnissynode der altpreußischen Union sich hinsetzte und miteinander eine Woche darüber gerungen hat, ob in ihrer Mitte von echten theologischen Voraussetzungen aus Abendmahlsgemeinschaft geboten, gefordert, also auch berechtigt sei. Dies ist damals bejaht worden, und ich meine, daß das, was damals ausgesprochen worden ist, nicht wieder rückgängig gemacht werden sollte. Es ist damals auch ein gemeinsames Verständnis des Fundamentalen im Verständnis des Sakraments vom heiligen Abendmahl ausgesprochen worden, worauf wir getrost eine Abendmahlsgemeinschaft, wie sie hier ausgesprochen ist, in unserer Kirche gründen können.
Deshalb wiederum schließlich der hier ausgesprochene und gerade von der Evangelischen Kirche der altpreußischen Union betonte Wille, die kirchliche Gemeinschaft in der Evangelischen Kirche in Deutschland zu fördern. Es war und ist ja die Frage, ob ein Fortbestehen der Evangelischen Kirche der altpreußischen Union die Kirchengemeinschaft, also das Kirchesein der Evangelischen Kirche in Deutschland fördert oder stört. Es gibt solche, die der Überzeugung sind, daß jeder Fortbestand der Evangelischen Kirche der altpreußischen Union ein Hindernis ist auf dem Wege der Evangelischen Kirche in Deutschland. Wir meinen, daß dies nicht der Fall zu sein braucht. Es könnte der Fall sein, wenn wir uns gleichsam wie einen großen Block hineinsetzen wollten, einen Block von einem kirchenpolitischen Gewicht. Aber ich meine, dies dürfte auf keinen Fall geschehen. Zur kirchlichen Gemeinschaft der Evangelischen Kirche in Deutschland und zum Beitrag dazu, zu ihrer Vertiefung, gehört das, was ich eben anhand der Ausführungen dieses Artikels ausgesprochen habe, was in der Richtung liegt, wie es im zweiten Artikel der Grundordnung der Evangelischen Kirche in Deutschland ausgesprochen ist, daß dieser Kirchenbund, dieser Bund evangelischer Kirchen verschiedener Bekenntnisse Kirche sei, bekennende Kirche sei und werden möchte.
Sechstens. Die Evangelische Kirche der altpreußischen Union bejaht die Barmer Theologische Erklärung. Es heißt hier:
»Sie sieht in der Theologischen Erklärung der ersten Bekenntnissynode der Deutschen Evangelischen Kirche von Barmen ein Zeugnis der Kirche, das für ihre Entscheidung in Anfechtungen verbindlich ist, wie sie in Barmen abgewehrt worden sind.«
Die theologische Erklärung von Barmen ist Zeugnis der Kirche: Zeugnis, testimonium, eine Glaubensbezeugung der Kirche, ich meine: der Kirche Jesu Christi, damit also ein Zeugnis, in dem die Wahrheiten des Evangeliums nach der Schrift und in Übereinstimmung mit den altkirchlichen und reformatorischen Bekenntnissen im Blick auf heutige, gegenwärtige Anfechtungen der Kirche Christi ausgesprochen sind – Wahrheiten des Wortes Gottes. Nur da wird die theologische Er-

---

6 Vgl KJB 1933–1945, S. 180f.

klärung von Barmen bejaht, und nur da hat es einen Sinn, von ihr zu sprechen, wo man in ihrem Sinne das ausspricht: Angesichts dieser die Evangelische Kirche in Deutschland verwüstenden Irrtümer bekennen wir uns zu folgenden ewigen Wahrheiten.
Wenn also dies hier ausgesprochen ist, und ich meine, mit Recht, entscheidend ausgesprochen ist, dann müßte also gesagt sein, daß diese Evangelische Kirche der altpreußischen Union dies für die Wahrheit des Evangeliums im Blick auf die – wie bei allen Bekenntnissen, bei den altkirchlichen wie bei den reformatorischen – je und je in der Kirche gegenwärtigen Anfechtungen hält. Dementsprechend ist also diese Erklärung und soll sie sein für die von dieser Kirche zu treffende Entscheidung in den Anfechtungen unserer Zeit ein verbindliches Wort. Die Evangelische Kirche der altpreußischen Union weiß, daß die Anfechtungen jener Tage grundsätzlich nicht anders sind als die, in die wir heute aufs neue hineingeworfen sind. Mit diesem Satz 6 aber meine ich aussprechen zu sollen, daß die Evangelische Kirche der altpreußischen Union das Bekenntnis der Kirche nicht versteht als einen bloßen Konfessionsstatus, sondern als das zu bekennende Wort, das auftragsgemäß heute und jetzt vom Evangelium der Welt zu sagen ist, und in dem Sinne möchte sie zum Ausdruck bringen, daß es ihr gegeben sein möchte, eine bekennende Kirche zu sein.
Ich komme zum Schluß. Wenn dies in Artikel 1 des Entwurfs, was ich eben versuchte auseinanderzusetzen und hier verständlich zu machen, unsere Überzeugung wäre, dann wären wir ja Kirche, dann wären wir berechtigt, von der Evangelischen Kirche der altpreußischen Union zu sprechen und uns also aufs neue als solche in der Evangelischen Kirche in Deutschland zu konstituieren. Die durch politische Voraussetzungen einst geschaffene altpreußische Kirche ist heute allein danach gefragt, ob sie einen theologischen Grund ihrer Fortexistenz hat. Alle anderen Gründe können gewichtig, aber nicht letztlich stichhaltig sein. Wenn der eine nicht vorhanden ist, dann sind alle anderen nicht durchschlagend. Darum muß grundsätzlich hier die Entscheidung fallen. Unser wie auch immer zu ordnendes Beieinanderbleiben steht und fällt damit, ob wir in unserem gemeinsamen Verständnis des Evangeliums einig sind, ob wir also in eins unter unserem Haupte zusammengehören oder nicht. Ich glaube, in Auslegung des Artikels 1 des von dem vorbereitenden Ausschuß ausgearbeiteten Entwurfs als Theologe diese Frage beantworten zu können.
Dies wäre dann auch für unsere Kirchengemeinschaft ausreichend. Denn das Kirchesein besteht nicht in der Einheit gottesdienstlicher Ordnungen und Gebräuche, es besteht nicht in der Einheit kirchlicher Verfassungsbestimmungen, aller Zeremonien oder traditiones humanae. Die Reformation hat die Kirche von diesem Joch befreit. Und zwar liegt hier eine entscheidende Befreiung vor. Denn nur dadurch wird Evangelium und Gesetz miteinander vermengt, daß man die Verfassung zum Gegenstand des Credo, in irgendeiner Weise die kirchliche Ordnung zu einem Gesetz Gottes macht, das im Namen des Evangeliums zu gelten hat. Auch eine Föderation, ja auch ein kongregationalistisches geordnetes Kirchentum kann Kirche sein, und eine völlig einheitlich zentralistisch verfaßte und verwaltete Kirche muß deswegen noch lange nicht Kirche sein.
Das sind die Erfahrungen der Geschichte, die mit grundsätzlichen theologischen Erkenntnissen der Reformation übereinstimmen. Aus dem theologischen Grundverständnis der Evangelischen Kirche der altpreußischen Union als Kirche, als Kirchengemeinschaft von aus der Reformation in verschiedener Bekenntnisgebundenheit miteinander zur Einmütigkeit verbundenen Gemeinden ergibt sich nicht die theologisch begründete Forderung einer ganz bestimmten Ordnung und Verfassung. Hierin sind wir im Glauben frei, uns eine gemeinsame Ordnung zu geben oder auch, wenn es sein müßte und sein sollte – gerade im Blick auf die Evan-

gelische Kirche in Deutschland – vielleicht nicht zu geben – diese Entscheidung müßte klar sein – und Kirchengemeinschaft zu halten in freier Verbundenheit. Was notwendig und möglich ist, das soll und kann dann in brüderlicher Verständigung nach geistlichen Erfordernissen und nach geistlichen Erkenntnissen geschaffen werden.

II
Bericht des Synodalen Lic. Dr. Beckmann, Düsseldorf, über die Arbeit des Ausschusses I[7]

Hochwürdige Synode! Liebe Brüder und Schwestern!
Der Ausschuß I hat sich im Laufe des gestrigen Tages bis kurz vor der Zeit des Abendessens mit dem Entwurf des, wie wir nun sagen möchten, Grundartikels einer Ordnung der Evangelischen Kirche der altpreußischen Union beschäftigt. Dieser Ausschuß ist zu einer erfreulichen Einmütigkeit bei seinem Vorschlag an die Synode gelangt. Es ist von verschiedenen Mitgliedern des Ausschusses ausdrücklich bezeugt worden, daß miteinander ein Hören auf das Zeugnis der Brüder geschehen ist. Wir haben uns bemüht, die in unserer Mitte aufgeworfenen Fragen nach Kräften zu durchdenken und zu beantworten, und ich glaube, daß es uns im Ausschuß gelungen ist, miteinander zu einem von allen bejahten Ergebnis gekommen zu sein.

Die erste Frage, die zu beantworten war, war die, ob es erforderlich oder geboten sei, der Ordnung, wie sie etwa in dem Entwurf geplant ist, so etwas wie einen Grundartikel voranzustellen. In ziemlich kurzer Zeit ist der Ausschuß zu der Überzeugung gekommen, daß dies erforderlich, ja unbedingt geboten sei, und daß die Bedeutsamkeit eines solchen Grundartikels für jede wie auch immer gestaltete Ordnung in keiner Weise unterschätzt werden könne. Ich habe ja selbst bei der Auslegung dieses Entwurfs vorgestern zum Ausdruck gebracht, welche Wichtigkeit diese Grundformulierungen für unsere Gemeinschaft haben können.

Nach kurzer Überlegung, ob man etwa einen anderen Entwurf, vielleicht einen kürzeren aus den früher schon gemachten Vorschlägen zugrunde legen sollte, oder ob man sich etwa an den Grundartikel der Evangelischen Kirche in Deutschland anschließen sollte, haben wir uns dann entschlossen, auf die Ausschußarbeit zurückzugreifen, und haben die Ziffern, die hier im Artikel 1 vorliegen, Stück für Stück durchgearbeitet mit dem Ergebnis, daß wir den bisherigen Artikel 1 in zwei Teile zergliedert haben. Sie sehen deswegen Grundartikel und Artikel 1 nebeneinander. Damit ist nicht nur erreicht, daß der etwas lange, mit neun Ziffern versehene Grundartikel des ersten Entwurfs aufgegliedert ist, sondern es ist auch erreicht, daß verschiedene Dinge, die nicht von gleichem Gewicht sind, auseinandergekommen sind, so daß wir einen echten Grundartikel haben und einen Artikel 1, der die Überleitung zu dem bildet, was in der Ordnung an Bestimmungen enthalten ist. In dem Grundartikel ist im wesentlichen das enthalten, was in den Ziffern 1 bis 6 des vorgelegten Entwurfs enthalten war.

Darf ich nun dazu übergehen, den Grundartikel kurz zu behandeln. Er lautet: »Die Evangelische Kirche der altpreußischen Union bekennt sich zu Jesus Christus, dem Fleisch gewordenen Worte Gottes, dem für uns gekreuzigten und auferstandenen Herrn, auf den sie wartet.

Sie ist gegründet auf das prophetische und apostolische Zeugnis der Heiligen Schrift Alten und Neuen Testaments.

Sie steht in der einen heiligen, allgemeinen christlichen Kirche, in der das Wort Gottes lauter und rein verkündigt wird und die Sakramente recht verwaltet werden.

---

7 Bericht vom 13. 12. 1950, a.a.O., S. 68ff.

Sie bezeugt ihren Glauben als Kirche der Reformation in Gemeinschaft mit der alten Kirche durch die altkirchlichen Glaubensbekenntnisse: das apostolische, nicaenische und das athanasianische Bekenntnis.
Sie bekennt mit den Vätern der Reformation, daß die Heilige Schrift Alten und Neuen Testaments die alleinige Quelle und Richtschnur unseres Glaubens ist und daß das Heil allein im Glauben empfangen wird.
Für die Auslegung der Heiligen Schrift ist sie gewiesen an die Bekenntnisse, die in den Gliedkirchen gemäß ihren Grundordnungen für die Gemeinden gelten.
Gebunden an das Wort der Heiligen Schrift, bejaht die Evangelische Kirche der altpreußischen Union die Theologische Erklärung von Barmen als ein Glaubenszeugnis in seiner wegweisenden Bedeutung für die versuchte und angefochtene Kirche.«
Sie sehen aus dem Vergleich mit dem ersten Entwurf, daß wir uns entschlossen haben, an die Spitze das Bekenntnis der Christenheit zu Jesus Christus zu stellen. Wir meinten, das sei besser, als wenn wir eine Feststellung träfen, wie es in dem Vorentwurf der Fall war. Wir glauben, daß wir damit die entscheidende Grundvoraussetzung unserer Kirchengemeinschaft ausgesprochen haben. Natürlich wäre es möglich, meine Brüder und Schwestern, in dem Satz »Die Evangelische Kirche der altpreußischen Union bekennt sich zu Jesus Christus usw.« noch mehr zu sagen. Es hat mich jemand gefragt, ob wir zwar an den auferstandenen, aber nicht an den gen Himmel gefahrenen Christus glaubten. Es ist natürlich leicht möglich, das hinzuzufügen. Es sollte in diesen hinweisenden Bemerkungen eben das ausgesprochen sein, was wir mit dem Wort Jesus Christus meinen. Da ist von der Inkarnation gesprochen, es ist von dem entscheidenden Heilsereignis gesprochen in Kreuz und Auferstehung und von der christlichen Hoffnung seiner Wiederkehr.
Wir haben den von uns bejahten und an sich begrüßten Satz 2 teilen müssen, obwohl niemand unter uns war, der ihn nicht auch so, wie er da stand, hätte übernehmen können. Es ist das nur aus dem Grunde geschehen, daß man nicht anders anfangen konnte, wie wir meinten, als mit dem Bekenntnis zu Jesus Christus. Darum haben wir mit dem Bewußtsein alle die Ziffern weggelassen, damit deutlich ist: hier wird nicht etwas gesagt, was man nach Ziffern auslegen kann, sondern es ist im Grunde ein Ganzes, wie ein rechter Grundartikel ein Ganzes sein muß.
Es gehört auch, wie ich bei dieser Gelegenheit sagen möchte, dieses Ganze zusammen, und man kann geradezu kein Stück aus diesem Ganzen herauslösen. Man muß es schon in Beziehung zueinander setzen. Gerade auch bei der Erörterung der einzelnen Probleme muß man wissen, daß der einzelne Satz in diesem Ganzen steht. Denn sonst könnte er einer mißverständlichen Auslegung unterworfen sein. Denn darin und damit – könnte man nun fortfahren –, daß sich die Evangelische Kirche der altpreußischen Union zu Jesus Christus bekennt, ist sie gegründet und gründet sie sich, ereignet sich dieses Gegründetsein auf das prophetische und apostolische Zeugnis der Heiligen Schrift Alten und Neuen Testaments. Das ist eine Beschreibung dessen, was das Verbum Dei ist: das eine Wort Gottes, das wir im Leben und im Sterben zu glauben und dem wir zu gehorchen haben.
Daß wir auf das Bekenntnis zu dem einen Wort Jesus Christus, dem Fleisch gewordenen Wort Gottes, gegründet sind, damit bekennen wir und verstehen wir uns als die, die in der einen heiligen christlichen Kirche leben, in der das Wort Gottes lauter und rein verkündigt wird. Hier ist eine kleine Veränderung des ursprünglichen Textes vorgenommen. Wir haben, um das Mißverständnis eines räumlichen »überall da, wo« abzuwehren, uns entschlossen, den Vorschlag zu machen, einfach es so, wie es in der Confessio Augustana steht, und in Analogie dazu auszusprechen, indem wir damit auf die unter uns, die wir glauben, sichtbaren notae eccle-

siae verweisen, die notae der Kirche Christi: die lautere Verkündigung des Wortes Gottes und die ihr entsprechende rechte Verwaltung der Sakramente.
Nun sprechen wir von den altkirchlichen Bekenntnissen, dann von den reformatorischen Bekenntnissen und schließlich von der Theologischen Erklärung von Barmen, so wie es ja, wie Ihnen bekannt ist, in den verschiedensten Grundordnungen der Gliedkirchen und auch in Grundordnungen anderer Kirchen, die zur Evangelischen Kirche in Deutschland gehören, geschieht.
Den Satz, der unter Ziffer 3 stand, haben wir übernommen. Nur haben wir auf Wunsch unserer Mitglieder das Wort »Symbol« durch »Apostolicum«, »Nicaenum« durch »Bekenntnis« ersetzt, weil einige unserer Ältesten-Brüder meinten, wir sollten doch so sprechen, daß auch Leute, die nicht Lateinisch können, diesen Grundartikel lesen können. Darum haben wir »Symbolum« ersetzt durch »Glaubensbekenntnis« und haben dann gesagt: das apostolische, nicaenische und athanasianische.
Ebenfalls ist der Satz 4 übernommen worden. Wir haben länger darüber diskutiert, warum es hier heißt »daß das Heil allein im Glauben empfangen wird«. Wir haben uns nach langem Hin und Her davon überzeugt, daß darin das entscheidende Eine und Ganze, worauf es uns ankommt, wirklich ausgesprochen ist. Viele andere Vorschläge, wie sie auch in anderen verwandten Ordnungen vorliegen, etwa in Berlin-Brandenburg, haben uns nicht so überzeugt, daß es notwendig sei, ihnen darin etwa zu folgen, sondern wir sind bei der Vorlage des Ausschusses geblieben.
Viel Arbeit dagegen hat uns der bisherige Satz 5 gemacht. Wenn man den Satz 5 so, wie er da stand, liest, dann konnte man ihn darin mißverstehen, als ob wir der Meinung wären, daß es so etwas gäbe wie eine normative Bedeutung der Bekenntnisse für die Schriftauslegung, während doch unsere gemeinsame Überzeugung dahin geht, daß die Heilige Schrift die norma normans ist, daß die Bekenntnisse nichts anderes sind als eine summa Scripturae, als das schriftgemäße Zeugnis der Wahrheit des Inhalts der Schrift, das Christuszeugnis in der je und je neuen Situation der Kirche. Aus diesem Grunde haben wir nach langem Überlegen vorgeschlagen, doch dieses in seiner Bedeutung gewichtige Wort so zu formulieren, daß wir sagen: Die Kirche ist für die Auslegung der Heiligen Schrift an die Bekenntnisse gewiesen, die in den Gliedkirchen gemäß ihren Grundordnungen für die Gemeinden gelten.
In dem Wort »ist sie gewiesen« ist die eigentümliche wegweisende und darum richtung- und normgebende Bedeutung der Bekenntnisse gegenüber der Heiligen Schrift zum Ausdruck gebracht. In diesem Satz soll das wiedergegeben sein, warum wir es für verantwortbar und für theologisch legitim halten, daß wir in einer Kirche sind, in der es evangelisch-lutherische Gemeinden, in der es evangelisch-reformierte Gemeinden gibt, in der also eine bestimmte Konfessionsbestimmtheit in der Gemeinschaft der Evangelischen Kirche der altpreußischen Union da ist.
Wir haben das Wort »Verständnis« der Heiligen Schrift durch das Wort »Auslegung« ersetzt, weil wir der Überzeugung waren, es sei darin besser das Umfangreichere ausgesprochen, was hier gemeint ist. Auslegung der Schrift betrifft das gesamte kirchliche Leben. Zur Auslegung der Schrift steht alles, was an Gottesdienst, Unterricht, Seelsorge, Kirchenordnung vorhanden ist, in einer bestimmten Beziehung. Wir meinten darum, das Wort »Schriftverständnis« in dieser Richtung deutlicher auslegen zu sollen. Ich sage, daß wir alle miteinander je von unseren verschiedenen, auch konfessionsbestimmten Ausgangspunkten her meinten, dieses wirklich bejahen zu sollen. Beachten Sie wohl: es heißt in dem Satz vorher, daß die Heilige Schrift die alleinige Quelle und Richtschnur unseres Glaubens ist, und hier für die Auslegung der Schrift ist von Verkündigung, Unterricht und alledem, was in der Kirche geschieht, die Rede. Dafür weiß sich die Kirche gewiesen an die

Bekenntnisse, die in unseren Gliedkirchen in den verschiedenen konfessionsbestimmten Gemeinden oder auch Unionsgemeinden in Geltung stehen.
Auch über den letzten Punkt des Grundartikels haben wir sehr lange miteinander gesprochen. Ich glaube, daß wir von vornherein in einer Bejahung der Barmer Theologischen Erklärung einig waren, daß nur recht ausgesprochen werden sollte, was dieses Ja zu Barmen bedeutet. Wir haben nach langen Überlegungen einen Vorschlag gefunden, der in dieser Form, glaube ich, wesentlich auch von Heinrich Vogel gemacht worden ist, um ein übereinstimmendes Wort zu finden für alle, die da versammelt waren. Wir haben gemeint, diese Bejahung so aussprechen zu sollen: Die Evangelische Kirche der APU bejaht die Theologische Erklärung von Barmen; sie bejaht sie, gebunden an die Heilige Schrift, gebunden an das Wort der Heiligen Schrift. In ihrer Bindung an die Schrift und der damit gegebenen selbstverständlichen Voraussetzung des Sinnes dieser Bejahung steht sie zu dem, was in Barmen bezeugt ist, zu dem Glaubenszeugnis der Kirche, die in Barmen gesprochen hat, und sagt dieses Ja in der Richtung, daß sie erklärt: Dieses Wort ist für die in der Verfolgung und Anfechtung immerdar unter uns lebende Kirche von wegweisender Bedeutung.
Das Wort »wegweisend« kann natürlich in dem Sprachgebrauch der Menschen ein verschieden starkes Gewicht haben. Wir meinen aber, wenn man es recht liest, dann ist damit gerade in bezug auf Barmen etwas gesagt, was in dem ersten Satz bei These 1 darüber steht, nämlich »Ich bin der Weg und die Wahrheit und das Leben«. Wegweisende Bedeutung soll in keiner Weise eine Herabsetzung in sich schließen können, als ob man sagt: Nun ja, also in keiner Weise verpflichtend, sondern eben nur wegweisend. Wir meinen Wegweisung, an die man gewiesen ist, um bei und auf dem Wege zu sein und zu bleiben, der er, der Herr, das Wort Gottes selbst ist. Wir meinen, es nicht besser sagen zu können, als man je von einem bekennenden Wort gesagt hat, daß es uns den Weg weist zu dem, der selbst der Weg, die Wahrheit und das Leben ist. Wir hoffen, daß wir darin hinsichtlich der Theologischen Erklärung von Barmen auch in der Synode einmütig sein möchten.
Nun haben wir den Strich gemacht und haben das übrige, was in den anderen Ziffern des Entwurfs stand, noch einmal kurz durchgearbeitet, und zwar zu einem Artikel 1. Wir haben nachher festgestellt – es wird ja in der Fortsetzung unserer Arbeit sichtbar werden, wenn Sie sich die zweite Vorlage vornehmen –, daß man im Ausschuß II unabhängig von uns auch auf den Gedanken gekommen ist, zwischen Grundartikel und Ordnung zu unterscheiden.
Nun haben wir – das ist im einzelnen noch nicht abgestimmt – den Artikel 1 hereingesetzt, wie er zum Teil in diesem Entwurf stand. Ich habe eben flüchtig nach dem Ergebnis des Ausschusses II gesehen, daß dort das eine oder andere – ich denke gerade an den Satz von der Gemeinschaft – in einem der dortigen Artikel am Anfang auch steht. Aber das ist nur eine kleine Frage einer redaktionellen Bearbeitung.
Wir haben in Artikel 1 nun von dem gesprochen, was für die Evangelische Kirche der altpreußischen Union in ihrer gemeinsamen Ordnung grundlegend ist, nämlich:
»Die Evangelische Kirche der altpreußischen Union ist die Gemeinschaft der in ihr zusammengeschlossenen Gliedkirchen.
Sie pflegt die Gemeinschaft kirchlichen Lebens der in ihr verbundenen lutherischen, reformierten und unierten Gemeinden.
Sie hat Gemeinschaft in der Verkündigung des Wortes Gottes. In allen Gliedkirchen werden die Angehörigen aller in der Evangelischen Kirche in Deutschland geltenden Bekenntnisse unbeschadet der allgemeinen Kirchenzucht ohne Einschränkung zum Heiligen Abendmahl zugelassen.

Sie ruft ihre Glieder, immer von neuem auf das Glaubenszeugnis der Brüder zu hören, die Last bestehender Lehrunterschiede in gemeinsamer Beugung unter die Wahrheit des Wortes Gottes zu tragen und im gemeinsamen Bekennen des Evangeliums zu beharren und zu wachsen.«

Aus dem bisherigen Text ist übernommen, was in Satz 7 steht, mit einer, wie wir meinen, wichtigen Hinzufügung. Übernommen ist, was in Satz 8 stand: Sie pflegt die geschenkte Kirchengemeinschaft. Das haben wir etwas anders formuliert. Und wir haben übernommen die Sätze von der Verkündigung des Wortes Gottes und von der Zulassung zum Heiligen Abendmahl.

In dem ersten Satz ist ein Versuch gemacht, das auszusprechen, wie wir uns verstehen, also die Eigentümlichkeit der Evangelischen Kirche der altpreußischen Union. Sie besteht in Gliedkirchen, und die Evangelische Kirche der altpreußischen Union versteht sich als ein Zusammengefügtsein, als ein Zusammengeschlossensein von solchen Gliedkirchen. Erst hat hier gestanden: »ist ein Zusammenschluß«. Wir haben dann gesagt, das könnte mißverstanden werden in dem Sinne, als ob wir uns diesen Zusammenschluß jetzt erlaubten oder gestatteten. Wegen dieses Mißverständnisses sind wir schließlich darauf abgekommen, das Wort »Gemeinschaft« zu wählen, obwohl es im Deutschen je und je einen anderen Akzent hat, während man etwa im Lateinischen das, was hier unter Gemeinschaft an zwei verschiedenen Dingen ausgesprochen wird, mit verschiedenen Worten zum Ausdruck bringen könnte: societas und communio. Es geht also um das Aussprechen der uns verbindenden Kirchengemeinschaft, die dann ihren Ausdruck findet in den Artikeln, die darauf folgen. »Gemeinschaft der in ihr zusammengeschlossenen Gliedkirchen« – das ist eine Beschreibung der altpreußischen Union, wie wir sie jetzt verstehen.

Der zweite Satz ist ohne weiteres deutlich: daß nun auf Grund dieses Tatbestandes die Gemeinschaft des kirchlichen Lebens der in dieser Gemeinschaft verbundenen Gemeinden verschiedenen Bekenntnisses gepflegt wird. Wir haben an die Stelle der Worte »geschenkte Kirchengemeinschaft« auf den Vorschlag des Bruders Generalsuperintendent Braun gesetzt: »Gemeinschaft kirchlichen Lebens«, wie etwa, soviel ich weiß, in der brandenburgischen Ordnung auch so davon die Rede ist.

Die beiden folgenden Sätze reden von der sogenannten Kanzel- und Abendmahlsgemeinschaft. Das Wort »volle« ist deswegen gestrichen worden, weil durch das Wort »volle« die Fortsetzung aussehen könnte als nicht voll, als eine, sagen wir, Herabsetzung des Nächstfolgenden oder auch als ein gegenüber dem Vorhergehenden nicht ganz so voll Genommenes. Sondern es sollte ganz schlicht ausgesprochen werden: Gemeinschaft in der Verkündigung des Wortes Gottes.

Es ist lange unter uns davon gesprochen worden, was das in sich schließt. Was das rechtlich in sich schließt, ergibt sich aus dem vorhandenen oder neu zu gestaltenden kirchlichen Recht. Wir haben – ich will es einmal deutlich machen – uns an folgendem klargemacht, was eigentlich hier gemeint ist. Wenn einer von uns etwa von einem bayerischen Pfarrer eingeladen würde, dort eine Predigt zu halten, dann muß dieser Pfarrer dort erst beim Landeskirchenamt in München sich vergewissern, ob die Kirchenleitung der bayerisch-lutherischen Kirche das erlaubt, ob ein Lutheraner aus einer Unionskirche in Bayern predigen darf. Wir meinen, mit dem Wort »Gemeinschaft in der Verkündigung des Wortes Gottes« auszusprechen, daß der Pfarrer aus Berlin oder aus Sachsen, aus Westfalen, aus dem Rheinland eben dieser Genehmigung der jeweils zuständigen gliedkirchlichen Kirchenleitung nicht bedarf, sondern daß wir die Kanzelgemeinschaft haben. Selbstverständlich ist ja, wie wir wissen, das ursprüngliche Kanzelrecht ein Recht des örtlichen Presbyteriums, wie wir sagen, oder des Gemeindekirchenrats, und deswegen ist über diese Frage der Rechtsverhältnisse hiermit nichts gesagt. Es soll damit bezeugt werden, daß wir in unserer Kirche uns grundsätzlich in dieser Gemeinschaft

der Verkündigung befinden, darum zwischen den Gliedkirchen in dieser Richtung keinerlei rechtliche Grenzen aufgestellt sein sollen.
Die Formulierung der Abendmahlsgemeinschaft haben wir so übernommen, wie sie auch in verschiedenen Gliedkirchen bereits formuliert worden ist. Ich glaube, daß man diesen Tatbestand nicht anders wird formulieren können. Es ist besser, es so auszusprechen, als so allgemein von Kanzel- und Abendmahlsgemeinschaft zu sprechen. Denn das Abendmahl ist ja je Abendmahl in einer bestimmten Gemeinde.
Das Wort, das bisher unter Ziffer 7 in der Mitte stand, haben wir an den Schluß gesetzt und haben noch etwas hineingefügt. Wir bitten, dafür Verständnis zu haben, daß wir das einfach einmal so aussprechen. Hier wird nämlich das Eigentümliche unseres Beieinanderseins in Not und Verheißung sichtbar. Wir wissen uns in einer und derselben Kirche; aber wir wissen, daß wir diese Gemeinschaft nicht etwa in einem corpus doctrinae verbindlich, verpflichtend für alle aussprechen können. Wir unterscheiden uns in dieser Hinsicht etwa von einer bestimmten Konfessionskirche. Wir sind zusammengefügt, und wir wissen uns vor dem Herrn der Kirche verpflichtet, beieinander zu bleiben. Aber wir wissen auch, daß uns dieses dazu ruft, aufeinander, auf das Zeugnis der Brüder zu hören. Hier ist natürlich gerade dies gemeint, das gegenseitig an uns ergehende Zeugnis von den verschiedenen konfessionellen Bestimmtheiten her zu hören und die unter uns bestehenden Lehrunterschiede zu tragen, nicht als ob sie nun eben in einer gewissen Resignation für unüberwindlich gehalten werden, sondern sie zu empfinden als eine Last und eine Aufgabe, die uns verpflichtet, immer aufs neue und immer mehr uns der Wahrheit des Wortes Gottes zu unterwerfen und zu ergeben und auch im Hören auf das Zeugnis der Brüder nach dem einen Herrn und dem einen gemeinsamen Glauben und Verständnis der Wahrheit des Wortes Gottes zu fragen.
In diesem ganzen letzten Satz ist die Bewegung, die in einer solchen Kirche der Union ist und sein muß und die eine heilsame und echte Beunruhigung unter uns sein und bleiben muß, ausgesprochen: hören auf die Brüder, sich beugen unter die Wahrheit des Wortes Gottes, die Lasten und die Schwierigkeiten, die unter uns gewiß bestehen und bei einer gewissenhaften theologischen Erörterung der Fragen deutlich werden, die Nöte, die hineingehen bis in die Gestaltung gottesdienstlicher Gemeinsamkeit usw., so zu tragen, wie es uns von dem Herrn Jesus Christus befohlen ist, einander die Lasten zu tragen, und doch und gerade in dem gemeinsamen Bekennen des Evangeliums, wie es uns je und je geschenkt worden ist und von dem wir herkommen, wie wir es auch jetzt aufs neue meinen getan zu haben und tun zu sollen, zu beharren, also nicht auseinanderzugehen, sondern darin zu wachsen – zu wachsen, wie es in unserem von uns allen gesprochenen und bejahten Synodalgelübde heißt: in allen Stücken an dem, der der Herr ist.

III
Vortrag des Synodalen D. Dr. Beckmann, Düsseldorf [8]
Verehrte und liebe Brüder und Schwestern!
Es ist vielleicht keine so ganz leichte Aufgabe, in eine Stellungnahme zu den Fragen einzutreten, die im Blick auf das Ergebnis der ersten Lesung unserer Ordnung der Evangelischen Kirche der altpreußischen Union an uns gerichtet worden sind. Es müßte hier eigentlich sehr viel ausführlicher über manche Fragen geredet werden, als das jetzt an diesem Nachmittag möglich ist. Insbesondere sind natürlich gewisse theologische Fragen aufgeworfen worden, bei denen wir uns darüber klar sind, daß es wahrscheinlich nicht im Bereich der Möglichkeit liegt, daß sie in unserer Generation eine einmütige und endgültige Antwort finden. Es sind, wie wir al-

8 Referat vom 18. 2. 1951, a.a.O., S. 122ff.

le wissen, so viel tiefgehende und schwierige Fragen in den letzten Jahrzehnten in unserer Mitte über uns gekommen, daß wir es überaus schwer haben, mit ihnen fertig zu werden.

Es haben sich über die Ergebnisse unserer Synode verschiedene Zeitschriften geäußert, allerdings im großen und ganzen nur referierend und nur in wenigen Fällen ausführlicher kritisch Stellung nehmend. Ich möchte mich also nur mit denen beschäftigen, die sich mit uns hinsichtlich des Rechtes und der Verantwortung der von der Generalsynode vorgesehenen Neuordnung in Widerspruch befinden oder die in dieser Sache einige besonders kräftige Fragen an uns zu richten haben. Ich möchte das allerdings nicht tun, ohne wenigstens in aller Kürze auf eine Stellungnahme einzugehen, die schon vor der Generalsynode liegt, wie auch gewisse Stellungnahmen dadurch schwierig sind, daß sie sich nicht mit dem Ergebnis der Synode, sondern mit dem Entwurf unserer Vorlage beschäftigen, der ja in einigen, wie ich meine, nicht unwichtigen Punkten geändert worden ist.

Auf der einen Seite stehen wir, wie wir alle wohl wissen, nicht erst seit dem Dezember des vorigen Jahres, sondern schon seit langer Zeit einer grundsätzlichen Infragestellung der Evangelischen Kirche der altpreußischen Union gegenüber. Diese grundsätzliche Infragestellung ist auch neuerdings wiederholt worden, und zwar in der »Evangelisch-Lutherischen Kirchenzeitung« in dem 8. Heft des vergangenen Jahres 1950 in einem Aufsatz unter dem Titel »Union und Konfession« von August Kimme. Er hat an uns eine ganz entscheidende Frage, auf die wir, meine ich, eine Antwort zu geben haben; denn sie ist unabhängig davon, wie wir etwa eine Neuordnung zu gestalten gedenken, sie ist ganz grundsätzlicher Natur. Dieser Artikel ist, wie ich sagte, unter dem Titel »Union und Konfession« erschienen und geht darauf hinaus, zu zeigen, daß eine Kirche der Union als Kirche nicht möglich ist, weil die beiden Konfessionen, die hier uniert sind, einander im Schriftverständnis widersprechen. Es ist allerdings bedauerlich, daß sich in diesem Artikel – wie so oft – eine Menge von Fehlurteilen und Mißverständnissen findet, bei denen man sich nur fragen kann: Wie kann jemand etwas drucken lassen, worüber er sich tatbestandsmäßig nicht hinlänglich informiert hat?

Es ist zum Beispiel behauptet worden, daß die beiden westlichen Provinzen der altpreußischen Union sich eine »ziemlich eindeutig reformierte« Ordnung gegeben hätten, und sie hätten »die Befugnisse des episkopalen und konsistorialen Faktors stark eingeschränkt und der Synode allein maßgebendes Gewicht beigelegt«. Ich habe mir bei dieser Stelle an den Rand geschrieben: Und die Missouri-Synode? Es ist ja ein merkwürdiger Tatbestand, daß es auch lutherische Kirchen gibt, die durchaus keine konsistorialen Bestandteile und auch keine episkopalen Bestandteile in diesem Sinne haben, wo also innerhalb der Kirche unabhängig von der Konfession eine sehr verschiedenartige Weise des Aufbaus der Kirche besteht.

Ferner wird hier wiederum behauptet, daß am klarsten die mehr reformierten Provinzialkirchen des Westens auf dem ihnen seit langem von ihrem reformierten Bekenntnis gewiesenen Weg vorangeschritten sind. Wer den Tatbestand der beiden westlichen Provinzialkirchen kennt, wird erstaunt sein, zu erfahren, daß sonderlich die Kirchenprovinz oder Provinzialkirche Westfalen auf dem ihr seit langem von ihrem reformierten Bekenntnis gewiesenen Weg vorangeschritten ist. Ich glaube nicht, daß man davon im Ernste reden kann.

Ich gebe diese Beispiele, um zu zeigen, daß der Verfasser offenbar keinen Einblick in die Wirklichkeit der altpreußischen Kirche hat, vor allen Dingen nicht in die Wirklichkeit der Westkirchen; sonst würde er etwas Derartiges nicht schreiben können. Das ist mir wichtig, weil überhaupt die Beurteilung dessen, was wir sind oder sein können, sehr leicht von theoretischen Erörterungen ausgeht und in keiner Weise sich den Wirklichkeiten stellt, in denen wir uns als Kirche befinden. Das

sollte überall gelten. Man sollte also, ehe man eine Kirchenordnung für reformiert erklärt, sie sich daraufhin ansehen. Ob es überhaupt den Begriff einer reformierten Kirchenordnung gibt, ist mir eine sehr große Frage.
Es ist also möglich und nützlich, daß wir diesem Verfasser und anderen gegenüber zunächst einmal allerlei Mißverständnisse abwehren. Es wäre eine Fülle von solchen Dingen zu nennen, die auch anderswo wieder auftauchen.
Die entscheidende Frage, die hier erörtert wird, ist in der Tat von ganz erheblichem Gewicht. Es wird nämlich hier behauptet, und zwar, wie ich meine, mit Recht, daß die verschiedenen Konfessionen um ihres verschiedenen Schriftverständnisses willen sich »gliedern«, wie er sich ausdrückt.
»Das Schriftverständnis ist das konfessionelle Prinzip, an dem niemand, der nicht in individualistischer Beschränkung oder in enthusiastischer Unklarheit ein Bibelchrist, sondern in geschichtlicher Verantwortung und Nüchternheit ein Kirchenchrist mit der Bibel sein möchte, vorbeikommt. Jede Kirche schließt die Schrift mit einem bestimmten ›Schlüssel‹ auf. Wenn der lutherischen Kirche nach der Apologie die Rechtfertigung die ›Tür in die ganze Bibel‹ bedeutet, so darf man dagegen für die römische Kirche diese Tür bei Matthäus 16,18–19 suchen. Und wie fremd die Lehrgesetzlichkeit und die Harmonisierung von Gesetz und Evangelium, von Altem und Neuem Testament nach reformiertem Schriftverständnis dem Luthertum ist, kann wohl als bekannt vorausgesetzt werden.«
Hier müßte eigentlich fortgefahren werden, was der Verfasser auch offenbar meint und nachher darzulegen sich bemüht, daß das lutherische und das reformierte Schriftverständnis ebenso eine andere Tür in die Bibel hat, als sie bei der römisch-katholischen Kirche behauptet wird. Hier stehen wir allerdings vor der Frage, um die es hier überhaupt geht. Weil der Verfasser dies meint, so behauptet er, daß die altpreußische Kirche strenggenommen kein Bekenntnis hat, sondern allein im regionalen Sinne als Kirche anzusprechen sei.
Es wird weiter darauf hingewiesen, daß man sich neuerdings bemühe, trotzdem eine Union herzustellen, und zwar durch den Versuch einer Synthese der Theologie Luthers und Calvins. Ich will dahingestellt sein lassen, ob dieser Tatbestand wirklich vorhanden ist. Aber ich muß bekennen, ohne das hier im einzelnen darlegen zu können, daß die Behauptungen, die hier über die Theologie Calvins aufgestellt werden, nach meiner Kenntnis der Theologie Calvins nicht richtig sind, und zwar vor allen Dingen hinsichtlich des Verständnisses der Rechtfertigung als der Tür zur Heiligen Schrift. Es behauptet nämlich der Verfasser, daß die reformierte Theologie, insbesondere auch Calvin, eine andere Tür zur Heiligen Schrift habe. Aber wie das zu verstehen ist, ist mir nicht ganz deutlich gewesen. Es steht hier der sehr schwerwiegende Satz, daß beide, nämlich Luther und Calvin, einen anderen Schlüssel zur ganzen Heiligen Schrift haben. Meine Brüder und Schwestern! Wenn das wahr wäre, dann säßen wir nicht auf dieser Synode, dann wäre es überhaupt nicht möglich, auch nur einen Kirchenbund miteinander zu haben. Denn dann müßten wir uns gegenseitig in der Tat als ein Missionsobjekt sehen; dann ständen wir als Lutheraner und Reformierte in der Tat nicht anders zueinander, als wir der römischen Kirche oder einer anderen christlichen Kirche wie etwa der orthodoxen Kirche gegenüberstehen. Ich glaube aber sagen zu können – und das tue ich auf Grund der Erörterungen und Gespräche in unserer Kirche und der Erkenntnisse, die uns in unserer Kirche besonders durch die Anteilnahme der reformierten Brüder an unserem Kirchentum erwachsen –, daß ich der Überzeugung bin, daß die Tür zur Heiligen Schrift, daß der Schlüssel zur Heiligen Schrift in der Tat in der gesamten Reformation ein und derselbe Schlüssel gewesen ist und daß nichts anderes als die Rechtfertigungstheologie für Luther und Calvin, für die lutherischen und reformierten Bekenntniskirchen das entscheidende Prinzip, wenn man so sagen darf, ist.

Ich möchte, um das zu ergänzen, einfach darauf hinweisen, daß in den in unseren Kirchen geltenden reformierten Bekenntnisschriften, etwa im Heidelberger Katechismus, gerade dies in eindeutigster Weise betont wird. Wenn wir dies nicht voneinander wüßten, daß wir dies gemeinsam bekennen, dann würden wir die ersten sein, die der Überzeugung wären, nicht in einer Kirche miteinander leben zu dürfen. Ich meine, daß es durchaus dem lutherischen Verständnis der Rechtfertigungslehre entspricht, wenn im Heidelberger Katechismus in Frage 60 gesagt wird:
»Wie bist du gerecht vor Gott? Allein durch wahren Glauben an Jesum Christum und also: daß, ob mich schon mein Gewissen anklagt, daß ich wider alle Gebote Gottes schwerlich gesündigt und derselben keines gehalten habe, auch noch immerdar zu allem Bösen geneigt bin, doch Gott, ohne all mein Verdienst, aus lauter Gnaden, mir die vollkommene Genugtuung, Gerechtigkeit und Heiligkeit Christi schenkt und zurechnet, als hätte ich nie eine Sünde begangen noch gehabt und selbst all den Gehorsam vollbracht, den Christus für mich geleistet hat, wenn ich allein solche Wohltat mit gläubigem Herzen annehme.«
Wenn hier in demselben Katechismus die Frage beantwortet wird »Was ist wahrer Glaube?« und der Nachdruck darauf gelegt wird: »Ein herzliches Vertrauen, welches der Heilige Geist durch das Evangelium in mir wirkt, daß nicht allein anderen, sondern auch mir« – man denke an die Predigt des lutherischen Bruders von heute morgen – »Vergebung der Sünden, ewige Gerechtigkeit und Seligkeit von Gott geschenkt sei, aus lauter Gnaden, allein um des Verdienstes Christi willen«, so muß ich die lutherischen Brüder fragen: Ist das lutherisch oder nicht? Ist das dasselbe Schriftverständnis, das für unsere Überzeugung grundlegend ist? Bei aller Verschiedenheit in einer Menge von theologischen Fragen von Gewicht scheint es mir von entscheidender Bedeutung zu sein, daß wir, wie wir es auch das letzte Mal gesagt haben, davon überzeugt sind, daß unter uns über das sola fide, über das sola gratia kein Widereinander, kein Zweifel miteinander ist.
Ich glaube, daß hierin und hierin allein der grundsätzlichen Infragestellung begegnet werden muß und begegnet werden kann. Wir hätten in der Tat kein theologisch gutes Gewissen, und wir wären nichts anderes als Territorialisten oder Restaurateure, wenn wir nicht der theologischen Überzeugung wären, daß wir von dem entscheidenden Zentrum der Reformation her, von dem wir ans Licht des Evangeliums treten, gemeinsam auf den Weg gestellt sind, bei aller Verschiedenheit der Fragen, die innerhalb und zwischen den Bekenntnissen, aber auch innerhalb des Luthertums und des Reformiertentums eine überzeugende gemeinsame und eindeutige Beantwortung noch nicht gefunden haben. Ich meine, wer ein wenig in der theologischen Literatur von heute zu Hause ist, weiß, daß es diese Front bekenntnisgebundener reformierter oder lutherischer Theologie nicht gibt und daß es die größte Verlegenheit aller, die konfessionell so oder so denken, ist, daß eine Dogmatik wie die von Karl Barth erscheinen kann, die weder dem reformierten noch dem lutherischen Bekenntnis ganz eindeutig und einseitig zugerechnet werden kann, eine Dogmatik, die in der wahrhaft ökumenischen Verantwortung sich als »kirchliche Dogmatik« verstehen will.
Ein zweites in diesem Zusammenhang ist das Schriftstück von Herbert Goltzen in Nr. 24 des vergangenen Jahrgangs und Nr. 1 des neuen Jahrgangs der Ev.-Luth. Kirchenzeitung, eine sehr ausführliche, sehr umfassende Darlegung, in der auch grundsätzlich die Existenzmöglichkeit der Evangelischen Kirche der altpreußischen Union bestritten wird, allerdings weniger – wie in dem ersten Aufsatz – durch eine ausführliche theologische Darlegung, sondern mehr unter dem Stichwort zur Frage der Neukonstituierung: Ist die altpreußische Union nicht Restauration, oder ist sie eigentlich eine Notwendigkeit? Auch hier finden wir eine Menge von merkwürdigen Sätzen und Mißverständnissen, gerade auch hinsichtlich der evangelischen Kirchen des We-

stens, indem behauptet wird, daß die beiden Präsides der Evangelischen Kirchen von Westfalen und dem Rheinland »eine wahrhaft päpstliche Führungsmacht in der Kirche« hätten.
Wer in diesen Kirchen existiert, weiß, daß es Unsinn ist, so etwas zu schreiben. Man soll so etwas nicht schreiben, ohne sich die Ordnungen genügend angesehen zu haben und zu wissen, daß es sich hier um etwas in der Tat radikal anderes handelt und man mit solchen Bemerkungen über »Kumulation von Funktionen des früheren Generalsuperintendenten und Konsistoralpräsidenten« in keiner Weise den Wirklichkeiten unserer Kirchen gerecht wird. – Also dies mehr um des Humors willen, daß solche Dinge geschrieben und gedruckt werden können.
Die erste Frage, die an uns gerichtet wird, ist die: Worin besteht denn die Einheit der Evangelischen Kirche der altpreußischen Union? Und die Antwort, die hierauf gegeben wird, lautet: Sie ist handgreiflich uneinheitlich, und darum ist sie ein überaus fragwürdiges Gebilde. Die Uneinheitlichkeit kommt darin zum Ausdruck, daß man in den Gemeinden verschiedenartige Bekenntnisse gelten läßt. Nun ist eben die Frage: Was heißt das? Wie können die Gemeinden bestehen? Was bedeutet das alles? Es steht unter dem Gesichtspunkt, daß es für den Verfasser darum fraglich ist, ob die altpreußische Union mit der Zusammenfassung ihrer Gliedkirchen nicht eine verkleinerte Ausgabe der Evangelischen Kirche in Deutschland ist und ob man, weil man die Evangelische Kirche in Deutschland hat, dieselben Aufgaben, dieselben Probleme, dieselbe Gemeinschaft hat, nun nicht diese allein bestehen lassen sollte und also am besten täte, wenn man auf jeden Fall den Block der altpreußischen Gliedkirchen nicht neu formierte, sondern dies alles der EKD übertrüge.
Unter diesem Gesichtspunkt steht überhaupt die ganze Darlegung. Denn gerade in der Fortsetzung dieses Artikels in dem letzten Blatt vom 15. Januar 1951 wird unterstrichen, daß die Gliedkirchen der altpreußischen Union durchaus Gebilde sind, die bei besserer Entwicklung allmählich zu einer besseren Kirche heranwachsen können. Der Verfasser sagt übrigens dasselbe auch von der VELKD: daß sie »fortschreitend mehr Kirche« würde. Dies halte ich nicht für einen theologischen Satz. Es gibt keine Möglichkeit, »fortschreitend mehr Kirche« zu werden. Dadurch, daß man Gottesdienste vereinheitlicht, wird man nicht fortschreitend mehr Kirche. Sondern dieser Satz ist offenbar im Sinne eines Verfassungs- und sonstigen Prinzips gedacht. Aber es muß sehr deutlich sein, daß hier gänzlich untheologisch über diese Dinge geredet wird. Immerhin wird also gesagt, es wäre wohl möglich, daß die einzelnen Gliedkirchen unserer altpreußischen Union auf die Dauer zu dieser Entwicklung kämen. Offenbar denkt der Verfasser daran, daß die Westkirche reformiert würde und die Ostkirche lutherisch, und dann wären die Probleme schon gelöst. Aber was hier in diesem Zusammenhang wieder behauptet ist, wird durch die Tatbestände so schlagend widerlegt, daß ich fragen muß: Wie kommt es, daß solche Dinge behauptet werden können? Lesen Sie folgenden Satz:
»Auch in der Verwaltung des Taufsakraments besteht ein erheblicher Dissensus, der durch die neueren Veröffentlichungen von Karl Barth und seinen Anhängern nicht geringer geworden ist; ein Nebenzug der reformierten Taufpraxis ist u.a., daß sie das Patenamt ablehnt. Wie soll nun eine gemeinsame Taufordnung aussehen?«
Die Westfalen werden gebeten, dem Verfasser eine Taufordnung der westfälischen Kirche zu schicken, die ja den Beweis dafür antritt, daß es eine gemeinsame Taufordnung in unserer Kirche geben kann und gemeinsam von Vertretern der lutherischen, reformierten und unierten Gemeinden beschlossen und mit großer Freudigkeit angenommen werden kann. Also wiederum ein Beweis, daß die Wirklichkeit die Theorien korrigiert – um mit dem alten Schlatter zu reden.
Ferner wird in diesem Artikel die Synode angegriffen, und zwar deswegen, weil

unsere altpreußische Synode nicht konfessionell gegliedert sei; es würde dadurch doch der Bekenntnisverschiedenheit an diesem entscheidenden Punkte nicht Rechnung getragen. Nun meine ich allerdings, daß das in der Weise, wie wir es versucht haben, durchaus geschieht, nicht nur in einer Weise, wie man es vielleicht denkt, wenn man der Meinung wäre wie hier, wenn man also der Überzeugung ist, die ja auch schon öfters anderswo ausgesprochen wurde, daß kirchenregimentliche Funktionen nur da ausgeübt werden können, wo eine völlige Bekenntnisgleichheit besteht. Bei dieser Frage muß in der Tat geprüft werden – eine Frage, die zwischen uns überaus strittig ist und die zu vielem schwierigen Durcheinander führt –, was man eigentlich unter einer bekenntnisgebundenen Kirchenleitung, was man überhaupt unter Bekenntnis versteht. Wenn nur *das* Bekenntnis ist, was in der Reformation als Bekenntnisformulierung aufgestellt wurde oder was im corpus doctrinae zusammengestellt ist, dann hat z.B. die anglikanische Kirche kein Bekenntnis, ist also keine Kirche, dann hat die Kirche der Orthodoxie ein sehr schlechtes Bekenntnis: sie hat nur eines, das Nicaenum. Wenn wir das Nicaenum bekennen, haben wir offenbar kein Bekenntnis; offenbar genügt das nicht dazu. Diese ganzen schwierigen Fragen, die die westlichen Kirchen, das abendländische Kirchentum insgesamt angehen und die unter uns ganz anders als bisher zur Frage gestellt werden müssen, können nicht damit erledigt werden, daß man meint, man könne Bekenntnis und Bekenntnisschrift identifizieren. Das ist eine sehr bedeutsame und wichtige Sache. Wir waren der Überzeugung, daß Bekenntnis und Bekenntnisschrift nicht einfach identifizierbar sind und daß wir deswegen mit gutem Grund von einem Bekenntnis reden können. Wenn uns jemand fragt: Habt ihr ein Bekenntnis? dann sagen wir: Ja, wir haben zwar keine gemeinsamen und in allen Einzelheiten übereinstimmenden Bekenntnisschriften, aber wir werden uns dagegen wehren, daß uns vorgeworfen würde, wir hätten kein Bekenntnis.

Die letzte Frage – und das ist die eigentliche Frage dieses ganzen Themas – ist die: Ist die Neufassung der altpreußischen Union notwendig? Es wird hier gesagt: Nein, sie ist nicht notwendig, im Gegenteil, diese Neuordnung ist nichts anderes als ein restaurativer Territorialismus. Sie sei entstanden aus Gedanken der alten Bürokratie, sie sei begründet durch eine gemeinsame Geschichte, sie sei verstärkt durch ein gemeinsames Bekennen der dreißiger Jahre, und in Wirklichkeit sei das, was jetzt gewollt würde, einerseits zu groß und uneinheitlich, andererseits zu eng. Die Theorie, auf die das Ganze hinausgeht, ist eben die, daß die Problematik der altpreußischen Kirche keine andere ist als die der Evangelischen Kirche in Deutschland, selbst bei der Verschiedenheit der Formulierung der Abendmahlsgemeinschaft. Daß bei uns ein Akzent darauf gelegt wird, daß die Abendmahlsgemeinschaft in unserer Kirche in der Weise, wie wir es formuliert haben, besteht, sei kein grundsätzlicher Unterschied. Denn solche Formulierungen würden auch gegenüber anderen Kirchen getroffen. Es sei also unsachgemäß und würde die Entwicklung der Evangelischen Kirche in Deutschland erschweren, wenn hier eine historische Situation künstlich zu erhalten gesucht würde, und es würde hier ein Block geschaffen werden, der letzten Endes aus einem Widerspruch zur VELKD geschaffen wäre.

Ich glaube, daß auf unserer Synode das letzte Mal ein Blick auf die Vereinigte Lutherische Kirche Deutschlands in keiner Weise getan worden ist und niemand dagewesen ist, der etwa gedacht hat, wir müßten aber nun hier etwas dagegen tun, oder etwas Ähnliches, sondern daß wir von ganz anderen Fragen ausgegangen sind. Wir stehen nicht vor der Frage, ob wir eine altpreußische Union gründen wollen. Wir stehen also nicht vor der Frage, ob wir jetzt irgendetwas tun wollen, um eine Neukonstitution vorzunehmen, sondern de facto und de jure besteht die altpreußische Kirche, und wir stehen vor der Frage, in welcher Weise wir sie neu ordnen wollen. Wir waren uns darüber einig geworden, daß es uns verwehrt ist, sie einfach aufzulösen. Wir waren uns darüber einig geworden, daß wir das Recht haben, weil wir uns in dieser Verbundenheit und Gemeinschaft wissen, sie neu zu ordnen und zu gliedern, sie in der Weise zu ordnen und zu gliedern, wie das in dieser Ordnung zum Ausdruck kommt, allerdings in der gemeinsamen Überzeugung, daß die Gemeinschaft, die uns verbindet, eine stärkere und überzeugtere ist in unserer Mitte, als sie innerhalb der Evangelischen Kirche in Deutschland vorhanden ist. Das zeigt der einfache Tatbestand des auch heute wieder vollzogenen Abendmahlsgottesdienstes der Synode sehr gut, und solange auf einer Synode der Evangelischen Kirche in Deutschland eine Abendmahlsfeier der Synode nicht möglich ist, so lange ist ein wesentlicher Unterschied zwischen dem Grad der Kirchengemeinschaft, in der wir uns befinden, und dem Grad der Kirchengemeinschaft, die es zwischen den Kirchen der Evangelischen Kirche in Deutschland gibt.

Natürlich muß einer, der die Dinge ansieht, erkennen, daß in der Tat die Gestalt der altpreußischen Union eine ganz weitgreifende Veränderung in ihrem Verfassungsbau erfahren hat, und er müßte eigentlich bei einer ruhigen und sachlichen Beurteilung zu der Überzeugung kommen: hier ist eine gewisse Aufgliederung und eine gewisse Befreiung von dem bisherigen Verwaltungsunionszentralismus ganz klar und eindeutig vollzogen worden. Ich glaube, daß das, richtig gesehen, ein ganz anderes Urteil über unseren Neuordnungsversuch hätte hervorrufen müssen.

Ich meine aber letztlich zu diesem Artikel: die Alternative ist falsch. Weder Restauration noch Notwendigkeit! Meine Brüder und Schwestern, man kann fragen, ob die VELKD notwendig ist, ob der Lutherische Weltbund notwendig ist, ob der Presbyteriale Weltbund notwendig ist. Die Frage der Notwendigkeit muß sehr sorgfältig daraufhin überprüft werden, welche Art von Notwendigkeit man meint. Wir stehen ja nicht vor der Frage, hier eine Notwendigkeit zu begründen, daß wir uns zusammentun, sondern wir stehen vor der Frage, ob es notwendig ist, auseinanderzugehen. Vor der Frage standen wir. Weil wir diese Frage verneint haben, ist also die Alternative, die hier an uns gerichtet worden ist, falsch. Denn wir meinten, in der Tat nicht zu restaurieren. Gerade das, was auf der letzten Tagung der Synode gesagt worden ist, meine ich, würde mit aller Deutlichkeit darauf hinweisen, daß hier gar keine Restauration betrieben worden ist, sondern wirklich eine neue Ordnung, ein neuer Versuch, miteinander in einem Kirchenbunde Kirche zu sein, anders als die EKD – ob auf dem Wege dahin oder nicht, können wir nicht bestimmen, können wir nicht entscheiden –, aber auf keinen Fall aus einem Anti-VELKD-Komplex oder so etwas, aus einer Meinung heraus, es müßte nun ein großer Gegenblock geschaffen werden, sondern einfach von der Frage her: Haben wir das Recht vor dem Herrn der Kirche, uns zu verabschieden und zu sagen: Also gehe jeder seine Wege und sei er seiner Sache gewiß? Wir hatten diese Freiheit, dieses Recht nicht.

Gegenüber diesen beiden starken Bestreitungen der Notwendigkeit oder der Existenzberechtigung einer altpreußischen Kirche stehen auf der anderen Seite eigentlich nur noch zwei Aufsätze, auf die ich aufmerksam machen möchte, nämlich der Aufsatz von Dreß und der von Wulf Thiel, wobei der Aufsatz von Dreß in den »Zeichen der Zeit« in der ersten Nummer von 1951 sehr viel ausführlicher ist. Auch er ist dadurch für uns in seiner Bedeutung begrenzt, daß er auf Grund des Entwurfs und nicht auf Grund des Ergebnisses unserer Synode kritisch Stellung nimmt. Er steht der altpreußischen Kirche nicht grundsätzlich ablehnend gegenüber, sondern er fragt hier nur: Sind die das Bekenntnis betreffenden Bestimmungen so getroffen, daß hier nicht eine Art Konsensusunion, nicht eine Art Erledigung und Beseitigung der Bekenntnisse erfolgt? Dazu stellt er an uns sechs ver-

schiedene Fragen, bei denen wir uns zu prüfen haben, wie wir ihnen zu begegnen hätten.
Die erste Frage, die er stellt, ist die: Wie ist ein gemeinsames Bekennen des Evangeliums möglich, wenn das lutherische und das reformierte Schriftverständnis sich so grundlegend oder, wie er sagt, charakteristisch unterscheiden? Er meint hier offenbar, daß sie eine grundsätzliche Unterschiedenheit haben, genau wie wir es eben hörten. Er sagt nämlich den bedeutsamen Satz:
»Es bedeutet eben, daß die lutherischen und reformierten Kirchen und Gemeinden sich nun wirklich nicht nur in der Abendmahlslehre oder gar nur in einem nebensächlichen Punkt der Abendmahlslehre, sondern in ihrem ganzen Schriftverständnis, in ihrem Gebrauch und ihrer Verwendung der Heiligen Schrift, demzufolge dann auch in ihrer Verkündigung von Gesetz und Evangelium, in ihrer Lehre von Christus, von der Kirche und vom Amt der Obrigkeit charakteristisch unterscheiden.«
Meine Brüder und Schwestern! Ich frage mich, ob die Erlanger Theologie der alten Kenotiker und ihre leidenschaftlichen Bestreiter, also Dorner und seine Nachfolger, sich nicht überaus charakteristisch in der Lehre von Christus unterschieden haben, so charakteristisch, daß man fragen kann, ob die Unterscheidungen dieser beiden Lehren nicht ebenso groß sind wie die Unterscheidungen zwischen der Ubiquitäts-Christologie und der gegnerischen Christologie auf der anderen Seite. Wer die Frage charakteristischer Unterscheidungen stellt, muß die Frage stellen, ob die Interpretation der Lutherischen Theologie von Althaus und die Interpretation der Lutherischen Theologie von Elert an derselben Fakultät sich nicht so überaus charakteristisch unterscheiden, daß man fragen kann, ob sie überhaupt zur selben Konfession stehen. Dies ist eine tatsächliche Lage des gesamten Protestantismus. Wir brauchen nicht allein an das berühmte Problem der Bultmann-Schule zu denken, das heute überall diskutiert wird, um die Umfassendheit der charakteristischen tiefgreifenden Unterschiede im Schriftverständnis darzustellen. Da hilft es nichts, wenn man behauptet: Bei uns gilt die Confessio Augustana. Damit ist gar nicht geholfen. Ich meine, wenn man die Tatbestände dieser tiefgreifenden Unterschiede und solcher Unterscheidungen sieht, sollte es doch auch in einer Kirche die Möglichkeit geben können, daß Theologie gegeneinander getrieben wird, wie sie auch heute unter uns getrieben wird, daß aber dadurch die Möglichkeit eines gemeinsamen Bekennens des Evangeliums doch nicht außer Kraft gesetzt und aufgehoben wird. Wenn das so wäre, gründete sich die Kirche auf die Theologie, was sie aber Gott sei Dank nicht tut. Das muß festgehalten werden. Ich habe die Befürchtung, daß viele unserer Gegner immer von dem heimlichen Satz ausgehen, daß sich die Kirche auf die Theologie gründet und nicht auf das Evangelium.
Der zweite Satz betrifft die Formulierung der Barmer Erklärung. Diese Frage war begreiflicherweise ein Hauptstreitpunkt innerhalb der letzten Diskussion. Nun sagt er hier wieder: Wie kann man überhaupt die Barmer Erklärung zur gemeinsamen Bekenntnisgrundlage nehmen, wenn sie nicht eindeutig, sondern so mehrdeutig interpretiert wird, wie das geschehen ist? Ich frage wiederum, liebe Brüder: Wenn es möglich war, das lutherische Bekenntnis, nämlich die Augsburgische Konfession, so verschieden zu interpretieren, wie das in den Jahrzehnten des tiefgehenden Streites um die Christologie, um Gesetz und Evangelium, um den tertius usus legis, der bis heute noch eine große Kernfrage ist – ich denke da an die »Ethik« von Elert, der mit Leidenschaft diese Behauptung der Konkordienformel bestreitet –, geschehen ist, dann müßte man also darauf verzichten, überhaupt von einer Bekenntnisgrundlage zu sprechen. Das gälte in derselben Weise vom Apostolikum oder irgendeiner anderen Bekenntnisschrift. Ich meine, von hier aus kann man einer Formulierung hinsichtlich ihrer Geltung als einer Bekenntnis-

schrift nicht begegnen, daß man etwa sagt: Laß sie lieber weg, denn man kann sie verschieden verstehen. Selbst die große Bekenntnisschrift des Nicaenums ist einer unterschiedlichen Interpretation der östlichen und westlichen Theologen fähig und ausgesetzt gewesen.
Drittens fragt er uns: Worin besteht denn eure Kirchengemeinschaft, wenn ihr nichts anderes sagt als dies Doppelte: die Kirchengemeinschaft ist einmal Gemeinschaft in der Verkündigung des Wortes Gottes und dann die Zulassung zum heiligen Abendmahl? Es ist dann eben eine Frage, ob damit nicht das große Problem der Abendmahlsgemeinschaft eher verkannt wird, als daß es gelöst wird. Ich glaube, daß wir an diesem Punkte noch eine ganze Menge von Fragen oder eine Entscheidungsfrage zu klären haben, die in der Tat, wie auch Bruder Goltzen schon ausführte, von Halle her an uns gestellt ist und die uns noch beschäftigen muß. Wir sind auch nicht der Meinung, daß wir am Ende der Beantwortung unserer Fragen sind, sondern erst am Anfang. Wir wollen also an diesem Punkte nicht meinen, daß wir das Problem des Verhältnisses von Abendmahlsgemeinschaft und Kirchengemeinschaft bereits gelöst hätten. Ich glaube, daß dies einfach einmal festgestellt werden muß, daß wir aber sehen, daß wir uns hier auf dem Wege zur Beantwortung einer ernsten Frage befinden.
Er fragt dann viertens: Muß das Vetorecht, das also in der Synode von einem bestimmten Bekenntnis her zur Geltung gebracht werden kann, sich nicht dahin auswirken, daß überhaupt nichts, was bekenntnisbestimmt ist, zur Geltung gebracht werden kann? Ich meine, die Sorge ist unbegründet. Erstens wäre es ja so, daß man sich darüber klar werden könnte, daß hinsichtlich des Geltungsbereichs bestimmter Grundsätze oder Gesetze durchaus ein Unterschied gemacht werden könnte zwischen lutherischen und unierten Gemeinden unserer Kirche. Es wäre ein Unsinn, wenn wir gemeint hätten, durch ein solches Vetorecht uns in der gemeinsamen Arbeit so zu hindern, wie das einmal der polnische Reichstag mit seinem Vetorecht getan haben soll. Es steht auch hier wieder:
»Wenn man sich nun vergegenwärtigt, an wieviel Punkten sich die verschiedenen Bekenntnisse voneinander unterscheiden bzw. sich widersprechen (zum Beispiel in der Auffassung vom Wesen des geistlichen Amtes, vom Wesen und Auftrag der Kirchenleitung und der Synode, vom Wesen des Gottesdienstes und der Sakramente usw.), dann wird einem sehr schnell deutlich, in welch verhängnisvoller Weise dieses Vetorecht eine fruchtbare Entwicklung des kirchlichen Lebens zu hemmen imstande ist.«
Hier sage ich wieder: Es ist relativ richtig, was er sagt; aber es sieht so aus, als ob hier so etwas wäre wie ein exklusives Widereinander, bei dem man, wenn man also ein anderes Verständnis hat als der andere, den anderen mit dem damnamus bedenken muß. Das will er offenbar nicht. Darum wird es auch zwischen uns Theologen verschiedener theologischer Schulen und verschiedener theologischer Überlieferungen eine Menge Verschiedenheiten geben über Begriffe wie Synode, Wesen des Gottesdienstes usw., ohne daß damit die Möglichkeit, gemeinsam einen Schritt und noch einen Schritt zu gehen, a priori ausgeschaltet ist. Also die Sorgen, die hier bestehen, vermögen wir nicht zu teilen, und wir meinen, daß damit die nötige Sicherung eingebaut ist, daß es in dieser Sache keine Möglichkeiten der Majorisierung gibt, wohl aber die Möglichkeit, einen Weg zu finden, der die Entfaltung etwa des lutherischen Bekenntnisses oder des reformierten Bekenntnisses im Bereich des Gottesdienstes usw. nicht aufhebt.
Ich habe vergessen, noch darauf hinzuweisen, daß wir von dem Bruder Goltzen noch darauf aufmerksam gemacht worden sind: Wie könnten wir denn Einheitlichkeit des Gottesdienstes, der Amtshandlungen usw. erstreben, wo doch so tiefgreifende Unterschiede zwischen der Auffassung von Gottesdienst oder von Amtshandlungen (Taufe) bei Lutherischen und Reformierten beständen! Es

scheint sich neuerdings die Meinung eingeschlichen zu haben, daß die lutherische und reformierte Taufpraxis einander so widersprechen, daß man nicht miteinander in einer Kirche taufen kann. Dies scheint aber eine Verwechselung mit Fragen zu sein, die an uns gerichtet worden sind, und zwar von Karl Barth an die ganze Christenheit gerichtet worden sind hinsichtlich der Frage der rechten Kindertaufpraxis, und nicht eine Sache, die in unserer Kirche irgendwie in echtem Sinne dazu führen könnte, daß wir nun nicht miteinander eine Taufordnung haben könnten, wie es doch der westfälische Beitrag zu dieser Sache im vergangenen Jahre gezeigt hat.

Wir meinen fünftens auch nicht, daß es überall nur einen und denselben Gottesdienst geben könnte. Wir meinen nicht, daß es so sein müßte, daß eine Synode feststellte: nur dieser Gottesdienst darf in allen Kirchen begangen werden. Sondern wir meinen, daß wir gerade in dieser Sache mit Martin Luther eine sehr große Möglichkeit der freien Entfaltung und Verwirklichung haben. Es hat mich in steigendem Maße beunruhigt, daß man erkennen muß, wie seit der Reformation auf dem Gebiete des Gottesdienstes, auf dem Gebiete des Katechismus und dem Gebiet des Kirchenliedes eine zunehmende Zusammenziehung des Materials, des Stoffes erfolgt, so daß wir am Ende von 400 Jahren eigentlich nur noch zwei Katechismen haben, die faktisch in Deutschland in Gebrauch sind, während es eine große Fülle verschiedener Katechismen gegeben hat, daß wir faktisch auch nur zwei verschiedene Typen des Gottesdienstes haben, die übriggeblieben sind, während auch da früher eine ganze Menge von verschiedenartigen Möglichkeiten vorhanden war. Das gilt auch noch auf einem anderen Gebiete. Eine so rühmliche Sache das kirchliche Einheitsgesangbuch auch ist, so darf doch dagegen gesagt werden: Warum muß in Deutschland alles über einen Kamm geschoren werden, warum muß es überall ein und dasselbe Gesangbuch geben? Gewiß, ich weiß alles, was mir darauf entgegengehalten werden kann. Wir sollen nur nicht meinen, daß dadurch kirchliche Einheit geschaffen würde, daß dadurch das geschaffen würde, was mit der Una Sancta zu tun hat. Das wäre ein großer Irrtum. Deswegen legen wir darauf einen relativen Nachdruck mehr im Blick auf die seelsorgerliche Verantwortung über die Menschen, die in unserem Bereich auf und ab ziehen, die nicht mehr an einen Ort gebunden sind wie früher. Wir tun es, mit Luther zu reden, um der Liebe willen, daß in einem Lande nach Möglichkeit ein Gottesdienst sein sollte. Aber wir sind dabei ganz deutlich der Meinung, daß dies keinen von uns in der Richtung bedrängen oder hindern sollte, in der vom Glauben her geforderten und gebotenen Freiheit zu stehen.

Sechstens und endlich: Muß die erstrebte Einheitlichkeit der altpreußischen Union der Bekenntnisverschiedenheit nicht widersprechen? Gilt das nicht insbesondere für die Beanstandung der Lehre? Natürlich kann es eine Frage sein, wie man solche Ordnungen über Agende, über Gottesdienst oder über Konfirmation macht. Es steht hier wieder die Behauptung, daß die Konfirmation nach reformierter Anschauung einen wesentlich anderen Charakter habe als nach lutherischer. Es gibt in der lutherischen und reformierten Auffassung wohl mindestens sieben verschiedene Anschauungen über das Wesen der Konfirmation. Wir wissen alle, daß wir an diesem Punkte aus den verschiedensten Gründen kreuz und quer in den verschiedensten Verlegenheiten sind, aber nicht aus lutherischer und reformierter Bekenntnisverschiedenheit, sondern aus anderen Gründen. Bei der Beanstandung der Lehre würden wir auch unsererseits der Meinung sein, daß man selbstverständlich hier trennen könnte und trennen dürfte zwischen denen, die von dem einen oder dem anderen Bekenntnis herkommen. Es steht aber auch hier wieder der merkwürdige Satz, wo ich die reformierten Brüder frage, ob ich nicht recht habe, wenn ich sage, daß das nicht zutrifft. Der Verfasser erklärt: Nach reformierter Anschauung im Gegensatz zur lutherischen gehört auch die Verfassung zum Bekenntnis. Ich kann nicht sagen, daß diese uralte Geschichte dadurch, daß sie immer wiederholt wird, an Wahrheit gewinnt. Es ist nach den Tatbeständen, die vorliegen, unmöglich, zu behaupten, daß die Verfassung nach reformierter Lehre ein Bestandteil des Bekenntnisses wäre. Ich vermag das nicht zu sehen. Wenn das der Fall wäre, dann wäre es in der Tat nicht möglich, daß wir eine Kirchengemeinschaft hätten, genau so, wie wenn die Differenzen, die hier aufgezeigt sind, so wären, daß sie uns forderten auf Grund eines diametral verschiedenen Schriftverständnisses. Dann würde einfach der Tatbestand des gegensätzlichen Schriftverständnisses uns völlig auseinandersprengen. Dann ständen wir nicht vor der Frage, ob wir beisammen bleiben könnten oder nicht.

Ein letztes kurzes Wort zu dem Artikel von Wulf Thiel. Wulf Thiel stellt an die Referenten – deshalb brauche ich es nicht zu wiederholen – die Frage über die tiefgreifenden Unterschiede. Im übrigen scheint es mir gut zu sein, daß er uns darauf aufmerksam macht, auf zwei Dinge zu achten. Denn im ganzen stimmt er ja unserer Arbeit zu. Seine kritischen Fragen gehen in zwei Richtungen. Einmal: wir müssen die Gefahr vermeiden, daß die auseinanderstrebende Tendenz der Provinzialkirchen dazu führen könnte, daß die gemeinsame innere und äußere Verantwortung füreinander sich weiter lockert. Das würde eine Isolierung und Verabsolutierung der einzelnen Provinzialkirchen zur Folge haben. Der Horizont der einzelnen Kirche würde sich verengen. Ich glaube, daß dies echt empfunden ist von dem Gesichtspunkte her, von dem er ausgeht, daß er meint, daß wir in der Tat zu unserem Tun berechtigt wären, trotz der von ihm auch betonten schwerwiegenden Verschiedenheiten. Wir haben von der Last der Verschiedenheit, des verschiedenen Verständnisses hinsichtlich einer Menge von Fragen geredet, so von der konfessionellen Verschiedenheit. Er weist uns darauf hin, daß wir uns dadurch nicht zu sehr oder gar völlig auseinanderdrängen lassen sollten, indem wir uns in dieses große Wagnis einer relativ hohen Selbständigkeit der Gliedkirchen der APU versetzen.

Die andere Sorge wäre die, daß wir ja daran festhalten möchten, die Linie einer gegliederten Unionskirche bewußt innezuhalten. Er hat hierzu ein Wort gesagt, von dem es mir nützlich erscheint, es kurz zu wiederholen:

»Hier wird nüchtern das Vorhandensein der bestehenden Lehrunterschiede ausgesprochen. Diese Unterschiede werden in ihrem gemeinsamen Vorhandensein in einer Kirche eine Last genannt, die in gemeinsamer Beugung unter Wahrheit und Verheißung des Wortes Gottes zu tragen ist. Es wurde im Plenum und in einem der Ausschüsse darum gerungen, ob das Wort von der ›Last‹ stehenbleiben solle oder nicht. Man hat es im Blick auf die Kirche der altpreußischen Union mit Recht stehenlassen wollen. Bekenntnis- und Lehrunterschiede in der Christenheit, die an den einen Herrn und an die eine heilige allgemeine Kirche glaubt, sind und bleiben eine Last, die uns vor bestimmte Aufgaben stellt. Wir bewältigen sie nicht dadurch, daß wir sie negieren und wegorganisieren. Wir tragen sie in gemeinsamer Beugung unter die Wahrheit des Wortes Gottes, das uns verbietet, etwas wider die Wahrheit zu tun. Wir trauen aber auch der Verheißung des Wortes Gottes, die uns glauben und hoffen und dafür wirken läßt, daß wir in gemeinsamem Bekennen des Evangeliums zulernen und wachsen können.«

Ich meine, daß wir diesem durchaus zustimmen können.

Zum Ergebnis meine ich folgendes kurz zusammenfassen zu dürfen:

1. Im Blick auf das, was an uns als Frage gerichtet worden ist, wäre zunächst der Frage nach der theologischen Existenzberechtigung der Evangelischen Kirche der altpreußischen Union zu begegnen. Ist die altpreußische Union, theologisch beurteilt, eine unmögliche Kirche und darum so schnell wie möglich zu beseitigen? Dieser Frage haben wir standzuhalten und sie noch einmal zu bedenken. Ich persönlich bin der Überzeugung, daß man dazu nein sagen muß, und zwar allein des-

wegen und aus gar keinem anderen Grunde, weil wir der Überzeugung sind, daß es in unserer Mitte ein gemeinsames reformatorisches Schriftverständnis gibt, nämlich das reformatorische Schriftverständnis in der justificatio impii, in dem sola gratia und dem sola fide, wie wir es ausgesprochen haben. Insofern meine ich, daß wir im Blick auf unseren Grundartikel wohl sagen dürfen, daß darin die Bekenntnisgrundlage dieser Kirche bezeugt ist:
Sie bekennt mit den Vätern der Reformation, daß die Heilige Schrift die alleinige Quelle und Richtschnur unseres Glaubens ist und daß das Heil allein im Glauben empfangen wird.
Indem wir dies aufgreifen, meine ich, sind wir auf dem gemeinsamen Wege der Kirche, die von der Reformation, von der Wiederentdeckung des Evangeliums durch Martin Luther für uns alle herkommt.
2. Die zweite Frage, die an uns gestellt ist, ist die Frage nach der kirchlichen Existenzberechtigung innerhalb der Evangelischen Kirche in Deutschland. Ist die altpreußische Kirche nicht ein territorialistisch-restauratives Gebilde, das durch seine Existenz notwendig ein Hindernis auf dem Wege der Evangelischen Kirche in Deutschland ist und darum am besten so schnell wie möglich aufzulösen ist, indem nur ihre Gliedkirchen noch übrigbleiben? Auch hier frage ich, ob wir dazu die Vollmacht haben oder ob wir nicht in der Gemeinsamkeit, deren wir uns aufs neue gewiß geworden sind, daran festhalten müssen, eine Gemeinschaft evangelischer Kirchen im Dienst am Evangelium zu sein, eine Gemeinschaft evangelischer Kirchen, die in der Gemeinschaft der Verkündigung des Wortes Gottes besteht, in der die Angehörigen aller in der Evangelischen Kirche in Deutschland geltenden Bekenntnisse unbeschadet der allgemeinen Kirchenzucht ohne Einschränkung, wir wissen, was das bedeutet – zum heiligen Abendmahl zugelassen werden, eine Kirche, in der man sich bewußt ist, aufeinander zu hören, die Last der unter uns bestehenden Lehrunterschiede zu tragen in gemeinsamer Beugung unter Wahrheit und Verheißung des Wortes Gottes und im gemeinsamen Bekennen des Evangeliums zu beharren und zu wachsen. Der Unterschied zwischen uns etwa und einer konfessionell einheitlichen Kirche scheint darin zu bestehen, daß wir meinen, daß wir dazu berufen sind, die Last der bestehenden Lehrunterschiede in gemeinsamer Beugung unter Wahrheit und Verheißung des Wortes Gottes zu tragen, sie weder zu negieren noch zu bagatellisieren, sondern uns unter sie zu stellen in der Gewißheit, daß die Wahrheit und Verheißung des Wortes Gottes über uns den Sieg behält. Diese Frage wird also nach meiner persönlichen Überzeugung auch mit Nein zu beantworten sein. Wir sind kein Hindernis auf dem Wege der Evangelischen Kirche in Deutschland. Wir wollen auch nicht so etwas sein wie ein Prototyp dieser Kirche, wie man uns vorgeworfen hat, wir wollten sozusagen dies in der Evangelischen Kirche der Union in der gleichen Weise wie die Evangelische Kirche in Deutschland ermöglichen. Was da möglich ist, wird sich im Begegnen, im Bekennen, in einer gemeinsamen Handlung erst im Laufe von Jahren zeigen müssen.
3. Die uns gestellten kritischen Fragen unserer Brüder, meine ich, müßten wir als Aufgaben ansehen, deren echte Lösung uns aufgetragen ist. Es hat wirklich keinen Zweck, die alten Formulierungen dauernd gegeneinander zu wiederholen, sondern wir müssen uns wirklich an die Arbeit machen und in unserer Mitte die Fragen, die uns von da oder dort gestellt worden sind, gerade auch, was ich heute kurz erwähnt habe, aus ihren Mißverständnissen, aus ihrer Verkehrtheit befreien, weil in der Tat Fragen darin stecken, die uns überaus ernstlich beschäftigen, Fragen, die in Wirklichkeit quer durch die ganze Evangelische Kirche in Deutschland, ihre Theologie und kirchliche Arbeit hindurchgehen. Es muß und kann sich erst in concreto erweisen, ob das, was wir heute und jetzt etwa in den bekennenden Worten unseres Grundartikels sagen, von uns auch gehalten, auch wirklich bekennend durchgehalten wird, ob das, was wir hier meinen wollen zu müssen, ob das, was

wir uns hier versprochen haben, in statu confessionis, in brüderlichem Dienst, in der Arbeit der Liebe, in der Tat des Opfers und des Lastenausgleichs und dieser Dinge sich wird bewähren können oder nicht. Die kritischen Fragen, die uns gestellt sind, empfinden wir als Aufgaben, denen wir uns wirklich nicht entziehen wollen. Wir wollen mit den Brüdern der anderen Kirchen innerhalb der EKD uns darum mühen, sie recht zu beantworten.

Also ich sage in summa: Nach meinem Eindruck dessen, was ich mich bemüht habe, an Diskussionsbeiträgen und Fragen zu verstehen und zu lesen, haben wir nicht das zu hören bekommen, was uns ernstlich die Frage stellte, ob wir das, was wir im Dezember 1950 angefangen haben, heute verwerfen müßten. Ich meine, wir dürften ohne ernstliche Zweifel an der Verantwortbarkeit unseres Entwurfs der Neuordnung daran gehen, wirklich alles noch zu bedenken und zu beraten und dann zu einem endgültigen Beschluß zu kommen in der Linie, die uns damals mit großer Einmütigkeit miteinander vereinigt hat.

IV
Bericht des Synodalen D. Dr. Beckmann, Düsseldorf, über die Arbeit des Ausschusses I [9]

Meine lieben Brüder und Schwestern! Die Beratungen des Ausschusses I haben ganz wesentlich unter dem Vorzeichen der Auseinandersetzung mit dem Vorschlag gestanden, wie er hier auf der Synode in der ersten Sitzung hinsichtlich einer neuen Fassung des Grundartikels unterbreitet worden ist, und zwar unterzeichnet von den Synodalen Jepsen, Elliger und Stupperich. Der Ausschuß hat sich bemüht, dem Anliegen, das in dieser neuen Vorlage, in diesem Vorschlag zum Ausdruck gekommen ist, gerecht zu werden, es zu verstehen und nach Möglichkeit auch zu verarbeiten. Das ist nicht immer ganz leicht gewesen, weil wir viel Zeit gebrauchten, um uns über bestimmte Begriffe und Ausdrücke zu verständigen. Aber ich meine, daß es uns gelungen ist, im wesentlichen miteinander einig zu werden. Erfreulich war dabei die Feststellung, daß hier eigentlich keine grundsätzlichen Gegensätze im Verständnis der Evangelischen Kirche der altpreußischen Union obwalten, sondern daß nur gewissen möglichen Mißdeutungen oder Mißverständnissen gewehrt werden sollte.

Das Ergebnis, wie wir uns schließlich geeinigt haben, diesem Anliegen Rechnung zu tragen, liegt wesentlich in dem Satz vor, der am Anfang der Vorlage steht. Er lautet:

»Die Evangelische Kirche der altpreußischen Union weiß sich gerufen, in Buße und Dank auch über ihrer besonderen Geschichte die Gnade Gottes zu glauben, deren sie sich in ihrer gegenwärtigen Entscheidung getröstet.«

Den Vertretern der Fakultäten lag an der Feststellung, daß auch die besondere Geschichte der altpreußischen Union bis auf die Gegenwart als Gottes Handeln an der Kirche anzuerkennen sei, ferner, daß die Anerkennung des Grundartikels keine Nötigung zur Nivellierung der vorhandenen Lehrunterschiede bedeuten soll, und drittens, daß die Neuordnung der altpreußischen Union auch in ihrem Grundartikel die Wirklichkeit der empirischen Kirche der altpreußischen Union meint und nicht etwa einer spiritualistischen Verflüchtigung das Wort reden will. Die Aussprache hat ergeben – und das ist das Urteil dieser Vertreter der Fakultäten selbst –, daß in der nunmehr vorgelegten Form der Grundordnung diesem ihrem Anliegen Rechnung getragen ist. Wir haben, wie Sie beim Übersehen des Ganzen erkennen, sehr wenig im Grundartikel und im Artikel 1 geändert. Eigentlich sind es nur stilistische Änderungen gewesen. Das zeigt, daß die Synode in ihrer ersten Lesung doch recht getan hat, daß sie damals dieser Formulierung ein-

---

9 Bericht vom 20. 2. 1951, a.a.O., S. 149ff.

mütig ihre Zustimmung gegeben hat. Auch jetzt ist es ja so, daß der Ausschuß wiederum in Einmütigkeit seines Ergebnisses vor die Synode treten darf.
Der erste Satz, den ich eben verlesen habe, der vor dem Ganzen steht, ist der von uns gefundene und vorzuschlagende Weg, um dem Rechnung zu tragen, was unter uns deutlich geworden ist. Die Formulierung gerade dieses Satzes hat uns auch wiederum viel Arbeit gemacht, und es waren zahlreiche Stimmen, die der Meinung waren, eigentlich sei er an dieser Stelle nicht nötig; man könne das, was hier gesagt ist, auch in einer besonderen Erklärung neben der Grundordnung von der Synode beschließen lassen. Aber schließlich hat man sich doch gemeinsam dazu bereit gefunden, damit einverstanden zu sein, daß sozusagen vor den Grundartikel oder am besten über die Ordnung insgesamt dieser Satz gestellt wird.
In diesem Satz soll das ausgesprochen werden, was uns in dieser Entscheidung, die wir heute treffen, bewegt, und er soll dazu dienen, gerade im Blick auf die Angefochtenheit, auf das, was ich gestern vorgetragen habe, auf die vielen Fragen, die an uns gerichtet werden, so zu antworten, wie wir es denn explizit in unserem Grundartikel tun, daß wir nämlich trotz dem, was gegen die Existenz und die Existenzberechtigung und die Verantwortbarkeit einer Evangelischen Kirche der altpreußischen Union eingewandt wird, dabei geblieben sind, zu sagen: Ja, die Evangelische Kirche der altpreußischen Union bekennt sich, sie weiß sich gegründet usw., was in den Sätzen des Grundartikels steht.
Wir wissen, daß das in echtem Sinne nur geschehen kann in dem Glauben an die auch in der besonderen Geschichte unserer Kirche, über der besonderen Geschichte unserer Kirche lebendig wirksame, uns demütigende und zum Dank aufrufende Gnade Gottes. Wessen sollten wir uns getrösten, woher sollten wir Mut und Freudigkeit nehmen, die Evangelische Kirche der altpreußischen Union in ihrer äußeren und inneren Angefochtenheit und Bedrohtheit aufs neue zu ordnen, wenn nicht in diesem Glauben an die Gnade Gottes, deren wir uns getrösten? Darum steht hier in diesem Satze in den beiden kurzen Worten »in Buße und Dank« der Hinweis darauf, daß im Blick auf die Geschichte unserer Kirche in ihrer mehr als hundert Jahre währenden Dauer kein Grund ist, etwas anderes zu bekennen als dieses, daß sie uns zur Buße ruft, aber auch und mitten in der Buße zu dem Dank, daß Gottes Gnade dennoch nicht vergeblich gewesen ist.
Gerade mit diesem Satze und auf Grund dessen, daß wir diesen Satz vorangestellt haben, war und sollte dem besonderen Anliegen, das hier vorgetragen worden ist und auf das ich eben noch einmal ausdrücklich verwiesen habe, in besonderer Weise Rechnung getragen sein.
Was den Grundartikel betrifft, so ist gegenüber der bisherigen Formulierung eine Umstellung vorgenommen worden, zu der wir uns in einer nochmaligen Überprüfung der Reihenfolge der Sätze veranlaßt sahen. Diese Umstellung hängt damit zusammen, daß in dem zweiten Satz davon geredet wird, daß die Evangelische Kirche der altpreußischen Union gegründet ist auf das prophetische und apostolische Zeugnis der Heiligen Schrift Alten und Neuen Testaments. Es war die Meinung, daß dahinter der Satz gehöre, der von der Heiligen Schrift gemäß dem Bekenntnis der Väter der Reformation handelt. Aus diesem Grunde hat man den bisherigen Satz 5 an die Stelle des Satzes 3 gesetzt und den bisherigen Satz 3 an die Stelle des Satzes 5 und wurde im übrigen dadurch dazu veranlaßt, ein paar kleine Stellen aus dem bisherigen Text als überflüssig zu streichen, z.B. im bisherigen Satz 5 die Worte »Alten und Neuen Testaments«. Das war jetzt nicht mehr nötig, weil direkt darüber dasselbe gesagt ist. Ebenso war es bei der jetzigen Stellung dann nicht mehr nötig, in dem Satz 4 zu sagen »als Kirche der Reformation«, weil in dem Satz vorher gerade von den Vätern der Reformation geredet ist und von diesem Glauben gesprochen wurde.
Wir haben uns dann nur noch dazu entschlossen, statt des bisher in Satz 6 stehen-

den Wortes »Verständnis der Heiligen Schrift« das alte und gebräuchlichere »Auslegung der Heiligen Schrift« zu setzen und zur Verdeutlichung dann hinzuzufügen »an die reformatorischen Bekenntnisse«, nicht nur einfach »an die Bekenntnisse«. Demnach lautet also nun der Grundartikel in der vom Ausschuß einmütig vorgeschlagenen Fassung:
»(1) Die Evangelische Kirche der altpreußischen Union bekennt sich zu Jesus Christus, dem Fleisch gewordenen Worte Gottes, dem für uns gekreuzigten, auferstandenen und zur Rechten Gottes erhöhten Herrn, auf den sie wartet.
(2) Sie ist gegründet auf das prophetische und apostolische Zeugnis der Heiligen Schrift Alten und Neuen Testaments.
(3) Sie bekennt mit den Vätern der Reformation, daß die Heilige Schrift die alleinige Quelle und Richtschnur unseres Glaubens ist und daß das Heil allein im Glauben empfangen wird.
(4) Sie bezeugt ihren Glauben in Gemeinschaft mit der alten Kirche durch die altkirchlichen Glaubensbekenntnisse: das apostolische, das nicaenische und das athanasianische Bekenntnis.
(5) Sie steht in der einen, heiligen, allgemeinen christlichen Kirche, in der das Wort Gottes lauter und rein verkündigt wird und die Sakramente recht verwaltet werden.
(6) Sie weiß ihre lutherischen, reformierten und unierten Gemeinden für die Auslegung der Heiligen Schrift gewiesen an die reformatorischen Bekenntnisse, die gemäß den Grundordnungen ihrer Gliedkirchen in den Gemeinden gelten.
(7) Gebunden an das Wort der Heiligen Schrift bejaht die Evangelische Kirche der altpreußischen Union die Theologische Erklärung von Barmen als ein Glaubenszeugnis in seiner wegweisenden Bedeutung für die versuchte und angefochtene Kirche.«
Nun kommt der Übergang zu der eigentlichen Ordnung, der uns auch – ebenso wie der Artikel 1, wie Sie sehen – zur Bearbeitung übertragen war. Bei diesem Übergang haben wir ziemlich lange an einer rechten, klaren Formulierung gearbeitet und legen nun diese Veränderung in der Form vor, die Sie vor sich haben. Während er bisher anfing »Die Evangelische Kirche der altpreußischen Union gibt sich in dieser Bindung usw.«, meinen wir, es liest sich besser, an den Grundartikel folgendermaßen anzuschließen:
»In dieser Bindung, die auch für die Setzung und Anwendung ihres Rechtes grundlegend ist, gibt sich die Evangelische Kirche der altpreußischen Union auf der Grundlage ihrer Verfassungsurkunde vom 29. September 1922 in Anerkennung und Fortführung der in Treysa 1945 begonnenen Neuordnung die folgende Ordnung.«
Die Änderung betrifft einmal das Wort »Gestaltung«, das da bisher gestanden hat, wofür wir das etwas schlechtere, aber sachlich zutreffendere Wort »Setzung« des Rechtes meinten einsetzen zu sollen. An Stelle des Wortes »maßgebend«, für das dann auch vorgeschlagen wurde »bestimmend«, ist nachher in einer langen Auslegung und Erörterung dessen, was hier gemeint oder was hier mißverstanden sein könnte, gesagt worden, wie es jetzt heißt: »grundlegend«. Es sollte mit diesem Worte nach beiden Seiten hin das abgelehnt werden, was bei der Setzung und Anwendung kirchlichen Rechtes an gefährlichen Mißverständnissen und Mißgriffen möglich ist: einmal – ich sage es in einem Schlagwort – die Säkularisierung und auf der anderen Seite eine Klerikalisierung, auf der einen Seite jenes Verständnis des kirchlichen Rechtes, als ob es mit der Bekenntnisgrundlage der Kirche eigentlich gar nichts zu tun habe und die Kirche hierin frei sei, mit dem Recht, das sie sich gibt oder sich geben läßt und fassen könnte, nach ihren Wünschen, nach ihrer Willkür zu verfahren. Gerade dies haben wir im Kirchenkampf gelernt, daß Bekenntnis und Recht miteinander und aufeinander zu beziehen sind und von hier

aus das Recht der Kirche allein seine Ermächtigung und Bevollmächtigung und auch Begrenzung erfährt. Auf der anderen Seite steht die uns in der römischen Kirche vorliegende andere Gefahr des heiligen, heilsnotwendigen gesetzten kanonischen Rechts, das selbst Bestandteil des kirchlichen Bekenntnisses ist. Darum meinten wir vorschlagen zu sollen, den Begriff einzusetzen, daß diese Bindung grundlegend ist für die Setzung und Anwendung ihres Rechtes, alles dessen, was in der Kirche als Rechtssatzungen in Gestalt von Ordnungen, Verordnungen oder Kirchengesetzen erfolgt.
Nur ein ganz kurzes Wort ist noch zum Artikel 1 nötig. Er ist mit einer ganz kleinen Änderung in Satz 4 unverändert geblieben. Es ist dort nämlich umgestellt worden »die Last bestehender Lehrunterschiede in gemeinsamer Beugung unter Wahrheit und Verheißung des Wortes Gottes zu tragen«. Das ist umgedreht worden gerade mit Rücksicht darauf, daß der Satz vorangeht »auf das Glaubenszeugnis der Brüder zu hören«. Es wird nun fortgefahren: »in gemeinsamer Beugung unter Wahrheit und Verheißung des Wortes Gottes die Last bestehender Lehrunterschiede zu tragen«.
Es hat uns wiederum längere Zeit die Frage beschäftigt, ob man das Wort von der Last in die einfache Feststellung verwandeln sollte: die bestehenden oder bestehende Lehrunterschiede zu tragen. Nach allen Erwägungen hin und her hat man doch erkannt, daß es keine zutreffendere und sachgemäßere Formulierung gibt als die damals schon im Ausschuß erarbeitete. Man hat ferner erkannt, daß an dieser Stelle nun gerade von der Last zu reden ist, daß man in diesem Zusammenhang nicht ein anderes Wort etwa von dem Segen oder der Frucht usw. an dieser Stelle sagen sollte, zumal davon ja in diesem Zusammenhang ganz deutlich die Rede ist. Denn das Wort von der Last ist eingeklammert in die beiden Sätze »auf das Glaubenszeugnis der Brüder zu hören« und »im gemeinsamen Bekennen des Evangeliums zu beharren und zu wachsen«.
Damit ist das, was von manchen Seiten als Anliegen hier vorgetragen war, nach unserer Überzeugung richtig und zutreffend ausgesprochen. Ich lese nun den Artikel 1 abschließend vor:
»(1) Die Evangelische Kirche der altpreußischen Union ist die Gemeinschaft der in ihr zusammengeschlossenen Gliedkirchen im Dienst am Evangelium.
(2) Sie pflegt die Gemeinschaft kirchlichen Lebens der in ihr verbundenen lutherischen, reformierten und unierten Gemeinden.
(3) Sie hat Gemeinschaft in der Verkündigung des Wortes Gottes. In allen Gliedkirchen werden die Angehörigen aller in der Evangelischen Kirche in Deutschland geltenden Bekenntnisse unbeschadet der allgemeinen Kirchenzucht ohne Einschränkung zum Heiligen Abendmahl zugelassen.
(4) Sie ruft ihre Glieder, auf das Glaubenszeugnis der Brüder zu hören, in gemeinsamer Beugung unter Wahrheit und Verheißung des Wortes Gottes die Last bestehender Lehrunterschiede zu tragen und im gemeinsamen Bekennen des Evangeliums zu beharren und zu wachsen.«

Die Ordnung der Evangelischen Kirche der altpreußischen Union wurde auf der außerordentlichen Generalsynode der APU im Dezember 1950 in erster Lesung nahezu einstimmig beschlossen und auf der zweiten Tagung dieser Synode am 20. Februar 1951 endgültig verabschiedet.
Gegen diese Ordnung erhob der Innenminister der DDR Einspruch, der sich u.a. auch gegen die Weiterführung des Namens »altpreußische« Union und gegen die Einbeziehung der Kirchen von Pommern und Schlesien richtete. Diese politische Bestreitung des Rechts konnte von seiten der Kirche nicht unwidersprochen bleiben. Jedoch ließ der nun anbrechende »Kirchenkampf« in der »Ostzone« keine

Möglichkeit zu Verhandlungen. Erst nach dem 10. Juni 1953 trat eine – vorübergehende – Wende ein, insofern nunmehr de facto eine Anerkennung der Kirche zustande kam, wobei allerdings der Staat seine Wünsche hinsichtlich der Namensänderung aufrechterhielt. Da die der Kirche bereiteten Schwierigkeiten zu jener Zeit aufhörten, konnte die Kirche nunmehr ohne den unmittelbaren Druck des Staates die gewünschte Namensänderung beschließen. Das geschah auf der Synode am 12. 12. 1953. Seitdem heißt sie »Evangelische Kirche der Union«.

Der zweite Bereich, der mich durch mehrere Jahre seit 1951 mit der Synode der Evangelischen Kirche der altpreußischen Union eng verbunden hat, war die Aufgabe, in Fortsetzung der preußischen Agende von 1822/1896 eine neue, alle Gliedkirchen der »Bundeskirche« verbindende Gottesdienstordnung zu entwerfen. Nach mühevoller Arbeit auf verschiedenen Synoden gelang es mit Geduld und Eifer, die zweibändige Agende der Evangelischen Kirche der Union am 27. Juni 1963 zu beschließen und in den östlichen wie westlichen Gliedkirchen gemeinsam einzuführen. Wir blicken dabei zwar auch zurück bis zu den Tagen der ersten preußischen Agende, aber noch mehr in die bedrängte Zukunft dieser Kirche im geteilten Deutschland. Was unsere Kirche verbindet, ist neben dem gemeinsamen Evangelischen Kirchengesangbuch die gemeinsame Agende. Unser Gottesdienst ist die wahre Praktizierung unserer Union.

Die Arbeit an dieser Agende gehört zu dem Schönsten, was ich im Dienst der Kirche tun durfte. Ich war von Anfang 1945 an bis zu meiner Pensionierung mit dabei in der Leitung und von Zeit zu Zeit auch als Ratsvorsitzender. Leider wurde ich von der Deutschen Demokratischen Republik später gehindert, an den Veranstaltungen der Kirchenleitung in Ostberlin teilzunehmen. Erst viel später, als ich nicht mehr Mitglied des Rates der Evangelischen Kirche in Deutschland war, wurde diese Sperre wieder aufgehoben, so daß ich in jüngster Zeit bei den Brüdern und Schwestern mit meinen Vorträgen über die Bekennende Kirche und die Barmer Erklärung sein durfte. Es ist übrigens in dieses Buch ein Aufsatz über die Entstehung der Agende der Evangelischen Kirche der Union und der Vereinigten Evangelisch-Lutherischen Kirche aufgenommen (s. S. 695ff.), aus dem zu ersehen ist, wie wir gemeinsam mit den lutherischen Brüdern an unseren Agenden in der Zeit ihrer Entstehung gewirkt haben.

Schließlich darf nicht vergessen werden, daß die brüderliche Verbundenheit zwischen West und Ost in der Kirche eine Reihe von Hilfsmaßnahmen bewirkte, die Jahre hindurch planmäßig erfolgten, z.B. der »kirchliche Bruderdienst« (zur Aufbesserung der geringen Gehälter in der DDR), die Patenschaften zwischen Gemeinden hier und drüben, der Besuchsdienst, die Berliner Bibelwochen und auch die Übernahme der Pensionen für kirchliche Mitarbeiter in Verbindung mit der notwendigen Wohnungsbeschaffung.

3. Im Amt des Präses der Evangelischen Kirche im Rheinland

Am Beginn des letzten Abschnitts meiner Wirksamkeit scheint es mir geboten zu sein, einiges von der über den Wiederaufbau hinausgehenden Entwicklung der Evangelischen Kirche im Rheinland zu sagen. Denn wenn man die rheinische Provinzialkirche aus dem Jahre 1933 mit der Kirche vergleicht, deren Kirchenleitung ich seit 1945 angehörte und deren Präses ich am 8. Januar 1958 wurde und bis zum 31. Juli 1971 blieb, dann ist die Wandlung von eindrucksvollen Ausmaßen. Dazu hat auch mein Vorgänger im Präsesamt, Heinrich Held, Freund und Kampfgenosse neben manchen andern wie vor allem Johannes Schlingensiepen in der Kirchenleitung wie auch im Superintendentenamt, entscheidend beigetragen, vor allem auch im Schulbereich, aber auch bei der notwendigen Neuorganisation vieler zu großer Kirchenkreise oder bei der Entwicklung eines kirchlichen Bildungswesens in Gestalt von »Akademien«. Am besten bekommt man einen Eindruck von dieser lebendigen Aufbauzeit, wenn man die wichtigsten Einrichtungen der rheinischen Kirche, die nach 1945 geschaffen worden sind, in einer Liste zusammenstellt. Dabei ist natürlich von der riesigen Arbeit in den zahllosen Gemeinden noch zu erwähnen, was es bedeutet, an die 400 durch den Bombenkrieg zerstörte Kirchen und Gemeindehäuser wieder in der Landschaft der Trümmer aufzubauen und dazu die notwendigen neuen Kirchen zu erstellen, die durch die große Zahl der Vertriebenen und Flüchtlinge in unseren Gemeinden erforderlich wurden. Die rheinische Kirche hatte 1933 etwa 2,2 Millionen Gemeindeglieder, in der Nachkriegszeit stieg die Zahl auf annähernd 4 Millionen. Sie hatte 1933 rund 800 Pfarrer, im 7. Jahrzehnt stieg diese Zahl auf rund 2000. Die 33 Kirchenkreise von 1933 stiegen auf 46, und entsprechend wuchs auch die Landessynode über das normale Maß hinaus. Die Zahl der Presbyter und aller kirchlichen Mitarbeiter wuchs um Tausende, auch gab es eine Reihe neuer Gehilfen in der Kirche in neuen Diensten wie z.B. der des Gemeindemissionars, aber auch des Predigthelfers, ein Dienst aus der Zeit des Krieges. Auch im diakonischen Bereich gab es eine große Vermehrung der Aufgaben und der Mitarbeiter – nur die Diakonissen verschwanden mehr und mehr aus dem Dienst, und man mußte sich mit anderen Dienstwilligen begnügen. Ganz neu war für uns die große Zahl der Lehrer, die an unseren neuen (oder älteren) höheren Schulen als Studienräte (usw.) »i.K.«, d.h. im Kirchendienst, stehen. Es ließe sich weiter berichten – doch stellen wir einfach die Liste aller »Neuheiten« im rheinischen Kirchendienst zusammen, um uns an diesem erstaunlichen Wachstum zu erfreuen und zu sehen, daß sich die rheinische Kirche durch die Erkenntnis ihrer neuen Aufgaben eingesetzt hat, ihnen nach Kräften Rechnung zu tragen.

Neue Einrichtungen der rheinischen Kirche (seit 1945)
Kirchliche Hochschule Wuppertal
Fachhochschule Rheinland-Westfalen-Lippe in Bochum
Kirchenmusikschule in Düsseldorf
Predigerseminare Essen (früher Düsseldorf) und Bad Kreuznach

Pädagogisch-theologisches Institut in Bad Godesberg
Pastoralkolleg in Rengsdorf
Schulabteilung des Landeskirchenamtes
Schulen und Internate (Aachen, Bonn-Bad Godesberg, Dierdorf, Düsseldorf-Kaiserswerth, Meisenheim Herchen, Burscheid, Hilden)
Informationsstelle des Landeskirchenamtes
Evangelische Akademie/Haus der Begegnung in Mülheim und eine Reihe von Akademien der Kirchenkreise
Jugendakademie Radevormwald
Jugendbildungsstätte Hackhauser Hof e.V.
Tagungs- und Freizeitenheim Hasensprungmühle
Evangelische Erwachsenenbildungswerke Nord- und Südrhein
Landvolkshochschule Altenkirchen
Evangelische Berufstätigenarbeit (MBK)
Beauftragte der Kirchenleitung bei den Landesregierungen, den Rundfunk- und Fernsehanstalten, für den Datenschutz und Medienbeauftragter
Diakonisches Werk in Düsseldorf
Evangelische Hauptstelle für Familien- und Lebensberatung
Kirchlicher Entwicklungsdienst
Volksmissionarisches Amt
Amt für Sozialethik und Sozialpolitik Düsseldorf
Haus Landeskirchliche Dienste Düsseldorf
Presseverband der Ev. Kirche im Rheinland (Düsseldorf)
Film-, Funk- und Fernsehzentrum / Evangelische Medienzentrale
Evangelisches Bibelwerk Wuppertal
Studentengemeinden an allen Hochschulen
Vereinigte Evangelische Mission (früher Rheinische Mission und Bethelmission) in Wuppertal
46 Landespfarrstellen (in mannigfachen kirchlichen Diensten)
Kirchliche Zusatzversorgungskasse Rheinland-Westfalen
Gemeinsame Versorgungskasse für Pfarrer und Kirchenbeamte der Evangelischen Kirchen in Rheinland, Westfalen und Lippe
Bank für Kirche und Diakonie
Rheinisches Rechenzentrum für Kirche und Diakonie GmbH

Da wir uns mit dem Beginn der 60er Jahre noch einigermaßen in der »Gegenwart« befinden, halte ich es für richtig, die Zeit meiner Tätigkeit in der rheinischen Kirche einerseits in kurzen Hinweisen zu beschreiben, andererseits anhand der Berichte zur Lage der Kirche, die ich auf jeder Landessynode gegeben habe, einen Überblick über das wichtigste Geschehen in der und um die Kirche zu geben.
Denn was hat ein Präses im Alltag zu tun, um sein Amt recht auszuüben? Das gleiche wie ein Pfarrer: predigen, Pastoren besuchen, Vorträge halten, vor allem auch Kirchenkreise visitieren, aber auch Verbindung zu dem Nachwuchs der Kirche, Studenten und Kandidaten, pflegen. Außerdem gibt es natürlich eine Reihe von Zusammenkünften der Superintendenten, der Professoren u.a. Die meiste Arbeit machen nicht nur die Sitzungen im eigenen Landeskirchenamt, sondern die Besuche der kirchlichen Nachbarn, der Synoden und Leitungsorgane der mit uns verbundenen Gliedkirchen der EKD; das ist zwar eine schöne Arbeit, aber sie

ist sehr zeitraubend. Ich habe jahrelang wenigstens 40 000 Kilometer pro Jahr in meinem Dienstwagen gefahren, dazu kamen noch viele Flüge in die weiteren Gebiete der ökumenischen und missionarischen Tätigkeit. Wenn man gesund genug ist, macht das so viel Freude und bringt so reichen Gewinn, daß man nur dankbar sein kann, diese Dienste in der Welt der Kirche und in den Kirchen der Welt zu tun. Und wenn man dann einen großen Kreis von Mitarbeitern zu Hause in der Kirchenleitung, im Landeskirchenamt und in den Kirchenkreisen hat, auf die man sich unbedingt verlassen kann, die nicht nur Mitarbeiter, sondern Brüder und Schwestern, ja auch echte Freunde sind, dann könnte man mit Recht einstimmen in das alte Wort: »Es ist eine Lust zu leben«. In meiner Generation hatten wir das besondere Glück, in der Regel aus den geistlichen Gaben des Kirchenkampfes zu leben und leben zu wollen. Schade bleibt nur, daß sich das alles nicht vererben läßt! Aber es wäre undankbar gegen Gott, wenn man nicht sagen würde: Auch in der großen, vom Niederrhein bis zum Saarland so verschiedenen Kirche und nicht nur in einer kleinen Kirche kann der Heilige Geist lebendig sein, ja auch sie kann überall »Gemeinde Jesu Christi« sein und werden. Das haben wir erlebt, und nicht nur im Kirchenkampf, obwohl das auch noch etwas Besonderes war, sondern auch in den Jahren nach 1945 bis heute.

Wir sind an geistlichen Geschenken durch die Jahre des Lebens in und mit der Kirche reich geworden (auch wenn sie – um mit Wurms Wort in Treysa zu reden – oft eher einer Baracke glich als einer Kathedrale), aber der Geist ist an die Menschen gebunden, und da kann man nur aus der Erfahrung sagen: Überall begegnet man Kindern Gottes, gläubigen und liebevollen Mitmenschen, und sie sind es, die als die Charismatiker die Kirche lebendig erhalten, auch wenn sie als solche nicht vor der Welt in Erscheinung treten. Es ist wahr, was ich im Leben erfahren habe: Die Kirche ist für die Welt, für Menschen, die nicht dazugehören, eine verborgene Größe, denn sie wird nur dem Glaubenden offenkundig als die Gemeinde der begnadigten Sünder. Aber eines muß ich doch noch hinzufügen: Es wäre schön, wenn die Protestanten etwas mehr von der Liebe zur Kirche hätten, so wie sie unsere katholischen Mitchristen in so reichem Maße haben. Auch eine evangelische große Volkskirche ist und will in ihrem Kern nichts anderes sein als Kirche Jesu Christi für und mit uns. Und weil wir zu dieser Kirche gehören dürfen, darum lohnt es sich, auf dieser Welt inmitten all ihrer Schrecklichkeiten zu leben: »Mit Fried und Freud ich fahr dahin in Gott's Wille, getrost ist mir mein Herz und Sinn, sanft und stille . . .«. Und so war mir das Amt des Präses kein »Regierungs«amt, sondern der Dienst am Wort und an seiner Gemeinde, Predigtamt und Priesterdienst im Namen des Herrn, der auch zu diesem Amt beruft in einer großen und weiträumigen Kirche. Diese Aufgaben eines Präses übersteigen unsere Kräfte weit, und trotzdem dürfen wir es wagen, in diesem Amt zu reden und zu handeln, weil wir uns darauf verlassen können: »Gott sitzt im Regimente und führt alles wohl.«

Noch ein letztes Wort zum Rückblick auf diese Jahrzehnte seit Ende der Nachkriegszeit, damit die ganze Wirklichkeit der evangelischen Kirche der letzten Jahre, etwa seit der Mitte der sechziger Jahre, ans Licht gebracht wird.

Als das »Dritte Reich« 1945 zusammenbrach, konnte in neuer Kraft und Freudigkeit an den Wiederaufbau der Kirche gegangen werden. Es ist gar nicht möglich, hier die Fülle der Probleme der Nachkriegszeit auch nur anzudeuten. Eine riesige Arbeit mußte bewältigt werden, denn nicht nur Deutschland war bis auf den

Grund zerstört, auch die evangelische Kirche kam aus dem Krieg als eine schwer angeschlagene Größe heraus. Die Bekennende Kirche übernahm den ihr zufallenden Auftrag, die evangelischen Kirchen Deutschlands neu zu gestalten, aufzubauen und zu ordnen. Dabei mußte die Bekennende Kirche erleben, daß ihr Erbe nicht einfach auf die ganze evangelische Kirche übertragen werden konnte. Denn sie war und blieb eine Minderheit. Viele Gedanken der Bekennenden Kirche scheiterten an inneren und an äußeren Widerständen. Man denke nur an den Kampf um das kirchliche Schuldbekenntnis von 1945. Zwar konnte aus der Erneuerung im Kirchenkampf vieles eingebracht werden, zum Beispiel neue Ordnungen des Gottesdienstes, Kirchenordnungen, Gesangbücher, um wenigstens einiges zu nennen, aber der Blick der großen Mehrheit der Überlebenden dieser Zeit war rückwärts gerichtet. Man begnügte sich, die alte Kirche vor der Zeit des Nationalsozialismus wiederherzustellen. Viel Neues schien man nicht dazugelernt zu haben oder nicht lernen zu wollen. So versickerte das Erbe der Bekennenden Kirche weithin, und reaktionäre Gedanken und Ideen setzten sich in vielen Kirchen und Gemeinden durch. Das zeigte sich auch bei den vergeblichen Bemühungen, die Evangelische Kirche in Deutschland neu als Einheit zu begründen. Auf die schweren Probleme, die durch die Spaltung Deutschlands für das Leben der evangelischen Kirchen entstanden, sei wenigstens hingewiesen.
Die inneren kirchlichen Probleme wurden demgegenüber von Jahr zu Jahr schwieriger. Nach den Jahren des Wiederaufbaus zeigte sich etwa am Ende der fünfziger Jahre so etwas wie ein völliger Niedergang der evangelischen Kirche. Die bedeutende Theologie der Bekennenden Kirche wurde nicht weitergeführt, sie verschwand in der Vergangenheit. Eine neue Theologie begann wirksam zu werden. Dabei spielte zunächst die Philosophie des Existentialismus eine Rolle. Die sogenannte Entmythologisierung der Bibel setzte sich weithin durch. Die Theologie des Wortes Gottes verlor ihren Glanz und wurde durch ganz neue Theorien ersetzt. Die Bekennende Kirche und ihre Theologie starben aus, jedenfalls für das nachkommende Geschlecht. Die Auslegung der Heiligen Schrift wurde in Rückkehr zur historischen Kritik des 19. Jahrhunderts von den Erkenntnissen des Kirchenkampfes entfernt. In Verbindung damit kam es in der evangelischen Kirche zu einer neuen Spaltung. In Abwehr der modernen Theologie, besonders Rudolf Bultmanns und seiner Schule, bildete sich eine konservativ-pietistische Bewegung, die sich »evangelikal« nannte und heftig mit der modernen Theologie im Streit lag. Auch dies war eine Fortsetzung der Spannungen des 19. Jahrhunderts. Es kam seitdem zu heftigen Auseinandersetzungen in der evangelischen Kirche bis heute, die auch noch durch andere Themen seit 1950 vermehrt wurden, nämlich die durch die Wiederbewaffnung ausgelöste Frage von kirchlichen Stellungnahmen zu Staat und Politik, Krieg und Frieden. Auch dieser Streit ist bis heute nicht zur Ruhe gekommen. Er hat vielmehr zu neuen Spannungen geführt. So ist die evangelische Kirche seit vielen Jahren mehr und mehr zu einer zerstrittenen Kirche geworden. Aber nicht nur das, es begann auch ein Rückzug, ja ein Auszug aus der Kirche. Es gab Kirchenaustritte in bisher selten erlebter Höhe. Die Kirchen leerten sich, und die in den Gottesdiensten zurückblieben, waren weithin mit dem, was hier mehr und mehr gepredigt wurde, unzufrieden. Die Pastoren und viele ihrer Mitarbeiter versuchten sich den neuen Verhältnissen einer religiösen Erschlaffung anzupassen, aber auch ihre Versuche einer modernen Ordnung und Gestalt des Gottesdienstes blieben ganz überwiegend ohne Erfolg.

Was war hier geschehen? Wo lagen die Gründe? Die Nachkriegszeit hatte mehr und mehr auch die Kirche reich gemacht. Und Reichtum bekommt der Kirche offenbar nicht. Die Gedanken und Intentionen auch des Kirchenvolkes wandten sich der Welt zu, und dabei wirkten besonders das Auto und das Fernsehen zur Entkirchlichung mit. Aber der Niedergang des kirchlichen Lebens war auch ein Zeichen für den Zerfall der Grundlagen des kirchlichen Glaubens. Nicht nur im Kirchenvolk, auch in den heranwachsenden Theologen, den nun nachkommenden Predigern, zeigte sich etwas davon. Das eigentümliche war, daß die Predigt immer weniger die Aufgabe sah und zu erfüllen trachtete, eine Auslegung des Wortes Gottes Heiliger Schrift zu sein, wirklich biblisch gegründetes Evangelium. Die neue Theologie, die nach der Zeit Bultmanns bei uns aufkam, zerfiel in seltsame Gruppen. Die Auslegung der Heiligen Schrift wurde materialistisch, marxistisch oder nach den Schulen moderner Psychologie und Soziologie geprägt. Die Themen wurden der modernen politischen Auseinandersetzung entnommen, und das schlimmste war, daß Gott aus der Mitte der Verkündigung herausfiel und an seine Stelle der Mensch trat, daß auch das Reich Gottes zu einem künftigen irdischen Menschenreich verändert wurde, ja daß sogar versucht wurde, eine »Theologie nach dem Tode Gottes« zu entwerfen. Alles das, was die Bekennende Kirche im Kirchenkampf zum Herzstück ihres Kampfes für das Evangelium gemacht hatte, die Schrift als Gottes Offenbarung, die Bekenntnisse als Zeugnisse von der Heilsbotschaft Gottes in seinem Wort, dies alles schien mehr und mehr unterzugehen und durch neue ethische Botschaften vom Menschen, von der Gesellschaft und deren Zukunft ersetzt zu werden.

Das kirchliche Engagement ging von der Verkündigung und Mission hinüber zu Politik und Entwicklungshilfe, verbunden mit einem Glauben an die irdische Zukunft des Menschen und aufrufend zur Weltverbesserung als Inhalt des Evangeliums Jesu Christi. Natürlich soll hier nichts gegen Diakonie, gegen die guten Werke der Christen als zum Christsein gehörig gesagt werden, aber wenn das Tun, die Werke, die Ethik zur überragenden Hauptsache des Christentums werden, dann ist die eigentliche Hauptsache der christlichen Botschaft zur Nebensache geworden. Denn die Hauptsache ist und bleibt die Botschaft Gottes von der Versöhnung der Welt, von der Vergebung der Sünden, von Heil und Rettung der verlorenen gottlosen Welt in Kreuz und Auferstehung Jesu Christi. Wenn dies hinter dem Aufruf zur Tat, auch zu großen Taten der menschlichen Hilfe und des Friedens, zurücktritt oder unwesentlich wird, dann ist das für die Kirche und ihren Auftrag in der Welt höchste Alarmstufe. Dann muß zur Umkehr gerufen werden, zur neuen Hinwendung zum wahren und ewigen Evangelium, so wie wir 1933 auch nur dadurch als Kirche bestanden haben, daß wir uns als Boten der Errettung der Welt allein durch Leben, Leiden und Sterben Jesu Christi verstanden. Was wird also heute für die Kirche des Evangeliums zum Schaden und Verderben? Daß die im altkirchlichen und reformatorischen Bekenntnis ein für allemal ausgesprochene Wahrheit des Glaubens an den dreieinigen Gott, an die Menschwerdung Gottes in seinem Sohne Jesus Christus, an das Heil der Welt in Sündenvergebung und Rechtfertigung allein die Erlösung der zum Tode verurteilten Menschheit in sich schließt, zurücktritt. Dagegen braucht die Kirche Theologie und nicht Anthropologie, Kreuzestheologie und nicht Glorifizierung des Menschen als des zu seiner Befreiung von Schuld und Sünde aus sich selbst Befähigten, das ist es, was wieder erkannt und gesagt, geglaubt und verkündigt werden muß.

Ich bin von tiefem Schmerz bewegt, wenn ich dies alles in der evangelischen Kirche sehen und hier aussprechen muß. Es ist, als ob der Kirchenkampf, als ob die Bekennende Kirche umsonst gewesen wären. Was ist von dem Erbe dieser schweren und großen Zeit der Kirche geblieben? Ist es nur noch Vergangenheit? Nein, das glaube ich trotzdem nicht, denn ich sehe immer noch Wirksamkeit der Bekennenden Kirche, die mehr im Verborgenen bleibt oder vielleicht auch gar nicht als Erbe der Bekennenden Kirche angesehen wird. Ich bin aber überzeugt davon, daß zum Beispiel das neue Verhältnis zwischen der evangelischen und der katholischen Kirche, das sich seit dem Ende des nationalsozialistischen Reiches vor allem in Deutschland entwickelt hat, hier seine tiefsten Ursachen hat. Und dieser Neubeginn ist ein Zeichen der Hoffnung. Auch eine neue Hinwendung der Christen zu den Fragen, Sorgen und Nöten der afrikanischen und der asiatischen Welt, wie sie sich in unseren Jahren entfaltet hat, ist ein Zeichen der Hoffnung. Und sollte hierhin nicht auch der Kirchentag gehören, der im Grunde aus der Bekennenden Kirche hervorgewachsen ist? Aber noch eins: die seit kurzem stärker gewordene Erkenntnis der christlichen Schuld an Israel und die Hinwendung zu den Juden auf dem Wege der Versöhnung. Aber alles, was als Ansatz einer Wendung zum Guten für die evangelische Kirche erwähnt werden kann, ist zweitrangig gegenüber der Hauptsache, die allein zu einer Erneuerung der Kirche führt: Das ist die Rückkehr zum alten und immer wieder neuen Evangelium von Jesus Christus, die Heimkehr zum biblischen Glauben, der allein der wahre Glaube ist und bleiben wird.

4. Die Berichte des Präses zur Lage der Kirche auf den Landessynoden 1958 bis 1971[1]

I
7. Landessynode vom 5. bis 9. Januar in Rengsdorf

Wichtige kirchliche Ereignisse 1957

I. Im ökumenischen Bereich
1. Die erste Konferenz europäischer Kirchen: Liselund, 27.–31. Mai
2. Die Vereinigung der Evangelical and Reformed Church und der Congregational Christian Church: Cleveland, 25. Juni
3. Die Tagung des Zentralausschusses des Weltrates der Kirchen in New Haven, 30. Juli – 7. August
4. Die Vollversammlung des Lutherischen Weltbundes in Minneapolis, 15.–25. August

---

[1] Die Berichte sind den als Handschrift gedruckten Protokollen der Landessynoden der Evangelischen Kirche im Rheinland entnommen. Ich verweise ausdrücklich auf die ausführlichen kirchlichen Jahresberichte, die von mir von 1945 bis 1957, später von Dr. Dr. Gottfried Niemeier (für die Bundesrepublik) und von Erwin Wilkens (für die Deutsche Demokratische Republik) im Kirchlichen Jahrbuch erstattet wurden.

II. In Deutschland
1. Die Evangelische Kirche in Deutschland
a) Die Synode der EKD in Spandau, 3.–8. März
b) Landeskirchentage, Abschluß in Berlin, 27. Oktober
2. Die evangelische Kirche in der sowjetischen Besatzungszone
a) Die Versteifung der Lage
b) Das Problem der Finanzierung der Kirche
c) Die Verschärfung des Kampfes um die Jugendweihe
d) Einzelereignisse in ihrer symptomatischen Bedeutung
3. Die Evangelische Kirche der Union
a) Das Gespräch mit der VELKD, Loccum, 17.–19. Oktober
b) Die Synode in Berlin-Weißensee, 1.–6. Dezember
4. Aus der Evangelischen Kirche im Rheinland
a) Reformationsjubiläum (1557) Hunsrück-Nahe-Mosel, 14. Juli und später
b) Landeskirchentag Essen, 27.–29. September
c) Der Altenberger Dom

III. Fragen und Aufgaben im Zusammenhang der Ereignisse, in Literatur und Publizistik
1. Kirche der Union im ökumenischen Zeitalter
2. Die ethische Grundfrage; Stellung zu Krieg, Atombewaffnung, Totalstaat, politische Verantwortung
3. Die Frage der Kirche (Probleme der »Ordnung«)
4. Die Frage der Verkündigung
a) angesichts der theologischen Problematik
b) angesichts des Menschen der Gegenwart

I. Wichtige kirchliche Ereignisse im ökumenischen Bereich

I,1. Im ökumenischen Bereich war es im vergangenen Jahr die erste Konferenz europäischer Kirchen, von der ich schon im Rechenschaftsbericht einiges gesagt habe. Sie fand in dem dänischen Freizeitheim in Liselund vom 27. bis 31. Mai statt. Sie entspringt einer Initiative, die einerseits von der westfälischen und der rheinischen Kirchenleitung – insbesondere ihren beiden Präsides – ausgegangen ist, aber auch, was erwähnenswert ist, andererseits der starken Anteilnahme des Generalsekretärs D. Emmen der Nederlandse Hervormde Kerk. Diese drei Männer sind es vor allem gewesen, die die gemeinsamen Erkenntnisse der Notwendigkeit einer neuen ökumenischen Initiative innerhalb des europäischen Bereichs gehabt haben. Die Probleme einer europäischen Kirchenkonferenz liegen ja heute auf der Hand. Sie sind weniger konfessioneller Art, sondern sie sind im tiefsten Grunde politischer Art. Sie stehen im Zusammenhang mit der politischen Spaltung Europas. Denn der Eiserne Vorhang ist es, der uns die größten Schwierigkeiten bereitet, daß wir als Kirchen westlich und östlich dieses Vorhanges zusammenkommen. Sie wissen, in welchen Bedrängnissen sich alle christlichen Kirchen jenseits des Eisernen Vorhanges befinden, die einen weniger, die anderen mehr. Keine der Kirchen, die im Osten in den ausgesprochenen Ostblockstaaten leben muß, existiert, ohne daß sie gegenüber ihrem Staat gewisse Kompromisse hat machen müssen. Wir haben es natürlich leicht, darüber zu richten. Aber gerade weil wir wissen, in welcher Gefahr wir uns selbst befanden und befinden, und in Erinnerung an manche uns damals vielleicht nicht zum Bewußtsein gekommene Kompromisse, die auch wir im Dritten Reich haben machen müssen, wollen wir vorsichtiger und besonnener beurteilen, was dort in der Christenheit geschieht und was dort Kirchenleitungen, Superintendenten, Pfarrer, Synodale, Älteste zu tun versuchen, um einen

Raum von kirchlicher Freiheit innerhalb totaler Staaten zu gewinnen und immer wieder aufs neue sicherzustellen.

Wir sind alle schmerzlich berührt durch die Nachrichten von den Ereignissen, die in den letzten Wochen zu uns gekommen sind. Ich denke an die Zurücksetzung des lutherischen Bischofs Ordass, der auch mit in Liselund war und den wir als einen geistlich und theologisch hervorragenden Bischof der lutherischen Kirche Ungarns kennengelernt haben. Wir mußten damals schon manche Brüder vermissen, denen die Möglichkeit zur Teilnahme nicht gegeben war. Wir haben alles getan, um zu versuchen, was heute auf alle Fälle geschehen muß, daß wir Kontakte miteinander über die Zonengrenzen hinweg, aber auch über die EKD hinweg fanden. Europa hört nicht am Eisernen Vorhang auf. Zu Europa gehört ein großer Bereich, der heute für uns alle geradezu unerreichbar geworden ist, und wir sollten die letzten sein, diese Gebiete aufzugeben, als ob sie nicht zu dem Bereich gehörten, der entscheidend von den christlichen Kirchen durch mehr als ein Jahrtausend geprägt worden ist. Darum, das wichtigste in Liselund war die Begegnung, die Möglichkeit, sich wirklich aussprechen zu können, sich gegenseitig zu fragen, und auch die Menschen persönlich in ihrer mannigfachen Not und Bedrängnis kennenzulernen. Es war eine große Zahl von Kirchen dort, und es war charakteristisch, daß es gerade auch aus West und Ost die protestantischen Minderheitskirchen waren, die dort erschienen. Sie haben uns ihre Not besonders ans Herz gelegt, und es könnte sein, daß wir gerade in der EKD darüber nachdenken müßten, welche Verantwortung diese große Kirche der Reformation für die bedrängten protestantischen Minderheitskirchen im Westen und im Osten – ich betone auch im Westen – hat. Wir haben von den Schwierigkeiten der Protestanten in Spanien, Italien, Frankreich, Belgien usw. gehört. Sie sind ja geradezu darauf angewiesen, daß der große Bruder aus Mitteleuropa, die EKD, die für sie von der Reformation her in starkem Maße die Mutterkirche ist, von der sie Wesentliches erwarten, diese Erwartungen nicht enttäuscht. Die Schwierigkeiten der Zusammenkunft lagen natürlich auch darin, daß wir in der EKD so etwas wie einen konfessionellen Vorhang haben und daß eben gerade zwischen den Unions- und den lutherischen Kirchen eine ausgesprochene Spannung besteht, die sich gerade auch im ökumenischen Raum auswirkt und die einfach dadurch zustande kommt, daß die großen lutherischen Kirchen alle zum lutherischen Weltbund gehören. Welches Problem sich uns damit stellt, darauf möchte ich im Zusammenhang der Minneapolistagung ein paar Worte sagen. Wir haben die Zuversicht, daß die im Rat der EKD und besonders beim Ratsvorsitzenden[2] liegenden Schwierigkeiten eines Fortgehens dieser Arbeit überwunden werden, daß aber auch unsere Brüder auf den britischen Inseln in stärkerem Maße als Mitteuropäer sich verstehen und nicht nur als Glieder des weltumspannenden Commonwealth, in dem sie ja sehr stark dem Kontinent gegenüber existieren, was sich auch im ökumenischen Bereich deutlich zeigt.

I,2. Vielleicht ist eines der wichtigsten Ereignisse im ökumenischen Bereich die am 25. Juni in Cleveland/Ohio zustande gekommene Vereinigung der Evangelical and Reformed Church und der Congregational Christian Church in Amerika. Hier geschieht etwas außerordentlich Bedeutsames. Während bisher bei Kirchenunionen im wesentlichen Konfessionsverwandte sich zusammentaten – so wie Lutheraner und Reformierte verwandt sind, zur selben Kirchenfamilie gehören, und auch in der südindischen Union im wesentlichen Verwandte sich verbunden haben – ist es hier zum erstenmal geschehen, daß aus dem Bereich des europäischen Kontinents die Evangelical and Reformed Church, die ihrerseits schon eine

2 Bischof Dibelius

Unionskirche darstellt zwischen Reformierten und Lutherischen, und die ganz aus dem anglikanischen Bereich stammende Congregational Church eine Union geschlossen haben. Dieser Vollzug einer neuen Kirchengemeinschaft über die familiären Beziehungen hinweg ist ein ungeheuer wichtiger Akt in der Ökumene. Die Evangelische Kirche der Union hat deswegen auch einen Delegierten entsandt, Oberkirchenrat Dr. Thimme aus Westfalen. Er hat darüber einiges sehr Interessante geschrieben. Leider können wir auf die wichtigen Einzelheiten nicht eingehen. Aber es sei Ihre Aufmerksamkeit auf diese wesentlichen Vorgänge doch gerichtet.
Bei der Gelegenheit erinnere ich noch einmal daran, daß am 28. April 1957 es in Deutschland zwischen unserer Nachbarkirche, der Protestantischen Kirche der Pfalz, und dem International Congregational Council bzw. dessen Mitgliedskirchen eine Kanzel- und Abendmahlsgemeinschaft feierlich proklamiert und vollzogen worden ist. Dies hat ja einige unserer lutherischen Brüder in Aufregung versetzt, während wir unsererseits einmütig in unserer Kirchenleitung diesen Vorgang überaus begrüßt haben. Wir hielten es für gut, wenn auch an dieser Stelle sichtbar wird, was heute die große Aufgabe innerhalb der Ökumene ist: Daß wir gegenseitig uns darauf prüfen, ob wir nicht unsere Kanzeln und Abendmahlstische einander öffnen sollten. Wir wissen ja, daß es zu den schmerzlichsten Tatbeständen innerhalb der EKD gehört, daß es hier eine verweigerte Abendmahlsgemeinschaft gibt. Dies ist vielleicht einer der tiefsten Gründe für so viele Spannungen und Schwierigkeiten, weil es der Herr uns nicht zuläßt, daß wir so zusammenkommen, als ob wir Kirche wären, und gewähren uns doch nicht die Gemeinschaft an seinem Tisch. Ich sage, der Schmerz darüber ist unter uns groß und darum die Freude um so größer, wenn in der Welt sichtbar wird, daß zwischen der schottischen reformierten Kirche und der lutherischen Kirche Skandinaviens nun eben doch auch gegenseitige Abendmahlszulassung als Zeichen wachsender christlicher Gemeinschaft und Verbundenheit möglich wird. Wir sind dafür alle außerordentlich dankbar.

I,3. Erwähnenswert erscheint mir auch die Tagung des Zentralausschusses des Ökumenischen Rates, über den ja eigentlich unser Synodaler D. Niesel am besten aus eigener Kenntnis berichten könnte, weil er an der Tagung des Weltrates der Kirchen vom 30. Juli bis 7. August in New Haven teilgenommen hat.
Inzwischen ist allgemein bekanntgeworden, was auf Grund der Vorarbeit der Kommission für internationale Angelegenheiten als Stellungnahme zur atomaren Bewaffnung seitens des Zentralausschusses gesagt ist. Und ich meine, wir sind als Gliedkirchen von dem, was der Zentralausschuß von uns erwartet, genötigt, uns danach fragen zu lassen, was wir als eine der Gliedkirchen dieser Ökumene in dieser Sache als unsere Aufgabe zu erfüllen haben. Daneben sei nur erwähnt, daß die so schwierige, uns ja nicht so unmittelbar betreffende Rassenfrage eine Rolle gespielt hat, auch die Fragen der Glaubensfreiheit in der Welt – auch in der westlichen Welt – und vor allen Dingen das Problem der Verschmelzung des Weltkirchenrates und des Internationalen Missionsrates. Hier liegt eine besondere Schwierigkeit darin, daß die orthodoxen Kirchen, die zum Weltkirchenrat gehören, im Internationalen Missionsrat eine rein protestantische Angelegenheit sehen, deren Mitglieder sich nicht scheuen, auch in orthodoxen Gebieten Mission zu treiben. Es gibt ja in der Tat freikirchliche Gebilde auch im Bereich der orthodoxen Volkskirchen, wie z.B. in Griechenland. Hier wird die Ökumene auf eine große Probe gestellt, und es ist noch nicht sicher, ob es gelingt, jenen wichtigen Vorgang zu vollziehen, daß der Weltrat der Kirchen und der Missionsrat miteinander verschmolzen werden. Wir unsererseits würden dem gewiß gern zustimmen im Unterschied von den Kirchen, die hier große Hemmungen verspüren. Hier geht es

um wahrhaft weltumspannende Probleme der Kirche Christi in der heutigen Situation.

Schließlich ist zu erwähnen, daß die nächste Vollversammlung des Weltrats der Kirchen nun nach Ceylon festgelegt worden ist. Es lag auch die Einladung von Bischof Dibelius vor, der versucht hatte, die Vollversammlung nach Berlin zu bekommen. Aber es ist ja verständlich, daß der Ökumenische Rat im Blick auf die asiatischen Probleme heute zur Unterstützung und Stärkung der jungen Kirchen dorthin gehen muß, und darum ist es gewiß zu begrüßen, wenn 1960 die Kirchen der Welt sich in Ceylon treffen, an einem Brennpunkt des asiatischen Lebens.

I,4. Ein kurzes Wort kann nur noch gesagt werden zur 3. Vollversammlung des lutherischen Weltbundes in *Minneapolis* vom 15. bis 25. August 1957. Die Einladung erging an die Kirchen der Union und ihre Gliedkirchen in Deutschland. Wenn man beachtet, daß diese Einladung in Amerika lediglich an lutherische Kirchen ergangen ist, die noch nicht zum Weltbund gehören, dann ist es überraschend, daß wir, die wir nicht lutherische Kirchen sind, überhaupt dazu eingeladen wurden. Aus Deutschland gehören ja nicht nur die Kirchen der VELKD dazu, sondern auch die Württembergische, die Pommersche Kirche, die ja auch Gliedkirche der EKU ist, und schließlich auch die Kirche von Oldenburg, die bei der letzten Tagung aufgenommen worden ist. Man sieht daraus, welche Bedeutsamkeit der Lutherische Weltbund innerhalb der EKD hat. Denn diese Kirchen zusammen haben in Deutschland ein eigenes lutherisches Nationalkomitee, das gemeinsame Entscheidungen trifft für alle zum Weltbund gehörenden lutherischen Kirchen. Es ist keine Frage, daß die Weltbundtagung, an der Präses Held und ich als Abgeordnete und Vertreter, oder, besser gesagt, als »Offizielle Besucher« teilnahmen, für die USA eine besondere Bedeutung hatte. Zum erstenmal erschien auf amerikanischem Boden das Luthertum als eine Größe von beachtlichem Format. Deshalb war auch der Kirchentag am Schluß dieser Tagung von großer Wichtigkeit. Die lutherischen Kirchen in Amerika gehören ja zu den Kirchen, die erst spät in das amerikanische Kirchentum eingegangen sind. Jeder, der die USA etwas kennt, weiß, daß hier die vom Anglikanismus her bestimmten Kirchengruppen das Feld beherrscht haben, während die Lutheraner sehr stark ihre Verbundenheit mit dem heimatlichen Volkstum betonten und darum in gewisser Beziehung als abgeschlossene Größen in der amerikanischen Welt gelebt haben. Das gilt nicht nur für die deutschen Lutheraner, die ausgewandert sind, das gilt auch für die skandinavischen Lutheraner, wie man in den heutigen lutherischen Kirchen Amerikas noch deutlich erkennen kann. Es wurde sichtbar und sollte sichtbar werden: Auch die lutherische Kirche ist eine amerikanische Größe, die Beachtung verdient.

Das zweite, was besonders wichtig war, ist, daß dieser lutherische Weltbund eine wahrhaft weltumspannende »Kirchenpolitik« treibt. Er hat besonders die Aufgabe übernommen, sich Südamerikas anzunehmen. Und hier erschien es leider so, als ob die südamerikanischen evangelischen Christen ausgesprochene Lutheraner seien und vom Lutherischen Weltbund her zusammengeschlossen seien, während doch ganz deutlich ist, woher ein großer Teil der evangelischen Christen, die aus Europa gekommen sind, seine Heimat nimmt, nämlich gerade aus der Kirche der altpreußischen Union. Leider ist im ökumenischen Bereich es bisher in gar keiner Weise möglich gewesen, den Begriff und Gedanken einer *Evangelischen Kirche* zu Stand und Wesen zu bringen. Das hängt mit der englischen Sprache der Ökumene zusammen, in der englischen Sprache ist eine Evangelical Church eine Kirche mit einer gewissen Frömmigkeitsbewegung, die mit der evangelikalen Bewegung des Anglikanertums verwandt ist; wir würden sagen: eine Kirchenbewegung pietistischen Charakters. Aus diesem Grunde ist in der Welt die Notwendigkeit gegeben, daß alle die evangelischen Kirchen, die aus der mitteleuropäischen Reformation hervorgegangen sind, wie man auch an der Batakkirche sehen kann, in eine Verbindung zum Lutherischen Weltbund treten, während der Reformierte Weltbund in dieser Weise nicht in Betracht zu kommen scheint. Es ist das für uns sicherlich sehr zu bedauern, und es ist uns schmerzlich, geradezu zu sehen, daß eine solche Kirche, die von der rheinischen Mission missioniert worden ist, wie die Batakkirche, nun als Gliedkirche des Lutherischen Weltbundes erscheint, obwohl sie uns doch gar nicht so lutherisch vorkommt. Im ganzen ökumenischen Bereich ist selbstverständlich die große, weltumspannende Vereinigung des Luthertums von großem Gewicht. Wir sehen aber auch große Gefahren, und gegen diese Gefahren, meine ich, müssen wir als Unionskirchen in besonderer Weise ankämpfen, daß nämlich die Ökumene sich verwandelt in eine Gruppe von lutherischen und anderen Konfessionsweltblöcken. Wir haben alles zu tun, um dazwischen die Verbundenheit herzustellen, und haben uns deswegen mit der United Church of Christ in Amerika in Verbindung gesetzt. Wir wollen das auch mit der südindischen Unionskirche und mit anderen Kirchen tun. Denn es gibt eine große Zahl von christlichen Kirchen, die faktisch in keinen der großen Weltblöcke hineinpassen, und es wäre wirklich verhängnisvoll, wenn die Ökumene in ihrer Struktur und Bewegungsrichtung sich in der Richtung einer Verbindung der Spitzenorganisationen der großen Konfessionsblöcke entwickelte. Hier ist unsere besondere ökumenische Aufgabe, die, wie ich meine, allen Kirchen der Union besonders zukommt.

II. In Deutschland

Lassen Sie mich nun nach diesem kurzen Einblick in die großen ökumenischen Ereignisse zum deutschen Bereich übergehen, weil wir noch einiges Wesentliche zu besprechen haben werden.

II,1a. In der Evangelischen Kirche in Deutschland fand in Spandau vom 3. bis 8. März die uns allen bekannte Synode statt. Diese Synode war eigentlich gedacht als diakonische Synode. Aber man hat den Eindruck: Diese Materie ist ein wenig an den Rand gedrängt worden. Es wurde zwar die Vereinigung von Innerer Mission und Hilfswerk in den Spitzenorganisationen, eine Art Fusion, beschlossen. Aber man hatte nicht den Eindruck, als ob das eine Herzenssache, *die* Sache der Kirche gewesen sei. Alles, was dort in diesem Bereich gesprochen und gesagt wurde, war eben etwas gelähmt durch die Hauptsache, die die Synode am meisten beschäftigt hat, nämlich die Stellungnahme zu dem Vertrag über die Militärseelsorge mit der Bundesrepublik. Unsere Landessynode hat ja das letztemal beschlossen, die Kirchenleitung zu beauftragen, dafür Sorge zu tragen, daß die Gesichtspunkte zur Geltung gebracht würden, die hier als wichtig empfunden wurden, besonders der, daß man dafür eintreten möchte, daß die Militärgeistlichen nicht als Bundesbeamte in Erscheinung treten. Es ist uns nicht gelungen, damit zum Zuge zu kommen. Es war ja auch schmerzlich für die Synode, daß trotz des Beschlusses der vorletzten Synode der EKD die fertige Tatsache geschaffen war und die Synode wie ein Parlament überhaupt nur noch ratifizieren konnte. Sie mußte ratifizieren. Was hätte sie sonst tun können? Das war für alle, die mitgesprochen und mitgehandelt haben, außerordentlich unbefriedigend. Wir möchten auch diesem Tatbestand noch einmal Ausdruck verleihen, daß es in der Synode viel besser gegangen wäre, wenn man bis zu Ende die Sache durchgesprochen hätte und hätte sich dann mit mehr oder weniger großer Mehrheit entschieden. Das andere war leider auch unbefriedigend, daß der Versuch, der schon in Hamburg 1951 gemacht wurde, den Diakonat der Kirche zu einer Hauptsache zu machen, leider wiederum nicht gelungen ist. Es ist manches dafür getan worden, und es scheint uns ja auch eine wichtige Sache zu sein. Aber offenkundig war es nicht möglich, in dieser Sache zu einem wirklichen Vorstoß zu kommen.

II,1b. Im Raume der EKD ist leider im vergangenen Jahr der geplante Kirchentag in Thüringen nicht zu Stand und Wesen gekommen. Er wurde durch politische Forderungen der dortigen Regierung unmöglich gemacht. Dafür ist nun dieses Jahr dazu benutzt worden, eine ganze Reihe von Kirchentagen in den Landeskirchen zu halten. Und viele denken sicher noch mit Freude an die Schlußtagung in Berlin am 27. Oktober. Wir sind der Meinung, glaube ich, daß es auf die Dauer ja nicht gut und möglich ist, alle Jahre einen großen Kirchentag zu veranstalten, sondern daß ein zwei- oder sogar dreijähriger Abstand dazwischen auch die Möglichkeiten zu solchen kleineren Kirchentagen geben muß. Ich habe jedenfalls aus dem letzten Frankfurter Kirchentag den Eindruck, daß es auch gewisse Grenzen einer möglichen Kommunikation gibt, die durch einen gigantischen Aufmarsch von Hunderttausenden gesprengt werden, wodurch dann die Möglichkeiten, überhaupt noch ins Gespräch zu kommen und von Mensch zu Mensch in der Kirche zu reden, zur Illusion werden. Insofern muß man noch bedenken, daß bei den Kirchentagen, die in der Welt – wie man in Amerika und auch in Ostasien sehen konnte – große Aufmerksamkeit erregt haben und die eine der wichtigsten Erscheinungen der evangelischen Christenheit in Deutschland sind, gewisse Grenzen gesetzt sind, die nicht überschritten werden sollten. Es ist eben eine Diskussion mit 5000 bis 6000 Menschen nicht möglich, und auch die Leitung steht vor nicht zu bewältigenden Problemen schon im Blick auf die Unterbringung und Verpflegung, wie sich auch in Frankfurt gezeigt hat. Demgegenüber war es gut, daß wir gerade im Rheinland in den letzten Jahren – auch auf Anregung von Präses D. Held – vorangegangen sind mit Kreiskirchentagen und auch mit unserem Landeskirchentag im September v.J. in Essen.

II,2. Besonders wichtig erscheint es mir, daß wir auf dieser Synode der evangelischen Kirche in der sowjetischen Besatzungszone gedenken.

II,2a. Wir stehen vor einer ungeheuren Versteifung der Lage. Der Kampf um Bestand und Freiheit der Kirche, ihre Verkündigung und Ordnung ist nach Abschluß der Ungarnkrise in steigendem Maße lebhafter geworden, verstärkt auch, wie man sehen kann, seit Abschluß des Militärseelsorgevertrages. Schwere, maßlose Angriffe sind gegen die kirchenleitenden Brüder gerichtet worden, sowohl gegen Bischof Dibelius wie gegen Bischof Krummacher, Bischof Jaenicke u.a. Planmäßig ist das Ansehen dieser Männer in der Öffentlichkeit nach Kräften durch wirklich unqualifizierte Angriffe herabzusetzen versucht worden. Es ist dies nur ein Zeichen dafür, daß offenbar ein neuer Kampfabschnitt begonnen hat.

II,2b. Dieser Kampfabschnitt ist jedenfalls für uns darin besonders sichtbar geworden, daß man schon seit etwa zwei Jahren mehr und mehr mit einer gewissen Planmäßigkeit daran arbeitet, die Finanzierung der Kirche in der Ostzone zu erschweren, einmal durch Abschnürung von den eigenen Quellen durch Verschüttung der ursprünglichen Quelle im Bereich der eigenen Kirchensteuerzahler. Sie wissen, daß die Kirchensteuern in diesem ganzen Bereich weniger sind als freiwillige Beiträge, nichts anderes als ein Vereinsbeitrag, den jemand zu irgendeinem privaten Verein zahlt. Und Sie können sich denken, welche immensen Schwierigkeiten in einer Großstadt wie Magdeburg oder anderswo sich daraus für die Notwendigkeit, diese Kirchensteuer zu bekommen und zu sammeln, ergeben. Das ist das eine. Das andere ist die steigende Erschwerung der Finanzierungshilfen seitens der Westkirchen. Es ist doch ganz selbstverständlich, daß die Kirchen einander helfen, und Sie wissen ja, daß in den östlichen Kirchengebieten immer schon große Schwierigkeiten der Finanzierung bestanden haben, sofern diese Kirchen in besonderem Maße rein landwirtschaftliche Kirchen waren, und wir sind ja hier im

Westen in keiner anderen Situation. Alle landwirtschaftlichen Kirchen haben besondere Schwierigkeiten in der Aufbringung der notwendigen Mittel. Nun ist die Hilfe für den Osten in steigendem Maße erschwert, glücklicherweise noch nicht unmöglich gemacht worden, und wir haben uns alle Mühe gegeben in den letzten Jahren, alles zu tun, auf jedem nur denkbaren Wege. Dabei haben wir unsererseits uns nicht geniert zu sagen: Wenn es um die Existenz der Kirche geht, dann müssen auch unter Umständen devisenrechtliche und andere Bestimmungen gebrochen werden. Das haben wir im Kampf der Kirche im Dritten Reich gründlich gelernt, daß hier etwas getan werden muß, was vielleicht mit den Staatsgesetzen nicht übereinzubringen ist. Ich erinnere Sie noch einmal an die Ereignisse des 13. Oktober in dieser Sache. Hier ist etwas geschehen, was auf der einen Seite eine ganz legale Grundlage hat. Kirchensteuereingänge, die von Leuten, die Ostgeld besitzen, im Westen eingesammelt worden sind, und Kollekten auf den Kollektentellern in Berlin haben dazu geführt, daß man in Westberlin Ostgeld angesammelt hat. Lange Jahre hat man versucht, dieses Geld hinüberzubringen, und zwar offiziell hinüberzubringen, nicht durch die Wechselstuben, sondern ganz amtlich. Dies ist nun nicht möglich geworden, unbegreiflicherweise. Man kann nur sagen, weil man es nicht wünschte, daß die Kirche durch diese Gelder in der Zone gestützt würde. Darum hat sich dann der Vorsitzende des Rates der EKU am 13. Oktober morgens aufgemacht und hat das Risiko auf sich genommen, diese Gelder mitzunehmen, um zu sehen, ob nicht vielleicht doch dieser große Bestand gerettet werden könnte, der bestimmt war zur Finanzierung der besonders bedrängten Kirche der Kirchenprovinz Sachsen. Man muß schon sagen, das war eine Tat mit einem ganz großen Risiko, das er auf sich nahm um der Brüder willen, und wir können uns nur ganz hinter das stellen, was hier geschehen ist. Nun, verhaftet wurde er nicht, obwohl er sich beim Staatsanwalt als der Haupttäter gemeldet hat. Verhaftet wurden der Konsistorialpräsident Grünbaum und einer seiner Mitarbeiter, der Oberkonsistorialrat Klewitz. Diese ganze Sache ist auch darin charakteristisch, daß es hier weniger um sogenannte Rechtsfragen geht, die ja eigentlich im Vordergrund stehen müßten, als um Fragen der Existenz der Kirche im totalen Staat. Die Ereignisse, die hinter uns liegen, und das, was daraus gefolgt ist, zeigen uns den Ernst der wirtschaftlichen Lage der Kirche in den Ostgebieten.

II,2c.   Hinzu kommt die Verschärfung des Kampfes um die Jugendweihe. Die Kirche hat sich bemüht, und es ist ihr auch bisher gelungen, eine starke Front zu halten. Allerdings wird ja nun alles getan, um diese Front zum Einsturz zu bringen, und zwar nicht nur durch die Stärkung der Propaganda, die ja auch in den vergangenen Jahren schon stark war, sondern durch einen neuen Schritt. Dieser neue Schritt ist doch nichts anderes als zum erstenmal das bewußte Einschalten des Staates selbst, der seinerseits nicht mehr sich distanziert, sondern sagt: Wir wünschen, daß diese Jugendweihe geschieht. Das heißt doch: Wir verlangen, daß sie durchgeführt wird. Und so steht die Kirche im Blick auf das kommende Frühjahr vor ganz besonders schweren Kämpfen und Entscheidungen. Die letzte Probe, die hier zu bestehen ist, steht ja noch bevor, und wir haben allen Grund, darum zu beten, daß die Kirche auch hierin bestehen möge, wahrhaft geistlich bestehen möge in dem, was hier auf dem Spiele steht.

II,2d.   Ich bringe zum Abschluß dieses Berichtes über die *Kirche im Osten* noch einige einzelne *Ereignisse* in unsere Erinnerung in *ihrer symptomatischen Bedeutung*. Über den Fall des Studentenpfarrers Schmutzler, Leipzig, ist viel geschrieben worden, auch in den westlichen Zeitungen. Wir haben auch in unseren kirchlichen Blättern genaue Berichte gegeben. Die Verurteilung fand gerade statt in den Tagen, als wir auf der Synode der EKU versammelt waren. Es kann gar kein Zweifel

sein, daß die Vorwürfe, die hier erhoben sind, solche sind, die sich gegen lauter Dinge richten, die ein evangelischer Pfarrer und Studentenpfarrer von Amts wegen zu tun hat. Das, was hier bei der Urteilsbegründung über Studentengemeinden, über Vertrauensstudenten, über Kleinkreise und dergleichen an unglaublichen Dingen gesagt ist, zeigt ja doch, daß man alles hat heranziehen müssen, um überhaupt diesen Mann vor der Öffentlichkeit gewisser sogenannter Verbrechen zu zeihen. Die Synode der Kirche, zu der er gehört, hat sich ja insoweit zu ihm gestellt. Sofern er gewisse Dinge eingestanden hat vor Gericht, sind ja zwei Möglichkeiten gegeben: Auf der einen Seite, daß die Behandlung des Mannes in einer langen Haft zu Dingen geführt hat, die wir noch nicht kennen, zum andern wäre es auch möglich, daß er in redlicher Aufrichtigkeit sagte: Natürlich, als evangelischer Christ und Pfarrer mußte ich in gewissen Dingen gegenüber den Gesetzen und Anforderungen des Staates so stehen, wie ich gestanden habe. Denn daß dieser Staat von der marxistisch-leninistischen Weltanschauung nicht nur getragen ist, sondern sie auch fördert, das bringt ja laufend Differenzen hervor, die ein einfaches Untertansein nicht möglich machen. Ich erinnere an den Fall des Propstes Maercker in Mecklenburg, der in mancher Hinsicht bedauerlich war. Trotzdem wird man sagen müssen, es ist unglaublich, wegen dieses Vorgangs einen Pfarrer zu verhaften. Denn wenn man die Sache bei Licht besieht, so sind innerkirchliche Auseinandersetzungen über eine Grabstelle auf dem Friedhof der Grund für die Verhängung schwerer Strafen. Und wie eben schon berichtet wurde, sind ja nun an vielen Stellen Bedrohungen, Verhaftungen und Bestrafungen erfolgt in einer viel größeren Zahl, als wir sie uns jetzt vor Augen stellen können, die alle in dieselbe Richtung gehen.
Auf eins muß ich noch aufmerksam machen, zumal da diese Angelegenheit leider auch in einer vollkommen verkehrten Weise Gegenstand eines Presseerzeugnisses, und zwar der sonst so seriösen Neuen Zürcher Zeitung gewesen ist. Auf der Synode der EKU wurden wir vor einen schwerwiegenden Tatbestand gestellt. Es wurde uns mitgeteilt, daß alle Studenten auf allen Hochschulen des Ostens eine bestimmte Erklärung zu unterzeichnen hätten. In dieser Erklärung steht zunächst ein Wort des Dankes an den Staat dafür, daß sie studieren dürfen, und dann ein zweites Wort des Entschlusses, ihr Wissen willig einzusetzen zum Aufbau des Arbeiter- und Bauernstaates, wie es dort heißt. Nun standen wir vor der Tatsache, daß im ganzen alle Studenten, auch die Theologiestudenten der Fakultäten im Osten, diese Erklärung mit mehr oder weniger Bedenken, Sorgen und Bedrängnissen unterzeichnet hatten und daß nur in Berlin unter Anführung von Heinrich Vogel die dortige Fakultät eine Erklärung abgegeben hatte, in der sie sich bemüht, die Verpflichtung gegenüber dem Staat einzuklammern von der alleinigen Bindung an das Evangelium. Dies war eine bedeutsame Tat, obwohl es manche gab, die das nicht für ausreichend hielten. Es mußte aber immerhin anerkannt werden, daß wenigstens einer hier den Mut gehabt und den Versuch gemacht hatte, in dieser ungeheuren schwierigen Bedrängnis, wo alles auf dem Spiele stand, doch einen Weg nach vorn zu finden. Denn bedenken Sie, von uns aus ist es leicht zu sagen: So etwas unterschreibt man nicht. Aber dort die Möglichkeit, daß Christen überhaupt noch studieren können, preiszugeben und sämtliche theologischen Fakultäten preiszugeben, ist doch eine Entscheidung von allergrößter Tragweite. Und wenn sich überhaupt ein Weg findet wie dieser, kann er nur begrüßt werden. Merkwürdigerweise ist diese Sache, obwohl sie nur besprochen worden ist in einem Ausschuß der Synode, in dem die Vertraulichkeit zugesichert war und in dem nur Mitglieder der Synode waren, trotzdem von dort in die Neue Zürcher Zeitung gekommen mit der seltsamen Behauptung, ich sei mit Heinrich Vogel der Anführer einer Gruppe gewesen, die sich für die Zusammenarbeit mit der SED eingesetzt hätte. Ich muß sagen, ich finde es ungeheuerlich, daß solche Dinge in die

Presse kommen. Ich bitte Sie, auch daran zu denken, was für unglaubliche Nachrichten über uns gelegentlich in der Presse stehen, die wir an irgendeiner verantwortlichen Stelle etwas sagen. Dieses habe ich der Neuen Zürcher Zeitung in einem Brief zum Ausdruck gebracht.

II,3. Nun ein Wort über die *Kirche der Union*. Zweierlei ist hier zu erwähnen.

II,3a. Im vergangenen Jahr hat das dritte *Gespräch mit der VELKD* stattgefunden, und zwar in Loccum vom 17.–19. Oktober. Damit ist das Gespräch der theologischen Ausschüsse zu einem vorläufigen Abschluß gekommen. Eine Veröffentlichung dieses ganzen Gesprächsgangs ist vorgesehen, und ich hoffe, daß es auch ein weiteres Interesse nicht nur der Beteiligten, sondern auch in der ganzen evangelischen Kirche Deutschlands finden wird. Eine vorgesehene Beratung der beteiligten kirchenleitenden Organe steht noch aus.
Ich habe aus dem letzten Gespräch den Eindruck, daß wir als Kirche der Union trotz der vielfachen Angriffe, die gegen uns gestartet worden sind, doch immerhin bestanden haben, und daß wir nicht in irgendeinem Punkt gewichen sind. Oberkirchenrat Thimme und ich konnten an dem letzten Abend eine Menge von deutlichen Feststellungen und Erklärungen zum Ausdruck bringen, was deswegen notwendig war, weil man leider von uns nur aus Presseerzeugnissen weiß und gar keine Vorstellung hat, wie wir wirklich als Gemeinden leben.
Leider ist es – was ich gehofft hatte, hier berichten zu können – noch nicht ganz zu Ende gegangen mit dem Abendmahlsgespräch in der EKD. Ich hoffe, daß wir in Kürze nun doch von einem Abschluß vernehmen dürfen. Es wäre für uns alle eine große Sache, wenn dieses so gelänge, daß wir heutigen Theologen diese gemeinsame Erkenntnis des Glaubens von dem Mahl des Herrn aussprechen könnten.

II,3b. Die EKU hat seit langer Zeit wieder ihre Synode gehalten, vom 1.–6. Dezember, also in der ersten Adventswoche. Es wurde von ihr schon ein Wort gesagt. Die Hauptgegenstände waren eigentlich zweitrangig. Es waren die an sich wichtigen Gesetze, unter denen das Predigergesetz immerhin zum Abschluß gebracht werden konnte, während das Pfarrerdienstgesetz und das kirchliche Beamtengesetz nicht zum Zuge kamen, weil andere Dinge von so wesentlicher Bedeutung waren, daß man hiermit auch wegen der Weiträumigkeit der Verhandlungsgegenstände nicht fertig wurde. Es ist immerhin interessant zu beobachten, daß wir kurz vor der Synode von Staatssekretär Eggerath mit einem Brief bedacht wurden, in dem der Synode ausdrücklich die Verabschiedung des Pfarrerdienstgesetzes verboten wurde mit Rücksicht darauf, daß nur der Staat befugt sei, öffentliches Recht zu setzen. Nun, diese Sache wird noch weiter verhandelt werden. Jedenfalls kann sich eine Kirche in Sachen des eigenen Pfarrerdienstrechtes und des Rechtes ihrer eigenen Beamten natürlich in keiner Weise Vorschriften machen oder etwa ein Verbot zudiktieren lassen. Die wesentliche Bedeutung dieser Synode liegt in dem Versuch, sich zu bemühen, etwas zu sagen über die christliche und kirchliche Existenz im totalen Staat von heute. Ich glaube, daß diese Dokumente sorgfältig studiert werden müssen. Sie liegen Ihnen allen vor. Wir haben sie Ihnen zugeschickt in dem Blatt »Kirche in der Zeit«. Es ist außerdem geplant, daß jeder evangelische Pfarrer und Presbyter unserer Kirche den Bericht von Präses D. Scharf und sämtliche Beschlüsse der Synode sowie alle diese Erklärungen bekommt. Und es wird sehr darum gebeten, sich dieser Sache in den Gemeinden anzunehmen und das zu studieren, was hier gesagt ist. Ich glaube, daß wir größere Zeit gebrauchen würden, um uns mit diesen Problemen zu befassen. Denn es steht Ungeheures auf dem Spiel: Wirklich christliche Existenz im totalen Staat, eine für uns ganz ausgesprochen schwierige Sache. Denn hier ist in einem bisher noch nicht dagewesenen

Maße die Kirche des Wortes – nicht die Kirche des Sakraments wie etwa die Orthodoxie in der Sowjetunion, sondern die Kirche des Wortes – gefordert, zu existieren mit dem Worte Gottes in der Welt, einer Welt, die ihr das Wort Gottes streitig macht, und zwar grundsätzlich streitig macht. Das ist die eigentliche Frage, um die es geht, und in den Besprechungen des wichtigsten Ausschusses war ganz sichtbar, daß man sich bemühte, eine Möglichkeit zu finden, auf einem und sei es noch so schmalen Grad durch die unermeßlichen Schwierigkeiten hindurch auf dem Posten in den Gemeinden in ihrer Bedrängnis auszuharren, um Christi willen, um keines anderen Grundes willen.

Aus der Evangelischen Kirche im Rheinland

II,4. Ein letztes Wort aus der Evangelischen Kirche im *Rheinland*. Das kann ganz kurz sein.

II,4a. Wir erinnern uns noch ganz gern der *Reformationsjubiläumsfeiern*, die im vergangenen Jahr in Erinnerung an 1557 begangen worden sind in Simmern, an der Nahe und an der Mosel, am 14. Juli und später. In diesen Tagen haben wir ein wenig studieren können, aus wie verschiedenen Ursprüngen die heutige Evangelische Kirche im Rheinland zusammengewachsen ist, und es ist uns doch eine große Freude, wie stark dieses große Gebiet, im Unterschied von dem, was vor 400 Jahren war, zu einer Einheit und Gemeinschaft im Glauben, Leben und Bekennen unter dem Evangelium geworden ist.

II.4b. Wir erinnern uns auch des Landeskirchentages in Essen, der ja ein besonderes Anliegen unseres heimgegangenen Präses war. Dieser Landeskirchentag hat ja viele von uns, die besorgt waren, ob er zustande kommen würde, ob er etwas darstellen könne, doch durch den großen Besuch beschämt; besonders auch die Schlußversammlung, die so stark unter der unmittelbaren Bedrohung des Regens stand, war ja doch ein großes Geschenk, und keiner wird den herrlichen Regenbogen zum Schluß vergessen, den uns Gott an den Himmel setzte zum Zeichen seines Bundes.

II,4c. Ein kurzes Wort zum *Altenberger Dom*. Ich glaube, die Synode erwartet, daß darüber etwas gesagt wird, weil es doch sehr viele Menschen in unserer Kirche bewegt hat. Was ist nun eigentlich dort los? Es ist merkwürdig, daß es gerade das Jahr des Jubiläums ist, in dem sozusagen aufs neue ein alter Streitfall um diesen Dom lebendig geworden ist. Das erste, was in diesem Jahr geschah und worauf wir Wert gelegt haben, ist die Aufhebung einer Verordnung, die wir für untragbar hielten, nämlich betr. die Verwaltung der Eintrittsgelder in diesem Dom. Denn diese sind ja von Staats wegen bestimmt – und dazu waren sie dem Dombauverein zugewiesen – zur Unterhaltung des Domes, der ja viel Geld kostet. Der damalige Regierungspräsident von Köln hatte 1947 angeordnet, daß die Verwaltung dieser Gelder der katholischen Kirche zufiele. Wir haben das nie hingenommen und auch uns immer dagegen zu wehren versucht. Jetzt ist es am 13. 2. 1957 gelungen, daß diese Gelder wieder in die Verwaltung des Dombauvereins übertragen wurden. Der zweite Punkt des Streites war die Frage, ob die katholische Kirchengemeinde dort das Recht habe kraft des Rechtsanspruches der katholischen Kirche, weil es sich ja um eine katholische Kirche handle, in der der evangelischen Kirchengemeinde nur ein Mitbenutzungsrecht zustehe, ob die katholische Kirchengemeinde das Recht habe, eine Menge von Veränderungen im Dome vorzunehmen, ohne die evangelische Gemeinde zu fragen und sich mit ihr in Verbindung zu setzen. Hier war der zweite Punkt, an dem wir widersprochen haben. Wir haben gesagt, es gehe nicht, daß hier unterbrochen Dinge passieren, die den Simultan-

charakter tangieren und die immer deutlicher machen sollten, daß es sich hier um eine rein katholische Kirche handle, in der gelegentlich einige evangelische Gottesdienste stattfinden dürfen. Nun, was hier an Widerspruch erhoben worden ist, hat immerhin dazu beigetragen, daß man von der katholischen Kirche aus bereit ist, hierüber mit uns in Verhandlungen zur Herbeiführung eines Vertrages einzutreten, der alle Streitfragen ausräumen soll.
Nun das dritte. Sie wissen, daß wir im vergangenen Jahr überrascht wurden von der Absicht der katholischen Kirche, die *Zisterzienser* wieder nach Altenberg gehen zu lassen. Der Anlaß ist vermutlich bekannt: Eine Zisterzienserabtei, die aus Österreich vertrieben ist und zur Zeit in Seligenporten in Bayern sitzt, muß dort hinaus und sucht nach einem neuen Platz. Sie hat sich nach Köln gewandt mit der Frage nach einer Möglichkeit, sich im ehemaligen Zisterzienserkloster in Altenberg niederzulassen! Als das bekannt wurde, entstand natürlich ein Raunen im ganzen Bergischen Land und darüber hinaus, weil man der Überzeugung war, wenn die Zisterzienser als die früheren Inhaber dieser Klosterkirche wieder zugelassen werden, ist eindeutig klar, daß diese Kirche als solche eine katholische Klosterkirche ist, aus der die Evangelischen so nach und nach vertrieben werden sollen. Wir haben uns an den Staat als an den Eigentümer der Kirche gewandt und haben Wert darauf gelegt, im Interesse der Evangelischen Kirchengemeinde Altenberg, aber auch der Evangelischen Kirche im Rheinland eine Auskunft darüber zu erhalten, was hier geplant ist. Nun, Sie wissen, es sind Rechtsgutachten erstattet worden. Es ist eine Fülle von Verhandlungen geführt worden, öffentlich und persönlich. Strittig ist natürlich nach Meinung der katholischen Kirche das Wesen des Simultaneums dieser Kirche. Die Katholiken behaupten, daß diese Kirche eine katholische Kirche sei und daß in dieser Kirche durch den damaligen Wiedererbauer, den König, der evangelischen Gemeinde ein begrenztes Mitbenutzungsrecht eingeräumt sei. Wir vertreten einen anderen Standpunkt, und wir wissen auch, daß im vergangenen Jahrhundert der erste Rechtsstreit schon in der Richtung der evangelischen Auffassung entschieden worden ist. Aber es wird nicht locker gelassen. Was nun die Frage des Einmarsches der Zisterzienser angeht, so können wir natürlich als evangelische Kirche nicht verhindern, daß in Altenberg oder anderswo eine Ansiedlung der Zisterzienser erfolgt. Wir können eins aber tun, und dazu sind wir verpflichtet, wir können verhindern, daß der Status des Altenberger Doms durch irgendeine Maßnahme geändert wird. Darauf legen wir im Interesse der evangelischen Gemeinde Altenberg Wert, daß der Charakter des Simultaneums unverändert bleibt. Nun, die Angriffe, die in der Öffentlichkeit und die Anfragen, die von uns, der Kirchenleitung, in dieser Sache sowohl beim Staate wie bei der katholischen Kirche gestartet worden sind, haben zu einem Angebot der katholischen Kirche geführt, mit uns in Verhandlungen einzutreten und einen bindenden Vertrag zu schließen, einen Vertrag über die gemeinsame Benutzung des Gotteshauses, und zwar soll feststehen, daß dieses Gotteshaus in keiner Weise Klosterkirche ist oder werden wird, sondern eine Seelsorgerkirche bleibt für den Gebrauch der beiden Kirchengemeinden, der katholischen und der evangelischen. Das schwierigste Problem ist dies: Was wird mit dem Zuzug der Zisterzienser? Ich gestehe Ihnen: Ich habe in einem Gespräch wie auch in einem Brief an das Ordinariat in Köln im Namen der Kirchenleitung die ausdrückliche herzliche und brüderliche Bitte ausgesprochen, man möchte zur Entspannung der Lage in dieser Situation auf das an sich mögliche Recht, dort die Zisterzienser anzusiedeln, verzichten. Es ist noch nicht endgültig entschieden, wie es mit dieser letzten Antwort aussehen wird. Ich hielt mich jedenfalls in mündlichem wie in schriftlichem Gespräch für verpflichtet, den Herren von der römisch-katholischen Kirche gerade dieses vorzuhalten, daß es für uns eine nicht leicht zu tragende Belastung des gegenseitigen Verhältnisses innerhalb der rheinischen Kirche sein würde. Ob eine

bindende Vereinbarung zustande kommt, muß sich noch erweisen. Wir haben Verhandlungen zunächst im eigenen Kreis, d.h. im Presbyterium Altenberg und im Kreissynodalvorstand Köln, zu führen. Wir wollen versuchen, einen Weg vorwärts zu treiben, der das wahrt, was nach unserer Überzeugung unaufgebbar ist.

III. Fragen und Aufgaben im Zusammenhang der Ereignisse in Literatur und Publizistik

Zum *Schluß* noch einige Hinweise auf Fragen und Aufgaben, die sich mir im Zusammenhang der Ereignisse in der Literatur und der Publizistik der letzten Jahre, insbesondere des letzten Jahres vor Augen gestellt haben.

III,1. Das erste, schon angerissene Problem ist das Problem der *Kirche der Union im ökumenischen Zeitalter*. Als unsere Unionen geschlossen wurden, da dachte noch niemand daran, über die Grenzen etwa einer Landeskirche wesentlich hinauszuschauen. Gerade die Unionen, die damals geschlossen wurden, sind ausgesprochene landeskirchliche Unionen. Es hat keine Unionen gegeben, bei denen nicht gerade auch die Landesherren mehr oder weniger stark interessiert gewesen sind um eine einheitliche evangelische Kirche in ihren Landen. Dies ist ja nun nicht das eigentliche kirchliche Anliegen, das uns im Blick auf die Union bewegt, vor allem im ökumenischen Zeitalter. Wir sind nun heute wieder – wie Sie alle wissen – gerade als Kirche der Union und gerade als rheinische Unionskirche angegriffen und heftig umstritten. Wir haben allen Grund, meine ich, dafür zu sorgen, daß wir die Verantwortbarkeit unserer Union aufs neue theologisch und kirchlich auch in dem, was wir miteinander handeln und fertigbringen, vor Augen führen. Ich meine natürlich, daß diese Union durchaus keine rein theoretisch theologische Sache ist, sondern sie ist auch eine praktische Aufgabe, die den Erweis ihrer Bewältigung nur darin erbringen kann, daß die Menschen, die in einer Kirche zusammen leben und handeln, verkündigen und miteinander Synoden und Pfarrkonvente begehen, in einer Kirche verbunden existieren. Im übrigen bietet sich natürlich zwischen den Kirchen heute zunächst einmal der auch von uns beschrittene Weg der gegenseitigen Abendmahlszulassung oder noch mehr einer Kanzel- und Abendmahlsgemeinschaft, also einer Interkommunion zwischen Kirchen protestantischer reformatorischer Herkunft und nach Möglichkeit darüber hinaus.

III,2. Das zweite: Wir alle wissen um die Schwere einer ethischen Frage, die uns seit Jahren bedrängt, die *Stellung der Kirche zum Kriege heute, zur atomaren Bewaffnung, zum totalen Staat, zur politischen Verantwortung* überhaupt. Tatbestand ist, daß die evangelische Kirche, wie ihre Äußerungen zeigen, sich auch hier in einer nicht geringen Verlegenheit befindet. Die Frage ist, worin die Ursachen dieser Verlegenheit gründen. Wir müssen hier noch weiter als bisher durchstoßen zu den wirklichen Untergründen unserer Widersprüche, die wir hier gegeneinander anzumelden haben. Es liegt uns ja die Eingabe vor, die uns wiederum in dem, was sie von uns fordert, deutlich macht, was hier für eine theologische Vorfrage zu klären ist, nämlich in welchem Sinn es sich hier um eine Frage von Lehre und Irrlehre handelt. Ich vermute, daß hier eine Klärung erfolgen muß: Was bedeutet es für die Beurteilung ihrer ethischen Grundfragen, daß diese Verschiedenheit unter uns in *einer* Kirche bestehen kann. Sicher ist, daß wir vor der schwierigen Situation stehen, die wir offen bekennen müssen, daß auch die evangelischen Kirchen, die lutherischen, die reformierten und die unierten und darüber hinaus auch noch andere evangelische Kirchen, in einer tiefen Differenz über die rechte Auslegung der Heiligen Schrift in dieser Sache stehen. Wir sollten das nicht zu gering schätzen und sollten keine anderen Gründe gelten lassen als die, die im Blick auf die rechte Auslegung der Heiligen Schrift unter uns zur Geltung kommen.

III,3. Noch ein kurzes Wort über die *Frage der Kirchenordnung*. Sie wissen, daß das *Problem der Ordnung der Kirche* in überaus mannigfaltiger Weise neu zur Diskussion gestellt ist. Wir werden von Eingaben und Fragen in unserer Synode, aber auch in anderen Synoden und anderen Kirchen betroffen, die sich auf die rechte Ordnung der Kirche beziehen. Aber noch wichtiger erscheint mir darüber hinaus das zu sein, was heute ökumenisch diskutiert wird über die wahre Ordnung der Kirche. Entsprungen ist, glaube ich, diese Diskussion aus der ökumenischen Gruppe von Faith and Order, d.h. also der Gruppe, die sich mit Glauben und Kirchenverfassung befaßt. Wir leben in einer Zeit, in der ein großer Teil von Theologen und Laien ein neues Verhältnis zum *Frühkatholizismus* gefunden hat. Es wird gesagt, der ideale Zustand der Kirche war der im 2. und 3. Jahrhundert, wo es die Ordnung des monarchischen Episkopats gab, wo die apostolische Sukzession entstand, die wir bedauerlicherweise als Protestanten preisgegeben haben. Hier liegen die sehr wichtigen Probleme der gegenwärtigen Auseinandersetzung. Wir werden alles dafür zu tun haben, daß wir der auf uns zukommenden Forderung einer irgendwie zu bejahenden Sukzession entschlossen widerstehen. Es gibt nach meiner Überzeugung von der Theologie Luthers und Calvins her nur eine Sukzession des Wortes Gottes und des Evangeliums und des Glaubens, aber keine, die durch Handauflegung von den Aposteln an bis heute in einer besonderen Amtsübertragung ihre Grundlage findet. Ich würde darüber nichts sagen, wenn ich nicht den Eindruck hätte, daß durch die interessanten Ausführungen des von vielen geschätzten Staatsanwaltes Dombois und auch anderer nicht wenige Menschen angefochten worden sind. Ich habe mich gewundert, was für Fragen auf uns zukommen: Daß wir eine ganz neue Ordnung brauchen, die diesem frühkatholischen Charakter der Kirche Rechnung trägt. Mir scheint demgegenüber ein viel wesentlicheres Problem uns dadurch gestellt zu sein, daß wir mit unserer Kirche in einer *industrialisierten Massengesellschaft* leben, in die hinein unsere Wirksamkeit in einem, wie wir alle zugeben müssen, doch bedrängenden Maße nicht die Auswirkung hat, die wir wünschen möchten. Keiner von uns hat den Eindruck, daß das etwa an einer schlechten Predigt oder an der Faulheit der beteiligten Menschen liegt. Wir haben ja im großen und ganzen sehr viel zu tun versucht, und trotzdem sind hier ungelöste Probleme. Mir scheint auch nach dem, was in der Ökumene etwa in eigener Erfahrung mir zugewachsen ist, daß die *Neuformung der Ortsgemeinden* eine wichtige Sache ist, in der wir vielleicht von den sonst so anders gearteten amerikanischen Freikirchen lernen könnten, daß wir darauf aus sein sollten, in unserer Kirche einen Kreis von aktiven Männern zu gewinnen, der sich als der verantwortliche Kern dieser Ortsgemeinden weiß, wie man das in bewundernswerter Weise gerade in den Kirchen in den Vereinigten Staaten sehen kann.

III,4. *Die Frage der Verkündigung*

III,4a. Schließlich noch ein Wort zu den uns ja viel bedrängenderen Problemen der Verkündigung in der heutigen Stunde. Die westfälische Landessynode hat sich mit dieser Frage intensiv beschäftigt. Die Schwierigkeit einer solchen Beschäftigung einer Synode mit diesem Problem geht auch aus dem hervor, was die Ergebnisse, die man ja gedruckt lesen kann, zeigen.
Auch die Synode der VELKD hat sich im vergangenen Jahr mit diesem Problem beschäftigt. Bedauerlich ist, daß nicht mehr an Ergebnissen, die wir uns dann etwa zu eigen machen könnten, um daran weiterzuarbeiten, ans Licht getreten ist. Wir sind der Überzeugung, daß ein Teil der Fragen der heutigen Verkündigung unserer jungen Theologen von daher kommt, daß sie durch die Schwierigkeiten der sogenannten hermeneutischen Fragestellung unserer Zeit belastet sind. Wir wissen, daß die Frage der rechten Auslegung der Heiligen Schrift eine Daueraufgabe der

evangelischen Kirche ist. Wir haben nicht die Möglichkeit, sozusagen sie als ein für allemal abgeschlossen zu bezeichnen. Das Eigentliche der Reformation ist doch im Grunde darin zu sehen, daß die Reformatoren es gewagt haben, allein mit dem Worte Gottes Heiliger Schrift in der Welt auskommen zu wollen in der Überzeugung, daß die Heilige Schrift soviel Licht gibt, als die Kirche für ihren Weg braucht. Diese Männer haben damals noch nicht sehen können, in welche schwere Anfechtung diese Erkenntnis der Heiligen Schrift durch die Wissenschaft – ich sage, nicht nur durch die Theologie, sondern durch die Wissenschaft der letzten Jahrhunderte – kommen würde. Und wir können nicht einfach so tun, als lebten wir im 16. Jahrhundert, denn wir leben als Nachfahren eines ungeheuren Umbruchs des Wissenschaftsverständnisses, des Menschenverständnisses, ja überhaupt des uns gegebenen Horizontes, innerhalb dessen menschliche Existenz geschieht, und demgemäß von der Erkenntnis der Dimension der Geschichte und der Entdeckung, daß auch die Bibel ein geschichtliches Buch ist und nicht ein vom Himmel gefallener Kodex der christlichen Lehre. Von daher ergeben sich ganz große Fragen für den, der heute als Prediger das Wort Gottes verkündigt, indem er die Heilige Schrift auslegt.

III,4b. *Angesichts des Menschen der Gegenwart* ist natürlich die Frage ebenso zu stellen, weil es uns offenbar noch nicht gelingt, den Menschen von heute da aufzusuchen, wo er sich wirklich befindet. Sehen Sie, die Reformation verdankt einen entscheidenden Teil ihrer epochalen Wirksamkeit der vorher aufgebrochenen und die Menschen tief bewegenden Fragen nach der Gerechtigkeit Gottes, der großen Frage, was er tun muß, um im Gericht vor Gott bestehen zu können. Sie wissen alle, daß dieses nicht die Frage unserer Zeit ist und daß die Menschen unserer Zeit in ihrer Begrenztheit auf den Horizont des Diesseits von wahrhaft anderen Dingen völlig absorbiert sind. Die Kirche versucht, irgendwie durch ein kleines Löchlein den Panzer des Menschen zu durchstoßen – aber vergeblich. Das ist eine ganz bedrohliche Situation, die nicht nur in Deutschland, nicht nur in unseren Gemeinden, nicht nur in Europa, sondern allenthalben die gesamte ältere Christenheit schwer bedrängt. Ich möchte hier nur zweierlei abschließend dazu sagen. Meine lieben Brüder und Schwestern, meine Überzeugung ist die, daß, von allem anderen abgesehen, von entscheidender Bedeutung für die Verkündigung des Wortes Gottes dies ist, daß der Verkündiger der Botschaft in die Verantwortung seiner Verkündigung zu übernehmen sich getraut, d.h. anders geredet, daß er ein Zeuge ist. Wo Zeugen auftreten, wird das Wort auf alle Fälle gehört, und selbst wenn es dann im Widerstreit, in Abweisung gehört wird. Dasjenige, was uns bekümmert, ist doch dies, daß es viele Menschen hören und sagen: Ja, ja und nein, nein. Vielen von uns wäre es wohler, wenn da ein profiliertes Ja oder Nein vor uns stände. Liegt es nicht ganz daran, daß wir vielleicht aus unserer Geschichte heraus etwas von dem für einen Verkündiger unentbehrlichen – ich sage es mit einem modernen Wort – *Sendungsbewußtsein* verloren haben, nämlich von dem Sendungsbewußtsein, daß wir etwas sagen dürfen, was es in der ganzen Welt sonst nicht gibt, und das um des Lebens aller Menschen willen, um ihrer Rettung willen unbedingt uns aufgetragen ist, und daß wir nun das eine auch sagen, mit großer Freudigkeit sagen! Es gibt unter uns zu viele, die ihr Amt und ihren kirchlichen Auftrag als eine mehr oder weniger große, mit Seufzen zu tragende Last empfinden. Und gerade, wenn das gesehen und gehört wird, dann leidet ja die Glaubwürdigkeit unserer Verkündigung gerade darunter.

Aber noch ein Letztes: Meine Überzeugung ist, daß die Verkündigung auch ganz wesentlich eine Frage der Liebe ist zu den Menschen, an die wir gewiesen sind. Das ist etwas, was mir für uns alle von größter Bedeutung zu sein scheint. Wir sind als Prediger an bestimmte Menschen gewiesen. Und nur, wenn wir diese uns anvertrauten Menschen mit der Liebe Christi umfangen, dann werden wir auch bevollmächtigt sein, ihnen das Wort des Zeugnisses zu reden. Denn das, was diese Welt braucht, ist die Liebe Christi, und wir Diener am Wort haben als Zeugen der Liebe Christi uns zu erweisen. Dann wird das Wort immer noch mit Vollmacht verkündigt und gehört. Ich glaube, daß hier die große Frage an uns ist: Tun wir es nicht nur als Beauftragte, als Amtsträger, als solche, die es übernommen haben und nur weitergeben? Es hängt beides miteinander zusammen: Die Frage der Sendung und die Frage der Liebe. Ich nenne diese Fragen, weil ich sie für Aufgaben halte, an deren Bewältigung auch wir als Synode gewiesen sind, nicht als ob das heute geschehen könnte, aber in Planmäßigkeit und Beharrlichkeit sollten wir uns daran machen, uns mit den für die Existenz der Kirche wahrhaft entscheidenden Fragen zu befassen. Und wenn wir es erkennen, wo diese Fragen liegen, wird uns Gott dann auch nicht ohne Antwort lassen.

II
8. Landessynode vom 10. bis 15. Mai 1959 in Bad Kreuznach

Einleitung: Zum Gedächtnis des Jahres 1559
I. Ökumenische Ereignisse
1. Weltmissionskonferenz in Ghana
2. Besuch der Vertreter der Evangelischen Kirche in Deutschland bei der russisch-orthodoxen Kirche
3. Die Utrechter Konferenz mit den Vertretern des Moskauer Patriarchats
4. Der Zentralausschuß des Ökumenischen Rates der Kirchen in Nyborg
5. Die Lambeth-Konferenz der Anglikaner
6. Europäische Kirchenkonferenz in Nyborg

II. Die Evangelische Kirche in Deutschland
1. Die Synode der Evangelischen Kirche in Deutschland
2. Die Entwicklung in der Deutschen Demokratischen Republik
3. Die Synode der Evangelischen Kirche der Union
4. Hinweise auf die Arbeit in der Evangelischen Kirche in Deutschland

III. Die Evangelische Kirche im Rheinland
1. Einige Ereignisse aus der Berichtszeit
2. Zur Lage der Evangelischen Kirche im Rheinland
3. Die uns gestellten Aufgaben

Hochwürdige Synode!
Meine Brüder und Schwestern!
Die diesjährige Landessynode tagt im Jahre 1959 im Monat Mai, der zu besonderen Erinnerungen Anlaß gibt, so daß wir nicht daran vorbei können, zuerst davon zu sprechen. Sie wissen, daß das Jahr 1559 für den Protestantismus der Welt von großer Bedeutung gewesen ist. Nicht nur, daß wir in diesem Jahre den 450. Geburtstag Johannes Calvins begehen und das 400jährige Jubiläum der letzten Ausgabe der Institutio religionis christianae, des großen dogmatischen Hauptwerks Johannes Calvins, jener Schrift, die für einen großen Teil der evangelischen Kirchen in der Welt von maßgebender theologischer Bedeutung gewesen und geblie-

ben ist. Wir gedenken ferner auch jenes wichtigen Ereignisses, daß im selben Jahre in Genf die Akademie unter Leitung von Beza errichtet wurde. Von dieser Akademie sind unzählige Pastoren, Theologen, Doktoren ausgebildet und in die Welt gesandt worden. Es war sozusagen eine »Kirchliche Hochschule«, in besonderer Stunde begründet, so wie vor nun fast 25 Jahren bei uns Kirchliche Hochschulen begründet werden mußten. Das für uns als rheinische Landessynode über dem allem Wichtigste scheint mir aber doch die Tatsache zu sein, daß im Mai des Jahres 1559 in Paris die erste National-Synode der französisch-reformierten Kirche zusammentrat. Von dem, was für uns hieran bedeutungsvoll ist, ist ein kurzes Wort zu sagen: Es ist weniger die für die damalige Zeit sicher ebenso gewichtige Confession de foi, das Glaubensbekenntnis; für uns im besonderen Maße ist es die damals geschaffene synodale und presbyteriale Ordnung der Kirche. Was damals von Genf über Paris geschaffen wurde für die evangelischen Kirchen, ist dann auf dem Weseler Konvent und der Emdener Synode für die Anfänge der Ordnung unserer Kirche am Niederrhein, im niederrheinisch-westfälischen Raum, von maßgebender Bedeutung geworden. Und wenn wir vom Erbe der Väter sprechen, müssen wir über das, was am Niederrhein geschehen ist, hinaus zurück nach Paris und bezeugen damit, daß am Anfang der Reformation auch eine übernationale ökumenische Verbundenheit der Kirchen und Christen bestanden hat, die dann später in so bedauerlicher Weise durch das Aufkommen des modernen Nationalismus zerstört worden ist. Heute sind wir wieder dabei, die überlieferten Grenzen der nationalen Kirchen in Europa zu sprengen und uns als eine Bruderschaft von Christen und Kirchen über die ganze Erde verstreut zu verstehen. Diese Synode vom Mai 1559 in Paris fand unter großer Bedrängnis schon im Zeitalter der Verfolgung des Protestantismus in Frankreich statt, und wir alle wissen, daß unsere evangelischen Schwesterkirchen in Frankreich in ganz besonderer Weise unter der Zwangsherrschaft der Könige von Frankreich gelitten haben. Sie wissen, was kurz darauf schon in Frankreich passierte und wie diese Kirche durch lange Zeit hindurch eine Kirche der Märtyrer gewesen ist. Wir wissen uns mit ihr in besonderer Weise verbunden und gedenken daran, wenn Ende dieses Monats die Erinnerung an jene große und bedeutsame kirchengeschichtliche Tat der Begründung einer freien selbständigen Kirche mit eigenen Ordnungen in Paris mit gebührender Feierlichkeit begangen werden wird. Wir als rheinische Landessynode denken in dieser Stunde besonders daran, daß wir diese Ordnung, die in mannigfach gewandelter Weise bis in unsere Tage in Gültigkeit geblieben ist und an deren Grundgedanken wir bis zum heutigen Tage festzuhalten uns bemühen, der Synode der französisch-reformierten Kirche verdanken.
Damit möchte ich dann gleich übergehen zu dem ersten Teil meines Berichts, wo ich unsere Kirche mit ihren besonderen Fragen in den ökumenischen Zusammenhang hineinzustellen beabsichtige.

I.

1958: 10 Jahre Ökumenischer Rat der Kirchen. *Erst* 10 Jahre! So jung ist diese Einrichtung, die vielen von uns nun schon vorkommt, als sei es immer so gewesen. Mit solcher Selbstverständlichkeit wird bei uns von der ökumenischen Bewegung, vom Ökumenischen Rat der Kirchen und von seiner Genfer Zentrale geredet. Und wir gehören – in unserer Kirchenordnung ist es ausgesprochen – durch die Evangelische Kirche in Deutschland in die Gemeinschaft der Ökumene hinein. Um so mehr sollte jede Synode einer Landeskirche dieser Verbundenheit auch dadurch gedenken, daß sie sich einige wichtige Tatbestände in Erinnerung ruft. In der Zeit, auf die wir zurückblicken, steht am Anfang die *Weltmissionskonferenz in Ghana* in Afrika vom 28. 12. 1957 bis 8. 1. 1958. Diese Konferenz hat vor allen Dingen ein Problem zu behandeln gehabt, das auch uns beschäftigen wird im Bereich der Mission: die Frage der Verschmelzung des Internationalen Missionsrates mit dem Ökumenischen Rat der Kirchen. Alle Mitgliedskirchen sind befragt, wie sie zu dieser Frage stehen. Darum wollen wir auch in unserer Synode mit dieser Frage uns in dem besonderen Ausschuß der Mission beschäftigen. Denn es soll ja über diese Sache auf der nächsten Weltkonferenz des Ökumenischen Rates der Kirchen in Ceylon 1961 gesprochen werden. Die Sache ist darum wichtig, weil wir erkennen müssen, daß Ökumene und Mission nicht voneinander getrennt bleiben können, daß beide zusammengehören. Die Geschichte der Mission und die Geschichte der Ökumene sind so aufeinander zugewachsen, daß die Arbeit des Ökumenischen Rates der Kirchen und der Weltmission in einem unlösbaren Zusammenhang getan werden muß, so daß über die bisherigen organisatorischen Formen hinaus eine neue Einheit entsteht.

Das Zweite, was ich aus den Geschehnissen im ökumenischen Raum für besonders wichtig halte, daß im Frühjahr 1958 zum ersten Male eine Delegation der Evangelischen Kirche in Deutschland in Rußland gewesen ist und der russisch-orthodoxen Kirche und den lutherischen Kirchen im Ostraum einen offiziellen Besuch abgestattet hat. Damit ist die Arbeit, die von unserem verstorbenen Präses Held mit inauguriert worden ist, nun weitergeführt und aufgenommen worden innerhalb des Rahmens der Evangelischen Kirche in Deutschland. Wie wichtig dieser neue Kontakt mit dem Osten ist, hat ja jene bedeutsame Konferenz gezeigt, die im vergangenen Jahre in Utrecht stattfand. Dort kam seit Amsterdam 1948 zum erstenmal eine Delegation aus der russisch-orthodoxen Kirche mit Vertretern des Ökumenischen Rates der Kirchen zusammen. In den Jahren vorher war es der russisch-orthodoxen Kirche aus politischen Gründen, vermuten wir, nicht erlaubt worden, an den Arbeiten des Ökumenischen Rates der Kirchen teilzunehmen. Sie haben darum auch sehr gern die Möglichkeiten ausgenutzt, die auch etwa die Einladung *unserer* Kirche ihnen vor Jahren schon geboten hatte, und man empfand daraus den herzlichen Wunsch, mit den Kirchen des Ökumenischen Rates in eine engere Zusammenarbeit einzutreten. Nachdem ihnen offenbar die Türe dazu ein wenig geöffnet worden ist, haben sie im August 1958 mit den Vertretern des Ökumenischen Rates in Utrecht eine bedeutsame Aussprache gehabt, die wohl, wie wir hoffen dürfen, dazu führen wird, daß auch das Patriarchat Moskau in engere Verbindung treten wird mit dem Ökumenischen Rat der Kirchen. Im nächsten Jahr wird ja in Rhodos der Zentralausschuß des Ökumenischen Rates der Kirchen zusammenkommen, und man wird dort hoffentlich auch Vertreter dieser großen Kirche innerhalb der Ökumene vorfinden. Es ist für den, der in der Ökumene mitarbeitet, von größter Wichtigkeit, daß die ökumenische Bewegung als Gegengewicht gegen gewisse Strömungen ausgesprochen spiritualistischer Art eine solche festgefügte, nun wirklich auch in vieler Hinsicht mit der alten Christenheit sehr stark verbundene Kirche bekommt. Es ist für die Entwicklung der ökumenischen Bewegung von entscheidender Bedeutung, wie sich die Gesamtorthodoxie zu dieser Sache stellt. Wir können im Blick auf die Vergangenheit nur sagen, daß, aufs ganze gesehen, die Evangelischen in den letzten Jahrhunderten die Bedeutsamkeit der orthodoxen Kirche unterschätzt haben. Sie haben sie vielfach auch als sehr fragwürdig beurteilt. Zum großen Teil hing das damit zusammen, daß gerade die russisch-orthodoxe Kirche seit Peter dem Großen zu einer russischen Staatskirche umgewandelt war und daß erst im Zeitalter des Bolschewismus in Rußland das Patriarchat Moskau wiederhergestellt wurde, das durch den Zaren im 18. Jahrhundert beseitigt worden war. Erst seit dieser Zeit beginnen auch die selbständigen kirchlichen Gedanken und Bestrebungen der russischen Orthodoxie wieder lebendiger zu werden, und es scheint uns das im wirklich wohlverstandenen gemeinsamen Interesse der Christenheit auf Erden zu liegen, wenn die

Verbindung mit dieser sehr alten und in ihrer ganzen Denkweise konservativ-altkirchlich denkenden Kirche von uns gesucht wird, wie das übrigens auch einige unserer Reformatoren versucht haben, wenn es ihnen auch in der Folgezeit nicht geglückt ist, diese Verbindung aufrecht zu erhalten. Ich vermute, daß vielleicht sogar die Einberufung des Ökumenischen Konzils durch den römischen Papst im Zusammenhang mit der großen Frage entstanden ist: was wird der Weg der Orthodoxie in der kommenden Geschichte sein und wie wird sie sich zu dem Problem der Überwindung des alten Schismas mit der römischen Kirche stellen?

Nach der Utrechter Konferenz trat das Zentralkomitee des Ökumenischen Rates der Kirchen in *Nyborg* im August zusammen. Hier wurden die Fragen behandelt, die durch den neuen Vorstoß der russisch-orthodoxen Kirche hervorgerufen waren. Es wurden auf der anderen Seite auch die Probleme der Glaubensfreiheit in den verschiedenen Staaten des Westens – Südamerika z.B. – diskutiert, ferner die Probleme im Raume Israel und der arabischen Welt, die ja die Christenheit sehr stark bewegen, wie die Kenner wissen, und es wurde jenes Studiendokument erörtert, das den Titel trägt: »Die Verhütung des Krieges im Atomzeitalter«. Dieses Dokument ist auch inzwischen uns zur Beratung übergeben worden, und ich vermute, daß wir die Aufgabe haben, auch dazu Stellung zu nehmen; nicht jetzt und heute; aber nachdem wir es bekommen haben, wird es gut sein, wenn wir uns auch mit diesem sehr interessanten und in vieler Hinsicht bedeutsamen und aufschlußreichen Dokument intensiv beschäftigen. Das gehört ja auch zu unseren ökumenischen Aufgaben, daß wir uns an der großen, weltumspannenden Diskussion über die Zentralfragen der Christenheit beteiligen.

Im letzten Sommer fand auch wieder eine sogenannte *Lambeth-Konferenz* statt, jene große Konferenz der Anglikaner, die immer länger als einen Monat dauert, dafür aber nur alle zehn Jahre zusammentritt. Es ist eine respektable Erscheinung, wenn dort über dreihundert anglikanische Bischöfe aus der ganzen Welt zusammenströmen, um unter dem Vorsitz des Erzbischofs von Canterbury ihre oft mit bedeutsamen Entschließungen gefüllten Tagungen zu halten. Auch dieses Mal waren nicht nur innerkirchliche Fragen ein Gegenstand der Diskussion. Die dort vertretenen Bischöfe haben sich wochenlang mit dem Problem der Schriftauslegung in der anglikanischen Kirche beschäftigt, ein interessantes Zeichen für die Entwicklung dieser Kirche in Kontrast mit der starken Anglokatholisierung der letzten Jahrzehnte. Auf der anderen Seite hat sie vor allem, wie ja vielen bekannt ist, das Unionsproblem innerhalb der Ökumene beschäftigt. Da sie eine Kirche ist, die den historischen Episkopat, das überlieferte Bischofsamt, für einen Bestandteil des Wohlseins der Kirche hält, wobei einige es auch zum Wesensbestandteil der Kirche rechnen, so ist natürlich für sie das wichtigste Problem der Wiedervereinigung die Stellung der Christenheit zum Bischofsamt. Darum ist ja auch die südindische Kirche mit ihrer Union mit den Kongregationalisten, Presbyterianern und anderen Gruppen für sie so schwer zu tragen, sofern diese Kirche im Grunde nicht das anglikanische Bischofsamt bekommt. Die Verhandlungen im ganzen Raum der früheren englischen Kolonien haben es immer mit diesen Fragen zu tun; es sind immer Probleme, die letzten Endes auf die eine Spitze zulaufen: wie hältst du es mit dem Bischofsamt? Das ist, mit modernen Worten gesagt, sozusagen die »Gretchenfrage« aller Anglikaner. Diese ist vielleicht eine der wichtigsten Fragestellungen innerhalb der ganzen ökumenischen Bewegung überhaupt, weil jeder sieht, von welcher Bedeutung die anglikanische Kirche nach ihrer weltumspannenden Größe auf jeden Fall ist. Um so notwendiger scheint es mir zu sein, daß die evangelischen Kirchen im ökumenischen Raum sich einer gründlichen Erörterung dieser Fragestellung auf biblischer Grundlage unterziehen und zum Ausdruck bringen, wie und warum unsere Vorstellung von der apostolischen Sukzession, unsere Vorstellung vom Amt der Kirche nicht bestimmt sein kann von den anglikanischen Voraussetzungen, die ja sehr stark zurückgehen auf den alten Katholizismus. Um so schwieriger ist das heute, weil durch die ganze Welt eine ziemlich starke Bewegung geht, die auch in unserer Kirche ihre Wellen geschlagen hat und weiter schlägt, eine Vorstellung, die meint, man könne die Kirche irgendwie sanieren durch eine Erneuerung des frühkatholischen Denkens im Bereiche der Lehre und der Ordnung der Kirche. Wir haben unsere Aufmerksamkeit auf diese Dinge zu richten, weil im ökumenischen Raum eben dieser Gedanke vom Anglikanismus sehr stark vorgetragen wird.

Ganz anders war das Bild auf der *Europäischen Kirchenkonferenz* in Nyborg im Januar 1959. Hier ist das fortgesetzt, worüber ich bei der letzten Synode gesprochen habe. Eine Arbeit, die ihre Ursprünge in Brüssel hatte, wo wir mit den Vertretern europäischer protestantischer Minderheitskirchen vor allen Dingen überlegten, ob nicht auf die Dauer eine europäische Kirchenkonferenz, die alle Kirchen Europas umfaßt, notwendig sei. Dieser Weg von Brüssel ist dann auch unter Initiative der rheinischen und westfälischen Kirche, aber auch von D. Emmen von der Hervormde Kerk in Holland, vorwärtsgetrieben worden über Liselund und schließlich jetzt in seiner Erweiterung in der Nyborger Tagung zu einem ersten großen Ereignis geworden. Zum ersten Male haben sich auch lutherische Kirchen beteiligt, z.T. als Gäste, wie die Anglikaner, bei denen wieder deutlich wird, daß sie eine auch kirchlich beachtenswerte kritische Stellung zu Europa haben, weil sie offenbar mehr atlantisch als europäisch denken, was sich auch in kirchlichen Dingen niederschlägt. Aber die Kirchen aus Europa waren in großer Zahl vorhanden. Es war eine Freude für alle Beteiligten, wie trotz der großen Schwierigkeiten der Diskussion zwischen Kirchen jenseits und diesseits des Eisernen Vorhangs eine echte brüderliche, freundschaftliche Atmosphäre dort waltete und daraus auch eine Arbeit entstand, die nun unter der Leitung von Bischof Lilje, D. Emmen, dem Generalsekretär der Hervormde Kerk, und dem Erzbischof Kiivit, dem lutherischen Erzbischof der estnischen Kirche, eine Fortsetzung findet, so daß im nächsten Jahre, denke ich, eine zweite Konferenz stattfinden wird. Wir halten diese Arbeit auf europäischem Boden in jeder Hinsicht für äußerst bedeutsam. Denn die Kirchenfamilie Europas ist für die ganze Weltgeschichte von ausschlaggebender Bedeutung gewesen. Und gerade sie ist ja im letzten Jahrhundert in feindliche Gruppen auseinandergegangen. Um so notwendiger ist es für die Zukunft, wenn man in weitere Perspektiven schaut, daß diese europäische Kirchenfamilie sich wieder zusammenfindet, sich verstehen lernt und einander annähert, zumal die meisten von diesen Kirchen ja ausgesprochen Verwandte untereinander sind.

Der Rückblick auf diese wenigen Ereignisse, die ich nur heranziehen konnte aus dem Bereich der Ökumene, zeigt, daß die ökumenische Arbeit weitergeht. Niemand wird sich wundern, daß diese Arbeit langsam vorwärts schreitet; denn jeder, der eine Vorstellung von den Schwierigkeiten hat, die mit dem Problem »Wiedervereinigung der Kirchen« bezeichnet sind, der wird sich vielmehr darüber verwundern, daß so viel an Arbeitsverbundenheit, Gemeinschaft und Bruderschaft unter den Kirchen lebendig geworden ist. Ich kann nur persönlich immer wieder darum bitten, daß wir unsere Anteilnahme an diesen Dingen verstärken möchten, daß wir nicht auf der alten Basis hinter nationalen Mauern stecken- und sitzenbleiben und meinen, was da jenseits passiert, das geht uns nur sehr zweit- oder drittrangig an. Ich glaube, daß wir heute, in der heutigen Welt, in der wir politisch in einem Maße global zu denken genötigt worden sind, gerade auch im Bereiche der christlichen Kirchen zu einer großen globalen Denkweise kommen müssen, die ja eben im ökumenischen Verhältnis zueinander besteht. Unser Anteil muß mehr als bisher darin bestehen, daß wir das Erbe der reformatorischen Theologie hineintragen. Denn gerade die Geschichte der ökumenischen Bewegung zeigt, daß hier eine gewisse Schwäche liegt, weil ja auch gerade von 1933 bis 1948 eine Beteiligung der evangelischen deutschen Theologie nur sehr schwer möglich war. Hier ist wirklich ein großer Nachholbedarf im Gesamtbereich der Ökumene vorhanden.

II.

Nun zum Zweiten: *Evangelische Kirche in Deutschland.* Ein Wort über die Synode der Evangelischen Kirche in Deutschland im April 1958 wird nötig sein. Auf dieser Synode war als das Hauptthema das große und gewichtige Thema der *Erziehung* vorgesehen und in einer sehr umfassenden Weise vorbereitet. Freilich konnte diese Sache in dem Plenum der Synode wegen der Öffentlichkeit der Synode nicht diskutiert werden. Es zeigt sich eben, daß in dem politischen Raum, in dem diese Synode steht, eine Öffentlichkeit der Synode bei einem solchen Thema nicht möglich ist. Denn es ist aus politischen Gründen einem großen Teil der Synodalen nicht möglich, sich zu den hier vorhandenen Sachfragen unbefangen und offen zu äußern. Aus diesem Grunde mußte der Hauptteil der Arbeit an diesem Thema in die Ausschüsse verlagert werden, und es konnte der Synode nur das Ergebnis vorgetragen werden. Die Synode hätte sich mit Sicherheit intensiv noch mit dem Ergebnis beschäftigt, wenn ihr nicht gesagt worden wäre: alle, die aus dem Gebiet jenseits des Eisernen Vorhangs kommen, können sich natürlich hier zur Sache nicht äußern. Aus diesem Grunde muß man es verstehen, daß dieses Thema nun anscheinend in der Öffentlichkeit so gar nicht herausgekommen ist. Vielleicht war es auch so gut vorbereitet und so umfangreich angelegt, daß eine Synode mit der Fülle des Materials, das ihr vorgelegt wurde, gar nicht so schnell fertig werden konnte. Immerhin ist eins wichtig, daß aus dieser Thematik ein Ausschuß erwachsen ist, der sich mit dem Problem der Konfirmation zu beschäftigen hat. Ich habe die Last und die Ehre, diesem Ausschuß vorzusitzen, und die Arbeit, die wir seitdem versucht haben, zeigt, daß es sich hier um ein äußerst diffiziles Thema handelt, bei dem die Ansichten von dem gestrengsten konservativen Denken (es darf nichts geändert werden!) bis zur radikalen Gegenthese (es muß die Konfirmation überhaupt von der Bildfläche verschwinden!) gehen. Immerhin, wir hoffen, daß wir trotz dieser starken Spannungen, die ja auch in der Kirche sich in vielen Äußerungen der letzten Zeit gelegentlich Raum verschafft haben, dennoch zu einer Denkschrift kommen, in der wir den Kirchen das Ergebnis unserer Bemühungen vorlegen können. Ich habe den Eindruck aus den letzten Erwägungen, die wir angestellt haben, und dem Echo, das ich im Rate der Evangelischen Kirche der Union bei einem Bericht darüber gefunden habe, daß schon das, was wir dort gemeinsam erarbeitet haben, für so wichtig gehalten wird, daß man es auf alle Fälle aussprechen und zum Allgemeingut der Kirche erheben sollte. Eins ist klar: das Problem, durch eine Änderung der Konfirmationsordnung die Frage der Jugendweihe zu lösen, ist deutlich so nicht zu bearbeiten. Denn dies ist keine Sache der Konfirmations*ordnung*, sondern eine Sache des Bekennens und der Standfestigkeit und Kraft einer Kirche in einer besonders bedrängten Lage.

Das Zweite, was auf die Synode kam, war die Frage des *Militärseelsorgevertrages*, der ja an sich längst abgeschlossen war. Aber Sie wissen, daß die Synodalen aus der Ostzone von ihren politischen Gremien durch zahllose Eingaben so bedrängt waren, daß sie der Synode die Notwendigkeit vorzeichneten, es müsse etwas geschehen, um sie von unnötigen Belastungen freizumachen. Darüber ist auf der Synode sehr intensiv gearbeitet worden. Es wurde ganz klar herausgestellt, daß dieser Seelsorgevertrag lediglich in der Bundesrepublik gilt und also keinerlei Bedeutung für die östlichen Gebiete hat. Es wurde aber trotzdem ein Ausschuß eingesetzt, der die Fragen dieses Vertrages überprüfen soll. Es wird die Aufgabe der nächsten Synode sein, nehme ich an, die Ergebnisse seiner Arbeit entgegenzunehmen. Bis jetzt ist uns von irgendwelchen bedeutsamen Ergebnissen noch nichts bekannt geworden. Es wird auch wahrscheinlich dabei bleiben, daß zum Ausdruck gebracht wird, daß alle Synodalen und Ratsmitglieder, die im Bereiche der DDR wohnen, mit dem Vertrag und den Abstimmungen darüber nichts zu tun haben und also davon völlig entlastet sind.

Schließlich war der die Öffentlichkeit am meisten erregende Gegenstand der Synode das Thema, das durch die *Eingaben der Bruderschaften* auf die Synode gebracht wurde: die Stellungnahme zu den berühmten Zehn Sätzen, die die Bruderschaften verfaßt hatten[3]. Die Synode war aufgefordert worden, zu diesen Sätzen Stellung zu nehmen und zu sagen, ob sie diesen Sätzen zustimmte. Es würde weit über den Rahmen eines solchen Berichtes hinausgehen, zu dieser *Sache* irgendetwas zu sagen. Eins ist uns allen deutlich: die Synode selbst hat vorläufig zum Ausdruck gebracht, wie weit sie in dieser Frage gemeinsam votieren könne, indem sie sagte: »In Übereinstimmung mit den Beschlüssen des Ökumenischen Rates von New Haven vom Sommer 1957 verwirft die Synode den mit Massenvernichtungsmitteln geführten totalen Krieg als unvereinbar mit dem Gewissen der Menschheit vor Gott.« Dann folgen in dem bekannten Schluß die Bitten an die Politiker, an die Weltmächte und die beiden Regierungen, alles zu tun, was dazu führt, daß überhaupt der Krieg als Mittel der politischen Auseinandersetzng beseitigt wird. Im letzten Satze ist dann ausgesprochen worden, daß die unter uns bestehenden Gegensätze in der Beurteilung der atomaren Waffen tief sind, »sie reichen von der Überzeugung, daß schon die Herstellung und die Bereithaltung von Massenvernichtungsmitteln aller Art Sünde vor Gott ist, bis zu der Überzeugung, daß Situationen denkbar sind, in denen aus der Pflicht zur Verteidigung der Widerstand mit gleichwertigen Waffen vor Gott verantwortet werden kann«. Das war eine Feststellung über die weit gespannte Gegensätzlichkeit auf der Synode; aber als Schlußsatz stand dann ja: »Wir bleiben unter dem Evangelium zusammen und mühen uns um die Überwindung dieser Gegensätze.« Damit sollte zum Ausdruck gebracht werden, daß wir uns gegenseitig zugestehen, unter demselben Herrn in derselben Kirche zu existieren. Ich habe, wenn Sie den gedruckten Bericht gelesen haben, an dieser Stelle eine Anmerkung gemacht im Blick auf die innere Lage der Evangelischen Kirche in Deutschland. Ich muß auch diesmal wieder dem bleibenden Schmerz Ausdruck verleihen, daß wir in gewisser Beziehung unter dem Evangelium noch nicht ganz zusammengekommen sind. Solange in der Synode ein Teil der Synodalen es nicht für möglich hält, zu einer gemeinsamen Abendmahlsfeier zu kommen oder auch etwa die Glieder der reformierten oder unierten Kirchen zu einer gemeinsamen Abendmahlsfeier einzuladen, solange müssen wir erst noch darum ringen, unter dem Evangelium zusammenzukommen. Ich glaube, daß es eine bleibende Aufgabe ist, die Gemeinschaft am Tisch des Herrn zu erlangen. Ich vermute auch, daß uns Gott manches nicht gelingen läßt, weil er mit uns in diesem Punkte unzufrieden ist.

Die Synode hat dann einen Ausschuß eingesetzt zur weiteren Beratung des Themas, und wir werden bei der nächsten Synode vielleicht sein Ergebnis erfahren, ob wir in dieser Sache einen Schritt weiterkommen. Inzwischen hat eine Tagung der Bruderschaften in Frankfurt mit einer Stellungnahme zur Synode stattgefunden. Es haben noch weitere Gutachten das Licht der Öffentlichkeit erblickt, und es ist in der ganzen Sache mancherlei Neues in Vertiefung der Gesichtspunkte heraus-

---

3 Anfrage an die Synode der EKD vom Februar 1958; vgl. KJB 1958, S. 30ff.

gekommen. Wir befinden uns ja, wie jedermann deutlich sieht, in dieser Sache in einer gewissen Verlegenheit. Wir sind überfahren von der Wirklichkeit, wir stehen vor Problemen, die so schwer, so weittragend sind, daß wir erst nach und nach uns hineinvertiefen können in die wirklichen letzten Hintergründe und die echten Positionen, um die es hier geht. Aus diesem Grunde meine ich, daß wir noch einige Zeit dafür nötig haben werden, dieses schwere und für die Welt entscheidende Problem einer besseren Lösung zuzuführen, als es bisher möglich gewesen ist. Ich möchte mich vorerst dem anschließen, was Präses Wilm auf dem westfälischen Pfarrertag über die Sache gesprochen hat in Auslegung des Satzes: »Wir bleiben unter dem Evangelium zusammen.« Ich möchte ein paar Sätze daraus vorlesen, weil mir das recht und vorbildlich zu sein scheint, was er hier zum Ausdruck gebracht hat:

»*Wir bleiben unter dem Evangelium zusammen.*«
Das Zusammenbleiben unter dem Evangelium kann nicht so geschehen, daß wir die Andersdenkenden ausklammern und dann die »Einheit der Kirche« als die Einheit der dann übrigbleibenden Gruppe, die *unserer* Meinung ist, deklarieren.
Das Zusammenbleiben unter dem Evangelium kann nicht geschehen, indem wir so tun, als sei der Gegenstand, um den es in unserer Auseinandersetzung geht, nicht ernst genug und als berühre er unseren christlichen Glauben und unser christliches Leben nicht. Mir scheint, er berührt beides, und zwar sehr tief.
Die Frage ist vielmehr, ob wir mit dieser unserer verschiedenen oder sogar gegensätzlichen Stellungnahme in einer Sache, die unseren christlichen Glauben und unser christliches Leben sehr tief berührt, »unter dem Evangelium zusammenbleiben« können und wollen.
»Unter dem Evangelium zusammenbleiben« kann nicht heißen, daß wir einander jeden bei seiner Meinung lassen und meinen, es könne hier ein jeglicher »nach seiner Fasson selig werden«. Wenn ich überzeugt bin, daß mein Bruder irrt, einen verhängnisvollen Weg beschreitet oder sogar verkündigt und lehrt, was nach meiner Meinung irrig oder falsch ist, kann und darf ich ihn nicht dabei lassen.
»Unter dem Evangelium zusammenbleiben« heißt, daß das *Evangelium* von Jesus Christus *über uns beiden* steht, uns beiden gehört, daß wir beide davon leben und beide seine Boten sind.
Das heißt
a) wir leben beide nur von der Gnade, die den Sünder gerecht macht,
b) wir haben beide die unerhörte Chance, durch die Auferstehung Jesu Christi in einem neuen Leben zu wandeln,
c) wir sind beide durch diese Gnade in die Möglichkeit versetzt, Glieder am Leibe Christi zu sein;
d) Christus ist für beide »unser Friede«, der uns versöhnt in einem Leibe durch das Blut an seinem Kreuz;
e) wir sind beide berufen, nachzufolgen seinen Fußstapfen;
f) wir haben beide sein gleiches Wort zu hören »wie ein Jünger« und dann seinen Willen zu tun.
g) Solange wir als durch Christi Blut Erlöste und ihm als ihrem Herrn Folgende seinen Willen nicht *einheitlich* erkennen, dürfen wir einander nicht absprechen, daß wir desselben Herrn teilhaftig sind, und darf ich dem anderen nicht seinen Glauben und seinen Gehorsam bestreiten, es sei denn, daß ich *klar erkenne*, daß er ungläubig und ungehorsam ist.
h) Wir müssen in einer solchen wahrlich nicht leichten Lage warten, aushalten, aufeinander hören, dürfen einander nicht abtun, nicht exkommunizieren, nicht diffamieren, nicht loslassen. Weil wir in unserem Predigtamt allen verantwortlich und schuldig sind, ihnen die Gnade Gottes und seinen heiligen Willen zu bezeugen, ist ein Maß von politischer Askese von uns gefordert, wo es um politische De-

monstration und Aktion geht, während wir zugleich sicherlich nicht stumm sein dürfen, wo uns das Wächteramt geboten ist.
Wir sollen einander lieben, füreinander beten, sollen »den anderen entschuldigen, Gutes von ihm reden und alles zum Besten kehren«. Wir sollen einander freilassen und zugleich einander verpflichten und wissen: »Jeder steht und fällt seinem Herrn!«

So viel zu dem Thema der Synode, von dem ich hoffe, daß auch in unserer Kirche wie in ganz Deutschland und darüber hinaus die Vertiefung der hier vorliegenden Fragen zur Überwindung unserer Verlegenheiten weitergehen wird.

Nun ein Wort über die *Entwicklung der Kirche* jenseits des Eisernen Vorhangs *in der Deutschen Demokratischen Republik*. Sie wissen, daß in dem vergangenen Frühjahr 1958 die Situation für die Kirche immer schwieriger wurde und daß dies dazu führte, daß man sich zu Verhandlungen mit den führenden Staatsmännern, mit Grotewohl vor allen Dingen, herausgefordert sah, was zu dem berühmten Kommuniqué vom Juni 1958 führte, in dem man den äußersten Versuch machte, von seiten der Kirchen dort mit dem Staate übereinzukommen über einen gewissen modus vivendi. Sie wissen alle, wie enorm schwierig das ist, einen solchen modus vivendi überhaupt zu finden, und wieviel schwieriger es ist, diesen modus vivendi zu praktizieren. Darum war ja allen deutlich: ob die Übereinkunft etwas bedeute und was sie vielleicht bedeuten würde, das müsse sich erst in der Zukunft zeigen. Nun sind ja auf der einen Seite, was auch von Bischof Dibelius ausgesprochen wurde, hier und da gewisse Erleichterungen eingetreten, bis dahin, daß hin und wieder sogar Pässe ausgegeben werden, obwohl man ja sagen muß: in welcher Situation befinden wir uns schon, wenn man die Herausgabe eines Passes an einen kirchlichen Amtsträger für einen großen Erfolg betrachtet! Immerhin ein Zeichen, wie bedrängend die Gesamtsituation dort offenkundig ist. Neben gewissen Erleichterungen, die hier und da wohl vorgekommen sind, ist – aufs Ganze gesehen – die Situation trotzdem verschärft worden. Vielleicht muß man leider sagen, daß in keinem Bereich des Ostens die grundsätzlichen Dinge mit solcher ehernen Konsequenz durchdacht und ausgeführt werden wie im deutschen Raum. Es ist doch bezeichnend, daß es so etwas wie Jugendweihe weder in Rußland noch in den übrigen Oststaaten gibt, sondern nur in Deutschland. Und es ist doch offenbar keine Anweisung von Moskau, so etwas zu machen, sondern eine typisch deutsche Sache, da die Deutschen, wenn sie einmal einen sogenannten Glauben – denken Sie an das Dritte Reich – praktizieren, es dann auch 150prozentig tun und dann aus einer politischen Weltanschauung eine neue Kirche zu machen sich zutrauen. Denn was hier in Stalinstadt und anderswo sich entwickelt, ist ja nichts anderes, als daß sozusagen der Kirche ihre Amtshandlungen geraubt und diese zur Sache einer weltlichen »Gegenkirche« verarbeitet werden. Wer einmal diese Pläne im einzelnen gelesen hat, der sieht, wie bis in die Anweisungen hinein, die an die Redner ergehen, alles eine völlige Verwandlung ins Gegenteil bedeutet von dem, was bisher in der Kirche an Handlungen, also Taufe, Konfirmation, Trauung und Bestattung, im Gebrauch gewesen ist. Von hier aus begreifen Sie die unendliche Schwierigkeit, die Augabe zu bewältigen, die uns ganz neu gestellt ist: Wie kann der Christ in einem atheistischen sich verstehenden Staatsgebilde leben? Es ist natürlich ein Unterschied, ob ein Staat de facto atheistisch ist oder ob er diesen Atheismus als Weltanschauung proklamiert. Es mag sicher in der Welt immer schon zu gewissen Zeiten atheistische Staaten gegeben haben, obwohl die heidnischen sicher nicht dazu gehört haben, es mag das gegeben haben und geben. Entscheidend neu ist, daß hier der Atheismus zur weltanschaulichen Basis gemacht wird, indem der Sozialismus atheistisch interpretiert wird und damit also ein atheistischer Weltanschauungsstaat entsteht, innerhalb dessen die Kirche als Volkskirche de facto nicht mehr bestehen kann, sondern neue Wege zur kirchlichen Existenz beschritten werden müssen. Es ist ganz klar, daß die Existenz einer Volkskirche davon abhängt, daß die Staatsmacht in diesem Lande die Volkskirche jedenfalls gewähren läßt und nicht heimlich oder offenbar eine Gegenvolkskirche zu gründen entschlossen ist. Dies ist das Problem, um das es geht: Existenz des Christen und speziell der Kirche in einem atheistischen Weltanschauungsstaat. Mit dieser Frage hat sich die Synode der Evangelischen Kirche der Union intensiv beschäftigt; und es wird auch uns noch weiter stark zu beschäftigen haben, was es bedeutet und wie wir imstande sein werden, in einer solchen Situation eine neue christliche Existenz zu finden. Sie wird sich von dem, was einmal christliche Existenz im alten Rom gewesen ist, dadurch unterscheiden, daß wir uns in einem nachchristlichen Zeitalter befinden, nicht mehr in einem heidnischen. Das heidnische war dem gegenüber relativ harmlos; dieses aber kann den Charakter eines antichristlichen Zeitalters gewinnen, und das hängt mit dem zusammen, was schon in der Heiligen Schrift von dem letzten Stadium der Weltgeschichte ausgesprochen ist. Man versteht ohne weiteres, daß innerhalb der Kirche selbst die Schwierigkeiten über einen gemeinsamen Weg gewachsen sind. Jeder, der mit den Brüdern in den östlichen Kirchengebieten persönlichen Kontakt hat, der wird sehen, wie der eine oder der andere sich darum bemüht, in ausweisloser Lage einen Weg zu finden, einen Ausweg, einen Umweg, oder wie man es nennen will. Nun, wie wir's erlebt haben im Zeitalter des Dritten Reiches. Daß es dabei sehr viel Spannungen gibt und daß dabei natürlich die ganze Öffentlichkeit die Vertreter der Kirche überwacht, was der eine oder andere sagt und was dann je nachdem pro Ost oder pro West in die Waagschale geworfen wird, ist uns allen klar und macht den Weg dieser Kirche enorm schwer. Wir sind alle aufgefordert, uns darum zu bemühen, daß wir mit Geduld, mit Fürbitte, mit Besonnenheit und Ruhe beieinander bleiben, auch hier beieinander bleiben, und weder den einen noch den anderen als extra ecclesiam stehend betrachten, auch wenn uns sein Verhalten, sein Handeln vielleicht im Augenblick rätselhaft, unbegreiflich oder vielleicht auch verkehrt vorkommen mag.

Damit bin ich schon bei der *Synode der Evangelischen Kirche der Union*. Wir haben Ihnen einen Bericht darüber zuteil werden lassen, besonders den Bericht des Ratsvorsitzenden, der ja im ganzen einen guten Überblick über die Lage gibt. Das Hauptthema war: Der Christ in einem totalen Weltanschauungsstaat atheistischen Charakters. Die Hauptarbeit, um derentwillen die Synode im vergangenen Jahr angesetzt war, war eigentlich die Agende, I. Band. Sie ist dann ja auch verabschiedet worden mit großer Einmütigkeit, worüber ich als Vorsitzender des Agendenausschusses natürlich besonders froh war, und ich freue mich auch über den Fortgang der Dinge auf diesem Gebiete. Und wir dürfen hoffen, daß auf die Dauer diese innerkirchlichen Dinge von größerer Gewichtigkeit sind als viele andere, die in der Öffentlichkeit einen so breiten Rahmen eingenommen haben. Die meisten Zeitungen haben nicht einmal von diesem immerhin nicht unwichtigen innerkirchlichen Ereignis Kenntnis genommen, daß die Synode eigentlich zusammen war, um gemeinsam eine Gottesdienstordnung zu verabschieden. Aber die anderen Dinge, die nach außen wirksam waren, waren und bleiben ja meistens in der heutigen Lage die großen, wichtigen und interessanten Dinge. Das wichtigste war das, was bis heute noch nicht in die Öffentlichkeit gedrungen ist, nämlich die Denkschrift über die Existenz des Christen im atheistischen Weltanschauungsstaat. Mit ihr werden wir uns beschäftigen, denn sie wird ja zum Druck freigegeben werden, und wir werden dann aus dieser Denkschrift entnehmen, welche neuen und beachtenswerten Erörterungen sich daraus ergeben. Das, was in dem sogenannten Notwort der Synode steht, sollte ein ausgesprochener Notruf der dort versammelten Christen sein. Es ist deswegen ausdrücklich gesagt worden, daß er nicht im Namen Gottes oder als Botschaft des Evangeliums geschah, sondern daß Christen, die sich im Februar in die Lage versetzt sahen, daß sie möglicherweise in absehbarer Zeit überhaupt nicht wieder zusammenkommen könnten, dem Ausdruck gegeben haben, daß sie, von West und Ost versammelt, einen gemeinsamen Notruf an alle, die in verantwortlicher politischer Stellung heute stehen, in großer Einmütigkeit richten wollten. Es war also wirklich nichts anderes als politische Diakonie, die von manchen durchaus positiv, von anderen wieder negativ beurteilt worden ist.

Zum Abschluß dieses Stückes nur noch ein paar Hinweise auf einige Ereignisse innerhalb der Evangelischen Kirche in Deutschland. Viele haben davon gehört und gestern haben die, die in der Kirche waren, es ja auch vernommen, da ist von einem *Predigttext* die Rede gewesen, der darauf zurückgeht, daß wir uns in der Evangelischen Kirche in Deutschland seit vielen Jahren bemüht haben, zu einer einheitlichen Ordnung an Vorschlägen für Predigttexte über die überlieferten Reihen hinaus zu kommen. Man hat vor allen Dingen dabei den Eindruck gehabt, daß neue Wege gefunden werden müssen, um auch dem Alten Testament zu seinem Recht in der Verkündigung der Kirche zu verhelfen. Was die Eisenacher damals 1898 gemacht haben, eine bestimmte alttestamentliche Reihe, hat sich als nicht praktisch herausgestellt. Es wird nämlich weder einen Pastor noch eine Gemeinde in unserer Zeit geben, die es für erträglich findet, ein ganzes Kirchenjahr hindurch jeden Sonntag eine Predigt über einen alttestamentlichen Text zu hören. Das ist vielleicht auch zu viel verlangt, und darum die Frage, ob man so verfahren dürfe. Dagegen eine gute Mischung zwischen epistolischen, evangelischen und alttestamentlichen Texten, die hier angeboten wird in den neuen Predigttextreihen, sollte uns vielleicht Mut machen, es einmal so zu versuchen. Der Rat hat die Vorarbeiten gebilligt, und inzwischen ist ja die Ordnung der Predigttexte als Handreichung an alle Prediger herausgekommen, nicht als eine neue Perikopenordnung, sondern als ein Vorschlag für die Textauswahl.
Von größerer Wichtigkeit ist, daß im vorigen Jahre das *Abendmahlsgespräch*, das seit 1947 in der EKD geführt worden ist, zu einem vorläufigen Ergebnis gekommen ist und der Kirche in Berlin am 25. Juli mitgeteilt wurde. Es war für uns alle eine bewegende Stunde, das Ergebnis vorgetragen zu bekommen. Wir werden auch die Aufgabe übernehmen müssen, uns mit dem Ergebnis zu beschäftigen und auf der nächsten Synode hoffentlich auch dazu Stellung zu nehmen. Ich gebe mich der Hoffnung hin, daß wir vielleicht sogar zu den Kirchen gehören möchten, die diesen Abendmahlssätzen zustimmen. Ich kann nicht finden, daß das, was darin steht, wie einige meinen, dem, was im lutherischen Bekenntnis steht, widerspricht. Leider ist es inzwischen sichtbar geworden, daß innerhalb der Lutherischen Kirchen Deutschlands eine Anzahl von Kreisen da ist, die mit äußerstem Eifer darauf aus sind, zu zeigen, daß diese Sätze bekenntniswidrig sind und daß damit das lutherische Bekenntnis aufgehoben ist usw. Ich halte das für verhängnisvoll, und ich hoffe, daß innerhalb der Lutherischen Kirche in Deutschland diese Strömungen nicht durchdringen. Es ist klar, wer das lutherische Bekenntnis des 16. Jahrhunderts so versteht, wie das da geschieht, der muß überhaupt der Meinung sein, daß darüber hinaus nie mehr was anderes gesagt werden kann und daß es kein Fortdenken in der Theologie mehr gibt. Und es muß zugegeben werden, daß das, was z.B. in der Konkordienformel an Sätzen über das Abendmahl steht, nun eben für uns nicht verbindlich sein kann, weil uns die Heilige Schrift dazu nicht zwingt, es so zu verstehen. So können wir ja allein das Bekenntnis der Kirche verstehen: nicht als letztes, unwiderrufliches Wort, sondern immer nur als kirchli-

che Antwort auf das allein verbindliche Wort Gottes. Was würde sonst aus dem Bekenntnis der Kirche werden? Es würde noch wichtiger werden als die Tradition in der römisch-katholischen Kirche, wenn man es zum Maßstab der Auslegung der Heiligen Schrift machen würde.
Ich erinnere dann noch an den *Kirchentagskongreß*, der im Jahre 1958 zum ersten Male ein Versuch des Vorstoßes in die Welt der Wissenschaft und des Geistes sein sollte, und ich empfinde, daß man diese Versuche weiter betreiben sollte, anstatt solche gigantischen, überdimensionalen Kirchentage zu planen, wie sie auch in diesem Jahr wieder sein werden; so schön das alles der Öffentlichkeit erscheint, so schwer ist das für jeden, der im einzelnen damit zu tun hat, der weiß, welche unermeßlichen Bemühungen zu alledem gehören, was in München passieren soll: Eine große Heerschau, bei der an echter Arbeit, an theologischer und Laienarbeit, eben viel weniger getan werden kann, als getan werden sollte. Nun, es muß das Volk Gottes sich gewiß einmal treffen, aber die Dimensionen sind nun so unmöglich, daß wir eigentlich keine Aussicht mehr haben, noch einen Platz in Europa zu finden, wo ein Kirchentag, der über eine halbe Million und noch mehr Besucher haben wird, zusammenkommen kann. Die Arbeit dagegen, die damals in Hamburg getan wurde oder anderswo getan werden könnte, wäre sehr wichtig. Auch die Landeskirchentage, von denen wir einen erlebt haben (auch die Pfälzische Kirche hat vor kurzem einen gehabt), haben doch ihre Bedeutung und sollten auch weiter gepflegt werden. Die Vereinigte Lutherische Kirche hatte auf ihrer Synode, wie ich inzwischen gesehen habe, genau das Thema, das wir uns für unsere Synode vorgenommen haben. Man sieht also, trotz gegenseitiger Kritik aneinander findet man sich doch über gemeinsamen Themen zusammen. Und was dort herausgekommen ist, ist in vieler Hinsicht beachtenswert. Ebenfalls, was die Westfälische Kirche im vergangenen Jahre über Seelsorge herausgebracht hat, ist auch für unser Hauptthema von großer Wichtigkeit. Auch sonst sind in den verschiedenen Kirchen Deutschlands über manche Fragen beachtenswerte Dinge erschienen, z.B. über das Problem, über das wir auch noch diskutieren wollen, wenn wir die Agende II. Teil behandeln, über Beichte und Abendmahl und über die Trauungsordnung, die uns ja auch schon seit Jahren beschäftigt. Ich erwähne das nur abschließend hierzu, um zu sagen, daß wir mit vielen Kirchen in einer Arbeitsgemeinschaft stehen, bei der wir uns darum bemühen, die Übereinstimmung innerhalb der evangelischen Christenheit zu fördern. Das ist ja besonders unser Anliegen in der Evangelischen Kirche im Rheinland.

III.

Nun zum Schluß ein paar Bemerkungen über die *Evangelische Kirche im Rheinland*. Als wir unsere letzte Synode hielten, war gerade das Bistum Essen entstanden. Die Entstehung dieses Bistums hat vor allen Dingen im Bereiche der Essener evangelischen Gemeinden einige Beunruhigungen hervorgerufen, da dies Bistum sich besonders durch eine starke Publizistik hervortat. Es ist dann ja so gekommen, daß in der Presse im allgemeinen von dem »Ruhrbistum« gesprochen wurde, von dem »Ruhrbischof«, als ob es nur ein katholisches Land gäbe, das »die Ruhr« hieße, in dem es eben nur einen Ruhrbischof geben kann. Daraufhin haben gewisse Protestanten aus dieser Gegend gesagt: Wir haben nicht nur *einen* Ruhrbischof, sondern wir haben in Essen etwa 100 oder noch mehr Bischöfe. Sie haben damit den Bischof von Essen heftig geärgert, so daß es zu einer besonderen Verhandlung hierüber kam. Es ist dann auch geglückt, trotz allem, was auf beiden Seiten an Schwierigkeiten vorlag, zum Frieden zu kommen. Ich habe die Gelegenheit benutzt, den Brüdern der katholischen Kirche zu sagen, wodurch sie – vielleicht ohne es zu ahnen – mit Notwendigkeit protestantische Reaktionen hervorriefen.
In Düsseldorf fand der Deutsche Akademikertag statt, der in vieler Hinsicht be-

achtenswert war durch das, was dort gesagt wurde, und auch durch den Besuch, den er erhielt. Schließlich wäre noch von anderen Dingen zu sprechen, die jetzt aber der Zeit wegen nicht mehr erörtert werden können.

Ich möchte nun zum Schluß noch ein paar Bemerkungen machen im Blick auf das Thema unserer Synode, und zwar weil es mir wichtig erscheint, abgesehen von dem, was das Referat bringt, doch ein paar Dinge aufzuzeigen, die es mir und anderen, auch in unserer Kirchenleitung, für notwendig erscheinen ließen, daß wir uns mit dem Thema »Missionarische Gestalt der Gemeinde« beschäftigen. Lassen Sie mich hier noch ein paar Sätze zusammenfassend vor Ihnen ausbreiten: Das Wachstum unserer Kirche ist existenzbedrohend. Die Existenz unserer Kirche ist in ihrer Ordnung und Gestalt auf einen viel kleineren Rahmen abgestellt. Wir sind jetzt allmählich zu der größten Kirche Deutschlands herangewachsen. Es gibt nur noch ein paar Kirchen, die etwas größer sind, das sind vor allen Dingen im Osten die Ev. Lutherische Kirche in Sachsen und im Westen die Kirche von Hannover. Aber – wie gesagt – sonst sind wir zu einer der größten Kirchen heraufgestiegen, und wir sind diesem Wachstum noch gar nicht gerecht geworden. Diesem Tatbestand müssen wir uns stellen. Unser Nachholbedarf ist groß, und wir weiten uns dauernd aus, so daß man nur einen Alarmruf ergehen lassen kann, daß wir uns hier im verantwortlichen Gremium unserer Kirche darauf besinnen müssen: Wie können wir diesem Wachstum einerseits und dem Mangel andererseits abhelfen. Ich brauchte Sie bloß in unser Berichtsbuch mit dem statistischen Anhang hineinschauen zu lassen, das wir Ihnen gegeben haben, um daraus zu zeigen, wie es mit unserer Kirche steht. Dabei hat mich eines besonders betroffen, und ich möchte das doch noch einmal unterstreichen: Daß die Evangelische Kirche im Rheinland insgesamt nur 6000 Presbyter hat, das finde ich nicht richtig. Wir haben viel zuwenig Presbyter in unserer Kirche. Die Nachbarkirche – ich habe inzwischen nachgesehen –, die Kurhessische Kirche, die ja gewisse Verwandtschaft mit uns hat, aber die doch nicht den großen Ruhm einer presbyterialen Kirche hat wie wir, hat 1000 Presbyter mehr als wir, hat aber nur halb soviele Einwohner, so daß sie also im Grunde doppelt so viele Presbyter hat wie wir auf die Seelenzahl. Es ist nicht möglich, daß unsere Presbyter als Presbyter tätig sind, wenn durchschnittlich auf rund 1000 Seelen ein einziger Presbyter kommt. Wie kann es geschehen, daß wir hier einen entscheidenden Schritt weiter tun in der Bildung einer neuen presbyterialen Ordnung unserer Gemeinden.
Drittens: Sie wissen, daß wir mit unserer Predigt nicht recht zufrieden sind, nicht weil sie falsch wäre, sondern weil wir den Eindruck haben, wir sind nicht durchschlagend in dem, was wir sagen. Wie man in der Presse sagt: Wir kommen nicht richtig an. Vielleicht hängt das damit zusammen, daß wir in den entscheidenden Gegenwartsfragen keine Antwort wissen und daß wir uns deswegen auf andere Dinge zurückziehen und in der Exegese der Texte und der Predigt von dem nicht reden, worauf die Menschen Antwort suchen. Wir sind in einer gewissen Aporie, in einer Verlegenheit gegenüber den großen Fragen der heutigen Welt und müssen uns darum gründlich bemühen in den Kreisen, die es angeht, besonders der Pastoren, diese Verlegenheiten zu überwinden. Wir wollen das in den Pfarrkonferenzen, im Pastoralkolleg, in Superintendentenkonferenzen und überall tun; die »Brüder Laien«, wie man in anderen Kirchen sagt, werden herzlich gebeten, uns dabei zu helfen. Der Unterricht, den wir im ganzen heute in unserer Kirche haben, ist sicher gut und reichlich, aber er ist vielleicht wegen des Versagens eines großen Teils der Elternhäuser nicht von einer wirklichen Frucht begleitet. Wir können uns eigentlich nicht beklagen, daß wir sagen müßten, wir täten nicht genug auf diesem Gebiete. Vielleicht aber müssen wir doch erkennen, daß es nicht mit Unterricht allein getan ist, daß Jugendarbeit, die ganze Arbeit an dem heranwachsenden Ge-

schlecht in allererster Linie eigentlich eine Arbeit an den Eltern und an den Familien ist. Sie wissen alle, welche schwierige Problematik uns heute an diesem Punkte begegnet, daß das, was im Unterricht geschieht, was die Kinder auch in der Kirche hören und was andererseits zu Hause de facto lebendig ist, so weit voneinander entfernt ist wie Sonne und Mond. Und die seelsorgerlichen Aufgaben, die wir Pastoren in unserer Kirche haben, scheitern weitgehend einfach daran, daß wir den Pfarrern 4, 5 oder 6000 Seelen zumuten, was ja schlechterdings unmöglich ist. Hier ist das größte Problem, wie kann man Helfer in der Seelsorge finden, die das für eine lange Zeit mitbetreiben, ehe wir wieder die großen Zahlen von Pfarrern haben, die wir eigentlich brauchten.

Viertens: Die Wandlungen in unserer Gesellschaft stellen an die Tradition unserer Gemeinden ganz entscheidende Aufgaben: an die Presbyterien, die hauptamtlichen Kräfte, die Gemeindeleitungen. Hier frage ich: Warum ist eigentlich das, was wir einmal gewollt haben in dem Gemeindebeirat, überhaupt nicht zu Stand und Wesen gekommen? Das muß doch auch an der falschen Konstruktion dieser Sache liegen, nicht nur an der Unwilligkeit der Menschen. Gewiß, was nicht traditionell ist, wird sehr schwer und langsam erst in einer Kirche verwirklicht. Ebenso steht es mit den Gemeindeversammlungen. Warum fürchten wir uns davor, regelmäßige Gemeindeversammlungen zu halten? Ich halte dies für eine ganz wichtige Aufgabe. Seinerzeit war es leider nicht möglich, bei der Kirchenordnung den Satz hineinzubringen »haben stattzufinden«. Weil aber nur dasteht »*sollen* stattfinden«, finden sie nicht statt, denn sollen heißt: »braucht nicht«. Eine Erkenntnis, die uns veranlassen wird, mit den Sollbestimmungen vorsichtig umzugehen. Was tun wir im Blick auf die ungeheure Wandlung unserer Zeit, unserer Gesellschaft in unseren traditionellen Gemeinden, aus denen so viel ausgewandert ist, daß wir hier vor ganz neuen Fragen stehen. Ich meine, wir müssen uns daran machen, was wir jetzt in dieser Synode gar nicht können, was aber unsere Aufgabe ist für die nächsten Jahren, unsere wirkliche Lage gründlich zu studieren. Darin sind unsere amerikanischen Freunde uns vorbildlich. Die sagen: Erst einmal eine Studienkommission an die Arbeit gehen lassen, um die Wirklichkeit kennenzulernen. Wie steht es denn eigentlich, wie liegen die Dinge an allen Orten, was ist eigentlich los? Und darin sollen uns die Kreissynoden dieses Jahres besonders helfen, unsere Lage deutlicher zu erkennen und vor uns selbst nichts zu verschleiern. Das zweite wäre: Welche neuen Wege der Volksmission müssen beschritten werden, wie können wir tun, daß die große entkirchlichte Masse wiederum der Kirche zuzuführen, zu der sie gehört, von deren Zugehörigkeit sie aber keinen Gebrauch macht? Und alles, was im Trend unserer Zeit liegt, ist ja doch dem entgegen, was die Kirche sagt. »Eine Zeit« – so habe ich einmal formuliert in einem Vortrag –, »die darauf aus ist, sich der Welt zu bemächtigen, die ist sehr schwer dazu zu bekommen, eine Botschaft zu hören, die auf Welt*überwindung* aus ist«. Das ist nämlich genau das Gegenteil von Weltbemächtigung. Und darum liegt ja hier auch das Problem der Predigt und der Kirchlichkeit zugleich. Ich glaube, daß wir auch unser gemeindliches Leben und die Frage der Leitung der Ortsgemeinden einer Überprüfung unterwerfen müssen. Denn der Tatbestand, den ich nur vor Sie hinstellen möchte, ist der, daß wir in steigendem Maße eine große Zahl von hauptamtlichen Kräften in der Gemeinde bekommen, die nicht zur Leitung der Gemeinde gehören, aber im geistlichen Sinne lauter leitende Funktionen ausüben. Dies ist eine Frage, die uns bei dem Problem »Presbyterium und Mitarbeiter in der Gemeinde«, seien es Katecheten, seien es Kirchenmusiker oder Verwaltungsbeamte, noch einmal beschäftigen muß. Denn auf die Dauer ist es nicht zu verantworten, daß wesentliche Leitungsfunktionen, die aus dem Pfarramt ausgegliedert sind, zu denen auch die Jugendarbeit in der Gemeinde gehört, die eigene Sachbearbeiter bekommen haben, in einer unmöglichen Weise zur Leitung der Gemeinde stehen, zu der sie gar kein kirchenordnungsmäßiges Verhältnis haben, sondern nur ein arbeitsrechtliches Verhältnis.

Es kann nur einiges von dem, was ich hier aufgeführt habe, auf der Synode oder in der nächsten Zukunft in Angriff genommen werden. Wir stehen vor einer schwierigen Aufgabe an uns selbst. Indem wir diese bewältigen, werden wir für die Welt etwas Entscheidendes tun. In der Bedrängnis und Verwirrung unserer Zeit, in ihrer Verlegenheit und Resignation, stehen wir vor der Aufgabe, das Wort des Herrn »Ändert euren Sinn, tut Buße« zu beherzigen. Die Buße heißt: die Umkehr der Frommen, die Umkehr derer, die zur Gemeinde gehören, zu dem Herrn und in seinen Dienst. Vielleicht ist die Frage nach *unserer* Sendung in der Welt mit steigender Dringlichkeit gestellt. Eine Welt, die sich selbst eine eigene Sendung geschaffen hat, z.B. die Sendung des Atheismus oder Kommunismus, der der Überzeugung ist, daß das die Zukunft der Welt sein wird, steht einer Kirche gegenüber, die das Vergangene pfleglich behandelt, die Traditionen sehr sorgfältig und eindrucksvoll weiterführt, die aber den Vorstoß in diese Welt hinein entweder nicht wagt oder nicht imstande ist, ihn so zu führen, daß deutlich ist: Hier steht letzte Sendung, Gesandschaft Gottes in die Welt hinein vor der Welt. Darum müssen wir uns mit dem befassen, was es heißt, das Evangelium den Menschen unserer Zeit zu verkündigen, was es heißt, als Christengemeinde in der Welt von heute zu leben, was das heißt, im Zeugnis und im Gehorsam Christi zu stehen, und was also Gott von uns will, daß wir darin einig werden. Ist es nicht so, daß wir alle bedrängt sind von der Frage, daß gerade um das Schriftverständnis herum sich die tiefsten gegensätzlichen Erörterungen in unserer Kirche gruppieren und daß gerade die einen wie die anderen die Heilige Schrift in Anspruch nehmen für ausgesprochen gegensätzliche Thesen. Was ist das: der Glaube an Jesus Christus? Und wie geschieht die Nachfolge dieses Herrn? Beide Fragen sind erneut gestellt. Denn wenn es sich zeigt, daß wir in der Frage der Nachfolge Christi, in der Frage, was Gott von uns getan haben will, in so großen Verlegenheiten sind, muß zurückgefragt werden, ob und inwiefern das mit dem Verständnis der Herrschaft Christi in der Welt, das heißt also mit dem Glauben an Christus, zu tun hat. In der Ökumene ist es mir auf der Weltkonferenz in Lund deutlich geworden: Am Ende der großen Diskussion über die Fragen: Wo liegen eigentlich die tiefsten Gründe unserer Uneinigkeit? kam heraus, daß letzten Endes alle unsere Verschiedenheiten darauf beruhen, daß wir in der Erkenntnis Jesu Christi und seiner Herrschaft keine gemeinsame übereinstimmende Überzeugung haben, daß wir zwar in großer Zahl überlieferte termini haben, daß aber eine von uns heute zu verantwortende gegenwärtige Bezeugung der Herrschaft Christi eben nicht so geschehen kann, daß wir dadurch auch vor der Welt ein eindrucksvolles Zeugnis christlicher Einmütigkeit vollziehen können. Es ist erregend, sich vor solche letzten Fragen gestellt zu sehen. Aber wir sollten es uns nicht leichter machen, als es in der Tat ist. Wir sollten auch nicht fälschlich uns vor gewissen Dingen fürchten, als ob daran die Kirche zugrunde ginge. In der Kirche regiert der Herr und die Wahrheit, die er selbst ist. Darum sind alle unsere theologischen Sätze, die wir formulieren, nur durch die Beziehung, die sie zu Jesus Christus selbst haben, wahr. Das befreit uns von falscher Gesetzlichkeit und von einem falschen Spiritualismus. Wir kommen nur wirklich weiter und kommen nur wirklich zueinander, wenn wir uns auf den Mittelpunkt unseres Glaubens, nämlich auf den Herrn Jesus Christus, hinbegeben. Es hat mich oft getröstet, wenn ich im Epheserbrief gelesen habe, daß dort darum gebetet wird, daß wir alle möchten hinankommen zu einerlei Erkenntnis des Sohnes Gottes. Daß wir darin wachsen möchten, das ist mein Wunsch auch für diese Synode.

III
9. Landessynode vom 8. bis 13. Januar 1961 in Bad Godesberg

Einleitung
I. Der ökumenische Bereich
1. Der Weltkirchenrat
2. Die Konferenz europäischer Kirchen
3. Die Prager Friedenskonferenz
4. Unsere Mitarbeit

II. Unser Verhältnis zur Römisch-Katholischen Kirche
1. Die Ankündigung des Ökumenischen Konzils und das Problem der Wiedervereinigung
2. Unser Verhältnis zur Römisch-Katholischen Kirche

III. Mission
1. Das Thema Mission auf unserer Synode
2. Das Problem der Weltmission
3. Besuch in Südafrika

IV. Evangelische Kirche in Deutschland
1. Die Synode der EKD
2. Die Diskussion über die Abendmahlsthesen
3. Die Konfirmation
4. Das Thema der politischen Ethik
5. Die Lage der Kirche in der DDR
6. Der Deutsche Evangelische Kirchentag in München

V. Evangelische Kirche der Union
1. Die Gesetze der Synode von 1960
2. Agende II
3. Das Wort an die Christen in Ost und West

VI. Evangelische Kirche im Rheinland
1. Die gedruckten Berichte
2. »Missionierende Kirche«
3. Einige beunruhigende Fragen im Blick auf das Leben unserer Gemeinden

Schluß:
Das Thema von Neu-Delhi: Jesus Christus, das Licht der Welt

Hochwürdige Synode,
liebe Brüder und Schwestern, sehr verehrte Gäste!
Zu Beginn des Jahres 1961 sind wir als Synode versammelt, und vor uns scheint es, was die gesamte Weltlage und insonderheit auch die Lage der christlichen Kirchen in der Welt angeht, nicht gerade hell, sondern eher dunkel zu sein. Beim Eintritt in das 16. Jahr nach dem Ende des Zweiten Weltkrieges ist noch kein Friede, keine Beruhigung der weltpolitischen Lage und offenbar auch keine Hoffnung auf eine internationale Entspannung, obwohl im steigenden Maße jeder Mensch in der Welt zu sehen beginnt, daß die Zukunft der Welt, menschlich gesprochen, davon abhängen wird, ob das, was mit dem Experiment der UNO begonnen ist, gelingt. Aber in diesem vor uns liegenden Jahr versammelt sich ja, wie wir wissen, auch der Ökumenische Rat der Kirchen unter dem Thema »Christus, das Licht der Welt«. Und so ist es eigentlich von dieser Botschaft her im Blick auf unsere Zukunft nun doch nicht dunkel; denn das Licht, das da war und das da ist und das da kommt, ist dasselbe Licht. Darum gehen wir auch durch die Dunkelheiten dieser Zeit in dem Lichte, das uns erhellt und vor allem auch unsere Zukunft hell sein läßt.

I. Ökumene

Wir beginnen, glaube ich, mit Recht mit einem Blick in den ökumenischen Bereich. Je länger je mehr versteht sich heute auch eine Landessynode als ein Glied eines weltumspannenden Ganzen, ja der einen heiligen katholischen oder ökumenischen Kirche, die wir im Glaubensbekenntnis bekennen. Darum sind wir beteiligt an allem, was der Ökumenische Rat getan hat oder tut. Wir erinnern uns an die beiden wichtigen Tagungen des Zentralausschusses des ÖRK auf Rhodos 1959 und St. Andrews 1960, die hauptsächlich zur Vorbereitung der kommenden Weltkirchenkonferenz in Neu-Delhi dienten. Schon unsere letzte Synode hat sich mit dem Problem, das der Ökumene gestellt ist: Integration des Internationalen Missionsrates und des Weltkirchenrates, beschäftigt, und ich brauche nur darauf hinzuweisen, daß nunmehr alle Vorbereitungen getroffen sind, dieses wichtige Stück der kommenden ökumenischen Einheit zum Beschluß zu erheben. Außerdem ist auch interessant, daß die Diskussion um eine, sagen wir nicht: Veränderung, wohl aber Verdeutlichung der Basis des Ökumenischen Rates der Kirchen soweit gediehen ist, daß ein konkreter, beachtlicher Vorschlag gemacht werden kann, bei dem ein protestantisches und ein orthodoxes Interesse zur Geltung kommt. Auf der einen Seite die Hineinnahme des Wortes »nach der Heiligen Schrift« und auf der anderen Seite die Aufnahme der Dreieinigkeit. Wir dürfen hoffen, daß diese verbesserte und erweiterte Basis des Ökumenischen Rates auf der kommenden Tagung angenommen wird. Wir würden es sehr begrüßen, da sie unsere volle Zustimmung findet.
Sehr stark hat sich die Ökumene mit den internationalen Problemen befaßt. Sie hat ein beachtliches Werk vorgelegt über die Kirche im Zeitalter der Atomphysik, ein sehr wichtiges Studiendokument, an dem weiterzuarbeiten auch die Aufgabe der Gliedkirchen sein wird. Die übrigen vielen Einzelheiten lasse ich beiseite, weil unser Bericht sonst zu lang werden würde. Eines scheint aber für die Vergangenheit der letzten zwei Jahre besonders gewichtig zu sein: eine stärkere Annäherung der Orthodoxen, vor allen Dingen auch der russisch-orthodoxen Kirche, an den Ökumenischen Rat der Kirchen. Die Verhandlungen, die geführt worden sind, die Delegationen, die ausgetauscht worden sind, zeigen, daß hier vielleicht doch noch ein neues Element in die ökumenische Bewegung hineinkommt. Wir können es ja nur begrüßen, wenn gerade sozusagen der rechte Flügel der Ökumene nun in steigendem Maße sich an der ökumenischen Arbeit beteiligt, da ja schmerzlicherwei-

se immer noch die Römisch-Katholische Kirche in diesem ökumenischen Gespräch fehlt. Aber auch dort zeigen sich ja erste Anzeichen, von denen wir auch schon hier und da einiges vernommen haben.
Im europäischen Raum der Ökumene erinnere ich an die zweite Konferenz von Nyborg 1960, auf der eine offenkundige Befestigung der ökumenischen Beziehung der europäischen christlichen Kirchen begonnen hat. Wir freuen uns, daß bei der Entwicklung dieser europäischen Kirchenkonferenz diejenigen, die vor einigen Jahren noch kritisch beiseite standen, inzwischen in die aktive Mitarbeit, ja in die leitende Arbeit eingetreten sind. Wir finden, daß das klein gewordene Europa es ganz besonders nötig hat, auch auf kirchlichem Gebiet in eine besondere Aussprache einzutreten, zumal da die anderen großen Kontinente Asien, Afrika usw. schon lange, jedenfalls länger schon als wir, ihre ökumenischen Räte haben, die für die besonderen Probleme der verschiedenen Kontinente von Wichtigkeit sind.
Bei dieser Gelegenheit möchte ich ein paar Worte sagen zu dem Unternehmen der sogenannten Prager Friedenskonferenz. Diese Sache ist ja besonders vorangetrieben worden von dem Ökumenischen Rate der Kirchen in der Tschechoslowakei. Es ist für den, der die Lage in Ost und West und vor allem die kirchliche Lage in den Ostblockstaaten einigermaßen kennt, nicht wunder zu nehmen, daß ein solches Unternehmen versucht wird, das ja eigentlich keine kirchenamtliche Konferenz ist und sein will, sondern eine Versammlung derer, die persönlich an der Lösung und Beratung der Friedensfrage innerhalb der Kirche besonders interessiert sind. Wir haben mit den Vertretern der Prager Friedenskonferenz vor nicht langer Zeit eine Aussprache über diese ganze Sache gehabt, und zwar von seiten der Evangelischen Kirche der Union aus. Wir haben unsere Bedenken, unsere Fragen, die wir formal wie auch inhaltlich an das Unternehmen haben, sehr offen ausgesprochen. Wir haben auch im Ergebnis uns darin verständigt, daß wir noch einmal des weiteren im nächsten Jahre in Prag miteinander sprechen müssen. Uns schien es im ganzen Rahmen der Ökumene bei dem Stand der Dinge besonders schwierig zu sein, daß hier eine Konferenz stattfindet, die nicht von den Gliedkirchen, von den Kirchen als solchen, beschickt wird, sondern nur aus Einzelpersönlichkeiten besteht, wie das in einem weitaus früheren Stadium der Ökumene notwendig war, jetzt aber überholt ist. Nachdem aber unsere Kirchen in den Ökumenischen Rat der Kirchen eingetreten sind, nachdem wir auch die Nyborger Konferenz zu Stand und Wesen gebracht haben, schien es uns schwierig zu sein, daneben noch ein anderes in der gleichen Richtung liegendes Unternehmen zu fördern, das in seiner Struktur undeutlich ist. Dabei haben wir zum Ausdruck gebracht und bleiben dabei, daß uns die Verhandlung der Weltfriedensfrage sehr am Herzen liegt und wir allen Nachdruck darauf legen möchten, daß diese Frage auch auf ökumenischen Konferenzen wie auch auf der Europäischen Konferenz auf der Tagesordnung bleibt. Andererseits hielten wir es für besonders wichtig, daß die Vertreter der Kirchen aus dem Westen nach Möglichkeit immer wieder Wege suchen, um im Osten Besuche zu machen. Solch einen Besuch haben wir z.B. im Jahre 1959 von der Evangelischen Kirche der Union aus gemacht, indem Präses Wilm, Oberkirchenrat Stöver und ich vom Westen und Generalsuperintendent Jacob von der östlichen Seite der Kirche der Union eine Reise dorthin gemacht haben. Wir sind bei der Fakultät in Prag gewesen, wir haben Gemeinden besucht, wir haben gepredigt und haben einen starken Eindruck von der wirklich schweren Situation des Protestantismus in diesem östlichen Raume bekommen. Wir meinen, daß es notwendig wäre, gerade mit diesen Brüdern in einen dauernden Kontakt zu kommen wegen der schwierigen Lage der Christenheit in allen Ostblockstaaten, die ja uns vor Augen ist. Diese ist aber weniger zu beheben durch große Konferenzen, es ist viel mehr zu erreichen durch die unmittelbaren Besuche; und wir hoffen, daß es

auch möglich sein wird, in Ungarn, in Rumänien und auch anderswo in absehbarer Zeit unsere evangelischen Kirchen aufzusuchen.
Unsere Mitarbeit im ganzen Bereich der Ökumene, das muß immer wieder gesagt werden, ist deutscherseits noch längst nicht so entwickelt, wie das bei anderen Kirchen in der Welt der Fall ist. Die deutsche Theologie hat nach unserer Überzeugung einen großen Beitrag im ökumenischen Gespräch zu leisten. Aber wer an ökumenischen Tagungen teilgenommen hat, muß den Eindruck haben, wieviel stärker hier die Theologie der englisch sprechenden Welt eine Rolle spielt. Ob das nur damit zusammenhängt, daß die meisten großen deutschen Theologen nicht englisch können, das ist eine Frage für sich. Es ist freilich die wichtigste Sprache nächst dem Griechischen für einen evangelischen Theologen, denn die Weltkirchensprache des Protestantismus bzw. der Ökumene ist englisch, während die römische Kirche offenbar beim Lateinischen geblieben ist. Insofern wird es notwendig sein, daß wir die deutsche evangelische Theologie ins Englische übersetzen. Diese Arbeit muß in jahrelanger Mühe geschehen. Wir sollten uns diese wichtige Mühe machen, denn ich bin der Meinung, daß die reformatorische Theologie in keinem Lande der Welt bis zum heutigen Tage mit solcher Intensität, mit solcher Gründlichkeit bearbeitet, ausgebaut und studiert worden ist wie in unserem Lande. Sollten wir uns nicht überhaupt die Mühe machen, das Angebot der Mitarbeit an der Weltkirchenkonferenz in Neu-Delhi so anzunehmen, wie es uns in dem schönen Schriftchen »Jesus Christus, das Licht der Welt« entgegengebracht wird? Wir sollten m.E. in unseren Gemeinden die Bibelarbeit und das Studium der übrigen Dokumente mitmachen und, so wie es der Generalsekretär Visser 't Hooft vorgeschlagen hat, alle teilnehmen an der Weltkirchenkonferenz in Neu-Delhi im November 1961.

II. Römisch-katholische Kirche
Es ist nicht immer üblich auf unseren Synoden – und ich kann mich auch aus den letzten Jahren nicht daran erinnern –, daß ein Wort über unser Verhältnis zur römisch-katholischen Kirche gesprochen wird. Aber es scheint mir in diesem Jahr nicht zu umgehen zu sein. Die Ankündigung des Ökumenischen Konzils durch Papst Johannes XXIII. hat besonders in Deutschland ein unerwartetes Echo gehabt. Das zeigt die große Publizität, die dieser Ankündigung in Deutschland zuteil geworden ist. Gerade hier ist das Thema der Wiedervereinigung der Kirchen innerhalb des Katholizismus wie innerhalb des Protestantismus mit neuer Intensität auf die Tagesordnung gesetzt worden. Wir sind in mancherlei Hinsicht überrascht über den Eifer, mit dem die römisch-katholischen Christen das Thema der Wiedervereinigung behandeln und auch mit uns darüber diskutieren wollen. Dadurch ist auf der anderen Seite unter den evangelischen Christen mancherlei Verwirrung entstanden. Das erfährt man, wenn man sich zu diesen Problemen öffentlich äußert, in zahlreichen Briefen, von denen sehr viele das Unverständnis zeigen, das viele Protestanten von dem Problem des Verhältnisses von protestantischer und katholischer Kirche haben. Dies ist natürlich schmerzlich, und wir haben hier die Aufgabe, dieses ein wenig in Ordnung zu bringen. Es ist daraus zu erkennen, wie oft durch die aus der Vergangenheit vorhandenen protestantischen Ressentiments dieses Verständnis für die große Aufgabe der Wiedervereinigung der Kirchen gehindert wird. Wir müssen allerdings sehen, daß von einer Veränderung des Vernältnisses der beiden Kirchen zueinander in dogmatischem Sinn keine Rede sein kann. Es ist zweifellos eine Illusion zu meinen, daß gegenwärtig durch irgendeine denkbare Überlegung eine Annäherung der Kirchen auf dogmatischem Wege erreicht werden könnte. Gerade die Entwicklung seit dem tridentinischen Konzil hat ja in gewisser Beziehung im Bereich der Mariologie und der Lehre vom

Papsttum eigentlich den Graben eher tiefer gemacht, als er war. Auf der anderen Seite ist gerade im deutschen Raum das Verhältnis der Christen zueinander praktisch anders geworden, als es früher war. Das ist zweifellos eine Folge der Jahre 1933 bis 1945. Es ist eben diese Generation, die aus den Kämpfen jener Jahre hervorgegangen ist, durch den gemeinsamen Gegner in einer ganz besonderen Weise einander angenähert worden. Trotzdem sind im Zusammenleben katholischer und evangelischer Christen in unserem Lande einige Probleme aufgetaucht, die einigermaßen beunruhigend sind. Es ist so, daß etwa in unserem Lande, wie überhaupt in den verschiedenen Gebieten Westdeutschlands, wir als Männer der Kirche Anfragen, Briefe, Hinweise bekommen, die alle in die Richtung weisen, als sei die Besorgnis sehr stark gewachsen, daß eine steigende katholische Vorherrschaft in unseren Ländern sich anbahne. Man liest darüber mancherlei in persönlichen Briefen oder hört darüber viel in Aussprachen mit Leuten aus dem Bereich der Beamtenschaft, der Juristen, der Philologen, aber auch in anderen Bereichen. Immer wieder werden wir von einzelnen Menschen auf Einzelheiten aufmerksam gemacht mit einer langen Serie von Klagen darüber, daß hier personalpolitische Schwierigkeiten bestehen, daß hier Evangelische zurückgesetzt oder nicht befördert werden usw. Man könnte hier eine ganze Serie von Tatbeständen aufstellen, was ich jedoch unterlassen möchte. Natürlich kann auf der anderen Seite auch auf entgegengesetzte Tatbestände hingewiesen werden. Ich erinnere an die Auseinandersetzungen über die Besetzung des Intendantenpostens beim Westdeutschen Rundfunk, worüber auch eine ganze Literatur entstanden ist. Aber es ist doch außer aller Frage, daß stärker als noch vor drei oder vier Jahren diese Beunruhigung unter den evangelischen Christen in unseren Ländern gewachsen ist. Darum glaube ich, daß wir etwas tun müssen. Aber wir müssen nicht denken, daß hier eine Leitung der Landeskirche das Entscheidende tun kann. Es wird sehr viel, ja es wird alles davon abhängen, daß wir stärker als bisher evangelische junge Männer dazu bringen, daß sie Studienräte werden, daß sie in die Berufe hineingehen, in die sich in den letzten Jahren in starkem Maße unsere katholischen Mitchristen gedrängt haben. Wir haben ja als Protestanten offenbar stärkere Neigung zur industriellen Welt. Und so kann man in weiten Bereichen sehen, wie ein ganz anderes Zahlenverhältnis zwischen Protestanten und Katholiken im industriellen Bereich einerseits und im Bereich der sogenannten Geisteswissenschaften andererseits, also der Philologie, Juristerei, Medizin usw., vorhanden ist. Wir haben also hier mancherlei zu bedenken und hoffen, daß wir in einem guten Miteinander einige Fortschritte erzielen können. Eines aber möchte ich doch noch sagen – ich habe es auch dem Herrn Ministerpräsidenten des Landes Nordrhein-Westfalen gesagt –: Wir bitten alle politisch Verantwortlichen, insbesondere diejenigen katholischen Bekenntnisses, daran zu denken, daß es nicht gut ist, in einem Staat von heute, in der Bundesrepublik Deutschland überhaupt eine konfessionelle Personal- und Kulturpolitik zu treiben. Schon einmal, meine Brüder und Schwestern, hat sich dieses Unterfangen gerächt. Ich erinnere an die Zeiten zwischen 1920 und 1933. Damals habe ich deutlich gesehen, in welch starkem Maße die damalige Konfessionspolitik des Zentrums die Menschen dahin geführt hat, dem Nationalsozialismus zuzustimmen, als er das berühmte Propagandawort in die Welt setzte: »Entkonfessionalisierung des öffentlichen Lebens«. Damals sind unzählige Protestanten darauf zugegangen in der Überzeugung, daß sie damit endlich von einem unerträglichen Drucke befreit würden. Konfessionspolitik dient weder der rechten Demokratie, der menschlichen Zusammenarbeit in unseren Staaten, sie dient aber im Grunde auch gar nicht der Kirche, denn sie ist nicht der kirchlich gebotene Weg. Im Zeitalter der schweren Bedrohung der Christenheit in Europa, ja in der ganzen Welt, aber gerade in Deutschland, kann vor einem solchen Versuch, der von vielen Protestanten als der Weg einer Bemühung zu einer Rekatholisierung Deutschlands angesehen wird, nur gewarnt werden. Er kann nichts eintragen für die Rettung der Kirche. Wir möchten ein anderes Verhältnis zueinander haben, wir möchten ein offenes, ehrliches, brüderliches Miteinander ohne den Gedanken einer Vorherrschaft. Wir möchten nicht Missionsobjekt irgend jemandes sein, sondern echte Toleranz untereinander als solche, die ja trotz allem meinen, ein und denselben Herrn und ein und dieselbe Kirche, nämlich die Kirche des Dritten Glaubensartikels, zu bekennen. Wir werden nur miteinander als Christen die auf uns zukommenden Kämpfe bestehen oder miteinander untergehen.

III. Mission

Das Thema der Mission ist auf unseren letzten Synoden öfter zur Sprache gebracht worden. Das ist ein neuer Anfang, der weitergeführt werden muß. Es genügt nicht, daß wir uns Berichte aus der Mission anhören. Die jahrelange Stellung der Kirche, sich – was die Mission angeht – hauptsächlich auf Berichte zu beschränken, die sie anhörte, muß zu Ende gehen. Wir sehen die Aufgabe der Kirche, Mission zu treiben, ganz neu. Wir fragen uns darum dieses Mal: Was ist aus den ersten Beschlüssen unserer Synode geworden? Sicher haben wir angefangen, ein neues Verhältnis von Kirche und Missionsgesellschaft zu erreichen, aber in Deutschland sieht man im ganzen, daß hier doch erst bescheidene Anfänge vorliegen. Wer einmal draußen in der Welt sich umsieht, der weiß, wie stark wir auf deutschem Boden an der Lösung dieser Frage »Kirche und Mission« gegenüber den Kirchen der Welt zurück sind. Inzwischen sind auch die Probleme der Weltmission *unsere* Probleme geworden. Es gibt nicht mehr ein christliches Europa hier und eine heidnische Welt draußen, sondern bei aller relativen Verschiedenheit ist eins gemeinsam geworden: Das Evangelium ist eine in der ganzen Welt umstrittene Größe geworden in dem großen weltumspannenden Kampf zwischen Glaube und Unglaube. Die Kirche ist eine fragwürdige Größe in der Welt geworden, fragwürdig in Europa wie in Asien oder Afrika. Die Aufgabe der Mission, die Frage der Sendung, der Sendung der Kirche, der Sendung der Botschaft, die Proklamation der Herrschaft Christi an alle ist eine gemeinsame Aufgabe geworden, die in Hamburg nicht grundsätzlich anders zu bewältigen ist als in Kalkutta oder in Johannesburg oder in Südamerika.

In diesem Zusammenhang ist es an der Zeit, etwas zu sagen über den Besuch, den ich als Vertreter der Evangelischen Kirche im Rheinland in Süd-West-Afrika gemacht habe. Ich kann auf die Veröffentlichungen hinweisen, die ja den meisten längst bekannt geworden sind[4]. Ich möchte hier nur ein paar zusammenfassende Worte auf der Synode sagen. Es war dies ein erster Besuch von Kirche zu Kirche und damit das Zeichen eines neuen Beginns im Verhältnis der Evangelischen Kirche im Rheinland zu der Kirche in Süd-West-Afrika; nicht mehr der Besuch eines Missionsinspektors auf dem Missionsfeld. Das Wichtigste, was auf Grund dieses Besuches, abgesehen von den persönlichen Kontakten, von der theologischen Arbeit, von den Predigten usw. an Ort und Stelle, zu sagen wäre, ist dieses: Wir müssen erkennen, daß die Missionskirchen in Süd-Afrika eine Angelegenheit sind, die wir nicht beiseite liegen lassen können. Die Rassenfrage, die uns dort begegnet, zeigt uns eine bedrängende Frage, die in absehbarer Zeit in der ganzen Welt eine große Problematik auslösen wird. In der süd-west-afrikanischen evangelischen Kirche haben wir eine junge Kirche, die aus der Mission hervorgegangen ist, die aus verschiedenen Volksstämmen mit verschiedenen Sprachen eine gemeinsame

---

4 Begegnungen in Südafrika, in: Der Weg 1960, Nr. 49, 50 und 51; Die Kirchen in Südwestafrika und ihre Probleme, in: KiZ 1960, S. 410.

Kirche lutherischen Bekenntnisses geworden ist, die allerdings auch noch eine gemeinsame Hautfarbe, nämlich die dunkle, hat. Daneben aber steht mit demselben Bekenntnis eine deutsche evangelische Kirche, die von der eingeborenen Kirche getrennt lebt, nicht weil sie einen anderen Glauben hat, ein anderes Bekenntnis, sondern nur, weil sie zu einer anderen Rasse gehört. Diese Trennung ist ein Anstoß, ein Ärgernis, und darum die große entscheidende Frage, die das Christentum in Afrika angeht. Diese entscheidende Frage der Kirche ist, ob das so bleiben kann, ob das eine Möglichkeit ist, auf die Dauer in Afrika glaubwürdig das Evangelium zu verkündigen. Dabei sind die Missionskirchen dort noch sehr stark von Europa abhängig. Sie sind finanziell abhängig, weil sie sehr arm sind. Und sie brauchen neuerdings sehr viel Geld, weil die dortige Kulturpolitik, die Rassenpolitik, die schwarzen Gemeinden zwingt, sich neue Kirchen zu bauen wegen des Zwanges der Umsiedlung von Hunderttausenden von Menschen. Die Kirchen brauchen theologischen Nachwuchs, und wir freuen uns dankbar, in Deutschland überall den Ruf »Pastoren für Afrika« zu hören. Wir müssen dazu beitragen, daß dort aus den Eingeborenen selbst Pastorengeschlechter heranwachsen. Dies ist das schwierigste Problem der südafrikanischen Kirchen, einen selbständigen Pastorenstand zu bekommen. Bis dahin haben die weißen Missionare den Pastorendienst für die Kirchen getan. Nun aber ist es die letzte Stunde, denn nur die Kirche kann in Afrika existieren, die eine echte afrikanische Kirche der dortigen Eingeborenen ist, d.h. eine Kirche, die sich selbst regiert, in eigener theologischer Verantwortung die Heilige Schrift selbst auslegt und ihren Nachwuchs selbst heranzieht. Aber um das bald zu erreichen, muß das Wort »Pastoren für Afrika« heißen: Wir brauchen aus Deutschland theologische Kräfte für das Missionsfeld, besser gesagt, für die jungen Kirchen, die unsere Mitarbeit gerade jetzt dringend nötig haben.
Vor einigen Tagen hat die Baseler Mission sich an die Kirchen ihres Bereiches gewandt und inständig darum gebeten, es möchten sich junge Männer für das gute christliche Abenteuer eines pastoralen Dienstes in einer afrikanischen oder asiatischen Kirche zur Verfügung stellen. Die ersten Anfänge sind auch hier gemacht. Dies gehört zu unserer Verantwortung, denn nur dadurch kann auf die Dauer die christliche Kirche auf afrikanischem und asiatischem Boden standhalten, daß beides geschieht in einer rechten Partnerschaft im Gehorsam, zugleich einer rechten gegenseitigen Anerkennung, so daß die Missionskirchen von einst sich zu selbständigen Kirchen auf afrikanischem und asiatischem Boden entwickeln. Dann werden sie auch bleiben. Wir müssen diese Kirchen als die uns von Gott aufgetragenen Bereiche unserer Mitarbeit ansehen, denn aus unseren Gemeinden hat Gott die Missionsboten dorthin gesandt. Sie sind dankbar, das Evangelium von uns empfangen zu haben, aber sie geraten in zunehmendem Maße in Verwirrung bei dem Aufwachen der gewaltigen Riesen Afrika und Asien. Was bedeuten hier die christlichen Kirchen im großen Streit der Religionen, im Kampf mit dem Mohammedanismus, und im großen Streit der Weltanschauungen, wobei der Kommunismus sich nach Kräften bemüht, Afrika und Asien zu erobern.

IV. Evangelische Kirche in Deutschland

Nach diesem Ausblick kehren wir nach Deutschland und zu unseren Kirchen zurück. Zuerst ein paar Worte über die Evangelische Kirche in Deutschland. 1959 fand keine Synode statt; die 1960er Synode vom 21.–26. 2. in Berlin hatte gegenüber den früheren zweifellos ein besseres Klima, ein stärkeres Verständnis zueinander. Allerdings muß auf der anderen Seite auch gesagt werden, daß sie in ihren Ergebnissen relativ schwach war. Wir haben den Brüdern damals gleich gesagt, daß das von ihnen vorgenommene Thema: Freizeit, Feiertag und Sonntagsheiligung ein sehr schwieriges Thema sei und es sich nicht ohne weiteres dazu eigne,

für Synodalentscheidungen in der Gegenwart behandelt zu werden. Es ist deswegen auch, wie man sehen kann, nicht gerade etwas von Bedeutung zu diesem Thema gesagt worden. Viel mehr praktisch Gutes in der Sache ist geschehen durch die Arbeit, die in unserem Lande und im Bereich des Bundes zwischen der Kirche und den entsprechenden Ministerien angefangen hat. Der Ausschuß für die Atomfrage gab einen Bericht über den Fortgang seiner Arbeit, mehr nicht. Wir werden gespannt sein, welchen Bericht er auf der kommenden Synode über den inzwischen erreichten Stand des Gespräches geben wird.
Der Erziehungsausschuß hatte eine große publizistische Wirkung, wie man sich denken kann, weil er die Probleme der ostzonalen Erziehungspolitik ins Blickfeld nahm, während der Konfirmationsausschuß leider nur einen Bericht geben konnte. Es wurde über ihn wegen Mangels an Zeit nicht diskutiert, was wir aber von der kommenden Synode erhoffen.
Bewegt hat uns in der EKD im letzten Jahre die Diskussion über die Arnoldshainer Thesen. In den letzten Tagen ist eine große Veröffentlichung erschienen, herausgegeben von Oberkirchenrat Niemeier: »Das Lehrgespräch über das Abendmahl«, eine sehr empfehlenswerte Schrift, in der wirklich alles zusammengetragen ist, was an kritischen Äußerungen hierzu in den letzten Jahren veröffentlicht wurde. Aus dem lutherischen Lager kam es zunächst in einer scharfen Kritik zur Verwerfung der Thesen als einer Preisgabe des lutherischen Bekenntnisses, während die Stellungnahme der Vereinigten Lutherischen Kirche besonnen, nicht ablehnend, aber auch nicht gerade zustimmend war. Die kritische Erörterung ist ein Zeichen der enormen Schwierigkeiten unserer Zeit, theologische Thesen über ein so durch die Geschichte diskutiertes Thema neu zu formulieren. Man kann sagen: In diesem Bereich kann man überhaupt kein Wort formulieren, das nicht schon einmal verworfen, angenommen oder Gegenstand eines intensiven Streites zwischen den Kirchen gewesen ist. Man kann das in der Diskussion über das Abendmahl genau verfolgen. Überall kommen die scharfsinnigen Theologen und sagen: Das hat schon vor 400 Jahren der gegen den gesagt und damals ist es schon abgelehnt worden. Damit ist dann eine solche These schon von vornherein verworfen. Trotzdem muß man auf der anderen Seite froh sein, daß sich die evangelische Kirche in so starkem Maße mit dieser großen Frage beschäftigt hat. Nun sind die Verfasser in jüngster Zeit wieder an der Arbeit. Man darf gespannt sein, ob sie diese Thesen, die sie damals entworfen und veröffentlicht haben, in irgendeinem Punkte abändern werden. Man darf vor allem gespannt sein, was für Folgen das haben wird, wenn sie das tun werden, denn die Frage ist ja für die EKD immer die: Werden diese Thesen eines Tages so angenommen werden, daß daraus eine Abendmahlsgemeinschaft aller evangelischen Christen in Deutschland folgen wird? Dies wäre jedenfalls unser besonderer Wunsch.
Die Konfirmationsfrage hat uns im Westen weniger als im Osten beschäftigt. Der Ausschußbericht wurde allen Kirchen vorgelegt, und die Diskussion ist in Gang gebracht worden. Wiederum ist die Folge gewesen, daß eine kleine Literatur über die Konfirmationsfrage in den letzten zwei Jahren entstanden ist. Ganze Serien von größeren und kleineren Schriften und Aufsätzen sind veröffentlicht worden. Man kann sagen, die Zahl der Vorschläge zur Änderung der Konfirmationsordnung ist ins Quadratische gestiegen gegenüber dem, was im vorigen Jahrhundert an Vorschlägen aufkam. Auch da wird es wieder sichtbar, daß man keinen Vorschlag machen kann, der nicht schon längst gemacht worden, verworfen oder geändert worden ist. Immerhin wird man besorgt sein müssen über eine stärkere Verschiedenheit, die sich in unserer Kirche gerade in den letzten Jahren angebahnt hat. Man will in den östlichen Kirchen dem großen Problem der Jugendweihe weithin zu begegnen trachten durch eine Änderung der Konfirmationspraxis. Ob das möglich ist? Ich vermute, nicht. Aber es wird offenbar versucht. Gerade im

Kreise der EKU hat die Kirche der Provinz Sachsen uns ja mit einer Neuordnung der Konfirmation überrascht, die in gewisser Beziehung einer Abschaffung der Konfirmation in der überlieferten Form gleichkommt. Darum sind wir im Rat der EKU mit den Vertretern jener Kirche hierüber in ein Gespräch eingetreten. Aber auch in den westlichen Gliedkirchen hat es eine Menge von neuen Vorschlägen gegeben. Ich erinnere an die Kirche in Hessen und Nassau und an die Kirche von Kurhessen-Waldeck. Überall sieht man, daß man beunruhigt ist über die traditionelle Konfirmationsordnung, und versucht nun, irgendwie nach vorne auszubrechen. Wir haben, wie ich im gedruckten Bericht gesagt habe, einigen Gemeinden die Erlaubnis gegeben, Experimente zu machen, denn nachdem soviel Theorie entwickelt worden ist, wird man vielleicht nur weiterkommen, wenn man an einigen Stellen einmal nach längerer Überlegung versucht, in einem Experiment gewisse Abänderungen der überlieferten Form auszuprobieren. Wir aber möchten alles tun, daß innerhalb der EKD ein gemeinsames Verständnis von dem, was Konfirmation ist und welche Folgerungen daraus auch kirchenrechtlich zu ziehen sind, erhalten bleibt. Denn es wäre schade, wenn dieser lang überlieferte Tatbestand, daß man bis dahin noch einigermaßen gemeinsam sagen konnte, was ein konfirmierter Christ im Unterschied zu einem Nichtkonfirmierten ist, nun in Gefahr geriete, aufgelöst zu werden. Das wäre für das Gemeinsame der evangelischen Kirche nun doch nicht ohne Schaden.
In der EKD ist, das will ich zum Schluß dieses Abschnittes noch kurz andeuten, das Thema der politischen Ethik weiter erörtert worden. Wir erinnern uns daran, daß im Jahr 1960 vor allem das Thema der Obrigkeit durch die Schrift von Bischof D. Dibelius zu besonders lebhaften Auseinandersetzungen geführt hat. Auch hier sieht man deutlich, wenn man die publizistische Wirkung ins Auge faßt, die zuerst stark emotionale Wirkung einer solchen Thematik, bis dann langsam die Wellen sich gelegt haben und man wieder ruhig darüber sprechen kann. Denn es ist nachher sehr nützlich, in Ruhe eine solche wichtige theologische Frage zu bedenken und zu besprechen, da sie durchaus nicht ausdiskutiert ist und über sie nicht einfach mit den Worten des 16. Jahrhunderts Endgültiges gesagt ist, zumal auch die Wirklichkeit dessen, was damals »Polizei und weltliches Regiment« war, sich geändert hat.
Ein Wort über die Lage der Kirche in der DDR wird noch notwendig sein, wenn es auch ganz kurz sein muß. Wir haben heute schon an verschiedenen Stellen den Blick dorthin gerichtet bekommen. Eine wesentliche Änderung des Verhältnisses von Staat und Kirche ist in den letzten zwei Jahren nicht eingetreten. Man kann aber sagen, daß eine gewisse Milde in der Behandlung einer Anzahl von strittigen Fragen Platz gegriffen hat. Die kirchliche Betätigung ist im ganzen nicht mehr behindert worden als früher. Die Schwierigkeiten haben sich nicht vermehrt. Der Kampf um die Jugendweihe hat uns die schmerzliche Einsicht vermittelt über die Grenzen der Widerstandskraft unserer Gemeinden. Es hat sich ein Ergebnis abzuzeichnen begonnen, das doch in bedauerlicher Weise uns zeigt, daß in diesem Punkt die Widerstandkraft der Eltern und der Kinder in unseren volkskirchlichen Gemeinden nicht ausgereicht hat, um bei dem anfangs so stark gesprochenen Nein zur Jugendweihe auch dann zu bleiben, wenn es etwas mehr kostet, als es zuerst zu kosten schien. Das hat Veranlassung dazu gegeben, Überlegungen anzustellen, wie man mit diesem Problem überhaupt fertig werden will. Es wird der Versuch gemacht, auch diejenigen Kinder, die aus irgendwelchen Gründen sich zur Jugendweihe gemeldet haben, nachträglich durch Wiederaufnahme in die kirchliche Unterweisung später auch zur Konfirmation zuzulassen. Es zeichnet sich ab, daß die Konfirmation für diejenigen, die an der Jugendweihe teilgenommen haben, ein halbes bis ein Jahr nach der Teilnahme an der Jugendweihe in der Regel für möglich gehalten wird. Diese Fragen können wir nur mitdiskutieren,

ohne sie mitentscheiden zu können. Wir können denjenigen, die an der schweren Front dieser entscheidenden Fragen stehen, nicht ins Wort fallen und ihnen Vorwürfe machen. Es ist so: An vielen Stellen kommt eben die Schwäche unserer Volkskirche heraus. Für einen großen Teil der Christen darf es zwar etwas, aber nicht viel kosten, in einer Entscheidungsfrage für die Sache der Kirche gegen die Forderungen der Partei und des Staates zu stehen. Sehr viel anders war das ja auch weithin während der Herrschaft des Nationalsozialismus nicht.
Das große Thema ist das Thema der christlichen Existenz in einem atheistischen Staat. Dieses Thema wird in der EKU gründlich behandelt. In allen Pfarrkonventen, auf den Synoden, überall kann man sehen, daß dieses die große, schwere, neue Frage ist, eine tiefgreifende Verlegenheit. Die einfache Lösung, sich dem ganzen Problem durch Auswanderung oder Flucht zu entziehen, scheint bisher nun doch nicht das Gebotene zu sein. Aber damit kommt es auf der anderen Seite zu Problemen, die mit einer großen Schwere auf uns lasten. Das Problem der Volkskirche unter einer christentumsfeindlichen Obrigkeit ist uns ganz neu gestellt. Und ob es überhaupt Kirche in Gestalt einer Volkskirche geben kann in einem Staate, der die Kirche grundsätzlich verneint, ist eine sehr wichtige Frage, die uns gestellt ist. Es zeigt sich, daß doch offenbar Volkskirche in der uns bekannten Weise nur möglich ist, wenn sie zum mindesten die Duldung oder besser das wohlwollende, freundliche Ja der Mächte, der Obrigkeit in einem Lande hat. Das ist ganz anders, wenn die Obrigkeit, wie es drüben am Tage ist, den Versuch macht, die Kirche völlig aus dem öffentlichen Leben, aus dem Leben des Volkes herauszubringen, um sie zu einer reinen frömmigkeitspflegenden, privaten Gemeinschaft, zu einer aussterbenden Gruppe zu machen. Das wichtige Thema, das wir auch mit unseren Brüdern drüben diskutieren müssen, ist zwar für uns im Westen gegenwärtig nicht aktuell, sollte aber trotzdem auch hier nicht unter den Tisch fallen.
Im Jahre 1959 fand der letzte Deutsche Evangelische Kirchentag in München statt. In der Erinnerung an ihn denken wir mit Schmerz daran zurück, daß auch dieser Kirchentag ohne Beteiligung der Christen aus der Zone stattfinden mußte. Interessant und überraschend war für die meisten, daß die Anteilnahme der Kirchentagsbesucher, im Gegensatz zu den vergangenen Jahren, sich immer mehr der Bibelarbeit und den innerkirchlichen Fragen zuwandte, während die anderen Fragen am Rande von Kirche und Welt stärkerer Zurückhaltung begegneten. Nun steht das große Wagnis des Deutschen Evangelischen Kirchentages in Berlin vor uns. Jeder weiß, daß es – menschlich gesprochen – durchaus noch unsicher ist, ob es heute noch möglich ist, in Berlin einen gesamtdeutschen Kirchentag zu halten. Lassen Sie uns alle in unseren Gebeten dieses großen Unternehmens für unsere evangelische Christenheit Deutschlands gedenken.

V. Evangelische Kirche der Union

Was die EKU angeht, möchte ich nur in aller Kürze auf die letzte Synode vom 6.–11. 11. 1960 mit ein paar Worten eingehen. Diese Synode war wiederum ein Zeichen der starken Verbundenheit aller derer, die aus dem Osten und dem Westen in dieser Kirche zusammengehören. Sie hat eine Reihe von Gesetzen, die seit Jahren in Vorbereitung waren, abgeschlossen. Sie werden uns auf der nächsten Synode beschäftigen: Das Pfarrerdienstgesetz, das Kirchenbeamtengesetz und die Kirchenmusikergesetze, die eine Neufassung der Verordnung aus dem Jahre 1941 sind. Außerdem wurde der Teil II der Agende, zum größten Teil wenigstens, verabschiedet: Die Ordnungen der Taufe und die Ordnungen der Bestattung. Jetzt fehlt noch in der Hauptsache die Konfirmations- und Trauungsordnung, die wir hoffentlich auf der nächsten Synode auch verabschieden werden, natürlich auch noch die weniger schwierigen Handlungen: Ordination, Einführungen und Einweihungshandlungen. Erst nach vollständiger Verabschiedung des II. Teiles wird eine Agende auch auf unserer Synode zur Beschlußfassung kommen. Von besonderer Aktualität war das Wort, das die Synode an die Christen im Osten und im Westen gerichtet hat.[5] Es ist auf ein großes Verständnis gestoßen. Wir haben selbst mit Erstaunen gelesen, wie in manchen Tageszeitungen eine gründliche Berichterstattung und ein verständnisvolles Votum zu diesem Wort veröffentlicht wurde. Freilich ist es auch manchmal im Westen wie im Osten gar nicht verstanden worden. Es ist ein schwieriges Problem, das im Hintergrund steht, das wir alle vor Augen haben, die wir die Lage ein wenig kennen. Um so erstaunlicher war es, daß die Synode in solcher Einmütigkeit hat reden können.

VI. Evangelische Kirche im Rheinland

Wenn ich so noch zum Schluß zur Evangelischen Kirche im Rheinland komme, möchte ich zunächst verweisen auf den gedruckten Bericht der Kirchenleitung und auf das umfangreiche Berichtsheft, aus dem man ja ersehen kann, daß man sich überall bemüht hat, mit Fleiß und Eifer und Hingabe nach Kräften zu arbeiten. Man kann auch manchmal zwischen den Zeilen in den Darbietungen lesen, was nicht geglückt ist, wo offene Probleme liegen und was versäumt wurde.

Ich möchte erinnern an das Hauptthema der letzten Synode: Missionierende Kirche. Das war ein Hauptstück unserer Kreissynoden in den letzten zwei Jahren. Wir werden über das Ergebnis noch in einem besonderen Bericht zu hören bekommen, und wir werden uns mit den Ergebnissen dieser Arbeiten auch heute beschäftigen, denn die Weiterarbeit an diesem Thema wird in seiner ganzen Breite dringend notwendig bleiben. Wir werden, da wir erst anfangen, die verwandelte Situation der Kirche in der Welt in der zweiten Hälfte des 20. Jahrhunderts zu sehen, erst mühevoll zu erkennen trachten, wie es eigentlich um die Wirklichkeit der Welt bestellt ist, in der die Kirche heute lebt. Wir werden darum erst zu fragen versuchen, wo denn die wirklichen Gründe unseres Versagens liegen, damit wir keine falschen Richtungen zur Überwindung unserer Fehler einschlagen. Erst dann werden wir daran gehen können, mit Klarheit zu erkennen, was wir denn allenfalls wirklich tun können. Es ist doch bewegend, wenn man sich die Ergebnisse der mühsamen Arbeit unserer Kreissynoden, Presbyterien und der Landessynode in den letzten zwei Jahren ansieht und die Frage stellt: Was könnten wir – nicht was sollen wir – allenfalls tun? Dann beginnt die große Verlegenheit. Offenbar kann man nur sehr wenig tun. Aber welches Wenige kann man denn wirklich *tun*? Wo sollte man erste Schritte tun aus der Überlieferung und den Selbstverständlichkeiten kirchlicher Existenz heraus?

Lassen sie mich darum noch ein paar beunruhigende Fragen im Blick auf das Leben unserer Gemeinden anrühren, denn wir sollten uns auf der Synode auch einer geistlichen Überprüfung unserer kirchlichen Existenz unterziehen. Ich denke zunächst an unsere Verkündigung. Sie ist nicht nur erschwert durch die tiefe theologische Problematik unserer ganzen evangelischen Theologie in Deutschland. Diese Problematik kann nicht beiseite geworfen werden, sie muß bewältigt werden. Das ist die große Aufgabe, die auf den Theologischen Fakultäten und den Kirchlichen Hochschulen zu bearbeiten ist, die neue aufgebrochene Kernfrage der evangelischen Theologie im Verhältnis von Exegese und Verkündigung. Aber da sie noch nicht bewältigt ist, sondern, wie alle theologischen Konferenzen und Diskussionen bis in die ethischen Fragen hinein zeigen, eine ungelöste Frage darstellt, darum ist es schwer für uns zu erkennen, wie es mit den Gründen des Versagens oder Nichtankommens oder der Mattigkeit unserer Verkündigung trotz vieler Bemü-

---

5 Vgl. KJB 1960, S. 271ff.

hungen im einzelnen, trotz mancher Anstrengungen, die gemacht werden, in Wahrheit bestellt ist. Liegt es nicht auch daran, daß der Hörer unserer Predigt und vor allem auch der Nichthörer unserer Predigt, der auch unser Gemeindeglied ist, in der Situation steht, daß ihn diese Botschaft offenbar nicht betrifft, daß er gegen sie nichts hat, aber auch gar nichts für sie, daß er sie geschehen läßt, weil er meint, es könnte wahr sein, was der Pfarrer sagt, es könnte aber auch nicht so sein. Es ist eben zweifelhaft. Und dieser tiefe Zweifel ist in Wirklichkeit die Not der Predigthörer und die Ursache für das Nichthören der Predigt, weil sich zahllose Menschen sagen: Was will der Pastor mir schon sagen? Nur wenn es wahr wäre, was er sagt, wäre es des Hörens wert!
Die neue Agende, die wir beschlossen haben, sollte uns wenigstens in einigen Punkten Anstöße geben zu überlegen, ob wir unseren Gottesdienst nicht etwas mehr zu einer Sache der Gemeinde machen könnten, einer Mitverantwortung des Presbyteriums und geeigneter Gemeindeglieder, so wie wir das in vielen Kirchen der Welt erstaunenswerterweise sehen. Es ist uns doch offenbar ganz schwer, das berühmte Ein-Mann-System in unseren Gottesdiensten zu überwinden. Und gerade in diesem Jahre, wo die Jahreslosung »Herr, lehre uns beten« es auch mit der Agende zu tun hat, denn die Agende möchte uns ja auch beten lehren, wäre es gut, die Gelegenheit wahrzunehmen, über das Gebet der Gemeinde, über die ecclesia orans, die wir ja auch sein möchten, zusammen zu sprechen und die Frage zu erörtern, ob nicht in unseren Gottesdiensten etwas Neues angefangen werden könnte, daß unsere Gemeinde sie als ihre Sache, als die von ihr auch mitverantwortete Sache ansehen lernt.
Mich bewegt noch etwas Besonderes, das ich nur kurz behandeln kann, das ich aber unterstreichen möchte, und zwar deswegen, weil der Eucharistische Kongreß der katholischen Welt im vergangenen Jahre mich dazu veranlaßt hat, nicht nur über das Abendmahl zu predigen, sondern darüber nachzudenken, was da eigentlich geschehen ist. Ich will jetzt das Kritische, was wir dazu zu sagen haben, beiseite lassen. Ich will nur das Positive hervorheben. Bei allem, was uns hier unbegreiflich schwer zu fassen ist, ist doch eines wichtig: Welch ungeheure Bedeutung hat das Abendmahl in dieser Kirche doch wieder gewonnen. Das, was die deutschen Katholiken in den letzten Jahren fertig gebracht haben, ist zweierlei:
(1) Sie bringen es in steigendem Maße zuwege, daß in den Messen wieder gepredigt wird, und überall lesen wir: Keine Messe ohne Predigt! Damit wird eine Forderung der Reformation, was den Gottesdienst angeht, erfüllt. (2) Keine Messe ohne Kommunion. Gerade auf deutschem Boden ist aus den Erkenntnissen der Liturgiegeschichte die Überzeugung gewachsen, daß in der römischen Kirche die Messe ohne Kommunion ein Torso ist, darum der großartige Versuch der römisch-katholischen Kirche, hier etwas Neues zu schaffen. Wir kennen unsere beschämende Abendmahlsziffer: Die evangelische Kirche reicht nicht an 20% Kommunikanten heran im Durchschnitt Deutschlands. In demselben Raum gehen 10mal soviel im Jahr zur Kommunion, als es überhaupt Katholiken gibt, d.h. im Durchschnitt geht jeder Katholik 10mal im Jahr zur Kommunion. Das ist also eine 1000%ige Abendmahlsbeteiligung im Unterschied zu nur 20% in unserer Kirche. Wir fragen uns dabei, ob die Art, wie wir das Abendmahl feiern, schuld daran ist. Ja, wir sollten uns wirklich fragen, ob wir dem gerecht werden, was der Herr bei der Stiftung des Abendmahls gewollt hat, ob wir das Abendmahl wirklich stiftungsgemäß feiern. Ich glaube, daß von der Reformation her hier etwas in die Wege geleitet worden ist, was leider durch das 18. Jahrhundert, jenes sakramentsfeindliche Zeitalter in der evangelischen Kirche, noch nicht überholt worden ist. Die Arnoldshainer Abendmahlsthesen – angenommen, sie werden von uns allen bejaht, sind vielleicht eine bessere Abendmahlslehre, als unsere Väter sie hatten. Aber die beste Lehre bedeutet nichts, wenn wir in unserer Kirche nicht eine ganz

andere Abendmahlspraxis wieder bekommen. Unsere Lehre mag wohl gut sein, aber für die Kirche ist es von entscheidender Bedeutung, daß unsere Abendmahlsfeiern wieder Feiern der Gemeinde Christi werden. Es ist die große Frage, ob die Art, wie wir das Abendmahl feiern, überhaupt dazu führen kann, daß sie als Feier der Gemeinde Christi begangen werden kann. Da lobe ich mir die alte reformierte Praxis, wo nur viermal im Jahr das Abendmahl gefeiert wird, dann aber von der ganzen Gemeinde. Die bei uns eingerissene Praxis, die immer noch nicht überwunden ist, das Abendmahl im Anschluß an den Gottesdienst, wenn die Gemeinde nach Hause gegangen ist, zu feiern, müßte unbedingt in absehbarer Zeit aus den Kirchen verschwinden, welche Wege wir auch immer beschreiten möchten. Darüber nachzudenken, wäre des Schweißes der Edlen unserer Kirche wert.

Es wäre nun noch viel zu sagen über die kirchliche Unterweisung, aber ich will nur auf eines den Finger legen: Unsere großartigen Leistungen im Bereiche des Katechumenats in allen Ehren! Die einzige Frage, die wir zu stellen haben, ist: In welchem Sinne ist die ganze Unterweisung, die wir betreiben, Einübung im Christentum? Hier sind wir vielleicht von unserer Vergangenheit her alle zu sehr auf die gute Lehre aus. Ja, wir geben wirklich eine gute Lehre, aber die gute Lehre allein tut es nicht, sondern es kommt gerade darauf an, die Jugend in eine gute kirchliche Praxis, d.h. im christlichen Leben einzuüben. Diese Frage bewegt mich im Blick auf die große Zahl der Religionsstunden, auf unsere umfangreiche Unterweisung in Kirche und Schule. Denn wir sehen ja, daß all unsere gute und gründlich betriebene Lehre nicht dazu beiträgt, Entscheidendes zu bewirken in der Richtung, daß daraus eine christliche Praxis in unseren Gemeinden entsteht für kommende Generationen.

Eins wäre noch besonderer Beachtung wert: »Wir und unsere Mitarbeiter«. Das Thema der Mitarbeiter in unseren Gemeinden, das Verhältnis von Pastoren, Presbytern und allen übrigen, die in der Gemeinde hauptberuflich tätig sind, muß immer wieder neu und gründlich betrachtet werden, denn hier sind wir in unseren Ordnungen weit hinter der Wirklichkeit zurück. Die Wirklichkeit hat sich in unseren Gemeinden in großen Bereichen stark verändert. Wir werden auch daraus einige Folgerungen ziehen müssen. Die Kernfrage unserer gemeindlichen Problematik ist die, daß die Überlieferung unserer Kirchengemeinden, trotz der Gemeinden unter dem Kreuz, unverändert so geblieben ist. Die Kirche besteht aus Parochien eines großen christlichen Imperiums. In einem Aufsatz »Kirche und Gesellschaft« habe ich aufzuzeichnen versucht, daß im 4. Jahrhundert etwas Entscheidendes geschehen ist, nämlich die Verwandlung der verantwortlichen, selbständigen Gemeinde der alten Kirche in die Parochie in einem christlichen Weltreich, in dem es eine staatsverbundene Reichskirche gibt, die wir bis zum heutigen Tage nicht ganz überwunden haben. Weil es jedoch das christliche Imperium nicht mehr gibt, sind wir auf dem Wege, wiederum christliche Gemeinden werden zu können, verantwortliche, sich selbst leitende und ihre Sache wirklich tragende Gemeinden. Alle Bestandteile unserer volkskirchlichen Arbeit, von der Predigt bis zur Kirchenordnung, haben es mit dieser Frage zu tun. Unsere Verlegenheit – das wissen wir alle – ist groß. Wissen wir schon, was wir tun, was wir anders machen müssen? Diese Probleme, die vor uns liegen, lassen sich nicht einfach theologisch bewältigen. Es gibt auch hier keine Zauberformel, weder eine biblisch-theologische noch eine soziologische. Es hat in den letzten Jahren eine Menge Formeln gegeben, aber keine Lösungen.

Es geht letztlich um eine geistliche Erkenntnis der Aufgabe, die die Kirche in der Wirklichkeit, in die sie hineingestellt ist, zu erfüllen hat. Anders gesagt: Worin besteht die Sendung der Kirche an den Menschen in der heutigen Welt? Worin besteht sie wirlich? Unsere überlieferten Formeln in allen Ehren, aber wir haben genug von ihnen. Sagen sie uns und anderen die Wahrheit, sagen sie uns die Wahr-

heit existentiell, d.h. an dem Platz, an dem wir stehen? Sind wir in unserer Welt, die auch die Welt Asiens, Chinas, Afrikas und Rußlands ist und die wir bestimmt besser kennen, als unsere Väter sie einst gekannt haben, unseres Glaubens gewiß? Sind wir von der göttlichen Überlegenheit der biblischen Offenbarung durchdrungen, daß wir die christliche Botschaft in die Welt hineintragen müssen? An diesem Punkte sind wir ja in der ganzen Welt umstritten. Das Christentum ist nicht mehr darum die überlegene Religion für die Welt, weil es die Religion des weißen Mannes, des Europäers ist – diese Zeit ist völlig vorbei. Wir haben also jetzt zu fragen: worin besteht denn die wahre Überlegenheit des christlichen Glaubens? Doch nicht darin, wie man früher meinte, daß die Europäer eben eine so überlegene, großartige Rasse sind gegenüber allen anderen Rassen der Welt. Dies ist nun zu Ende. Aber wenn wir an die schlechthinnige Überlegenheit der Offenbarungswahrheit der christlichen Botschaft glauben, wie werden wir dann mit dem weltumspannenden Nein zu dieser Botschaft fertig?
In der Predigt gestern wurde von dem Wind gesprochen, der uns entgegen ist. Er ist uns nicht nur in dem West-Ost-Konflikt entgegen, er ist uns in der ganzen Welt entgegen. Die Kirche stößt überall auf ein großes, tiefgreifendes Nein, ein religiös begründetes Nein oder ein atheistisch begründetes Nein; beide Begründungen stehen hier gegeneinander, aber sie sind einig in dem einen: Nein zu Christus, nein zu der Botschaft der Kirche. Und dieses angesichts der Schwäche unseres eigenen Zeugnisses, angesichts der Schwäche unseres christlichen Sendungsbewußtseins in der Welt!

Wir kehren zum Schluß noch einmal zurück zu dem Hauptthema der dritten Vollversammlung des Ökumenischen Rates der Kirchen in Neu-Delhi »Jesus Christus, das Licht der Welt«. Dieses Thema wird in einem Heft entfaltet, das in unseren Gemeinden durchgearbeitet werden soll. In diesem Heft begegnet uns die ganze Frage nach dem Inhalt, dem Sinn und dem Ziel unserer Sendung als Kirche, nämlich in der Durcharbeitung des kleinen und doch so inhaltsschweren Satzes: »Jesus Christus, das Licht der Welt«.
Was heißt das wirklich? Ist das nur eine Formel? Was verstehen wir unter dieser Formel? Was bedeutet sie für unser Leben? Glauben wir sie? Ist sie uns etwas Entscheidendes? Bezeugen wir sie? Dieses Buch ist ein gutes, gedankenreiches Heft, erfüllt von der Heiligen Schrift und von zutreffenden Erwägungen der Situation der Kirche in der heutigen Welt im Lichte Jesu Christi.
Ich möchte meinen Bericht schließen, indem ich einige Sätze aus diesem Buche vorlese:
»Das Christentum macht heute in der ganzen Welt eine Krise durch, die hinter den größten seiner Geschichte nicht zurücksteht. In den letzten hundert Jahren ist jede einzelne seiner überlieferten Grundlagen der heftigsten Kritik unterworfen worden. Die Christen werden immer mehr gezwungen, Angriffen auf ihre Glaubensfundamente ins Auge zu schauen, die sogar größer zu sein scheinen als die Bedrohungen in der Zeit der Renaissance und der Reformation. Eine sehr große Zahl von Menschen im Osten und im Westen ist überzeugt, daß der moderne Mensch die Religion einfach restlos hinter sich gelassen hat. Eine neue Art von Säkularismus hat sich entwickelt, die den christlichen Glauben als überholt und unverständlich betrachtet. Jede ernsthafte Beschäftigung mit Glaubensfragen wird als belanglos abgetan. Viele sehen in dieser Haltung eine Art Befreiung. Einige setzen ihre Hoffnung auf die Wissenschaft. Andere stellen sich auf das ein, was sie die Ungereimtheiten des Lebens nennen, und viele sind in der Sinnlosigkeit und Verzweiflung untergegangen.
Mitten in dieser Lage, die auch uns bedroht, wiederholen wir: Christus ist das Licht der Welt. Wir erheben den Anspruch, daß Christus uns das wahre Wesen

Gottes, das wahre Wesen und Lebensziel des Menschen und auch die harte Wirklichkeit der Welt, in der wir leben, offenbart.« –
»Leicht ist es, von diesen Dingen zu reden, aber schwer, aus ihnen zu leben. Viele menschliche Zweifel und Vorurteile und viele Arten von Selbstliebe machen die Menschen blind. Deshalb müssen die Christen zugeben, daß sie trotz solcher unerhörten Ansprüche sehr durchschnittliche Leute bleiben, die sich nur dessen getrösten können, daß ihr Herr seine Hand auf sie gelegt hat und sie immerdar erhalten will. In seinen Anspruch einzuwilligen, ist schwierig, weil er so ausschließlich ist: nur durch ihn empfangen die Menschen wirklich das Licht des Lebens. Aber es ist auch wegen seiner Einschließlichkeit so schwierig: denn er starb für alle Menschen. Der Kreis, in dem unsere Liebe wirkt, bleibt winzig im Vergleich zur Reichweite seiner Liebe. Denen aber, die sich seinem Anspruch wirklich hingeben, beschert die Welt reichliche Schwierigkeiten und zahlreiche Gelegenheiten, in seinem Licht zu wandeln, wo immer dieses Licht mit der Finsternis zusammenstößt.« –
»Es ist nicht leicht, die Grenze zwischen Licht und Finsternis zu ziehen; das Licht, von dem wir meinen, daß es in uns sei, kann Finsternis, ja in Wahrheit sehr große Finsternis sein. Aber wir sind davon durchdrungen, daß der lebendige Herr auf jener Grenze steht und dabei Nacht in Tag verwandelt. Er macht deutlich, was es heißt, ein Mensch zu sein, denn er allein ist in die Lage des Menschen mit all seinen Wirrnissen eingetreten und hat inmitten dieser Lage den von Gott geforderten Gehorsam vollkommen erfüllt.
Da, wo wir wohnen, ist der Ort, wo er uns nun befiehlt, vor der Welt Zeugnis abzulegen und ihr zu dienen. Diesen Ort meint er, wenn er sagt: »Ich habe dich zum Licht für die Heiden gesetzt, auf daß du das Heil zu den äußersten Enden der Erde bringest« (Apg. 13,47). Diese Aufgabe ist uns für heute gestellt, und wir werden zu solchen, die das Licht verlästern, wenn wir uns nicht bereitfinden, uns zuerst von ihm belehren zu lassen, ehe wir andere zu lehren suchen (Röm. 2,21–24). Und das kann nur heißen, daß wir auf sein Wort in der Schrift von neuem achten und auf seine Gegenwart in den turbulenten Ereignissen unserer Tage eine neue Antwort geben.«

IV
11. Landessynode vom 13. bis 18. Januar 1963
in Bad Godesberg

Einleitung
I. *Die ökumenische Bewegung*
1. Die Prager Allchristliche Friedenskonferenz 1961
2. Die dritte Weltkonferenz des Ökumenischen Rates der Kirchen in Neu-Delhi 1961
3. Dritte Europäische Kirchenkonferenz Nyborg 1962

II. *Römisch-katholische Kirche*
1. Enzyklika Mater et magistra
2. Vorbereitung und Erste Sitzungsperiode des 2. Vatikanischen Konzils

III. *Evangelische Kirche*
1. Evangelische Kirche in Deutschland
a) Synode 1961
b) Kirchentag Berlin 1961

c) Die Auswirkung der Mauer in Berlin
d) Aktion Sühnezeichen
e) Die Denkschriften zur Friedensfrage und zum Eigentum
2. Evangelische Kirche der Union
a) Der Rat
b) Die Berlin-Brandenburgische Kirche
3. Evangelische Kirche im Rheinland
a) Rückblick auf unsere Arbeit
b) Probleme unserer Kirche

IV. *Fragen und Aufgaben der Kirche in der gegenwärtigen Welt*
1. Kirche im Zeitalter der »wissenschaftlichen Zivilisation«
a) Kirche in der kommunistischen Welt
b) Kirche in der westlichen Welt
c) Kirche in der Welt der Religionen
d) Kirche am Ende des kolonialen Zeitalters
2. Mission
a) Die Kirche der Missionen
b) Die Integration und ihre Folgen in ökumenischer Sicht
3. Theologie
a) Grundfragen der christlichen Lehre
b) Christliche Aporien
c) Christliche Verantwortung für die Welt

Wir können die Synode am Anfang des Jahres 1963 nicht beginnen, ohne wenigstens zweier wichtiger Ereignisse zu gedenken, die vor 400 Jahren, im Jahre 1563, geschehen sind. Wenn unsere Synode zu Ende geht, so begehen wir an dem letzten Tage sozusagen den Geburtstag des Heidelberger Katechismus. Der Heidelberger Katechismus ist in unserer Kirche von Anfang an ein entscheidendes und wesentliches Lehrbuch für die heranwachsende Generation vieler Geschlechter gewesen, und es ist sicher auch bis zum heutigen Tage so, daß gerade in der Rheinischen Kirche eine besonders große Zahl von Gemeinden da ist, die ihn als Lehrbuch des kirchlichen Unterrichts, ja auch als das Bekenntnisbuch ihrer Gemeinde verehren. Wenn man die große Zahl der Katechismen der Reformationszeit, die ja vor Jahrzehnten einmal zusammenfassend herausgegeben worden sind, betrachtet, dann kann man daran erkennen, wie reich damals vor 400 Jahren eine geistige Produktion von Katechismen gewesen ist, von denen aber eigentlich doch nur zwei übrig geblieben sind. Neben dem Heidelberger der kleine lutherische Katechismus, wie wir ja alle wissen. Diese beiden sind von der großen Zahl jener Zeit durch 400 Jahre geblieben. So wollen wir auch dieses bedeutenden und wichtigen Jubiläums gedenken. Ich hoffe, daß wir im Frühjahr einen besonderen Tag auch in der Rheinischen Kirche festsetzen können, wo wir alle miteinander, auch durch die Abgeordneten der Gemeinden, für den Heidelberger Katechismus eine Feierstunde halten werden, um auch deutlich vor der Kirche uns dazu zu bekennen, was wir als Evangelische Kirche im Rheinland dem Heidelberger Katechismus verdanken.

Außerdem können wir in diesem Jahr um so weniger an dem anderen Ereignis vorübergehen, weil es ja bemerkenswert zusammenfällt mit dem gegenwärtig zwar im Augenblick nicht tagenden, aber doch noch in der Tagung begriffenen zweiten Vatikanischen Konzil. Am Ende des Jahres 1563 wurde das ja von 1545 an tagende Konzil von Trient beschlossen. Wir nehmen heute auch an dem Konzil von Trient insofern mehr Anteil, als wir das wohl manche andere Jahre getan haben, weil es für uns interessant ist, die ungeheure Verschiedenheit von einst und jetzt ins Auge zu fassen. Wenn man liest, unter welchen äußeren und auch inneren

Schwierigkeiten das damalige Konzil in vielen Jahren hat arbeiten müssen, dann ist das 2. Vatikanische Konzil ein erstaunliches Ereignis im Unterschied zu dem vor 400 Jahren. Aber auch – sagen wir – die Tendenz hat sich in den 400 Jahren stark verändert, denn das Konzil von Trient ist ja das schärfste antiprotestantische Konzil innerhalb der römischen Kirchengeschichte. Es ist in seinen Formulierungen eine grundlegende radikale und vollständige Ablehnung der gesamten Reformation. Das ist wohl das Kennnzeichen dieses Konzils, in dem eine unermeßliche Fülle von Anathemata enthalten ist, eine Verwerfung der reformatorischen Lehren. Wie anders sieht sich demgegenüber – soweit wir es erkennen können – die Situation darin heute an. Ich werde darauf noch ein paar Worte im Zusammenhang meiner Darstellungen verwenden.

I.

Lassen Sie mich nach diesen einleitenden Bemerkungen nun zunächst zu dem Bereich der ökumenischen Bewegung kommen und uns ein paar Dinge in Erinnerung rufen, die in den letzten zwei Jahren uns bewegt haben. Wir können trotz aller Probleme und Schwierigkeiten, die wir in mancher Hinsicht empfunden haben, an der Prager allchristlichen Friedenskonferenz 1961 nicht vorübergehen. Sie hat sich konstituiert und einen nicht geringen Eindruck in der weiten Welt gemacht; es ist ein Fortsetzungsausschuß gebildet worden, man hat mit Genf offizielle Verbindungen aufgenommen, und die Stellung dieser Gemeinschaft, die sich dort gebildet hat, ist zweifellos gegenüber der Vergangenheit gestärkt worden. Für uns, die wir in einer eminenten Weise von der Ost-West-Spannung betroffen sind, liegen hier ja einige Probleme vor, die es uns auch nicht möglich gemacht haben, uns gleichsam offiziell von Kirchenwegen daran zu beteiligen. Die Kritik, die gerade in unserem Lande oder sagen wir in Deutschland daran geübt worden ist, war stark genug. Wir haben gerade im Rate der Union über diese Fragen sehr eindrückliche und ausführliche Besprechungen gehabt. Der Rat hat auch Versuche gemacht, in ein Gespräch zu kommen. Mir scheint trotz aller Probleme und Bedenken, die nicht aus der Welt zu schaffen sind, notwendig zu sein, diese Gelegenheit zu einem Gespräch immer wieder wahrzunehmen und dabei die Gemeinschaft der Brüder hinter den Mauern und Eisernen Vorhängen zu suchen. Wir haben in so vielen Fällen die tiefe Dankbarkeit zu hören bekommen, dafür daß wir uns auch mit ihnen zusammensetzen, daß wir Zeit für sie haben, daß wir mit den kleinen protestantischen Minderheitskirchen der Tschechoslowakei und anderer Länder Verbundenheit pflegen. Es gibt ja außerhalb Deutschlands eine solche Fülle von protestantischen Minderheitskirchen im Osten wie im Westen, deren Existenz sehr stark daran hängt, wie sich (wie sie dort selbst sagen) die reformatorische Mutterkirche in Mitteleuropa zu ihnen verhält. Ferner ist immer noch zu bedenken, daß eine solche Konferenz, die damals in Prag stattfand, sozusagen eine einzigartige Gelegenheit ist, daß Kirchen über die Grenzen hinweg sich treffen können.

Die Oststaaten geben den Kirchen hier die einzige Möglichkeit, als Kirchen zusammenzukommen. Denn zwischen den Staaten, soweit wir es übersehen können, sind ziemlich hohe Grenzen, und man hat es offenbar nicht gern, wenn die Kirchen über die staatlichen Grenzen der Ostblockstaaten hinaus irgendwelche engeren Verbindungen haben. So ist diese Friedenskonferenz eine Möglichkeit, die unbedingt genutzt werden muß, weil es für alle Beteiligten, besonders für die Kirche dort, eine ungeheuer wichtige Gelegenheit ist, sich überhaupt persönlich und menschlich sprechen zu können über die Grenzen der Staaten hinaus. Ich habe nicht die Möglichkeit, dies weiter zu vertiefen, aber es scheint mir doch wichtig zu sein, Verständnis dafür zu wecken, daß bei aller Problematik, die ganz deutlich gesehen werden muß, die oft in theologischen Formulierungen oder in Resolutio-

nen liegen mag, das Wichtigste für uns hierbei auf alle Fälle die Möglichkeit einer brüderlichen Aussprache ist. Wir wissen von einer ganzen Anzahl von Brüdern dort, die uns inständig gebeten haben, gerade ihnen in der richtigen theologischen Hilfe zur Seite zu stehen. Aber, wie gesagt, das sei nur erwähnt, weil uns diese Fragen auch weiterhin noch in Zukunft beschäftigen müssen.
Das zweite große Ereignis von Weltbedeutung ist natürlich die Tagung des Ökumenischen Rates, die dritte Hauptversammlung in Neu-Delhi gewesen, über die ich das letzte Mal vor einem Jahr hier auf der Synode ausführlich berichtet habe.[6] Dieser Weltkonferenz ist schon inzwischen im August 1962 der Zentralausschuß in Paris gefolgt. Die Fortsetzung der Arbeit ist tatkräftig in Angriff genommen. In diesem Jahre wird z.B. wieder eine große Weltkonferenz für Faith and Order in Kanada stattfinden und dann die andere für uns so wichtige Konferenz der Abteilung für Weltmission und Evangelisation. Man sieht also daraus, wie in Verfolg der Neu-Delhi-Konferenz die ökumenische Bewegung ihre Aufgaben intensiv in Angriff nimmt. Sie erinnern sich daran, welche Bewegung es in der Welt gegeben hat in bezug auf die Aufnahme der orthodoxen Kirche, aber auch auf andere Ereignisse, die vor allem bei uns diskutiert worden sind. Mir scheint immer noch das wichtigste Geschehen dieser Konferenz der weittragende Beschluß über die Integration des Internationalen Missionsrates in den Ökumenischen Rat der Kirchen zu sein. Darum wird auch die kommende Synode der Evangelischen Kirche in Deutschland dieses Thema behandeln, und auch wir werden uns auf unserer Synode damit beschäftigen. Das ist die große Frage und Aufgabe, das Problem Kirche und Mission neu in Angriff zu nehmen und neuen Lösungen zuzuführen, da offensichtlich die Lösung des 19. Jahrhunderts nun endgültig dabei ist, der Vergangenheit anzugehören. Aus Gründen der Zeitknappheit soll über Neu-Delhi diesmal nicht mehr gesagt werden, nachdem wir das letzte Mal schon ausführlich über die Sache gesprochen haben. Nur eins sei noch hinzugefügt: Wir haben uns vorgenommen, die Sektionsberichte von Neu-Delhi auf unseren Kreissynoden zu behandeln, und 1962 ist der erste Versuch gemacht worden mit der Sektion Zeugnis. Wir hoffen aber auch, daß in den nächsten Jahren die anderen Sektionsberichte Gegenstand der Behandlung unserer Synoden werden. Denn nur dann, wenn die ökumenischen Anstrengungen, die ökumenischen Sätze und Erörterungen, bis in die Gemeinde hinein verfolgt werden, hat es ja Sinn, überhaupt von einem ökumenischen Zusammenschluß der Kirchen zu sprechen. Nicht nur Institutionen sollen sich da treffen, sondern die ganze Christenheit, und darum muß die Christenheit über das sprechen, was in den Konferenzen gemeinsam erarbeitet ist. Gerade die Sektionsberichte sind ja dazu da, daß die einzelnen Kirchen auf die Herausforderungen dieser Berichte antworten, und mir läge sehr daran, daß die Evangelische Kirche in Deutschland und auch unsere Kirche insbesondere sich an diesem ökumenischen Gespräch aktiv beteiligt. Bisher war es leider bei uns so, daß wir einen großen Teil des Gesprächs im ökumenischen Raum den Kirchen des angelsächsischen Raumes überlassen haben. Nun aber werden wir mit Notwendigkeit dazu gedrängt, die reformatorische Theologie des Kontinents zu vertreten und ihr neuen Raum in allen ökumenischen Gesprächen zu verleihen.
Schließlich ist im ökumenischen Raum noch zu nennen die 3. Europäische Kirchenkonferenz in Nyborg 1962. Wir nehmen als Rheinische Kirche mit der Westfälischen zusammen immerhin ein bißchen den Ruhm in Anspruch, die Anfänge dieser Konferenz unternommen zu haben. Wir freuen uns daran, daß dieses unser Kind so trefflich gediehen ist und daß also schon jetzt in Nyborg im vergangenen Jahr eine so weitwirkende Konferenz stattgehabt hat. Auch hier ist es wichtig, daß Europa in Erscheinung tritt, nicht nur, um eine neue ökumenische Konzeption zu

---

6 Siehe S. 702ff.

finden, sondern auch eine Möglichkeit des Ost-West-Gesprächs. Denn wir haben ja hier die Freude gehabt, daß eine große Zahl von Brüdern aus den verschiedenen Kirchen des großen weiten Ostraumes mit uns zusammen hat sprechen können. Bedenken Sie, hier in Nyborg konnten sich Brüder aus der Berlin-Brandenburgischen Kirche aus West und Ost treffen, was man auf deutschem Boden nicht kann. Das ist allein schon Grund genug, solche Möglichkeiten auszukaufen, wenn keine anderen sich bieten.

Die Frage, die uns begreiflicherweise bewegt, ist: Wie kommt die ökumenische Bewegung auf dem eingeschlagenen Weg ihren Zielen näher? Wir sehen, was fördert, aber wir sehen natürlich auch, was hindert. Wir haben beides ins Auge zu fassen. Das, was fördert, was die ökumenische Bewegung wirklich vorwärts bringt, das sind im großen und ganzen nicht wir alten Kirchen, sondern das sind die jungen Kirchen. Sie sind die Unruhe in der Uhr. Und diese Unruhe ist von großer Wichtigkeit. Denn die bedächtigen, konservativen und nachdenklichen Väter und Großväter der Christenheit in Europa sind immer ängstlich besorgt, daß sie ihre überlieferten Leitbilder nicht verlieren. Dagegen die jungen Kirchen stehen an den heutigen Fronten der Christenheit. Sie sind in ganz anderer Weise Bedrängnissen ausgeliefert, die uns nicht so unmittelbar betreffen. Sie sind darum von der Frage der Einheit der Kirche vielmehr bedrängt als wir. Wir haben uns ganz anders an eine lange Geschichte mit Uneinigkeiten und Konfessionen gewöhnt, und trotzdem ist ja doch die Verschiedenartigkeit der Konfessionen eigentlich ein Widersinn gegen das Kirchesein der Kirche Christi in der Welt, die nur eine Konfession, eine einzige, kennen könnte. Die Not der jungen Kirchen in ihren äußeren Bedrängnissen, aber auch in ihren inneren Bedrängnissen, ist das eigentlich vorwärts treibende Element, was fördert. Was hindert, das habe ich schon angedeutet, das sind unsere kirchentraditionellen Leitbilder, das ist auch zum Teil unsere Gleichgültigkeit, daß wir ja in uns selbst genug haben und nicht so leidenschaftlich bewegt sind, nach vorne vorzustoßen. Es hindert sicherlich auch ein wenig, was sich in der Ökumene abgezeichnet hat, nämlich die weltweiten, großen und bedeutenden konfessionellen Gruppen, die zwar auch ihre großen wichtigen Vorzüge haben als weltweite Organisationen, aber die nun auch gerade ein wenig in die Tendenz hineingeraten, als große Weltkonfessionen stärker als je zu zementieren, und damit der Gefahr nicht entgegenstehen, daß die Einheit um so schwieriger, die Wiedervereinigung der Kirchen um so weniger zustande kommen kann. Da ist es meiner Überzeugung nach die besondere Aufgabe aller Unionskirchen, dafür zu sorgen, daß zwischen diesen Blöcken der Zement nicht fehlt, die Verbundenheit nicht fehlt, sondern daß gerade hier etwas da ist, das sich hineingibt in das Ganze, das nicht etwas für sich sein will. Und es ist sicher schön, daß sich auch die unierten Kirchen niemals in die Versuchung haben bringen lassen, so etwas wie einen unierten Konfessionsblock neben die anderen zu stellen. Die nächste Konferenz von Faith and Order 1963, hoffen wir, wird entscheidende Schritte vorwärts tun können. Die Formel über die Einheit von St. Andrews 1961, die ja in Neu-Delhi eine Rolle gespielt hat, wird uns, wird jede Gemeinde zu beschäftigen haben. Denn diese Frage durchzuklären ist schon eine große theologische Aufgabe, und wir werden auch einen Beitrag dazu zu leisten haben. Denn gerade die Geschichte der Theologie in Deutschland des vorigen Jahrhunderts, zum Beispiel die Geschichte der Diskussionen um die Union, hat ja eine solche Menge von theologischer Arbeit hervorgebracht, die leider längst in den Schubfächern der Bibliotheken und Archive verloren gegangen ist, daß, wenn man sie wieder einmal aufschlägt, man staunt, wie unsere Väter und Großväter im vorigen Jahrhundert die großen Fragen, die heute ökumenisch heißen, damals von allen Seiten durchdacht haben: Einheit der Kirche, Union – denken Sie nur an die berühmte Schrift von Julius Müller »Das göttliche Recht der Union«.

II.

Wir müssen weiter in unseren Erwägungen. Wir kommen nun zur römisch-katholischen Kirche.

Wir schauen in diesen Tagen besonders natürlich auf den hinter uns liegenden Abschnitt des 2. Vatikanischen Konzils, das wir mit großer Spannung erwartet haben. Aber wir denken auch einen Augenblick einmal an die bedeutende, interessante, umfangreiche und anspruchsvolle Enzyklika »Mater et Magistra«. Gerade an ihr haben wir Evangelischen studieren können, wie man – evangelisch geredet – nicht verfahren kann. Hier ist ja deutlich, wie eine katholische Theologie mit ihren Ansprüchen und ihren Konstruktionen die Dinge des sozialen Lebens und der Sozialpolitik in Angriff nimmt und wie sie sich versteht als Lehrmeisterin der Völker. Im Grund unterliegt die Wissenschaft bis zu einem gewissen Grade wesentlich ihren Grundsätzen, den Maßstäben und maßgeblichen Erklärungen der Kirche. Dies würden wir in gewisser Beziehung als eben einen typisch römisch-katholischen Versuch einer Klerikalisierung der Welt oder auch Christianisierung der Welt ansehen, während es nach unserer Überzeugung zu den besonderen Erkenntnissen und Aufgaben der evangelischen Theologie und Kirche gehört, um der Freiheit des Menschen von einer falschen Weltherrschaft der Kirche willen hier ein deutliches und immer wiederholtes Nein zu sagen.

Nach der eindrucksvollen Vorbereitung ist nun die 1. Sitzungsperiode des 2. Vatikanischen Konzils in der Öffentlichkeit, durch die Tatsache der Beobachter auch vor der Öffentlichkeit der Christenheit der nichtkatholischen Kirchen, zu Ende gegangen. Die Erwartungen, die an dies Konzil gestellt sind, sind, besonders auf deutschem Boden, offenbar groß und ganz besonders stark – wie wir beobachten – in katholischen Kreisen. Zeitweise war ja geradezu ein gewisser Enthusiasmus da, daß man meinte, wir stehen jetzt bei dem kommenden Konzil vor entscheidenden Schritten der römisch-katholischen Kirche auf eine Wiedervereinigung mit den Protestanten hin. Nun, das ist langsam, aber sicher und auch mit Recht zurückgegangen, und doch hat der bisherige Verlauf vielen Skeptikern und Pessimisten Unrecht gegeben. Der schöne und interessante Bericht, auf den ich einmal hinweisen möchte, in »Kirche und Zeit«[7] von dem Waldenser Bruder Vinay ist sehr instruktiv. Er ist mit das Beste, was ich bisher über das Konzil gelesen habe. Er hat mit Recht herausgestellt, was hier für eine Möglichkeit im römischen Katholizismus sich anbahnt. Wie wird mit einem Mal dort von der Heiligen Schrift geredet als dem wichtigsten, was im Gottesdienst eine ganz entscheidende Rolle zu spielen hat. Wie wird von der Gemeinde gesprochen, die am Gottesdienst Anteil nehmen muß, die nicht nur dabeizustehen hat, sondern die in der Volkssprache verstehen, hören, mitbeten, mitsingen soll. Lauter Dinge, die in der Reformationszeit ja das heiße Anliegen der Reformatoren und der reformatorischen Kirchen gewesen sind. Es ist ferner erwogen, das Abendmahl in beiderlei Gestalt wieder freizugeben. Bis in die Fragen des Kirchengesangs hinein ist deutlich geworden, was der Protestantismus der Welt für die römisch-katholische Kirche bedeutet. Das theologisch Interessante für uns Theologen war ja der Streitpunkt über die zwei Quellen der Offenbarung. Wir Evangelischen nehmen natürlich besonders leidenschaftlich an einer solchen Diskussion Anteil, weil das ja auch eine interprotestantische Diskussion gewesen ist. Bis in unsere Tage hinein immer wieder kommt die Frage nach den zwei Quellen der Offenbarung in der theologischen Diskussion ans Licht, und wir können also nicht einfach sagen: Die Protestanten haben immer nur für die eine Quelle der Offenbarung plädiert, in Wirklichkeit aber beweist unsere Theologiegeschichte das Gegenteil. Erst in der neuesten Zeit, gerade im 20. Jahrhundert hat die Protestantische Kirche zum ersten Male unter Anführung

---

7 KiZ 1962, S. 464

Karl Barths doch offenbar sich mit besonderer Leidenschaft gegen eine Zwei-Quellentheorie gewandt und mit großer Intensität betont: Nur eine Quelle hat die Offenbarung, und dabei das »sola scriptura« in dieser Beziehung ganz neu verstehen gelernt. Das Aufregende an der Diskussion für uns ist ja dies, daß immer wieder herauskommt, ein großer Teil der Bischöfe der katholischen Kirche legt Wert darauf, daß auf dem Konzil nichts geschieht, was nach der protestantischen Seite neue Gräben aufwirft. Das ist es ja auch gewesen, was uns im Blick auf das Konzil besonders beschäftigt hat. Wie haben verschiedentlich zum Ausdruck gebracht, daß unsere einzige Sorge die wäre, daß das Konzil die Gräben zwischen Rom und den nicht römisch-katholischen Kirchen vertiefen könnte. Wir haben – soweit wir Verbindungen haben aufnehmen können – immer gebetet, das zu bedenken. Denn das steht außer Frage: In der heutigen Welt, in der Weltsituation von heute ist alles, was in Rom geschieht oder nicht geschieht, für die gesamte Christenheit von Bedeutung. Unser Verhältnis zueinander ist doch offenbar irgendwie trotz aller Schwierigkeiten und Probleme, die wir ganz deutlich sehen, in Bewegung gekommen, ohne daß die dogmatischen Gegensätze auch nur etwas abgeschwächt oder eingeebnet worden sind. Es ist unser Verhältnis zueinander schon dadurch ein anderes, daß es zum erstenmal jetzt möglich geworden ist, daß durch Einladungen der römisch-katholischen Kirche Beobachter aus den großen Kirchen der Welt an diesem Konzil teilnehmen können. Das ist ein Symbol von nicht zu übersehender Wichtigkeit. Umgekehrt waren sie auch eingeladen an der Konferenz in Neu-Delhi. Das zeigt eben, daß hier erst einmal Brücken geschlagen werden. Und die wichtigsten, die hier geschlagen werden müssen, sind die menschlichen Brücken des Verstehens und der Bemühungen, sich gegenseitig in den so lang uns beschäftigenden dogmatischen und ethischen Fragen näherzukommen oder wenigstens begreifen zu wollen, was der andere mit dem, was er sagte oder heute sagt, eigentlich meint. Es ist klar, daß die Denkstrukturen zwischen den Kirchen oft so verschieden geworden sind, daß es ungeheuer schwer ist, bei denselben Worten in den gegensätzlichen Formulierungen überhaupt nur den eigentlichen Sinn der Intention dieser Sätze zu verstehen. Wir werden also im Jahre 1963 nach den weiteren Vorbereitungen die wichtigsten Dinge noch erleben, die auf dem Konzil zu geschehen haben. Wir warten mit Spannung darauf, wie einige von den großen Problemen, die in den Schemata noch nicht zur Bearbeitung gekommen sind, auf dem Konzil zur Entscheidung kommen werden. Offenbar hat die Leitung des Konzils eingesehen, daß man über viele Dinge nicht mit rascher Hand zur Tagesordnung übergehen konnte, und deswegen auch sind wichtige Umstellungen erfolgt, ein Zeichen dafür, daß hier auch etwas über das sonst bei uns übliche Bild hinaus sichtbar wird von innerkatholischen Reformbestrebungen und Reformbewegungen. Und wenn so von der Heiligen Schrift gesprochen wird, wie es auf dem Konzil geschah, dann können wir evangelischen Christen dafür nur dankbar sein. Wir hoffen, daß dort weitere Schritte getan werden, die es uns ermöglichen, das Gespräch in der Christenheit miteinander in noch größerem Rahmen zu führen als bis jetzt. Die Ökumene war ja immer offen dafür, und wir wünschen nichts dringender, als daß alle christlichen Kirchen, auch die römisch-katholische, in dies Gespräch eintreten.

III.

Ich komme zur evangelischen Kirche, zu uns selbst, zunächst zur Evangelischen Kirche in Deutschland. Die letzte Synode im Februar 1961 ist nun schon bald zwei Jahre vorüber. Trotzdem steht sie noch sehr nahe vor uns. Sie war ja dadurch wichtig, daß der Rat neu gewählt wurde. Es war eine neue Synode gewählt worden, und die Hauptsache dieser Synode war, daß Präses Scharf zum Ratsvorsitzenden

berufen wurde. Die Aufgaben, die der Synode schon vorher gestellt waren, konnten auch damals nicht gelöst werden, ein Zeichen für die schwierigen Aporien, von denen ich nachher noch ein paar Worte sagen möchte. In der Konfirmationsfrage ist man keinen Schritt weitergekommen. Und auch in der Frage der atomaren Bewaffnung etwa ist nur ein sehr instruktiver Bericht gegeben worden, der aber auch deutlich zeigt, wie schwierig es ist, in diesen Fragen überhaupt eine Verständigung über die vorhandenen Unterschiede in den Auffassungen herauszuarbeiten. Wir hoffen auf eine neue Synode in diesem Frühjahr. Wir hoffen, daß es möglich sein wird, sie zu halten. Wir müssen eigentlich hoffen und beten, daß sie stattfinden könnte unter Beteiligung aller. Aber jetzt, menschlich gesehen, steht ja uns vor Augen, daß wahrscheinlich ein ganzer Teil nicht die Genehmigung bekommen wird, an dieser Synode teilzunehmen. Ein schmerzlicher Tatbestand unseres deutschen Schicksals in dieser Zeit.
Wie gut, kann man jetzt zurückschauend sagen, daß 1961 noch ein Kirchentag in Berlin stattfinden konnte. Er stand zwar schon unter großen Spannungen. Wer erinnert sich nicht an die tiefen Auseinandersetzungen. Präses Scharf ist ja sozusagen der Schnittpunkt aller dieser Spannungen in Berlin gewesen. Das heißt, er hat sehr schwer daran tragen müssen, dieses Problem zu bewältigen: Kirchentag ja oder nein, in Berlin oder anderswo? Wer an die Beratungen des damaligen Frühjahrs denkt, bewundert die Menschen, die das alles durchgestanden haben, ohne darüber zu erkranken. Denn man kann es verstehen, wie schwierig die Problematik war. Schon damals war es ja sichtbar, daß man sehr viele politische Einwendungen, schwere Bedenken gegen Berlin hatte und daß ja nun auch schließlich der Berliner Kirchentag manches nicht hat durchführen können, wie er es sich gedacht hat. Immerhin – ich bin auch dort gewesen – muß man sagen, daß vieles ganz ausgesprochen gelungen ist, daß wir heute froh sein dürfen, daß diese Zusammenkunft der Christen aus Ost und West, aus Ost- und Westberlin so noch möglich war. Auch für das, was dort gesagt und getan worden ist, vor allen Dingen die großartige Arbeitsgemeinschaft über Christen und Juden mit den wichtigen Folgerungen einer anfangenden Neubesinnung über Kirche und Israel, die mir im Blick auf vieles, was unsere Herzen bewegt, besonders gerade angesichts des uns tief bewegenden Eichmann-Prozesses, notwendig erscheint.
Das dritte, was ich zu der Evangelischen Kirche in Deutschland sagen möchte, ist ein kurzes Wort über die Auswirkung der Mauer vom 13. August 1961. Es ist nicht der Augenblick jetzt, alles wieder ins Gedächtnis zu rufen und die Schwere dieses Ereignisses uns nach allen Seiten vor Augen zu stellen. Ich denke, gerade wir, die wir in besonderer Intensität mit den Brüdern, mit den Kirchen Schlesien, Pommern, Brandenburg und Sachsen verbunden sind, empfinden die Bedeutung dieses Ereignisses, weil wir ja so oft herübergehen. Es ist für uns alle immer ein schwerer Gang, ein schwerer Weg durch eine solche Mauer mit all ihren dahinterstehenden menschlichen, nationalen und auch weltumspannenden Nöten. Aber wir sind froh, daß wir die Mauer noch durchschreiten können, und wir können auch immer wieder nur darum bitten, daß alle, die sie durchschreiten dürfen, die Gelegenheit wahrnehmen möchten. Wir haben ja heute in den Worten von Präses Scharf gehört, wie dankbar diese Wege drüben angenommen werden. Es ist klar, daß der Zusammenhalt der Evangelischen Kirche in Deutschland durch den Tatbestand gestört worden ist. Die Zusammenkünfte sind erschwert worden. Man muß sich sehr viel Mühe machen, um zusammenzukommen, sei es in West- oder Ostberlin, vor allen Dingen mit den Brüdern über Ostberlin hinaus. Immerhin sind diese Zusammenhalte nach Kräften gewahrt worden. Wir freuen uns, daß tatsächlich trotz aller Störungen und Schwierigkeiten darin keine Schwächung des Füreinander- und Miteinandersinwollens herausgekommen ist. Obwohl ja die Versuchung, die im Osten manchmal da ist, verständlich ist, daß sie sagen: Aus

taktischen Gründen müssen wir uns gewisse eigene Organisationen schaffen, weil wir sonst mit dem Staat nicht zurechtkommen. Bisher ist es trotz aller Bedenken und trotz aller inneren Spannung gelungen, diese Gefahren abzuwenden, wenn auch nicht immer ganz einfach. Für die Kirche, die hinter der Mauer liegt, jetzt hier zu sprechen, ist ja auch nicht der Augenblick, obwohl es natürlich gut wäre, daß wir uns immer wieder verdeutlichen, in welcher Situation sich die Kirche jenseits dieser Mauer befindet. Sie ist natürlich in einer besonderen Lage dadurch, daß die evangelische Christenheit in Deutschland im Osten immer noch der Überzeugung ist, mit uns im Westen in einer Kirche fest verbunden zu sein. So ist trotz dieser Mauer das Bewußtsein *einer* evangelischen Kirche in Deutschland vorhanden. Und trotzdem müssen sie sich in vielen Punkten einrichten, und zwar so, wie sie in der umgewandelten Gesellschaftsordnung mit dem Hereinbrechen des Endes der überlieferten Staats- und Volkskirche fertig werden. Da werden viele Dinge ausprobiert, da werden viele Dinge in Angriff genommen, die wir uns im allgemeinen nicht vor Augen stellen, von deren Schwierigkeiten wir uns nichts träumen lassen. Denken wir an das elementare Problem der Finanzierung der Gemeindearbeit, der Pastoren und Katecheten, dann die Aufgabe der Gewinnung von Menschen, die vom Staat absorbiert werden. Dann die Probleme des Wehrdienstes mit all den Schwierigkeiten, angefangen beim Eid bis hin zur Frage der Wehrdienstverweigerung. Alle diese Fragen, – Sie kennen sie alle der Reihe nach und haben sie oft bedacht, – bedeuten natürlich für die Christenheit drüben eine dauernde Beunruhigung, eine dauernde Beschwernis. Und in den Gesprächen, die wir miteinander haben, sieht man, wie tief doch faktisch die Verschiedenheit sich auswirkt, in der Christen in West und Ost zur Zeit leben müssen. Um so notwendiger ist es, daß es trotz allem noch solche Dinge gibt wie die eindrucksvolle und bedeutsame Denkschrift zur Friedensfrage[8], die 1961 herausgekommen ist und die eine Antwort zu geben versucht, wie es möglich ist, Frieden zu halten in dieser friedlosen und von so starken weltanschaulichen Spannungen erschütterten Welt. Ein christliches Wort, ein Wort, das vielleicht auch hier und da politisch mißbraucht worden ist, aber im ganzen doch auch (wie man so sagt) angekommen ist, daß Menschen es vernommen und gehört haben und daraus gesehen haben, wie von christlicher Sicht aus so schwierige Probleme, wie es der Friede auf Erden heute tatsächlich ist, in Angriff genommen werden können. Ich persönlich muß sagen, daß ich sehr dankbar gewesen bin, daß wir diese Arbeit haben herausbringen können, daß die Evangelische Kirche in Deutschland das geschafft hat in einer Zusammenarbeit von Brüdern aus den verschiedenen Gebieten des Ostens und des Westens. Es sei angeschlossen die ja vornehmlich im Westen viel diskutierte Eigentumsdenkschrift[9], die in den großen Bereich der öffentlichen Verantwortung der Sozialpolitik gehört. Ich habe keine Möglichkeit, hier auf Einzelheiten einzugehen. Es sei nur erwähnt, daß diese Denkschrift eine Arbeit ist, an der weiterzuschaffen sich lohnen würde.

Schließlich noch ein kurzes Wort zu der uns allen bekannten, in der EKD begründeten Aktion Sühnezeichen. Ich sage das deswegen, weil wir uns hierbei auch besonders engagiert haben, und zwar zuletzt bei dem Aufbau, Neubau und Umbau einer Einrichtung, die für die französisch-reformierte Kirche von großer Wichtigkeit ist. Die Notwendigkeit, ein Institut zu errichten, um Pastoren aus anderen Berufen zu gewinnen, war unabweisbar, und da die französisch-reformierte Kirche uns gebeten hat, ihr dabei zu helfen, so haben wir von den an der Westgrenze gele-

---

8 Handreichung »Zur Friedensfrage«; vgl. KJB 1961, S. 76ff.
9 Eigentumsbildung in sozialer Verantwortung, veröffentlicht auf Beschluß des Rates der EKD vom 6. 4. 1962, Hannover 1962.

genen Kirchen finanziell geholfen, damit die Aktion Sühnezeichen in den Stand gesetzt wurde, ihre Arbeit in Lyon zu tun.

Außerdem hat die Aktion Sühnezeichen ja auch in Taizé die prächtige Versöhnungskirche gebaut, ein schönes Zeichen der Versöhnung; und wir freuen uns, daß auch gerade dieses Ereignis in der weiten Weltöffentlichkeit nicht ohne einen starken Widerhall geblieben ist. Auf die anderen Werke und Pläne von der Aktion Sühnezeichen einzugehen, würde wieder zu weit führen. Wir sind froh und dankbar, daß ihnen so vieles gelungen ist. An manchen Stellen werden noch wichtige Arbeiten zu tun bleiben, vor allem auf holländischem Boden in Rotterdam. Inzwischen hat man angefangen, sogar auch jenseits des Eisernen Vorhangs bescheidene Werke in die Wege zu leiten. Wer die Lage Deutschlands in der Welt vor Augen hat, der wird, glaube ich, dankbar dafür sein, daß es so etwas überhaupt gibt und daß von uns aus ein Zeichen aufgerichtet wird, das unter dem Worte steht: »Wir bitten um Frieden«.

Ich komme zur Evangelischen Kirche der Union. Es ist heute schon manches darüber gesprochen worden. Es hat im ganzen Berichtszeitraum keine Synode stattfinden können. Wir hoffen in diesem Jahre einmal wieder eine halten zu können. Wir sind dabei, sie vorzubereiten und die Möglichkeiten zu erwägen, und wir haben auch Hoffnung, daß es uns gelingen könnte. Diese Kirche ist ja in besonderer Weise durch den Zerbruch der Welt betroffen. Gerade in Berlin können die aus Westberlin nicht nach Ostberlin zu den kirchlichen Veranstaltungen und umgekehrt. Dabei ist der Rat glücklicherweise immer noch ein festes Bindeglied, und wir haben eben doch mit großer Freude erfahren, daß man uns hat zusammenkommen lassen, daß wir unsere Arbeit haben tun können und daß wir die ganzen zwei Jahre hindurch als Rat der Union ganz ungestört gewirkt haben. Zwischendurch hat es einige Probleme gegeben, es wurde uns wieder einmal eröffnet von einer ostzonalen Stelle, daß wir überhaupt nicht existierten, es gäbe gar keine Evangelische Kirche der Union. Aber die Fakten zeigen ja glücklicherweise immer noch, daß trotzdem diese Kirche weiterbesteht. Unser Bemühen, die Gemeinschaft der Kirche der Union festzuhalten, ist ja bei uns eine besonders dankenswert betriebene Aufgabe. Wir haben auf unserer Synode diesmal besonders zahlreiche Dokumente dieser Gemeinschaft zu bearbeiten, fast der größte Teil der Gesetzesarbeit, die wir hier tun, geht um Gesetze der Evangelischen Kirche der Union, um damit auch die echte, vollständige Gemeinschaft dieser Kirche zu dokumentieren, nicht nur in Freundschaft und Liebe, sondern auch in den gemeinsamen Ordnungen, gerade mit den Brüdern jenseits der Mauer. Denn für sie ist diese gemeinsame Einordnung in den kirchlichen Gesetzen ein besonders sichtbares und deutliches Zeichen der Gemeinschaft, aber auch für sie selbst ein ganz wichtiges Dokument des Bestandes einer Kirche. Denn sie fühlen sich geradezu dadurch gestärkt, daß wir miteinander diese Ordnungen festhalten. Als Beispiel für die Probleme einer Kirche in der heutigen gespaltenen Welt steht vor uns die Berlin-Brandenburgische Kirche, unsere Patenkirche. Wir haben Anteil genommen an den schweren Ereignissen, die diese Kirche genötigt haben, sogenannte Regionalsynoden zu bilden, und wir haben auch Anteil genommen an den Schwierigkeiten, die sich herausgestellt haben, daß zwei Synoden da sind, die miteinander direkt nicht sprechen können, die aber trotzdem etwas Gemeinsames beschließen sollen. Allein dieser Tatbestand zeigt schon, welche eminent schwierigen Probleme vorliegen, wenn man nur durch einzelne Menschen den Kontakt herstellen kann. Dieses Zeichen soll uns besonders dazu Anlaß geben, daß wir immer daran denken, daß gerade diese unsere Patenkirche Berlin-Brandenburg unserer Hilfe, unserer Liebe, unseres Besuches ganz besonders bedarf. Wir wollen uns auch bemühen, weiter wie bisher nach Kräften dafür Sorge zu tragen.

Ein paar Worte über die Evangelische Kirche im Rheinland. Das meiste, was hier zu sagen wäre, ist schon gedruckt vor Ihren Augen. Es sei auch darauf hingewiesen, daß ja der Bericht, der leider ein bißchen groß geworden ist mit seinen 365 Seiten, lohnt im großen und ganzen gelesen zu werden. Aber ich wollte sagen, ich habe mich vorher einmal darum bemüht, mir einen Eindruck zu verschaffen von dem, was in diesen Arbeitsberichten an Erweis der Bemühungen in unserer Kirche ans Licht kommt. Wenn es eine Rechtfertigung nach den Werken gäbe, dann wären wir gerechtfertigt! Wenn nun ja unsere Werke uns auch nicht rechtfertigen, trotzdem freuen wir uns, wenn wir einige schöne Früchte sehen, die aus dem Glauben, wir wir hoffen, kommen. Aber nun stellen wir uns auf der Synode vor die Frage: was ist denn aus unseren Anregungen geworden, die wir hier vor zwei Jahren herausgebracht haben, über die Leitung der Gemeinde, über Mission und viele andere Dinge. Wenn ich das alles vorführen könnte, dann würden wir alle erkennen, daß vieles zwar bedacht worden ist, aber noch nicht in die Tat umgesetzt werden konnte. Wir haben vielleicht auf der Synode vieles gesagt, was wir tun möchten oder sollten, aber es hat sich doch sehr langsam in die Wirklichkeit umsetzen lassen. Ich will nur darauf aufmerksam machen, daß wir diese Frage immer wieder zu stellen haben, damit wir nicht vergessen, unserer eigenen Initiative, die wir einmal gehabt haben, zu gedenken. Unsere Schwäche, die mir vor Augen steht, zeigt sich für mich immer wieder an zwei Punkten: Der eine Punkt unserer kirchlichen Schwäche ist ja der Mangel an Kräften. Sicher ist der Mangel in der Welt überhaupt vorhanden, aber in der Kirche dürfte er nicht vorhanden sein. Denn was es hier für Aufgaben gibt, die sind sicher etwas ganz besonders Wichtiges und Gutes. In der Mission und in der Diakonie sind ja so wichtige Dinge zu tun, und wir sind da so weit hinter den Erfordernissen zurück, daß wir vor großen Problemen stehen. Jeder weiß, was ich meine. Ich habe ja auch diesem Gedanken Ausdruck verliehen in einem Schreiben, und ich hoffe, daß alles nicht ganz umsonst sein wird. Sehen Sie sich auch einmal in einem stillen Augenblick die kleine statistische Übersicht an über die rheinischen Theologiestudenten und Pfarrer, wo sie herkommen, welche Synoden also ihr Soll annähernd erfüllen und welche es noch nicht erfüllt haben – modern ausgedrückt. Der Bedarf steht ja oft in einem umgekehrten Verhältnis zu den Nachwuchsleistungen, die hier eigentlich geliefert werden müssen. Das andere, was zwar auch erfreulich ist, – sehen Sie sich den großen Bericht an über die Entwicklung der Kollekten. Ja, wenn wir nicht so ein bißchen Geldentwertung hätten, könnten wir sagen: wir haben Großes erreicht. Gegen früher sind unsere Kollekten enorm gestiegen. Natürlich schon deswegen, bedenken Sie auch, weil unsere Kirche ja um das Doppelte gewachsen ist. Also von daher gesehen, ist eine Verdoppelung der Kollekten nur das Behalten des bisherigen Bestandes. Nur wenn diese Kollekten noch einmal verdoppelt werden, dann würde man sagen können, sie haben sich wirklich verdoppelt. Daß wir in der Sammlung »Brot für die Welt« noch nicht mehr geschafft haben, ist mein großer Schmerz. Ich glaube, es liegt vielfach bloß daran, daß wir nicht fertigbringen, das Geld da abzuholen, wo es liegt. Ich könnte erzählen, daß in vielen Kirchengemeinden, wenn man die Menschen fragt: »War bei Ihnen schon jemand, der für Brot für die Welt sammelt?« viele Gemeindeglieder sagen: »Niemals ist bei mir einer gewesen, um für Brot für die Welt zu sammeln.« Also, was in der Bibel schon steht von den Arbeitern im Weinberg, die nicht da sind, und von denen, die nicht gedingt werden, das scheint auch heute noch den Tatbeständen zu entsprechen. Aber in manchen Kirchengemeinden müßte doch ein wenig darüber nachgedacht werden, wie man das Geld, das auf Abholung wartet, hereinbekommt. Dann würde man sicher viel mehr für »Brot für die Welt« bekommen. Leider können wir nicht allen die Anschauung vermitteln, wie notwendig dieses Geld ist. Wir können nicht vermitteln, wie es in der Welt aussieht, wo es uns doch so relativ gut geht.

Bedenken wir also, was wir tun können. Wir haben einige Versuche gemacht. Der Kollektenausschuß wird darüber nachdenken. Sie wissen von dem neuen Kollektenplan. Wir müssen viel mehr aufbringen. Die Zahl muß jedenfalls noch um eine ganz erhebliche Position wachsen. Im missionarisch-diakonischen Bereich sind die Aufgaben, die auf uns zukommen, soviel größer geworden, daß wir mit dem Bisherigen nicht auskommen können.

Wie begegnen wir den äußeren und inneren Wandlungen und dem gewaltigen Wachstum, äußerem Wachstum zumindest, unserer Kirche? Das ist ja eine der wichtigsten Fragen, die fast jede Synode beschäftigt im Bereich der Gemeinden, der Kirchenkreise und der Landeskirche, eine Frage, die uns wohl auch auf dieser Synode in gewisser Beziehung beschäftigen wird. Ich denke dabei an das Verbandsgesetz. Was können wir tun, wenn wir uns selbst fragen, im Blick auf die geistliche Instandsetzung unserer Kirche zur Erfüllung ihrer Aufgaben? Diese Frage ist ja nicht so einfach zu beantworten. Vielleicht es es das entscheidende, daß wir selbst uns ändern müssen und daß von dort aus manches anders würde. Denn wie ist es mit dem missionarischen Eifer, mit der missionarischen Kraft von uns selbst? Wir können alle von »missionarisch« sprechen. Es gibt heute nichts mehr, was nicht mit dem Titel »missionarisch« bedacht wird. Und trotzdem fragt man sich: »Wie ist das mit meiner eigenen Predigt, oder was bringen wir im Unterricht zuwege?« Ist das so missionarisch, d.h. also so auf den Menschen aus als Zeugendienst am Evangelium, daß dadurch der bedrohlichen Gleichgültigkeit, der Entkirchlichung, die heute ja das große Schicksal Europas zu sein scheint, begegnet werden kann? Ich möchte darum in einem Schlußteil, nachdem ich über die Fragen und Ereignisse der vergangenen Jahre einiges gesagt habe, noch ein paar Bemerkungen machen über die mich und viele andere sicher auch bewegenden Fragen und Aufgaben der Kirche in der gegenwärtigen Welt. Denn nur im Zusammenhang dieser Erwägungen können auch unsere Bemühungen in einer Synode wirklich sinnvoll sein.

IV.

Wir leben als Kirche im Zeitalter der wissenschaftlichen Zivilisation. Kein Geringerer als ein großer Philosoph unserer Tage, Weizsäcker, hat vor kurzem das Wort geprägt, daß an Stelle der Religion in Europa der Glaube an die Wissenschaft getreten ist. Das scheint mir den Tatbeständen durchaus Rechnung zu tragen. Ich habe auch seit Jahren den Eindruck, daß der Glaube an die Wissenschaft den Menschen unserer Zeit aufs stärkste trägt, daß er der Wissenschaft Ungeheures zutraut, zumal da sie sich ja auch als eine enorm wirksame Helferin des Menschen im letzten Jahrhundert erwiesen hat. Sie verdient offenbar ein hohes Maß an Vertrauen. Aber wir als Kirche, meine Brüder und Schwestern, leben in einer Welt – worüber wir einmal nachdenken müssen –, in der es bereits Professoren für Weltraumforschung gibt. Also die Erde ist schon viel zu klein geworden für den Forschungsdrang des Menschen, ein unerhörtes Phänomen! Wir denken an die Entwicklung der Atomphysik, von der wir im allgemeinen als Nichtphysiker nur sehr wenig verstehen. Aber die Atomphysik befaßt sich offenbar mit einer ungeheuer machtvollen Wirklichkeit, einer Wirklichkeit, die uns erschrecken läßt, wenn wir an die atomaren Waffen denken, und die auf der anderen Seite doch so ist, daß wir den Eindruck haben, ohne Atomphysik wird die Menschheit am Ende dieses Jahrhunderts nicht mehr leben können. Denken wir nur an die bestürzende Bevölkerungsexplosion. Wir in Europa leben vielleicht dahin und denken, das ist weit weg von uns in Indien oder Asien, wo die Völker wachsen. Aber eines Tages wird auf dieser kleinen Erde eine riesige Menschenmenge leben wollen, und wir wissen nicht, was das auch in Europa für weittragende Folgen hat. Wir sehen heute schon im Bereich der UNO Forschungen und Überlegungen, was für Maßnahmen ergriffen werden müssen, wenn am Ende des 20. Jahrhunderts die sicher sechs Milliarden umfassende Menschheit gemeinschaftlich, ohne sich gegenseitig zu zerstören, leben soll. Was für Auswirkungen wird das haben für den Einsatz in Landwirtschaft, Industrie und Technik! Wie werden gerade Europäer und Amerikaner, die hier über die größten Mittel verfügen, eingesetzt werden müssen, die ja in immer stärkerem Maße für die Existenz der Menschen auf der Welt von großer, ja entscheidender Bedeutung sind. Dabei ist die Welt zugleich, wie wir ja alle vor Augen haben, ganz tief gespalten. Sie ist nicht nur politisch gespalten und weltanschaulich, sie ist auch rassisch tief gespalten. Sie ist auch religiös tief gespalten. Sie ist auch in ihren ethischen Vorstellungen über das Menschsein tief gespalten. An dieser Stelle liegen ja die eigentlich schwierigsten Fragen: denn wenn man ein Buch wie das von Fritz Baade liest, »Der Wettlauf zum Jahre 2000«, so steht ja hinter diesen sehr instruktiven Darlegungen die eine große Angst, daß diese gespaltene Welt sich gegenseitig die Vernichtung bereiten könnte, und zwar nicht nur durch Atomexplosion, sondern auch auf ganz andere Weise, während vielleicht auch die Möglichkeit bestände, mehr als sieben Milliarden Menschen auf der Welt zu ernähren, wenn alle zusammenarbeiten würden, wenn also jene katastrophale Spaltung in der Welt nicht da wäre. Aber auch hier gilt: Ist auch ein Unglück in der Stadt, das der Herr nicht tut? Können wir sagen, daß es ein bedauerlicher Zufall ist, oder müssen wir auch anerkennen, daß dieser Tatbestand unter der Vorsehung Gottes und unter der Schuld der Menschen in der Welt so zustande gekommen ist, daß wir nicht aus noch ein wissen und tief besorgt sind über die Gespaltenheit der Menschen auf der so klein gewordenen Erde? Die Kirche von heute lebt inmitten dieser weltumspannenden wissenschaftlichen Zivilisation, die alle ergriffen hat. Die moderne Zivilisation ist in Indien und in Afrika nicht anders als in Amerika oder Europa. Überall ist sie die kommende Gemeinschaft aller Völker auf alle Fälle. Die Kirche lebt nun heute in dieser gespannten Welt auf der einen Seite in einer kommunistischen Gesellschaftsordnung. Sie lebt in einer Welt, in der der Atheismus von staatswegen gefördert und als eine staatlich anerkannte und vom Staate vor allem gewünschte und als alleinige Wahrheit anerkannte Weltanschauung vertreten wird. Welt, Geschichte, Natur, Menschheit, alles dies wird ja Millionen von Menschen heutzutage in der Weise beigebracht, wie das in dem ja bekannten Buch »Weltall, Erde, Menschheit«[10] geschieht. Also, sagen wir ruhig »antichristlich«. Wir stehen ja vor dem Phänomen, daß alle nachchristlichen Wandlungen der Welt antichristlich sind, daß es keine Möglichkeit gibt, in eine gewisse Neutralität gegenüber dem Christentum hineinzugehen oder in eine vorchristliche Religiosität zurückzukehren. Alle Religionen, die nachchristlich sind, sind im Grunde alle antichristlich. Und darum sind es diese Religionen, die sich jeder Bekehrung am stärksten widersetzen. Wir haben im Gebiet jenseits der Mauer in Berlin ein Beispiel vor Augen, und zwar ein besonders instruktives Beispiel, als ja hier eine Kirche lebt, die eine Kirche des Wortes ist. Wie anders lebt im kommunistischen Reich eine Kirche des Sakramentes, eine Kirche des mysterienhaft verstandenen Dogmas, eine Kirche, die grundsätzlich ihre Hauptaufgabe in der Liturgie, in der sakralen Gottesverehrung sieht und gar nicht das Wort an den Menschen in die Welt hinein ergehen läßt, wie das die westlichen Kirchen, vor allem auch die protestantischen Großkirchen tun. Wie neu wird hier die Bemühung um die christliche Existenz. Was ist in den letzten Jahren darüber gesagt und geschrieben worden! Wir haben eine Reihe von interessanten Dokumentationen, vor kurzem auch wieder eine aus dem Kreis der Vereinigten Lutherischen Kirche Deutschlands, eine sehr beachtliche Erwägung über das Problem »Kirche in der

---

10 Es handelt sich hierbei um ein in den Schulen der DDR verwendetes weltanschauliches Lehrbuch, Berlin 1959.

atheistisch-kommunistischen Gesellschaft«, Dinge, die wir zu bedenken haben werden, die – wie wir hören – in absehbarer Zeit auch im Bereich der Kirche der Union zu neuen Thesen heranreifen werden, denn wir haben uns ja auf den letzten Synoden der Kirche der Union fast immer mit dieser großen Frage beschäftigt. Und sie ist eine Weltfrage, eine Frage nicht nur des deutschen Ostraumes, sondern eine Frage, die die großen Kirchen der weiten Welt angeht und im ganzen ökumenischen Bereich darum zu einer wichtigen Frage christlicher Existenz, kirchlicher Existenz in einer atheistisch-antichristlichen Welt geworden ist. In einer merkwürdigen Weise bewahrheiten sich hier gewisse Züge des Buches, das so voller Rätsel ist, nämlich des Buches der Apokalypse des Johannes. Obwohl es zeitgeschichtlich aus ganz anderen Zusammenhängen entstanden ist, zeichnet sich etwas ab in der Geschichte der Welt, was dort schon keimhaft ausgesprochen wurde.

Wir im Westen leben in einer Welt des liberalen Humanismus mit praktisch wirksamem atheistisch-materialistischem Denken. Das Gefährliche in dieser Welt ist dieses, daß in einer unbegreiflichen, weitverbreiteten Lethargie sich zeigt, wie sozusagen die geistige Substanz des Menschen ausgebrannt ist. Es gibt auch keine Metaphysik mehr, sondern es gibt nur noch Existenz, nur noch Aktualität, alles das, was früher als Sein gegolten hat, was in der großen abendländischen Metaphysik gedacht und erörtert worden ist, alles das ist über Bord geworfen, ist erledigt, ist vergangen, ist dahin. Unsere Welt ist in einer merkwürdigen Weise gekennzeichnet durch eine tiefgreifende Gleichgültigkeit gegenüber der Botschaft der Kirche. Sie wird nicht bekämpft, sie ist nicht einmal wert, bekämpft zu werden, sie wäre schön, sagt man fast, wenn sie wahr wäre, aber unser Glaube an die Wissenschaft hindert uns, dies zu glauben, was so unwissenschaftlich ist wie die Bibel, die so unwissenschaftliche Behauptungen aufstellt wie das Kommen Gottes in die Welt und viele andere Ereignisse, die da verkündigt werden. Hier ist die große Frage, vor der wir stehen, diesen Menschen der Wissenschaftsgläubigkeit unseres Zeitalters und darum der großen radikalen Gleichgültigkeit gegenüber dem, was nicht Erde und Weltall ist, überhaupt anzusprechen, daß er hört, und ihm verständlich zu machen, daß Erde, Weltall und Menschheit in der Hand dessen sind, der zu uns gekommen ist und der uns noch mehr und ganz anderes geben wird und will als das, was wir uns in der Großartigkeit menschlicher Vernunft und Anstrengung zu geben vermögen.

Aber die Kirche lebt nun auch in der Welt der großen Religionen, die wieder aufgewacht sind. Sie sind in einer merkwürdigen Weise zu neuem Leben erwacht, so daß heute die Mission vor großen Schwierigkeiten steht. Nicht nur dem Islam gegenüber, der in einem gewaltigen Feldzug, könnte man fast sagen, im Begriff ist, Afrika zu erobern. Wir denken an den Hinduismus und sein Wiedererstehen als die Nationalreligion des großen indischen Weltreiches oder an den Buddhismus in Ostasien. In einem sind sie alle einig, in dem sind sie alle miteinander verbunden bei allen Gegensätzlichkeiten: Nur nicht das Christliche, nur nicht Jesus Christus, das Licht der Welt. Ein Licht der Welt – warum nicht? –, aber nicht *das* Licht der Welt. Und darum Er nicht. Und an vielen Stellen der Welt zeigt sich heute schon – nicht nur in China, sondern auch anderswo, daß diese Völker und Staaten alles tun, um sich gegen missionarische Anstrengungen der Christenheit abzuschirmen, und Schwierigkeiten bereiten. Selbst wenn wir Missionare hätten – die wir im Augenblick gar nicht haben –, sie würden vielleicht in viele Staaten keinen Eingang finden, weil der dortige Staatsbuddhismus oder der Hinduismus oder andere Religionen sagen: »Wir haben Religionen genug, wir brauchen keine andere.« Und darum wird die Einreise verweigert.

Schließlich ist nun aber auch noch aufmerksam zu machen auf die immer stärker die Welt bewegenden rassischen Gegensätze und Auseinandersetzungen. Wir leben in der Tat am Ende des kolonialen Zeitalters, und wir sehen heute rückschauend, wie der Kolonialismus auf der einen Seite sozusagen den Unterbau für eine Expansion des Christentums in die Welt hinein geliefert hat von grandiosen Ausmaßen. Es gibt keine Epoche der Weltgeschichte oder Kirchengeschichte, in der eine so ungeheure Expansion erfolgt ist wie im 19. Jahrhundert. Aber dies Zeitalter geht jetzt zu Ende, und nun zeigt es sich, was es bedeutet, wenn der Missionar oder der Christ oder die kirchliche Gemeinde ganz auf eigenen Füßen steht und nicht den großen, gewaltigen weißen Herrscher im Hintergrund hat. Es zeigt sich im stärkeren Maße, was die großen gefährlichen Erscheinungen des Kolonialismus in der Behandlung afrikanischer und asiatischer Völker für katastrophale Rückwirkungen haben für das Verständnis dessen, was der weiße Mann geschafft und geleistet hat. Was sie von uns wollen? Sie wollen am liebsten unser Geld und unsere technischen und chemischen und physikalischen Produkte, sie wollen alles, was wir geleistet haben, aber unseren Geist absolut nicht. Bei unserem Geist haben sie immer die Vorstellung von militärischer Besetzung, von Raub und Mord und anderen furchtbaren Dingen, die passiert sind, und von der harten Herrschaft, die durch Jahrhunderte über diese Länder gekommen ist. Sehr christlich ist es da ja leider nicht zugegangen, und darum leiden wir heute schwer darunter, gerade als Kirchen und Missionen. Wir müssen das alles auf unser Konto nehmen, was Menschen getan haben, die zwar keine Christen waren, aber in der Welt als Glieder christlicher Völker angesehen wurden. Die Bewältigung dieser Weltprobleme ist faktisch längst an die Stelle der konfessionellen Lehrfragen getreten. Ein neues Zeitalter kommt herauf, in dem die konfessionellen Differenzen hinter den großen Weltfragen der Existenz des Christentums in der heutigen Welt ganz und gar zurücktreten.

Die Erkenntnis ist im Wachsen, daß wir den heutigen Aufgaben, die auf uns zukommen, noch lange nicht gewachsen sind. Das zeigt – und davon will ich zum Schluß noch ein paar Worte sagen – die Situation der Mission und der Theologie, die Mission nach draußen sozusagen, die Theologie nach drinnen. Es läßt sich nicht bestreiten, daß immer mehr deutlich wird: Die Mission der Welt, die so Ungeheures geleistet hat im 19. Jahrhundert, ist in eine Krise geraten, in eine große, umfassende Krise, die sich darin zeigt, daß überall große religiöse Wandlungen da sind, daß rassische Differenzen auftauchen, daß die Verbindungen zwischen den alten Kirchen und den jungen schwieriger werden. Ein großes Selbständigkeitsstreben führt zu Spaltung und Abfall von den Missionskirchen. Man kann in Afrika geradezu sehen, wie starke Mengen dem Christentum bereits wieder verloren gehen, sei es dem Mohammedanismus oder auch den Volksreligionen in einer eigentümlichen synkretistischen Form des religiösen Lebens. Die Folgerungen, die sich daraus ergeben, sind die Aufgaben, die uns auf der nächsten Synode der EKD auch beschäftigen werden: Der Ausbau der ökumenischen Diakonie, die Übernahme missionarischer Aufgaben durch die Kirchen selbst. Was uns vor Augen steht, ist dies: daß je länger je mehr die Kirchen in Übersee selbständige christliche Kirchen werden, um so weniger können sie nur noch mit einer hier vorhandenen Missionsgesellschaft zusammenarbeiten. Sie wollen, wie sie auch deutlich sagen, dann wenigstens eine Partnerschaftskirche, eine Kirche haben, mit der sie zu tun haben. Dies ist die große Wandlung, der wir entgegengehen. An die Stelle der überlieferten Form, Mission zu treiben und Verbindung zu Kirchen in Übersee zu haben, wird im steigenden Maße das Verhältnis der Partnerschaft treten, Partnerschaft solange, bis diese Kirchen so selbständig geworden sind, daß sie unserer Hilfe nicht bedürfen. Wir haben dafür aus den vergangenen Jahrhunderten, z.B. aus der Mission der Germanen, analoge Beispiele. Bis unsere Väter selbständige Kirchen wurden, haben sie eben aus dem Raum des Mittelmeers diese Hilfen gehabt, damals andere, als wir es heute tun. Hier sind die großen neuen Aufgaben, denen sich auch unsere Synode stellen muß und die im weiten Maße in allen Kirchen der Welt dieselben Probleme aufwerfen.

Ein kurzes Wort über die theologischen Fragen: Wir haben auf der letzten Synode ein Beispiel dafür gehabt und gesehen, wie es mit der Diskussion der Grundfragen der christlichen Lehren augenblicklich steht. Schlicht gesagt – wie ein Dogmatiker es ausgesprochen hat –, es steht irgendwie alles auf dem Spiel: Die Auslegung der Heiligen Schrift, das Thema »Wahrheit« und das Thema »Methode«. Die gewaltig wachsende Literatur zu diesem Thema – nicht nur in unserem Lande – denken Sie an die vielen Aufsätze in »Kirche in der Zeit« – die großen und kleineren Darbietungen, die es auf dem theologischen Sektor gibt, zeugen von der Schwere der Problematik und der Unvermeidlichkeit der theologischen Krise. Ich würde sagen, bedenken Sie: Die Welt, in der wir leben, die Wandlung des Weltbewußtseins, des menschlichen Wahrheitsbewußtseins, die Wandlung, die sich dadurch ergibt, daß wir im Zeitalter der Atomphysik und der Weltraumforschung leben, diese Dinge haben auch ihre Rückwirkung auf die theologischen Probleme. Sie stehen nicht außerhalb; sie haben kein geschütztes Ghetto, sondern sie stehen auf dem freien Felde der geistigen Auseinandersetzungen von heute. Wir müssen eben gerade diesen Problemen gegenüber wachsam werden, um auch zu verstehen, wieso wir heute hier in Sorgen und Beunruhigungen und Bedrängnissen uns befinden und warum es doch offenbar kein Zurück gibt weder zum 16. Jahrhundert noch zu einer noch weiter zurückliegenden Vergangenheit. Das ist ja eine von den Ideen unserer orthodoxen Freunde, die meinen, wir könnten den kirchlichen Problemen Rechnung tragen, wenn wir 15 Jahrhunderte durchstrichen und zurückkehrten zu den weisen Vätern der ersten Jahrhunderte. Es gibt kein Zurück, auch nicht dadurch, daß man bei der Reformation des 16. Jahrhunderts stehen bleibt, sondern es gibt nur ein Vorwärts in das Zukünftige in der Gewißheit, daß ja der Herr der Kirche und der Welt derselbe ist, an den wir uns in allen unseren Bedrängnissen halten. Wie schwierig unsere Probleme liegen, zeigt ja die Diskussion der ethischen Grundfragen. Bedenken Sie, was im letzten Jahrzehnt an Arbeit an die Erörterung der ethischen Probleme gewandt worden ist. Christliches Handeln in der Welt von heute, christliche Politik, Atomwaffen, Geburtenkontrolle, Strafgesetzbuch, Krieg und Frieden und viele andere Dinge, die uns jahrelang beschäftigt haben. Wissen wir, was wir tun sollen, wissen wir, was wir tun können? Warum wissen wir es nicht? Wir sind uneinig und verlegen über die Antwort, die wir aus der Heiligen Schrift entnehmen können. Es war mir sehr instruktiv, daß ich vor einem halben Jahre bei Gelegenheit einer Auseinandersetzung von einem römisch-katholischen Laien einen Brief bekam, der schrieb: Eure Verlegenheit in der evangelischen Welt ist ganz klar. Mit dem sola scriptura kommt die Kirche überhaupt nicht durch, denn dieses alte Buch von vor 2000 Jahren kann die Antwort auf unsere Fragen nicht geben. Die Kirche braucht ein aktuelles heutiges Lehramt. Wer das nicht hat, kann den modernen Problemen nicht Rechnung tragen. Weil den Evangelischen das fehlt, bleiben sie hoffnungslos zurück. Sehr instruktiv, wie das sola scriptura von Rom her aussieht. Wir fragen uns: Verstehen wir die Bibel denn so? Was für einen Glauben im Blick auf die Bibel und ihre Antworten haben wir eigentlich? Wir wissen genau, in welche Schwierigkeiten uns die Diskussion führt, wenn wir über die Frage nachdenken: Darf man nun atomar aufrüsten oder darf man das nicht, darf man eine solche Streitmacht haben oder darf man das nicht? Was soll man als Christ dazu sagen? Hier sehen wir eigentlich unsere Verlegenheit, daß die Heilige Schrift nicht einfach schreibt: »Man darf keine Atomwaffen gebrauchen«, sondern daß wir durch sie in unserer Situation in unsere Verantwortung gerufen werden, so daß wir antworten müssen, daß wir uns zu fragen haben, was auf Grund der Heiligen Schrift in Gesetz und Evangelium nun unsere konkrete Aufgabe heute ist. Damit stehen wir vor der Frage, wie wir das Wort Gottes beantworten sollen, und wir sehen dabei, daß innerhalb des Protestantismus keine Einmütigkeit darüber besteht, was die Heilige Schrift darüber sagt und wie sie es sagt. Wir müssen das hinnehmen und müssen uns bemühen, darüber hinaus zu kommen. Aber der Tatbestand ist ebenso beunruhigend und bestürzend wie der in der Diskussion theologischer Grundfragen der Lehre, wovon ich soeben kurz gesprochen hatte. Wie sollen wir unsere christliche und kirchliche Verantwortung für die Welt in der heutigen sich wandelnden Gesellschaft wahrnehmen? Das ist ja die Aufgabe, die uns auf so vielen Konferenzen und Synoden in der EKD und in der EKU und bei uns immer wieder in Anspruch genommen hat. Unsere Anstrengungen seit 1945, ein neues Verhältnis zu den politischen und gesellschaftlichen Fragen zu gewinnen, sind respektabel. Aber was hat sich dabei gezeigt? Es hat sich gezeigt, daß in unserer Kirche tiefgreifende Gegensätze – in anderen Konfessionen freilich auch, aber wir denken an unsere Kirche – in der Beurteilung der Aufgaben, der Möglichkeiten und der Ziele der Kirche in der Welt vorhanden sind. Diese starken Spannungen, die uns jahrelang beschäftigt haben, sind neuerdings ein wenig abgeschwächt worden. Man hat das Gefühl, nach den heftigen Krisenjahren ist nun ein bißchen Frieden eingekehrt, aber doch kein Frieden, bei dem irgendein guter Friedensschluß erfolgt ist, sondern mehr Friede aus Erschöpfung. Auch das gibt es ja, daß theologische Fragen bis zur Erschöpfung diskutiert werden, und am Ende verzichtet man, weil man den Eindruck hat, man kommt nicht weiter. Ich sehe gefährliche Folgen dieses Kampfes der letzten Jahre darin, daß wir alle ein wenig wieder angefangen haben zu resignieren. Wir haben uns schon wieder sehr weit aus dem politischen Bereich zurückgezogen, weil so viele sich dabei die Finger verbrannt haben. Wir haben hier und dort große Schwierigkeiten gehabt in den Gemeinden, in der Kirche, in der Öffentlichkeit, und sagen: Überlassen wir also lieber die Lösung dieser Frage den Fachleuten. Dies ist die große Gefahr in der heutigen Welt, in der politischen Welt. Wir überlassen die Lösung der großen Menschheitsfragen offenbar je länger je mehr den Fachleuten und werden dabei also in die Gefahr geraten eben von diesen sehr hoch spezialisierten Fachleuten nicht in einer rechten Weise geleitet und zur Wahrheit geführt zu werden. Wir sollten darum in unserer Kirche einmal anfangen zu erkennen und zu lernen, daß wir nicht aufhören dürfen – wie sagt es die neue Losung des Kirchentages von Dortmund, die so etwas schockierend ist: »Mit Konflikten zu leben«. Ich muß sagen, das Wort ist zwar nicht ganz schön und man kann manches dagegen sagen – es hat mich trotzdem ein wenig angezogen. Denn ich finde, in der Situation sind wir: Wir müssen »mit Konflikten leben«, mit den gegensätzlichen Meinungen, mit den leidenschaftlichen Überzeugungen pro et contra, und uns gerade hierin als Christen bewähren, als Christen den anderen zu lieben und zu verstehen suchen, unsere eigene Überzeugung immer wieder in Frage stellen zu lassen und nicht zu sagen: Der andere hat eine andere Meinung, er ist darum entweder dumm oder schlecht oder beides. Diese Gefahr ist ja die große Gefahr in der Welt, wie auch leider oft in der Kirche. Wir müssen alle lernen, nicht zu resignieren. Wir sind ja so oft aufgerufen worden, wir sollten uns mehr engagieren bei gewissen Dingen: Evangelische Laien an die Front, in die politischen Parteien usw., alles richtig; die Gefahr ist aber, daß wir einander entweder verachten oder verwerfen oder daß wir resignierend sagen: Wir kommen nicht weiter. Konzentrieren wir uns darum, wie man so schön sagt, auf die Hauptsache. Als wenn die Hauptsache nicht eben die Welt wäre, mit der es Gott zu tun haben will. Als wenn das nicht eine ganz große Hauptsache wäre für die Kirche, die in dieser Welt für die Welt lebt. Wir stehen erst am Anfang einer großen Weltwende, die ja mit dem Zeitalter der Weltraumforschung und der Atomphysik offenbar angebrochen ist. Wir haben sehr viel zu lernen, denn unsere politischen und kirchlichen Leitbilder sind alle mehr oder weniger veraltet. Wir müssen aufbrechen zu neuen Erkenntnissen und

Wegen, in der Freiheit, zu der wir durch das Evangelium berufen sind. Gerade wir Protestanten, wir Evangelischen haben hier eine Chance, die einzigartig ist. Gerade in der im Neuen Testament uns zugesprochenen Freiheit können wir neue Dinge wagen, zu neuen Erkenntnissen vorstoßen und sind nicht immer durch unsere Vergangenheit blockiert. Wir beobachten, in welch eigentümlicher Weise sich die römisch-katholische Kirche durch ihre Sätze von der Irreformabilität der Kirche blockiert, nach vorwärts in vielen Dingen durchzustoßen. Unsere andere Aufgabe ist, das evangelische Zeugnis, die Botschaft des Wortes im Blick auf den Menschen, mit dem wir es zu tun haben, neu zu durchdenken und es auch neu sprechen zu lernen. Denn wir haben ja doch ganz stark den Eindruck, daß unsere Sprache so geworden ist, daß sie sich nicht mehr Gehör zu verschaffen vermag und daß wir überlegen müssen, wie wir unsere Wahrheitsgewißheit, unsere Glaubensüberzeugung so dem Menschen vermitteln können, daß er auch den Eindruck hat: Was diese Christen glauben und bezeugen, dahinter steckt doch offenbar eine Kraft, eine Wahrheit, etwas unerhört Großes, so daß er aufgerufen wird, aufzuhorchen und aufzuwachen. Wir müssen schließlich lernen, der Welt Gottes, den Menschen in ihrer mannigfachen von ihnen z.T. gar nicht erkannten Not hingebend zu dienen. Die drei großen Worte der Sektionen von Neu-Delhi haben uns auch zu beschäftigen: 1. Sektion: Zeugnis: Wir haben, glaube ich, alle zu lernen, was das heißt: Zeugnis zu geben in dieser Welt, in der wir heute leben. Darum uns weiter zu bemühen, soll unsere vornehmste Aufgabe sein. Wir sollen nicht meinen, wir wüßten ja, was Zeugnis ist, wir könnten alles, wir müßten es bloß tun. Nein, wir sollten uns fragen, ob das, was wir sagen, wirklich Zeugnis ist. 2. Sektion: Dienst. Wie ist es mit dem Dienst? Ist die Kirche wirklich Dienerin Gottes in der Welt, für den Menschen? Hat sie die Kraft, den Menschen den Dienst zu leisten, der in der Welt getan werden muß? Wir wissen alle, daß in der Welt nichts notwendiger ist, als daß darin Christen leben, die die Welt lieben, die die Menschen der Welt lieben, die das tun, was in der Welt am meisten erstirbt. Denn wir sind ja in der Gefahr, daß in der Welt die Liebe aussterben könnte. Wer kann allein der Welt Liebe vermitteln, wenn nicht die Kirche Christi? Dies ist es, was uns dann zuletzt noch zu dem Thema der 3. Sektion führt: Einheit. Einheit an jedem Orte, wo wir miteinander leben als Kirchen, in Presbyterien, in Kirchengemeinden, in Landeskirchen, in der EKD, aber auch Einheit nach allen Seiten, zu allen Christen und Kirchen, um der Einheit des Volkes Gottes willen, das zum Zeugnis in der Welt berufen ist. Nicht ohne Grund steht im Johannesevangelium das Wort, das mich unablässig im Blick auf die Einheit verfolgt: »Daran wird jedermann erkennen, daß ihr meine Jünger seid, so ihr Liebe untereinander habt.« Das ist für die Welt das wichtigste Kennzeichen der Kirche Christi als der Jüngerschaft des Herrn, der sein Leben in Liebe für die Welt gegeben hat und der Kirche den Auftrag gab, dieses Zeugnis der Welt bis ans Ende zu sagen.

V
12. Landessynode vom 13. bis 16. Januar 1964
in Bad Godesberg

Bemerkungen zur Lage der Evangelischen Kirche in Deutschland
Ich möchte zu Beginn ein paar Worte wiederholen, die ich in einer Rundfunksendung am 1. Januar im Westdeutschen Rundfunk gesprochen habe. Am Anfang des Jahres 1964 kommt uns einiges in den Sinn. Vor 50 Jahren begann der Erste Weltkrieg, 1914 das Schicksalsjahr des 20. Jahrhunderts für Europa. Wer hätte es damals für möglich gehalten, daß nach 50 Jahren die Welt in Mitteleuropa so aussehen könnte wie heute? Wer hätte es für denkbar gehalten, daß Berlin eine geteilte Stadt sein würde? Aber inzwischen – vor 25 Jahren – 1939 begann der Zweite Weltkrieg, der Anfang vom Ende jener Welt, die auf dem Wiener Kongreß 1815 für eine wahrhaft lange Zeit geordnet war. Seit diesem Datum scheint nicht nur Mitteleuropa, sondern darüber hinaus – man könnte sagen nach den Berichten wiederum der letzten Tage – die ganze Welt in Unruhe geraten. Man hätte wohl recht zu sagen, die Welt ist aus den Fugen; geteilte Völker, geteilte Städte, Flüchtlingsströme ohnegleichen, und überall tiefgreifende politische Gegensätze kreuz und quer durch die Erde hindurch. Wir denken auch an jene furchtbaren unüberwindlichen Tatbestände der rassischen Gegensätze, die manche Völker, manche Staaten in der Welt in eine ganz besonders tiefe Beunruhigung versetzten. Ist nicht unsere Zeit so, daß wir mehr Fragen als Antworten haben, kann man es noch wagen, von einem Sinn der Geschichte zu sprechen, wie unsere Väter das noch in ihren großen geschichtlichen Darlegungen, in ihren großen Philosophien im 19. Jahrhundert versucht haben? Die Geschehnisse unserer Tage sind so verwirrend, daß man nichts mehr von einer ordnenden Kraft, von einem erkennbaren Sinn der Geschichte zu sehen vermag. So anders ist die Welt geworden. Unsere Geschichtsbilder, die wir mitgebracht haben, passen nicht mehr zu dem Geschehen von heute. Die für uns alle alarmierende Lage zeigt sich für uns auch darin, daß die Menschen gerade wegen dieser sie bedrängenden beunruhigenden Situation als das einzig Lebenswerte am Dasein noch ihr persönliches Wohlergehen ansehen. Man bemüht sich darum, heute zu genießen, von dem man morgen nicht mehr weiß, ob man es haben wird. Wozu sollte man sonst eigentlich leben? Den großen Worten der Menschen, die so zahlreich über unsere Generation hingerauscht sind, glaubt keiner mehr, und darum möchte sich auch keiner mehr engagieren. Ideale und Ideologien, Weltanschauungen und andere Ismen sind offenbar dahin. Aber ist es mit unseren christlichen Worten nicht so ähnlich gegangen? Sind sie nicht hineingezogen worden in den Abgrund der Unglaubwürdigkeit, nicht ohne Schuld derer, die sie sagten – als ob das Christentum so etwas wäre wie die religiöse Untermauerung des Abendlandes, die Grundlage der bürgerlichen Monarchien oder auch Demokratien oder auch die religiöse Gestalt des Deutschtums? Alles dies ist dahingegangen, und man muß eigentlich sagen: Gott sei Dank, daß dieser Mißbrauch des Namens Jesu Christi ja nun doch ein wenig zurückgetreten ist. Vielleicht haben wir nun eine neue Chance, das Evangelium von Jesus Christus glaubwürdig zu sagen als das, was es in Wahrheit ist, und nicht, was wir daraus so gerne gemacht hätten. In Wahrheit ist es ja Gottes Zusage an seine Welt, sein Ja zur Menschheit, die sich selbst der Verlorenheit und der Vergänglichkeit überantwortet hat, Gottes weltbewegendes Wort an die zum Tode verurteilten Bewohner der Erde. Dieses Wort ist Jesus Christus selbst, der Sinn der Geschichte. Darum denken wir in dieser Stunde an das Losungswort dieses Tages: »Wir haben einen Herrn, Jesus Christus«. Er ist Leben und Friede, Zukunft und Erfüllung. Wie ein gewaltiges Jubellied der Befreiung in einem

Gefangenenlager, so erschallt dieses Wort von Jesus Christus in unserer Mitte: »Wir haben einen Herrn, Jesus Christus, durch welchen alle Dinge sind und wir durch ihn.«

I.

Indem ich dies sage, meine Brüder und Schwestern, bin ich eigentlich schon bei dem ersten Hauptpunkt meiner Darlegungen, nämlich bei dem Thema »*Kirche und Mission 1963/64*«. Vielleicht darf man sagen, daß das Jahr 1963 für die evangelische Christenheit in Deutschland in diesem Punkte eine entscheidende Wende bedeutet. Zum ersten Male hat sich die Synode der Evangelischen Kirche in Deutschland auf ihrer Tagung im März 1963 mit dem Thema Mission beschäftigt, zum ersten Male nach so vielen Jahren; ein Zeichen, wie fern einer deutschen Synode von Anfang an ein solches Thema gelegen hat. Nun aber ist auf dieser Synode in Bethel im vergangenen Jahre in Verfolg der Kirchenkonferenz von Neu-Delhi ein erster Schritt getan worden. Die evangelische Kirche hat in ihrer Gesamtheit durch ihre Vertreter sich zur Mission bekannt als ihrer Sache, als der ihr von Gott auferlegten, ihr von Gott anvertrauten Aufgabe, nicht als einer Sache, die sie nun auch noch neben vielen anderen wahrnehmen müßte, sondern einer Aufgabe, die zu ihrer Existenz gehört. Wir haben jetzt nicht die Möglichkeit, rückschauend das Missionsthema, wie es verhandelt worden ist – in Neu-Delhi und auch in Bethel –, noch einmal uns in Erinnerung zu rufen. Die Tatsache, daß hier eine Vereinbarung geschlossen wurde zwischen der Evangelischen Kirche und dem Deutschen Evangelischen Missionstag, ist ein Zeichen der Wandlung, in der sich die Kirche in unserem Land befindet, eins von den großen freudemachenden Zeichen. Für die evangelische Christenheit Deutschlands ist diese Wandlung von größtem Gewicht. Hier geschieht eine neue Begegnung zwischen der entscheidenden Aufgabe der Kirche, der missio dei, der Sendung Gottes, und der Christenheit im alten Europa, der evangelischen Christenheit der Reformation, und es beginnt eine neue Begegnung zwischen den Kirchen hier und in Übersee. Es ist geradezu so, als ob damit zum ersten Male die überlieferten landeskirchlichen, staatskirchlichen, volkskirchlichen Grenzen übersprungen würden, als ob wir die ersten Schritte wagten in die weite Ökumene, in die Welt hinein, als ob wir zum erstenmal als Kirche sähen: Wir sind als evangelische Kirche nicht bloß für unser Volk, für unser Land, für unseren Staat da, sondern Kirche für die Welt, um die eine weltumspannende Aufgabe der Kirche Christi zu lösen. Was sich hier anbahnt, meine ich, und was hier werden muß, ist *Kirche als Mission existierend*. Das ist die neue Einsicht, eine Einsicht, die gewonnen ist in der Erkenntnis, daß Kirche Christi ihr Wesen darin hat, Gottes Gesandtschaft in der Welt und an die Welt zu sein. Kirche als Mission existierend, d.h. eine aus sich herausgehende, zur Welt offene, für die Welt lebende Kirche. Das sind die Bemühungen und Erkenntnisse, das sind die Rufe, die Worte, die bei uns laut werden und durch die so etwas geschieht wie eine Wiederentdeckung des eigentlichen Auftrags der Kirche, ihres eigentlichen Seins und ihres Sinnes in der Welt. Die Evangelische Kirche im Rheinland hat sich seit Jahren darum bemüht und darf deswegen auch mit großer Freude zurückschauen auf das gewichtige Ereignis, das bei uns in der Vereinbarung unserer Kirche (und anderer Kirchen) mit der Rheinischen Mission sowie auch mit der neuen – sagen wir »Missionssynode« bei der Rheinischen Mission in Wuppertal entstanden ist. Eine ganz gewichtige, neue Erkenntnis der Zusammenarbeit, in der wir Kirche als Mission existierend sein möchten und in der die Mission nun auf ihre Weise sehen muß, daß ihre Aufgabe darin besteht, die Wege im Namen Jesu Christi zu beschreiten, die wieder zur Kirche führen, zur Kirche in aller Welt, woraus dann die

Partnerschaft im Gehorsam, im Dienst, in der Aufgabe entsteht. »Mission in sechs Kontinenten«, so sagte man auf der Missionskonferenz in Mexiko.

II.

Damit komme ich zu einem zweiten Punkt meiner Darlegungen: »*Kirche in Deutschland, ökumenisch gesehen*«. Im ökumenischen Raum hat sich eine Wandlung seit Neu-Delhi durch die Integration des Internationalen Missionsrates angebahnt. Und zwar hat sich das Selbstverständnis des Ökumenischen Rates der Kirchen in einem gewichtigen Satz verändert, indem nämlich in die Basis etwas Dynamisches hineingekommen ist. Die Basis, die bisher bestand, war sozusagen ein Bekenntnissatz. Nun aber ist dieser Bekenntnissatz verwandelt worden in den Satz, in dem die Kirchen gemeinsam bekennen: Wir kommen zusammen um der gemeinsamen Aufgabe willen, um des Auftrags willen, der an uns gestellt ist. Wir wollen *gemeinsam zu erfüllen trachten, wozu wir berufen sind*. Dies ist das eigentliche, zentrale Ereignis von Neu-Delhi gewesen, dieses Ja zu dem gemeinsamen Auftrag. Das hat sich in der Basis gezeigt, das hat sich in der Integration gezeigt. An diesem gewichtigen Satz wird nun im ökumenischen Raum gearbeitet, nämlich um dies zu erkennen, was das heißt: »gemeinsam zu erfüllen trachten, wozu wir berufen sind«. Daß dies nur noch *gemeinsam* geschehen kann, das ist die große Erkenntnis der letzten Jahre, das ist der eigentliche große Erfolg der ökumenischen Bewegung. Nicht, daß es ihr schon gelungen ist, eine Einheit unter den Kirchen herzustellen, sondern daß in diesem Bemühen die Erkenntnis ans Licht gekommen ist, daß unsere Existenz als Kirche ihren Sinn in ihrer Berufung zur Mission hat und daß darin auch alle unsere Einigungsbemühungen ihren Sinn haben, nicht eine weltumspannende Großmacht, »Kirche« genannt, zu werden, sondern die sich in die ganze Welt verströmende Macht Jesu Christi zu sein, daß erfüllt wird, wozu die Kirche da ist, wozu sie gesandt wurde, wie Matth. 28 steht: Gehet!

Die großen ökumenischen Versammlungen des vergangenen Jahres haben einige von den damit verbundenen Problemen deutlich gemacht. In Montreal[11] kam die Einheitsfrage der Kirche mit erneuter Verschärfung in die Ökumene hinein, und zwar durch die Diskussion mit der Orthodoxie. Zum ersten Male zeigte sich hier deutlicher als je zuvor, was es bedeutet, wenn man mit der Orthodoxie in einer ökumenischen Versammlung wirklich diskutiert. Auf der anderen Seite hat sich in Montreal vor allen Dingen begeben, daß Professoren der deutschen Theologie dort zum erstenmal große Überraschungen hervorriefen und daß die dort versammelten Delegierten aus den verschiedenen Gebieten der Welt den Eindruck hatten, daß hier neue, entscheidende Fragen vom Neuen Testament an sie gestellt seien, daß es eben nicht geht, sich bloß und allein oder meistens mit den dogmatischen Vergangenheiten, den Bekenntnisschriften, den Dogmen zu befassen, sondern daß das Neue Testament selbst in den Mittelpunkt der Auseinandersetzung zu rücken ist. Ich sehe darin einen gewichtigen Schritt, denn wir verschanzen uns ja gegenseitig hinter der Großartigkeit unserer mächtigen Traditionen und Bekenntnisse und wollen nicht gerne auf die Heilige Schrift unmittelbar angesprochen sein, oder wenn wir es tun und geschehen lassen, dann sind die Wege und Kanäle, durch die wir sprechen, gewöhnlich die Kanäle unserer eigenen kirchlichen Traditionen.

In Helsinki waren die Lutheraner zusammen[12], und einige von uns waren als offi-

---

11 4. Weltkonferenz für Glauben und Kirchenverfassung vom 12.–26. 7. 1963
12 4. Vollversammlung des Lutherischen Weltbundes vom 30. 7.–10. 8. 1963

zielle Besucher dabei, nicht als Delegierte. Wir haben gesehen, welche Probleme auftauchen, wenn man sich der Frage stellt, wie man das Evangelium heute aktualisieren kann, wie man das, was in der Bibel steht, in der Rechtfertigungslehre, in der Christologie so vergegenwärtigen kann, daß es ohne Preisgabe dessen, was in den kerygmatischen Äußerungen der Heiligen Schrift ausgesprochen ist, neu gesagt wird. Es ist darum kein Wunder, daß es die deutschen Theologen waren, die in Helsinki eine vielleicht voreilige Beschlußfassung über die Rechtfertigung verhinderten. Die schwere Aufgabe, eine Botschaft der Konferenz zu diesem Thema zu verabschieden, erwies sich als nicht lösbar. Und gerade sie wird die Aufgabe sein, das Evangelium den Menschen von heute zu sagen, an der wir auch beteiligt sein werden, weil es im letzten Grunde die Aufgabe ist, die sich für die ganze Ökumene stellt, die Aufgabe, die besonders die reformatorische Theologie und ihre Kirchen im ökumenischen Raum zur Geltung zu bringen haben. Das ist das eigentliche Erbe, das wir einzubringen haben und um das noch in den nächsten Jahren ein mächtiger Streit sich ergeben wird.

Was in *Mexiko* passierte, ist ja erst in den letzten Tagen bekannt geworden[13]. Ich möchte aus der Botschaft dieser ersten Konferenz der ökumenischen Kommission für Weltmission, wie es dort heißt (for mission and evangelism), ein paar Worte vorlesen, die die Hauptsache, die uns angeht, enthalten:

Aufruf zur Einheit der Mission

»Wir fordern alle Christen auf, in dieser Aufgabe zusammenzuarbeiten. Wir sind überzeugt, daß jetzt die Zeit gekommen ist, da wir gemeinsam planen und gemeinschaftlich handeln müssen. Die Tatsache, daß Christus nicht geteilt ist, muß in der Struktur missionarischer Arbeit unmißverständlich deutlich gemacht werden. Die gegenwärtigen Organisationsformen der Mission machen diesen Sachverhalt nicht sichtbar; im Gegenteil, sie verbergen ihn vielfach. Man muß die weitreichenden Konsequenzen erkennen, die sich daraus für alle Kirchen ergeben.

Auch die missionarische Aufgabe ist unteilbar und erfordert Einheit. Sie ist ebenso unteilbar wie das Evangelium, und sie ist unteilbar, weil sich die Kirchen in allen Ländern derselben entscheidenden Aufgabe gegenübersehen. Und sie ist auch unteilbar, weil jede christliche Kirche in allen Teilen der Welt gefordert ist, die Liebe Gottes in Christus aufzuzeigen, in Zeugnis und Dienst vor der ganzen Welt. Mission erfordert Einheit, weil sie im Gehorsam gegenüber dem einen Gott geschehen muß und weil wir gegenüber der säkularisierten oder der unchristlichen Welt kein wirksames Zeugnis ablegen können, wenn wir uns voneinander trennen. Die Gaben, die Gott jeder Kirche gewährt hat, brauchen wir, um für die gesamte Kirche Zeugnis ablegen zu können.«

Jeder, der diese Worte nicht nur hört, sondern sie erwägt, wird empfinden, welches Gewicht sie haben und vor welchen Problemen die Kirche steht im Blick auf den Satz: *Mission erfordert Einheit,* denn die Aufgabe ist unteilbar, und alle Christen müssen in dieser Aufgabe zusammenarbeiten.

---

13 Vom 8.–20. 12. 1963. Bericht hierüber in: In sechs Kontinenten, Stuttgart 1964.

III.

Von der Ökumene gehen wir nun über zur römisch-katholischen Kirche. Das vergangene Jahr 1963 brachte uns nicht nur das Jubiläum des Tridentiner Konzils, das im Jahre 1563 abschloß, sondern auch die zweite Session des II. Vaticanum unter dem inzwischen neuberufenen Papst Paul VI. Wir erinnern uns einiger Überraschungen dieser zweiten Session, Überraschungen nicht nur für die nichtrömisch-katholische Christenheit. Auf der anderen Seite aber sah man auch, wie groß die Hindernisse sind, die sich bei einem so großen Konzil von über 3000 Mitgliedern ergeben. Sie zeigen, welche gewaltigen Aufgaben, die fast übermenschlich groß sind, in einer solchen Synode für eine Kirche vor Augen stehen. Die konkreten Ergebnisse sind ja, wie uns deutlich ist, noch sehr schmal. Sie enthalten zwar im Bereich der Liturgie einige nicht unwichtige Dinge, von denen wir demnächst noch etwas Genaueres werden hören und sagen können, aber vielleicht ist die größte Bedeutung dieses Konzils überhaupt darin zu sehen, daß die römisch-katholische Kirche in einem bisher nicht dagewesenen Maße das Erlebnis der Horizontalen hat, das Zusammenkommen von verantwortlichen Menschen aus der ganzen Welt zu einer Beratung über eine Menge von gewichtigen Punkten, etwas, was ja der römisch-katholischen Kirche sonst ganz fernsteht, weil dort alles vertikal, von oben nach unten konstruiert ist. Ich glaube, daß dies für die Struktur der römisch-katholischen Kirche möglicherweise einige Folgen haben wird. Das Wichtigste, was bisher geschehen ist, war vielleicht jenes Wort des Papstes, das wir ja alle gehört haben, von dem Angebot und der Forderung der Vergebung zwischen den Kirchen. Es kann kein Zweifel sein, daß dies für uns als evangelische Christen schon deswegen von besonderem Gewicht ist, weil es ja gerade zum Erbe der Reformation gehört, das Evangelium als Evangelium der Vergebung zu verstehen und darum auch zu wissen um die Notwendigkeit, daß in der Christenheit Versöhnung geschieht. Vergebung der Sünden zwischen den Christen. Man kann sagen, daß wir für die Aufgeschlossenheit und den brüderlichen Geist, von dem viele Worte beim Konzil getragen waren, dankbar gewesen sind. Wir haben auch das Wort des Papstes, von dem ich eben sprach, gewiß nicht ohne Bewegung vernommen. Es wird vielleicht doch die Aufgabe des Rates der Evangelischen Kirche in Deutschland sein müssen, für die Evangelische Kirche in Deutschland eine Antwort zu geben in der Erkenntnis, daß alle Kirchen, die sich auf das Evangelium von Jesus Christus gründen, allein von seiner Vergebung leben und der gegenseitigen Vergebung bedürfen. Niemand von uns erwartet bald greifbare organisatorische Ergebnisse auf dem Wege der Wiedervereinigung der getrennten Kirchen. Hier und da hat sich so etwas wie Enthusiasmus gezeigt – man kann das an vielen Stellen beobachten, gerade auch in der römisch-katholischen Christenheit in Deutschland, und manche haben aus den Worten, die auf dem Konzil gesprochen wurden, schon weittragende Folgerungen gezogen, als ob das alles schon Beschlüsse seien. Wir stehen erst an den Anfängen der Gewinnung einer neuen ökumenischen Erkenntnis, und wir wollen lernen, neu im ökumenischen Geist zusammenzuarbeiten, wenn und wo es geht. Wir haben noch viel Arbeit nötig, um uns besser zu verstehen und uns kennenzulernen. Jedes ernsthafte Gespräch zwischen römischen Theologen und uns zeigt ja die ungeheure Schwierigkeit und die wahre Tiefe der Gegensätze und die tatsächlich menschlich unüberwindliche Problematik in dem Verstehen der entscheidenden Grundfragen, nicht nur der Rechtfertigung, sondern auch der Kirche. Wir wollen uns bemühen, in geduldiger theologischer Arbeit und in redlicher Suche nach der Wahrheit weiterzukommen. Wir wissen aber, daß hier noch menschlich, theologisch, kirchlich unüberwindlich hohe Mauern und Hindernisse zwischen uns stehen. Natürlich begrüßen wir, daß der Kölner Kardinal ein so mutiges Wort gesagt hat im Blick auf die Probleme der Mischehen. Wir haben ja von Anfang an gesagt, daß dies für uns zu den besonders wichtigen Problemen gehört, die gelöst werden müssen, wenn es zu einem neuen und besseren Zusammenleben und auch Zusammenarbeiten kommen soll. Hoffen wir, daß, wenn das Konzil zu Ende ist, sich ein Weg abzeichnet, vielleicht eine Möglichkeit, die uns eine Annäherung erleichtert.

IV.

Die Evangelische Kirche in Deutschland steht in ganz besonderer Weise in dem weltumspannenden West-Ost-Konflikt. 2 1/2 Jahre steht die Mauer in Berlin. Ich bin vor ein paar Tagen in Ostberlin gewesen und habe in Gesprächen mit den Brüdern gehört und gesehen, wie dankbar sie dafür waren, daß es nun trotz allem einmal wieder möglich war, zwischen West- und Ost-Berlin miteinander zu sprechen[14]. Und ein Mann wie Präses Kreyssig, der Präses unserer Synode der Evangelischen Kirche der Union, hat im Rat gesagt, wir müssen doch einfach einmal Gott danken dafür, daß er uns diesen Augenblick geschenkt hat, diesen wunderbaren Augenblick, den wir schon so lange erwartet und den wir nicht mehr zu erhoffen wagten. Ich glaube, daß man das sagen muß. Wer die Brüder dort getroffen hat in diesen Tagen, der wird gehört haben, was es doch für die Menschen einmal für ein Aufatmen gewesen ist. Wir können nur wünschen und hoffen, daß sich immer wieder einmal solche Wege öffnen und Türen auftun. Wir können nur Gott darum bitten, daß er uns solche Möglichkeiten wieder schenkt, denn wir leiden ja, abgesehen von den menschlichen Problemen, auch als Kirche unter der Trennung. Wir haben, seitdem die Mauer errichtet wurde, keine gemeinsamen Synoden mehr halten können. Die Versuche, die wir gemacht haben, sind ganz verschieden verlaufen. Ich erinnere daran, wie die Evangelische Kirche in Deutschland bei ihrer Synode verfahren ist. Inzwischen hat auch eine Beratung der östlichen Synodalen stattgefunden. Dann hat die Evangelische Kirche der Union einen sehr kühnen Versuch gemacht, gleichzeitig zu tagen in West- und Ost-Berlin, und es war wie ein Wunder, daß es überhaupt möglich wurde, so nahe beieinander zu sein bei allen Schwierigkeiten, die sich dann wieder zeigten, zu gemeinsamen Beschlüssen zu kommen. Unter den größten Schwierigkeiten haben wir es fertig gebracht, unsere Kirchen zusammenzuhalten und fest zusammenzubleiben. Wir sind alle bemüht, zäh daran zu bleiben und alles Erdenkliche zu unternehmen, unsere Gemeinschaft zu vertiefen. Darum sollte jeder, dem es möglich ist aus unseren Kirchen, die unmittelbare menschliche Verbundenheit mit den Brüdern dort bezeugen durch Besuche, nicht nur mit Briefen und Päckchen. Es ist gewichtigster, menschlicher, wahrhaft christlicher, kirchlicher Dienst. Die Fülle der Schwierigkeiten zeigt sich natürlich besonders in einer unmittelbar geteilten Kirche, wie es in Berlin-Brandenburg der Fall ist. Wir haben das im letzten Jahr mit Sorgen gesehen bei der Frage der Bischofswahl, die ja dadurch nicht zustande gekommen ist, daß man getrennt tagen mußte. Ein Zeichen dafür, welche Schwierigkeiten auftreten, wenn man nicht mehr unmittelbar zusammen sprechen kann. Wir können das ja von der Bundesrepublik aus noch leichter als gerade die Brüder von West- und Ost-Berlin, die immer nur über Dritte zusammen sprechen können. Es zeigt sich, daß es doch etwas Einzigartiges ist, Synode haben zu können. Laßt uns dankbar sein, daß wir Synode halten können, das Gespräch miteinander, das direkte, unmittelbare Gespräch. Das ist etwas anderes als die besten Briefe, als alles übrige, was man sich denken kann, das wirkliche Beieinandersein.

14 Das Inter-Berlin-Passierscheinprotokoll vom 17. 12. 1963 hatte nach langer Pause diese erste Zusammenkunft des gesamten Rates der EKU ermöglicht.

Die Berichte des Präses zur Lage der Kirche (1958–1971)

Über die Gemeinschaft in der Evangelischen Kirche in Deutschland hinaus scheint es mir auch immer wieder notwendig zu sein, darauf aufmerksam zu machen, daß wir Kontakte versuchen müssen mit unseren christlichen Brüdern jenseits des weltumspannenden Eisernen Vorhangs, sei es mit Kirchen in der Sowjetunion, sei es in Polen, sei es in der Tschechoslowakei oder wo immer. Besonders bewegt unser Herz dabei das Schicksal der evangelischen Minoritätskirchen, da ja sie in all diesen Ländern im Osten unter den Kirchen eine besonders schmale Gruppe darstellen. Ihnen nach Kräften zu helfen, sollten wir uns immer wieder Mühe geben, so gut wir es können. Im übrigen möchte ich auf das Gespräch hinweisen, das in den Mitteilungen des Rheinischen Konvents gedruckt ist[15]. Ich nehme an, daß alle Synodalen ein Exemplar zur Hand haben. Sie können lesen, wie die Dinge anzusehen sind und welche Fragen und Aufgaben sich hier für uns und auch für mich persönlich stellten.

V.

An dieser Stelle ist natürlich auch der Platz, ein paar Worte zu sagen über die *Kirche in der DDR*. Das vielleicht interessanteste und wichtigste Dokument des vergangenen Jahres innerhalb der Evangelischen Kirche sind die »Zehn Artikel über Freiheit und Dienst der Kirche«, herausgegeben von der Konferenz der Evangelischen Kirchenleitungen in der DDR im Frühjahr 1963[16]. Diese Artikel sind es schon wert, sehr sorgfältig studiert zu werden. Sie sind ja in gewisser Beziehung eine interessante Spiegelung der Existenzfragen der Kirche im totalitären Staat. Wenn man die einzelnen Punkte der 10 Artikel durchliest, dann stößt man auf so charakteristische Formulierungen, von denen ich nur einmal eine beispielhafte herausnehme: »Wir verfallen dem Unglauben, wenn wir meinen, in den gegebenen Verhältnissen von Gott verlassen zu sein, und daran verzweifeln oder wenn wir die geschichtlichen oder gesellschaftlichen Gegebenheiten als unmittelbare Kundgabe des Willens Gottes deuten und darum vorbehaltlos annehmen. Wir handeln im Ungehorsam, wenn wir im Gottesdienst Gott als den Herrn unseres Lebens bekennen, uns aber im täglichen Leben dem Absolutheitsanspruch einer Ideologie unterwerfen und uns der allumfassenden Geltung von Gottes erstem Gebot entziehen.« Diese Artikel haben ja auch interessante Überschriften: »Der Auftrag der Verkündigung«, wo es auch um das große Problem geht, ob wir Gottes Wort zuversichtlich predigen und uns nicht zu Mithelfern und Bestätigern irdischer Ziele und Aufträge machen lassen oder auch zu den Sünden der Zeit schweigen. Der zweite Artikel handelt vom »Leben im Glauben«, der dritte von »Wissenschaft und Wahrheit«, ein typisches Problem innerhalb des Ostbereiches, weil es ja um die Frage der Ideologisierung der Wissenschaft dort geht und die Kirche sagt, daß sie in ihrem Glauben für eine wahre, freie Forschung in der Wissenschaft eintritt und gerade dagegen sich wendet, daß es für sachgemäß gehalten wird, daß nur auf dem Boden der marxistisch-leninistischen Weltanschauung wissenschaftliche Arbeit getrieben werden kann. Über »Rechtfertigung und Recht« handelt der vierte Artikel, der fünfte über »Versöhnung und Friede«, wo es um die Fragen des Friedens Gottes und des irdischen Friedens geht. Sie wissen alle, in welche Situation die Brüder dort immer wieder versetzt werden durch die Friedensideologie der Sowjetunion. Der sechste lautet »Die Arbeit« – auch ein Thema, das

---

15 Es handelt sich um eine Zusammenkunft rheinischer Pfarrer und Presbyter, die bestimmte konservative Anliegen für die Kirche verfolgten. Das Interview »Zur kirchlichen Ost-West-Begegnung« ist erschienen in den Informationen des Rheinischen Konvents, Düsseldorf 1964, S. 44ff.
16 Vgl. KJB 1963, S. 181ff.

dort eine große Rolle spielt, weil der Arbeit eine Erlösungskraft für den Menschen zugesprochen wird. Dann das berühmte Thema von der »Obrigkeit«, das ja immer wieder zur Diskussion gestellt wird. Achtens: »Leben und Dienst der Kirche«, wo es z.B. heißt: »Weil der Herr die Kirche will, wird sie bleiben. Ihren Lebensraum und Rechtsboden, den sie jeweils in der Geschichte besitzt, nimmt sie als ein Geschenk ihres Herrn an.« Wir wissen alle, was dieses Wort von dem Lebensraum, den sie jeweils in der Geschichte besitzt, bedeutet. Dies nur ein Beispiel dafür, wie man in diesen 10 Artikeln, die ja alle ihr theologisches Gewicht haben, sehr gut erkennen kann, um welche Existenzfragen der Kirche es in der heutigen Welt geht, zumal aber in der Welt eines totalitären Staatssystems. Wir sind Teilnehmer eines stillen, erbitterten, zähen Kampfes der Kirche um den eben angerührten Raum der Freiheit zum Dienst in der Welt. Wieweit innerhalb eines solchen Systems so etwas existieren kann, das wir *Volkskirche* nennen, ist ja die große, dort alle beunruhigende Frage. In weitgehenden Bereichen verwandelt sie sich ja in eine Freiwilligkeitskirche; auch ohne daß irgend jemand das will oder als System proklamiert. Es geschieht einfach, und es zeigt sich, daß die evangelische Kirche in der DDR in einer besonderen Situation für uns alle steht an einer Front, in einer Bedrängnis, die auf unserem Boden bisher ohnegleichen gewesen ist. Die Bedeutung der Kirche des Evangeliums für den Menschen in einer kommunistischen Gesellschaftsordnung zeigt sich hier erstmalig in der Geschichte. Unsere Aufgabe wird es sein, nach Kräften unseren Brüdern beizustehen, mit ihnen zusammenzukommen, die kirchliche Gemeinschaft ganz eng und fest zu halten, aber auch die brüderliche, christliche und menschliche nach allen uns gegebenen Möglichkeiten. Wir sind dankbar, daß wir sie immer wieder haben durchhalten können.

VI.

Die evangelische Kirche ist in nicht geringe *innere Spannungen* verwickelt. Der Kirchentag von Dortmund hat nicht umsonst jenes eigentümliche Wort als Losung gehabt: »Mit Konflikten leben«. Bei diesen Konflikten war nicht nur an irgendwelche irdischen oder privaten Konflikte gedacht, sondern auch an jene eigentümlichen Konflikte, mit denen die Kirche in der heutigen Welt, auch in ihrer eigenen Mitte mit sich selbst, befaßt ist. Es hat sich z.B. bei den Darbietungen »Kritik an der Kirche« und »Reformvorschläge« gezeigt, es hat sich an einer ganzen Reihe von Diskussionen, vor allen Dingen auch in den großen Vorträgen deutlich gezeigt, in welchen konfliktreichen Situationen sich die Kirche Christi heute, auch hier im Westen in der Bundesrepublik, befindet. Das Entscheidende, was uns ja seit Jahren soviel Schwierigkeiten bereitet bis in diese Stunden hinein, sind ja die in der Sozialethik besonders hervorgetretenen Differenzen. Wir haben, glaube ich, alle entdeckt, daß wir hier an bestimmte Grenzen stoßen, die nur unsere Verlegenheit offenbar machen. Die Verlegenheiten bestehen darin, daß wir in bestimmten Dingen zu keiner einmütigen, überzeugenden kirchlichen Stellungnahme kommen können. Das ist um so schmerzlicher, als ja die Welt von heute bereit ist, die Kirche zu hören, ihre Antwort anzunehmen. Sie fragt ja an vielen Stellen, ob die Kirche denn eine Antwort wisse. Aber wir stehen hier in einer solchen Notlage, daß wir die Frage haben: gibt es eigentlich überhaupt noch eine Möglichkeit, gemeinsame, theologische, kirchliche Stellungnahmen der evangelischen Kirche zu finden? Steht nicht alles, was hier geschieht, auf dem einzelnen? Gibt es die Möglichkeit, daß eine Synode der evangelischen Kirche imstande wäre, zu gewichtigen Fragen der Sozialethik in irgendwelchen Bereichen, ob das die Familie ist oder die Gesellschaft oder der Staat oder die Politik, Stellung zu nehmen? In jedem Bereich zeigt sich die gleiche Schwierigkeit und Problematik. Am meisten natürlich ist die Kirche in die politischen Spannungen der Welt verwickelt. An dieser Stelle möchte ich nur ein ganz kurzes Wort zu der Bedeutung des Wortes sagen, das wir auf der Synode von Bethel entgegengenommen haben, das Wort des Rates der EKD zu den Prozessen, die ja nun angelaufen sind. Dieses Ratswort hat uns ja alle, glaube ich, sehr bewegt, und wir waren doch sehr dankbar für das, was der Rat hier gesagt hat. Es ist nun interessant zu vernehmen, wie verschiedenartig das Echo auf dieses Wort in Deutschland gewesen ist und wie an dieser Stelle auf der einen Seite die Gefängnispfarrer der Meinung Ausdruck gegeben haben, daß dieses Wort dazu beitragen könnte, daß dadurch eine Art Entschuldigung der übrigen im deutschen Volke die Folge davon sein würde, wenn man alle Strafen für die NS-Verbrechen auf die legte, die jetzt noch verurteilt werden. Aber viel gewichtiger scheinen mir für die innere Situation unseres Volkes jene Stimmen zu sein, die an den Rat herangebracht worden sind, in denen es z.B. so zu lesen ist: »Nicht nur nach meiner Ansicht sind die Greuel des Dritten Reiches eine Art von Naturkatastrophe, die wie Vulkanausbrüche über die Menschen kommen.« »Hier kann man von Schuld überhaupt nicht reden.« Oder: »Hoffentlich gibt es noch Leute, die ihren Enkeln sagen, daß die Deutschen nicht aus Übermut die Juden töteten, sondern daß sie damit den Willen Gottes vollstreckten.« Solche Worte sind also auch noch im Jahre 1963 in Deutschland möglich. Hören wir auch noch jene Stimmen, die aus einem gewissen neuen Nationalismus kommen: »Mit Abscheu und Widerwillen nehmen viele deutsche Christen die Anmaßung des Rates zur Kenntnis, im Namen Gottes und der Gerechtigkeit dem abgrundtiefen Haß unserer Feinde das Wort zu reden.« Sie sehen an diesen Beispielen, die jetzt veröffentlicht worden sind, was im Hintergrund der eigenen inneren Auseinandersetzung unseres Volkes noch für Probleme der Lösung harren und welche große Not die Kirche seelsorgerlich vor Augen hat.

Der tiefste Hintergrund aber unserer Spannungen scheint mir, wie ich schon öfter angedeutet habe, doch die letzte Frage nach der *Auslegung der Heiligen Schrift* zu sein. Ich meine nicht damit die heute so viel diskutierte Bibelfrage als solche. Natürlich ist hier das Auslegungsproblem in einer Auseinandersetzung um neue Formulierungen und neue Wege und Schritte eine Angelegenheit geworden, die in vielen Gemeinden eine Rolle gespielt hat, und die neue Theologie, wie sie genannt wird, die »neurationalistische Theologie« oder »der neue Liberalismus« ist zum Gegenstand der Diskussion geworden in einer Menge von Flugschriften, von Aufsätzen, Zeitschriftenartikeln usw. Die viel schwierigeren Probleme scheinen mir aber nicht an dieser Front zu liegen, sondern bei der Infragestellung des verbindlichen Charakters der dogmatischen und ethischen Aussagen der Schrift selbst. Irgendwie ist letztlich der reformatorische Satz von der Autorität der Heiligen Schrift oder des sola scriptura umstritten, und zwar keineswegs etwa auf der Seite derer, die eine sogenannte neue Theologie entwickelt haben, denn diese Gegensätze über das, was die Schrift eigentlich sagt, gehen kreuz und quer durch die anderen Gegensätze hindurch. Das zeigt sich nämlich z.B. bei der Frage, welche Antwort die Bibel auf das Problem der atomaren Rüstung gibt. Hier sind Freunde und Gegner in *allen* Lagern zu finden, die sonst über die Bibelfrage entgegengesetzter Ansicht sind. Das ist für mich ein Zeichen dafür, daß es keine Frage ist wie die herkömmliche Bibelfrage, sondern daß da eine tiefer liegende Frage vorliegt, eine Frage, die uns 400 Jahre nach der Reformation ganz neu deutlich zum Bewußtsein bringt, daß wir den Konsensus der Reformatoren, den lutherischen Konsensus, den reformierten Konsensus der Vergangenheit, wie er in den Bekenntnisschriften sich niedergelegt hat, nicht mehr so vollziehen. Es hat sich in Helsinki mir ganz deutlich gezeigt bei dem Lutherischen Weltbund, daß die Lutheraner der Welt nicht ohne weiteres über ihre Bekenntnisschriften einig sind. Das hat seinen Grund darin, daß die Schriftauslegung, die die Bekenntnisschriften hervorgebracht hat, nicht mehr unangefochten gemeinsam in Geltung ist. Das hängt nicht mit der hermeneutischen Theologie zusammen, sondern mit einer ganz schweren und tiefen Frage, die sich uns ganz einfach aufgedrängt hat, eine Frage, die schon im Kirchenkampf angefangen hat und die dann später die Jahre hindurch bei den großen politischen, sozialethischen, ethischen und dogmatischen Auseinandersetzungen unserer Zeit deutlich geworden ist. Hier stehen wir zunächst einfach vor der Tatsache einer großen inneren theologischen Verlegenheit innerhalb der evangelischen Christenheit über den Sinn der Bibel. Wenn wir gemeinsam bekennen, daß sie »Wort Gottes« ist, dann müssen wir neu erkennen, was das sagen will, welchen Sinn diese Autorität der Heiligen Schrift hat im Blick auf die heute gestellten Fragen, auf die sie unmittelbar jedenfalls keine schlechthin zwingend überzeugende Antwort gibt. Hier stehen wir vor dem tiefsten Problem der letzten Jahre innerhalb der Evangelischen Kirche in Deutschland, wo wir sagen müssen: hier sind Fragen ungelöst geblieben, man ist nicht weitergekommen und hat schließlich resigniert und hofft auf eine günstigere Zukunft. Hier liegt auch ein Grund für die offenkundig für uns alle immer noch unlösbare Frage nach dem missionarischen Charakter unserer Kirche. Wir haben uns in den letzten Jahren als Rheinische Synode immer aufs neue mit dem Problem beschäftigt. Andere Kirchen haben das getan. Überall ist das Thema aufgegriffen worden, weil man überall vor derselben Notsituation steht. Einer der gewichtigsten Gründe ist natürlich auch der, daß wir einsehen müssen, daß wir in Deutschland wie in anderen Ländern Europas, sicher auch darüber hinaus, die Wandlung der Welt im industriellen Zeitalter noch nicht bewältigt haben. Viele haben das auf ihre Weise zum Ausdruck gebracht, daß sie sagen, die Naturwissenschaft hat uns in eine Situation versetzt, der unsere Ethik noch gar nicht gewachsen ist; denken wir an den großartigen Vortrag von Professor v. Weizsäcker in Frankfurt[17], eins von den ganz gewichtigen Worten in den letzten Jahren.

Wir stehen aber nun in demselben Zusammenhang vor der Frage, wie es eigentlich mit der Predigt ist, die Gehör sucht und nicht findet. Machen wir nicht große Anstrengungen, muß man nicht sagen, daß die Bemühungen um die Predigt nicht zu unterschätzen sind, daß wir in den letzten Jahren aufs ganze gesehen uns sehr viel Arbeit gemacht haben, wenn man die Literatur ansieht, die darüber geschrieben ist? Viele gute Predigtbücher sind geschrieben worden, viele gute Meditationen sind gedruckt worden, es sind enorme Anstrengungen gemacht worden auf diesem Gebiete. Aber woran liegt es eigentlich, daß diese Verkündigung offenbar der tiefen Gleichgültigkeit des großen Teils der Christenheit nicht begegnen kann? Dabei ist das die fatale Situation, daß im Grunde genommen gar keiner etwas gegen uns hat, aber auch nichts für uns; sind wir also so gleichgültig geworden? Ist das, was wir sagen, so unbedeutend geworden, daß es nicht einmal den Widerspruch derer, die das nicht wollen, herausfordert? Das ist doch das Beunruhigendste an der Situation, in der wir leben. Wir fragen, wir suchen, wir wünschen uns theologischen Nachwuchs, wir denken die Probleme der theologischen Ausbildung durch in Universitäten, Kirchlichen Hochschulen, Predigerseminaren usw., wir fragen nach Mitarbeitern, wir suchen in den Gemeinden, und überall haben wir den Eindruck, es fehlt uns an Menschen, die gewonnen werden können. In allen Kirchen ist es das gleiche, auch in der katholischen Kirche kann man das lesen und hören, nicht nur in der Diakonie, auch in den anderen Bereichen der kirchlichen Arbeit. Ein Zeichen, daß ja offenbar hier insgesamt eine Lage entstanden ist, mit der die Christenheit, unabhängig von den verschiedenen Konfessionen, noch nicht fertig geworden ist. Irgendwie stehen wir da, wenn ich

---

17 Rede bei der Verleihung des Friedenspreises des Deutschen Buchhandels in der Frankfurter Paulskirche: Bedingungen des Friedens, in: Junge Kirche 1963, S. 640ff.

so sagen soll, mit leeren Händen, ein wenig verzagt und etwas ohnmächtig. Aber da kommt uns vielleicht doch ein Wort in den Sinn von Dietrich Bonhoeffer, der ja auch diese Ohnmacht in der letzten Zeit seines Lebens durchlitten hat, daß die Kirche Christi eigentlich an der Ohnmacht der sich hingebenden Liebe Gottes an die Welt Anteil hat. Es ist in diesen Tagen ein sehr schönes Schriftchen erschienen von dem Missionar und Missionsdirektor Professor Vicedom über *das Leiden der Kirche*. Auch in dieser Schrift kommt das zum Ausdruck, worum es geht, was es heißt, Kreuzesnachfolge, Anteil am Leiden des gekreuzigten Christus. Aber dies Wort soll in keiner Weise für uns eine Entschuldigung sein. Es soll uns um so mehr in die Situation hineinstellen, der wir offenkundig nicht so gewachsen sind, wie wir es gerne möchten. Wir wollen uns gar nicht damit trösten, daß wir sagen, es hat immer Zeiten gegeben, in denen das Evangelium überwintern mußte. Ich glaube nicht, daß wir in einer Zeit leben, in der es so etwas geben könnte und dürfte wie eine Überwinterung des Evangeliums und der Lehre der Kirche. Wir haben vielmehr den Auftrag, aufs neue gründlich zu bedenken, was uns aus den Fragen und Problemen, wie sie uns auf mannigfache Weise gestellt werden, für Aufgaben erwachsen, was wir daraus für Folgerungen für unsere Arbeit ziehen, denn um wiederum das Losungswort der Evangelischen Kirche in Deutschland zum Schluß noch einmal zu erwähnen: »Wir haben einen Herrn, durch den alle Dinge sind und wir durch ihn.« Gilt das nicht wirklich zuerst einmal auch uns, daß wir dies ganz neu zu lernen haben, daß wir dies mit einer neuen Freudigkeit zu erkennen und zu bezeugen haben? Wo das nicht geschehen würde, da würde ja wirklich alles, was wir tun, gleichgültig werden. Aber dies ist das einzige, was nicht gleichgültig ist und nie gleichgültig werden kann, auch wenn viele Zeugen versagen. Es gilt der ganzen Welt, es gilt zuerst denen, die es gehört haben, die es bejaht haben und die es nun predigen und bezeugen möchten, wozu uns Gott ja immer wieder ruft. Ob die Welt das weiß oder nicht, ob die Welt das glaubt oder ob sie es nicht glaubt: die Herrschaft Christi ist davon nicht abhängig. Sie ist im Unterschied von den irdischen Obrigkeiten in keiner Weise abhängig von denen, die zu ihr gehören. Der Herr ist auf unseren Glauben nicht angewiesen, auf unsere Kirche nicht angewiesen, und wir wissen alle, daß das Wort von der Ewigkeit der Kirche in keiner Weise mißverstanden werden darf, daß man sagt, unsere Kirche kann nicht vergehen, also bleiben wir, wie wir sind, es kann uns nichts passieren. Die Kirchengeschichte zeigt etwas ganz anderes. Ist es nicht so, daß wir sehr verschieden leben in derselben Welt, die Christus zum Herrn empfangen hat, die einen, die davon nichts wissen, die das nicht kennen, die das nicht glauben, nicht für wahr halten, und die anderen, die davon leben. Wenn wir aber davon leben möchten, können wir das nur als Beauftragte, als Zeugen tun. Und daß die Kirche dazu da ist, diese Herrschaft Christi über die Welt auszurufen, das scheint mir in der Tat die große neue Erkenntnis und Entdeckung zu sein, die uns vorwärts bringen wird, die auch für alle die, die heute in Resignation, Verlegenheit oder Verzagtheit leben, in unserem Lande, vielleicht eines Tages zu einem neuen Aufstehen von Krankheit und Tod führen wird, denn wir werden ja als die Toten zum Leben erweckt durch sein Wort. Darum ist es auch die Aufgabe unseres Zusammenseins, daß wir uns darin aufs neue stärken und uns aufs neue vornehmen, in Erkenntnis der wahren Herrschaft Jesu Christi als Kirche, als seine Gesandtschaft den Dienst und Auftrag Gottes zu erfüllen.

VI
13. Landessynode vom 10. bis 15. Januar 1965 in Bad Godesberg

I. Ökumenische Ereignisse

1. Um die Jahreswende
Tagung der Kommission für Weltmission und Evangelisation in Mexiko / Ende der 2. Session des 2. Vatikanischen Konzils / Treffen des ökumenischen Patriarchen und des Papstes im heiligen Land
2. Ostasiatische christliche Konferenz in Bangkok (Februar)
3. Tagung des Exekutivausschusses des Ökumenischen Rates der Kirchen in Odessa (Februar) und Tutzing (Juli)
4. Zweite allchristliche Friedensversammlung in Prag (Juni)
5. 19. Generalversammlung des Reformierten Bundes in Frankfurt a.M. (August)
6. IV. Europäische Kirchenkonferenz (Oktober)

II. Römisch-katholische Kirche

1. Die erste Enzyklika des Papstes Paul VI.
2. Die 3. Session des II. Vatikanischen Konzils und ihre Ergebnisse
a) Constitutio de ecclesia
b) Die Dekrete (de oecumenismo)
c) Der Ausgang der 3. Session
d) Die zur 4. Session vertagten Vorlagen

III. Evangelische Kirche in Deutschland

1. Neue Diskussion über die Einheit
2. Die Evangelische Arbeitsgemeinschaft für Weltmission
3. Die Bibelmission
4. Aktion Sühnezeichen
5. Kirche in der DDR

IV. Evangelische Kirche im Rheinland

1. Fragen der Ordnung des kirchlichen Lebens

2. Unsere Wahlordnung und -praxis
3. Problem der Verbindlichkeit kirchlicher Ordnung

V. *Kirchliche Probleme und Aufgaben angesichts der Fragen der Welt von heute*

1. Krise der Weltmission
2. Ende der christlichen Gesellschaftsordnung in Europa und Amerika
3. Volkskirche in der säkularisierten Welt
4. Die brennenden Existenzfragen der heutigen Menschheit
5. Die Theologie vor der Wahrheitsfrage im Zeitalter der wissenschaftlichen Zivilisation

Verehrte, liebe Brüder und Schwestern!
Zur Ergänzung des Berichtes der Kirchenleitung, der Ihnen schon gedruckt übermittelt worden ist, möchte ich nun in einem zweiten Teil der Berichterstattung etwas über die Kirche im Jahre 1964 hier sagen. Am Beginn des Jahres 1965 denken wir 20 Jahre zurück an das Ende des Krieges, dem bis zum heutigen Tage noch kein Friedensvertrag gefolgt ist. Wir denken zurück an das Frühjahr 1945, wo die Evangelische Kirche im Rheinland zu neuen Möglichkeiten aufgebrochen ist. Und die ganze Arbeit der hinter uns liegenden zwanzig Jahre ist ja der Versuch eines Wiederaufbaus einer bis in die Grundfesten gefährdeten und zerstörten evangelischen Kirche in unserem Lande.
Ich möchte in dem heute zu erstattenden Bericht gleich zu Anfang zum Ausdruck bringen, was am Schluß noch einmal an einigen Punkten gezeigt werden soll, wie die Fragen, die der Kirche von der Welt von heute gestellt werden, in den Ereignissen kirchlichen Lebens, im ökumenischen Raum und in allen Gliederungen der Ökumene, aber auch in der römisch-katholischen Kirche sichtbar werden. Berichte, die heute auf Synoden bei uns gegeben werden, sind überall Berichte im ökumenischen Horizont. Wir haben längst gelernt, uns in diesem Zusammenhang zu verstehen und unsere Arbeit als wichtigen Bestandteil weltumspannender kirchlicher Bruderschaft zu begreifen. So geht uns alles an, was irgendwo in den Kirchen der Welt geschieht, vor allen Dingen aber alles, was im ökumenischen Raume, besonders im Ökumenischen Rat der Kirchen, an Ereignissen von Wichtigkeit ist.

I. *Ökumenische Ereignisse*

1. Wir denken zurück an die Jahreswende 1963/1964, wo wir auch hier im Januar vor einem Jahre versammelt waren. Damals schauten wir zurück auf die gerade abgeschlossene erste Tagung der neuen Kommission für Weltmission und Evangelisation, die in *Mexiko* stattgefunden hatte. In dieser Tagung, die die erste war seit Neu-Delhi, geschah der Beginn der Integration auf der Ebene des Ökumenischen Rates der Kirchen im Weltmaßstab.
Zwei Dinge sind es, die von dieser Tagung bleibende Bedeutung haben, erstens die Stiftung des Christlichen Literaturfonds, eine große und ungeheuer wichtige Sache angesichts der Tatsache, daß durch die Arbeit, die die UNESCO heute tut, in einigen Jahren 350 Millionen Menschen mehr lesen und schreiben lernen werden. In steigendem Maße wird dem Analphabetismus zu Leibe gerückt, und es ist der Stolz aller freiwerdenden Staaten der Welt, Schulen zu bauen. Die Bildungsaufgaben und -fragen gehören zum größten Thema unserer Zeit. Und hier steht die Kir-

che vor einer geradezu unlösbaren Frage: Was bekommen diese Menschen zu lesen? Wo sind die Druckereien, wo sind die Männer und Frauen, die die Zeitschriften herausgeben, wo ist das Geld für Tageszeitungen, für christliche Literatur aller Art? Darum ist der Christliche Literaturfonds, der einige Millionen Dollar umfassen soll, eine bescheidene, aber ungeheuer wichtige Sache für die erste Entstehung einer neuen Weise missionarischer Aktivität. Bedenken Sie, der Literaturfonds ist gebildet von der Kommission für Weltmission und Evangelisation. Literatur auszubreiten ist heute eine unmittelbare missionarische Aufgabe geworden.
Das andere ist das zweite Programm des Theologischen Education-Fund, d.h. also des bisher schon angefangenen und im ersten Abschnitt durchgeführten Fonds für die Gründung theologischer Seminare, die Ausbildung des theologischen Nachwuchses in allen Kirchen der Welt. Auch dieser ökumenische Fonds ist eine ungeheuer wichtige Einrichtung missionarischer Art, denn es wird alles darauf ankommen, daß in den Kirchen der Welt für die theologische Ausbildung der in den Kirchen heranwachsenden jungen Pastoren gesorgt wird. Da die meisten dieser Kirchen dazu nicht imstande sind, aus eigenen Kräften zu entwickeln, was hier getan werden muß, so wird im Weltmaßstab wiederum eine Arbeit geleistet, die von größter Bedeutung ist. Denn wer sich einmal klargemacht hat, was es für eine Kirche bedeutet, für Theologen, die zu predigen haben, die zu arbeiten haben, daß ihnen nahezu alles fehlt an dem, was wir in reichem Maße in unserer Literatur an Unterstützung und Hilfe haben, dann wird einem deutlich, welche riesige Aufgabe hier besteht. Theologie zu treiben in den verschiedenen Gebieten der Welt durch die Entsendung von Theologieprofessoren und ihren Helfern, und vor allen Dingen auch für theologische Literatur zu sorgen, für die Übersetzung von theologischen Standardwerken. Welche ungeheure Bedeutung hat es, daß es möglich wird, große und bedeutende Standardwerke der Theologie in die verschiedenen Weltsprachen zu übersetzen, damit wenigstens auf diese Weise die Möglichkeit gegeben wird, Literatur auf dem Gebiet der Theologie in einem bisher noch nicht dagewesenen Maße zu empfangen.
Gleichzeitig mit dieser Tagung von Mexiko endete damals die 2. Session des *Vatikanischen Konzils*, und im Anschluß daran fand jene überraschende Reise des Papstes Paul VI. nach Palästina statt, wo er sich mit dem Ökumenischen Patriarchen Athenagoras getroffen hat. Im ökumenischen Raum war dieses Treffen von einer schockierenden Wirkung. Was sollte dieses Treffen bedeuten? Eine Überrollung des Ökumenischen Rates der Kirchen durch eine unmittelbare Union zwischen West- und Ostrom? So ist es verständlich, wenn innerhalb der ökumenischen Literatur Amerikas oder der englisch sprechenden Völker interessante Erörterungen stattfanden. Ein methodistischer Exekutivdirektor des theologischen Ausbildungsfonds hat hierüber sich sehr instruktiv geäußert in The Christian Century von 1964. Da schrieb er: »Die gegenseitige brüderliche Umarmung der beiden Oberhäupter der römisch-katholischen Kirche und der orthodoxen Kirchen bei ihrer Begegnung im Heiligen Land war eine symbolische Handlung mit vielerlei Auswirkungen. Zu ihnen gehört auch, daß der Protestantismus seine Stellung innerhalb der ökumenischen Bewegung, deren hauptsächlicher und bewegender Baumeister er gewesen ist, sorgenvoll überprüft. Die Abwesenheit der Protestanten bei der Begegnung im Heiligen Lande ist jedenfalls ein Symbol. Die protestantische Führungsgruppe muß genug vorsichtige, aber feste Kritik laut werden lassen, um die hierarchischen und klerikalen Gruppen Roms und Konstantinopels daran zu hindern, die ökumenische Bewegung zu beherrschen und die protestantischen Impulse einzufrieren. Meine Hoffnung ist, daß der weltweite Protestantismus alle Möglichkeiten zum ökumenischen Konsens untereinander ausschöpfen wird. Die protestantischen Weltbünde könnten ihre schwindende Daseinsberechtigung durch die Schaffung solcher Möglichkeiten wieder herstellen. Wir brau-

chen dringend eine panprotestantische konziliare Bewegung, die sowohl innerhalb wie außerhalb des Ökumenischen Rates wirksam wird. Die gezielte Bildung eines solchen protestantischen Blockbewußtseins wäre heilsam. Er könnte voranschreiten, ohne dem bedächtigeren Gang des Ökumenischen Rates der Kirchen angeglichen werden zu müssen.« – Diese herausfordernden Sätze sind nicht ohne Interesse, und unsere Ohren nehmen das gern zur Kenntnis, wenn aus amerikanischer Sicht die Frage nach dem *protestantischen Erbe* im Raume der Ökumene aufgeworfen wird.

Nun, inzwischen hat sich auf orthodoxer Seite auch ergeben, daß aus dieser Begegnung in Palästina keine sehr weitträgenden Folgerungen gezogen werden konnten. Auf der *Panorthodoxen Konferenz* hat man sich darüber in einigen Sätzen ziemlich klar geäußert und hat zum Ausdruck gebracht, wie es hier heißt: »Es ist hier klar geworden, daß eine angemessene Vorbereitung und die Schaffung entsprechender Voraussetzungen für die Absicht notwendig sind, in fruchtbarer Weise einen theologischen Dialog, nämlich mit der römisch-katholischen Kirche, zu beginnen.« Dies ist eine sehr zurückhaltende Äußerung, die deutlich macht, daß hinter dem Besuch des Ökumenischen Patriarchen jedenfalls die Orthodoxen *Kirchen* offenbar nicht gestanden haben.

2. Im selben Frühjahr, von dem wir jetzt sprechen, fand fern von uns eine gewichtige Konferenz statt, die zum Ausdruck bringt, daß in Ostasien *Kirchen* sind, die gemeinsame Kirchenkonferenzen halten. Die Ostasiatische christliche Konferenz in Bangkok vom 25.2.–5.3.1964 ist ja nicht zum ersten Male versammelt gewesen. Sie zeigt uns deutlich, daß wir hier – Gott sei Dank! – mit lebendigen und selbständigen Kirchen es zu tun haben, die imstande sind, Dokumente zu verfassen, deren Studium sich auch für uns zu lesen lohnt. Ich erinnere an das sehr instruktive Dokument, das in »Kirche in der Zeit« abgedruckt war (in Nr. 10 des vergangenen Jahres): »Christliche Begegnung mit Menschen anderen Glaubens«, eine erstaunliche theologische Darlegung, aus der sehr viel Interessantes hervorgeht. Ich lese nur einen kleinen Satz daraus:

»Mit welcher Kühnheit haben Männer wie Johannes und Paulus den Sprachgebrauch der griechischen Philosophie, die Symbole der Mysterienreligionen und die Gedankengebilde der Gnosis in den Dienst des Evangeliums gestellt! Die Christen Asiens müssen aktueller innerhalb der Kultur ihrer eigenen Völker leben. Dies schließt vielleicht die Preisgabe vieles Liebgewordenen ein, eine Art Selbstentäußerung, die schmerzlich und gefährlich sein wird. Aber nur so wird der Geist zeigen, wie der Glaube in der Sprache der einheimischen Kulturen neu dargelegt werden kann, in Formen des Gemeinschaftslebens, in denen der Glaube Licht ausstrahlt, und in Taten, die für die Bedürfnisse der zeitgenössischen Gesellschaft belangvoll sind.«

Ich kann auf die Einzelheiten dieser sehr instruktiven Dokumentation nicht eingehen. Aber eins wird daraus deutlich, daß in den ostasiatischen Kirchen so etwas geschieht wie eine Einwurzelung des Evangeliums über das hinaus, was bisher die Missionare aus dem Westen gebracht haben. Man will wirklich selbständig werden, und dazu gehört entscheidend auch das, was eben von mir verlesen ist. Ich glaube, es ist ein Zeichen dafür, daß wir in der Mission einer neuen großen Epoche entgegengehen.

3. Der Ökumenische Rat hat als sein kleinstes Gremium den sog. *Exekutivausschuß*, der im vergangenen Jahre zweimal tagte, und zwar im Februar 1964 in Odessa zum ersten Male im Bereich der Sowjetunion und in Tutzing im Juli. Bei dieser Zusammenkunft sieht man zuerst in Odessa ganz deutlich, welche Folgen sich für die Ökumene daraus ergeben, daß das Konzil in Rom weitergegangen ist

und daß die Frage »Katholizismus innerhalb und außerhalb der Ökumene« eine brennende Frage der Ökumene selbst geworden ist. Man hat eine 12-Punkte-Erklärung über die christliche Einheit in ökumenischer Sicht verfaßt, die sich geradezu nach draußen wendet und zum Ausdruck bringt, was man eigentlich im Ökumenischen Rat der Kirchen unter Einheit versteht, welchen Weg zur Wiedervereinigung der Kirchen man hier beschreitet. Auch dies Dokument ist es wert, studiert zu werden. Es wird hier deutlich gemacht, daß der Ausgangspunkt der gemeinsame Glaube an Jesus Christus ist und daß auf diesem Boden alle Mitgliedskirchen gleiches Recht genießen. Verknüpfung – wie es hier heißt – multilateraler Beziehungen der Kirchen vollzieht sich hier, wobei jede Kirche das Recht zu eigener Initiative hat, darum also zu einem Dialog, der in gegenseitiger Anerkennung der Kirchen als den Herrn bekennender Kirchen geführt wird, daß die Kirchen vielleicht große Vorbehalte gegeneinander haben, aber doch bereit sind, sich als gleichberechtigt an einem gemeinsamen Gespräch zu beteiligen und – dem Gespräch entsprechend – ihre gegenseitige Solidarität zu vollziehen in gegenseitigem Beistand in der Not, im gemeinsamen Zeugendienst für Christus, in ihrer Verkündigung und Missionsaufgabe. Es ist sehr interessant zu sehen, wie eben das Thema »Fortschritt christlicher Einheit« in der ganzen Welt gerade auch durch das Ökumenische II. Vatikanische Konzil in Rom neu in Bewegung gekommen ist. Die Schwierigkeiten sind ja wahrlich nicht kleiner, sondern auf manche Weise größer geworden.

Daneben sei noch darauf hingewiesen, daß sich ja der Ökumenische Rat in allen seinen Institutionen immer wieder mahnend mit dem Abrüstungsproblem beschäftigt, und was wir darüber gelesen haben, ist ziemlich weitgehend im Blick auf die Vorschläge, die gemacht werden. Das wichtigste für uns scheint mir dies zu sein, daß wir von dort aus auch angeredet werden, und zwar ganz ausdrücklich: »Wir appellieren an die Kirchen, ihren Friedenseifer zu intensivieren und gemeinsam mit anderen Menschen guten Willens die Regierungen zu Maßnahmen, wie wir sie vorgeschlagen haben, zu drängen.« Hier wird also gerade vom Ökumenischen Rat aus und von seinem Exekutivkomitee aus den Kirchen zugeredet, sich selbst von sich aus in ihren Ländern an die Regierungen zu wenden im Sinne konkreter Vorschläge und Maßnahmen, die hier im einzelnen dargelegt werden, auf die ich natürlich in meinem kurzen Bericht nicht eingehen kann. Ich unterstreiche das nur, daß wir hier geradezu aufgefordert sind, im ökumenischen Raum überall, wo es Kirchen gibt, etwas zu unternehmen zugunsten des Friedens und auch der einzelnen Probleme, um deren Lösung es hierbei geht. Wir hoffen also, daß einiges weitere auch in unserem Kreise geschehen kann. Das andere, was dort besprochen wurde, waren die Themen: »Glaubensfreiheit« und »Rassenkonflikte«, zwei Dinge, die wie alles andere, was Sie bisher gehört haben, auch auf dem römischen Konzil zur Verhandlung stehen, weil es sich um weltumspannende Probleme handelt. Das Thema »Glaubensfreiheit« wird ja von seiten der Ökumene vorgetrieben, um eine richtige Auslegung der UNO-Charta zu erreichen, daß eben Glaubensfreiheit mehr ist als Gewissensfreiheit, daß Glaubensfreiheit als Religionsfreiheit in sich schließt die Erlaubnis zur Begründung selbständiger Gemeinschaften und zum Erwerb der dazugehörigen Einrichtungen in der Welt. Noch immer ist deutlich, wie man aus den Dokumenten ersehen kann, daß in weiten Gebieten der heutigen Welt es so etwas wie Glaubensfreiheit in gar keiner Weise gibt, und nicht nur im Raum des Ostsektors der Welt, sondern auch in weiten Gebieten der sogenannten westlichen Welt. Was die Rassenkonflikte angeht, die ja auf die Welt in steigendem Maße zukommen, so haben sich die ökumenischen Konferenzen immer wieder mit diesem Problem beschäftigen müssen. Wir stehen ja im ganzen hier so ein bißchen an der Seite. Wir erfahren nur von ferne von diesen Problemen etwas. Wir sollten aber stärker als bisher uns auch theologisch mit dem Problem der Rassenfrage beschäftigen. Wenn Sie in der heutigen Literatur in Deutschland nachschauen, werden Sie nur ganz weniges über diese Probleme finden. Wenn Sie sich orientieren wollen, müssen Sie schon in die englisch-sprechende Literatur greifen, um etwas Theologisches zu dieser Frage zu bekommen. Mir scheint es je länger desto mehr notwendig zu sein, die Fragen anzufassen, damit wir nicht eines Tages überrollt werden von den Problemen und auf die an uns gerichteten Fragen theologisch überhaupt keine Antwort wissen.

4. Im Sommer fanden zwei ganz verschiedene große Konferenzen statt, die uns noch in Erinnerung sein werden, auf der einen Seite die *Prager* Friedenskonferenz vom 28. 6.–3. 7. 1964, die Zweite Christliche Friedenskonferenz, und auf der anderen Seite hier in Deutschland, zum ersten Male auf deutschem Boden, die 19. Generalversammlung des *Reformierten Weltbundes*. Sie wissen alle, wie stark die Prager Friedenskonferenz bis in unsere Gemeinden hinein umstritten war und ist. Vor kurzem hat sich Präses Wilm hierzu in der »Jungen Kirche« (Jahrgang 1964) geäußert, indem er die Argumente gegen und für die Friedenskonferenz gut zusammengestellt hat, die ja auch bei uns hin und her erörtert worden sind. Eines scheint mir nur wichtig zu sein, immer wieder zu erwähnen: Wenn man überhaupt die Notwendigkeit bejaht, daß man mit Menschen sehr verschiedener politischer Situationen, verschiedener gesellschaftlicher Strukturen und auch unter sehr entgegengesetzten politischen Regimen als Christen und Kirchen miteinander sprechen muß, dann muß man einiges mit in Kauf nehmen, das sich nicht ganz vermeiden läßt, wenn man zusammenkommen will. Wenn Sie nun die Botschaften, die von Prag in diesem Jahre ausgegangen sind, gelesen haben, dann werden Sie sagen müssen, daß die Botschaft, die an die Kirchen gerichtet worden ist, eine Reihe von sehr gewichtigen und beachtenswerten Sätzen in sich schließt. Ich erinnere nur daran, wie in dieser Botschaft, die ja auch an uns gerichtet ist und die wir zu hören haben, folgende Worte stehen: »Das Kreuz Jesu Christi ist der Friede und seine Auferstehung ist das Leben. Christus wirkt durch seinen Geist in Menschenherzen Vertrauen, Verstehen, Bereitschaft zum Gespräch und Befreiung von Angst. Er ist der Friede, der höher ist als alle Vernunft. Sein Friede ist mehr als der Friede in unseren Herzen. Sein Friede ist mehr als gute internationale Beziehungen, sein Friede macht zu Opfern bereit. Er treibt uns dazu, Hunger und Elend, Unrecht und Mißtrauen zu bekämpfen, er gibt die Gelegenheit, etwas für den Nächsten zu tun, und schafft die Möglichkeit zum Zusammenleben. Deshalb können wir an dem Frieden in Jesus Christus nur teilhaben, wenn wir in die Beziehungen zwischen den Völkern Versöhnung und Vertrauen hineintragen und die Barrieren des Mißverständnisses und der Vorurteile niederlegen helfen.« In dem 2. Teil wird dann etwas Eindrucksvolles gesagt über unsere *Schuld*, unsere eigene Untreue, was sehr beachtlich zu hören ist: »Wir bekennen, daß wir dem Bunde Gottes untreu geworden sind und daß unsere Arbeit für Verständigung und Frieden ungenügend ist. Zwar hat der Weltrat der Kirchen oft zu den Fragen des Weltgeschehens Stellung genommen, zwar hat die Christliche Friedenskonferenz zu aktivem Handeln für den Frieden aufgerufen, aber Haltung und Handlung unserer Kirchen blieben leider hinter diesen Beschlüssen zurück ... Das Evangelium, der Bund Gottes, ist konkret auf Leben und Frieden gerichtet. Auch wenn das Evangelium keine Anweisungen gibt, wie der Frieden zu organisieren ist, erlaubt es nicht, daß Christen sich der Sache des Friedens versagen. Wer sich nicht für den Frieden zwischen den Völkern und für die Erhaltung der Menschenrechte im eigenen Lande einsetzt, unterstützt die Kräfte des kalten Krieges und trägt zur Steigerung des Mißtrauens und der Spannungen bei, die im Atomzeitalter zu einer Weltkatastrophe führen können.« Es wird dann neben dieser Botschaft auch ein würdiges Wort – meine ich – an die Regierungen der Völker gerichtet, und wenn man diese eigentlichen Bot-

schaften der Konferenz ansieht, wird man sagen müssen, daß die Intention, die hier zum Ausdruck kommt, eigentlich von der ganzen Christenheit gebilligt werden könnte. Allerdings muß man damit rechnen, daß Menschen, die unter ganz anderen gesellschaftlich-politischen Voraussetzungen leben müssen, ja von dieser Tatsache irgendwie mit betroffen sind, daß wir um so mehr die Aufgabe haben, mit ihnen in einem dauernden, unaufhörlichen Gespräch zu bleiben. Wir legen ja als evangelische Christen besonderen Wert darauf, mit den Vertretern der Kirchen auf der anderen Seite des Eisernen Vorhangs in immer neue Verbundenheit zu treten und mit ihnen Verbindungen aufzunehmen. Gerade dazu hat uns auch das, was wir in den letzten Jahren getan und geredet und versucht haben, immer wieder Gelegenheit gegeben, diese Verbindung herzustellen. Wir denken an die evangelischen Kirchen in Rumänien, in Jugoslawien und in der Tschechoslowakei, in Polen und überall. Wir sind gerade wieder dabei, ihnen auf neue Weise unsere Hilfsbereitschaft zu zeigen und zu dokumentieren, daß wir über alle Differenzen miteinander verbunden sind in unserem gemeinsamen Herrn und darum auch unsere Gemeinschaft konkretisieren wollen.

5. Die 19. Generalversammlung des *Reformierten Bundes* fand im August 1964 in Frankfurt a.M. statt. Das Interessante an dieser Konferenz war ja in der *theologischen* Diskussion auch wiederum, wie heiß in der Frage der Konkretion der Rassenbeziehungen gerungen werden mußte. Da stand Südafrika vor allem im Vordergrund, aber auch Nordamerika, wo die Fragen besonders brennend sind. Sehr bemerkenswert war es, in welch ausführlicher Weise sich diese Konferenz mit dem Problem der römisch-katholischen Kirche beschäftigt hat. Ich glaube, bisher ist das noch nicht so ausführlich geschehen wie in diesem Dokument, und was hier im einzelnen ausgeführt ist, ist nicht nur nachdenkenswert, sondern auch zu praktizieren in unseren konkreten Beziehungen, die wir zwischen der evangelischen und der römisch-katholischen Kirche in unserem Land haben. Darüber hinaus sind auch sehr instruktive *ökumenische Richtlinien* verhandelt worden, die auch für uns und unsere Arbeit nicht übersehen werden sollten. In der Erklärung des Reformierten Weltbundes über ökumenische Richtlinien wird auf der einen Seite zum Ausdruck gebracht, welche ökumenischen Ereignisse als vom Heiligen Geist bewirkt angesehen werden können, das Wachsen der Gemeinschaft der Kirchen im Ökumenischen Rat, die größere Übereinstimmung über das Wesen der Einheit, das neue Klima auch innerhalb des römischen Katholizismus, die zunehmende Zahl von Gliedkirchen des Weltbundes, die schon Unionskirchen sind oder die in einem Gespräch sich befinden, das die Union zum Ziele hat, das Drängen vieler junger Kirchen und Vereinigungen, wie die Ostasiatische christliche Konferenz, um eine Überprüfung der Aufgaben der konfessionellen Weltbünde. Sehr schön ist, was der Reformierte Weltbund in dieser Deklaration sagt: »Wenn die großen Konfessionen der Welt, unter ihnen die reformierten Kirchen, konfessionellen Vorrang anstreben und ihre großen Weltbünde zum Selbstzweck machen, dann verraten sie Jesus Christus. Aber wenn sie mit Erfolg danach streben, durch die Betonung ihrer konfessionellen Eigenart das gemeinsame evangelische Erbe zu bereichern, erfüllen sie dadurch den Willen des einen Hauptes der Kirche und sind wirklich die Werkzeuge des Heiligen Geistes.« Dementsprechend wird dann den Gliedkirchen empfohlen, in dieser Richtung fortzufahren. Es ist auch hier nicht möglich, auf die Einzelheiten einzugehen. Wir haben mit Dankbarkeit und Freude erfahren, wie Sie ja alle wissen, daß der rheinische Pfarrer Wilhelm Niesel, der Moderator des reformierten Bundes für Deutschland, für die nächsten Jahre zum Präsidenten des Reformierten Weltbundes berufen worden ist.

6. Schließlich wäre in diesem ökumenischen Bereich noch darauf aufmerksam zu machen, daß die *IV. Europäische Kirchenkonferenz* im Jahre 1964 zum ersten

Male auf einem Schiff stattfinden mußte aus politischen Gründen[18]. Aber auf diesem Schiff hat sie nun eines fertiggebracht, was wir seit langer Zeit gewünscht haben, nämlich die Bildung einer Satzung, einer Satzung über das hinaus, was bisher an inoffiziellen Bindungen da war. Am Anfang dieser Arbeit stand das Zusammenkommen, das die Präsides der westfälischen und der rheinischen Kirche mit den Brüdern von den Niederlanden und von Belgien gehabt haben in gemeinsamen Konferenzen. Ich erinnere an die Brüsseler Konferenz, die schon vor vielen Jahren den Anfang dieser Arbeit der Europäischen Kirchenkonferenz gesetzt hat. Wir sind froh darüber, daß aus diesen Anfängen etwas geworden ist, das auch in einer bestimmten Konstituierung die Gemeinschaft befestigt, denn wir meinen, daß die europäischen Fragen zwischen unseren Kirchen diesseits und jenseits der Weltspaltung ganz besonders dringend zu besprechen sind. Wir denken doch gar nicht daran, zu meinen, daß Europa nur der Westen sei. Wir denken nicht daran, etwas aufzugeben von der europäischen gemeinsamen Verantwortung im Rahmen der Ökumene. Aber gerade darum ist es wichtig, daß die großen traditionsreichen europäischen Kirchen miteinander in ein engeres Gespräch kommen, weil ja auch dadurch etwas Wichtiges mit bewerkstelligt werden kann, nämlich, ob ein protestantisches, nicht auf der römisch-katholischen Tradition beruhendes europäisches gemeinsames Erbe und Anliegen für die Zukunft Europas besteht. Ich glaube, daß die Protestanten wegen ihrer Herkunft und ihrer eigenen Geschichte zu sehr in den Nationalitäten ihrer Länder befangen waren und es schwer haben, europäisch und ökumenisch zu denken. Hier haben wir in allen Bereichen neu zu lernen, und auch die Europäische Kirchenkonferenz soll uns dazu verhelfen. Es sei noch erwähnt, daß auch die Nordisch-Deutsche Kirchenkonferenz in Schweden stattgefunden hat, die ja seit vielen Jahren immer wieder, vor allen Dingen im deutschen Ostbereich, ihre Konferenz gehabt hat. Hier wird sozusagen etwas getan für die Nord-Süd-Beziehungen zwischen Skandinavien einerseits und den mitteleuropäischen Kirchen andererseits. Auch dies ist nicht unwichtig und gehört auch in den europäischen Gesamtrahmen hinein.
Die neuen Probleme, das kann man abschließend sagen, die sich uns heute im ökumenischen Bereich stellen, sind neue Fragen an den Protestantismus, die einfach dadurch hervorgerufen worden sind, daß ja durch Neu-Delhi die Orthodoxie nahezu vollständig in die ökumenische Gemeinschaft eingerückt ist. Das ist nicht ohne gewichtige Folgerungen. Die Kraft des katholischen Erbes ist dadurch sehr viel stärker geworden als zuvor. Ich habe eben ja verlesen, was jener Amerikaner sagte. Es war mir interessant, daß auf den beiden großen konfessionellen Weltkonferenzen in Helsinki wie auch in Frankfurt etwas sichtbar wurde bei manchen Vertretern dieser Weltbünde, daß man eigentlich über sie hinaus danach streben wollte, alle Protestanten miteinander zu vereinigen. Ich habe deswegen jetzt einmal den von manchen angefochtenen Satz gebracht: Protestanten aller Kontinente vereinigt euch! – eine Aufgabe, die anscheinend im Blick auf die große Weiterentwicklung nicht ohne Wichtigkeit sein wird. Beunruhigung über das Weiterkommen der Ökumene ist natürlich da vorhanden, wo man in dem Kampf um die Existenz der Kirchen elementar bedroht ist durch die Spaltung. Alle Erklärungen sind darin einig, daß die Spaltungen der Kirche, das Nebeneinander, das Auseinander die Glaubwürdigkeit des Evangeliums besonders in Frage stellen. Aber die alten Kirchen mit ihren großen Bünden, auch die Ökumene in ihrer Gesamtheit, stehen rätselradend vor dem Problem, wie man diese überwinden kann. Und es bleibt für unsere Sicht dabei, daß das schwerste und tiefste Kernproblem der ökumenischen Bewegung der evangelisch-katholische Gegensatz ist, der zwar in mannigfachen Schattierungen vorhanden ist, aber in Wirklichkeit immer auf ei-

---

18 Nyborg IV, 5.–9. 10. 1964 auf dem MS »Bornholm« im Kattegatt

nen entscheidenden theologischen Kernpunkt zurückgeführt werden kann. Wo liegen die Wege zur Vereinigung der Kirchen? Das ist die große Frage in allen Kontinenten heute. Wo liegen die Hindernisse? Aber wir wollen uns nicht an andere wenden, sondern uns selbst fragen, ob wir Wege nach vorne wissen, ob wir Auswege aus dem Dilemma wissen, in dem wir heute innerhalb der Christenheit der Welt standen. Wir wissen: Es ist nur eine Kirche, es ist nur ein Evangelium und ist nur eine Aufgabe für die ganze Christenheit dringender als je zu erfüllen. Und trotzdem: Wie wollen wir die zwischen uns liegenden Gräben überspringen, zuschütten oder beseitigen? Dazu wird noch eine ganze Zeit vergehen. Das zeigt sich uns besonders, wenn wir unseren Blick auf die römisch-katholische Kirche richten.

II. Römisch-Katholische Kirche

1. Wir standen im Jahre 1964 zwischen dem Ende der 2. und der 3. Session des II. Vatikanischen Konzils. Wir stehen schon vor der 4. Session, die im Herbst dieses Jahres das Konzil zum Abschluß bringen wird. Wir haben mit einiger Leidenschaft an diesen Entwicklungen teilgenommen, weil wir wissen, daß alles, was hier geschieht, nicht nur für die römisch-katholische Kirche von Wichtigkeit ist, sondern die ganze Christenheit angeht. Die ganze Christenheit ist von dem betroffen, was hier geschieht oder nicht geschieht. Und wir nehmen alle daran teil, weil wir wissen, daß die Dinge, die hier beschlossen oder nicht beschlossen werden, für die Zukunft des Zusammenlebens der Kirche und die Lösung der uns gemeinsam gestellten Aufgaben von großer Bedeutung sein werden. Papst Paul VI. hat im August des vergangenen Jahres seine erste Enzyklika herausgebracht[19]. Diese Enzyklika ist voll freundlicher Anreden an die verschiedenen Gruppen innerhalb der Welt. Wenn man sie im einzelnen liest, sieht man die konzentrischen Kreise, wie er sie von Rom aus sieht. Aber eins ist gerade in der Hauptsache dieser Enzyklika bedeutungsvoll und sichtbar geworden: Der Angelpunkt des Kirchenproblems im Papsttum. Er weist bedauernd darauf hin, daß für eine ganze Reihe von christlichen Kirchen gerade der Papst mit seinem Amte das große entscheidende Hindernis der Einheit wäre. Er bringt dann ganz klar zum Ausdruck, daß nach seiner Überzeugung die Einheit der Kirche gerade auf dem Papsttum ruhe, obwohl alle nichtrömisch-katholischen Kirchen an diesem Punkte genau gegenteiliger Überzeugung sind. Hier wird deutlich, daß der tiefste Gegensatz dieser große evangelisch-katholische Gegensatz über die Grundstruktur der Kirche und damit auch ihrer Einheit ist. Der Dialog aber hat angefangen, ein neuer Dialog, wie er bisher so nicht bestanden hat. Und in diesem Dialog, meine ich, dürften die Protestanten der Welt in keiner Weise versagen. Das ist die große Frage, vor die wir jetzt gestellt werden. Wenn die Ergebnisse des Konzils gedruckt für uns vorliegen, werden wir uns schon über das, was da steht, im Dialog mit der römisch-katholischen Kirche unsere Gedanken machen müssen. Wir können dann nicht mehr so weiterreden über Rom, wie das bisher weithin bei uns der Fall war.

2. Die Constitutio de ecclesia ist auf dem Konzil zum Abschluß gebracht worden. Wir haben sie nicht im Originaltext vor Augen und können darüber auch nicht im einzelnen sprechen. Unabhängig von der Frage des Konzilsschlusses wird man sagen müssen, daß in dieser Constitutio die römisch-katholische Kirche versucht hat, eine sehr schwere und für mein Empfinden nahezu unlösbare Frage zum Abschluß zu bringen, nämlich die Lösung des Gegensatzes zwischen dem Papalismus und dem Konziliarismus. Mir fiel diese Tage ein Blatt in die Hand, woraus ich doch einen Satz vorlesen möchte, weil es auch zur Geschichte der Konzile

---

19 Enzyklika »Ecclesiam suam«, in: Herder-Korrespondenz, Freiburg 1963/64, S. 567

Die Berichte des Präses zur Lage der Kirche (1958–1971) 565

interessant ist, sich das noch ins Gedächtnis zu rufen. Genau vor 550 Jahren hat das große Konzil von Konstanz folgendes beschlossen (es ist doch sehr interessant, das heute nach 550 Jahren mal wieder zu hören): »Die gegenwärtig im Heiligen Geist rechtmäßig versammelte Synode ist ein allgemeines Konzil, das die streitende katholische Kirche repräsentiert, und hat ihre Gewalt unmittelbar von Christus, welcher jeder, wes Amtes oder Standes er sei, selbst wenn er die päpstliche Würde inne hätte, in allem zu gehorchen verpflichtet ist, was den Glauben, die Beseitigung des gegenwärtigen Schismas und die allgemeine Reformation der Kirche Gottes an Haupt und Gliedern betrifft.« Dies ist die klassische Formulierung des römischen Konziliarismus vor 550 Jahren. Sie wissen ja, daß trotzdem bald schon das Entgegenstehende geschah, was seinen Höhepunkt fand im Triumph des Papalismus im 1. Vatikanischen Konzil 1870. Nun steht seitdem ungelöst nebeneinander, was in Konstanz und was in Rom beschlossen wurde. Und das heutige Konzil hat den Versuch gemacht, mit sehr differenzierten Formulierungen das Problem des Verhältnisses von Papst und Bischöfen zu lösen. Es ist der Begriff der Kollegialität der Bischöfe eingeführt worden mit den Sätzen, daß die Kollegialität der Bischöfe als solche mit dem Papst an der Spitze Inhaber der »suprema et plena potestas ecclesiae« sei, jedoch: »collegium sine capite (damit ist nämlich nicht Christus, sondern der Papst gemeint), non datur.« Also das Kollegium besteht nicht ohne das Haupt, den Papst. Auf der anderen Seite steht nun dieser Formulierung dialektisch entgegen, daß der Papst *dieselbe* suprema et plena potestas auch *ohne* das Kollegium hat. Wenn das, meinen wir, eine Lösung des Problems sein soll, dann muß noch klargemacht werden, wie man diese Paradoxie wird zu lösen haben. Aber das ist eine Paradoxie in der römisch-katholischen Kirchengeschichte seit Jahrhunderten, und wir müssen im Studium dieses Dokumentes noch zu eruieren versuchen, was daraus für Folgerungen theologisch und praktisch gezogen werden. Ist also, fragen wir, das Problem wirklich gelöst oder ist es nur umschrieben? Nun kommt dazu, daß an dieser Stelle von höchster Autorität die berühmte *nota explicativa* eingefügt wurde. Diese nota explicativa hat dafür gesorgt, das ist meine Überzeugung, daß eine Exegese dieser Texte auf keinen Fall im Sinne des Konziliarismus erfolgen kann. Das ist die Bedeutsamkeit dieser nota explicativa, von der Methode, in der sie durchgeführt wurde, abgesehen. Was die Dekrete des Konzils angeht, so braucht uns das Dekret über die katholischen orientalischen Kirchen weniger zu interessieren, aber um so mehr das bedeutendste Dokument des Konzils, nämlich das *Dekret über den Ökumenismus*. Über das Dekret werden wir erst im einzelnen zu sprechen haben, wenn es uns im Wortlaut vorliegt, denn wir sind ja gerade auch als protestantische Kirche die in diesem Dekret Angesprochenen. Es ist da etwas geschehen wie eine neue Eröffnung des katholischen Ökumenismus zu den übrigen Kirchen. Es wird hier eine neue Position bezogen für ein ökumenisches Gespräch, und diese ist für die Geschichte der römisch-katholischen Kirche sicherlich eine nahezu revolutionäre Tat, eine Überraschung, eine Wandlung wie nie zuvor. Die rein introvertierte Überzeugung, daß die römisch-katholische Kirche qualitativ und quantitativ mit der Kirche Christi identisch ist, kann nun nicht mehr festgehalten werden. Jedoch auch an dieser Stelle fand ja jener eigentümliche Eingriff der hohen Autorität statt, als der Satz, der im Urtext des Konzils stand, verändert wurde. Er ist so instruktiv, daß wir ihn einmal lateinisch hören müssen. Von den Protestanten wird folgendes erklärt: »Spiritu sancto movente in ipsis sacris scripturis deum inveniunt sibi loquentem in Christo«, das heißt: durch den Heiligen Geist finden sie in den heiligen Schriften Gott, der durch sie zu ihnen spricht in Christus. Eine sehr schöne Formulierung über den Protestantismus. Aber es wurde daraus folgende schmerzliche Veränderung gemacht: »Spiritum sanctum invocantes in ipsis sacris scripturis deum inquirunt quasi sibi loquentem in Christo.« Dies ist nun ein sehr schmerzlicher Rückschritt von dem wunderbaren Konzilstext, denn jetzt heißt es: sie rufen den Heiligen Geist an. Das ist etwas anderes. Sie werden nicht von ihm bewegt. Es wäre wohl zuviel gewesen, das von uns zu sagen. Weiter also: und wir suchen in den heiligen Schriften Gott, quasi, als ob er zu uns in Christus spräche. Ob das »quasi« in der heutigen Latinität nur »als ob« heißt, ob es subjektiv oder objektiv zu verstehen ist? Dies wäre auch eine interessante Frage der Exegese dieses Textes. Es könnte nämlich positiv gewandt heißen: Sie sind dabei der Überzeugung, daß zu ihnen in diesen Schriften Christus spricht und daß sie darum Gott in ihnen suchen. Leider, müssen wir sagen, ist diese Änderung angenommen worden. Es wurden allerdings die Väter des Konzils vor eine ausweglose Lage gestellt. Und diese Situation gehört ja zu den schmerzlichen Schlußakten des Konzils. In den Schlußakten sind auch noch einige andere schmerzliche Dinge passiert, die nicht unterschlagen werden dürfen. Das eine war die überraschende Formulierung des Papstes, daß er lateinisch folgendes sagte: »Ecclesiae indoles simul monarchica et hierarchica.« Während bis dahin das Wort monarchica nie vorgekommen war, erschien völlig überraschend in diesem Schlußwort des Papstes nicht nur das Wort von den hierarchischen Eigenschaften der Kirche, sondern auch von ihrer monarchistischen Struktur. Nun, wer die Constitutio de ecclesia in ihren Formulierungen genau studiert, wird verstehen, daß man auch so reden kann.

Darüber hinaus kam in der Rede des Papstes noch etwas anderes ans Licht, daß man sagen könnte: Am Schluß des Konzils kam es nun doch trotz allem zu einem Triumph des Papsttums und der Maria. Der Papst sagte hier folgendes: »Zur Ehre der Jungfrau und unserem Trost erklären wir die Heilige Maria zur Mutter der Kirche, d.h. des ganzen Volkes Gottes, der Gläubigen sowohl wie der Hirten, die sie ihre liebevollste Mutter nennen. Und wir möchten, daß mit diesem Titel die Jungfrau von nun an vom ganzen christlichen Volk noch mehr geehrt und angerufen werde. Es handelt sich um einen Titel, der in der christlichen Frömmigkeit nicht neu ist. Gerade mit dem Namen der Mutter mehr als mit jedem anderen Namen pflegen sich ja die Gläubigen und die ganze Kirche an Maria zu wenden.« Dieser Name gehört in der Tat zur echten Substanz der Marienfrömmigkeit und findet seine Rechtfertigung eben in seiner Würde als Mutter Gottes, ja, als Mutter des Wortes Gottes. Der Papst hoffte, daß die Jungfrau die Stunde der Einigung der Christen beschleunigen werde. Auch dies ist sehr instruktiv, da ja offenkundig auf dem Konzil alles getan wurde, um eine Stärkung der mariologischen Aussagen der Kirche zurückzudämmen. Aber diesem hat nun am Schluß der Papst in seiner Ansprache eben etwas entgegengesetzt, und sicher mit Überzeugung und aus den Gründen der hinter ihm stehenden Kreise, die also gegen – wie man zu sagen pflegte – die fortschrittlichen Kräfte des Konzils waren. Es ist noch einmal deutlich geworden, daß der Papst von dem, was ihm zugesprochen ist seit dem Vatikanum, nichts preiszugeben gewillt ist und daß auch in der Mariologie keinerlei Rückschritte zu erwarten sein werden. Ein schmerzliches Ende, das den Bruder Vinay, den Berichterstatter des Konzils, in »Kirche in der Zeit«[20] zu der Schlußbemerkung führte, die ich doch noch eben vorlesen möchte: »Die evangelischen Christen mußten sich ganz fremd in der Peterskirche fühlen. Sie kehrten erschüttert und betrübt nach Hause. Es gab keine Glaubensgemeinschaft zwischen ihnen und der römisch-ökumenischen Versammlung.« Man kann das verstehen, wenn man sich diese Schlußakte des Konzils vor Augen stellt.

Zum Schluß ist noch auf die Bedeutsamkeit der nichtbeschlossenen Stücke hinzuweisen. Es steht noch Wichtigstes aus: das Schema über die Religionsfreiheit, das Verhältnis zu den anderen Religionen, insbesondere auch zu Israel, und das schwierige Thema von Kirche und Welt. Die bisherige Diskussion auf dem Konzil

---

20 KiZ 1964, S. 560

hat gezeigt, daß man innerhalb der römisch-katholischen Kirche zum Teil in noch größeren Schwierigkeiten im Blick auf die großen moralischen Fragen von heute steht als wir. Wir sollten also sehen, daß auch hier eine große Erschütterung der bisherigen Selbstverständlichkeiten eingetreten ist. Die zahlreichen Themen kamen zum ersten Male auf das Konzil: Ehe und Familie, Friede, Rassenfrage, Hunger, Geburtenkontrolle und dann auch die Mischehe. Und gerade was die Mischehe angeht, wurde ja – wir sagen vielleicht: bedauerlich – die Sache so von dem Konzil abgetan, daß man sich an den Papst gewandt hat in einer Deklaration und ihn gebeten hat, dies in einem Motu proprio selbst zu entscheiden. Wir sind sehr gespannt, ob es so wird, wie das Konzil es vorschlägt, denn wir werden sagen müssen, wenn die Sätze des Konzils praktiziert werden können, so bedeutet das in der Tat eine große Erleichterung in diesem Bereiche, und wir wären wirklich dankbar, wenn es gelingen möchte, dieses Hindernis eines guten Verhältnisses der Konfessionen entscheidend abzubauen. Wie gerne würden wir zu vielem, was hier in Rom gesagt worden ist, erfreuliche und dankbare Zustimmung geben. Aber können wir übersehen, wie eben trotz des starken Wortes, das auch heute in Rom gesagt wurde: »ecclesia semper reformanda« der Begriff dessen, was reformatio ist, nun eben doch ein ganz anderer ist, als er uns durch die Reformation selbst gelehrt wurde? Können wir übersehen, wie fern das meiste, was etwa in der Constitutio de ecclesia ausgesprochen wird, von dem ist, was wir nach dem Neuen Testament unter Kirche verstehen gelernt haben? Also: Es gilt, keinerlei falsche Hoffnungen und Illusionen zu hegen, sondern in redlicher Nüchternheit die Tiefe der Grundverschiedenheit unserer Kirchen aufs neue zu sehen und uns aufs neue in unserer Freude am Evangelium und der Kirche freier Christen in der Gemeinschaft Jesu Christi stärken zu lassen. Dennoch: Es gilt auch eine Bereitschaft zum Gespräch, eine Bereitschaft zu einer neuen Kooperation, die wir ja immer bejaht haben, und wenn sie nun auch uns von dort entgegengebracht wird, werden wir gerne alles tun, um das Verhältnis der Kirchen zueinander zu verbessern.

III. Evangelische Kirche in Deutschland

1. Sie haben sicher verfolgt, wie die Diskussion über die Einheit der Evangelischen Kirche in Deutschland neu aufgelebt ist. Ich denke an das Wort von Präses Scharf und die Reaktion in Kreisen des deutschen Luthertums. Ich denke auch an die Auswirkungen, die mein Vortrag in Freiburg gehabt hat, wo ich beim Evangelischen Bund auch über die Einheit der EKD gesprochen habe. Inzwischen ist dieser Vortrag abgedruckt in »Kirche in der Zeit«[21]. Unser Beitrag steht ja seit langem fest, ist eindeutig und klar. Wir möchten eine volle, brüderliche Gemeinschaft in der Evangelischen Kirche in Deutschland, wir haben sie immer als Kirche angesprochen und haben immer darum gebeten, Gemeinschaft am Tisch des Herrn mit uns zu vollziehen. Ich erinnere daran, wie die Antworten der Kirchen, die wir bisher erhalten haben, gelautet haben. Ich habe sie im Berichte der Kirchenleitung abgedruckt. Im Augenblick ist die zweite Abendmahlskommission dabei, Empfehlungen an den Rat auszuarbeiten, die – wenn ich recht verstanden habe – in die Richtung laufen, eine Abendmahlszulassung innerhalb der EKD zu verbreitern, also, was wir zum Ausdruck gebracht haben: »gegenseitige offene Kommunion« zum gemeinschaftlichen Recht aller evangelischen Kirchen in Deutschland zu machen. Wenn dies gelänge, wäre auch ein weiterer entscheidender Schritt auf die Einheit der EKD getan.

2. Die Evangelische Kirche in Deutschland hat ihr erstes Arbeitsjahr im Blick auf die Arbeitsgemeinschaft für *Weltmission* hinter sich. Hier hat sich eine gute

---

21 KiZ 1964, S. 546

Zusammenarbeit aller Beteiligten angebahnt. Erste Schritte der Integration von Landeskirchen und Missionsgesellschaften sind getan worden. In Angriff genommen sind insbesondere die gemeinsamen ökumenischen missionarischen Aufgaben, und dadurch ist eine erhebliche Vergrößerung des deutschen Beitrags im Ökumenischen Hilfsprogramm erzielt worden. Wir hoffen, daß dieses ganz besonders zu würdigen ist, denn bisher war der deutsche Anteil an diesen ökumenisch-missionarischen Aufgaben verhältnismäßig klein, ja unverhältnismäßig klein. Wir sind froh darüber, daß es gelungen ist, durch die Initiative dieses Ausschusses auch inzwischen die ersten Schritte zu tun zu einem »Ökumenischen Studienwerk«. Dies Studienwerk soll mit Unterstützung der Landeskirchen in Nordrhein-Westfalen bei Villigst gebaut werden in Parallele zu unserem dortigen Studienwerk, aber als eine selbständige Einrichtung für eine Elite von Asiaten und Afrikanern, die in Deutschland studieren sollen, nicht nur Theologen, sondern aus allen Fakultäten. Wir wollen ihnen dort die Hilfen zuteil werden lassen, besonders den von drüben herüberkommenden Christen, die sie zu einem wirklichen Studium in Deutschland brauchen. Wir haben hierfür die bereitwillige, großzügige Unterstützung des Staates bekommen, vor allem auch des Landes Nordrhein-Westfalen, für die wir sehr dankbar sind, und wir hoffen, daß hier eine große und wichtige Sache geschaffen wird. Es ist erst wie ein Tropfen auf einen heißen Stein, aber ein erster ist es doch, ein ökumenisches Studienwerk, in dem bestvorgebildete Leute aus den Gebieten Asiens und Afrikas zu uns kommen, um wirklich die Ausbildungschancen, die wir ihnen geben können, auszunutzen. Es würde zu weit führen, über die Arbeit im einzelnen zu sprechen. Wir freuen uns, daß in dieser Arbeitsgemeinschaft auch alle sonst üblichen Vorbehalte zwischen den Konfessionen, ja zwischen Landeskirchen und Freikirchen, grundlegend überwunden sind, und wir sind wirklich dankbar für die brüderliche und intensive Arbeitsgemeinschaft, die sich hier angebahnt hat.

3. Zu erwähnen ist nun neuerdings auch etwas, das ja, wie wir aus unseren eigenen Synodalprotokollen ersehen können, so auch bei uns noch gar nicht vorgekommen ist, nämlich die *Bibelmission*. Wir müssen uns ja eigentlich schämen, daß es kein anderer war als der Erzbischof von York, ein Anglikaner, der für die Aufgabe der Bibelmission den Ruf ergehen ließ von dem »Worte Gottes in einem neuen Zeitalter« und der uns zum ersten Male in Neu-Delhi vor Augen stellte, daß hier ein großes Versäumnis der Kirchen vorläge. Unsere Überlieferungen in der Bibelgesellschaft waren zu sehr introvertiert. Wir haben eigentlich nur für uns gesorgt, dafür, daß es hier genug Bibeln gab, und wir haben zu wenig daran gedacht, daß die Bibelverbreitung zu den wichtigsten missionarischen Diensten gehört, die gerade auch von den reformatorischen Kirche getrieben werden muß. Die große Aufgabe, die die Amerikaner und die Engländer in diesem Bereich geleistet haben, steht wirklich in gar keinem Verhältnis zu dem, was wir bisher haben beitragen können. Aber das kann nun nicht so bleiben. Wir müssen nun endlich auch unseren Anteil geben. Wir haben einen schönen Anfang gemacht mit BROT FÜR DIE WELT, wir brauchen nun ein zweites: das Wort in die Welt. Das heißt Bibelübersetzungen, Bibeldrucke, das heißt auch Bibeldruckereien in den verschiedensten Gebieten der Welt und alles, was dazugehört. Ich sagte es: Bedenken Sie, 350 Millionen Menschen mehr wollen nächstens was zu lesen haben. Und wir wissen genau: wenn wir ihnen nicht das Nötige zu lesen geben, werden sie etwas anderes lesen, was wir von ihnen nicht gerne gelesen haben möchten. Also: Bibelmission wird eine Sache sein, die uns in den nächsten Jahren in einem bei uns noch nicht dagewesenen Maße beschäftigen wird. Wir werden alles tun müssen, damit die Kirchen, die inzwischen sich gebildet haben durch die Arbeit unserer Missionen, auch mit den nötigen Bibeln ausgestattet werden können. Dies ist bisher nur ganz

unzulänglich der Fall. Es gibt viel zuviel Kirchen, in denen Millionen von Christen keine Bibel, nicht einmal ein Neues Testament ihr eigen nennen. Und wir können gar nicht verstehen, was das bedeutet, wenn dies alles fehlt, wenn man nur auf das Hören angewiesen ist. Was muß da alles noch geschehen, daß in den Schulen, die jetzt überall in steigendem Maße errichtet werden, eines Tages auch das Neue Testament, auch die Schulbibel auf den Bänken liegt und nun gelesen werden kann und studiert werden kann! Dies ist von elementarer Wichtigkeit für die Einverleibung des christlichen Glaubens in die Kirchen der farbigen Welt.

4. Ein Wort sei auch noch der Aktion Sühnezeichen im Bereiche der Evangelischen Kirche in Deutschland gewidmet. Dies ist ja nun doch, wie man je länger desto mehr sehen kann, ein wahrhaft geistlicher Akt der evangelischen Christen geworden. Wir sind besonders dankbar für das Echo, das auch diese Arbeit etwa in England gefunden hat. Jetzt rüsten sich Engländer, um nach Dresden zu ziehen und dort Aktion Sühnezeichen bei uns zu vollziehen. Ich halte das für eine großartige ökumenische Handlung. Welch eine erstaunliche Entwicklung der letzten Jahre! Auch im Ostraum, sogar in Jugoslawien ist es möglich geworden, solche Werke der Liebe zu tun, Werke der ausgestreckten Hand der Vergebung. Unsere besondere Aufgabe der rheinischen wie der westfälischen Kirche wird sein, für Rotterdam etwas zu tun. Rotterdam! Wir erinnern uns an den Namen aus dem Jahre 1940. Wir denken an das furchtbare Geschehen und wollen darum gerade in Rotterdam ein Zeichen aufrichten, wo sich uns in dem Bürgermeister der Stadt eine Hand aufgetan hat, die eingeschlagen hat in die ausgestreckte Hand der Aktion Sühnezeichen. Dort soll ein ökumenisches Zentrum gebaut werden. Eine große, schöne Sache muß das sein. Gerade dort. Daran wollen wir uns alle beteiligen, daß wir den evangelischen Kirchen – einem Kuratorium aus allen Kirchen bestehend – in Holland diese Arbeit in die Hand legen. Ein ökumenisches Zentrum, ein Haus der Begegnung, das von uns gestiftet wird als ein bleibendes Zeichen für die allein von Christus geschenkte Vergebung, die uns allein mit einander wieder verbinden kann in dem einen Herrn, auch zwischen den oft so tief getrennten Völkern.

5. Abschließend wird an dieser Stelle auch noch ein Wort über die Kirche in der DDR gesagt werden müssen. Wir sind dankbar dafür, daß im Jahre 1964 mancherlei Bemühungen zustande gekommen sind zu einem – wie man sagen könnte – »modus vivendi«. Bei aller kritischen Betrachtung der Dinge, die ja nicht aufhören kann, wird man sagen dürfen: (1) Es ist zur Zeit – wenn ich recht sehe – keiner aus kirchlichen Gründen in Haft. (2) Es ist gelungen, die Rüstzeiten für die Jugend, die Bibelrüstzeiten, trotz mancher Anfechtungen durchzuführen. (3) Es ist sogar auch gelungen, auf Wunsch der Kirchen in der Sache der Wehrdienstverweigerung einen zwar nicht vollkommenen, aber doch wohl gangbaren Ausweg zu schaffen mit dem Versuch der sogenannten Arbeitssoldaten. Immerhin sind das alles Tatbestände, die gesehen werden wollen. Dabei gehen die theologischen Auseinandersetzungen in der Kirche, auch im Ostraum, dauernd weiter. Ich denke an die Diskussion über die Zehn Artikel, über die Weißenseer Thesen dazu, über die Kirchenkonferenz im Osten, über die Besonderheiten der Aktionen des Bischofs Mitzenheim, über die Schwierigkeiten, die die Kirchen haben mit der Ost-CDU. Aber man darf nun doch eben dankbar sagen, daß hier etwas in Bewegung geraten ist, daß man den Versuch unternimmt, Kirche im totalitären kommunistischen Staat zu sein. Daß eine solche Kirche immer nur den Status einer geduldeten Größe hat, ist klar. Aber daß nun diese Kirche selbst auch so ganz stark auf sich selbst geworfen ihre Arbeit tun muß, ist doch für uns alle ein wichtiges Zeichen für die mögliche Wandelbarkeit der Struktur der Kirche gegenüber und in der Gesellschaft. Es ist der Versuch, gegenüber einer atheistischen Staats- und Gesellschaftsordnung

eine neue Kirche zu entfalten und zu gestalten. Daß das unter vielen Nöten und Bedrängnissen geschieht, ist unvermeidlich. Es kommt wirklich alles hier auf die Geduld und den Glauben, die Gewißheit dieser Menschen an, wobei wir ihnen nur ein wenig Hilfestellung leisten können. Allerdings, wir können für sie beten, wir können unsere Hilfe für sie, die wir bisher getan haben, fortsetzen; wir können die unmittelbare Verbindung, die wir mit ihnen pflegen, immer wieder verstärken und vor allen Dingen ihre Probleme mitdenken. Es ist für uns im Rat der Kirche der Union ja immer das Wichtige, mitdenken zu dürfen an den dort immer neu aufkommenden Problemen. Ich denke z.B. an das Jugendgesetz, das gerade in den letzten zwei Jahren vorgelegt worden ist. Im Osten wird das dann ja zur Diskussion gestellt und überall das ganze Volk damit befaßt. Aber die Kirchen haben sich in verschiedenartigster Weise kraftvoll zur Wehr gesetzt gegen eine ganze Menge von Vorschriften. Hier wird uns ein Beispiel gegeben des Versuches einer totalitären Anstrengung, die Jugend ganz und gar einzubauen in den zukünftigen Staat – wie man dort sagt – der Arbeiter und Bauern. Daß hier viele Probleme dauernd ungelöst sind und bleiben, ist klar. Aber daß unsere Aufgabe ganz besonders intensiv ist und bleibt, dürfte für uns alle außer Frage stehen. Darum haben wir alles getan, um auch unsere Brüder und Schwestern zu ermutigen, immer wieder die Wege nach drüben zu finden, und wir sind dankbar, daß sie so viel und zahlreich beschritten worden sind.

IV. Evangelische Kirche im Rheinland

1. Noch ein kurzes Wort zum Schluß dieses Überblickes zur Evangelischen Kirche im Rheinland. Das meiste steht ja in dem Bericht der Kirchenleitung, und so bleiben nur ein paar Fragen zur Ergänzung, allerdings solche, die uns in vieler Hinsicht besonders bewegen. Das erste, was hier genannt werden sollte, sind die wieder aufgelebten Fragen um die Praktizierung der Ordnung unseres kirchlichen Lebens, also jenes Bestandteils unserer Kirchenordnung, wie wir ihn vor einigen Jahren (1950/52) in unserer Synode verabschiedet haben. Aufs neue ist das Problem der Kindertaufe lebendig geworden, und zwar der Taufversagung oder der Taufverschiebung. Ich erinnere an die Erklärung, die im »Haus der Begegnung« von einem Kreis von jungen Theologen aus vielen Landeskirchen auf Grund der Tatsache, daß Pfarrer ihre eigenen Kinder nicht taufen, verfaßt wurde. Sie haben die Gemeinden in diesem Sinne zu belehren begonnen, eine Belehrung, die in Spannung zum geltenden kirchlichen Rechte steht. Hier sind Fragen aufgekommen, die wir – meine ich – aufs neue zu bedenken haben werden. Es kann jedenfalls nicht dabei bleiben, daß – wie es in der Erklärung heißt – die Kirchenleitungen gebeten werden, von allen Maßnahmen gegen einzelne Glieder der Kirche abzusehen, die die Taufe ihrer Kinder aufgeschoben haben, und vor allen Dingen auch gegen die Pfarrer, die sich geweigert haben, ihre eigenen Kinder zu taufen, nicht disziplinär vorzugehen.

In der Konfirmationsfrage liegen die Dinge ganz anders. Wir hoffen, daß wir hier einige Schritte nach vorn tun können. Die Vorlagen, die der Konfirmationsausschuß gemacht hat, sind für mich ein Zeichen dafür, daß wir langsam in Bewegung kommen gegenüber der Festgefügtheit der Tradition der vergangenen Konfirmationsordnung.

Bei den Trauungen treten in steigendem Maße neue Probleme auf, die in der Kirchenordnung so noch nicht vorkommen, da sie ja im wesentlichen konzipiert ist von dem Tatbestand, daß zur Rechten der Römische Katholizismus steht und zur Linken die aus der Kirche Ausgetretenen. Die Tatsache der Orthodoxen ist noch nicht zur Kenntnis genommen. Auch die ganz neue und wichtige Frage, wie es denn nun mit Juden gehalten werden soll oder mit Mohammedanern. Diese Fragen werden lebendig bis über die Frage hinaus, ob denn irgend etwas geschehen sollte, wenn in steigendem Maße das passiert, was in der Urchristenheit im ersten Jahrhundert fast die Regel war, daß nämlich überall Ehen waren zwischen Christen und Heiden. Wie steht es hier mit der Möglichkeit eines geistlichen Zuspruches angesichts einer Eheschließung von Christen und Nichtchristen? Was ist überhaupt die Trauung im Unterschied von der Eheschließung? Wir haben das versucht in Kirchenordnung und Agende auszusprechen. Und wenn diese Frage noch nicht gelöst ist, so werden wir überlegen müssen, welche Probleme hier geklärt werden müssen. Es wäre aber falsch, wenn man im Vorgriff auf mögliche neue Lösungen heute schon sagen würde: »Also, die Kirchenordnung ist längst überholt; sie hat an das alles nicht gedacht. Tun wir, was unser Herz uns gebietet. Trauen wir also Mohammedaner, Hindus und Juden und Heiden aller Art mit Christen. Warum soll man nicht über ihnen einen göttlichen Segen aussprechen. Das kann doch nicht verboten sein!«

2. Dahinter steht die Frage nach der Gültigkeit der kirchlichen Ordnungen überhaupt, die uns ja sehr stark beschäftigt hat. Es hat auch einige Diskussionen in »Kirche in der Zeit«[22] gegeben – nicht nur über die Wahlordnung –, auch dieses Thema kommt bei uns ja vor, denn die Erfahrungen der letzten Wahlen haben uns ja auch wieder einiges gezeigt von Problemen, die offenbar durch keine Ordnung haben gelöst werden können. Aber das Problem der Verbindlichkeit kirchlicher Ordnung sollte doch einmal stärker ins Auge gefaßt werden. Ich denke an die Verbindlichkeit kirchlicher Ordnungen im Blick auf den Gottesdienst, im Blick auf die Lieder und das Gesangbuch und im Blick auf den Gebrauch der Agende. Hier sind wir ja vor eine Reihe von neuen Fragen gestellt worden. Es ist doch eine ernste Frage, ob es uns allen erlaubt sein kann, eine beliebige Übersetzung der Heiligen Schrift an Stelle der offiziell vom Rat der EKD herausgegebenen Bibel zu gebrauchen. Wo kommen wir hin, wenn Jörg Zink an die Stelle von Martin Luthers Übersetzung tritt? Ich glaube nicht, daß das geht, zumal da Jörg Zink keine Übersetzung, sondern eine Auslegung bietet. Und vielfach auch eine falsche Auslegung. Aber das ist eine theologische Frage für sich.

Das ist einer von den Punkten, die grundsätzlich geklärt werden müssen, da wir ja bisher der Meinung waren, in unseren Gottesdiensten ist die offizielle kirchliche Bibelübersetzung zu gebrauchen. Ebenfalls was das Gesangbuch angeht, können auch die modernsten Schallplatten nicht an die Stelle unserer Gesangbuchlieder treten. Und was die Agende betrifft, können auch nicht beliebige, sehr schön gedachte Einfälle die Gottesdienstordnung der Gemeinde überrollen. Hier sind einige Punkte zu klären, die auch eine Synode angehen. Es geht um die Frage von Evangelium und Gesetz, die Frage des protestantischen Kirchenrechtes in allen Bereichen. Ich erinnere an die Diskussion, wie sie in »Kirche in der Zeit«[23] auch vor kurzem noch stattgefunden hat.

V. Kirchliche Probleme und Aufgaben angesichts der Fragen der Welt von heute

Zum Abschluß möchte ich auf die Probleme und Aufgaben der Kirche angesichts der Welt von heute zu sprechen kommen, um das zusammenzufassen, was in dem Bericht über die einzelnen Ereignisse auseinandergefaltet wurde.

1. Ich wage es zu sagen, daß man von einer *Krise* der Weltmission reden muß. Wenn Sie den neuesten Aufsatz in der »Evangelischen Welt« lesen, den Professor Dr. Vicedom, Neuendettelsau, ein sehr bedeutender Mann der Mission und der

---

22 *H. Höhler*, Sind Recht und Ordnung der Kirche verbindlich?, in: KiZ 1964, S. 378
23 *J. Seim*, Um die Verbindlichkeit von Recht und Ordnung in der Kirche, in: KiZ 1964, S. 569

Missionstheologie, unter dem Thema »Schwierigkeiten und Möglichkeiten der Weltmission heute« verfaßt hat, so würden Sie ohne weiteres erkennen, daß es sich in der Tat um eine Krise, d.h. eine Situation handelt, in der alte Überlegungen und bewährte Strukturen zu Ende gekommen sind und ganz neue, ja ein ganz neues Verständnis der Mission, erarbeitet werden müssen. Er ist der Überzeugung: »Mission heißt heute: Dienst mit und in der jungen Kirche. Auch hier geht es um Integration. Mission war im Kolonialzeitalter immer mit der Verbreitung unseres christlichen, europäischen Lebensbildes gekoppelt. Das ist heute ein großes Hindernis. Wie muß Nachfolge Jesu Christi im eigenen Kulturraum Afrikas oder Asiens als Antwort auf die Fragen des Menschen aussehen?« Am Anfang seines Aufsatzes sagt Vicedom: »Wir stehen heute unter dem Eindruck, als würde die Missionszeit der christlichen Kirche zu Ende gehen.« So stark betont er also diese Krise. Es ist keine Frage, daß wir uns hier gerade in der Frage der »Integration« mit mehr zu befassen haben als mit einem Organisationsproblem. Auch Vicedom sagt: »Entscheidend ist, daß jetzt Mission von Kirche zu Kirche getrieben werden muß und daß die eigentliche Missionspotenz in Asien und Afrika die dortigen jungen Kirche sind und daß wir ihnen auf unsere besondere Weise Hilfe zur Verfügung zu stellen haben.« Was hat uns das letztere noch zu sagen? Woher kommen die christlichen Lehrkräfte an höheren Schulen? Wo sind die Universitätsprofessoren, die bereit sind, ihre Fächer in den vielen Universitäten Afrikas und Asiens, wo Christen sind, zu lehren? Wo sind die Professoren der Theologie, die in den Departments of Religion an den Universitäten das Christentum vertreten würden? Wer geht aus Deutschland in die Welt hinaus, um diese Aufgaben zu erfüllen? Dasselbe trifft die christlichen Fachleute, die bereit sind, als Mensch zu Menschen dort in Asien und Afrika mitzuarbeiten. Alle diese Dinge gehören heute in das Missionarische unbedingt hinein. Hier sind die neuen, großen Aufgaben zu erkennen. Und der alte Stil, der im 19. Jahrhundert geprägt wurde, der in seiner Weise Entscheidendes getan hat zur Bildung neuer Kirchen in diesen großen Räumen, muß nun in der heutigen Situation umgestaltet werden. Schon die Tatsache der Christlichen Ostasiatischen Konferenz zeigt hier, was die Stunde geschlagen hat.

2. Das andere, was ich erwähnen möchte, ist, daß wir mit ganzem Ernst von der Tatsache des seit 150 Jahren anstehenden Endes der christlichen Gesellschaftsordnung in Europa und Amerika Kenntnis nehmen müssen und es auch verstehen müssen, wie von hier aus eine Reihe von moralischen Erschütterungen und Schockierungen der christlichen Kirche erfolgt ist. Wir sind in der Tat heute bemüht – das sagt ein Mann wie Dr. Nolde, eine der bedeutendsten ökumenischen Gestalten unserer Zeit –, im Zeitalter der wissenschaftlichen Zivilisation nach einem neuen Ethos zwischen Christen und Nichtchristen zu suchen. Denn in der ganzen Welt ist das Thema »Christen und Nichtchristen« analogisch geworden. Es gibt keinen christlichen Bereich mehr, etwa Europa, und einen unchristlichen, etwa Asien. Sondern in Europa ist ebenfalls Unchristentum, und in Asien ist ebenfalls Christentum, so daß die Konferenz von Mexiko mit Recht gesagt hat: »Mission in sechs Kontinenten!« In der Tat, in allen Kontinenten gibt es Kirchen, in allen gibt es Kirchengegnerschaft, in allen gibt es Glauben und Unglauben. Heute ist also die Kirche eine wahrhaft weltumspannende missionarisch einzusetzende Größe in einer sich angleichenden säkularisierten Menschheit geworden.

3. Auf der anderen Seite ist das Thema »Volkskirche in einer entchristianisierten Welt« aufs neue aktuell geworden. Die Volkskirchen werden nicht so bleiben können, wie sie waren, da es diese Völker heute nicht mehr gibt, zumal da die Industriegesellschaft dem traditionellen Tatbestand der Völker entgegensteht und wahrscheinlich das Völkische auf die Dauer in stärkstem Maß überrollen wird. Es

geht darum auch bei uns um die Fragen nach dem Recht des öffentlichen Anspruchs der Kirchen oder der Kirchensteuer, wie wir es in der publizistischen Auseinandersetzung dieser Jahre erlebt haben.

4. Die brennenden Lebensfragen der Menschheit sind aber nun eigentlich das wichtigste, was ich als die große missionarische und diakonische Aufgabe der Kirche empfinde. Große Leute der heutigen Weltwirtschaft sind der Überzeugung, daß diese Probleme ohne die Christenheit nicht gelöst werden können: Die Fragen des Weltfriedens, der Krankheit und des Hungers, der Armut, der Rassen, des Analphabetismus, der Knechtung durch Ideologien. Zur Lösung dieser Fragen gehört im letzten Grunde eine Einsatzfähigkeit und ein Glaube, ein Gottesglaube, wie er im Menschen von Natur nicht steckt, weswegen auch diese Lebensfragen der Welt nur vom Menschen gelöst werden können, die sich im Glauben als Gesandte des Schöpfers dieser Welt verstehen. Dies ist die große christliche Aufgabe, vor der wir heute stehen, um die schweren Lebensfragen der Menschheit zu lösen, die von ihr nicht gelöst werden können, – im letzten Grunde deswegen nicht gelöst werden können, weil sie sich dabei selbst im Wege stehen, weil der ideologische Antagonismus, aber auch andere Antagonismen, vor allem der Antagonismus von Weiß und Schwarz, immer schlimmer zu werden droht. Sie sind es, die gerade das hindern, was geschehen könnte und müßte, nämlich eine weltumspannende Arbeitsgemeinschaft aller Nationen und Völker in der Einheit des Menschlichen, die notwendig ist, um die heute noch unlösbaren Probleme der kommenden Generationen zu lösen. Darum sei die Kirche an diesem Punkte mit Leidenschaft zum Handeln, zum Mahnen und zum Reden aufgefordert.

5. Die theologischen Fragen unserer Kirche, die wir auf unseren Synoden immer wieder besprochen haben, sind selbstverständlich noch längst nicht einer Lösung zugeführt. Man muß aber sagen, daß diese Fragen, die uns hier anscheinend nur innerhalb einer Kirche, in einem beschränkten Raum, beschäftigen, in Wahrheit weltumspannende Themen sind.
Die Probleme sind keine bloß europäischen oder amerikanischen – ich habe das selbst erlebt, wie es sich hier um Probleme handelt, die in allen Kirchen der Welt zur Diskussion stehen. Sehr verschieden zwar in ihren Ansätzen, denn im asiatischen Raum ist der Ansatz die Tatsache der großen Religionen der Welt, bei uns ist es die Tatsache der Religionslosigkeit. Aber die theologischen Fragen über die Aussagen der Heiligen Schrift, ihre Verbindlichkeit und bleibende Gültigkeit, die großen Fragen der Entwicklung des christlichen Dogmas im Laufe einer Geschichte von 1500 Jahren, geprägt durch den Hellenismus, später durch den Romanismus, dann durch die Reformation, um drei große Bewegungen zu nennen, sind eben doch bleibende Kernpunkte der Auseinandersetzung, und zwar infolge der wahrhaft grandiosen wissenschaftlichen Entwicklung der modernen Menschheit. Diese Probleme sind nicht innerkirchliche Gegensätze, sondern große Grundfragen, mit denen wir um Antwort ringen müssen. Und keiner soll erwarten, daß uns die Antwort von heute auf morgen zufallen wird.
Unsere Aufgabe scheint mir aber jedenfalls gegenwärtig die zu sein – und das sei in einem letzten Wort noch angedeutet: Entscheidend für die Kirche in der heutigen Welt wird es sein, daß sie ihre Botschaft in Glaubwürdigkeit, und d.h. auch in menschlicher Glaubwürdigkeit, an die Menschen heranbringt. Hier ist eine gewichtige Aufgabe, mit der wir dauernd zu tun haben. Es darf das, was wir reden, und das, was wir tun, nicht in einem solchen Gegensatz stehen, daß das, was wir zu sagen haben, unglaubwürdig werden muß. Das ist in verschiedenen Bereichen der Welt etwas anderes, aber wir haben, jede Kirche an ihrem Ort, diese Aufgabe zu lösen: Wahrhaftigkeit und Bescheidenheit und Befreiung der Kirche von fal-

schen ideologischen, weltanschaulichen, rassischen und sonstigen Bindungen. Das ist die eine große und gewichtige Aufgabe der Verkündigung der Kirche an allen Orten.
Und die zweite Aufgabe bleibt, daß wir gerade in der heutigen entchristianisierten Welt, in der moralisch erschütterten Welt selbst beispielhaft leben müssen als Gemeinden, als weltumspannende Kirche, als eine Bruderschaft, die keine Trennung zwischen den Menschen anerkennt. Dies beispielhafte Leben gehört gerade zur Glaubwürdigkeit der christlichen Verkündigung.
Aber drittens, ebenso wichtig scheint mir die kräftige Hilfe. Was wir bisher geleistet haben, ist nur ein bescheidener Anfang von dem, was wir leisten müßten. Was wir an Opfern leisten müßten, wozu wir mit Sicherheit genötigt sein werden, ist das Mehrfache von dem, was wir bisher geleistet haben. Nachdem wir uns, meine ich, alle miteinander so gut ausgestattet haben, wie wir das haben tun dürfen, haben wir jetzt zu prüfen, ob der Vorrang der Dinge nicht bei dem liegt, was wir für Asien, Afrika und auch Südamerika zu tun haben, das heißt: die großen Entwicklungsgebiete, an deren Entwicklung das Schicksal der kommenden Generationen hängen wird. Und mir scheint, daß der Einsatz gegen den Hunger, gegen das Elend, die Armut, den Analphabetismus lauter Dinge sind, die zu dem Missionsauftrag Jesu Christi gehören. Zum beispielhaften Leben gehört die kräftige Hilfe und der Einsatz für Frieden, Gerechtigkeit und Freiheit als die entscheidenden Grundelemente einer menschlichen Gesellschaft auf der immer kleiner werdenden Welt.
Ein trefflicher Mann aus der Weltgesundheitsbehörde hat, wie ich vor kurzem in einer Zeitschrift für die Jugend las, eine sehr schöne Bemerkung gemacht, indem er sagte: Milliarden werden jährlich in die Luft gepufft, um den Weg zur Venus und zum Mars zu ebnen, währenddessen aber verkommen jeden Tag Tausende von Menschen in Hunger und Elend. Nur ein Bruchteil von den Milliarden hier angewandt, würde die Welt geradezu in ein Paradies verwandeln. So drückte er sich aus. Statt dessen aber denken wir an den Mond, an die Venus, an die Sterne, die uns gar nichts angehen, wie er meint, da die Erde uns die großen Aufgaben stellt, die noch gar nicht gelöst sind. Die großen Aufgaben, die die Erde uns stellt, sind so riesenhaft, daß wir uns doch Zeit nehmen sollten, den Mars erst dann zu besteigen, wenn wir mit der Erde fertig geworden sind. Wahrscheinlich werden wir aber auch dann nicht dahinkommen, denn Gott hat uns nicht die Welt, sondern die Erde zur Bewohnung und Beherrschung anvertraut. So könnte man als Christ vielleicht sagen. Trotz allem, was hier jeder Lösung entgegensteht, dürfte bei uns keine Resignation Platz greifen, denn wir neigen alle dazu, wenn wir nicht rasch Erfolge sehen, zu resignieren. Wir sind aber als Kirche im ökumenischen Raum und bei uns zu Hause für den Einsatz für Frieden, Freiheit und Gerechtigkeit gleichermaßen gerufen und haben auch allen Staaten und Politikern unermüdlich in den Ohren zu liegen, daß hier ihre große Verantwortung liegt.
Angesichts der Schwachheit der Kirche zur Antwort auf die großen Lebens-, Welt- und Menschheitsfragen ist es um so notwendiger, daß wir uns von unserer überlieferten Introvertiertheit zu opferbereiter Liebe gegenüber der gefährdeten Menschheit rufen lassen. Wir sehen alle, daß die Welt, in der wir leben, dadurch gefährdet ist, daß die Fähigkeiten der Menschheit, die so groß sind durch die Gaben des Schöpfers, sie in die Gefahr der Unmenschlichkeit hineintreiben. Wer kann dem anders begegnen als die Menschen, die im Glauben an Gott, den Schöpfer, den Versöhner und Erlöser der Welt, vom Heiligen Geist das geschenkt bekommen können, was zu einem wirklichen Zusammenleben der Menschheit in Liebe, Frieden, Gerechtigkeit und Freiheit die Bahn ebnet. Nicht für den Himmel, sondern für die Erde zu sorgen, gehört heute ganz entscheidend zu den Aufgaben, die nach Gottes Willen im Blick auf die Bestimmung der von Gott geschaffenen und geliebten Welt zu erfüllen sind.

VII.
14. Landessynode vom 10. bis 14. Januar in Bad Godesberg

Verehrte und liebe Brüder und Schwestern!
Unsere Synode am Beginn des Jahres 1966 steht, was die Lage der Menschheit angeht, in einer ausgesprochen kritischen, labilen Situation. Wir alle sind – glaube ich – im Blick auf die Ereignisse des vergangenen Jahres und im Blick auf die Situation, der wir entgegengehen, von begreiflicher Sorge erfüllt. Wir können ja nicht zusammensein, ohne uns auch klar zu machen, in welcher Stunde der Welt, der Geschichte der Menschheit, wir uns befinden, zumal da heute mehr denn je alles, was an irgendeinem Ort geschieht, doch in dem Horizont des Weltgeschehens gesehen werden muß. Wir können nicht daran vorübergehen. Wir können nicht so tun, als ob die Dinge auf der anderen Seite der Weltkugel uns weniger angehen, weil sie so weit von uns entfernt geschehen. Wir empfinden die eigentümliche veränderte Lage der Welt dadurch, daß es heute so etwas gibt wie eine Weltgeschichte, ein Weltgeschehen, in das wir alle stärker als zuvor hineingenommen sind, so daß wir uns um diese Dinge kümmern müssen, daß wir von ihnen angesprochen und in Bewegung gesetzt werden mehr als in vergangenen Jahrhunderten der damaligen, so weit voneinander entfernt lebenden Menschheit. Die durch die Technik und die Industrie so stark verbundene Menschheit ist dadurch auch mehr als je zuvor in große kritische Auseinandersetzungen und Gegensätze geraten, die der Kirche in ihren Weltzusammenhängen besondere Nöte und Sorgen bereiten. Überall, wohin Sie auch schauen können, sind die Kirchen in die Konflikte der Welt hineingerissen. Wir brauchen bloß an den Krieg in Vietnam zu denken oder an Indonesien oder an die afrikanischen Staaten. Unsere Kirchen draußen sind oft in sehr schweren, menschlich fast gar nicht zu bewältigenden Situationen zwischen den Spannungen, die z.T. auf ideologischer, z.T. aber auch auf anderer Grundlage beruhen. Wir können nicht daran vorübersehen, in welcher Weltgefahr wir uns doch offenbar im Blick auf die Lage des Krieges in Vietnam befinden. Wir lasen heute in der Zeitung, daß die Abgesandten des amerikanischen Präsidenten doch eher pessimistisch nach Hause gekommen sind als mit einem Rest von Optimismus im Blick auf die Ergebnisse, die man für eine friedliche Lösung erhoffen möchte. Wenn wir dagegen das sehr gute in den letzten Tagen erschienene Wort ins Auge fassen, das von der Ostasienkonferenz der christlichen Kirchen in Verbindung mit der Arbeitsgemeinschaft für die politischen Angelegenheiten des Weltkirchenrates gesagt worden ist, dann versteht man die Aufgaben, die uns heute im Blick auf eine solche Situation, wie sie vor uns steht, gestellt sind. Wir wissen ganz genau, daß quer durch die Kirchen hindurch die Frage nach Recht und Gerechtigkeit in diesem Krieg, nach Sinn und Ziel dieses Krieges, aufgekommen ist, daß wir also hier vor nicht geringen Verlegenheiten stehen, wobei sich alle darin einig sind, wie wir sahen, daß eigentlich so rasch wie möglich Frieden geschlossen werden müßte. Es zeigt sich wieder hier wie auch im Kaschmir-Konflikt, wie enorm schwer es ist, daß Menschen in ihren konkreten Gebundenheiten, in der Notwendigkeit, ihr Prestige zu wahren oder – wie man in Asien sagt: – ihr Gesicht nicht zu verlieren, sich in Lagen hineinmanövriert sehen, aus denen es anscheinend gar keine menschlich denkbaren Auswege gibt. Ich habe noch in den letzten Tagen meiner Reise nach Indonesien, als das Jubiläum der Nias-Kirche stattfand, ein paar Tage an der indonesischen Revolution teilgenommen. Ich war eben in Djakarta, als diese letzte Revolution ausbrach. In der Zeit vorher war es mir unheimlich gewesen, etwa beim Kirchenjubiläum, dort lauter Vertreter des indone-

sischen Gemeinwesens zu hören, die in einer überaus merkwürdigen Weise eine Mischung christlicher, religiöser und politischer Gesichtspunkte herauskehrten, bei denen man etwas erschrocken war, in welchem Maße in diesem Land das Durcheinander der extremen Gesichtspunkte eine merkwürdige Rolle spielt. Wenn der Präsident von Indonesien in der Formel »Nasakom« die drei großen Grundlagen des Staates aufgestellt hat, die in der deutschen Übersetzung: »Nationalismus, Religion und Kommunismus« heißt, so zeigt schon diese Formel für uns, die wir einiges Wissen um die Problematik der »Ismen« haben, welche Gefahrensituation da vorliegen muß, wo man in dieser Weise meint, einen Staat zusammenhalten zu können. Es hat sich auch bei der kurz darauf ausbrechenden Revolution in Djakarta gezeigt, daß hier Brüche sind, die irgendwie – so oder so – Gefahren für die Gemeinschaft einer sich neu entwickelnden Gesellschaft darstellen. Ich habe leider keine Zeit, über Indonesien zu sprechen. Nur ist mir dort deutlich geworden, in welcher prekären Lage in manchem Augenblick sich die dort vorhandenen christlichen Kirchen befinden, in welchen Verlegenheiten sie sind, wie sie nicht aus noch ein wissen, was sie denn eigentlich machen sollen, weil ihnen die Voraussetzungen für ein wirkliches Verständnis der politischen Probleme weitgehend fehlen und weil sie gar nicht imstande sind – wenn man Indonesien in seiner großen Weite der 3000 Inseln und dort vorhandenen 250 verschiedenartigen Völkerstämme und Sprachen bedenkt –, in einem Staat gemeinsam politisch überhaupt zu handeln. – Denken wir nur noch einen Augenblick an die sehr schweren Konflikte, von denen Afrika bedroht ist, die dauernde Gefährdung der Freiheit afrikanischer Staaten. Es geht ihnen dort genauso wie im asiatischen Raum, da das Streben nach Unabhängigkeit, nach Freiheit, auf eigenen Füßen zu stehen, in Konflikte hineinführt mit ihrer eigenen Schwäche, ja Unfähigkeit auf Grund des Analphabetismus, der noch weite Kreise umfaßt, aber auch der Schwierigkeit, ein in der Bildung noch sehr rückständiges Volk mit den politischen Problemen einer modernen Demokratie vertraut zu machen. – Wir denken auch an die sehr schweren Konflikte Rhodesiens oder an die Innenpolitik Südafrikas, durch die auch unsere Kirchen dort wieder schwer betroffen sind, weil sie in der großen Schwierigkeit stehen, Stellung zu nehmen in einem Staate, in dem eine Politik betrieben wird, die von vielen innerhalb dieser Kirche zum mindesten in Frage gestellt, wenn nicht zum großen Teil mißbilligt wird. Ich denke an die Rassengesetzgebung und die Praktizierung des Verhältnisses von Schwarz und Weiß. Aber selbst in USA ist es – wie wir alle wissen – in diesem Bereich an vielen Orten so schwierig zusammenzuleben, daß dort – wie wir in den vergangenen Jahren und im letzten Jahr wieder gesehen haben – die Kirchen aufgetreten sind, um z.T. mit ihren führenden Leuten an der Spitze marschierend in der Öffentlichkeit zu protestieren gegen bestimmte Vorgänge der Rassendiskriminierung und zu demonstrieren für das Bürgerrecht der Bürger anderer Hautfarbe; – Probleme, die auch uns in absehbarer Zeit stärker zu beschäftigen haben werden, weil wir teilhaben an dieser so gefährlich bedrohten Welt, in der es nicht nur den Konflikt der Ideologien gibt, sondern auch der Rassen, und zwar nicht nur einfach der farbigen und der weißen, sondern auch zwischen den asiatischen großen Gruppen innerhalb der asiatischen farbigen Völker, aber auch innerhalb Afrikas; denn eine Einheit stellt ja keiner von den großen Kontinenten dar.
Wenn wir die Welt, in der wir heute leben, überschauen, so muß man sagen: es ist bestürzend zu erkennen, daß es noch kein Jahrhundert gegeben hat, in dem es so viele zur Flucht gezwungene Menschengruppen gab. Wir denken gewöhnlich nur an unsere schwere Situation vor 20 Jahren 1944/45. Aber wir vergessen oft, wie viele Millionen von Menschen allein in Indien im Jahr 1947 gewaltsam zur Preisgabe ihrer Heimat gezwungen wurden: sicherlich mehr als 30 Millionen sind damals gezwungen worden, sich anderweitig anzusiedeln, und zwar auf Grund der

Unmöglichkeit, in zwei verschiedenen Religionssystemen in Freiheit zusammenleben zu können. Oder sehen wir andere große Gebiete der Welt: überall gespaltene Länder, gespaltene Städte. Wer einmal in Hongkong war, in Korea oder in Jerusalem – wohin wir auch schauen: kreuz und quer durch die Welt die große Spaltung der Menschen und infolgedessen die großen Flüchtlingsströme, weil sich Menschen retten mußten vor der Vernichtung durch ihre Mitbürger und darum in andere Länder ausgesiedelt wurden. Der Flüchtlingskommissar des Ökumenischen Rates der Kirchen hat vor kurzem in diesem Zusammenhang nicht umsonst den traurigen Satz geprägt: »Es scheint, als ob unsere Arbeit überhaupt kein Ende nehmen würde.« Es schien ihm also wirklich nach seinen Erfahrungen in den letzten 20 Jahren so, daß die Flüchtlinge nicht weniger, sondern immer noch mehr in der Welt werden. Was für eine Situation, der wir ausgeliefert sind, wir in Mitteleuropa, in Deutschland, wo wir so große politische Verlegenheiten drinnen und draußen haben und so wenig Spielraum, uns wirklich politisch zu engagieren und zu betätigen, umgeben von einem tiefgreifenden Mißtrauen nicht nur bei unseren Feinden, sondern auch bei unseren Freunden, wie uns scheint, und wo auch in unseren inneren Bereichen allerlei Krisenerscheinungen ans Licht gekommen sind. Menschen sind gegeneinander aufgetreten in der Frage der gesellschaftlichen Moral, in den Fragen des Strafrechtes, des Rechtsstaates, der Notstandsgesetzgebung. Wir können eine ganze Reihe von Dingen nennen, Beispiele, die darauf aufmerksam machen, in welch schwierigen ethischen Krisen sich die heutige Welt befindet. Darüber nachzudenken, scheint mir, ist für uns eine große und gewichtige Aufgabe. Denn wenn wir heute im großen und ganzen die Ethiken aufschlagen, die uns überkommen sind, werden wir in ihnen finden, daß diese Probleme ganz selten, nur in großen Ausnahmen zur Sprache gebracht werden. Es ist auch kein Wunder, denn sie sind zum großen Teil neu. Sie sind ganz jung und überraschen und überwältigen uns so, daß wir oft in Verwirrung geraten über das, was wir tun sollen, über die Aussichten einer gemeinsamen ethischen Grundlage oder, wie es der große Vorsitzende der Kommission für die politischen Angelegenheiten des Ökumenischen Rates der Kirchen sagte: das Gewinnen eines weltumspannenden gemeinsamen Ethos, das erst ermöglicht, daß in der Welt ohne die überlieferten Methoden der gegenseitigen, bis zur Vernichtung getriebenen Kämpfe ein friedliches Zusammenarbeiten der Menschheit geschehen kann.
Nun ein paar Worte über die *Kirche* in dieser Welt, die wir in ein paar Hinweisen angeleuchtet haben. Die Kirche im Jahre 1965 ist bestimmt durch ein wahrhaft bedeutendes Ereignis: Das Konzil der römisch-katholischen Kirche, das seit 1962 getagt hat, ist zu Ende gegangen. Wer das Ergebnis, allein was das Volumen angeht, überschaut, wird staunen über die gewaltige geistige Leistung, die hier die Theologen und Bischöfe dieses Konzils vollbracht haben. Man muß etwa, wenn man das Dokument über die Kirche ansieht, staunen über die große theologische Kraft, die sich hier zeigt und die etwas Imponierendes hat. Wir haben heute keine Möglichkeit, auch nur in irgendeinem Sinne etwas zu diesem Konzil, seiner Bedeutung und seinen Ergebnissen zu sagen. Das wird später geschehen müssen. Aber es kann kein Zweifel daran sein, daß dieses Konzil ungefähr für die katholische Welt das bedeutet hat, was unser Eintritt in den ökumenischen Bereich bedeutete. Zweifellos ist hiermit eine ganz neue Dimension des Kirche-Seins in der römischen Kirche entdeckt worden, nämlich die Horizontale. Das ist eine wichtige und große Sache. Eine Kirche, die so vertikal konstruiert ist, daß sich oft auch nahegelegene Bistümer kaum als Nachbarn verstehen, ist in Rom auf dem Konzil in einen neuen horizontalen Zusammenhang gebracht worden, der bis heute die Stärke des Protestantismus war. Denn die Stärke des Protestantismus war die Horizontale, nicht die Vertikale. Die Vertikale ist immer sehr schwach gewesen, und daher ist es für die katholische Kirche überhaupt schwer, sie in ihrem Kirche-Sein zu

verstehen. Ein anderes Ergebnis wird sicher das sein, wenn man es so ausdrücken soll, daß die katholische Kirche zum ersten Male seit der Reformationszeit angefangen hat, die Fenster nach den Seiten aufzumachen, um zu erkennen, was da außerhalb ihres Gebäudes für andere christliche Bauwerke entstanden sind. Bis dahin hat man von ihnen keine Kenntnis genommen, hat sie negiert, hat ihnen das Kirche-Sein bestritten, ja, hat erklärt, daß sie nur als Abgefallene, Häretiker, Sektierer zu bezeichnen seien. Nun sind neue Worte gefallen, das neue Wort von den »getrennten Brüdern«. Das heißt also, es sind neue Entdeckungen in der römischen Kirche gemacht worden, deren Auswirkungen noch gar nicht ans Licht gekommen sind. Wir wissen, was es bedeutet, wenn man zum erstenmal entdeckt, daß es Kirche und Christentum auch weit über die Grenzen der eigenen Kirche hinaus gibt.
Die nachkonziliare Christenheit, katholische und protestantische, steht vor großen neuen Aufgaben. Die katholische Kirche steht vor der ganz großen Aufgabe, das, was in Rom gearbeitet worden ist, in allen Kontinenten zu verarbeiten, das zu verwirklichen, was da an Programmsätzen ausgesagt ist. Es wird sicher Jahrzehnte dauern, ja es wird wohl nicht während der nächsten Jahrzehnte beendet werden können. Die protestantische Kirche der Welt ist herausgefordert, in vieler Hinsicht den Dialog mit der römisch-katholischen Kirche neu zu beginnen. Wir können ja nicht behaupten, daß der Dialog in den letzten Jahrhunderten besonders stark gewesen ist. Wir haben allen Grund dazu, ihn wirklich neu anzufangen, und zwar mit einer Kirche, deren Kraft – auch im Theologischen – auf diesem Konzil zweifellos sichtbar geworden ist. Was für kühne Versuche sind dort gemacht worden, ja, eines echten »aggiornamento«, wie der Papst damals gesagt hat, eines echten Bemühens, auf den Tag, auf die Gegenwart hin sich auszurichten. Wir dagegen haben die großen Probleme, die uns das Konzil in der ganzen Christenheit stellt, nicht nur angesichts der Schwierigkeiten der Gespaltenheit des Protestantismus in der Welt und im ökumenischen Raum, sondern auch infolge der inneren theologischen Spannungen in unserer eigenen Kirche, in Angriff zu nehmen.

Nach diesem kurzen Hinweis auf das römisch-katholische Konzil ein paar Worte noch über unsere Synoden im Jahre 1965. Ich meine, daß diese Synoden, jede für sich, eine besondere Bedeutung für unsere kirchliche Gegenwart und Zukunft gehabt haben. Das Bibelthema, zum erstenmal auf einer Synode der Evangelischen Kirche in Deutschland zur Sprache gebracht[24], hat zwei Dinge aufgerollt, die überraschend sind:
Das Thema der Bibelkritik erscheint auf einer offiziellen kirchlichen Veranstaltung. Damit ist dieses gewichtige Thema des Protestantismus gleichsam aus dem privaten Bereich in den offiziellen Bereich einer Synode gerückt worden für die gesamte evangelische Christenheit in Deutschland. Zum erstenmal ist also die kritische Frage der heutigen Theologie in das Licht der kirchlichen Synoden gestellt, so wie wir das in den vergangenen Jahren auch auf unserer Landessynode schon getan hatten. Aber es ist ja eigentlich keine landeskirchliche, keine gliedkirchliche, sondern eine gesamt-protestantische Frage. Es ist darum von großer Wichtigkeit, was für Aufgaben von dieser Synode aus erteilt worden sind, Aufgaben, die sicher nicht in ein oder zwei Jahren gelöst werden können. Aber diese Aufgaben müssen gelöst werden, sie müssen bearbeitet werden, wenn der Protestantismus nicht an einer entscheidenden Stelle Schiffbruch leiden soll.
Das andere ist ebenso überraschend. Dieselbe Synode hat mit großer Hingabe sich aufs neue und als Synode zum erstenmal für die Bibelmission eingesetzt. Sie hat

---

24 Bericht über die dritte Tagung der dritten Synode der EKD vom 21.–25. 3. 1965, Hannover 1968

erkannt, daß diese Aufgabe eine für die Kirche der Reformation ganz besonders gewichtige Aufgabe ist, daß wir in dieser Sache seit Jahren, ja von jeher, zu wenig getan haben. Wir waren auch darin introvertiert und dachten, die Bibel zu drucken für unseren Bedarf sei unsere wichtigste Aufgabe, während wir heute einsehen, daß die Bibelverbreitung schon deswegen ganz andere Dimensionen nehmen muß, weil das Wachstum der Menschheit mit einem Tempo vor sich geht, daß alle bisherigen Bibeldrucke nicht nachgekommen sind. Der Erzbischof von York hat uns vor Jahren schon deutlich gemacht, daß jetzt in den letzten Jahren zum erstenmal die Menschen schneller gewachsen sind in ihrer Bevölkerungsziffer als die Bibeldrucke. Dieses ist ein alarmierendes Signal. Denn wenn es so steht, dann stehen auch hier die Zeichen auf Sturm, nämlich, daß es in absehbarer Zeit zuviele Christen gibt, die keine Bibel mehr haben. Ich weiß es z.B. aus der Nias-Kirche. In der Nias-Kirche gibt es eine so kleine Zahl von Bibeln, daß eigentlich außer den paar hauptamtlichen Leuten dort in der Kirche fast kein Mensch eine eigene Bibel hat, nicht einmal ein Neues Testament, ja nicht einmal ein eigenes Gesangbuch. In allen Gottesdiensten müssen aus den Gesangbüchern die Verse vorgelesen werden. Die früheren Drucke sind längst verbraucht. Die Geldschwierigkeiten, Druckschwierigkeiten sind gewachsen, so daß man fragen muß: Was muß alles jetzt geschehen? Bibeldruckereien in Indonesien, in Afrika und überall, um die Verbreitung der Heiligen Schrift in den eigenen Kirchen zu fördern. Kirchen ohne Bibeln – ist das denkbar? Ein unhaltbarer Zustand!
Die Synode hat dann in einer besonderen westlichen Tagung vom 8.–10. 11. 1965 in Frankfurt a.M. das seit Jahren uns beschäftigende Thema der Militärseelsorge zum Gegenstand gehabt, hat aber dort – wie man sagen darf – eigentlich darin richtig gehandelt, daß sie das Thema des heute der Kirche befohlenen Friedensdienstes mehr, als ursprünglich gedacht war, in den Mittelpunkt rückte. Ich meine, daß wir dafür dankbar sein dürfen, daß auch diese Synodaltagung dies Thema aufgegriffen hat, und ihr gefolgt ist dann ja auch in letzter Zeit die Synode der Evangelischen Kirche der Union vom 28. 11.–1. 12. 1965.
Ferner stehen da vor uns deutliche Ereignisse aus dem Jahre 1965 wie der Kirchentag in Köln mit seinem Stil eines protestantischen Forums, in dem die Widersprüche in unserer Kirche aufgedeckt und zur Sprache gebracht worden sind, wo in den Themen »Bibel und Gemeinde«, »Gottesdienstreform«, »Kirchenreform«, »Politisches Forum«, »Sexualethische Fragen« die Probleme zur Sprache gebracht wurden, die innerhalb unserer Kirche in mannigfacher Weise strittig sind. Ein Kirchentag ist ja im besonderen dazu bestimmt, nach unserer Überzeugung, diese Fragen im breiten Kreise zur Sprache zu bringen, nicht sie zu lösen, sondern zu sehen und zu zeigen, wie die Problemlage in unserer Kirche selbst ist. Und insofern ist in besonderer Weise dieser Kirchentag von Köln – wie man es im Dokumentenheft, das vor kurzem erschienen ist, sehen kann – ein interessantes Signal für die geistliche und geistige Situation des deutschen Protestantismus.
Vielleicht wird in Deutschland das Jahr 1965 dadurch besonders gekennzeichnet sein in der kommenden Geschichte, daß hier die Denkschrift über die Lage der Vertriebenen und das Verhältnis zu den östlichen Völkern Deutschlands erschien und daß damit einer Frage das Wort gegeben wurde, von der wir der Überzeugung sind, daß wir sie schon eher hätten verhandeln müssen. Wir haben nicht die Aufgabe, auf unserer heutigen Synode darauf einzugehen. Wir haben Ihnen einen kurzen Beschluß der Kirchenleitung unterbreitet, der darauf hinweisen soll, wie eine weitere Behandlung dieses Themas zu erfolgen hat. Denn es ist klar: diese wichtige Frage reicht über den Rahmen dieser Denkschrift weit hinaus, und wir haben ja an dem Echo nach allen Seiten hin gesehen, wie tief die Problemlage, die innere, geistige, seelische Problemlage des deutschen Volkes nach zwei Weltkriegen noch ist oder wieder ist in einer so bedrängenden Situation, daß wir uns alle

Mühe geben müssen, das große Thema innerhalb unseres deutschen Volkes neu aufzugreifen, um dem Rechnung zu tragen, was für uns an gegenwärtigen Problemen durch unsere politische Situation in Mitteleuropa innerhalb der NATO, innerhalb der Völker der Welt gegeben ist, da uns ja Gott in besonderer Weise an die Grenze geworfen hat, an die Grenze eines weltumspannenden Gegensatzes, an die Grenze eines gewaltigen, menschheitsgefährdenden Widerspruchs. An dieser Grenze umgreift die Evangelische Kirche in Deutschland beide Seiten. Was für eine Chance für eine Kirche, der Welt zu praktizieren und vor Augen zu führen, was das heißt: Kirche in widersprechenden, spannungsgeladenen Gesellschaften und Weltsystemen zu sein. Die Evangelische Kirche der Union hat in den letzten Jahren in besonderer Weise sich dieses Thema gestellt. Denn wenn man die Dokumente überschlägt, die die Evangelische Kirche der Union mit ihren Synoden in den letzten 10 Jahren hierin verhandelt hat, so muß man sagen: es ist hier Besseres und Bedeutenderes gesagt worden, als etwa im Rahmen der Synoden der EKD. Das Buch von Günter Heidtmann, das ja schon in 3. Auflage erschien, »Hat die Kirche geschwiegen?«, gibt jedem von uns die Möglichkeit, das einmal zu studieren. Es ist eindrucksvoll, was im Rahmen dieser Kirche gearbeitet und gesagt worden ist. Auch die letzte Synode hat gezeigt, daß man Synode halten kann an zwei verschiedenen Orten, daß man gemeinsame Gesetze beschließen kann, die in ganz verschiedenen Gesellschaftssystemen gelten können, und daß man sogar gemeinsame Erklärungen für die Fragen des Friedens und der Zusammenarbeit der Menschen verabschieden kann von einer Kirche, die im westlichen und im östlichen Raume zusammengehörig lebt. Ich meine, dieses Beispiel ist von besonderer Gewichtigkeit für uns. Wir freuen uns nicht nur, daß wir das Ausbildungsgesetz nun gemeinsam verabschiedet haben, daß wir also jetzt wieder – wenn wir die nötigen Ergänzungsbestimmungen getroffen haben werden (in der nächsten Synode, denke ich, können wir das machen) – ein gemeinsames Gesetz der Evangelischen Kirche der Union haben für die Ausbildung von Pastoren und Pastorinnen unserer Kirche. Wir freuen uns besonders, daß in den Erklärungen der beiden Berichte der beiden Ratsvorsitzenden Wilm und Jänicke eine so tiefgreifende Übereinstimmung besteht, daß wir sagen dürfen: Wir sind dankbar und beglückt für diese festgefügte Einigkeit in dieser unserer gemeinsamen Evangelischen Kirche der Union. Wir danken Gott, daß er es uns möglich macht, auch heute noch – so viele Jahre nach dem Bestehen der Mauer – so zusammenzukommen, wie es uns bis zum heutigen Tage ermöglicht worden ist.

Der Dienst der Kirche in der gespaltenen Welt – so kann man, meine ich, die Situation überschreiben, in der wir uns als Christenheit heute befinden. Gespaltene Welt! Eine gespaltene Welt durch ganz verschiedene Gegensätze: gespalten durch den Gegensatz zwischen den Überreichen und den wirklich Armen, gespalten durch den Gegensatz der Rassen, der sehr kraftvoll und sehr heftig sich auswirkt, durch den Gegensatz der Ideologien, wie er ja besonders uns in Deutschland vor Augen steht – Gegensätze, die von den Menschen offenbar nicht bewältigt werden können. Ist nicht die Kirche Christi von ihrem Ursprung her zu dieser »diakonia katallages« im besonderen berufen, zum Dienst der Versöhnung, zum Dienst an der Versöhnung auf Grund des Wortes von der Versöhnung? Ich habe eben das Wort aus 2. Korinther 5 gelesen, das mich unausgesetzt beschäftigt. Ist, was da steht, nicht die Aufgabe der Kirche schlechthin? Wann wäre je die Aufgabe der Kirche im Blick auf die Versöhnung einer unversöhnlichen Menschheit, einer so in Gegensätzen sich gegeneinander empörenden Welt notwendiger gewesen wie jetzt? Wie groß wäre die Chance der Kirche – und sie ist die einzige große Chance der Kirche –, quer und gegen alle diese sich empörenden Gegensätze das Wort von der Versöhnung in der Kraft einer versöhnten Christenheit hineinzugeben? Aber da stehen wir schon vor der ersten großen Aufgabe, die uns seit langem beschäftigt und die uns durch das Konzil aufs neue gestellt worden ist. Es gibt im ganzen Bereich der Christenheit, unabhängig von dem Problem der Verschiedenheit zwischen römisch-katholischer, altkatholischer und orthodoxer Kirche, keinen größeren, mehr die Kirche spaltenden Gegensatz als Katholizismus und Protestantismus. Jeder, der sich mit den Problemen der Ökumene seit Jahren theologisch beschäftigt und der jetzt wieder aufs neue gesehen hat, wie das Konzil theologisch argumentiert, wird erkennen, daß hier der härteste Kern ist, der eigentliche Kernpunkt in den Gegensätzen, die es überhaupt gibt. An dieser Stelle, wo es um protestantische oder katholische Theologie geht, stehen wir in den schärfsten und tiefsten Gegensätzen, so daß hier die große Frage für die ganze Christenheit aufkommt, wie es gelingen kann, zu einem neuen Verständnis, zu einem neuen gegenseitigen Sich-Erkennen zu gelangen. Denn die Schwierigkeiten fangen ja schon damit an, daß wir es so schwer haben, uns gegenseitig klar zu machen, wer wir eigentlich sind, was wir eigentlich denken, woher wir eigentlich sprechen. Jede Diskussion im strengen Sinne wird das ja deutlich machen, daß hier die großen Probleme anfangen. Unsere Sprache ist gar nicht einheitlich, auch wenn wir dieselben Worte gebrauchen, ob wir nun lateinisch oder deutsch oder englisch sprechen. Das spielt ja keine entscheidende Rolle. Entscheidend aber ist, daß unsere Sprache gefüllt ist in ganz bestimmter Weise, also die Sprache der evangelischen Theologen durch die Geschichte der Reformation und des Protestantismus, und daß hier darum auch die wahren, tiefen, kirchenspaltenden Differenzen liegen. Damit wir unseren Dienst der Versöhnung an der Welt glaubwürdig tun, werden wir an dieser Stelle auch neu anfangen müssen, ohne der Überzeugung zu sein, daß gerade dieses Problem leicht zu lösen ist. Aber wir können es nicht an der Seite liegen lassen. Das ist das Entscheidende, was uns gerade durch das Konzil, meine ich, neu vor Augen gestellt ist. Darum werden wir im Bereich der Theologie in den nächsten Jahren eine große, neue, weltumspannende protestantische Aufgabe zu bewältigen haben.

Das zweite ist der Dienst am Frieden. Ich denke, wir empfinden alle, daß im 20. Jahrhundert in ganz besonderer Weise die Gefährdung der Menschheit begonnen hat, die einmal kein geringerer als Oswald Spengler vor 1914 vorausgesagt hat, nämlich »das Zeitalter der Weltkriege«. Viele haben damals das, was er sagte, für Übertreibungen und Unsinnigkeiten gehalten. Aber hat es sich inzwischen nicht bewahrheitet, wenn heute, nach dem Zweiten Weltkrieg, wie wir alle erkennen, jede Konfliktsituation in der Welt in der Gefahr steht, sich zu einem Weltkrieg auszuweiten? Um so mehr ist die Kirche Christi in der heutigen Welt in ganz neuer Weise zu einem Friedensdienst gerufen, zu einem Nein zum Krieg, ihn in keiner Weise mehr zu rechtfertigen, sondern alles zu tun, daß die Probleme, die zwischen uns stehen, auf eine bessere, menschenwürdigere Weise gelöst werden, als es bisher geschah.

Das dritte ist die Aufgabe der Kirche an der gespaltenen Welt durch die Gegensätze der Rassen. Dabei sind wir merkwürdigerweise seit dem vorigen Jahrhundert in eine Situation hineinversetzt, in der der größte Teil der farbigen Welt den Weißen vorwirft, daß sie alle miteinander, ohne es zu ahnen, Rassendiskriminierung betreiben. Laßt uns einmal unsere Sprache, unsere üblichen Worte und Ausdrücke bedenken, ob sie nicht recht haben, ob nicht infolge der großen Expansion der weißen Völker im vorigen Jahrhundert eine eigentümliche Situation entstanden ist, als ob die Weißen als die, die zur Herrschaft über die Welt bestimmt sind, gegenüber allen übrigen nichtweißen Völkern per se eine Praedominanz haben in jeder Beziehung, nicht nur im technischen und politischen, sondern auch im moralischen und religiösen Bereich, daß demgegenüber alle übrigen Völker zweitrangig oder drittrangig sind. Hier ist der Punkt, an dem in allen Gebieten der Welt die Nichtweißen aufs äußerste reagieren, heftig reagieren, bei allem, was sie auf dem

Herzen haben gegeneinander, aber dann in merkwürdiger Einigkeit sich befinden gegenüber allen Weißen. Vieles von den Konflikten in Ostasien, im Vietnam-Krieg z.B., ist nur von dorther zu verstehen. Wenn man nun die Theologie ansieht in der heutigen Christenheit, so muß man sagen, daß in der theologischen Situation diese Rassenprobleme in keiner Weise bewältigt sind. Es gibt nur ganz schmale Gebiete, in denen es so etwas gibt wie eine Theologie der Rassenprobleme, etwa in Südafrika oder in Nordamerika oder in England. In anderen Bereichen aber nicht. Schlagen wir große Werke deutscher Theologie auf, wir werden nirgendwo ein hilfreiches Wort über die Rassenproblematik von heute finden, ein Zeichen, daß sie für uns offenbar noch nicht besteht, obwohl sie – wie wir merken – immer näher auf uns zukommt und obwohl wir uns ihr gar nicht entziehen können, unbeschadet dessen, ob wir nun einen Nichtweißen nebenan wohnen haben oder nicht. Wir sind hineingezogen in diese schwierigen Fragen und sind als protestantische Kirche entschlossen gerufen, dieser Frage nachzugehen, um nicht in späterer Stunde überrundet, überrollt zu werden und ahnungslos Ideologien zu verfallen, die dann schwere Konflikte zur Folge haben müssen.

Viertens: Die ideologischen Gegensätze, von denen wir alle wissen, die uns alle Schmerzen bereiten, sehen wir deutlich. Werden sie überwunden werden können? Werden die Menschen die Kraft haben, über sie hinweg zueinander zu finden? Es kann kein Zweifel sein, daß hier die Taten der Liebe der Kirche allein einen Weg finden können, um den Haß und die Vereinsamung, die Gegensätze, die die Ideologien verbreiten und hervorrufen, überwinden zu können. Wenn schon angesichts der heutigen Menschheitsprobleme ein Mann wie Professor Baade sagen muß, daß es hier Fragen gibt, die mit der Vernunft des Menschen allein nicht gelöst werden können, und er von hier aus sich an die Kirchen wendet und sagt: Wenn es Euch nicht gelingt, in der Kraft des christlichen Glaubens hier Fragen zu lösen, Probleme zu beseitigen, Haß zu überwinden, Liebe zu schaffen, dann ist über die Zukunft der Menschheit nur noch pessimistisch zu urteilen. Laßt uns dieses Wort mit ganzem Ernst hören und uns sagen lassen, daß wir von Gott in besonderer Weise zu Taten der Versöhnung und der Liebe gerufen sind. Denn es geht um die Rettung des Lebens der Menschheit in der heute so durch Unmenschlichkeit gefährdeten Welt, deren Mitgenossen wir sind.

Dies alles, meine ich, dürften wir nicht vergessen, wenn wir an das spezielle Thema unserer Synode herangehen. Das Thema »Unterweisung und Erziehung in der heutigen Welt« kann nur im Horizont der Weltzukunft recht gesehen werden. Wir können heute nicht mehr in dem Stil der Vergangenheit »Heimatkunde« treiben, weder religiöse noch politische, sondern wir haben heute eine Welterkenntnis zu schaffen, die Probleme herauszustellen, die ich eben angerührt habe. Wenn das nicht vorkommt bei unserer Erziehungs- und Bildungsarbeit, dann kommt das Wesentliche, was für die Zukunft unserer Kinder in der Welt notwendig ist, nicht vor. Wir haben alles zu tun, das zu bedenken.

In unserer Mitte ist das Wort von der Versöhnung aufgerichtet. Das ist unsere Hoffnung. Das ist unser Trost. Das ist die Gewißheit, die wir haben, daß auch die Zukunft von diesem Wort der Versöhnung getragen wird. Aber: Gott macht uns verantwortlich, dieses Wort von der Versöhnung zu sagen und Taten der Versöhnung zu tun. Das gilt auch für eine Synode, die sich mit konkreten Einzelfragen innerhalb ihres Bereiches, mit Fragen der Erziehung und Bildung zu beschäftigen hat. Auch dieses kann nicht losgelöst von dem großen, entscheidenden Gottesauftrag der Versöhnung, dem Dienste der diakonia katallages nach 2. Kor. 5 – dem Dienst an der Versöhnung – getan werden.

VIII
15. Landessynode vom 8. bis 13. Januar 1967
in Bad Godesberg

... Nun möchte ich noch, wie es vorgesehen ist nach der Ordnung der rheinischen Kirche, als Präses etwas zur Lage der Kirche sagen, und zwar aus drei Bereichen:
I. Was den ökumenischen Bereich angeht
II. Was die römisch-katholische Kirche und unser Verhältnis zu ihr angeht und
III. Was die Evangelische Kirche in Deutschland und ihre innere Situation angeht.

I.

Also zuerst zur Frage der *Ökumene*. War das Jahr 1966 ein Einschnitt in der Geschichte der ökumenischen Bewegung? Der Generalsekretär, der uns allen bekannte Visser't Hooft, der seit den Anfängen sozusagen eines der Symbole der ökumenischen Bewegung war, ist in diesem Jahre ausgeschieden, und ein ganz neuer Mann, den meisten von uns – wer nicht speziell im ökumenischen Raum tätig war – sicher unbekannt, der amerikanische Presbyterianer Blake, kam. Ein Zeichen für den Weg der ökumenischen Bewegung, daß der zweite Generalsekretär ein Nordamerikaner ist, ein Mann, den viele kennen als einen leidenschaftlichen Praktiker ökumenischen Fortschrittes, ein Mann, der überraschende Vorschläge in Amerika gemacht hat über den Zusammenschluß von Kirchen, der es besonders versteht, die Synodalen seiner und anderer Synoden zu schockieren durch unerhörte Vorschläge. Und ich glaube, von dort sind, was die Zukunft der Ökumene angeht, allerlei Dinge zu erwarten. Jedenfalls aus dem Stadium reiner theoretischer Betrachtungen über die Situation hinaus wird er alles tun, um nach vorwärts durchzustoßen und die Menschen in den Kirchen davon zu überzeugen, daß für die Zukunft alles darauf ankommt, daß die christliche Familie, die innerhalb der Welt in stärkerem Maße eine Minderheit wird – einfach durch die Bevölkerungsexplosion Asiens und Afrikas –, in eine Situation hineingerät, in der deutlich wird: die missionarische Aufgabe der Kirche kann in steigendem Maße nur durch eine Gemeinsamkeit kirchlichen Handelns erfüllt werden.
Ich möchte heute unsere Aufmerksamkeit auf eine Tatsache des vergangenen Jahres richten, nämlich auf die *Weltkonferenz für Kirche und Gesellschaft* vom 12.–26. 7. 1966 in Genf[25]. Diese war ein besonderes Wagnis allein schon durch das Thema, aber auch dadurch, daß hier nicht die üblichen Delegierten der Kirchen, die in solchen Konferenzen oft jahrelange Erfahrung haben, sondern Berufene zusammenkamen, auch durch das Wagnis, die Theologen etwas zurücktreten zu lassen und lauter Laien aus den verschiedensten Berufen in diese Gemeinsamkeit hineinzunehmen und eine ungewöhnlich große Zahl von Vertretern der farbigen Kirchen aus Afrika und Asien. Ich glaube, daß wir bisher von der Bedeutsamkeit des Themas der Konferenz noch nicht genug Kenntnis genommen haben. Ich glaube, daß wir gerade in Deutschland und auch wir in der rheinischen Kirche die Aufgaben, um die es hier geht, noch deutlicher sehen sollten. Das Thema der Konferenz heißt: »*Christen leben in der technischen und gesellschaftlichen Revolution unserer Zeit*«.
Dieser Wirklichkeit uns zu stellen ist eine der großen Aufgaben, mit denen wir als Kirche und Christen zu tun haben.
Wenn man den Versuch macht, in einem kleinen Querschnitt die wichtigsten

---

25 Vgl. Appell an die Kirchen der Welt. Dokumente der Weltkonferenz für Kirche und Gesellschaft, Stuttgart/Berlin 1967.

Themen und Probleme aufzureißen, könnte man sich an die vier Sektionen, die es dort gab, einigermaßen anschließen.

Das *1. Thema* war »*Wirtschaftliche Entwicklung in weltweiter Sicht*«. – Die Ökumene, die Kirche kümmert sich um die Probleme der wirtschaftlichen Entwicklung! Welch eine Wendung! Was kam zur Sprache? Die politische und wirtschaftliche Dynamik der neuerwachten Völker.

Eine der überraschendsten Reden hielt Raul Prebisch, Sekretär der Welthandelskonferenz. Er erörterte die Probleme der Entwicklungshilfe unter Gesichtspunkten, wie sie uns gewöhnlich unbekannt sind, und machte deutlich, warum die bisherige Art und die bisherige Höhe der Entwicklungshilfe nicht ausreichen können. Das wichtige Zitat, das ich mir gemerkt habe und das wir alle hören sollten, lautet: »Wenn wir diese Entwicklung sich selbst überlassen, werden die Armen immer ärmer und die Reichen immer reicher werden mit allen katastrophalen Konsequenzen, die darin liegen« – wobei wir bedenken wollen, daß im Hintergrund dieses Satzes steht, daß die große Mehrzahl der Reichen, die immer reicher werden, zur christlichen Familie in der Welt gehört und daß die ganz große Mehrzahl der Armen, die immer ärmer werden, zu den Nichtchristen gehört.

Die leidenschaftlichste Rede vielleicht hielt der nigerianische Rechtsanwalt Bola Ige. Er übte leidenschaftliche Kritik an den Formen des Neokolonialismus, wie sie in unserer Zeit auf neue Weise sich im Bereiche politisch-wirtschaftlicher Verfügungen ausbreiten. In seinem Referat kam jene uns in Afrika wie in Asien so oft begegnende heiße Hoffnung heraus auf die große Revolution, wobei das Wort »Revolution« sehr viel mehr umfaßt als das, was wir historisch in unserem Bereich als Revolution kennen und zu verstehen glauben. Die große Revolution – das ist jene große Wandlung der Menschheit zu einer allumfassenden Gesellschaft. Die große Revolution ist die Beseitigung dessen, daß die wenigen Besitzenden zu den Weißen gehören und daß sie im Grunde über alles verfügen, was in der Welt geschieht und geschehen kann, daß sie die Inhaber der größten Mächte sind und daß von ihnen im Grunde auch Krieg und Frieden für alle Bereiche der Welt abhängen. Man spürt in den Reden der Afrikaner und Asiaten jenes – man könnte fast sagen: Minderwertigkeitsgefühl, das darin zum Ausdruck kommt, daß sie empfinden: die eigentlichen Machtblöcke, die eigentlichen Größen, das sind die anderen, gegenüber denen wir nur ganz wenig tun können. Sie möchten doch alle mit uns, miteinander ein neues gemeinsames Leben. Wer draußen war in Asien und Afrika, weiß auch, wie es um das wirkliche Leben der Millionen von Menschen bestellt ist und was dort wirklich geschehen muß. Und ich unterstreiche: diese Probleme gehen uns Christen deswegen an, weil sie im Kerne *ethische* Probleme sind über die Frage: was muß geschehen, daß die Milliarden von Menschen – am Ende des Jahrhunderts werden es mehr als sechs Milliarden sein – menschenwürdig leben können? Dies ist die Entscheidungsfrage der Zukunft, der wir entgegengehen. Es geht um die Rettung der Menschheit, nicht nur einzelner Gruppen, nicht nur gewisser Kreise, sondern der Gesamtheit der Menchen im Blick auf die Entwicklung, der bis heute noch niemand Herr geworden ist.

Das *2. Thema*, was dort verhandelt wurde, war: »*Wesen und Auftrag des Staates im Zeitalter dieses gesellschaftlichen Umbruchs*«. – Das Verhältnis von Macht und Recht und Gesellschaft, die Bedrohung der Demokratie durch die Technokratie, das sind die Gefahren, die heute gesehen werden, nachdem man in vielen Ländern angefangen hat, die europäisch-amerikanischen Vorbilder demokratischen Lebens zu übertragen auf afrikanisch-asiatische Verhältnisse – die Enttäuschung, die dahintersteht, verspürt man: daß, während die Demokratie offenbar in anderen Gebieten einigermaßen funktioniert, sie hier gar nicht funktioniert. Und die Frage ist: woran liegt das? Wer ist der Schuldige daran?

Diese Frage führt dazu, die Diskussion über das Thema zu eröffnen: Wie soll sich der Christ zu den heutigen revolutionären Umwandlungen verhalten? Unsere Tradition – das ist offenkundig – ist in der Kirche Christi von Grund auf antirevolutionär, obwohl nach dem schönen neuen Buch von Friedrich Heer Europa »Mutter der Revolutionen« genannt werden kann. Man kann aber nun sagen: vielleicht trotzdem! Wir wissen alle und wir kennen unsere Geschichte, gerade die Geschichte der Evangelischen Kirche Deutschlands, genug, wie mißtrauisch die evangelische Christenheit, die evangelische Theologie, die evangelische Pfarrerschaft dem Gedanken einer etwa notwendigen Wandlung oder einer Revolution gegenübergestanden hat. Revolution – das galt als das schlechthin Antichristliche. Und hier wird darum gerungen, die Frage zu klären, ob es nicht ein ganz neues, ein ganz anderes, ein wahrhaft christliches Verständnis der Revolution geben kann, ob es wirklich dabei bleiben muß, wie es die Regel der abendländischen Kirche war, antirevolutionär und also extrem konservativ zu sein. Es wurde gefragt, ob nicht in der Heiligen Schrift im Grunde etwas ganz anderes anvisiert ist, etwas im tiefsten Grunde Revolutionäres, ob nicht ein revolutionäres Ethos in ihr enthalten ist in bezug auf die weltverändernde Macht des Reiches Gottes und die dynamische Erwartung einer Zukunft, in der alles sich wandelt, alles dem Andersartig-Neuen zugeht, was Gott der Welt zugedacht hat. Und darum wurde die Frage gestellt, ob die Kirche nicht heute neu lernen muß, ihre Solidarität mit den Armen, den Hungernden, den Unterdrückten, den Entrechteten, den Deklassierten, den Diskriminierten in einer ganz anderen Weise als bisher zum Ausdruck zu bringen, weil Gott der Freund der Armen, der Anwalt der Diskriminierten und Elenden ist. Welche Infragestellung unserer eigenen Traditionen! Welche Probleme, die auf uns zukommen und von denen ich meine, daß sie uns ernsthaft beschäftigen müssen, intensiver als bisher, weil auch hierin wesentliche Sätze der Verkündigung und Erörterungen der Bibel Alten und Neuen Testaments zur Sprache gebracht werden.

Das *3. Thema* ist: »*Die Suche nach einer neuen Form internationaler Zusammenarbeit in einer pluralistischen Gesellschaft*«. – Hier sprachen Kohnstamm und Gollwitzer als zwei Hauptreferenten, bei denen der eine als Theologe redete, sowie in einem anderen Bereiche Heinz Dietrich Wendland – was ich eben vergessen habe zu sagen – über das Problem des Krieges, der nicht mehr gerecht sein kann, also über die Unmöglichkeit, den Krieg zu rechtfertigen. Aber demgegenüber gab der andere Referent jene wichtige Ergänzung, die in der Diskussion über die Friedensfrage auch heute seit Jahren bei uns immer stärker in den Vordergrund tritt: Was kann real geschehen – nicht nur in theologischen Erörterungen, sondern real –, daß Formen einer Zusammenarbeit der Völker gefunden werden, die einen kommenden Krieg ausschließen? Das war eines der Hauptthemen: Wie kann ein Krieg vermieden werden durch weltumspannende Vereinbarungen, durch eine neue Gemeinschaft aller Staaten und Völker eben in der Richtung, in der in der Ökumene seit vielen Jahren nicht nur im Ausschuß für die internationalen Angelegenheiten gearbeitet wird? In der Tat geht es darum, ob es möglich sein wird, in der Gesellschaft, der wir entgegengehen, ein gemeinsames, von Christen und Nichtchristen bejahtes Ethos zu finden, ein sozial-ethisches Ethos einer Zusammenarbeit, in der die Menschen Wege finden, die es ausschließen, daß sie mit den letzten Methoden zerstörerischer Gewalt ihre gemeinsamen Probleme zu lösen trachten.

Aber auch gerade hier in der Diskussion kam es heraus, was wir seit Jahren auch kennen, daß jene große, tiefe Aporie in der ganzen Welt die harte, unlösbare Frage des Friedens, der Zukunft ist, die – wie alle glauben – zu lösen eine elementare Lebensnotwendigkeit zum Überleben der Menschheit ist.

Und dann schließlich ein *4. Abschnitt* über: »*Die Frage des einzelnen und der Gemeinschaft in der modernen sich wandelnden Gesellschaft*«, der Gesellschaft, die durch die Begriffe »Stadt«, »Technik« und »Pluralismus« bestimmt ist mit ihren

Erschütterungen aller überlieferten menschlichen Gemeinschaften, der herkömmlichen Verbände und Verbundenheiten und der damit zusammenhängenden Vereinsamung, ja geradezu Atomisierung eines immer größeren Kreises von Menschen. In dieser Wirklichkeit kommt die Frage der Existenz des Christen, seiner Existenzmöglichkeit, ja auch der Existenz der Gemeinde ganz neu heraus, und die Gefahr der Gettoisierung des Christen und der Christenheit, des Inseldaseins abseits von der großen Straße der Geschichte, hinausgedrängt mit dem Gedanken: »es vergehe die Welt und es komme die Gnade«, ist drohend und beängstigend groß.

Insgesamt also ein Ringen von Christen aus den verschiedenen Bereichen aller sechs Kontinente um die Lösung der Weltprobleme, in die wir alle verwickelt sind: die Frage der *Gerechtigkeit*, die Frage der *Freiheit* und die Frage des *Friedens*. Mir scheint, das sind die drei entscheidenden großen Fragen, um die es nicht nur auf dieser Konferenz, sondern um die es im Zusammenleben der heutigen Welt geht. Wird es möglich sein, das immer größer werdende Elend einer größer werdenden Zahl von Menschen zu bekämpfen, zu überwinden mit Hilfe der Großmächte, über die vor allen Dingen die weißen Völker verfügen, also das Problem von Armut und Reichtum, von Krankheit und Gesundheit, das Problem einer neuen, menschenwürdigen Gemeinschaft zu lösen? Nur dann werden die Katastrophen vermieden werden können, die bereits am Horizont unserer Zeit sichtbar werden.

Und das andere: die Zukunftsmöglichkeit der menschlichen Gesellschaft ist auch bestimmt durch die Lösung der Frage des Raumes an Freiheit, jenes Minimalraumes, um den der Mensch kraft seiner Existenz kämpft und kämpfen muß und immer kämpfen wird.

Vom Frieden habe ich eben schon ein paar Worte gesagt: Ausschaltung des Krieges und Lösung des Gesamtproblems durch eine Vereinbarung in einer immer stärker werdenden Weltgemeinschaft. Man kann sagen: Gegen Gerechtigkeit, Freiheit und Frieden auf Erden spricht alles, was in der Welt geschieht. Nur eines spricht dafür: die Botschaft Gottes. Und darum zu ringen, sie zu verkündigen, ja, an ihr zu wirken, das scheint mir die Aufgabe des Christen im Blick auf die Zukunft zu sein, die im Zeichen dieser Hoffnung steht, der Hoffnung des kommenden Reiches, und die darum eine Aufgabe ist, die in der Liebe zu den Menschen, ihrer vielfältigen unerhörten Not sich zu verwirklichen hat und im Glauben, daß der Schöpfer dieser Welt seine Welt nicht aus seiner Zukunft entläßt.

In den schönen Worten der Botschaft dieser Konferenz habe ich mir einige Sätze angestrichen, die ich ganz kurz noch einmal hier vorlesen möchte[25a].

»Als Christen müssen wir uns für die Umwandlung der Gesellschaft einsetzen. In der Vergangenheit haben wir das gewöhnlich durch stille Bemühungen um soziale Erneuerung getan, indem wir in den und durch die vorhandenen Institutionen ihren Regeln gemäß gearbeitet haben. Heute beziehen viele von denen, die sich dem Dienst Christi und ihres Nächsten widmen, eine radikalere und revolutionäre Stellung. Sie leugnen keineswegs den Wert von Tradition und sozialer Ordnung, aber sie sind auf der Suche nach einer neuen Strategie, mit deren Hilfe grundlegende Änderungen in der Gesellschaft ohne zu großen Zeitverlust herbeigeführt werden können.«

Wer in den asiatischen Völkern lebt, versteht die Sorge um den großen Zeitverlust! – Des weiteren lesen wir:

»Möglicherweise wird in Zukunft die Spannung zwischen diesen beiden Lagern einen wichtigen Platz im Leben der christlichen Gemeinschaft einnehmen. Zum gegenwärtigen Zeitpunkt ist es wichtig, daß wir die tiefere Verankerung dieser ra-

---

[25a] A.a.O., S. 267ff.

dikalen Position in der christlichen Tradition erkennen und ihr einen berechtigten Platz im Leben der Kirche und in der gegenwärtigen Diskussion über die soziale Verantwortlichkeit einräumen.«
Und dann heißt es:
»Der Gott, der seinen Sohn ans Kreuz gesandt und seine Macht in Schwachheit geoffenbart hat, hat uns an diesen Punkt geführt und bietet seinem Volk neue Möglichkeiten des Dienstes und des Zeugnisses an.
Wenn die Kirche wirklich als Dienerin lebt, mag sie ihren einzigartigen Auftrag entdecken, den sie in dieser unserer Zeit hat. Angesichts der Erfordernisse für eine neue Beziehung zwischen den reichen und den armen Nationen und zwischen den mächtigen und den unterdrückten Klassen kann die Kirche verstehen, daß der Mächtige die Hilfe des Schwachen ebenso nötig braucht wie der Schwache die des Starken.
Wenn wir uns an den Geist dieser Konferenz halten wollen, muß unser letztes Wort an die Kirchen ein Ruf zur Buße und zur Erkenntnis des göttlichen Gerichts sein, aber auch ein dringender Appell zu wirksamerem und entschiedenerem Handeln, das ein Ausdruck unseres Zeugnisses vom Evangelium in der Welt, in der wir leben, ist.«

II.

Ich komme zum Zweiten, zur *römisch-katholischen Kirche*. Ein Jahr ist vergangen nach dem Ende des II. Vatikanischen Konzils. Unendlich viel ist seitdem gesagt und geschrieben worden, fast schon eine Bibliothek von Schriften, von Büchern, von Wiedergaben und Dokumenten. Was aber ist seitdem geschehen? Ist etwas zwischen uns geschehen, ist etwas zwischen uns neu geworden? Ist so etwas wie ein neuer Anfang sichtbar, eine bessere Atmosphäre, ein neues Klima? Hat der Dialog begonnen? Wie steht es mit der Zusammenarbeit?
Nun, es gibt Ansätze, die hoffnungsvoll sind.
Ich denke da zunächst an das inzwischen gewonnene offizielle Verhältnis zwischen dem Ökumenischen Rat der Kirchen und der Römisch-Katholischen Kirche. Ich meine, dieses Konsultationsorgan sei überaus positiv zu beurteilen. Wenn an dieser Stelle ein dauerndes Klima des Gesprächs, des Dialogs im Weltmaßstab anhebt, dann werden viele Fragen, die dringend notwendig auch im Weltmaßstab anzugreifen sind, von einer Stelle aus in Angriff genommen werden können, die die Möglichkeit hat, von dort aus in die großen kirchlichen Bereiche hineinzuwirken.
Das Zweite ist, wenn ich auf Deutschland sehe, die Konferenz des Rates der Evangelischen Kirche in Deutschland und der Fuldaer Bischofskonferenz. Auch hier ist ein erster Anfang eines Dialogs gemacht. Es ist ja u.a. nicht überraschend, daß gerade in Deutschland positiv und negativ die größten Chancen liegen, weil die Reformation ja auf deutschem Boden entstanden und die große abendländische Kirchenspaltung von hier aus eine weltweite Größe geworden ist. Darum wird an dieser Stelle auch Entscheidendes geschehen und geschehen müssen. – Die Themen, die zwischen uns stehen und die angerührt werden, sind uns ja nicht unbekannt. Eheverständnis und Mischehe, Taufe, also Conditionaltaufe, gemeinsame Gebete oder gemeinsame Gebets- und Wortgottesdienste und konkrete Zusammenarbeit im ganzen weiten Bereich der Sozialethik und Sozialpolitik. Auch hier würde ich bei allen vorsichtigen und langsamen Schritten, die getan werden, sagen: Es ist wichtig, daß ein derartiges, zum ersten Male eben offizielles Verhältnis zwischen dem deutschen Katholizismus und der Evangelischen Kirche in Deutschland in die Wege geleitet worden ist. Und man kann nur hoffen, daß sich alle Beteiligten an dieser Stelle Mühe geben, das Notwendige behutsam, besonnen, aber auch tapfer zu tun.

Nun noch ein Drittes: Es sind gemeinsame Texte in Bearbeitung und Vorbereitung und zum Teil auch schon abgeschlossen, und wir werden in absehbarer Zeit hoffentlich davon im einzelnen mehr hören – Texte, von denen wir glauben, daß sie gemeinsam in den Kirchen gesprochen werden sollten oder könnten, was das Vaterunser angeht, das Apostolische Glaubensbekenntnis und auch eine ganze Reihe von den großen Perikopen der Heiligen Schrift, die in unseren Gottesdiensten als Evangelien gelesen zu werden pflegen. Ich brauche gar nicht zu erinnern daran, daß hinter diesen ganzen Arbeiten eine schon seit Jahren bestehende, immer stärker werdende Forschungsarbeit der Alttestamentler der verschiedenen Konfessionen, der Neutestamentler und neuerdings auch der Kirchenhistoriker – vor allem der Lutherforscher – steht. Welch eine ungeheure Wandlung, daß im vergangenen Jahre bei der Konferenz der Lutherforscher in Finnland eben auch die römisch-katholischen Forscher mit im Gespräch dabei waren und daß man es heute fertigbringt, über ein so kritisches Thema wie die Reformation, die Theologie Luthers schon so zusammenzuarbeiten!

Auf der anderen Seite stehen wir vor *Enttäuschungen* oder zumindest nichterfüllten Hoffnungen – man kann sogar sagen: auf beiden Seiten. Es ist interessant, aus dem Munde vieler römisch-katholischer verantwortlicher Männer zu hören, daß sie eigentlich etwas mehr an Echo, an Antwort erwartet hätten und daß sie den Eindruck haben, daß wir ihnen so recht nicht trauen mit dem, was im Konzil geschehen ist. Darüber möchte ich gleich noch etwas Ausführlicheres sagen.

Wir erinnern an die so unglückliche Mischehen-Instruktion mit ihren für uns unbegreiflichen Zumutungen. Wir erinnern an eine ganze Reihe von Problemen der innerdeutschen Schulpolitik und an die immer noch nicht recht gelöste Frage der Conditionaltaufe, um die wir uns schon seit Jahren bemühen. Es zeigt sich, daß es nicht so leicht ist, sich gegenseitig in kritischen Entscheidungen zu verstehen. Jedoch müssen wir damit rechnen, daß wir auf beiden Seiten Erwartungen an den andern stellen, die er so ohne weiteres nicht erfüllen kann. Wir sollen daraus lernen, wie schwer es ist, trotz einer gemeinsamen Sprache, die wir sprechen, durch diese Sprache hindurch den andern in dem, was er damit meint und sagen will, recht zu verstehen. Hier ist noch sehr viel nachzuholen.

Auf eine große und wesentliche Aufgabe möchte ich noch zu sprechen kommen, die vor uns steht und die auch nicht durch die an sich gute Stellungnahme der Synode der Evangelischen Kirche in Deutschland erledigt ist. Wir müssen uns als evangelische Christenheit, als Kirchen in der Welt, in Deutschland, um eine Antwort auf das Konzil bemühen. Dieses Echo wird nicht nur von drüben erwartet, sondern wir selbst brauchen diese Klärung. So müssen wir immer wieder daran gehen, nicht nur zur Eröffnung des Dialogs, sondern auch zu einem neuen sich daraus ergebenden Selbstverständnis zu kommen. Dies kann nicht nur durch Experten geschehen, sondern ist eine Sache, die die evangelische und katholische Christenheit angeht. Denn in diesem Gespräch über die Fragen des Konzils, d.h. also letzthin über die Frage des tiefsten Gegensatzes, den es im ganzen ökumenischen Bereich überhaupt gibt, den protestantisch-katholischen Gegensatz, sind wir alle gefordert zu klären, zu antworten und neu zu verstehen.

Einige Hinweise auf die hier anliegenden Kernfragen und -antworten darf ich mir erlauben, in diesem Zusammenhang zu geben. Wir haben alle gesehen, daß das Konzil für die römisch-katholische Kirche so etwas bedeutet wie das Ende einer Epoche. Manche haben gesagt: Die Epoche der Gegenreformation ist zu Ende. Es kann sein, daß das stimmt. Das sieht man vor allen Dingen darin, daß in der römisch-katholischen Kirche selbst vieles in Bewegung gekommen ist, das sogar die Besorgnisse führender Kreise hervorgerufen hat. Innerhalb der römisch-katholischen Theologie, vor allen Dingen auch in Deutschland und Frankreich, sind ungeheure Dinge gesagt worden, Dinge, die bis dahin undenkbar gewesen wären, die zeigen, was durch das Konzil in Bewegung geraten ist, auch im Rahmen des römisch-katholischen Katholizismus. Aber ich meine, das Konzil hat auch uns etwas zu sagen und stellt an uns Fragen. Das Konzil fragt uns nämlich im Grunde nach den biblischen Grundfragen der evangelischen Kirchen. *Es fragt uns nach der Legitimation der Reformation.* Es fragt uns nach dem *Recht des Protestantismus.* Auf diese Frage Antwort zu geben, ist eine größere Aufgabe, als daß wir sagen: bis auf weiteres gedenken wir zu bleiben, was wir waren. Auch wir sind mit der römisch-katholischen Kirche, was das Konzil deutlich gemacht hat, in eine Bewegung hineinversetzt, so daß das Problem des »aggiornamento« nicht eine Sache der Römischen Kirche, sondern des gesamten Christentums überhaupt ist.

Lassen Sie mich aus den großen bedeutenden Erklärungen des Konzils ein paar herausheben, die in den letzten Jahren gelegentlich in der Diskussion waren, die aber weiter gründlich bedacht werden müssen:

Zunächst das tiefe und gewichtige Problem des christlichen *Gottesdienstes.* Auf dem Konzil ist ganz eindeutig geworden, daß – wie die Reformation, wie vor allem Luther ganz klar erkannt hat – das Herz der römisch-katholischen Kirche in der Messe schlägt, nirgendwo so wie da, und daß an dieser Stelle nun alles noch einmal vertieft und verstärkt worden ist. Die Theologie der Messe und das leidenschaftliche Bekenntnis zum Meßopfer ist wiederholt worden. Damit stehen wir also vor der großen, bleibenden, tiefen Kontroverse der Kirchen, die sich im Gottesdienst getrennt haben. Demgegenüber ist alles, was gesagt worden ist an erfreulichen Worten über die Bibel im Gottesdienst, über die Wortgottesdienste, über die Muttersprache im Gottesdienst – das sind alles gute und wichtige Dinge – nicht entscheidend. Das muß an diesem Punkte völlig deutlich gesehen werden.

Dasselbe gilt auch in dem Bereich, der ziemlich spät erst im Konzil zu einer entscheidenden Lösung kam, nämlich in der Frage der Lehre von der *Offenbarung.* Auch hier kann man wieder dankbar erkennen, welche neue Bedeutung die Heilige Schrift in dem römischen Katholizismus, wie er sich im Konzil ausgesprochen hat, gewinnt, wie es überhaupt zu den erfreulichsten und gewichtigsten Dingen gehört, daß man der Bibel einen bedeutenderen Rang sowohl für die dogmatischen Entscheidungen wie für die kirchliche Praxis zuerkennt als bisher. Und darin ist ja in gewisser Hinsicht Die Gegenreformation zu Ende. Denn man könnte fast sagen: die Gegenreformation ist in mancher Beziehung eine antibiblische Bewegung gewesen für unser Empfinden, weil die Reformation eine Kirche von Menschen mit der Bibel in der Hand geschaffen hat, bei der jeder Laie in den Stand versetzt wurde, mit der Bibel in der Hand selbst zu hören, zu prüfen und zu lernen. Darum jene merkwürdige Negation dieses biblischen Christentums der Reformation durch lange Zeiten hindurch. Aber nun ist das schon durch einige Zeit hindurch nicht mehr so. Auch darin ist wirklich ein Wandel da, eine neue Epoche. Die Bibel soll eine ganz andere Rolle spielen als bisher. Das können wir nur begrüßen. Allerdings bleibt es gerade dabei, daß die authentische *Interpretation* der Bibel niemand anders als dem kirchlichen Lehramt befohlen wird, auch wenn die Bindung des kirchlichen Lehramtes an das Wort Gottes, an die Offenbarung unterstrichen worden ist. Hier ist freilich ein Punkt, an den wieder angeknüpft werden kann. Denn was kann das heißen, daß das Lehramt nichts anderes sagen kann, als was das Wort Gottes bereits gesagt hat? Uns ist eben doch klar: damit, daß sich die Kirche zur letzten maßgeblichen Interpretin der Heiligen Schrift selbst aufwirft, unterwirft sie die Heilige Schrift dem Lehramt der Kirche, und damit ist ein entscheidender Anstoß, der zur Reformation geführt hat, nun auch bis heute in der Kontroverse unverändert.

Drittens. Das theologisch großartigste Werk des Konzils ist nach meinem Urteil die Constitutio über die *Kirche.* Sie enthält eindrucksvolle biblische Betrachtungen. Die ersten Kapitel sind geradezu gesättigt mit biblischem Lehrgut über die

Kirche als Leib Christi, als Volk Gottes. Aber dann hören die Bibelzitate mehr und mehr auf, und dann kommen erst die großen Lehrentfaltungen der römisch-katholischen Kirchenlehre. Zum ersten Male in der ganzen Geschichte der römisch-katholischen Kirche hat sich die römische Kirche über sich selbst so ausgesprochen, indem sie eine Lehre von der Kirche entwickelt hat, wie sie bis dahin nicht dagewesen ist. Aber hier kommt nun das alles heraus, was in der Reformation schon Streitpunkt war: die hierarchische Struktur der Kirche, das Wesen des bischöflichen Amtes in der Nachfolge der Apostel, der Primat des Papstes und auch das biblische Recht der Mariologie. Gestehen wir es uns: an diesen Punkten verstehen wir unsere römisch-katholischen Brüder am wenigsten. Hier sind die Glaubensdifferenzen besonders tief, und wenn man sich gerade dies große Dokument klarmacht, müssen wir Evangelischen an einer großen Zahl von Stellen sagen: überall da, wo die römisch-katholische Lehre von »Kirche« spricht, würden wir »Christus« sagen.

Nun aber das andere; das Große auf dem Konzil war der Blick nach draußen, nach dem Außerhalb der römisch-katholischen Kirche, die Öffnung zur Ökumene hin, und dafür kann man nur dankbar sein. Ich habe in einem Vortrag einmal gesagt: Es ist so, als wenn diese römisch-katholische Kirche die Türen und Fenster aufgemacht hat, um zu sehen, was außerhalb ihrer Kirche im Christentum inzwischen geschehen ist. Das ist eine wichtige Anerkennung, daß es auch außerhalb der römisch-katholischen Kirche offenbare Wirkung des Heiligen Geistes, lebendiges Christentum, eine ganze Menge von Dingen gibt, die eigentlich nicht hätten sein können, wenn man streng nach der bisherigen Lehre die Wirklichkeit hätte beurteilen müssen. Wir sind dankbar für die ganz neue Anerkennung der ökumenischen Bewegung. Wer 20 Jahre zurückblättert, muß sagen: Hier ist etwas Großes geschehen, auch in der Beurteilung der von Rom getrennten christlichen Kirchen, wenn man im Ökumenismus-Dekret liest, was sie dort über die evangelischen Kirchen sagen. Es wird nicht nur gesagt, daß wir »getrennte Brüder« sind, sondern es wird von uns einiges gesagt, was uns nur beschämen kann, über unseren Glauben und unsere guten Werke, über unseren Gottesdienst und unsere Kirchenlieder und vieles andere, lauter Dinge, die zum Ausdruck bringen, wie positiv auf diesem Konzil nicht nur die orthodoxen Kirchen, sondern gerade auch der Protestantismus in seinen geistlichen Leistungen und Werten beurteilt wird. Wir sind ferner erfreut, hier zu lesen, daß zur Wiedervereinigung gehört die Erneuerung der Kirchen, die Bekehrung der Herzen. In diesem Zusammenhang lesen wir auch bewegten Herzens das Wort von der Vergebung, von dem ich überzeugt bin, daß es zu den gewichtigsten und schwersten Dingen gehört, wenn zwischen den Kirchen ein neuer Anfang gemacht werden soll, indem sie das hinter sich lassen können, was sie getrennt hat durch das, was sie sich gegenseitig angetan haben. Darum geht es ja in den furchtbaren Dingen, die die Christen und die Kirchen in den Religionskriegen und auch in anderen Kriegen einander zugefügt haben. Wir bejahen das Angebot eines gemeinsamen Gebetes, eines gemeinsamen Hörens auf das Wort Gottes. Wir warten auf den ökumenischen Dialog. Wir begrüßen die Zusammenarbeit, die in Aussicht gestellt ist, gerade bei den großen ethischen Aufgaben, mit denen wir zu tun haben.

Und doch bleibt auch gerade hier die ernste Frage: Meint das katholische Prinzip des Ökumenismus irgendwie vielleicht doch die Heimkehr aller Getrennten in das römisch-katholische Vaterhaus? Sie kann es – sagen viele – nicht meinen, und viele Katholiken sagen: »Nein, glaubt es uns, daß es nicht so gemeint ist!« Aber wir hören dann den harten, schweren Satz von der Identifikation der römisch-katholischen Kirche mit der Kirche Christi, zwar nicht in ihrer Quantität – es gibt auch Kirchen Christi außerhalb der römischen Kirche –; aber in der Qualität. Denn es ist außer aller Frage, daß dem Glauben hier Ausdruck verliehen wird: Nur die rö-

misch-katholische Kirche ist die von Christus selbst gestiftete Kirche. Sie ist insofern die wahre Kirche Christi. Kann es von hier aus ein Gespräch, ein offenes Gespräch geben? Ist das Gespräch nicht von vornherein durch diesen Wall verhindert? Nicht wahr, das ist eine Frage, die unsere Herzen bewegen muß. Sind hier noch echte Möglichkeiten offen? Im Konzil wird gesagt: Die Kirche muß reformabel sein, eine ecclesia semper reformanda. Ja, das wird unterstrichen, und trotzdem muß man fragen: Worauf kann sich das allenfalls beziehen? Wirklich auf die Kirche selbst? Hier scheinen mir auch gerade im Blick auf den Ökumenismus die großen Fragen zu liegen, mit denen wir uns in aller Deutlichkeit und Klarheit im Gespräch mit unseren römisch-katholischen Brüdern befassen müssen.
Lassen Sie mich nicht vergessen, daran zu erinnern, was nun auch wieder zu den schönen und guten Taten des Konzils gehört, daß sie es gewagt haben, eine deutliche Absage an den *Antisemitismus* zu formulieren, daß sie gewagt haben, wesentliche Sätze über das Verhältnis von Kirche und Israel zu sagen. Ich glaube, daß dies auch für die kommende Geschichte von großer Wichtigkeit ist. Es würde zu weit führen, dies alles zu erwähnen; wir sind dankbar dafür, daß eine solche Wendung aus dem Dokument über das Verhältnis der Kirche zu den nichtchristlichen Religionen uns vor Augen steht. Auch hier haben wir – meine ich – gemeinsam zu lernen und nachzudenken über das rechte Verhältnis, das wirklich theologisch und christlich rechte Verhältnis von Kirche und Israel.
Ich komme zum Schluß dieses Teils zu dem letzten großen Dokument des Konzils über den Aufbruch der Kirche in die Welt von heute, wobei vorweg vermerkt werden soll, daß die Erklärung des Konzils zur *Religionsfreiheit* auch zu dem gehört, was besonders erfreulich ist, weil auch hier sich eine ziemlich radikale Wendung vollzogen hat, die Anerkennung der Freiheit des Menschen zur Religion als eine Feststellung, die für alle gelten soll, daß die menschliche Person das Recht auf Religionsfreiheit hat und auch daß menschliche Gruppen dieses Recht haben, ihre Religion in Freiheit zu bekennen und sich zusammenzufügen zu religiösen Gemeinschaften. Auch hier hat es sicher viel Mühe gekostet, die Tradition der Kirche zu durchstoßen. Dafür sind wir dankbar gerade als Protestanten, die ja schon seit Jahrhunderten in dieser Sache anders als die Katholiken gedacht haben, daß jetzt auch die römisch-katholische Kirche ein Wort in dieser Richtung gesagt hat.
Vielleicht das schwerste Wagnis des Konzils und, was vielleicht im Endeffekt am wenigsten zum Ziele gekommen ist, ist die Stellung der Kirche in der Welt von heute. Wir wissen ja alle, welche enormen Schwierigkeiten jeder Kirche entgegenstehen, wenn wir uns mit den großen ethischen Problemen, dem Leben des Christen in der Welt von heute, und mit den ethischen Problemen der modernen Gesellschaft überhaupt zu befassen haben. Wir sind dankbar dafür, daß die römische Kirche es gewagt hat, dieses wirklich heiße Eisen anzufassen. Was hier über Kultur und Wirtschaft, über menschlichen Fortschritt, über Staat und Gesellschaft, über Ehe und Familie, über Krieg und Frieden und vor allem auch über den Atheismus gesagt worden ist, ist erstaunlich. Die brennenden Fragen von heute sind der Reihe nach in Angriff genommen worden. Und was hier gesagt ist – glaube ich –, werden wir auf weite Strecken bejahen und nicht sehr viel anders sagen können. Auch hier scheint mir der Ansatz zu einem gesamtkirchlichen Gespräch gegeben und notwendig. Denn die großen Fragen, wie ich sie eben im ersten Teil andeutete, Friede, Gerechtigkeit und Freiheit, können unter allen Umständen auch nur gemeinsam mit den christlichen Kirchen in der ganzen Welt in Angriff genommen werden. Noch haben wir zu wenig Gemeinsames sagen können. Und auf der anderen Seite zeigen ja alle kirchlichen Entschließungen, auch die des römischen Konzils, daß es hier viel mehr Fragen als gültige Antworten gibt, daß hier viel mehr unbeantwortete Probleme vorliegen, viel Verlegenheiten, wie man dem großen, radikalen, revolutionären Wandel der Industriewelt in einem echten,

menschlich-christlichen Ethos begegnen will. Aber darum ist uns auch der Ausblick hoffnungsvoll, daß wir gerade als die gemeinsam Fragenden und die nicht schon durch gemeinsame Antworten der Vergangenheit Festgelegten uns diesen Dingen widmen dürfen, in denen es ganz besonders um die Fragen des wirklichen Handelns in der wirklichen Welt ankommen wird.

III.

Nun zum 3. Punkte: *Die Evangelische Kirche in Deutschland.*
Die Synode der Evangelischen Kirche in Deutschland vom 13.–18. 3. 1966 war ein wichtiges Ereignis im vergangenen Jahr. Neben allem, was sonst erwähnenswert wäre aus unserer Geschichte, ist dies wohl das wesentlichste Geschehen mit seinen zwei Schwerpunkten:
1. Die Evangelische Kirche im ökumenischen Spannungsfeld und
2. Die Stellungnahme zur Denkschrift über die Lage der Vertriebenen und das Verhältnis des deutschen Volkes zu seinen östlichen Nachbarn.

(1) Was die evangelische Kirche im ökumenischen Spannungsfeld angeht, ist das Wesentlichste das Referat von Professor Schlink[26] gewesen, das Referat des offiziellen Beobachters, eine hervorragende Darstellung seiner Aufgabe wie auch des Konzils, und dann die daraufhin erarbeitete Entschließung der Synode zum II. Vatikanischen Konzil[27]. Ich lese hieraus hier nur das vor, was uns angeht im Blick auf unsere Arbeit:
»Die Synode fordert die Leitungen aller Gliedkirchen der EKD auf, dafür Sorge zu tragen, daß die Beschlüsse des II. Vatikanischen Konzils sorgfältig studiert und mit der Lehre und Ordnung der Reformationskirchen sowie mit den Beschlüssen des Ökumenischen Rates der Kirchen verglichen werden.«
Was also hierin angesprochen worden ist, meine ich, müßten wir ernst nehmen und uns fragen, was wir in dieser Sache tun sollten, in dieser Frage zu tun hätten. Mein andeutender Versuch sollte nur Anregungen dazu geben, an welchen Punkten wir diese Frage auch in unserer Kirche vorwärtstreiben müßten. Um das zu verstehen, was hier geschehen ist, müssen wir uns die Mühe machen, ausführlich und gründlich zu studieren, was in diesem Konzil an Entschließungen gegeben ist. Denn letzten Endes geht es ja bei dieser Frage um das, was ich zu Anfang sagte: um die Frage der Rechtfertigung der evangelischen Kirchen in ihrer Selbständigkeit, in ihrem Nein zum römisch-katholischen Kirchen-, Gottesdienst- und Schriftverständnis. Hierüber Neues und Gewichtiges zu sagen, scheint mir eine Aufgabe, der wir uns zu stellen hätten, damit auch deutlich wird, worüber dann der ökumenische Dialog mit der römisch-katholischen Kirche zu gehen hat. Es ist für die römisch-katholische Kirche bekanntlich nicht ganz einfach, mit dem Protestantismus in Dialog zu treten, weil dieser Protestantismus sich natürlich nicht leicht auf ein paar einfache Lehrformeln bringen läßt.
Alle, die in Form der Presseberichte aus der Ferne oder auf der Synode in der Nähe dabei gewesen sind, erinnern sich an die Leidenschaft der Diskussion um die Denkschrift[28] und das Ergebnis der Synode[29]. Was damals kurz nach der Synode Erwin Wilkens geschrieben hat, scheint immer noch zu stimmen:

---

26 Bericht über die vierte Tagung der dritten Synode der EKD, Hannover 1970, S. 49
27 Ebd., S. 468
28 Die Lage der Vertriebenen und das Verhältnis des deutschen Volkes zu seinen östlichen Nachbarn. Vom 1. 10. 1965, Hannover 1965
29 Stellungnahme der Synode, in: Bericht über die vierte Tagung der dritten Synode der EKD, Hannover 1970, S. 470

»Sieben Monate nach Veröffentlichung der Denkschrift ist es immer noch zu früh, eine Bilanz ihres Echos und ihrer Auswirkung in Kirche, Politik und Gesellschaft zu ziehen. Die Nachfrage nach dem Text, der Strom der Zuschriften an Persönlichkeiten und Organe der Kirche, die Diskussionen in öffentlichen Veranstaltungen und internen Zirkeln, die selbstverständliche Rolle in der Publizistik: alles das hält weiterhin an. Die Sammlung der Nachrichten, Berichte und Kommentare in Presse, Rundfunk und Fernsehen, der Briefe, Entschließungen, Zeitschriftenaufsätze und Broschüren hat inzwischen den Umfang eines ansehnlichen Archivs angenommen.
Dieser ungewöhnliche Vorgang findet seine Erklärung nicht nur im Text der Denkschrift und in der hinter ihr stehenden Autorität. Die Denkschrift hat nicht nur selbst eine Bewegung ausgelöst, sondern sie ist hinsichtlich ihres gesellschaftlichen und politischen Gehalts zugleich auch Teil einer umfassenden Bewegung. Sie erschien offenbar in einem Augenblick, in dem eine Reihe von Ereignissen, Bemühungen und Einsichten zusammentraf, um einen neuen Abschnitt innen- und außenpolitischer Besinnung im deutschen Volke einzuleiten. Diesen größeren Zusammenhang sollten die Kritiker der Denkschrift gerade dann bedenken, wenn sich ihr Widerspruch immer wieder neu an Einzelheiten entzündet, mag es sich dabei um Mißverständnisse, Unvollständigkeiten und – vermeintliche oder tatsächliche – Mängel der Denkschrift handeln.«
Ich habe nicht die Aufgabe und auch nicht die Möglichkeit, zur Sache selbst hier noch ein Wort hinzuzufügen. Mir scheint, daß das synodale Wort, das damals gefunden worden ist, besonders auch durch die mutige, besonnene und mit einem großen Atem der Geduld ausgestattete Ausschußleitung unseres Bruders Benjamin Locher, nicht umsonst gewesen ist, sondern daß sich daraus für die innerkirchliche Gemeinsamkeit, für das Verstehen innerhalb der Gegensätze, die bei uns vorhanden sind in der Beurteilung vieler Dinge, etwas Neues angebahnt hat. Und so – meine ich – sollten wir dankbar sein für das Gelingen, das ja auch in der schönen Veröffentlichung »Vertreibung und Versöhnung« zum Ausdruck kommt. In der Sache sind wir natürlich mit dem, was in dieser Denkschrift angerührt worden ist, noch nicht zu einem Ende gekommen, und mehr als entscheidende Anstöße zum Weiter-Bedenken und Handeln zu geben, konnte ja auch nicht Aufgabe einer solchen Denkschrift sein. Wir sind gewiß, daß das nicht wieder aus der Diskussion herauskommen wird, was hier angerührt wurde.

(2) Ein Zweites, ein Wort zur *Kirche in der DDR*. Wir müssen dieser unserer Brüder ganz besonders gedenken, zumal wir uns immer wieder sagen müssen, wie sehr sie es erwarten, wie glücklich sie sind, wenn sie es erfahren, daß wir ihrer gedenken, daß wir uns mit ihnen verbunden wissen, daß wir ihre Probleme zu unseren Fragen machen, daß wir alle Gelegenheiten wahrnehmen, mit ihnen auch zu beraten. Und Sie wissen alle, daß sie auch geneigt sind, auf uns zu hören, und gern mehr, als es oft möglich ist, unseres Rates und unserer Hilfe teilhaftig werden möchten. Gegenüber den Jahren 1964 und 1965 scheint sich wieder eine gewisse Wandlung in der Kirchenpolitik des dortigen Staates anzubahnen. Zwar kann man nicht von einem offenen Kirchenkampf reden. Zwar sind z.B. nach anfänglichen Kämpfen gerade in den letzten Jahren die Bibelrüsten dankenswerterweise durchgeführt worden. Aber welch ein bescheidenes Maß an kirchlicher Jugendarbeit spricht sich in diesen Erfolgen der Bibelrüsten aus. Immerhin – wie dankbar sind sie drüben, daß es möglich gewesen ist, in den Ferien eine so große Zahl von jungen Menschen zu Bibelrüsten zu versammeln. Auch dies war in dem Jahr vorher oft streitig.
Aber wie man aus den Synodalberichten der östlichen Synoden eindeutig entnehmen kann, sind bleibende unüberwindliche Schwierigkeiten da, Schwierigkeiten

für die kirchliche Jugendarbeit, praktische Erschwerungen und – wie gesagt – so etwas wie ein ununterbrochener Kleinkrieg an jedem Ort. Vor allen Dingen der Kampf um die notwendigen kirchlichen Räume! Dieses macht sich je länger desto mehr bemerkbar. In dem Bericht des Bischofs Krummacher in Greifswald war deutlich zu sehen, wie er sich beklagen mußte über den Mangel an kirchlichen Räumen und daß eine große Zahl von den der Kirche gehörenden Räumen in Fremdbesitz sind, d.h. sie sind besetzt von nichtkirchlichen Kräften. Wenn allein die der Kirche gehörenden Räume von der Kirche in Anspruch genommen werden könnten, wären viele Probleme lösbar, die heute unlösbar sind.

Die größten Schwierigkeiten zeigen sich darin, daß es nahezu unmöglich geworden ist, seit 1945 je einmal wieder eine neue Kirche zu bauen. Wenn man sieht, was wir in diesen Jahren für Kirchbauten fertig gebracht haben, was uns für Möglichkeiten gegeben worden sind in der ganzen Bundesrepublik, auch bei uns in unserer rheinischen Kirche, so zeigt sich daran der eklatante Gegensatz zur Lage der Kirche drüben. In den vielen neuen Siedlungsgebieten droht die kirchliche Arbeit nahezu daran zu scheitern, daß kein kirchlicher Raum zu beschaffen ist.

Vor einem Jahr – glaube ich –, es ist vielleicht auch etwas länger her, schickte uns ein Staatsvertreter aus der DDR ein dickes Buch »Kirchen in der DDR«. Darin standen alle die schönen wiederaufgebauten alten Kirchen. Ein sehr dankenswerter Tatbestand, der Wiederaufbau der alten gotischen Kirchen, der Kirchen aus der Vergangenheit, die durch den Krieg zerstört waren. Aber es war typisch: in dem ganzen Buch keine einzige evangelische Kirche aus der Zeit nach 1945! Die gibt es eben nicht. Eine einzige katholische war dabei, eine bescheidene katholische Kirche, die einzige, von der ich bisher auch drüben gehört habe. Das Schwierige liegt eben in den großen neuen Siedlungen der Industriegebiete, daß auf weitem Raum dort gar keine kirchliche Zusammenkunft mehr möglich ist. Und da die kirchliche Arbeit sowieso auf kirchliche Räume eingeschränkt ist, so wird dadurch faktisch der Kirche der Boden in der Welt entzogen.

Dazu kommen die bleibenden, immer wieder schmerzlichen Einengungen kirchlicher Veröffentlichungen, aber auch gelegentliche Eingriffe in das gottesdienstliche Leben der Kirche. Wir erinnern uns an die Versuche, zu hindern, daß Jugendliche in einen Gottesdienst kamen, in dem moderne Musik gemacht wurde, wie sie zwar die Liturgiker gar nicht gerne wünschen, die aber offenbar auch drüben dazu beigetragen hat, daß eine große Zahl von Menschen, die sonst nicht in die Kirche kamen, hineinging. Nun, auch dies ein Beispiel dafür, wie weit die Gegnerschaft gegen die Kirche vordringen kann.

Immer wirksamer wird die Ausschließung des größten Teils der Kirche aus jeder Öffentlichkeit. Eine Gettoisierung dringt vor, und das Ende der Volkskirche in einem bestimmten Maße ist in manchen Bereichen offenkundig. Man muß dazu freilich sagen, daß ganz allgemein erkannt werden muß: Die Volkskirche gründet ihre Existenzmöglichkeit darauf, daß der Staat, der die Macht ausübt, einer Volkskirche zumindest neutral oder wohlwollend gegenübersteht. Wenn er aber von seiner Ideologie her die Kirche negativ beurteilt und darum die Volkskirche auflösen will, dann ist es kein Wunder, wenn sich Zerstörungen des volkskirchlichen Lebens überall bemerkbar machen.

Überaus bedeutsam war eine heftige Reaktion des dortigen Staates auf die Handreichung für Wehrpflichtige[30], die übrigens eine hervorragende theologische und geistliche Leistung eines Kreises von Brüdern aus den östlichen Kirchen ist, offiziell herausgegeben von der Konferenz evangelischer Kirchenleitungen in der DDR, eines der besten Worte zum Friedensdienst der Kirche, das ich kenne, was

---

30 Zum Friedensdienst der Kirche – Eine Handreichung für Seelsorge an Wehrpflichtigen; vgl. KJB 1966, S. 249ff.

bei uns leider im Blick auf die gespannte Situation im Osten nicht veröffentlicht werden soll. Es ist schmerzlich, daß gerade an diesem Punkte die Reaktion der Staatsgewalt besonders heftig war. Es wurde auf die Kirchenführer eingewirkt, sie müßten die Denkschrift zurückziehen, ja sie müßten sie völlig vernichten, daß von diesem furchtbaren Dokument kein Exemplar übrigbliebe. Man müßte auf Einzelheiten eingehen, um deutlich zu machen, woran hier der tiefe Gegensatz entbrannte. Aber lassen wir alle Einzelheiten weg. Der so ganz anders geartete Einsatz der Kirche für einen wahren Frieden ist gerade da schwer tragbar, wo man in der Ideologie eine Politik des Weltfriedens begründet, wo das Wort Frieden in einem ganz anderen Sinne als sonst in der Welt gebraucht, um nicht zu sagen: mißbraucht wird.

Seit einem halben Jahr – manche sagen infolge dieser Denkschrift – wird stärker sichtbar, daß die DDR Wege beschreitet, die Evangelische Kirche in Deutschland zu trennen. Es wird heute schon in den östlichen Zeitungen von einer EKB gesprochen, d.h. einer Evangelischen Kirche der Bundesrepublik. Es soll eine EKD nur noch in der DDR geben, dem wahren deutschen Staat. Darum die steigende Behinderung in der Gemeinschaft, im Zusammenkommen. Eine immer größere Anzahl von Vertretern der evangelischen Kirche wird an der Grenze zurückgewiesen mit der ausdrücklichen Bemerkung, man gäbe keine Erlaubnis mehr zur Teilnahme an kirchlichen Versammlungen. Dieser Tatbestand ist für uns überaus schmerzlich, und die Schwierigkeiten der gemeinsamen Arbeit sind natürlich dadurch nicht kleiner geworden. Hinzu kommt eine leidenschaftliche Polemik gegen den Rat der Evangelischen Kirche in Deutschland, besonders gegen D. Scharf als seinen Vorsitzenden, und nachdem er zum Bischof von Brandenburg gewählt worden ist, hat sich dies noch verstärkt. Was er auch immer sagt, es wird immer ins Negative gekehrt. Es wird ganz stark zum Ausdruck gebracht, daß eben er und der Rat, der sich um ihn versammelt, nichts anderes sei als eine der Bonner Regierung hörige Organisation der westlichen Politik. Bemerkenswert bleibt dabei, daß man der römisch-katholischen Kirche derartige Vorwürfe nicht macht, obwohl ihre Leitung ja unzweifelhaft außerhalb der DDR liegt, während man in der DRR behauptet, die Leitung einer Kirche müsse im dortigen Staatsgebiet liegen. Nur ein Bürger der DDR könne kirchenleitende Funktionen in diesem Bereiche ausüben. Nun, dasselbe haben wir schon in vergangenen Jahren auch während des Dritten Reiches erlebt, diese verschiedene Beurteilung der evangelischen Kirche als einer deutschen Sache und der katholischen als einer Weltangelegenheit. Die Behinderungen sind für die evangelische Kirche eine dauernde Last, ein großer Schmerz besonders für die östlichen Gliedkirchen. Wir können uns aber nicht dem Willen der dortigen Regierung und ihrer Partei auf Trennung der EKD fügen. Die Evangelische Kirche bleibt zusammen, weil wir glauben, daß Gott uns zusammengefügt hat.

Bei dieser Gelegenheit nur eine kurze Anmerkung zu den Angriffen der Notgemeinschaft evangelischer Deutscher, die sich auf Grund der Vertriebenen-Denkschrift 1966 bildete und gegen die evangelische Kirche heftige Vorwürfe erhob, daß in ihr das Verhältnis zu Volk und Vaterland nicht mehr in Ordnung sei. Ich habe in den Diskussionen mehr als einmal gesagt: Es ist nicht wahr, was dort pauschal gegen die evangelische Kirche und ihre Leitung, ihre Synoden gesagt wird. Der Gegenbeweis läßt sich ganz leicht führen, allein schon aus den Dokumenten der Evangelischen Kirche in Deutschland, die veröffentlicht worden sind als Kundgebungen dieser Kirche seit 1945. Diese Kundgebungen, zum größten Teil noch einmal nachgedruckt in dem von Heidtmann herausgegebenen Buch »Hat die Kirche geschwiegen?«, sind ein starkes Zeichen dafür, wie sehr wir unsere wahre Verantwortung gegenüber dem deutschen Volke und unserem Vaterland wahrgenommen haben. Freilich haben wir das anders getan als vielleicht vor 1933.

Aber ich meine: nicht schlechter, sondern eher besser! Aber wer hört schon, können wir auch mit den Propheten sagen, was wir predigen, wer liest schon, was die evangelische Kirche für Dokumente verfaßt hat? Das ist schon 5, 10 oder 15 Jahre her, und heute wird dann behauptet, die Kirche hätte das Vaterland verraten, hätte sich darum nicht gekümmert. Wenn man bloß diese Synodalerklärungen und Ratsentschließungen nachschlägt, wird man sagen müssen, daß die evangelische Kirche nicht nur durch ihr So- und ihr Da-Sein in diesem Land, sondern auch durch ihre tapferen Worte seit 1945 nach allen Seiten hin unserem Volke einen unschätzbaren Dienst geleistet hat.
Mehr möchte ich hier nicht sagen, denn in diesem Berichte ist dazu nicht der Raum.

(3) Ich muß noch von einer wesentlichen Sache in der evangelischen Kirche reden, nachdem sich im März 1966 mit der Großkundgebung in Dortmund die Bekenntnisbewegung »Kein anderes Evangelium« als eine innerkirchliche Kampfgemeinschaft gegen die moderne Theologie gebildet hat.
Die Auseinandersetzungen, die in den Märztagen 1966 in die breiteste Öffentlichkeit gedrungen sind, waren uns in der rheinischen Landessynode weder neu noch überraschend, denn wir hatten schon seit vielen Jahren über dieses Thema auf unseren Synoden verhandelt, zum ersten Male schon 1962. Wir haben diese Ergebnisse der Synodalberatungen, besonders z.B. auch die Schriftauslegungen, bei unseren Mitarbeitern und Presbyterien weit verbreitet. Viele Tausende von Exemplaren sind angefordert worden auch über die Grenzen der rheinischen Kirche hinaus. Seit der Dortmunder Kundgebung kam es zu einer Ausbreitung der Bekenntnisbewegung in weiten Gebieten der Evangelischen Kirche in Deutschland. An manchen Stellen gab es Kundgebungen und Bildung von landeskirchlichen Gruppen. Vielleicht waren die heftigsten Auseinandersetzungen außer im Bereich der westfälischen Kirche in Württemberg. Aus dem von mir verfaßten Bericht der Kirchenleitung ist übrigens zu ersehen, was in der Evangelischen Kirche im Rheinland seit jenen Tagen geschehen ist. Ich brauche also darauf jetzt nicht noch einmal einzugehen.
Lassen Sie mich versuchen, so etwas wie ein vorläufiges Fazit aus diesen Auseinandersetzungen in den letzten dreiviertel Jahren zu ziehen, ohne in die Einzelheiten und in die Sachdebatte selbst einzutreten, was natürlich ganz unmöglich ist. Was ist dabei nach meiner Überzeugung sichtbar geworden?

1. Eine weite *Spannung* zwischen den Gemeinden oder auch den Kirchen einerseits und der theologischen Arbeit, wie sie auf Universitäten und kirchlichen Hochschulen, auch pädagogischen Hochschulen, getrieben wird, ist offenbar geworden. Die Entfernungen zwischen dem, was in der Kirche geschieht, gesagt und getan wird, und zwischen dem, was an den Universitäten theologisch gearbeitet wird, sind zu groß geworden. Auf der einen Seite besteht wirklich eine mangelhafte Information in der Kirche, in den Gemeinden über die theologische Arbeit von heute, ja, über die theologische Arbeit nicht nur von heute, sondern über eine theologische Arbeit von Generationen, denn hier ist ein besonders großer – wie man heute sagt – Nachholbedarf vorhanden, auf der anderen Seite sehen wir eine mangelnde Ausrichtung der theologischen Arbeit der Universitäten auf die Kirche und ihre Botschaft.

2. In weiten Kreisen der evangelischen Gemeindeglieder, aber auch bei vielen Pastoren ist eine große Sorge im Blick auf die Botschaft und das Bekenntnis der Kirche angesichts theologischer Darbietungen und Erörterungen in einer ganzen Reihe von Aufsätzen, Aufsatzsammlungen und auch größeren theologischen

Werken aufgekommen. Ich meine, daß diese Sorge im Blick auf eine große Reihe von Formulierungen, die zweifellos schockierend wirken mußten und die auch für einen Theologen, der vieles gewohnt ist, bestürzend wirken konnten, nicht unberechtigt ist. Dies sollte von allen, ganz gleich, wo sie in dieser Frage, wie die moderne Theologie zu beurteilen ist, selbst stehen, anerkannt und eingesehen werden. So von »Theologie nach dem Tode Gottes« zu sprechen, wie es oft geschehen ist, ist nicht nur schockierend, sondern es ist eine ernsthafte Frage, ob man solche Formulierungen, wenn sie ernst gemeint sind und als solche angenommen werden wollen, überhaupt als Theologie verantworten könne. Theologie ohne Gott – Philosophie ohne Geist – beides wäre nicht denkbar. Und wenn in den leidenschaftlichen Auseinandersetzungen gerade um Jesus Christus Formulierungen gefallen sind wie: »Jesus nichts als Mensch, nur ein Mensch!«, so ist es zu verstehen, daß sich dagegen nicht nur aus traditionellen Gründen, sondern angesichts der Sätze des Glaubensbekenntnisses der Kirche Opposition anmeldet, die fragt: Was bedeutet das für den christlichen Glauben? Wie kann so von Jesus gesprochen werden? Oder wenn es Theologen gibt, die sagen: Gebet ist eine rein subjektive Angelegenheit, eine Art von Meditation, ein Nachdenken des Christen über sich selbst – hat es dann überhaupt noch Sinn zu beten? Oder wenn es in einem Vortrag in einer seriösen Zeitschrift über die Vergebung der Sünden heißt, sie sei die Selbstannahme des Menschen – ja, dann fragt es sich im Ernst: Wenn das Vergebung ist, dann können wir uns ja alle selbst vergeben, dann bedarf es ja der Vergebung Gottes nicht, von der wir leben. Es ist verständlich, daß Gemeinden empört sind, wenn in ihrer Mitte ein junger Pfarrer sagt: »Passionsandachten? Nein. Die Passion ist völlig unhistorisch, denn sie ist ja aus Jes. 53 heraus entwickelt. Seitdem ich das gelernt habe auf der Hochschule, halte ich keine Passionsandachten mehr.« Aber ich will diese Reihe nicht verlängern. Wir wissen alle, daß hier vieles zu sagen ist über schmerzliche und problematische Erörterungen gerade auch in sehr seriösen theologischen Werken über Grundfragen der theologischen Existenz. Ich erinnere an die große Diskussion zwischen Helmut Gollwitzer und Herbert Braun und zwischen Walter Künneth und Gerhard Ebeling.

3. Die Infragestellung der *Theologie* überhaupt und der modernen Theologie besonders, insonderheit des Rechtes einer historisch-kritischen Schriftforschung, ist das Hauptstück der Bekenntnisbewegung. Die Frage nach der Legitimation solcher theologischer Arbeit ist hier gestellt. Die Theologen werden mit Intensität gefragt nach ihrer Bindung an die Heilige Schrift. Was bedeutet die protestantische Formel »sola scriptura«? Bedeutet sie überhaupt noch etwas, oder ist sie lange preisgegeben? Was bedeutet der Kanon der Heiligen Schrift für die Theologie? Und was bedeutet die Methode der existentialen Interpretation für den Wahrheitsgehalt der biblischen Texte? Die Frage, die hier an die Theologie gestellt wird, meine ich, dürfte von der Theologie nicht als ein Mißverständnis beiseitegeschoben werden, auch wenn sie ihr vielleicht in einer schockierenden Weise vorgetragen wird, allzu vereinfachend, mißverständlich. Aber wir müssen uns alle vor einem hüten, und das geht auch uns Theologen an: kein falscher Hochmut, keine Verachtung und Verwerfung des »theologisch Ungebildeten«, allerdings auch kein falscher Hochmut und keine Verachtung der theologischen Arbeit (auf beiden Seiten liegen hier schreckliche Sünden vor, meine ich), sondern ein echtes Trachten nach dem Verstehen. Denn die Fragen, um die es hier geht, sind bedeutsam und schwierig genug. Das zeigt sich auch darin, was ja viele nicht für möglich halten würden, daß eine ganze Reihe von diesen gleichen Fragen in der römisch-katholischen Theologie ganz ähnlich diskutiert werden – auch ein erstaunlicher Tatbestand! Die Theologie der Hochschulen sollte sich diesen Fragen nicht entziehen, sondern sollte sich ihnen stellen, auch wenn es ihr manchmal schwer werden mag,

von der Höhe ihrer wissenschaftlichen Bildung heruntersteigen zu müssen, um sich den Fragenden verständlich zu machen.

4. Wir stehen angesichts der Positionen und Tendenzen der Bekenntnisbewegung vor einem Versuch, in der Linie der Theologie der protestantischen Orthodoxie die Lehre der evangelischen Kirche festzuhalten und damit den modernen Problemen nach dem Ende des Bundes von Theologie und Metaphysik, nach dem Ende der christlichen Gesellschaftsordnung, durch einen entschlossenen Rückzug auf die Denkweise des 17. Jahrhunderts zu begegnen. Aber man kann den Problemen, die dem Glauben in der heutigen Welt von der Wissenschaft des Menschen, von seinem Wahrheitsbewußtsein, von seiner Philosophie her, von seinen naturwissenschaftlichen Erforschungen her gestellt sind, nicht ausweichen. Es darf nicht dahin kommen – das ist die große Gefahr, die man sehen muß –, als dürfe es so etwas geben wie eine doppelte Wahrheit, eine Bekenntniswahrheit im christlich-kirchlichen Raum und eine andere in der Welt draußen. Wenn in diese Richtung weitermarschiert wird, ist es nicht nur für die Kirche und ihre Theologie verhängnisvoll, sondern auch für die Welt. Die Anliegen der Bekenntnisbewegung sind weniger die des Pietismus, obschon diese auch dabei sind, vielmehr gerade die Art und Weise, wie hier gesprochen wird, erinnert daran, daß die Denkweise der alten Orthodoxie eine stärkere Rolle spielt, so daß das Nein zur modernen Theologie bei der Verbundenheit von orthodoxen und pietistischen Anliegen vorherrscht. Hier ist eine gewichtige Frage, die die Geschichte der Theologie der letzten zwei Jahrhunderte umgreift, zu erörtern. Es ist ganz klar, daß dieser Lehrtypus, wie er in dieser Bekenntnisbewegung sich neu einen Ausdruck verliehen hat, innerhalb der Theologie immer vorhanden gewesen ist, nicht immer gleich stark, doch nie ohne Wirksamkeit. Aber es wäre ein Irrtum zu meinen, daß in diese Richtung etwa ein theologischer Lehrer wie Karl Barth gehörte.

5. Die Inanspruchnahme der Professoren der Theologie durch die Bekenntnisbewegung als Lehrer der Kirche ist überraschend, z.T. auch die Inanspruchnahme der Kirchenleitungen als Inhaber des kirchlichen Lehramtes und demgemäß die Forderungen an die Kirchenleitungen, die Professoren zu maßregeln wegen Irrlehre, jedenfalls sie aus den Prüfungskommissionen zu entfernen oder auch den Studenten zu sagen, daß sie bei solchen Professoren nicht studieren dürften, oder, wo eine solche Fakultät besteht, festzustellen, daß deren Semester nicht angerechnet werden können. Es ist klar, daß in diesen Forderungen sowohl theologische wie auch rechtliche Irrtümer vorliegen. Die Vorstellungen, daß die Kirchenleitungen so etwas wie ein Lehramt über die Theologie haben, sind verständlich, aber sie sind theologisch grundverkehrt. Und die Anforderungen an die Kirchenleitungen, in dieser Richtung vorzugehen, sind, abgesehen von den rechtlichen Problemen, auch theologisch so nicht zu verantworten. Denn auf der anderen Seite muß es auch dabei bleiben, wenn man schon von Lehrern der Theologie, von Lehrern der Kirche spricht, daß nach reformatorischer Überzeugung die Lehrer der Kirche nicht mit den Professoren der Theologie identifizierbar sind, sondern daß alle Pastoren, alle die, die in der Kirche an der Verkündigung tätig sind, an diesem Lehramt der Kirche Anteil haben. Denn es gibt in der evangelischen Kirche eben keine Institution, welche auch immer, keine Synode, keinen Rat und auch keine Fakultät, die als solche Institution das authentische Lehramt der Kirche ausüben könnte. Das ist die eigentümliche, von der römisch-katholischen Kirche immer für rätselhaft angesehene Schwäche und Stärke der evangelischen Kirche. Das Lehramt – meint die Reformation – übt der Herr durch die Schrift selbst aus, wir dagegen können über die Lehre nur wachen und haben alles zu tun, daß zwischen uns in dem Gespräch über die Bibel die Wahrheit immer neu ans Licht tritt in der Erkenntnis der Schriftwahrheit selbst.

6. Es ist deswegen auch zu verstehen, was ich eben angedeutet habe, daß die Kirchenleitungen in Deutschland den an sie gestellten Anforderungen sich durchweg nicht geöffnet haben. Mehr oder weniger haben sich in den letzten dreiviertel Jahren alle Synoden, die getagt haben, auch eine große Reihe von Kirchenleitungen und kirchenleitenden Brüdern mit der Sache befaßt. Auch die Evangelische Kirche in Deutschland hat sich mit der Sache schon 1965 auf ihrer Synode befaßt in dem schönen Wort von Helmut Gollwitzer über »Wort Gottes und Heilige Schrift«, eine sehr lesenswerte und gute Arbeit. Bei diesen Veröffentlichungen ist eine bemerkenswerte Einmütigkeit bei all den Verschiedenheiten unserer evangelischen Kirchen ans Licht gekommen. Das zeigen die Worte der leitenden Brüder von Lilje bis Heidland.

Diese *Einmütigkeit* scheint mir so wichtig zu sein, daß ich versuchen möchte, sie in folgenden Sätzen auszudrücken:

(1) Alle, die in der evangelischen Kirche Verantwortung tragen, sind gewiß und entschlossen, an den Grundartikeln evangelischen Glaubens festzuhalten, wie sie in den Bekenntnisschriften unserer Kirche sich aussprechen. Aber alle halten eine vergegenwärtigende Auslegung der biblischen Wahrheit, wie sie in diesen Bekenntnisschriften der Väter zu deren Zeiten sich niedergelegt hat, für erforderlich, und zwar in der Theologie wie in der Verkündigung. Es schien gelegentlich so, als müßten sich Kirchenleitungen oder Bischöfe und Präsides wegen ihrer angezweifelten Rechtgläubigkeit verteidigen. Ich glaube, daß alle diese Veröffentlichungen zum Ausdruck bringen, daß eine große gemeinsame Gewißheit in dem, was der Kern der biblischen Wahrheit ist, vorhanden ist. Eine erfreuliche Einmütigkeit auch über die verschiedenen Bekenntnisse, die in unseren Kirchen in Kraft stehen, hinweg!

(2) Aus diesem Grunde besteht Einmütigkeit auch darin, daß alle sich aussprechen für die Notwendigkeit wissenschaftlicher theologischer Arbeit, und zwar speziell für die Notwendigkeit einer historisch-kritischen Schriftforschung. Niemand hält es für möglich, die in diesem Sinne moderne Theologie zu verwerfen. Es kann also kein Zweifel darüber sein, daß von den für die heutige evangelische Kirche Verantwortlichen sowohl in den Synoden, sofern sie gesprochen haben, wie in den Kirchenleitungen, die sich durchweg geäußert haben, ein deutliches gemeinsames Ja zur Notwendigkeit historisch-kritischer Schriftforschung ausgesprochen wurde.

(3) Die Theologie untersteht nicht irgendeiner kirchlichen Instanz, sondern alle Glieder der Kirche, alle Amtsträger, Pastoren, Professoren, Institutionen sind dem Wort Gottes unterworfen, dem allein Unfehlbarkeit zukommt, und zwar dem Wort Gottes, wie es in der Heiligen Schrift befaßt ist und wie es in den Bekenntnissen der Kirche bezeugt wird. So spricht, wie Sie nachlesen können, auch das Ordinationsformular unserer Kirche über das Verhältnis von Wort Gottes, Schrift und Bekenntnis mit den gewichtigen Feststellungen, daß das Wort Gottes in der Heiligen Schrift *befaßt* ist, daß es in den Bekenntnissen der Kirche *bezeugt* und ausgelegt wird. Die Bindung der Theologie an Schrift und Bekenntnis ist frei und muß frei sein in ihrer alleinigen Unterwerfung unter das Wort Gottes selbst, wie es Fleisch geworden ist in Jesus Christus. Also nicht eine kirchliche Instanz, sondern letzten Endes ER, der Herr selbst, ist die Entscheidung über die Wahrheit der Botschaft, die in der Kirche in Theologie und Verkündigung geglaubt und bezeugt, erkannt und gelehrt wird.

(4) Die moderne Theologie ist keine einheitliche Größe. Darum ist es falsch, sie pauschal zu verwerfen. Hier muß viel konkreter ins einzelne gegangen werden. Ei-

ne allgemeine Beurteilung oder Verurteilung ist völlig unmöglich, denn die Spannweite der modernen Theologie reicht unzweifelhaft von Karl Barth bis Herbert Braun, und die Schüler Barths wie Bultmanns gehören gemeinsam dazu. Wer sich zurückerinnert an die zwanziger Jahre, als Barths Römerbrief und seine ersten großen berühmten Vorträge erschienen, weiß, wie intensiv die Reaktion der Liberalen, der Orthodoxen wie auch der Pietisten gegenüber dem unerhört Schockierenden dieses modernen Theologen der Krise war. Wie haben sie sich alle zusammengefunden in der Opposition gegen diesen unerhörten Theologen, der es damals wagte, sich über das 19. Jahrhundert lustig zu machen und viele Ergebnisse der Wissenschaft heftig und leidenschaftlich in der Nachfolge Kierkegaards in Frage zu stellen oder zu verwerfen. Dies muß deutlich gesehen werden, um wirklich zu wissen, was es um moderne Theologie des 20. Jahrhunderts ist. Und man muß hinzufügen, daß sie sicher auch zurückgreift mit ihrem großen Strang über die Arbeit des 19. Jahrhunderts hinaus in das Zeitalter der Aufklärung des 18. Jahrhunderts. Diese moderne Theologie ist unter sich in einer heftig bewegten Auseinandersetzung und außerdem in einer dauernden Entwicklung begriffen. Das ist verständlich und gehört auch zum Wesen theologischer Arbeit und ihrer Diskussion. Man kann schon von da aus gesehen nicht mehr mit einer pauschalen Verurteilung die sogenannte moderne, als neurationalistisch oder neoliberal kritisierte Theologie aus der Welt zu schaffen meinen.

(5) In der kritischen Beurteilung einer ganzen Reihe von Sätzen von einigen Theologen der modernen Theologie sind sich auch wiederum alle einig. So gewiß die moderne Theologie grundsätzlich nicht verworfen wird, so gewiß ist man sich darüber im klaren, daß es hier eine Reihe von Ergebnissen, von Methoden und Überlegungen gibt, die in Frage gestellt zu werden verdienen und die auch von niemandem gerechtfertigt worden sind. Niemand jedoch hat aus dieser Kritik die Folgerung gezogen, daß diese Theologen wegen Irrlehre zu verdammen seien.

(6) Einmütigkeit besteht schließlich auch darin, daß eine Ermahnung an alle ergeht, in der evangelischen Kirche trotz großer Spannungen beisammenzubleiben, an keine Art von Kirchenspaltung zu denken, keine kirchenpolitischen Gruppen zu bilden, sich gegenseitig nicht zu verketzern, zu verachten und voneinander keine Kenntnis mehr zu nehmen, sondern in Geduld und Besonnenheit sich den uns alle angehenden Fragen zu stellen, wie sie nicht nur in unserer Theologie, in der protestantischen Welt, in der wir Theologie treiben, aufgebrochen sind, sondern wie sie tatsächlich im ganzen ökumenischen Raum, mit eingeschlossen sogar die römisch-katholische Kirche, lebhaft diskutiert werden.
Die westfälische Landessynode hat auf ihrer letzten Tagung im vergangenen Herbst ein gutes Wort zu den theologischen Auseinandersetzungen in der evangelischen Kirche beschlossen.[31] Da mir dieses Wort ein Beispiel für das zu sein scheint, was ich eben ausgeführt habe, möchte ich jetzt zum Abschluß meiner Darlegungen einige Hauptsätze daraus verlesen, Sätze, denen – ich meine – wir alle wohl zustimmen dürften. Ich bin überzeugt, daß wir von ihnen nicht wesentlich abweichen könnten.

Die westfälische Landessynode »zu den theologischen Auseinandersetzungen in der evangelischen Kirche«:
(1) »Es ist erneut deutlich geworden, daß tiefgreifende Meinungsunterschiede im Verständnis der biblischen Botschaft unter uns vorhanden sind. Sie gehen vielfach Hand in Hand mit Mißverständnissen und ungenauer Kenntnis, mit Sprach-

---

31 Verhandlungen der 5. Westfälischen Landessynode 1966, S. 36ff.

verwirrung und unzutreffenden Darstellungen. Gerade deshalb ist das freimütige Gespräch vonnöten.« »Alle Diffamierung, alles Reden in Schlagworten und Parolen, jede unsachliche Wiedergabe und Darstellung von schriftlichen und mündlichen Aussagen anderer sind unverantwortlich, von wem immer sie gemacht werden. Das offene, die eine Wahrheit gemeinsam suchende Gespräch hat Verheißung. Es wird in den kommenden Jahren in unserer Kirche eine vordringliche Aufgabe sein . . .«

(2) »Die *Bekenntnisbewegung* ›Kein anderes Evangelium‹ hat unüberhörbar darauf aufmerksam gemacht, daß manche Aussagen, die aus dem Raum der Theologie kommen, nach ihrem Verständnis mit der Bibel nicht vereinbar sind. Dafür gebührt ihr Dank. Die von ihr ausgesprochenen Fragen dürfen nicht verstummen. Wer fragt, muß freilich auch hören können. Er muß dem Andersdenkenden zubilligen, daß auch er ein Hörer des Wortes ist und Erkenntnisse gewonnen haben kann, die dem Verständnis der Heiligen Schrift dienen . . .«

(3) »Die Landessynode dankt den *theologischen Lehrern* für ihre Forschungsarbeit und dadurch vermittelte neue Zugänge zum Verständnis der biblischen Botschaft. Wir bitten unsere Brüder im akademischen Lehramt, die aufgekommenen Fragen ernsthaft aufzunehmen, auch wenn sie mißverständlich zum Ausdruck kommen. Daß Forschung Freiheit braucht, ist unbestritten. Kann die Erforschung der Heiligen Schrift aber anders als von ihrer Mitte in Jesus Christus aus und in der Bereitschaft erfolgen, auf Gottes Wort in den Texten zu hören? Wir bitten die Professoren der Theologischen Fakultäten, der Kirchlichen Hochschulen und der Pädagogischen Hochschulen, Forschung und wissenschaftlich-theologische Arbeit als Dienst an der Gemeinde Jesu Christi zu verstehen und sich mit dem Blick auf das Bekenntnis der Kirche zu gemeinsamen theologischen Gesprächen über die in der Gemeinde aufgebrochenen Fragen zusammenzufinden . . .«

(4) »Wir ermutigen die *Gemeindeglieder*, sich im Umgang mit der Heiligen Schrift nicht beirren zu lassen und dessen gewiß zu bleiben, daß sie in ihr Gottes Botschaft hören und empfangen. Wir bitten sie, die Bemühungen um Erkenntnis des Glaubens so dringlich zu betreiben, wie es uns in den Evangelien und Briefen des Neuen Testamentes vor Augen tritt. Daß die Auseinandersetzung zwischen der Fachtheologie und dem Denken und Bekennen in unseren Gemeinden derart harte Formen angenommen hat, liegt nicht zuletzt daran, daß die Bemühung um die Lehre, um Erkenntnis und Aussprechen des biblischen Zeugnisses unter uns nicht gründlich genug betrieben worden ist. Für diese Bemühung können wir den Dienst der wissenschaftlichen Theologie nicht entbehren. Hier haben wir nachzuholen, um unser selbst willen, vor allem aber auch, um Zeugen des Evangeliums an unsere Zeitgenossen sein zu können.«

Ich meine, daß man dem Tenor und den Grundgedanken dieser Erklärung freudig zustimmen könnte. Wir sollten an diesem Beispiel erkennen, welches die Richtung ist, in der auch wir mit unseren westfälischen und anderen Brüdern gemeinsam einen Weg nach vorn zu suchen hätten.

IX
16. Landessynode vom 7. bis 12. Januar 1968 in Bad Godesberg

I.

Wenn ich jetzt zum Anfang unserer Synode ein allgemeines Wort zur Lage der Kirche in der Welt sage, dann soll damit zum Ausdruck gebracht werden, daß wir uns nicht allein mit der Innenausstattung unserer Kirche, so wichtig das auch ist, beschäftigen möchten, sondern vor allem mit dem Auftrag der Kirche in der Welt von heute. Ich möchte darum von der Lage der Kirche in der heutigen Welt unter zwei Aspekten sprechen:

Zunächst ein Wort über die Welt, in der die Kirche lebt, und dann ein Wort über die Kirche, die in der Welt lebt. Dabei fragen wir, wodurch die Welt von heute besonders charakterisiert ist. Es wird notwendig sein, daß wir uns immer aufs neue darüber klar zu werden versuchen, wie es mit den Menschen, an denen wir unseren Dienst tun, bestellt ist. Die Welt von heute ist gekennzeichnet durch eine immer enger zusammenrückende Menschheit, die sich gemeinsam auf einen Weg trotz aller Differenzen geworfen sieht, zumal sie sich gemeinsam einem hohen und schweren Ziel verschrieben hat. Dieses gemeinsame Ziel möchte ich mit dem Wort umschreiben: »Weltbemächtigung«. Ich verstehe darunter den Versuch des Menschen, durch seine in seiner Vernunft begründeten Kräfte, d.h. durch wissenschaftliche Arbeit, durch technische Verwirklichung und durch Großindustrie, sich der Welt und ihrer Kräfte zu bemächtigen. Das ist ein gemeinsames Ziel der Menschen, das sie ohne Rücksicht auf ihre Gegensätze und Verschiedenheiten auch in bezug auf ihre gegensätzlichen Ideologien miteinander verbindet. Die Staaten auf allen Kontinenten, ob sie hochentwickelt sind oder einer Entwicklungshilfe bedürfen, sind alle in dieser gemeinsamen Richtung auf dem Wege. Die gewaltige Leistung der Naturwissenschaft, besonders ihrer Physik, aber nicht minder auch ihrer Biologie, hat in dieser Welt durch Forschungen, Erfindungen und Entdeckungen Ungeheures, bisher nie Dagewesenes hervorgebracht und die Voraussetzungen dafür geschaffen, daß eine moderne Technik entwickelt werden konnte, die unter allen Menschen große Begeisterung und Hingabe hervorgerufen hat. Alle gegensätzlichen Ideologien verschwinden, wenn im Osten oder im Westen technische Wunderwerke vorgeführt werden, wie es die Raumfahrzeuge sind. Wenn es gelingt, in den Weltraum vorzudringen, ist die Begeisterung trotz aller herkömmlichen Gegensätze auf beiden Seiten der großen Weltfronten gemeinsam, weil man einfach Freude daran hat, zu sehen, wie gewaltig der Mensch ist, wie unerhört seine Leistungsfähigkeit und wie unabsehbar seine Zukunft. Sowohl in den Bereichen des Allergrößten wie des Allerkleinsten, in Weltraumfahrt, Atomphysik und Mikrobiologie, sieht sich der Mensch vor staunenswerte Möglichkeiten gestellt, deren Verwirklichung ihn über alles Maß fasziniert. Es geht ihm eben nicht mehr darum, über diese Welt nachzudenken, wie es die Philosophie durch Jahrtausende getan hat, sondern die Welt zu verändern, und zwar durch ihre technische Eroberung. Er will sie beherrschen mit Hilfe der wissenschaftlich-technisch-industriellen Vervollkommnung der menschlichen Kräfte. Darum ist die Großindustrie die Großmacht des Menschen unserer Zeit auf der ganzen Erde. Die Großindustrie hat das Antlitz der Erde verändert, wie es seit den Zeiten der Besiedlung der Erdoberfläche durch den das Land bebauenden Menschen nicht der Fall gewesen ist. Wir stehen im Zeitalter einer Expansion ohne Beispiel. Die Menschheit ist auf dem Wege zur Weltbemächtigung durch Indienststellung aller kosmischen Kräfte, deren der Mensch habhaft werden kann. Der

Mensch will die Erde und ihre Kräfte in seinen Dienst stellen, um das menschliche Leben auf der Welt zu verbessern, um sein Leben lebenswerter zu machen, aber auch um mehr zu erkennen und zu wissen, als ihm bisher möglich gewesen ist, schließlich um sich ein großes Reich des Menschen zu schaffen, dem es gelungen ist, sich zum Herrn der Welt zu machen.
Diese Menschheit ist nun auf dem Wege (um ein Wort von Teilhard de Chardin zu gebrauchen) zur Planetarisierung, d.h. auf dem Wege zur weltumspannenden Menschheit. Wir sehen, wie sich die Menschen in den letzten 100 Jahren in einer geradezu gigantischen Weise ausgebreitet haben. Man redet mit Recht von einer Explosion der Bevölkerung der Erde infolge der Auswirkungen der menschlichen Wissenschaft, insbesondere in der Medizin, und der Industrialisierung. Wir stehen hier vor einer Fülle nahezu unlösbarer Probleme, mit denen sich die Verantwortlichen der Welt seit Jahren beschäftigen. Wichtig ist für uns auch hierbei die steigende Annäherung der Menschen durch den Verkehr, der nie dagewesene Ausmaße annimmt und uns die Möglichkeit schafft, in wenigen Stunden zu jedem Ort der Welt zu kommen, und durch die Massenmedien, die es uns ermöglichen, an allem, was in der Welt geschieht, rasch und unmittelbar Anteil zu nehmen. Es ist ja für jeden, so gewiß es für uns alle schon zu einer Selbstverständlichkeit gehört, im letzten Grunde doch etwas Berauschendes, durch die modernen technischen Mittel an Ereignissen teilzuhaben, die in Tokio oder Kapstadt oder San Franzisko stattfinden. Wir können Anteil haben an allem, was auf Erden geschieht, und zwar in unmittelbarer Gegenwärtigkeit. Insofern gibt es erst in unserer Zeit so etwas wie Weltgeschichte. Aber die Annäherung der Menschen geschieht nun auch in immer steigendem Maße durch Wirtschaft und Welthandel, und alle Völker müssen erkennen, wie sehr sie aufeinander angewiesen und voneinander abhängig sind, daß sie alle nur noch gemeinsam überleben können. Das Heraufkommen der einen Welt, das wir jetzt erleben, ist die Welt der einen Gesellschaft der wissenschaftlichen Zivilisation in einer einzigen Industrielandschaft der Menschen. In dieser neuen Welt wird die Weltgemeinschaft aller Völker, Menschen und Kontinente immer dringender, weil ohne diese Gemeinsamkeit die Menschheit ihr Leben nicht wird menschlich gestalten können.
Nun aber ist gleichzeitig das Dritte zu erwähnen: Diese Welt von heute befindet sich im Stadium einer Weltrevolution. Das Wort »Revolution« ist freilich anders zu verstehen, als es in unserer Tradition gewöhnlich geschah. Wir verstanden es in der Regel als eine Art Revolte. Die Angelsachsen dagegen gebrauchen das Wort »Revolution« nicht in diesem negativen Sinn, sondern für sie ist Revolution so etwas wie eine notwendige Entwicklung oder Verwandlung aus einer zu Ende gehenden Epoche in eine andere. So möchten wir es auch verstehen und gerade nicht im Sinne des herkömmlichen Marxismus. Denn statt der von Karl Marx geweissagten Weltrevolution ist eine andere gekommen, nämlich die Verwandlung der bisherigen Erde und ihrer Gesellschaftsordnung durch die wissenschaftlich begründeten Eingriffe des Menschen in ihr Leben. Die Eingriffe des Menschen mit Hilfe seiner technischen Möglichkeiten haben die Menschheit verändert oder sind dabei, sie zu verändern durch künstliche Schöpfungen, welche die Strukturen, die bisher die Menschheit getragen haben, verwandeln. Es ist von großer Wichtigkeit zu erkennen, daß wir nicht nur im Zeitalter der immer weiter sich ausbreitenden Kunststoffe leben, sondern im Zeitalter einer Menschheit, in der die Menschen auf künstlichen Grundlagen existieren, die sie sich selbst geschaffen haben. Diese immer wichtiger werdenden sekundären Strukturen zu erkennen, ist unerläßlich, weil sich durch sie das Leben der Menschen miteinander verwandelt.
Jedoch ist diese große Weltverwandlung auch durch ideologische Spannungen geprägt, die gegenwärtig die großen Gefahren der Menschheit sind. Denn in ihnen lagern geradezu die Zündstoffe von Kriegen trotz allem, was unternommen wird,

Krieg zu verhindern. Die Vernichtung, die damit der Welt droht, ist geradezu bestimmt durch die gegensätzlichen Zukunftsideale vom Reich des Menschen. Es sind die großen Gegensätze der freien demokratischen und kapitalistischen Welt des Westens und der kommunistischen Welt des Ostens. Allerdings gehört als dritter Bestandteil dieser Revolution auf Erden der Aufbruch der farbigen Welt dazu, herausgefordert durch eine jahrhundertelange Geschichte der Kolonisation durch die weißen Europäer und Nordamerikaner. Die farbige Welt will ihr eigenes, freies, unabhängiges und selbstbewußtes Leben. Das Zeitalter des Versuchs der Weißen, die farbige Welt zu beherrschen, geht zu Ende. Unser Zeitalter erfordert die Notwendigkeit einer echten Kooperation, zumal wir sehen müssen, daß die Forderung der Farbigen auf Hilfe und Unterstützung seitens der reichen, weißen Industrienationen berechtigt ist. Denn sie ist darin begründet, daß das koloniale Zeitalter die farbigen Völker in die Industriegesellschaft hineingebracht hat, was für sie jedoch eine derartig stürmische Entwicklung hervorrief, die sie allein in keiner Weise zu bewältigen vermögen. So ist es zu Armut und Hunger und Elend gekommen, die als Massenerscheinung der heutigen farbigen Welt nicht hat beseitigt werden können. Die unlösbaren Probleme, vor denen die Menschheit in diesem revolutionären Zeitalter heute steht, sind eben die Fragen, wie man der kommenden Hungersnot begegnen kann, wie man endlich die gewaltigen Krankheitsherde ausrottet, die heute noch für einen großen Teil der Menschen verderbliche Auswirkungen haben, wie man endlich die Menschheit soweit erziehen kann, daß der Analphabetismus der Vergangenheit angehört – viel zu groß ist auch heute noch die Zahl der Menschen, die nicht lesen und schreiben können –, und schließlich, wie man den gefährlichen Gegensatz zwischen den immer reicher werdenden Reichen und den immer ärmer werdenden Armen aus der Welt zu schaffen vermag. Es ist kein Wunder, daß in dieser Situation in weiten Bereichen der farbigen Welt falsche politische und gesellschaftliche Leitbilder entstehen, deren Anwendung auf die afrikanische oder asiatische Gesellschaft zu Katastrophen führt und die Macht der Spannungen in der heutigen Menschheit erhöht. Schon jetzt wird davon gesprochen, daß nicht der ost-westliche Gegensatz die eigentliche Gefahr für die Zukunft der Menschheit ist, sondern der nord-südliche, in dem sich auch noch die besondere Gefahr des Rassenkonflikts zwischen Weißen und Farbigen befindet.
Was vermag die Kirche in einer so in Bewegung geratenen Welt zu sagen? Kann ihre Stimme überhaupt gehört werden? Kann sie sich in der Menschheit verständlich machen? Vermag sie ihre Botschaft glaubwürdig zu sagen? Das sind die Fragen, die sich uns im Anblick der Welt von heute aufdrängen. Aber wir sind mit der Betrachtung der Welt noch nicht am Ende, denn wir müssen nun erst noch die Reaktion dieser Welt auf die Kirche ins Auge fassen, um die ganze Wirklichkeit zu sehen.

II.

Von der Kirche aus gesehen gibt es für die Betrachtung der Welt noch andere Aspekte als die bisher erörterten. In bezug auf die Kirche ist die Welt entweder eine heidnisch-vorchristliche oder eine christianisierte oder eine nachchristliche Welt. Das hängt mit der Geschichtlichkeit der Kirche und mit den eigentümlichen Reaktionen der Welt auf die Kirche zusammen.
Fragen wir uns zunächst, wie es mit der Reaktion der Welt auf die Kirche in der sogenannten alten christlichen Welt des Abendlandes aussieht. In Europa wie in Nordamerika stehen wir überall vor der Tatsache, daß die Menschenmassen gegenüber der Kirche und ihrer Botschaft sich ziemlich gleichgültig verhalten. Von einer Bekämpfung der Kirche kann in den meisten Gebieten dieser Welt keine Rede sein, eher könnte man von einer gewissen Verachtung sprechen. Was die Kirche

der Welt zu sagen versucht, findet bei den meisten Menschen hier nur ein schwaches Echo. Die Botschaft der Kirche vermag sie offenbar nicht recht zu erreichen. Charakteristisch ist ferner ein weitverbreitetes Mißtrauen gegenüber den traditionellen kirchlichen Ansprüchen. Mit der Skepsis gegenüber dem Wahrheitsanspruch der Verkündigung verbindet sich eine Bestreitung der traditionellen kirchlichen Autorität, vor allem in bezug auf das öffentliche Leben und die öffentliche Moral. Zwar findet sich immer noch die Anerkennung bestimmter moralischer, pädagogischer und karitativer Leistungen der Kirche, um derentwillen die Menschen auch bereit sind, zur Finanzierung der Kirche Wesentliches beizutragen, aber man möchte die Kirche auf den Raum der privaten Religiosität verweisen, da sie ihre alte Rolle als geistige Grundlage der christlichen Gesellschaft ausgespielt habe und darum heute nur noch eine Rolle für das private religiöse Leben der Menschen spielen könne. Dies weist darauf hin, warum die traditionellen europäischen Volkskirchen zwar immer noch bestehen, aber doch in ihrer Substanz tief ausgehöhlt sind. Die Anteilnahme der Mitglieder dieser Volkskirchen am kirchlichen Leben ist durchweg äußerst gering. Man wird also sagen müssen, daß die »christianisierte Welt« Zeichen der Schwäche, wenn nicht des Endes trägt. Die Kirche in dieser Welt steht vor großen Problemen der Zukunft der Volkskirche, wie der Generalsuperintendent Günter Jacob in Cottbus in einem Aufsatz »Die Zukunft der Kirche in der Welt des Jahres 1985« (Junge Kirche 1967, Heft 7) aufwirft.
Als stärkste Gegenposition steht der christlichen Welt die Welt der totalitären Staaten gegenüber. Wir kennen sie erst seit 50 Jahren. Aber in diesen 50 Jahren ist ein großer Teil der Welt durch den Kommunismus verwandelt worden, wie wir uns das im Jahr 1917 im Ersten Weltkrieg nicht hätten träumen lassen. Dieses Jahr signalisiert eine Weltwende, in der die kommunistische, marxistisch-leninistische Ideologie Staaten und Reiche hervorgebracht hat, zu denen nahezu ein Drittel der Menschheit gehört. In einem halben Jahrhundert sind hier ideologische Mächte entstanden, die ihresgleichen suchen. In dieser Welt ist die Kirche eine grundsätzlich zu negierende Größe. Stärker als je zuvor spricht diese Ideologie zu der Kirche ein leidenschaftliches Nein, denn sie ist getragen von einem militanten Atheismus gegenüber jeglicher religiösen Tradition. Zum Wesen des Marxismus-Leninismus gehört der radikale Atheismus, für den Religion dasjenige ist, was um der Zukunft des Menschen willen ausgerottet werden muß, weil Religion etwas grundsätzlich Menschenfeindliches ist. Deswegen ist es kein Wunder, daß die Staatsparteien dieser Staaten und vor allen Dingen die Staatsregierungen und Verwaltungen die Kirche unaufhörlich äußerlich und innerlich bedrohen. Schon sind gewaltige Kirchen zerstört oder auf unbedeutende Reste zusammengeschmolzen. Nach einem halben Jahrhundert stehen wir vor Ergebnissen, die erschreckend sind. Wir brauchen nur an Rußland und an die dazu gehörenden Satelliten zu denken, erst recht aber an das gewaltige chinesische Reich, in dem ja immer wieder die Versuche, das Evangelium zu verkündigen, gescheitert sind, wenn auch im letzten Jahrhundert gewisse Hoffnungen für eine Christianisierung dieses Landes berechtigt erschienen. Nun aber ist alles Christliche bis auf den letzten Rest zerstört. Im Bereich von China bestehen nach der Kulturrevolution des vergangenen Jahres keine Kirchen mehr, sondern hier leben höchstens noch einige verstörte Christen. Und damit ist in China sozusagen das Letzte erreicht, was notwendig erscheint für die Aufrichtung des kommunistischen Reiches, nämlich die Ausrottung der Religion zugunsten des Menschen, der radikal und absolut dieser Welt lebt und allein ihren Aufgaben zugetan ist. Im Gesamtbereich der kommunistischen Welt ist eine noch relativ günstige Situation der Kirche die, daß sie bis auf weiteres geduldet ist, wie in Polen, in der Tschechoslowakei und einigen Balkanländern. Trotzdem versucht man überall, eine immer stärkere Gettoisierung der Kirche durchzuführen, sie aus

der Öffentlichkeit mit immer stärkeren Mitteln herauszudrängen und sie zugleich auf administrativen Wegen zu bekämpfen. Dabei gibt es keinen Kirchenkampf in der großen Öffentlichkeit, wie es früher der Fall war mit allen negativen Auswirkungen für den Staat, sondern eine stille, langsame, aber wirksame Beseitigung von Gemeinden und Kirchen durch Maßnahmen der Verwaltung. In der Sowjetunion sind in den letzten Jahren sicher mehr als 1000 orthodoxe Kirchengemeinden durch Verwaltungsmaßnahmen liquidiert worden. Wir haben mit Deutlichkeit und Nüchternheit zu erkennen, womit wir es in der heutigen Welt, in der eine totalitäre Ideologie herrscht, zu tun haben, um uns im Blick auf die Zukunft der Christenheit in weiten Bereichen der Erde keine Illusionen zu machen.
Aber die Dritte Welt, die Welt der Entwicklungsländer in Asien, Afrika und Lateinamerika, wie steht es mit dieser? Seit dem 16. Jahrhundert hat man versucht, diese Gebiete zu missionieren. Man wird sagen müssen, daß es eigentlich bis heute noch nicht gelungen ist, diese Kontinente zu christianisieren, abgesehen von Nordamerika und Australien, in denen faktisch an die Stelle der eingeborenen Bevölkerung die eingedrungenen Weißen aus Europa getreten sind. In allen anderen Großräumen der Welt ist es nicht gelungen, über sehr bescheidene Anfänge hinauszukommen. Freilich, überall gibt es Kirchen, aber diese sind Minderheitskirchen, die eine ungewöhnlich bescheidene Rolle spielen müssen gegenüber den mächtigen, traditionellen, religiösen Kräften dieser Gebiete, besonders in Indien. Die Missionskirchen, die sogenannten jungen Kirchen in diesen Ländern, befinden sich durchweg in einer inneren und äußeren Krise, die hervorgerufen ist durch die Freiheitsbewegung, die mit einer ausgesprochen antiweißen Einstellung verbunden ist, was natürlich mit der kolonialen Ära zusammenhängt. Für viele ist darum das Christentum eine Fremdreligion, die sich im Grunde für den selbstbewußten, freien, modernen Asiaten oder Afrikaner nicht mehr ziemt. Diese Kirchen sind zugleich, auch weil sie Minderheiten sind und obendrein noch in eine Fülle von konfessionellen Gruppierungen gespalten sind, zur Ohnmacht verurteilt im Blick auf das öffentliche Leben. Sie spielen hier in ihren Ländern in der Regel eine sehr untergeordnete Rolle, obwohl sie oft eine große Rolle spielen könnten. Aber in Wirklichkeit sind sie sehr stark mit sich beschäftigt, um sich zu erhalten, zumal die einheimischen Religionen zum großen Teil wiederaufgelebt sind, gerade unter dem Trend des Nationalismus in diesen Ländern. Das ist in Indien nicht anders als in Japan und in vielen afrikanischen Staaten. Was die jungen Kirchen besonders bedroht, ist ihre Armut. Diese ist im Laufe der letzten Jahrzehnte nicht geringer, sondern eher größer geworden, trotz aller Hilfe, die ihnen von Amerika und Europa zuteil wird. Im kolonialen Zeitalter waren diese Kirchen nicht arm, weil die kolonisierenden Staaten für den Aufbau der Kirchen, insonderheit ihrer Schulen, manches getan haben. Heute dagegen befinden sie sich in einer ganz anderen Art von Abhängigkeit von ihren europäischen und amerikanischen Vätern, die ihnen das Wort Gottes gebracht haben. Diese Abhängigkeit ist nicht nur wirtschaftlicher Art, sondern immer auch noch stark theologischer und geistlicher Art, so daß in der heutigen Situation das Überleben dieser Kirchen ganz wesentlich davon abhängt, ob es ihnen gelingt, diese Verbindung zwischen ihnen und uns bis auf weiteres zu erhalten, ja zu festigen. Es geht hier um eine ganze Reihe von Aufgaben, die notwendigerweise gelöst werden müssen, da die Kirchen in einer solchen Armut leben müssen, daß sie allein von hier aus schon lebensgefährlich bedroht sind, gar nicht zu reden von den eigentümlichen Gefahren eines modernen religiösen Synkretismus.
Es ist also nicht von der Hand zu weisen, daß in diesen Bereichen der Welt die Früchte der großen missionarischen Expansionen des 18. und 19. Jahrhunderts gefährdet sind. Man muß sich auch noch vor Augen stellen, daß bei einer Bevölkerung von drei Milliarden Menschen gegenwärtig im Höchstfall 29% den Christen-

namen tragen – übrigens von diesen nur 29% Protestanten sind –, also eine kleine Minderheit innerhalb der Welt. Es ist kein Zweifel, daß bei der Entwicklung von drei auf sechs Milliarden damit zu rechnen ist, daß am Ende des Jahrhunderts der christliche Anteil an der Weltbevölkerung keine 15% mehr betragen wird, allein schon deswegen, weil die Bevölkerungsexplosion in den Bereichen geschieht, in denen noch keine Christianisierung stattgefunden hat. Man sieht, die Zukunft der Kirche in der Welt ist eine Zukunft der Minderheit, der Diaspora. Wie kann sich die Kirche in dieser Welt halten? Wie kann sie sich in ihr behaupten gegenüber den Mächtigen, die so groß geworden sind, während sie selbst nicht stärker, sondern eher schwächer geworden ist? Gleichgültigkeit auf der einen Seite, gewaltsame Vernichtung auf der anderen Seite und die Fülle der Probleme in der Dritten Welt, das zusammen ergibt ein Bild über die Situation der Welt, in der die Kirche lebt, das bestürzend und erregend genannt zu werden verdient.

III.

Wenn wir nun unseren Blick auf *die Kirche, die in dieser Welt lebt*, richten, müssen wir uns zunächst den Tatbestand vor Augen stellen, der für die Existenz und für die Zukunft der Kirche von entscheidender Bedeutung ist, nämlich das *Verhältnis der Kirchen zueinander*. Dies ist nach meiner Überzeugung eines der Kernprobleme des Überlebens der Kirche in der Zukunft, denn die Kirche steht in der heutigen Welt vor den immer mächtiger werdenden Mächten als eine gespaltene Größe da, die nicht in Einmütigkeit des Geistes, nicht in Einheit der Botschaft und ihrer Ordnung handeln kann, sondern nebeneinander oder sogar gegeneinander existiert und darum der Welt ein trauriges Schauspiel bietet, ja zu der Frage Anlaß gibt, wer denn nun imstande sei, zu entscheiden, welche von den vielen Kirchen die wahre Kirche Christi sei.

Das Verhältnis der Kirchen zueinander ist am tiefsten seit Jahrhunderten bedroht durch die evangelisch-katholische Kontroverse. Dies ist der tiefste ökumenische Gegensatz, den es überhaupt gibt: der Gegensatz zwischen Protestantismus und römischem Katholizismus, und er gibt für die Frage der Wiedervereinigung der Kirchen die größten Probleme überhaupt auf. Durch das Konzil ist keine grundsätzliche Änderung in dem dogmatischen Verhältnis der Kirchen sichtbar geworden. Das 2. Vatikanische Konzil hatte ja auch nicht die Absicht, an der Lehre der Kirche im Blick auf die anderen Kirchen zu arbeiten. Es hat aber anderes Wesentliches geleistet. Es ist keine Frage, daß die Aufgabe der Auseinandersetzung zwischen dem Inhalt der reformatorischen Bekenntnisse und den Sätzen des Tridentinums noch aussteht. Obwohl wir mehr als 400 Jahre nebeneinander bestanden haben, ist eine echte Auseinandersetzung über den Gehalt dieser gegensätzlichen Bekenntnisse noch nicht erfolgt, und man wird auch nicht sagen können, daß die Gewichtigkeit der Kontroverse durch die Länge der Zeit an Bedeutung wesentlich abgenommen hätte. Andererseits jedoch hat sich durch das Konzil im Bereich des praktischen Lebens der Kirchen miteinander eine wesentliche Änderung vollzogen. Durch das Konzil ist so etwas wie eine neue Epoche in der Geschichte der römisch-katholischen Kirche eingeleitet worden. Die katholische Kirche hat gegenüber einer vierhundertjährigen Geschichte seit der Reformation ihre Türen nach draußen wieder geöffnet. Sie hat Sätze formuliert – das gilt besonders für den Kirchenbegriff –, die es möglich erscheinen lassen, daß auch die katholische Kirche von Kirchen außerhalb der römischen Kirche sprechen kann. Das gehört in der katholischen Tradition mit zu dem Schwersten, und noch Papst Pius XII. hat anders gesprochen als das Konzil, wie die Enzyklika mystici corporis ausweist. Das Konzil hat also über die bisherigen Lehräußerungen der Kirche hinaus etwas Neues auf den Tisch gelegt. Dies sollte man nicht bestreiten, wenn es auch noch so schwer ist, anzuerkennen, daß innerhalb der katholischen Kirche überhaupt Änderungen

dogmatischer Art denkbar sind. In Wirklichkeit hat die neue Erklärung über die Kirche auch innerhalb der römischen Kirche Wandlungen hervorgerufen, was sich daran zeigt, daß die theologische Arbeit in der katholischen Kirche sich darum bemühen muß, ihr traditonelles Kirchenverständnis mit der neuen Interpretation des Konzils in Übereinstimmung zu bringen. Außerdem wird von der römisch-katholischen Kirche aus den Erklärungen des Konzils die Folgerung gezogen, mit den nichtrömischen Kirchen Begegnungen, Konsultationen, ja Arbeitsgemeinschaften ins Leben zu rufen. Dies ist ein ganz entscheidender Schritt nach vorn. Damit ist die römisch-katholische Kirche nach unserer Überzeugung in die ökumenische Bewegung eingetreten. Gewiß kann sie nicht dem Ökumenischen Rat beitreten. Übrigens wäre das auch ein Problem für den Ökumenischen Rat, wie er heute ist. Denn wenn man nur die Tatsache bedenkt, daß die römische Kirche größer ist als die Hälfte der ganzen Christenheit, so ergibt sich daraus, daß sie durch ihren Beitritt die ganze bisherige Struktur des Ökumenischen Rates verändern würde. Es gibt also nichts Besseres, als was wir im Augenblick erreicht haben: feste Konsultationen zwischen dem Ökumenischen Rat und dem Sekretariat für die Einheit der Kirche und natürlich darüber hinaus entsprechende Konsultationen, Begegnungen und Arbeitsgemeinschaften bis hinein in die einzelnen Kirchen und Bistümer. Hier wäre noch sehr viel Beachtliches zu erwähnen, wenn man nur an die Aufgabe des gemeinsamen Bibelstudiums denkt. Aber es soll nur noch auf eines hingewiesen werden, nämlich auf das katholische Zugeständnis des gemeinsamen Gebetes mit nichtkatholischen Christen. Wer die römisch-katholische Tradition, das römisch-katholische Kirchenverständnis ein wenig kennt und erforscht hat, der weiß, wie groß der Schritt ist, den diese Kirche damit getan hat, daß sie das Gebet mit den nicht-katholischen Christen gestattet, ja die Katholiken sogar darum bittet, mit den anderen Christen gemeinsam zu beten. Dies ist eine Art Aufhebung der einst so radikal vollzogenen Spaltung. Dies ist ein wichtiger Schritt zur Wiedervereinigung der Kirchen, denn mit wem man anfängt, zusammen zu beten, den kann man dann schon nicht mehr als einen Abgefallenen, geschweige denn einen Ketzer bezeichnen, der verwerflich ist, sondern muß ihn als einen, wenn auch von der eigenen Kirche getrennten Bruder ansehen. Dies scheint mir das entscheidende zu sein für das evangelisch-katholische Verhältnis in der heutigen kirchlichen Situation. Von daher kann man die Lage bei allen kritischen Fragen, die nicht überhört werden können, nur positiv beurteilen. Schon die Klimaänderung ist wichtig, aber vor allen Dingen sind die Dinge, die jetzt angefangen haben, günstige Voraussetzungen tieferer Wandlungen.
In diesem Zusammenhang möchte ich darauf hinweisen, daß im deutschsprachigen Raum die Möglichkeit eines gemeinsamen Textes des Vaterunsers zwischen den Kirchen erreicht worden ist. Der Text ist vor nicht langer Zeit veröffentlicht worden, und man kann nur wünschen, daß alle Kirchen ihn sich nun auch zu eigen machen. In diesem Faktum eines gemeinsamen Wortlauts des Herrengebetes ist mehr enthalten als nur das praktisch Wichtige, sondern hierin ist auch enthalten die Zuerkennung des Christennamens gegenseitig und miteinander, das Bekenntnis zu dem einen Herrn der einen Kirche über die Konfessionsgrenzen hinaus. Ich meine, daß wir dafür Gott dankbar sein dürfen, wie sehr sich hier die Tore zu öffnen angefangen haben. Bei der Lage der Kirche in der heutigen Welt ist dieser Gewinn eines neuen christlichen Miteinanders voll elementarer Notwendigkeit. So gewiß zwischen uns tiefe Gegensätze in der Lehre vorhanden sind und wir uns gegenseitig menschlicher Irrtümer zeihen, so gewiß müssen wir dieses christliche Gegeneinander überwinden, indem wir uns trotzdem als Brüder verstehen und gelten lassen. Dies müssen wir heute neu gemeinsam einüben. Die christliche Familie in der heutigen Welt muß aufhören, sich zu streiten. Sie muß miteinander umzugehen lernen, denn an der Art, wie die Christen als Brüder in der Welt mit-

einander umgehen, wird die Welt erkennen, ob sie seine Jünger sind. So steht es bereits im Evangelium des Johannes. Noch kann niemand absehen, wohin der Weg geht, aber das konfessionelle Zeitalter müssen wir als definitiv hinter uns liegend erkennen und nach vorwärts überwinden um des Evangeliums willen, das die Kirche der Welt heute und morgen schuldig ist.

Ich komme zum Ökumenischen Rat der Kirchen. Wenn wir die Situation innerhalb des Ökumenischen Rates der Kirchen ansehen, so werden wir sagen können, daß in den etwa fünf Jahrzehnten ökumenischer Bewegung seit dem Ersten Weltkrieg bis heute Unerhörtes erreicht worden ist. Ermessen wir, was es bedeutet, daß in diesen fünf Jahrzehnten der allergrößte Teil der christlichen Kirchen in der Welt sich diesem Ökumenischen Rat angeschlossen hat? Zwar haben wir eben gehört, daß die römisch-katholische Kirche nicht zum Ökumenischen Rat gehört, aber auch ihr Verhältnis zum Ökumenischen Rat hat sich grundsätzlich ins Positive gewandelt, so daß man heute sagen kann, es bestehen nur noch wenige Kirchen, abgesehen von den Sekten, die dem Ökumenischen Rat noch nicht beigetreten sind. Die abseits stehenden Gruppen sind besonders gewisse fundamentalistische Kirchen, die hauptsächlich im amerikanischen Raum leben, die eine Zeitlang versuchten, eine eigene Ökumene zu entwickeln. Außerdem wäre die Pfingstbewegung zu nennen, die aber – wie mir scheint – auch schon auf dem Wege ist, Kirche zu werden, und wahrscheinlich auch den Weg in die Ökumene finden wird. Dieser Tatbestand ist ein gewaltiger Erfolg der ökumenischen Bewegung, und er war sicherlich auch ein Anlaß dazu, daß die römisch-katholische Kirche ihr Verhältnis dazu neuerdings grundlegend geändert hat.

Die ökumenische Kooperation in der Welt ist eine großartige Leistung. Sie ist sowohl eine diakonische wie eine theologische, literarische und missionarische Wirklichkeit. Wir wissen heute längst von der ökumenischen Diakonie. Wir erkennen, wie notwendig sie inzwischen geworden ist. Aber wir sollten uns daran erinnern, daß es eine ökumenische Diakonie im großen Stil erst seit der Zeit gibt, wo die Kirchen sich in der ökumenischen Bewegung zusammengefunden haben. Hier hat man angefangen, über die Grenzen der eigenen Konfessionskirchen hinaus an andere Kirchen zu denken, ja sogar etwas zu tun für die Gesamtheit der Kirche und nicht mehr zu fragen: Haben die anderen auch die richtige Konfession, haben sie auch eine richtige Theologie?, sondern sie einfach als christliche Brüder, die wegen ihrer Nöte Hilfe brauchen, anzusehen. Die ökumenische Diakonie, die sich bei uns in der Sammlung »Brot für die Welt« seit Jahren darstellt, zeigt einfach, daß im ökumenischen Raum Großartiges geschaffen wurde. Das gilt allerdings auch für die ökumenische Hilfe im theologischen Bereich. Wir ahnen nicht, was es bedeutet, daß für die theologische Ausbildungsarbeit der jungen Kirchen ununterbrochen etwas gemeinsam getan wird. Wir wissen ja, was davon abhängt, ob es in einer Kirche gut ausgebildete Pastoren gibt. Wie schwach jedoch die bisherige Ausbildung in den meisten Minderheitskirchen in der Welt bis zum heutigen Tage ist, das machen sich nur wenige klar. Es fehlt an theologischer Literatur, an theologischen Lehrern, an der notwendigen Vorbildung. Denn wo gibt es schon höhere Schulen, die die Voraussetzung für eine theologische Arbeit bieten? Die jungen Kirchen sind schon dadurch gefährdet, daß ihre Pastoren nicht die Voraussetzungen für eine Verkündigung mitbringen, die ja nicht ohne eine gründliche Kenntnis der Heiligen Schrift in ihren Sprachen, nicht ohne ein gründliches Studium der Theologie möglich ist. Und gerade in der heutigen Zeit, wo die Auseinandersetzungen mit den Religionen und Ideologien härter geworden sind als zuvor, ist die Bildung des theologischen Nachwuchses eine Lebensfrage für die Kirchen. Darum ist diese ökumenische Kooperation in der theologischen Ausbildung von größter Wichtigkeit. Außerdem möchte ich noch erwähnen, daß auch die Mission als eine gemeinsame Aufgabe des Ökumenischen Rates begriffen

worden ist. Wie kühn war es, sich vorzunehmen, über die konfessionellen Grenzen hinweg Mission in allen Kontinenten gemeinsam zu treiben und nicht mehr, wie bisher, lediglich im Bereich der eigenen Konfession. Hier brechen Zukunftsperspektiven auf, die in die Richtung einer Überwindung der traditionellen Konfessionen in eine neue christliche Zukunft der Kirche hineinweisen. Vielen erscheint das vielleicht als etwas Utopisches, aber ich bin überzeugt, daß wir durch die Notwendigkeit der kirchlichen Gemeinschaft in der heutigen Welt neue Wege geführt werden, deren Anfänge in der ökumenischen Kooperation liegen.
Ein Drittes, was hier gesagt werden muß, ist das erstaunliche Gelingen der geistigen Durchdringung der Weltprobleme. Was verdanken wir allein der Arbeit der ökumenischen Institutionen an der Friedensfrage. Wahrscheinlich wäre so etwas wie das Friedenswort der Synode der Evangelischen Kirche in Deutschland von 1950 nicht möglich gewesen, wenn die Ökumene nicht in Amsterdam 1948 so vom Frieden gesprochen hätte. Wir haben es doch erst langsam lernen müssen, was es um die kirchliche Aufgabe im Dienst am Frieden in der Welt heute ist. Die Ökumene hat dadurch, daß sie jahrzehntelang darauf bestand, daß die Friedensaufgabe für den Dienst der Kirche in der Welt von entscheidender Bedeutung ist, uns geholfen, daß wir gelernt haben, was wir in den letzten Jahren miteinander im Dienst am Frieden begonnen haben. Man kann denen nur dankbar sein, die uns aus dem ökumenischen Raum dazu geholfen haben. Das gleiche betrifft das Problem der Gerechtigkeit. Man muß einmal die Vorarbeiten und die Arbeit auf der Genfer Konferenz von 1966[32] studieren, dann wird man erkennen, wie enorm die Leistungen sind, die hier für uns alle vollzogen wurden. Wenn man in den Dokumenten liest, wie es gelingt, in einer gespaltenen, in so tiefen Gegensätzen zerrissenen Welt innerhalb der christlichen Ökumene zu gemeinsamen Vorstellungen, Äußerungen und Vorschlägen zu kommen, dann kann man nur staunen, was der Heilige Geist hier zuwege gebracht hat. Man muß bewundern, daß auch in der römisch-katholischen Kirche in bezug auf die schweren sozialethischen Fragen in den letzten Jahren Worte gesagt worden sind, die bis dahin niemand dieser Kirche zugetraut hätte. Heute können die sozialethischen Probleme der Menschheit nur noch im Weltmaßstab erörtert werden, weil die ganze Menschheit aufeinander angewiesen ist. Und darum ist die geistige Durchdringung der Weltprobleme, die in der Ökumene angefangen hat und in den nächsten Konferenzen fortgesetzt werden wird, das Zeichen einer wesentlichen theologischen Leistung für die Kirche in der Welt von heute.
Jedoch – und das ist das Letzte in diesem Zusammenhang – am wenigsten ist es der Ökumene gelungen, die Spaltung zwischen den konfessionellen Kirchen zu überbrücken. Zwar ist man sich nähergekommen, man redet miteinander, zwar sind die Studien vorangegangen, aber es zeigt sich doch, daß in den Konfessionen die harten Widerstände vorhanden sind und daß der Weg zu einer Union ungeheuer schwer ist. Müssen wir nicht darum unseren Vätern dankbar sein, daß es ihnen gegeben wurde, trotz mancher Bedenken und Widerstände solche Schritte zur Union zu wagen? Auch die Inder haben es gewagt in der Kirche der südindischen Union, aber natürlich waren auch sie stark umstritten und angegriffen. Aber es hat sich gezeigt, daß es auch diesen Weg der Union nach vorwärts gibt. Obwohl es in der ganzen Welt eine große Menge von Unionsverhandlungen gibt, vor allen Dingen zwischen verwandten Kirchen, muß man doch sagen, daß die Ergebnisse aufs ganze gesehen immer noch zu mager sind.
In diesem Zusammenhang sei auch erwähnt, was uns besonders angeht, nämlich das innerprotestantische Verhältnis im ökumenischen Rahmen. Der Protestantismus ist eine der großen Kirchenfamilien. Sie ist reich an vielen Brüdern und

---

32 Weltkonferenz für Kirche und Gesellschaft; s. S. 583ff.

Schwestern, die eine sehr große Variationsbreite innerhalb einer Familie darstellen. Das ist in keiner anderen Gruppe so stark, weder in der Orthodoxie, in der es auch Familienverschiedenheiten gibt, denken wir nur an die Monophysiten oder Nestorianer, noch in der römisch-katholischen Kirche, die nur sehr bescheidene Sonderbildungen kennt. Es entspricht eben dem Wesen des Protestantismus aus seiner Geschichte, daß es hier eine Menge von Sonderbildungen gibt. Diese haben es jahrhundertelang nicht für nötig gehalten, aufeinander zuzugehen. Sie haben meist nebeneinander, ja gegeneinander gelebt. Nur kleine Gruppen haben gelegentlich eine Vereinigung zustande gebracht oder wenigstens das gemeinsame Gespräch oder ein gemeinsames Gebet. Aber jetzt, in unserem Jahrhundert, ist der Protestantismus der Welt in Bewegung gekommen. Das vierhundertjährige Neben- oder auch Gegeneinander wird mehr und mehr als überholt erkannt. Die Verwandtschaft untereinander wird wieder entdeckt. Man lese dazu das interessante Werk »Auf dem Wege«, das von Lukas Vischer in Genf herausgegeben ist und eine Dokumentensammlung enthält, wie es mit dem Gespräch in der protestantischen Familie in bezug auf den lutherisch-reformierten Gegensatz bestellt ist. Hier zeigt sich, daß auch im europäischen Raum wesentliche Gespräche in Gang gekommen sind, die als sehr hoffnungsvoll angesehen werden müssen. Auch auf deutschem Boden ist man dabei, Gespräche in die Wege zu leiten. Wir können im Grunde nur tief dankbar dafür sein, daß nun auch von den lutherischen Kirchen die Hand zu solchen Gesprächen wieder gereicht wird. Wir hatten sie von seiten der Evangelischen Kirche der Union vor mehr als einem Jahrzehnt einmal ausgestreckt, aber sind dabei nicht zum Ziel gekommen. Offenbar war es noch zu früh. Jetzt aber scheint sich eine wesentliche Änderung zu vollziehen. Wir sind der Hoffnung, daß die protestantische Familie zusammenkommt und sich im ökumenischen Raum das verwirklicht, was unsere Väter vor 150 Jahren mit der Union angefangen und gewollt haben. Freilich muß das heute in einer anderen Weise geschehen, als das am Anfang des 19. Jahrhunderts möglich war.

Das Dritte, was ich für das innerprotestantische Verhältnis sagen möchte, betrifft die Tatsache, daß wir innerhalb der protestantischen Kirchen und gerade auch in Deutschland auf dem Wege zu einer Abendmahlsgemeinschaft sind. Unsere Kirche hat zwar immer ihrer Tradition gemäß alles getan, um die Abendmahlsgemeinschaft innerhalb der Evangelischen Kirche in Deutschland, ja zwischen allen Kirchen vorwärtszutreiben. Wir denken daran, daß die Arnoldshainer Thesen über das Abendmahl zwar zustande kamen, aber aus ihr nicht die Folgerungen gezogen wurden, die wir erhofft hatten. Erst im vergangenen Jahr ist es soweit gekommen, daß die Leitung der Vereinigten Evangelisch-Lutherischen Kirche Deutschlands ihren Gliedkirchen empfohlen hat, auf Grund des Beschlusses ihrer Synode eine Zulassung aller Glieder von Gliedkirchen der Evangelischen Kirche in Deutschland zu beschließen. Der Text lautet folgendermaßen[33]:

»Die Generalsynode der VELKD hat beschlossen:
Zur Frage der Zulassung zum heiligen Abendmahl bittet die Synode die Gliedkirchen der VELKD, sobald es ihnen möglich ist, zu prüfen, ob sie bereit sind, zu erklären, daß in ihnen der Zugang zum heiligen Abendmahl allen evangelischen Christen, die einem in Artikel I Absatz 1 der Grundordnung der Evangelischen Kirche in Deutschland genannten Bekenntnis zugehören, offensteht.«

Dieser Beschluß läßt uns zuversichtlich hoffen, daß in absehbarer Zeit ein entscheidender Schritt zur Vertiefung der Abendmahlsgemeinschaft in der EKD getan sein wird. Es ist klar, daß sich durch die Teilnahme am Abendmahl nicht die Bekenntniszugehörigkeit eines Christen und auch nicht die Zugehörigkeit zu seiner Gliedkirche ändert. Was früher innerhalb Deutschlands rechtens war, daß

---

33 In: Lutherische Generalsynode 1967, S. 431

durch die Teilnahme am Abendmahl der Übertritt aus einer Kirche in die andere vollzogen wurde, gilt natürlich heute (im ökumenischen Zeitalter) schon lange nicht mehr. Die weit verbreitete faktische Zulassung zum Abendmahl innerhalb der evangelischen Christenheit Deutschlands wird nun auch öffentlich und rechtlich zum Ausdruck gebracht werden können, was seine Bedeutung darin hat, daß die Kirchen dieses Faktum nicht bloß dulden und hinnehmen, sondern geistlich, theologisch und rechtlich bejahen. Und dies ist ein entscheidender Schritt nach vorn, wenn auch damit noch nicht die volle Abendmahlsgemeinschaft, die wir erstreben, verwirklicht wird. Denn eine volle Abendmahlsgemeinschaft ist mehr als gegenseitige Abendmahlszulassung. An ihr wird unter uns gearbeitet, und zwar möchte die Arnoldshainer Konferenz dazu das Ihre beitragen. Sie möchte die Einheit in der EKD in jeder Beziehung vertiefen, vor allen Dingen im geistlichen und theologischen Bereich. Ihr liegt entscheidend daran, daß wir zu einer vollen Kanzel- und Abendmahlsgemeinschaft kommen, ohne daß wir damit aufhören, unsere Kirche mit ihren Besonderheiten und ihren Überlieferungen zu sein. Die Arnoldshainer Konferenz ist ohne Zweifel ein wesentlicher Schritt nach vorn, nicht nur zur Verbundenheit der Unionskirchen untereinander, sondern für die Einheit und Gemeinschaft der Evangelischen Kirche in Deutschland und ihrer Gliedkirchen untereinander.

IV.

Die Kirche, die in dieser Welt lebt, hat nicht nur Gegensätze, die zwischen den Konfessionen bestehen. Es gibt auch *kirchliche Spannungen, die sich quer durch die Konfessionen hindurchziehen*, die also nicht an die Grenzen der Konfessionen gebunden sind, sondern die in gleicher Weise in aller Welt auftauchen. Hier geht es um die theologischen Differenzen, die uns in Deutschland in den Auseinandersetzungen zwischen der Bekenntnisbewegung und der modernen Theologie entgegentreten. Der Grund für die theologischen Spannungen in der heutigen Christenheit einschließlich der römisch-katholischen Kirche liegt in der Begegnung der christlichen Überlieferung mit dem modernen wissenschaftlichen Weltbewußtsein. Hier treffen sich Kirche und Welt auf eine ganz eigentümliche Weise. Hier stoßen Kirche und Welt aufeinander, und zwar die christliche Theologie auf die moderne wissenschaftliche Welt. Darum sind die Diskussionen in Deutschland, USA und Japan in protestantischen wie in katholischen Kirchen vorhanden. Für die katholische Kirche möchte ich hinweisen auf das überaus instruktive Dokument, das jetzt im Druck erschienen ist[34]: »Schreiben der deutschen Bischöfe an alle, die von der Kirche mit der Glaubensverkündigung beauftragt sind«. Es ist das Rundschreiben der Fuldaer Bischofskonferenz vom 22. 9. 1967. Dies ist ein in jeder Beziehung instruktives Schreiben, denn ein ganz großer Teil dieses Rundschreibens befaßt sich mit dem Problem »Kirchenlehre und moderne Theologie«, Kirchenlehre und moderne Schriftforschung in der römisch-katholischen Theologie. Daraus kann man ersehen, daß es sich bei dem großen Thema, das uns oft als ein bloß innerdeutsches oder innerprotestantisches Thema erscheint, in Wirklichkeit um ein ökumenisches Thema handelt. Die Probleme der Entmythologisierung und der existentialen Interpretation sind von weltweitem Rang. Es geht hier um ein kirchliches Weltproblem in der Begegnung der christlichen Tradition mit den Auswirkungen der modernen Natur- und Geschichtswissenschaft. In diesem Zusammenhang ist die Bekenntnisbewegung zu verstehen als Versuch, einen Deich zu errichten gegen die moderne Welt, genau wie es die katholischen Bischöfe in ihrem Rundschreiben auf ihre Weise auch versuchen. Aber die Geschichte der inneren Auseinandersetzung im christlichen Europa seit Kopernikus, Kepler und Galilei zeigt, daß der hier eingeschlagene Weg auf die Dauer nicht erfolgreich ist.

---

34 Vgl. Herder-Korrespondenz 1968, S. 126ff.

Hier werden nämlich im Grunde dauernd, wie man das geschichtlich feststellen kann, Rückzugspositionen aufgebaut, die aber spätestens in der nächsten Generation aufgegeben werden müssen, weil man das Gelände, das man bisher zu halten versucht, nicht halten kann, da sich in der eigenen Position inzwischen soviel geändert hat, daß die bisher vertretenen Positionen geräumt werden mußten. Man kann das in der Diskussion über die historisch-kritische Erforschung der Bibel im vorigen Jahrhundert deutlich sehen, aber auch im 20. Jahrhundert weiterverfolgen. Natürlich gab und gibt es in der Kirche immer auch theologische Entwürfe, die Irrtümern verfallen. Aber es wäre zu hoch gegriffen, hier immer und schlechthin von Irrlehren zu sprechen. Wir haben in der Evangelischen Kirche der Union bei der Verabschiedung des Gesetzes über die Lehrbeanstandung uns große Mühe gemacht, diesem Problem des Unterschiedes von Irrlehren und Irrtümern Rechnung zu tragen. Ich meine, wir sind dabei zu ausgezeichneten Formulierungen in den Grundartikeln dieses Gesetzes gekommen. An ihnen kann man studieren, worum es in Wahrheit bei dem Thema der Irrlehren geht.

Ein kurzes Wort bin ich zu meiner Stellungnahme zur »Düsseldorfer Erklärung« vom Bußtag 1967 schuldig[35], nicht nur deswegen, weil sie in Düsseldorf erschienen ist, sondern weil es wichtig ist, an einer solchen Deklaration zu erkennen, welche Fragen auf dem Spiel stehen und aus welchem Grunde es hier offene Fragen gibt, die nicht so einfach gelöst werden können, wie dies in der »Düsseldorfer Erklärung« versucht wird. Ich möchte es an einem Beispiel erörtern, und zwar an der 1. These dieser Erklärung, in der es heißt: »Wir bekennen das Evangelium, daß Gott der Herr es uns schenkt, dem Zeugnis der Heiligen Schrift zu glauben und in Jesus den Sohn Gottes zu erkennen. Es muß daher die falsche Lehre verworfen werden, eine wissenschaftliche Forschung könne die Heilige Schrift ohne diese Gnade des Heiligen Geistes als Gottes Wort und als Urkunde seiner geschehenen Offenbarung sachgemäß verstehen und anerkennen.« Hierüber wäre ein ganzer theologischer Vortrag zu halten, wenn man deutlich machen wollte, warum die Behauptung, dies sei eine falsche Lehre, falsch ist. Ich bin der Überzeugung, daß es sich hier nicht um eine falsche Lehre handelt. Ich habe mich noch einmal in einer Reihe von Untersuchungen, die in den letzten Jahren erschienen sind, vergewissert, ob es jemand unter den modernen Theologen gibt, der behauptet habe, daß die wissenschaftliche Forschung die Heilige Schrift ohne den Heiligen Geist als Gottes Wort sachgemäß verstehen und anerkennen kann. Ich habe niemand gefunden. Wenn wir auf die große Auseinandersetzung zwischen Luther und Erasmus zurückschauen, so ist in dem berühmten Schriftstück »Vom unfreien Willen« eine großartige Position enthalten über das Problem der claritas scripturae, der Klarheit der Heiligen Schrift. Es war eine epochale theologische Erkenntnis Luthers, auf der Klarheit der Heiligen Schrift zu bestehen. Er befreite sie von der Übermacht der Tradition und des kirchlichen Lehramts, er befreite sie von der Methode, in der die Kirche die Schrift in einem vierfachen Sinn auslegte, durch die es ihr möglich wurde, sich der Heiligen Schrift zu bemächtigen. Der Theologie Luthers hat es entscheidend daran gelegen, daß die Heilige Schrift, so wie sie dasteht in ihrem historischen Gehalt, jedem offen und verständlich ist, daß jedermann erkennen kann, was sie meint, daß es also keine Unklarheit über den Inhalt der Heiligen Schrift gibt. Im Gegensatz dazu war es eine typisch katholische These, daß die Heilige Schrift für den Menschen dunkel ist und deswegen einer Auslegung durch das kirchliche Lehramt bedarf. Hier entscheidet sich ein wesentlicher Gegensatz zwischen der römisch-katholischen und der protestantischen Theologie. In der heutigen wissenschaftlichen Forschung, das läßt sich unschwer nachweisen, wird ausdrücklich gesagt, daß die wissenschaftliche Forschung als solche

---

35 Vgl. KJB 1967, S. 70.

nicht dazu berufen oder imstande ist, die Bibel als das Wort Gottes zu verstehen und anzuerkennen, daß vielmehr der durch die Schrift wie durch die Verkündigung wirkende Heilige Geist allein den Glauben an das in der Schrift und Verkündigung zu uns kommende Wort Gottes wecken kann. Auch in der Augsburgischen Konfession heißt es ausdrücklich, daß der Heilige Geist, wo und wann er will, den Glauben an das Wort weckt. Er ist der Geber des Glaubens. Aber unabhängig davon ist es gerade die Überzeugung der protestantischen Theologie, daß es sich bei den Texten der Heiligen Schrift nicht um eine Geheimlehre handelt, die nur mit Hilfe des in der Kirche tradierten Heiligen Geistes verstanden werden kann, sondern daß jedermann in der ganzen Welt wohl erkennen und verstehen kann, was die Intention der Texte der Heiligen Schrift ist, worauf sie abzielen, was sie sagen wollen. Ich meine, man wird sagen müssen, daß in der »Düsseldorfer Erklärung« etwas nicht stimmen kann, wenn hier von einer falschen Lehre gesprochen wird, die übrigens in der modernen Theologie überhaupt nicht verteten wird. Es würde zu weit führen, in weitere Einzelheiten einzusteigen. Es sollte nur deutlich gemacht werden, warum ich zur »Düsseldorfer Erklärung« gesagt habe, daß zwar die positiven Sätze Wahrheiten enthalten, die in der evangelischen Kirche in Kraft stehen, daß aber die in der »Düsseldorfer Erklärung« behaupteten Irrlehren zu einer Fülle von Fragen Anlaß geben und ihr darum nicht zugestimmt werden kann.
Es gibt übrigens eine ganze Reihe von vortrefflichen Worten innerhalb der EKD zu unseren Problemen. Wir begrüßen dankbar das schöne Wort der Lutherischen Bischofskonferenz von Kranzbach 1967[36]. Ich erwähne auch das Wort der westfälischen Kirchenleitung[37], die sich in anerkennenswerter Weise um unsere Fragen bemüht hat. Ferner weise ich auf das reformierte Wort hin, das unter dem Thema »Predigtauftrag und Predigtnot«[37a] erschienen ist. Auch dies ist ein wichtiges Beispiel, wie man den Fragen von heute nachgehen müßte. Innerhalb der EKU ist ein weiteres Wort über die Bedeutung des Kreuzes Christi in Arbeit, von dem wir hoffen, daß es auf der nächsten Synode der EKU vorgelegt werden kann. Die drei Bücher, die aus dem Kreis des Theologischen Ausschusses der EKU erschienen sind, scheinen mir darauf hinzudeuten, wie heute die Fragen theologisch in Angriff genommen werden müssen. Aus allem möge man ersehen, daß die Kirchenleitungen fälschlicherweise unter dem Vorwurf stehen, sie schwiegen, sie wären gleichgültig gegenüber den Lebensfragen der Kirche. Das entspricht nicht der Wahrheit. In allen Gliedkirchen, auch in der EKD, ist seit Jahren zur Sache geredet und gearbeitet worden. Natürlich ist es nötig, an den großen Fragen, vor die wir uns gestellt sehen, gründlich zu arbeiten. Und darum darf man nicht von heute auf morgen abschließende Arbeiten erwarten. Wir können jedenfalls den Problemen der Theologie angesichts der Fragen der modernen Welt an die Kirche nicht ausweichen. Wir können keinen Rückzug antreten in eine Vergangenheit, die vor den epochalen geistigen Revolutionen, wie sie durch die Aufklärung und die moderne Wissenschaft bestimmt sind, gelegen hat. Wir können nicht hinter das Zeitalter der modernen Natur- und Geschichtswissenschaft zurück, sondern wir müssen das Evangelium in Erforschung und Erkenntnis der Heiligen Schrift für unser Zeitalter neu sagen lernen. Weil wir alle an dieser Stelle herausgefordert sind, müssen wir allen Tendenzen zur Kirchenspaltung widersprechen. Wir müssen auch kirchlichen Parteibildungen entgegentreten wie auch der Verketzerung theologischer Lehrer, die andere Überzeugungen vertreten als man selbst. Die Stunde ist und bleibt für lange Zeit die Stunde des Gesprächs, der theologischen Diskussion, weil es sich überall zeigt, wie schwer es ist, in den Auseinandersetzungen sich gegenseitig zu verstehen, um so weniger darf man sich gegenseitig abschreiben, sich den Rücken zuwenden oder sich verwerfen.

36 Ebd., S. 48
37 Ebd., S. 63
37a Ebd., S. 50

Noch ein kurzes Wort über die in allen Kirchen in den letzten Jahren besprochene Kirchenreform im ökumenischen Rahmen. Besonders in den protestantischen Kirchen, aber sogar in der katholischen Kirche ist durch das Ende der christlichen Gesellschaftsordnung die Frage nach einer Wandlung der kirchlichen Ordnungen neu aufgebrochen. Immer mehr wird es notwendig, die überlieferten kirchlichen Traditionen und Organisationen zu überprüfen. Nun sind freilich kirchliche Ordnungen ebenso zähflüssig wie kirchliche Lehrfestsetzungen der Vergangenheit, und darum werden wir in der gegenwärtigen raschen Wandlung dauernd überholt, so daß unsere Ordnungen als nicht mehr zeitgemäß erscheinen müssen. Die auflösenden Tendenzen der Volkskirche in Mitteleuropa, die sich besonders in totalitären Staaten zeigen, müssen auch von uns im Westen ganz ernst genommen werden. Wir wissen, daß das überlieferte Pfarramt, die überlieferte Gestalt der Parochialgemeinde und viele andere Einrichtungen der Kirche uns Sorgen bereiten. Warum bekommen wir nicht genug Theologen? Antwort: Wir haben für das Pfarramt kein Leitbild, das so anregend ist, daß die Jugend dadurch sich vor die Frage gestellt sieht, ob man nicht auch Pfarrer werden könnte. Es kann sein, daß wir selbst als Betriebsangehörige, wie man das heute so sagt, betriebsblind sind und das vielleicht nicht so sehen wie die Welt draußen. Aber ich glaube doch, daß diese Frage uns im stärkeren Maße wie in allen Kirchen nicht nur Europas zu beschäftigen hat. Die Bemühungen, die bisher aufs ganze gesehen im Bereich der Kirchenreform unternommen worden sind, sind freilich nicht von überzeugender Durchschlagskraft. Aber es zeigt sich ja auch da, wie schwer es ist, das Neue, das uns vorschwebt, so auszusprechen, daß auch der Kritiker imstande ist, es anzuerkennen und darauf zuzugehen. Im Grunde hängt bei diesen Problemen alles daran, wie die Kirche sich selbst in ihrer Sendung in die Welt von heute hinein versteht. Wie wichtig ist hierbei auch das Problem, wie man das Evangelium den Menschen unserer Zeit glaubwürdig und herausfordernd zu sagen vermag.

V.

An dieser Stelle möchte ich *einige Anmerkungen* einschieben, weil wir uns in den letzten Jahren hier auf der Synode und in der Kirchenleitung mit einigen zwar nicht gerade weltbewegenden, aber doch immerhin für eine Kirche wichtigen Fragen beschäftigt haben. Wir haben mit den Studenten, den Kandidaten und Pastoren über die Fragen gesprochen und nicht immer das Verständnis dafür gefunden, wie wir es hätten finden mögen. Es geht einmal um das Problem der Bibel in unserer Zeit. Allen ist bekannt, daß die Heilige Schrift in unseren Zeiten in einem überraschenden Maße von einer ganzen Reihe Theologen neu übersetzt worden ist. Dieser Tatbestand muß ernstgenommen werden. Er zeigt, daß ein Bedürfnis dafür da ist, die Bibel in die Sprache unserer Zeit zu übersetzen. Und daß so viele Exemplare davon gekauft worden sind in Deutschland, in England und USA, zeigt, wieviel Menschen die Bibel einmal anders lesen möchten als in der überlieferten Sprache. Man kann sagen, sie hätten sie auch in der guten Lutherübersetzung genau so gut lesen können, aber es scheint doch offenbar hier eine Frage vorzuliegen, die man nicht einfach nur mit traditionellen Belehrungen beantworten kann. Trotzdem wage ich es, folgendes zu sagen: Wir können alle dafür sein, daß wir eine neue und vor allen Dingen bessere Übersetzung der Heiligen Schrift brauchen, als wir haben. Wir werden in absehbarer Zeit vielleicht so weit sein, daß diese Übersetzung möglich ist. Es haben einige schon gesagt: diese Lutherbibel, die jetzt noch revidiert ist, war die letzte »Luther«-Bibel, d.h. die letzte sich an der Übersetzung Luthers orientierende Revision. Das kann sein. Aber solange wir eine neue Übersetzung nicht angenommen haben, müssen wir an der bisherigen gemeinsamen Übersetzung festhalten. Wir können uns als Kirche nicht auflösen durch den Gebrauch einer Fülle von Übersetzungen, bei denen die einzelnen Ge-

meinden gar nicht mehr wissen, war das nun die Bibel, was wir hörten, oder war das irgend etwas anderes. Denn es ist doch so, daß eine Bibel mit ihren Sätzen, besonders eine solche mit ihren großartigen Prägungen Martin Luthers, sich durch Generationen in die Gemeinden einverleibt, unabhängig von dem, was wir versuchen, einem Menschen beizubringen. Aber die Notwendigkeit eines gemeinsamen Textes der Bibel hat nicht nur katechetische Gründe, sondern auch seelsorgerliche und schließlich auch solche der gemeinsamen Botschaft und des gemeinsamen Gottesdienstes der Gemeinde. Von daher würde ich sagen: In unseren Kirchen sollte man so lange an dem festhalten, was wir gemeinsam erarbeitet haben, bis wir das Bessere bekommen, was Gott dann geben wolle, wenn die Zeit da ist.
Ein zweites Problem in unserer Kirche ist die Frage des gemeinsamen Glaubensbekenntnisses. Ich habe mir eine ganze Reihe von modernen Glaubensbekenntnissen besorgt, 24 an der Zahl! Ein interessantes Zeichen dafür, wieviel Menschen sich daran machen, das Glaubensbekenntnis neu zu gestalten, wahrscheinlich weil man der Meinung ist, die alten Formeln im Apostolischen oder im Nizänischen Bekenntnis seien überholt. Und wie wir heute gerufen seien, das Evangelium neu zu verkündigen, so müsse man auch ein neues Bekenntnis schaffen. Dagegen ist jedoch darauf hinzuweisen, daß der Unterschied zwischen einer Predigt und einem Bekenntnis ja gerade darin besteht, daß das Bekenntnis seine Bedeutung darin hat, daß wir hier als Gemeinde sprechen, während in der Predigt jeder als einzelner spricht, auch wenn er das gemeinsame Evangelium verkündigt. In einem Bekenntnis spricht die Kirche als Ganze. Darum werden Bekenntnisse auch beschlossen und angenommen. Das ist mit den großen altkirchlichen Bekenntnissen nicht anders geschehen als mit den späteren Bekenntnisformulierungen. Von daher gesehen muß man den neuen Bekenntnissen, die ich hier vor Augen habe (und ich könnte Ihnen einige daraus vorlesen, wenn wir Zeit genug dazu hätten), den Charakter eines Bekenntnisses absprechen, denn sie sind alle subjektive Zeugnisse von einzelnen Menschen, die weit entfernt davon sind, als ein kirchliches Bekenntnis gelten zu können. Es gibt in der heutigen Zeit nur in einigen Kirchen, z.B. in Amerika oder auch in Japan, eine echte Notwendigkeit, bei einer kirchlichen Neubildung ein gemeinsames Bekenntnis neu zu formulieren. Das ist aber bei uns nicht der Fall. Wenn wir in unseren Agenden Glaubensbekenntnisse festgelegt haben, so doch deswegen, weil wir unseren gemeinsamen christlichen Glauben in der heutigen Welt miteinander als Gemeinde aussprechen möchten. Das Bekenntnis ist nämlich Homologie, gemeinsames Sprechen mit einem Munde. Wir dürfen nicht meinen, wir würden den Menschen näherkommen dadurch, daß wir individuelle, persönliche Zeugnisse an die Stelle der Bekenntnisse setzen. Der erste, der das in der neueren Zeit getan hat, ist nach meiner Erinnerung kein geringerer Theologe als Julius Smend gewesen. In seiner Agende, die er für die Elsässische Kirche verfaßte, und dann später in seinem bekannten Kirchenbuch finden wir ungefähr 20 bis 30 »Stimmen der Väter« aufgezählt. Die Stimmen der Väter aber sind nicht mit dem Bekenntnis der Kirche identisch. Auch können wir doch nicht plötzlich die Gemeinde mit irgendeinem solchen ihnen unbekannten Zeugnis überfallen. Wenn wir in unseren Gottesdienstordnungen Bekenntnisse haben, dann wollen wir damit ja gerade mit allen anderen, die zur Kirche Christi gehören, das Gemeinsame des kirchlichen Bekenntnisses zusammen sagen.
Noch ein Drittes: Was die Ordnungen des Gottesdienstes angeht, so haben wir auch in unserer Synode schon öfter über die Fragen gesprochen, was es um die neue Gestalt des Gottesdienstes, um neue Musik und um eine neue Sprache der Gebete ist. Soweit es sich hierbei nur um einen neuen Ausdruck oder eine neue Sprache handeln sollte, wäre vielleicht darüber nicht viel zu sagen. Die Frage wäre aber doch aufzuwerfen, ob sich dahinter nicht manchmal doch auch ein neuer Inhalt verbirgt. Ist da noch der Gott der Bibel gemeint? Ist er vielleicht doch durch

den Menschen ersetzt (und wäre es auch der Mensch Jesus)?
An einer ganzen Reihe von Bekenntnisformulierungen, aber auch an neueren Gebeten und Liedern kann man erkennen, daß hier so etwas stattfindet wie eine radikale Vermenschlichung des biblischen Zeugnisses. Es ist wahr, in den letzten Jahren sind zahlreiche neue Gebete entstanden. Mich hat das interessiert, weil ich mich ja seit vielen Jahren mit den liturgischen Gebeten befaßt habe. Aber ich muß sagen, die meisten dieser neuen Gebete sind eher als Meditationen denn als Gebete zu verstehen. Soll hier wirklich Gott angerufen werden oder spricht der Mensch nur mit sich selbst? Was man hier findet, ist auch so subjektiv, so individuell, daß man fragen kann, ob so etwas ein Gebet für den gemeinsamen Gottesdienst sein kann. Natürlich sind alle Kirchengebete in gewisser Beziehung Träger von ehrwürdigen Traditionen. Aber man darf doch diese Traditionen nicht leichthin preisgeben, denn sie sind gemeinsame Gebete der Brüder und Väter, in denen sich eine lange geistliche Erfahrung der Kirche niedergeschlagen hat.
Die Reformbedürftigkeit der Ecclesia semper reformanda kann doch nicht dazu führen, daß wir nun sagen: Weil die Kirche reformbedürftig ist, reformiert sie jeder auf seine Weise. Hiermit haben sich unsere Väter – übrigens tröstlich für uns zu hören – schon vor 300 Jahren befaßt und haben damals die Pastoren und Presbyterien gebeten, sich so lange an die geltende Ordnung zu halten, bis man gemeinsam eine bessere gemacht habe. Dies müßte allgemein auch unsere Überzeugung sein. Das gilt ja, worüber heute im einzelnen nicht gesprochen werden soll, sowohl für die Ordnung der Kindertaufe wie für die Ordnung der Abendmahlsfeier. Hier geht es auch um das Liebesgebot Christi, um die uns gebotene Liebe zueinander in der Kirche. Dies sollte wenigstens einmal gesagt werden, damit niemand der Meinung sein kann, daß eine Auflösung gottesdienstlicher, bekenntnismäßiger und sonstiger Ordnungen unserer Kirche von uns gebilligt oder auch nur gleichgültig behandelt werden könne. Wir haben alle darüber zu wachen, daß wir in allem, wo es not tut – und es gibt einige Dinge, in denen es wirklich not tut –, gemeinsame Worte und Texte gebrauchen, also den Luthertext der Bibel für unsere Schriftlesungen und Predigten, die gemeinsamen Gebete im Gottesdienst und vor allen Dingen auch die gemeinsamen Glaubensbekenntnisse.
Ich komme zum *Schluß*. Ist das die Kirche, die in der Welt lebt, wie wir sie in kurzen Zügen uns vor Augen gestellt haben, deren Auftrag an die Welt von heute gerichtet ist? Eine gespaltene, eine zerrissene, eine höchst fragwürdige Größe, vielleicht eine allzu menschliche Größe und darum eine preiszugebende Größe? Ein Versager, der dem Auftrag nicht gerecht werden kann? Ich erinnere an die Kritik an der Kirche, die in den letzten Jahren bis in die letzten Tage hinein in der Öffentlichkeit geübt wird, und zwar von Christen in der Kirche, von Theologen in der Kirche sowie von der öffentlichen Presse in und außerhalb der Kirche. Wir hören sie von allen Seiten. Ich habe mich in einem kleinen Aufsatz in der »Kirche in der Zeit«[38] bemüht, einige Worte über das Problem »Kritik an der Kirche« zu sagen, und zwar als einer, der die Kirche liebt. Wir müssen gerade als solche, die sich über die Fragwürdigkeit der Kirche einig sein werden, diese Kirche, wie sie ist, lieben, weil sie die Kirche der begnadigten Sünder ist. Allerdings: Wir müssen unsere Schwachheit und unsere Ohnmacht bekennen. Denken wir an die Friedensbemühungen der Kirchen in den letzten Jahrzehnten und ihre Erfolglosigkeit. Wir stehen vor der Tatsache, daß wir es alle nicht fertiggebracht haben, auf die Entwicklung des Vietnamkrieges erfolgreich zum Frieden einzuwirken. Wir stehen ohnmächtig vor einer solchen Situation, an der wir studieren können, wie es um die wirkliche Schwäche oder Stärke der Kirche in der wirklichen Welt bestellt ist. Denken wir auch an die Nahostkonflikte oder an die Situation der Kirchen in den

---

38 KiZ 1967, S. 534

afrikanischen Staaten. Auch in der Kirche sind ja über die irdischen Konflikte so extrem gegensätzliche Überzeugungen vorhanden, daß man geradezu vor einer hoffnungslosen Problematik steht. Denken wir an die Ohnmacht der Kirchen in den USA in bezug auf die Rassenkonflikte in den USA oder erst recht auch an Südafrika, wobei beide Staaten ausgesprochen stark von christlichen Einflüssen getragen sind, ja sogar von protestantischer Geistigkeit. Gerade an ihnen sollte man sehen, wo die charakteristischen Schwächen protestantischer Kirchen in bezug auf die ethischen Weltfragen liegen. Denken wir aber auch an unser eigenes Land, an die Deutschlandfrage und den Streit um sie, nicht nur in den Parteien, sondern auch in den Kirchen während der letzten Jahre, oder denken wir an unsere Schwäche, die in solchen Situationen wie in der »Ruhrkrise« offenkundig ist.

Was können wir nun wirklich tun? Haben wir gute Vorschläge? Haben wir etwas Derartiges dazu zu sagen, daß die Menschen sagen: das ist richtig, was die Kirche sagt, das müssen wir machen. Oder sind wir auch hier in der Verlegenheit mitsamt der ganzen Welt, daß wir vor Problemen stehen, die sich als sehr hart und schwer zu lösen erwiesen haben. Muß uns das nicht zunächst einmal sehr demütig machen? Es darf uns auf gar keinen Fall zur Resignation verführen, daß wir sagen: Es hat doch alles keinen Zweck, lassen wir also das alles. Wenn wir an die Entwicklungshilfe denken, jenes große Thema der heutigen Welt überhaupt, von dem viele sagen, daß an der Bewältigung dieser Aufgabe sich die Zukunft der Menschheit entscheiden wird, dann müssen wir sagen: Was die Kirchen, die reichen Kirchen in Europa und Amerika bisher getan haben, was wir selbst getan haben, reicht bei weitem nicht zu. Was leisten wir eigentlich? Wenn wir im Verhältnis setzen, was wir für uns selbst gebrauchen und was wir für andere übrig haben, so ist das ja 99 zu 1, wie mir scheint. Überhaupt ist das Klima auch bei den Menschen, die zu der Christenheit gehören, in unserem Lande nicht so überaus günstig, wenn es um kirchliche Opfer geht. Die Tiefe der Ohnmacht liegt gewiß in der Erschütterung des Wortes, des Glaubens, der Klarheit und der Gewißheit über die Sendung der Kirche an die Welt. Hier allein aber kann es zu einer neuen Vollmacht der Kirche kommen. Wie können wir unsere politische, diakonische und ethische Aufgabe in der Welt erfüllen? Wie können wir sie erfüllen, so daß der Liebe Christi Raum geschaffen wird in der Welt, wenn uns nicht die Vollmacht aus Glauben durch Gottes Geist und Wort gegeben wird? Dies kann nur geschehen durch eine neue Begegnung Jesu Christi mit seiner Kirche, seiner Kirche mit ihrem Herrn. Nur durch vertiefte Errkenntnis des in der Bibel bezeugten, gekreuzigten, auferstandenen und kommenden Herrn, durch gründliche theologische und geistliche Arbeit kann hier wirksam geholfen werden. Das Evangelium muß über uns kommen als die große Macht, die uns trägt und vorwärts treibt. Es muß uns Zeugen und Boten und Dienern der Kirche überwältigend groß und stark werden, in unserer Generation aufs neue das Zeugnis von dem Herrn und Heiland der ganzen Welt zu sagen, denn nur dadurch, daß wir die Botschaft verantwortlich auf uns nehmen als wahre Zeugen des Evangeliums, kann die Welt vernehmen und, wenn Gott Gnade gibt, auch glauben und anerkennen, was es um die Sendung der Kirche an sie ist und was die Kirche eigentlich von ihr will. Darum können wir nur aufs neue beten um die Gabe des Geistes, des Schöpfers Geist, wie die Väter gesagt haben, daß er Gottes Verheißung bei uns aufs neue erfülle, die in dem großen Thema der Weltkirchenkonferenz von Uppsala uns beschäftigen soll: »Siehe, ich mache alles neu.«

X
17. Landessynode vom 5. bis 10. Januar 1969 in Bad Godesberg

Der Tod Karl Barths im Dezember des Jahres 1968 erinnert erneut daran, daß die Generation der großen theologischen Lehrer der zwanziger Jahre dahingegangen ist. Von den Begründern der so berühmt gewesenen Zeitschrift »Zwischen den Zeiten« – Barth, Gogarten, Thurneysen, Merz – lebt nur noch der ehrwürdige Professor der Theologie Thurneysen in Basel. Alle anderen sind von uns gegangen. Auch viele andere aus jener Zeit weilen nicht mehr unter den Lebenden. Ist der Zeitraum »Zwischen den Zeiten« damit zu Ende gegangen? Man könnte es glauben, wenn man sich das Chaos der theologischen und kirchlichen Gegenwart von heute ansieht. Ist eine große Hoffnung für die Kirche dahingegangen? Man ist versucht, es zu bejahen, wenn man in dem Buch eines früheren rheinischen Studenten der Theologie und Doktors der Theologie von Marburg, Dr. Joachim Kahl, das vor einigen Monaten erschienen ist unter dem Thema »Das Elend des Christentums oder Plädoyer für eine Humanität ohne Gott« und das für viele sehr instruktiv zu lesen ist, in der Einführung des allen bekannten Gerhard Szczesny folgende Bemerkungen vernimmt:
»Hier greift einer, der es wissen muß, das Christentum an: seine Dogmen, seine Moral, seine Einrichtungen. Heftig. Manchmal rabiat.
Er nimmt es also wichtig.
Kann man es noch wichtig nehmen? Von den Rückzugsgefechten um letzte gesellschaftliche Machtpositionen abgesehen: stört das Christentum noch irgend jemanden? Hat es noch Einfluß auf unser Leben? Interessiert sich das Publikum, einschließlich des gebildeten, ernstlich für den Streit zwischen Fundamentalisten und Entmythologisierern? Kaum. Nicht nur für die Nicht-Christen, sondern auch für die große Mehrzahl der Kirchensteuer-Christen scheint das ›Chaos im Dogma‹, wie unser Autor es nennt, so erheblich oder unerheblich zu sein wie die alljährlichen Meldungen über den Schneemenschen. Gibt es ihn: gut. Gibt es ihn nicht: auch gut.
Außer den am Dogmen-Kampf unmittelbar Beteiligten selbst erwartet also niemand von den Christen, daß sie für diese oder jene Theologie auf die Barrikaden steigen. Was man sich inzwischen angewöhnt hat, von ihnen zu erwarten, und was sie offenbar von sich selbst – als Christen – erwarten, ist etwas ganz anderes. Daß sie gegen den Libertinismus oder für die Pille sind, daß sie Autorität und Ordnung für gottgegeben oder für unevangelisch halten, daß sie den Lenin-Orden kriegen oder dem amerikanischen Einsatz in Vietnam ihren Segen geben. Joachim Kahl spricht hier einprägsam von der ›Anarchie im Ethos‹. Und es ist gut, daß er uns auch wieder an die von den Christen praktizierte Moral erinnert, an die selbst für Zeitgenossen von Hitler und Stalin ungeheuerlichen Greueltaten, die im Namen der Religion der Nächstenliebe begangen worden sind. Natürlich spricht das Versagen der christlichen Moral nicht unbedingt gegen die mögliche Wahrheit des christlichen Glaubens. Aber auch nicht dafür. Wem die folgende Abrechnung zu grob erscheint, möge jedenfalls die ›Realbilanz der Kirchengeschichte‹ sorgfältig studieren: die Heiden und Ketzer haben noch viele solcher Pamphlete gut . . .«
»Das Resümee der ›Anarchie im Ethos‹: die Christen sollten, wenn sie Moral predigen oder Politik machen, ihren Glauben aus dem Spiel lassen.«
Wir haben leider keine Zeit, uns mit einigen anderen Dingen dieses Buches zu beschäftigen. Ich habe es nur erwähnt als ein Beispiel für die Situation, in der die Kirche von draußen gesehen wird. Lassen Sie uns versuchen, der gegenwärtigen Lage

der Kirche mit der gebotenen Nüchternheit gerecht zu werden, ohne einem falschen Pessimismus zu verfallen, denn von einem Optimismus scheint ohnehin zur Zeit nirgendwo die Rede zu sein.

A. Der ökumenische Bereich
I.

Vom 21. bis 27. April 1968 fand in *Beirut* eine *Konferenz für weltweite Zusammenarbeit in Entwicklungsfragen* statt, veranstaltet vom Ausschuß für gesellschaftliche Entwicklung und Frieden des Ökumenischen Rates und der Päpstlichen Kommission Justitia et Pax. Diese ökumenische Konferenz zeigt ein Doppeltes, das für die Situation typisch ist:
1. In dieser Konferenz arbeiten der Ökumenische Rat und die Römisch-Katholische Kirche in bestimmten Organisationen zusammen. Das ist etwas Neues in der Geschichte der Ökumene.
2. Das Thema dieser gemeinsamen Tagung heißt »Entwicklungshilfe«, das Thema unserer Synode auch.

In der Erklärung der Konferenz von Beirut sind sehr viel beherzigenswerte und eindrucksvolle Dinge enthalten. Die Konferenz zeichnete sich durch eine großartige Sachkenntnis aus. Es ist bedauerlich, daß dieser Konferenz die Auswirkung insofern nicht gegeben werden konnte, da sehr bald darauf Uppsala stattfand, was natürlich diese wichtige Arbeitskonferenz in den Schatten stellte. In der Erklärung der Konferenz von Beirut an die Kirchen ist vor allen Dingen die Frage erörtert worden, warum diese Tatsachen, nämlich die Tatsachen der Welthungersnöte und der Entwicklungshilfe, überhaupt die Christen gerade angehen. Als Gründe werden hier folgende angegeben, die ich ganz kurz erwähnen möchte:

(1) »Die Mehrzahl der Christen lebt im hochentwickelten Norden. Der Wohlstand dieses Gebietes liegt bei weitem über dem Durchschnitt der Weltgesellschaft, und seine christlichen Bewohner ziehen aus dieser Ungleichheit nur weiteren Gewinn. Sie müssen vor ihrem Gewissen über den Gebrauch ihrer Güter Rechenschaft ablegen.«

(2) »Alle Christen haben eine schwere Verantwortung in einer Welt, in der es als etwas Normales erscheint, 600 Milliarden Mark jährlich für Rüstungszwecke auszugeben, während es schwierig ist, 40 Milliarden Mark für die Aufgaben der wirtschaftlichen und sozialen Zusammenarbeit aufzubringen.«

(3) »Christen sind ganz und gar zur Einheit und Gleichheit aller Menschen unter der Herrschaft Jesu Christi, des Menschensohnes, verpflichtet, daher aber auch zum Einsatz für Einigkeit und Gerechtigkeit in der Weltgesellschaft als dem Lebensraum der Menschheitsfamilie.«

(4) »Die Christen glauben, daß Gott dem Menschen die Verantwortung übertragen hat, seine Mittel für die Gestaltung und Erneuerung der Erde einzusetzen.«

Es wird dann in den weiteren Äußerungen über die beiden Hauptpunkte gesprochen, einmal über das Problem der *Erziehung* der Menschen in diesem Bereich, und zwar sowohl hier in unseren Ländern wie in den sog. Entwicklungsländern. »Allen würde es zugute kommen, wenn die in der Welt herrschende Gesetzlosigkeit eingedämmt werden könnte und es gelänge, die Energien der Menschheit von Kriegsvorbereitungen auf die friedliche Arbeit zu lenken.« Darum drängt die Konferenz auf ganz bestimmte Dinge in bezug auf UNO, auf die einzelnen Regierungen usw. Die Konferenz fordert die Christen in allen Ländern auf, als Staatsbürger eine reguläre Verantwortung für die Entwicklung zu tragen, sich mit allen Mitteln politischer Öffentlichkeitsarbeit und Druckausübung für die Entwicklung einzusetzen und den Regierungen, den Parteien, den Führern und Organisationen keine Ruhe zu lassen, bis die ganze Menschheit mit angemessenen Lebensbedingungen und mit begründeter Hoffnung auf die Zukunft leben kann. Sie wünscht, daß die Zusammenarbeit zu einer ständigen Einrichtung, zu einem wirksamen Instrument christlicher Erziehung und christlichen Handelns werden möchte. Ich glaube, daß diese Konferenz es verdient hat, nicht der Vergessenheit überantwortet zu werden. Sie hat auch wichtige Vorarbeit für Uppsala geleistet.

II.

Die *Vierte Vollversammlung des Ökumenischen Rates der Kirchen* in *Uppsala* vom 4. bis 20. Juli 1968.
Das Datum erinnert uns daran, daß der Ökumenische Rat eben erst genau 20 Jahre besteht. Was ist seit Amsterdam 1948 aus dem Ökumenischen Rat geworden: der Zusammenschluß nahezu aller nichtrömisch-katholischen Kirchen der Welt – eine in so kurzer Zeit einfach grandiose Leistung! Ferner: der Beitritt der römisch-katholischen Kirche zur ökumenischen Bewegung, nicht zum Ökumenischen Rat, aber zur ökumenischen Bewegung, der Eintritt in diese gemeinsame Arbeit, was in Uppsala wie in Beirut, wovon ich eben sprach, ganz deutlich zum Ausdruck kommt.
Was in Uppsala geschah, war nicht nur das, was bisher in der Regel von der Hauptsache der Uppsala-Konferenz in die Welt hinausgegangen ist. Leider ist die Uppsala-*Botschaft* nicht so gewürdigt worden, wie sie es wohl verdient hätte. Sie verdiente es, in jeder Gemeinde einmal zum Gegenstand einer Erörterung gemacht zu werden. Sie ist ja an die einzelnen Christen und Kirchengemeinden gerichtet, und wir sollten sie uns vornehmen, die Uppsala-Botschaft, die nur zwei Seiten umfaßt. Im Vordergrund und Mittelpunkt steht Wort und Aufruf der Weltkonferenz an die Kirchen für *Entwicklungshilfe*, zweifellos vordringlich der Dienst der Kirche an der wirtschaftlichen und sozialen Entwicklung der sog. unterentwickelten Länder. Nie zuvor ist der Christenheit in einer großen Sache hilfreichen Dienstes soviel Einmütigkeit geschenkt worden. Zwar hat die ökumenische Bewegung in all den 20 Jahren immer Wert auf die gemeinsame Arbeit im Blick auf die Welt gelegt; aber noch nie war eine solch starke, leidenschaftlich betonte Einmütigkeit in dieser Sache. Das ist meiner Überzeugung nach von großer Hoffnung für die Welt.
Im nahen Zusammenhang mit diesem entscheidenden Mittelpunkt von Uppsala stand auch der Auftrag der Kirche, für *Gerechtigkeit und Frieden* auf Erden Sorge zu tragen. Hier kam besonders das in Uppsala sehr stark die Menschen bewegende Problem der Rassenfrage zur Sprache. Beachtlich sind in Entschlüssen von Uppsala, in den Berichten der Sektionen die Bemerkungen über die christlichen Einsichten über den Auftrag der Kirche in dieser Sache: Friede und Gerechtigkeit. Wir haben heute keine Zeit, auf die Einzelheiten einzugehen. Ich erinnere nur daran, das einmal zu durchdenken, inwiefern es sich hier um theologisch begründete Einsichten handelt, daß die Kirche tatsächlich für Gerechtigkeit und Frieden auf Erden einen ganz bestimmten, in ihrer ethischen Überzeugung begründeten Auftrag hat.
Eine große theologische Leistung von Uppsala war das Wort über die *Katholizität der Kirche*[39]. Natürlich ist dieses Wort für einen großen Teil der Leser christlicher und weltlicher Presseerzeugnisse nicht so geeignet, von ihnen verstanden, angenommen und durchdacht zu werden. Um so mehr – meine ich – müßten wir uns dafür Zeit nehmen, einmal darüber nachzudenken, warum nicht nur von der Einheit, sondern auch von der Katholizität der Kirche gesprochen werden muß, daß also die eine Kirche Christi auch eine katholische Kirche ist, d.h. nämlich eine Kirche, die *eine* ist für *alle*. Dieses Wunder der Erscheinung Jesu Christi, eines konkre-

---

39   Der Heilige Geist und die Katholizität der Kirche (angenommener Bericht der Sektion I), in: Bericht aus Uppsala 1968, Genf 1968, S. 8ff.

ten historischen Menschen in einer ganz bestimmten Zeit, als des einen Erlösers der ganzen Menschen kommt uns in ganz anderer Weise zum Bewußtsein, nachdem wir die Größe, die Verschiedenheit, die Widersprüchlichkeit innerhalb der großen Menschheit zum Bewußtsein gebracht bekommen haben. Um so deutlicher sollte uns auch werden, was für ein Glaubensbekenntnis in dem Bekenntnis zur – wie wir zu sagen pflegen – allgemeinen christlichen Kirche enthalten ist. Auch Protestanten müssen neu bedenken, was sie bekennen, wenn sie in ihrem Glaubensbekenntnis mit den anderen zusammen sagen: die eine heilige allgemeine christliche Kirche. Das betrifft auch dann wieder u.a. jenes Problem, das in Uppsala als die Rassenfrage quer durch alle Entscheidungen hindurchging, nämlich, ob es erlaubt ist, die Kirche nach Rassen getrennt zu halten, wie es in manchen Gebieten der Welt bis zum heutigen Tage unverändert der Fall ist. Das Thema »*Mission*« stand im Spannungsfeld der innerkirchlichen Kritik. Was ist Mission heute? Die Krise der Mission in dem nachkolonialen Zeitalter ist deutlich vor unseren Augen. Die Schwäche der Missionskräfte ist offenbar. Haben wir der Welt etwas Entscheidendes zu sagen, oder ist aus Mission heute etwas ganz anderes geworden? Gibt es Mission incognito? Gibt es Mission in der wortlosen Anteilnahme des Christen an den Nöten der Welt, oder muß neben Entwicklungshilfe und neben »Frieden und Gerechtigkeit«, nein: *vor* allem anderen, daran festgehalten werden, daß der eigentliche Auftrag der Kirche in dem Wort »Mission« sich durch nichts ersetzen läßt und also auch diese Frage bei allen Änderungen der Weltsituation zur Beantwortung bleibt, eine Frage von elementarer Bedeutung für die Existenz und die Zukunft der Kirche.

Zum erstenmal erscheint in Uppsala beim Ökumenischen Rat der Kirchen das Thema »*Gottesdienst*« auf einer Vollversammlung. Wir wissen alle, daß die Krise des Gottesdienstbesuches ein Bestandteil der Christenheit der ganzen Welt ist, nicht überall in gleicher Weise, aber doch überraschend quer durch die ganze Welt hindurch, so daß die Frage entsteht: Was sollen wir tun? Was fordert der unwandelbare Inhalt des Evangeliums von uns in einer sich wandelnden Welt im Blick auf den Gottesdienst? Sollen wir den Gottesdienst verändern um der Menschen willen, die sich verändert haben? An dieser Stelle kam natürlich eine tiefgreifende Spannung zwischen den Kirchen zum Ausdruck, da auf der einen Seite alle jene Gruppen stehen, für die der Gottesdienst eine einmalige und unwandelbare Größe ist, die in Jahrhunderten sich nicht zu ändern braucht, ja, sich nicht einmal ändern darf, während auf der anderen Seite die Überzeugung besteht, daß der Gottesdienst der Kirche sich ununterbrochen ändern muß, meinetwegen von Jahr zu Jahr, von Woche zu Woche, und es überhaupt keine gültigen, allgemeinen, bleibenden Inhalte gibt, die unwandelbar wären. In dem Bericht von Uppsala stehen einige beherzigenswerte Worte, wie z.B.: »Das Wort Gottes ist die Grundlage alles unseres Gottesdienstes« oder das andere schöne Wort: »Der Gottesdienst bedarf genauso wenig einer Rechtfertigung wie die Liebe.«

Die VI. Sektion von Uppsala befaßte sich mit dem Thema des *christlichen Gehorsams*, d.h. wie kann der einzelne Christ in dieser Welt heute als Christ leben? In diesem interessanten Bericht steht vieles zu lesen über Generationenkonflikte, über Machtausübung in der Welt und über Partnerschaft. Die Frage der christlichen Ethik ist in der Tat in der ganzen Welt den Christen heute neu gestellt. Sie stehen vor dem Problem, ob es hier echte zu akzeptierende und zu bejahende Wandlungen geben kann, ja geben muß, oder nicht. Auch diese Frage ist angerührt, aber noch nicht beantwortet.

Das große Thema von Uppsala war der *Auftrag der Kirche an die Welt von heute und morgen*, der Beitrag der Kirche zur Lösung von Weltproblemen, der Weg zur Weltgemeinschaft der Völker und darum der Anteil der Kirche an der Entwicklungshilfe für die sog. farbige Welt; damit im Zusammenhang der Kampf gegen den traditionellen, sich in unserer Zeit immer noch ausbreitenden Rassismus und der politische Einsatz des Christen für die Entwicklung und Neugestaltung der Gesellschaft. Man muß sagen: Wenn man das »Motto« von Uppsala sich vor Augen stellt, in dem es ja nach dem Neuen Testament hieß: »Siehe, ich mache alles neu!«, gab es manchmal in dieser Konferenz und in ihren Entschließungen den nicht ganz zu vermeidenden Eindruck, als ob die Christen sagen wollten: »Laß uns nur, *wir* machen schon alles neu!« Und diese Gefahr, daß wir uns selbst zu den Neuerern, zu den Erneuerern zu machen gedenken, ist eine Gefahr unserer Zeit. Weil wir offenbar nicht mehr so recht an die erneuernde Kraft des Evangeliums selbst glauben, halten wir dafür, daß wir selbst etwas Entscheidendes tun müssen in der Meinung, darin würde das Wort wahr: »Siehe, ich mache alles neu.« Gegenüber dieser Gefahr stand in Uppsala eben nicht nur das Thema »Frieden und Gerechtigkeit auf Erden« und nicht nur das Thema »Entwicklungshilfe« zur Diskussion, sondern auch »Gottesdienst«, »Ethos« und vor allen Dingen das Thema »Mission«. Lassen Sie uns die Weiterarbeit an dem, was im Uppsala-Bericht enthalten ist, nicht vergessen. Lassen Sie uns auch daran denken, daß in Uppsala eine Reihe von hervorragenden, lesens- und studienwerten *Vorträgen* gehalten worden ist, die einer gründlichen Durcharbeitung bedürfen.

III.

Das dritte Stück im ökumenischen Bereich ist die *Römisch-Katholische Kirche*. Die nachkonziliare Ära im römischen Katholizismus ist für uns alle ein erregendes Schauspiel. Einige ziehen radikale, weittragende Folgerungen aus den Entschließungen des Konzils und bringen damit geradezu gewaltsame und gewaltige Spannungen im Katholizismus zur Entladung, wie wir sie dort lange Zeit hindurch nicht mehr für möglich gehalten, auch nicht mehr erlebt haben. In der römisch-katholischen Theologie von Männern wie Rahner, Schillebeeckx, Böckle-Bonn oder Küng finden wir die Entfaltung einer neuen christlich-biblischen Offenbarungstheologie in einem Kampf gegen die im 19. Jahrhundert wieder so kräftig zum Leben erweckte Neu-Scholastik; darum der Kampf der progressiven Theologie gegenüber der konservativen. Ein besonderes Beispiel auf diesem Gebiete ist für uns der Niederländische Katechismus, der Kampf um seine Erhaltung gegenüber den Forderungen auf Abänderungen. Hier wird eine große Kraftprobe vor uns dargestellt, die deutlich macht, was nach dem II. Vatikanischen Konzil in der Römisch-Katholischen Kirche tatsächlich möglich ist. Das Gespräch über die Päpstliche Enzyklika, vor allen Dingen über die Enzyklika Humanae Vitae, hat gezeigt, wie weit innerhalb der Römisch-Katholischen Kirche heute eine Opposition gegen das Papsttum gewagt werden kann. Begreifliche Besorgnisse sind aufgetaucht auf allen Seiten über die Richtung, die in der katholischen Theologie eingeschlagen wird, über die Möglichkeit, daß zwischen Theologie und Hierarchie eine tiefe Spaltung sich entwickeln könnte. Wir sind sicherlich nicht ohne Grund über viele Vorgänge mit besorgt. In der römisch-katholischen Christenheit selbst, in den Gemeinden, finden wir erstaunliche, nahezu revolutionäre Änderungen im Kirchenraum. Die Fülle der neuen katholischen Kirchen zeigt uns ein ganz anderes Gesicht als das der bisherigen katholischen Kirche. Es findet sich an vielen Orten so etwas wie ein Aufstand der Laien gegenüber dem Klerus, vor allen Dingen gegenüber der Hierarchie. Darum die notwendigen Rufe auf der anderen Seite zur Verpflichtung des Gehorsams. Rebellische Stimmung findet sich auch im römischen Klerus, wie aus verschiedenen Dokumenten unserer Tage hervorgeht.

Die Auswirkungen aber des Konzils, die uns besonders interessieren, sind natürlich die, die in die Richtung einer ökumenischen Kooperation verweisen. Hier – meine ich – haben wir bisher den größten Fortschritt auf Weltebene. Auch in Deutschland sind allerlei Planungen in Angriff genommen worden. Wir haben auf deutschem Boden wie im Bereich der großen ökumenischen Konferenzen den Anfang einer ökumenischen Kooperation. Man denke auch an die ökumenische Kooperation, wie sie in Biafra stattfindet, als eines von vielen Beispielen. Aber nicht nur im Bereich der Caritas und der persönlichen Hilfe, sondern auch im Bereich des Verhältnisses der Kirchen zueinander sind hier ganz neue Anfänge gemacht worden. Das Verhältnis der evangelischen und der katholischen Kirche zueinander ist noch ein besonderes Problem auf deutschem Boden. Wir haben hier einen gemeinsamen Koordinierungsausschuß für die Evangelische Kirche in Deutschland einerseits und die Fuldaer Bischofskonferenz andererseits gebildet. Wir haben in verschiedenen Bereichen ökumenische Gebietsausschüsse gebildet, so z.B. in Nordrhein-Westfalen, aber auch im Bistum Trier hat es angefangen, und zwar sind die Wünsche von beiden Seiten ausgegangen. Auch bei dem letzten Zusammensein in Bielefeld (bei der Einführung von Präses Thimme) mit katholischen Bischöfen, mit dem kommenden Erzbischof von Köln, kam wiederum im persönlichen Gespräch der starke Wunsch durch, daß wir doch enger zusammenarbeiten möchten, da wir doch heute mehr denn je dazu herausgefordert seien. In Planung befindet sich übrigens – das sei am Rande vermerkt – ein gemeinsamer Text des Apostolischen Glaubensbekenntnisses. Im Laufe des kommenden Jahres wird man hoffen können, daß diese Verhandlungen zu einem Abschluß kommen und daß den Kirchen dann ein gemeinsamer Text des Apostolischen, des von uns ja an jedem Sonntag bekannten Bekenntnisses für den deutschen Sprachraum vorgelegt werden wird. In Planung befindet sich auch die Übersetzung der Heiligen Schrift, eine gemeinsame evangelisch-katholische Bibelübersetzung, von der ich auch sagen würde, daß sie von großer Wichtigkeit für die kommende Zeit werden würde. Aber das wird noch einige Jahre dauern, da man zunächst mit den Perikopen begonnen hat, beispielhafte Texte zu übersetzen, um daran zu erproben, ob der hier eingeschlagene Weg sich als gangbar erweist für die Lese- und Auslegetexte.

So erfreulich das meiste ist, was seit dem Konzil schon zwischen uns geworden ist, so gewiß muß auch gesehen werden, welche schweren ungelösten Fragen immerhin noch zwischen uns stehen. Ich erwähne hier nicht nur die leidige Mischehe, sondern ich erwähne gerade auch jene entscheidende Frage, die zwischen den Kirchen steht: was es um die Messe ist, und daß hieraus gerade auch folgt, warum es zwischen uns und der Römisch-Katholischen Kirche – übrigens von beiden Seiten im Grundsatz bejaht – noch keine Interkommunion geben kann. Auch wenn es hier und da solche Vorstöße gibt und sozusagen die Ufer überflutet werden, wird man sagen müssen, es wäre doch eine sehr ernste Frage, ob man ohne eine Klärung dieses zentralen Problems der römisch-katholischen und evangelischen Theologie so über alles hinwegsehend sich als evangelischer Christ an einer römisch-katholischen Messe beteiligen könne und auch mit kommunizieren dürfe und umgekehrt. Wenn auch die Mariologie und der Marienkult an vielen Stellen offenbar zurückgetreten sind, wenn auch der Heiligenkult, der Reliquienkult keine so große Rolle in der Öffentlichkeit mehr zu spielen scheint, wenn wir recht sehen, so ist doch dieser große katholische Frömmigkeitsraum noch vorhanden und lebendig und gehört sicherlich zu den eigentlichen großen Hindernissen einer Wiedervereinigung. Gewiß, in der römisch-katholischen Kirche wird heute angefochten die hierarchische Struktur der Kirche, das unfehlbare Lehramt – in bestimmten Bereichen jedenfalls –, das Vorrecht der Tradition, die naturrechtliche Ethik, aber doch oft mit sehr untheologischen Gründen von solchen, deren theologische Einsicht doch eigentlich der Größe dieser zentralen Fragen nicht angemessen ist. Darum – bei aller Freude über die Wandlungen, auf die wir jetzt schon zurückblicken können – sollten wir uns keine Illusionen machen über die wirklichen ungelösten Fragen, über die echten Gräben, die leider – wie wir sagen müssen – noch zwischen uns bestehen, wenn wir wenigstens am Evangelium des Neuen Testamentes festhalten wollen.

B. Die Evangelische Kirche in Deutschland
I.

In der Evangelischen Kirche in Deutschland hat sich eine *Vertiefung der Trennung der östlichen und westlichen Gliedkirchen* angebahnt. Die Vorgeschichte liegt lange zurück. Seit vielen Jahren hören wir von seiten der Regierung in Pankow den Wunsch, daß innerhalb der Deutschen Demokratischen Republik eine evangelische Kirche – getrennt vom Westen – sich konstituieren möge. Dies ist bis zum heutigen Tage nicht in Erfüllung gegangen. Allerdings stehen wir jetzt vor ganz neuen Entscheidungen. Ein neuer Vorstoß gegen die Gemeinsamkeit der Evangelischen Kirche in Deutschland wurde seit 1967 immer deutlicher, indem immer mehr Vertreter der evangelischen Kirche gehindert wurden, mit den Brüdern im Osten zusammenzukommen; etwa die Mitglieder des Rates der Evangelischen Kirche in Deutschland, die Mitglieder des Rates der Evangelischen Kirche der Union und viele andere – auch der Lutherischen Kirche Deutschlands – wurden in immer steigendem Maße daran gehindert, nach Berlin einzureisen. Sie wurden als unerwünscht bezeichnet. Hinzu kommt dann das Ihnen ja bekannte wichtige Ereignis: die neue Verfassung der DDR. Diese neue Verfassung hat die Situation der Kirche rechtlich sehr viel weitgehender geändert, als das vielleicht bisher in Erscheinung getreten ist. Letzten Endes ist eben hier etwas ganz Neues geschehen: die im tiefsten Grunde radikale Privatisierung des Christentums, der christlichen Kirche, der radikale Abbau dessen, was bisher noch Volkskirche war, von der Seite aus, was der Staat hierzu zu tun vermag. Und man kann begreifen, daß infolgedessen, was in dieser Verfassung über die Kirche steht, die Beunruhigung in den Kirchenleitungen der DDR stärker wurde und man darum darauf kam, einen neuen Zusammenschluß in der DDR zwischen den dort vorhandenen Gliedkirchen der EKD durchzuführen, um dadurch den Druck der Regierung auf die Kirche abzufangen und um sich selbst durch diese Zusammenschließung zu stärken und um vor allen Dingen denen, die der Kirche dauernd vorwarfen, sie würde vom Westen gesteuert, den Wind aus den Segeln zu nehmen. Die staatlichen Forderungen: Trennung von dem Rat der EKD, Trennung von der bisherigen EKD – wurden immer offenkundiger. So ist es nicht zu verwundern, daß man sich daran gemacht hat, mit aller Sorgfalt und Vorsicht freilich, aber immerhin doch, einen Verfassungsentwurf zu schaffen für einen »Bund evangelischer Kirchen in der Deutschen Demokratischen Republik«. Dieser Bund der evangelischen Kirchen tritt de facto in der DDR an die Stelle der Evangelischen Kirche in Deutschland. Daran kann nicht gezweifelt werden, da er ja den ganzen Bereich dieser Kirchen umfaßt und tatsächlich ja die Organe der Evangelischen Kirche in Deutschland faktisch ersetzt werden durch die neuen Organe: eine Synode des Bundes und eine Leitung des Kirchenbundes. Wenn dies zustande kommt, ist ja für irgendwelche Funktionen einer Evangelischen Kirche in Deutschland dort kein Platz mehr. Und – meine Brüder und Schwestern – dies entspricht genau dem Wunsch der kommunistischen Regierung in Pankow. Inzwischen ist ja schon ein Faktum geschehen, daß die Vereinigte Lutherische Kirche sich in den östlichen Gebieten zusammengeschlossen hat zur Vereinigten Kirche in der DDR, während dies in der EKU noch nicht geschehen ist, obwohl die gesetzlichen Voraussetzungen für einen solchen Ernstfall bereits getroffen worden sind. Denn wir können nicht erwarten, daß die Evangelische Kirche der Union im Zuge dieser Entwicklung von alledem ausgenommen bleibt, was sich hier gestaltet. Wieweit die Evangelische Kirche in Deutschland als Gesamterscheinung, ihr Rat, ihre Synode, ihre Grundordnung davon betroffen sein werden, das wird sich erst noch zeigen müssen. Das kann man heute noch nicht sagen. Die Befürchtungen sind allerdings nicht gering, wenn auch niemand das Ende der EKD will, auch niemand im östlichen Bereich. Wenn auch alle östlichen Gliedkirchen sich durch das, was sie hier entwickeln als Bund der evangelischen Kirchen in der DDR, von der der EKD nicht trennen wollen und ausdrücklich das betonen, so kann man nur sagen, die Regierung der DDR verhindert faktisch das Funktionieren der EKD immer mehr. Synoden können nicht mehr gleichzeitig stattfinden, man wagt auch nicht mehr, Synoden gleichzeitig einzuberufen, und der Rat kann nicht mehr zusammenkommen. Die Ratsmitglieder haben sich seit Jahren im allgemeinen nicht mehr gesehen, es sei denn, sie sähen sich einmal an irgendeinem fernen Orte der Welt – oder in Uppsala. Aber sonst ist es nicht möglich, zusammenzukommen. Man will eben ganz besonders die Wirksamkeit des Rates der EKD als des Hauptangegriffenen unmöglich machen. Dieser Ernst der Lage der Evangelischen Kirche in Deutschland kann also nicht verkannt werden.

II.

Die Regionalsynode war die einzige Synode, die seit 1967 jetzt stattgefunden hat[40]. Es hat also keine »Synode der EKD« mehr stattgefunden seit der letzten Synode, auf der noch einmal ein Rat für sechs Jahre gewählt werden konnte. Diese Regionalsynode in Spandau im Oktober vorigen Jahres hat in Fortsetzung von Beirut und Uppsala das Thema auch unserer Synode übernommen. »Die Zukunft der Kirche und die Zukunft der Welt – Die Synode der EKD 1968 zur Weltverantwortung der Kirche in einem revolutionären Zeitalter«[41]. Ich weiß nicht, ob Sie alle im Besitz dieses Buches sind, aber Sie werden dann noch in den Besitz dieses Buches kommen. Es ist die Zusammenfassung des Hauptinhaltes und der Hauptbeschlüsse. Dieser Bericht ist gerade erschienen. Auf die Reihe der eindrucksvollen Referate und Diskussionen kann hier natürlich gar nicht eingegangen werden. Das wichtige Ergebnis liegt vor
1. in der Entschließung (S. 11ff.), jenes Wort an die Gemeinden, von dem ich meinen würde, es verdiente eine gründlichere Verbreitung, als es bisher möglich gewesen ist, das Wort an die Gemeinden über den christlichen Auftrag und Beitrag zur Entwicklungshilfe und -politik;
2. auf Seite 179 in diesem Buche sind die Beschlüsse über den kirchlichen Beitrag, also den finanziellen Beitrag der Gliedkirchen und der Christenheit zur Bekämpfung der Not in der Welt.
Hier sind eine Reihe von Beschlüssen gefaßt worden, mit denen sich unsere Synode auch wird beschäftigen müssen. Ich brauche darauf nur aufmerksam zu machen.
Dann ist zu erwähnen die Schaffung einer Arbeitsgruppe für Entwicklungspolitik, der Plan eines gemeinsamen Sozialwissenschaftlichen Institutes unter Einbeziehung der rheinischen und westfälischen bisherigen Vorarbeiten und eine Information an die Gemeinden. Unsere Synode hat als Hauptthema die Fortsetzung dessen vor Augen, was in Berlin bearbeitet worden ist.

III.

Aus der Arbeit der EKD wäre noch viel zu berichten. Es sind nur Hinweise möglich aus der Arbeit des Rates und der Kammern. Inzwischen ist eine Friedensstudie erschienen mit dem Thema »Was Deutsche für den Frieden der Welt tun können«[42],

---

40 Vgl. Bericht über die regionale Tagung (West) der Synode der EKD vom 6.–11. 10. 1968, Hannover 1969.
41 München 1968
42 Friedensaufgabe der Deutschen. Eine Studie, Gütersloh 1968

eine Studie, die noch tatsächlich von Gliedern der Kirche in Ost und West gemacht worden ist. Dann ist die langerwartete Denkschrift zur Mitbestimmung in der Wirtschaft der Bundesrepublik Deutschland[43], genannt »Sozialethische Erwägungen zur Mitbestimmung«, erschienen, sicherlich eine bedeutsame Arbeitsleistung. Dann ist außerdem noch erschienen ein Memorandum zum Problem der »Freiheit der Presse«[44] im Blick auf die große Pressekonzentration von heute. In Arbeit ist – leider noch nicht veröffentlicht, aber in ganz kurzer Zeit zu erwarten – »die Handreichung für ökumenische Begegnungen«[45], außerdem eine Stellungnahme der Kirche zur Unruhe in der jungen Generation[46] und dann vielleicht in etwa einem Jahr die nicht unwichtige Ausarbeitung der großen Kommission für die Fragen der Sexualethik in unserer Zeit[47].

IV.

Ich komme zur *Evangelischen Kirche der Union*. Der Fortbestand der Evangelischen Kirche der Union war bisher – auch in den letzten Jahren – relativ unangefochten, vielleicht wegen des Namens, in dem »Deutschland« nicht vorkommt. Sie hat sogar im Februar 1968 wieder eine gemeinsame Synode gehalten, zwar an verschiedenen Orten, in Spandau und Potsdam, aber mit dem gleichen Gegenstand und den gleichen Beschlüssen. Auch diese Synode gehört in die Kontinuität der Versammlungen der Kirchen über das Thema der Weltverantwortung der Kirche für die Entwicklungshilfe. Der Bericht liegt auch vor. Sie haben ihn vor längerer Zeit bekommen: »Die Evangelische Kirche und der soziale Friede in der Welt«, auch ein sehr lesenswertes Werk, in dem eine Reihe von interessanten Aufsätzen enthalten ist[48]. Auch unsere Arbeit heute liegt in derselben Richtung. Von den anderen Themen sei nur erwähnt, daß dort die *Ordinationsthesen* beschlossen worden sind, und vor allen Dingen, was der Theologische Ausschuß ausgearbeitet hatte über die Heilsbedeutung des Kreuzes Jesu Christi. Diese Ausarbeitung hat übrigens dazu geführt, daß neue theologische Gespräche zwischen der Evangelischen Kirche der Union – auch des Rheinlandes – mit den Brüdern von der Bekenntnisbewegung »Kein anderes Evangelium« stattgefunden haben, und es hat sich dabei gezeigt, daß dies Wort eine gute Basis eines neuen, besseren Gespräches ist. Wir waren alle für diese Gespräche, die im Dezember stattgefunden haben, sehr dankbar, und es zeigt sich hieran, daß eben gerade in dem zentralen Bekenntnis der Kirche soviel Entscheidendes in der Ausarbeitung des Theologischen Ausschusses und der Synode der EKU gesagt ist, daß hier so etwas wie ein neues Vertrauensverhältnis sich anbahnen könnte.

Über das beschlossene Hilfspredigergesetz werden wir noch zu beschließen haben, ob es auch bei uns gelten soll.

Meine Brüder, war dies – 1968 – die letzte gemeinsame Sitzung der Synode der Evangelischen Kirche der Union? Unsere Sorge ist nicht unbegründet, denn wenn im Gesamtraum der DDR die Kirchenfrage gemäß den Forderungen des Staates gelöst werden wird, kann die EKU nicht davon unbeeinflußt bleiben. Bis dahin aber freuen wir uns, daß wir auch heute noch in der Evangelischen Kirche der Union wirklich geistlich und rechtlich fest beisammen geblieben sind.

---

43 Hg. vom Rat der EKD, Hamburg 1968
44 Vgl. KJB 1968, S. 135–138.
45 Ratschläge für interkonfessionelle Begegnungen, in: Missionierende Gemeinde, Heft 12, Berlin 1968
46 Presseerklärung des Rates der EKD vom 31. 1. 1969, vgl. KJB 1969, S. 111.
47 Denkschrift zu Fragen der Sexualethik. Erarbeitet von einer Kommission der EKD, Gütersloh 1971
48 Bericht über die Synode der EKU, Witten 1968

V.

Zur *Arnoldshainer Konferenz*[49] nur noch ein kurzes Wort anschließend: Diese Arbeit hat sich 1968 gut entwickelt. In ihr sind fast alle Kirchen der EKD außerhalb der VELKD verbunden. Die Hauptaufgabe des Jahres war die Vorbereitung eines Angebots der Kanzel- und Abendmahlsgemeinschaft an alle Gliedkirchen der Evangelischen Kirche in Deutschland. Was unsere Kirche immer schon gewünscht hatte, was in unserer Kirchenordnung bereits 1952 ausgesprochen war, das ist von der Arnoldshainer Konferenz aufgenommen worden und soll nun verwirklicht werden. Der Text liegt der Synode vor.
Inzwischen haben schon zahlreiche Kirchen ihre Bereitschaft erklärt, dieses Angebot der vollen Kanzel- und Abendmahlsgemeinschaft anzunehmen. Die rheinische Kirchenleitung erbittet die Zustimmung der Synode zu dieser wichtigen Sache zur Vertiefung der Einheit der Evangelischen Kirche in Deutschland in Zeiten ihrer steigenden Bedrängnisse. Es ist leider noch nicht zu erwarten, daß in absehbarer Zeit die Kirchen der Vereinigten Evangelisch-Lutherischen Kirche Deutschlands auf dieses Angebot eingehen. Aber die inzwischen angefangenen lutherisch-reformierten Gespräche unter Beteiligung der Unionskirchen, besonders der EKU, lassen uns hoffen, daß auch diese Schranke eines Tages unter uns fallen wird.

C. *Die Evangelische Kirche im Rheinland*

Nur ein paar Worte der Ergänzung zu dem gedruckten Bericht:

I.

In unserer Kirche – nicht nur in unserer, auch in anderen Kirchen – ging es 1968 stürmischer zu als in den Jahren vorher. Aber beginnen wir mit dem Hinweis auf ein erfreuliches, wenn auch im Grunde natürlich nicht bedeutendes Ereignis. Wir haben im Herbst in Wesel das *Gedächtnis des Weseler Konvents von 1568* gemeinsam begangen. Ich meine, dieses Fest war nicht nur gelungen, es zeigte auch, daß es berechtigt war, dieses Ereignisses unserer Geschichte noch einmal zu gedenken. Hier liegt doch so etwas wie der Anfang der Evangelischen Kirche im Rheinland. Die Väter zu hören, sie neu zu befragen, ist heute nicht üblich, aber nötig. Die Dokumentation, die wir herausgebracht haben[50], könnte uns zu denken geben, wenn wir uns unsere Lage von heute vergegenwärtigen, wenn wir reformfreudig werden. Die Väter damals haben in dieser Frage ihrer kirchlichen Ordnung vor allen Dingen die Bibel befragt und nicht die Gesellschaft und aus ihrer Bibel Einsichten gewonnen, wie Kirche in der neuen Zeit des 16. Jahrhunderts gegenwärtig existieren konnte. Auch dies sollte bei der Richtung unserer Gedanken nicht vergessen werden.

II.

Auf unserer Tagesordnung steht die *Tauffrage* in der Evangelischen Kirche im Rheinland, d.h. speziell das Problem der Freigabe des Tauftermins für Pfarrer und Presbyter im Unterschied von den Beschlüssen der Synode von 1952. Der Ausgangspunkt dieser neuen Erörterung war die Verabschiedung unserer Kirchenordnung. Während es immer wieder Einzelfälle von Taufaufschüben in verschiedenen Kirchen gab, kam es zu einer offiziellen Beschäftigung in unserer Kirche erst vor zwei Jahren, die aber nicht zu einem vollen Ergebnis führte. Daraufhin hat der Taufausschuß, der von uns eingesetzt wurde, seine Arbeit durchgeführt, im übrigen auch inzwischen ein Taufausschuß der Evangelischen Kirche in Deutschland und ein besonderer Taufausschuß, der von der EKU eingesetzt ist zur Frage der

---

49 Über ihre Entstehung vgl. KJB 1967, S. 45.
50 Weseler Konvent 1568–1968, Düsseldorf 1968

Erörterung der Tauftheologie von Karl Barth. Die Bildung eines Arbeitskreises »Taufe und Gemeinde« in Köln führte zu einem Antrag an die Landessynode, was in dem Bericht, den ich schriftlich gegeben habe, weiter ausgeführt worden ist. Ich habe darauf an verschiedenen Stellen in Verantwortung meines Amtes einiges zu sagen versucht. Inzwischen ist auch das geschehen, was die Synode vor zwei Jahren angeregt hatte, daß auf vielen Kreissynoden, Pfarrkonferenzen und darüber hinaus diese Frage verhandelt worden ist. Die Ergebnisse liegen nun vor, und die Synode muß eine Entschließung treffen über die von 1966 hinaus. Bei der Diskussion – das möchte ich doch noch sagen – hat sich folgendes gezeigt:
1. Die Probleme, die sich hier bei dieser Frage zeigen, liegen ziemlich tief. Es ist deutlich geworden, daß hier die Frage der Gültigkeit von Schrift und Bekenntnis ganz neu aufgeworfen wird und auch, was im Zentrum der Theologie liegt, die Lehre von Sünde und Gnade.
2. Es hat sich gezeigt, wie unvorbereitet wir vor diese Taufproblematik gestellt worden sind und wie wir es nötig haben, uns diesen Fragen erst recht zu stellen.
3. Es ist deutlich geworden, daß es sich hierbei nicht um eine Sache einer einzelnen Gliedkirche handelt, sondern um eine Sache, die alle evangelischen Kirchen in Deutschland angeht, da sie ja in einer solchen Gemeinschaft stehen, in der solche wesentlichen Fragen nur miteinander behandelt werden können.
Daß wir hier vor einer theologisch-geistlichen Aufgabe von hohem Rang stehen, dürfte keine Frage sein. Die Änderung der Kindertaufordnung der Kirche wäre in der Tat ein Signal von epochalem Rang in der Kirchengeschichte. Die Diskussion hat erst begonnen. Wir können sie daher hier und heute auf keinen Fall beenden. Im Gegenteil: es scheint mir gut zu sein, wenn wir uns gerade dafür neue Zeit und Kraft nehmen, die Frage der Taufe und des damit zusammenhängenden Problems von Wort und Sakrament neu zu durchdenken. Zur Tauffrage selbst möchte ich hier nichts sagen, sondern nur wünschen, daß wir in der Synode und ihren Verhandlungen der Größe der Probleme Rechnung tragen.

III.

Noch ein Drittes aus der rheinischen Kirche: *das Politische Nachtgebet in Köln.* Ich muß hiervon sprechen nicht nur, weil diese Sache in Presse und Rundfunk einiges Aufsehen erregt hat, sondern auch, weil es sich hier um eine ernste Frage an die Kirche handelt, ob das Politische Nachtgebet in unseren Gotteshäusern tragbar ist oder nicht. Das erste Politische Nachtgebet fand während des Essener Katholikentages in einer katholischen Kirche statt, das zweite am 1. Oktober in Köln – nicht in St. Peter, weil der Kardinal es verboten hatte, sondern daraufhin in der Antoniterkirche. Das Dokument hierüber erhielt ich freilich erst im November, und es erschreckte mich, weil ich sah, was hier unter Gebet und Gottesdienst verstanden wurde. Darum: Als ich von Journalisten danach gefragt wurde Ende November, habe ich aus meiner Ablehnung, aus meiner kritischen Beurteilung kein Hehl gemacht, freilich nicht ohne heftigen Widerspruch in der Presse, aber auch bei den Veranstaltern selbst, mit denen ich eine mehrere Stunden lange Diskussion in Köln im November gehabt habe. Aber leider haben wir auch nicht Zeit genug. Trotzdem: Urteilen Sie selbst über diesen neuen Gottesdienst als Modell eines politischen Nachtgebetes in unserer Kirche. Ich habe hier das Dokument vor Augen, in dem wir zunächst eine Einladung lesen des Ökumenischen Arbeitskreises an die, die dazu kommen sollten, mit folgenden Bemerkungen:
»Ein religiöses Gebet ohne politische Konsequenzen ist eine Heuchelei. Ein theologisches Nachdenken ohne politische Praxis ist sinnlos. Zum Gottesdienst gehört die politische Information. Zum Gottesdienst gehört das selbstkritische Nachdenken, die Meditation, das Gebet und die Diskussion. Sie sind gleichberechtigte Elemente in den neuen Formen christlichen Lebens, die wir versuchen.«

Dann will ich alles andere überschlagen. Es kommt ein erstes Statement, wie es heißt, also eine politische Information. Sie befaßt sich besonders mit den Problemen des 21. August 1968. Dann folgt ein Bibeltext, in dem folgendes zu lesen ist:
»Matthäus 5,21 f.: Ihr habt gehört, daß zu den Alten gesagt ist: Du sollst nicht töten. Wer aber tötet, soll dem Gericht verfallen sein... Heute heißen diese Worte Jesu: Ihr habt gehört, daß seit einiger Zeit gesagt wird, ihr sollt nicht kriegführen und beim Völkermord mittun. Wer aber zu den Mördern gehört, der wird verurteilt werden. Ich aber sage euch: Wer auch nur denkt, daß die Kommunisten ihre Maske fallengelassen haben, so daß die Entspannungspolitik falsch sei, der macht sich schuldig. Und wer jetzt wieder in den östlichen Nachbarvölkern den brutalen Untermenschen sieht, der ist kein Christ. Wer aber sagt, wir müssen sie isolieren und den Wehretat erhöhen, der arbeitet mit an der Zerstörung unserer Welt.
Was starrt ihr auf den sowjetischen Imperialismus und vergeßt den der Amerikaner? Was starrt ihr auf die Armeen des Warschauer Paktes und vergeßt die NATO und die Angst, die sie einflößt? Wie könnt ihr die Unfreiheit der anderen kritisieren, während ihr Telefone abhört, Kommunisten einsperrt und Studenten niederknüppelt? Wie könnt ihr entsetzt sein über die Besetzung der CSSR, da ihr noch nie entsetzt wart, wenn die Grenzen von 1937 verlangt wurden und von der Befreiung Osteuropas die Rede war!«
Dann folgt ein zweites Statement, eine starke antiamerikanische Demonstration, und daraufhin eine Meditation, aus der ich nun folgende Sätze verlesen möchte:
»Wir haben nicht gelernt, worauf es ankommt, daß ein christliches Leben ohne politisches Handeln eine Heuchelei ist und daß jeder religiöse Satz zugleich ein politischer sein muß, daß in den Generalstäben und Planungsbüros über Christus entschieden wird. Wir haben nicht gemerkt, worauf es ankommt: daß der Glaube heute eine neue soziale Gestalt sucht, daß Christus eine Chance habe im Gespräch am Arbeitsplatz usw. Wir haben nicht gemerkt, worauf es ankommt: daß Christus uns für seine Revolution braucht.«
Dann folgt der Höhepunkt dieses Gottesdienstes, das von Frau Dr. Dorothee Sölle verfaßte *Glaubensbekenntnis*. Dieses Glaubensbekenntnis erforderte im Grund eine sehr gründliche theologische Durchdenkung. Ich habe fast gegen jeden Satz schwere Einwendungen. Ich denke jetzt nur daran, daß innerhalb eines Gottesdienstes formell ein neues Glaubensbekenntnis vorgelesen wird und dadurch das Problem auftauchen muß, in welchem Verhältnis das, was hier bekannt wird, zu dem Bekenntnis der Kirche steht. Ich will nur einen Abschnitt erwähnen:
»Ich glaube an Jesus Christus, der recht hatte, als er – ein einzelner, der nichts machen kann – genau wie wir an der Veränderung aller Zustände arbeitete und darüber zugrunde ging.«
Ich kann nicht verstehen, wie das eine neue Interpretation dessen ist, was die Heilsbedeutung des Kreuzes Christi bisher genannt wurde.
»An ihm messend, erkenne ich, wie unsere Intelligenz verkrüppelt, unsere Phantasie erstickt, unsere Anstrengung vertan ist, weil wir nicht leben, wie er lebte. Jeden Tag habe ich Angst, daß er umsonst gestorben ist, weil er in unseren Kirchen verscharrt ist, weil wir seine Revolution verraten haben in Gehorsam und Angst vor den Behörden. Ich glaube an Jesus Christus, der aufersteht in unser Leben, daß wir frei werden von Vorurteilen und Anmaßung, von Angst und Haß und seine Revolution weitertreiben, auf sein Reich hin.«
Dies nur als Beispiel für die ernsten Fragen, die für einen Theologen hier auftauchen. Ich will von den Fürbitten nicht mehr sprechen, sondern nur noch darauf aufmerksam machen, daß merkwürdigerweise, nachdem eine Seite mit Fürbitten besonderer Art gefüllt ist, am Schluß noch sieben Thesen über das Bittgebet ste-

hen. In diesen sieben Thesen wird zum Ausdruck gebracht, daß das christliche Gebet – wie es hier heißt – »auf das Wunder verzichtet; es will keine magische Veränderung der Situation.« – »Im Gebet übernimmt der Mensch die Verantwortung für den Zustand seiner Welt.« In dem Gebet – so kann man hier sagen – hat der Mensch es also im Grunde nur mit sich selbst zu tun. Auch dies ist eine überaus fragwürdige und bedenkliche Sache. Es ist dann in den nächsten beiden Nachtgebeten im Unterschied von dem ersten einiges geändert worden. Aber auch hier sind schwere Bedenken zur Erörterung zu stellen, ob es angeht, daß sich eine christliche Gemeinde von heute hinstellt und eine Abrechnung hält mit ihren Vätern und Vorvätern, mit den Kreuzzügen und mit Luthers Stellung zum Bauernkrieg und anderem und zeigt, wie die Kirche in allen Jahrhunderten in entscheidenden Dingen versagt hat. Dafür möchte die heutige Gemeinde Buße tun. Ich glaube, es steht uns nicht zu, für die Sünden der Väter Buße zu tun und sie sozusagen vor der Welt anzuprangern, denn uns steht nicht zu, das Jüngste Gericht zu übernehmen. Wenn wir Buße predigen, dann uns, aber nicht unter Inanspruchnahme der Fehler oder Versäumnisse – wie wir meinen – unserer Väter und Vorväter. Das ist eines von den Beispielen, wo es mir auch zum Bewußtsein gekommen ist, daß hier das Wort »Gebet« doch eigentlich nicht recht gebraucht wird, sondern daß hier in viel stärkerem Maße eine Art von politischer Demonstration vorliegt. Was fehlt, ist das Wort Gottes und seine Auslegung. Es fehlt vieles von dem, was für uns für ein Gebet, für einen Gottesdienst unentbehrlich ist. Aber es soll hier – und das ist nicht unwichtig –, wie wir jetzt in einer Druckschrift lesen können, dies Politische Nachtgebet als ein *Modell* verstanden werden. Es ist also prinzipiell von grundlegender Bedeutung. Es soll hier eine grundlegende Wandlung des Auftrages der Kirche geschaffen werden. Darum erscheint mir dies wie ein Fanal. Frau Dr. Sölle hat in einem Aufsatz davon ausdrücklich gesprochen. Ich will nur ein paar Sätze herausstellen, obwohl das Ganze sehr lesenswert wäre, weil nämlich hier von einer neuen Theologie die Rede ist, die nicht mehr von oben nach unten reflektiert, sondern horizontal, also nur noch innerweltlich reflektiert:

»Will man nicht in ein naives Engagiertsein verfallen, so wird die Arbeit auch und gerade die innerkirchlichen Strukturen zu ändern haben, weil sie das naive, z.B. karitative Engagement erlauben, ein informierendes, reflektiertes und politisch Partei ergreifendes christliches Verhalten aber diskriminieren. Für die bundesrepublikanischen Verhältnisse bedeutet dies, daß wir den schon lang begonnenen Prozeß der Selbstauflösung der Volkskirche vorantreiben um einer sich demokratisierenden Kirche willen, in der jeder Gläubige zur Meinungsbildung berufen ist. Die Politisierung des Gewissens ist der Anfang dieser Bewegung. Die entstehende Freiwilligkeitskirche wird sich in den Formen des Widerstands und der Aktion einüben. Modelle der Art, wie das politische Nachtgebet sie darstellt, sind in jeder Gemeinde möglich; der polarisierende Gruppenprozeß wird dabei beschleunigt, und die Freiwilligkeitskirche wird, nicht administrativ, sondern in unmittelbarer Demokratie von unten nach oben gebaut.«

Wenn man das, was hier steht, ernst zu nehmen hat, dann ist also das Politische Nachtgebet mehr als bloß ein Gebet, sondern das Modell für eine grundlegende Kirchenreform im Sinne einer Politisierung der Gewissen, wie es hier ausgesprochenermaßen heißt.

IV.

Ehe ich in Fortsetzung der hier zuletzt angeklungenen Gedanken zur Kirchenreform noch ein paar Worte sagen muß, möchte ich noch auf eine wichtige Frage eingehen im Bereich unserer Kirche, mit der sich die Synode meines Erachtens auch befassen muß. Es ist das Thema der *Aus- und Fortbildung der hauptberuflich tätigen Mitarbeiter* unserer Kirche. Die Evangelische Kirche im Rheinland hat in den letzten Jahren schon Erhebliches getan. In der Kirchlichen Hochschule Wuppertal, für deren Finanzierung sie große Sorgen trägt, den Seminaren in Düsseldorf, dem Oberseminar, der Jugendakademie in Radevormwald, im Pädagogisch-Theologischen Institut, dem Pastoralkolleg, der Akademie, dem Sozialwissenschaftlichen Institut – in all diesen Einrichtungen ist planmäßige Aus- und Fortbildung durchgeführt worden: Religionslehrer an Berufsschulen, Katecheten, Gemeindehelfer und Gemeindehelferinnen, Jugendarbeiter, Verwaltungsbeamte usw. Wir sehen jedoch, daß die steigenden Anforderungen an die kirchlichen Mitarbeiter neue und weitere Wege erfordern, sollen wir den Aufgaben der Kirche in der heutigen Gesellschaft noch gerecht werden. In den letzten Jahren haben wir mit Recht sehr viel Geld in kirchliche Gebäude investiert. Jetzt ist der Augenblick da, zu erkennen: Neue Investitionen der Kirche in die Aus- und Fortbildung der kirchlichen Mitarbeiter aller Art. Niemand ist heute imstande, mit seinem Examen für sein Leben genug gelernt zu haben, sondern er braucht für seinen Beruf nach Absolvierung seiner Ausbildung in Schule und Examen eine Weiterbildung über die nächsten Jahre seines Berufes hinweg. Wir müssen alle weiter lernen, wir müssen dazu Angebote, neue Lehrgänge und Planungen schaffen, die erforderlich sind. Wir müssen uns – und das sei das Letzte – darauf einstellen, daß die Kirche selbst und allein für die Aus- und Fortbildung ihrer Kräfte aufkommen wird. Daß wie bisher Staat und Gesellschaft uns die Hauptunkosten und Einrichtungen abgenommen haben, wird sich – wenn ich recht sehe – langsam ändern. Denn die moderne Gesellschaft hält sich nicht länger für verpflichtet, für die Religion ihrer Glieder irgendwelche Sorge zu tragen. Die Kirche muß also um so mehr in den Sektor Unterweisung selbst eintreten. Eines Tages wird sie auch für die Ausbildungsstätten ihrer Theologen, Pastoren, Missionare, Religionslehrer selbst und allein Sorge tragen müssen. Die Kirche ist dabei, unter dem Druck gesellschaftswirksamer Kräfte ihre gesellschaftliche Rolle ändern zu müssen. Darum seit Jahren die verbreitete Kritik an der Kirche und andererseits die Unternehmungen zur Kirchenreform. Und davon soll nun noch abschließend die Rede sein.

D. *Die evangelische Kirche im Kreuzfeuer der Kritik*

I.

Die Welt, in der die Kirche lebt, ist in einem raschen und tiefgreifenden Wandel begriffen. Über dieses Thema habe ich vor einem Jahr auf dieser Synode ausführlicher berichtet. Dieser Wandel hat seine Ursache in der ungeheuren Entwicklung der Naturwissenschaften und der Technik – wir denken an die erste Fahrt von Menschen zum Mond, wir denken an die durch die Technik ermöglichten, geradezu gigantischen Ausmaße der Großindustrie, durch die die menschliche Gesellschaft verändert wird, ob sie will oder nicht. Aber die Welt, in der die Kirche lebt, soll nun auch nach der Vorstellung einer ganzen Reihe von Menschen rational verwandelt werden. Man ist nicht zufrieden mit dem tiefgreifenden Wandel, der ohnehin erfolgt, sondern man sagt: Die Welt darf nicht nur erklärt, sie muß verändert werden, und zwar muß sie verändert werden wegen ihrer offenbaren Mängel. Die Mängel, die in der Welt sind durch den Menschen, werden gesehen, und man ist der Überzeugung, daß durch einen Strukturwandel wesentliche Mängel abgeschafft werden können. Man ist heute sehr stark der Meinung, daß gerade Strukturen den Menschen an seiner Menschlichkeit hindern. Damit also der Mensch ein besseres, menschlicheres Leben führen kann, muß die Welt verändert werden, und zwar gründlich und überall. Veränderung der Welt – aber wie, durch welche Mittel und in welcher Richtung? Das ist eine Frage, über die natürlich die vielen, die sich an diesem Problem versuchen, verschiedener Meinung sind. Hierum geht großer Streit. Abgesehen davon, daß ein immerhin beträchtlicher Teil der heutigen Menschenwelt sich überhaupt gegen jede Veränderung der Welt zur Wehr setzt. Die Rebellion der Jugend in der Welt von heute, die ja die ganze Welt umkreist, ist ein Symptom dieser Krise. In dem schönen Eckardt-Jahrbuch 1968 mit dem Titel »Proteste« bitte ich Sie nachzulesen, was an Erörterungen und Bedenken in dieser Frage heute von sachverständigen Leuten gesagt werden kann. Ich hoffe, daß die EKD mit ihrer Denkschrift auch in Kürze über diese Frage ans Licht der Öffentlichkeit tritt.

In dieser Welt, in der nahezu alles geändert werden soll – das Verhältnis der Geschlechter zueinander, die Ehe als Einrichtung, die Familie, der Stil des Berufs, der Staat, vielleicht der Ersatz des Staates durch die Gesellschaft, alles ist in Frage gestellt, weil es aus einer vorindustriellen, vornaturwissenschaftlichen, also einer überholten Zeit stammt –, lebt die Kirche natürlich nicht auf einer Insel, nicht einmal die römisch-katholische Kirche. Die Kirche ist in den Strudel der Krise mit hineingezogen. Sie steht umgeben von Kritikern, die die dogmatischen, ethischen und politischen Ansprüche der Kirche entschieden bestreiten. Der alte marxistische Satz scheint allgemein Wahrheit der Gesellschaft zu werden: »Religion ist Privatsache.« Religion hat also in Öffentlichkeit und Gesellschaft nichts zu suchen, nichts *mehr* zu suchen. Kirche ist also von da aus gesehen Privatveranstaltung von immerhin noch vorhandenen privaten Religiösen; darum also: hinweg mit den bisherigen traditionellen Forderungen und Ansprüchen auf öffentlichrechtliche Institution der Kirche, auf Kirchensteuern, auf Religionsunterricht in den Schulen, Privatisierung der Frömmigkeit, Trennung von Staat und Kirche, keine Staatsverträge mehr, keine Konkordate, – alles das muß endlich ein Ende haben. Mit Befriedigung wird notiert, daß nur noch eine verschwindende Minderheit am kirchlichen Leben teilnimmt. Aus der DDR teilt man mit, daß dort in den letzten 15 Jahren nach Auskunft der offiziellen Instanzen rund ein Drittel der früheren Kirchenmitglieder die Kirche verlassen hat. Das Ende der Volkskirche steht also bevor. Also laßt uns stürzen, was schon im Fallen begriffen ist! Aber was sage ich: draußen? Nein, von drinnen erheben die Kritiker der Kirche ihre Stimmen, und zwar Stimmen widereinander. Kritik an der Kirche von allen Seiten, Kritik von rechts und von links. Niemandem kann es die arme Magd Christi jemals recht machen. Nur ein paar Hinweise:

II.

Die »*Notgemeinschaft evangelischer Deutscher*«, hervorgerufen durch die Vertriebenendenkschrift, hat sich seit dieser Zeit fest organisiert als eine kräftige Gruppe, die die Kirche unentwegt angreift. Dieser Kreis der Notgemeinschaft kritisiert die Kirche besonders wegen ihres – ja nun immerhin doch heute noch relativ bescheidenen – politischen Engagements. Ich lese nur ein paar Sätze aus dem Flugblatt der Notgemeinschaft zum Deutschen Evangelischen Kirchentag:

»Die offenkundige Politisierung und Klerikalisierung unserer evangelischen Kirche läßt uns gemeinsam befürchten, daß auch das uns allen am Herzen liegende Problem des Friedens bis zur Erschöpfung diskutiert wird, ohne daß ein befreiendes Ergebnis zustande kommt.«

Weiter:

»Mit ihren zahlreich erschienenen oder geplanten Denkschriften und Stellungnahmen zur Neuordnung der Landwirtschaft, zur Eigentumsbildung, zum Mitbestimmungsrecht, zum Eherecht, zur Teilzeitarbeit der Frau, zur Frage der Verjährung von NS-Verbrechen, zur Aufnahme diplomatischer Beziehungen mit Israel, zur Ostpolitik, zur Kriegsverhütung und Friedenssicherung und dgl. mehr hat unsere Kirche die Grenzen, die gerade einer kirchlichen politischen Diakonie gesetzt sind, weit überschritten. Indem sie diese sehr menschlichen Verlautbarungen als

›Prophetie‹, als Verkündigung ›im Namen Gottes‹ und als Werk ›des Heiligen Geistes‹ anerkannt wissen will, macht sie sich sogar der Schwarmgeisterei schuldig und erschüttert die Fundamente evangelischen Glaubens. Sie will päpstlicher als der Papst sein.
Dabei haben sich ihre Antworten auf die deutschen Schicksalsfragen mehr und mehr den östlichen, d.h. kommunistischen Forderungen angenähert oder sogar mit diesen identifiziert. Für den evangelischen Deutschen ist es daher eine bittere Erkenntnis, der kommunistischen Propaganda nun auch im geistlichen Gewande zu begegnen.«
Das ist ein scharfes, kräftiges, aber eindeutiges Wort der Kritik, hier noch einmal erschienen in einem Buche von Bernt von Heiseler »Christ und Vaterland«. Dabei ist dieses Buch nicht so heftig in seinen Äußerungen wie die verschiedenen Bücher des Dortmunder Pfarrers Alexander Evertz.
Also, es wird hier die »Politisierung der Kirche«, wie sie in den Denkschriften, die Sie ja alle kennen, zum Ausdruck kommt, angegriffen. Man möchte die Kirche wie früher, seit der Reformation, als Anwalt der Nation, als religiöse Untermauerung des Volkes, als Stütze des Staates und der Gesellschaft. »Thron und Altar«, das alte Kirchenideal des 19. Jahrhunderts, wird hier besonders gelobt. Und darum: Kritik am politischen Einsatz der EKD, der Gliedkirchen, der Theologen, der Kirchenleitungen seit 1945. Die Parole heißt: Entpolitisierung der Kirche, Konzentration auf die reine Verkündigung des Evangeliums, kein Einsatz für politische Angelegenheiten in der heutigen Welt – oder nur in einem ganz engen, ganz beschränkten, ganz sorgfältig umsteckten Rahmen.

III.

Die andere Gruppe, die ich hier nur wegen ihrer Kirchenkritik erwähne, ist die *Bekenntnisbewegung »Kein anderes Evangelium«*. Wir hatten in den letzten Jahren öfter Gelegenheit, über die theologischen Probleme, die hier zur Diskussion stehen, ausführlicher zu sprechen. Heute nur dieses: Ich sagte schon, daß Gespräche im theologischen Raum angefangen haben, die erfreulich verlaufen sind. Aber wir müssen sehen: Kritik an der Kirche wird hier in heftiger Weise geübt, und zwar nicht nur ihre Politisierung, die auch gelegentlich angegriffen wird, sondern hauptsächlich ihre Stellung der Kirche zur modernen Theologie. Im letzten Jahre in Essen bei der Tagung der Bekenntnisbewegung sind heftige Worte gegen die Kirche gefallen, und zwar besonders gegen die Kirchenleitungen. Da ist auch die Frage erörtert worden, ob man angesichts der Verwirrung der bibelgläubigen Christen sie auffordern dürfe, die Kirche zu verlassen. Hierzu ist ein entschiedes Nein gesagt worden, aber es ist angedroht worden:
»Sollte die verfaßte Kirche ihre Ordnungen, ihre Bekenntnisse, ihre Agenden, ihre Gesangbücher in schriftwidrigem Sinne ändern, dann allerdings wäre solche Gemeinde nicht mehr Kirche Jesu Christi und nicht mehr unsere Heimat.« »Ich persönlich halte es mit vielen Freunden«, schreibt hier der Vorsitzende Pastor Bäumler, »nicht für ausgeschlossen, daß wir einmal doch zur Scheidung von der verfaßten Landeskirche durch unseren Herrn selbst gedrängt werden könnten.«
Die Vorwürfe, die uns seit langer Zeit gemacht worden sind, gerade als Kirchenleitung, aber auch als Synoden, heißen: Wir ließen moderne Theologen in den Prüfungskommissionen, wir bekämpften die moderne Theologie nicht. Wenn wir die Professoren auch nicht absetzen könnten, müßten wir jedenfalls die Pastoren absetzen, die die moderne Theologie vertreten. Wir ordinierten junge Kandidaten, ohne sie wirklich danach zu befragen, wo ihre theologische Stellung sei, ja, wir ordinierten sie, trotzdem sie offenkundig modernen Irrlehren anhingen. In summa: Wir übten als Kirche keinerlei Lehrzucht. Wir seien so etwas wie eine pluralistische Kirchengesellschaft, in der alle Ansichten gelten könnten. Die Bekenntnisbe-

wegung dagegen fordert eine Kirche, in der Schrift und Bekenntnis in Kraft und Geltung stehen, in der es eine Lehreinheit gibt über die Offenbarung, über die Heilige Schrift, über Jesus Christus, den gekreuzigten und auferstandenen Herrn, über sein Sühneopfer am Kreuz und über seine leibliche Auferstehung, in der nichts preisgegeben, nichts uminterpretiert wird, sondern am altkirchlichen und reformatorischen Glaubensbekenntnis entschlossen festgehalten wird. In Essen haben wir gehört, wie unterschieden wird zwischen der noch auf den richtigen Bekenntnissen ruhenden Kirche und den Kirchenleitungen, die schon langsam am Abbau dieser Bekenntnisse tätig sind und gegenüber denen man schon damit rechnen muß, daß der Zeitpunkt kommen könnte, wo diese Kirchenleitungen, ihre Synoden und Kirchenämter, dazu übergehen würden, entscheidende Änderungen zu inaugurieren.

Der Bekenntnisbewegung ist die evangelische Kirche zu liberal, zu modernistisch; der Notgemeinschaft ist sie zu politisch links orientiert. Beide kämpfen um eine Änderung der evangelischen Kirche in Deutschland, die einen aus einer politisch-konservativen Grundüberzeugung, die andern aus einer theologisch-konservativen Überzeugung.

IV.

Ihnen steht gegenüber eine vielfältige Gruppe von Kirchenreformern, von denen ich nun noch sprechen muß.

Von den *gemäßigten*, seit Jahren tätigen *Kirchenreformern* brauche ich hier nicht viel zu sagen. Diese Kirchenreform fand auf dem Kirchentag seit Jahren einen gewissen Niederschlag. Hier war eine ganze Gruppe von Kirchenreformern tätig, wie etwa Dombois, von Thadden, der Professor aus Göttingen, dann auch aus unserer Kirche von Goessel und Stephan oder auch Professor Marsch, eine ganze Reihe von Leuten, die sich in sorgfältiger, mühevoller Arbeit mit der Frage: »Kirche von morgen« (oder von übermorgen) beschäftigten. Hier ging es um die überlieferten Grenzen der Landeskirchen, um die traditionellen Kirchenämter und ihre Änderungen, über den Anteil der Laien am Kirchenregiment. Ich erinnere daran, wie auf dem Kirchentag in Hannover der frühere Staatssekretär Müller leidenschaftlich dafür eintrat, auf den Synoden müsse es endlich wieder Parteien geben, die miteinander in Streit gerieten. Dadurch würde die Kirche gebessert werden. Nun, viele andere hielten das für eine fragwürdige Angelegenheit, aber das lassen wir auf sich beruhen. Kritik an der Kirche wird aber außerdem auch von solchen geübt, die in ihren Schriften kritische Äußerungen über die Kirche vollziehen. Ich habe nur ein Beispiel hier vor Augen von einem vielen bekanntgewordenen Rundfunkvortrag über das Thema »Der menschliche Erlöser und die allzumenschliche Kirche«, geschrieben oder gesagt von *Manfred Mezger*, Professor in Mainz. Ich will jetzt nichts sagen über das, was hier nach meiner Überzeugung in äußerst bedenklichen Äußerungen über die Menschlichkeit Jesu Christi gesagt wird, sondern bloß über seine Kritik an der Kirche:

»Die komische Frage – sagt er hier – ist gar nicht dumm: Hat Jesus das gewollt, so, wie die Kirche sich heute darstellt? Da hätte er gar nicht zu kommen brauchen. Denn ein Amtswesen, mit Gesetzen und Schriftgelehrten, mit Buchreligion und Auslegungsstreit, mit Kult und Kunst und Kirchentümern – das hat er ja angetroffen. Gegen das ist er ja angetreten. Er wollte die Reichsunmittelbarkeit der Kinder Gottes, und was blieb? Der selbstmächtige Instanzenweg, der sich in alles und jedes einschaltet, was ein Mensch mit Gott zu tun hat. Muß ein Kind, das seinen Vater sprechen will, durch zwanzig Vorzimmer dringen? Kirche – dieser Koloß von Dienstgraden und Würdenträgern, ähnlich, allzuähnlich dem Staat, von welchem Nietzsche schrieb, er sei das ›kalte Ungeheuer‹, das schlingt und kaut und widerkäut: ›Auf der Erde ist nichts Größeres als ich: der ordnende Finger bin

ich Gottes‹ – also brüllt das Untier. Und nicht nur Langgeohrte und Kurzgeäugte sinken auf die Knie! Ist Jesu Stimme, frei, direkt und unmittelbar, überhaupt noch zu hören? Nein, nur durch privilegierte Sachwalter. Habe ich zu seinem Tisch, frei, direkt und unmittelbar, überhaupt noch Zutritt? Nein, nur durchs legitimierte Zeremoniell. Kann ich ihm, frei, direkt und unmittelbar, überhaupt noch begegnen? Nein, nur gegen die Vorleistung bezahlter Mitgliedschaft. Denn Jesus ist verwaltet, vereinnahmt, verplant und verbucht. Und wer das sagt, wird die Auskunft bekommen: das sei alles nötig, um Jesu Sache wirklich zu sagen, zu treiben und am Leben zu erhalten. Nun, wenn das sein Wille war und seine Stiftung, dann muß er sich ziemlich unklar ausgedrückt haben.«
Noch ein letztes Wort:
»Wer ruft und beruft in seinen Dienst? Er selbst? Wenn man das meint, soll man darnach handeln. Wenn man aber sich selbst meint und das Paket von Klauseln, so soll man nicht mehr mit dem Katechismus sprechen: ›der heilige Geist hat mich durchs Evangelium berufen‹, sondern man soll es ändern: ›die Behörde hat mich zugelassen, nachdem ich mich *ihren* Bedingungen auf der ganzen Linie unterworfen habe‹. Es ist Mode geworden, in der Kirche nicht mehr nach dem Glauben und der Liebe *zuerst* zu fragen, sondern zuerst nach der Unterwerfung unter menschliche Bestimmungen, in denen Fragen gestellt werden wie Mausefallen.«
Nun, wir haben nicht Zeit, dieses sehr instruktive Dokument weiter vorzulesen. Wer Mezger kennt, wundert sich über die Diktion nicht. Er hat auch sonst schon öfter mit kräftigen Worten seine Gegner angegriffen. Hier nur ein Beispiel dafür, in welcher Weise Kirchenkritik in der Öffentlichkeit, im Rundfunk, an der Kirche getrieben wird, ohne daß es möglich ist, in der gleichen Weise dagegen Stellung zu nehmen.
Es gibt eine ganze Reihe anderer radikaler Vorschläge, von denen ich nur am Rande erwähnen möchte den Vorschlag unseres Synodalen Professor *Bohren*, der ja die Pfarrer zum Streik aufgefordert hat, endlich einmal die Amtshandlungen aufzugeben und damit eine wahrhaft grundlegende Kirchenrevolution oder sagen wir -reformation durchzuführen. Nun, auf die Einzelheiten hier einzugehen, würde wiederum zu weit führen. Auch dies nur ein Beispiel dafür, in welch radikaler Weise aus unserer eigenen Mitte an der Kirche Kritik geübt wird. Beseitigung allgemein gültiger Ordnungen, Reduzierung auf wenige Sätze, »Freiheit in der Kirche«, nicht nur Freiheit *für* die Kirche, wird gefordert. Aber in all diesen Reformbestrebungen, die ich bisher genannt habe, wird im allgemeinen das *Evangelium* selbst *nicht* geändert, nicht angetastet, wird Theologie ernst genommen, und zwar auch im Sinn der reformatorischen Theologie.

V.

Aber das ist anders geworden bei jenen *radikalen Kirchenreformern*, die seit kurzem sich auf Universitäten und Kirchlichen Hochschulen bemerkbar machen in Analogie zu den Studentenrebellionen unserer Tage. Dazu muß ich Ihnen doch einige kleinere Dokumente vorführen, aus denen sie sehen, was hier – im Augenblick jedenfalls – auf uns zukommt.
Unter den Theologiestudenten und Assistenten und auch unter Beistand einiger Professoren hat sich neuerdings eine Aktivgruppe formiert, die aufs Ganze geht. Sie ist – wie man weiß – in Celle zusammengewesen und hat auch einige Gruppen auf Universitäten; in Bochum z.B. besteht das Kollektiv Nr. 17, andere in Heidelberg, in Tübingen usw. Sie setzen sich zusammen aus Mitgliedern des SDS und der Studentengemeinden. Hier wird Theologie durch Soziologie ersetzt. Hier wird ein radikaler Angriff auf die überlieferte Theologie, gerade auch auf die moderne, gestartet. Und im Hintergrund dieser Gedanken stehen die Ideen der großen Mei-

ster Marx, Marcuse und Mao. Als Beispiel hierfür ein paar kleine Zitate. In Tübingen gibt es einen Kreis »Basisgruppe Theologie«. Aus diesem Kreis wird folgendermaßen gegen Ernst Käsemann unter der Überschrift »Partisan Käsemann« polemisiert:

»Käsemann sieht nicht, daß das Neue Testament Produkt neurotischer Spießer ist. Das Neue Testament ist ein Manifest der Unmenschlichkeit, ein großangelegter Massenbetrug. Es verdummt die Menschen, statt sie über die objektiven Interessen aufzuklären.

Käsemann entwirft mit üblen hermeneutischen Tricks eine Christologie, eine Theologia Crucis, die entscheidenden Probleme des Lebens können nicht aus menschlicher Kraft gelöst werden. Es bedarf des Erlösers, den Gott aus lauter Gnade schickt. Jesus Christus erlöst aber nicht einfach aus materiellem Elend. Er bringt vermeintlich höhere Gaben mit sich und läßt soziale Gerechtigkeit und politische Freiheit als uneigentlich, nur als irdisch und fleischlich erkennen. Die wahre Freiheit besteht in demütigem Leiden. Wie kann man besser leben wollen als der Herr, der sogar als Unschuldiger litt, während wir unser Leiden vollauf verdient haben!? Christi Leiden dient als Alibi und als illusionärer Trost für das unschuldige Leiden anderer Menschen. Was ist das Kreuz Jesu Christi überhaupt anderes als der Inbegriff sadomasochistischer Schmerz-Verherrlichung?

Käsemanns Theologie unterstützt und konserviert die bestehenden Klassenunterschiede. Hauptsache, er und seine Assistenten verdienen gut, Käsemann kann nur an diesen bestehenden Klassenunterschieden verdienen. Käsemann ist Handlanger der Kirche im Spätkapitalismus.«

Dies muß sich heute ein Professor der Theologie von seinen Studenten sagen lassen!

Zweites Beispiel: Es stammt aus Heidelberg. Im Heidelberger homiletischen Seminar bei Professor Seitz ist eine Arbeit abgeliefert worden unter dem Thema »Warum über Apokalypse 7,9–17 keine Predigt gehalten werden kann«. Ein Student sollte darüber eine Predigt halten, aber er machte darüber eine Arbeit, warum darüber nicht gepredigt werden kann. Darin stehen folgende für uns gewichtige Sätze:

(1) »Zur Institution Predigt:
Die Berechtigung einer Predigt über einen biblischen Text vor einer Gemeinde hat sich heute daran zu erweisen, was sie beiträgt zur Befreiung der Menschen von systemverschuldeter Unterdrückung, Ausbeutung, Unmündigkeit, d.h. was sie beiträgt zur Abschaffung von längst sinnloser Arbeit, von riesiger unproduktiver Produktion (Rüstung, eingeplanter Verschleiß, manipulative Werbung usw.) und von systematischer Verdummung gerade der Lohnabhängigen durch Presse, Fernsehen und Kirche. Predigt soll also daran gemessen werden, inwieweit sie den verängstigten, isolierten und ohnmächtigen Individuen die Bedingungen ihrer gesellschaftlichen und individuellen Existenz durchsichtig macht und Möglichkeiten aufzeigt, wie vernünftige, menschenwürdige Zustände durch bewußte Veränderung hergestellt werden können.

Predigt ist klassengebunden, auch wenn es der Prediger gut meint und sich nur unbewußt zum Handlangerdienst für die herrschende Unordnung hergibt, wenn er also beispielsweise die gegenwärtigen Verhältnisse mystifiziert und bestreitet, daß Geschichte schon immer von Menschen gemacht wurde und daß Menschen sie auch bewußt ändern können.«

Er hat dann in einer ausführlichen Begründung, warum man über den Text nicht predigen kann, noch das Folgende ausgeführt:

»Das Christentum konnte mit seiner objektiv subversiven gewaltlosen Strategie nur überleben, weil die Stärke der uns u.a. aus der Apokalypse bekannten Ideologie ungeheure psychische Widerstandskräfte freisetzte.

Je stärker der Druck von außen, desto größer notwendigerweise die Identifikation mit dem Gruppenidol ›Gott‹, je schwächer und erbärmlicher die gegenwärtige Lage, desto mächtiger und gewaltiger dieser Gott.
Schließlich kann man sich die Heilszeit nur noch als permanenten Dienst im Tempel und in gebückter Haltung vor dem Thron vorstellen. Welche Perversion alttestamentlicher Verheißungen. Selbst Jesajas rein diesseitige Verheißungen werden zu Jenseitshoffnungen umfunktioniert, ist doch die Gegenwart so schlecht, daß von ihr nichts mehr zu erwarten ist.
Auch die große Betonung der Majestät und Herrschaftsgewalt Gottes hat seine geschichtlichen Folgen gehabt. Konnte sich die Kirche doch getrost auf die Seite der irdischen Majestäten stellen – besonders der getauften – und die Leibeigenen und Lohnsklaven auch noch betäuben: ›Während ihre Kirchenlichter allerdings fast ausnahmslos zur Beerdigung der Freiheit geschienen haben oder zur Beförderung dessen, wodurch die Freiheit ihrer Kinder Gottes gar nicht auf die Welt komme‹ (Ernst Bloch, Atheismus im Christentum).«
Dieses Beispiel zeigt, was heute in einem homiletischen Seminar vorgelegt werden kann. Aber noch ein Letztes, vielleicht das Wichtigste, soll nun noch, allerdings auch nur in einem kleinen Bruchstück, vorgetragen werden. Auf der Immatrikulationsfeier am 23. Oktober 1968 an der Kirchlichen Hochschule Berlin hat ein Studentenvertreter eine überaus instruktive Ansprache gehalten, die eigentlich jeder im einzelnen genau studieren müßte. Hierin heißt es folgendermaßen:
»Wir gehen von der These aus, daß die wichtigste Funktion der Kirche im Spätkapitalismus darin besteht, Leid und Frustrationen therapeutisch zu behandeln, ohne die Ursachen zu bekämpfen. Gesellschaftlich relevant ist die Kirche in zwei Funktionen:
In ihren Amtshandlungen soll sie an neuralgischen Stellen unserer Gesellschaft therapeutische Arbeit leisten, um die Krisen des Spätkapitalismus zu verbergen. Sie verwaltet das Sterben und hält die Menschen von einer rationalen Auseinandersetzung mit dem Tod ab. Sie verhindert damit, daß die Frage nach dem Tod zu einer Frage nach dem Leben in dieser Gesellschaft wird. Durch die Eheschließungsfeier versucht sie, der von unserer Gesellschaft bereits weitgehend zerstörten Einehe auf irrationalem Wege wieder einen Sinn zu vermitteln. Neben diesen sehr sichtbaren Funktionen kirchlicher Bürokratie leistet der kirchliche Apparat, besonders in seiner Vermittlung durch die theologische Arbeit, indirekte Therapie, z.B. indem er entscheidende Formeln zur Organisation des Triebverzichts spätkapitalistischer Lebensweise anbietet. Dies geschieht vor allem noch im schulischen Bereich durch den Religionsunterricht, aber auch im Konfirmandenunterricht und über den Weg kirchlicher Lobby im kulturellen und sozialen Sektor durch Bereitstellung der repressiven Sexualmoral oder durch Gehorsamsschulung von Jugendlichen.
Die Kirche muß sich dabei keineswegs aufdrängen. Religiöser Service und Bereitstellung von Anpassungsmustern in einer repressiven Gesellschaft werden von ihr verlangt.
In einer Gesellschaft, die 16 000 Verkehrstote im Jahr mit einem Achselzucken hinnimmt, in einer Gesellschaftsordnung, die sich bereits zum dritten Völkermord dieses Jahrhunderts anschickt, muß die Vergebung von Schuld ein dringendes religiöses Bedürfnis sein. Das Ausmaß von Aggression in allen Bereichen unseres Lebens ist aber bereits so groß, daß der Versuch, die Schuldgefühle durch einen Ritus wie das Abendmahl therapeutisch aus der Welt zu schaffen, lächerlich erscheinen muß.
Kirchliche Trauung und Taufe haben die Funktion, der Familie als wichtiger Organisation menschlicher Sozialisation eine theoretische Begründung zu geben. Dies ist aber nur möglich durch ideologische Verschleierung der aufweisbaren Not der

Familie. Unsere Gesellschaft, welche sexuelle Entfaltung ebenso verweigert wie die Emanzipation der Frau, die Ehen zumutet, den Leistungsdruck des bürokratischen Arbeitsprozesses abzufangen, und dadurch die Familie permanent bedroht, macht die kirchliche Traupraxis zum liturgischen Zynismus.
Der Taufritus bringt im Bewußtsein der Eltern und Verwandten zum Ausdruck, daß das neugeborene Kind in Freuden aufgenommen und vorbehaltlos akzeptiert sei. Die gesellschaftliche Wirklichkeit macht dies zur blanken Phrase. Erschreckend ist die Brutalität, mit der diese Gesellschaft ihren Kindern gegenübertritt.
Die kirchlichen Amtshandlungen erweisen sich, gemessen am faktischen Leid, als zynische Verachtung des Menschen, auch und gerade, wo sie subjektiv ehrlich vom naiv-religiösen Pfarrer vollzogen werden. Die Kirche ist ihrer therapeutischen Aufgabe nicht gewachsen. Sie scheitert zunächst deshalb, weil sie falsch ansetzt. – Eine Therapie, die nicht zu den objektiven Ursachen des Elends vorstößt, indem sie seine sozialen Wurzeln angreift, kann nicht erfolgreich sein. Die Unangemessenheit der kirchlichen Therapieversuche wurde in Deutschland auch dann noch durch eine theologische Entwicklung verstärkt und offenkundig: durch Rückzug auf das leere Wort.
Der bitteren Einsicht ihres Scheiterns weicht die Kirche aus, indem sie ihre gesamten Anstrengungen auf den gesellschaftlich irrelevanten Teil ihrer Arbeit verlegt, die verbale Vortragsverkündigung in Gottesdienst und Massenmedien. Die Kirche verdrängt die sozialen Aktivitäten in die Randgebiete des Apparats. Statt zur Aufgabe der Pfarrer zu werden, ressortieren sie bei Spezialisten und Referenten: Sozialpfarrer, Ehepfarrer, Referenten für Strukturfragen des Ruhrgebietes sind ein Alibi einer versagenden Bürokratie. Gleichzeitig wird die Predigt zum Zentrum des Normalpfarramtes. Der Gottesdienst ist auf das ›Wort‹ fixiert, dessen Inhalt sich in dem Maße verflüchtigt, in dem ihm zentrale Bedeutung zukommt. Im ›Wort‹ ist schließlich Christus selbst präsent – als Leerformel, als reines ›daß‹.
Die Christusformel ist die ideologische Mitte kirchlicher Bürokratie. Oft ist die Leerformel ›Christus‹ Fixpunkt einer umfassenden Gehorsamsethik und wird damit tendenziell zu einer religiösen Parallele faschistischer Führerideologie.
In dieses Bild fügt sich die ›wissenschaftliche‹ Theologie lückenlos ein. Sie weicht ebenfalls einer Reflexion des gesellschaftlichen Scheiterns aus und zieht sich zurück auf Philologie, Arbeit am Bibeltext und Kirchengeschichte.
Der barthianische Protest gegen die der bürgerlichen Gesellschaft dienende Integrationsfunktion der Kirche blieb somit erfolglos. Er erreichte, daß diese Funktion der Kirche im Rahmen der theologischen Fakultäten nicht mehr reflektiert, sondern in den theoretischen Bereich sogenannter kirchlicher Praxis abgedrängt wurde. Statt dessen tauchen Phänomene auf wie die Theologie der Hoffnung bzw. der Revolution, die im Rahmen religiöser Strukturen rein spekulativ und ohne Praxisbezug Alternativen zu errichten suchen. Die autoritäre Orientierung am Bibeltext behält diese Theologie bei und tauscht die Inhalte aus: revolutionärer historischer Jesus statt seiner Interpretation durch die reaktionäre Gemeinde. Für die Ableitung einer Revolutionstheorie ist die Frage, ob Jesus revolutionär war, von rein ästhetischer Bedeutung. Für das Aufbrechen eines reaktionär-religiösen Bewußtseins ist diese Frage ebenso irrelevant. Die neue Bekenntnisbewegung zeigt schließlich: Christus ist für das religiöse Bewußtsein eine Autorität, das heißt die Verobjektivierung verinnerlichter Repression. Diese Autorität läßt sich nicht einfach umfunktionieren, indem man nachweist, daß der geglaubte Christus nichts mit dem historischen Jesus zu tun hat. Natürlich wird jemand, dessen religiöses Bewußtsein aufgehoben wird, auch Christus anders interpretieren als vorher. Es ist aber nicht die historische Kritik, die diesen Vorgang initiiert, sondern Veränderungen in einem anderen Bereich befähigen zur Reflexion historischer Kritik. Die historisch-kritische Methode ist Ausdruck der Krise bürgerlicher Religion. Die

große Illusion etwa der Bultmann-Schule besteht darin, daß sie meint, sie hätte durch ihre historische Kritik diese Krise wesentlich mitgestaltet.«
Also: Die Kirche mit der gesamten Theologie gehört in die Krise des Spätkapitalismus hinein, die ihrem Ende entgegengeht, also: radikale Kirchenreform, Beseitigung alles dessen, was ist, Ersatz durch völlige Erneuerung auf dem Boden eben einer ganz neuen soziologischen »Theologie« – in Anführungszeichen, denn von Gott ist ja hier überhaupt schon nicht mehr die Rede.
In summa: Was hier verlangt, gedacht und gewünscht wird, sieht doch so aus: Die Kirche soll umfunktioniert werden zu einer modernen gesellschaftspolitischen Größe durch Demokratisierung. Da wird das Wort »Demokratisierung« in einem ganz besonderen ideologischen Sinne gebraucht. Sie muß ihre als kapitalistische Ideologie entlarvte reformatorische Theologie preisgeben. Ihre Aufgabe ist jetzt nicht mehr Wortverkündigung und Seelsorge, sondern »Information, Diskussion, Aktion«. Die Volkskirche muß ersetzt werden durch engagierte Gruppen gesellschaftlich-politischer Einsätze für den Menschen in Revolution und Strukturwandel.
Was heißt das alles, meine Brüder? Ich kann nur sagen: Das ist Totalausverkauf evangelischer Theologie, ja, der Theologie überhaupt, Ersatz des christlichen Glaubens durch atheistischen Humanismus mit einer merkwürdig übriggebliebenen Urbild-Christologie, bei der nur noch von Jesus, dem Menschen, schlechthin gesprochen wird, mit einer neuen Werkgerechtigkeit, in der alles aufs Tun ankommt, auf sonst nichts mehr, mit einem ethischen Optimismus, der der Überzeugung ist, wir schaffen es, mit der kommenden Welt für den Menschen die Menschlichkeit herzustellen, die er braucht, und mit einer radikalen Diesseitseschatologie, die jede Jenseitigkeit lächerlich macht und verächtlich stempelt. Beispiele dafür gäbe es genug. Ich will nur eines noch, ein ganz kleines, erwähnen:
Auf dem Streitgespräch zwischen Frau Dr. Sölle und Dr. Zahrnt in Bad Boll ist folgendes an dem Sonntag, dem 8. Dezember, laut epd passiert:
Am Sonntag, 8. Dezember, stand ein »Diskussionsgottesdienst« auf dem Programm, der sich über den ganzen Vormittag erstreckte. Nach Eingangslied und Bibeltext hielt Frau Sölle eine Ansprache, in der sie feststellte, daß sich das ganze Evangelium in der einfachen, banalen Botschaft »All you need is love« – »Alles, was Du brauchst, ist Liebe« – zusammenfassen lasse, wie ein bekanntes Lied der Beatles laute. Das alte Gebäude herkömmlicher Glaubensvorstellungen müsse verlassen werden, und ein neues sei zu bauen, das vor allem mit »Welt« gefüllt werden müsse. Der Kern des Evangeliums ist nach Frau Sölles Auffassung nicht innerhalb eines vertikalen Schemas zu entfalten, sondern horizontal in der Welt. Ihrer Meinung nach entscheidet sich das ewige Leben »hier und bei uns und bei keiner anderen Stelle«. Die Liebe könne nicht durch ein über ihr stehendes Wesen befohlen werden, sondern »sie rechtfertigt sich allein«. Frau Sölle schloß mit der Aufforderung, daß die Menschen aufhören sollten, Gott zu suchen, »denn er ist längst da«.
Dieses Beispiel ist ja ein Zeichen für eine merkwürdige radikale Verwandlung des Evangeliums im Sinne dessen, was vor 60 und 70 Jahren in Amerika unter dem Social Gospel einmal eine theologische Bewegung gewesen ist.
So ist also die evangelische Kirche von allen Seiten umstellt und in ihrer Mitte umstritten. Die größten Gegensätze im Verständnis von Kirche, Evangelium und Auftrag der Kirche in der Welt werden offenbar. Die entgegengesetzten Forderungen werden an sie herangebracht, besonders unter den Stichworten »Entpolitisierung« und »Politisierung«. Sie wird geradezu zwischen diesen Gegensätzen erdrückt. Ihre innere Lage ist spannungsgeladen wie selten. Gibt es überhaupt einen Ausweg? Kann die evangelische Kirche in dieser Hochspannung lange zusammenbleiben, oder wird sie daran nicht doch eines Tages zerbrechen? Auch in der rö-

misch-katholischen Kirche sieht man solche Gefahren, und auch sie sind nicht ganz von der Hand zu weisen.
Was sollen, was können, was müssen wir tun? Zunächst einmal würde ich ganz schlicht meinen: Wir sind einfach nach unserem Glauben gefragt. Und da möchte ich nur in Erinnerung rufen, was wir damals im Jahre 1951 und 1952 über unseren Glauben gemeinsam ausgesagt haben. Wir sind gefragt, ob das unser Bekenntnis ist, wie es in der Kirchenordnung von 1952 in einigen schönen, gewichtigen Sätzen ausgesprochen wurde und wie wir es meinten unserem kirchlichen Dienste zugrundezulegen:
»Jesus Christus baut und erhält seine Kirche durch sein Wort und Sakrament in der Kraft des Heiligen Geistes bis zu seiner Wiederkunft. Der Herr hat seiner Kirche den Auftrag gegeben, das Evangelium aller Welt zu verkündigen, und schenkt ihr zur Erfüllung dieses Auftrags mannigfache Gaben und Dienste, die der Verherrlichung seines Namens und der Erbauung seiner Gemeinde dienen.
Die Evangelische Kirche im Rheinland bekennt sich zu Jesus Christus, dem fleischgewordenen Worte Gottes, dem für uns gekreuzigten, auferstandenen und zur Rechten Gottes erhöhten Herrn, auf den sie wartet. Sie ist gegründet auf das prophetische und apostolische Zeugnis der Heiligen Schrift Alten und Neuen Testaments. Sie bekennt mit den Kirchen der Reformation, daß die Heilige Schrift die alleinige Quelle und vollkommene Richtschnur des Glaubens, der Lehre und des Lebens ist und daß das Heil allein im Glauben empfangen wird. Sie bezeugt ihren Glauben in Gemeinschaft mit der alten Kirche durch die altkirchlichen Glaubensbekenntnisse, das apostolische, das nicänische und das athanasianische Bekenntnis. Sie erkennt die fortdauernde Geltung der reformatorischen Bekenntnisse an, und sie bejaht die Theologische Erklärung der Bekenntnissynode der Deutschen Evangelischen Kirche von Barmen als eine schriftgemäße, für den Dienst der Kirche verbindliche Bezeugung des Evangeliums. Sie bekennt sich zu der einen, heiligen, allgemeinen, christlichen Kirche, der Versammlung der Gläubigen, in der das Wort Gottes lauter und rein verkündigt wird und die Sakramente recht verwaltet werden.«
Meine Brüder und Schwestern! Wenn wir dies auch heute bekennen, werden wir auch wissen, was wir zu tun haben. Und Gott wird uns seinen Geist dazu gewiß nicht versagen.

XI
18. Landessynode vom 9. bis 13. Januar 1970 in Bad Godesberg

Hohe Synode! Liebe Brüder und Schwestern!
Ich habe bei dieser außerordentlichen Synode nicht die Aufgabe, einen Bericht über die Arbeit der Kirchenleitung zu geben, sondern bin nur von der Kirchenleitung gebeten worden, einiges auszuführen über wichtige Ereignisse aus dem Jahre 1969, also so etwas zu vollziehen wie einen Rückblick, der zu unserer gemeinsamen Überlegung und Besinnung führen könnte.

I. Aus dem Bereich der Ökumene
1. Das Jahr 1969 lag *zwischen Uppsala und den Weltbundtagungen,* die in diesem Jahre stattfinden werden. Der Lutherische Weltbund tagt in Porto Allegre und der

Reformierte Weltbund in Nairobi. So sind die Monate dieses Jahres sicher besonders ausgefüllt gewesen mit den Aufgaben, die für diese, einen großen Teil der Gesamtökumene betreffenden Kirchentagungen notwendig sind. Aber auf der anderen Seite hat man auch erst angefangen, nach Uppsala an die Arbeit zu gehen und die Aufgaben, die in Uppsala gestellt worden sind, in ersten Anfängen durchzuführen.

2. Auf diese Weise kam es im Mai 1969 zu der interessanten und die bedrohliche Situation in diesem Bereich kennzeichnenden Tagung einer Konsultation in London über die *Rassenfrage*. Dies war ein Auftrag von Uppsala und eine Aufgabe, die in den nächsten Jahren die ökumenische Arbeit wesentlich bestimmen wird. Es ist nicht möglich, über diese aufregende Tagung ausführlicher zu berichten. Es würde auch viel zu weit führen. Entscheidend ist nur, daß im Anschluß an diese Tagung die Ergebnisse, die dem Zentralausschuß im Herbst vorgelegt worden sind, in wesentlichen Punkten angenommen wurden. Es ist für uns alle wichtig, an dieser großen Frage des Weltproblems des Rassismus, wie es abgekürzt genannt wird, teilzunehmen. Die Ökumenische Zentrale hat uns in ihrem Materialdienst (Nr. 24 November 1969) den Text von dem, was im Zentralausschuß in Canterbury am 21. August beschlossen worden ist, in deutscher Sprache zugänglich gemacht. Wenn man diesen Text, der nicht sehr lang ist, aber doch eine ganze Menge von Einzelheiten umfaßt, ansieht, dann versteht man, daß es sich tatsächlich bei den Problemen des Rassismus um eine Weltfrage handelt, an deren Lösung auch die Zukunft des Weltfriedens – vor allen Dingen des sozialen Weltfriedens – hängen wird. Ich lese nur zwei oder drei Sätze hieraus:
»Die wachsenden Spannungen und Konflikte zwischen den Rassen verlangen nach Taten: die Zeit drängt. Die Verbreitung, Hartnäckigkeit und Bosheit des Rassismus hat viele Christen aufgerüttelt, doch die augenscheinliche Ohnmacht der Kirchen, Versöhnung zu stiften, hat manche andere gelähmt. Und viele haben gar resigniert.
Wir müssen betroffen erkennen, daß die Bedrohung durch den Rassismus – ungeachtet des Kampfes, den Kirchen, Missionsgesellschaften und Kirchenräte unter oft heroischem, persönlichem Einsatz gegen ihn geführt haben – heute größer ist als je zuvor.
Wir rufen die Kirchen auf, über Wohltätigkeit, Zuwendungen und die üblichen Programme hinaus zu sachgerechtem und opferbereitem Handeln zu finden, um damit menschenwürdige und gerechte Beziehungen der Menschen untereinander zu schaffen und einen radikalen Neuaufbau der Gesellschaft voranzutreiben.«
Es wird dann im einzelnen noch ausgeführt das große Programm, an dessen Finanzierung sich zu beteiligen alle Kirchen aufgerufen werden. Dann schließt dieser Text mit folgenden eindrucksvollen Worten:
»Wir kämpfen nicht gegen Fleisch und Blut; gegen die ›Mächte und Gewalten‹, die Mächte des Bösen, die tiefverwurzelten teuflischen Kräfte der Rassenvorurteile und des Hasses müssen wir ankämpfen. Es geht darum, den Teufel auszutreiben. Die Dämonen bedienen sich unserer sozialen, wirtschaftlichen und politischen Strukturen. Die Wurzel des Übels aber sitzt so tief wie die Sünde des Menschen, und nur Gottes Liebe und die gehorsame Antwort des Menschen können sie ausreißen.«

3. Dieselbe Tagung des Zentralausschusses in Canterbury hat zum erstenmal seit vielen Jahren einen *Brief an die Mitgliedskirchen* geschrieben. Dieser Brief war offenbar aus mehreren Gründen nötig, weil innerhalb der Mitgliedskirchen allerlei kritische Fragen an den Weg der Ökumene seit Uppsala oder schon in Uppsala gestellt worden sind. Ich habe ihn deswegen schon vor einiger Zeit allen zum Stu-

dium zugeschickt. Mit der Handreichung Nr. 20[51] haben Sie diesen interessanten und wichtigen Brief bereits zum Lesen bekommen. Auch hierin werden die Hauptprobleme von Uppsala her einschließlich der Probleme des Rassismus erörtert, und es wird in der Hauptsache von dem gesprochen, was auch in Uppsala im Vordergrund stand: Was können die Kirchen praktisch im Kampf gegen Armut und gegen die immer tiefer werdende Kluft zwischen reichen und armen Ländern tun? Die Kirchen müssen nicht nur an Entwicklungsaufgaben mitarbeiten, sondern gleichzeitig fragen, wie wirtschaftliche und gesellschaftliche Strukturen und Institutionen beschaffen sein müssen, damit Entwicklungen wirksam werden können. Unser wichtigstes Anliegen sollte es jedoch sein, daß Entwicklung nicht nur als rein wirtschaftlicher und technologischer Prozeß begriffen wird, sondern als Weg zum wahren Menschsein für alle Menschen und zu einer verantwortlichen Gesellschaft, in der der Mensch als Geschöpf Gottes in seiner Freiheit und Würde geachtet wird. Es wird – wie die, die es gelesen haben, sich werden erinnern können – beklagt, daß wir in vielen Punkten keine Fortschritte gemacht haben auf dem Weg zur christlichen Einheit. Bei der Verletzung der Menschenrechte haben wir manchmal das Wort genommen, aber oft geschwiegen. Wir haben nicht genug getan, um Gruppen, die aus rassischen oder anderen Gründen bedrückt sind, zu unterstützen, obwohl wir Diskriminierung und Unterdrückung entschieden verurteilen. In dem letzten Teil dieses wichtigen Briefes werden wir noch einmal aufgefordert, uns an dieser ganzen Sache der Ökumene in jeder Kirche und in jeder Gemeinde nach Kräften zu beteiligen.

4. Ein kurzes Wort im Anschluß hieran über den Bereich der *Ökumenischen Diakonie*, von dem man ja sagen kann, daß hier die größten Fortschritte in den letzten Jahren erzielt worden sind. Ich erwähne in diesem Zusammenhang nur eine einzige Sache. Man darf doch sagen, daß die christliche gemeinsame Aktion in Biafra[52] ein Experiment der Liebe ist, das nahezu ohne Beispiel war, eine Leistung ökumenischer Zusammenarbeit an einer besonders bedrohten und gefährdeten Stelle, ein Zeichen dafür, daß die Kirchen angefangen haben, nicht nur jede für sich an ihrer Stelle, in ihrem Bereich, sondern auch in großer Gemeinsamkeit eine so wesentliche Sache gleichsam vorbildlich zu ihrer Aufgabe zu machen.

5. Nur ein letztes Wort in diesem Zusammenhang: Bedauerlicherweise ist in der uns bekannten *Prager Friedenskonferenz* am Ende des vergangenen Jahres eine schwere Krise ausgebrochen. Sie wissen, daß auf der Regionalkonferenz in Bukkow im Oktober ein Mißtrauen gegen den Generalsekretär Ondra ausgesprochen wurde, und zwar offenkundig aus politischen Hintergründen, so daß Ondra sich veranlaßt sah, am 5. 11. seinen Rücktritt zu erklären. Die Versuche des Vorsitzenden, Professor Hromadka, hier einen besseren Weg der Gemeinschaft zu finden, sind gescheitert und auch die Bemühungen, die in Kreuznach auf der Regionalkonferenz in der Bundesrepublik geschehen sind. Sie haben zwar Vertrauen für Ondra zum Ausdruck gebracht. Aber es war nichts mehr rückgängig zu machen. Noch schmerzlicher wurde die Situation dadurch, daß der Vorsitzende, Professor Hromadka, sein Amt zur Verfügung stellte, kurz darauf einen Herzinfarkt erlitt und dann am 2. Weihnachtstag gestorben ist. Damit ist eine der großen ökumeni-

---

51   Handreichung für die Mitglieder der Landessynode und der Kreissynoden in der Evangelischen Kirche im Rheinland, Mülheim/Ruhr o.J.
52   Es handelte sich um eine Hilfsaktion für das christliche Volk der Ibos, das nach der Lossagung der »Republik Biafra« von der nigerianischen Zentralregierung in Lagos im Mai 1967 bei den kriegerischen Auseinandersetzungen in schwere Not geraten war und unter Krankheit und Hunger litt. Vgl. KJB 1969, S. 95f.

schen Persönlichkeiten aus unserer Mitte geschieden. Wer ihn gekannt hat, wird die Art und Weise, wie er Theologie trieb, wie er Seelsorger war und wie er engagiert war in den großen Aufgaben der Welt und des Weltfriedens, nicht vergessen. Ganz gleich, wie man im einzelnen zu Äußerungen und Problemen der Friedenskonferenz gestanden haben mag – sie war ja die Schöpfung Hromadkas in besonderem Maße – man wird sagen müssen: bedauerlich ist auf alle Fälle das Schicksal eines mit so viel Vertrauen angefangenen Versuches, über die hohen Mauern in Europa hinweg als Christen zusammenzukommen und zusammenzubleiben. Auch hier hat es sich leider wieder gezeigt, daß die großen Mächte der Welt auch in der Kirche eine Mitsprache beanspruchen und es der Kirche oft nicht ermöglichen, ihren Weg eindeutig und in Einfalt zu gehen. Wir gedenken Hromadkas, gerade weil er ein Mann ist, der nicht nur durch die Prager Friedenskonferenz in der Welt bekannt geworden ist, sondern auch als Mitglied des Ökumenischen Rates der Kirchen und als ein großer Theologe, ein Mann von Weltruf, der vieles erlitten und durchgemacht hat und trotzdem bis zuletzt mit einer tiefen, großen Freudigkeit am Evangelium gehangen und es verkündigt hat – wir gedenken seiner in herzlicher Teilnahme und Verbundenheit.

II. Die römisch-katholische Kirche im ökumenischen Feld

1. Wenn man am heutigen Tage, im Januar 1970, von der römisch-katholischen Kirche spricht, fällt einem ein, daß vor hundert Jahren, 1870, das I. Vatikanische Konzil seinen Abschluß gefunden hat in jener weltberühmten Erklärung über die Unfehlbarkeit des päpstlichen Lehramtes. Wenn man noch einmal hundert Jahre zurückblickt, 1770, welcher Tiefpunkt auch in der Geschichte der römisch-katholischen Kirche unmittelbar vor der französischen Revolution. Und nun 1970, was für zwei Jahrhunderte in der Geschichte einer so großen, weltumspannenden Kirche, wenn man an das denkt, was in der heutigen römisch-katholischen Kirche an zähem *Ringen um die Verwirklichung der Beschlüsse des II. Vatikanischen Konzils* angehoben hat, wie auch hier die sogenannten konservativen und die progressiven Kräfte sich messen, die einen, um das, was war und immer sein soll, zu halten, und die anderen, um im Sinne des aggiornamento einen neuen Weg nach vorn zu finden. Wirklich, es sind große Fortschritte in diesen Jahren erzielt worden, die auch für die Ökumene, für uns alle von entscheidender Bedeutung sind.

2. Das Beispiel einer großen innerkirchlichen Wandlung steht vor uns allen, denke ich, in der Leistung des *niederländischen Katechismus*. Ein erstaunlicher Tatbestand, daß in der römisch-katholischen Kirche ein solches Buch in unseren Tagen hat erscheinen können! Aber auch etwas anderes: Wir haben heute im Gottesdienst eine Reihe von Gebeten in unserer Sprache gebraucht, die in den letzten Jahren in den Niederlanden entstanden sind und die uns auch deutlich zeigen, daß dort geistliche Kräfte lebendig geworden sind, die so ökumenisch sind, daß wir sie gleichsam ohne weiteres in unsere Gottesdienste übernehmen können.

3. Wir denken an die großen *liturgischen Reformen* der letzten Jahre. Das neue Meßbuch wird in Gebrauch genommen. In der römisch-katholischen Messe wird die Zahl der Lesungen aus der Bibel um eine weitere vermehrt. Drei Lesungen – eine alttestamentliche und zwei neutestamentliche – sollen gelesen werden. Welche Wendung zum Wort wird hier sichtbar. Und dann denken wir an die Veränderung des Meßkanons, der für uns – meine ich – aus theologischen Gründen von besonderer Bedeutung ist. Wir denken auch an die katholische Bibelübersetzung, durch die in einer Sprache von heute die Bibel jetzt in einem bisher nicht dagewesenen Maße den Christen in die Hand gegeben werden soll. Dabei möchte man noch alles tun, daß diese Arbeit auch über die Kirche einer Konfession hinaus im

gesamten deutschen Sprachraum wirksam würde. Die Perikopen werden jetzt schon gemeinsam mit uns übersetzt.

4. Die Fragen der *Kirchenreform* sind in allen Kirchen schwierig. Es ist kein Wunder, daß sie in der römisch-katholischen Kirche, einer Kirche, die so stark auch eine Kirche des kanonischen Rechtes ist, ganz besonderen Schwierigkeiten begegnet. Wir denken an die Bischofssynoden und ihre Probleme, nach vorwärts durchzustoßen. Wir denken an die Opposition, die in Rom und auch anderswo ans Licht trat. Gerade in den letzten Wochen haben wir aus den Niederlanden wieder gehört, welcher weittragende Beschluß dort im Blick auf den Zölibat gefaßt worden ist. Es ist für uns besonders erregend, an diesen Dingen teilzunehmen, um auch etwas daraus zu lernen und zu erkennen, was in der Kirche Gottes dieser Welt in ihren verschiedenen Konfessionen, soweit sie auch voneinander gestanden haben, nun in unerhörter Nähe miteinander geschieht.

5. Der wichtigste ökumenische Schritt des vergangenen Jahres seitens der römisch-katholischen Kirche war nach meiner Überzeugung der *Besuch des Papstes in Genf* am 10. Juni 1969. Dieser sollte zum Ausdruck bringen das vorbehaltlose Ja zur ökumenischen Bruderschaft, zur ökumenischen Zusammenarbeit, besonders zur ökumenischen Diakonie. Es geschah eine, sagen wir, gleichsam offizielle Anerkennung dessen, was hier in Genf seine Zentrale im ökumenischen Dienste hat, eine Ausführung im Grunde dessen, was auf dem II. Vatikanischen Konzil im Ökumenischen Dekret bereits ausgesprochen ist, aber gewiß auch noch kein Ja des Beitritts zum Ökumenischen Rat. Aber dazu kann man in diesem Augenblick eigentlich nur sagen, daß der Ökumenische Rat auch wohl noch nicht fähig wäre, dieses gewaltige Problem des Beitritts der römisch-katholischen Kirche so zu lösen, daß daraus nicht neue, tiefe Erschütterungen für die gesamte ökumenische Bewegung werden könnten. Darum findet ich es gut, daß in dieser bedeutenden Sache mit großer Vorsicht und Sorgfalt verfahren wird.

6. Auch in unserer eigenen Mitte ist es zu *neuen Formen ökumenischer Zusammenarbeit* gekommen. Wir haben in vergangenen Jahren in unserem Lande, in Nordrhein-Westfalen, und auch anderswo Ökumenischen Gebietskommissionen begründet, die nach meiner Überzeugung von größter Wichtigkeit sind. Wir sind sehr dankbar, daß diese Ökumenischen Gebietskommissionen an einer ganzen Reihe von gemeinsamen Fragen und Problemen haben arbeiten können, um auf diese Weise eine dauernde Koordination in allem, was wir zusammen tun können zur Lösung unserer gemeinsamen Fragen, herbeizuführen.
In Deutschland wurde nicht nur an dem gemeinsamen Vater-Unser-Text gearbeitet, sondern auch andere liturgische Texte werden in starkem Maße im deutschen Sprachraum abgestimmt. Es wird nicht nur an der gemeinsamen Bibelübersetzung, zunächst an den Perikopen, gearbeitet, sondern auch an einem gemeinsamen apostolischen Glaubensbekenntnis. Auch ein neuer Text für das Nicänum liegt bereits im ersten Entwurf vor und wird in einigen Tagen das Licht der Öffentlichkeit erblicken. Darüber hinaus haben wir in unserer gemeinsamen Arbeit auch angefangen, ein gemeinsames Liederbuch für die heranwachsende Jugend zu schaffen, – alles Hinweise darauf, was heute gemeinsam möglich ist und was wir mit großer Dankbarkeit entgegennehmen sollten.
Noch ein letztes: Von der römisch-katholischen Kirche sind die Evangelischen herausgefordert worden, an der von ihr entworfenen Aktion Missio teilzunehmen. Wir sind außerordentlich dankbar, daß uns unsere römisch-katholischen Mitchristen diese Sache nicht nur vorgemacht haben, nämlich das Hereinbringen der missionarischen Probleme in die Höheren Schulen durch eine ganz besondere

Aktion, sondern daß sie auch uns gebeten haben, daran mitzumachen und dieses gemeinsam zu tun. So hat auch gerade in der früher so kritischen Frage der Mission eine neue Zusammenarbeit begonnen. Die Zusammenarbeit in der Aktion Missio halte ich für eine der wesentlichen Aufgaben, bei denen wir uns noch einiges einfallen lassen müßten, um uns kräftiger an der ganzen wichtigen Aufgabe zu beteiligen.

7. Auch die Probleme, die seit Jahren so unlösbar schienen, werden ja langsam lösbarer. Wir sind auf dem Wege zu einer *gemeinsamen Trauung*, die bei den gemischten Ehen sich ergeben könnte. Die Vorarbeiten, die in letzter Zeit gemeinsam angefangen haben, machen uns Hoffnung, daß die Lösung nicht mehr lange auf sich warten lassen wird.
Die schwierigsten Probleme, die noch vor uns stehen, sind ja natürlich die Probleme der *Interkommunion*. Sie wissen, daß im Gebiet der Niederländischen Kirche dieser Punkt besonders stark vorangetrieben wird. Sie wissen aber auch andererseits, welche Probleme wir in unserem eigenen Kreise in bezug auf Interkommunion noch haben. Aus verschiedenen anderen Motiven würde ich sagen: Angesichts dessen, daß hier das Letzte auf dem Spiel steht und daß da, wo Interkommunion ist, ja die Kirchengemeinschaft sich völlig realisiert, müssen die Warnungen derer gehört werden, die auf beiden Seiten die Frage stellen, ob die Abendmahlsgemeinschaft nicht noch sorgfältiger bedacht werden muß, angesichts der ungelösten Kernfrage, was es um Messe und Abendmahl ist, die seit der Reformation noch nicht einer neuen Lösung zugeführt werden konnte. Wir sollten gerade in diesen die Gewissen so stark bindenden Fragen niemanden überfordern und keine überstürzten Dinge tun, die nachher uns wieder zurückwerfen könnten.

III. Der Bereich der Evangelischen Kirche in Deutschland

1. Liebe Brüder und Schwestern, im vergangenen Jahr ist in der Geschichte der Evangelischen Kirche in Deutschland ein tiefer und folgenschwerer Einschnitt vollzogen worden. Dieser tiefe und schwere Einschnitt ist die *Gründung des Bundes der Evangelischen Kirchen in der DDR* durch synodale Anerkennung der Ordnung im März bis Mai 1969 durch die acht Landeskirchen, die im Bereiche der DDR wohnen. Auf der Synode der Brandenburgischen Kirche am 4. Mai sagte hierzu der Bischofsverwalter Schönherr die folgenden, eindrucksvollen Sätze[53]:
»So mußte eine schwerwiegende Entscheidung gefällt werden. Entweder halten wir daran fest, daß die bestehende Gemeinschaft der evangelischen Christenheit in Deutschland ihren sichtbaren Ausdruck weiterhin in den Organen der EKD findet. Wir müßten die Entscheidung so fällen, wenn zwingend gemacht werden könnte, daß der von unserem Herrn gebotene Glaubensgehorsam es so verlangte. Dann wäre es nicht entscheidend, daß die Organe der EKD kaum noch gemeinsam arbeiten können und daß sie in der Gefahr sind, staatsrechtlich für illegal erklärt zu werden.
Oder die Entscheidung wird anders gefällt:
Man sieht die Notwendigkeit, aus Gründen des Glaubens an der EKD festzuhalten, nicht gegeben. Sie war ein möglicher Ausdruck der Verantwortung der Kirche, für die Ausrichtung ihres Dienstes zu sorgen. Wird in eben dieser Verantwortung festgestellt, daß die bisherige Organisationsform ihre Aufgaben nicht mehr oder nur noch sehr unvollkommen erfüllen kann, muß eine andere Form gefunden werden. Das ist weder willkürlich noch heißt es, die Ordnung der Kirche ›dem Wechsel der jeweils herrschenden weltanschaulichen oder politischen Überzeugung zu überlassen‹ (Barmen III). Denn es geht nicht um irgendwelche Anpassung

---

53 Vgl. KJB 1969, S. 252ff.

oder gar um billigen Opportunismus, sondern um die sehr verantwortliche Entscheidung, mit welcher Art von Institution und mit welchen Organen dem Christus-Auftrag der Kirchen nach unserer Überzeugung am besten zu dienen sei.«
Diese Entscheidung ist auf der Synode des Bundes der Kirchen getroffen worden. Auf dieser Synode wurde nach der *Ordnung*[54], die inzwischen offiziell angenommen worden war, verfahren, bei der das eigentliche Interesse ja in den ersten Artikeln ausgesprochen wird. In dem ersten Artikel wird zum Ausdruck gebracht, daß das »Ziel des Bundes der Evangelischen Kirchen in der DDR ist, die diesen Kirchen vorgegebene Gemeinschaft und ihre in der Konferenz der Evangelischen Kirchenleitungen in der DDR geübte Zusammenarbeit zu vertiefen. Der Bund als ein Zusammenschluß von bekenntnisbestimmten und rechtlich selbständigen Gliedkirchen strebt an, in der Einheit und Gemeinsamkeit des christlichen Zeugnisses und Dienstes gemäß dem Auftrag des Herrn Jesus Christus zusammenzuwachsen. Mit seinen Gliedkirchen bejaht der Bund die von der ersten Bekenntnissynode in Barmen getroffenen Entscheidungen. Er ruft die Gliedkirchen zum Hören auf das Zeugnis der Brüder. Er hilft ihnen zur gemeinsamen Abwehr kirchenzerstörender Irrlehre.« – Dieses erinnert an die Verfassung der Evangelischen Kirche in Deutschland.
Im Artikel 2 wird dann etwas gesagt über den Dienst am Wort und Sakrament. Und der Hauptsatz heißt:
»Es ist in allen Gliedkirchen festgelegt, daß evangelischen Christen, die einer der Gliedkirchen des Bundes angehören, der Zugang zum heiligen Abendmahl offensteht. Die gliedkirchlichen Bestimmungen über die Kirchenzucht bleiben unberührt.«
Und in Artikel 4 steht der berühmte und natürlich sofort seit jenen Tagen, an denen er beschlossen wurde, umstrittene Satz, und zwar politisch angefochtene Satz:
»Der Bund bekennt sich zu der besonderen Gemeinschaft der ganzen evangelischen Christenheit in Deutschland.
In der Mitverantwortung für diese Gemeinschaft nimmt der Bund Aufgaben, die alle evangelischen Kirchen in der Deutschen Demokratischen Republik und in der Bundesrepublik Deutschland gemeinsam betreffen, in partnerschaftlicher Freiheit durch seine Organe wahr.«
Man kann sich denken, daß in der Publizistik der ostdeutschen Zeitungen natürlich an diesem Punkt gebohrt wird, um auch ihn zu beseitigen, daß auch eine solche Gemeinschaft auf ein Minimum herabgedrückt werden kann.
Die *Synode des Bundes von Hermannswerder* vom 10. bis 14. 9. hat die Beschlüsse zur Ingangsetzung der Ordnung gefaßt. Sie hat ein Präsidium berufen, und sie hat alles, was sonst noch dazugehört, entwickelt. Ich halte es nur noch für notwendig, aus dem Schlußwort des Präsidenten der Synode, des Oberkirchenrat Braecklein aus Thüringen, ein paar Sätze vorzulesen[55]:
»Ich glaube, daß keiner unter uns ist, der nicht die Bedeutung und die schwerwiegenden Folgen dieser Entschlüsse spürt. Ich bin ja schließlich auch Synodaler der EKD gewesen, und ich bitte Sie, im Auge zu behalten, was wir bei der Gründung des Bundes in Artikel 4 auszusprechen versuchten.
Wir haben ausgesprochen, daß wir durch die Gesetzgebung des Staates, in dem wir nach Gottes Ratschluß leben, genötigt sind, die organisatorische Verbindung, wie wir sie geschenkt bekommen hatten, nicht mehr auszuführen, und darum eine selbständige Organisation schaffen müssen. Wir haben darin zum Ausdruck gebracht, daß wir bei aller Annahme der Lage, in die wir gebracht worden sind, das,

---

54 Ebd., S. 256ff.
55 Ebd., S. 264

was in diesem Artikel uns etwa mit dem Stichwort ›spezifische Gemeinschaft‹ bezeichnet wird, weder aufkündigen noch aufgeben noch in irgendeiner Weise anzweifeln wollen. Wir sind als Deutsche evangelischen Glaubens durch Sprache, Geschichte und Bekenntnis in einer anderen Gemeinschaft, als sie uns etwa mit den Kirchen gleichen Bekenntnisses in der Ökumene gegeben ist. Und wir können den Artikel 4 nur so ehrlicherweise interpretieren, daß es uns ernst war mit der Selbständigkeit der Organe des Bundes, daß wir aber ebenso leidenschaftlich daran festhalten, daß die Gemeinschaft des Dienstes, des Glaubens, der theologischen Arbeit, die uns mit den Kirchen auch im anderen deutschen Staat verbindet, erhalten werde. – Ich kann Ihnen sagen, daß ich als Präsident der Generalsynode der VELKD diese Gedanken im Dezember vergangenen Jahres und im März dieses Jahres anläßlich eines vom Staatssekretariat erbetenen Gesprächs ausdrücklich mit dem Herrn Seigewasser verhandelt habe und daß er es abgenommen und verstanden hat, als ich ihm sagte, daß die geistliche Gemeinschaft in dem, was über das Organisatorische hinausgeht, von uns nicht aufgegeben wird.«
Die *Evangelische Kirche in Deutschland* hat *durch ihren Rat* am 26. September 1969 klar zum Ausdruck gebracht, was ich am Anfang dieses Teils andeutete. Er hat gesagt[56]:
»Die Gründung des Bundes bedeutet einen tiefen und folgenschweren Einschnitt in der über hundertjährigen Geschichte des Zusammenschlusses der evangelischen Kirchen in Deutschland. Dankbar ist des Dienstes zu gedenken, den die Evangelische Kirche in Deutschland an der inneren und äußeren Gemeinschaft ihrer Gliedkirchen in beiden Teilen Deutschlands getan hat. Äußere Formen dieser Gemeinschaft sind zerbrochen. Die Gemeinsamkeit der Verantwortung für das Zeugnis und den Dienst der Kirche bleibt bestehen.
Die Mitglieder des Rates der Evangelischen Kirche in Deutschland in der Bundesrepublik Deutschland und Berlin (West) *respektieren* die von den Kirchen in der DDR getroffenen Entscheidungen. Sie nehmen nunmehr als Rat der Evangelischen Kirche in Deutschland die in der Grundordnung der EKD festgelegten Aufgaben des Rates für den Bereich der Bundesrepublik Deutschland und Berlin (West) wahr. Weitere in diesem Zusammenhang erforderliche Maßnahmen der Ordnung für den Bereich der westlichen Gliedkirchen der EKD zu treffen, muß der nächsten Tagung der Synode vorbehalten bleiben.«
Ein tiefer und folgenschwerer Einschnitt! Ich meine, wir können das nicht ohne Trauer feststellen. Die Evangelische Kirche in Deutschland von 1948 besteht nicht mehr. Der staatliche Zwang zur Trennung hat sich als stärker erwiesen. Wir stehen vor der Frage: Was bleibt und was wird kommen? Eines ist schon sicher, daß der Druck des Staates auf die Kirche im Osten unverändert geblieben ist. Es wird heute schon daran gearbeitet – und die Thüringer Kirche ist als erste daran gegangen – das Wort »EKD« auch in den Verfassungen zu streichen, um deutlich zu machen, daß von der alten Verbundenheit in der Evangelischen Kirche in Deutschland in organisatorisch-rechtlicher Weise nichts mehr übrig geblieben ist.
Was aus der westlichen EKD werden wird, das läßt sich heute noch nicht übersehen; das wird Aufgabe der Synode sein, die ja in diesem Jahre zusammentreten wird, und zwar im Monat Mai in Stuttgart.

2. Die *konfessionelle Frage der Evangelischen Kirche in Deutschland* ist im vergangenen Jahr in merkwürdiger Weise wieder aufgelebt, und zwar infolge des bei unserer letzten Synode von uns bereits gefaßten Beschlusses über die Kanzel- und Abendmahlsgemeinschaft, die aus dem Kreis der Arnoldshainer Konferenz allen Kirchen angeboten wurde. Wir haben in der letzten Synode vor einem Jahr ent-

---

56 Ebd., S. 276

sprechend unserer Überlieferung selbstverständlich dieses Angebot an alle Kirchen mit unterzeichnet, und inzwischen ist der Kreis derer, die das getan haben, ja auch einigermaßen groß geworden, nur sind es in der Hauptsache die Kirchen der VELKD, die es nicht getan haben. Unterzeichnet worden ist diese Abendmahls- und Kanzelgemeinschaft untereinander und mit allen übrigen Kirchen in Deutschland bisher von den Synoden der Gliedkirchen Rheinland, Westfalen, Hessen-Nassau, Kurhessen-Waldeck, Baden, Berlin-West, Oldenburg, Ref. Nordwestdeutschland; Bremen ist in diesen Tagen dabei, sie zu unterzeichnen, – drüben in der DDR die Kirchen der Kirchenprovinz Sachsen und Anhalt. Daraus mögen Sie ersehen, daß sich der größte Teil der überhaupt in Betracht kommenden Kirchen in Deutschland nunmehr auch bereits in einer vollen Kanzel- und Abendmahlsgemeinschaft befindet. Ich halte das für einen wesentlichen Fortschritt gegenüber allem, was bei uns bisher in der Evangelischen Kirche in Deutschland gegolten hat. Wir können dafür, glaube ich, dankbar sein.
Nun war es so, daß auf dieses Angebot die Vereinigte Lutherische Kirche überraschend hart reagierte und den Eindruck erweckte, als ob wir die Evangelische Kirche in Deutschland auf diese Weise manipulieren wollten. Es sind harte Worte gefallen, es hat daraufhin eine Reihe von wesentlichen Gesprächen gegeben, die dazu geführt haben, daß die lutherischen Brüder erkannt haben, es läge hier unsererseits kein dolus vor. So schwierig waren die Verhandlungen. Inzwischen aber, und das ist das wichtigste, haben zwei Synoden der Vereinigten Lutherischen Kirche stattgefunden, eigentlich drei. Die eine in Freiberg in Sachsen. Dort hat sich der östliche Teil der Vereinigten Lutherischen Kirche verselbständigt. Ich erwähne das deswegen, weil innerhalb des Ostbereiches inzwischen schon eine Verhandlung begonnen hat, um die Frage der Kanzel- und Abendmahlsgemeinschaft innerhalb des Bundes der evangelischen Kirchen der DDR vorwärts zu bringen. Auf der anderen Seite fand dann in Augsburg am 8. 5. und noch einmal in Tutzing vom 6.–18. 10. eine Synode der Vereinigten Lutherischen Kirche statt. Auf beiden Synoden wurden interessante und gewichtige Beschlüsse gefaßt. In der Augsburger Synode hieß es[57]: »Die Generalsynode der Lutherischen Kirche hält es für notwendig, daß entschlossene Schritte unternommen werden, um die Kirchengemeinschaft des deutschen Protestantismus zu festigen und zu fördern. Sie bekennt sich zu dem Grundsatz der Ökumene, daß alles gemeinsam getan werden muß, was gemeinsam getan werden kann. Bestimmendes Ziel des gemeinsamen Handelns muß die einmütige und lebendige Bezeugung der Wahrheit des Evangeliums sein. Die Generalsynode bittet die Bischofskonferenz und die Kirchenleitung, im Sinne der Reichenauer Erklärung mit allen Beteiligten zu prüfen, ob nicht die Gliedkirchen der Evangelischen Kirche in Deutschland in Anknüpfung an den gemeinsamen reformatorischen Ursprung und auf der Grundlage des Augsburgischen Bekenntnisses zum gemeinsamen Bekennen in der Gegenwart kommen können. Die Generalsynode ist jedoch der Meinung, daß die Verstärkung kirchlicher Gemeinschaft auch angestrebt werden soll, wenn Übereinstimmung im Bekennen nicht erreicht werden würde.« Hier ist ein Punkt, der uns im besonderen Maße hat aufhorchen lassen. Neben der Anknüpfung an den gemeinsamen reformatorischen Ursprung wurde nun mit einem Male von der Grundlage des Augsburgischen Bekenntnisses gesprochen. Dieser Tatbestand hat dann bei der zweiten Synode im Herbst dazu geführt, daß der Bischof Wölber, der inzwischen zum leitenden Bischof der Vereinigten Lutherischen Kirche gewählt worden war, darüber einige Worte in seiner umfangreichen Rede gebrauchte, indem er von einer »Deutschen Evangelischen Kirche Augsburgischer Konfession« gesprochen hat. Innerhalb der Arnoldshainer Konferenz ist darauf sofort hingewiesen worden, daß uns dieser

---

57 In: Lutherische Generalsynode 1969, Berlin 1970, S. 267f.

Weg nicht gangbar erschien. Es wäre auch im Augenblick nicht damit zu rechnen, daß es von den Unionskirchen in Deutschland mit einem Male zu einer Wiederholung der Augsburgischen Konfession kommen könnte und sie also ihren Namen in dieser Richtung zu ändern wünschten. Das einzige, was in Betracht kommen könnte, wäre, daß selbstverständlich in dem Integral dieses Bekenntnisses, der Rechtfertigungslehre, und von da ausgehend eine gemeinsame Äußerung über die heute wichtigen Fragen ins Auge gefaßt würde. Alle wissen, wie schwer das überhaupt ist, und wir meinen, daß man sich auf einige wenige Sätze beschränken sollte, die bisher zwischen den Konfessionen strittig waren. Diese wenigen Sätze sollten zu einem Konsensus ausreichen. Der andere Weg ist für uns aus mannigfachen Gründen ungangbar, da innerhalb der Unionskirchen das Augsburgische Bekenntnis in ganz verschiedener Weise gilt und wir es nicht für angebracht halten, gleichsam 450 Jahre zurück einen neuen Ansatz zu finden. Die Synode von Tutzing hat auch ihrem leitenden Bischof eigentlich nicht zugestimmt. Ich möchte einige Sätze aus ihrem Beschluß vorlesen, weil sie für die kommende Entwicklung von großer Wichtigkeit sein dürften[58]: »Der Auftrag der Kirche erfordert heute ein noch engeres Zusammenwirken aller evangelischen Kirchen, als es schon bisher in der Evangelischen Kirche in Deutschland gegeben war. Die Vereinigte Lutherische Kirche ist hierzu bereit. Sie bittet daher die anderen evangelischen Kirchen, mit ihr zusammen eine gemeinsame theologische Erklärung zu erarbeiten, in der das Verständnis des Evangeliums im Blick auf die gegenwärtigen Herausforderungen bezeugt wird. Hierbei sollte die Augsburgische Konfession als Ausdruck des gemeinsamen reformatorischen Ansatzes bestimmender Ausgangspunkt sein und als ökumenisches Grundbekenntnis der Reformation aufgenommen werden. Die VELKD hofft, daß das engere Zusammenrücken der evangelischen Kirchen im Endergebnis zu einer evangelischen Kirche mit voller Kanzel- und Abendmahlsgemeinschaft führen wird. In einer solchen Kirche sollte der Vielgestalt der Gaben und Aufgaben eine Vielfalt kirchlichen Lebens entsprechen. Eine zentralistische Einheitskirche würde diesem Ziel widersprechen.« Die Kirchenleitung wird gebeten, unverzüglich bei den entsprechenden Organen der übrigen Kirchen und Kirchenzusammenschlüsse anzuregen, eine Zusammenarbeit zu verstärken.
Sie sehen hieraus, in welcher Weise auch die Synode in Tutzing in der Richtung, in der wir es allein für möglich halten würden, beschlossen hat. Eindeutig ist von hier aus zu sagen: es werden keinerlei Vorleistungen, um das Wort einmal zu gebrauchen, von irgendeiner Seite gemacht. Es wird nicht gesagt: Erst einmal gemeinsame Anerkennung eines bestimmten reformatorischen Bekenntnisses, etwa der Augsburgischen Konfession, sondern alle Fragen sind offen, jeder bringt in das Gespräch das ein, was hier von ihm einzubringen ist. Die Folge dieses Beschlusses ist die gewesen, daß von seiten der Kirchenleitung der Vereinigten Lutherischen Kirche und der Arnoldshainer Konferenz je drei Männer abgeordnet sind, die in der übernächsten Woche die Grundlagen des jetzt angehenden Gespräches legen sollen. Es ist dann geplant, daß von beiden Seiten etwa sechs theologische Mitarbeiter zusammenkommen, die sich der Aufgabe widmen, den Versuch zu unternehmen, in unserer Lage eine gemeinsame theologische Erklärung, also ein gemeinsames Evangeliumsbekenntnis in unserer Zeit, fertigzustellen. Ich glaube, daß man grundsätzlich diesem Wege nur zustimmen kann. Zum ersten Male ist ganz deutlich seitens der Lutherischen Kirche Deutschlands davon gesprochen, daß sie im Grunde auf dasselbe aus sind, was in der Arnoldshainer Konferenz als notwendig und wünschenswert proklamiert wurde, was unser Anliegen seit Jahren gewesen ist: die volle Kanzel- und Abendmahlsgemeinschaft innerhalb der ganzen evangelischen Christenheit.

58 Ebd., S. 487f.

3. Noch ein paar Bemerkungen zum Dienste der Evangelischen Kirche in Deutschland im vergangenen Jahr:
Eine Reihe wichtiger *Dokumente im Öffentlichkeitsdienst* der Evangelischen Kirche in Deutschland wurde im vergangenen Jahre fertiggestellt. Ich erinnere an die sozial-ethischen Gesichtspunkte zur Frage der Mitbestimmung, zur Friedensfrage, zur Reform des Ehescheidungsrechtes und eine in kurzer Zeit zu veröffentlichende Denkschrift, von der man witzigerweise gesagt hat, es sei die Denkschrift über die Denkschriften, nämlich über das Thema: »Von Sinn, Recht und Grenze kirchlicher Äußerungen zu sozial-ethischen und sozial-politischen Fragen.«
Erwähnt sei in diesem Zusammenhang auch die *Gründung des Sozialwissenschaftlichen Institutes* in Bochum, ausgegangen von der rheinischen und westfälischen Kirche, nun ein Institut, an dem eine größere Zahl der Kirchen sich beteiligt und vor allen Dingen auch die Evangelische Kirche in Deutschland selbst.

4. Zu neuem *Streit um das Problem der Wehrdienstverweigerung* kam es im Herbst ziemlich überraschend aus Anlaß einer Indiskretion durch die Veröffentlichung eines Arbeitspapiers aus dem Verteidigungsministerium in Verbindung mit der Militärseelsorge. Es gab darauf heftige Reaktionen quer durch die Presse und auch die kirchlichen Organe hindurch. In der Öffentlichkeit der Kirche wurde an einigen Punkten des Dokumentes heftig Kritik geübt. Es ist kein Zweifel, daß es in diesem Bereiche eine Reihe von ungelösten Fragen gibt, um deren Lösung sich die Kirche intensiver, als es in den letzten Jahren möglich war, bemühen muß, z.B. das Verfahren bei Wehrdienstverweigerung von Soldaten. Bei den neuen Problemen, die aufgetaucht sind, und bei den neuen Möglichkeiten, die sich anscheinend im Bereiche des Staates bieten, muß das Nötige getan werden, um über das hinaus, was bisher möglich gewesen ist, im Bereiche der Frage des Wehrdienstverweigerers und seines Friedensdienstes eine bessere Lösung zu finden, als wir sie bisher haben finden können.

5. Zum Abschluß dieses Berichtes über die EKD noch ein kurzes Wort zu dem Ereignis, das im Jahre 1969 am meisten Öffentlichkeitswirkung gehabt hat, nämlich zu dem *Deutschen Evangelischen Kirchentag in Stuttgart*. Es war der 14. Evangelische Kirchentag. Seit dem 1. Kirchentag nach 1945, Hannover 1949, war offenbar keiner im Urteil der Welt und der Kirche so umstritten. Über keinen ist – glaube ich – so viel in der Presse – in der öffentlichen und der kirchlichen Presse – geschrieben worden. Manche haben gesagt: Es war nicht *ein* Kirchentag, es waren zwei Kirchentage zugleich, die in ihrer Art völlig gegenläufig waren. Der eine Kirchentag befaßte sich mit dem großen Thema der Gottesfrage und dem Streit um Jesus, und der andere Kirchentag war der revolutionäre Versuch eines Kreises von politischen Akteuren, den Kirchentag zu verwandeln in etwas anderes, in eine der heutigen Gesellschaftsaufgabe angemessene Organisation. Davon zeugen die zahlreichen Resolutionen, die auf dem Kirchentag als Resolutionen von je einem Kreis von Aktivisten gefaßt worden sind. Wir haben natürlich als Kirchenleitungen oft die Fragen empfangen, ob das nun Lehräußerungen oder politische Äußerungen der Kirche seien, weil der Eindruck in der Presse entstehen mußte, diese Resolutionen seien Resolutionen des Kirchentags. Und für viele Menschen ist ja der Kirchentag sozusagen die kirchliche Volksversammlung der evangelischen Christenheit, so eine Art oberstes Organ der evangelischen Kirche Deutschlands.
Das Urteil innerhalb der Kirche ist ebenso gegensätzlich wie draußen. Die schärfsten Verwerfungen des Kirchentages sind von den Kreisen ausgesprochen worden, die Mühe hatten, zum Kirchentag überhaupt zu kommen, aus den Kreisen der Bekenntnisgemeinschaft. Es gibt hier einen von der VELKD kürzlich verbreiteten

Aufsatz des bayerischen Dekans Reissinger über den Kirchentag, der die Überschrift trägt: »Zeichen des großen Abfalls«. Er hat dies in ziemlich ausführlicher Weise zu begründen versucht. Und es ist deutlich, daß man das sehen muß, wie in einem bestimmten Kreise der evangelischen Christenheit die Weise dieses Kirchentages gewirkt hat. Auf der anderen Seite gab es auch eine entsprechende Beurteilung von denen, die vom Kirchentag etwas ganz anderes erwarteten und denen der Kirchentag viel zu altmodisch, viel zu stark an die alten Traditionen gebunden war. In der Öffentlichkeit, wo sich Journalisten darüber geäußert haben, wird man sagen müssen, daß der Kirchentag ein besseres Zeugnis bekommen hat, eine bessere Note als in weiten Kreisen der Kirche. Viele haben ihn begrüßt als ein Zeichen der Erneuerung der Kirche, als etwas Fortschrittliches, etwas Nach-vorne-Weisendes.

In dem eben von mir genannten Aufsatz wird kurz und schlüssig am Ende gesagt: Dies war der letzte Kirchentag. Wir würden es bedauern, wenn man so formulieren würde. Aber die Frage ist offen, wie der Kirchentag in Zukunft seine Probleme bewältigen soll. Es ist klar, daß vieles dadurch schwierig wird, daß solche gewaltigen Massenversammlungen ja geradezu dazu neigen, in Demonstrationen auszuarten, und eine Möglichkeit einer echten Diskussion außerordentlich erschweren. Ich glaube, daß der Stuttgarter Weg so einfach nicht weitergegangen werden kann, da der bisherige Stil des Kirchentages ein hohes Maß von geistiger Disziplin voraussetzt, daß nicht damit zu rechnen ist, daß man in der bisherigen Weise wird weiterarbeiten können. Die Kirchentags-Institutionen sind in der Beratung über diesem Problem.

Zunächst einmal ist ja – wie Sie wissen – im nächsten Jahre ein Kirchentagskongreß zusammen mit der römisch-katholischen Kirche geplant. Nach meiner Überzeugung wäre es tief zu bedauern, wenn der Stuttgarter Kirchentag der letzte gewesen wäre. Es sollte alles getan werden, seinen Fortgang als ein echtes protestantisches Forum, wo evangelische Christen in Freiheit ihre Fragen diskutieren können, sicherzustellen.

IV. Die Evangelische Kirche im Rheinland

Bei uns sind, wenn ich recht sehe, keine weltbewegenden Dinge seit der letzten Synode geschehen. Darum nur ein paar Hinweise.

1. Als ein bescheidener Anfang der »Kirchenreform« kann doch wohl genannt werden, daß wir aus den drei kleineren Kirchenkreisen den größeren Kirchenkreis »An der Nahe und Glan« geschaffen haben. Die Aufgaben eines Kirchenkreises heute sind durch die kleinen traditionellen Kirchenkreise, die hier und da noch vorhanden sind, nicht mehr recht zu bewältigen. Es bedarf regionaler Neugliederungen, was sich im Bereiche der Welt wie auch im Bereiche der Kirche, interessanterweise auch in der römisch-katholischen Kirche, als notwendig erweist. Daher werden sicher noch weitere Umgliederungen nötig werden. Es ist dies eine bescheidene Angelegenheit, aber doch eine Sache, die nicht unwichtig ist, weil dadurch auch eine größere Stärkung der sogenannten Mittelinstanz in unserer Kirche erreicht werden kann.

2. Ein zweiter nennenswerter Punkt ist die durch unseren Synodalausschuß in die Wege geleitete Weiterbildung der Pfarrer. Sie haben vor Weihnachten einen Brief hierüber von mir erhalten, und wir hoffen, daß 1970 bereits die ersten Einrichtungen getroffen werden, also Weiterbildungskurse, Kontaktstudium an Universitäten und Kirchlichen Hochschulen und anderes, was in diesem Bereiche an neuen Entdeckungen in den letzten Jahren gemacht worden ist. Wir hoffen, daß wir auch bei kommenden Beratungen noch einiges weitere werden schaffen kön-

nen. Ich denke, daß es nicht unwichtig ist, die ersten Anfänge dahin zu machen, daß die theologische Bildung des Pfarrers nicht mit dem 2. Examen im wesentlichen abgeschlossen bleibt, sondern daß man auch in Gemeinsamkeit, in neuen Diskussionen und in neuer Hinwendung zu der theologischen Forschung und Lehrarbeit seine theologische Arbeit fördert und vertieft.

3. Ein dritter, auch bescheidener Punkt sind die durch uns jetzt herausgegebenen Liturgischen Blätter zur Ergänzung der Agende der Evangelischen Kirche der Union.[59] Dieser Versuch soll in diesen Jahren gemacht werden, um durch eine Selbstkontrolle zu prüfen, wie es denn mit unserer geistlichen Fähigkeit steht, wirkliche Gemeindegebete aus unserer Mitte zu schaffen.
Wir haben hier eine ganze Reihe von Gedrucktem vorgenommen und dabei wieder entdeckt, daß im holländischen Raum Charismatiker des Gebetslebens sind, die uns eine ganze Reihe von beispielhaften Gebeten geliefert haben. Aber es wäre unser Wunsch, daß wir durch möglichst viele Zusendungen aus den Kreisen der Brüder und Schwestern, die hieran selbst arbeiten, die Möglichkeit haben, ein größeres Material durchzuprüfen, um es auch zur Probe zu drucken und allen weiterzugeben.
Wir hoffen, daß auf diese Weise langsam eine Veränderung im Gebetsstil der Agende entstehen kann. Das bedarf aber einer Zeit, denn Gebete dürfen nicht nur am Schreibtisch gemacht werden, sie müssen auch in der Gemeinde erprobt werden, und es zeigt sich dann, daß sie so eine gute Tradition neuen Gebetes einleiten.

4. Auch für den Aufbau des kirchlichen Entwicklungsdienstes konnten die ersten Schritte getan werden. Zwar war der Anfang zähflüssig und schwierig, und wir sind noch längst nicht zufrieden mit dem, was bisher geschaffen werden konnte. Das gilt übrigens auch für die Evangelische Kirche in Deutschland, wo die organisatorischen Schwierigkeiten ziemlich groß waren. Trotzdem, die erste große Projektliste ist nicht nur da, sie ist bearbeitet und zum großen Teil schon beschlossen. Für die rheinische Arbeit hat die rheinische Kirche im Jahre 1969 zweieinhalb Millionen aus landeskirchlichen Mitteln, wie vorgesehen, eingesetzt. Dazu haben die Gemeinden nahezu 900 000 DM aufgebracht und für denselben Dienst angesetzt. Der landeskirchliche Ausschuß für kirchlichen Entwicklungsdienst hat seine Hauptaufgabe darin gesehen, die Presbyterien mit den Aufgaben des kirchlichen Entwicklungsdienstes vertraut zu machen, und hat darum ein besonderes Faltblatt geschaffen, das ja wohl allen zugegangen ist. Was übrigens die Gesamtliste der Evangelischen Kirche in Deutschland angeht, im Westen natürlich nur, so habe ich gerade vor ein paar Tagen einen Überblick bekommen, aus dem ich Ihnen nur folgendes mitteilen möchte. Im Jahre 1969 sind insgesamt aufgebracht worden 31,3 Millionen DM aus den Landeskirchen, wobei Bayern 4 Millionen eingesetzt hat, Hannover 3 1/2, Hessen-Nassau 3,8 und Württemberg 6,2 Millionen. Hier sehen Sie, daß ein guter Anfang gemacht ist, daß die Evangelische Kirche in Deutschland hier erste Schritte nach vorne gemacht hat.

5. Bei dieser Gelegenheit möchte ich noch eine Bemerkung machen auf Wunsch der Brüder von der Rheinischen Mission. Die Rheinische Mission und die Bethel-Mission haben bekanntlich beschlossen, sich zu einem Missionswerk »Vereinigte Evangelische Mission« zusammenzuschließen. Dieser Beschluß wurde von der Bethel-Mission am 3. November und bei der Rheinischen Mission am 5. November 1969 in der Missionshauptversammlung gefaßt. Viele haben davon gehört und sind zum Teil dabei gewesen. Dieser Zusammenschluß soll im Einvernehmen mit

---

59 Gebete zum Gottesdienst, Mülheim/Ruhr o.J.

den Kirchen geschehen, die immer schon mit der Arbeit der beiden Missionen verbunden sind. Als Zielrichtung für die weiteren Verhandlungen wurde von den leitenden Gremien, dem Vorstand der Bethel-Mission und der Missionsleitung der Rheinischen Mission, aufgetragen, so zu verfahren, daß dem Bemühen nach einer stärkeren Integration von Kirche und Mission Rechnung getragen wird. Es soll das Ziel angestrebt werden, daß die Kirchen in der Arbeit der Vereinigten Evangelischen Mission noch mehr als bisher ihre eigene Arbeit sehen. Die Synode wird gebeten, von diesen Beschlüssen Kenntnis zu nehmen, und ich hoffe, daß dies dankbar und zustimmend geschehen kann.

6. a) Wovon wäre sonst noch zu berichten? An der Tauffront, die uns vor einem Jahr so stark beschäftigt hat, ist es still geworden. Zum ersten Male ist in der Gemeinde Köln-Mülheim nach der Ordnung verfahren worden, die wir in der Synode 1969 beschlossen haben.[60] Der Bericht über die Arbeit des Taufausschusses unserer Kirche ist vorgelegt, steht aber nicht im einzelnen zur Diskussion, denn man kann sich denken, daß in diesem einen Jahr noch keine Ergebnisse vorgelegt werden konnten. Außerdem sind an der Arbeit ein Theologischer Ausschuß zur Tauffrage der Evangelischen Kirche in Deutschland und einer der Evangelischen Kirche der Union, der sich besonders mit dem Problem der Tauflehre Karl Barths beschäftigt. Wir hoffen, daß einer oder beide Ausschüsse in diesem Jahr mit gewissen Ergebnissen an die Öffentlichkeit gelangen werden.
b) Das, was uns in der vergangenen Synode auch intensiv beschäftigt hat, das Politische Nachtgebet des Ökumenischen Arbeitskreises in Köln, ist weitergegangen. Die ersten Gebete sind inzwischen gedruckt worden und können von allen nachgelesen werden. Auch in anderen Orten sind ähnliche Veranstaltungen versucht worden. Die kritischen Fragen, die damals etwa von mir erhoben wurden, sind öfter wiederholt worden, und ich bin auch heute noch der Überzeugung, daß hier einige bleibende Fragen gestellt sind, z.B. wie man die evangelische Gemeinde über die gesellschaftsbezogenen Aufgaben in eine Diskussion kommen lassen kann und ob sich die Gestalt eines sogenannten Politischen Nachtgebetes als eine kirchlich angemessene Form erweisen wird.
c) Aus diesem Arbeitskreis in Köln kam im Sommer der bisherige Benediktinerpater Fulbert Steffensky zu uns und bat uns um die Aufnahme in die evangelische Kirche und um den Weg in das evangelische Pfarramt. Nach seinem Kirchenübertritt in unsere Kirche heiratete er Frau Dr. Dorothee Sölle, und daraufhin gab es in der Presse eine Reihe von Veröffentlichungen, die aus diesem sonst wahrscheinlich mit größerer Stille vor sich gehenden Ereignis etwas weite Kreise Interessierendes und Bewegendes gemacht haben. Es rief natürlich begreiflicherweise auch harte Auseinandersetzungen hervor; eine ganze Reihe von Briefen gelangte an uns, die in strenger Gegensätzlichkeit an uns die Forderungen richteten, diesen Mann zu nehmen oder ihn auf keinen Fall zu nehmen. Die Kirchenleitung hat sich mit diesen Problemen mehr als einmal beschäftigen müssen, und sie hat schließlich einen Beschluß gefaßt, den ich Ihnen vorlesen möchte. Es ist der Beschluß vom 4. 12. 69:
»Die Kirchenleitung beschließt, Herrn Fulbert Steffensky die Möglichkeit zu erteilen, an verschiedenen Orten die Arbeit evangelischer Gemeinden kennenzulernen. Am Ende dieser Zeit soll durch eine Kolloquium geklärt werden, ob Herr Steffensky anschließend in den Vorbereitungsdienst für evangelische Pfarrer und auch für das von ihm noch abzulegende 2. Examen aufgenommen werden kann.«
Das war das Ergebnis vom 4. 12. 69, und über dieses Vorgehen ist auch Einmütigkeit unter den Beteiligten erzielt worden.

---

60 Protokoll der Landessynode 1969, S. 198f.

Abschließend möchte ich noch ein Wort des Dankes sagen an alle diejenigen, die sich den Anstrengungen unterzogen haben, indem sie auf den Synoden Referate zum Proponendum hielten. Ich habe einen großen Teil dieser Vorträge lesen können und habe mich gefreut, wieviel gute Arbeit in diese Sache gesteckt worden ist. Es ist klar, daß in einem ersten Durchgang ein so schwieriges Thema leichter von einem einzelnen in seiner Weise behandelt als auf einer Synode diskutiert werden kann. Wir müssen uns an diesem Punkte noch üben und, wie sagt man, in einen Lernprozeß eintreten, um ertragreicher zu diskutieren. Ich freue mich jedenfalls, daß soviel theologische Arbeit durch unser Proponendum in unserer Kirche und ihren Kreissynoden im Jahr 1969 geleistet worden ist.

V.

Nun möchte ich in einem *Schlußkapitel* noch etwas *Allgemeines zur Lage und Hoffnung der Kirche sagen*. Wie steht es heute um die Kirche in unserem Land? Das ist eine Frage, die viele Menschen beschäftigt und die in neuester Zeit auch die öffentliche Presse in mannigfacher Weise in Anspruch nimmt. Vor mir liegt aus den letzten Tagen ein interessanter Aufsatz des Journalisten Matthias Walden aus der Zeitschrift »Die Welt am Sonntag« vom 4. 1. 1970, mit der großartigen Überschrift: Nicht: »Tretet aus«, sondern: »Tretet an«. Dieser Artikel wäre in mancher Hinsicht nützlich, verbreitet zu werden, denn es sind eine Menge von guten Sachen drin. Er kommt zu dem Schluß, wenn die Kirchenleitungen nicht mitmachen, müssen die Gläubigen aufstehen und mit ihrem Glauben Zeugnis ablegen und die Kirche wieder auf Vordermann bringen. Nun, es ist hochinteressant, daß in der öffentlichen Presse so und ähnlich geschrieben wird, und zwar im Zusammenhang mit dem Problem: *Kirchenaustritte und Kirchensteuer*. Machen wir uns in ein paar Sätzen einiges von der Situation klar und bedenken wir das, was wir daraufhin zu erwägen haben im Blick auf unsere Zukunft.

1. Die Kirche, nicht nur unsere, leidet seit Jahren an einem langsamen, aber ständigen *Rückgang des kirchlichen Lebens*. Der Tatbestand ist von uns zwar erkannt, er ist uns auch nicht neu, aber wir haben ihn nicht so zu unserer Sache gemacht, daß wir an der Aufhellung der Gründe und erst recht an ihrer Behebung gearbeitet hätten. Wir haben wohl darüber gestritten, welche Gründe vorliegen können, und haben uns gegenseitig Vorwürfe gemacht. Aber eine wirkliche sorgsame Untersuchung dieses Vorgangs steht noch aus. Und es wäre wichtig, daß wir uns hierüber auch wirklich Klarheit in unseren eigenen Kreisen verschaffen, damit wir auch Wege finden, wie man mit diesen Problemen fertig wird. Leicht ist es nicht, und auch nicht von heute auf morgen zu lösen. Die Statistik, die wir in unserer Kirche in den letzten Jahren ja planmäßig von unserem Statistischen Amt bekommen, zeigt ja beispielhaft, was geschieht, wenn auch nur in diesen Zahlen einiges von dem, was uns schmerzlich ist, zum Ausdruck kommt. Vor allem der Gottesdienstbesuch mit einer Gottesdienstbesuchziffer von 4,3%, einer Ziffer, bei der wir uns innerhalb Deutschlands sogar noch sehen lassen können. Leider gibt es eine Reihe von Kirchen, bei denen nicht einmal diese Zahl erreicht ist. Im einzelnen wäre da noch mancherlei zu bedenken, was die Taufziffer, die Trauziffer und die Beerdigungsziffer angeht, aber das würde zu weit führen. Wir sollten auch einmal in die Statistik den Blick eines Seelsorgers, eines Theologen hineinwagen und daran Überlegungen anstellen, was uns diese Zahlen zu sagen haben.

Die kirchliche Presse ist unzweifelhaft in ihrer Existenz an vielen Punkten gefährdet. Wir erfahren das als Kirchenleitung öfter und viel früher als andere, weil wir so oft aufgefordert werden, für die Erhaltung eines kirchlichen Blattes in Deutschland einen Zuschuß zu geben, weil sonst ein solches Presseorgan eingestellt werden muß. Dabei staunt man darüber, wie groß die Zahlen solcher Blätter sind, die heute noch bestehen, und daß sie trotzdem bei der Art und Weise, was sie heute kosten, nicht gehalten werden können. Auch »Der Weg« in unserer Kirche ist ja in einer Situation, die dadurch gekennzeichnet ist, daß seine Abonnentenzahl sich im Laufe der Jahre verkleinert hat, so daß wir die Frage stellen müssen: Was gedenken wir zu tun, um in diesem ganzen Bereiche der kirchlichen Pressearbeit einiges ganz neu in Angriff zu nehmen? Dabei sind wir der Überzeugung, daß wir ohne Inanspruchnahme solcher Mittel, sei es kirchliche Presse, seien es kirchliche Flugblätter, in der heutigen Gesellschaft uns nicht vernehmbar zum Wort melden können.

Auch die freien Gaben, die Kollekten, die ja in den letzten Jahren immer gestiegen sind, sind etwas im Absinken begriffen, abgesehen davon, daß ja die Sammlung »Brot für die Welt« von uns immer noch nicht die Höhe erlangt hat, die ihr eigentlich zukäme. Darin müssen wir uns immer noch vor unseren römisch-katholischen Brüdern schämen, die durch ihre Sammlungen Misereor und Adveniat ganz andere Summen aufbringen können, als wir es fertiggebracht haben.

2. Die öffentliche publizistische Erörterung der *Kirchensteuer* ist doch auch ein Signal. Sie ist selten so intensiv gewesen. Natürlich hat es auch früher Gelegenheiten gegeben, daß über die Höhe der Kirchensteuer gesprochen worden ist, aber doch nicht so wie heute. Für mich ist es ein Signal für bestimmte Kräfte innerhalb unserer Gesellschaft, die auf die Volkskirche einen Angriff starten, weil sie der Überzeugung sind, Kirche, Christentum, Religion ist Privatsache und die traditionellen kirchlichen Privilegien müssen abgebaut werden. Es geht darum hier weniger um die Höhe, obwohl die Höhe der Kirchensteuer gelegentlich ein Ausgangspunkt gewesen ist. Es ist klar, man kann leicht einem großen Kreis von Menschen sagen: Seht diese reichen Kirchen. Jährlich werden 1 1/2 Milliarden Mark Kirchensteuer eingebracht. So ähnlich hat übrigens auch Hitler gesprochen. Ich erinnere mich, wie er eines Tages sagte: »Ich schenke den Kirchen jedes Jahr 600 000 Mark, und dann behauptet man, ich wäre gegen die Kirche.« Heute geht es vor allem um den Grundsatz der öffentlichen Einziehung der Kirchensteuern. Sie sollen zu privaten religiösen Abgaben gemacht werden. Und ein sehr kirchenfreundlicher Journalist hat vor kurzem etwa gesagt: »Wir geben Euch eine Frist von höchstens 20 bis 25 Jahren, dann muß es soweit sein. Eher geht es wahrscheinlich nicht, aber Ihr müßt Euch darauf einstellen.« Das ist – glaube ich – Herr Odin gewesen von der Frankfurter Zeitung. Immerhin, es wird also über uns in der Öffentlichkeit, auch über die Kirchensteuer und ihre Zukunft, bereits in großer Breite verhandelt. Das zeigt, auch bei freundlich gesonnenen Leuten – denn es ist kein Zweifel daran, daß dieser Artikel im Grunde freundlich ist – wird man sehen müssen, daß wir an diesem Punkte Erwägungen anstellen müssen und nicht meinen, es könne alles so bleiben, wie es jetzt ist. Dieser Angriff, mit dem wir hier z.Z. zu tun haben, trifft nun auf eine innerkirchliche Spannung, wodurch er viel gewichtiger und folgenreicher sein kann, als es bisher erscheint. Und ich glaube, daß unsere Versuche und Bemühungen, die wir in den letzten Jahren und noch im letzten Jahr angestellt haben, aufzuklären, Mißverständnisse zu beseitigen, Verständnis zu wecken, sehr unvollständig und wenig eindrucksvoll geblieben sind. Hoffentlich gelingt es, daß wir uns hier etwas Phantasiereicheres einfallen lassen können und daß wir es auch erreichen, das Verständnis für die Kirche neu zu erwecken und zu stärken.

3. Das Ansteigen der *Kirchenaustritte* ist ein weiteres beachtliches Signal. Ich habe in dem von mir herausgegebenen Kirchlichen Jahrbuch Jahr für Jahr die Statistiken bearbeiten lassen und habe deswegen einmal kurz herausgeschrieben, wie es sich tatsächlich seit 1961 verhält. Vorher waren die Dinge ganz anders, weil

man da noch eine gemeinsame Statistik von Ost und West hatte. Und im Ostraum unserer Kirche sind ja die Kirchenaustritte in ganz anderem Maße schon seit Jahren vollzogen worden. Das ist gar nicht zu vergleichen mit dem, was im Westen bisher je geschehen ist. In der Bundesrepublik ist seit 1961 die Situation so gewesen: 1961 war der Gewinn an Eintretenden gegenüber den Ausgetretenen noch im Jahre 6000, 1962 noch 4400, aber 1963 war es bereits ein Minus von 1000. Zum erstenmal überstieg die Zahl der Austritte die Eintritte um 1000. Im Jahre 1964 war bereits die Zahl der Austritte um 5500 über der Zahl der Eintritte. Es handelt sich hier um 40 300 Austritte und 34 600 Eintritte. 1965 war die Zahl auf minus 5000 gestiegen, 1966 auf minus 7000. Und 1967 lese ich die Zahlen: 28 900 Eintritte und 42 200 Austritte. Das macht einen Gesamtverlust von 14 000. Dabei ist die Gesamtzahl der Evangelischen in den letzten Jahren jährlich um mehrere 100 000 gestiegen. Im Jahre 1968 haben wir bisher – die Zahlen kommen ja erst langsam nach – in der Evangelischen Kirche in Deutschland, im West-Bereich, eine Austrittszahl von 57 800. Im Jahre 1966 ist folgendes noch interessant – da haben wir schon eine genaue Übersicht vom Statistischen Amt: In folgenden Kirchen im Jahre 1966 ist die Zahl der Eintritte höher als die der Austritte: Westfalen, Kurhessen-Waldeck, Baden, Pfalz, Bayern, Lübeck, Württemberg, Lippe und Ref. Nordwestdeutschland. Aber man sieht hier, daß auch 1966 es Gebiete gab, wo die Zahl schon im ganzen zum Negativen überging. Wo liegen die Negativa? An zwei Stellen hauptsächlich: Hamburg und Berlin, sie sind die Orte der größten Kirchenaustritte, aber nicht erst seit heute, sondern seit längerer Zeit schon. In Berlin sind es im Jahre 1966 ungefähr 6000 gewesen, und Berlin nimmt ja auch im ganzen ab. Die Zahl der Evangelischen Berlins ist gefallen im Jahr 1966 von 1,53 Millionen auf 1,51 Millionen. D.h. also um 200 000. Der Wanderungsverlust ist dort enorm groß. Diese Zahlen sind ja nicht ohne Eindruck. Wir müssen davon Kenntnis nehmen und die Fragen diskutieren, welche Bedeutung diese Tatbestände haben. Und gerade an diesem Punkte scheint es mir so zu sein, daß wir noch nicht wirklich wissen, welches die eigentlichen Gründe oder ob es nicht viele zusammentreffende, miteinander konkurrierende Gründe sind. Deswegen hat es gar keinen Zweck, daß man jetzt Behauptungen aufstellt, als ob man es sicher wüßte. Es ist kein Zweifel, daß ein großer Teil der Ausgetretenen zu denjenigen Menschen gehört, die mit der Kirche gebrochen haben, die sich innerlich längst von dem Christentum gelöst haben und der Überzeugung sind, man braucht heute nicht mehr zu einer Kirche zu gehören. Darüber hinaus wird es eine ganze Reihe von anderen Gründen geben. Wir haben darüber örtliche Untersuchungen, die auf Befragungen beruhen. Wir werden das in einem größeren Maßstabe entwickeln müssen, denn wir müssen uns Genauigkeit verschaffen über die eigentlichen Hauptgründe, um überhaupt klären zu können, was wir zu tun haben.
Wir werden uns an diesem Punkte noch neue Gedanken machen müssen. Denn es ist gewiß, daß diejenigen, die aus der Kirche heute ausgetreten sind, zum Teil auch wegen der theologischen Verwirrung in der Kirche, zum Teil wegen der politischen Wandlungen in ihr, schweren Anstoß genommen haben und darum den Schnitt zur Kirche vollzogen haben. Wir haben ja heute das Beispiel in der Predigt gehört, wie jemand sagt, er wolle Christ bleiben und müsse deswegen die Kirche verlassen. Viele haben die inneren Erschütterungen der Kirche, von denen wir alle mitbetroffen sind, nicht verkraftet. Aber vor allen Dingen ist es die jüngere Generation, die neuerdings angefangen hat, der Kirche den Rücken zu kehren. Das zeigt sich vor allem an der Problematik des Religionsunterrichtes. In gewissen Gebieten sind die Abmeldungen groß geworden. Aber auch hier ist ja die Frage: Was ist denn nach Meinung der Kirche Religionsunterricht heute und morgen? Sollen wir auf den Weg schreiten, der uns neuerdings in einem Buch eines bekannten Mainzer Professors angeboten wird: Allgemeine Religionskunde? Ist es sinnvoll,

den Religionsunterricht zu streichen und ihn zu ersetzen durch etwas ganz anderes: Religionsphänomenologie? Dazu braucht man aber keine Theologen, sondern Religionswissenschaftler. Was wir bisher gemeint haben, war doch im Grunde: Religionsunterricht heißt Unterweisung im Evangelium, im Bekenntnis, in der Heiligen Schrift, also in dem, was die Kirche zur Kirche macht. Jedenfalls war das, was wir als Religionsunterricht verstanden wissen wollten, nicht vom Kulturbegriff oder vom Gesellschaftsbegriff her bestimmt, auch nicht von der Aufgabe, die die Schule als pädagogische Größe hat, sondern vom Auftrag der Kirche her.

4. Noch ein letzter Hinweis auf die Lage unserer Kirche: Während sich möglicherweise die theologische Situation gegenüber den vergangenen Jahren zu ändern angefangen hat, dringt jetzt erst in die Publizistik so etwas wie eine antikirchliche Propagandawelle herein, und zwar unter Inanspruchnahme von Äußerungen von Professoren der Theologie, um den Leuten klarzumachen, daß die Botschaft der Kirche – ganz besonders nach Meinung der Theologieprofessoren – völlig unglaubwürdig ist. Die schlichten Gläubigen, lesen wir, haben es noch nicht begriffen, was sich in der Theologie abgespielt hat und was inzwischen bei den Fachleuten als selbstverständliche gemeinsame Überzeugung gilt. Ein besonderes Beispiel hierfür waren die drei Nummern des TWEN von November, Dezember und Januar. Ich finde, das tollste Stück war die Darbietung im Weihnachtsmonat, wo also als Ergebnis herauskommt: Weihnachten? – nichts geschehen, ein ganz gewöhnliches Baby wurde geboren, wie Millionen andere auch. Das haben aber nicht Atheisten behauptet, sondern Professoren der Theologie behaupten das. Oder: Auferstehung? Ostern nichts geschehen. Auch das wird mit einer Reihe von Professoren-Zitaten erläutert. Und erst recht, was die Zukunft angeht: kein Jenseits gibt's, kein Wiedersehen (um von der Formulierung der Marxisten von einst etwas aufzugreifen)! Dies alles ist natürlich in einer primitiven Simplifizierung dort dargestellt. Es werden gewiß viele theologische Sätze mißbraucht, und es werden absichtliche Mißverständnisse verbreitet. Aber das ist es, was in der jungen Generation unserer Tage gelesen wird. Die großen und wichtigen theologischen Bücher bekommen sie weder zu sehen noch zu hören noch zu lesen, sondern dies lesen sie, und da erfahren sie, wie es hier genau heißt: Demontage des Christentums durch die Theologie. Da wird ihnen dann Mut gemacht, diesen vollkommen zerstörten und erledigten Verein endgültig zu verlassen. Wie kommen wir an diese Menschen heran? Wie können wir ihnen die Wahrheit des Evangeliums neu verkündigen? Das ist doch eigentlich unsere Hauptaufgabe, unsere Hauptfrage. Ich bin überzeugt, daß niemand von uns diesem Ernst der Situation unserer Kirche sich entziehen kann. Wir haben allen Grund, uns ernsthaft zu fragen, was wir tun sollen, müssen, können, aber dieses gerade im Blick auf die Hoffnung, die ja im Evangelium ihren Grund hat. Lassen Sie mich darüber noch ein paar Worte zum Schluß anfügen.

Ein Blick nach vorn angesichts der Tatbestände der gegenwärtigen Entwicklung der Kirche hat mich zu folgenden Sätzen ermutigt:

1. Die Lösung der Identität von Kirche und Gesellschaft ist zwar ein für uns begreiflicherweise schmerzhafter Tatbestand, denn wir hängen naturgemäß alle an dem, von dem wir herkommen, nämlich von unserer lieben, abendländischen, christlichen Gesellschaft, unserer deutschen evangelischen Kirche usw. Aber wir sollten auch erkennen, daß die herkömmliche abendländische Identität von Kirche und Gesellschaft auch ihre schweren Probleme für die Kirche mit sich gebracht hat und immer mehr mit sich bringt und daß es für den Auftrag und die Eigenständigkeit in der Kirche nicht schlecht wäre, wenn es ein deutlicheres Gegen-

über von Kirche und Gesellschaft gäbe. Es könnte nämlich dann sein, daß die Botschaft der Kirche – Gottes Wort an die Menschen – sich auf neue Weise wieder Gehör verschaffte.

2. Im ökumenischen Raum wird mehr und mehr neu erkannt, daß Kirche im Vollzug Mission Gottes ist, d.h. anders gesprochen: Die Kirche ist ihrem Wesen nach Gesandtschaft Gottes an die Welt; und als solche hätte sie gerade die Aufgabe, sich mehr und stärker von der europäisch-amerikanischen, politischen, wirtschaftlichen Herrschaftsstruktur und -kultur zu lösen, sich ihr gegenüber zu verselbständigen, was gar nicht einfach ist. Für die Glaubwürdigkeit der christlichen Botschaft und Mission in der ganzen Welt, in der Welt der Farbigen vor allen Dingen, wird es von größter Wichtigkeit sein, wenn die traditionelle Identifikation von Christen und Weißen abgelöst wird durch die Erkenntnis, daß Mission Sache der ganzen Christenheit, der Farbigen und der Weißen, ist und nicht eine Sache des weißen Mannes an den Farbigen in Fortsetzung der Kolonisation als Ausbreitung der Religion des weißen Mannes, seines Kultus, seiner Kultur und seiner Zivilisation. Wer öfter draußen gewesen ist in den Ländern der Farbigen, wird mit Schrecken immer entdecken, mit welcher Selbstverständlichkeit diese farbige Welt jeden Weißen für einen Christen hält und gar nicht begreifen kann, daß das nicht dasselbe ist, Weißer zu sein und Christ zu sein. Gerade hier geschieht geradezu ein Angriff auf die Glaubwürdigkeit der Kirche, der hoffentlich durch eine gewisse Verselbständigung der Kirche gegenüber ihrer eigenen Gebundenheit an ihre Vergangenheit gelöst werden kann.

3. Durch die Verselbständigung der Kirche im Abendland infolge des Endes des sogenannten konstantinischen Zeitalters kann es erst recht zu einer neuen echten und freien ökumenischen Kooperation, dann auch zu einer ökumenischen Föderation, ja vielleicht Kommunion kommen. Die Kirche nämlich muß von uns vielmehr und kann dann auch von uns als eine wahrhaft weltweite, allumfassende Bruderschaft des gemeinsamen Dienstes aller Christen an der Welt im Auftrag Jesu Christi, also als Botschafter an Christi Statt, verstanden werden, losgelöst von ihren überall vorhandenen und sie hemmenden traditionellen Bindungen. Sie wird allein den Aufgaben an der kommenden Planetarisierung der Menschheit gerecht werden können, wenn dies sich stärker entfaltet. Nur eine sich zur Gemeinschaft verbindende über alle bisherigen Grenzen – nationale, kontinentale, kulturelle Grenzen – hinausgehende Christenheit kann es bewirken, wovon die Basis des Ökumenischen Rates schon 1961 in Neu-Delhi sagte, daß die Einheit der Kirche nicht um ihrer selbst willen, sondern um ihres Auftrags an die Welt willen notwendig sei. Die kirchliche Einigung, die Wiedervereinigung der Kirchen, ist notwendig um der Glaubwürdigkeit des Dienstes, des Auftrags Christi an die Welt willen, damit dies in der heutigen Weltgesellschaft geschehen kann.

4. Die tiefgreifenden theologischen Auseinandersetzungen, die wie ein Erdbeben weite Gebiete der Christenheit quer durch die Konfessionen hindurch erschüttern, nötigen uns gerade in der heutigen Krise um so mehr zur Besinnung auf das, was Kirche zur Kirche macht, wovon die Kirche wirklich lebt, was mehr ist als bloße christliche Tradition. Der Alarm um die Bibel, der Streit um Jesus, das Geschrei vom Tode Gottes, kurz: der Großangriff auf alles, was die Kirche Christi bisher als ihren Glauben bekannt hat, wird der Kirche doch offensichtlich zu einer echten Anfechtung. Und Anfechtung, sagt die Schrift, lehrt aufs Wort merken, auf das Wort Gottes, wie es die Schrift bezeugt. Wir stehen hinter dem Ende einer theologischen Metaphysik, hinter der Religionsgeschichte, der Religionspsychologie, hinter der existentialen Theologie als Entmythologisierung. Wir stehen

auch am absehbaren Ende der Theologie der Revolution oder vom Tode Gottes, und das gibt Mut zu einer großen Hoffnung. Wir könnten – und dies ist in der Geschichte der Kirche nicht zum ersten Male der Fall gewesen – vor einer neuen Entdeckung des biblischen Christus stehen, die uns zu neuer Freudigkeit in der Verkündigung, zu neuer Gewißheit unseres Glaubens, zur Erweckung lebendiger Hoffnung führen würde.

Aber wenn wir so kühne Möglichkeiten inmitten der Tiefe erwägen, in der wir uns als Kirche doch offensichtlich befinden, so kann das nicht als eine Art von Optimismus, als eine Art »Mut der Verzweiflung« verstanden werden. Wir nehmen Gott selbst beim Wort, ergreifen seine Verheißung in seinem Wort und bitten um seinen Geist, daß er uns erwecke und erneuere, uns Glauben und Gehorsam und Hoffnung schenke. Wir berufen uns dabei auf das Wort, das wir im Brief an die Römer im 4. Kapitel bei Paulus lesen, als er den Glauben Abrahams beschrieb und das wunderbare Wort sagte:

Er hat geglaubt auf Hoffnung, da nichts zu hoffen war. Denn er zweifelte nicht durch Unglauben an der Verheißung Gottes, sondern war stark im Glauben und gab Gott die Ehre und wußte aufs allergewisseste: was Gott verheißt, das kann er auch tun.

XII
19. Landessynode vom 9. bis 17. Juni 1971 in Bad Godesberg

Meine Aufgabe am Anfang der Landessynode war es, in Ergänzung der schriftlichen Berichte ein Wort zur Lage der Kirche zu sagen. In der Regel bezog sich dieses Wort auf das jeweils hinter uns liegende Jahr, die Ereignisse im Raum der Evangelischen Kirche in Deutschland und ihrer Gliedkirchen, ferner der Ökumene, der katholischen Kirche und schließlich auch auf die Entwicklung der Evangelischen Kirche im Rheinland.

Dieses Mal, wo ich zum letztenmal im Amt des Präses diesen Bericht erstatte, bitte ich um Verständnis dafür, wenn ich etwas weiter aushole. Nicht als ob ich so etwas wie ein »abschließendes Wort« zu sagen wünschte, sondern der Jahresbericht soll durch einen weiteren Blick, zurück und nach vorn, ergänzt werden. Mir scheint, daß es zum Verständnis der Lage und unserer Aufgabe (gerade auch auf dieser Synode) erforderlich wäre, daß wir uns über das Woher und Wohin der Geschichte unserer Kirche besinnen, soweit eine solche Besinnung in einer kurzen Zeit, die wir nur zur Verfügung haben, möglich ist. Natürlich kann es sich dabei nur um eine Auswahl des meines Erachtens Wesentlichen handeln. Aber nur dadurch vermögen wir ja überhaupt Einsicht zu gewinnen.

I.
Was geschah mit der evangelischen Kirche in Deutschland seit dem Ersten Weltkrieg?

Hierbei geht es um ein halbes Jahrhundert epochalen unerhörten Geschehens, das hinter uns liegt und das viele von uns miterlebt haben.

1. Das Ende des Ersten Weltkrieges brachte für die evangelische Kirche in Deutschland das Ende des landesherrlichen Kirchenregimentes. Die Bedeutung dieses Ereignisses für die Kirchengeschichte kann gar nicht überschätzt werden. Es

war das Ende einer vierhundertjährigen Epoche protestantischen Staatskirchentums seit der Reformation. Ja, es zeigt das Ende des alten Abendlandes an: Die Identität von Kirche und Volk, Kirche und Reich, Kirchenleitung und weltlichem Regiment ist endgültig dahin.

2. Die evangelischen Kirchen in Deutschland mußten sich in eigener Kraft und Verantwortung eine eigene Ordnung und Leitung geben, was sie in den vierhundert Jahren ihrer Geschichte nur sehr unzulänglich versucht oder vermocht hatten. Ausnahmen bildeten die rheinische und westfälische Kirche, ein einzigartiges Phänomen unter den evangelischen Kirchen Deutschlands.
Die Versuche der »Kirchenverfassungen« der zwanziger Jahre knüpften größtenteils an die Konzeption der rheinisch-westfälischen Kirchenordnung an. Die Kirchen wurden damals selbständig. Sie bekamen eigene Organe, die bisher großenteils gefehlt hatten. Auch konnten sie sich nun zusammenschließen. Es entstand der »Deutsche evangelische Kirchenbund 1922«. Dabei wurden die Probleme der Verschiedenheit der reformatorischen Bekenntnisse offenbar. Der Wunsch nach einer Evangelischen Kirche in Deutschland konnte noch nicht erfüllt werden.

3. Das wichtigste Geschehen dieses Jahrzehnts war jedoch in Deutschland eigentlich das Aufkommen der neu-reformatorischen Theologie. Barth, Thurneysen, Merz und Gogarten gaben ihre Zeitschrift »Zwischen den Zeiten« heraus. Die Theologie der Offenbarung, des Wortes Gottes bedeutete einen tiefen Einschnitt in die Theologiegeschichte. Dabei ergaben sich starke Differenzen zwischen der »liberalen« (Harnack, Troeltsch) und der neuen Theologie, der vor allem die theologische Jugend zufiel. In dieser Theologie wurde die Vorarbeit geleistet zum Bestehen des großen Kampfes um die Verkündigung des Evangeliums und um den Bestand der Kirche im Dritten Reich. Wer will sagen, was ohne sie wohl geschehen wäre?

4. Das bedeutsamste Geschehen in der Kirchengeschichte dieser Zeit überhaupt war das Entstehen und Wachsen der ökumenischen Bewegung. Zwar war diese schon länger vorbereitet, jedoch begann nun diese Sache besonders in den Kirchen Europas und Amerikas lebendig zu werden. Auch dies Geschehen ist eine epochale Wende in der Kirchengeschichte seit der Reformation. Nach vierhundert Jahren der Zersplitterung in immer mehr Konfessionskirchen nun die Umkehr zueinander. Die Frage nach der Einheit der Kirche als Gabe und Gebot ihres Herrn wird zur leidenschaftlichen Bewegung in den »Konfessionen« und »Denominationen«. Der Weg der Kirche gleicht einer gewaltigen Kehre vom Auseinander und Wiederzueinander zu einem neuen Miteinander.
Es beginnt in Deutschland eine Befreiung der evangelischen Kirche von Introvertiertheit auf die eigene deutsche oder auch provinzielle Existenz. Neue große Perspektiven tun sich seither auf. Jedoch ehe dies alles sich für uns wirksam entfalten kann, kommt es zu der großen Bewährungsprobe 1933 bis 1945.

5. Der Kampf der evangelischen Kirche im Dritten Reich, der über die evangelische Christenheit völlig überraschend hereinbrach, war nicht nur eine der schwersten Bewährungsproben der Kirche in ihrer Geschichte, sondern auch eine Zeit gründlicher Vertiefung im Worte Gottes, neuer theologischer Entwürfe und einiger großer Leistungen, Zeit des Bekennens und der Predigt, des Widerstandes und des Aufbruches zu neuen Ufern im Leben der Kirche. Seit der Reformation war nicht wieder eine solche Bekenntnisbildung wie 1933 erfolgt. Andererseits gewann die Evangelische Kirche in Deutschland wichtige Erfahrungen über das Verhältnis von Kirche und Staat, Kirche und Volk. Ganz neue Wege mußten versucht werden, zum Beispiel das »kirchliche Notrecht« 1934.

6. Freilich, der Kirchenkampf ging unter im Zweiten Weltkrieg. Dieser totale Krieg verschlang alles in seinem Rachen. Nur wenige Widerstandsnester konnten überstehen (als Beispiel sei hier die Altpreußische Bekenntnissynode von Breslau von 1943 erwähnt). Und das Ende des Zweiten Weltkrieges war furchtbar, auch für die evangelischen Kirchen in Deutschland. Der deutsche Protestantismus verlor alle seine Kirchen in den Ostgebieten (Ost- und Westpreußen, Pommern, Schlesien). Dies war der schwerste Verlust seit dem Dreißigjährigen Krieg. Und nicht nur das: Durch die Besetzung Deutschlands durch die westlichen und östlichen Besatzungsmächte wurde der Grund gelegt für die Trennung Deutschlands, nicht nur politisch, sondern auch für die evangelischen Kirchen. Ein 25jähriger Kampf um die Erhaltung der Kirchengemeinschaft der evangelischen Kirche in Ost und West begann und ging 1969 zu Ende mit der Trennung, die ihre Ursache in der Forderung der politischen Macht hatte.

7. Durch Flucht und Vertreibung von Millionen – hauptsächlich evangelischer Deutscher – wurde die deutsche konfessionelle Landschaft verändert. Keine Kirche blieb davon verschont. Die schon durch die Industrialisierung angefangene Auflösung der konfessionell einheitlichen Staaten wurde nun einen entscheidenden Schritt weitergetrieben. Die Evangelische Kirche im Rheinland ist hierfür ein besonders eindrucksvolles Beispiel: Sie gewinnt nach dem Zweiten Weltkrieg über zwei Millionen neue Mitglieder, d.h. sie verdoppelt ihre Größe. Dies bringt tiefgreifende Veränderungen mit sich. Die alte rheinische, vom Reformiertentum bestimmte Kirche hat aufgehört zu bestehen. Die alten und neuen Gemeindeglieder und Pastoren, Einheimische und Flüchtlinge müssen miteinander leben, sie müssen Gemeinde bilden. Es beginnt zugleich ein Aufbau in den Kirchen, der weithin ohne Beispiel ist. Wir denken dabei an unsere Kirche:
a) Der äußere Aufbau erfordert eine Bautätigkeit wie nie zuvor, es entstehen etwa 800 Kirchen (Gottesdienststätten), über 500 Gemeindehäuser, über 600 Pfarrhäuser, dazu unzählige Kindergärten und Jugendheime.
b) Zugleich kommt es zu einem Neubau der rheinischen Kirchenordnung in den Jahren von 1945 bis 1952. Zum erstenmal in der Geschichte der rheinischen Kirche konnten wir uns in der Freiheit ohne äußeren staatlichen Druck eine Verfassung geben. Wir konnten das verwirklichen, was unseren Vorstellungen von Kirche entspricht.
c) Wir machten uns innerhalb der preußischen Landeskirche – der Evangelischen Kirche der altpreußischen Union – selbständig. Schon 1945 gab sich die Evangelische Kirche im Rheinland eine eigene Leitung, aus einer Kirchenprovinz der APU wurde eine selbständige Gliedkirche in den Kirchenbünden der Evangelischen Kirche der Union und der Evangelischen Kirche in Deutschland.
d) In den folgenden Jahren erarbeiteten wir eine neue Agende in der EKU (zwei Bände), wir entwarfen einen neuen evangelischen Katechismus, wir führten das neue evangelische Gesangbuch ein.
e) Wir entwickelten ein umfassendes Gesetzgebungswerk, teils im Rahmen der EKD, teils im Rahmen der EKU, teils eigenständig, auf vielen Gebieten des kirchlichen Lebens.
f) Wir schufen eine ganze Anzahl von Einrichtungen für die Ausbildung und Fortbildung der kirchlichen Mitarbeiter: Die Kirchliche Hochschule, die neuen Predigerseminare, das Pastoralkolleg, das Katechetische Seminar, das Oberseminar, das Pädagogisch-Theologische Institut, ferner für die Begegnung von Kirche und Welt und für die Bildungsarbeit der Kirche, für die Zurüstung kirchlicher Mitarbeiter die Evangelische Akademie. Wir übernahmen oder bauten aus die evangelischen Gymnasien für Jungen und Mädchen. Dies alles sei nur beispielhaft genannt als Hinweis auf die außerordentlichen Auf- und Neubauleistungen der

Evangelischen Kirche im Rheinland. Ich möchte an dieser Stelle nicht versäumen, allen denen Dank zu sagen, die sich darin verzehrt haben.

Wir brechen hier mit dem Rückblick ab, um nun zur Gegenwart der Kirche überzugehen, denn der Aufbau wurde in der ersten Hälfte der sechziger Jahre ziemlich abgeschlossen. Mitte der sechziger Jahre begann ein neuer Abschnitt! Da begann unsere Gegenwart. Das äußere Signal hierzu gab der Kirchentag in Köln.

II.
Die gegenwärtige Lage der Kirche:
Kirche in der Zerreißprobe der Spannungen unserer Zeit

1. In der Mitte der sechziger Jahre, so scheint es mir, wurde das Signal einer weltbewegenden Wandlung der Zeitepoche nach dem Zweiten Weltkrieg deutlich. Eine ausführliche Beschreibung ist heute nicht möglich, aber es sei doch hier hingewiesen auf die Revolutionen auf den Universitäten der Welt. Die alte Universität ist zu Ende. Hier kündet sich eine neue Epoche an, und die Kirche ist mitten hineingezogen mit ihrer Existenz und Aufgabe.

2. Was macht sich in der Kirche in diesem Zusammenhang bemerkbar? Kurz gesagt:
a) der Rückgang des kirchlichen Lebens, vor allem des Kirchenbesuches,
b) stärkere Austritte aus der Kirche – wieder eine Welle wie um 1920 und 1937, jetzt unverhältnismäßig hoch,
c) Angriffe auf die Kirche als »öffentlich privilegierte Körperschaft« in der Publizistik (Illustrierten-Presse und Massenmedien).
Lauter Tatbestände, über deren Ursachen keineswegs Klarheit besteht.
Was wird darin sichtbar?
a) Das Ende der christlichen Gesellschaftsordnung in Europa von über 1000 Jahren und ihrer Grundlage: der theologisch-philosophische Bund von Antike und Bibel,
b) der Anfang vom Ende der christlichen Volkskirche des Abendlandes und ihrer Voraussetzung, nämlich der gemeinsamen christlichen Religion und Moral.
Hier ist die Frage zu stellen, ob dies das Ende Europas oder das Ende des Abendlandes überhaupt bedeutet.
Nun steht die evangelische Kirche in Spannungsfeldern, die sie je länger, desto mehr bedrängen. Die Kirche gerät dadurch heute in schwere Zerreißproben, mit denen fertig zu werden sehr schwer, für manche überhaupt nicht möglich ist.

3. Wir versuchen, uns unsere gegenwärtige Situation klarzumachen, indem wir drei Spannungsfelder anvisieren, in denen die Kirche den »Zerreißproben« ausgesetzt ist:
a) das Spannungsfeld Ost-West (Kommunismus – Kapitalismus),
b) das Spannungsfeld Nord-Süd (reiche und arme Völker – oder rassisch: weiß und farbig),
c) das innerkirchliche Spannungsfeld (theologisch/dogmatisch).
Alle drei sind wesentlich weltlich-politisch-gesellschaftliche Spannungsfelder. Die Kirche mit ihrer Aufgabe und Existenz ist durch sie bedrängt, erschüttert, vor unlösbare Probleme gestellt, in der Gefahr, zu zerfallen bzw. neuen Spaltungen entgegenzugehen.

4. Kirche im Spannungsfeld Ost-West
a) Die evangelische Kirche in der Bundesrepublik und in der Deutschen Demokratischen Republik
Unter dem harten und andauernden politischen Druck der Regierung in Ostberlin

mußten sich schließlich im Jahre 1969 die Gliedkirchen der EKD innerhalb der
DDR von der Evangelischen Kirche in Deutschland trennen. Damit waren die seit
1945 lebendigen Bemühungen, die Einheit der EKD in Ost und West und die Gemeinschaft der evangelischen Christenheit zu erhalten, zu fördern und zu vertiefen, in bezug auf die rechtliche und faktische Verbundenheit und Zusammenarbeit an ihr vorläufiges Ende gekommen. Dies Ereignis war wiederum ein schwerer
Schlag für den deutschen Protestantismus.
Die Synode der EKD vom Mai 1970 hat das in ihrer Erklärung zur Gründung des
Bundes der Evangelischen Kirchen in der DDR zum Ausdruck gebracht und die
Folgerungen daraus gezogen.
Die Evangelische Kirche in Deutschland mit ihren Gliedkirchen gibt es nunmehr
(seit Stuttgart 1970) nur noch in der Bundesrepublik und in Westberlin.
Ihr Verhältnis zum »Bund der Evangelischen Kirchen in der DDR« ist nicht leicht
zu beschreiben. Eigentlich nur in Negationen. Was die Wirklichkeit der Verbundenheit angeht, so hat sich an den unmittelbaren Beziehungen, persönlichen Begegnungen, Hilfsleistungen brüderlicher Opfer u.a. mehr seither nichts geändert.
Aber es muß zugestanden werden, daß die Durchführung alles dessen nicht einfacher geworden ist. Um so weniger sollte darauf verzichtet werden, die möglichen
Wege zueinander von Gemeinde zu Gemeinde auch weiterhin zu gehen, die in
langen Jahren gewachsene besondere Gemeinschaft zu pflegen.
Die Forderungen der Ostberliner Regierung auf radikale Trennung der Kirche in
der DDR von ihren verbündeten Kirchen in der Bundesrepublik und in Westberlin
bleiben weiterhin wirksam, solange noch ein Rest von Verbindung besteht, wie
dies bei der Evangelischen Kirche in Berlin-Brandenburg und der Evangelischen
Kirche der Union der Fall ist. Man greift nicht ein und zertrennt durch einen
Staatsakt diese Kirchen, aber man drängt unverkennbar immer wieder darauf,
daß die Kirchen sich der Forderung des Staates fügen. Und so sind im Jahre 1970
und 1971 auf den verschiedenen Synoden (EKU und Berlin-Brandenburg) die Voraussetzungen erörtert worden, durch die es auf dem Weg der sogenannten »Regionalisierung« zu einer rechtlich vollständigen Trennung kommen würde. Bisher
hat sich in der EKU und ihrer Gliedkirche Berlin-Brandenburg die Praktizierung
der kirchlichen Verbundenheit ermöglichen lassen. Aber es ist abzusehen, daß
auch hier die staatliche Forderung die Kirchen in der DDR zwingen wird, das Erforderliche zu tun, trotz des Beschlusses der Synode der EKU vom 16. Juni 1970!

*Beschluß der Synode der Evangelischen Kirche der Union (Regionalbereich West) betr.
den künftigen Weg der EKU, vom 16. Juni 1970*[61]
»Die Regionalsynode West der Evangelischen Kirche der Union macht sich den
Beschluß der in Magdeburg versammelten Regionalsynode zu eigen, nach dem
die Evangelische Kirche der Union – unbeschadet ihrer Regionalisierung – erhalten bleibt.
Die Evangelische Kirche der Union lebt mit ihren lutherischen, reformierten und
unierten Gemeinden in voller kirchlicher Gemeinschaft und dient auf diesem Weg
der wachsenden Einheit der evangelischen Kirchen. Für den Prozeß des Zusammenwachsens der Kirchen wird die Evangelische Kirche der Union ihre Zusammenarbeit mit allen Kirchen verstärken. Die Synode begrüßt es deshalb, daß sich
die östlichen Gliedkirchen der Evangelischen Kirche der Union an der Arbeit des
Bundes der Evangelischen Kirchen in der DDR beteiligen. Sie begrüßt es ebenso,
daß die restlichen Gliedkirchen der Evangelischen Kirche der Union in Gemeinschaft mit der Arnoldshainer Konferenz für die Kirchwerdung in diesem Bereich
eintreten.

---

61 ABl EKD 1970, S. 451

Die Synode beauftragt den Rat, die anstehenden Fragen in Zusammenarbeit mit dem Ständigen Ordnungsausschuß weiter zu klären.«
b) Kirche in der Deutschen Demokratischen Republik
Man wird trotz aller Bedenken das Mögliche um so eher tun, als sich im Lauf des letzten Jahres gezeigt hat, daß die DDR geneigt ist, der Kirche ein gewisses Maß von Freiheit ihrer Tätigkeit zu gewähren, nachdem sie den Trennungsstrich zum Westen formell gezogen hat. Inzwischen ist auch eine Anerkennung des Bundes der Evangelischen Kirchen durch die DDR erfolgt, so daß die Befürchtungen, die Kirche würde trotz der Erfüllung staatlicher Forderungen keinerlei Vorteile gewinnen, sich vorerst als unbegründet erwiesen haben.
Bei der offiziellen Begegnung von Staat und Kirche im Frühjahr 1971 hielt der brandenburgische Bischof Schönherr eine sehr beachtliche Rede, aus der das Wichtigste im Wortlaut wiedergegeben werden bzw. in Erinnerung gerufen werden soll[62].
Dieses Wort ist ein besonders instruktives Spiegelbild der Lage der Kirche in der DDR. Es zeigt die eigentümliche Situation, in der sich Kirche im totalitären Staat befindet. Auch dann, wenn kein »Kirchenkampf« besteht. Kann es hier so etwas wie eine »Normalisierung« des Verhältnisses von Kirche und Staat geben? Auch wenn die Bemühungen (vielleicht sogar von beiden Seiten) in die Richtung einer »friedlichen Koexistenz« gehen? Nun, man muß wohl schon froh sein, wenn kein offener Konflikt zwischen Staat und Kirche im totalitären Staat droht. Aber daß dies Verhältnis aus objektiven Gründen (die im Wesen des kirchlichen Auftrages und des totalitären Staates liegen) immer gespannt, immer labil, immer höchst kritisch sein wird, das dürfte außer Frage stehen.
c) Die Macht der Ost-West-Spannung für Existenz und Zusammenarbeit der Kirchen hat sich in den letzten Jahren nach dem Prager Frühling 1968 im steigenden Maße auch darin gezeigt, daß die CFK (Prager Friedenskonferenz) nach dem Einmarsch der Russen in die Tschechoslowakei über der Beurteilung dieses Geschehens durch die Kirchen faktisch an ihr Ende gekommen ist. Es hat sich gezeigt, wo die unübersteigbaren Grenzen liegen, die eingehalten werden müssen, wenn kirchliche Zusammenarbeit zwischen dem Osten und Westen seitens der Sowjetunion geduldet werden soll. Der kirchliche Freiheitsraum ist hier so eingeengt, daß eine christliche Friedensbewegung, die über solche politischen Probleme offen sprechen möchte, nicht getragen werden kann. Darum mußten die Mitglieder der CFK aus dem Westen, die auf der Freiheit der Aussprache der Konflikte in der Welt, die den Frieden bedrohen, bestanden, die CFK verlassen. Damit ist sie nun (leider) eine rein »östlich« bestimmte Gruppe geworden, die ihren eigentlichen Sinn verloren hat.
Um so wichtiger, scheint es, ist inzwischen die Konferenz Europäischer Kirchen geworden, die bereits seit mehr als einem Jahrzehnt dabei ist, auf europäischem Boden die Kirchen des Westens und Ostens zusammenzubringen, ökumenische Begegnungen im Spannungsfeld des »Eisernen Vorhangs« in Europa herbeizuführen. Es hat immer wieder große Mühe gekostet, die Kirchenvertreter in diesen Konferenzen zusammenzuführen und zusammenzuhalten. Es ist gelungen, auch 1971 wieder eine Konferenz, »Nyborg VI«, zu halten. Sie war durch einen hervorragenden Vortrag des Magdeburger Bischofs Krusche geprägt, den jeder von uns lesen sollte, ja, der weite Verbreitung verdient. Wesentliche Gedanken dieses Vortrages haben ihren Niederschlag in der Botschaft der Konferenz vom 2. Mai 1971 gefunden:
Botschaft der Konferenz Europäischer Kirchen[63]

62 Vgl. KJB 1971, S. 217ff.
63 In: Nyborg VI... Was geschah. Bericht der sechsten Vollversammlung der Konferenz Europäischer Kirchen vom 26. 4.–3. 5. 1971, Zürich o.J., S. 86

Zur VI. Vollversammlung der Konferenz Europäischer Kirchen, die unter dem Thema »Diener Gottes, Diener der Menschen« stand, haben sich Mitglieder von über 100 Kirchen Europas versammelt. Wir danken Gott für die Gemeinschaft in Christus, die uns in Nyborg zusammengeführt hat und in der wir seine versöhnende Liebe erfahren.

Wir haben bei unseren Beratungen keinen Augenblick vergessen können, in welchem Spannungsfeld wir als Kirchen in der europäischen Situation leben und von welchem Ausmaß die Schwierigkeiten sind, mit denen es fertig zu werden gilt. Es steht wirklich nicht weniger auf dem Spiel als der Mensch selbst. Es ist uns nicht erlaubt, daß wir uns als Kirchen aus dieser Situation herausstehlen und in den Bereich der Innerlichkeit flüchten. Der Herr, der uns mit seiner Lebenshingabe gedient hat, will, daß wir in seiner Nachfolge das tun, was zum Heil und Wohl des Menschen dient.

Unser Dienst für den Menschen ist begründet in dem Dienst, zu dem Gott Jesus Christus gesandt hat (Matth. 20,28). Erst aus dem uns widerfahrenen Dienst Jesu Christi erkennen wir, was dem Menschen zu seinem wahren Menschsein dient. Durch seinen Dienst wird unsere Situation radikal aufgedeckt und schöpferisch gewandelt (2. Kor. 5,17). Weil Jesus Christus in seiner Hingabe für den Menschen ein für allemal genuggetan hat, können wir im Dienst für Gott und die Menschen gar nicht genug tun. Der Dienst Jesu Christi gilt dem ganzen Menschen und will ihn aus allen Gestalten seines Elends befreien – aus seiner Schuldverhaftung, seinen Gebundenheiten, seiner Todverfallenheit – und ihn zur herrlichen Freiheit der Kinder Gottes führen. Wir sollen zu der Gemeinschaft mit ihm und untereinander kommen, auf die hin Gott uns erschaffen hat. Die von ihm Befreiten sendet er dazu, als seine Mitarbeiter im Dienst des Wortes und der Tat Zeichen des kommenden Gottesreiches aufzurichten.

Unser entscheidender Dienst für die Menschen besteht darin, ihnen den Dienst Jesu zu vergegenwärtigen. Das geschieht durch das Wort und das ihm entsprechende Tun. Eine Kirche, die ihre Verkündigung durch sprachlose, schweigend praktizierte Weltdiakonie ersetzen wollte, bliebe den Menschen gerade den entscheidenden Dienst schuldig, ganz einfach deswegen, weil die in Wort und Sakrament vergegenwärtigte und überbrachte Wirklichkeit des Dienstes Jesu Christi immer größer ist, als sie durch unser Tun wahrgemacht werden kann.

Jesu Wort und Tat orientiert den Dienst der Kirche auf die Hilflosen, die Verachteten und Isolierten, die Unterdrückten, die Unterprivilegierten, die Manipulierten, die Überforderten und Abgehängten, auf die »Mühseligen und Beladenen« unserer Zeit. In jeder Gesellschaft haben wir sie zu entdecken, ihre Situation und deren Ursachen aufzudecken und dafür einzutreten, daß sie zu ihrem Recht kommen. Unsere christliche Solidarität mit den Unterdrückten und Machtlosen ist nur dann glaubwürdig, wenn wir Buße tun, alle Ausbeutung verurteilen und aktiv auf die notwendigen sozialen und politischen Veränderungen hinwirken. Auch die kirchlichen Ordnungen und Strukturen bedürfen einer ständigen Überprüfung im Lichte des Evangeliums. Indem wir Buße tun, erkennen wir, daß Dienen eine verkappte Form des Herrschens sein kann, wenn es andere nicht befreit, sondern an sich bindet, sich nicht an die anderen verausgabt, sondern sie vereinnahmt und sie in der Abhängigkeit und Unmündigkeit festhält, statt ihnen zur Eigenständigkeit zu verhelfen.

Da die Kirchen im »Dienst der Versöhnung« stehen, können sie sich nicht an der Bildung von feindlichen Fronten beteiligen oder sich völlig in bestehende Frontbildungen integrieren. Die Kirchen können sich nicht mit irgendeinem politischen oder sozialen System identifizieren, sie sind jedoch zum Einsatz verpflichtet und dürfen nicht abseits stehen, wenn sie mit konkreten menschlichen Nöten und Maßnahmen zu deren Bewältigung konfrontiert sind.

In diesem Horizont verstehen wir die Arbeit der Kirchen für Versöhnung und Frieden. Frieden bedeutet nicht nur Abwesenheit von Krieg, es ist aber auch kein wirklicher Friede, wenn alles bleibt, wie es ist. Es können zur Herstellung des Friedens tiefe und radikale soziale Veränderungen notwendig sein.
Mit Recht wird Frieden in Europa und im internationalen Bereich als ein dynamischer Prozeß der Zusammenarbeit zwischen Staaten mit verschiedenen Gesellschaftsordnungen verstanden. Es ist nicht Sache der Kirche, technische, politische oder diplomatische Lösungen vorzuschlagen, aber es ist ihre Pflicht, alle Absichten zu fördern, die auf bessere internationale Beziehungen in Europa hoffen lassen, wie z.B. bilaterale Abkommen zur Sicherung des Friedens oder den Vorschlag, eine europäische Sicherheitskonferenz einzuberufen, an der alle Staaten gleichberechtigt und gleichverpflichtet mitarbeiten können. Die Arbeit für eine Zukunft ohne Angst vor einem neuen Krieg muß damit beginnen, daß die Realitäten der politischen Situation in Rechnung gestellt werden und die Bereitschaft zum Aufbau einer dauerhaften europäischen Friedensordnung aufgebracht wird, in der die berechtigten Interessen aller Betroffenen gesichert sind.
Als europäische Kirchen erkennen wir die gegenseitige Abhängigkeit zwischen Europa und der übrigen Welt im Kampf um Frieden, Freiheit und soziale Gerechtigkeit. In diesem Rahmen begreifen wir die Bedeutung der Sicherheit in Europa wie auch der Herstellung des Friedens in Spannungszonen wie Südostasien und im Nahen Osten.
Wir begrüßen von ganzem Herzen alle neuen Zeichen des Fortschritts bei den Gesprächen über atomore Abrüstung und die Abschaffung bakteriologischer und chemischer Waffen und bitten unsere Kirchen, allen ihnen zur Verfügung stehenden Einfluß auszuüben, um ihre Regierungen zu weiteren Entwicklungen zu ermutigen. Wir unterstützen die Arbeit der Vereinten Nationen und der ihnen angeschlossenen Organisationen, insbesondere im Blick auf die ihnen aufgegebenen Probleme der Entwicklungsförderung und des Schutzes der natürlichen Umwelt.
Wir kehren aus Nyborg nach Hause zurück in dem Glauben, daß Gott uns Zeit und Gelegenheit gibt, ihm und der ganzen Menschheit durch schöpferische Taten unserer Kirchen zu dienen.

Trotz aller Enttäuschungen und oft unüberwindlichen Schwierigkeiten darf die Kirche vor der Ost-West-Spannung nicht kapitulieren. Sie ist weder eine westliche noch östliche Institution. Sie darf sich nicht zum Anwalt »westlicher Kapitalisten« oder »östlicher Sozialisten« machen lassen. Sie darf die Feindschaft dieser Systeme nicht anheizen, sondern muß in den Riß treten um der Rettung der Menschen willen, für die Christus sein Leben gegeben hat.
d) Ein Beispiel dafür, worin der Dienst der Kirche in dieser Welt umfassender und lebensbedrohender Spannung konkret bestehen könnte, ist die Entschließung der Synode der EKD vom 21. Februar 1971 betr. Ausgleich und Versöhnung mit den östlichen Nachbarn.

Entschließung der Synode der Evangelischen Kirche in Deutschland betreffend Ausgleich und Versöhnung mit den östlichen Nachbarn, vom 21. Februar 1971[64]
1. Die Synode der EKD hat im März 1966 in ihrer Synodalerklärung »Vertreibung und Versöhnung« zu Verständigung und Ausgleich mit den östlichen Nachbarn aufgerufen. Anläßlich der Unterzeichnung der Ostverträge hat der Ratsvorsitzende darauf hingewiesen, daß Versöhnung ein langer, mühevoller Prozeß ist, in dem die Glieder der Kirche Jesu Christi oft zwischen den Fronten vermitteln

---

64 ABl EKD 1971, S. 149f.

können. Hinter das gemeinsam Erkannte und Ausgesagte können wir nicht zurück.
2. Wir beobachten, daß der Widerstreit über den richtigen Weg zu einer künftigen Friedensordnung bis tief in die Gemeinden reicht. Wir können diese Gegensätze derzeit nicht voll überbrücken, sind aber alle gegenseitig dafür verantwortlich, daß die Auseinandersetzungen nicht ausarten. Die Synode bittet die Gemeindeglieder, die Politiker ihres Vertrauens immer wieder daran zu erinnern, daß sie uns für eine gerechte und dauerhafte Friedensordnung verantwortlich sind.
3. Die einen unter uns sehen in den Verträgen über Gewaltverzicht nicht nur die fälligen konkreten Schritte zur Versöhnung, sondern auch den notwendigen Ansatz zu einer vernünftigen, auf Interessenausgleich beruhenden Friedensordnung für Europa. Sie meinen, daß Politiker, die diese undankbare und risikoreiche Aufgabe wagen, Dank und Ermutigung der Kirche verdienen.
Auch die anderen unter uns treten für Gewaltverzicht und einen Interessenausgleich zwischen den Völkern ein, befürchten aber, daß die Verträge nicht zu einer dauerhaften und gerechten Friedensordnung führen.
Beide Seiten bitten die Vertriebenen, sich durch vergangenes Unrecht auch weiterhin nicht von einer zukunftsgerichteten Mitarbeit abhalten zu lassen. Beide wissen sich dafür verantwortlich, daß der Widerspruch nicht in eine nationalistische Hetze verfälscht wird und die Auseinandersetzung nicht die Form eines »kalten Bürgerkrieges« annimmt.
4. Wir fordern die Gemeindeglieder auf, die Sorgen der jeweils anderen wie auch das Lebensrecht der östlichen Nachbarn ernst zu nehmen und den Versöhnungsdienst in ihrer Mitte und über die politischen Grenzen hinaus zu verstärken. Verträge allein können noch keine Aussöhnung bewirken.
Es geht darum, die aus den Verträgen von Moskau und Warschau erwachsenden Aufgaben gewissenhaft zu erkennen und danach zu handeln. Dazu gehört zunächst die Mitverantwortung für die Aufnahme der jetzt wieder in größerer Zahl bei uns eintreffenden Umsiedler. Mit räumlicher Ansiedlung und Beschaffung von Arbeitsplätzen ist es allein nicht getan. Hinzu muß unsere Bereitschaft kommen, sie in ihren Erwartungen und Vorstellungen zu verstehen. Es bedarf gemeinsamer Anstrengung, ihnen in unserer Mitte eine neue Heimat zu schaffen.
Dieses Handeln gehört zu dem Versöhnungsdienst, den das Evangelium uns gebietet.

Dies zeigt die Schwierigkeit einer gemeinsamen Stellungnahme! Leider ist dieser Entschließung die publizistische Wirkung, die ihr gebührt hätte, nicht zuteil geworden.
Eine entsprechende Entschließung hat die Synode der EKU am 16. Juni 1970 gefaßt.

Beschluß der Synode der Evangelischen Kirche der Union (Regionalbereich West) betr. den politischen Auftrag der Kirche, vom 16. Juni 1970 [65]
Wo das Evangelium recht verkündigt wird, wirkt es immer auch in den politischen Bereich hinein und eröffnet auch dort Wege in die Zukunft. Wir lehnen eine die Verkündigung auf den Bereich der Innerlichkeit einengende politische Abstinenz der Kirche ebenso ab wie ein politisches Engagement, bei dem gesellschaftliche Vorstellungen zur ausschlaggebenden Norm werden und womöglich mit Gewalt und Terror durchgesetzt werden sollen. Das den Christen gebotene aktuelle Be-

---

[65] ABl EKD 1970

kennen, das sich auf den gesellschaftlichen und politischen Bereich richtet, hat seinen Maßstab allein im Wort Gottes zu suchen.
In der besonderen Lage, in der wir als evangelische Christen in Deutschland in unterschiedlichen Staatsordnungen und Gesellschaftssystemen leben, halten wir es für die von Gott geforderte Aufgabe, für den Abbau von Spannungen einzutreten. Wer der Versöhnung dient, darf nicht diffamiert werden. Wir warnen auch davor, in unserem Volke Wunschvorstellungen aufrechtzuerhalten und zu erwecken, die nicht zu verwirklichen sind. Alle mit der Deutschlandpolitik zusammenhängenden Fragen müssen der Notwendigkeit untergeordnet werden, den Frieden in Europa zu erhalten und zu festigen.

5. Kirche im Spannungsfeld Nord-Süd
a) Der weltumspannende Ost-West-Antagonismus wird gekreuzt durch einen ganz anders gearteten »Nord-Süd-Gegensatz« zwischen den reichen Industrienationen (im Westen und Osten) und den armen »Entwicklungsländern« (Afrika, Ostasien, Südamerika), auch die »Dritte Welt« genannt. Dieser Gegensatz st zugleich rassisch bestimmt: Weiße gegen Farbige, und dadurch, daß die reichen Weißen in der Hauptsache zum Christentum gehören, das in der farbigen Welt seit einem Jahrtausend Mission betrieb, während die weißen Staaten Kolonialherrschaft begründeten. So entstand im 20. Jahrhundert in immer stärkerem Maße der Gegensatz zwischen dem weißen, christlich bestimmten Norden und der farbigen Welt. Leider kann die Geschichte dieses Gegensatzes mit allen Gründen hier nicht dargelegt werden. Wir können hier nur darüber etwas sagen, wie die Kirche in diesen Antagonismus hineingeriet und wie sie heute darin zu bestehen sucht. Kurz gesagt:
(1) Die Verbindung von Mission (im 19. Jahrhundert) und Kolonialismus mit der Weltherrschaft der christlichen weißen Völker Europas war die Ursache einer Krise der Mission in den farbigen, nach Freiheit strebenden Staaten.
(2) Die Entstehung von zahlreichen Kirchen (»junge Kirchen«), mit denen wir durch die Mission in Verbindung stehen, führte durch den Paternalismus und christlichen Rassismus auf der einen Seite, Freiheitsbestrebungen und Nationalismus der jungen Völker auf der anderen Seite zu schweren Konflikten bis hin zu christusfeindlichen Bestrebungen.
(3) Der Reichtum der weißen und die Armut der farbigen Kirchen brachten Probleme der Zusammenarbeit in den jungen Kirchen. Hier waren Fragen der Hilfe und der Mitarbeiter zu lösen.
(4) Der Konflikt der jungen Christenheit mit den revolutionären nationalen Bestrebungen der jungen Staaten brachte eine Gefährdung des christlichen Glaubens und Ethos.
b) An Versuchen, mit diesen Problemen fertig zu werden, sind aus den letzten Jahren zu nennen:
(1) Die ökumenische Diakonie – »Brot für die Welt« – Hilfe zur Selbsthilfe gegen Hunger und Krankheit;
(2) Integration der Mission in die Kirchen.
Hier ist die Arbeitsgemeinschaft für Weltmission in Deutschland wichtig geworden, die in den Jahren ihres Bestehens über 50 Millionen zusätzlich aus Kirchensteuermitteln für Missions-Dienste der jungen Kirchen aufgebracht und damit gewaltige Anstrengungen zur Stärkung der jungen Kirchen unternommen hat.
(3) Kirchlicher Entwicklungsdienst
Seit der Weltkirchenkonferenz von Uppsala und der Synode der EKD 1969 hat der kirchliche Entwicklungsdienst zum Aufbau eigener wirtschaftlicher und sozialer Einrichtungen in den Entwicklungsländern seine Arbeit aufgenommen. Es ist begreiflich, daß in diesen Jahren in unseren Kirchen über diese drei Dimen-

sionen kirchlichen Dienstes und die Priorität einer von ihnen viel Auseinandersetzung stattgefunden hat. Es hat schwere Spannungen über das Verhältnis von Mission, Diakonie und Entwicklungshilfe gegeben. Man denke z.B. an die »Frankfurter Erklärung zur Mission«.[66]
Vielleicht kann man sagen, daß sich langsam ein neues Verständnis füreinander angebahnt hat. Kirche ist nicht ohne Mission – aber auch nicht ohne Diakonie. Beides gehört zum kirchlichen Auftrag wie zwei Seiten einer Münze. Also (1) dem Wort folgt die Tat, und (2) der Tat folgt das Wort.
Entwicklungshilfe als die neue Weise der gesellschaftlichen Diakonie angesichts der Nord-Süd-Spannungen wurde schon immer von der Mission bejaht (Gesundheit, Bildung und Arbeit). Sie ist kein Ersatz für Mission, sondern Aktualisierung des christlichen Auftrags in besonderer Weltlage.
c) Hieran schließt sich nun im Spannungsfeld Nord-Süd die »Rassismusfrage« an, die aus der Ökumene 1970 gleichsam über uns hereingebrochen ist wie ein Unwetter mit zum Teil schrecklichen Auswirkungen. In den Kirchen wurden harte Gegensätze sichtbar. Angesichts der Information der letzten Monate kann ich mich hier kurz fassen. Nötig wäre es, ganz gründlich die Frage zu bedenken. Aber da es nicht möglich ist, auf dieser Synode die Thematik zu diskutieren, soll auch nur ein kurzer Hinweis auf dieses Weltproblem von hohem Rang gegeben werden, wobei neben der Entschließung der Synode der EKD vom 21. Februar 1971 auch die Vorlage unseres ökumenischen Ausschusses zu erwähnen ist.

Entschließung der Synode der Evangelischen Kirche in Deutschland betreffend das Ökumenische Programm zur Bekämpfung des Rassismus, vom 21. Februar 1971[67]
Die Synode nimmt dankbar zur Kenntnis, daß auf der Konferenz des Zentralausschusses des Ökumenischen Rates der Kirchen in Addis Abeba Klärungen für den allen Christen aufgegebenen Kampf gegen die Diskriminierung der Rassen erfolgt sind, welche ein gemeinsames Vorgehen ermöglichen.[68] Diese Klärungen besagen:
1. Der Kirche ist jegliche Sanktionierung von Gewalttätigkeit verwehrt; aber die Grundsatzfragen über den Gebrauch von Gewalt in Gebieten sozialen Umbruchs bedürfen gründlicher und umfassender ökumenischer Untersuchungen.
2. Die Kirche kann im Dienst an notleidenden und unterdrückten Menschen auch mit politischen Bewegungen zusammenarbeiten, darf sich aber nicht vollständig mit ihnen identifizieren oder zu ihrem Vorspann mißbrauchen lassen.
3. Die Empfänger der Hilfe sind aus verständlichen Gründen empfindlich gegen alle von außen kommenden Auflagen, Bindungen und Kontrollen; aber aus Verantwortung den Spendern gegenüber müssen auch klar umgrenzte Projekte angeboten werden.
In diesem Verständnis bejaht die Synode das ökumenische Programm zur Bekämpfung des Rassismus, wie es in Addis Abeba in den Dokumenten 10, 24 und 55 niedergelegt worden ist, und empfiehlt es dem Rat, den Gliedkirchen und den Gemeinden zur Beachtung.
Die Synode bittet den Rat der EKD, dafür Sorge zu tragen, daß die in dem Dokument 55, Abschnitt B 6 der Tagung des Zentralausschusses des Ökumenischen Rates der Kirchen in Addis Abeba angesprochenen Studien erarbeitet und ihre Ergebnisse veröffentlicht werden.
Die Synode bittet den Rat, auf der Synodaltagung im November 1971 einen ersten Bericht zu erstatten.

66 Lutherische Monatshefte Nr. 10/1971, S. 90ff.
67 ABl EKD 1971, S. 149
68 Sitzung des Zentralausschusses in Addis Abeba vom 10.–22. 1. 1971. Vgl. auch KJB 1973, S. 329ff.

6. Innerkirchliche Spannungsfelder
a) Das ökumenisch-konfessionelle Spannungsfeld
(1) Seit 1966 (Konferenz »Kirche und Gesellschaft« in Genf) ist die Ökumene in neuer Weise zum Spannungsfeld der Christenheit geworden. Nicht die »alten«, konfessionell bestimmten Gegensätze (vor allem der protestantisch/katholische), sondern ein neuer hat die Diskussionen im ökumenischen Raum bestimmt: Die ethisch-politische Dimension als Aufgabe der Kirche in der Welt von heute. Die »politische Theologie«, eine »Theologie der Revolution«, taucht als ökumenisches Programm auf.
Seither hat – bestärkt durch das »Antirassismusprogramm« – der Streit um die eigentliche Aufgabe des Ökumenischen Rates der Kirchen (Mission? Einheit? Entwicklungsdienst/gesellschaftliche Diakonie, politisches Engagement?) auf breiter Front eingesetzt. Uppsala war ein erstes Beispiel neuer Frontenbildung. Erst recht die Nacharbeit von Uppsala.
Der Wandel im Ökumenischen Rat muß auch von daher verstanden werden, daß die »Kirchen der farbigen Welt« immer mehr Einzug halten und mitbestimmen. Die Vorherrschaft der »weißen« (speziell amerikanischen) Kirchen wird abgebaut, und in neuer Partnerschaft beginnen neue Probleme wichtig zu werden: das Problem der »Dritten Welt«, der Aktivität der Kirche in dieser Welt, die Lösung der Kirche von ihrem traditionellen europäischen (abendländischen) Herkommen und ihrer Bestimmtheit durch die »weiße Rasse«.
Es wird uns nicht leicht gemacht, diese neue Situation der »Kirche in der Weltgesellschaft« zu erkennen, mit den farbigen Kirchen zu echter Partnerschaft zu kommen, deren Theologie zu verstehen und mit ihnen zum Gespräch zu gelangen. Aber wir dürfen auf keinen Fall hier resignieren, geschweige denn uns heimlich oder offen, stolz und selbstbewußt empören, wozu wir leider neigen.
Die Sache der Ökumene ist von so entscheidender Bedeutung im Blick auf die Zukunftsprobleme der Welt und der Existenz der Kirche in der kommenden Weltgesellschaft, daß wir alles tun müssen, die Ökumene zu stärken, statt sie im Zorn über ihre oft unlösbaren Probleme zu schwächen.
(2) Das Verhältnis zur römisch-katholischen Kirche
Diesmal nur ganz kurz: Wir sehen alle die tiefgreifende Veränderung in der katholischen Kirche nach dem Zweiten Vatikanischen Konzil. Die ökumenische Öffnung seither verändert unser Verhältnis zueinander. Wir versuchen Zusammenarbeit auf allen Ebenen kirchlichen Handelns, vom Ökumenischen Rat bis zu den Ortsgemeinden, nach dem Grundsatz: Alles, was möglich ist, gemeinsam tun. Die Verbindung der Kirchen in der Bundesrepublik Deutschland ist von Jahr zu Jahr gefestigt worden, so daß wir heute eine planmäßige Zusammenarbeit zwischen dem Rat der EKD und der deutschen katholischen Bischofskonferenz haben. In der Pfingstwoche 1971 fand zum erstenmal ein kirchentagartiges Treffen evangelischer und katholischer Christen statt.[69] Ebenso ist es zwischen den Landeskirchenleitungen und den Bistümern zu festen Organisationen der Kontakte gekommen (Ökumenische Gebietskommissionen). Darüber hinaus bilden sich in vielen Städten »Christenräte«. Geplant ist die Änderung der bisherigen Arbeitsgemeinschaft christlicher Kirchen in Richtung eines Ökumenischen Kirchenrats der Bundesrepublik unter Mitgliedschaft der katholischen Kirche.
In der Mischehenfrage ist ein entscheidender Schritt auf deutschem Boden getan worden. Die Ausführungsbestimmung des katholischen Eherechts sind (nach gemeinsamer Beratung mit uns) so gefaßt worden, daß für beide Kirchen die Möglichkeit besteht, die konfessionsverschiedene Ehe nicht nur anzuerkennen (gleich,

---

69 Zum Ergebnis vgl. Ökumenisches Pfingsttreffen Augsburg 1971. Dokumente, Stuttgart 1971.

ob sie katholisch oder evangelisch getraut wurde), sondern sie auch gemeinsam seelsorgerlich zu begleiten. Davon geben die Veröffentlichungen der Kirchen und vor allem auch das gemeinsame Wort zur konfessionsverschiedenen Ehe[70] deutlich Zeugnis. Schließlich ist auch ein Weg gefunden worden, bei der kirchlichen Trauung konfessionsverschiedener Paare eine gegenseitige Mitwirkung der katholischen und evangelischen Pfarrer einzuräumen, falls die Paare dies begehren. Nicht eine »ökumenische Trauung« wurde auf diese Weise geschaffen (wogegen sich in beiden Kirchen berechtigte Stimmen erhoben), sondern ein liturgisches Zusammenwirken unter Aufrechterhaltung der evangelischen und katholischen Trauungsordnung in ihrer theologischen und rechtlichen Verschiedenheit.

Das gemeinsame Vaterunser hat sich im deutschen Sprachgebiet rasch und vollständig durchgesetzt. Nun erscheint gerade der Vorschlag eines gemeinsamen Textes der beiden ökumenischen Bekenntnisse, des Apostolischen und des Nicänischen Bekenntnisses, und auch daran knüpft sich die Hoffnung, daß diese altkirchlichen Symbole im neuen deutschen Text in unseren Kirchen eingeführt werden.

Lauter Zeichen des Zueinander- und Miteinanderwollens! Merkwürdig: Der Bereich, der herkömmlich von den größten Spannungen geprägt war – in ihm hat sich heute eine unerwartete »Entspannung« begeben, für die man nur dankbar sein kann, zumal diese Entspannung nicht auf dem Grund eines Indifferentismus oder falschen »Irenismus« ruht, sondern in Erkenntnis und Anerkennung der wirklichen und keineswegs überwundenen Gegensätze im Verständnis des kirchlichen Dogmas selbst (Mariologie/Ekklesiologie/Papsttum/Sakrament/Messe).

(3) Das innerprotestantische Spannungsfeld lutherisch-reformierter Bekenntniskirchen

Die Trennung des reformatorischen Protestantismus in lutherische und reformierte Bekenntniskirchen ist auf dem Wege, mehr und mehr der Geschichte anzugehören. Zwar kann man auch heute noch nicht von der Überwindung des innerprotestantischen Gegensatzes reden, da die volle Kirchengemeinschaft zwischen lutherischen und reformierten Kirchen noch nicht verwirklicht wurde. Aber es sind inzwischen Schritte eingeleitet, die es uns hoffen lassen, das lang erwartete Ziel der »Kirchengemeinschaft, die Kanzel- und Abendmahlsgemeinschaft einschließt«, zu erreichen. So auf der Synode der EKD 1971 formuliert als Zielvorstellung für die Verfassungsänderung der Evangelischen Kirche in Deutschland.

Am 4. Mai 1970 wurden die Thesen zur Kirchengemeinschaft veröffentlicht, in denen das Ergebnis eines lutherisch-reformierten Lehrgespräches niedergelegt ist, das die Grundlage zu einer Kirchengemeinschaft der lutherischen und reformierten Kirchen ausspricht, da dieser Vorschlag einer Konkordie die »kirchentrennenden Lehrdifferenzen« als überwunden erklärt[71].

Die lutherischen, reformierten und unierten Kirchen in der EKD sind aufgefordert, diesen Thesen zuzustimmen, damit dadurch der Weg zur vollen Kirchengemeinschaft in der EKD eröffnet wird. Die Kirchen der Arnoldshainer Konferenz, alle nicht zur VELKD gehörenden Kirchen, haben schon jetzt zugestimmt. (Wir haben es als Kirchenleitung auf Grund unserer Erklärung zur Kanzel- und Abendmahlsgemeinschaft getan.) Leider konnten sich die Kirchen der VELKD noch nicht beschlußmäßig äußern. Sie wollen es offenbar einzeln und gemeinsam tun. Obwohl ihre Vertreter die Thesen auch unterschrieben haben, scheinen sich noch Hemmungen im Bereich der lutherischen Kirchen gezeigt zu haben, die zu dieser höchst unerwünschten Verzögerung führen. Wir bedauern das tief und bitten unsere Brüder der lutherischen Kirchen, sich für diese Thesen zu entscheiden, damit

---

70 ABl EKD 1971, S. 233
71 Vgl. KJB 1970, S. 47f.

wir in der EKD die Schritte tun können, die schon längst nötig sind. Aber wir bitten darüber hinaus, daß auch die in europäischem Rahmen geführten lutherisch-reformierten Gespräche weiterkommen – über die die Synodalen ausführlich informiert wurden durch die Bekanntgabe der bisherigen Ergebnisse.
Die Idee einer lutherisch-reformierten Konkordie für die ca. 80 protestantischen (evangelischen, lutherischen, reformierten) Kirchen in Europa, an der hier gearbeitet wird, ist doch eine großartige, nicht nur für die Ökumene, sondern auch für uns wichtige Sache! Denn wir sind uns doch darüber klar, daß der Protestantismus, der nicht einmal 30% der Christenheit umfaßt, darunter leidet und in seiner ökumenischen Wirksamkeit beeinträchtigt wird, daß er nicht einmal einmütig lehrt und in Kirchengemeinschaft lebt. Da wir seit langem in Kirchengemeinschaft (Union) leben, drängen wir begreiflicherweise ohne Unterlaß, müssen aber wissen, daß die Brüder in den Konfessionskirchen es noch vor sich haben, was bei uns schon die Väter wagten. So ist es immer noch ein Spannungsfeld, mit dem wir es als Protestanten miteinander zu tun haben.
b) Der Streit um die Kirchenreform
Was für eine Überraschung! Eben hatten die evangelischen Kirchen in Deutschland in den 10 bis 15 Jahren mühevoller Arbeit ihre Ordnungen mehr oder weniger stark neu bearbeitet und den veränderten Verhältnissen nach dem Zweiten Weltkrieg angepaßt, ferner hatten die beiden großen Kirchenverbände, die VELKD und EKU, in enger Arbeitsgemeinschaft ihre Agenden, die Ordnungen der Gottesdienste, neu beschlossen, da begann zu Beginn der sechziger Jahre, deutlich hörbar für alle auf den Kirchentagen zu Dortmund 1963 und Köln 1965, der Ruf nach einer Kirchenreform großen Stiles, aber auch nach einem »Gottesdienst in neuer Gestalt«.
Damit begann in der Evangelischen Kirche in Deutschland ein neuer Abschnitt innerkirchlicher Auseinandersetzungen, zum Teil von ungewöhnlicher Heftigkeit. Neben dem inzwischen angewachsenen theologischen Streit, von dem gleich noch die Rede sein wird.
(1) Die Kirchenreformen, vertreten durch eine weitgespannte Gruppe von Reformern, hatten bei aller Verschiedenheit im einzelnen so etwas wie ein gemeinsames Programm: »Demokratisierung der Kirche«. Und je nachdem, wie dies Programmwort verstanden wurde, kam es dann auch zu sehr verschiedenen, weittragenden Forderungen auf Änderung der Kirchenverfassungen, der sogenannten Strukturen von Landeskirchen und ihren Regionen, Änderung des kirchlichen Dienstrechts, besonders des überlieferten Pfarramtes, Abbau der »autoritären Strukturen« der Organe der Kirchenleitung, Stärkung der Synoden (außerhalb der überlieferten synodalen Kirchen entstand geradezu ein neuer Synodalismus).
In summa: Die ganze, in den Kirchenordnungen des 20. Jahrhunderts noch befaßte protestantische Tradition des Kirchenrechts wurde in Frage gestellt. Kein Wunder, daß es hier zu Gegensätzen kam: für und wider die »Demokratisierung« in theologischen und kirchenrechtlichen Argumenten. Aber wir sehen es auch in den Vorlagen unserer Synode, daß die Bestrebungen auf weittragende Änderung unserer (noch jungen) Kirchenordnung von 1952 auch uns zu Entscheidungen herausfordern. Ja, fast der Hauptgegenstand dieser Synode hängt mit dem Reformprogramm zusammen. Dabei wird zu entscheiden sein, ob wir das »presbyterial-synodale« Ordnungsgefüge erhalten wollen oder vielleicht auch nicht mehr wollen. Daß es hier auch auf dem Spiel steht, darüber kann sich niemand täuschen, der die Dokumente über das »Proponendum« und die zahlreichen Anträge zur Änderung der Kirchenordnung studiert hat.
Es ist hier nicht meine Aufgabe, der Synode meine Stellungnahme zu dieser gewichtigen Entscheidung vorzutragen. Aber auf die wirklich grundlegende Bedeu-

tung der hier zu fällenden Entscheidung darf doch im ganzen Ernst hingewiesen werden. Darf ich das sagen: Ich warne vor einer Preisgabe des Gefüges der rheinischen Kirchenordnung (nicht nur, weil es das Erbe der Väter ist, sondern weil es bewährt ist in langer Geschichte und Zukunft hat als eine wahrhaft kirchliche Ordnung).

Daß es bei der Kirchenreform nicht nur um Verfassungsstrukturänderungen geht, ist klar. Auch die Frage des Gemeindepfarramtes steht auf dem Spiel. Ebenso Fragen der kirchlichen Lebensordnung: Taufe (Kindertaufe), Unterricht, Konfirmation, Ordination. Für alle werden zahlreiche neue Vorschläge gemacht, die sorgfältig zu prüfen sind, ehe man sie übernimmt. Die verschiedenen Bestandteile der Ordnung des kirchlichen Lebens sind miteinander so verfugt, daß man kein Stück herausnehmen und durch anderes ersetzen kann, ohne damit das Ganze in Mitleidenschaft zu ziehen.

(2) Innerhalb der Kirchenreformbestrebung entsteht etwa gleichzeitig neben den »Strukturänderungen« das Programm »Gottesdienst in neuer Gestalt«. Zum erstenmal auch weithin vernehmbar auf dem Kirchentag in Köln 1965. Zuerst schien es so, als ob nur die »Gestalt«, die Form (Musik und Instrumente, Liturgie, Lieder, Gebete, Predigten in Gesprächsform) geändert werden sollte, als ob die Jugend neue Musik in die Gottesdienste bringen wollte. Aber es zeigte sich sehr rasch, daß nicht die »äußere Form«, die »Gestalt«, sondern in Wahrheit der Gehalt des Gottesdienstes verändert werden sollte und auch weithin verwandelt wurde. Welche Bedeutung diese Gottesdienstreform hatte, zeigt sich an der Fülle von Publikationen seit 1965:

1. *Phantasie für Gott* – Gottesdienste in neuer Gestalt, 1965, herausgegeben im Auftrag des Kirchentages von G. Schnath.
2. *Werkbuch Gottesdienst*, herausgegeben von G. Schnath, 1967, in Verbindung mit dem Volksmissionarischen Amt der Evangelischen Kirche im Rheinland.
3. *Zum Gottesdienst morgen*, herausgegeben von G. Schnath, 1969.
4. *Politisches Nachtgebet in Köln*, herausgegeben von D. Sölle und F. Steffensky, 1969, 2. Band, herausgegeben von D. Sölle, 1971.
5. *Aktion Gottesdienst I*, herausgegeben von U. Seidel und D. Zils, 1970.
6. *Aktion Politisches Nachtgebet*, herausgegeben von U. Seidel und D. Zils, 1971, mit Beiträgen von D. Sölle u.a.

Diese schon im Titel charakteristischen Veröffentlichungen stellen in summa fast 2000 bedruckte Seiten mit Gottedienstreformmodellen und ausführlichen Kommentaren dar!

Dies Material theologisch durchzudiskutieren, wäre für die Kirche von außerordentlicher Bedeutung. Hier fallen Entscheidungen von großer Tragweite. Mindestens so wichtig ist diese in das kirchliche Leben tief eingreifende Reform des Gottesdienstes wie die theologischen Auseinandersetzungen des letzten Jahrzehnts. Leider kann nicht erwartet werden, daß wir die »Gottesdienste in neuer Gestalt« auch nur im Auszug kennen und durchgearbeitet haben. Jedoch an einem einzigen Beispiel soll der Synode das Problem deutlich werden, um dessen Lösung es hier geht. Wir haben als Kirchenleitung zu einem in Düsseldorf im Advent 1970 ausgearbeiteten ökumenischen Gottesdienst Stellung genommen und diese Stellungnahme allen Mitgliedern der Landessynode zugesandt[72]. Wir haben es für unumgänglich notwendig gefunden, vor der rheinischen Kirche und ihrer Landessynode deutlich zu sagen, warum wir diesen »Gottesdienst in neuer Gestalt« (nur als ein Beispiel für viele, die nicht anders sind in ihrem Gehalt) nicht als christlichen Gottesdienst für akzeptabel halten. Wir sind der Überzeugung, daß dieses Thema des Gottesdienstes in der evangelischen Kirche gründlich studiert werden muß, damit

---

72 Brief des Präses vom 1. 4. 1971. Orig.R. im Archiv der Ev. Kirche im Rheinland

die hier anstehenden Entscheidungen vorbereitet und getroffen werden können. Wenn irgendwo, so geschieht im Gottesdienst »Kirche«. Hier ist das Herzstück der Existenz und der Auferbauung der Gemeinde Jesu Christi. Das Entweder-Oder von Kirche und Nicht-Kirche ist hier zu prüfen, wenn die Kirche überhaupt die Geister zu prüfen wagt und die Gabe der Unterscheidung der Geister in Anspruch nimmt. Die Aufgabe ist schwer, aber es geht um Sein oder Nichtsein der Kirche in ihrem Gottesdienst. Hier kann mehr verdorben werden oder zugrunde gerichtet werden als im Bereich der »Strukturen«, von denen viele zu viel erwarten.
Wir müssen uns Gedanken darüber machen, was wir tun müssen oder können, damit unser Gottesdienst (in neuer Gestalt) nicht seinen christlichen Gehalt verliert.

c) Die theologischen Gegensätze

Nach dem Ersten Weltkrieg gewann, vor allem unter der Führung Karl Barths, für zwei Jahrzehnte die Dogmatik die Vorherrschaft in der Theologie. Mit ihr wurde der Kirchenkampf geführt. Die Fülle der theologischen Erklärungen in den Jahren 1933 bis 1944 zeigt dies. Zum erstenmal seit dem Reformationsjahrhundert werden wieder Bekenntnisse der Kirche formuliert. Nach dem Zweiten Weltkrieg verliert die dogmatische Theologie ziemlich rasch ihre Position. Sie muß der mächtig aufkommenden Exegese die Herrschaft abtreten. Die Wende begann mit Rudolf Bultmanns Vortrag in Alpirsbach 1941: Die Entmythologisierung des Neuen Testaments. Die »Bultmann-Schule« breitet sich auf allen Hochschulen aus. Sie gewinnt die jungen Theologen der Nachkriegszeit für die historisch-kritische, formgeschichtliche Auslegung des Neuen Testaments, für eine nach dem Vorbild der Heideggerschen Philosophie von Rudolf Bultmann entwickelte sogenannte »existentiale« Interpretation der biblischen Texte.

Dieser Sieg der existentialen Theologie auf den Hochschulen forderte am Beginn der sechziger Jahre eine große Gruppe aus orthodoxen und pietistisch geprägten Theologen und Laien zum Protest und zum Widerstand heraus, um die Kirche und ihre Verkündigung, ihre biblische und bekenntnismäßige Grundlage vor der »modernen Theologie« zu retten. So entstand die Bekenntnisbewegung »Kein anderes Evangelium«. Es gab »Alarm um die Bibel«, Bekenntnisversammlungen für den »Glauben an Jesus«, ja neue Bekenntnisformulierungen (Düsseldorfer Erklärung) – wie im Kirchenkampf. Die Kirchenleitungen und Synoden wurden zu Maßnahmen gegen die modernen Theologen, Professoren und Pfarrer aufgefordert, zum entschlossenen Kampf gegen die neuen Irrlehren. Jedoch vermochten sich die Kirchenleitungen nicht mit der Bekenntnisbewegung zu identifizieren, zumal sie sich mit der in der Bekenntnisbewegung vertretenen Lehre von der Verbalinspiration der Heiligen Schrift wie überhaupt mit dem evangelikalen und fundamentalistischen Gedankengut dieser Bewegung nicht einverstanden erklären und deren Verwerfung der historisch-kritischen Methode der Schriftauslegung nicht mitmachen konnten. Der Kampf blieb – sozusagen – unentschieden.

Die geforderte Entscheidung konnte nicht getroffen werden, da sich die große Mehrheit der evangelischen Pfarrer mit ihren Kirchenleitungen und Professoren die Alternative: entweder Bejahung der historisch-kritischen Exegese oder Trennung von Schrift und Bekenntnis, nicht zu eigen machte (und nicht machen durfte).

Inzwischen jedoch war etwas Neues und gänzlich Überraschendes geschehen. Auf den Hochschulen begann spätestens mit der Mitte der sechziger Jahre ein ganz neuer theologischer Vorstoß – nicht nur gegen die »konservative, systematische Theologie«, sondern ebenso gegen die historisch-kritisch-existentialistische Theologie. Eine neue theologische Gruppe trat auf (vielleicht mehr Studenten und Assistenten als Professoren) mit dem Programm einer »empirisch-kritischen Theologie«, einer gesellschaftsbezogenen, einer durch soziologisch-psychologische Kategorien bestimmten Theologie.

Dabei verschwanden über Nacht bei vielen Jungen die bisherigen theologischen Väter – wie Barth oder Bultmann samt ihren Schülern. Und die neuen Väter und Lehrer hießen plötzlich: Karl Marx, Feuerbach, gelegentlich auch Mao, Siegmund Freud und ihre gegenwärtigen Verehrer unter den heutigen Soziologen und Psychologen.

Die Theologie nach dem Tode Gottes breitete sich aus, vor allem von Nordamerika kommend, aber auch zurückgreifend auf Hegel und Nietzsche. Theologie verwandelte sich in radikale Anthropologie, die Christologie in eine Art von »Jesuologie« – in der unter Ablehnung der Gottheit Jesu Christi seine alleinige Bedeutung lediglich in seiner Menschlichkeit, und zwar besonders in seinen revolutionären Aktionen zur radikalen Veränderung der Welt im Sinne eines ethisch vollkommenen Reiches der Menschen, erblickt wurde.

Der hier neu ans Licht kommende atheistische Humanismus als Interpretation des historischen Jesus mit Hilfe von Hegel, Marx, Feuerbach und Freud forderte natürlich auch eine Umfunktionierung der Kirche in der Richtung einer politischen Gruppe zur Verwandlung der spätkapitalitischen Gesellschaft in die neue, wahrhaft menschliche, sozialistische, gewaltfreie Gesellschaft. Diese Aufgabe wurde oft auch als die wirkliche Nachfolge Christi als des großen, freilich gescheiterten Revolutionärs der Menschheit und die Wiederaufnahme seines revolutionären Wollens bei dem neu zu ergreifenden Auftrag der Kirche gewertet, da diese (wenn überhaupt) nur durch diese Rückkehr zu ihrem Anführer Zukunft haben könne.

Gewiß waren es nur einzelne, hauptsächlich studentische Gruppen, die diese radikalen Positionen einer »Theologie der Revolution« vertraten, und man wird auch zustimmen müssen, daß diese ihre Zeit weithin bereits hinter sich haben, nachdem sichtbar wurde, daß sie auch in ihrem Radikalismus nicht fähig waren zu gemeinsamem revolutionärem Handeln.

Trotzdem ist die Auswirkung dieser durch die Publizistik und Massenmedien verbreiteten Radikalismen auf die Gemeindeglieder nicht geringzuachten. Es kam zu einer Irritation der kirchentreuen Gemeinden, zu schweren inneren Bedrängnissen, die oft sogar zu Übertritten in Freikirchen führte. Man muß deswegen auch von einer Erschütterung der Kirchen auf Grund der tiefen theologischen Spannungen reden, die sich nicht nur durch ausgesprochene politische Radikalismen bemerkbar machten, sondern auch durch den Eindruck, den die theologischen Auseinandersetzungen der letzten beiden Jahrzehnte gemacht haben: den Eindruck eines riesigen Trümmerfeldes, eines Zerbruchs aller dogmatischen Grundfesten der Kirche, einer Zersetzung der Bekenntnisgrundlagen und einer Aushöhlung des christlichen Glaubens. Allzu viele unter den Christen fragen heute: Was kann man denn nun überhaupt noch glauben? Woran können wir uns halten: Ist die Bibel noch in irgendeinem Sinn Gottes Wort? Gilt noch ein Buchstabe der altkirchlichen Bekenntnisse wirklich? Müssen wir Atheisten werden, weil es Gott doch nicht gibt? Was ist es mit Jesus von Nazareth – wirklich Gottes eingeborener Sohn, der Christus, der Welt Heiland – oder doch nur »nichts als ein Mensch wie wir«? So könnte man fortfahren. Natürlich wird dann auch der Auftrag der Kirche unsicher. Was haben wir der Welt noch zu sagen, wenn wir selbst nicht mehr gewiß sind, ob Gott der lebendige – unser Gott ist, ob er seinen Sohn sandte, um durch sein Kreuz und seine Auferstehung die Welt zu versöhnen und zu erlösen?

Die theologische Auseinandersetzung von heute ist einerseits so spannungsvoll, daß man in einer Zerreißprobe ohnegleichen steht, wenn man sich hineinbegibt. Andererseits sind viele unter den Theologen so resigniert wegen der offenbar aussichtslosen Lage im Streit der Theologen, daß sie sich schweigend zurückziehen.

Noch eins: Die Gesamtlage der Theologie heute zeigt deutliche Zeichen einer Erschöpfung, nachdem es eine Generation von großen Theologen gab, deren Erbe aber offensichtlich nicht weitergetragen wird, sondern eher ungenutzt liegenbleibt, wie es z.B. mit Barths Meisterleistung seiner Kirchlichen Dogmatik geschieht.

Bei der verbreiteten Mißachtung von exegetischer und systematischer Theologie in unseren Tagen zugunsten einer neuartigen praktischen Theologie (praxisbezogenes Studium) tauchen doch neue schwere Gefahren auf. Was soll eine praktische Theologie ohne feste Voraussetzung und biblische und systematische Theologie?

Aber wenn Systematik, dann scheint es nur Sozialethik noch zu vermögen, die Studierenden anzulocken. Von Dogmatik will man weithin ebensowenig wissen (»Leerformeln«) wie von der Geschichte. Ist das Christentum in sein »ethisches Zeitalter« eingetreten (wie ein Theologe formulierte)? Kann der christliche Glaube nur zukunftsbezogen leben – ohne seinen festen Grund in der Heilsgeschichte? Genug der Fragen. Was ist nicht fraglich geworden? Aber die totale Infragestellung allen Glaubensinhalts offenbart die Tiefe der Glaubenskrise, unter der die Kirche (nicht nur unsere) heute leidet, der man aber nicht durch Reflexion oder Diskussion beikommen kann, sondern doch wohl nur durch das Gebet um den Heiligen Geist, durch demütige und bußfertige Anrufung Gottes, er wolle sich unser in Gnaden annehmen und seine Verheißungen aufs neue wahrmachen (»ohne all unser Verdienst und Würdigkeit«).

Aber kann man damit rechnen, hierzu ein einmütig-zustimmendes Ja zu bekommen in einer Kirche, in welcher es fraglich geworden ist, welchen Sinn das Beten heute noch haben kann, in der auch die Gefahr offenkundig ist, daß in ihr das Beten zum Schweigen kommt – wo Gottesdienste ohne Gebet gehalten werden und versucht wird, das Gebet zum Selbstgespräch oder zur Vorbereitung von Aktionen umzufunktionieren?

Hieran sollten wir alle erkennen, was heute auf dem Spiel steht. Niemand sollte den Versuch machen, den Ernst der Entscheidung, auf die die Kirche zugeht, zu verharmlosen. Der Notschrei des Glaubens verbietet falschen Optimismus. Aber ebenso gewiß auch einen Pessimismus, der aus der Schwachheit der Kirchen, aus dem offenen Abfall vieler, aus der totalen Gleichgültigkeit der Massen uns zur Anfechtung werden könnte und oft auch wird.

Die Kirche, so scheint es uns, wird in den großen Antagonismen der Spannungsfelder von Ost und West, von Nord und Süd und ihren inneren, in der Tiefe unüberbrückbaren Gegensätzen entweder zerrissen oder zusammengepreßt, und es scheint ihr dabei der Atem auszugehen. Gibt es nun aber trotzdem überhaupt noch Hoffnung für die Kirche? Ja, auch unser schwacher Glaube lebt davon, daß es für die Kirche Gottes Hoffnung gibt, so wahr seine Verheißung in Kraft bleibt.

III.
Ausblick nach vorn:
Hoffnung für die Kirche / Die Kirche der Zukunft

Wenn wir von der Hoffnung für die Kirche reden, müssen wir im Blick auf die Zukunft unterscheiden zwischen »Futurologie« und »Eschatologie«. Die Futurologie entspricht etwa dem, was man in der Bibel Apokalyptik nennt. Hier handelt es sich um die irdische Geschichte der Kirche auf das Ende hin. Darüber gibt es in der Bibel und auch im Lauf der Kirchengeschichte immer wieder Gedanken, Erwägungen oder Behauptungen über das Schicksal der Kirche auf ihrem Weg durch die Endgeschichte. Diese Seite der »Hoffnung« hat in der Regel stark pessimistische Züge. Sie werden jedoch durch die eigentlichen Verheißungen der ewigen Hoffnung Gottes für seine Gemeinde überboten und verändert. Das Gericht steht

im Dienst der Gnade, und Gottes Erbarmen mit den Seinen ist überschwenglich über allem, was an Tiefen und Nöten vorweg geschehen mag.
Wenn wir aber nun noch etwas sagen wollen von der Hoffnung für die Kirche der Zukunft, dann kann es sich nur um Gedanken und Erwägungen über die Kirche von morgen handeln (wie es in den letzten Jahren manche getan haben: Hoekendijk, Cox, Brunner, Jetter u.a.).

1. Die Welt des ausgehenden 20. Jahrhunderts, in der die Kirche leben wird
Von der Zukunft der Kirche auf Erden können wir nicht reden, ohne uns an dem Geschehen der Gegenwart zu verdeutlichen, wie etwa nach großer Wahrscheinlichkeit die nächsten Jahrzehnte der Weltentwicklung sein werden. Wir können uns dabei auf die gemeinsamen Überzeugungen vieler »Futurologen« stützen, so daß wir nicht auf unsere eigenen Phantasien angewiesen sind. Zuerst:
a) In der kommenden Weltgeschichte wird die von Europa und Nordamerika ausgegangene wissenschaftlich-technische Zivilisation sich immer weiter auf dem ganzen Erdkreis ausbreiten. Naturwissenschaft und Technik werden wie heute weitere Triumphe feiern. Alles spricht dafür, daß sie noch lange nicht am Ende ihrer Siegeslaufbahn sind. Fraglich bleibt, ob damit ein Zeitalter der Religionslosigkeit kommen wird. Es könnte dies auch ein ideologischer Wunschtraum sein. Sicher ist jedoch, daß die Siege der menschlichen Wissenschaften die Religion überhaupt und auch das Christentum auf Tod und Leben herausfordern, wodurch weltweite Auseinandersetzungen über die Glaubhaftigkeit des Gottesglaubens die Menschen bewegen werden.
b) Die kommende Welt wird eine gewaltige Ausdehnung der nichtchristlichen Menschheit erleben. Die Bevölkerungsexplosion wird bestenfalls nur ganz langsam zum Stillstand kommen, und die farbige Welt wird die weiße, die schon länger nicht im gleichen Tempo mitwächst, bei weitem überrunden. Die Zahlen des demographischen Handbuchs der UNO sind atemberaubend und bestürzend für die Zukunft der Weißen. Aber auch für die Christenheit werden sich die Zahlenverhältnisse zu ihren Ungunsten verändern. Wenn heute noch etwa 29% der Menschen zu den Christen gerechnet werden können, wird sich diese Zahl zum Ende des Jahrhunderts auf etwa 15% herabentwickelt haben – auch wenn die immer noch wachsende Christenheit im gleichen Schritt wie heute mitwächst. Wollen wir nicht mit einer baldigen Christianisierung Asiens (Indiens, Chinas und Japans) rechnen – und dazu haben wir freilich keinen Anlaß –, müssen wir erkennen, daß die Kirche Christi noch mehr als heute schon zu einer Minderheit unter den Menschen wird, was ihre Situation sicher nicht erleichtern dürfte, von anderen Schwierigkeiten aus rassischen Gründen gar nicht zu reden.
c) Die kommende Welt wird noch stärker als jetzt schon durch ideologische und rassische Spannungen bedroht sein, wodurch wesentliche Hilfsmaßnahmen für die von Hunger, Krankheit und Arbeitslosigkeit bedrängte Menschheit verhindert werden und die Gefahr von Kriegen und Revolutionen auf allen Kontinenten wachsen wird. Trotz aller Anstrengungen, die heute schon von der UNO, aber auch den Entwicklungshilfe leistenden Ländern gemacht werden, wird es nach allen Prognosen nicht gelingen, die kommenden Hungersnöte (nicht einmal die weltweite Unterernährung) zu bannen, den Milliarden Arbeit und Brot durch Industrialisierung zu geben, den Analphabetismus zu überwinden, um den Menschen ein einigermaßen menschenwürdiges Leben zu ermöglichen.
d) Im Gegenteil, man wird damit rechnen müssen, daß die menschlichen Lebensprobleme auf der Welt schwerer werden, daß der Kampf um Freiheit, Toleranz, Arbeit und Nahrung, um Recht und Frieden noch schwieriger werden wird, als er heute schon ist, weil es den Mächten der Welt nicht gelingen wird, sich rechtzeitig zu einer wirklichen UNO in einer Weltgemeinschaft aller Kontinente,

Rassen und Völker zusammenzuschließen, um gemeinsam zu überleben. Diese Notwendigkeit aber ist um so größer, je mehr die menschliche Technik und Industrie die Erde, ihre Natur, ihre Wälder, ihre Wasservorräte, ihren Humusboden derartig überbeanspruchten, daß (wie wir heute schon erkennen und befürchten) die elementaren Lebensbedingungen der Menschen bedroht, ja zerstört werden.
Es könnten alle bisherigen weltweiten Anstrengungen vergebens sein, wenn es nicht zur Überwindung der Ost-West- und Nord-Süd-Spannungen kommt. Denn nur eine vereinigte Menschheit wäre imstande, unter Zusammenfassung aller ihrer Kräfte die irdische Zukunft zu gewinnen.

2. Die Kirche in der kommenden Weltgesellschaft
a) Die Kirche Christi geht als Teil der irdischen Menschheit – ausgebreitet über alle Kontinente – trotz aller ihrer Schwachheiten, ihrer inneren Spannungen und Probleme, wie sie heute offenbar sind, mit in die Zukunft, getreu der Verheißung ihres Herrn, daß auch die Macht der Hölle und des Todes sie nicht überwältigen wird.
Freilich wird sie nicht so bleiben, wie wir sie heute in Europa (oder auch in Nordamerika) kennen. Das alte christliche Abendland wird genauso enden, wie das christliche Morgenland schon lange dahin ist, aber nicht die Kirche. Wenn wir recht sehen, hat die Minorisierung der Kirche zur Folge, daß sie überall »Kirche in der Diaspora« sein wird. Es wird die alten festgefügten christlichen Gebiete oder Völker so nicht mehr geben. Die Kirche wird sich von ihrer in Europa historisch gewordenen Identifikation mit der bürgerlichen Gesellschaft lösen. Sie wird dadurch von den damit verbundenen Einflüssen freier werden. Allerdings bedeutet das keineswegs eine Erleichterung – wohl aber Verdeutlichung und Intensivierung ihres Auftrags. Und darauf wird es vor allem ankommen.
b) Denn die Kirche der Zukunft muß anders noch als die Kirche in ihrer bisherigen Geschichte (vor allem der evangelischen Kirchen Europas) Kirche der Weltmission werden, um ihren Auftrag und damit auch ihren Sinn zu erfüllen. Schon heute wird sichtbar: Mission ist nicht die Aktivität einer kirchlichen Gruppe in Europa zur Christianisierung Afrikas und Asiens, sondern Kirche ist »Mission in sechs Kontinenten« (Thema der letzten Weltmissionskonferenz). Kirche ist Gesandtschaft Gottes zu den Menschen, allen das Evangelium von Jesus Christus zur Errettung aller Welt zu bringen. Dies fordert eine tiefere Umwandlung auch unserer Kirchen von der Bezogenheit ihres Dienstes auf ihre Mitglieder und auf das jeweilige Volk, in dem sie lebt, auf die Nichtchristen, d.h. Priorität für die Mission Gottes, in deren Dienst Kirche allein existiert und bleiben wird.
c) Dies hat allerdings zur Voraussetzung, daß die Kirche sich wieder versteht als die Kirche des Wortes Gottes, als die Freudenbotin des göttlichen Heils an alle. Und das kann sie nur, wenn sie erneut zur Bibel als der »Urkunde der kirchengründenden Predigt«, dem grundlegenden Zeugnis der Offenbarung des lebendigen Gottes in Gericht und Gnade, zurückkehrt. Die bedrohlichen Spannungen von heute werden auf keine andere Weise überwunden werden. Daran hängt jedenfalls die Zukunft unserer evangelischen Kirche in Deutschland. Der Auftrag garantiert allein die Existenz der Kirche. Und dieser Auftrag ist nur aus der Bibel und mit der Bibel zu vollziehen. Die heute aus Analphabetismus mehr und mehr herauswachsende Menschheit braucht die Bibel – so proklamiert mit Recht der Weltbund der Bibelgesellschaften! Wie steht es mit unserem Gebrauch der Bibel in der alten Christenheit Europas? Hier zeigen sich die Signale der wahren inneren Bedrohung und Erschlaffung der Christen des Abendlandes. Und was tun wir dagegen?
d) Wir sind heute eher geneigt, als Kirche für die Welt Sorge zu tragen durch ökumenische Diakonie und kirchlichen Entwicklungsdienst. Wir meinen, allein

auf Taten der Liebe käme es heute noch an, das Wort sei zu schwach und könne nicht die bisherige Priorität beanspruchen. Gewiß – kein Wort gegen den kirchlichen Einsatz in weltweiter Diakonie und Entwicklungshilfe. Aber alles dagegen, daß hier ein Ersatz für das bloße Wort des Evangeliums geboten werden soll. Nur als Frucht des Glaubens, als Antwort auf das geglaubte Wort Gottes, als Kraft des Heiligen Geistes wird der Dienst der Kirche an den Weltproblemen, den Nöten, Leiden und Bedrängnissen der Menschheit etwas sein und gut werden. Gerade weil es für die Kirche in der kommenden Entwicklung der Menschheit notwendig sein wird, sich dieser Aufgabe wirklich planmäßig und umfassend anzunehmen – mit allen anderen wirtschaftlichen und politischen Kräften der Menschheit, die an dieser Sache beteiligt sind, muß auf den Boden des Evangeliums hingewiesen werden, aus dem allein und auf die Dauer die Früchte hervorwachsen, die Barmherzigkeit, Liebe, Gerechtigkeit usw. heißen.

e) Noch ein Letztes: Die Anfechtung der Kirche in der heraufkommenden Epoche der Menschheitsgeschichte kann nur noch im Weltmaßstab bewältigt werden. Um so notwendiger ist es, den Blick auf die ökumenische Bewegung und die Wiedervereinigung der Kirche zu richten. Wir stehen erst am Anfang der ökumenischen Zusammenarbeit. Ganz langsam werden die Mauern zwischen den Konfessionen abgebaut. Weltweite Bruderschaft in Gemeinschaft des Gebets und der Taten hat angehoben, wirksam zu werden. Die Erkenntnis der Bedeutung der Katholizität der Kirche für die eine Weltgesellschaft kam schon in Uppsala ans Licht. Auch die römisch-katholische Kirche ist Mitglied der ökumenischen Bewegung geworden (auch ohne Beitritt zum Ökumenischen Rat). Ohne sie wird es keine ökumenische Zusammenarbeit in Zukunft geben können. Hier liegen aber auch die großen Probleme auf dem Weg von der Kooperation zur Konföderation und zur Kommunion. Wie groß die Schwierigkeiten heute noch sind, zeigt auch die Problematik der Kirchengemeinschaft zwischen den meisten Kirchen in unseren Tagen. Die kommende Entwicklung der Geschichte der Menschheit wird vielleicht dazu beitragen, daß die Konfessionen enger zusammenkommen, -beten und -wirken, bis sie das Ziel einer weltumspannenden christlichen Bruderschaft am Tisch des Herrn erreicht haben.

Kann man von der Zukunft der Kirche am Ausgang des 20. Jahrhunderts anders reden als »mit Furcht und Zittern«? Vielleicht aber doch auch mit großer Zuversicht, da wir glauben dürfen, daß Gott seine Sache nicht preisgeben wird, und darum also »mit Furcht und großer Freude«, wie die Frauen am leeren Grab (Matth. 28). Darin gründet unsere Hoffnung für die Kirche allein, daß wir glauben und hoffen dürfen: Er ist bei seiner Kirche durch alle Zeiten bis an das Ende der Geschichte, Jesus Christus, der da war und der da ist und der da kommt.

Als ich darüber nachzudenken begann, was ich der Synode heute zu sagen hätte, wenn ich einen Bericht zur Lage geben sollte, fiel mir ein Wort ein aus Konrad Ferdinand Meyers »Huttens letzte Tage«. Es sollte eigentlich das Motto werden, aber nun ist es zum Schlußwort geworden.

Der Dichter läßt Hutten über Martin Luther sprechen:

»Er fühlt der Zeiten ungeheuren Bruch,
und fest umklammert er sein Bibelbuch.«

Ich meine, dies Wort könnte auch uns gelten.

IV. Kapitel
Schwerpunkte meiner Wirksamkeit

1. Theologie

Nichts hat mich in meinem Leben so stark in Anspruch genommen, mich mit so heißer Anteilnahme und großer Freude erfüllt wie die Theologie. Nachdem mich auf dem Gymnasium zuerst die deutsche Literatur von der klassischen Zeit bis zum späten 19. Jahrhundert stark beschäftigt hatte, begleitet von der großen Musik der klassischen und romantischen Epoche – von Bach, Haydn, Mozart, Beethoven bis Schubert, Mendelssohn und Schumann –, griff auf der Oberstufe die Philosophie nach mir, angefangen mit Plato im Griechischunterricht bis zu den deutschen Meistern seit dem Ende des 18. Jahrhunderts: Kant, Fichte, Hegel, aber auch die Dichterphilosophen Goethe und Schiller. Dazwischen wurde die Theologie zur Königin meines geistigen Lebens und die Bestimmung meines Berufs zum Prediger und Lehrer des Evangeliums.
Freilich begleitete mich noch einige Jahre des Studiums hindurch die Philosophie, in Marburg (Hartmann), in Tübingen (Österreich; Psychologie), am stärksten in Münster in gründlichem Studium der Meister der Neuzeit von Cusanus, Descartes, Spinoza bis vor allem zu Kant und den am Ende des 19. Jahrhunderts aufgekommenen Neukantianern. Hauptinteresse bei mir war einerseits die Erkenntnistheorie, aber auch die Ethik; die Erkenntnistheorie in der Frage nach der Möglichkeit, Wirklichkeit und Wahrheit zu erkennen, die Ethik in der Frage nach dem wahren Guten im Tun des Menschen. Die Philosophie war mir eine Hilfe zur lebendigen Erfassung der Theologie im geistigen Leben der europäischen Geschichte als dem Kontinent der christlichen Kirchengeschichte seit dem Römischen Reich.
Zwei Themen waren es in der Theologie, die mich am stärksten in Anspruch nahmen, sowohl die »Systematische Theologie« (Dogmatik und Ethik) als auch die »Praktische Theologie« (Liturgik und Verkündigung – der christliche Gottesdienst).
Theologische Lehre habe ich nach meinen Promotionen in Philosophie (Der Begriff der religiösen Erfahrung, Münster 1923) und Theologie (Calvins Sakramentslehre in ihren Beziehungen zu Augustin, Göttingen 1925) in den verschiedenen Anfängen meines theologischen Berufslebens, in Berlin, Wiesbaden und Soest, geübt und gern jede Gelegenheit zu mündlicher und schriftlicher Darstellung christlicher Wahrheit in den Wirren der menschlichen Zeit in den Jahren 1925–1932 genutzt. Erst später kam die große Probe aufs Exempel: die theologischen Auseinandersetzungen mit den Deutschen Christen in den auf 1933 folgenden Jahren. Viele meiner Vorträge über die deutsch-christlichen Irrlehren wurden gedruckt und in der Bekennenden Kirche weit verbreitet. In unzähligen evangeli-

schen Gemeinden Deutschlands, besonders des Rheinlandes, habe ich die Gemeinden oder auch Pfarrkonvente zu überzeugen versucht, welche grundlegende Entscheidung zwischen Wahrheit und Irrtum in den Kernfragen der Theologie bei den Auseinandersetzungen mit dem NS-Reich zu treffen sei. Es war für die Theologie damals eine große Zeit, auch darin, daß sich die evangelischen Gemeindeglieder mit Hingabe in die theologischen Fragen versenkten. Bemerkenswert war es auch, daß in jenen Jahren die Verkündigung der Kirche an Kraft und Tiefe gewann und die Teilnahme am Gottesdienst mächtig zunahm, wenigstens da, wo nicht »nationalsozialistische Theologie«, sondern biblische Theologie der Gehalt der Predigt war, erfüllt von einem neuen Hören auf die Schrift und die reformatorischen Bekenntnisse. Diese junge Theologie, vor allem auch geprägt durch Karl Barths hinreißende Dogmatik und Auslegung der Heiligen Schrift, aber auch durch ein neues Hören auf die Theologie Luthers und Calvins, bewirkte in der Tat Erweckung der Gemeinde, allerdings ganz neu gegenüber den Erweckungen des 18. und 19. Jahrhunderts (Pietismus). Der neue Begriff für die Kirche, »die bekennende Gemeinde«, war kennzeichnend gegenüber der pietistischen Formel »die bekehrten und wiedergeborenen Christen«. Die Bekennende Kirche hielt vor allem eine gründliche und zentrale theologische Ausbildung für nötig. Ihre Studenten trennten sich von den theologischen Lehrern, die der Bekennenden Kirche fernstanden. Und die Bekennende Kirche begründete zuerst theologische »Ersatz«-Kurse mit ihren Theologen hin und her in Deutschland; dann aber gründete sie zwei Theologische Hochschulen, in Berlin und in Wuppertal. Diese wurden zwar von der Gestapo verboten, gingen aber im Untergrund weiter, bis der Zweite Weltkrieg die deutsche Jugend in seinem Rachen verschlang. Hier war ein großer Neuanfang gemacht. Und nach dem Ende des Dritten Reiches wurden diese Hochschulen von den Kirchen neu eröffnet, und zwar schon im Herbst 1945. Hier begann ich in Wuppertal mit meiner ersten Vorlesung über »Liturgik« – neben Männern wie Peter Brunner, Heinrich Schlier, Otto Schmitz, Harmannus Obendiek, die im Kirchenkampf von ihrem Lehramt vertrieben und in die verborgene theologische Schularbeit in Wuppertal aufgenommen waren. Leider verließ uns Brunner, um als Systematiker nach Heidelberg zu gehen (auch Schlier, der nach Bonn berufen wurde) – und er bat mich, in Wuppertal seinen Lehrstuhl zu übernehmen. Seitdem war meine Hauptaufgabe die Dogmatik. In je vier Semestern versuchte ich, die Wahrheit des Wortes Gottes theologisch zu entfalten. Diese Dogmatikvorlesungen gehören neben einer Reihe anderer zu den geschriebenen, jedoch nicht gedruckten unter meinen Arbeiten, da ich dafür wegen meiner Übernahme des Leitungsamtes in der rheinischen Kirche keine Zeit mehr haben konnte. Außerdem lag mir alles daran, Vorlesungen und Seminare zu halten und nicht Bücher zu schreiben.

Ich kann hier nun nicht die Geschichte der Kirchlichen Hochschule in Wuppertal und meine Tätigkeit dort skizzieren. Es war eine lebendige und schöne Zeit, die heranwachsende Generation von Studenten war ganz bei der Sache. Noch lebte etwas vom Geist der Kirche aus den Jahren des Kirchenkampfes.

Obwohl ich hauptamtlich in der rheinischen Kirchenleitung tätig war, berief mich die Theologische Fakultät Bonn zu ihrem Honorarprofessor, was mich veranlaßte, eine ganze Zeit hindurch in Bonn zu lehren, und zwar hier besonders Ökumenische Kirchenkunde (früher »Symbolik« genannt) oder Theologie der Kirchenordnung (besonders am Beispiel der alten presbyterialen und synodalen Ordnung).

Da ich mich im Zusammenhang der Kirchenkunde besonders ausführlich mit der römisch-katholischen Kirche befaßte, hatte ich das Vergnügen, eine Reihe von katholischen Studenten der Theologie als Hörer zu haben. Man sieht auch hieran, daß zwischen den Theologen evangelischen und katholischen Bekenntnisses ein neues Auf-einander-Zukommen begann.

Inzwischen war Jahre vorher in der evangelischen Theologie etwas geschehen, was uns überraschte – und erschreckte. Auf der Tagung der von Ernst Wolf, mir u.a. begründeten »Gesellschaft für evangelische Theologie« in Alpirsbach 1941 hielt Rudolf Bultmann, ein Mann der Bekennenden Kirche, einen großen Vortrag über das Thema »Die Entmythologisierung des Neuen Testaments«. Dieses Ereignis am Ausgang der Bekennenden Kirche im Zweiten Weltkrieg hatte weittragende Folgen. Denn nach dem Krieg begann sich diese Arbeit Bultmanns bei der Mehrheit der Studenten der Theologie durchzusetzen – und Barth behielt recht mit seiner Sorge, es könnte nach ihm nicht seine Konzeption von Theologie, sondern die Bultmanns in der Theologenschaft sich durchsetzen. Es dauerte zwar einige Zeit, bis der Durchbruch der »Bultmannschen Entmythologisierung« offensichtlich war. Doch danach kam es langsam, aber sicher in der Kirche zu einer starken Opposition. Es waren vor allem die Pietisten, aber auch konservative konfessionelle Gruppen, die sich zu der großen Gruppe »Kein anderes Evangelium« zusammenschlossen; sich selbst nannten sie »Evangelikale«. Ich kann von dieser Gruppe hier keine Darstellung geben, sondern nur erwähnen, daß sie in die Kirche eine lebhafte Debatte über die rechte Auslegung der Heiligen Schrift brachte. Ein Hauptsatz ihres Bekenntnisses war die Verbalinspiration der Bibel, ein Bestandteil der Orthodoxie des 17. Jahrhunderts. Bultmann war für sie der moderne »Erzketzer« unter den Theologen, aber auch seine Schüler oder nur Verwandte aus der historisch-kritischen Theologie wurden hart bekämpft und als Irrlehrer verworfen. Merkwürdig, daß uns diese Frage im Kirchenkampf gar nicht beschäftigt hatte – wie auch die Reformation diese Lehre nicht vertreten hatte, sondern erst ihre späten Nachfolger. Diese Bemerkungen mache ich deswegen, weil ich mich stark in dieser Auseinandersetzung als Theologe engagiert habe. Ich schrieb damals folgenden Brief an die Pfarrer, Presbyter und Mitarbeiter in der rheinischen Kirche:

Der Präses
der Evangelischen Kirche im Rheinland

Düsseldorf, im April 1966

Liebe Brüder und Schwestern!
Diesen Brief schreibe ich auf Wunsch der Kirchenleitung, nachdem wir uns mehr als einmal mit den Fragen befassen mußten, die Anlaß zu diesem Schreiben sind. Schon vor Jahren haben wir auch auf unseren Landessynoden das Thema *Schriftforschung und Verkündigung* unter Beteiligung zahlreicher Professoren zum Gegenstand unserer Beratungen gemacht. Die Bibelarbeiten dieser Synoden wurden weit verbreitet, so daß möglichst viele der Mitarbeiter unserer Kirche an diesen Erörterungen teilnehmen konnten. Diese Gespräche sind nicht vergeblich gewesen. Manche Mißverständnisse konnten ausgeräumt, neues Vertrauen zu der theologischen Arbeit gewonnen werden. Einer der Ausschüsse der Landessynode 1962 legte der Synode die Ergebnisse seiner Beratung in folgenden Sätzen vor, an die ich erinnern möchte, weil sie auch heute Beachtung verdienen[1]:

---

1 Protokoll der Landessynode 1962, S. 163f.

»1. Die Wahrheit des Zeugnisses der Heiligen Schrift, daß Gott sich uns in Jesus Christus offenbart, kann durch die wissenschaftliche Bemühung der historisch-kritischen Forschung weder bewiesen noch erschüttert werden. Das Wort Gottes ist eine Wirklichkeit, die sich selbst erschließt und Glauben schafft. Dies geschieht durch das Wirken des Heiligen Geistes, auf dessen Hilfe jeder Ausleger und Prediger der Heiligen Schift angewiesen ist.
2. Da das Wort in Jesus Christus Fleisch geworden ist, begegnet es uns im menschlichen Reden von bestimmten Worten und Ereignissen. Die Bibel redet nicht abstrakt von Jesus Christus, sondern sie bezeugt ihn in seinem Reden und Handeln, in seinem Kreuz und seiner Auferstehung. Darum ist der Glaube an Jesus Christus weder ein bloßes Fürwahrhalten von Heilstatsachen, noch erschöpft er sich in der Bejahung eines Entscheidungsrufes, der von der Geschichte Jesu Christi gelöst ist.
3. Weil die Botschaft von Jesus Christus unlöslich verbunden ist mit bestimmten Worten und Geschehnissen der Vergangenheit, hat die theologische Forschung die Aufgabe, die biblischen Texte historisch-kritisch zu erhellen. Indem sie uns zeigt, wie Gottes Wort in die damalige Situation hineinspricht, bewahrt sie uns vor willkürlicher Auslegung. Sie klärt die Intention der biblischen Zeugen und hilft uns so zu einer sachgerechten Verkündigung in der Gegenwart. Zwar kann kein Ausleger ohne seine Voraussetzungen an den Text herangehen, aber er muß bereit sein, diese in der Begegnung mit der Schrift korrigieren zu lassen. Alle philologische und theologische kritische Arbeit am überlieferten Text muß offen bleiben für das Hören auf das eigentliche Zeugnis, dem die Aussage des Textes dienen soll.«

Nicht viel später nahm auch die Synode der EKD das Thema auf. In Frankfurt und Magdeburg war es der Hauptgegenstand der Beratung der Frühjahrssynode 1965. Das wichtigste Ergebnis war die Annahme einer von H. Gollwitzer entworfenen Erklärung zum Thema »*Wort Gottes und Heilige Schrift*« als »hilfreiche Studie zur Anregung und Förderung der theologischen Besinnung«. Wegen ihrer für unsere Auseinandersetzung grundlegenden Bedeutung wird sie im Anhang dieses Briefes erneut abgedruckt. Dies Wort muß von uns allen gründlich studiert und bedacht werden, wollen wir mit den über uns gekommenen Fragen besser fertig werden als bisher.

Leider müssen wir feststellen, daß die bisherigen Bemühungen der Kirche offenbar nicht ausgereicht haben, der in die Gemeinden eingedrungenen Beunruhigung über die Arbeit der gegenwärtigen Theologie Rechnung zu tragen. Viele Gemeindeglieder, aber auch Mitarbeiter aus allen kirchlichen Diensten standen betroffen vor Sätzen, die sie in theologischen Vorträgen oder Schriften zu hören bekamen. Sie konnten – und können nicht verstehen, wie sich diese Formulierungen mit ihrem Glauben reimen, und ihre Frage ist darum, ob hier nicht der Inhalt der Heiligen Schrift und der Bekenntnisse unserer Kirche letzten Endes preisgegeben würde, ob hier nicht »ein anderes Evangelium«, ein anderer Glaube, ja ein bloßer moderner Unglaube sich ausspräche. Sind diese Sorgen berechtigt? Das ist auch für viele Theologen eine nicht von der Hand zu weisende Frage. Die Beunruhigung ist nicht bloß ein Mißverständnis theologischer Sätze und Methoden wissenschaftlicher Arbeit, obwohl es hier auch Mißverständnisse gibt, sondern sie hat einen ernstzunehmenden Anlaß an einer neuen theologischen Konzeption, die ihre Arbeit in strenger Bindung an die Maßstäbe der allgemeingültigen Wissenschaft durchführen will in der Überzeugung, daß nur dadurch die Theologie sich als Wahrheit erforschende Wissenschaft durchhalten läßt, aber auch nur so die Glaubwürdigkeit der Verkündigung in der heutigen Welt sichergestellt werden kann.

Hierbei war es besonders das Programm der *Entmythologisierung* der Heiligen

Schrift und der *existentialen Interpretation* der biblischen Texte, welches ein nicht geringes Erschrecken hervorrief, vor allem aber auch die kritische Infragestellung der Historizität eines großen Teils der biblischen Geschichten, an deren Geschehenscharakter der christliche Glaube, wie er sich bisher in der christlichen Gemeinde verstanden hatte, leidenschaftlich interessiert war.
Was die Professoren auf den Universitäten gelehrt hatten, kam nach einiger Zeit durch deren Schüler auch auf die Kanzeln und in die Gemeinden. Begreiflicherweise gab es hier heftige Zusammenstöße, zumal ja des öfteren junge Theologen geneigt sind, der Gemeinde ihre jüngsten wissenschaftlichen Hypothesen als eine Art neues Evangelium vorzutragen. Der Schrecken der gläubigen Predigthörer wurde stärker. Ihre Verwirrung ließ sie Ausschau halten nach Hilfe für die drohende Erschütterung ihres Glaubens. Das Ergebnis, vor dem wir heute stehen, ist ein neuer Zusammenschluß unter dem Namen »Bekenntnisbewegung – kein anderes Evangelium«, wie er am 6. März in der Dortmunder Westfalenhalle in einer Großkundgebung das Licht der Öffentlichkeit erblickt hat. Wer die theologische Entwicklung der letzten beiden Jahrzehnte mit Anteilnahme verfolgt hat, wird nicht überrascht sein, daß es zu einer solchen Reaktion hat kommen können. Man mag zu den Einzelheiten der Veranstaltung in Dortmund stehen, wie man will, eins ist klar geworden: die Glaubwürdigkeit der kirchlichen Verkündigung und der evangelischen Theologie steht auf dem Spiel.
Und *diese* Frage ist ganz ernstzunehmen, zumal sie in Dortmund gerade auch von einem Universitätstheologen, Professor Walter Künneth, gestellt wurde, und nicht nur von Gemeindegliedern oder Pastoren. Ob sich aus der Bekenntnisbewegung eine neue »Kirchenpartei« entwickeln wird, kann dahingestellt bleiben. Es wäre schmerzlich, wenn es dazu käme. Ob der Name glücklich gewählt ist, mag fraglich sein. Aber die hintergründige Sachfrage nach der Lehre der evangelischen Kirche, wie sie heute in der Theologie diskutiert wird, die Frage, was das Evangelium von Jesus Christus eigentlich ist, inwiefern die Bibel als Wort Gottes zu verstehen ist, was von den Bekenntnissen, die heute noch in den Gottesdiensten gesprochen werden, schließlich noch zu glauben ist, diese Kernfrage der heutigen Auseinandersetzung muß anerkannt und in ihrem Schwergewicht bejaht werden, auch wenn man nicht den Stellungnahmen, die in Dortmund gegeben wurden, zustimmt, möglicherweise dabei sogar gute Gründe der Heiligen Schrift und der Bekenntnisse unserer Kirche zu haben glaubt.
Die Kernfrage nach dem *Inhalt* des christlichen Glaubens ist es, die hinter den Fragen nach der Auslegung der Heiligen Schrift und der Bekenntnisse der Väter steht. Sie ist tiefer als die Frage, ob es noch eine verbindliche gemeinsame Lehre der evangelischen Kirche gibt, wie unsere Väter es mit der Gültigkeit der Bekenntnisse gemeint hatten. Sie lautet: Glauben wir noch an Jesus Christus, Gottes eingebornen Sohn, unsern Herrn – oder glauben wir nur noch *wie* Jesus? Ja, man kann auch schon fragen: Glauben wir überhaupt noch an Gott, den Vater Jesu Christi, oder nur noch an den Menschen Jesus, weil »Gott« nur die Chiffre für (sagen wir) Mitmenschlichkeit ist? Diese Frage ist für uns um so schwerer, als wir es in der heutigen Auseinandersetzung nicht um einen Streit mit außerchristlichen »Weltanschauungen« (wie z.B. dem Atheismus) oder Religionen (wie dem Islam) – oder mit modernen Wissenschaften (wie der Naturwissenschaft) zu tun haben, so gewiß auch hier Fronten der Auseinandersetzung liegen, deren Bedeutung für die kommende Zeit gar nicht zu unterschätzen ist. Vielmehr sind wir offenkundig in der evangelischen Kirche selbst tief uneinig – und das in einem Augenblick, wo wir von der römisch-katholischen Kirche durch die Ergebnisse des 2. Vatikanischen Konzils nach unserer evangelischen Antwort gefragt, ja herausgefordert werden. Hier hat der moderne römische Katholizismus unter Beweis gestellt, daß er es vermag, auf einem Konzil von mehr als 2000 Bischöfen die *Lehre der Kirche*

neu zu formulieren und zu festigen, aber auch auf die Fragen der Zeit Antwort zu geben. Wie wollen wir nun auf die *Konstitution über die Kirche*, aber vor allem auch über die *göttliche Offenbarung*, wo es um Schrift, Tradition und kirchliches Lehramt geht, antworten? Sind wir nicht gerade bei diesem *zweiten* Thema vor die inneren Fragen des modernen Protestantismus gestellt? In der Tat, hier liegen die heutigen Fragen der Theologie: Das reformatorische »Allein die Heilige Schrift« ist neu in Frage gestellt. In welchem Sinn begegnet uns in der Heiligen Schrift Gottes Offenbarung? Worin besteht die Autorität des biblischen Kanons für die Verkündigung und Lehre der Kirche? Oder ist die Bibel im Grunde doch bloß ein Teil der kirchlichen Überlieferung? Kann man überhaupt von einer verbindlichen kirchlichen Lehre sprechen? Über diese Fragen gibt es in der innerkirchlichen theologischen Auseinandersetzung bei uns keine Übereinstimmung. Die Gegensätze spitzen sich an zwei extremen Positionen eindrucksvoll zu. Auf der einen Seite steht ein sogenannter »*Fundamentalismus*«, der bei uns in weiten Kreisen der kirchentreuen Gemeinden seine Anhänger hat, darum auch oft einfach »Gemeindetheologie« genannt. Auf der anderen Seite steht die »hermeneutische« oder »*existentialistische*« Theologie, von ihren Gegnern neuerdings oft als »neurationalistische« oder »neoliberale« Theologie gekennzeichnet.

Der »Fundamentalismus«, meist biblizistisch, manchmal auch konfessionalistisch in seiner Grundposition, versteht die Bibel (oder auch die Bekenntnisse) als Gottes unfehlbares dogmatisches Lehrbuch kraft der einzigartigen »Inspiration« aller ihrer Worte oder zumindest ihrer Schriftsteller durch den Heiligen Geist. Gottes Wort und Heilige Schrift sind ein und dasselbe. Die Menschlichkeit des biblischen Zeugnisses, ihrer Schriftsteller und ihrer Überlieferung wird geleugnet. Die göttliche Unfehlbarkeit der Bibel ist absolut, sie erstreckt sich auf schlechthin alles, was in der Bibel vorkommt. Natürlich gibt es auch bei den Vertretern dieser Lehre gewisse Variationen. Nicht alle halten die extreme Behauptung der Verbalinspiration fest. Aber gemeinsam ist allen der Glaube an die Bibel als an das vom Heiligen Geist geschriebene Wort Gottes mit allen weittragenden Folgerungen für die Auslegung. Wir können uns hier nicht mit dieser Position auseinandersetzen. Nur eine Frage sei jedoch an diese Theologie gestellt: ob sie wirklich in der Bibel selbst begründet ist oder ob die Bibel offenkundig sich in diesem Sinne nicht als Gottes Wort versteht, ja es vielmehr geradezu verbietet, sie so verstehen zu wollen.

Es ist klar, daß der »Fundamentalismus« jede wissenschaftliche, historisch-kritische Erforschung der Bibel ablehnt, weil man ja Gottes Wort nicht kritisieren dürfe und die menschliche wissenschaftliche Vernunft es auch gar nicht vermöge. Darum wird hier immer schon seit dem Aufkommen der/historisch-kritischen Theologie im 18. Jahrhundert an der wissenschaftlichen Exegese der Bibel Anstoß genommen. Dieser Widerspruch ist also gar nicht so neu, wie manche meinen. Wohl aber ist *nach* dem Zeitalter der sogenannten liberalen Theologie des 19. Jahrhunderts und der Überwindung dieser Theologie durch die »dialektische Theologie« (K. Barth) jetzt eine »neue Theologie« aufgekommen. Zuerst entstand sie in den biblischen Fächern, besonders im Neuen Testament (R. Bultmann, E. Fuchs, H. Braun u.a.), später griff sie auch auf die Dogmatik (Ebeling, Gogarten) über. Diese Theologie versteht sich als »hermeneutische« Theologie – Hermeneutik ist Lehre von der Auslegung –, da sie das Problem der *Auslegung* historisch überlieferter Texte für die *Kernfrage* der theologischen Aufgabe hält. Bei ihrer Entstehung hat sie zweifellos von der Philosophie de »*Existentialismus*« (Heidegger) wesentliche Anstöße empfangen, weswegen man sie auch existentialistische Theologie nennen kann, zumal sie selbst von der Aufgabe einer »*existentialen Interpretation*« redet. Diese Theologie ist auf den Universitäten seit Jahren nahezu herrschend, mehr allerdings in den bibelwissenschaftlichen Fächern als in der systematischen Theologie. Diese »moderne Theologie« wird von ihren Gegnern allerdings mißverstanden, wenn sie als Wiederkehr der »liberalen« Theologie oder als »neurationalistisch« bezeichnet wird. Natürlich können die Vertreter einer fundamentalistisch geprägten Theologie diese gänzlich entgegengesetzte Theologie nicht verstehen. Versuche einer Aussprache sind darum bisher in der Regel gescheitert. Hier gibt es zur Zeit keine Brücke, denn die *Grundvoraussetzung* der »modernen Theologie« ist einerseits die Bestreitung der Verbalinspiration, andererseits die Anerkennung der »Menschlichkeit« der Bibel als eines historischen Dokumentes und die Überzeugung von der Notwendigkeit einer historisch-kritischen Erforschung der Bibel mit den weltlichen Methoden der Wissenschaft. Darüber hinaus aber greift noch ihre Forderung einer *existentialen Interpretation*, d.h. einer solchen Auslegung, die die Texte nach dem in ihnen sich aussprechenden Selbst- und Weltverständnis der Verfasser befragt, um damit ihre Wahrheit zu gewinnen. Für diese Methode der Auslegung ist nicht entscheidend, ob das in den Texten Berichtete wirklich so geschehen ist, wie es erzählt wird. Denn das »Historische« liegt immer im Bereich des bloß »Wahrscheinlichen«, wenn auch u.U. Höchstwahrscheinlichen, während es dem Glauben seinem Wesen nach um Gewißheit und Wahrheit geht, weil er es mit der »Existenzfrage« des Menschen zu tun hat.

Die Anerkennung der Maßstäbe der modernen Wissenschaft in bezug auf die kritische Beurteilung der Berichte und des in ihnen als Geschehnis Berichteten einerseits und andererseits das ganz neue *Wirklichkeitsverständnis*, das seinen Ursprung in der Existenzphilosophie hat, wodurch auch eine bisher ungewöhnliche Weise der Sprache erklärlich ist, führen nun allerdings dazu, daß das ganze in der Tradition der Kirche überlieferte dogmatische Lehrsystem, wie es sich in den altkirchlichen Bekenntnissen, aber auch in den reformatorischen Bekenntnisschriften bisher für die evangelische Kirche maßgebend ausgesprochen hat, abgebaut wird, weil es nach ihrer Überzeugung auf theologisch-philosophisch-weltanschaulichen Voraussetzungen beruht, die der Mensch des 20. Jahrhunderts nicht mehr teilt, ja nicht mehr teilen *kann*, weil die *wissenschaftliche Arbeit* der letzten vier Jahrhunderte das alte »mythische« Weltbild, das auch dem überlieferten Lehrsystem der Kirche zugrunde liegt, beseitigt hat und dabei ist, es durch ein ganz anderes, von der Natur- und Geschichtswissenschaft bestimmtes neues »Weltverständnis« zu ersetzen.

Es ist daher nicht überraschend, daß nun weit über den Kreis der Fundamentalisten hinaus in der evangelischen Kirche die Frage nach den Grundlagen der neuen existentialistischen Theologie gestellt wird, am deutlichsten immer noch in der systematischen Theologie der Schule Karl Barths. Denn es geht jetzt um weit mehr als um das Problem der historisch-kritischen Schriftauslegung. Das Recht zu dieser theologischen Methode der Schriftforschung ist in der evangelischen Kirche faktisch längst anerkannt. Jetzt geht es um den Kerngehalt der christlichen *Glaubensaussagen* selbst, um die Wahrheit des kirchlichen Bekenntnisses überhaupt. Es steht in der Tat, wie schon oben angedeutet, nichts weniger als die *Glaubwürdigkeit* der Botschaft, der Bibel, der Bekenntnisse auf dem Spiel. Daß es dahin hat kommen müssen, war eigentlich schon lange zu erkennen, denn diese Auseinandersetzung in ihrer heutigen Zuspitzung wurde oftmals vertagt. Zuletzt noch in den Jahren vor dem Kirchenkampf und erst recht während des Kirchenkampfes selbst. Sie kommt aber unausweichlich auf uns zu durch die tiefgreifende Wandlung der Menschheit zu einer »Gesellschaft der wissenschaftlichen Zivilisation«, an der wir alle teilhaben. Die Wahrheitsfrage ist der Kirche neu und eindringlich gestellt. Unsere Antwort kann nicht einfach durch Rückzug auf irgendeine noch so große Vergangenheit unserer Kirche, weder der alten Kirche noch der Reformation, geschehen. Weder ein »Biblizismus« noch irgendein »Konfessionalismus« kann uns helfen, die Wahrheit des Evangeliums von Jesus Christus heute

neu zu sagen. Die Reformation hat uns mehr und Besseres gelehrt in ihrer Theologie des Wortes Gottes. Wir können deswegen nicht einfach die Fragen abweisen, die uns in der »modernen Theologie« gestellt werden. Wir dürfen ihre Vertreter nicht einfach verdammen oder exkommunizieren, wie manche das für notwendig halten. Wohl aber können wir nicht verschweigen, daß wir schwere Bedenken gegen gewisse *Vorentscheidungen* dieser Theologie haben, da hier ein philosophischer Wirklichkeitsbegriff, der allerdings in der Natur- und Geschichtswissenschaft eine maßgebende Rolle spielt, zur Voraussetzung der Theologie gemacht wird. Theologie steht immer im Kampf mit der Philosophie, und ihre eigentliche Gefahr ist, daß die Philosophie den Sieg davonträgt, wie die Theologiegeschichte eindrucksvoll beweist. Augenblicklich sieht es so aus, als würde die Theologie in eine philosophische Anthropologie verwandelt, wenn uns gesagt wird, man könne von Gott nur reden, indem man vom Menschen rede. Hier zeigt sich, daß die Herrschaft des oben genannten Wirklichkeitsbegriffs Theologie im Grunde unmöglich macht, da man das Unmögliche versucht, nämlich »Theologie ohne Gott« zu treiben, nachdem ja, wie schon Nietzsche sagte, der Gott der Religionen, der Metaphysik, des antik-abendländischen Theismus tot sei. Daß man darum zu Gott im Ernst nicht mehr beten kann, ist inzwischen auch schon ausdrücklich betont worden. Infolgedessen hören wir dann auch, daß nicht nur die kirchliche Trinitätstheologie überholt sei, sondern speziell auch die kirchliche Christologie mit ihrem Bekenntnis: »wahrer Gott und wahrer Mensch«. Man könnte nur noch von Jesus, dem natürlichen und wirklichen *Menschen*, reden, dessen Leben im Neuen Testament von einem »Kranz von Legenden« umgeben sei, die zwar etwas von der »Bedeutsamkeit« Jesu aussagten, aber natürlich nicht als Bezeugung von »übernatürlichen Heilstatsachen« verstanden werden könnten. So könnte Auferstehung Christi nur als Botschaft des Kreuzes Christi als des Heilsgeschehens ausgelegt werden, anders gesprochen: Christus ist in die Botschaft der Kirche hinein auferstanden und als solcher auch der Wiederkommende, während die biblische Erwartung seiner endgültigen Ankunft als Irrtum eines apokalyptischen Weltverständnisses preisgegeben werden müsse.
So könnte man noch lange fortfahren. Aber wir wollen darauf verzichten. Diese Beispiele sollen uns nur den Ernst und das Gewicht der Fragen verdeutlichen, vor die wir uns gestellt sehen. Eine Auseinandersetzung kann hier nicht erfolgen, da sie den uns gesteckten Rahmen weit überschreiten würde. Dennoch muß der Gemeinde nun aber auch noch ein Wort der Stellungnahme gesagt werden. Die Kirchenleitung kann nicht beiseite stehen wie ein »Schiedsrichter« und den Ausgang des Kampfes auf dem Feld der Theologen den Kämpfenden überlassen. Wir sind herausgefordert, nachdem wir zuerst länger geschwiegen und abgewartet haben, nun aber in der Gefahr stehen, unglaubwürdig und als solche mißverstanden zu werden, die selbst keine klare Stellung zu »Schrift und Bekenntnis« haben.
Als die rheinische Landessynode im Jahre 1952 die Kirchenordnung verabschiedete, stellte sie in dem *Grundartikel* die folgenden Sätze an den Anfang:
»Die Evangelische Kirche im Rheinland bekennt sich zu Jesus Christus, dem Fleisch gewordenen Worte Gottes, dem für uns gekreuzigten, auferstandenen und zur Rechten Gottes erhöhten Herrn, auf den sie wartet.
Sie ist gegründet auf das prophetische und apostolische Zeugnis der Heiligen Schrift Alten und Neuen Testaments.
Sie bekennt mit den Kirchen der Reformation, daß die Heilige Schrift die alleinige Quelle und vollkommene Richtschnur des Glaubens, der Lehre und des Lebens ist und daß das Heil allein im Glauben empfangen wird.
Sie bezeugt ihren Glauben in Gemeinschaft mit der alten Kirche durch die altkirchlichen Glaubensbekenntnisse: das apostolische, das nicänische und das athanasianische Bekenntnis.

Sie erkennt die fortdauernde Geltung der reformatorischen Bekenntnisse an.
Sie bejaht die Theologische Erklärung der Bekenntnissynode der Deutschen Evangelischen Kirche von Barmen als eine schriftgemäße, für den Dienst der Kirche verbindliche Bezeugung des Evangeliums.«
In diesen Sätzen ist ausgesprochen, worauf sich der Dienst in unserer Kirche gründet. Daran wissen wir uns gebunden und möchten wünschen, daß dies mit uns alle in der Gewißheit des Glaubens wüßten, die in irgendeinem Dienst der Evangelischen Kirche im Rheinland stehen. Wir wissen wohl, daß diese Erklärung der Interpretation bedarf, und wir maßen uns nicht an, als Kirchenleitung die allein gültige Interpretation zu geben. Aber es kann kein Zweifel sein: Jede Interpretation muß sich vor dem klaren und deutlichen Inhalt dieser bekennenden Sätze verantworten.
Daß diese Sätze ernst gemeint sind und welche Bedeutung sie haben, läßt sich auch ablesen aus der in Art. 67 der Kirchenordnung enthaltenen *Amtsverpflichtung* bei der Ordination eines jeden Dieners am Wort. Die wichtigsten Sätze rufen wir uns ins Gedächtnis:
»Aus Gottes Wort hast du vernommen, daß unser Herr Jesus Christus das Predigtamt eingesetzt und ihm seinen Segen verheißen hat. Er beruft und sendet seine Boten. Er gibt durch seinen Heiligen Geist Vollmacht, das Evangelium zu verkündigen. Seiner Gnade und seines Beistandes darfst du dich getrösten.
Für den Dienst, der dir befohlen ist, wird dir das folgende vorgehalten:
Du wirst berufen, der Gemeinde Jesu Christi, die er durch sein eigenes Blut erworben hat, mit dem reinen Worte Gottes zu dienen und die Sakramente nach der Einsetzung Jesu Christi zu verwalten . . .
Dabei sollst du ernstlich beachten, daß es dem evangelischen Prediger nicht zusteht, eine andere Lehre zu verkündigen und auszubreiten als die, welche gegründet ist in Gottes lauterem und klarem Wort, wie es verfaßt ist in der Heiligen Schrift Alten und Neuen Testaments, unserer alleinigen Glaubensnorm, wie es bezeugt ist in den drei altkirchlichen Glaubensbekenntnissen, dem Apostolischen, dem Nicänischen und dem Athanasianischen,
sowie
in den lutherischen Bekenntnisschriften unserer Kirche: dem Augsburgischen Bekenntnis, der Apologie, den Schmalkaldischen Artikeln, dem Großen und dem Kleinen Katechismus Luthers,
oder:
in der reformierten Bekenntnisschrift unserer Kirche: dem Heidelberger Katechismus,
oder:
in den reformatorischen Bekenntnisschriften unserer Kirche
und
wie es als Wegweisung für die angefochtene Kirche aufs neue bekannt worden ist in der Theologischen Erklärung der Bekenntnissynode von Barmen.«
So gewiß in diesen Sätzen kein »Lehrgesetz« aufgerichtet wird, so gewiß wollen sie das »Woher« unseres Auftrags aufzeigen sowie die Richtung, das »Wohin«, die Wegweisung unseres Dienstes beschreiben und damit auch die *Grenzen* andeuten, die nicht überschritten werden können, weil der Herr selbst Stifter und Inhalt der Botschaft und des Botendienstes ist und nicht wir.
Damit stehen wir allerdings vor einer schweren und umstrittenen Frage in der evangelischen Kirche: Wenn nun diese »Grenzen« in der Lehre eines Predigers auf der Kanzel oder in der Unterweisung überschritten werden, was dann? Muß sich dann die evangelische Kirche damit begnügen, diesen Bruder zu ermahnen, aber ihn weiterhin in seinem Amt dulden, obwohl er »ein anderes Evangelium« verkündigt? Gibt es so etwas wie »*Lehrzucht*«, oder ist das Verrat am Protestantismus?

Die in der Evangelischen Kirche der Union vereinigten Kirchen, wie der Entscheid aller beteiligten Landessynoden zeigt, sind der gewissen Überzeugung, daß bei einer »Beanstandung der Lehre ordinierter Diener am Wort« eine sorgfältige Prüfung der Berechtigung dieser Lehrbeanstandung seitens der Kirche erfolgen muß. Die theologische Begründung dieses Verfahrens hat die Synode der EKU in einer »*Grundlegung*«[2] zu geben versucht, aus der die Hauptstücke wiedergegeben seien:
»Die Kirche hat den Auftrag, das Evangelium von Jesus Christus gemäß der Heiligen Schrift Alten und Neuen Testaments lauter und rein zu bezeugen. Mit diesem Auftrag ist ihr die Verpflichtung gegeben, Verkündigung und Lehre an der Heiligen Schrift zu prüfen und um des Heils der Menschen willen eine Verführung der Gewissen und eine Zerstörung der Gemeinde durch schriftwidrige Verkündigung und Lehre abzuwehren.
Die Kirche kann diesen Auftrag nur wahrnehmen, weil sie die Verheißung hat, daß der Herr der Kirche selbst über der Verkündigung und Lehre des Evangeliums wacht und daß er seiner Kirche durch den Heiligen Geist hilft, das Evangelium in Vollmacht zu verkündigen und die rechte Lehre zu bewahren.
In der Evangelischen Kirche der Union und ihren Gliedkirchen wachen in den Gemeindekirchenräten (Presbyterien), Synoden und Kirchenleitungen ordinierte Diener am Wort und Gemeindeglieder in gemeinsamer Verantwortung über Verkündigung und Lehre.
Im Gehorsam gegen das Zeugnis der Heiligen Schrift und gemäß den Bekenntnissen der Reformation haben die Evangelische Kirche der Union und ihre Gliedkirchen in ihren Grundartikeln einmütig bekannt, daß Jesus Christus allein unser Heil ist, das allein aus Gnaden geschenkt und allein im Glauben empfangen wird, und daß die Heilige Schrift, indem sie dies bezeugt, die alleinige Quelle und Richtschnur für Glauben, Lehre und Leben der Kirche ist.
Ein ordinierter Diener am Wort, der in seiner Verkündigung und Lehre im Widerspruch zu dem entscheidenden Inhalt der Heiligen Schrift steht, wie er in den Bekenntnissen der Reformation bezeugt und in den Grundartikeln der Evangelischen Kirche der Union und ihrer Gliedkirchen bekannt worden ist, kann nicht im öffentlichen Dienst der öffentlichen Verkündigung und Lehre des Evangeliums bleiben.«
Aus dieser Grundlegung geht hervor, daß die Kirche nicht in Anspruch nimmt, in ihren *Organen* (Synoden, Presbyterien, Kirchenleitungen) so etwas wie ein kirchliches Lehramt auszuüben, wohl aber »*über der Lehre zu wachen*«. Natürlich steht damit das Problem des *kirchlichen Lehramts* vor uns. Hier ist zunächst einmal wichtig, darauf hinzuweisen, daß das Lehramt der Kirche nach römisch-katholischer Lehre (wie im 2. Vatikanischen Konzil wiederum deutlich geworden ist) etwas völlig anderes ist, da die katholische Kirche für bestimmte Organe (Papst und Konzil) in Anspruch nimmt, die Lehre der Kirche in dogmatischen Lehrsätzen für die Gläubigen verbindlich festzusetzen. Davon kann grundsätzlich in den reformatorischen Kirchen keine Rede sein. Weder *Synoden* noch *Bischöfe* noch *Theologische Fakultäten* haben als solche das Lehramt der Kirche. Die reformatorische Lehre von der Heiligen Schrift dagegen erlaubt es zu sagen: Der Herr der Kirche übt das Lehramt durch die Heilige Schrift selbst aus. Darum sind in der Kirche alle Christen untereinander und besonders ihre Diener und Organe zu »Wächtern über die Lehre« bestellt, d.h. sie haben das Recht und die Pflicht, die Lehre an der Schrift zu prüfen. Auf diese Weise ist es ja gelegentlich auch zu »Bekenntnissen« der Kirche gekommen. Aber es kann auch zu der Prüfung der Lehre eines einzelnen Dieners am Wort durch die dazu berufenen Organe der Kirche kommen.
Der Text der »*Grundlegung*« unseres Gesetzes führt dabei einen wichtigen Begriff

---

[2] Lehrbeanstandungsordnung der EKU vom 27. 6. 1963. ABl EKD 1963, S. 476ff.

zur Prüfung der Lehrbeanstandung ein, der sorgfältig beachtet werden muß: »Ein ordinierter Diener am Wort, der in seiner Verkündigung und Lehre *im Widerspruch zu dem entscheidenden Inhalt der Heiligen Schrift* steht . . .«
Zunächst erscheint es notwendig, darauf hinzuweisen, daß mit diesem Begriff eine wesentliche Einschränkung der Lehrbeanstandung auf die »Hauptsache« oder die »Mitte« der Heiligen Schrift vollzogen ist. Es kann sich also hier nicht um eine zu beanstandende kritische Infragestellung irgendwelcher einzelner Lehraussagen der Heiligen Schrift handeln, sondern nur um den Angelpunkt der biblischen Botschaft, in dem das Ganze hängt, oder das, was die Bibel zum Wort Gottes macht: die Botschaft der prophetischen und apostolischen Schriften von Jesus Christus.
Man könnte auch konkretisieren, was mit dem entscheidenden Inhalt der Heiligen Schrift gemeint ist, indem man auf Luthers großartige Formulierung verweist, die er in den Schmalkaldischen Artikeln 1537 niedergelegt hat:
»Hier der erste und Hauptartikel:
1. Daß Jesus Christus, unser Gott und Herr, sei ›um unser Sünde willen gestorben und um unser Gerechtigkeit willen auferstanden‹, Röm. 4, und er allein ›das Lamm Gottes ist, das der Welt Sünde trägt‹, Joh. 1, und ›Gott unser aller Sünde auf ihn gelegt hat‹, Jes. 53, ferner: ›Sie sind alle zumal Sünder und werden ohn Verdienst gerecht aus seiner Gnade durch die Erlösung Jesu Christi in seinem Blut‹ etc., Röm. 3.
Dieweil nun solches muß geglaubt werden und sonst mit keinem Werk, Gesetze noch Verdienst mag erlangt oder gefaßt werden, so ist es klar und gewiß, daß allein solcher Glaube uns gerecht mache, wie Röm. 3. S. Paulus spricht: ›Wir halten, daß der Mensch gerecht werde ohne Werke des Gesetzes durch den Glauben‹, ferner: ›Auf daß er alleine gerecht sei und gerecht mache den, der da ist des Glaubens an Jesus.‹
Von diesem Artikel kann man nichts weichen oder nachgeben, es falle Himmel und Erden oder was nicht bleiben will; denn ›es ist kein anderer Name, dadurch wir können selig werden‹, spricht S. Petrus Apg. 4. ›Und durch seine Wunden sind wir geheilt.‹
Und auf diesem Artikel steht alles, das wir wider den Papst, Teufel und Welt lehren und leben. Darum müssen wir des gar gewiß sein und nicht zweifeln. Sonst ist's alles verlorn, und behält Papst und Teufel und alles wider uns den Sieg und Recht.«
Wir können zur Verdeutlichung auch auf den Evangelischen Katechismus verweisen, der am 5. 1. 1962 von der Rheinischen Landessynode als Lehrbuch zum Gebrauch in der Unterweisung unserer Kirche freigegeben wurde. Hier wird der 2. Glaubensartikel in folgenden Sätzen ausgelegt:
»1.   *Gott sendet seinen Sohn*
Gott liebt uns Menschen, obwohl wir ihm ungehorsam sind und uns gegen ihn empören. Darum hat er uns seinen Sohn geschenkt als unsern Heiland und Versöhner.
Jesus Christus ist Gottes Sohn, von Ewigkeit mit dem Vater eins. Wir hören in seinen Worten Gott selbst zu uns reden. Wir sehen in seinem Leben, Sterben und Auferstehen Gott selbst am Werk zur Rettung der Welt.
2.   *Gottes Sohn tritt an unsere Stelle*
Gottes Sohn kommt zu uns in dem Menschen Jesus von Nazareth, geboren aus dem jüdischen Volk als der verheißene Messias, der Christus Gottes. In ihm bestätigt und erfüllt Gott die Verheißungen, die er dem Volke Israel für alle Welt gegeben hat.
Dem Willen des Vaters gehorsam, wird er unser Bruder, nimmt Schuld und Not unsres Lebens auf sich und stirbt am Kreuz den Tod des Sünders an unserer Statt.

Um seinetwillen spricht Gott uns frei von unserer Schuld und macht uns zu Brüdern seines Sohnes.

3. *Jesus Christus herrscht über alles*

Gott erweckt den Gekreuzigten vom Tode als den Sieger über Sünde und Tod und erhöht ihn zum Herrn über alle gottfeindlichen Mächte. Jesus Christus regiert als das Haupt seiner Gemeinde und als der Herr der Welt in gleicher Macht und Ehre wie der Vater.

In seinem Namen wird allen Menschen das Evangelium verkündigt, bis er kommt als der Richter aller Welt. Dann wird er seine jetzt noch verborgene Herrlichkeit offenbaren, Tod und Teufel endgültig vernichten und Gottes unvergängliches Reich vollenden.

Er ist unser Herr. Ihm gehören wir. Bei ihm sind wir geborgen. Ihm dürfen wir vertrauen und gehorchen.«

Wir meinen, daß diese Sätze beispielhaft bezeugen könnten, was nach der Überzeugung der Synode unter dem *entscheidenden Inhalt der Heiligen Schrift* zu verstehen ist. Wir stellen die Frage: Könnte jemand predigen als Bote Jesu Christi, der im Widerspruch zu dieser Botschaft stünde? Wer dies nicht mit uns verkündigen könnte, was hätte er der Welt als Prediger des Evangeliums noch zu sagen? Darin haben doch die Männer, die die Versammlung in Dortmund vorbereiteten, recht, wenn sie proklamierten: »Kein anderes Evangelium!« Allerdings, kein anderes als dies Evangelium von Jesus Christus, wie es der entscheidende Inhalt der Heiligen Schrift und auch der Bekenntnisse unserer evangelischen Kirche ist, darf in einer evangelischen Kirche gepredigt werden. An dies Evangelium ist die Kirche gebunden in der Freiheit und Freude des Glaubens. Darum aber muß die Kirche jede in ihrer Mitte aufkommende Theologie danach fragen, ob in ihr Jesus Christus, der gekreuzigte und auferstandene *Herr*, zu Wort kommt. Danach müssen wir uns alle immer wieder fragen lassen, die Theologen der hermeneutischen Theologie, aber nicht weniger die Mitglieder der Bekenntnisbewegung. Dabei mögen die einen bedenken, ob ihre Theologie als Funktion der Kirche an die Botschaft der Schrift gebunden ist oder sein will, und die anderen, daß Theologie eine menschliche Denkarbeit ist, die das Risiko des Irrtums eingehen muß. So gewiß die Theologie ohne die Kirche ihren Sinn verliert, so gewiß verdirbt auch die Kirche ohne Theologie. Aber beide sind an denselben Herrn gebunden. Dabei ist weder die Kirche Gebieterin der Theologie noch die Theologie Herrin der Kirche. Beide sind im Dienst ihres Herrn aneinander gewiesen, damit der Auftrag des Herrn, die Botschaft Gottes an die Welt wahrhaftig und vollmächtig ausgerichtet wird.

Darum ist uns in unserer Kirche mit einem Streit zwischen »Bekenntnisbewegung« und »moderner Theologie« nicht gedient, zumal dabei die Prediger unserer Kirche die Hauptleidtragenden wären. Denn sie würden die Konflikte zweier konträrer theologischer Positionen in ihrem Amt und ihrer Gemeinde ausstehen müssen. Es dürfen nicht die Gefahren einer Spaltung der Kirche heraufbeschworen werden. Auch als im Kirchenkampf die Lage viel schwieriger war als heute, wurde gerade von der Bekennenden Kirche alles getan, um einen endgültigen Bruch in der evangelischen Kirche zu vermeiden. Im übrigen ist der Kampf der Bekennenden Kirche um die Wahrheit und Freiheit des Evangeliums gar nicht mit den theologischen Auseinandersetzungen der Gegenwart vergleichbar. So ungefährlich wie heute war damals das öffentliche Bekenntnis des Wortes Gottes nicht.

Wir müssen einen besseren Weg zur Überwindung der heute aufgebrochenen Gegensätze finden. Wir wollen uns darum bemühen, auf den Wegen, die auf der Synode der EKD, auf unseren rheinischen Landessynoden, aber auch jetzt in der Evangelischen Kirche von Westfalen beschritten sind, vorwärts zu kommen. Dafür wird es nötig sein, daß wir in unseren Presbyterien, Pfarrer- und Presbyterkonferenzen, auf den Kreissynoden oder bei Gemeindeversammlungen das Thema

Theologie

der »modernen Theologie« zum Gegenstand der Information und Diskussion machen. Auch die nächste rheinische Landessynode wird sich mit der Aufgabe aufs neue befassen müssen.
Was uns heute vor allem nottut, ist Geduld miteinander. Wer in der Gewißheit des Glaubens lebt, kann warten und ausharren, denn er weiß, daß der Herr seine Gemeinde nicht verlassen wird. Er wird aber vor allem zu Gott rufen und ihn um seinen Geist bitten für alle, die als Pastoren oder Theologen in der Kirche zu reden, zu verkündigen und zu lehren haben.
Zum Schluß erinnere ich an die Jahreslosung unserer evangelischen Kirche:
Lasset uns wahrhaftig sein in der Liebe und wachsen
in allen Stücken zu dem hin, der das Haupt ist, Christus!

Ich habe versucht, alles zu tun, um einen neuen, tiefen Riß in der evangelischen Kirche zu verhindern. Dafür hielt ich eine rheinische Landessynode für nötig, in der uns diese Hauptfrage:»Historisch-kritische Schriftforschung und Gottes Wort in der Bibel« beschäftigte. Man wird sagen dürfen, daß der befürchtete Riß (Kirchenspaltung) nicht eintrat, wohl aber eine lange Entfremdung. Aber einen Kirchenkampf, wie einige meinten, gab es nicht. Die evangelische Kirche hat übrigens diese Auseinandersetzung schon seit dem 18. Jahrhundert (seit Johann Salomo Semler) geführt und überlebt. Sie wird auch in unserem Zeitalter daran nicht sterben. Die aktuellen Fragen der Kirche in der heutigen Welt liegen nicht an diesem merkwürdigen Versuch, die Bibel gegenüber ihren »Gegnern«, »Feinden« und »liberalen Ungläubigen« zu sichern. Trotzdem war die theologische Diskussion nötig und hilfreich. Ich meine, sie sei nun lange vorbei und durch dringendere Tagesfragen der kirchlichen Existenz überholt.
Im Laufe der Zeit meines Amtes als Präses gab es übrigens noch eine Reihe theologischer Streitfragen, die inzwischen z.T. schon wieder hinter uns liegen: zuerst die Frage nach der Lehre von der Taufe, speziell nach der Ordnung der *Kinder*taufe. Es erhob sich eine ganze Reihe vor allem von jüngeren Pfarrern, die der Meinung waren, daß man – in Übereinstimmung mit Karl Barth – die Kindertaufe abschaffen solle, um sie etwa in die Zeit der bisherigen Konfirmation oder später zu verschieben. In der rheinischen Kirche gab es dabei einen heißen Kampf, der damals damit beschlossen wurde, daß den Pfarrern die Verschiebung der Taufe unter besonderen Bedingungen erlaubt wurde. Ich hatte schon damals den Eindruck, daß dieser Versuch scheitern würde, weil die Überlieferung der Kindertaufe nicht nur aus theologischen, sondern auch aus gemeindlichen und familiären Gründen in unserer Kirche (wie auch in der katholischen Kirche) so tief verankert ist, daß man sie nicht aufgeben kann, vor allem, solange die Kirche und Gemeinde in ihrer Tradition als »Volkskirche« lebt und nicht geneigt ist, sich in eine Freikirche zu verwandeln.
Am Ende meiner Amtszeit als Präses begann, für mich überraschend, ein ganz anderes Problem die evangelische Kirche zu bewegen, um nicht zu sagen zu erschüttern. Die sozialethischen Fragen verschiedener Art waren schon öfter am Horizont erschienen, so z.B. die Probleme von Ehe und Familie (z.B. Geburtenkontrolle), aber auch die neuen Fragen des Verhältnisses von Kirche, Christentum und moderner Demokratie (Parteienfrage, christliche Partei oder nicht?). Aber diese Probleme brachten keine besonders starke Unruhe in die Gemeinden und ihre Pfarrerschaft. Das wurde anders, als die Frage der »Politik« in ihrem Verhältnis zur Kirche und ihren Gemeinden wie ihren Pastoren aufbrach, und zwar an der Frage

von Krieg und Frieden. Hier hatte die evangelische Kirche seit 1950 ganz neu angefangen, die Friedensfrage als eine überaus gewichtige ethische Frage der Christen und der Kirche zu erkennen und sich besonders mit dem Problem der inzwischen geschaffenen Massenvernichtungswaffen (Atombombe) zu befassen. Es war keine Überraschung für mich, daß an dieser Frage die evangelische Kirche in Gegensätze auseinanderfallen würde. Hatte sich doch die evangelische Kirche seit ihrer Entstehung noch nie zur Friedensaufgabe der Christenheit geäußert. Die Berliner Synode von 1950 war etwas ganz Neues in der Frage: Was kann die Kirche für den Frieden tun?[3] Ich kann an dieser Stelle die seither immer neu aufflammende Problematik der Frage nach Krieg und Waffen als Mittel der Politik nicht erörtern, sondern nur sagen, daß die theologische Frage des Krieges seit Ende des Zweiten Weltkriegs bis heute in der evangelischen Kirche ein Gegenstand des heißen Streits geblieben ist. Es ist mir überraschend, daß es in unserer Kirche überhaupt so etwas wie eine »Friedensbewegung« geben konnte und noch gibt, wenn sie auch heftig umstritten war und sich daran noch nichts geändert hat. Aber daß es so etwas wie die neue Fragestellung – die auch aus der Ökumene (Amsterdam 1948) zuerst zu uns kam – in der Kirche gibt, die ich von Jugend auf ganz anders erlebt habe und in deren Geschichte das christliche Friedensthema sozusagen keine Rolle gespielt hat, das ist für mich eine Hoffnung, daß hier so etwas wie eine Wende des Geistes hin zum Friedensruf des Neuen Testaments angefangen hat.

2. Liturgik

Gibt es eigentlich in der evangelischen Kirche viele Gemeindeglieder, Pastoren und Professoren, denen die Liturgik, die Lehre und Praxis vom Gottesdienst der Kirche Christi, eine Herzenssache ist, eine von den ganz wichtigen Aufgaben der Kirche in der Welt? Geht es hier doch zweifellos in Verkündigung, Anbetung, Herrenmahl, Fürbitte, Danksagung, Gemeinschaft um den gemeinsamen Glauben, die alle verbindende Liebe und die große Hoffnung aller, die den Namen Christi tragen. Die Gemeinde, in der ich aufwuchs, war nicht besonders stark in ihrer »Liturgie«; trotzdem hat sie dazu beigetragen, daß mir die gottesdienstliche Feier etwas bedeutet hat. Allerdings wird auch mein Vater, der sagte, er sei reformiert in der Dogmatik, aber lutherisch in der Liturgie (es war das Singen zur Ehre Gottes und zur Verkündigung der Botschaft), und sein guter Einfluß mich dafür gewonnen haben. In Münster war ich Schüler von Julius Smend, einem von den wenigen evangelischen Professoren, die die Liturgie hochachteten und auch etwas davon verstanden. Er rief uns Studenten der Theologie in seinen Kirchenchor, den er auch im Gottesdienst selbst leitete. Und als ich Vikar in der reformierten Gemeinde Göttingen war, habe ich es gewagt, hier einen Chor zu gründen und sogar nach einem Jahr mit ihm die Johannespassion von Schütz zu singen. Ebenso hatte ich

---

3 Siehe oben S. 433.

große Freude an der liturgischen Praxis. Die Theologie des Gottesdienstes lernte ich erst langsam und immer mehr. Aber bis sich dies auswirkte, dauerte es noch Jahre. Eigentlich passierte der entscheidende Schritt auf der Synode der Evangelischen Kirche der altpreußischen Union im Kirchenkampf (1942), als beschlossen wurde, einen liturgischen Ausschuß zu bilden, um eine der Bekennenden Kirche gemäße neue Gottesdienstordnung zu schaffen; die Verbindung von Predigt und Abendmahl sollte ein besonders wesentlicher Punkt sein. Auf Grund dieser Anregung gingen wir noch im Krieg daran, in der rheinischen Bekenntniskirche einen liturgischen Ausschuß zu gründen. Er suchte Hilfe bei Liturgikern in Hannover (Niedersächsische Liturgische Konferenz), um eine wirklich sachgemäße Neuordnung des Gemeindegottesdienstes zu schaffen.

Über die daraus folgende Geschichte habe ich vor Jahren in einem Hanns Lilje gewidmeten Buch[4] einen Aufsatz geschrieben, der an dieser Stelle nachgedruckt werden soll:

Die Entstehung der Agenden der Vereinigten Evangelisch-Lutherischen Kirche und der Evangelischen Kirche der Union

Mit dem Jahre 1918 wurde in den deutschen evangelischen Landeskirchen eine Agendenreform notwendig. Der unmittelbare Anlaß war zwar der Sturz der bisherigen Obrigkeiten und das damit verbundene Ende des bisherigen landesherrlichen Kirchenregiments. Eine genauere Betrachtung dieser Ereignisse führt jedoch zu der Einsicht, daß mit dem Ersten Weltkrieg das 19. Jahrhundert eigentlich erst zu Ende gegangen war. Die große geistige Lebendigkeit der Jahre nach 1918 ist ein Beweis dafür, daß damals eine neue Epoche anbrach. Man kann für diese Wende schon bei der Feier des Reformationsjubiläums 1917 gewisse Anzeichen beobachten. Aber erst nach dem Kriegsende wurde das Neue innerhalb wie außerhalb der evangelischen Kirche deutlich sichtbar. Der theologische Neuanfang, der mit den Namen Karl Barth, Friedrich Gogarten und Eduard Thurneysen (»Zwischen den Zeiten«) ans Licht trat, die philosophischen und literarischen Bewegungen mit ihren radikalen Fragestellungen, die nun erst beginnende Auswirkung der »Jugendbewegung« in der wandernden und singenden, dichtenden und problematisierenden Jugend – diese Hinweise mögen genügen, um verständlich zu machen, daß die Agenden der Kirche, die im letzten Drittel des 19. Jahrhunderts geschaffen waren, der Erneuerung bedurften. Aber noch etwas anderes erscheint beachtenswert: die starke Überschreitung der traditionellen landeskirchlichen Grenzen in der evangelischen Christenheit Deutschlands. Die evangelische Jugend- und Frauenarbeit, die Studenten- und Akademikerbewegung fanden sich ohne Rücksicht auf die konfessionelle Überlieferung ihrer Kirchen zusammen. Es kam zum Deutschen Evangelischen Kirchenbund mit einem Deutschen Evangelischen Kirchentag als regelmäßiger Einrichtung der evangelischen Kirchen Deutschlands. Darüber hinaus wurden auch von einzelnen schon die ersten Schritte in die Ökumene gewagt, wenn auch noch von der offiziellen Kirche mit großem Mißtrauen begleitet. Trotz allem jedoch blieben in Fortsetzung der ehemaligen »Fürstentümer« die Landeskirchen in einer territorial gefügten Grenzziehung mit oder ohne geprägten Bekenntnischarakter bestehen. So gingen denn auch die damaligen Kirchen daran, neben ihren neuen »Verfassungen« sich nach und nach ihre erneuerten Agenden zu schaffen. Eine Zusammenarbeit im größeren Rahmen wurde damals noch nicht ins Auge gefaßt. Nur einige liturgische Bewegungen gingen über die landeskirchli-

[4] In: Gott ist am Werk, a.a.O., Hamburg 1959

chen Grenzen hinaus, wie etwa die Berneuchener, die Hochkirche, die Niedersächsische Liturgische Konferenz.
In der Evangelischen Kirche der altpreußischen Union wurde nach ihrer Neukonstituierung 1922 die Reform der Agende von 1895 in Angriff genommen. Aber als der neue Agendenentwurf im Jahre 1931 vom Kirchensenat zum Gebrauch freigegeben wurde, war er eigentlich schon überholt. An ihm hatten die vorwärts drängenden Kräfte der liturgischen Bewegung nicht mitgearbeitet. Kurz nach der Veröffentlichung dieses »Entwurfes« kam es zum Kirchenkampf, der es durch die Zerstörung der synodalen Organe unmöglich machte, daß dieser Entwurf zur Agende der Evangelischen Kirche der altpreußischen Union wurde. Und das war gut so.
Im Bereich der liturgischen Bewegung begab sich dagegen damals einiges von Gewicht und Bedeutung. Nach den jahrelangen Vorarbeiten und Experimenten reifte eine erste Frucht aus der Arbeit des Berneuchener Kreises wie der Niedersächsischen Liturgischen Konferenz: die Denkschrift über das Kirchenjahr von Knolle und Stählin aus dem Jahre 1934. Ein Jahr später erschien die »Deutsche Messe« des Berneuchener Kreises, ein kühner und von Anfang an umstrittener Vorstoß in liturgisches Neuland. Zur gleichen Zeit begann in Alpirsbach die »Kirchliche Arbeit« unter Leitung von Dr. Buchholz mit ihren neuen Erkenntnissen der Gregorianik, ihren liturgischen Studien und ihrer Praxis des Stundengebetes. Zum Advent 1936 erschien der erste Band der »Lesung für das Jahr der Kirche«, im Auftrag der Berneuchener von R. Spieker herausgegeben. Diese besonders bedeutsame Leistung schuf für die Bekennende Kirche so etwas wie ein gemeinsames »Buch der Gottesdienste«, nicht nur für die Sonn- und Festtage des Kirchenjahres, sondern auch für den Werktag der Christen. Ferner begann 1939 auch noch das sogenannte Isenhagener »Kirchenbuch für die Gemeinde« zu erscheinen, herausgegeben von der Niedersächsischen Liturgischen Konferenz, ein auf der Grundlage des Kirchenjahres gearbeitetes Andachtsbuch für den evangelischen Christen, wie man es bis dahin so nicht gewöhnt war.
In der Bekennenden Kirche der altpreußischen Union aber entstand das dringende Bedürfnis nach einer liturgischen Hilfe für die Pastoren, zumal die heranwachsende Generation, da die alte Agende von 1895 nicht mehr ohne weiteres gebraucht werden konnte und der Agendenentwurf von 1930 nicht mehr zu haben war, abgesehen davon, daß er weithin abgelehnt wurde. Da in den Jahren des Kirchenkampfes keine Möglichkeit bestand, der Agendennot auf kirchenamtlichem Wege zu begegnen, begann der Bruderrat der altpreußischen Union mit der Herausgabe von liturgischen Blättern. So entstand nach und nach eine ganze Sammlung von Gottesdienstordnungen für alle Sonn- und Festtage des Kirchenjahres. Der Charakter dieser Ordnungen war durchaus konservativ, er folgte der Agende von 1895, nur in der Sprache der Gebete wurden gewisse Erneuerungsversuche gemacht. Neu war im übrigen nur, daß sich die Sitte einbürgerte, das Glaubensbekenntnis und das Vaterunser gemeinsam zu sprechen.
Ein wesentlich neuer Anstoß zu einer wirklichen Reform der Agende wurde erst während des Zweiten Weltkrieges auf der neunten Bekenntnissynode der altpreußischen Union vom 12. bis 13. Oktober 1940 in Leipzig gegeben. In ihrem Beschluß »Zur Auferbauung der Gemeinde« heißt es:
»Die Synode bittet die Gemeinden, ihr Augenmerk auf die unbiblisch verkümmerte Stellung des heiligen Abendmahls im gegenwärtigen gottesdienstlichen Leben zu richten und für ein besseres Verständnis Sorge zu tragen. Sie weist die Gemeinden an, darauf zu sehen, daß das heilige Abendmahl alle Monate einmal, und zwar nicht im Anschluß, sondern innerhalb des Gemeindegottesdienstes gefeiert wird...«
In einer Handreichung zu diesem Beschluß lesen wir:

Das Abendmahl im Gottesdienst

»Weil der Gottesdienst die Mitte für alles ist, was wir im Gemeindeaufbau tun, muß uns das Verhältnis von Gottesdienst und Abendmahl vorweg beschäftigen. Der Vorrang des Wortes in der reformatorischen Kirche darf nicht länger das Sakrament in den Winkel stellen. Der Gemeindeaufbau geschieht von einem Gottesdienst her und zu einem Gottesdienst hin, der das Abendmahl als Sakrament der Gemeinde feiert (1.Kor. 10,17).
Es genügt nicht, zu empfehlen, daß das Abendmahl möglichst oft gefeiert werde. Es genügt nicht, wenn es »im Anschluß« an den Gottesdienst gefeiert wird. Das Abendmahl gehört in den Gottesdienst selbst. Können wir auch nicht einfach in der bisherigen Gewöhnung wechseln, so sollte doch mehr und mehr die neue Form eingeführt werden, z.B. am 1. Advent, zum Jahresschluß, in der Karwoche, an Pfingsten usw. In einigen Gemeinden wird ein solcher Abendmahlsgottesdienst schon einmal in jedem Monat so gefeiert. Dabei soll kein Zwang sein, daß jeder jedesmal zum Tisch des Herrn tritt; aber die nicht am Abendmahl teilnehmenden Gemeindeglieder begleiten den Abendmahlsgang durch Lobgesang und Fürbitte. Damit auf solche Weise die Feier des heiligen Abendmahls aus einer Winkelsache wieder zur Mitte des gottesdienstlichen Lebens der Gemeinde werde, soll des öfteren über das Sakrament gepredigt werden, nicht nur über das Abendmahl, sondern auch über die Taufe, sodann auch über die Beichte.
Zur Ausführung dieser Synodalbeschlüsse wurden die Bruderräte der rheinischen und westfälischen Bekenntnissynoden beauftragt, eine Gottesdienstordnung auszuarbeiten, in der Predigtgottesdienst und Abendmahlsfeier in rechter Weise einander zugeordnet seien. Dieser Auftrag wurde der Ausgangspunkt für eine sehr gründliche und umfassende liturgische Erneuerungsarbeit, die zuerst von den beiden Liturgischen Ausschüssen der rheinischen und westfälischen Bekennenden Kirche begonnen, dann aber über diesen Kreis hinaus in Verbindung mit der Niedersächsischen Liturgischen Konferenz und anderen liturgischen Arbeitskreisen weitergeführt wurde. In der Liturgischen Konferenz Niedersachsens waren mittlerweile zu den an der Arbeit Interessierten aus dem norddeutschen Bereich die Vertreter der Kirchenleitungen beziehungsweise Bruderräte aus Hannover, Braunschweig, Oldenburg, Hamburg, Schleswig-Holstein und Mecklenburg hinzugetreten, um aus ähnlichen Gründen wie in der altpreußischen Union zu gemeinsamen gottesdienstlichen Ordnungen zu kommen. In diesem Rahmen arbeiteten auch Männer aus Bayern und Württemberg mit. Der Schritt der Liturgischen Konferenz von Rheinland und Westfalen zur Zusammenarbeit mit der Niedersächsischen Konferenz war von großer Bedeutung. Im Oktober 1941 wurde eine »Arbeitsgemeinschaft der Liturgischen Konferenzen Niedersachsens, Westfalens und Rheinlands« begründet, in deren Satzungen über den Zweck folgendes zu lesen ist:
»§ 2 Zweck dieser Arbeitsgemeinschaft ist der Austausch wissenschaftlicher Vorarbeiten und praktischer Anregungen mit dem Ziel einer Anbahnung einheitlicher liturgischer Verhältnisse innerhalb der lutherischen Kirchen der DEK.«
Die erste Tagung dieser liturgischen Arbeitsgemeinschaft fand am 3. Dezember 1941 im Landeskirchenamt in Hannover statt. Sie diente, wie das noch vorliegende Protokoll zeigt, zuerst der gegenseitigen Information über den Stand der liturgischen Arbeit in den verschiedenen Kirchen. Dann aber wurde der Entwurf des rheinisch-westfälischen Ausschusses unterbreitet. Er blieb das wesentliche Stück der gemeinsamen Arbeit bis 1944, die trotz des Krieges in zahlreichen Tagungen in Hannover, Isenhagen, Fulda und Göttingen fortgesetzt werden konnte. Zu den wichtigsten Mitarbeitern jener Jahre gehörten: Von der Niedersächsischen Konferenz: Mahrenholz, Knolle, Hoyer, Graff, Quantz. Von Westfalen: Kulp, Freytag, Honemeyer. Aus dem Rheinland: Beckmann, Brunner, Reindell, Graeber. Ferner:

Wilkens, Wilhelmshaven, Dietz, Nürnberg, Thomas, Hannover.
Von Anfang an wurde darauf hingearbeitet, zu Übereinstimmungen in allen wesentlichen Punkten zu kommen, in erster Linie über die Gottesdienstordnung, sodann auch über die Introiten, die Kollektengebete, die Lesungen, die Graduallieder, die Hallelujaverse, das heißt die Stücke des Propriums. Im Jahre 1944 mußte mit der Sitzung vom 10. Mai in Göttingen die Arbeit vorerst abgebrochen werden. Ein kleiner Kreis aus den rheinischen und westfälischen liturgischen Ausschüssen arbeitete auch in den Jahren 1944 bis 1946 weiter. Ihre Ergebnisse wurden auf Wunsch des damaligen Leiters der Kanzlei der Evangelischen Kirche in Deutschland, Hans Asmussen, auch mit den Vertretern der Evangelischen Michaelsbruderschaft abgestimmt und eine erste gemeinsame »Ordnung des Gottesdienstes« (mit Predigt und Abendmahl) im Verordnungs- und Nachrichtenblatt der EKD am 4. Juli 1946 unter der Überschrift »Liturgische Hilfe« veröffentlicht.
Dieser »Hauptgottesdienst« verläuft folgendermaßen:
Orgelspiel – Lied zum Eingang – Bereitung – Confiteor – Introitus – Kyrie – Gloria.
Salutatio – Kollekte – Epistel – Graduale – Halleluja – Graduallied – Evangelium – Credo.
Lied vor der Predigt – Kanzelgruß – Predigt – Gebet nach der Predigt – Abkündigungen – Kanzelsegen – Lied nach der Predigt.
Fürbittengebet – Dankopfer – (Credo) – Praefation – Sanctus – Verba Testamenti – Vaterunser – Pax – Agnus – Communio – Danklied – Postcommunio – Entlassung – Segen – Orgelnachspiel.
Diese Ordnung wurde 1948 als das Ordinarium der »Kirchenagende«[5] zugrunde gelegt. Die 1940 begonnene Aufgabe war in diesem Werk zu ihrem vorläufigen Abschluß gekommen. Damit war gewissermaßen ein »Vorbild« geschaffen, das aus einer langjährigen liturgiewissenschaftlichen Forschung[6] und Erprobung, aber auch aus einer vorbildlichen Zusammenarbeit in der Gemeinschaft der Liturgischen Konferenzen erwachsen war.
Dasselbe Ordinarium legte Karl Bernhard Ritter seiner Neuausgabe der »Berneuchener Messe« zugrunde, die unter dem Titel »Gebete für das Jahr der Kirche«, Agende für alle Sonntage und Feiertage, 1948 erschien, 1950 gefolgt von der »Ordnung der Messe«, der zweiten Auflage der 1935 erstmals erschienenen Deutschen Messe des Berneuchener Kreises. Auf der anderen Seite wurde das ganze Proprium missae der Kirchenagende in die gleichfalls 1948 erscheinende »Agende für die Evangelische Kirche von Westfalen«[7] hineingenommen, da diese halbamtliche Agende beim Ordinarium der preußischen Agende von 1895 bleiben wollte. Erwähnt sei an dieser Stelle, daß auch die Liturgischen Blätter der altpreußischen Bekennenden Kirche nach dem Kriege als Buch erschienen.[8]
Es gab also heute vor zehn Jahren eine ganze Reihe von neuen Agenden, aber eigentlich waren es alles Privatarbeiten, keine einzige war von einer Landeskirche herausgegeben oder autorisiert. Die entscheidende Wende trat dadurch ein, daß die Leitung der 1948 begründeten Vereinigten Evangelisch-Lutherischen Kirche Deutschlands von Anfang an daran ging, die Aufgabe einer gemeinsamen lutherischen Agende zu lösen, die nach und nach an die Stelle der bisherigen sehr verschiedenen landeskirchlichen Agenden der Gliedkirchen treten sollte.

---

5   Herausgegeben im Auftrage der Liturgischen Ausschüsse von Rheinland und Westfalen von Joachim Beckmann, Peter Brunner, Hans Ludwig Kulp und Walter Reindell.
6   Vgl. die Denkschrift der Herausgeber: Der Gottesdienst an Sonn- und Festtagen – Unterweisungen zur Kirchenagende, 1949.
7   Herausgegeben von Präses D. Karl Koch.
8   Herausgegeben von Otto Dibelius, 1948; in 2. Auflage 1955 unter dem Titel »Buch der Gottesdienste«.

Inzwischen war auch die alte liturgische Arbeitsgemeinschaft von 1941 wieder aufgelebt. Sie gab sich den Namen »Lutherische Liturgische Konferenz« unter der Leitung von Christhard Mahrenholz (Stellvertretende Vorsitzende Knolle und Beckmann) und hielt ihre erste Tagung nach dem Kriegsende im Februar 1948 in Hannover. Die Konferenz war also bisher ohne größere Unterbrechungen länger als ein Jahrzehnt am Werk. Der Kreis der Mitarbeiter wurde stark erweitert. Einerseits gehörten ihr die Vertreter aller Gliedkirchen der Vereinigten Evangelisch-Lutherischen Kirche an, andererseits Vertreter der anderen lutherischen Kirchen sowie der unierten Kirchen mit lutherischen Gemeinden und Gottesdienstordnungen; auch Vertreter der Michaelsbruderschaft traten hinzu. Dieser Konferenz wurde von der Leitung der Vereinigten Evangelisch-Lutherischen Kirche die Vorarbeit für ihre liturgische Aufgabe überlassen, die dann über den Liturgischen Ausschuß der Vereinigten Evangelisch-Lutherischen Kirche den Weg zur beschlußfassenden Synode dieser Kirche nahm. So begab sich das Merkwürdige, daß die Vereinigte Evangelisch-Lutherische Kirche einen Arbeitsausschuß für ihre eigenen Agendenaufgaben wirken ließ, dessen Mitglieder ihr zum großen Teil nicht angehörten. Und diese Arbeitsgemeinschaft arbeitete in einer schönen sachlichen Verbundenheit mit einer Gründlichkeit und einer Weite, die der großen Sache einer gemeinsamen Gottesdienstordnung wahrhaft angemessen war. Die Vorarbeit dieser Konferenz fand im wesentlichen die Zustimmung der Generalsynode der Vereinigten Evangelisch-Lutherischen Kirche, so daß sich ein erfreuliches Verhältnis des Vertrauens aller an dieser Arbeit Beteiligten ergab.

Im Laufe der Jahre 1948 bis 1958 entstanden so nacheinander: zuerst der Band IV der Agende (die kirchenregimentlichen Handlungen) 1950, sodann das Lektionar der Lutherischen Kirche (1953), dem später auch noch die »Ordnung der Predigttexte« (1958) folgte, vom Rat der Evangelischen Kirche in Deutschland angenommen und den Kirchen zum Gebrauch empfohlen. Außerdem wurden Teile aus den Bänden II und III verabschiedet: Die Ordnung der Taufe, der Konfirmation, der Trauung, der Bestattung, die Ordnung der Gebetsgottesdienste (Mette, Vesper, Komplet), außerdem eine »Handreichung für den seelsorgerlichen Dienst« (Einzelbeichte und Dienst an Kranken und Sterbenden) und eine Kanzelagende (1958). Das Wichtigste aber sei zuletzt genannt: Der erste Band der Lutherischen Agende: Der Hauptgottesdienst mit Predigt und Abendmahl, nach dem Beschluß der Generalsynode (1954), herausgegeben 1955.

Inzwischen war die durch den Ausgang des Zweiten Weltkrieges schwer betroffene Evangelische Kirche der altpreußischen Union wieder zu neuer Gemeinsamkeit des Lebens der ihr verbliebenen Provinzialkirchen erwacht. Sie hatte sich 1951 eine neue Ordnung gegeben, in welcher aus der früheren altpreußischen Union ein neuartiger Kirchenbund von relativ selbständigen Gliedkirchen geworden war. Diese neue Evangelische Kirche der altpreußischen Union, bald Evangelische Kirche der Union genannt, hielt in ihrer Grundordnung (Art. 6) an einer einheitlichen Agende fest. Ihre neugebildete Synode beschloß auf ihrer ersten Tagung am 15. Mai 1952:

»1. An einer einheitlichen Agende der Evangelischen Kirche der altpreußischen Union soll festgehalten werden (Art. 6 der Grundordnung).

2. Die geltende ›Agende für die Evangelische Landeskirche‹ von 1895 ist zu überarbeiten.

3. Hierbei sind die altpreußischen Formen des Gottesdienstes der Agende von 1895 zugrunde zu legen unter Berücksichtigung der wesentlichen Erkenntnisse der liturgischen Erneuerungsarbeit sowie der Anregungen und Vorschläge des Agendenentwurfs von 1930.

4. Entsprechend der altpreußischen Agende von 1895 sind die beiden Grundformen des sonntäglichen Hauptgottesdienstes beizubehalten.

5. Die liturgischen Melodien des 19. Jahrhunderts könnten durch alte Weisen reformatorischer Liturgien ersetzt werden.
6. Neben den Ordnungen für den Hauptgottesdienst ist eine Ordnung für besondere Predigt- und Gebetsgottedienste an Sonn- und Werktagen zu schaffen.«

Der Agendenausschuß legte der Synode bereits 1953 den Entwurf eines ersten Teils der Agende (Gottesdienst an Sonn- und Festtagen) vor, was nur möglich war, weil die eigentlichen Vorarbeiten schon seit 1940 im Gange waren. Die Synode beschloß 1953 nur über die Gottesdienstordnungen. Die wichtigste Entscheidung war diese: Anstelle der bisherigen »Ersten Form« des Hauptgottesdienstes sollte nunmehr eine Form A und B treten, wobei die Form A die Tradition der Agende von 1895 festhielt, die Form B dagegen die Grundform der »Kirchenagende« von 1948 übernahm. Von den außerdem beschlossenen Formen des Predigtgottesdienstes sowie der Ordnung des Predigt- und Abendmahlsgottesdienstes nach der reformierten Tradition braucht in unserem Zusammenhang nicht weiter die Rede zu sein.

Mit der Genehmigung der Form B war eine wesentliche Übereinstimmung mit dem Ordinarium des Hauptgottesdienstes der lutherischen Agende gewonnen. Was die Stücke des Propriums betraf, so verließ sich die Synode im wesentlichen auf die Vorlage des Agendenausschusses. Mit der Verabschiedung der Agende 1953 war die Überweisung an die Gliedkirchen zur Stellungnahme verbunden. Die Durcharbeitung und Stellungnahme der Gliedkirchen brauchte eine ziemlich lange Zeit, zumal auch noch der zweite Teil der Agende (Die Handlungen) 1955 in erster Lesung verabschiedet und gleichfalls den Gliedkirchen vorgelegt wurde. Auch die Beratungen dieses Teils der Agende gingen in ständiger Fühlungnahme mit der Lutherischen Liturgischen Konferenz vor sich. Allerdings ist bis heute noch keine endgültige Verabschiedung möglich gewesen. Auch in der Vereinigten Evangelisch-Lutherischen Kirche bedürfen diese »Handlungen« noch einer späteren abschließenden Verhandlung.

Nun hat aber die Synode der Evangelischen Kirche der Union am 12. Februar 1959 den ersten Band der Agende, die Gottesdienste an Sonn- und Festtagen, endgültig verabschiedet. Damit ist in dieser Kirche an die Stelle der Agende von 1895 endlich wieder eine Agende – und nicht bloß ein Entwurf – getreten. Ein Vergleich dieser Agende mit der Agende der Vereinigten Evangelisch-Lutherischen Kirche zeigt weitgehende Übereinstimmung sowohl in den Gottesdienstordnungen wie auch in den Stücken des Propriums (Introiten, Kollektengebete, Lesungen, Hallelujaverse, Graduallieder, Kirchengebete). In Form B der »Ersten Form« des Gottesdienstes ist die gemeinsame Grundstruktur der Gottesdienstordnung beider Agenden klar erkennbar. Nur in der Form A ist die »altpreußische« Verschränkung von Sündenbekenntnis, Kyrie, Gnadenspruch und Gloria geblieben. Aber in beiden Formen A und B wurde darauf Bedacht genommen, in den liturgischen Melodien mit den Kirchen der Vereinigten Evangelisch-Lutherischen Kirche übereinzukommen, um damit möglichst alle unnötigen Differenzen zwischen den liturgischen Gesängen der Kirchen in Deutschland, sofern sie überhaupt solche Gesänge für die Gemeinde haben, zu beseitigen. Es ist einleuchtend, welche Hilfe es für die Gemeindeglieder bedeutet, wenn sie – die so oft ihren Wohnsitz wechseln müssen – überall dieselben liturgischen Melodien im evangelischen Gottesdienst vorfinden. Die Liebe gebietet uns heute eine größere Übereinstimmung auch in den »Zeremonien« als früher, wenn wir auch wissen, daß darin die Einheit der Kirche nicht liegt, und wenn wir auch gelernt haben, daß keine dogmatische Nötigung zu solcher Einheitlichkeit vorliegt.

Mit der Herstellung und Inkraftsetzung dieser beiden Agenden, der Agende der Vereinigten Evangelisch-Lutherischen Kirche Deutschlands und der Agende der

Evangelischen Kirche der Union, deren Geltungsbereich zusammen den größten Teil der Evangelischen Kirche in Deutschland umfaßt, ist der Weg zu einer wachsenden Gemeinsamkeit des evangelischen Gottesdienstes beschritten, ein Zeichen für die Vertiefung der Gemeinschaft der evangelischen Christenheit Deutschlands. Die 1941 begonnene liturgische Arbeitsgemeinschaft hat sich bewährt. Sie hat in den hinter uns liegenden Jahren Wesentliches für eine gemeinsame Neuordnung des Gottesdienstes beizutragen vermocht. Aber sie ist natürlich noch nicht am Ziel ihrer Arbeit, weder im Blick auf die umfangreiche Materie noch auf die Breite ihrer Wirksamkeit in den evangelischen Kirchen. Allein ihrer Aufgabe hingegeben, hat sie der Einheit der evangelischen Kirche in Deutschland einen rechten Dienst erwiesen. Die Entstehungsgeschichte der beiden Agenden ist ein Beispiel dafür, welche Frucht aus gemeinsamer sachlicher Arbeit am Gottesdienst für die Evangelische Kirche in Deutschland erwachsen kann.

Während es gelungen ist, in der ganzen Evangelischen Kirche der Union die gemeinsame Agende (der zweite Band, in ihm stehen die »Kirchlichen Handlungen«, wurde 1963 beschlossen) einzuführen, ist leider vieles auf dem Gebiet der Liturgik in der evangelischen Kirche noch nicht zustande gekommen. Mein Bemühen, in den Theologischen Fakultäten einen Lehrstuhl für Liturgik zu schaffen, ist leider bis heute gescheitert. Meine Überzeugung ist, daß wir auf dem Gebiet der Liturgik in der Unterrichtung der Studenten und Kandidaten der Theologie ein schweres Versäumnis begehen. Wir sollten als evangelische Theologen in dieser wichtigen Sache auch im ökumenischen Zeitalter viel mehr die gottesdienstlichen Ordnungen christlicher Kirchen in der Welt studieren, vielleicht aber auch die Geschichte des Gottesdienstes in annähernd 2000 Jahren kennenlernen, weil es sich für eine theologisch gebildete Kirche verstehen sollte, in ganz anderer Weise als bisher den Gottesdienst der Kirche zum Gegenstand der Erforschung und Lehre zu machen. Unsere römisch-katholischen Brüder sind uns hier weit voraus!

3. Ökumenische Bewegung

Seit den Tagen ihrer Entstehung (1920) hat die Ökumenische Bewegung meine theologische und kirchliche Arbeit immer mehr begleitet. Ich weiß nur von den Anfängen (Stockholm 1925), wie schrecklich es war, daß die deutschen Kirchen sich nicht dazu entschließen konnten, mit ihren »Feinden« des Ersten Weltkriegs zu einer gemeinsamen kirchlichen Konferenz zusammenzukommen. Schließlich hat man einen Ausweg gefunden, so daß eine Delegation in Stockholm erscheinen konnte. Aber in der ganzen Anfangszeit – bis zu den Tagen, als es der Bekennenden Kirche vom NS-Staat nicht erlaubt wurde, an den ökumenischen Konferenzen (z.B. Oxford/Edinburgh 1937) teilzunehmen – war von einem echten Verständnis für die Bedeutung der Ökumene bei uns keine Rede, abgesehen von der Bekennenden Kirche. Und dazu schrieb Rosenberg seine Schmähschrift (gegen die Teilnahme »deutscher« Christen) unter dem Thema »Protestantische Rompilger?«

Erst nach dem Ausgang des Zweiten Weltkriegs beginnt eine neue Epoche. Im Oktober 1945 fand die wichtige ökumenische Zusammenkunft in Stuttgart statt, wo Buße, Schuldbekenntnis und Vergebung zwischen den Vertretern der Evangelischen Kirche in Deutschland und der (westlichen) Ökumene dazu führten, daß die »Evangelische Kirche in Deutschland« 1948 in Amsterdam eine von den »Gründerkirchen« des »Ökumenischen Rates der Kirchen« wurde. Meine lange Jahre zurückliegende Verbundenheit mit der Ökumene wurde erstmalig realisiert auf der Tagung von »Faith and Order« (Glaube und Kirchenordnung) in Lund 1947, bei der es eine wichtige Verhandlung über die verschiedene »Abendmahlsgemeinschaft« in der Ökumene gab. Danach wurde ich als offizieller Mitarbeiter entsandt, als die erste »Assembly« des Ökumenischen Rates in Evanston (bei Chicago) stattfand. Es war für mich eine große Stunde, die Vertreter christlicher Kirchen aus der ganzen Welt mit all ihren Verschiedenheiten beieinander zu sehen, und ich dachte daran, was eine derartige Zusammenkunft bedeutet, wo doch die meisten Kirchen viele andere Kirchen in der einen oder anderen Weise als »häretisch« oder abtrünnig verurteilten. Nun also sollte eine neue Gemeinschaft wachsen. Und das geschah auch. Ich bekam den Auftrag, einen Ausschuß unter dem Thema »Rassenfragen« zu leiten. Was ich damals erlebte, hat mich bis zum heutigen Tag begleitet: das »Antirassismusprogramm« des Ökumenischen Rates – eine wirklich wichtige Angelegenheit in der durch Rassenprobleme oft mehr als durch dogmatische Fragen gespaltenen Christenheit.
Bei der nächsten Weltkonferenz in Neudelhi 1961 war ich als Delegierter anwesend. Zum erstenmal war diese Konferenz im »Heidenland« Indien mit dem Thema »Christus, das Licht der Welt« zusammen. Hierüber habe ich einen Bericht gefunden, den ich der Landessynode 1962 erstattet habe und den ich an dieser Stelle einfügen möchte, zumal Neudelhi eine besonders bedeutende Konferenz war: 1. durch den Anfang der Integration der Weltmission in die Ökumene, 2. durch den Eintritt der großen Kirchen der Orthodoxie in die Zahl der Mitglieder.

Die Kirchenleitung, der ich nach meiner Rückkehr aus Neudelhi bereits einen Bericht gegeben hatte, war der Meinung, es solle doch auch bei einer abendlichen Zusammenkunft etwas von mir zu Neudelhi gesagt werden.
Ich glaube, daß wegen der bisherigen Berichterstattung, die hin und her meist nur in Bruchstücken an Ihr Ohr gekommen ist, es gut ist, wenn wir an dieser Stelle auch einiges zu hören bekommen von dem, was wirklich in Neudelhi geschah.
Es ist klar, die Perspektiven, unter denen eine solche Konferenz gesehen wird, sind sehr verschieden, und es ist natürlich begreiflich, daß die politische Presse von den eigentlichen Dingen dieser Weltkonferenz nur sehr am Rande oder gar nicht Kenntnis nimmt, weil das für sie mehr oder weniger uninteressant ist. Dasjenige, was die Menschen unserer Zeit ja überall in der Welt, in Indien nicht anders als in Europa oder Nordamerika, beschäftigt, sind die politischen Fragen. Man könnte fast sagen, daß das Politische in der großen Welt umspannender Ersatz für die Religion überhaupt geworden ist. Mir ist sogar der Eindruck in Indien gekommen, daß – jedenfalls für einen großen Kreis von Menschen dort – der Hinduismus nichts anderes ist als Nationalreligion und als solche das Widerspiel des nationalen Selbstbewußtseins Indiens von heute.
Wer mehrere von den Weltkirchen-Konferenzen bereits mitgemacht hat seit 1948, der wird die Größe des Schrittes ermessen von Evanston nach Neudelhi. Der Schritt von Amsterdam nach Evanston war nicht so groß, immerhin war er schon ein weiter Schritt; aber dieses Mal war es noch ganz anders. Machen wir es uns

einmal klar, was es bedeutet, daß in einer so kurzen Zeitspanne nun schon drei Weltkonferenzen des Ökumenischen Rates haben stattfinden können. Das ist im Rahmen der Kirchengeschichte etwas ganz Besonderes. In den langen Jahrhunderten, auf die wir zurückschauen können, hat es nur selten Zeiten gegeben, wie etwa in bestimmten Abschnitten der alten Kirchengeschichte, bei denen das Bedürfnis nach einem solchen Konzil, nach einer Konferenz der Kirchen so groß gewesen ist, wie es jetzt geworden ist. Natürlich kann es heute im steigenden Maße in leichterer Weise zustande kommen. Wir können fast von allen Teilen der Welt aus nach Indien oder nach Nordamerika über Nacht fliegen, und der größte Teil der Beteiligten ist wohl von den verschiedensten Gebieten der Welt innerhalb einer Nacht dagewesen, wenn er nicht an der einen oder anderen Stelle unterwegs die Reise unterbrochen hat.
Die Größe des Schrittes nach Neudelhi zeigt sich erstens darin, daß hier ein Schritt auf den Boden Asiens unternommen wurde in ein ausgesprochen nichtchristliches Land, in eine Welt hinein, in der das Christentum wirklich eine ganz bescheidene Minderheit darstellt. Von den weit über 400 Millionen Indern sind ja keine 10% – alle zusammengerechnet – Glieder der christlichen Kirchen, die katholische Kirche eingeschlossen. Man sieht dort in einer Stadt wie Neudelhi, wie ein städtisches Leben aussieht, in dem die Kirche wirklich am Rande existiert, ganz am Rande. Und man entdeckt auch dort, was der Hinduismus bedeutet als eine nationale Gesellschaftsordnung, eine nationale Ordnung des Lebens, bei der der Inhalt des Glaubens als eine religiöse Vorstellung nur relativ wenig bedeutet, wohl aber die Zusammengehörigkeit und das gesellschaftliche Empfinden, miteinander eine Nationalreligion – Hinduismus genannt – zu besitzen. Man sieht es auch daran, daß das Christentum in diese Nationalreligion fast keinen Einbruch bisher hat vollziehen können. Denn die Festgefügtheit der indischen Gesellschaftsordnung hat dies ja fast unmöglich gemacht. Um so erstaunlicher ist auf der anderen Seite, daß es in Indien nun doch christliche Kirchen gibt, alte und junge, ältere und ganz neue, die doch schon etwas darstellen. Wenn sie auch, an der Größe anderer Kirchen gemessen, bescheiden sind, so haben sie doch auch einiges an Kraft und Fähigkeiten zu bieten und können schon mitsprechen.
Das ist nun in der Tat das Zweite in der Bedeutung dieses neuen Schrittes nach Neudelhi, daß hier die nichtweißen Kirchen in viel stärkerem Maße als je zuvor mitgesprochen haben. Sie werden das noch später bei dem Bericht sehen, in welch starkem Maße hier ein Mitsprechen der nichtweißen Christen erfolgt ist. Das Dritte bei diesem Schritt, was bemerkenswert ist, war ein großer Zustrom von Kirchen zum Ökumenischen Rat, worunter eine sehr große und überaus bedeutsame Kirche, die russisch-orthodoxe Kirche, zu nennen ist.
Die Aufnahme, die wir in Indien gefunden haben, macht ganz deutlich, daß wir als Fremde, als Weiße, als Europäer angesehen wurden und darum auch von den Indern als Leute, die zweifellos reich sein müssen, die natürlich in europäischen Hotels wohnen und schon deswegen für reich gehalten werden, als Bestandteil eben jener Gruppe von Menschen, die für sie als die Träger der modernen Zivilisation und Technik dastehen. Sie selbst sind freilich dabei, sich diese Technik anzueignen, und man kann wohl sagen, es ist das Bestürzende für uns Christen, daß nun in Antwort auf die Ausbreitung des Europäismus – ich will es einmal so nennen – in der ganzen Welt nicht eine Nachfrage ist nach unserer geistigen Kultur, geschweige denn unserer Religion, nach dem Christentum, sondern eine Nachfrage nach unseren technischen Leistungen. Was wir technisch zu leisten vermögen, das bedeutet etwas für Indien. Im übrigen sind sie sowieso überzeugt, daß ihre geistige Kultur weitaus älter, größer und bedeutender ist, und daneben spielt das Christentum für sie nur eine sehr bescheidene Rolle. Sofern es gute Gedanken enthält, sind die meisten der führenden Hindus der Überzeugung, daß das in ihren väterli-

chen Religionsvorstellungen schon längst alles gesagt ist und daß man Christus schon deswegen nicht braucht, weil man, wenn man schon so einen Mann braucht, schon Krischna hat. Und dann ist ihnen natürlich das Christentum in Indien mehr in der Gestalt der europäischen Söldner begegnet, der europäischen Machthaber und derer, die in Indien die Schätze gesucht haben, nicht die Menschen. Dasselbe gilt für die übrigen Kontinente analog. Es ist auch dort ganz zweifellos nichts, was die Glaubwürdigkeit des Christentums mehr störte als diese Tatsache, daß im großen und ganzen die christlichen Missionare in Begleitung oder in Verfolg der Kolonisatoren gekommen sind, die keine christlichen, sondern sehr weltliche Absichten mit der Eroberung dieser Welt verbanden. Man kann deswegen auch in indischen Büchern, sofern sie ins Englische oder in eine andere Sprache übersetzt sind, einiges Bittere und Harte lesen über Europäer, über das Christentum, so etwa, daß ja der Asiate Jesus von Nazareth in Europa zwar zuerst eingedrungen ist mit seiner Lehre, aber dort auch einen schlechten Boden gefunden hat. Seine eigentlichen Lehren sind in Europa bis jetzt nicht zur Anerkennung gebracht worden. Kein Geringerer als Gandhi hat in einem seiner Bücher geschrieben: Zwischen dem Jesus der Evangelien und dem Christentum, das uns begegnet ist, klafft ein Abgrund. Kein Wunder für einen Mann, der 20 Jahre in Afrika gewesen ist, aber auch kein Wunder für einen Mann, der den Freiheitskampf Indiens durch Jahrzehnte hindurch geführt hat. Dabei sieht man in Indien deutlich, daß die Zivilisation der Engländer für das indische Reich, das wirklich ein Reich von großem Format, von grundlegender Bedeutung ist. Ohne die englische Zivilisation wäre die Verwaltung und Regierung dieses Landes nicht zu schaffen. Aber das ist es, was man mit Bestürzung sehen muß: Was sie von uns wollen, das sind technische Vervollkommnungen; denn das ist es, was Europa ihnen noch bieten kann. Religiös jedenfalls, meinen sie, können wir insgesamt ihnen nichts bieten. Das ist die Schwierigkeit einer christlichen Konferenz auf asiatischem, speziell auf indischem Boden. Da sind nicht jene »armen Heiden«, die mit Staunen vor der Lehre der weißen Missionare stehen, sondern da sind selbstbewußte, starke, kraftvolle Personen, mit denen man dort ins Gespräch kommen kann, die von ihrer Sache durchaus durchdrungen sind und die in dem, was sie an Kritik gegenüber Europäern und Amerikanern und den sogenannten Christen gegenüber haben, in vielen Dingen einfach recht haben. Die Asiaten, Afrikaner, die dort gesprochen haben, haben dies in nicht geringem Maße auf ihre Weise zum Ausdruck gebracht, aber auf der Konferenz und als Christen.

I.

Im Blick auf diese Konferenz ist an erster Stelle darauf aufmerksam zu machen, daß im steigenden Maße zwischen den dort zusammenkommenden Konfessionen eine geistliche Annäherung erfolgte, ich sage nicht »theologische«, sondern eine »geistliche« Annäherung. Diese geistliche Annäherung zeigt sich darin, daß die dort zusammenkommenden Menschen mehr und mehr den Mut gewinnen, zusammen zu beten. Sie wissen alle aus der Geschichte, daß die Kirchenspaltungen immer gerade Spaltungen im gottesdienstlichen Leben gewesen sind, Spaltungen von Menschen, die dann nicht mehr zusammen beten konnten, die sich gegenseitig verwarfen, den christlichen Glauben absprachen, wie es nun zwischen Häretikern, Schismatikern und Apostaten dann üblich ist. Hier treffen sich Konfessionen aller Art, von den Orthodoxen einerseits bis zur Heilsarmee, und sie halten zusammen Gebet. Das ist eine Überschreitung der ihnen durch ihre kirchlichen Vorschriften gesetzten Grenzen. Das ist ein entscheidender Schritt voran, wirklich zueinander, im geistlichen Verständnis füreinander, und zwar dadurch, daß in diesen Gebetsgottesdiensten die Gebete nicht für diesen Tag geschaffen wurden, indem man sich überlegt hätte: Was kann man sich da gegenseitig zumuten?, sondern es wurde gebetet nach liturgischen Traditionen der alten Marthoma-Kirche in Indien oder der orthodoxen Kirche oder der koptischen Kirche und natürlich auch der protestantischen oder anglikanischen Kirchen. Alle christlichen Gebetstraditionen, die es in der Welt gibt, kamen dort zur Sprache. Das ist wichtig, denn nur dadurch lernt man sich auch verstehen, indem man mit dem anderen sein Gebet mitbetet. Und es ist äußerst hoffnungsvoll zu sehen, daß wir zusammen beten können. Dies ist einer von den Punkten, wo die römisch-katholische Kirche prinzipiell bis heute »nein« gesagt hat. Zusammen mit Sektierern, Häretikern, mit Schismatikern, mit Leuten, die sich von Rom getrennt haben, kann man nicht beten. Auch hier gibt es heute schon einige Grenzüberschreitungen, aber im Grunde ist es ein Punkt, der die besonderen Schwierigkeiten des Verhältnisses zu dieser Kirche deutlich macht. Zum Gebet kommt das andere, daß wir zusammen auf das Wort Gottes hören konnten, wie es einer aus Asien oder Afrika, aus den anglikanischen oder orthodoxen oder anderen Kirchen uns auslegte, ganz anders, als wir es gewohnt sind, ganz neu, vielleicht seltsam überraschend, aber doch, daß wir aus dieser Stimme nun mit einem Male die Stimme desselben Herrn vernehmen konnten. Auch dies ist eine echte Grenzüberschreitung. Wie kann ein orthodoxer Bischof eine Predigt halten in einem Kreis von Protestanten, Anglikanern und allen anderen Konfessionen, von denen er theologisch nicht einmal genau sagen kann, in welchem Sinne sie Kirche sind. Darum meine ich, das gottesdienstliche Leben dieser Konferenz hatte besonders darin sein außerordentliches Gewicht, daß hier Dinge geschahen, die dem tatsächlichen Vorhandensein der Kirche in der Welt voranschreiten. Und schließlich, was das Abendmahl angeht: Auch dies war ein Phänomen, daß alle sich vereinigten in einem Vorbereitungsgottesdienst und daß dann die großen Kirchengruppen, die Anglikaner, aber auch die Lutheraner und ebenfalls die Kirche von Südindien, bedingungslos alle zur Teilnahme einluden, die zur Konferenz gehörten, und daß an diesen Abendmahlsfeiern dann sogar die orthodoxen Bischöfe teilnahmen als mitbetende Gäste. Sie setzten sich dazu, um damit zum Ausdruck zu bringen: Sie können dabei sein. Sie können mit uns beten. Sie können das Evangelium mit uns hören, aber weder bei uns zum Abendmahl gehen noch alle Christen zu ihrer Abendmahlsfeier einladen. Denn wer am orthodoxen Abendmahl teilnimmt, ist orthodox und kann nicht mehr bei seiner bisherigen Kirche bleiben. Aus diesem Grunde können sie niemand in einer solchen Konferenz einladen, weil sie den Begriff der offenen Kommunion nicht kennen. Kommunion ist eben volle Kirchengemeinschaft. Immerhin ist es für uns alle ein Zeichen der Hoffnung, daß sowohl die Anglikaner, die eigentlich eine geschlossene Kommunion haben, wie die Lutheraner, bei denen diese Frage so oder so beantwortet wird, wie wir wissen, alle zum Abendmahl einluden, so daß dort eine große Schar aus fast allen Konfessionen an mehreren Abendmahlsfeiern, manche an allen, die dort gehalten wurden, teilgenommen hat. Auch das ist ein Zeichen der geistlichen Annäherung der Kirchen, eines wachsenden geistlichen Verständnisses, eines Verlangens nacheinander, soweit wir nur irgendwie denkbar, einander entgegenzukommen. Das ist schrittweise von Amsterdam über Evanston bis Neudelhi langsam, behutsam weitergegangen. Wir können nur hoffen, daß auf diesem Wege auch noch in ferneren Jahrzehnten weitere Schritte getan werden. Denn daß diese Schritte schnell getan werden können, das glaube ich nicht, und es wäre verfehlt, sozusagen sich in einer Aufwallung von Enthusiasmus dahin bringen zu lassen, Dinge zu tun, die man nachher bereut oder bedauert.

II.

Das Zweite, worüber ich sprechen möchte, ist das Wort, das diese Konferenz an die Welt richtete. Dieses Wort geschieht im Zeugnis. Dieses Zeugnis wollte zum Ausdruck bringen, was das heißt: Christus, das Licht der Welt. Um dieses zu sagen,

muß auch von dem allem gesprochen werden, was das ist: *Ihr* seid das Licht der Welt, wie wir es heute in der Predigt gehört haben. So wurde in den verschiedenartigen Zeugnissen der Konferenz von Christus, dem Licht der Welt, gesprochen. Bischof Noth legte es aus mit deutscher theologischer Gründlichkeit, und dann kamen die kühneren Worte aus Asien, Afrika und aus Amerika. Auch hier konnte man sagen: Ihr habt es gut, ihr habt keine alten Schlösser. Kühne Schritte nach vorn tat in seinem Referat über das Thema »Zum Zeugnis gerufen« der Inder Devanandan, eine interessante Erscheinung auf dem indischen Boden, ein Mann, der zeigt, wie tief der christliche Glaube hier schon eingewurzelt ist. Er ist durchaus zu selbständigen, zeugniskräftigen Äußerungen durchgedrungen, und man hat nicht mehr das Empfinden, das man noch vor einigen Jahren bei einigen Referaten aus Asien haben konnte, daß hier gutgelernte College-Aufsätze vorgetragen wurden, die sie von ihren Lehrern angenommen hatten. Hier war mehr als Annahme, hier zeigte sich eigene Verarbeitung. Zum Zweiten redete ein japanischer Professor, Takenaka, auch ein Asiat. Thema: »Zum Dienst berufen«. Übrigens, dieses Reden der Asiaten hat wohl auch Nehru ermutigt, zu uns zu kommen und uns anzusprechen. Denn erst wollte er nicht, weil er wohl dachte, es sei eine europäische Angelegenheit, die ihn nicht interessiere. Aber indem ihm deutlich wurde, dort reden Inder, dort reden Asiaten, dort reden die Leute, für die er sich verantwortlich weiß, schien es ihm doch wichtig zu sein, selbst zu erscheinen und zu sprechen.
Das dritte Thema: »Zur Einheit berufen«, wurde von einem amerikanischen Professor namens Sittler behandelt. Ebenfalls ein erregendes, ein erstaunliches Wort mit ganz neuen theologischen Gesichtspunkten, die von den weisen Köpfen der Professoren aus Kontinentaleuropa mit sehr bedächtigem Kopfschütteln angehört wurden und in der späteren Diskussion auch wieder zu kräftigen Aussprachen führten. Denn hier war zu sehen, wie in anderen Bereichen der Welt die Sorge um natürliche Theologie überhaupt nicht vorhanden ist, die wir durch Karl Barth so stark bekommen haben. Hier wurden ganz kühne Dinge gesagt über das Walten des ewigen Gottes in den Religionen der Welt und die Begegnung des Evangeliums mit den religiösen Menschen; denn man glaubt, daß die Frage beantwortet werden muß: Hat denn nicht jede Religion einen relativen Sinn im Plan Gottes, eine relative Bedeutung, eine Christus vorausgehende Bedeutung? Eine Sache, die durchaus begreiflich ist, verständlich gerade in den Bereichen, in denen der große Kampf zwischen der kleinen, so bescheidenen christlichen Kirche und ihren Pastoren, Bischöfen und Missionaren und dem gewaltigen, mächtigen und so hochentwickelten Heidentum ist.
Weltfragen der Kirche wurden im Zusammenhang mit diesem öffentlichen Zeugnis von allen Seiten heraus gesagt, von sehr verschiedenen Männern aus Asien, aus Afrika und aus Europa, von Leuten, die zum Teil uns gut bekannt sind wie Baëta aus Ghana oder D. T. Niles oder Nissiotis der Grieche, ferner Potter, einer von den seit langem ökumenisch arbeitenden Männern, früher im Studentenweltbund, jetzt in dem Zentrum des Internationalen Missionsrates in London, dann Ibiam, der Gouverneur von Ost-Nigeria, ein sehr interessanter Afrikaner, der mit seiner Frau da war, der sein Referat vorlas, ein in vieler Hinsicht originelles und witziges Referat, aber mit sehr ernsten und kräftigen Worten, die sich vor allen Dingen natürlich an die kolonialen Mächte von einst richteten. Es kam dort alles vor, was die Afrikaner von heute beschäftigt, um deutlich zu machen, wie es mit den alten Europäern und ihrer Mission vom afrikanischen Standpunkt her aussieht. Das war ganz deutlich: in dem ganzen lebte eine ungeheuer lebendige, explosive Wucht: Befreiung vom Joch der Weißen, und zwar so: Einerseits zwar Dank für das, was sie gebracht haben, nämlich die Taufe, das Evangelium, die Bibel, andererseits aber: Freiheit von Vorherrschaft, von Bevormundung, und vor allen Dingen Freiheit von Rassendiskriminierung. Wenige Worte sind so oft in die-

ser Konferenz gefallen wir das Wort »Rassendiskriminierung«. Man muß eben hören, daß der große Raum der sogenannten farbigen Völker viele Dinge als Rassendiskriminierung ansieht, die wir in der Ahnungslosigkeit unseres überlieferten europäischen weißen Herrenmenschentums sagen oder tun. Wir müssen, wie man ganz deutlich sieht, damit rechnen, daß hier eine neue Epoche der Geschichte aufbricht, durch den Aufstand dieser großen Kontinente zur Gleichberechtigung und zur Freiheit von der traditionellen, durch die Jahrhunderte gehenden europäischen Vorherrschaft. Dabei ist eben nun gerade das Christentum mitten drin eingeklemmt, weil es von Europa und Amerika in die Welt gekommen ist und dadurch die Glaubwürdigkeit des Evangeliums geschädigt hat.
In dieser Vortragsreihe kam dann auch noch die Frage nach dem Laien zur Sprache mit dem Thema: »Der Laie – die Kirche in der Welt«, von einem Inder vorgetragen, ein glänzendes Referat eines Juristen, der, obwohl er kein Lutheraner war, in einer für mich erstaunlichen Weise eine genaue Theorie der lutherischen Zwei-Reiche-Lehre gab in der Unterscheidung zwischen weltlichem Recht und dem Glauben an Christus. Mit den Problemen der Ethik des Kompromisses im politischen und auch im Rahmen des Rechtslebens zeigte sich dieser indische Rechtsanwalt so vertraut wie ein europäischer Theologe. Des weiteren hörten wir hier aus Asien und Afrika leidenschaftliche Rufe zur Einheit der Kirche. Das Licht der Welt, das eine Licht der Welt, durch so viele Konfessionen und Kirchen gebrochen, wie soll es als das eine Licht der Welt erscheinen können, wenn die Christenheit gespalten ist? An keiner Stelle in der Ökumene ist der leidenschaftliche Ruf und der Vormarsch zur Einheit so deutlich wie in den sogenannten jungen Kirchen, in den farbigen Kirchen. Man sieht hier ganz deutlich die Notwendigkeit, daß wir europäischen Christen diesen neuen jungen Kirchen nicht die Geschichte unserer eigenen Kirche zur verpflichtenden Bekenntnisforderung erheben dürfen, sondern es Gott überlassen müssen, was das Evangelium, das wir ihnen haben bringen dürfen, mit Hilfe der Heiligen Schrift, die wir ihnen verbindlich und verpflichtend übergeben haben, bei ihnen machen wird. Nicht aus der Angst heraus: Werden sie gute Lutheraner bleiben, werden sie gute Reformierte sein, werden sie gute Anglikaner werden?, dürfen wir denken und handeln, sondern nur mit der Frage: Werden sie an Christus glauben, werden sie eine christliche Kirche sein? Das fällt uns europäischen und amerikanischen Gouvernanten sehr schwer, weil wir so große wunderbare Dinge anzubieten haben wie die lutherischen Bekenntnisschriften, die reformierten Bekenntnisse, das anglikanische Common Prayer Book und was es sonst alles gibt, wir haben ja so große Reichtümer! Und wir meinen, das müßten sie nun alles erben von uns. Sie aber sagen: Was ist für uns Augsburg 1530? Eine rätselvolle Geschichte in Europa, die wir nicht leicht verstehen. Wie ist für uns der Inhalt der Westminster Confession von 1647 eine Bekenntnisfrage? Dies zeigt mit Deutlichkeit, wie man dort darum ringen muß, neue christliche Gemeinden, eine christliche Kirche zu bilden, die jenseits unserer konfessionellen Gegensätze steht. Denn es zeigt sich eben doch, daß unsere Konfessionsgegensätze so zueinander gehören, daß sie durch einander bestimmt sind, und daß es von da aus gesehen auf die Dauer keine missionarische Aussicht hat, diese auf einem ganz anderen Boden einzupflanzen, um sie in diesen neuen Kirchen zu verewigen oder zu verewigen zu trachten.
Ein letzter Punkt in diesen Weltfragen der Kirche war eine Veranstaltung, von der man sich wenig versprach, die aber doch instruktiv und bestürzend für uns war, nämlich über die Bibelverbreitung in der heutigen Welt, unter der Leitung des Erzbischofs von York. Es wurde uns mit interessanten Bildern vor Augen geführt, wie im letzten Jahrhundert bei aller wachsenden Bibelverbreitung die Zahl derer, die eine Bibel haben, in der Welt immer kleiner wird, weil die Zahl derer, die in den heidnischen Bereichen nachwachsen, inzwischen in das schulpflichtige Alter

gekommen sind und jetzt in dem Religionsunterricht eine Bibel haben müßten, immer größer geworden ist, so daß es nicht genug Bibeln gibt und keine Möglichkeiten, den Menschen das Evangelium in der Gestalt der Bibel zu übergeben. Die Bibelausbreitung ist ja doch eine große und wichtige Sache gerade für alle Protestanten, und wir haben zu hören, wie hier der anglikanische Bischof die Konferenz mit bewegten Worten davon zu überzeugen trachtete, daß hier eine der ganz großen Gefahren für die Zukunft liegt, daß die riesige weite Welt, die in Asien und Afrika heranwächst, in immer geringerem Maße in die Bibel hineingeführt wird.
Das waren die großen weltumspannenden Fragen der Kirche, die uns bewegt haben. Und Sie sehen, in all diesen Themen kam die Politik überhaupt nicht vor. Sie kam erst in einem anderen Zusammenhang vor, von dem ich später noch etwas sagen werde. Das soll Ihnen aber deutlich machen, daß sie wirklich nur ein bescheidener Sektor in einem ganz anderen Rahmen war.

III.

Der eigentliche Antrieb der ganzen Konferenz war im Grunde dasjenige, was auch an der Spitze stand: die Integration des Internationalen Missionsrates in den Ökumenischen Rat. Der tiefste Antrieb dieser Konferenz war die Frage der Weltmission. Und für jeden, der sich mit diesen Fragen, wie sie heute stehen, beschäftigt, ist nichts von größerer Wichtigkeit als diese Frage: Kann es uns, unseren Kirchen von heute, der ganzen Christenheit der Welt zusammen, noch gelingen, gegen das, was sich an Heidentum und an Antichristentum in der ganzen Welt auftut, anzukommen und also die Botschaft von Christus bis an die Enden der Welt zu bringen? Wenn man an Japan denkt oder erst recht an China, aber auch die anderen asiatischen Länder, dann kann man sagen: dieser ganze Raum ist erst ein ganz klein bißchen am Rande missioniert. Es ist erst ganz wenig erreicht, und die großen Aufgaben stehen noch vor uns. Darum war es unter den Akten der Konferenz ein gewichtiger, ja der gewichtigste überhaupt, – etwas, das natürlich in der Welt uninteressant wirken muß, – was dieses seltsame Wort in sich schließt: »Integration des Internationalen Missionsrates in den Ökumenischen Rat der Kirchen«. Worin liegt die Bedeutung dieses Aktes? Ich sehe sie darin: Die Ökumene als solche übernimmt trotz der Verschiedenheit ihrer Kirchen als Gesamtheit die Aufgabe der Weltmission. Das heißt, sie sieht diese Aufgabe der Weltmission nicht als eine Aufgabe der Konfessionen an, sondern der Kirche überhaupt. Jahrelang war der Missionsrat eine mehr oder weniger protestantische Sondereinrichtung, in der die Missionsgesellschaften und die dazu gehörigen Kirchen eine Weltorganisation schufen, um Planung zu treiben in dem Wirrwarr der Missionen und Missionsgebiete der Welt, aber man hatte zwischen dem Missionsrat und der Ökumene nur eine freundliche Verbundenheit. Die letzten Jahre haben gezeigt, daß Kirche und Mission eigentlich nur zwei Worte für ein- und dieselbe Sache sind, daß es keine Kirche geben kann, die nicht Mission treibt, daß es keine Mission geben kann, die nicht von Kirche auf Kirche aus ist. Das wichtigste für uns im protestantischen Bereich ist dies, daß nun die protestantischen Missionen aufeinander zugehen, um sich in einer großen weltumspannenden Planung Gedanken darüber zu machen, was werden soll, wenn man die unerhört große und schwere Aufgabe des kommenden Jahrhunderts der Weltmission überhaupt bewältigen will. Denn hier liegen noch größere Schwierigkeiten vor als die, mit denen wir uns jetzt herumschlagen, wenn wir »Brot für die Welt« sammeln, wenn wir für die Hungernden der Welt etwas tun. Diese Probleme lassen sich leichter lösen als das Problem der Weltmission, vor allem wegen der Zersplitterung und der Spaltung der Kirche überhaupt und all der Schwierigkeiten, die es von daher an jedem Orte der Welt gibt. Denn an keinem Orte in Asien und in Afrika gibt es im allgemeinen *eine* Kir-

che Christi, sondern überall gibt es mehrere, und zwar solche, die sich bekämpfen, die bei den Leuten in Konkurrenz miteinander stehen und sich dadurch dauernd Not und Kummer bereiten.
Es ist gar nicht auszudenken, was es bedeuten kann, wenn wir im Bereich dieser großen, weltumspannenden Arbeit zu neuen Arbeitsformen kämen und unsere eigenen Konfessionsverschiedenheiten hinter uns lassen könnten, so hinter uns, daß sie zwar für uns noch da sind – wir können sie nicht einfach wegtun –, daß sie aber in der Mission selbst so da sind, daß wir nicht eine lutherische Kirche fortpflanzen wollen und die anderen eine reformierte, die einen eine baptistische, die anderen eine methodistische, sondern eine Kirche Christi, das Evangelium, die Taufe, das heilige Abendmahl. Darum war der Akt der Integration, d.h. der Einfügung der Mission in den Ökumenischen Rat der Kirchen, eine große und wichtige Sache, die jetzt in den nächsten Jahren ihre Arbeit zu tun bekommt. Auch uns wird das noch beschäftigen, denn auch für die einzelnen Gliedkirchen wird die Integration einiges bedeuten, und zwar so, wie es ein Mann der deutschen Mission sagte: Die Kirchen und die Missionen müssen sich beide bekehren, beide haben ihre Wege neu zueinander und miteinander zu finden.
Der zweite Akt ist an sich nicht etwas Normales für eine solche Versammlung, weil die Aufnahme von Kirchen gewöhnlich durch das Zentralkomitee erfolgt: denn sonst müßten wir ja immer sechs Jahre warten, bis wieder Kirchen aufgenommen werden können. Aber hier hat man mit voller Absicht die letzten 23 Aufnahmeanträge auf diesen Tag der Assembly in Neudelhi verschoben und hat an diesem Tage die 23 Kirchen in einer Abstimmung, die ganz ordnungsgemäß nach parlamentarischer Weise erfolgt ist, aufgenommen. Dabei hat die Welt, im Westen wie im Osten, vielleicht im Westen noch mehr, am meisten die orthodoxe russische Kirche interessiert, obwohl es in mancher Hinsicht für uns dort ebenso erregend war, zum erstenmal mit Anträgen von Pentekostal-Kirchen, d.h. von Pfingstkirchen, zu tun zu haben. Was ist das für ein Problem in unserem Bereiche, die Pfingstbewegung! Zwei Pentekostal-Kirchen aus Südamerika wurden aufgenommen, das war das eine; und auf der anderen Seite die russisch-orthodoxe Kirche, aber auch die rumänische, die bulgarische, die polnische orthodoxe Kirche, also nicht nur die eine, sondern zahlreiche orthodoxe Kirchen. Man kann daraus den Schluß ziehen, daß nunmehr sozusagen der Bann gebrochen ist und daß eines Tages alle Orthodoxen dabei sein werden. Darüber spreche ich noch ein paar Worte nachher. Eines war uns allen, die wir das ja wußten, schon vorher und auch bei der Konferenz klar, daß die vielen Erwägungen politischer Art, die angestellt worden sind, auf diese Kirche in gar keiner Weise sich beziehen können; denn es ist ganz klar, daß in der heutigen Sowjetunion jede christliche Kirche, mit der Bibel zu sprechen, in der Gestalt der Fremdlingsschaft existiert. Daß der Kreml die Orthodoxen dazu gebrauchen möchte, um kommunistische Gedankengänge in die Ökumene zu infiltrieren, das halte ich nicht für denkbar. Denn nach meinem Eindruck ist der eigentümliche Unterschied zwischen der Ostzone bei uns und der Sowjetunion der, daß in der Sowjetunion der Kirche jede politische Äußerung grundsätzlich untersagt ist. Herr Ulbricht dagegen will immer, daß ihm die Kirchen Erklärungen abgeben, um seine Politik zu unterstützen. Die Sowjetunion legt so wenig Wert auf kirchliche Unterstützung, daß sie nicht einmal eine positive Unterstützung für nützlich hält. Darum muß das Folgende gesagt werden: Die Orthodoxen sind von Presseleuten in Neudelhi sehr stark befragt worden. Dabei ist deutlich geworden, daß sie nach dieser Seite hin nichts zu sagen haben und zu sagen haben wollen, sondern daß sie ganz und gar allein an den Glaubensfragen interessiert sind. Das einzige, was ich mir gedacht habe bei dieser Sache – und wie ich in einer katholischen Zeitschrift auch gelesen habe – könnte sein, daß der Anti-Vatikankomplex, den es im Kreml gibt, dazu beigetragen hat, die Ökumene als

eine antirömische Kirchenorganisation durch die Orthodoxen zu stärken. Das ist denkbar, vielleicht das einzige, was in Betracht käme, aber auch nicht ganz sicher. Das einzige, was man noch sagen könnte, wäre dies: Da die Orthodoxen insgesamt natürlich großen Wert darauf legen müssen, daß im politischen und sozialethischen Bereiche überhaupt nichts gesagt wird, so würden sie dazu beitragen, daß die Ökumene in diesem Bereiche verstummt. Ich glaube aber, daß das eine Vermutung ist, die sich so leicht nicht bewahrheiten wird. Diese Möglichkeit könnte uns nur dazu Anlaß geben, im stärkeren Maße als bisher diese Fragen auch über die Grenzen der politischen Gegensätze hinweg auszudiskutieren. Das macht die Sache natürlich schwieriger, das ist keine Frage, und daß sie uns leichter gemacht werden kann, das glaube ich nicht, weil man schon in den Bereichen außerhalb des mitteleuropäischen Raumes sieht, wie sich vieles jedenfalls ganz anders ansieht. Wenn man drei Wochen lang jeden Tag nur indische Zeitungen liest, sieht man schon, welch kleinen Bereich etwa Deutschland überhaupt in diesem großen Land darstellt. Ich glaube, daß man mit Ruhe den kommenden neuen Problemen entgegensehen kann, zumal ja die Orthodoxen im Bereich der Gesamtheit doch auch nur eine relativ bescheidene Zahl an Mitgliedern haben. Die russisch-orthodoxe Kirche ist nicht einmal so stark vertreten wie die Evangelische Kirche in Deutschland, obwohl sie sicher größer ist als unsere Kirche der Zahl nach.
Der letzte von den Akten der Konferenz war die Erweiterung der Basis, was ich ganz kurz nur zu erwähnen brauche. Wir waren als Europäer im ganzen dafür, aber einige Amerikaner fanden sie ein wenig zu orthodox. Sie waren der Meinung, es müßte ein wenig weitherziger formuliert werden, während die Orthodoxen auf der anderen Seite gerade diesen Teil, in dem die Trinität erwähnt wird, natürlich besonders freudig bejahten und darum auch zum Ausdruck brachten, wie stark ihr Herz für diese Formulierung schlüge. Das protestantische Anliegen in der neuen Basis ist das Wort von der Heiligen Schrift wie das orthodoxe die trinitarische Doxologie. Ich glaube, daß diese Erweiterung ein Zeichen dafür ist, daß auch die Basis sich befestigt. Sie kann langsam verbreitert werden, sie kann kräftiger werden, und es kann sein, daß hier ein Zeichen für die Annäherung im geistlichen Verständnis der Kirchen überhaupt sichtbar wird.

IV.

Nun kommen wir in den Bereich, in dem die politischen Dinge eine größere Rolle gespielt haben, nämlich zu den Entschließungen der Konferenz zu aktuellen Fragen der Gegenwart. Es war interessant, daß es diesmal gelungen ist, nach einer relativ kurzen Diskussion eine Entschließung gegen den Antisemitismus zur Annahme zu bringen. In Evanston ist dies merkwürdigerweise damals mißlungen, weil ein ganzer Kreis von christlichen Gemeinden aus dem Mittelostraum infolge der traditionellen Gegensätzlichkeit zu den Juden, dem Staat Israel vor allen Dingen, hier etwas erblickte wie einen Versuch, sie auf bestimmte politische Dinge festzulegen. Aber diesmal gelang es tatsächlich, diese Sache durchzubringen, und es zeigte sich auch ein vertieftes Verständnis der Probleme. Es war noch ein bißchen Verkehrtes darin, es wurde nämlich in diesem Zusammenhang auch von Rasse gesprochen, obwohl es gar keine Rassenfrage ist, aber es ist eben doch gelungen, diese Entschließung zur Annahme zu bringen, und auch dies ist wiederum ein wichtiges Zeichen geistlichen Sichverstehens.
Die anderen Entschließungen betrafen besonders ins Politische gehende Dinge, zunächst die Erklärung zur Religionsfreiheit, über die man sehr viel ausführlicher reden müßte, eine sehr wichtige und ausgezeichnete Erklärung über das, was Religionsfreiheit in Staat und Welt eigentlich in sich schließt. Man sieht in dieser Erklärung die Erfahrungen einer langen Zeit von Auseinandersetzungen über die

Religionsfreiheit, und man erkennt auch, wie wenig verbreitet in der Welt auch heute noch eine echte Religionsfreiheit ist. Es ist wichtig, daß sich hier gerade in der theologischen Begründung diese Konferenz dafür einsetzte, aus dem Glauben an Gott, den Schöpfer, und an die Erschaffung des Menschen die politische Forderung auf Religionsfreiheit abzuleiten. Dies zu entfalten, würde zu weit führen. Nur darauf ist noch aufmerksam zu machen: es gibt dieses Problem der praktischen Religionsfreiheit in sehr vielen Gebieten der ganzen Welt, nicht nur im Bereich der uns bekannten Länder, sondern auch anderswo.
Die politischen Erklärungen erscheinen einmal in dem Wort an die Regierungen, sie erscheinen auch im Bericht über die Kommission für Internationale Angelegenheiten und kommen dann noch einmal vor in einem Dokument aus der Arbeit der Sektionen, das den Titel trägt »Dienst«. Das Wort an die Regierungen der Völker ist ein politisches Wort, in dem die Regierungen in der Richtung des Friedens, der Gerechtigkeit, der Beseitigung des Krieges mit nuklearen Waffen usw. aufs neue aufgerufen werden. Man kann sagen: das ist alles schon einmal gesagt worden, es ist aber immer noch nötig, es zu wiederholen und es immer aufs neue einzuschärfen, weil wir gesehen haben, was hier für die ganze Welt auf dem Spiele steht. In diesem Wort steht auch etwas, wodurch die Mauer in Berlin angesprochen wird. Es wird an keiner Stelle irgendeine besondere Situation erwähnt, aber es ist deutlich vernehmbar in dem Zusammenhang, wo die Rede davon ist, daß die Regierungen dazu ermahnt werden, das menschliche Zusammensein, das Zusammenkommen, den menschlichen Verkehr zueinander, der Familien, der Gemeinden, der Kirchen, der Völker durch ihre Maßnahmen nicht noch mehr zu erschweren. Eine Vorlage hat dann eine große Diskussion ergeben, die schließlich dazu führte, daß sie zurückgezogen wurde. Das war eine Vorlage aus demselben Ausschuß über Angola. Angola wurde vor uns hingestellt als ein Beispiel für besonders verwerfliches Verhalten einer weißen Kolonialregierung gegen ihre farbigen Völker. Diese Angola-Entschließung wurde in der Abstimmung zunächst mit ein paar Stimmen Mehrheit angenommen. Aber dies Ergebnis zeigte, daß man eine so gewichtige Sache nicht einfach so durchgehen lassen konnte. Ein englischer Abgeordneter brachte zum Ausdruck, daß es nicht möglich wäre, nur über Angola zu sprechen. Es sei auch nicht fair, über ein Land zu sprechen, aus dem kein Vertreter da sei, man solle deswegen darauf verzichten, oder man müsse auch über viele andere schmerzliche Tatbestände sprechen, so z.B. Berlin. Es ist dann keine Erklärung der Kirchenkonferenz über Angola herausgekommen, sondern nur mitgeteilt worden, was bisher schon in dieser Sache von seiten der Kommission für Internationale Angelegenheiten und vom Exekutivkomitee geschehen ist und wird. Immerhin war das interessanteste Moment in der Diskussion die Frage: Wieweit soll sich eine solche Konferenz überhaupt mit konkreten politischen Einzelheiten einlassen, kann sie das überhaupt versuchen? Es ist enorm schwierig, in einer solchen Kirchenversammlung, in der ja fast keine Politiker vertreten sind, derartige Fragen anzugreifen, die nicht leicht in einer kurzen Formel zu lösen sind. Es war – glaube ich – für manche aus der deutschen Delegation heilsam zu erkennen, daß man nicht einfach sagen kann, über Berlin will keiner in Neudelhi etwas sagen. Ich habe übrigens den Eindruck gehabt, als ob gerade westliche Leute der Meinung gewesen seien, wir sollten Berlin nicht zum Gegenstand einer besonderen Erklärung machen, mehr als die Leute aus dem Osten, die natürlich auch wohl ihre Voten dazu gegeben haben. Aber es war eben nicht so, daß man sagen könnte, der Osten habe eine Erklärung zu Berlin unmöglich gemacht, sondern bei den ganzen Erörterungen hierüber war deutlich zu sehen, daß sehr verschiedene Gesichtspunkte zur Sprache kamen. Gerade bei der Angoladiskussion zeigte es sich ja, daß man keinen einzelnen Krisenherd herausgreifen kann, denn dann mußte man sich gleich sagen lassen, »warum nicht die anderen auch, vom Kongo ange-

fangen bis hin nach Jerusalem, Hongkong und Laos?« So muß man verstehen, daß nicht mehr dabei herauskommen konnte als dieses.
Die Botschaft, die am Schluß von der Versammlung herausgegeben wurde, ist natürlich begreiflicherweise nicht das beste Werk der Konferenz. Es ist sehr schwierig, auf einer solchen Konferenz eine Botschaft zu entwerfen, und es sagte jemand: Es zeige sich bei einer solchen Botschaft, daß da zwar Professoren, aber kein Prophet daran mitgearbeitet habe. Eine solche Botschaft kann nur ein Mann aus einem Guß – wie man so sagt – machen, und sie müßte dann aber gleich sozusagen angenommen werden in der Überzeugung: »Das ist das Wort, das jetzt gesagt werden muß«. Und wenn da einer war, der meinte, er könnte das sein, dann wurde er doch von der großen Mehrheit abgelehnt, nachdem er seine stark verkürzte, prophetisch gemeinte Botschaft der Versammlung vorgetragen hatte und die Versammlung sie mit großer Ruhe angehört hatte.

V.

Ein ganz kurzes Wort noch zu der Arbeit der Sektionen; denn während der Tage war ja in der Hauptsache Sektionsarbeit und Ausschußarbeit geleistet worden. Die Sektionsarbeit richtet sich nach draußen. Sie will etwas bieten, was die Mitgliedskirchen zu verarbeiten haben, während die Ausschußarbeit sich an die Organe der Ökumene selbst wendet. Sie will die programmatische Arbeit vorbereiten für die nächsten Jahre.
Die drei Sektionen haben also drei Exposés erarbeitet, längere Berichte auf Grund dessen, was bisher getan war und was bisher erarbeitet worden ist. Diese Sektionsergebnisse werden den Kirchen zum Studium, zur Antwort, zur Bearbeitung gegeben. Hier liegt eigentlich eine unserer wichtigsten Aufgaben. Sobald wir diese Sektionsberichte bekommen werden, liegt vor uns die Frage: Was machen wir damit? Wir haben sie bisher in den Kirchen zu wenig beachtet. Wir hätten die große Aufgabe, uns mit diesen Sektionsberichten einmal gründlich zu beschäftigen. Das gilt sowohl von dem Bericht über Zeugnis, in dem das Thema vorkommt »Die missionarische Struktur der Gemeinde«, als auch von dem Thema »Dienst«, worin die großen sozialethischen Themen vorkommen, angefangen von Friede, Abrüstung, atomarer Bewaffnung bis hin zur Rassenfrage und den Problemen des Endes der kolonialen Ära in der Welt. Der dritte Bericht ist ganz besonders interessant für die innerkirchliche Problematik. Er enthält den Versuch, eine Zusammenfassung der grundlegenden Elemente einer Wiedervereinigung der Kirchen zu bieten. Das geht zurück auf das berühmte anglikanische Quadrilateral, wo schon vor vielen Jahren die Idee entwickelt worden ist, die Bibel, das altkirchliche Bekenntnis, das kirchliche Amt und die Sakramente als die vier Elemente der kirchlichen Einheit zu konstatieren. Auf Grund der Arbeit der Kommission für Glaube und Kirchenverfassung wurde die Frage diskutiert: Was ist für die Einheit der Kirche unumgänglich notwendig? Welches sind die allgemein gültigen Bedingungen zur Verwirklichung der Einheit –, und zwar angefangen auf dem Boden der Ortsgemeinde? Dies war eine interessante, neuartige Fragestellung. Wir werden den Bericht nächstens bekommen und ihn dann zur Diskussion in unseren Kreisen stellen.
Über die Aufträge an die Organe des Ökumenischen Rates kann ich mich ganz kurz fassen. Ich möchte nur zur Übersicht sagen: Die großen Abteilungen: Studienabteilung, ökumenische Aktivität, Weltmission, zwischenkirchliche Hilfe, internationale Angelegenheiten und Finanzen haben alle ihre Berichte vorgelegt in einem großen Arbeitsbuch, sie wurden alle diskutiert in einer großen Zahl von Ausschüssen, und jeder Ausschuß formulierte dann ein Ergebnis, und die Gesamtheit nahm dieses Ergebnis an. Praktisch ist damit für die nächsten Jahre bis zur nächsten Weltkonferenz das Programm entwickelt worden für die Arbeitszweige,

die in Genf und anderswo verankert sind. Ich nenne einige Beispiele: Mission, Evangelisation, Gesellschaftsordnung, Jugendreferat, Laienarbeit, Information, Zusammenarbeit von Mann und Frau, Bossey-Institut, vor allen Dingen, was ja praktisch von größter Wichtigkeit ist, die zwischenkirchliche Hilfe, also die ökumenische Diakonie, an der wir uns ja mit unserem »Brot für die Welt« neuerdings in einer beachtlichen Größenordnung beteiligen. Eines wäre noch zu erwähnen bei dem Punkt »Finanzen«. Es stellte sich heraus, für uns etwas beschämend, daß in den letzten Jahren seit 1948 im großen und ganzen die amerikanischen Freikirchen die ganzen Kosten der Ökumene bis auf bescheidene Reste bezahlt haben, während sämtliche europäischen Landeskirchen, die englischen, die nordischen und die deutschen, in der schlechten Bezahlung des Anteils an der ökumenischen Arbeit übereinstimmen. Wir haben uns gesagt, daß das so nicht weitergehen kann. Die Konferenz des Zentralkomitees nach Neudelhi hat Martin Niemöller zum Vorsitzenden des Finanzausschusses gemacht, in der Hoffnung, daß es ihm gelingen wird, die europäischen Landeskirchen weiterzubringen. Ich habe auch einige Versprechungen gemacht in der Überzeugung, daß wir auch etwas mehr beitragen müssen. Die Orthodoxen, die jetzt dazu gekommen sind, haben gleich erklärt, sie würden sich angemessen an den ökumenischen Aufgaben finanziell beteiligen, obwohl es für sie nicht so leicht ist, es zu schaffen.

Ein Schlußwort: Zeichen, Fragen, Aufgaben. Ich habe schon von dem einen wichtigen Zeichen gesprochen, daß die sogenannten jungen Kirchen heranwachsen, daß sie mitsprechen und daß es sich dabei gezeigt hat, daß sie durchaus ihr Wort haben, daß sie nicht mehr nur Gesellen oder Lehrlinge sind, die von der Theologie der Väter in Europa oder Amerika leben, sondern daß sie längst angefangen haben, ihre kirchliche Arbeit selbst zu gestalten und auch theologisch das Ihre zu finden. Also der Vormarsch dieser Kirchen ist ein wesentliches Moment des Neuen, mindestens so wichtig wie der Beitritt der russischen Orthodoxie. Die missionarische große Zukunft liegt im Bereich der farbigen Welt.
Das Zweite ganz kurz: die Aufnahme der Russisch-Orthodoxen Kirche hat zur Folge, daß man nunmehr sagen kann, nahezu alle nicht-römisch-katholischen Kirchen der Welt haben angefangen, sich zusammenzuschließen; das ist eine ganz große Sache. Es gibt nur einen kleinen Kreis von Protestanten, die als Fundamentalisten sich mit Leidenschaft gegen den Liberalismus der ökumenischen Bewegung zur Wehr setzen, weil man dort keine strenge gemeinsame Grundüberzeugung von der Heiligen Schrift und von dem Bekenntnis in der Kirche hat. Aber nun hat sich der alte Schwerpunkt der Diskussion zwischen Kontinental-Europa und Nordamerika verschoben. Die neue ökumenische Diskussion ist durch das Heranwachsen der jungen Kirchen einerseits und andererseits durch die Aufnahme der gesamten Orthodoxie ganz anders geworden. Wir können sagen, augenblicklich gibt es fünf große Gruppen, die nicht einfach konfessionell bestimmt sind, sondern durch ihre eigentümliche Geschichte und ihr Sein in der Welt. Das ist die Orthodoxie, das ist der Anglikanismus mit seiner überaus eigentümlichen inneren und äußeren Prägung, das ist Kontinental-Europa, d.h. also die reformatorischen Kirchen, lutherische und reformierte, Skandinavien eingeschlossen, das sind die amerikanischen Freikirchen und das sind die sogenannten Jungen Kirchen als die fünfte Gruppe. Diese fünf Gruppen sind es heute, die die ökumenische Diskussion bestimmen. Und hier sind wir wirklich nur eine unter diesen fünfen. Die Beziehungen zwischen uns und den amerikanischen Freikirchen, was das Evangelische angeht, sind stärker als zu den Anglikanern. Die Beziehungen andererseits zwischen Anglikanern und Orthodoxen sind wiederum stärker, was das Kirchen- und Sakramentsverständnis angeht. Es sind hier also Kreuz- und Querverbindungen in der Ökumene vorhanden. Das macht die Ökumene, was die Zukunft an-

geht, so interessant und so bedeutsam. Es macht das Gespräch ganz neu. Man sieht, daß es nicht mehr um ein paar Verwandte innerhalb einer Familie geht, sondern um wirkliche geschichtliche Neuansätze. Dabei begegnet uns die Orthodoxie mit ihrem immer wieder betonten Selbstverständnis, daß sie ja eigentlich die Nachfahren der alten ungeteilten christlichen Kirche der ersten fünf Jahrhunderte seien, daß sie darum der Christenheit etwas Besonderes zu bieten hätten, etwas, was kein anderer bieten könnte wie sie. Aber diese immer wiederholte Erklärung hält sie nicht davon ab, mit uns Protestanten in eine brüderliche Gemeinschaft einzutreten, freilich in dem Bewußtsein, daß die eigentliche Nähe zur Bibel wie die eigentliche Nähe zur Urkirche nur durch die Tradition der Orthodoxie verwirklicht wird. Wir lernen hierbei auch etwas von der Kontinuität der Kirche und von der Bedeutung dessen, was alte Kirche und altkirchliches Christentum ist, was vielleicht uns und den Amerikanern in noch stärkerem Maße abhanden gekommen ist. Aber ich will darauf im einzelnen nicht eingehen.

Das Wachstum der ökumenischen Bewegung ist in den letzten Jahrzehnten wirklich überwältigend, und man kann jetzt schon sehen: Wir sind nahezu an der Grenze einer Weltkonferenz, die als Plenum im großen Stil arbeitsfähig ist. Mit Hilfe der modernen Technik läßt sich allerdigs trotz der großen Sprachschwierigkeiten mit Hilfe der glänzenden Übersetzungsarbeit einiges erreichen. Man staunt, daß es tatsächlich gelingt, auch Diskussionen zu führen, obwohl man sehen muß, daß man an der Grenze der Möglichkeiten angelangt ist, wenn tausend Leute, Vertreter aus allen Kirchen, lauter redegewandte, bedeutende Leute, zusammenkommen und diese in wenigen Tagen über soviel Probleme abstimmen und ihre Diskussion führen sollen. Die Genfer Zentrale ist enorm gewachsen, und die großen Sonderreferate über die zahlreichen Gebiete sind auch in ständigem Wachstum begriffen. Heute ist es schon so, daß man den Eindruck hat, die Jungen Kirchen empfinden, daß sie durch ihren Beitritt zur Ökumene ihre offizielle Anerkennung als Kirche erhalten und nun zu der großen Christenheit auf Erden gehören.

Unsere Aufgabe wird es sein, die traditionell starke und immer noch lebendige Vorherrschaft angelsächsischen theologischen Denkens durch unsere theologische Arbeit innerhalb dieses neuen Fünfecks einzudämmen. Es ist klar, daß in allen Bereichen, abgesehen von der Orthodoxie, das angelsächsische theologische Denken eine viel größere Rolle spielt als das lutherische oder reformierte. Das hängt mit der großen Geschichte des englischen Weltreiches zusammen. So begegnen wir theologischen Gegensätzen, die keine eigentliche Konfessionsgrundlage haben, die aber in einem anderen Denkstil gründen und oft der Diskussion größere Schwierigkeiten bereiten als unsere Diskussion über die Lehre vom heiligen Abendmahl. Unsere Aufgabe wird es sein, uns stärker als deutsche Theologie und Kirche an diesen Dingen zu beteiligen; denn wir können nicht erwarten, daß die andern kommen und sagen: Wir wollen von euch etwas lernen, ihr seid ja großartige Leute. So eingebildet dürfen wir nicht mehr sein, sondern wir müssen heute unseren Anteil bringen. Wir müssen durch das, was wir leisten, was wir können, was wir zu geben haben, das Unsere dort hineingeben, und ich glaube, wir haben was zu bringen. Ich bin überzeugt, daß wir nur noch lernen müssen, ökumenische Theologie zu treiben, indem wir die anderen dabei sein lassen und mit ihnen sprechen und nicht meinen, wir sind bei uns selbst ja groß genug mit unserer großen Tradition. Unsere Arbeit wird also in Deutschland in der nächsten Zeit einmal die sein, daß wir die Ergebnisse, wenn sie uns gedruckt zugegangen sein werden, in unseren Kirchen zu verarbeiten haben. Und zweitens, daß wir auch das Problem »Kirche und Mission« auf unserem Boden in Angriff nehmen in ganz Deutschland. Wenn es wieder gelingt, daß wir eine Synode der Evangelischen Kirche in Deutschland halten können, so ist das Thema schon jetzt festgelegt: »Kirche und Mission«.

Zuletzt war ich als Delegierter auf der Weltkonferenz in Uppsala 1967. Hier tauchten ganz neue Fragen auf. Eine neue Periode der Kirchengeschichte schien begonnen zu haben. Die Fragen der Ethik traten in den Vordergrund.
Es war meine letzte Konferenz des Ökumenischen Rates der Kirchen. Vorher war ich ebenfalls auf den Versammlungen des lutherischen und des reformierten Weltbundes anwesend. Hier ist man natürlich sozusagen zu Hause, ob in Minneapolis oder in Helsinki. Mein Eindruck war, daß es an der Zeit sei, die protestantischen Weltbünde zu einer Gemeinschaft zusammenzuschließen – schon deswegen, weil wir protestantisch-evangelische Gemeinschaft brauchen und nur auf diesem Wege entscheidende weitere Schritte getan werden können, die zur echten Annäherung zwischen dem Protestantismus der Welt und der römischen Weltkirche führen können.

4. Evangelisch-katholische Zusammenarbeit

In der Zeit bis zum Ende des Zweiten Weltkriegs hat es so etwas wie eine »Zusammenarbeit« der beiden großen Konfessionen in Deutschland noch nicht gegeben. Jahrhundertelang war nur Streit zwischen ihnen oder bestenfalls Gleichgültigkeit. Seit der Reformation (Religionsgespräch von 1544) hat es keine Verbindung, kein Gespräch, kein Handeln miteinander gegeben. Auch im Kirchenkampf, wo beide Kirchen ein und demselben Feind gegenüberstanden, war es nicht anders geworden. Nur persönliche, private Gemeinschaft gab es hier und da, ja auch im Konzentrationslager kam man näher zusammen, doch auch im Zweiten Weltkrieg lebten die Kirchen offiziell nicht »ökumenisch« miteinander. Selbst nach dem Zweiten Weltkrieg hat es noch bis zum Tode des Papstes Pius XII. gedauert, bis der großartige, ökumenisch denkende Nachfolger Johannes XXIII. den neuen Anfang wagte. Jetzt gingen zum ersten Male Fenster und Türen auf, besonders mit dem von ihm einberufenen Vatikanischen Konzil in Rom 1962. Hier beginnt eine neue Epoche – nicht mehr Schweigen, Feindseligkeit gegeneinander, sondern Gespräch, Wagnis des Miteinander, Zusammenarbeit. Sicherlich war das besonders stark in Deutschland. Das Zueinanderstreben war offenkunfig und freudig, als ob man hier darauf gewartet hätte – sicher auch eine gemeinsame Erinnerung an die Zeit des Kampfes des NS-Staates gegen die Kirchen. Theologische und kirchliche Arbeitsgemeinschaften begannen. Professoren des Alten und Neuen Testaments aus beiden Kirchen kamen nicht nur zusammen, sie gaben auch Kommentare der Bibel in gemeinsamen Reihen heraus. Es gab eine deutsche theologische Konferenz mit der Aufgabe, evangelisch-katholische Gespräche zum besseren Verstehen in Bibel und Bekenntnis, Dogmatik und Ethik planmäßig durch Jahre hindurch zu führen. Dann wurde auch ein offizielles Gremium zu regelmäßigen Kontakten der evangelischen und der katholischen Kirche auf höchster Ebene eingerichtet. Hier kam es z.B. zur offiziellen Anerkennung der evangelischen Taufliturgie durch die römischen Bischöfe. Ferner wurde für konfessionsverschiedene Ehen ein Doppelformular für evangelische Trauungen unter Beteiligung eines katholischen Priesters und katholische Trauungen unter Beteiligung eines evangelischen Pfarrers erarbeitet und herausgegeben. Dies sind nur einige der großen Ergebnisse. Aber die Folgen waren u.a. auch, daß der katholische Bischof von Essen, Hengsbach, als Korreferent des rheinischen Präses beim Reformationsfest in Essen in Erscheinung trat oder beim Kölner Kirchentag 1965 Erzbischof Jaeger von Paderborn mit dem rheinischen Präses vor Tausenden von Christen beider Konfessionen ein theologisches Gespräch über das Verbleibende und noch Trennende führte. Bis in die Gemeinden hinein änderte sich das Verhalten der Pfarrer zueinander. Bei Ordinationen, Priesterweihen, bei Gemeindefesten oder einfach bei »ökumenischen Gottesdiensten« war man beieinander und grüßte sich im Namen des gemeinsamen Herrn Jesus Christus.

Diese Hinweise zeigen, daß eine eindrucksvolle Wandlung zwischen den beiden Konfessionen seit dem Zweiten Vatikanischen Konzil zum Durchbruch gekommen ist. Die festgefügten gemeinsamen Zusammenkünfte, der Wille, sich über alles zu verständigen, was eben nur möglich ist, ja auch alles gemeinsam zu tun, was unsere Konfession uns nicht verbietet, sind ein großes Stück vorwärts zu einer Verbundenheit der Konfessionen in einer christlichen Gemeinschaft. Das läßt uns auch für die Probleme weltweit hoffen. Noch immer ist vieles zwischen uns ungelöst, manches erscheint uns unüberwindlich zu sein; aber was uns bisher geschenkt worden ist, läßt uns hoffen und nicht verzagen.

5. Kirchenordnung

In der rheinischen und westfälischen Kirche ist das Interesse an der Kirchenordnung immer schon besonders groß gewesen. Das hängt damit zusammen, daß sich die Kirchen schon im Reformationsjahrhundert bei ihrer Entstehung inmitten katholischer Länder (landesherrliche Bistümer) eine Kirchenordnung geben mußten, die sich aus der Ortsgemeinde aufbaut und sich selbst eine Leitung gibt – also eine presbyterial-synodale Kirchenordnung. Mit dieser Ordnung, auf dem Weseler Konvent 1568 zuerst entworfen, haben unsere Väter die lange Zeit der katholischen Herrschaft überstehen können, und sie haben auch nach ihrer Einfügung in die preußische Landeskirche 1815 mit ihrem evangelischen Landesherrn so lange um die Erhaltung ihrer altüberlieferten Kirchenordnung gekämpft, bis der König nachgab und von ihm (!) 1835 die »Rheinisch-Westfälische Kirchenordnung« erlassen wurde, die im Grundgedanken bis heute überlebt hat. Als die Deutschen Christen diese Ordnung durch eine »bischöfliche« Führerordnung ersetzen wollten, weil das »Führerprinzip« Wesensbestandteil der NSDAP und damit des Dritten Reiches war, kam es in den beiden Kirchen von Rheinland und Westfalen zu einer ungewöhnlichen Auseinandersetzung über den Fortbestand der »presbyterial-synodalen Ordnung«. Über diesen Kampf seit 1933 bis zum Sieg der von der Bekennenden Kirche die Jahre des Kirchenkampfes hindurch vertretenen Kir-

chenordnung habe ich vor Jahren einen Aufsatz geschrieben unter dem Titel: Der Kampf der Bekennenden Kirche im Rheinland um die presbyterial-synodale Kirchenordnung[9]. Was die Bekennende Kirche im Rheinland 1934 proklamierte und in ihrer Bekenntnissynode vor Jahren praktizierte, war nunmehr zur Konstitution der rheinischen Kirche geworden. Das »Erbe der Väter« wurde wieder lebendige gegenwärtige Wirklichkeit.
Der Kampf um die Erhaltung dieser 1952 beschlossenen Kirchenordnung mußte durch Jahre hindurch – nachdem die Millionen von Vertriebenen in unsere Kirche eingegliedert waren – immer wider geführt werden. Aber die Versuche, die Ordnung durch Einfügung fremder Elemente zu verändern (z.B. durch episkopale Einrichtungen), sind bis heute gescheitert. Die Güte dieser Kirchenordnung hat eine große Mehrheit von Pfarrern, Presbytern und Synodalen überzeugt, daß sie nicht nur als eine aus historischen Gründen zu erhaltende, sondern auch als eine theologisch vertretbare und auch in der modernen, durch Industrie und Großstadt geprägten Kirche zu praktizierende Ordnung zu bewahren ist. Ich bin dafür dankbar, daß die rheinische Kirche diese Krise der Nachkriegszeit so gut überstanden hat. Aber es hat auch mich viel Arbeit der Auslegung und »Werbung« in manchen Gebieten der Kirche gekostet.

6. Mission

Zum Abschluß dieses Abschnitts muß ich noch von einer Aufgabe reden, die mich in meinen kirchlichen Ämtern unablässig beschäftigt hat, nämlich von der Weltmission als Gottes Anforderung an die Kirche. Als ich heranwuchs, bestand noch zwischen der »verfaßten« Kirche und den »Missionsfreunden« in ihrer Mitte ein großer Unterschied. Die alte Staatskirche hat bis zuletzt daran festgehalten, daß die Weltmission nicht ihre Aufgabe sei. Darum mußte es »Missionsgesellschaften«, Vereine für Mission, also private Sammlungen von Christen, nicht Einrichtungen von »Kirche« als Institution geben. Daß sich die Mission seit dem 19. Jahrhundert (etwa nach dem Wiener Kongreß) kraftvoll entwickelt hatte und viele »Heiden« zu Christen bekehrt waren, ist eine beachtliche Wirklichkeit. Aber seit Beginn des 20. Jahrhunderts (Weltmissionskonferenz 1910, Gründung des Ökumenischen Rates nach der Epoche der für die Mission verhängnisvollen Weltkriege) kam es zu einer langsamen, aber sicheren Erörterung der Frage, ob es nicht an der Zeit sei, die Mission in die Kirche zu integrieren. Endlich, 1961 in Neudelhi, war es soweit, und die Aufgabe der Integration der Weltmission in die Kirche von der Ortsgemeinde bis zum Ökumenischen Rat der Kirchen wurde beschlossen. Die Folge davon war in Deutschland eine Beratung der Vertreter der evangelischen Kirchen zur Lösung der Frage, die von der Ökumene an sie gerichtet war.

---

9 Zeitschrift für Evangelisches Kirchenrecht, 1952. Nachdruck in: *J. Beckmann*, Im Kampf für die Kirche des Evangeliums, 1961.

Das Ergebnis wurde auf der Synode der Evangelischen Kirche in Deutschland in Bethel 1963 in einer Verbindung der Kirchen und der Missionsgesellschaften durch die Gründung der »Evangelischen Arbeitsgemeinschaft für Weltmission« als erster Schritt auf dem Weg in die vollständige Integration erreicht.
Auf dieser Synode habe ich als der Vorsitzende der Arbeitsgemeinschaft die Rede gehalten, in der zum erstenmal auf einer Synode der Evangelischen Kirche in Deutschland (ca. 30 Jahre nach Gründung der Synode) das Thema Weltmission konkret aufgegriffen wurde. Seitdem ist es in einer längeren Geschichte (1966–1972) dabei geblieben, die vorerst mit der Gründung des »Evangelischen Missionswerkes« (in Fortsetzung der »Evangelischen Arbeitsgemeinschaft für Weltmission« und des »Evangelischen Missionstages«) ihr vorläufiges Ziel erreicht hat. Meine Rede zur Integration von Kirche und Mission hatte folgenden Wortlaut[10]:

Herr Präses, hohe Synode!
Das Thema »Kirche und Mission« – Fragen und Aufgaben der Integration in der Evangelischen Kirche in Deutschland – soll von zwei Seiten aus behandelt werden. Es wird zunächst aus der Sicht der Landeskirchen, wie es vorgesehen ist, und dann aus der Sicht der Missionsgesellschaften behandelt werden. Lassen Sie mich also nun auf Grund der Vorlage etwas sagen über Mission in ökumenischer Verantwortung – Probleme der Integration aus der Sicht der Landeskirchen. Die Vorlage enthält zunächst, was der Vorbereitungsausschuß der Synode erarbeitet hat unter dem Thema »Mission in ökumenischer Verantwortung«.
In der Grundordnung der Evangelischen Kirche in Deutschland heißt es in Artikel 16, Absatz 1:
»Die Evangelische Kirche in Deutschland und die Gliedkirchen wissen, daß die Kirche Christi das Evangelium an die ganze Welt zu bezeugen hat. Im Gehorsam gegen den Sendungsauftrag ihres Herrn treiben sie das Werk der Äußeren Mission. Die Evangelische Kirche in Deutschland fördert die Arbeit der Äußeren Mission in Zusammenarbeit mit der von den Missionsgesellschaften bestellten Vertretung. Sie kann für diese Zusammenarbeit Richtlinien aufstellen.«
Bisher war von der Mission auf einer Synode der Evangelischen Kirche in Deutschland noch nicht die Rede. Wenn wir auf die Gliedkirchen sehen und ihre Synoden, so ist es offenbar im großen und ganzen lange Zeit hindurch nicht viel anders gewesen. Es wird zwar hier im Jahre 1948 in Eisenach behauptet, daß die Gliedkirchen in Gehorsam gegen den Sendungsauftrag das Werk der Äußeren Mission treiben. Aber man könnte vielleicht doch sagen, in der Regel nicht selbst, sondern dadurch, daß sie es Missionsgesellschaften überlassen, mit Hilfe ihrer Freundeskreise das Werk, wie es hier heißt, der Äußeren Mission zu betreiben. Die Anteilnahme der Landeskirchen bestand gewiß weithin darin, daß seitens der Kirchenleitung den Gemeinden Kollekten für die Äußere Mission empfohlen oder auch angesetzt wurden. Erst in letzter Zeit ist das bei uns etwas anders geworden. Es ist kein Zweifel, daß auf einer Reihe von Synoden der letzten Jahre das Thema der Mission ganz neu aufgetaucht ist. Ich erinnere zum Beispiel an die bedeutsame Synode der Vereinigten Lutherischen Kirche oder auch an einige Synoden der Landeskirchen, die westfälische, rheinische, badische und andere. Überall kommt mit einem Male das Thema der Mission in die Diskussion von landeskirchlichen Synoden. So ist es auch kein Zufall, wenn nun auf der Synode der Evangelischen Kirche in Deutschland dieses Thema erscheint. Es ist inzwischen etwas Entschei-

---

10 Bericht über die EKD-Synode 1963, S. 27ff. Vgl. auch KJB 1963, S. 20ff.

dendes geschehen, das uns zweifellos in ganz besonderer Weise Veranlassung gibt, uns als Evangelische Kirche in Deutschland hiermit zu beschäftigen. Ich meine den bedeutsamen Beschluß der Weltkirchenkonferenz von Neudelhi über die sogenannte Integration des Internationalen Missions-Rates in den Ökumenischen Rat der Kirchen. Damit ist für uns, wie wir meinen, eine dringliche Frage gestellt. Damit sind wir als Kirche in Deutschland und als Gliedkirchen gefragt, was bedeutet dieser weittragende Beschluß für uns? Was haben wir zu tun? Davon ist in der Vorlage unter I Ziffer 2 die Rede. Die Dritte Vollversammlung des Ökumenischen Rats der Kirchen in Neudelhi hat durch die Integration des Internationalen Missions-Rates in den Ökumenischen Rat der Kirchen einen entscheidenden Schritt getan. Sie bekennt sich damit zur Weltmission in ökumenischem Maßstab als einer gemeinsamen Sache aller Kirchen. Wenn wir uns nur verdeutlichen wollten, was diese Integration bedeutet, dann müßten wir mehr Zeit haben, als uns heute morgen gegeben ist. Es ist aber wohl doch mit das wichtigste Ereignis von Neudelhi, nach meinem Urteil, unter allem, was dort geschehen ist, im Blick auf die weittragenden Folgen, die dieser Integrationsbeschluß haben muß, wenn alle Beteiligten aus diesem Beschluß und seinen Formulierungen die Folgerungen ziehen werden, die in ihm beschlossen sind. Es kann kein Zweifel sein, daß dies Bekenntnis des Ökumenischen Rates zur Weltmission als einer gemeinsamen Sache aller Kirchen, weil einer Sache der Kirche Christi, von uns allen noch erst bewältigt werden muß. Wir sind uns alle noch nicht darüber im klaren, was das für weittragende Folgen haben wird im Blick auf das Zusammenleben und Zusammenarbeiten der Kirchen, im Blick auf die Neugestaltung der Weltmission. Es wird hierzu eines großen Wagnisses, eines Glaubensmutes und einer neuen Gewißheit der Sendung Christi, die der Kirche anvertraut ist, bedürfen.

Wir sind als Evangelische Kirche in Deutschland und als Gliedkirchen zugleich aufgefordert, uns der Frage zu stellen, was dieser Schritt für uns bedeutet. So sehen wir uns aufgerufen, uns dieser Frage zu stellen und Wege zu ihrer Beantwortung zu suchen.

Lassen Sie mich nun zunächst etwas sagen über die Voraussetzungen für eine Integration von Mission und Kirche in der Evangelischen Kirche in Deutschland. Wir haben darüber gesprochen in aller Kürze in dem ersten Absatz unserer Vorlage. Eine neue Besinnung in den Kirchen auf die Mission ist im Werden. Erneuerung und Vertiefung des Verständnisses des missionarischen Auftrags zeigt sich in vielen mündlichen und schriftlichen Darbietungen in seiner Bedeutung für die Kirche. Wir haben von einem vierfachen Hinweis gesprochen, und von ihm soll in aller Kürze wenigstens auch hier die Rede sein. Wir sind überzeugt, daß in den letzten Jahrzehnten seit dem Ende des Ersten Weltkrieges eine neue gründliche theologische Besinnung auf die Botschaft, auf das Evangelium, auf Gottes Wort an die Welt geschehen ist und daß hier ganz neu der eigentliche Auftrag, der eigentliche Sinn und das Wesen der Kirche erkannt worden ist. Kirche existiert im Vollzug dieses Wortes. Insofern ist Kirche eigentlich nur von der Mission her zu verstehen. Wort und Evangelium, Vollzug der missio dei, der missio Christi, Botschafter an Christi Statt, das ist das eigentliche Wesen, Sinn und Auftrag der kirchlichen Existenz in der Welt und für die Welt. Darum ist hiermit verknüpft eine neue Erkenntnis der Kirche. Kirche als eine Funktion des Wortes, als eine Funktion des Wortes im Dienste Gottes an der Welt. Insofern sprechen wir hier von einer missionarischen Dimension der Kirche. Wir vermeiden es aber ausdrücklich, von einem Werk der Kirche zu sprechen, wie es in dem Artikel 16 noch heißt: sie treiben das Werk der Äußeren Mission. Wir haben in diesen Jahren gelernt, daß man eigentlich so nicht reden darf, sondern daß unserer Erkenntnis gemäß gesagt werden muß: in der Kirche selbst vollzieht sich die Mission, die Mission Gottes. Indem der Auftrag Gottes geschieht, indem diese Diakonie sich vollzieht, geschieht Kirche für und in der Welt. Und zwar im Horizont der Wiederkunft Christi. Hier ist die eigentlich treibende Kraft, aus der heraus das Wort in die Welt ergeht. Aus der Hoffnung Gottes für die Welt, aus der Hoffnung, daß das Reich im Kommen ist und daß die Vollendung der Schöpfung Gottes in der Welt vor uns steht, auf die wir zugehen. Wir als Kirche haben für die Welt nichts anderes zu tun, als aller Welt diese Zukunft zu verkündigen, ihr anzusagen, was ihr Ende, ihr großes, einzigartiges und herrliches Ende in dem Kommen Jesu Christi ist. Die theologische Besinnung führt aber auch zu neuen Erkenntnissen der Wirklichkeit. Sie bringt uns dazu, Illusionen oder auch falsche Leitbilder von Kirche und Welt und von der Situation der Kirche in der Welt zu überwinden. Wir sehen die Weltsituation, in der wir als Kirche leben, neu und anders. Wir sehen sie natürlich nicht unter politischen Aspekten, sondern versuchen sie missionarisch zu begreifen. Das heißt also, als eine Herausforderung zum Zeugnis an eine Welt, die sich dem Evangelium verschließt, sei es durch neue Religionen oder alte Religionen, sei es auch ohne Religion, sei es mit alten und neuen Göttern und Abgöttern oder auch mit prinzipiellem Atheismus. Überall ist eins sichtbar, das, was heute an Religion aufsteht oder wiederersteht oder auch in Religionslosigkeit sich versteht, ist antichristlich. Das heißt also, alle stehen in einer Widerchristlichkeit, in einem Nein zu Jesus Christus, dem Licht der Welt. Das ist eine bedeutsame Tatsache, der wir uns in der Welt gegenübergestellt sehen. Die großen letzten Entscheidungen, von denen das neutestamentliche Zeugnis uns etwas sagt in seiner apokalyptischen Sprache, werden neu elementar sichtbar. Es geht um den Anspruch Christi als des von Gott eingesetzten Herrn der Zukunft der Welt und den Anspruch Christi auf diese Welt, der in der Mission angesagt, der in der Kirche für die Welt verkündigt wird, in eine Welt hinein, die ihre Ansprüche an Gott erhebt, die ihre Ansprüche auf die Welt mit Leidenschaft durchsetzt, die sich der Welt verschreibt als einer Welt, in der sie allein zu reden, zu handeln und Zukunft hat.

Es ist auch wiederum keine Zeit zu einer Erörterung in den Einzelheiten aus den Geschehnissen auf allen Kontinenten der Erde. Sonst müßte hier gesprochen werden von der Krise, in der sich die Mission und die Kirchen in vielen Ländern befinden, von der Bedeutung des kolonialen Zeitalters, gerade für diese Frage der Zukunft der Weltmission. Es wäre zu sprechen über die Entstehung und die Bedeutung einer Weltzivilisation europäisch-amerikanischer säkularistischer Prägung in allen Kontinenten der Erde. Es wäre zu sprechen von der Wiedererweckung alter Weltreligionen und ihrer charakteristischen Wandlung im Gegensatz zu dem, was sie vom Christentum verstanden und angenommen haben.

Mission und Kirche können nicht bleiben, wie sie etwa vom 19. Jahrhundert an in ihren damaligen Traditionen waren. Schon der Name *Äußere* Mission im Unterschied von *Innerer* Mission aus dem 19. Jahrhundert zeigt ja, daß hier ein Leitbild vorliegt, als ob es ein christliches Abendland, jene feste Burg Gottes und seiner Kirche gäbe, aus der heraus in eine heidnische Welt hinein gewisse Missionsaufgaben erfüllt werden und, nachdem sie dann erfüllt sind, würden die Missionare zurückkehren, und die Evangelisation der Erde sei zu Ende. Wie anders zeigt sich das Bild 100–150 Jahre nach dem Entstehen dessen, was wir in Deutschland Mission, Missionsgesellschaften und Innere Mission nennen. Wir erkennen heute, und das zeigt sich gerade in unserer ökumenischen Mitarbeit und Verantwortung, daß wir alle nicht so bleiben können, wie wir herkömmlich von unseren Traditionen her waren. Wir sind gefordert durch die tiefgreifende, wahrlich epochale Wandlung der Welt, vorzustoßen zu neuen Erkenntnissen, zu neuen Wegen, getragen durch die Gewißheit, daß der Boden, auf dem wir stehen, der Auftrag ist, das Evangelium vom Reich aller Welt anzusagen, also die missio Gottes zu vollziehen, das, was Paulus etwa in den Worten von 2. Kor. 5 sagt, daß das Wort von der Versöhnung der Welt mit Gott uns als Botschaftern an Christi Statt aufgetragen ist.

Der letzte Hinweis redet von der wahrlich epochalen geschichtlichen Wandlung, die dadurch zustande gekommen ist, daß aus der Arbeit der Missionsgesellschaften seit langem nun Kirchen entstanden sind, Kirchen, die auf dem Wege sind oder schon die ersten Schritte zu einer vollen Selbständigkeit getan haben. Durch den Dienst der Mission entstanden neue jungen Kirchen in Afrika, Asien und anderswo. Diese Kirchen können nun, je länger, je weniger, von Europa oder Amerika aus weiter geleitet werden. Sie können nicht mehr als Missionsgebiete europäischer Missionsgesellschaften sich ansehen lassen. Darum suchen sie auch ihrerseits Kirchen als Partner im Dienste, als Partner im Gehorsam, als Partner um der Hilfe willen, deren sie weiter bedürfen. Nun, was diesen großen Bereich angeht, kann auch hier nur diese kurze Andeutung gemacht werden, die ja mit unserer Aufgabe als Kirche in Deutschland insofern zu tun hat, als wir jetzt vor der Frage stehen: Was soll aus dem überlieferten Verhältnis der Missionsgesellschaften zu den Landeskirchen werden, gerade auch unter dem Ansturm, unter dem Druck, der von den Jungen Kirchen ergeht in steigendem Maße an die Kirchen Europas, die in neuer Weise Verbindung mit uns suchen, wie sie es bisher ja nie getan haben? Dieser Tatbestand ist der Ausgangspunkt für unsere Vorschläge im einzelnen. Was kann geschehen, was ist der sozusagen nächste Schritt, mögliche Schritt, den wir zu tun hätten? Davon redet die Ziffer 3 in I. Wir beginnen begreiflicherweise mit dem Dank für den Dienst der Missionsgesellschaften, dem Dank, den wir Gott und ihnen schulden, weil Gott sie gebraucht hat, wo wir als Landeskirchen versagt haben. Wir waren allerdings als Staatskirchen, als Volkskirchen dieses alten europäischen Stils ja offenbar nicht recht in der Lage, diesen Dienst unmittelbar zu tun. Und es ist ja wahr, daß es große Spannungen gegeben hat zwischen den Vertretern der Landeskirchen einerseits und denen, die überzeugt waren, Mission in der Welt treiben zu müssen. Wir sagen heute, wir *waren* nicht in der Lage, denn wir hoffen, daß wir in der Lage sein möchten. Aber wir sehen uns der Frage gegenübergestellt: Sind wir wirklich heute als Kirchen in Deutschland in der Lage oder vielleicht doch nicht? Dies ist eine wichtige Frage, mit der wir es in unserem Bericht und auch in unserer Beschlußfassung zu tun haben. Auf Grund unserer Einsichten, die wir aus unserer Ausschußarbeit gewonnen haben, meinen wir sagen zu sollen: Integration kann bei uns jedenfalls heute nicht bedeuten so etwas wie Eingliederung der Missionsgesellschaften und ihrer Arbeit in die landeskirchlichen überlieferten Organisationen.

Wir können nur Überlegungen anstellen, wie die Kirche ihre Missionsaufgabe neu und besser erfüllen und wie eine bessere Zusammenarbeit von Kirchen und Missionsgesellschaften um des gemeinsamen Dienstes, um der Sendung Christi willen hergestellt werden kann. Bessere Zusammenarbeit oder bessere Erfüllung der Missionsaufgabe der Kirche – hier stehen wir, wie wir alle wissen, wenn wir unsere Landeskirchen betrachten, wirklich ganz am Anfang. Es läßt sich nicht leugnen, daß durch viele Kirchen hindurch ein neues Fragen nach der Möglichkeit, Mission zu übernehmen, an der Mission Anteil zu gewinnen, also auch als landeskirchliche Gemeinde, als landeskirchlicher Kirchenkreis und als Landeskirche insgesamt in die Arbeit der Mission sich eingliedern zu lassen, da ist, wie es vielleicht seit langer Zeit oder unter Umständen überhaupt noch nicht dagewesen ist. Da entsteht um so mehr die Frage: Was soll daraus werden für das Verhältnis zwischen der Kirche von heute und den überlieferten Missionsgesellschaften, die die Vermittler des missionarischen Auftrags der Evangelischen Kirche in Deutschland an die Welt bis zu diesem Tage sind? Wir Vertreter der Landeskirchen möchten darum, wie es hier heißt, daß die Missionsgesellschaften die Brücken schlagen zwischen den Kirchen in Übersee und den evangelischen Kirchen hier. Wir sind davon überzeugt, daß aus einer neuen Gemeinschaft, aus einer neuen Zuwendung von Kirche und Mission, aus gegenseitigen Erkenntnissen der Zusammengehörig-

keit im Dienste der missio dei auch neue geschichtlich wirksame Träger missionarischen Dienstes erwachsen können. Wir wissen es nicht anders auszudrücken, weil wir davon noch nichts sehen, weil wir noch keinen Eindruck haben, wie es nun ganz anders gemacht werden könnte. Wir sagen, wir überlassen es der Führung Gottes, ob und wie und wann aus dem gemeinsamen Dienst der Missionsgesellschaften und der Kirchen neue geschichtliche Formen der Trägerschaft des missionarischen Dienstes erwachsen.
Unter uns werden manche sein – und wir haben das besonders empfunden in unseren Aussprachen mit dem östlichen Teil unseres Ausschusses –, denen diese Feststellungen nicht genügen. Sie möchten gern ein Mehr, sie möchten gern einen kräftigeren, profilierteren, deutlicheren Schritt nach vorn. Sie möchten gern in den ganzen Fragen der Integration über das hinaus, was hier bis jetzt vorsichtig und zurückhaltend ausgesprochen wird, sie finden den Schritt, den wir hier in der Vorlage zu tun beabsichtigen, zu klein. Aber, wenn wir uns gleich den Einzelheiten zuwenden, dann möchte ich doch sagen, daß hier so viel zu tun ist, um den ersten Schritt zu bewältigen, daß wir wahrscheinlich so rasch noch gar nicht über diesen ersten Schritt hinauskommen werden. Denn wir haben noch viel zu tun, um diesen ersten Schritt zueinander zu verwirklichen. Es handelt sich ja für unsere Überzeugung nicht um eine organisatorische Frage. Es handelt sich um eine geistliche Frage, es handelt sich, wie wir im nächsten Abschnitt zeigen können, um Fragen, die den Grund der Kirche betreffen, die Grundexistenz, die geistliche Existenz unserer Kirchen. Darum lassen Sie mich nun zu dem Abschnitt II übergehen.
Was bedeutet Integration für unsere Gemeinden? Man hätte ja meinen können, Integration sei ein Akt, der im Organisatorischen geschieht und der bestimmte Folgerungen aus dem zieht, was in den Beschlüssen von Neudelhi drinsteckt. Wir sind anderer Meinung und haben das auch ausdrücklich hier zugrunde gelegt: »Das erste und bleibend wichtige Erfordernis für eine sich nicht nur im Organisatorischen erschöpfende Integration von Kirche und Mission besteht darin, daß jede einzelne Gemeinde und alle in ihr wirkenden Gruppen und Verbände die Weltmission als ihre ureigene Angelegenheit zu verstehen und zu treiben lernen.« Dies ist die große Frage, vor der wir in vielen gliedkirchlichen Synoden bereits gestanden haben. Was kann geschehen, daß unsere volkskirchlichen Parochialgemeinden so etwas werden wie missionarische Gemeinden? Missionarisch eben in dem Sinne der Überwindung ihrer Stellung zur Inneren und Äußeren Mission, in dem ganz neuen Sinne des Verständnisses, daß die Gemeinde sich als die Gesandte weiß, die Gesandtschaft Gottes in dieser Welt. Dies müßte geschehen. Diese notwendige Wandlung ist das Entscheidende für die eigentliche Integration. Die Wiederentdeckung des Aufrufes Gottes an die Kirche, an jede einzelne Gemeinde, daß alles, was hier geschieht, was missio dei ist, nun ihre Sache ist. Hier steht darum das Wort: »ureigene Angelegenheit der Gemeinde«.
In der Tradition der amerikanischen Freikirchen ist das ganz anders verwirklicht, als es bei uns der Fall ist. Manchmal wird man auf die dort in den Ortsgemeinden vorhandene unmittelbare Verbindung zwischen Gemeindearbeit und missionarischem Dienst in der Welt geradezu neidisch, wenn man sieht, was das für die Gemeinde bedeutet, daß hier ein unmittelbarer Kontakt besteht, ein Bewußtsein dafür da ist: Diese Arbeit draußen in Übersee irgendwo in der Welt ist unsere Gemeindesache, für die wir vor Gott verantwortlich sind, die wir zu tragen haben. Das sind unsere Missionare, das sind unsere Menschen draußen, das sind die mit uns Verbundenen. Davon sind wir aufs Ganze gesehen in unseren Landeskirchen noch sehr weit entfernt. Wir haben uns in manchen Kirchen in den letzten Jahren viel Mühe gegeben, in dieser Sache langsam vorwärts zu kommen, um unseren Gemeinden deutlich zu machen: das ist eure Sache, unsere gemeinsame Sache. Die Weltmission als ureigene Angelegenheit der Gemeinde zu ergreifen und zu

entdecken, darum geht es. Wir sind als Ortsgemeinden in unseren Landeskirchen gerufen, hineingezogen zu sein in den Dienst Gottes, in den Dienst der Versöhnung, der in der ganzen Welt geschieht. Weltmission ist dann nicht mehr die Sache eines Missions-Frauenvereins oder eines Freundeskreises oder einer Summe von einzelnen Männern und Frauen, die zu Hause eine Kollektenbüchse für die Rheinische oder Berliner Mission haben, sondern eine Sache, die die Gemeinden in ihren Gemeindeversammlungen und Gottesdiensten angeht. Was das heißt, darüber kann auch am heutigen Morgen nur einiges gesagt werden.
Wir haben uns bemüht, in den Ziffern 2 bis 5 darauf hinzuweisen, um damit Anregungen zu geben für unsere Gemeinden in der Evangelischen Kirche in Deutschland, welche Folgerungen das für uns haben müßte. Diese Arbeit wäre eine ganz wichtige Aufgabe in unseren Gliedkirchen. Wir haben davon gesprochen, daß es Folgen geben muß für alle Arbeitszweige der Ortsgemeinde. Der kirchliche Alltag ist in ein neues Licht zu stellen. Er ist in das Licht der Mission zu stellen, und er wird in ein neues Licht gestellt, wenn die Kirche wieder entdeckt, daß die Mission tragender Sinn ihrer Existenz ist. Hier müssen wir aus der Introvertiertheit der typischen Parochialgemeinde, die mit sich selbst allein zu tun hat und zu tun haben möchte, heraus. Dies wäre entscheidendes Geschehen einer wahren Integration, einer Eingliederung der Gemeinde in den Dienst der Mission.
Wir sprechen hier von der missionarischen Dimension und der gemeindlichen Existenz in Ziffer 3. Predigt, Gottesdienst, Gebet, Frauen-, Männer-, Jugendarbeit, Kindergottesdienst, alles dies, was in der Gemeinde geschieht, sollte Ausdruck davon werden, was gemeindliche Existenz als eine in die Mission eingegliederte Größe ist. Hierüber nachzudenken wäre wohl einen eigenen Vortrag wert, eine Besinnung, die hineingreifen müßte bis in die theologischen Fragen der Verkündigung, des Gottesdienstes, des gottesdienstlichen Gebetes und der gemeindlichen Arbeit in unserem konkreten Alltag. Möglicherweise müssen auch hier neue Wege zueinander gefunden werden, denn wir haben die Erfahrung gemacht, daß in den Gemeinden, in denen sich ein neues Verständnis für missionarische Arbeit gezeigt hat, die Liebe dafür um so mehr wuchs, je konkreter die Aufgaben vor ihr standen, mit denen sie befaßt wurde. Wir reden heute sehr viel von Patenschaftsverhältnissen. Das ist gewiß in Anführungsstriche zu setzen. Denn in eigentlichem Sinn gibt es hier ja keine Patenschaften. Aber was damit gemeint ist, ist doch dies: daß unsere Gemeinden eine echte Konkretion brauchen und darum einen unmittelbaren Kontakt mit dem haben müssen, was in Übersee geschieht, in den Kirchen, mit denen ihre Gliedkirche durch ihre Mission verbunden ist, daß sie etwas davon erfahren können, daß sie eine Anschauung davon haben, daß sie auch die Menschen kennen, die dort am Werke sind. Denn für eine Mission, die sozusagen nur in einem verschwommenen, allgemeinen Vorstellungsbild besteht, werden wir nur sehr wenig Menschen gewinnen. Unsere Erfahrung zeigt, daß, wenn hier neue Wege gefunden werden, Wege echten, unmittelbaren Kontaktes, dann ganz andere innere Anteilnahmen erfolgen und äußere Opferwilligkeit erweckt wird.
Hier in unserer Vorlage ist noch die Rede von ökumenischem Austausch, es ist noch die Rede von Informationen. Das braucht nur am Rande erwähnt zu werden, um deutlich zu zeigen, was hier für Aufgaben vorliegen. Wir können ja heute schon sagen, daß im Blick auf die Leistungen, die in letzter Zeit auch von Missionsgesellschaften erfolgt sind, erhebliche Neuerungen gegenüber dem Stil der Vergangenheit sichtbar geworden sind. Man darf wohl sagen: Hier ist ein Wandel von großer Wichtigkeit eingetreten, der es auch möglich macht, daß in den Gemeinden die Wirklichkeiten der missionarischen Arbeit, der wahre Ernst, die wahre Freude ins Blickfeld rücken.
Unter Punkt 4 haben wir uns auch mit dem Problem der Finanzierung beschäftigt, einer Frage, die schon in unseren Gliedkirchen viel diskutiert worden ist. Was soll

nun eigentlich werden, soll Mission nicht mehr, wie es traditionell bisher der Fall gewesen ist, auf den freien Gaben der einzelnen Gemeindeglieder ruhen? Es gab eine Art von Frömmigkeitsverständnis, die der Überzeugung war, Mission kann nur dann segensreich sein, wenn sie auf Grund freiwilliger Gaben geschieht. Man war der Meinung, daß das Geld der Kirchensteuerzahler, das von sehr viel ungläubigen Menschen kommt, für die Mission nichts einbringen kann und man deswegen streng daran halten müsse, für die Arbeit der Mission nur freiwillige Gaben anzunehmen. Ich glaube aber, es ist eine schiefe Sicht der Dinge, wenn man diese Fragen so ansieht. Die Gemeinden, auch als Gesamtheiten, die ihre Geldmittel aufbringen von Menschen, von denen wir weder wissen, ob sie glauben oder ob sie nicht glauben, die aber ihre Beiträge für die Gemeinde leisten, sollten und müßten es lernen, auch aus dem, was ihnen anvertraut wird, gemeinsame Opfer für die Missionsarbeit zu leisten. Es muß eben doch auch zu den Selbstverständlichkeiten des Haushaltsplanes der Ortsgemeinde gehören können, daß diese Dinge genauso wie in den amerikanischen Ortsgemeinden erscheinen, daß damit deutlich wird: dies ist unsere gemeinsame Sache, nicht nur die Sache einiger Missionsfreunde, sondern unsere gemeinsame Angelegenheit. Dabei wird alles getan werden müssen – und wir hoffen, daß das sich im Grunde auch so auswirken wird, daß das andere, das persönliche, das private, zusätzliche, darüber hinaus gegebene Opfer dadurch in keiner Weise aus der Welt geschafft wird, zumal wir damit rechnen müssen, daß die Aufgaben, die uns auf diesem Gebiet erwachsen, über das bisherige Maß hinaus noch im großen Stile wachsen werden, so daß wir auf gar nichts verzichten können, vielmehr alles tun müssen, daß beides geschieht. Der einzelne Christ hilft mit seiner persönlichen Gabe und die Gemeinde mit ihrer gemeinsamen Gabe. Wir sammeln ja auch für viele andere Dinge in und außerhalb der Gottesdienste bis hin zu »Brot für die Welt«, außerdem aber fügen wir auch die gemeinsam aufgebrachten Geldmittel hinzu, damit schon darin deutlich wird in einer symbolkräftigen Handlung, daß die Ortsgemeinden als solche auch ein gemeinsames Opfer bringen.
Das letzte, das wir erwähnen, ist ja das besonders Schwierige und Gewichtige: Gewinnen und Entsenden von Menschen aus den Gemeinden. Das große Problem im Zeitalter des Kräftemangels, wo sich alle Menschen darum reißen, guten Nachwuchs zu bekommen. Nun kommen wir auch noch und wollen Nachwuchs, wollen neue Menschen haben für Übersee, für Mission. Unsere Gemeinden versagen weithin. Auch unsere jungen Theologen sind im großen und ganzen nicht ausgesprochen geneigt, in diese Arbeit einzutreten. Es widerspricht so stark der herkömmlichen Tradition, daß sie meinen, dazu gehöre eben auch eine besondere missionarische Berufung. Auf der anderen Seite sind es ja oft die Familien, die ihnen raten, bloß nicht in das gefährliche ferne Land zu gehen, weil man gar nicht weiß, ob man von daher wiederkommt. Diese Dinge und Fragen spielen in unseren Gemeinden eine große Rolle. Wenn schon Menschen willig sind, in ihren Dienst einzutreten, dann aber in der Nähe und nicht in der Ferne. Wo ist der Elan innerhalb der jungen Theologenschaft, der Welt das Evangelium zu sagen? Ist es nicht so, wir empfinden es eben sehr stark auch in unserer eigenen Kirche, daß die Tendenz, möglichst nahe beim Zuhause bleiben zu können, besonders stark ist? Wir müssen uns anstrengen, jemanden willig zu machen, in den Dienst einer Jungen Kirche zu treten, hinauszugehen nach Neu-Guinea, nach Südafrika oder wo es sonst sei. Man hört ja so viel von den Gefahren in den rassisch andersartigen Gebieten, was den Weißen alles angedroht wird. Alles dies spielt gewiß hier und da eine Rolle, aber im tiefsten Grunde wissen wir ja auch, daß dahinter die Schwäche der europäischen Kirchen steht, daß ihnen der Elan des Sendungsbewußtseins, des Gesandtseins in die Welt fehlt. Wir meinen, Integration fordert von den Gemeinden die Einbeziehung der Kirche und ihrer Menschen in den missionari-

schen Dienst der Welt, in ihrem Denken und in ihrem Handeln: das heißt also insgesamt eine Überwindung der herkömmlichen, überlieferten Introvertiertheit, als ob draußen die Ferne uns nichts anginge und wir uns selbst genug verpflichtet wären und unseren ganzen Dienst hier zu Hause tun müßten.
Worum es hier geht, steht am Anfang des dritten Teiles. Wir sagen hier das Wort: in den Gemeinden müsse etwas Entscheidendes geschehen, nichts Geringeres als eine Erweckung des Glaubens und der Freudigkeit zu missionarischem Zeugnis. Dies ist es. Und dazu gehört es, daß Menschen sich rufen lassen und gewonnen werden, in diesen Dienst einzutreten, denn wir können es lesen und haben es in mannigfacher Weise gehört, daß an diesem Punkte die große Aufgabe unserer Zeit steht, Menschen zu gewinnen, die drinnen und draußen, vor allem draußen in der Welt, für diesen Dienst sich gewinnen lassen.
Wir kommen zu III. (Die Gliedkirchen.) Die Landeskirchen sind gefragt, meinen wir. Was müßte bei ihnen geschehen? Wir haben in einigen Punkten zum Ausdruck gebracht, was hier geschehen könnte und sollte. Es ist ja die Gefahr, daß man auch und gerade in einer Landeskirche, in der es so viel Organisation gibt und leider geben muß, diese ganze Frage irgendwie auf organisatorische Weise erledigt. Man könnte Missionsausschüsse einsetzen, Aktionsausschüsse und was es alles so gibt, und hat dann nachher alles durchorganisiert, und Entscheidendes ist nicht geschehen. Darum haben wir nun, behutsam und vielleicht nur, um Andeutungen zu machen, davon gesprochen, daß es freilich notwendig sein wird, daß in den Gemeinden und ihren Gliederungen bestimmte Kreise da sein müssen, die aus besonderer Berufung und Überzeugung heraus dafür sorgen, daß Mission zur Sprache kommt und im Gespräch bleibt, daß die Anregungen, um die es hier geht, durchgeführt werden. Es muß ja auch einige Menschen geben, die von besonderer Sachkenntnis sind, die die Fähigkeit haben, auch andere zu rufen. Dies alles wird von großem Gewicht sein. Wir haben das im einzelnen hier angedeutet, aber ich möchte auf die Einzelheiten hier nicht eingehen, weil es nicht unbedingt notwendig ist, alles zu erwähnen. Wichtig war für uns, daß in der Landeskirche so etwas wie ein Organ geschaffen wird für die Aufgabe der Weltmission. Wir sind in der Tat der Meinung, es dürfte jetzt nicht so etwas geben wie eine Integration der Mission in unsere übliche kirchliche Verwaltung. Wir können die Mission weder in unsere Synoden hineinnehmen noch in unsere Verwaltungskörperschaften und damit sozusagen unsere Aufgabe erledigen. Organe für Weltmission sind etwas ganz Neues für unsere Landeskirchen, etwas ganz anderes, als es bisher gegeben hat. Darum müssen wir ein wenig experimentieren. Darum gibt es ja auch so eine Menge von Anfängen auf diesem Gebiete. Man hat Missionskammern gebildet und Missionsausschüsse, man hat ökumenische und missionarische Räte oder Ämter gebildet. Wir müssen aber dies bedenken: Missionsausschüsse, in denen nur die Vertreter der Missionsgesellschaften sich wieder treffen, sind völlig überflüssig. Entscheidend ist, daß hier ein Organ der Kirche geschaffen wird, in das hinein sozusagen jetzt durch die Mitarbeit der Missionsgesellschaften der missionarische Dienst sich integriert und die Kirche damit ihrerseits ein Organ hat, durch das sie missionarisch entscheidende Dinge tun kann. Bedenken Sie hier, was wir unter Punkt 4 zusammengestellt haben als die eigentlichen großen und wichtigen Aufgaben, um die es hier geht. Ich kann sie nur ganz kurz skizzieren. Sie sehen schon an den einzelnen Punkten, was für weittragende Dinge es sind: die Gewinnung und Ausbildung von Missionsmitarbeitern aller Art. Dahinter verbirgt sich eben alles, was im Dienst der Mission draußen steht, angefangen von den Professoren und Theologen, Pastoren und Mitarbeitern im geistlichen Amte bis hin sogar zu den Menschen, die draußen in der Wirtschaft, in der Landwirtschaft oder in anderen Bereichen arbeiten. Alles, was hier bisher angefangen ist und was in manchen Missionsgesellschaften in der neuesten Zeit zu erstaunlichen Dingen ge-

führt hat, sollte von hier aus in Angriff genommen werden, zumal es sich hier um ganz neue und weite Räume handelt. Wir denken daran, daß wir heute mehr denn je gerade im diakonischen Bereich Ärzte und Schwestern brauchen neben den Theologen, daß sie gerade eine besonders wichtige Aufgabe in den Jungen Kirchen haben.
Das zweite heißt Sendung. Einige Kirchen haben bereits seit längerer Zeit angefangen, solche Sendungen zu vollziehen. Wir haben hier und da gehört, daß neuerdings weitere Landeskirchen solche Sendungen unmittelbar vollzogen haben. Ein Faktum, das festgehalten zu werden verdient: Eine Landeskirche, die doch durch Grenzen charakterisiert ist, die sie eigentlich nicht überschreiten dürfte, tut etwas, was in die ganze Welt hinein wirkt. Sie schickt Menschen nach Neu-Guinea, nach Tanganjika oder sonst wohin, Pastoren und andere, und sagt: Ihr seid die Gesandten der Kirche Christi, nicht unserer Landeskirche, sondern der Kirche Christi, in deren Dienst wir stehen, und wir handeln hier als die, die Gott zur Sendung aufgerufen hat und darum senden wir. Dieser Tatbestand scheint mir mit zu dem Wichtigsten zu gehören, was Integration ist. Daß unsere Kirchen selbst sich verstehen als die, die zu senden haben. Daß hier also von den Gemeinden aus durch die Gliedkirchen hindurch in die Welt hinaus neue Sendung erfolgt.
Das dritte ist die Pflege von Kontakten durch gegenseitige Besuche der Kirchen hier und draußen. Auch dieses fängt ganz neu an, daß ein neuer Besuchsdienst erfolgt, Besuchsdienste zwischen draußen und drinnen. Die Kontakte erscheinen bei uns in stärkerem Maße darin, daß die führenden Leute der Kirche aus Übersee bei uns zu Besuchen erscheinen, mit uns über alles sprechen, bei uns sich eben einfach vorstellen, um uns zu bezeugen: Wir sind die Zeichen dafür, daß die missio dei, die eure Väter begonnen haben, Frucht gehabt hat. Wir kommen, um Euch zu danken, was Gott durch Euch getan hat. Und umgekehrt: Wir gehen hinüber nach Südwestafrika oder nach Tanganjika oder nach Neu-Guinea, nach Ostasien und Japan, um miteinander zu lernen, zu leben, Gott zu loben und zu preisen als die, die in einer Kirche Jesu Christi durch die missio dei gesandt und gesammelt sind.
Und das letzte: Die Finanzierung, die Übernahme etwa der Gehälter der Missionare, ihre Versorgung und besondere Hilfsmaßnahmen. Dies ist ein gewaltiges, großes Gebiet, das in den letzten Jahren angefangen hat, nicht nur in den bedeutenden großen Sammlungen »Brot für die Welt« in dem Bereich der ökumenischen Diakonie, sondern auch in den anderen Bereichen, von denen sicher manche Gliedkirche hier in dieser Stunde erzählen könnte, was Gott ihr gegeben hat, was hier angefangen ist an neuen Maßnahmen, an neuer Hilfe, an neuer Freudigkeit, was uns Gott anvertraut hat in unserm Reichtum, nun auch wirklich einmal in die Welt hinaus zu verschwenden, zu verschwenden an die, die arm sind, die hungrig sind und die auch Entscheidendes brauchen, um als Kirche bestehen zu können. Denn zu der größten Schwäche, wie mein Eindruck ist, einer großen Zahl von jungen Kirchen gehört dies, daß sie auf Grund ihrer wirtschaftlichen Armut viele entscheidende Dinge nicht tun können, während wir einen Beitrag dazu leisten könnten, den uns Gott durch unser Reichwerden vor die Füße gelegt hat. Hierbei geht es nun nicht nur um Aufgaben, die von den einzelnen Gliedkirchen je für sich zu verhandeln sind, sondern wir haben gesehen, es muß auch gerade hier bedacht werden, daß wegen der geschichtlichen, überregionalen Verbindungen zwischen Kirchen einerseits und Missionsgesellschaften andererseits auch überregionale, überlandeskirchliche Zusammenschlüsse geschaffen werden müssen. Das ist im einzelnen hier ausgeführt, ich brauche auf diese Einzelheiten nicht einzugehen. Es handelt sich hier gerade um die Schwierigkeit, daß etwa die Rheinische Mission nun nicht mit der Rheinisch-Westfälischen Kirche identisch ist, sondern ein ganzes Teil Hinterland, wie man so sagt, in anderen Gebieten der Evangelischen Kir-

che in Deutschland hat. Ebenso ist es bei der Gossner-, der Berliner oder bei der Leipziger Mission. Überall haben sie verstreut über eine ganze Reihe von Kirchen das Heimatland, aus dem sie ihre Missionsfreunde sammeln. Hier müssen neue Wege gefunden werden, die nicht einfach durch landeskirchliche Ordnungen geschaffen werden können, sondern darüber hinaus müssen wir Verbindungen schaffen, die ja auch schon im Werden sind. Die ersten Kontakte und Ansätze dazu sind schon im Entstehen begriffen.
Nun noch ein letztes Wort über die Evangelische Kirche in Deutschland. Nachdem, was wir eben gehört haben, könnte doch die Frage entstehen: Gibt es überhaupt etwas für die EKD zu tun? Muß nicht eben dies in den Landeskirchen und in den Gemeinden geschehen? Ist denn die Integration nicht im Grunde eine Aufgabe, die sich nur für die Gliedkirchen ergibt? Wir waren der Überzeugung, daß gerade auch die Evangelische Kirche in Deutschland ganz bestimmte Aufgaben hier zu erfüllen hat. Wir sind uns im Ausschuß, wie man in Abschnitt IV sehen kann, darüber einig geworden. Es ist klar, daß es hierbei um einige ganz besondere Dinge geht und daß hierbei vieles berücksichtigt werden muß, was ja in dem bisher Gesagten schon beschlossen ist. Unser Ausgangspunkt ist in Ziffer 1 ganz deutlich: Der Tatbestand des Deutschen Evangelischen Missions-Tages als Zusammenschluß der Deutschen Missionsgesellschaften und der Deutsche Evangelische Missions-Rat, die Leitung dieses Zusammenschlusses, worüber Bischof Meyer sicher noch ausführlicher sprechen wird. Dieser Zusammenschluß ist eine in sich so wichtige und auch ökumenisch bedeutsame Angelegenheit, daß wir gar nicht anders konnten, als dies anzuerkennen, und darum bei der Aufgabe, die die EKD angeht, darauf aus sein mußten, so etws zu bilden wie einen neuen, arbeitsfähigen, mit bestimmten Aufgaben ausgestatteten Verbindungsausschuß zwischen der EKD und den Missionsgesellschaften, das heißt also zunächst die von uns erst einmal so genannte »Evangelische Arbeitsgemeinschaft für Weltmission«. An diesem Punkte gab es natürlich viele Fragen, auch wiederum von unseren Brüdern aus den östlichen Kirchen. Sie sagten, auch dies ist eigentlich zu wenig, in der Integration müßt ihr weitergehen, ihr zementiert sozusagen den Tatbestand eines historischen Gegenübers von Missions-Rat einerseits und EKD andererseits durch diesen Ausschuß und ihr tut die entscheidenden Schritte nicht. Wir haben deswegen noch einmal in einer besonderen Ausschußsitzung durch eine Teilnahme verschiedener Brüder aus dem Westen versucht klarzumachen, welche geistlichen Gründe uns überzeugt haben, daß hier ein anderer Weg nicht gangbar ist. Hierüber sollte aber Bischof Meyer sprechen von seiten der Mission, weil er in diesen Dingen besser zu Hause ist als ich.
Unser Vorschlag ist also geblieben. Wir sollten vom Rat aus, als der Leitung der Evangelischen Kirche in Deutschland, eine Verbindung suchen mit dem Deutschen Evangelischen Missions-Rat und dann etwas schaffen wie die vorliegende Vereinbarung, die ich aber jetzt nicht zum Gegenstand meiner Ausführungen machen möchte, zumal wir sie ja eigentlich auch nicht beschließen können, denn sie muß ja im Grunde zwischen den Verhandlungspartnern im einzelnen ausgehandelt werden. Sie ist nur ein Entwurf, der vorgelegt wird, um zu zeigen, wie sich der Ausschuß etwa die Arbeit dieser Arbeitsgemeinschaft gedacht hat. Aber nun die Frage: Warum machen wir das denn nun eigentlich so? Nun, Sie sehen an den nächsten Punkten 2 bis 5, daß diese Arbeitsgemeinschaft wirklich etwas zu tun hat. Und zwar haben wir uns deutlich gemacht, daß man unterscheiden muß zwischen bestimmten missionarischen Aufgaben einerseits, die in den regionalen Gliederungen gelöst werden können, und anderen Aufgaben, die, wie wir einmal sagen wollen, mehr funktionaler Art sind und von uns allen gemeinsam am besten bewerkstelligt werden können. Sie sehen hier eine Anzahl von Aufgaben genannt. Von allen wäre viel Interessantes im einzelnen zu sagen: vom Deutschen

Institut für ärztliche Mission oder der Missionsakademie in Hamburg. Dann die Vorbildung und die Entsendung von Dozenten für theologische Fakultäten und Universitäten in Übersee, eine Sache, die auch nur mit Erfolg von einer Gesamtheit aus durchgeführt werden kann. Dann die Errichtung von Lehrstühlen für Christentum an Universitäten in Asien und Afrika, Rundfunkstationen, denken Sie an den neu errichteten Sender in Addis Abeba, eine große Sache für Afrika. Dann das christliche Schrifttum in Übersee, in dem wir noch weit zurück sind, erst recht in der Bibelmission. Hierüber hätte ich eigentlich sehr viel ausführlicher reden wollen und müssen, als ich es hier kann. Ich bin in den letzten zwei Jahren bei einem Einstieg in diese Probleme tief erschrocken darüber, daß die Evangelische Kirche in Deutschland in dieser Arbeit gerade hintenansteht. Die Kirche des Wortes, meine Brüder und Schwestern, die Kirche des Wortes tut für die Verbreitung der Bibel sehr wenig. So wenig, daß man sich eigentlich schämen muß. Die Anglikaner, die sich nun wirklich nicht eine Kirche des Wortes nennen, tun viel, viel mehr dafür als die reformatorischen Kirchen von Mitteleuropa. Nachdem mir das deutlich geworden ist, bin ich auch zu der Überzeugung gekommen, daß wir hier einige ganz große Schritte tun müssen und daß wir hier etwas gemeinsam tun können, gemeinsam in einer neuen Anstrengung der Bibelmission. Es ist mir ganz deutlich geworden, als ich aus Ostasien hörte, daß an kommunistischem Propagandaschrifttum viel mehr hereinkommt in diese Bereiche als an Bibeln. Oder, wie wir in Neudelhi hörten, daß die Zahl derer, die jetzt ausgebildet werden, die also jetzt Lesen und Schreiben lernen, schneller wächst als die Zahl der Bibeln, die sie haben müßten. Diese Tatbestände sind doch für uns erschreckend und zeigen uns, daß wir hier etwas nachzuholen haben. Wir müssen uns also hier gemeinsam anstrengen und überlegen: Was tun wir eigentlich, daß in den Ländern der Welt die Bibel in ihren Sprachen erscheinen kann? Wie lange haben wir uns gerade auch in den Bibelgesellschaften weitgehend damit befaßt, unseren armen Kindern in Deutschland eine Bibel zu beschaffen, und zwar für einen lächerlich geringen Preis. Statt dessen hätten wir dafür sorgen müssen, daß die Bibel in ganz anderem Maße in allen Bereichen der Welt verbreitet würde. Eine wichtige und große Sache! Andere Punkte werden hier noch erwähnt, auf die ich aber im einzelnen nicht eingehen möchte. Das sind Aufgaben, von denen wir meinen, sie müßten geleistet, in Angriff genommen oder auch koordiniert werden von dieser Evangelischen Arbeitsgemeinschaft für Weltmission. Natürlich kann sie nicht alles tun, natürlich ist sie nicht imstande, alle diese Aufgabenbereiche in ihre Hand zu nehmen. Aber hier wäre doch die Stelle, von der aus das alles angeregt und auch dann verfolgt werden könnte, um zu sorgen, daß wirklich etwas geschieht und daß auch planmäßig und gemeinsam gearbeitet wird. Denn die Gefahr, in der wir uns heute befinden, ist ja die Steigerung eines Chaos in all diesen Bereichen, wo hier und da etwas Neues angefangen wird in einer gewissen Planlosigkeit, mit der wir das häufig in unserer evangelischen Kirche zu tun pflegen.
Der Punkt 3, der dann hier noch folgt, behandelt nun noch ein Sonderproblem, nämlich die Frage, wie es mit den Missionsgesellschaften gehalten werden soll, die gar nicht innerhalb einer bestimmten Gliedkirche oder einer bestimmten regionalen Gruppe einzugliedern sind. Es gibt eine Anzahl von Missionen in Deutschland, die sehr stark verstreut sind über das ganze Land und die doch auch in irgendeiner Form in die Gesamtheit unserer Arbeit eingegliedert werden sollten. Dafür allein ist schon diese Arbeitsgemeinschaft notwendig. Hier sind noch ganz besondere Fragen zu lösen und zu klären.
Schließlich müßte es auch gemeinsame Mittel geben, die von den Gliedkirchen zur Verfügung gestellt werden für diese Arbeit, und wir werden hier, glaube ich, in absehbarer Zeit Mittel brauchen in dem Ausmaße dessen, was wir heute an »Brot für die Welt« geben. Wir haben Überlegungen angestellt, wir haben schon davon

gesprochen, ob nicht eines Tages möglicherweise hier noch etwas ganz anderes an Opfern aufgebracht werden müßte, denn wir erwarten wohl, daß uns aus dem Raum der Ökumene Aufgaben zuwachsen könnten, die weit über das hinausgehen, was wir bisher geschafft haben. Das sind zum Teil Dinge, die in den Bereich der ökumenischen Diakonie hineingehören; aber es zeigt sich heute schon, jede Kirche bekommt von den verschiedensten Gebieten der Welt Anfragen, was für Möglichkeiten bestehen, die notwendigen Millionen zu beschaffen, um die Aufgaben, die jetzt auf die Kirchen in Übersee zukommen, zu bewältigen. Darum der Punkt 4 und der Punkt 5, der auch zum Ausdruck bringt, daß hier dieser Ausschuß die Zusammenarbeit aufnehmen muß gemeinsam mit den Stellen der Ökumene und den konfessionellen Weltbünden, mit denen ja die Gliedkirchen in der EKD unmittelbare Verbindung haben, und andere ökumenische Zusammenschlüsse als Partner ansehen soll. Uns liegt daran, daß wir alle zusammen in einer großen Planung diese Dinge bearbeiten, weil ja, wie die Sachkundigen wissen, zwar im Augenblick eine ganze Menge Geld aufgebracht wird, es aber oft ein bißchen planlos und zufällig irgendwohin vergeben wird, so daß man eigentlich das Gefühl hat, man könnte vieles besser und solider und entwicklungsfähiger machen, wenn man hier eine gute Arbeitsgemeinschaft für uns alle hätte.

Ein kurzes Wort über die Zusammensetzung. Sie haben gesehen, dieser Ausschuß sollte etwa 12 bis 14 Mitglieder haben, er soll nicht zu groß sein und er sollte einen Verbindungsmann haben zur ökumenischen Diakonie und schließlich auch einen hauptamtlichen Sekretär, weil nur dadurch, daß dieser Ausschuß auch einen Mann hat, der sozusagen für die Vorbereitung und für die Durchführung der Arbeit sorgt, dann auch wirklich arbeitsfähig sein wird. Aber das verstehen Sie, glaube ich, ohne große Ausführungen von selbst. Wir haben das in Punkt 7 dargeboten, um deutlich zu machen: es kann, wie die Dinge heute liegen, eine solche Arbeit nicht durch Eingliederung etwa der Evangelischen Arbeitsgemeinschaft in eine unserer Behörden der EKD geschehen, sondern es muß gerade deutlich bleiben, daß es sich hier um eine Sache handelt, die in Zusammenarbeit von allen eben an dieser Stelle wirklich Beteiligten geschieht und nicht einfach eine Institution der EKD als solcher ist. Hier ist der Punkt, wo auch von unseren Brüdern aus dem Osten gemeint wurde, wir hätten doch stärker in dieser Sache eine Institution der EKD schaffen sollen, aber wir haben uns gerade in den ausführlichen Gesprächen mit den Brüdern von der Mission überzeugt, daß aus mannigfachen Gründen etwas Besseres, Wirksameres und Sachgemäßeres, als es hier vorgeschlagen ist, wohl zur Zeit nicht geleistet werden kann.

In dem letzten Satz – und damit bin ich am Ende der Durchberatung unserer Vorlage – haben wir noch zum Ausdruck gebracht, daß ja diese Arbeitsgemeinschaft nicht unmittelbarer Träger missionarischer Dienste sein kann, sondern, wie es hier heißt, als Treuhänder und Koordinationszentrum wirken soll, aber in der Hauptsache dahin wirkt, daß neues Vertrauen entsteht. Gegenseitiges tiefes Vertrauen muß ja auch noch wachsen, und dadurch die Einheit unseres Dienstes, der um der Liebe Christi willen im Blick auf die heutige Weltlage dringlich gefordert ist.

Wenn wir auf diese Vorlage zurückblicken, so werden manche fragen, ob das nicht im Grunde doch alles zu wenig war, während auf der anderen Seite vielleicht auch die These auftreten könnte: Ist nicht hier zuviel gewollt, ist nicht hier zuviel geplant? Wir im Ausschuß haben in der wirklich schönen Zusammenarbeit bedacht, daß diese Arbeit, die hier von unseren Aspekten her anheben soll, aus der Gewißheit des uns vom Herrn übertragenen Auftrags her geschehen muß. Wir dürfen ja nicht zurück. Wir dürfen hier nicht ängstlich oder besorgt sein, sondern wir müssen hier wirklich etwas wagen. Wir müssen etwas riskieren, etwas in Angriff nehmen, denn die Stunde, in der wir als christliche Kirche in der Welt stehen, fordert von uns ganz entscheidende neue Ansätze. Wir glauben auch, daß wir der Verheißung des Geistes trauen dürfen, daß wir bei aller unserer eigenen Schwäche, die wir im Blick auf unsere Landeskirchen ganz deutlich vor Augen haben, gewiß sein dürfen, daß der Geist unserer Schwachheit aufhilft und aufhelfen wird, wenn wir es ihm zutrauen. Das heute bei uns Mögliche, das nach unseren Einsichten Notwendige, haben wir versucht in unserer Vorlage zum Ausdruck zu bringen. Es sind die ersten gewichtigen Schritte zu einer echten Integration, die in jahrelanger Arbeit wachsen muß. Wir meinen, daß entscheidend dafür eins sein wird, daß wir in der evangelischen Christenheit in Deutschland wiederum Kirche werden, die ihrer Sendung in die Welt neu gewiß wird, die diese Sendung, um deretwillen sie überhaupt lebt, als das Eigentliche neu entdeckt und wieder ergreift. Dies wird für die Zukunft der Evangelischen Kirche in Deutschland das Entscheidende sein.

Ich sollte nun aber zum Abschluß dieses Themas etwas über meine Wirksamkeit als Besucher der aus unseren Missionen hervorgegangenen »jungen Kirchen«, wie man damals sagte, berichten. Es war mir eine ganz ungewöhnliche Freude, diese Besuche in den sechziger Jahren durchführen zu dürfen. Leider kann ich nur an einem Beispiel erzählen, wie eine solche »Missionsreise« aussah. Zuerst war ich in Südafrika und in »Deutsch-Südwestafrika«, heute Namibia genannt. Ich nahm mir viel Zeit und hatte starke Eindrücke von der Kirchlichkeit in diesen Gebieten, aber auch schwere Sorgen im Blick auf die Rassentrennung mit ihrem »Rassismus«, der für mich etwas Unmenschliches war und leider gerade von den weißen Christen Südafrikas vertreten wurde. Dies besondere Thema hat die Kirchen der Ökumene seitdem nicht wieder verlassen, ja in steigendem Maße ist es zu einer ganz zentralen Frage der Kirche geworden.
Meine nächste Reise ging nach Indien (Weltkirchenkonferenz 1961), dann auch nach Japan, Hongkong und Indonesien (Sumatra und Java). Wie verschieden sind unsere ostasiatischen Schwesterkirchen, obwohl wir alle dasselbe Bekenntnis, dieselbe Heilige Schrift und das eine Evangelium haben! In Japan eine winzige Minderheit, eine Kirche mit viel theologischer Bildung (eigene Kirchliche Hochschule), großes Interesse für deutsche Theologie. Aber wie unlösbar erscheint hier die Durchführung des Auftrags der Kirche inmitten eines modernen, selbstbewußten Industrielandes (mit der Nationalreligion des Schintoismus und der so eigentümlichen »Religion« des Buddhismus). Ein gebildeter Japaner sagte mir im Flugzeug, weit mehr als die Hälfte der Japaner sei völlig irreligiös: Sie seien »Atheisten«, aber anders als die westlichen europäischen Atheisten! Das Schmerzliche in Japan war für mich, daß die kleinen Kirchen dort nicht einmal eine bessere Gemeinschaft haben.
In Hongkong glaubt man erst gar nicht, daß hier eine evangelische Kirche ist – so riesengroß ist die Zahl von Millionen Chinesen gegenüber den wenigen Tausend Seelen der »rheinisch-chinesischen Kirche«. Aber diese Kirche ist tapfer, opferfreudig und zeugniskräftig. Erstaunlich ist ihr Schulwesen vom Kindergarten bis zur Oberschule.
Von dort ging es nach Indonesien. Wieder eine andere Welt. In Sumatra begegnet man der großen Volkskirche der Batak, die mehr als eine Million Mitglieder hat. Daneben ist eine ganze Reihe von evangelischen Volkskirchen in dem riesigen Inselreich verstreut. Aber auch hier: Hochschulbildung der Pastoren in Djakarta und in Sumatra (Pematang-Siantar). Diese Kirche des Volkes der Batak ist eine eindrucksvolle Größe in Indonesien. Freilich bildet die christliche Kirche hier gegen-

über dem Islam nur eine kleine Schar (nicht viel mehr als 10% der Bevölkerung sind Christen). Das Problem der Auseinandersetzung oder des Zusammenlebens mit dem indonesischen Islam ist noch ungelöst. Viele haben vor einer Entwicklung zum »islamischen Staat« in Indonesien Sorge. Aber was man auch erwarten möchte – die Kirchen sind missionarisch lebendig, und sie wachsen trotz vieler Schwierigkeiten.
Ich bin zweimal in Indonesien gewesen. Besonders fuhr ich noch nach Nias, wo die dortige christliche Kirche 1965 ihr hundertjähriges Jubiläum feierte. Von dieser Reise habe ich einen Bericht geschrieben, der besser als vieles andere einen Eindruck gibt, wie aus der Mission eine Volkskirche geworden ist.

Eine junge Kirche – Bericht über eine Reise nach Nias – 1965

Verehrte Brüder und Schwestern!
Ich möchte vorweg einige Worte sagen über die Verzögerung meines Abfluges durch den indonesischen Konflikt. Am 30. 9. kam ich von der Feier auf Nias nach Djakarta zurück und wollte eigentlich am 1. 10. weiterfliegen. Jedoch durfte die Air India wegen des indonesischen Konfliktes nicht nach Djakarta fliegen. Außerdem geschah in der Frühe des 1. Oktober ein Handstreich unter der Leitung eines Oberstleutnants Untung, der zur Leibwache Sukarnos gehörte, der entschlossen war, seine Gegner innerhalb der Generalität kurzerhand zu beseitigen mit der Begründung, diese Leute planten einen Putsch: Um ihm zuvorzukommen, müßten sie sie beseitigen. Das ist ja eine bekannte Methode in Revolutionen. Ob sie einen Putsch planten, ist mir sehr zweifelhaft, denn dann hätten sie etwas sorgfältiger dafür Sorge getragen, daß sie nicht solchen Gefahren ausgesetzt waren. Es stellte sich dann heraus, daß hier Kräfte am Werk waren, die der kommunistischen Linie in Indonesien stärker zugeneigt waren.
Nun muß man bedenken: Indonesischer Kommunismus ist weder chinesisch noch sowjetisch. Er ist höchstens etwas Ähnliches auf der Grundlage eines Landes und eines Volkes, in dem das Elend eine entscheidende Rolle spielt. Wenn es dort so viel Kommunismus gibt, so ist das kein Wunder. Denn die Armut und das Elend sind bekanntlich die Voraussetzungen für die Entstehung einer solchen ideologischen Überzeugung. Nichts anderes ist eigentlich in diesem Lande die Ursache dafür, daß es eine relativ große kommunistische Partei gibt, bei der die Menschen mehr von der Hoffnung erfüllt sind, daß ihnen auf diese Weise Freiheit, Brot, Geld und alles, was sie wünschen, zugetragen wird. Es ist nicht anders wie vor einigen Jahren, als die Menschen während ihrer Befreiung von der holländischen Kolonialherrschaft der Meinung waren: Wenn wir erst einmal frei sind von der Herrschaft des Westens, dann werden wir auch reich, wie der Westen auch reich ist; denn die Freiheit ist die Grundlage des Reichtums.
Nun haben die Menschen in den 20 Jahren erlebt, daß die Freiheit noch lange keinen Reichtum bringt. So suchen sie immer neu nach einer Möglichkeit, über die Armut hinauszukommen. Die Voraussetzungen, die dazu zu schaffen wären, sind natürlich sehr mannigfaltig. Die Probleme sind nicht leicht zu lösen. Man muß auch an das Klima denken. Man lebt dort diesseits und jenseits vom Äquator. Wir würden alle nicht so viel leisten, wie wir hier zu leisten imstande sind, wenn wir unter solchen klimatischen Verhältnissen leben müßten. Auf der anderen Seite ist aber die Natur auch so großartig in ihrem Reichtum, daß das Land tatsächlich, rein von der Natur her, sehr viel reicher ist als irgendein europäisches Land. Es wächst alles »von selbst«.
In diesem Zusammenhang ist die eben geäußerte Erwähnung des Kommunismus

wichtig, d.h. welche Rolle er im Blick auf die Armseligkeit, in der dieses Land leben muß, spielt. Ich will niemandem die Schuld geben. Die Situation ist so schwierig, weil die Kolonialregierung es in hundert Jahren versäumt hat, für eine Elite in diesem Land zu sorgen. Die Kolonialländer haben das Land im Grunde nur ausgebeutet und sind dabei reich geworden. Die Engländer haben es besser verstanden, in Indien und anderswo für eine Elitebildung zu sorgen. Die einzigen, die sich mit einer »Elitebildung« befaßt haben, waren die Missionen. Diese errichteten Schulen und sorgten für die Ausbildung. Denn wie soll sich heute ein so frei gewordenes Land selbst regieren können, wenn es im Grunde fast keine gebildete Schicht hat, die imstande wäre, die politischen Aufgaben zu erfüllen? Außerdem ist es sehr schwierig, ein Land zu regieren, das aus 3000 Inseln besteht. Wir müssen bedenken, was es heißt, auf so vielen Inseln zu wohnen und kaum Verkehrsmittel zu haben. Denn die Holländer haben all ihre Schiffe mitgenommen, die sie dort hatten. So standen die Indonesier plötzlich vor der Situation, auf Inseln zu wohnen, ohne geeignete Schiffe zu haben. Man wundert sich nicht, wenn dann Schwierigkeiten entstehen, die in jeder Hinsicht für das Land, aber auch für die Beziehungen gegenüber der übrigen Welt schmerzlich sind.

Man begreift auch, daß diese Menschen Hilfe suchen, wo sie sie finden können, ob das Peking ist oder Moskau oder Washington oder Berlin. Sie sind so arm, daß sie alles gebrauchen können, wo immer sie es herbekommen. Dieses Verhalten resultiert aus der Armut, die auf ein ganzes Volk samt seiner Beamtenschaft demoralisierend wirkt.

Ich erlebte es, wie die dortigen Polizisten, die den Verkehr regulieren, ihr Geld verdienen, indem sie Autos anhalten und nur gegen Geld weiterfahren lassen. Das hat seinen Grund darin, daß sie vom Staat oft so wenig Gehalt bekommen, daß es noch nicht einmal 10% des Lebensminimums ausmacht. Das ist bei vielen der Fall, nicht nur bei Polizisten, sondern auch bei Pastoren, Lehrern und auch bei Staatsbeamten. Das Geld sinkt so rapide abwärts wie bei uns 1923; und diese Inflation hält seit 20 Jahren an, in den letzten Jahren ist sie so schlimm geworden, daß man sagen muß: das Geld ist nichts mehr wert. In solch einer Situation ist der Boden für eine Revolution bereit.

Aber da die Javaner ein sehr geduldiges und friedliches Volk sind, ertragen sie in einem erstaunlichen Maße seit Jahren schon diese Schwierigkeiten. Sie sind politisch auch noch nicht stark interessiert. Die politisch tätigen Kräfte kommen aus bestimmten Stämmen. Auf unzähligen Inseln sind die Menschen überhaupt noch nicht in die Geschichte eingetreten, in das, was *wir* unter Geschichte verstehen. Sie leben in einer zeitlosen Zeit. Da gibt es nur Generationenfolgen. Sie sind zum großen Teil noch Naturvölker, wie wir sagen würden. Daneben sind Städte entstanden, Industriegebiete, die hochmodern sind. Wir wissen, was es bedeutet, wenn Menschen in einem Volke in solch starken Gegensätzen existieren müssen und in diesem Volk noch eine besondere Bevölkerungsgruppe lebendig ist wie seit 300 Jahren die Chinesen, die eine ähnliche Rolle spielen, wie sie bei uns teilweise die Juden spielten. Sie sind nämlich die entscheidenden Leute des Handels und der Geldwirtschaft; sie sind fähig, sparsam, entschlossen, durchzuhalten und durchzustehen; sie sind im ganzen indonesischen Raum eigentlich die Träger des Reichtums, des Verkehrs, des Handels und unentbehrlich, aber ungeliebt.

In diesem Zusammenhang nun ein Wort über die junge Kirche auf Nias. Das eigentliche Ziel der Reise war das Jubiläum der jungen Kirche, einer Kirche, die jetzt ein Jahrhundert alt ist. In Wirklichkeit, muß man sagen, hat vor einhundert Jahren der erste Missionar das Land betreten. Es sind Missionare herübergekommen, von denen ein Teil in Borneo gescheitert war. Die Rheinische Mission hatte ja von der Mitte des 19. Jahrhunderts an versucht, Borneo zu missionieren. Aber sie hatte durch die Ermordung von Missionaren große Verluste erlitten, so daß ein Teil von dort wieder fortzog. Einer dieser fortgezogenen Missionare mit Namen Denninger kam in die Hafenstadt Padang im Westen Sumatras und traf dort Niasser. Dadurch kam er auf den Gedanken, nach Nias zu gehen, um die dortigen Bewohner zu missionieren. Am 27. September 1865 hat er Nias betreten. Darum soll jetzt dieser Tag der Tag der Kirchgründung auf Nias sein. Allerdings wurde an jenem Tag noch keine Kirche gegründet, vielmehr hat es dazu noch lange Zeit gebraucht. Die Kirche von Nias wurde erst im 20. Jahrhundert gegründet.

Nach einer kurzen Darstellung der Geschichte, die ein dortiger Missionar mir gegeben hat, kann man sagen: Nach 25 Jahren missionarischer Arbeit auf Nias gab es erst 100 Christen. Man sieht hieran, daß die erste Zeit immer die schwierigste ist. Im Jahre 1900 waren es 5000, im Jahre 1915 20000 Christen. In den Jahren seit 1915/16, während des Krieges, kam es zu einer ersten Erweckungsbewegung auf Nias, der »großen Reue«. Es handelt sich um ein Phänomen, das seinesgleichen im Raum Indonesien sucht. Plötzlich setzte in dieser 20000 Menschen umfassenden Kirche eine Bußbewegung ein: Ausgehend von einem Menschen erkannten tausend und aber tausend andere mit einem Male ihre Sünden, wollten sie beichten und begehrten Vergebung und ein neues Leben. Ein erstaunlicher Tatbestand, der gerade für die Nias-Kirche die Folge gehabt hat, daß aus dieser Erweckungszeit etwas ganz Neues entstand, nämlich ein eigenes niassisches Liedgut. Man sieht, wie Frömmigkeit ihre Lieder schafft, eine besondere Art von Liedern, eine Art, die eben nur in diesem Bereich zu finden ist. In der Regel gibt es keinen anderen Weg, als daß die Missionare ihre Lieder, ihre Liturgien, ihre Kirchenordnungen, ihre Katechismen mit der Bibel mitbringen und sie, so gut es geht, übersetzen, da es meist lange Zeit braucht, ehe eine Kirche ihr Eigenes schaffen kann.

In der Nias-Kirche trug diese mächtige religiöse Bewegung auch zu einer gewaltigen Entfaltung bei, so daß schon ein paar Jahre später die Zahl der Christen auf Nias enorm anwuchs. 1929 betrug die Zahl bereits 100000. Seitdem hat sich die Nias-Kirche erweitert bis zu etwa 215000 Mitgliedern heute. Auf Nias wohnen insgesamt etwa 330000 bis 340000 Menschen. Von ihnen sind etwa 25000 Katholiken, ungefähr 30000 bis 40000 gehören zu Gruppen, die sich von der Nias-Kirche abgespalten haben, einige bilden Sekten, andere gehören zu den Mohammedanern, ein kleiner Rest sind Ungläubige. Die Insel Nias ist also bis auf einen ziemlich kleinen Rest Bestandteil einer christlichen Kirche. Die übrigen Kirchen, die auf Nias ins Leben traten, sind z.T. durch ganz untheologische Gründe entstanden. Eine Kirche entstand z.B., weil ein Häuptling sich selbständig machen wollte. Er konnte keine ihm übergeordnete Kirchenleitung akzeptieren. Es ist ja dort kein Problem, sich zu verselbständigen. Solche Kirchenspaltungen sind sehr rasch getan. Die Gläubigen haben meist dieselbe Bibel, dasselbe Gesangbuch, denselben Katechismus, nur eine andere Leitung.

Auch heute sind immer noch solche Gefahren vorhanden. Ich habe das im südniassischen Raum deutlich gemerkt. Die Südniasser sagen, daß alles, was die Nias-Kirche bekomme, in die Hauptstadt Gunungsitoli gehe. Wir sind deswegen froh, daß die Südniasser von der Synode Bonn eine Kirche geschenkt bekommen haben. Das war geradezu die Rettung in diesem Jahr. Im nächsten Jahr wird sie wohl fertig werden. Denn man konnte auf ganz Nias nicht die Handwerker finden, die bauen konnten, so daß in einem Jahr nur eine Kirche gebaut werden konnte, nämlich die Jubiläumsgedächtniskirche von Gunungsitoli.

Diese niassische Kirche, die z.Z. 215000 Glieder umfaßt, ist eine Kirche, die in vieler Beziehung, geistig oder finanziell, als arm bezeichnet werden muß. Worin besteht ihr Reichtum? Ihr Reichtum besteht darin, daß die Kirche insgesamt eine hohe Beteiligung am kirchlichen Leben aufweist. Es ist dort nicht so, daß sich nur ein geringer Prozentsatz am kirchlichen Leben und am Gottesdienst beteilige, sondern fast alle Glieder der Kirche sind beteiligt. Es gibt in der Regel nichts anderes,

als daß man als Glied in dieser Kirche und mit dieser Kirche lebt. Darum ist es auch nicht verwunderlich, daß die niassische Kirche eine große Zahl von Ältesten hat. Diese Ältesten in den Gemeinden sind natürlich ein Zeichen für die persönliche Aktivität, die es in dieser Kirche gibt. 1940 wurden gezählt: 1400 Älteste bei 130000 Christen. Seit dem Jahre 1940 ist die Zahl natürlich noch entsprechend gestiegen. Schon 1936 fand die 1. niassische Synode statt. Denn die aus Rheinland und Westfalen kommenden Missionare übertrugen natürlich das Vorbild der rheinisch-westfälischen Kirchenordnung nach Nias. Sie haben also Kirchengemeinden, die von einem Ältesten-Kollegium geleitet werden. An der Spitze steht ein Gemeindeleiter. Wir würden ihn Pastor nennen. Er ist aber kein Pastor im Vollsinn, weil ihm die Erlaubnis zur Erteilung der Sakramente nicht zusteht. Über der kleinen Dorfgemeinde steht nun ein Gemeindeverband mit einem Ältesten-Kollegium, an der Spitze mit einem Pandita. Hier würden wir im theologischen Sinne Pastor sagen. Dieser hat eine ganze Reihe von Gemeinden. Er hat das Recht, die Sakramente auszuteilen. Darüber steht nun, als Superintendent, ein Mann mit dem Titel Präses, an der Spitze der Nias-Kirche der »Ephorus«.
Die Kirche zerfällt in 13 Kirchenkreise; man sagt dort Ressort und für den Gemeindeverband Distrikt. Diese 13 Ressorts wählen nun ihre niassische Landessynode. Die Landessynode kommt, ebenso wie hier, jedes Jahr oder alle zwei Jahre zusammen, was sehr große Schwierigkeiten macht, weil die Insel Nias aller Verkehrsverhältnisse entbehrt. Was das bedeutet, kann man sich nur klarmachen, wenn man einmal in den tropischen Urwald hineingestiegen ist.
Die Schwierigkeiten, die diese Kirche als junge Kirche in sich hat, sind natürlich mannigfach. Sie sind einmal, vom Äußerlichen angefangen, in der Elends- und Armutssituation begründet, weil die Menschen zwar wohl zu essen haben – aufs ganze gesehen Reis, Kokosnüsse, Bananen, im übrigen Schweine und Hühner –, doch Mangel an Geld leiden. Sie haben keine Möglichkeit, das, was sie produzieren, abzusetzen. Sie sind auch im ganzen dazu geneigt, sich nur das zu besorgen, was sie für den Tag brauchen. Sie leben mit der Natur, und in dieser Natur lebt auch die Kirche. Sie hat es wirklich schwer. Es gibt eine niassische Bibel, aber viel zu wenige, so daß nicht jeder niassische Christ im Besitz einer Bibel, nicht einmal eines Neuen Testaments, ist. In den Schulen bekommt der einzelne jetzt einen Einblick in die Heilige Schrift und in Luthers Katechismus, aber ohne daß ihm ein Text in die Hand gegeben wird. Die Pastoren müssen sonntags predigen, wie bei uns auch, und werden angeleitet, ohne irgendeine Literatur das Predigen zu lernen. Sie haben nichts zum Nachschlagen. Sie haben nur ihren Bibeltext und ihre Anleitungen, die sie von ihrem Seminar mitbekommen haben. Es gibt keine Kommentare, keine Bibelauslegungen. Alle diese Dinge müssen noch entstehen. Infolgedessen stehen die Predigten nicht auf einem besonders hohen Niveau; viele Wiederholungen kommen vor. Der Pandita wiederholt das, was er einmal auf dem Seminar gelernt hat. Er muß also geschult werden, er muß wieder zurück in ein Seminar. Die Kirche hat in Ombölata ein solches Seminar, wo ununterbrochen Kurse stattfinden, wo versucht wird, den theologischen Lebensstandard dieser Prediger ein wenig zu heben. Das ist nicht einfach. Sie müssen bedenken, daß es auf Nias an solchen Leuten, die predigen müssen, über 300 gibt; sie haben in den einzelnen Gemeinden die Gemeindeleitung inne. Es wäre manchmal schon besser, man hätte so etwas wie Luthers Hauspostille und könnte sie dort zur Verlesung bringen.
In dieser Lage wird man sagen müssen: Auch und gerade für die niassische Kirche ist es gut, wenn sie einen Pfahl im Fleisch hat. Eine einzige Kirche dort auf einer Insel, ganz katholisch oder ganz protestantisch, müßte auf die Dauer in sich selbst versanden. Denn nur dadurch, daß in ihr selbst Bewegungen sind, die sie von Zeit zu Zeit dazu ermuntern, sich auf sich selbst zu besinnen und etwas Neues anzu-

fangen, bleibt sie lebendig. Die Gefahr, daß man dort in der tropischen Welt einfach das Arbeiten ganz einstellt und erschlafft, ist doch zu groß. Darum sind dort viele der Meinung, daß es gar nichts schade, daß es auch Kirchenspaltungen gibt. Wie der Apostel Paulus schon sagte: »Es müssen Spaltungen unter euch sein.« So wird es auch ganz gut sein, daß auf der kleinen Insel Nias, die weniger als 350 000 Menschen hat, auf diese Weise wenigstens ein Bewußtsein dafür da ist, das immer wieder neu geweckt werden muß, warum die Kirche protestantisch ist und warum sie den lutherischen Katechismus hat und nicht etwas anderes. Das scheint nicht ganz unwichtig zu sein. Ich glaube, daß vieles auf Nias in den Kirchen gebaut, getan und gearbeitet worden ist, einfach weil die anderen da waren. Das kann man in Telukdalam sehr gut sehen, wo die katholische Kirche eine wirklich große Missionsstation entwickelt hat. So haben sich die evangelischen Leute von Südnias gesagt: Wir müssen auch etwas tun; so kann es nicht weitergehen. Sie haben dadurch auch schon einiges erreicht. Der Kampf wird natürlich auch auf Nias, wie überall, am heftigsten auf dem Gebiet der Schule geführt. Ursprünglich wurden dort die Schulen von den Missionaren gegründet. Die Missionare haben es bis zum Jahre 1940 auf 120 Missionsschulen gebracht. Diese schönen Schulen hat natürlich eines Tages der Staat, wie immer, annektiert; die Lehrer machte man zu Staatsbeamten. Im Besitz der Kirchen konnten nur die Höheren Schulen und Mittelschulen bleiben. Diese Schulen sind entweder evangelisch oder katholisch. Religionsunterricht wird gegeben. Die Kinder müssen sich zu einer Religion entscheiden. Sukarno sagt: Es gibt im Grunde nur zwei moderne Religionen für Indonesien, und zwar den Islam und das Christentum. Heiden könnt ihr nicht bleiben. Das ist für Indonesien heute nicht mehr nützlich. Ihr müßt euch also im Laufe der nächsten Generation für eine dieser Religionen entscheiden.
Wir sehen an diesen Beispielen, daß die junge Kirche von Nias eine noch ganz unreife Kirche ist, eine Kirche, die noch gar keine eigene Theologie entwickeln kann, weil dazu alles fehlt, eine Kirche, die froh ist, daß sie eine Bibel in der eigenen Landessprache hat, die froh ist, daß sie einen Katechismus hat und ein Gesangbuch. Erst die elementarsten Dinge sind geschaffen. Aber es fehlt dieser Kirche an Gesangbüchern. Sie können nicht gedruckt werden. Sukarno sagt: Was in Indonesien gelesen werden soll, muß auch in Indonesien gedruckt werden. Fremde Werke brauchen wir nicht. Nichts darf also eingeführt werden in indonesischer oder einer anderen Landessprache. Chinesische und deutsche Literatur darf dagegen eingeführt werden. Somit bleibt nichts anderes übrig, als daß wir in Indonesien Druckereien errichten für Bibeln und christliche Literatur. Denn die Menschen fangen nun an, im Kampf gegen Analphabetismus das Lesen zu lernen. Sie sind der Überzeugung: Wer lesen kann, hat mehr vom Leben. Deswegen gehen sie alle freiwillig in die Schule. Was nun lesen? Weder Bibel noch christliche Literatur sind vorhanden. Hier liegen die großen Aufgaben, die auf uns zukommen. Wir überlegen: Wo errichten wir Druckereien, wo schaffen wir einen kleinen christlichen Verlag? Dort sollen die elementaren Dinge, Katechismen, Bibeln, Gesangbücher und christliche Literatur, gedruckt werden. Heutzutage muß der Pastor in jeder Gemeinde jedes Lied vorsagen. Das gilt für ganz Indonesien in ähnlicher Weise wie für Nias. Hier sieht man, wie arm diese Kirche ist, nicht nur finanziell, was ihren eigenen Bestand angeht, sondern auch, wie arm sie ist an eigener Literatur. Man kann verstehen, daß von hier aus die Kirche sich immer in großen inneren und äußeren Gefahren befindet. Deswegen ist es auch so schwierig, sich als Kirche wirklich zu behaupten.
Eines der interessantesten Probleme dieser jungen Nias-Kirche ist die Auseinandersetzung mit der eigenen Vergangenheit in der Gestalt der sogenannten Tradition. Dort heißt das Wort »adat«. In dem Wort »adat« liegt so etwas wie Volksüberlieferung. Diese »adat« geht natürlich nach der Meinung der Niasser auf den

Schöpfer zurück. Diese »adat« ist eine Ordnung der Familien, eine Ordnung der Stämme, eine Ordnung der Feste, die nicht alle religiös sind. Es sind alles Festlichkeiten, die in den Zusammenhang der menschlichen Existenz hineingehören. Denn für ein in diesem Lande lebendes Volk ist natürlich die Fruchtbarkeit das entscheidende. Das ist die Existenzfrage. Aus diesem Grunde sind, mit wenigen Unterschieden, überall in der Welt Fruchtbarkeitsreligionen verbreitet, ein Hauptbestandteil der heidnischen Religiosität überhaupt. In dieser Überlieferung, in dieser sogenannten »adat«, sind Bestandteile enthalten, die durch die Christianisierung nicht ausgerottet worden sind. Diese machen der Kirche in ihrem inneren Leben große Schwierigkeiten. Sie bestehen vor allem darin, daß die »adat«-Forderungen im Blick auf die Leistungen eben für ein armes Volk nicht zu bewältigen sind, daß also Menschen bei Hochzeiten, bei sonstigen Gelegenheiten sich so verausgaben müssen, daß sie jahrelang ihre Schulden abzahlen müssen. Jede Heirat muß erkauft werden, der heiratsfreudige Bräutigam muß die Braut dem Schwiegervater abkaufen. Der gibt seine Töchter natürlich nur so teuer wie möglich aus dem Hause. So muß der Bräutigam oftmals einen hohen Kaufpreis bezahlen. Das Ergebnis ist, daß diese armen Leute durch ihre Ehe hindurch noch jahrelang in Raten abzahlen müssen, was der Schwiegervater verlangt hat. Dieser Brautkauf ist eine der schwierigsten Probleme in der Gemeinde. Denn die Auswüchse dieser alten Überlieferung sind schädlich. Die Mohammedaner haben es durchgesetzt, daß er in ihrem religiösen Bereich abgeschafft wurde.
Vor allen Dingen zeigt sich an solchen Tatbeständen, die man nach manchen Seiten ausweiten könnte, wie wenig erst auch in hundert Jahren das Christentum als eine Lebensmacht in alle Bestandteile dieses Lebens eingedrungen ist. Es wird ihm ein gewisser Raum gewährt, ein gewisser kirchlicher Raum, ein gewisser Raum zum Himmel hin. Aber, was die Welt angeht, ist es wie bei uns und in allen Ländern der Welt so, daß man die Welt nicht gerne dem Christus zur Verfügung stellt, sondern sie lieber für sich behält. Der Kampf der dort noch arbeitenden Helfer aus unserer Rheinischen Mission geht gerade um diesen Punkt. Denn wer jetzt ohne Rücksicht auf diese »adat«-Forderungen trotzdem heiratet – und der Staat erlaubt das ja bei seinen Standesämtern –, der wurde bisher nicht getraut. Freilich soll dies jetzt anders werden. Der schwerste Kampf, den es dort gibt, ist, daß die Überlieferungen, die Satzungen der Ältesten, eine ebenso große Bedeutung haben wie die Forderungen des Gebotes Gottes. Darum der schwere Kampf eines ganzen Kreises von Leuten, diese Dinge abzuschaffen. Aber überall, wo Geld im Spiele ist, ist es besonders schwer, alte Traditionen zu ändern. Es besteht jedoch Aussicht, daß sie im Laufe der Zeit geändert werden, je mehr die Niasser in die Welt hinauskommen und sehen, wie anders es dort zugeht.
Eine junge Kirche auf Nias ist auch dadurch gefährdet, daß sie ein insulares Dasein führt. Nirgendwo wie dort auf den Inseln westlich von Sumatra ist mir deutlicher geworden, was es für ein Schicksal bedeutet, auf einer kleinen Insel geboren zu werden und dort zu leben. Die Begrenztheit einer solchen Insel ist ja doch eine Begrenztheit des Lebens überhaupt. Beinahe jede Inselgruppe hat eine eigene Sprache. Südlich von Nias liegt ein Teil der niassischen Kirche auf den sogenannten Batu-Inseln. Dorthin sind wir auch gefahren. Hier wird wieder eine andere Sprache gesprochen. In Indonesien sind 250 Volkssprachen im Gebrauch. Deswegen die harte Vorschrift: In allen Schulen wird nur indonesisch gesprochen. Bei allen öffentlichen Versammlungen muß indonesisch gesprochen werden. Die Alten können das nicht, die Jungen lernen es jetzt in den Schulen. Jedes Kind, das mit sechs Jahren in die Schule kommt, fängt sofort mit einer neuen Sprache an. Es ist die Forderung des Staates, daß alle Indonesier indonesisch lernen. Man ist dort weiter als in Indien, denn es gibt bis heute noch keine für alle Inder einheitliche Sprache.

Dieser Tatbestand der insularen Situation ist eine besondere Erschwernis für die künftige Existenz einer Kirche. Denn man kann für eine solche insulare Situation nicht alles beschaffen. Wie kann man für 300 000 Menschen eine eigene Kirche mit einer eigenen Theologie entwickeln? Ich glaube allerdings, daß sich im Laufe eines Jahrhunderts – wenn Indonesien als ein wirkliches Land und Großreich bestehenbleibt – die indonesische Sprache auf die Dauer als die gemeinsame Sprache durchsetzen wird. Soweit man bis jetzt sehen kann, ist in all diesen jungen Kirchen natürlich gerade im religiösen Raum die Muttersprache besonders stark. Ein Batak oder ein Niasser wird niemals auf indonesisch beten, weil das für ihn noch eine Fremdsprache ist.

Damit wir einen Eindruck bekommen von dem Raum, in dem die Kirche von Nias lebt, noch ein kurzes Wort darüber: Die Insel Nias gehört zu einer großen Inselgruppe, die sich westlich von Sumatra entlangzieht. Südlich von Nias heißen sie Batu-, noch südlicher sind die Mentawei-Inseln. Mentawei ist kulturell noch weiter zurück als Nias. In Mentawei gibt es heute noch eine große Zahl von Menschen, die keine Textilien tragen. Diese Inselgruppe besteht aus einer großen Zahl von kleineren und größeren Inseln. Es gibt mehrere Inseln, die so groß sind wie Nias, aber die Bevölkerungszahl ist viel kleiner. Nias ist die einzige der ganzen Inseln, auf der es nicht nur ein, sondern zwei Krankenhäuser gibt, beide von Christen aus Deutschland geschenkt. Diese Krankenhäuser sind eine ganze große Wohltat.

Ich möchte zum Schluß nur noch vom Jubiläum selbst einiges erzählen, um zu zeigen, wie dort gefeiert wird. Das Nias-Jubiläum wurde trotz aller Schwierigkeiten begangen. Wir kamen rechtzeitig mit unserem Schiff hin. Am großen Hauptfest am 26. September waren Tausende von Niassern versammelt. Am Morgen dieses Tages wurde zuerst die Kirche eingeweiht, die von uns gestiftet worden war. Die Niasser hatten sich diese unter verschiedenen Modellen ausgesucht: eine hochmoderne Kirche in Dreiecksform. Die ganze Kirche ist nur aus Stahlrohren zusammengesetzt. Vorn zwei schöne Türen mit einem in Bronze gearbeiteten Relief; auf der Rückwand dieses Dreiecks an seiner großen Grundfläche befindet sich oben eine Empore, in der Zuspitzung dieses Dreiecks stehen Altar und Kanzel. Nun muß man sich eine solche Kirche offen vorstellen. Fenster gibt es in den Tropen nicht. Es gibt nur Löcher, die offen sind. Diese Kirche ist nun an den Seiten offen, nur das Dach steht oben darüber. In diesem Dach, das zeigte sich schon, siedeln sich in den Stahlrohren Tausende von Spatzen an, die durch besondere Maßnahmen wieder vertrieben werden müssen.

Die Kircheneinweihung dauerte vier Stunden. Zweierlei gibt es in Asien: 1. Zeit und 2. Menschen. Alle Verkehrsverhältnisse sind dort so geordnet, daß man Zeit haben muß. Ich hörte auf Nias, es sei ein Zeichen besonderer Würde, wenn man ganz spät kommt. Der Häuptling z.B. muß dreimal gerufen werden. Dann muß erst eine Stunde vergehen, ehe er kommen darf. Die Schlüsselübergabe wurde umrahmt von einer großen Zahl von Chören, die dann sangen. Als wir hineingegangen waren, mußte die ganze Übertragungsanlage umgebaut werden. Wir haben eine Stunde gesessen und gewartet, bis die Anlage wieder montiert war. Dann konnte alles nach draußen übertragen werden. Hier standen Tausende, die mithören wollten. Dann wurde die Kirche eingeweiht. Bei dieser Einweihung wurden alle die Reden gehalten, die wir für gewöhnlich hinterher im Gemeindehaus halten lassen. Alle Institutionen mußten zu Wort kommen, so daß diese Einweihung von morgens 8 Uhr bis mittags 3 Uhr dauerte. Am Sonntagnachmittag war die große Kindergottesdienstfeier. Denn die Niasser haben seit einigen Jahren eine große Kindergottesdienstfreudigkeit. Es gehen Tausende von Kindern in den Kindergottesdienst. Diese Kinder kamen nun zusammen und wollten ordentlich feiern, wozu sie auch vier Stunden benötigten. Abends war die dritte Feier. Um 20 Uhr war eine Evangelisationsveranstaltung. Da mußte ich über das Thema sprechen, warum ich ein Christ bin.

Am nächsten Tag war der Hauptfesttag, denn am Sonntag hatte ja erst die Einweihung der Kirche stattgefunden. Am 27. September, dem Hauptfesttag, war also der große Kirchentag, wie wir sagen würden. Es fing morgens um 8 Uhr mit einer langen Prozession und einem bataksehen Posaunenchor an. Danach versammelte sich alles. Anwesend waren der Kommandeur, der oberste Machthaber der Insel Nias, der Landrat – wie wir sagen würden –, dann der Vertreter des Präsidenten Sukarno, der Vertreter des Ministers für kirchliche Angelegenheiten, die alle ein Grußwort sprachen. Diese Festversammlung mit allen Grußworten und Reden dauerte bis ungefähr 4 Uhr nachmittags. Das Volk war versammelt. Unter dem Volk war viel Jugend mit allen dazugehörenden Emblemen. Es gab sogar eine christliche Pfadfinderschaft. Und vor allen Dingen waren Kirchenchöre da. Der Höhepunkt dieses Gesanges war die Motette »Also hat Gott die Welt geliebet« von Heinrich Schütz in niassisch und mit Posaunenbegleitung.

Nachdem dieser Teil des Festes vorbei war – man war schon ziemlich erschöpft –, kam der zweite große Festteil, bei dem die Vorführungen begannen. Bei uns würde man Folklore sagen. Da kamen die alten, schönen Gewandungen zum Vorschein, mit Schild und Speer wurden Scheingefechte vorgeführt.

Der letzte Teil der Feier sollte am Montagabend um 19 Uhr beginnen. Um die Kirche herum hatten die Niasser mit allerlei kühnen Improvisationen einen Raum geschaffen, auf dem man ein Fest begehen konnte. Man nannte das »Empfang«. Dieser Empfang war der große Schlußakt mit der Überreichung von Geschenken. Ich bekam das Modell eines niassischen Hauses als Dank geschenkt, das jetzt im Landeskirchenamt in Düsseldorf steht. Große Tische waren aufgestellt, wo man sich selbst etwas zu essen holte, für Europäer mit Messer und Gabel. Da gab es echte niassische Gerichte von Hühnern und Schweinen, auch von den Reissorten, Bananen und alles an Früchten, was es auf Nias gibt. Sodann wurde dieser Abend noch mit einer großen Zahl von Reden geschmückt. Am Ende war es Mitternacht, als die Schlußfeier, die am Sonntagmorgen um 8 Uhr begonnen hatte, Montagnacht zu Ende ging. Sie können sich denken, daß das für europäische Gemüter ziemliche Anstrengungen in sich barg.

Mit allem habe ich ein ganz schwaches Bild von dem gegeben, wie dort ein solches Kirchenfest begangen wird. Nur muß man dazu wissen, daß die Leute, die von Samstag an da waren, Montagnacht noch nach Hause gehen mußten. Denn sie hätten nur auf der Erde liegen können. So machten sie ihre Wege 20 und 30 km weit in den Busch zurück. Mir hat der niassische Kirchentag ebenso gut gefallen wie der Kölner Kirchentag, obwohl er ganz anders war. Die Begeisterung des Volkes dort für die Sache war großartig. Man muß immer wieder sagen: Die elementare Fröhlichkeit dieser Menschen ist bewundernswert. Am meisten haben sie Freude, wenn man ihnen Gelegenheit zum Lachen gibt. Sie wollen so gern etwas Freude haben. Man staunt, wie leicht es ist, diesen Menschen eine Freude zu bereiten.

Mein Eindruck von den »Missionsreisen« war, daß die evangelische Kirche Deutschlands zwar im 19. Jahrhundert viele Missionare in die Welt gesandt hat und auch dabei viel Frucht geschenkt bekam; aber ich bin besorgt, daß diese große Zeit heute keine lebendige Fortsetzung gefunden hat. Jedenfalls dürfen wir nicht *statt* der Mission nur noch *Entwicklungshilfe* in Angriff nehmen. Mir scheint, daß auch die Gebetsfreudigkeit der Christen in Deutschland mehr auf die Bekämpfung von Hunger, Krankheit, Elend – vielleicht auch Unterdrückung und anderen furchtbaren Situationen – gerichtet ist, nicht aber auf die Mission, die doch als der

Hauptauftrag des Herrn nach dem Neuen Testament von der Christenheit ganz ernst und wichtig genommen werden muß. Vergessen wir nicht das Wort des Herrn aus Matthäus 4: »Der Mensch lebt nicht vom Brot allein, sondern von einem jeglichen Wort, das durch den Mund Gottes geht.«

Nach der Pensionierung – ein Schlußwort (1971–1984)

Auf der Landessynode vom Juni 1971, der letzten, die ich zu leiten hatte, wurde als mein Nachfolger Karl Immer, einer der führenden Mitglieder der alten, im Kirchenkampf begründeten jungen Bruderschaft der rheinischen Bekennenden Kirche, zum Präses gewählt. Er war nach meiner Überzeugung damals der richtige Mann für dieses Amt in der rheinischen Kirche. Wir haben in den Jahren seiner Wirksamkeit viele brüderliche Gespräche geführt und außerdem gemeinsam zwei ökumenische Reisen nach Südosteuropa gemacht, in die Tschechoslowakei und nach Ungarn. Beide werden mir unvergeßlich sein. Karl Immer verstand es vortrefflich, mit den Brüdern im Osten zu reden und zu wirken. Er hatte für die Christen hinter dem »Eisernen Vorhang« eine besondere Liebe. Nach der Ungarnreise wurde seine gefährliche, lebensbedrohende Erkrankung sichtbar, und sein Sterben begann im gleichen Jahr. Ich habe um diesen liebenswerten Bruder sehr getrauert. Sein Nachfolger wurde Gerhard Brandt. Ich habe inzwischen an seiner Arbeit als Präses in manchen Gesprächen teilgenommen, auch an den Synoden, zu denen er mich einlud. Er hat zweifellos inzwischen das Vertrauen gewonnen, das für dieses Amt von ausschlaggebender Bedeutung ist.
Nachdem mein Nachfolger im Herbst 1971 das Amt übernommen hatte, war ich entschlossen, meine Tätigkeit als Professor der Theologie wiederaufzunehmen, die ich in den letzten Jahren meines Präsesamtes hatte unterbrechen müssen, da meine Arbeit in so vielen kirchlichen Ämtern, in die ich nach und nach hineingewachsen war, mir keine Zeit dazu ließ. Ich begann im Wintersemester 1971 wieder, an der Kirchlichen Hochschule Wuppertal meine Vorlesungen zu halten, besonders über die neue Kirchengeschichte, über Kirchenkampf und kirchliche Zeitgeschichte, bis zu meinem 80. Geburtstag. Daneben nahm ich die Aufgabe eines im Pastoralkolleg eingerichteten Seniorenkollegs für Pfarrer (zweimal im Jahr) mit Freude wahr. Im übrigen kam es zu einer sich immer mehr ausweitenden Wirksamkeit im Halten von Vorträgen wie auch Predigten, die sich in den letzten Jahren (Lutherjahr 1983 und 50jähriges Barmenjubiläum 1934/84) zu großen Aufgaben entwickelte. Im Lutherjahr habe ich mit ökumenischer Anteilnahme und Freude auch die verschiedenen Lutherbücher unserer katholischen Mitbrüder gelesen. Was ist da geschehen, wenn man sich an Werke des vorigen Jahrhunderts (z.B. Grisar oder Denifle) erinnert! Ökumenisch ist diese neue Liebe zu Luther im katholischen theologischen Raum von großer Bedeutung. Eine gute Möglichkeit

ergab sich für mich, mit einer Gruppe evangelischer diakonischer Mitarbeiter des Evangelischen Partheswerkes, bei dem mein Schwiegersohn Pastor Bachmann Vorsitzender ist, eine gediegene »Lutherreise« in die DDR zu machen. Die meisten dieser Lutherstätten hatte ich aus Zeitmangel noch nie besucht. Jetzt wurde uns eine Gruppe renovierter Lutherstätten vorgeführt, wie man es kaum zu erwarten gewagt hätte: Eisleben, Torgau, Wittenberg, Wartburg – um nur die wichtigsten zu nennen. Meine Vortragstätigkeit erstreckte sich in dieser Zeit auf besondere Lutherthemen: Luther und die Juden; Luthers Schriften zum Islam; und auch die Wurzeln von Luthers Hermeneutik. 1984 folgte das für uns so wichtige Gedächtnis von Barmen 1934. Als einer der wenigen noch lebenden Zeitzeugen jenes Geschehens wurde ich von den Gemeinden, Pfarrkonferenzen, Kreissynoden und Akademien bei uns, aber auch weit in Deutschland, auch von den Brüdern in der DDR, in Anspruch genommen. In kaum einem Jahr meines Lebens habe ich öfter zu sprechen gehabt als 1984, es waren rund 100 Vorträge zum Thema »Bekennende Kirche vor 50 Jahren«. Daß ich das alles noch tun konnte und dafür auch in Anspruch genommen wurde, war für mich ein Grund zum Dank an Gott, der mich so intensiv in seinen Dienst nahm. Und mir hat es große Freude bereitet, daß mein Ruhestand so unruhig und geistig lebendig sein durfte.

Aber nun zum Schluß noch ein Wort über meine Familie in diesen Jahren. Das eine, was ich erleben durfte, war ein großes Freudenfest. Wir feierten 1977 am 4. Januar in Wuppertal das Fest der Goldenen Hochzeit. Da war die ganze große Pfarrerfamilie einmal wirklich ohne einen Ausfall zusammen: vier Kinderpaare mit insgesamt 13 Enkeln, fast alle schon auf dem Weg aus der Kindheit zur Jugend. Meine Frau und ich waren so dankbar für dieses Zusammensein, da meine Frau durch eine langwierige Herzkrankheit mit hinzugekommenem Alterszucker sehr daran gezweifelt hatte, ob sie das noch erleben würde. Aber Gott gab es, und die Mutter der Kinder, die sie alle mit großer Liebe aufgezogen und begleitet hatte, war voll tiefer Freude. Leider wurde ihre Erkrankung langsam stärker, so daß sie nicht mehr viel Hoffnung auf längeres Zusammensein mit uns hatte. Im Juni 1978 wurde sie ganz überraschend aus ihrem Leben hier abgerufen, sie verstarb über Nacht im Krankenhaus der Diakonie in Kaiserswerth. Gott schenkte uns noch eine wunderbare Stunde des Abschiednehmens. In der Gewißheit des Psalmes 23, der uns hier noch einmal zur Stärkung diente, sprachen wir die letzten Worte des großen Trostes im Leben und im Sterben: »Er führt mich auf rechter Straße um seines Namens willen«. Kurz darauf nahm sie der Herr zu sich. Mir blieb ein tiefer Dank für unsere von großer Liebe erfüllte Ehe, die über fünfzig Jahre unverändert geblieben war.

Dieses Buch, das Zeugnis geben möchte von der Barmherzigkeit und Treue Gottes, die er mir so reichlich hat zuteil werden lassen, möchte ich mit der Predigt schließen, die ich auf der letzten rheinischen Synode im Juni 1971 über die Herrlichkeit des dreieinigen Gottes gehalten habe.

Gelobt sei Gott, der Vater unseres Herrn Jesus Christus, der uns gesegnet hat mit allerlei geistlichem Segen in himmlischen Gütern durch Christus. Denn in ihm hat er uns erwählt, ehe der Welt Grund gelegt war, daß wir sollten heilig und unsträflich sein vor ihm; in seiner Liebe hat er uns dazu verordnet, daß wir seine Kinder seien durch Jesus Christus nach dem Wohlgefallen seines Willens, zum Lobe seiner herrlichen Gnade, mit der er uns begnadet hat in dem Geliebten.

In ihm haben wir die Erlösung durch sein Blut, die Vergebung der Sünden, nach dem Reichtum seiner Gnade, die er uns reichlich hat widerfahren lassen in allerlei Weisheit und Klugheit. Denn Gott hat uns wissen lassen das Geheimnis seines Willens nach seinem Ratschluß, den er sich vorgesetzt hatte in Christus, damit er ausgeführt würde, wenn die Zeit erfüllet wäre: daß alle Dinge zusammengefaßt würden in Christus, beides, was im Himmel und auf Erden ist.
In ihm sind wir auch zum Erbteil gekommen, die wir zuvor verordnet sind nach dem Vorsatz des, der alle Dinge wirkt nach dem Rat seines Willens, auf daß wir etwas seien zum Lob seiner Herrlichkeit, die wir zuvor auf Christus gehofft haben.
In ihm seid auch ihr, die ihr gehört habt das Wort der Wahrheit, nämlich das Evangelium von eurer Seligkeit – in ihm seid auch ihr, die ihr gläubig wurdet, versiegelt worden mit dem heiligen Geist, der verheißen ist, welcher ist das Unterpfand unseres Erbes zu unserer Erlösung, daß wir sein Eigentum würden zum Lob seiner Herrlichkeit.
(Eph 1,3–14)

Liebe Brüder und Schwestern!
Zum Beginn unserer Synode mit ihren großen Aufgaben und schweren Fragen, mit ihren sachlichen und menschlichen Problemen, ihren unvermeidlichen Auseinandersetzungen und Entscheidungen – auch durch Abstimmungen – möchte ich in dieser Abendstunde unsere Herzen ganz von alledem fort lenken hin zu dem, in dessen Dienst wir auch mit dieser Synode stehen und stehen sollen. Wir eröffnen unsere Synode mit dem Lobpreis Gottes. Wir taten es in unseren Gesängen, und wir fahren nun darin fort. Denn um das zu können, müssen wir uns dem Worte Gottes selbst zuwenden, das uns zum wahren Lobe Gottes ermächtigt.
Unser Text ist ein einziger Lobpreis auf Gott, der uns mit seinen geistlichen, himmlischen Segnungen erfüllt. Ja, diese Segnungen sind älter als die ganze Welt. Vor aller Welt, bevor Gott den Menschen schuf, bevor es irgendeinen Menschen gab, bevor dieser Mensch zum Sünder wurde und von Gott abfiel, hat Gott sich ein für allemal für diesen Menschen, für uns entschieden. Er hat uns erwählt vor Schöpfung der Welt in seinem eingeborenen Sohn. Weil Gott in seinem ewigen Wesen Liebe ist und aus dieser Liebe der allzeit unbegreifliche, gnädige und barmherzige Gott, daher steht vor allem, vor Schöpfung und Sündenfall, vor der Geschichte und vor dem Ende, seine ewige Gnade, die uns erwählt. Gott, der sich für uns Menschen erklärt hat ungeachtet dessen, daß wir uns gegen ihn entschieden haben, ungeachtet dessen, daß der Mensch seinen himmlischen Vater weder geachtet hat, noch ihn erkannte, ihn weder ehrt, noch ihm den schuldigen Gehorsam leistet, ist Gottes Barmherzigkeit mächtiger und größer als alles, was gedacht werden kann. Er hat in der Liebe zu seinem Sohn unser Heil ein für allemal beschlossen; indem er auf seinen Sohn blickt, hat er uns zur Gottessohnschaft bestimmt. Er hat uns verordnet zur Sohnschaft Gottes, das heißt doch: Er hat gewollt in einem ewigen, göttlichen Rat, daß wir Menschen seine ewigen Kinder seien. Das ist unsere eigentliche menschliche Bestimmung geworden. Das Wort, das über uns gesprochen wurde, bevor wir waren, das ewige Wort der Liebe sagt uns: »Ich werde euch zu meinen Kindern machen. Ihr sollt in Ewigkeit mein eigen sein. Ich will euch zu eurem Gott und Vater geben; so gewiß ich in Ewigkeit der Vater des Eingeborenen bin, sollt ihr meine Geschöpfe zum Lob meiner Herrlichkeit, zum Preise meiner ewigen Gnade, ihr Verlorenen sollt meine Kinder sein. Ihr Unheiligen sollt heilig, ihr Strafwürdigen sollt straffrei, ihr Verlorenen sollt in Ewigkeit gerettet sein.« Das ist die unbegreifliche und herrliche Botschaft von der ewigen Gnadenwahl Gottes in Jesus Christus.
Alles, was hier gesagt ist, ist ja eben nun nicht Spekulation von Menschen, nicht der Traum unserer Herzen, sondern auf Grund von Offenbarung Gottes in seinem Sohn gesagt. Denn Jesus Christus ist der, durch den uns diese Erwählung kundge-

tan wird. Wer Gott ist, was Gott für uns sein will, was er mit uns vorhat, das wird uns durch seinen Sohn kundgetan. Denn Jesus Christus ist der Sohn des Vaters, er ist mehr als ein religiöser Führer, mehr als ein Prophet, mehr als Verkünder einer religiösen Wahrheit, nein, die Wahrheit selbst, in Person. D.h. in ihm wird Gottes ewiger Ratschluß Geschichte, in ihm wird die ewige Gnadenwahl Gottes vollzogen mit uns. Er steht nicht da als einer, der nur über Gott etwas zu sagen hat, und sei es das Bedeutendste. Jesus wird verkannt, wenn er nur gesehen wird wie ein Prophet, der etwas von Gott sagt, der von Gottes Liebe und Barmherzigkeit Kunde gibt. Jesus selbst ist Gottes Liebe. Jesus ist selbst das sich an uns erweisende Erbarmen Gottes. Darum ist entscheidend, wer dieser Jesus ist, was er getan hat, wie er uns sein Leben gab. Darum sagt unser Text: An ihm haben wir die Erlösung durch sein Blut, die Vergebung der Sünden. Die Erlösung also kommt nicht zustande durch ein bloßes Wort. Sie kommt zustande durch Blut, sie kommt zustande durch das, was er für uns gelitten hat, ja dadurch, daß er gestorben ist. Der Kreuzestod Jesu Christi ist Gottes Erlösung, der Vollzug der göttlichen Gnadenwahl mit uns. An diesem Kreuz ist das geschehen, wodurch wir heilig und straflos, gerecht und unsträflich werden. Hier wurde unsere Bestimmung verwirklicht. Hier wurden wir zu Gottes Kindern gemacht, in seinem Blut. Denn durch dieses Blut Jesu Christi wurde unsere Schuld ein für allemal vergeben. Darum hängt an diesem Geschehen, in dem Gottes gnädiger Ratschluß vollzogen wurde, alles. In dem Blute Christi, in seinem Tode, in dem er sein Leben für uns alle gegeben hat, sind uns alle unsere Schulden erlassen. Und darum sind wir nun gesegnet mit allerlei geistlichem Segen in himmlischen Gütern durch Christus.
Aber dieses Ereignis selbst ist ja kein Ereignis, wie es uns die Historiker erzählen. Man wird sogar sagen können: Es ist nicht einmal ein Ereignis, das vor der Welt und ihrer Geschichte ohne weiteres deutlich erkennbar wurde. Die Weltgeschichte nahm offensichtlich, obwohl es in aller Öffentlichkeit geschah, von diesem Ereignis keine besondere Kenntnis. Die Weltgeschichte ging und geht offenbar weiter, als ob nichts geschehen wäre. Wie kommt es dann dazu, daß wir von diesem so verborgenen Ereignis überhaupt etwas wissen? Wir wissen nicht einmal genau das Jahr – war es vor 30, war es nach 30 nach der »Zeitwende«, wie man so sagt? Wir wissen es nicht genau. Es war ein Ereignis unter tausenden, und es ragte in keiner Weise aus den vielen Ereignissen der alten Welt heraus. Aber doch ist es zu uns gekommen, doch reden wir davon, während wir viele große Ereignisse der Vergangenheit zwar noch irgendwo lesen können, aber über sie wird nicht einmal mehr gesprochen. Wir sind dieses Ereignisses durch ein besonderes Geschehen inne geworden. Wir haben Erkenntnis empfangen. Wir sind zum Glauben gekommen. »Denn er hat uns wissen lassen«, sagt der Apostel, »das Geheimnis seines Willens nach seinem Wohlgefallen, das er sich in ihm vorgesetzt hatte, daß es ausgeführt würde, da die Zeit erfüllet ward, auf daß alle Dinge zusammengefaßt würden in Christus, was im Himmel und was auf Erden ist.« Hier hören wir von dem Zeugnis des Heiligen Geistes. Jesus Christus, das Ereignis von Kreuz und Auferstehung, wird uns durch Gott selbst erschlossen. Der Vater allein offenbart uns den Sohn. Durch die Gabe seines Geistes erkennen wir das Geheimnis dieses Geschehens, das Geheimnis seines Willens, werden wir erfüllt mit wahrer Weisheit. Die Weisheit besteht darin, daß wir erkennen, was Gott für uns getan hat und was er mit uns vorhat. Dies Wissen ist kein Wissen, das wir Menschen durch unsere Vernunft und Kraft uns aneignen könnten. Es kommt nicht durch unser Nachdenken, und es steigt nicht auf aus religiösen Tiefen unserer menschlichen Herzen. Dies Wissen, das uns im Blick auf Jesus widerfährt und uns zuteil wird, das – so sagt Luther in der Erklärung des dritten Glaubensartikels – kommt »nicht aus eigener Vernunft noch Kraft, sondern der Heilige Geist hat mich durch das Evangelium berufen, mit seinen Gaben erleuchtet und im rechten Glauben geheiligt und erhalten.«

Nach der Pensionierung – ein Schlußwort (1971–1984)

Wir reden hier zum drittenmal von Gott. Wir reden von Gott, dem Vater, der uns in Ewigkeit erwählt und geliebt hat, der sich für uns entschieden hat. Wir reden von dem Sohn des Vaters, der uns diesen ewigen Ratschluß des Vaters dadurch verkündigte, daß er ihn vollbrachte, und so uns Vergebung durch ihn zuteil wurde. Und nun reden wir von Gott, der uns in die Herzen hinein das Geheimnis seines ewigen Willens für uns verkündigt, das Geheimnis, das für uns Menschen von unserer Vernunft aus unfaßlich ist, uns erschließt ein Wissen von Gottes ewigem Liebesrat mit uns, was Gott in Wahrheit mit uns vorhat. Was sagt der Apostel? Er sagt zuerst: Die ganze Welt, alles, was ist, Himmel und Erde, soll in Christus wieder einen Herrn bekommen. Sie sollen wieder ein Haupt empfangen. Unsere Welt, in der wir heute leben, ist eine verwirrte, eine ungeordnete, eine Welt voller Widersprüche und Gegensätze, eine Welt, in der kein Friede, keine Einigkeit, keine Übereinstimmung besteht, sondern in der fast alle gegen alle stehen. Gott verkündigt uns durch den Heiligen Geist, daß er darum seinen Sohn gesandt hat, daß dieser Sohn dazu gestorben ist, damit alles, die ganze Welt, diese Erde und alles, was dazugehört, wieder zusammenkäme, damit alles, was sich getrennt hat, wieder zusammenfände, damit alles, was widereinander steht, sich wieder versöhne, damit aller Unfriede aufhöre und alles, was zur Vernichtung bestimmt war, wieder dem Leben diene. Was für ein unendlich überschwenglicher und herrlicher Gedanke! Das ist also Gottes Wille. Die ganze Schöpfung bekommt wieder eine gemeinsame, friedliche, in sich lebendige Ordnung. Alles wird wieder zu einem Ganzen geeint unter dem Herrn Jesus Christus, Gottes ewiges Weltreich.
Und dann das andere: Dieser Jesus Christus hat uns zu Erben berufen. Wir sind Erben eines Reiches, das ewig ist. Dazu hat er uns versiegelt mit dem Geist der Verheißung. Wir haben das Wort der Wahrheit gehört, und nicht umsonst. Er hat uns versiegelt, als wir gläubig wurden. Wir sind zum Erbe gekommen, obwohl wir dies Erbe noch nicht ausbezahlt bekommen haben. Wir leben aber heute schon als solche, die gewiß sind: Auch wenn wir noch nichts in der Hand haben, es gehört uns doch alles. Durch den Heiligen Geist wird uns kundgetan das Ziel, das Gott mit seiner Menschheit, ja, mit seiner Schöpfung hat. Und dies Ziel heißt: Ich gebe euch meine ewige Herrlichkeit. Oder anders gesagt: Ihr sollt etwas sein zum Lobe meiner göttlichen Herrlichkeit. Das ist das Größte, meine ich, was überhaupt von unserm Leben ausgesagt werden kann. Das ist die Vollendung schlechthin. Von dieser Vollendung spüren wir in dieser Welt noch fast gar nichts. Aber wir sind gewiß, daß wir diese Vollendung vor uns haben, daß wir auf sie zugehen. Denn wir haben die starke und tröstliche Zuversicht, daß sie uns zugespochen und verheißen ist. Und damit haben wir doch schon jetzt etwas in der Hand, nämlich das Pfand, das Angeld, die Bürgschaft, die Vorauszahlung. Gott hat gehandelt wie einer, der einem künftigen Erben auf sein kommendes Erbe eine Vorauszahlung gibt und sagt: Zum Zeichen, damit du gewiß sein sollst, daß du einmal das ganze Erbe bekommst, will ich dir jetzt ein Angeld, eine Vorauszahlung geben. Und dies ist der Geist Gottes, der Geist, mit dem wir versiegelt werden.
Sollen wir den Heiligen Geist anders verstehen? Ist der Geist Gottes nicht der Geist, der uns widerfährt, der durch das Wort Jesu Christi, durch das Evangelium, zu uns kommt? Ist er nicht der Geist, der uns zurechtbringt? Ist er nicht der Geist, der uns tröstet, uns ermutigt, uns ermuntert, ja, auch verwarnt, auch straft, aber der uns allezeit Weisung gibt, daß er uns im rechten Glauben erhalte, daß er uns Gewißheit schenke, daß wir in dieser Gewißheit mit Gott Gemeinschaft haben und durch ihn spüren, wie Gott sich unser annimmt, daß der Vater im Himmel, daß Jesus Christus für uns ist? In diesem allem vernehmen wir etwas von der künftigen Herrlichkeit, was uns gewiß macht und tröstet und uns sagt, wie gewaltig und unbeschreiblich das alles sein muß, wenn dereinst alles, was hier in der Gabe des Heiligen Geistes in unser irdisches Leben vorausgegeben ist, vollendet wird:

Gottes Gemeinschaft zum Lobpreis der ewigen Herrlichkeit. Wir sind die Versiegelten. Versiegelt sein, das heißt in der alten Welt, die Zeichen des Herrn tragen, dem man gehört. Das Siegel wurde den Sklaven eingebrannt zum unauslöschlichen Zeichen dafür, daß sie dieses ihres Herrn, der sie erworben hatte, Eigentum waren. Das unauslöschliche Siegel, das Gott uns gibt, das uns zugesprochen und von Gott uns ein für allemal zu eigen gegeben ist, ist der Heilige Geist. So sind wir sein eigen, so gehören wir mit Gewißheit in sein Erbe.
Und wenn wir so durch den Geist versiegelt in diesem Glauben leben, dann strömt über solcher Liebe aus vollem Herzen der Lobpreis, daß wir schon jetzt etwas sein können zum Lobe seiner Herrlichkeit. Dann bekennen wir mit Freude und Dankbarkeit, ohne Zaudern und Zweifel, ohne Fragen und Beklemmungen, daß der Gott, den wir loben und preisen als den, der uns gesegnet hat, der im Bekenntnis der Kirche bekannte Vater und Sohn und Heilige Geist ist. Dieses Bekenntnis von Gott, dem Vater, dem Sohn und dem Heiligen Geist, ist ja in keiner Weise ein menschliches Gedankenspiel mit der Dreizahl. Es hat seinen Grund in Wirklichkeit allein in dem Zeugnis des Neuen Testamentes, in dem apostolischen Zeugnis, wie wir es an diesem Abend gehört haben. Dieses Zeugnis legt den Grund für die spätere Lehre von dem dreieinigen Gott. Mit diesem Bekenntnis zu Gottes Dreifaltigkeit soll ja Gott nicht irgendwie erklärt, sondern es soll vielmehr das hohe Geheimnis der Herrlichkeit dieses Gottes auf menschliche Weise bezeugt werden. Anders, als es in unserem Text geschieht, kann ja von Gott nicht geredet werden. So, wie hier von Gottes Offenbarung in seiner Vaterschaft und Sohnschaft und in seinem Geist gesprochen wird, so wird das Geheimnis des Vaters und des Sohnes und des Geistes in der Zuwendung des Heiles an uns erschlossen. Das sind ja die wesentlichen Grundgedanken unseres so reichen Textes, der in ganz besonders eindrücklicher Weise die Dreifaltigkeit der Herrlichkeiten Gottes bezeugt, den Vater, der uns erwählt in seiner Gnade, den Sohn, der diese Gnadenwahl an seinem Kreuz vollzieht und als Erlöser den Geist sendet, durch den Gott uns innewerden läßt, wer wir sind als die Erben seiner ewigen Herrlichkeit, der uns die Gewißheit des Glaubens und der Hoffnung und die Kraft gibt, zu erkennen, wer dieser Gott ist, der uns von Ewigkeit zu Ewigkeit für sich und seine Liebe bestimmt hat.
Ich schließe darum mit zwei Strophen aus dem großen Lied des Düsseldorfer Dichters Joachim Neander:

O du meine Seele, singe fröhlich, singe,
singe deine Glaubenslieder;
was den Odem holet, jauchze, preise, klinge;
wirf dich in den Staub darnieder.
Er ist Gott Zebaoth, er nur ist zu loben
hier und ewig droben.

Halleluja bringe, wer den Herren kennet,
wer den Herren Jesus liebet;
Halleluja singe, welcher Christus nennet,
sich von Herzen ihm ergibet.
O wohl dir! Glaube mir: endlich wirst du droben
ohne Sünd ihn loben.

Bibliographie Joachim Beckmann

Nicht aufgenommen wurden die einzeln gedruckten Predigten und Andachten sowie Vorworte und Rezensionen. Sternchen am Ende eines Titels verweisen auf Wiederabdrucke (vgl. unten S. 757).

1925
Der Begriff der religiösen Erfahrung. In: Zwischen den Zeiten.

1926
Vom Sakrament bei Calvin. Die Sakramentslehre Calvins in ihren Beziehungen zu Augustin. Tübingen.

1927
Die Kirche – eine Gabe für die Frauenhilfe. In: Jahrbuch der westfälischen Frauenhilfe.
Beethoven. Zum 100jährigen Todestag. In: Ev. Gemeindeblatt Wiesbaden. Heft 11.
Neue Aufgaben und Ziele der Inneren Mission. In: Ev. Gemeindeblatt Wiesbaden. Heft 8f.

1928
Die Schulungsarbeit der westfälischen Frauenhilfe. Denkschrift. In: Jahrbuch der westfälischen Frauenhilfe.
Was kann die Frauenhilfe tun zur Hebung des öffentlichen sittlichen Urteils? In: Jahrbuch der westfälischen Frauenhilfe.

1929
Die Lage der evangelischen Kirche der Gegenwart und die Verantwortung der Frauenhilfe. In: Jahrbuch der westfälischen Frauenhilfe.
Hebammen und freie Wohlfahrtspflege. In: Freie Wohlfahrtspflege. Heft 9.
Die Ehefragen der Gegenwart nach der katholischen Kirchenlehre (zur Enzyklika Casti conubii). In: Leben und Dienst. Heft 1–3.
Evangelische Jugendfürsorge. Eine systematische Darstellung ihres Wesens und ihrer Form. In: Schiften des Ev. Reichs-Erziehungsverbandes. Eckartsberga.

1930
Frauenhilfe und Hebammen. In: Frauenhilfe.
Der Kampf um die Freigabe der Abtreibung. In: Gesundheitsfürsorge. Zeitschrift der ev. Kranken- und Pflegeanstalten. Berlin.
Mütterdienst der Evangelischen Frauenhilfe. In: Die Innere Mission im evangelischen Deutschland. Heft 1.
Das Vaterunser auf Grund der Auslegung D. Zoellners für Arbeitsstunden der Frauenhilfe bearbeitet. In: Ratschläge für die praktische Arbeit der Frauenhilfe. Potsdam.

1931
Grundsätzliches und Praktisches zur Eheberatung. In: Hebammenzeitschrift. Heft 9f.
Der Sinn der Stunde. In: Hebammenzeitschrift. Heft 11ff.

Die religiöse Krisis der Gegenwart. In: Grüße aus der Haushaltungsschule der westfälischen Frauenhilfe. Heft 1.
Die missionarische Aufgabe der Frauenhilfe. In: Frauendienst in der ev. Kirche. Festbuch zum 25jährigen Jubiläum der westfälischen Frauenhilfe. Soest.
Die Stellung des Christen zur nationalen Bewegung: vom Standpunkt der Deutschnationalen Partei aus. In: Die Volksmission. Heft 7/8.
Zur Frage der Strafbarkeit des Ehebruchs. In: Aufgaben und Ziele. Monatsblatt der Vereinigung Ev. Frauenverbände Deutschlands. Berlin-Dahlem.
Die Stellungnahme einer protestantischen Kirche zu den Fragen von Ehe und Geschlechtsleben (zur Lambeth Conference 1930). In: Leben und Dienst. Heft 7/8.
Die Existenz des Menschen nach reformatorischer Lehre. In: Aufgaben und Ziele. Berlin-Dahlem.
Das ethische Denken des Liberalismus. In: Nationale Erziehung. Berlin.
Die religiösen Grundlagen des Liberalismus. In: Nationale Erziehung. Berlin.
Wohlfahrtspflege und Kirche im Weltanschauungskampf der Gegenwart. In: Gesundheitsfürsorge. Berlin.
Helmut Schreiner: Pädagogik aus Glauben. In: Schule und Evangelium. Stuttgart.
Der pädagogische Wille der Gegenwart und der wirkliche Mensch. In: Schule und Evangelium. Stuttgart.

1932
Der Weg aus der Not. In: Im Dienst der Liebe. Blätter der Schwesternschaft der Ev. Frauenhilfe. Heft 1.
Der Kollektivmensch und der wirkliche Mensch. In: Ziele und Wege. Monatsschrift des Westf. Provinzialverbandes für Innere Mission. Münster.
100 Jahre Frauenhilfe. Vortrag im Westdeutschen Rundfunk. In: Frauenhilfe.
Der Christ in der Gegenwart. In: Monatsblätter der Frauenhilfe.
Idealistische und evangelische Pädagogik. In: Schule und Evangelium. Stuttgart.

1933
Artgemäßes Christentum oder schriftgemäßer Christusglaube? Essen.****

1934
Kirche oder Bistum. Eine Handreichung zur Beurteilung der neuen deutschchristlichen Kirchenordnung. Wuppertal-Barmen.
Reformatorisches Bekenntnis heute. Essen.***/****
Handreichung zur Abwehr gegenwärtiger Irrlehren in der evangelischen Kirche. Essen.***

1935
Glaubensentscheidung im Kirchenkampf. Wuppertal-Barmen.****
Das erste Gebot. Eine Auslegung für die Gegenwart. Wuppertal.

1936
Bekenntnis und Vermögen der Kirche nach ev.-luth. Lehre. Flugblatt.
Kirche oder Sekte. Flugblatt. Aachen.
Das Bekenntnis der Kirche. Wuppertal-Barmen.
Die Einheit der Kirche. Vortrag. Als Handschrift gedruckt. Herten.***
Die unantastbare Grundlage der Deutschen Evangelischen Kirche. Auslegung der Barmer Erklärung. Essen.*
Ist die Bibel Gottes Wort? Flugschrift (2. Auflage 1947).*

1937
Ende oder Wende? Flugschrift. Wuppertal-Barmen.*
Verrat an Luther? Wuppertal-Barmen.

1940
Ruf zum Gehorsam. Predigtgrundriß zu den alten Episteln. Gütersloh.

1941
Meine Worte werden nicht vergehen. Predigten über die alten Evangelien (Herausgeber und Mitarbeiter). Gütersloh.

1947
Rechtfertigung und Gottesdienst. Mitteilungsblatt der EKD. Schwäbisch-Gmünd.*
Leitsätze zum Thema »Rechtfertigung und Gottesdienst«. KiZ. Nr. 3 S. 4.**
Zum Verständnis der Barmer Theologischen Erklärung. KiZ. Nr. 6/7 S. 1.**
Die Lehrunterschiede der lutherischen und reformierten Theologie im Blick auf die gegenwärtige kirchliche Gemeinschaft. KiZ. Nr. 23/24 S. 1.
Die Theologische Erklärung von Barmen. Eine Auslegung für die Gemeinde. In: Wegweisung für die Gemeinde. Gladbeck.

1948
Die politische Verantwortung der Christen. In: Mitteilungen der Soz. Frauenschule der westf. Frauenhilfe. 20. Jahrg. Heft 1. Gelsenkirchen.
Erniedrigung und Erlösung. Der Weg. Nr. 6 S. 1.
Auslegung des »Darmstädter Wortes des Bruderrates der EKD« (im Auftrag des Bruderrates verfaßt von J. Beckmann, H. Diem, M. Niemöller und E. Wolf. In: Flugblätter der Bekennenden Kirche Nr. 9/10.**

1949
Beitrag in dem Buch von H. Obendiek: D. Paul Humburg: »D. Paul Humburg als Präses der Evangelischen Bekenntnissynode im Rheinland«. Wuppertal.
Kirchenagende. Mitherausgeber. Gütersloh.
Der Gottesdienst an Sonn- und Feiertagen. Untersuchungen zur Kirchenagende I (Mitherausgeber): Die Gesangstücke des Proprium missae (Introitus, Graduale, Halleluja und Tractus). Gütersloh.
Beten im Namen Jesu. Biblischer Vortrag zur Allianzgebetswoche. KiZ. S. 41.
Recht und Grenze der Konfessionen. KiZ. S. 61.*
Leben und Tod im Licht des Evangeliums. KiZ. S. 125.

1950
Die Ehescheidung in biblisch-theologischer Beleuchtung. In: Kirche im Volk. Heft 3. Stuttgart.*
Die kirchliche Ordnung der Taufe. In: Schriftenreihe der Bekennenden Kirche. Stuttgart.*
Das Heilige Jahr. KiZ. S. 21.
Niemöller-Grüber: Was wollte Niemöller? KiZ. S. 28.
Begegnung mit der Kirche von England. KiZ. S. 217.
Evangelische Verantwortung für die Zukunft des deutschen Volkes. KiZ. S. 299.**

1951
Die Heilsnotwendigkeit der Taufe. In: Schriftenreihe der Bekennenden Kirche. Stuttgart.*

Neuordnung der Evangelischen Kirche der altpreußischen Union. Gütersloh.**
Der Kampf der Bekennenden Kirche im Rheinland um die presbyterial-synodale Kirchenordnung. In: Zeitschrift für evangelisches Kirchenrecht. Tübingen.*
Um den Fortbestand der Evangelischen Kirche der altpreußischen Union. KiZ. S. 2.
Die nordisch-deutsche Theologenkonferenz in Norwegen. Reisebericht. KiZ. S. 97.

1952
Der Kirchenkampf. Quellenheft. Gladbeck.
Wer ist eigentlich die Kirche? Vortrag auf dem Kirchentag in Stuttgart.*
Niemöller zum 60. Geburtstag. In: Bekennende Kirche. München.
Martin Niemöller, der Diener am Wort. Evangelische Welt. S. 27.
Der theologische Ertrag des Kirchenkampfes. In: Bekennende Kirche. München.*
Die Kirchenordnung der Evangelischen Kirche im Rheinland. KiZ. S. 109.
Was heißt »evangelisch«? KiZ. S. 161.*
Die Synode der Evangelischen Kirche in Deutschland in Elbingerode. KiZ. S. 238.

1953
Das lutherische Bekenntnis in der Union. KiZ. S. 69.
Der Ertrag der rheinischen Landessynode. KiZ. S. 213.
Das Geschenk der Freiheit – Gedanken zum Reformationsfest. Der Weg. Nr. 25. S. 1.

1954
Probleme aller Kontinente (worüber in Evanston verhandelt wird). Der Weg. Nr. 33/34. S. 5.
Was brachte Evanston? Weg-Interview. Der Weg. Nr. 37. S. 1.
Was brachte uns Evanston? Evangelische Welt. S. 529.
Das Proprium missae (Wesen und Geschichte). In: Leiturgia. Band II. Kassel.
Die Aufgabe einer Theologie des Gottesdienstes. In: Theol. Literaturzeitung. Spalte 520.*
Eine Klarstellung zur Namensänderung der Ev. Kirche der Altpreußischen Union. KiZ. S. 21.
Die Synode der Evangelischen Kirche in Deutschland in Berlin-Spandau. KiZ. S. 65.
Christus – die Hoffnung für die Welt. Bericht über Evanston. KiZ. S. 182.

1955
Rückwärts betrachtet. Die EKD im Jahre 1954. Der Weg. Nr. 1. S. 2.
Kirche und Kriegsdienstverweigerung. In: Sonntagsblatt. Hamburg.
Wie haben wir das Wort an die Bundestagsabgeordneten vom 8. 12. 1954 zu verstehen? KiZ. S. 25.
Die Synode der Evangelischen Kirche in Deutschland in Espelkamp. KiZ. S. 46.
Die Auseinandersetzungen in der Evangelischen Gemeinde Rheydt. KiZ. S. 171.
Die Kirche und der Friede. Bericht über die erste Puidouxkonferenz. KiZ. S. 198.
Die Arbeit der rheinischen Landessynode. KiZ. S. 233.

1956
Die Freiheit – eine Sorge der Kirche. In: Schriftenreihe der Ev. Akademie für Rundfunk und Fernsehen. Heft 1. S. 67. München.*
Das Problem des Gottesdienstes im ökumenischen Gespräch. In: Antwort. Festschrift zum 70. Geburtstag von Karl Barth. Zürich.*
Die EKU-Synode in Spandau. Ein Arbeitsbericht. In: Evangelische Welt. S. 314.

Quellen zur Geschichte des christlichen Gottesdienstes. Gütersloh.
Die Agendenentwürfe der EKU. KiZ. S. 79.
Zur Frage der Freistellung der Pfarrer vom Wehrdienst. KiZ. S. 102.
Evangelische Antworten. Bericht von der a.o. Synode der Evangelischen Kirche in Deutschland. KiZ. S. 152.
Ist eine Änderung der Kirchenordnung notwendig? KiZ. S. 242.

1957

Beitrag über die unierten Kirchen. In: Und ihr Netz zerriß. S. 317–380. Stuttgart.
Verantwortung für den Menschen. Festschrift zum 60. Geburtstag von Heinrich Held.
Mitherausgeber und Verfasser des Beitrages: Kirche und Gesellschaft. Stuttgart.*
Botschafter an Christi Statt. Predigten aus der Evangelischen Kirche im Rheinland.
Mitherausgeber. Predigt über Joh. 1,14 (S. 23) und Eph. 1,3–14 (S. 132), Düsseldorf.
Der Feiertag in der Geschichte der Kirche. KiZ. S. 145.
Ökumenische Reise nach den USA. KiZ. S. 228.

1958

Was ist uns die Gnade Gottes wert? Die Reformation der Kirche und die Kirche der Reformation. Der Weg. Nr. 44. S. 1.

1959

Die neue Agende. Der Weg. Nr. 17. S. 1.
Die Entstehung der Agenden der VELKD und der EKU. In: Gott ist am Werk. Festschrift für Bischof Lilje. Hamburg.*
Evangelische Gemeinden vor 400 Jahren und heute. Eine Reformationsbetrachtung. Der Weg. Nr. 44. S. 5.
Der Sonntag in der Geschichte der Kirche. Beitrag in: Kirche im Volk. Heft 22. Stuttgart.
Biblische Betrachtung über Offb. 2,12–17. In: Die Kirche vor ihrem Richter. Wuppertal.
Die politische Verantwortung der Kirche. Vortrag auf dem Kirchentag in München.*
Der Christ und die Obrigkeit. KiZ. S. 40.*
Die historisch-kritische Schriftforschung und ihre Bedeutung für die Verkündigung. KiZ. S. 261.*
Nach Christi Geburt. Wort zum neuen Jahr. Rheinische Post. Nr. 302.
Christliche Geschichtsbetrachtung. In: Der Evangelische Erzieher. Jg. 11.

1960

Theologische Grundlegung der Lehre vom Gottesdienst. In: Gestalt und Glaube. Festschrift für Professor Söhngen. Witten und Berlin.
Begegnungen in Südafrika. Der Weg. Nr. 49. S. 3; Nr. 50. S. 3 und Nr. 51. S. 3.
Gibt es einen Weg zur Wiedervereinigung der Kirchen? Der Weg. Nr. 23/24. S. 9.
Die Einheit der Kirche nach reformatorischer Lehre. In: Von Einheit und Wesen der Kirche. Göttingen.
Die Reformation und die Einheit der Kirche. In: Schriftenreihe des Ev. Arbeitsausschusses. Heft 10.*
Wandlungen der Volkskirche. In: Die Kirche und ihre Dienste. Essen.*
Die Kirchen in Südwestafrika und ihre Probleme. KiZ. S. 410.

1961

Zur Situation der Familie heute. In: Die Mitarbeit. Heft 3. Berlin.
Im Kampf für die Kirche des Evangeliums. Gütersloh.
Fünfzehn Thesen zur theologischen Besinnung über die Strafe. In: Zeitschrift für ev. Ethik. S. 257ff. Gütersloh.
Die Wirklichkeit des Glaubens. In: Mitteilungen der Gesellschaft der Freunde christl. Akademiearbeit: »Der Mensch in der Wirtschaft«. Essen.
Die Verantwortung des Christen für seine Gemeinde und Kirche. Jahresgabe des Kuratoriums zur Pflege rhein. Familientradition.
Ev. Gemeinden vor 400 Jahren und heute. Festschrift zur 400-Jahrfeier der Reformation in Wermelskirchen.
Was sagt die Kirche zum Recht auf Heimat? In: Kirche im Volk. Heft 26. Stuttgart.**
Die Kirche, Gottes Gesandtschaft in der Welt. In: Versöhnte Christenheit. S. 45ff. Witten.
Die Stellung der Kirche in der Öffentlichkeit. KiZ. S. 292.

1962

Die Kirche und der Friede. In: Bis an das Ende der Erde (Niemöller-Festschrift zum 70. Geburtstag).**
Das »Gesangbuch« in der Politik. In: Junge Stimme. 11. Jahrg. vom 6. 1. 1962.
Von der Nachfolge Christi. KiZ. S. 4ff.
Prediger des Wortes Gottes. Martin Niemöller zum 70. Geburtstag. KiZ. S. 32. (Ebenso in: Der Weg Nr. 2.)
Zur Situation der Evangelischen Kirche in einer gewandelten Welt: Das gefährliche »als ob« unserer Gemeinden. In: Sonntagsblatt Nr. 8. S. 14. Hamburg.
Abendmahlslehre und Kirchengemeinschaft. Interview mit Präses Beckmann. KiZ. S. 145ff.
Kirchliche Stellungnahmen zur Frage der Empfängnisverhütung. In: Kirche und Geburtenregelung. Gütersloh. – Auszug unter dem Titel: »Ev. Stellungnahme zur Frage der Geburtenregelung«. KiZ. S. 242.
Die eine Kirche. Zum Pfingstfest 1962. In: Der Weg Nr. 23.
Die Bibel und das Vaterland. Interview. In: Der Spiegel. Nr. 31.**
Wiedervereinigung der Kirchen? In: Das Gespräch. Heft 42. Wuppertal.**
Zur Frage der Strafbarkeit der Schwangerschafts-Unterbrechung. In: Deutsches Pfarrerblatt. Nr. 19. S. 233.
Das Evangelium gebietet die Reformation. Gedanken zum Reformationsfest. In: Der Weg Nr. 43.
Festrede zur Einweihung der Viktoriaschule in Aachen am 8. 7. 1961 in dem Jahresbericht der Viktoriaschule. 1961/62.
Grußwort zum 60. Geburtstag von Präses Scharf. KiZ. 1962. S. 381.
Können der Lutherische und der Heidelberger Katechismus unverkürzt nebeneinander in Geltung stehen? KiZ. S. 405.**
Unsere Hoffnung für das neue Jahr. Neujahrsbetrachtung über Ps. 102,28. In: Rheinische Post. Düsseldorf.

1963

Kirche und Krankenhaus. In: Das Diakonische Werk. Febr. 63. Heft 2. Stuttgart.
Die Bedeutung der reformatorischen Entdeckung des Evangeliums für die Auslegung der Heiligen Schrift. In: Luther. Zeitschrift der Luther-Gesellschaft. 34. Jahrg. Heft 1. Hamburg.
Die politische Verantwortung der Kirche. In: Mitarbeiterbriefe der Jugendkammer der EKiR. Nr. 61, 62, 65.

Meinungsstreit, Glaubensernst und Toleranz in der Kirche. KiZ. S. 233.
Geburtenregelung als ethisches Problem. Stuttgart.**
Ist Sterilisierung unsittlich? In: Sonntagsblatt. 16. Jahrg. Nr. 43. Hamburg.
Theologische Probleme der Strafrechtsreform. In: KiZ. S. 467.**
Evangelische Auslegung der Heiligen Schrift. In: Das Gespräch. Heft 47. Wuppertal-Barmen.
675-Jahr-Feier der Landeshauptstadt Düsseldorf. Festschrift: Ansprache.
Rückblick auf Helsinki. KiZ. S. 376 und in: Zeichen der Zeit. Heft 11.
Ist die Kirche noch Volkskirche? In: Christ und Welt, Nr. 51. Stuttgart.
Ehe und Empfängnisverhütung. In: Bevölkerungsexplosion, Familienplanung, Geburtenkontrolle. Veröffentl. Nr. 51 der Ev. Akademie in Hessen und Nassau.
Weihnachten über Ost und West (Joh. 1,8). In: Neuer Weg. Ev. Arbeiterbote. Nr. 12.
Friede. In: Theologie für Nichttheologen (ABC des prot. Denkens). Stuttgart.
Ostasien, Bereich der großen Ballungen und der großen Fluchtbewegungen. Interview im Nachrichtenblatt des Hilfswerks der Evangelischen Kirche im Rheinland. Heft 4. Düsseldorf.
Kirche und Mission. In: Mission und Diakonie in ökumenischer Verantwortung. Witten.

1964

Wort für die Woche (für 2. So. n. Ep.). Ev. Buchhilfe e.V., Kassel.
Den politischen Mißbrauch in Kauf nehmen. Interview in der Zeitschrift Civis. Nr. 2. Bonn.
Hat die Konfirmation noch einen Sinn? Interview in der Zeitung »Die Welt«. Nr. 51. (29. 2. 64). Hamburg.
»Kleinkrieg« um Mischehe. In: Welt am Sonntag. Nr. 9.
Neue Theologie – eine Gefahr für die Gemeinde? In: Neue Theologie – Gefahr für den Glauben? Wuppertal.
Die wissenschaftliche Erforschung der Heiligen Schrift und der Glaube an Gottes Wort. Düsseldorf.****
Zur »Kirchlichen Ost-West-Begegnung«. Interview des Rheinischen Konvents mit Präses D. Dr. Beckmann. In: Informationen des Rheinischen Konvents. Düsseldorf.
Recht und Grenze sozialethischer Stellungnahmen der Kirche. In: Christliche Gemeinde und Gesellschaftswandel. Stuttgart (Mitherausgeber).*
Reichtum ist für die Kirche eine große Gefahr. Interview mit dem Nachrichtenmagazin Der Spiegel. Nr. 22. S. 55.**
Bekenntnis gegen die drohende Welt. In: »Unsere Kirche«. Nr. 22 und unter dem Thema: Bekenntnis im Geist der Reformation. In: Der Weg Nr. 22.
»Was ich allen sagen möchte . . .« In: »Kirche und Mann«. Nr. 7. Gütersloh.
Warum wir für ein Nias-Schiff sammeln müssen. In: »Sonntagsgruß«. Ev. Gemeindeblatt an der Saar Nr. 27, S. 5, Saarbrücken, und in: Der Weg Nr. 37, S. 5.
Abendmahlsgemeinschaft und Kirchengemeinschaft. In: KiZ. S. 313.**
»Ist Sünde strafbar?« – Fragen zur Strafrechtsreform (Auszug aus dem Vortrag Theol. Probleme der Strafrechtsreform. In: Du selbst, eine Zeitschrift für Frauen. Baden-Baden – vgl. 1963.
Das Ethos des Menschen im Zeitalter der wissenschaftlichen Zivilisation unter Berücksichtigung der Probleme des Verkehrs (Nachschrift eines Referates). In: Christ und Straße. Heft Nr. 2/3.
Was erwartet die Kirche von der Erziehungsberatung? In: »Wege zum Menschen«. Heft 9. Göttingen.
Theologische Fragen zur Todesstrafe. In: Evangelische Welt. S. 625ff.

Empfängnisverhütung? In: Kindersegen und Geburtenkontrolle (Symposionband in der Reihe der Stundenbücher). Hamburg.
Die Einheit der Evangelischen Kirche in Deutschland. In: KiZ. S. 546.
Gegen die Unmoral besser ohne den Staatsanwalt. Interview. In: Welt der Arbeit. Nr. 51/52, S. 9.
Fragen der modernen Welt an die Kirche. In: Protokoll der Kreissynode Düsseldorf-Nord am 26. 10. 1964.
Ist die neue Theologie eine Gefahr für die Gemeinde? In: »In Deinen Händen«. Ev. Jahrbuch 1965. Heusweiler/Saar.
Wehrdienstverweigerung in der Bundesrepublik. Interview. In: Junge Kirche. S. 158.
Änderung der kirchlichen Ordnung der Taufe? In: Handreichung für die Mitglieder der Landessynode und der Kreissynoden in der Evangelischen Kirche im Rheinland. Nr. 11.
Die politische Verantwortung der Kirche. In: Politische Studien. Jahrg. 15. Heft 154 – vgl. 1963.

1965

Koexistenz, Kooperation und Kommunion der Kirchen. In: »Auf dem Wege«. Essen.
Auf dem Wege zur Wiedervereinigung. Interview. In: Illustrierte »Kontraste«. Nr. 17, S. 36ff. Freiburg.
Die Einheit der EKD und ihre Probleme. In: Im Lichte der Reformation. Jahrbuch des Ev. Bundes. VIII, Göttingen.**
Woran denken Sie am 8. Mai? In: Junge Stimme, Nr. 8. Stuttgart.
Die Evangelische Kirche im Rheinland – eine Kirche der Flüchtlinge und Einwanderer. In: Schriftenreihe des Rhein. Heimatbundes. Heft 16. Neuß.
Die lange Straße zur Kirchenunion – Koexistenz, Kooperation und Kommunion der Konfessionen. In: Christ und Welt. Nr. 31, S. 12. Stuttgart.
Ansprache bei der Einweihung des Evangelischen Gymnasiums in Engelskirchen. Protokoll der Tagung der Kreissynode an der Agger. Gummersbach.
Restauration und Erneuerung. In: Sonntagsblatt. Nr. 19. Hamburg.
Soll die Frau Gehorsam geloben? Gleichberechtigung vor dem Traualtar. In: »Welt am Sonntag«. Nr. 33. S. 24.
Wort für die Woche (Ref. Fest 31. 10. 65). »Sind wir frei?« Ev. Buchhilfe e.V., Kassel.
Diaspora im ökumenischen Zeitalter. In: Gustav-Adolf-Blatt. Heft 4. Kassel.
Probleme und Aufgaben der Kirche in der Gesellschaft der wissenschaftlichen Zivilisation. In: Die Mitarbeit, Zeitschrift zur Gesellschafts- und Kulturpolitik. Heft 5. 14. Jahrg. Heidelberg.**
Das Leben – ein absolutes Gut? Ethisches Problem der Schwangerschaftsunterbrechung. In: Stimme der Arbeit. 7. Jahrg. Nr. 8/9. S. 26/27.
Christliche Moral heute. In: »Ordnungen und Tabus«. Wuppertal.
Der große Dialog von Köln. Wörtliche Wiedergabe des Gesprächs zwischen Kardinal Jaeger und Präses D. Dr. Beckmann. In: Ruhr-Wort. 7. Jahrg. Nr. 32 und 33.
Die Glaubwürdigkeit unserer Verkündigung. In: Protokoll der Kreissynoden Köln-Rechtsrheinisch u. Köln-Nord, November 1965, und Essen-Süd, Juni 1965.
Ist denn alles nur ein Märchen? In: NRZ. Weihnachtsausgabe.
Mission – heute in der Evangelischen Kirche in Deutschland. In: Mission heute. Schriftenreihe der deutschen Ostasien-Mission. Nr. 5. Düsseldorf.
Versuche nicht verbieten. Kirchenmusik und fremde Einflüsse. In: Westdeutsche Allgemeine. Weihnachten 1965. Essen.

Der christliche Glaube in der Gesellschaft der wissenschaftlichen Zivilisation. In: Organ der Publizistischen Arbeitsgemeinschaft für Medizin.
Wagemut für die Zukunft. Bericht über die Landessynode. In: Der Weg. Nr. 6.
Abendmahlsgemeinschaft und Kirchengemeinschaft. In: Konfession und Ökumene. Berlin – vgl. 1964.

1966
Die Glaubwürdigkeit unserer Verkündigung. In: Zeugnis und Dienst im Spannungsfeld der Zeit – Festschrift für D. R. Hildebrandt. Düsseldorf (Beiheft von KiZ.).
Mut zur Zusammenarbeit. In: Neue Grenzen. Ökumenisches Christentum morgen. Bd. 1. Stuttgart.
Bericht über die Hundertjahrfeier der Niassischen Kirche. In: Protokoll der Kreissynoden Köln-Mitte und Düsseldorf-Süd.
Karl Barth 80 Jahre. In: KiZ. S. 193.
Die bessere Gerechtigkeit. In: Stimme der Arbeit. 8. Jahrg. Nr. 6. S. 8. (Biblische Besinnung auf der Vollversammlung der Aktionsgemeinschaft für Arbeitnehmerfragen.)
Ein anderes Evangelium? – Zur Frage der modernen Theologie. Wort an die Pfarrer, Presbyter und Mitarbeiter im kirchlichen Dienst. Mülheim/Ruhr.
Offener Brief an Bernt von Heiseler zum Aufruf der »Notgemeinschaft evangelischer Deutscher«. In: Ev. Welt. S. 242, Heft 8, und in: Der Weg Nr. 17 vom 24. 4. 66.
Was bedeutet uns Indonesien? In: Indonesia Raja – Antlitz einer großen Welt. Bad Salzuflen.
Gotteserkenntnis – Welterkenntnis. Betrachtung zum 12. Sonntag nach Trinitatis über Kol. 1,15–18. In: Sonntagsblatt. Nr. 35 vom 28. 8. 1966.
Fragen der modernen Welt an die Kirche. In: Zeitschrift für evangelische Ethik. Gütersloh.**
Der Präses und sein Jahrhundert. Interview zum 65. Geburtstag. In: Der Weg Nr. 29.
Dienst am Wort. 40 Predigten aus 40 Jahren. Düsseldorf.
Beitrag einer Sendereihe des Senders Freies Berlin 1965/66. In: »Zwei Jahrzehnte im Urteil der Zeitgenossen«.
Kirche 1966. In: Der Weg Nr. 44.
Die Herausforderung der Gemeinde durch die moderne Theologie. In: Anlage zum Protokoll der Kreissynode Düsseldorf-Mettmann vom 24. 10. 1966.
Betrachtung zur Jahreslosung 1966. In: Danken und dienen. Stuttgart.
Unser Bündnis mit dem Alten schadete sehr. In: Die Welt. Nr. 282 vom 3. 12. 1966.
Die Aufgabe der Christen an Israel heute. In: NES AMMIM. Zeichen für die Völker. Sonderdruck Nr. 1.*

1967
Gottes Botschaft vor 400 Jahren und heute. In: Schriften aus dem Ev. Stadtkirchenverband Köln (Vortrag am 31. 10. 1966).
Kirche und Kriegsdienstverweigerung im 20. Jahrhundert. In: Kirche und Staat. Berlin (Festschrift Kunst).**
Freier Dienst an freier Schule. In: Rheinischer Merkur. Nr. 27/7. 7. 67.
Hemmnisse und Grundvoraussetzungen einer Familienplanung. In: Liebe und Hunger. München.
Interview mit einem Schüler der Kfm. Berufs- und Handelsschule I in Köln-Sülz. In: Das Schulfenster. Nr. 1.
Die Kirche und die Massenmedien. In: Mitarbeiterbriefe der Jugendkammer der Evangelischen Kirche im Rheinland und der Evangelischen Kirche von Westfalen.

Nr. 85, S. 3. Wuppertal, und in »medium«. Zeitschrift für Ev. Rundfunk- und Fernseharbeit. München.**
Greifen wir zum Geschenk des Lebens! Weihnachtsbetrachtung. In: NRZ. Weihnachten.
Die Kirche ist für die Welt da. In: Welt der Arbeit. Vom 22. 12. 1967.
Kirche im Kreuzfeuer der Kritik. In: KiZ. S. 534.
Die Planungen der Zukunft des Menschen / Die christliche Zukunftserwartung. In: Protokolle der Evangelischen Akademie Rheinland-Westfalen. Nr. 241.
Evangelische Antwort auf das Zweite Vatikanische Konzil. In: Schriften des Ökumenischen Archivs. Band IV. Soest.
Abschiedswort an Pastor G. Heidtmann. In: Der Weg, Nr. 53.
450 Jahre Reformation. In: Rheinische Post Nr. 254. Düsseldorf.

1968

Ist die Taufe ein Sakrament? In: Evangelische Kommentare. S. 330.
Theologische Besinnung über die Leitung der Kirche. In: Evangelische Freiheit und kirchliche Ordnung (Festschrift H. Diem). Stuttgart.**
Gemeinsam beten. In: »K/68«. Offizielle Illustrierte zum 82. deutschen Katholikentag.
Es geht um Sünde und Gnade (zum Streit um die Kindertaufe). In: Deutsches Allg. Sonntagsblatt. Nr. 24 vom 16. 6. 1968. Hamburg.
450 Jahre Reformation. In: »Luther«. 39. Jahrg. Heft 1.
Die theologische Situation in unserer Kirche. In: Protokolle HdB. Nr. 249.
Was ich allen Brüdern sagen möchte. In: Pastoralblätter. S. 682. Stuttgart.
Johannes Schlingensiepen im Dienst der Bekennenden Kirche. In: Festschrift für Joh. Schlingensiepen (Herausgeber). Wuppertal.

1969

Dogmatische Grundfragen der Tauflehre. In: Luth. Monatshefte. S. 41. Hamburg.
Widersteht den Anfängen, nachher ist's zu spät. Interview. In: Evangelische Kommentare. S. 29. Suttgart.
»In brüderlicher Verbundenheit« – Grußwort zum Abschied von Kardinal Frings. In: Kirchenzeitung für das Erzbistum Köln, vom 28. 2. 1969. 24. Jahrg., Nr. 9.
Der Verkehr als ethisches Mandat der Gesellschaft. In: Die Mitarbeit, 18. Jahrg. S. 124ff.
Die Heilsbedeutung des Kreuzes Jesu. In: Protokoll Nr. 265 der Evangelischen Akademie Rheinland-Westfalen.
Der Auftrag der Kirche in der Welt (Die Barmer Erklärung heute). In: Rhein. Merkur vom 5. 12. 1969. Nr. 49.
Auslegung der Jahreslosung 1970: Hos. 12,7. In: Weihnachtsglocken. 1969. Rendsburg.
Botschaft Gottes. 1969. In: Rheinische Post. Nr. 298 vom 24. 12. 1969.
Beantwortung von 10 Fragen. In: Zehn Fragen an die Kirche. Hamburg.

1970

Was für die Kindertaufe spricht. In: Botschaft und Dienst. »Umstritten: Taufe und Konfirmation«. Gütersloh.
Günther Heidtmann (†). In: Evangelische Kommentare. S. 317.
Ein gefährliches Jahrzehnt beginnt (zum Jahreswechsel). In: Der Weg Nr. 1.
Das Christuszeugnis der Kirche in der modernen Gesellschaft. Thesen. In: Evangelische Zeitstimmen. Hamburg.
Was ich allen sagen möchte. In: Pastoralblätter. Stuttgart.
Ich glaube an Gott. In: Glaube von gestern – Glaube für morgen? Stuttgart.

Menschliche Zukunftsplanung und christliche Zukunftshoffnung. In: Schriftenreihe »Wahrheit und Wagnis«. Gladbeck.**
Interview mit NRZ. In: NRZ am 20. 11. 1970, 25. Jahrg. Nr. 269. S. 4.
Die Ordnung der Taufe in der Evangelischen Kirche im Rheinland (Auszug aus Referat vor der Kreissynode Köln-Rechtsrheinisch). In: »z.B. Taufe. Ein Kapitel Kirchenreform – ad hoc 2«. Gelnhausen.****
Fördert die Ökumene die Gewalt? In: Christ und Welt. Nr. 48, S. 26. Stuttgart.
Mann der Kirche. – Zum 70. Geburtstag von Oskar Söhngen. In: Berliner Sonntagsblatt »Die Kirche«, Nr. 48, S. 2.
Predigtbesprechung. In: Predigt im Gespräch Nr. 45. Neukirchen-Vluyn.

1972
Hoffnung für die Kirche. In: Kirche ohne Zukunft? Gütersloh.**

1974
Freiheit und Bindung der kirchlichen Amtsträger im Blick auf die politische Betätigung. In: ZevKR 19.**

1975
Rheinische Bekenntnissynoden im Kirchenkampf. Dokumentation. Neukirchen-Vluyn.

1977
Die Lutherkirchengemeinde im Kirchenkampf 1933–45. In: Lutherkirchengemeinde Düsseldorf 1927–1977.

1980
Kirchenkampf in der evangelischen Kirche Deutschlands 1933–1945. In: Auschwitz als Herausforderung für Juden und Christen. Heidelberg.

1981
Die 5. Barmer These im Kontext ihrer Zeit. In: Protokoll Nr. 476 der Evangelischen Akademie Mülheim.
Listen der rheinischen Pfarrerbruderschaft 1934 und der Vikare und Hilfsprediger der Bekennenden Kirche. Beckmann. In: Zur Geschichte der Bekennenden Kirche im Rheinland. Köln.
Hoffnung für die Kirche in dieser Zeit. Beiträge zur kirchlichen Zeitgeschichte 1946–1974. Göttingen.

1982
Die Geschichte Gottes mit mir. In: Was meinem Leben Richtung gab. Freiburg. 2. Auflage: Wo Gott mir begegnet ist. Freiburg 1985.

1983
Beitrag in dem Buch »Zorn aus Liebe. Die zornigen alten Männer«. Stuttgart.
Warnen und mahnen, solange es Tag ist. In: Dann werden die Steine schreien. Bielefeld.
Die Friedensverantwortung der Kirche im Zeitalter der Massenvernichtungsmittel. In: Schritte zum Frieden. Wuppertal.****
Aus der Geschichte lernen. Beiträge in der Diskussionsveranstaltung in der alten Synagoge Essen. Düsseldorf.

1984
Der Weg zur Bekenntnissynode der Deutschen Evangelischen Kirche in Barmen 1934. In: Die Barmer Theologische Erklärung. Neukirchen-Vluyn.
Die Bekennende Kirche blieb eine Minderheit. Interview von H. Hafenbrack vom 24. 5. 1984. In: epd-Dokumentation.
Nachruf auf Martin Niemöller. In: Prophet dieser Zeit. Stuttgart.
Bibelarbeit über 1. Kor. 1,31 und 1. Petr. 2,17. In: Protokoll der Landessynode 1984 der Evangelischen Kirche im Rheinland.
Bibelarbeit über Offenbarung 2,1–7. In: Bekennende Kirche wagen. München.
Barmen war eine große Stunde Gottes. Gespräch mit den Lutherischen Monatsheften. Hannover.
Bericht über die Barmer Synode 1934. In: Protokoll der 2. Tagung der 6. Synode der Evangelischen Kirche der Union. Berlin.

1985
Ein neuer Anfang? in: M. Greschat (Hg.), Im Zeichen der Schuld. Neukirchen-Vluyn.
So schwach waren wir. Der Kampf um den rechten Glauben in der evangelischen Kirche des 20. Jahrhunderts. Düsseldorf.

1986
Begegnungen mit Karl Barth. In: diakonie im Rheinland. Heft 1.

Artikel in Jahrbüchern, Lexika, Literaturzeitschriften u.a.

1. In: Kirchliches Jahrbuch. Gütersloh 1948ff.
1945–1973: Herausgeber.
Übersichtsband 1933–1944 (Gütersloh 1948): Die Evangelische Kirche im Dritten Reich. 2. Auflage 1976.
1945–1948 (Gütersloh 1949): Neuordnung und Wiederaufbau der Evangelischen Kirche.
1949–1956: Kirchliche Zeitgeschichte.

2. In: Evangelisches Kirchenlexikon. Göttingen 1956ff.
Bekenntnis I, 369ff.
Deutschland (die kirchlichen Verhältnisse der Gegenwart, A: in der Bundesrepublik) I, 894ff.
Gottesdienst (C: der »unierte« G.) I, 1687ff.
Gottesdienstordnung (Agende) I, 1689ff.
Konfirmation II, 895ff.
Krieg II, 970ff.
Messe II, 1305ff.
Paten, Patenschaft III, 81
Taufe (VI. rechtlich u. VIII. liturgisch) III, 1307f., 1310ff.

3. In: Religion in Geschichte und Gegenwart. 3. Auflage. Tübingen 1957ff.
Aufgebot, kirchliches I, 702f.
Aufnahmen in die Kirche, 2. I, 731f.
Deutschland: III. II, 140–145
Evangelische Kirche in Deutschland: I. II, 779–782
Graduale, 2. II, 1821
Gregorianischer Gesang: II. II, 1849f.

Gründonnerstag II, 1886f.
Heortologie III, 226
Herrenfeste III, 271f.
Johannisfeste III, 852
Niemöller IV, 1473
Ostern, 2. IV, 1736–1738
Parteien: VI. V, 129–130
Pfingsten V, 311f.
Taufe

     4. *Evangelisches Soziallexikon. Stuttgart 1954*
Ehescheidung 258–262

     5. *Weltkirchenlexikon. Stuttgart 1980*
Kriegsdienstverweigerung 796–797

     6. *Staatslexikon Freiburg*
Trinitatis
Unionen, kirchenrechtlich
Evangelische Kirche der Union
Weihnachten

     7. *Theologische Literaturzeitung*
Besprechung der Jahrbücher für Liturgiewissenschaft Nr. 1–17

  8. *Predigtmeditationen zu den Textreihen der Evangelischen Kirche in Deutschland*
In: Hören und Fragen (Band 1–6) 1967–1983. Neukirchen-Vluyn.

     9. *Herausgabe der Dokumentationen zum Kirchenkampf*
Die Briefe des Coetus reformierter Prediger 1933–1937. Neukirchen-Vluyn 1976.
Briefe zur Lage der Evangelischen Bekenntnissynode im Rheinland Dezember 1933 bis Februar 1939. Neukirchen-Vluyn 1977.

* *Nachdruck in:* J. Beckmann, Im Kampf für die Kirche des Evangeliums. Gütersloh 1961.
** *Nachdruck in:* J. Beckmann, Hoffnung für die Kirche in dieser Zeit. Beiträge zur kirchlichen Zeitgeschichte 1946–1974. Göttingen 1981.
*** *Nachdruck in:* J. Beckmann (Hg.), Rheinische Bekenntnissynoden im Kirchenkampf. Neukirchen-Vluyn 1975.
**** *Nachdruck in:* J. Beckmann, So schwach waren wir. Der Kampf um den rechten Glauben in der evangelischen Kirche des 20. Jahrhunderts. Düsseldorf 1985.

Friedrich von Bodelschwingh, 1933 designierter Reichsbischof

Karl Koch, Präses der westfälischen Provinzialsynode und der Bekenntnissynode der DEK (Aufnahme 1934)

Friedrich Graeber, Pfarrer in Essen, Mitbegründer der rheinischen Bekennenden Kirche (Aufnahme 1934)

Martin Niemöller, Pfarrer in Berlin-Dahlem, Begründer des Pfarrernotbundes (Aufnahme 1934)

Paul Humburg, Pfarrer in Barmen-Gemarke,
Präses der rheinischen Bekenntnissynode
(Aufnahme 1936)

Heinrich Held, Pfarrer in Essen-Rüttenscheid,
erster Präses der EKiR (Aufnahme 1949)

Johannes Schlingensiepen, Pfarrer in Unterbarmen,
Mitglied der ersten rheinischen Kirchenleitung
1945–1968 (Aufnahme 1961)

August Marahrens, Vorsitzender der ersten
vorläufigen Leitung der DEK von 1934, Abt von
Loccum (Aufnahme etwa 1934)

Mitglieder des Reichsbruderrats, Bad Oeynhausen 1936

Mitglieder der Bekenntnissynode Bad Oeynhausen, 19.2.1936. Von links: Hans Asmussen, Hans von Soden, Heinrich Schlier, Gustav Greiffenhagen, Gotthilf Weber

Hans Meiser, Landesbischof der Evangelisch-Lutherischen Kirche von Bayern, im Gespräch mit Joachim Beckmann während der Bekenntnissynode in Augsburg (1935)

Thomas Breit, Oberkirchenrat der Evangelisch-Lutherischen Kirche von Bayern, Mitverfasser der Barmer Theologischen Erklärung (Aufnahme während der Bekenntnissynode in Augsburg 1935)

Die theologischen Mitglieder des Rates der rheinischen Bekenntnissynode während einer Vertrauensmännerversammlung in Düsseldorf (Aufnahme etwa 1937). Von links: Joachim Beckmann, Paul Humburg, Johannes Schlingensiepen, Heinrich Held

Ernst Wolf, Professor für Kirchengeschichte in Bonn, im Gespräch mit Joachim Beckmann (Aufnahme vor dem neuen Barmer Missionshaus März 1936)

Harmannus Obendiek, Pfarrer in Barmen-Gemarke und Dozent an der Kirchlichen Hochschule in Wuppertal

Karl Barth als Professor in Basel während der Tagung der Gesellschaft für evangelische Theologie in Wuppertal 1956

Ernst Wolf als Professor in Göttingen während der Tagung der Gesellschaft für evangelische Theologie in Wuppertal 1956

Helmut Gollwitzer als Professor in Bonn während der Tagung der Gesellschaft für evangelische Theologie in Wuppertal 1956

Gustav Heinemann, Rechtsanwalt, Mitglied des rheinischen Bruderrats (1934), Mitglied des ersten Rates der EKD (1945) und Präses der ersten Synode der EKD (1948/49)

Hans Ulrich, Oberkirchenrat, Mitglied der rheinischen Kirchenleitung seit 1948 (Aufnahme von 1948)

Karl Mensing, Rechtsanwalt, Oberkirchenrat, Mitglied der rheinischen Kirchenleitung seit 1945 (Aufnahme 1948)

Helmut Rößler, Mitglied der rheinischen Kirchenleitung von 1945–1968, im Gespräch mit Joachim Beckmann

Die Mitglieder der vorläufigen Kirchenleitung und die Superintendenten der »Nordrhein-Provinz« bei einem ihrer ersten Treffen im »Tannenhof« in Remscheid/Lüttringhausen nach dem Zusammenbruch (Sommer 1946)

Karl Immer, Joachim Beckmann, Karl Barth, Wolfgang Scherffig (von links) im Gespräch während der Tagung der Gesellschaft für evangelische Theologie in Bielefeld (1952)

Joachim Beckmann, Hans Iwand, Wilhelm Schneemelcher und Karl Barth während der Tagung der Gesellschaft für evangelische Theologie in Wuppertal 1956

Nach der Präseswahl Januar 1981 in Bad Neuenahr (von links): Gerhard Brandt (Präses der EKiR seit 1981), Joachim Beckmann (Präses der EKiR 1958–1971), Karl Immer (Präses der EKiR 1971–1981)

Während der Verleihung des Bundesverdienstkreuzes an Frau Elfriede Goerisch am 1. Juni 1984 (von links): Gerhard Brandt (Präses der EKiR), Johannes Rau (Ministerpräsident von Nordrhein-Westfalen), Joachim Beckmann

Besprechung zwischen Joachim Beckmann und Elfriede Goerisch, seiner engen Mitarbeiterin seit 1945, im Landeskirchenamt in der Inselstraße

In der Mitte (mit Giebel) das alte Konsistorium und spätere Landeskirchenamt in der Inselstraße 10; rechts und links davon Verwaltungsgebäude des Landeskirchenamts

Kurt Scharf, Bischof der Evangelischen Kirche in Berlin-Brandenburg (Berlin-West), im Gespräch mit Joachim Beckmann während dessen Abschiedsempfangs am 18. Juli 1971

Abschiedsempfang Joachim Beckmann am 18. Juli 1971 (von links): Martin Niemöller, Heinz Kühn (Ministerpräsident von Nordrhein-Westfalen), Joachim Beckmann, Gustav Heinemann (Bundespräsident), Hans Thimme (Präses der Evangelischen Kirche von Westfalen), Franz Hengsbach (Bischof des Bistums Essen)

Joachim Beckmann mit seiner Frau Hildegard und ihren vier Kindern (von links) Erika, Klaus-Martin, Ingeborg und Christa während des Geburtstagsempfangs zum 18. Juli 1966

Joachim Beckmann mit seiner Frau in der Wohnung Tiergartenstraße (Juli 1971)

Namenregister

Adenauer, K. 443
Ahlbory, A. 49
Albertz, M. 148,198,219,222
Aldag, H. 340,363,365
Althaus, P. 468
Asmussen, H. VII,65f.,77,88,212,354, 356,698
Athenagoras 558
Augustin 22,681

Baade, F. 539,582
Bach, J. S. 21,681
Bachmann, E. 5
Bachmann, H. 5,740
Baëta, C. 706
Balzer, E. 161ff.,226
Barth, K. 2,3,20,22,23,49,51,54,65,90, 103,198,210,217,222,369,464f.,470,532, 598,600,619,629,654,661,675ff.,682f., 686f.,693,695,706
Bäumler, G. 23
Bäumler, R. 634
Becker, H. J. 363,365
Beckmann, Joachim 5,30f.,42,46f.,56, 88,100,115ff.,181,237,260,330ff.,339ff., 347f.,362,444,446f.,456,461,473,697, 699
Bender, J. W. 330,345
Benn, E. V. 330,345
Bergmann, E. 109
Beutel, H. 23
Beza, Th. 499
Blake, E. C. 583
Blau, P. 282f.
Bloch, E. 638
Böckle, F. 623
Bodelschwingh, F. von 27
Boegner, M. 235
Böhm, H. 148,181,198,219,308,444,446
Bohren, R. 636
Bonhoeffer, D. 388,555
Bopp, F. 375
Bormann, M. 214,295
Bosse, J. 56,88
Böttcher, J. 332

Braecklein, I. 647
Brandt, G. 739
Braun, H. 597,600,686
Braun, W. 460
Bredt, J. V. 421
Breit, Th. 65,103,183
Brunner, P. 416,418,422,424,682,697
Buchholz, F. 696
Bultmann, R. 420,481f.,600,640,675f., 683,686
Bunz, F. 225

Calaminus, H. 370
Calvin, J. 3,22,258,463,496,498,681,683
Churchill, W. 309
Clémenceau, G. 270
Conrad, P. 23
Cox, H. 678
Cusanus, N. 681

Dalhoff, E. 363
Dehn, G. 370
Deitenbeck, L. 225
Delekat, F. 430
Denifle, H. S. 739
Denninger 733
Devanandan, P. 706
Dibelius, O. 23,168f.,171,353f.,356, 428f.,433,487,489,506,521
Diehl, L. 141,167,226
Dietz, O. 698
Dinter, A. 109
Doehring, B. 23
Dombois, H. 496,635
Dorner, J. A. 468
Drechsler, A. 159,230
Dreß, W. 467
Dungs, K. 313

Ebeling, G. 597,686
Ebor, W. 235
Eger, J. 141,159,167
Eggerath, W. 492
Ehlers, H. 444

Eichmann, A. 534
Elbrechtz, A. 26,30,46,116,326
Elert, W. 468
Elliger, W. 473
Ellinghaus, L. 30
Ellwein, Th. 225
Emmen, E. 484,502
Eucken, R. 20
Euler, K. 330,332,362f.
Evertz, A. 634
Ewerbeck, K. 159,230

Feller, H. 30
Ficker, H. 159
Fiebig, W. 225
Fiedler, E. 88
Flor, W. 103
Florian, F. K. 29
Fölsch, G. 161f.
Forck, B.-H. 148,198,219
Forstmann, H. 30
Freytag, G. 697
Frick, W. 138,267
Fricke, O. 148,198
Fuchs, E. 686
Fürle, G. 304

Galen, C. A. Graf von 169
Gandhi, M. 704
Gerstenmaier, E. 428
Giesen, A. 30
Gisevius, J. 290
Glaser, K.-W. 363
Goebbels, J. 272,293
Goethe, J. W. von 17,21,681
Goeters, W. 369
Gogarten, F. 23,619,661,686,695
Gollwitzer, H. 416,424,585,599,684
Gombert, N. O. 30
Goltzen, H. 464
Göring, E. A. 225
Göring, H. 46,301
Gössel, H. H. von 635
Gottschalk (von Orbais) 315
Graeber, F. 47
Graeber, M. 697
Graff, P. 697
Gravemann, F. 30
Greiffenhagen, W. 161f.
Greiser, A. K. 281
Grisar, H. 739
Grotewohl, O. 506
Grünagel, F. 225

Grünbaum, K. 490
Grützmacher, G. 19
Gürtner, F. 183
Guse, O. 30

Haarbeck, J. H. 46
Hafner, E. 30,46
Hahn, F. 30
Hahn, H. 354,356
Hahn, R. 225
Hammelsbeck, O. 408
Hanemann, F. 141
Happich, F. 159,230f.,309
Hardt, R. 444
Harnack, A. von 661
Harney, R. 46,329ff.,339ff.,342ff.,347f.,
  362,444
Hartmann, N. 2,18,20,681
Hauer, J. W. 109
Häusgen, G. 30
Hebbel, F. 21
Heckel, Th. 235
Heer, F. 585
Hegel, G. F. W. 676,681
Heidegger, M. 675,686
Heidland, H. W. 599
Heidtmann, G. 580,595
Heim, K. 2,18ff.
Heinemann, G. W. 354,356
Heiseler, B. von 634
Held, H. 47,329,332,339ff.,347f.,353f.,
  356,362,416,444,478,487,489,500
Hengsbach, F. 716
Henke, W. 159,230,309
Herkenrath, F. 375
Heß, M. 411
Hesse, H.-A. 88
Hildebrandt, R. 444
Hilty, D. 17
Himmler, H. 4,89,188,196,241
Hindenburg, P. v. 89
Hirsch, E. 2,22
Hitler, A. 3f.,19,25,27ff.,44ff.,89,98,
  100f.,118,135,138f.,141f.,150ff.,155ff.,
  166f.,169,171,173,178,182,194,198ff.,
  213,219,227,230,243f.,250,271f.,297,
  313,322ff.,328,619,656
Hoeckendijk, J. C. 678
Hollweg, W. 230,309
Homilius, G. A. 312
Honemeyer, K. 697
Horn, F. K. 225,309
Horst, F. 369

Hoyer, E. 697
Hromadka, J. 217,222,643f.
Hülsmann, H. 30,324
Humburg, P. 103,144
Hundhausen, W. 30,324
Hymmen, F. 298,301f.

Ibeling, H. 30,46
Ibiam, F. 706
Ige, B. 584
Immer, K. sen. VII,56f.,88
Immer, K. jun. 739

Jacob, G. 515,605
Jacobi, G. 88
Jacobs, H. 30
Jaeger, L. 716
Jäger, A. 56,90ff.,97,101,138,144,171, 184
Jänicke, J. 489,580
Jansen, E. 161f.
Jensen, J. 161f.
Jepsen, A. 473
Jetter, W. 678
Johannes XXIII. 516,540,715
Johanneswerth, F. 25
Johnsen, H. 159,231
Jülicher, A. 2

Kabitz, W. 20
Kahl, J. 619
Kaminski, W. 141
Kamlah, W. 22
Kant, I. 2,17,21f.,681
Käsemann, E. 637
Kauer, R. 226
Keller, G. 21
Kepler, J. 612
Kerrl, H. 118f.,136,138ff.,144,152,158, 160,162,165,169,172f.,184,196,223, 275f.,286
Keyserling, H. 20
Kierkegaard, S. 600
Kiivit, J. 502
Kimme, A. 462
Kinder, C. 38,226,303
Kingdon, P. 413
Kipper, P. 226,303
Kittel, H. 225
Klein, F. 225
Kleindienst, A. 283
Kleßmann, E. 444
Kloppenburg, H. 308

Klotzsche, J. 226,303
Knolle, Th. 696f.,699
Koch, K. 49,54ff.,63,65,88,103,176, 181f.,202ff.,211,379,444
Koch, W. 287,290,330,339,346,363,365
Kogge, Th. 30,46
Kohlbrügge, H. F. 420
Kohnstamm, M. 585
Konrad, J. 444
Koopmann, O. 141,159,163,167
Kortheuer, A. 24
Krämer, E. 370
Kratzsch, E. 30,324
Krause, R. 33
Kreyssig, L. 550
Kritzinger, F.-W. 308
Krummacher, F. W. 489,494
Krusche, W. 665
Kühl, A. W. 162,165
Kühlewein, J. 159,218,230,309
Kulp, H. L. 697
Küng, H. 623
Künneth, W. 597,685
Kunze, W. 376
Küßner, A. 30,46
Küßner, Th. 141
Küttemeier, H. 30

Lahusen, H. 30,46
Lammers, H. H. 276,309
Langenohl, W. 26
Läufer, G. 380
Lauffs, W. 30
Ledebur, G. von 225
Leffler, S. 225
Lessing, G. E. 305
Leyn, J. 312
Lilje, H. 353f.,356,428f.,502,599,695
Lindau, F. 226
Linder, L. 30
Link, W. 30,88,324
Linz, F. 29,30,46,116,260,375
Locher, B. 593
Löhr, W. 363
Löwe, A. 30
Lücking, K. 444
Luther, M. 34,42,44,86,98f.,115,129, 132,142,157,171,204,225,228ff.,232, 247f.,258,303,305,307,315ff.,321,442, 450,453,463,470,472,496,589,613,680, 683,689,691,734,739f.

Mahrenholz, Ch. 141,697,699

Mao-Tse-Tung   637,676
Marahrens, A.   103,120,123,159,183, 199,218,230f.,298,301f.,309
Marcuse, L.   637
Marsch, W.-D.   635
Martin, W.   141
Marx, K.   603,637,676
Meier, Chr.   354
Meiser, H.   56,88,92,159,218,230,309, 352ff.,356
Melle, F. H. O.   285
Mendelssohn, M.   305
Mensing, K.   330,332,341f.,344f.,347,444
Merg, P.   30
Merz, G.   619,661
Meyer, B.   162
Meyer, C. F.   21,680
Meyer, Hans   372
Meyer, Heinrich   727
Mezger, M.   635f.
Milde, K.   444
Mitze, A.   30
Mitzenheim, M.   569
Mockert, W.   30,46
Monreal, L.   30
Moritz, H.   30
Müller, A.   324
Müller, F.   148,181,183,198,218f.
Müller, H. M.   225
Müller, J.   531
Müller, J. Th.   39,41
Müller, K.   635
Müller, L.   32f.,55,91ff.,101f.,152,231, 237,248,256f.
Müller, O.   30,324
Münzer, Th.   132
Murr, W.   271,274

Natorp, P.   20
Neander, J.   744
Nehru, J.   706
Neumüller, E.   225
Neuser, W.   309
Niemann, F.   142
Niemeier, G.   520
Niemöller, M.   32,46,50,56,64,88,180, 182f.,196f.,248ff.,325,352ff.,357,360, 428f.,431,444,713
Niesel, W.   353f.,356,444,486,562
Nietzsche, F.   110,635,676,688
Niles, D. T.   706
Nissiotis, N.   706
Nolde, O. F.   572

Nolte, G.   30
Noth, G.   706
Noth, M.   370

Obendiek, H.   682
Oberheid, H.   35
Odenwald, Th.   225
Odin, K. A.   656
Ohland, H.   312f.
Ordass, L.   485
Oesterreich, T.   681
Otto, R.   2,18

Pakenham, Lord F. A.   413
Paton, W.   235
Paul VI.   549,556,558,564
Pauls, Th.   225
Pautke, J.   162
Perels, J.   181
Peter der Große   500
Pfleiderer, O.   169f.
Pius XII.   607, 715
Plato   17,18,681
Poelchau, P.   283
Potter, Ph.   706
Praetorius, W.   376
Prebisch, P.   584

Quenstedt, H. J.   363

Rabenau, E. F. von   181
Rahner, K.   623
Rath, W. vom   30
Rausch, H.   30
Reindell, W.   697
Richter, K.   162
Rickert, H.   20
Rinckart, M.   312
Ritter, K. B.   699
Röhm, E.   89
Rosenberg, A.   109,113,121,151f.,170, 192,239,324,701
Rößler, H.   329ff.,339ff.,362
Roth, J.   288
Rust, B.   138

Sachsse, K.   380
Sasse, M.   173,226,304
Seeberg, R.   23
Seidel, U.   674
Seigewasser, H.   648
Seiler, K.   225
Seitz, M.   637

Seraphim (Erzbischof) 285
Siegmund, H. 284
Sievers, J. 303
Sinning, W. 340,363
Sittler, J. 706
Smend, J. 19,21,616,694
Smend, R. 354
Sohns, H. F. K. 236
Sölle, D. 630f.,640,654,674
Spengler, O. 20,581
Spieker, R. 696
Sukarno 731,735,738
Szczesny, G. 619
Scharf, K. 492,533ff.,567,595
Schillebeeckx, E. 623
Schiller, F. von 17,681
Schlatter, A. 2,18f.,305,465
Schlier, H. 370,682
Schlingensiepen, H. 370
Schlingensiepen, J. 329,339ff.,347f.,362, 478
Schlink, E. 444,592
Schmid, W. 30
Schmidt, Ferdinand 376
Schmidt, I. 5,25
Schmidt, W. E. 141
Schmitz, O. 682
Schnath, G. 674
Schneider, K. 30
Schneider, P. 180f.,242,325
Schomburg, K. 30,46,116
Schomerus, H. 225
Schönherr, A. 646,667
Schorer, O. 163
Schreiber, H. 30
Schreiner, W. 30,46
Schultz, W. 226,298,301ff.
Schulz, J. 162
Schumann, F. 401
Schütz, W. 363
Schütz, H. 694,738

Stählin, W. 696
Stalin, J. 243,272,619
Stange, C. 2,20
Stapel, W. 225
Stauffer, E. 370
Steffensky, F. 654,674
Stephan, A. 635
Stöcker, A. 306
Stoltenhoff, E. 320,329f.,330ff.,336, 338f.,342ff.,347f.,362,444
Storm, Th. 21

Stöver, H. 515
Streblow, H. 30
Stüber, H. 322
Stupperich, R. 473
Sturm, M. 413

Takenaka, M. 706
Teilhard de Chardin, P. 603
Thadden, R. von 635
Theiss, F. 30,324
Thiel, W. 467,471
Thimme, H. 486,492
Thomas, W. 698
Thomson, W. 283
Thurneysen, E. 619,661,695
Tiling, M. von 23
Töllner, H. 30
Trendtel, L. 30
Troeltsch, E. 661
Tügel, F. 159,309

Ufer, E. 30,46,116
Ulbricht, W. 709
Ulrich, H. 363
Uter, H. 163

Veigel, F. 313
Vicedom, G. 555,572
Vinay, V. 531,566
Vischer, L. 611
Visser 't Hooft, W. A. 235,516,583
Vogel, H. 428,436,491
Volkers, J. 226

Wagner, K. 30
Walden, M. 655
Weber, H. E. 369,424
Wehr, O. 380
Wehrung, G. 19f.
Weizsäcker, C. F. von 538,554
Wendelin, A. 159
Wenderoth, E. 363
Wendland, H. D. 585
Werner, F. 49,55,101,195,198f.,202f., 205f.,208,226,228,231,233f.,242,297ff., 301
Weyrauch, H. 312
Wichern, H. 142
Wienken, H. 285
Wilkens, E. 592
Wilm, E. 505,515,561,580

Wilm, W.   141
Wilson, J.   413
Wirth, H.   109
Wölber, H. O.   649
Wolf, E.   369,683
Wollermann, H.   363
Woermann, K.   225
Wurm, Th.   56f.,88,92,159,218,221,230, 245,257,267,271f.,274ff.,304,308f., 352ff.,356,379,388,428,480

Zahrnt, H.   640
Zentgraf, R.   159
Zentz, J.   243
Zils, D.   674
Zimmermann, P.   30
Zimmermann, R.   141,159
Zink, J.   571
Zöckler, Th.   283
Zoellner, W.   24,141,158,161,164,168f.
Zunn, K. H.   116

Abkürzungsverzeichnis

ABlEKD	Amtsblatt der Evangelischen Kirche in Deutschland
AGKZG	Arbeitsgemeinschaft für kirchliche Zeitgeschichte
apU, ap.U, APU	Evangelische Kirche der altpreußischen Union
Art.	Artikel
BK	Bekennende Kirche
BK	Bibelkreis, Bibelkränzchen
CA, Conf. Aug.	Confessio Augustana
Cand. theol.	Kandidat der Theologie
CFK	Christliche Friedenskonferenz (Prager Friedenskonferenz)
DBG	Deutsches Beamtengesetz
DC, D.C.	Deutsche Christen
DEKA	Deutscher Evangelischer Kirchenausschuß
DNB	Deutsches Nachrichtenbüro
EKD, EKiD	Evangelische Kirche in Deutschland
EKiR	Evangelische Kirche im Rheinland
EKU	Evangelische Kirche der Union
E.O., EOK	Evangelischer Oberkirchenrat (Berlin)
FC. Sol. Decl.	Formula Concordiae. Solida Declaratio
GBl.DEK	Gesetzblatt der Deutschen Evangelischen Kirche
Ges.	Gesetz
Gestapo	Geheime Staatspolizei
HJ	Hitlerjugend
Hp	Hilfsprediger
i.N.	im Nebenamt
i.W.	im Wartestand
i.W.	in Westfalen
KA(Bl.)	Kirchliches Amtsblatt
Kat.	Katechismus
KiZ	Zeitschrift »Kirche in der Zeit«
KJB	Kirchliches Jahrbuch
KL	Kirchenleitung
KLV	Kinderlandverschickung
K.O., KO	Kirchenordnung
komm.	kommissarisch
Kons.-Präs.	Konsistorialpräsident
Kr.	Kreis
KR (Kons.Rat)	Konsistorialrat
KZ	Konzentrationslager
lic., Lic.	Lizentiat (der Theologie)
nat.soz., NS	nationalsozialistisch, Nationalsozialisten/Nationalsozialismus

n.o.	nichtordiniert
NSDAP	Nationalsozialistische Deutsche Arbeiterpartei
NSV	Nationalsozialistische Volkswohlfahrt
OKH, Ob.d.H.	Oberkommando des Heeres
OKons.R.	Oberkonsistorialrat
Ökum. P.D.	Ökumenischer Pressedienst
OKW	Oberkommando der Wehrmacht
Ord.Hp.	ordinierter Hilfsprediger
Orig.R.	Originalrundverfügung
Orig.V.	Original-Vervielfältigung
ÖRK	Ökumenischer Rat der Kirchen
Pfr.	Pfarrer
Pg.	Parteigenosse
PKR	Provinzialkirchenrat
Prov.-	Provinzial-
RdErl.	Runderlaß
ref.	reformiert
RGBl.	Reichsgesetzblatt
Rhld.	Rheinland
RM	Reichsmark
RMBliV	Reichsministerialblatt für die innere Verwaltung
RMdI, RMdInnern	Reichsminister/ministerium des Innern
RMfdkirchl.A.	Reichsminister/ministerium für die kirchlichen Angelegenheiten
RMfWEuV	Reichsminister/ministerium für Wissenschaft, Erziehung und Volksbildung
RWKO	Rheinisch-westfälische Kirchenordnung
SA	Sturmabteilung
SDS	Sozialistischer Deutscher Studentenbund
SS	Schutzstaffel
Stapo	Staatspolizei
StGB	Strafgesetzbuch
VaG	Verein auf Gegenseitigkeit
VELK	Vereinigte Evangelisch-Lutherische Kirche (DDR)
VELKD	Vereinigte Evangelisch-Lutherische Kirche Deutschlands
V(K)L	Vorläufige (Kirchen)Leitung
VO	Verordnung
VU, V.U.	Verfassungsurkunde
ZevKR	Zeitschrift für evangelisches Kirchenrecht